梅新林 俞樟华 主编

中國學術編年

兩漢卷

宋清秀 曾礼军 包礼祥 撰

華東師範大學出版社

华东师范大学出版社六点分社　策划

全国高等院校古籍整理研究工作委员会重点项目
浙江省人文社科基地浙江师大江南文化研究中心重点项目

顾　问（按姓氏笔画）

甘　阳　朱杰人　朱维铮　刘小枫　刘跃进　安平秋　李学勤　杨　忠
束景南　张涌泉　黄灵庚　常元敬　崔富章　章培恒　詹福瑞

主　编

梅新林　俞樟华

总策划

倪为国

编　委（按姓氏笔画）

王德华　毛　策　叶志衡　包礼祥　宋清秀　邱江宁　陈玉兰　陈年福
陈国灿　林家骊　胡吉省　姚成荣　倪为国　曾礼军

前　言

自 1985 年率先启动《清代学术编年》研究项目以来，经过诸位同仁持续不懈的努力，由清代依次上溯而贯通历代的《中国学术编年》（以下简称《编年》）终于告竣。这是迄今为止学术界首次以编年的形式对中国通代学术发展史的系统梳理，是一部力图站在 21 世纪新的学术制高点上全面综合与总结以往学术成果的集成性之作，同时也是一部兼具研究与检索双重功能的大型工具书。衷心希望《中国学术编年》的出版，能对 21 世纪国学的研究与复兴起到积极的推动作用。

从《清代学术编年》项目启动到《中国学术编年》告竣的 20 余年间，恰与世纪之交以"重写学术史"为主旨的"学术史热"相始终。因此，当我们有幸以编撰《中国学术编年》的方式，积极参与"重写学术史"这一世纪学术大厦的奠基与建设工程之际，在对《中国学术编年》的编纂进行艰苦探索的同时，始终伴随着对"重写学术史"的密切关注以及对如何"重写学术史"的学理思考，值此《中国学术编年》即将出版之际，我们愿意将期间的探索、思考成果撰为《前言》冠于书前，期与学界同仁共享。

一、世纪之交"学术史热"的勃兴与启示

一代有一代之学术，一代亦有一代之学术史，这是因为每个时代都有对学术理念、路向、范式的不同理解，都需要对特定时代的主要学术论题作出新的回答。从这个意义上说，"重写文学史"既是一种即时性学术思潮的反映，又是一项永无止境的学术创新活动。不同时代"重写文学史"的依次链接与推进，即是最终汇合成为学术通史的必要前提。

世纪之交，以"重写文学史"为主旨的"学术史热"再次兴起于中国学术界，这与上个世纪之交的"学术史热"同中有异：同者，都是集中于世纪之交对源远流长的中国学术史进行反思与总结。异者，一是旨在推进中国学术实现从传统向现代的转型；一是旨在通过推进中国现代学术的世界化而建构新的学术体系，因而彼此并非世纪轮回，而应视为世纪跨越。

本次"学术史热"以北京、上海为两大中心，兴起于 20 世纪 80 年代，发端于"重写文学史"，然后逐步推向"重写学术史"。诚然，重写历史，本是学术发展与创新的内在要求，然而在 20 世纪 80 年代，"重写"成为一种学术时尚，普遍被学者所关注与谈论，几乎成为一个世纪性话题，却缘于特定的时代背景。诚如葛兆光先生所言，80 年代以来有一些话题至今仍在不断被提起，其中一个就是"重写"，重写文学史，重写文化史，重写哲学史，当然也有重写思想史。重写是"相当诱人的事情，更是必然的事情"（《连续性：思路、章节及其他——思想史的

写法之四》,《读书》1998年第6期)。其中的"必然",是从最初对一大批遭受不公正对待和评价的作家文人的"学术平反",到对整个中国学术文化的意义重释与价值重估,实际上是伴随改革开放进程的思想解放运动的重要组成部分,故有广泛"重写"之必要与可能。

从"重写文学史"到"重写学术史"之间,本有内在的逻辑关联。"重写文学史"作为"重写学术史"的一个重要组成部分与开路先锋,向思想史、哲学史、文化史等各个层面的不断推进,必然会归结于"重写学术史"。在从"重写文学史"走向"重写学术史"的过程中,同样以北京大学为前沿阵地。早在80年代初,北京大学王瑶先生率先发起了有关文学史的讨论。至1985年,陈平原先生在北京万寿寺召开的中国现代文学创新座谈会上宣读了他与钱理群、黄子平先生酝酿已久的"20世纪中国文学"的基本构想(后发表于《读书》1985年第10期),给重写文学史以重要启发。同年,著名学者唐弢与晓诸先生等就是否可以重写文学史问题开展激烈的争论,由此形成"重写文学史"讨论的第一次高潮。然后至90年代初,陈平原先生率先由"重写文学史"转向"重写学术史"的实践探索,从1991年开始启动《中国现代学术之建立》的写作,主编《学人》杂志,筹划"学术史丛书",到1995年"学术史丛书"由北京大学出版社出版,这是世纪之交"重写学术史"取得阶段性成果的重要标志。而在另一个学术中心上海,先于1988年在《上海文坛》专门开辟"重写文学史"专栏,邀请著名学者陈思和、王晓明先生主持,他们在开栏"宣言"中开宗明义地提出"重写文学史"的学术宗旨,并给予这样的历史定位:"我们现在提出'重写文学史',实际上正是在文学史研究的性质发生改变的时期,是现代文学史作为一门独立的学科逐步走向成熟的时期。"王晓明先生还特意将"重写文学史"溯源于1985年万寿寺座谈会上陈平原等关于"20世纪中国文学的构想","重写文学史"不过是将三年前"郑重拉开的序幕"再一次拉开,这是旨在强调从1985年到1988年"重写文学史"讨论两次高潮的延续性以及京沪两大学术中心的连动性。1996年,在章培恒、陈思和先生的主持下,《复旦学报》也继《上海文坛》之后开辟了"重写文学史"专栏,由此促成了贯通中国古代文学与现代文学的"中国文学古今演变研究"的交叉学科的创立。然后至1997年、1998年连续于上海召开"20世纪的中国学术"、"重写学术史"两次专题学术研讨会,尤其是后一次会议,在全国学术界第一次明确打出"重写学术史"旗号,具有时代标志性意义。此后,以京沪为两大中心,广泛影响全国的"学术史热"迅速升温。除了各种学术会议之外,各地重要刊物也都相继开辟学术史研究专栏,或邀请著名学者举行座谈。当然,最重要的学术成果还是主要体现在学术史著作方面,从分科到综合,从断代到通代,从历时到共时,从个体到群体,以及各种专题性的学术史研究领域,都有广泛涉及,这是来自不同专业领域学者在"重写学术史"旗帜下的新的聚集、新的合作、新的交融,共同创造了世纪之交学术史研究的兴盛局面。期间的代表性学术成果,主要体现在理论反思与实践探索两个层面。

在理论反思方面,集中体现于各种学术会议与专栏讨论文章,比如1997年在上海召开的"20世纪的中国学术"讨论会上,与会学者就"20世纪中国学术"的历史起点与逻辑起点、学术史观与研究方法等发表了各自的意见,并就20世纪中国学术在中西文化与学术的碰撞和融合的背景之下的现代品性与总体特点,以及存在的问题与教训、部分具体学科在20世纪的发展脉络等展开了热烈的讨论(晋荣东《"20世纪的中国学术"讨论会综述》,《学术月刊》1997年第6期)。1998年在上海召开的"重写学术史"研讨会,与会学者重点围绕近年来出版的学术史著质量、现今条件下重写学术史的必要与可能、重写中遇到的问题与难点、学术史著各种写法的得失等进行了广泛的交流与深入的研讨。当然,"重写学术史"的关键是能否建构新的学术史观,其中包括两大核心内容:一是对学术与学术史的重新认知;二是新型学术范式的建立。这在世纪之交的"重写学术史"讨论中也得到了热烈的回应。前者主要围绕"学术史是什么"的问题而展开。陈平原先生主张一种相对开放的泛学术史观,认可中国古代"辨章学术,考镜源流"的传统,更多强调学术史与思想史、文化史的关联(《"学术史丛书"总序》)。李学勤先生则提出把文科和理科、科学与人文放在一起,统一考察的大学术史观,认为"现在通常把自然科学称作'科学',人文社会科学叫做'学术',其实不妥,因为人类的知识本来是一个整体,文理尽管不同,仍有很多交叉贯通之处。尤其是在学术史上,不少人物对科学、人文都有贡献,他们的思想受到两方面的影响;还有一些团体,其活动兼及文理,成员也包括双方的学者。如果生加割裂,就难以窥见种种思潮和动向的全体面貌。"(《研究二十世纪学术文化的一些意见》,《中国文化研究》2000年第1期)

与此同时,也有一些学者着眼于学术史之所以为学术史的学术定位提出自己的思考。1997年在上海召开的"20世纪的中国学术"研讨会上,有学者认为必须明确将其与文化史、思想史以及哲学史等区分开来,把"学术"定位在知识形态上,即学术史主要是客观地研究知识的分类、构成、积累等问题,对知识的结构演变、体系的发展脉络予以发生学意义上的追寻,作出分析、说明、描述、勾勒,以此与文化史、思想史作出分殊,给学术史留出独立的位置,树立自觉的意识与确定的立场(晋荣东《"20世纪的中国学术"讨论会综述》,前揭)。2004年,张立文先生在《中国学术的界说、演替和创新——兼论中国学术史与思想史、哲学史的分殊》一文(《中国人民大学学报》2004年第1期)中,对"学术史是什么"作了如下辨思与界定:

> 学术在传统意义上是指学说和方法,在现代意义上一般是指人文社会科学领域内诸多知识系统和方法系统,以及自然科学领域中的科学学说和方法论。中国学术史面对的不是人对宇宙、社会、人生之道的体贴和名字体系或人对宇宙、社会、人生的事件、生活、行为所思所想的解释体系,而是直面已有的中国哲学家、思想家、学问家、科学家、宗教家、文学家、史学家、经学家等的学说和方法系统,并藉其文本和成果,通过考镜源流、分源别派,历史地呈现其学术延续的血脉和趋势。这便是中国学术史。

这一界定既为学术史确立了相对独立的立场与地位,又贯通了与哲学史、思想史以及人文社会科学与自然科学的关系,富有启示意义。

关于如何建构新的学术范式的问题,李学勤先生陆续发表了系列论文展开探索,然后结集并题为《重写学术史》出版,书中"内容提要"这样写道:"'重写学术史'意味着中国各历史阶段学术思想的演变新加解释和总结。这与我过去说的'重新估价中国古代文明'和'走出疑古时代',其实是相承的。晚清以来的疑古之风,很大程度上是对学术史的怀疑否定,而这种学风本身又是学术史上的现象。只有摆脱疑古的局限,才能对古代文明作出更好的估价。"李学勤先生特别强调20世纪考古发现之于"重写学术史"的重要性,提出要由改写中国文明史、学术史到走出疑古时代,由"二重证据法"到多学科组合。作为国家夏商周断代工程首席科学家、著名考古学家,李学勤先生的以上见解,显然与其考古专业立场密切相关。陈平原先生鉴于近代之前的中国学术史研究多以"人"为中心,以"人"统"学",近代之后一变为以"学"为中心,以"学"统"人",于是倡导建构以"问题"为中心的新的学术范式,他在《中国现代学术之建立》一书的《导论》中指出:"集中讨论'中国现代学术之建立',目的是凸显论者的问题意识。表面上只是接过章、梁的话题往下说,实则颇具自家面目。选择清末民初三十年间的社会与文化,讨论学术转型期诸面相,揭示已实现或被压抑的各种可能性,为重新出发寻找动力乃至途径。这就决定了本书不同于通史的面面俱到,而是以问题为中心展开论述。"后来,陈平原先生在《"当代学术"如何成"史"》一文中更加鲜明地表达了他的学术史观:"谈论学术史研究,我倾向于以问题为中心,而不是编写各种通史。"(《云梦学刊》2005年第4期)从以"人"为中心,到以"学"为中心,再到以"问题"为中心,显示了中国学术史研究学术范式的重要进展,体现了新的时代内涵与学术价值。当然,"人"、"学"、"问题"三者本是互为一体,密不可分的,若能将以"问题"为中心与以"人"、"学"为中心的三种范式相互交融,会更为完善。

在实践探索方面,则以李学勤、张立文先生分别主编的《中国学术史》、《中国学术通史》最为引人注目。两书皆为贯通历代、规模宏大的多卷本中国学术通史研究著作。《中国学术史》凡11卷,依次为《先秦卷》(上、下)、《两汉卷》、《三国两晋南北朝卷》(上、下)、《隋唐五代卷》、《宋元卷》(上、下)、《明代卷》、《清代卷》(上、下),自2001年起由江西教育出版社陆续出版。《中国学术通史》凡6卷,依次为《先秦卷》、《秦汉卷》、《魏晋南北朝卷》、《隋唐卷》、《宋元明卷》、《清代卷》,于2005年由人民出版社整体推出。两书的相继出版,一同填补了中国学术史上长期缺少通史研究巨著的空白,代表了世纪之交"重写学术史"的最新进展。至于断代方面,当推陈平原先生《中国现代学术之建立》影响最著,作者在《导论》中这样写道:"晚清那代学者之所以热衷于梳理学术史,从开天辟地一直说到眼皮底下,大概是意识到学术嬗变的契机,希望借'辨章学术,考镜源流'来获得方向感。同样道理,20世纪末的中国学界,重提'学术史研究',很大程度上也是为了解决自身的困惑。因此,首先进入视野的,必然是与其息息相关的'20世纪中国学术'。"要之,从离我们最近的20世纪中国学术入手,更具重点突破、带动全局的重要意义,可以为重新审视、重构中国学术史提供新的逻辑基点。

对于世纪之交"重写文学史"在理论反思与实践探索两个层面的意义与启示,可以引录左鹏军先生在《90年代"学术史热"的人文意义》(《华南师范大学学报》1998年第3期)一文的概括:

第一,它是对长久以来中国传统学术尤其是对近现代以来中国学术道路、学术建树的全面总结,是对鸦片战争以来尤其是新文化运动以来中国文化命运、学术走势的冷静反省,它实际上蕴含着在世纪末对新世纪的新学术状况、新学术高峰的企盼与期待。

第二,它透露出中国人文知识分子在几十年的风风雨雨中走过了曲曲折折的学术道路之后,对自己社会角色、社会地位的重新确认,对自己所从事的学术工作的再次估价,对学术本身的地位、价值,对学术本质的进一步思考和确认,表明一种可贵的学术自觉。

第三,它反映出在整个世界学术走向一体化,中国学术与世界学术的交流日趋频繁的历史背景下,中国人文学者建立起完备系统的学术规范,迅速走上学术规范化、正常化之路的要求,表现出中国学者对中国学术尽快与世界学术潮流全方位接触,确立中国学术在世界学术中的应有地位,与世界学术进展接轨、促进世界学术发展的迫切愿望与文化自信。

第四,它体现出人文科学某些相关学科发展的综合趋势,以避免学科分类过细过专、流于琐碎的局限;在方法论上,要吸收和运用古今中外的一切行之有效的研究方法、现代灵活多样的研究手段,深入开展中国学术的研究,使中国学术史的研究从研究方法、学科划分、到操作规程、科研成果,都达到一个崭新的水平。

第五,近年的学术史研究,对近现代学术史之"另一半",即过去由于种种非学术原因而有意无意被忽略了的、或在一定的政治背景下不准研究的一大批对中国学术作出巨大贡献的学者,给予了必要的关注,这表明在世纪末到来的时候,中国学术界开始对本世纪的学术历史进行整体全面的反思,试图写出尽可能贴近学术史原貌的学术史著作。

应该说,这一概括是比较周全而精辟的。

今天,当我们站在21世纪新的学术制高点上,以比较理性的立场与态度来审视世纪之交的"学术史热"时,那么,就不能仅仅停留于客观的历史追述,而应在进程中发现意义,在成绩中找出局限,然后努力寻求新的突破。无可讳言,"学术史热"既然已从学术崇尚衍为一种社会风潮,那么它必然夹杂着许多非学术化的因素,甚至难免出现学术泡沫。相比之下,"重写学术史"的工作显然艰苦得多,更需要沉思,需要积淀,需要创新。其中最重要的莫过于先进的学术史观与扎实的文献基础的双重支撑。以此衡之,世纪之交的"学术史热"显然还存在着诸多局限。学术既由"学"与"术"所组成,学者,学说也,学理也,因此学术史研究不仅离不开思想,相反,更需要深刻思想的导引与熔铸。学术史观,从某种意义上说即是学术思想的体现和升华,平庸的思想不可能产生深刻的学术史观。李泽厚先生尝论20世纪90年代是一个"思想淡出,学术凸显"的时代,扼要点中了中国学界八、九十年代的整体学术转向。

"重写学术史",实质上是对原有学术史的历史重建,而历史重建的成效,则有赖于历史还原的进展。从历史与逻辑辩证统一的要求衡量,"重写学术史"的历史还原与重建,特别需要在中国学术、中国学术史、中国学术史研究三个具有内在逻辑关联的关键环节上作出新的探索,并取得新的突破。

二、中国"学术":文字考释与意义探源

学术史,顾名思义,是学术发展演变的历史。因此,对中国学术史的历史还原,首先要对"学术"的语言合成与原生意义及其历史流变进行一番考释与探源工作。

何谓"学术"?《辞源》释之为"学问、道术";《辞海》释之为"较为专门、有系统的学问";《汉语大词典》梳理从先秦至清代有关"学术"的不同用法,释为七义:(1)学习治国之术;(2)治国之术;(3)教化;(4)学问、学识;(5)观点、主张、学说;(6)学风;(7)法术、本领。其中(3)(4)(5)(6)(7)皆关乎当今所言"学术"之意义。

从语源学上追溯,"学"与"术"先是分别独立出现,各具不同的语义。然后由分而合,并称为"学术"之名。至近代以来,又逐渐被赋予新的时代意义。略略考察其间的演变历程,有助于更深切、准确地理解"学术"本义及其与现代学术意涵的内在关系。

(一)"学"之释义

许慎《说文解字》曰:"斅,觉悟也。从教、冂。冂,尚矇也。臼声。學,篆文斅省。"许氏以"斅"、"學"为一字,本义为"觉悟"。段玉裁注云:"详古之制字作'斅',从教,主于觉人。秦以来去'攵'作'學',主于自觉。"以此上溯并对照于甲骨文和金文,则"學"字已见于甲骨文而金文中则"學"、"斅"并存:

前三字为甲骨文,后二字为金文。甲骨文"學"字或从乂,或从爻,与上古占卜的爻数有

关。占卜术数是一门高深学问，需要有师教诲，故由"學"字引申，凡一切"教之觉人"皆为"學"，不一定是专指占卜之事。如：

丙子卜贞：多子其延學疾（治病），不冓（遘）大雨？（《甲骨文合集》3250）
丁酉卜今旦万其學？/于来丁廼學？（《小屯南地甲骨》662）

然后从学习行为引申为学习场所，意指学校。如："于大學拜？"（《小屯》60）大学，应为学官名，即是原始的太学，《礼制·王制》曰："小学在公官南之右，太学在郊。"

以甲骨文为基础，金文又增加了意为小孩的形符"子"，意指蒙童学习之义更加显豁。儿童学习须人教育，因此本表学习义的"學"兼具并引申为教学之义，故金文再增加"攴"符，成为繁形的"敎"字，由此學、敎分指学、教二义。检金文中"學"字，仍承甲骨文之义，意指学习或学校。如：

小子令學。（令鼎）
小子眔服眔小臣眔尸仆學射。（静簋）
余隹（惟）即朕小學，女（汝）勿妸余乃辟一人。（盂鼎）
王命静嗣射學宫。（静簋）

前二例意指学习行为，后二例意指学习场所。
然"敎"之不同于"學"，明显意指"教"之义。如：

克又井敎懿父迺□子。（沈子它簋盖）
昔者，吴人并越，越人修敎備恁（信），五年覆吴。（中山王鼎）

《静殷》："静敎无。"郭沫若《西周金文辞大系》考释："敎当读为教……，无即无斁。"这个"敎"字还保留"觉人"、"自觉"的双向语义，即是说"觉人"为"教"，"自觉"为"学"，不必破通假字。传世文献则已分化为二字二义。如《尚书·兑命》曰："惟敎學半，今始终典于學，厥德修罔觉。"孔安国《传》云："敎，教也。"《礼记·学记》由此引出"教学相长"之说。曰："學然后知不足，教然后知困。知不足然后能自反也，知困然后能自强也。故曰教学相长也。《兑命》曰：'敎學半'，其此之谓乎？"段玉裁尽管曾从词义加以辨析，说："按《兑命》上敎之谓教，言教人乃益己之半，教人谓之學者。學所以自觉，下之效也；教人所以觉人，上之施也。故古统谓之學也。"其"古统谓之学"，说明"学"是双向的表意，在语源上是没有区别的。

"敎"为教义，征之于先秦文献，也不乏其例：

《礼记·文王世子》："凡敎世子及學士，必时。"陆德明释文："敎，户孝反，教也。"
《国语·晋语九》："顺德以敎子，择言以教子，择师保以相子。"韦昭注："敎，教也。"
《墨子·鲁问》："鲁人有因子墨子而學其子者。"于省吾《双剑誃诸子新证·墨子三》："學，应读作敎。"

要之，由学习至学校，由教学至学习，"学"字在上古包含"觉人"（教）与"自觉"（学）的双向语义。

春秋战国时代，在百家争鸣、学术繁荣的特定背景下，"学"之词日益盛行于世，仅《论语》

一书出现"学"者,凡46处之多。而且,还出现了如《礼记》之《大学》、《学记》,《荀子》之《劝学》,《韩非子》之《显学》等论学专篇。"学"之通行意义仍指学习行为,然后向以下诸方面引申:

1. 由学习行为,引申为学习场所——学校

《礼记·学记》曰:"古之教者,家有塾,党有庠,术(遂)有序,国有学。"《礼记·大学》谓"大学之道,在明明德,在亲民,在止于至善"。此"国之学"、"大学"即指最高学府——太学。

2. 由学习行为引申为学习主体——学士、学人、学者

《荀子·修身》曰:"故学曰:迟,彼止而待我,我行而就之,则亦或迟、或速、或先、或后,胡为乎其不可以同至也。"此"学"意指学习者,或衍为"学士"、"学人"、"学者"。《周礼·春官·乐师》曰:"及徹,帅学士而歌徹。"《左传·昭公九年》曰:"辰在子卯,谓之疾日,君徹宴乐,学人舍业,为疾故也。"《论语·宪问》曰:"子曰:古之学者为己,今之学者为人。"《礼记·学记》曰:"学者有四失,教者必知之。"此"学士"、"学人"、"学者"皆指求学者。

由求学者进一步引申,又可指称有学问之人。《庄子·刻意》曰:"语仁义忠信,恭俭推让,为修己而已矣,此平世之士,教诲之人,游居学者之所好也。"成玄英疏:"斯乃子夏之在西河,宣尼之居洙泗,或游行而议论,或安居而讲说,盖是学人之所好。"而《庄子·盗跖》曰:"摇唇鼓舌,擅生是非,以迷天下之主,使天下学士,不反其本,妄作孝弟,而徼倖于封侯富贵者也。"此"学士"则泛指一般学者、文人。

3. 由学习行为引申为学习成果——学问、学识

《论语·为政》曰:"子曰:吾十有五而志于学。"《论语·述而》曰:"子曰:德之不修,学之不讲,闻义不能徙,不善不能改,是吾忧也。"《论语·子罕》曰:"大哉孔子,博学而无所成名。"《墨子·修身》曰:"士虽有学,而行为本焉。"此中"学"字,皆为学问、学识、知识之义,后又进而衍为"学问"之词。按"学问",本指学习与询问知识、技能等。例如《易·乾》曰:"君子学以聚之,问以辩之。"《礼记·中庸》曰:"博学之,审问之,慎思之,明辨之,笃行之。"而合"学"与"问"于"学问"一词,即逐步由动词向名词转化。《孟子·滕文公上》曰:"吾他日未尝学问,好驰马试剑。"仍用为动词。《荀子·劝学》曰:"不闻先生之遗言,不知学问之大也。"则转化为名词,意指知识、学识。《荀子·大略》曰:"诗曰:'如切如磋,如琢如磨'。谓学问也。"两者兼而有之。

4. 由学习行为引申为学术主张与学术流派——学说、学派

《庄子·天下篇》曾提出"百家之学"、"后世之学"的概念,曰:"古之所谓道术者,果恶乎在?……其明而在数度者,旧法世传之史尚多有之。其在于《诗》、《书》、《礼》、《乐》者,邹鲁之士缙绅先生多能明之。《诗》以道志,《书》以道事,《礼》以道行,《乐》以道和,《易》以道阴阳,《春秋》以道名分。其数散于天下而设于中国者,百家之学时或称而道之。……悲夫,百家往而不反,必不合矣!后世之学者,不幸不见天地之纯,古人之大体,道术将为天下裂。"此"百家之学"、"后世之学",主要是指学说。而《韩非子·显学》也同样具有《庄子·天下篇》的学术批评性质,其谓"世之显学,儒墨也"。此"学"则意指学派。

由先秦"学"之意涵演变历程观之,当"学"从学习的基本语义,逐步引申为学校、学者乃至学问、学识、学说、学派时,即已意指甚至包含了"学术"的整体意义。

（二）"术"之释义

术，古作術。许慎《说文解字》曰："術，邑中道也。从行，术声。"段玉裁注："邑，国也。"術字本义是"道路"，这个字比较晚起，最早见睡虎地秦墓竹简，写作：

術

《法律答问》曰："有贼杀伤人（于）冲術。"银雀山汉墓竹简《孙膑兵法·擒庞涓》曰："齐城、高唐当術而大败。"冲術，即大道、大街；当術，在路上。

然術字虽是晚出，而表示"道路"的意义则存之于先秦文献。如《墨子·号令》曰："環守宫之術衢，置屯道，各垣其两旁，高丈为埤倪。"術衢，指道路，衢也是道路。《庄子·大宗师》曰："鱼相忘乎江湖，人相忘乎道術。"道術，即道路。词义早就存在了，而表示该词义的字却迟迟未出，滞于其后。这在汉语中是常见的现象。

与"術"关系十分密切的还有一个"述"字，见于西周金文。《说文》曰："述，循也。从辵，术声。"段玉裁注："述，或叚术为之。"其实，術为"述"字的分化。述为循行，由动词演变为名词，则为行走的"道路"，于是才造出一个"術"字。至少可以说，術、述同属一个语源。

"術"（术）又由道路引申为方法、手段、技能、技艺、谋略、权术、学问、学术等义，则与其道之本义逐渐分离。兹引先秦典籍文献，分述于下：

1. 由道路引申为方法、手段

《礼记·祭统》曰："惠术也，可以观政矣。"郑玄注："术犹法也。"《孟子·告子下》曰："教亦多术矣，予不屑之教诲也者，是亦教诲之而已矣。"此"术"指教育方法。

2. 由方法引申为技能、技艺

《礼记·乡饮酒义》曰："古之学术道者，将以得身也，是故圣人务焉。"郑玄注："术，犹艺也。"《孟子·公孙丑上》曰："矢人惟恐不伤人，函人惟恐伤人，巫匠亦然，故术不可不慎也。"又《孟子·尽心上》曰："人之有德慧术知者，恒存乎疢疾。"赵歧注："人所以有德行智慧道术才智者，以其在于有疢疾之人；疢疾之人，又力学，故能成德。"此"术"与德、慧、知（智）并行，赵歧释之为"道术"，实乃指一种技能、技艺。

古代与"术"构为复合词者，如法术、方术、数术（或称术数）等，多指具有某种神秘性、专门性的技能或技艺。《韩非子·人主》曰："且法术之士，与当途之臣，不相容也。"此法术犹同方术。《荀子·尧问》曰："德若尧禹，世少知之，方术不用，为人所疑。"《吕氏春秋·赞能》曰："说义以听，方术信行，能令人主上至于王，下至于霸，我不若子也。"后方术泛指天文、医学、神仙术、房中术、占卜、相术、遁甲、堪舆、谶纬等。《后汉书》首设《方术传》。术数，多指以种种方术，观察自然界可注意的现象，来推测人的气数与命运，也称"数术"。《汉书·艺文志》谓："数术者，皆明堂羲和史卜之职也。"其下列天文、历谱、五行、蓍龟、杂占、形法六种，大体与方术相近。

3. 由方法引申为谋略、权术

《吕氏春秋·先己》曰："当今之世，巧谋并行，诈术递用。"此"术"意指一种权谋。先秦典籍文献中"术"常与"数"连称"术数",特指谋略、权术,与上文所指技能、技艺之"术数"同中有异。《管子·形势》曰:"人主务学术数,务行正理,则变化日进,至于大功。"《韩非子·奸劫弑臣》曰:"夫奸臣得乘信幸之势以毁誉进退群臣者,人主所有术数以御之也。"《鹖冠子·天则》曰:"临利而后可以见信,临财而后可以见仁,临难而后可以见勇,临事而后可以见术数之士。"皆指治国用人的谋略、权术。

4. 由技能、技艺引申为学问、学术

以《庄子·天下篇》所言"道术"、"方术"最具代表性。《天下篇》曰:

> 天下之治方术者多矣,皆以其有为不可加矣。古之所谓道术者,果恶乎在?曰:"无乎不在。"曰:"神何由降?明何由出?""圣有所生,王有所成,皆原于一。"不离于宗,谓之天人;不离于精,谓之神人;不离于真,谓之至人。以天为宗,以德为本,以道为门,兆于变化,谓之圣人;以仁为恩,以义为理,以礼为行,以乐为和,熏然慈仁,谓之君子;以法为分,以名为表,以参为验,以稽为决,其数一二三四是也,百官以此相齿;以事相常,以衣食为主,蕃息畜藏,老弱孤寡为意,皆有以养,民之理也。古之人其备乎!配神明,醇天地,育万物,和天下,泽及百姓,明于本数,系于末度,六通四辟,小大精粗,其运无乎不在。
>
> 天下大乱,贤圣不明,道德不一。天下多得一察焉以自好。譬如耳目鼻口,皆有所明,不能相通。犹百家众技也,皆有所长,时有所用。虽然,不该不遍,一曲之士也。判天地之美,析万物之理,察古人之全。寡能备于天地之美,称神明之容。是故内圣外王之道,暗而不明,郁而不发,天下之人各为其所欲焉以自为方。悲夫,百家往而不反,必不合矣!后世之学者,不幸不见天地之纯,古人之大体。道术将为天下裂。

"道术"与"方术"一样,在先秦典籍文献中本有多种含义。前引《庄子·大宗师》曰:"鱼相忘于江湖,人相忘于道术。"此"道"与"术"同指道路。《吕氏春秋·任数》曰:"桓公得管子,事犹大易,又况於得道术乎?"此"道术"意指治国之术。《墨子·非命下》曰:"今贤良之人,尊贤而好功道术,故上得其王公大人之赏,下得其万民之誉。"此"道"与"术"分别意指道德、学问。而《庄子·天下篇》所言"道术"与"方术"皆意指学术。陈鼓应《庄子今注今译》释"道术":"指洞悉宇宙人生本原的学问",释"方术":"指特定的学问,为道术的一部分"。"道术"合成为一词,意指一种统而未分、天然合一的学问,一种整体的学问,普遍的学问,接近于道之本体的学问,也是一种合乎于道的最高的学术。而"方术"作为与"道术"相对应的特定概念,也与上引意指某种特定技能、技艺之"方术"、"术数"不同,《庄子今注今译》引"林希逸说:'方术,学术也。'蒋锡昌说:'方术者,乃庄子指曲士一察之道而言,如墨翟、宋钘、惠施、公孙龙等所治之道是也。'"则此"方术"意指百家兴起之后分裂"道术"、"以自为方"的特定学说或技艺,是一种由统一走向分化、普遍走向特殊、整体走向局部的学问,一种离异了形而上之"道"趋于形而下之"术"的学问。

要之,"道术"之与"方术"相通者,皆意指学术,所不同者,只是彼此在学术阶段、层次、境界上的差异。鉴于《天下篇》具有首开学术史批评的性质与意义,则以文中"道术"与"方术"之分、之变及其与百家之学、后世之学的对应合观之,显然已超越于"学术"之"术"而具有包含学术之"术"与"学"的整体意义。这标志着春秋战国时代以"百家争鸣"繁荣为基础的"学术"意识的独立、"学术"意涵的明晰,以及学术史批评的自觉。

(三)"学术"之释义

尽管先秦典籍文献中的"学"与"术"在相互包容对应中已具有"学术"的整体性意义,但"学"与"术"组合为并列结构的"学术"一词,却经历了相当长的演变过程,概而言之,大致经历了以下四个阶段。

1. 先秦两汉时期"术学"先行于"学术"

略检先秦典籍文献,早期以"学术"连称者见于《韩非子》等。《韩非子·奸劫弑臣第十四》曰:"世之学术者说人主,不曰'乘威严之势以困奸邪之臣',而皆曰'仁义惠爱而已矣'。"但此"学术"皆为动宾结构而非并列结构,与当今所称"学术"之义不同。

两汉时期,学术作为并列结构且与当今"学术"之义相当者,仍不多见。《后汉书》卷五八《盖勋传》曰:"(宋)枭患多寇叛,谓(盖)勋曰:'凉州寡于学术,故屡致反暴。今欲多写《孝经》,令家家习之,庶或使人知义。'勋谏曰:'昔太公封齐,崔杼杀君;伯禽侯鲁,庆父篡位。此二国岂乏学者? 今不急静难之术,遽为非常之事,既足结怨一州,又当取笑朝廷,勋不知其可也。'枭不从,遂奏行之。果被诏书诘责,坐以虚慢征。"此"学术"大体已与当今"学术"之义相近,但尚偏重于教化之意。

再看"术学"一词,《墨子·非儒下》已将"道术学业"连称,其曰:"夫一道术学业仁义也,皆大以治人,小以任官,远施周偏,近以修身,不义不处,非理不行,务兴天下之利,曲直周旋,利则止,此君子之道也。以所闻孔丘之行,则本与此相反谬也!"道术学业并列,含有"学术"之意,但仅并列而已,而非"术学"连称。

秦汉以降,"术学"一词合成为并列结构者行世渐多。例如:

> 《史记》卷九十六《张丞相列传》:"太史公曰:'张苍文学律历,为汉名相,而绌贾生、公孙臣等言正朔服色事而不遵,明用秦之颛顼历,何哉? 周昌,木强人也。任敖以旧德用。申屠嘉可谓刚毅守节矣,然无术学,殆与萧、曹、陈平异矣'。"
>
> 《汉书》卷四十五《蒯伍江息夫传》:"伍被,楚人也。或言其先伍子胥后也。被以材能称,为淮南中郎。是时淮南王刘安好术学,折节下士,招致英隽以百数,被为冠首。"
>
> 《后汉书》卷四十上《班彪列传》:"其论术学,则崇黄老而薄《五经》;序货殖,则轻仁义而羞贫穷;道游侠,则贱守节而贵俗功,此其大敝伤道,所以遇极刑之咎也。然善述序事理,辩而不华,质而不俚,文质相称,盖良史之才也。诚令迁依《五经》之法言,同圣人之是非,意亦庶几矣。"
>
> 《后汉书》卷五十九《张衡列传》:"安帝雅闻衡善术学,公车特征拜郎中,再迁为太史令。遂乃研核阴阳,妙尽璇机之正,作浑天仪,著《灵宪》、《算罔论》,言甚详明。"

以上"术学"皆为并列结构,其义与今之"学术"一词相当。

2. 魏晋至唐宋时期"术学"与"学术"同时并行

"学术"之与"术学"同时并行,可以证之于魏晋至唐宋时期的相关史书,试举数例:

> 《晋书》卷六十四《武十三王传》:"晞无学术而有武干,为桓温所忌。"卷七十二《郭璞传》:"臣术

学庸近,不练内事,卦理所及,敢不尽言。"

《梁书》卷二十二《太祖五王传》:"(秀)精意术学,搜集经记,招学士平原刘孝标,使撰《类苑》,书未及毕,而已行于世。"又卷三十八《贺琛传》:"琛始出郡,高祖闻其学术,召见文德殿,与语悦之,谓仆射徐勉曰:'琛殊有世业'。"

《旧唐书》卷四十三《职官志二》:"集贤学士之职,掌刊缉古今之经籍,以辩明邦国之大典。凡天下图书之遗逸,贤才之隐滞,则承旨而征求焉。其有筹策之可施于时,著述之可行于代者,较其才艺而考其学术,而申表之。凡承旨撰集文章,校理经籍,月终则进课于内,岁终则考最于外。"又卷一百二十六《卢鸷传》:"(鸷)无术学,善事权要,为政苛躁。"

《新唐书》卷一百四十《裴冕传》:"冕少学术,然明锐,果于事,众号称职,(王)鉷雅任之。"又卷一百一《萧嵩传》:"时崔琳、正丘、齐澣皆有名,以嵩少术学,不以辈行许也,独姚崇称其远到。历宋州刺史,迁尚书左丞。"

以上皆为同一史书中"学术"、"术学"同时并行之例。但观其发展趋势,是"学术"盛而"术学"衰。

3. 宋元以降"学术"逐步替代"术学"而独行于世

唐宋之际,"术学"隐而"学术"显,实已预示这一变化趋势。从《宋史》到《金史》、《元史》、《明史》、《清史稿》,"术学"一词几乎销声匿迹,其义乃合于"学术"一词。而就"学术"本身的内涵而言,则更具包容性与明确性,与今天所称"学术"之义更为接近。例如:

《宋史》卷二十三《钦宗本纪》:"壬寅,追封范仲淹魏国公,赠司马光太师,张商英太保,除元祐党籍学术之禁。"

《宋史》卷三百七十六《陈渊传》:"渊面对,因论程颐、王安石学术同异,上曰:'杨时之学能宗孔、孟,其《三经义辨》甚当理。'渊曰:'杨时始宗安石,后得程颢师之,乃悟其非。'上曰:'以《三经义解》观之,具见安石穿凿。'渊曰:'穿凿之过尚小,至于道之大原,安石无一不差。推行其学,遂为大害。'上曰:'差者何谓?'渊曰:'圣学所传止有《论》、《孟》、《中庸》,《论语》主仁,《中庸》主诚,《孟子》主性,安石皆暗其原。仁道至大,《论语》随问随答,惟樊迟问,始对曰:爱人。爱特仁之一端,而安石遂以爱为仁。其言《中庸》,则谓《中庸》所以接人,高明所以处己。《孟子》七篇,专发明性善,而安石取扬雄善恶混之言,至于无善无恶,又溺于佛,其失性远矣。'"

《元史》卷一百四十《铁木儿塔识传》:铁木儿塔识"天性忠亮,学术正大,伊、洛诸儒之书,深所研究"。

《明史》卷二百八十二《儒林传一》:"原夫明初诸儒,皆朱子门人之支流余裔,师承有自,矩矱秩然。曹端、胡居仁笃践履,谨绳墨,守儒先之正传,无敢改错。学术之分,则自陈献章、王守仁始。宗献章者曰江门之学,孤行独诣,其传不远。宗守仁者曰姚江之学,别立宗旨,显与朱子背驰,门徒遍天下,流传逾百年,其教大行,其弊滋甚。嘉、隆而后,笃信程、朱,不迁异说者,无复几人矣。要之,有明诸儒,衍伊、洛之绪言,探性命之奥旨,錙铢或爽,遂启岐趋,袭谬承讹,指归弥远。"

《清史稿》卷一百四十五《艺文志一》:"当是时,四库写书至十六万八千册,诏钞四分,分度京师文渊、京西圆明园文源、奉天文溯、热河文津四阁,复简选精要,命武英殿刊版颁行。四十七年,诏再写三分,分贮扬州大观堂之文汇阁、镇江金山寺之文宗阁、杭州圣因寺玉兰堂之文澜阁,令好古之士欲读中秘书者,任其入览。用是海内从风,人文炳蔚,学术昌盛,方驾汉、唐。"

《清史稿》卷一百七《选举志二》:"先是百熙招致海内名流,任大学堂各职。吴汝纶为总教习,赴日本参观学校。适留日学生迭起风潮,诼谣繁兴,党争日甚。二十九年正月,命荣庆会同百熙管理大学堂事宜。二人学术思想,既各不同,用人行政,意见尤多歧异。"

《清史稿》卷四百七十三《康有为传》:"有为天资瑰异,古今学术无所不通,坚于自信,每有创论,常开风气之先。"

《清史稿》卷四百八十六《林纾传》:"纾讲学不分门户,尝谓清代学术之盛,超越今古,义理、考据,合而为一,而精博过之。实于汉学、宋学以外别创清学一派。"

《清史稿》卷四百八十六《辜汤生传》:"辜汤生,字鸿铭,同安人。幼学于英国,为博士。遍游德、法、意、奥诸邦,通其政艺。年三十始返而求中国学术,穷四子、五经之奥,兼涉群籍。爽然曰:'道在是矣!'乃译四子书,述《春秋》大义及礼制诸书。西人见之,始叹中国学理之精,争起传译。"

此外,明代学者章懋在其《枫山语录》中有《学术》专文,周琦所著《东溪日谈录》卷六有《学术谈》一文,《清史稿》卷二百六十五《陆陇其传》还有载陆氏所著《学术辨》一书,曰:"其为学专宗朱子,撰《学术辨》。大指谓王守仁以禅而托于儒,高攀龙、顾宪成知辟守仁,而以静坐为主,本原之地不出守仁范围,诋斥之甚力。"从以上所举案例可知,宋元以来取代"术学"而独行于世的"学术"一词,因其更具包容性与明确性而在名实两个方面渐趋定型。

4. 晚清以来"学术"的新旧转型与中西接轨

晚清以来,在西学东渐的背景下,随着中国"学术"从传统向现代的转型,学界对"学术"的内涵也进行了新的审视与界说。1901年,严复在所译《原富》按语中这样界定"学术"中"学"与"术"的区别:"盖学与术异,学者考自然之理,立必然之例。术者据既已知之理,求可成之功。学主知,术主行。"10年后,梁启超又作《学与术》一文,其曰:

> 近世泰西学问大盛,学者始将学与术之分野,厘然画出,各勤厥职以前民用。试语其概要,则学也者,观察事物而发明其真理者也;术也者,取所发明之真理而致诸用者也。例如以石投水则沉,投以木则浮。观察此事实,以证明水之有浮力,此物理学也;应用此真理以驾驶船舶,则航海术也。研究人体之组织,辨别各器官之机能,此生物学也。应用此真理以治疗疾病,则医术也。学与术之区分及其相互关系,凡百皆准此。善夫生计学大家倭儿格之言,曰:科学(英 Science,德 Wissenschaft)也者,以研索事物原因结果之关系为职志者也。事物之是非良否非所问,彼其所务者,则就一结果以探索所由来,就一原因以推理其所究极而已。术(英 Art,德 Kunst)则反是。或有所欲焉者而欲致之,或有所恶焉者而欲避之,乃研究致之避之之策以何为适当,而利用科学上所发明之原理原则以施之于实际者也。由此言之,学者术之体,术者学之用。二者如辅车相依而不可离,学而不足以应用于术者,无益之学也。术而不以科学上之真理为基础者,欺世误人之术也。(初刊1911年6月26日《国风报》第2册第15期。后载梁启超《饮冰室文集》之二十五下,云南教育出版社,2001年8月第1版)

梁启超以西学为参照系的对"学术"的古语新释,集中表现了当时西学东渐、西学中用的时代风气以及梁氏本人欲以西学为参照,推动中国学术从综合走向分科、从古典走向现代并以此重建中国学术的良苦用心。但取自西学的科学、技术与中国传统"学术"仅具某种对应关系而非对等关系,难免有以今释古、以西释中之局限。由此可见,对于中国学术尤其需要西方与本土、传统与现代学术概念的互观与对接,需要从渊源到流变的学术通观。

三、中国学术史:形态辨析与规律探寻

中国学术史源远流长,而对中国学术史的形态辨析与规律探寻始终没有停息。《庄子·

天下篇》之于"道术"与"方术"两种形态与两个阶段的划分,可以视为中国学术史上最先对"古"、"今"学术流变的总结,实乃反映了作者"后世之学者,不幸见天地之纯,古人之大体,道术将为天下裂"的学术史观,以及由今之"方术"还原古之"道术"的学术崇尚,与同时代其他诸子大相径庭。此后,类似的学术史的总结工作代代相续,随时而进,而不断由"今"鉴"古"所揭示的中国学术史发展轨迹与形态,也多呈现为不同的面貌。比如,司马谈《论六家要旨》所论,凡阴阳、儒、墨、法、名、道六家,而《汉书·艺文志·诸子略》则增为儒、道、阴阳、法、名、墨、纵横、杂、农、小说十家,然后归纳为"诸子出于王官"之说,皆与《庄子·天下篇》不同。再如,唐代韩愈《原道》率先提出"尧—舜—禹—汤—文—武—周公—孔—孟"的"道统"说,继由宋代朱熹《中庸章句》推向两宋当代,完成经典性的归纳:"尧—舜—禹—汤—文—武—周公—孔子—颜回、曾参—子思—孟子—二程",在似乎非常有序的学术史链接中,完成了以儒家为正统的序次定位。但这仅是反映韩愈、朱熹等复兴儒学倡导者的学术史观以及文化史观,不能不以排斥乃至牺牲中国学术史的多元性、丰富性为代价,显然是一种以偏概全的概括。由"道统"而"学统",清代学者熊赐履进而在直接标示为《学统》之书中,以孔子、颜子(回)、曾子(参)、子思、孟子、周子(敦颐)、二程子(程颐、程颢)、朱子(熹)9人为"正统",以闵子(骞)以下至罗钦顺23人为"翼统",由冉伯牛以下至高攀龙178人为"附统",以荀卿、扬雄、王通、苏轼、陆九渊、陈献章、王守仁等7人为"杂统",以老、庄、杨、墨、告子及释、道二氏之流为"异统"(参见《四库全书·总目·史部·传记类存目五》《学统》五十六卷提要)。虽然对韩愈、朱熹"道统"的纯粹性作了弥补,但以儒家为正统、以纯儒为正统的观念未有根本的改变。

近代以来,梁启超以西方学术为参照系,由清代上溯中国学术,先在《论中国学术思想变迁之大势》(《饮冰室合集》文集之七)一文中将中国学术史划分为八个时代:"一胚胎时代,春秋以前也;二全盛时代,春秋及战国是也;三儒学统一时代,两汉是也;四老学时代,魏晋是也;五佛学时代,南北朝隋唐是也;六儒佛混合时代,宋元明是也;七衰落时代,近二百五十年是也;八复兴时代,今日是也。"继之在《清代学术概论》中提出"自秦以后,确能成为时代思潮者,则汉之经学,隋唐之佛学,宋及明之理学,清之考据学,四者而已"。基于时代与个人的双重原因,梁氏抛弃了长期以来以儒家为正统、以纯儒为正统的"道统"说与"学统"说,力图以融通古今、中西的崭新的学术史观,还原于中国学术原生状态与内在逻辑,这的确是一个重大突破,标志着中国学术史研究已实现从传统向现代转型并与世界接轨,具有划时代意义。可以说,此后的中国学术史构架几乎都是以此为蓝本而不断加以调整和完善,当"先秦诸子学——两汉经学——魏晋玄学——隋唐佛学——宋明理学——清代朴学——近代新学"已成为后来概括中国学术史流变的通行公式时,尤其不能遗忘梁氏的创辟之功。

世纪之交,受惠于"重写学术史"的激励和启示,我们应该以更加广阔的视野、更加多元的维度以及更加深入的思考,对中国学术史的形态辨析与规律探寻作出新的建树,实现新的超越。

中国学术孕育于中国文化之母体,受到多元民族与区域文化的滋养而走向独立与兴盛,并在不同时期呈现为不同的主流形态与演变轨迹。而中国学术之所以生生不息,与时俱进,也就在于其同时兼具自我更新与吸纳异质学术文化资源的双重能力,在纵横交汇、融合中吐故纳新,衰而复盛。因此,从"文化—学术"、"传统—现代"、"本土—世界"这样三个维度,重新审视中国学术史的历史进程与演变规律,则大致可以重新划分为华夏之融合、东方之融合与世界之融合三个历史时段,这三个历史时段中的中国学术主导形态及其与世界的关系依次发生了变化,分别从华夏之中国到东方之中国,再到世界之中国。

(一) 华夏文化融合中的中国学术史

从炎黄传说时代到秦汉时期,中国文化发展形态主要表现为华夏各民族文化的融合,然后逐步形成以儒家为主流的文化共同体。与此相契合,中国学术史的发展也完成了从萌芽到独立、繁荣直至确立儒学一统地位的历程。

1. 远古华夏多元文化的融合对学术的孕育

徐旭生在《中国古史的传说时代》(广西师范大学出版社 2003 年版)中同时证之于古籍文献与考古发现,提出华夏、东夷、苗蛮三大族团说,高度概括地揭示了炎黄时代民族与文化版图跨越黄河、长江两岸流域的三分天下格局。然后通过东征、南伐,炎黄族团文化逐步统一了三大部族,而炎黄部族本身的相争相融,终以炎黄并称共同塑铸为中华民族的祖先,这是从炎黄到五帝时代部族联盟文化共同体初步形成的主要标志。夏商周三代,既是三个进入国家形态的不同政权的依次轮替,又是三大民族在黄河流域中的不同分布。因此,夏商周的三代更替,亦即意味着中华民族文化中心在黄河流域轴线上的由中部向东西不同方向的轮动。

以上不同阶段、区域与形态的文化之发展,都不同程度地给予本时段学术的孕育以滋养。《庄子·天下篇》归之为中国学术的"道术"时代,是以所谓天人、神人、至人、圣人、君子等为主导,接近于道之本体的原始学术阶段,与梁启超在《论中国学术思想变迁之大势》所溯源的"天人相与"的学术胚胎时代相仿。

2. 春秋战国"轴心时代"学术的独立与繁荣

东周以降的春秋战国时代,迎来了具有世界性意义的第一个文化繁荣期,大体相当于西方学者所称的"轴心时代"(公元前 800—200 年)(见德国卡尔·雅斯贝尔斯著《历史的起源与目标》,魏楚雄、俞新天译,华夏出版社 1989 年版)。王权衰落、诸侯争霸、士人崛起、诸子立派、百家争鸣,一同促进了中国学术的走向独立与空前繁荣。梁启超《论中国学术思想变迁之大势》称之为"全盛时代",并有四期、两派、三宗、六家的划分。春秋战国诸子百家争鸣的学术之盛,既见普世规律,又有特殊因由。其中一个十分重要的转折点就是发生于春秋后期的"天子失官,学在四夷"的文化学术扩散运动,由于东周王朝逐步失去继续吸纳聚集各诸侯国文化学术精英、引领和主导全国文化学术主流的机制与能力,其结果便是诸子在远离京都中心的诸侯国之间大规模、高频率地自由流动。从诸子的流向、聚集与影响而论,当以齐鲁为中心,以儒、道、墨为主干,然后向全国各诸侯国流动与辐射。

诸子百家争鸣局面的形成,既是本时期中国学术高峰的标志,同时也促进了诸子对于自身学术反思的初步自觉,从《庄子·天下篇》到《荀子·非十二子》、《韩非子·显学》等,都具有学术批判与自我批判的自觉意义,其中也蕴含着诸子整合、百家归一的学术趋势。

3. 秦汉主流文化的选择与儒学正统地位的确立

进入秦汉之后,在国家走向大一统的过程中,通过对法家(秦代)、道家(汉代前期)、儒家(汉代中期)的依次选择,最后确立了儒家的官方主流文化与学术的地位。

汉武帝元光元年(前134)五月,武帝亲策贤良方正直言极谏之士,董仲舒连上三策,请黜刑名、崇儒术、兴太学,史称《天人三策》(或《贤良对策》)。董仲舒以儒家经典《春秋》为参照,在倡导与建构"大一统"的文化传统中,主张独尊儒学而摈绝诸子,后人归纳为"罢黜百家,独尊儒术",梁启超称之为"儒学统一时代",后世所谓"道统"说与"学统"说即发源于此。这不仅标志着汉代儒学作为正统学术文化主流地位的确立,同时意味着中国学术史的第一时段——华夏融合时期的结束。

(二) 东方文化融合中的中国学术史

本时段以东汉明帝"永平求法"为起点,以印度高僧译经传教于洛阳白马寺为中心,以儒学危机与道教兴起为背景,来自西域的佛教的传入及其与中国文化的融合,为中国学术的重建提供了一种新的异质资源与重要契机,然后逐步形成三教合流之局面。这是中国学术基于此前的华夏文化之融合转入东方文化之融合的重要标志。此后,由论争而融合,由表层而内质,由局部而整体,"三教合一"对本时段中国学术的重建与演变产生了巨大而深远的影响。

1. 东汉至南北朝佛教传入与学术格局的变化

儒学衰微、佛教传入与道教兴起,三者终于相遇于东汉后期,一同改变了西汉以来儒学独盛的整体学术格局。其中最引人注目的是兴起于魏、盛行于晋的新道学——玄学。其中大致可以划分为四个阶段:一是王弼、何晏的正始之音;二是嵇康、阮籍的纵达之情;三是向秀、郭象综合诸说而倡自然名教合一论;四是东晋玄学的佛学化(参见冯天瑜、邓捷华、彭池《中国学术流变》,华东师范大学出版社2003年版,第2页)。玄学的主要贡献,是将当时的士林风尚从学究引向思辨,从社会引向自然,从神学引向审美,从群体引向个体,从外在引向内在,从而促使人的发现与人的自觉,具有划时代意义。此后,发生于西晋末年的"永嘉之乱",直接促成了东晋建都建康(今南京),大批北方士人渡江南下,不仅彻底改变了南方尤其是处于长江下游的江南经济、文化的落后面貌,而且也彻底改变了原来江南土著民族的强悍之风,代之为一种由武而文、由刚而柔、由质而华的新江南文化精神,江南文化圈的地位因此而迅速上升,这是中国文化与学术中心第一次从黄河流域转向长江流域。在此过程中,本兴起于北方的玄学也随之南迁于江南,并鲜明地打上了江南山水审美文化与人文精神的烙印。

以玄学为主潮,儒佛道三教开始了漫长的相争相合之进程。在三国两晋南北朝时代,集中表现为由儒玄之争与佛道冲突中走向初步的调和与融合,范文澜先生扼要而精彩地概括为:儒家对佛教,排斥多于调和,佛教对儒家,调和多于排斥;佛教和道教互相排斥,不相调和(道教徒也有主张调和的);儒家对道教不排斥也不调和,道教对儒家有调和无排斥(范文澜《中国通史》第二册,人民出版社1994年版,第554页)。

2. 隋唐佛学的成熟与三教合流趋势

经历三国两晋南北朝的分裂,至隋唐又重新归于统一。唐代国势强盛、政治开明、文化繁荣,当朝同时倡导尊道、礼佛、崇儒,甚至发展为在宫廷公开论辩"三教合一"问题(有关唐代三教论争可参见胡小伟《三教论衡与唐代俗讲》,《周绍良先生欣开九秩庆寿文集》,中华书局1997年版),这就在文化、宗教政策上为三教合流铺平了道路。与此相契合,在学术上呈现为综合化的总体趋势。

一方面是儒道佛各自本身的融合南北的综合化,另一方面则是融合儒、道、佛三者的综合化。当然,儒、道、佛三者的综合化,在取向上尚有内外之别,儒与道的综合化,除了自身传统的综合化之外,还充分吸纳了外来佛教的诸多元素,这是由"内"而"外"的综合化;而就佛教而言,同样除了自身传统的综合外,主要是吸纳本土儒道的诸多元素,是由"外"而"内"的综合化,这种综合化的过程,实质上就是佛教的本土化过程。唐代的佛学之盛,最重要的成果是逐步形成了天台宗、三论宗、华严宗、法相宗、律宗、净土宗、密宗、禅宗等八大宗派体系,由此奠定了中国佛教史上的鼎盛时代,标志着作为外来宗教的佛教本土化进程的完成。

儒道佛的三教合流,既促成了唐代多元化的学术自由发展之时代,同时也对儒学正统地位产生严重的挑战与冲击。早在初唐时期,唐太宗鉴于三国两晋南北朝儒学的衰落与纷争,为适应国家文化大一统的需要,命国子监祭酒孔颖达等撰写《五经正义》,作为钦定的官方儒学经典文本,以此奠定了唐代新的儒学传统。然而到了中唐,韩愈等人深刻地意识到了儒学的内在危机,力图恢复儒学的正宗地位与纯儒传统,所以在《原道》中提出了"尧—舜—禹—汤—文—武—周公—孔—孟"的"道统"说,不仅排斥佛道,而且排斥孔孟之后的非正统儒学,以一种激进的方式进行新的儒学重建,实已开宋代理学之先声,彼此在排斥佛道中"援佛入儒"、"援道入儒",亦颇有相通之处。

3. 宋代理学的兴盛与三教合流的深化

宋代理学是宋代学者致力于儒学重建的最重要成果,也是魏晋以来儒道佛三教合流深化的结果。较之前代学者,宋儒对于佛道二教的修养更深,其所臻于的"三教合一"境界也更趋于内在与深化。宋代理学的产生主要基于两大动因:一是儒学自身的新危机。朱熹在《中庸章句》中上承中唐韩愈的"道统"说而加以调整,代表了宋代理学家基于与韩愈"道统"说的同一立场,即主张在同时排斥释道与非正统儒学中恢复儒学的正统地位与纯儒传统;二是市井文化的新挑战。宋代商业经济相当发达,市井文化高度繁荣,既为中国文化带来了新的生机与活力,同时也对传统文化产生严重的冲击,于是有部分文人学士以强烈的历史使命感发起重建儒学运动,以此重建儒学传统,导正市井文化。宋儒的义利之辩、天理人欲之辩以及以"理"制"欲"的主张,即主要缘此并应对于此。当然,宋代学术的高度繁荣虽以理学为代表,但并非仅为理学所笼罩。比如在北宋,除理学之外,尚有王安石的新学、三苏的蜀学。饶有趣味的是,无论是王安石还是三苏,也都经历了由儒而道、释的三教融合过程,体现了某种新的时代精神。

尤为重要的是,基于与西晋末年"永嘉之乱"同样的缘由,发生于北宋末年的"靖康之难"促使朝廷从开封迁都临安(今杭州),随后也同样是大批文人纷纷从北方迁居江南。南宋建都临安以及大批北方文人南迁的结果,就是中国文化中心再次发生了南北转移。在南宋学术界,要以朱熹理学、陆九渊心学以及浙东学派陈亮、叶适、吕祖谦的事功之学为代表,三者都产生于南方,汇集于江南,北方的文化地位明显下降。如果说由陆九渊到王阳明,由心学一路发展为伦理变革与解放,那么由陈亮、叶适、吕祖谦的倡导义利兼顾,甚至直接为商业、商人辩护,则开启了经世致用的另一儒学新传统,而且更具近世意义与活力,两者都具解构理学的潜在功能。

4. 元明理学的衰变与三教合流的异动

元蒙入主中原,不仅打乱了宋代以来的文化进程,而且改变了宋代之后的学术方向。一是元代建都大都,全国文化中心再次由南北迁,其直接结果是兴盛于宋代的新儒学——理学北传,成为官方新的主流文化;二是率先开通了北起大都、南至杭州的京杭大运河,为南北学术文化交流创造了更好的交通条件,同时也为元代后期学术文化中心再次南移奠定了基础;三是随着地理版图向四周的空前推进,元代在更为广阔的空间上不断融入了包括回回教(伊斯兰教)、景教(基督教)在内的更为丰富的多元文化,但其主体仍是东方文化的融合;四是元蒙本为草原民族,文化积累不厚,反倒容易实施文化学术开放政策,比如对于道教、佛教以及其他宗教的兼容,对于商业文化的重视,士商互动的频繁、密切,都较之前代有新的进展;五是元代教育的高度发达,远远超出人们的想象。这主要得益于两个方面:一者,汉族文人基于"华夷之辨",多不愿出仕元朝,但为了文化传承与生计需要,往往选择出仕书院山长或教席;二者,元朝长期中止科举制度,汉族文人在无奈中也不得不倾心于教育;六是就元代主流文化与学术而言,还是儒释道的"三教合一",其中理学在北传中经历了先衰后兴的命运。元代延祐年间,仁宗钦准中书省条陈,恢复科举,明经试士以《四书》《五经》程子、朱熹注释为立论依据,程朱理学一跃成为官学。此对元代学术产生重要影响,并为其后的明代所效法。与此同时,道教与佛教也都在与儒学的相争相融中有新的发展,乃至出现新的宗教流派。

明灭元后,先建都南京,后迁都北京,但仍以南京为陪都,元代开通的京杭大运河通过南京、北京"双都"连接,成为明代学术文化的南北两大轴心。为了适应高度集权的专制主义统治需要,从明初开国皇帝朱元璋开始,毫不犹豫地选择程朱理学为官方主流文化,又毫不手软地以文武两手彻底清理儒学传统,从而加速了官方主流文化与学术的衰微。然而,从社会历史进程的纵向坐标上看,明代已进入近世时代,日趋僵化的程朱理学已经无法适应基于商品经济发展的新的文化生态与文化精神的需要,而宋元两代以来日益高涨的市民思想意识,则在不断地通过士商互动而向上层渗透,这是推动中国社会与文化转型的重要基础;而在横向坐标上,与明代同时的西方已进入文艺复兴时代,彼此出现了诸多值得令人玩味的现象。在西方,文艺复兴、思想启蒙、宗教改革等此呼彼应,成为摧毁封建专制主义、开创资本主义文明、实现社会转型的主体力量,并逐步形成一种张扬人性、肯定人欲的初具近代启蒙性质的新文化思潮。而在明代,尤其是从明中叶开始,由王阳明心学对官方禁锢人性的理学的变革,再经王学左派直到李贽"童心说"的提出与传播,实已开启了一条以禁锢人性、人欲始,而以弘扬人性、人欲终的启蒙之路,王学之伦理改革的意义正可与西方马丁·路德的宗教改革相并观。与思想界相呼应,在文艺界,从三袁之诗文到汤显祖、徐渭之戏曲,再到冯梦龙、凌濛初之小说;在科学界,从李时珍《本草纲目》到徐宏祖《徐霞客游记》、宋应星《天工开物》,再到徐光启《农政全书》,都已初步显现了与西方文艺复兴思想启蒙相类似并具有近代转型意义的现象与态势,这说明基于思想启蒙与商业经济的双向刺激的推动,理学的衰落与启蒙思潮的兴起势不可挡,而起于南宋的一主两翼之两翼——陆九渊心学与陈亮、叶适、吕祖谦等事功之学的后续影响,便通过从王学到王学左派再到李贽等,由思想界而文艺界、科学界得到了更为激烈的演绎。另一方面,当援引佛道改造或消解理学已成为知识界,尤其是思想界与文艺界一种普遍取向与趋势时,那么,"三教合一"的发展便更具某种张扬佛道的反传统的意义,这是本时段"三教合一"的最终归结。

(三) 世界文化融合中的中国学术史

晚明之际,西方正处于文艺复兴极盛时期,所以中西方都出现了相近的文化启蒙思潮,一同预示着一种近代化态势。理学的禁锢与衰落,意味着中国文化需要再次借助和吸纳一种新的异质文化资源进行艰难的重建工作,而在中国文化或东方文化内部,已无提供新的文化资源的可能,这在客观上为中西文化的遇合与交融、学术重建与转型创造了条件。此后,以十六世纪中叶西方传教士陆续进入中国进行"知识传教"、"学术传教"为始点,在"西学东渐"的背景下,在与西方文化融合的过程中,中国学术的世界化与现代化先后经历了三次运动,即明清之际的传统学术转型初潮、清末民初时期现代学术的建立以及二十世纪后期的学术复兴之路。

1. 明清之际"西学东渐"与传统学术转型初潮

大约从十六世纪中叶起,西方传教士陆续进入中国南部传教,通过他们的传教活动,开始了中国与西方文化第一次较有广度与深度的交流,率先揭开了中国学术最终走向世界文化之融合的序幕,可以称之为"西学东渐"之第一波。据法国学者荣振华(Joseph Dehergne)统计,在1552—1800的二百五十年间中国境内的传教士达975人(参见[法]荣振华著,耿昇译《在华耶稣会士列传及书目补编》,中华书局1995年版,第4页)。作为"知识传教"、"学术传教"的成功奠基者,意大利传教士利玛窦的成功之举是说服明朝大臣兼科学家徐光启、李之藻、杨廷筠3人先后入基督教,成为晚明天主教三大柱石,3人与利玛窦密切合作,一同翻译了大量科学著作,由此奠定了明清之际西方传教士来华知识传教、学术传教之基础。据统计,明末清初西方传教士共译书籍达378种之多,其中的宗教主导性与学科倾向性至为明显。此外,汉学著作达到49种,表明西方传教士在西学东渐之学术输出的同时,也逐步重视中学西传之学术输入,至清初达于高潮。

在晚明的中西学术文化初会中,徐、李、杨等人以极大的热情研习西学著作,会通中西学术,其主要工作包括:合译、研习、反思、会通、创新等,尤其是徐光启提出"翻译—会通—超胜"的学术思路是相当先进的。以上五个方面是明末清初科技界对于西学输入的总体反应及其所取得的主要成绩,也是当时科技界初显近代科技之曙光、初具近代新型学者之因素的集中表现。

2. 清代"西学东渐"的中止与传统学术的复归

公元1644年,满族入关,建立清朝,建都北京,历史似乎神奇地重现元蒙入主中原的路径与命运。由此导致的结果,不仅打乱了晚明以来中国走向近代的历史进程,而且改变甚至中止了中西文化学术交流与融合的前行方向。由于满清入关之前在汉化方面经过长时期的充分准备,所以在入关建国之后,不仅较之元代统治时间更长,而且还创造了康乾盛世,尤其是对传统学术的发展与总结结出了空前辉煌的成果。也许这是汉、满异质文明通过杂交优育而产生的一个文化奇迹,实质上也是中国古代文化学术回光返照的最后辉煌。

梁启超在其名著《清代学术概论》中,曾将清代学术分为四期,第一期为启蒙期,以顾炎武、胡渭、阎若璩等为代表;第二期为全盛期,以惠栋、戴震、段玉裁、王念孙、王引之等为代表;第三期为蜕分期,以康有为、梁启超为代表;第四期为衰落期,以俞樾、章炳麟、胡适等为代表。其中最能代表清代朴学成果的是第二期即全盛期。四期纵贯于明清之交至清末民初,经此辨析之后,清代学术脉络已比较清晰。但梁氏将"清代思潮"类比于欧洲文艺复兴,却并不妥当。他在《清代学术概论》中说:"'清代思潮'果何物耶?简单言之:则对于宋、明理学之一大反动,而以'复古'为其职志者也。其动机及其内容,皆与欧洲之'文艺复兴'绝相类。而欧洲当'文艺复兴期'经过以后所发生之新影响,则我国今日正见端焉。"又说:"综观二百余年之学史,其影响及于全思想界者,一言蔽之,曰:'以复古为解放'。第一步,复宋之古,对于王学而得解放;第二步,复汉、唐之古,对于程、朱而得解放;第三步,复西汉之古,对于许、郑而得解放;第四步,复先秦之古,对于一切传注而得解放。夫既已复先秦之古,则非至对于孔孟而得解放焉不止矣。然其所以能着着奏解放之效者,则科学的研究精神实启之。"将清代学术发展归结为"以复古为解放",的确非常精辟,然以此比之于西方同时期的文艺复兴,却忽略了彼此的异质性,未免类比失当。

3. 晚清"西学东渐"的重启与现代学术的建立

关于自1840年至民国间"西学东渐"的重启与现代学术的建立,是一个相当专业而又复杂的问题,前人已有不少论著加以描述与总结。这里再着重从以下三个层面略加申说:

(1) 新型学者群体的快速成长,是中国学术完成现代转型并与世界接轨的主导力量。

这一新型学者群体主要有以下三类人所组成:一是开明官员知识群体。如林则徐、曾国藩、李鸿章、丁日昌、左宗棠、薛福成、刘坤一、张之洞等朝廷重臣、地方要员,除了大兴工厂之外,还开设书局,组织人力翻译西书;创办学校,培养新型人才;又与西方传教士、外交官员及其他人士广泛交往,成为推动中国走向近代化的主导力量。二是"新职业"知识群体。如李善兰、华蘅芳、徐寿、蒋敦复、蒋剑人等,他们主要在书局、报社、刊物等从事于翻译、写作、编辑等新兴职业,是旧式文人通过"新职业"转型为新型知识群体的杰出代表。三是"新教育"知识群体。包括海外留学、国内传教士创办的教会学校与中国人仿照西方创办的新式学校培养的学生群体,但以留学生为主体,这些留学生后来大都成长为政治家、军事家、思想家、科学家以及著名学者,成为现代学科的开创者与现代学术的奠基者。以上三类新型知识群体的成长以及代际交替,即为现代学术的建立奠定了十分重要的主体条件。

(2) 新型学者群体的心路历程,是中国学术完成现代转型并与世界接轨的精神坐标。

1922年,梁启超曾在《五十年中国进化概论》中以自己的切身感受扼要揭示了半个世纪以来中国知识分子伴随近代化进程的心路历程变化:

> 近五十年来,中国人渐渐知道自己的不足了。这点子觉悟,一面算是学问进步的原因,一面也算是学问进步的结果。第一期,先从器物上感觉不足。这种感觉,从鸦片战争后渐渐发动,到同治年间借了外国兵来平内乱,于是曾国藩、李鸿章一班人,很觉得外国的船坚炮利,确是我们所不及,对于这方面的事项,觉得有舍己从人的必要,于是福建船政学堂、上海制造局等等渐次设立起来。但这一期内,思想界受的影响很少,其中最可纪念的,是制造局里头译出几部科学书。……实在是替那第二期"不懂外国话的西学家"开出一条血路了。第二期,是从制度上感觉不足。自从和日本打了一个败仗下来,国内有心人,真像睡梦中着了一个霹雳,因想到堂堂中国为什么衰败到这田地,都为的是政制不良,所以拿"变法维新"做一面大旗,在社会上开始运动,那急先锋就是康有为、梁启超一班人。这班人中国学问是有底子的,外国文却一字不懂。他们不能告诉人"外国学问是什么,应该怎么学法",只会日日大声疾呼,说:"中国旧东西是不够的,外国人许多好处是要学的。"这些话虽然像是囫囵,在当时却发生很大的效力。他们的政治运动,是完全失败,只剩下前文说的废科举那件事,算是成功了。这件事的确能够替后来打开一个新局面,国内许多学堂,国外许多留学生,在这期内蓬蓬勃勃发生。第三期新运动的种子,也可以说是从这一期播殖下来。这一期学问上最有价值的出品,要推严复翻译的几部书,算是把十九

世纪主要思潮的一部分介绍进来,可惜国里的人能够领略的太少了。第三期,便是从文化根本上感觉不足。第二期所经过时间,比较的很长——从甲午战役起到民国六七年间止。约二十年的中间,政治界虽变迁很大,思想界只能算同一个色彩。简单说,这二十年间,都是觉得我们政治法律等等,远不如人,恨不得把人家的组织形式,一件件搬进来,以为但能够这样,万事都有办法了。革命成功将近十年,所希望的件件都落空,渐渐有点废然思返,觉得社会文化是整套的,要拿旧心理运用新制度,决计不可能,渐渐要求全人格的觉悟。恰值欧洲大战告终,全世界思潮都添许多活气,新近回国的留学生,又很出了几位人物,鼓起勇气做全部解放的运动。所以最近两三年间,算是划出一个新时期来了。(《梁启超史学论著四种》,岳麓书社1985年版)

五十年间的三个历史阶段,是晚清以来从物质到制度再到文化变革渐进过程与知识分子精神觉醒进程内外互动与复合的结果。当然,这种代际快速转换与思想剧变的文化现象只是当时特定历史条件的产物,有利于快速推进中国学术的现代化进程,但由此造成的后遗症还是相当严重的。

(3)新型学者群体的现代学术体系建构,是中国学术完成现代转型并与世界接轨的核心成果。

表面看来,中西比较观主要缘于"本土—西方"关系,标示着中国学术从本土走向世界的共时性维度,但在中西比较的视境中,以西学为参照、为武器而改造中国传统学术,即由"本土—西方"关系转换为"传统—现代"关系,以及从传统走向现代的历时性维度。可见中国学术的现代化与世界化本是相互依存、相互促进,并可以相互转换的。根据晚清以来新型学者群体在急切向西方学习过程中而形成的中西观的历史演进与内在逻辑,曾先后经历了中西比附、中体西用、中西体用、中西会通、激进西化观的剧烈演变,从而为"五四"新文化运动的兴起与现代学术体系的建构铺平了道路。

经过"五四"新文化运动的精神洗礼,通过从文化启蒙向学术研究的转移,从全盘西化走向吸取西学滋养,从全面批判走向对传统学术的意义重释与价值重估,由梁启超、王国维、章炳麟、刘师培、胡适等一批拥有留学经验、学贯中西学者承担了开创现代学科、建立现代学术以及复兴中国学术的历史使命,终于在与世界的接轨中完成了中国学术从传统向现代的转型。陈平原先生在《中国现代学术的建立——以章太炎、胡适为中心》(北京大学出版社1998年版)一书中借用库恩(Thomas S. Kuhn)的"范式"(Paradigm)理论衡量中国现代学术转型与两代人的贡献,认定1927年的中国现代学术建立的"关键时刻",其标志性的核心要素在于:一是新的学术范式的建立。通过戊戌、五四两代学人的学术接力,创建了现代新的学术范式,包括走出经学时代、颠覆儒学中心、标举启蒙主义、提供科学方法、学术分途发展、中西融会贯通,等等。二是现代学科体系的建立。此实与现代教育制度逐步按西学知识体系实施分科专业教育密切相关,其中"西化"最为彻底的,也最为成功的,当推大学教育。三是现代大学者群体的登场。如康有为、梁启超、章炳麟、罗振玉、王国维、严复、刘师培、蔡元培、黄侃、吴梅、鲁迅、胡适、陈寅恪、赵元任、梁漱溟、欧阳竟无、马一浮、柳诒徵、陈垣、熊十力、郑振铎、俞平伯、钱穆、汤用彤、冯友兰、金岳霖、张君劢等。这是一个需要巨人而又创造了巨人的时代,他们既是推动中国现代学术转型的主导力量,也是中国现代学术建立的重要成果。

4. 世纪之交中国学术的复兴之路

在当今世纪之交的"重写学术史"为主旨的"学术史热"中,对20世纪中国学术道路的回顾与总结已成为学界的热点论题。刘克敌先生在《学人·学术与学术史》(《北方论丛》1999年第3期)一文中的扼要概括具有一定的代表性,此文将20世纪中国学术划分为四个阶段:

(1) 现代学术的创建期(从世纪初到"五四"前后)。 这一时期的主要特点是许多后来成为学术大师级人物的学者,出于重建中国文化体系、振奋民族精神的愿望,在借鉴西方学术体系的基础上,在对传统治学方式进行批判的基础上,开始有意识地建立新的学术体系。不过,由于在他们周围始终有一个处于动荡之中的社会现实,迫使他们的研究不能不带有几分仓促与无奈,缺乏从容与潇洒的风度,而那体系的建立,不是半途而废,就是缺砖少瓦。

(2) 现代学术的成长期(从20年代至40年代)。 这一时期的主要特点是一方面真正有价值的学术成果不断出现,并在不少领域填补了空白和引起国际学术界的重视和肯定,如鲁迅和胡适对中国小说史的研究,王国维、郭沫若对甲骨文的研究,陈寅恪、陈垣等人的古代史研究和赵元任的语言研究,以及考古界的一系列重大发现等等。另一方面则是迫于社会动荡和急剧变革的影响,学术研究往往陷于停顿,实用主义和功利主义倾向也越来越明显。

(3) 现代学术的迷失期(从50年代直到80年代末)。 所谓"迷失"有两层含义:一是这一时期的学术研究除极少数例外,基本上都偏离了为学术而学术的轨道,甚至成为纯粹为所谓政治服务的工具;二是这一时期的治学者除极少数人外,基本上都不能坚持自己的学术立场,而那些坚持自己立场者,则毫无例外地受到种种迫害。

(4) 现代学术的回归期(从90年代初至世纪末)。 这一时期的学术研究才真正开始意识到其独立的存在价值,把研究的目的不是定位于某些切近的利益,而是为了全人类的根本利益,是中华民族文化在未来的振兴,是真正的为学术而学术。可惜这一时期过于短暂,且没有结束,为其做出评价为时过早。

若从20世纪首尾现代学术颇多相似之处以及彼此在中国学术的现代化与世界化进程中的呼应与延续来看,本世纪之交可称为回归期。然而假如再往后回溯至明清之际,往前面向21世纪,那么,这应是继明清之际、近现代之后,中国学术走向世界与现代运动的第三波浪潮,初步显示了中国学术的复兴之势。三次浪潮都是在从封闭走向开放的过程中由西学的冲击而起,但彼此的内涵与意义并不相同。明清之交的第一次浪潮仅是一个先锋而已,并未从根本上改变中国学术传统以及中西双方的学术地位。近现代的第二次浪潮兴起之际,中西双方的学术地位发生了根本改变,这是在特定条件下,通过激进的西化推进中国学术的现代化与世界化,而完成中国现代学术体系的建立的,因此,其中诸多学术本身的问题未能得以比较从容而完善的解决,这就为第三次浪潮的兴起预留了学术空间与任务。毫无疑问,改革开放以来第三次浪潮的再度兴起,本有"历史补课"的意义。当经过20世纪中下叶近30年的封闭而重新开启国门之后,我们又一次经历了不该经历的"西学东渐"苦涩体验,而且再次发现我们又付出了不该付出的沉重代价。然而30年来改革开放的成功,终于初步改变了前两次"西学东渐"单向传输的路径与命运,而逐步走向中西的平等交流和相互融合。诚然,学术交流本质上是一种势能的较量,当我们既放眼于丰富多彩的世界学术舞台,又通观已经历三次文化融合的中国学术之路,应更多地思考如何实现复兴中国学术而跻身于世界民族之林的战略目标与神圣使命,勃然兴起于世纪之交、以"重写学术史"为主旨的"学术史热",应该不仅仅是新起点,更应是助推器。

四、中国学术史研究：体式演进与成果总结

以源远流长的中国学术史为对象,有关中国学术史的研究率先肇始于先秦诸子,直至当今世纪之交"重写学术史"讨论与实践,已有两千多年的历史。期间,学人代代相继,屡屡更新,要以"辨章学术,考镜源流"为主导,堪称劳绩卓著,著述宏富。于是,中国学术史研究之成果不仅演为中国学术史本身的一大支脉,而且反过来对学术发展起到重要的推动作用。

关于中国学术史研究的源起,一般都远溯至先秦诸子——《庄子·天下篇》、《荀子·非十二子》、《韩非子·显学》等,其中,《庄子·天下篇》发其端,《荀子·非十二子》、《韩非子·显学》等踵其后,一同揭开了中国学术史研究的序幕。先秦以降,中国学术史研究的论著日趋丰富,体式日趋多样。以《庄子·天下篇》为发端的序跋体,以《史记·儒林列传》为发端的传记体,以刘向《七略》为发端的目录体,以及以程颐《河南程氏遗书》、朱熹《朱子语类》等为发端的笔记体等学术史之作相继产生。至朱熹《伊洛渊源录》,又创为道录体(又称"渊源录体"),率先熔铸为学术史研究专著体制,并以此推动着中国学术史研究走向成熟。再至黄宗羲《宋元学案》,另创学案体,代表了传统学术史研究的最高成就。清末民初,由梁启超、刘师培等引入西学理念与著述体例,章节体成为学术史研究著作之主流,标志着中国学术史及其研究的走向现代并与世界接轨。此外,民国期间刘汝霖所著《汉晋学术编年》、《东晋南北朝学术编年》等学术编年之作,也是学术史研究的重要类型。对于以上这些学术史成果的研究,前人已有不少相关论著问世,现以此为基础,重点结合内涵与体式两个方面,通过"辨章学术,考镜源流"作进一步的系统梳理与评述。

(一) 序跋体学术史研究

就名称而观之,序先出于汉,跋后出于宋;就格式而言,序本置于正文之后,后来前移于正文之前,而以跋列于正文之后。前文所述《庄子·天下篇》在格式上相当于今天的跋。但置序于正文之后的通则,虽无序之名,而有序之实。由此可见,序跋中的"序"是与学术史研究同时起步,并最先用于学术史研究的一种重要文体。

《天下篇》在内容上不同于《庄子》其余各篇,乃在其为一篇相对独立的学术史论之作。而在体例上,则相当于一篇自序。《天下篇》可分总论与分论两大部分。总论部分主要提出"道术"与"方术"两个重要的学术概念,综论先秦从统一走向分裂、从一元走向多元的学术之变。由"道术"而"方术",既意指先秦学术的两种形态,也意指先秦学术的两个阶段。分论部分依次评述了由古之"道术"分裂为今之"方术"的相关学派。从行文格式而言,又可分为以下两类:一种格式是大略概括各派学术宗旨,然后加以褒贬不同的评析。另一种格式,主要是针对惠施、桓团、公孙龙一派,即所谓"辩者之徒"进行直接的批评。

学术史研究的使命、功能与特点就是"辨章学术,考镜源流",而作为中国学术史研究的开山之作,《庄子·天下篇》已具其雏形。

汉代犹承先秦遗风,仍以序置于正文之后。比如西汉刘安《淮南子》最后一篇《要略》,重点论述了孔子、墨子、管子、申子、商鞅及纵横家等先秦诸子学说赖以产生的原因与条件,然后追溯诸子学说的起源,辨析各家学说的衍变,无论在内容还是体式上都与《庄子·天下

篇》等一脉相承。除此之外,西汉直接以序为名的著名序文还有佚名《毛诗序》、司马迁《史记·太史公自序》、刘向《战国策序》、扬雄《法言序》、班固《汉书·叙传》、王逸《楚辞章句序》、王充《论衡·自纪》篇等等,仍皆置于正文之后。司马迁的《太史公自序》详细记叙了作者发愤著书的前因后果与艰难历程,并论述了《史记》的规模、结构、篇目、要旨等,相当于一篇以序写成,重点叙述《史记》之所以作以及如何作的自传。《太史公自序》的另一重要贡献是序中记载了乃父司马谈所作的《论六家要旨》,使后人了解汉代著名史家的诸子学术史观是一种相对开放的学术史观。由于《太史公自序》载入了《论六家要旨》这样的内容,使它不仅在体式上能融记叙与议论于一体,而且在内容上更具学术史批评之内涵。

跋,又称跋尾、题跋。徐师曾《文体明辨》云:"按'题跋'者,简编之后语也。"可见,序文经历了从置于正文之后到冠于正文之前的变化;而跋文,自欧阳修为《集古录》作跋之后,则始终居于正文之后而不变。但在此前,未名"跋"之跋已经出现。

秦汉以来,历代序跋文体为数繁多,如果再纳入赠序、宴序、寿序等等,更是不计其数。至清代,中国学术史研究进入了一个全面总结的时代,无论是综合的还是分代、分类的学术史研究,序跋都是一种相当普遍使用的重要体式。

在当今学术界,序跋仍是载录学术史研究成果的一种重要载体,那些为学术著作而作的序跋尤其如此。而在名称上则分别有"序"、"总序"、"自序"、"前言"与"跋"、"后记"等不同称谓,但已无"后序"之名。

(二) 传记体学术史研究

传记可分为史传与杂传(或称散传)两大类。以史传为学术史研究之载体,始于司马迁《史记》率先创设的《儒林列传》。在《史记》卷一百二十一《儒林列传》卷首,冠有一篇洋洋洒洒的总序,作者主要记载了自先秦儒学演变为汉代经学以及汉代前期道儒主流地位的变化轨迹,凸显了在"罢黜百家,独尊儒术"文化政策导控下的儒学之盛,同时也反映了司马迁本人崇儒抑道的学术史观,与乃父司马谈《论六家要旨》的崇道抑儒形成鲜明的对比,彼此学术史观的变化正是时代学术主潮变故使然。《儒林列传》的体例是以被朝廷立为官学的经学大师为主体,以经学大师的学行为主线,重点突出各家经说的传承关系,再配之以功过得失的评价,可以视之为各经学大师的个体学术简史。合而观之,便是一部传记体的汉代经学简史。

《史记》开创的这一体例为历代正史所继承,并向其他领域拓展。以后《汉书》、《后汉书》、《晋书》、《梁书》、《陈书》、《魏书》、《北齐书》、《周书》、《隋书》、《南史》、《北史》、《宋史》、《明史》、《新元史》、《清史稿》都有《儒林传》;《旧唐书》、《新唐书》、《元史》都有《儒学传》;《宋史》有《道学传》;《后汉书》、《晋书》、《魏书》、《北齐书》、《北史》、《旧唐书》、《宋史》、《新元史》、《清史稿》都有《文苑传》;《南齐书》、《梁书》、《陈书》、《隋书》、《南史》、《辽史》都有《文学传》;《周书》、《隋书》、《北史》、《清史稿》都有《艺术传》;《新唐书》、《金史》都有《文艺传》;《后汉书》有《方术传》;《旧唐书》、《新唐书》、《宋史》、《辽史》、《元史》、《明史》、《新元史》都有《方技传》;《元史》有《释老传》;《清史稿》有《畴人传》。它们从不同的方面概述了儒学、文学、艺术、科技等的发展变化,从一个侧面反映了学术思想的演进历史。

杂传,泛指正史以外的人物传记,始兴于西汉,盛于魏晋,尔后衍为与史传相对应的两大传记主脉之一。《隋书·经籍志》始专列《杂传》一门。据《隋书·经籍志》所录,各类杂传凡217部,1286卷。内容甚为广泛,又以重史与重文为主要特色而分为两大类型。而在体例上,《隋志》仅录由系列传记合成的著作,即学界通常所称的"类传",却于单篇散传一概未录。就与学术史关系而言,尤以乡贤传、世家传、名士传、僧侣传等最有价值。隋唐以降,杂传由先前的重史与重文两种不同倾向逐步向史学化与文学化方向发展。前者因渐渐与正史列传趋于合流之势,而较之后者更多地承担了学术史研究之职。其中也有系列类传与单篇散传两大支脉,后者包括行状、碑志、自传等,作者更多,体式更丰富,学术史研究特点也更为突出。

在单篇散传日趋丰富与繁荣的同时,系列性的类传著作也在不断向前发展。其中颇有特色与价值的是专题性类传,可以阮元《畴人传》、罗士琳《畴人传续编》、诸可宝《畴人传三编》、黄钟骏《畴人传四编》、支伟成《清代朴学大师列传》等为代表。支伟成所撰《清代朴学大师列传》,以时代先后为序,然后依一定的学科、流派分门别类,每一门类前均有作者撰写的叙目,"略疏学派之原委得失",传中除介绍生平事迹外,更着重于"各人授受源流,擅长何学,以及治学方法",比较完整地体现了学术的历史继承性,可以视为一部传记体清代朴学史。

在分别论述史传与杂传之后,还应该提及引自西方、兴起于近代的评传。评传之体从西方引入本土,是由梁启超率先完成的。1901年,梁启超作《李鸿章传》,分为12章,约14万字,以分章加上标题的形式依次叙述李鸿章的一生事迹,为第一部章节体传记之作。此后,梁启超先后撰写了《管子传》、《王荆公传》、《戴东原先生传》和《南海康先生传》等,皆为以评传体式所著的学术传记。评传于近代的引进和兴起,为中国传记从传统向现代转型并与西方现代传记接轨开辟了道路。在梁氏之后,评传一体广为流行,日益兴盛。

(三) 目录体学术史研究

所谓"目录",是篇目与叙录的合称。目录既是记载图书的工具,即唐代魏征《隋书·经籍志》所谓"古者史官既司典籍,盖有目录以为纲纪",同时又具有学术史研究的功能。清代章学诚在《校雠通义序》中总结为"辨章学术,考镜源流",这既是对目录体本身,也是对所有中国学术史研究的最高要求。从西汉刘向、刘歆父子整理群书、编纂目录开始,即已确立了"辨章学术,考镜源流"的学术宗旨与功能。因而目录之为学,且以目录为学术史研究之载体,当始于西汉刘向、刘歆父子,而目录之体所独具的学术史研究价值,亦非一般文献载体可比。就学术史研究要素而言,一在于学者,一在于著述。史传重在记载前者,而目录则重在记载后者,两者相辅相成,即构成了学术史研究的主干。

关于目录的分类,学术界多有分歧,但多以史志目录、官修目录、私家目录为主体,同时还包括专科目录、特种目录等。从《别录》、《七略》的初创来看,目录之于学术史的研究价值主要体现在三个方面:一是分类。图书分类是学术发展的风向标,包括分类、类目、类序以及数量的确定与变化乃至各类图书的升降变化,都是学术发展变化的反映。同样,刘氏父子的六分法及其类目、类序的确立,各类图书的比例,皆是汉代学术的集中反映。二是著录。刘氏父子校勘群书,"条其篇目,撮其指意,录而奏之",即成"书目提要"。内容包括书名、篇数、作者、版本等,也涉及对作者生卒、学说的考证与辨析。三是序。包括大类之序与小类之序,重在辨章学术,考镜源流,为目录体学术史研究的精华所在。以上三个方面由刘氏父子《别录》、《七略》所开创,为历代目录学所继承和发扬。

东汉班固在著述《汉书》时，又据《七略》略加删改，著为《艺文志》，率先将目录之学引入正史，创立正史《艺文志》之体，亦即史志目录系统。由《汉书·艺文志》图书六分法中所确立的尊经、尊儒传统、每略典籍的具体著述方式以及每略总序与每类类序等等，都为正史《艺文志》的史志目录系统创建了新的学术范式，同时又具有反映先秦至东汉学术总貌的独特价值。尤其是总序与类序，具有更高的学术史研究容量。在二十六史中，沿《汉书》之体设立《艺文志》或《经籍志》的有《隋书·经籍志》、《旧唐书·经籍志》、《新唐书·艺文志》、《宋史·艺文志》、《明史·艺文志》、《清史稿·艺文志》五种，其中以《隋书·经籍志》最具学术价值，堪与《汉书·艺文志》相并观。此二志及其余二十二史中无志或后人认为虽有志而不全者，皆有补编之作问世。

自西汉刘向、刘歆父子分别以《别录》、《七略》奠定官修目录之体后，历代以国家藏书为基础的官修目录之作相继问世。至清代《四库全书总目》达于高潮。《四库全书总目》是编撰《四库全书》的重要成果，就学术史研究角度而言，《四库全书总目》的主要价值有三点：一是图书分类。可见分科学术史之演进。二是书目提要。每书之提要即相当于每书的一份"学术简历"，而如此众多之书汇合为一个整体，即构成一部简明扼要的著述史。三是总序与小序。于经、史、子、集四部每部皆有总序，每类下皆有小序，子目之后还有按语，最具学术史研究之功能与价值。

与史志目录、官修目录不同，私家目录更多地反映了民间藏书情况、学者的目录学思想以及蕴含于其中的学术史观，所以它的产生是以民间藏书的兴起与丰富为前提的，可以为学界提供有别于史志目录与官修目录的独特内涵与价值。

（四）笔记体学术史研究

与其他文体相比，笔记是一个大杂烩。据现存文献可知，正式以《笔记》作为书名始于北宋初宋祁所撰之《笔记》，但其渊源却十分古老。刘叶秋先生认为笔记的主要特点一是杂，二是散。大体可以分为三类：一是小说故事类；二是历史琐闻类；三是考据辨证类。与学术史研究相关或者说被用于学术史研究的笔记主要是第三类。

大致从北宋开始，一些笔记已开始涉足学术史研究，这是受宋代学术高度繁荣直接影响的重要成果。首先进入我们视野的是北宋大理学家程颐的《河南程氏遗书》，书中纵论历代学术内容较多。其次是《朱子语类》，所论学术史内容较之《河南程氏遗书》更为丰富，也更为系统。此外，宋代的重要学术笔记尚有沈括的《梦溪笔谈》、洪迈的《容斋随笔》等。

经过宋元的发展，笔记至明清时期臻于高度繁荣，出现了大量主论学术的笔记之作，其学术性也明显增强。明代一些学者已屡屡在笔记中直接谈及"学术"这一概念，比如周琦《东溪日谈录》卷六有"学术谈"，章懋《枫山语录》有"学术"篇，等等。清代为学术笔记高度繁荣的鼎盛时期，学术笔记总量至少有500余种，实乃学术史研究之一大宝库，其价值远未得到有效开掘。

民国以后，学术笔记盛势不再，但仍有如钱锺书先生《管锥篇》之类的佳作问世。

在当代，学人撰写学术随笔、笔谈蔚然为风气，虽质量参差不一，但毕竟延续着学术笔记这一传统文体，且于学术史研究亦有一定的价值。

（五）道录体学术史研究

道录体是指首创于南宋朱熹《伊洛渊源录》而重在追溯理学渊源的学术史研究之作。因其以"道统"说为理论宗旨，是"道"与"统"即逻辑层面与历史层面的两相结合，同时直接移植禅宗"灯录"而成，故而可以命名为"道录"体，也有学者称之为"渊源录"体。

道录体的理论渊源同时也是理论支柱是"道统"说。道统说最初出自唐代古文家韩愈的《原道》，此文的要旨：一是确立了道统的核心内涵；二是确立了道统的传授谱系。然而，从"道统"概念而言，韩愈尚未明确将"道统"二字合为一体，因此虽有"道统"说之实，却无"道统"说之名。至南宋，朱熹始将"道"与"统"合为一体，明确提出了"道统"之说；同时又以"道统"说为主旨，应用于理学渊源研究，著成《伊洛渊源录》一书，首创"道录"之体。在著述体例上，"道录"体融会了多种文体之长，但尤与初创于北宋的禅宗"灯录"体最为接近。所谓"灯录"体，意为佛法传世，如灯相传，延绵不绝。该体深受魏晋以来《高僧传》《释老志》之类宗教史研究著作的影响，而重在禅宗传授谱系的追溯与辨析。

朱熹所撰《伊洛渊源录》14卷，成于宋孝宗乾道九年，由二程伊洛之说上溯周敦颐，既在宏观上重视理学渊源的辨析，又在微观上重视理学家师承关系的考证，具有总结宋代理学史与确立理学正统地位的双重意义。在体式上，此书于承继禅宗灯录体之际，又兼取传记体之长，并有许多创新。《伊洛渊源录》除了率先开创了"道录"体学术史研究之外，还有标志中国学术史研究专著问世的意义。在此之前，从序跋、传记、目录、笔记体等来看，虽皆包含学术史研究内容，却又非学术史研究专著。此外，一些学术著作如刘勰《文心雕龙》、刘知几《史通》等等，也只是部分篇章含有学术史研究内容，而非如《伊洛渊源录》之类的学术史研究专著。可以说，中国学术史研究专著始自朱熹的《伊洛渊源录》。

在《伊洛渊源录》影响下，南宋以来不断有类似的著作问世。如南宋李心传的《道命录》，王力行的《朱氏传授支派图》，季文的《紫阳正传校》，薛疑之的《伊洛渊源》等。明代则有谢锋的《伊洛渊源续录》，宋端仪的《考亭渊源录》，程曈的《新安学系录》，朱衡的《道南源委》，魏显国的《儒林全传》，金贲亨的《台学源流》，杨应诏的《闽学源流》，刘鳞长的《浙学宗传》，周汝登的《圣学宗传》，冯从吾的《元儒考略》《吴学编》，辛全的《理学名臣录》，赵仲全的《道学正宗》，刘宗周的《圣学宗要》等。至清初更形成了一个高潮，著作多达20余种，如孙奇逢《理学宗传》，魏裔介《圣学知统录》《圣学知统翼录》，魏一鳌《北学篇》，汤斌《洛学篇》，范镐鼎《理学备考》《广理学备考》，张夏《洛闽渊源录》，熊赐履《学统》，范镐鼎《国朝理学备考》，窦克勤《理学正宗》，钱肃润《道南正学编》，朱睾《尊道集》，汪佑《明儒通考》，万斯同《儒林宗派》，王维戊《关学续编本传》，王心敬《关学编》，朱显祖《希贤录》，耿介《中州道学编》，王植《道学渊源录》，张恒《明儒林录》，张伯行《伊洛渊源续录》《道统录》，等等。

"道录"体学术史研究之作既以"道统"说为要旨，本乃为学说史，实则往往以史倡学，因而具有强烈的正统意识与门户之见。

（六）学案体学术史研究

学案体与朱熹《伊洛渊源录》一样，同样受到了禅宗灯录体的影响。所以，在确定这两者的归属时截然分为两大阵营,一些学者认为学案体应包括上文所论道录体之作,一些学者则认为彼此不相归属。其实,大体可以用广义与狭义的学案体来解决这一论争。此处将学案体独立出来加以论述,所取的是狭义的学案体的概念。

何谓"学案"?"学"即学者、学派、学术;"案"即按语,包括考订、评论等等,可能与禅宗公案也有某种渊源关系。有学者认为学案体应具备三大要素:一是设学案以明"学脉"。即每一个学案记述一个学派(若干独立而又有内在逻辑联系的学案群),使之足以展示一代学术思想史的全貌与发展线索;二是写案语以示宗旨。即每一学派均有一个小序,对这一学派作简明的介绍,对学者的生平、师承、宗旨、思想演变也都有一段简要说明,最突出的是对各学派、学者宗旨的揭示;三是选精粹以明原著。即撷取最能体现学派或学者个性的著作中的精粹,摘编而成,以见原著之精华。这三个要素互为犄角,使学案体构成了为实现特定目标而组成的有机整体,既能展示历史上各学派、学者的独特个性,又能显示不同学派、学者之间的因革损益情况,更有展现一代学术思想史发展线索的功能。可见学案体有其独特的学术宗旨及组织形式,与学术史"辨章学术,考镜源流"的内在要求较之其他体式更为契合。以此衡量,尽管在黄宗羲编纂《明儒学案》之前已有耿定向《陆杨二先生学案》、刘元卿《诸儒学案》,但真正的开山之作应是黄宗羲的《明儒学案》。

黄宗羲旨在通过设立学案,全面反映一朝学者、学派与学术的发展演变之势,并以序、传略、语录为三位一体,构建一种崭新的学术史研究著作新体式——学案体。与此新体式相契合,黄宗羲特于《明儒学案·凡例》揭出"宗旨"二字作为学术史研究的核心与灵魂:"宗旨"犹如学问之纲,亦是学术与学术史研究之纲,纲举才能目张,所以"宗旨"对于学术史研究而言的确是关键所在,具有核心与灵魂的意义与作用。

黄宗羲在完成《明儒学案》后,又由明而至宋元继续编纂《宋元学案》。全书凡100卷,分立91个学案。黄宗羲本人完成了67卷,59个学案,未竟而逝。然后由其子黄百家、私淑弟子全祖望续修,又经同郡王梓材、冯云濠校定,至道光十八年(1838)出版。此书在非黄宗羲所作部分学术功力有所逊色,但也有更为完善之处:一是在每一学案之前先立"学案表",备述该学派的师友弟子;二是所立学案超越了理学范围,如《水心学案》、《龙川学案》、《荆公学案》、《苏氏蜀学略》皆为非理学家立案,旨在反映宋元学术全貌;三是注重重大学术争论问题,且注意收录各家之说,不主一家之言;四是增设"附录",载录学者的逸闻轶事和当时及后人的评论。王梓材还撰有《宋元学案补遗》42卷,所补内容一是新增传主,二是增补《学案》已有传主的言行资料,三是补充标目。《补遗》所增大多是名不见经传的士人,这就大大扩展了《宋元学案》的收录范围。就史料而言,如果说《宋元学案》取其"精",则《宋元学案补遗》求其"全",这或许就是该书最大的特色和价值所在。

《明儒学案》、《宋元学案》开创了学案体学术史研究新体式,后来学人代有继作。先是清代唐鉴所撰《国朝学案小识》15卷,于道光二十五年(1845)刊行。至1914年,唐晏撰成《两汉三国学案》11卷,首次以学案体对两汉三国经学学派的传承演变进行历史性总结。再至1928年,曾任民国大总统的徐世昌网罗一批前清翰林,于天津发起和主持《清儒学案》的编纂工作,历时10年,至1939年出版。此书体例严整,内容丰富,取材广泛,少有门户之见,大体能反映有清一代的学术史,值得充分肯定。

晚清民初之交,致力于学术史研究的梁启超对学案体情有独钟,并以此应用于西方学术研究,相继撰写了《霍布士学案》、《斯片挪落学案》、《卢梭学案》等"泰西学案"。至1921

年,所著《墨子学案》又由商务印书馆出版。此外,钱穆曾于四川时受政府委托著成《清儒学案》,但未及出版就因船回南京途中沉于长江,今仅存其目,至为憾焉。

20世纪80年代之后,学案再次受到学界重视。在个体性学案方面,除了钱穆《朱子新学案》、陆复初《王船山学案》相继于1985、1987年由巴蜀书社、湖北人民出版社出版外,值得学术界重点关注的还有杨向奎主编的《新编清儒学案》,以及由张岂之先生等主编的《民国学案》,方克立、李锦全两人一同主编《现代新儒家学案》,舒大纲等人策划的《历代儒学学案》等。

(七) 章节体学术史研究

章节体学术史研究著作是近代之后引入西方新史观与新体式的产物。就传统的学术史研究著作体式而论,由道录体发展至学案体而臻于极化,在晚清西学东渐的背景下,中国学术由传统走向现代以及与西方学术接轨的过程中,学案体学术史研究日益暴露其固有的局限。概而言之,一是学术史观的问题。学案体既以儒学为对象,亦以儒学为中心,因此近代之前的学案体学术史,实质上即是儒学史。但至近代以后,在西方进化论等新史学理论的影响下,许多学者纷纷以此为武器对儒学道统展开了激烈的批判。二是学术史著述体例的问题。学案体记载的儒学史,以学者、学派为主流,大体比较单纯,因此由叙论、传略、文献摘要三段式构成的著述体式大体能满足其内在需要,但对晚清以来中西、新旧交替的纷繁复杂的学术现象,尤其是众多学术门类的多向联系、交互影响以及蕴含于其间的学术规律的探讨与总结,的确已力不从心。所以,如何突破学案体的局限,寻找一种适应新的时代需要的学术史著述体例显然已迫在眉睫,引自西方的章节体即是在这样的背景下适时登场的。

在早期章节体学术史研究的著作过程中,梁启超、刘师培贡献尤著。1902年,梁启超所著《中国学术思想变迁之大势》这一长篇学术论文发表于《新民丛报》第3、4、5、7号上。梁启超以西方学术史为参照,以进化论为武器,对几千年来中国学术思想的发展进程进行了崭新的宏观审察。其创新之处有三:一是提出了新的中国学术史分期法。将数千年中国学术思想分为老学时代、佛学时代、儒佛混合时代、衰落时代,打破了宋明以来以儒学为中心的学术史模式;二是提出关于学术思想发展的新解释。以往的学术史,或以道统为先验性学术构架,或虽突破道统论的束缚,但也多停留于论其然而不求其所以然,梁氏则能透过现象深入到学术发展过程的内部探索其发展变化的因果关系;三是首创章节体的中国学术编纂新体裁。即以章节为纲,以"论"说"史",以"史"证"论",史论结合,既"述"且"作"。综观以上三点,这篇长文无论对梁启超本人还是20世纪章节体新学术史研究而言都是拓荒、奠基之作,是中国学术史研究实现从传统向现代转型并与世界接轨的重要标志,具有划时代意义,对近现代学术史研究的影响巨大而深远。

晚清以来,各种报刊纷纷创办。当时,一些充满新意的学术史研究论文往往首先发表于报刊这一新兴媒体,而其中一些长文更以连载的形式陆续与读者见面,然后经过一定的组合或修改,即可由此衍变为章节体著作。所以这些"报章体"的学术史论文连载,实已见章节体著作之雏形。三年之后刘师培所著《周末学术史序》也是如此。此文先连载于1905年2月至11月《国粹月报》(1—5期),由总序、心理学史序、伦理学史序、论理学史序、社会学史序、宗教学史序、政法学史序、计学史序、兵学史序、教育学史序、理科学史序、哲理学史序、术数学史序、文字学史序、工艺学史序、法律学史序、文章学史序十七篇组成,实为以序的形式撰写的《周末学术史》一书的提要。这是中国学术史上首次以"学术史"命名并首次按照西学现代学科分类法为著述体例的学术史研究论著。

20世纪前期,章节体学术史研究趋于成熟且影响巨大的著作,当推梁启超、钱穆分别出版于1924年、1937年的同名巨著《中国近三百年学术史》。两书虽然同名,但在学术渊源、宗旨、内容、体例等方面迥然有异。大体而言,梁著以西学为参照,以"学"为中心,钱著承续学案体,以"人"为中心;梁著以朴学传统论清学,认为清学是对宋明理学的全面反动,钱著从宋学精神论清学,认为清学是对宋明理学的继承;梁著更偏于知识论层面的学术史,钱著更偏于思想论层面的学术史;梁著更具现代学术之品性,钱著更受传统学术之影响。两书代表了20世纪前期章节体学术史研究的最佳成果。

(八) 编年体学术史研究

编年体史书源远流长,导源于《春秋》,由《资治通鉴》集其大成,这是编年体学术史的主体渊源。另一个渊源是学者年谱。北宋元丰七年(1084)吕大防著成《韩吏部文公集年谱》与《杜工部年谱》,是可据现存文献证实的中国古代年谱之体的发轫之作。这一崭新体例,对于编年体学术史研究具有重要启示与借鉴意义,因为从文学年谱到学术年谱,本有相通之处。如宋代李子愿所纂《象山先生年谱》据《象山先生行状》、《语录》及谱主诗文编纂而成,内容多涉学术。如论陆九渊讲学贵溪之象山,颇为详细;而记淳熙八年与朱熹会于南康,登白鹿洞书院讲席,以及与朱熹往复论学,乃多录原文,因而可以视之为学术年谱。

宋代以降,与文人学者化的普遍趋势相契合,文人年谱中学术方面内容的比重日益加重,显示了年谱由"文"而"学"的重心转移之势。而从个体学术年谱到群体性的学术编年,以及一代乃至通代的学术编年,实为前者的不断放大而已。然而由于种种原因,超越个体的编年体学术史著作晚至民国时期才得以开花结果。早期的重要成果以钱穆的《先秦诸子系年》、刘汝霖的《汉晋学术编年》、《东晋南北朝学术编年》等为代表。尤其是后二书,已是成熟的编年体学术史研究著作,更具开创性意义。

刘汝霖先生所著《汉晋学术编年》、《东晋南北朝学术编年》,在著述体例上,主要以编年体史书代表作《资治通鉴》为参照,同时吸取纪传体与纪事本末体之长,加以融会贯通。作者在自序中重点强调以下五点:一曰标明时代。即有意打破前代史家卷帙之分,恒依君主生卒朝代兴亡史料之多寡为断,充分尊重学术本身的发展。比如两晋之间地域既殊,情势迥异,倘以两晋合为一谈,则失实殊途,故有分卷之必要。二曰注明出处。即将直引转引之书注明版本卷页篇章,使读者得之,欲参校原书,可收事半功倍之效;而欲考究史实,少有因袭致误之弊。三曰附录考语。中国旧史多重政治,集其事迹,考其年代,尚属易易。学术记载向少专书,学者身世多属渺茫,既须多方钩稽,又须慎其去取。故标出"考证"一格,将诸种证据罗列于后,以备读者之参考。四曰附录图表。有关学术之渊源,各派之异同,往往为体例所限,分志各处,以致读者寻检不易,故有图表之设,以济其穷。包括学术传播表、学术著述表、学术系统表、学术说明表、学术异同表。五曰附录索引。包括问题索引与人名索引。刘汝霖先生率先启动编纂《中国学术编年》如此宏大工程,的确是一个空前的学术创举,但以一人之力贯通历代,毕竟力不从心,所憾最终仅完成《汉晋学术编年》与《东晋南北朝学术编年》二集,而且此二集中也存在着收录不够广泛、内容不够丰富等缺陷。

1930年,姜亮夫先生曾撰有《近百年学术年表》,时贯晚清与民国,也是问世于民国早期的学术编年之作。若与刘汝霖的《中国学术编年》衔接,则不仅可以弥补其他四卷的阙如,而且还可以形成首尾呼应之势。但这一编年之作终因内容单薄而价值不高,影响不大。

进入21世纪之后,又有两部重要的编年体学术史研究著作问世。一是陈祖武、朱彤窗所著的《乾嘉学术编年》。此书是对作为清代学术的核心内容——乾嘉学派的首次学术编年,既是一项开创性工作,又有独立研究之价值。另一重要著作是张岂之主编的《中国学术思想编年》。此书之价值,一在以"学术思想"为内容与主线,二在贯通历代。著者力图将上自先秦下迄清代有关学术思想上的代表人物、著作、活动、影响等联系起来,力求使学术思想的历史演进、学派关系、学术影响、学术传承等方面展现于读者面前,实乃一部按时间顺序编年的编年体学术思想史。但因其内容的取舍与限定,与刘汝霖《汉晋学术编年》、《东晋南北朝学术编年》等综合性的编年之作有所不同,则其所长亦其所短也。

除了以上八体外,尚有始终未尝中断的经传注疏体系以及频繁往来于学者之间的书信——可以称之为注疏体与书信体,也不时涉及学术史研究内容,值得认真梳理总结。而较之这两体更为重要的,是除著作之外散布于各种文集之中的大量论文,或长或短,或独立成文,或组合于著作之中,从《庄子·天下篇》(兼具序文性质)、《韩非子·显学》、《吕氏春秋·不二》直到清末民初大量报章体论文,可谓源远流长,灿若星河,对学术史研究而言尤具重要价值。

五、《中国学术编年》的学术宗旨与体例创新

在世纪之交的"学术史热"中,学术史观与文献基础作为"重写学术史"的双重支撑,同时存在着明显缺陷。前者的主要缺失在于未能对中国学术、中国学术史、中国学术史研究三个关键环节展开系统梳理与辨析,从而未能从历史与逻辑辩证统一的高度完成新型学术史观的建构以及对学术史的历史还原与重建。另一方面,学术史研究的进展还取决于扎实的文献基础,其中学术编年显得特别重要。然而在世纪之交的"重写学术史"的讨论与实践中,学术编年的重要性普遍受到忽视,甚至尚未进入相关重要话语体系之中,这不能不说是一个严重局限。

(一)《中国学术编年》的重要意义

关于学术编年之于学术史研究的重要意义,常元敬先生在撰于1991年3月6日的《清代学术编年·前言》中曾有这样的论述:

> 要写出一部符合实际的清代学术史专著,就有必要先完成一部清代学术史年表,以便使事实不因某人的主观而随意取舍,真相得由材料的排比而灼然自见,然后发展的脉络,变化的契机,中心的迁徙,风气的转移,均可自然呈露,一望可知。可惜内容完备的清代学术史年表,至今未见。我们所接触到的几部内容不同的清代学术或著作年表,或失之简,或失之偏,或失之杂,均不能全面地反映清代学术之全貌,以满足今人之需要。

这既代表了我们当时对编纂《清代学术编年》学术价值的自我确认,也是对学术编年之于学术史研究重要意义的基本认知。

刘志琴在《近代中国社会文化变迁录》(浙江人民出版社1998年版)序言《青史有待垦天荒》中提出"借助编年,走进历史场景"的学术理念,颇有启示意义。她说:历史是发生在过去的事情,它与哲学追求合理、科学注重实验不同的是,历史的基础是时间。没有时间的界定就不成其为历史,凡是属于历史的必定是已经过去的现象,再也不可能有重现的时刻。所以说时间是历史的灵魂,历史是时间的科学。在史学著作中突出时间意识,无疑是以编年体为首选的体裁。考其源流,详其始末,按其问题的起点、高峰或终点,分别列入相应的年度。按年查索,同一问题在此年和彼年反复出现,可能处于不同的发展阶段,从而有不同的风貌。这在连年动荡、风云迭起的时代,便于真切地把握年年不同的社会景象,清晰地再现事态发展的本来面目。至于同一年度,政治、经济、文化、生活,万象齐发,又形成特定年代的社会氛围,方便读者走进历史的场景。编年体具有明显的时序性、精确性和无所不包的容量。以此类推,借助学术编年,同样可以让人们走进学术史的历史场景,这既有必要也有可能。当然,更准确地说,历史场景,首先是时间维度,同时也是空间维度,是特定时空的两相交融。正如一切物质都是时间与空间的同时存在一样,学术的发展也离不开时间与空间的两种形态,而学术史的研究也同样离不开时间与空间这两个维度。学术史,只有当其还原为时空并置交融的立体图景时,才有可能重现其相对完整的总体风貌。做一个不甚恰当的比喻,学术史就如一条曲折向前不断越过峡谷与平原、最终流向大海的河流,从发源开始,何时汇为主流,何时分为支流,何时越过峡谷,何时流经平原,何时波涛汹涌,何时风平浪静,以及河流周边的环境生态,等等,一部学术史如何让其立体地呈现在读者面前,即取决于能否以及如何走进时空合一的历史场景,这也是能否以及如何从历史与逻辑辩证统一的高度完成对学术史的历史还原与重建的关键所在。

正是由于学术编年对"重写学术史"的重要意义,也由于世纪之交"学术史热"对学术编年的普遍忽视,我们所编纂的贯通历代、包罗各科规模宏大的《中国学术编年》的问世,作为有幸以见证者、参与者、推动者奉献于世纪学术盛会的重要成果,深感别具意义。相信《编年》的出版,可以为中国学术史研究尤其是中国学术通史编写提供详尽而坚实的学术支撑,并对处于世纪之交的中国学术、文化及至文明研究的深入开展起到重要的推动作用。

(二)《中国学术编年》的编纂历程

自1985年启动《清代学术编年》研究项目,到2012年《中国学术编年》的最终告竣,期间经历了异常艰难曲折的过程。

早在1985年10月,由浙江师范大学常元敬先生主持,姚成荣、梅新林、俞樟华参与的《清代学术编年》作为古籍整理项目,由教育部全国高校古籍整理委员会委托浙江省教育厅予以资助和立项。项目研究团队的具体分工是:常先生负责发凡起例,姚成荣、俞樟华、梅新林分段负责清代前期、中期和近代的学术编年工作,最后由常先生统稿。经过三年多的共同努力,至1988年,共计50余万字的《清代学术编年》基本完成。

《清代学术编年》虽然在学术价值上得到多方肯定,但因当时正值由计划经济向商品经济的转轨过程之中,付诸出版却遇到了种种困难。后几经延搁,终于有幸为上海书店所接纳。在付梓之前，我们又根据责任编辑的修改要求，由姚、梅、俞三人奔赴上海图书馆集中时间查阅资料，对书稿进行充实与修订，最后由常元敬先生统稿、审订，并于1991年3月撰写了1500余字的《前言》冠于书前。然又因种种原因，上海书店最终决定放弃出版。次年，常元敬先生退休后离开学校。在欢送他离职之际，我们总不免说一些感谢师恩之类的话，但书稿未能及时出版的遗憾，却总是郁积于心而久久难以排遣。

1998年，上海三联书店资深出版人倪为国先生得知《清代学术编年》的遭遇后，以其特有的文化情怀与学术眼光，建议由清代往上追溯，打通各代，编纂一套集大成的《中国学术编年》，这比限于一代的《清代学术编年》更有意义。他说，正如国家的发展，既需要尖端科技，也需要基础建设，《中国学术编年》就是一项重大基础建设工程，具有填补空白的学术价值与盛世修典的标志性意义，可以说是一项"世纪学术工程"。他进而建议由我校重新组织校内外有关专家，分工负责，整体推进，积数年之功，尽快落实《中国学术编年》这一"世纪学术工程"。

根据倪为国先生的建议，我们决定以本校中国古典文献专业的学术骨干为主，适当邀请其他高校一些学有专长的专家参与，共同编纂一部贯通历代的《中国学术编年》。参编人员有（以姓氏笔画为序）：王德华、王逍、毛策、尹浩冰、叶志衡、包礼祥、冯春生、宋清秀、陈玉兰、陈年福、陈国灿、邱江宁、林家骊、张继定、杨建华、胡吉省、俞樟华、梅新林等。经过反复商讨、斟酌，初步拟定"编纂计划"，决定将《编年》分为6卷，规模为600万字左右。至此，由倪为国先生建议的贯通历代、包罗各科规模宏大的《中国学术编年》的编纂工作终于全面开始启动。

1999年底，经倪为国先生的努力，上海三联书店将《编年》列为出版计划，当时书名初定为《中国学术年表长编》。受此鼓舞，全体编写人员大为振奋，编写进程明显加快。期间，倪为国先生还就《编年》的价值与体例问题专门咨询著名学者朱维铮、刘小枫等人。刘小枫先生在予以充分肯定的同时，建议在当今中西交融的宏观背景下，应增加外国学术板块，以裨中外相互参照。根据这一建议，我们又先后约请就读于上海师范大学的秦治国、陆怡清、方勇、杜英、王延庆、陈允欣等负责这项工作。至2001年底，经过全体同仁的不懈努力，《中国学术编年》初稿终于基本形成，陆续交付专家、编辑初审。次年5月10日，梅新林、俞樟华决定将《编年》申请全国高校古籍整理研究工作委员会重点研究项目，承蒙安平秋先生、章培恒先生、裘锡圭先生、杨忠先生、张涌泉先生等的热忱支持，经全国高校古籍整理研究工作委员会项目专家评议小组评议，并经古委会主任批准，《编年》被列为2003年度高校古委会直接资助项目。对于《编年》而言，这无疑是一个锦上添花的喜讯。

2003年底，由于《编年》体量大幅扩张等原因，在出版环节上却再次出现了问题。就在我们深感失望而又无奈之际，幸赖倪为国先生再次伸出援手，基于对《编年》学术价值的认同感与出版此书的责任感，他毅然决定改由他创办的上海六点文化传播有限公司负责出版事宜，并得到时任华东师范大学出版社社长朱杰人先生首肯和支持。

为了保证和提高《编年》的质量，我们与倪为国先生商定，决定对《中国学术编年》初稿进行全面的充实和修订。2006年7月19日，倪为国先生率编辑一行10人，前来浙江师范大学召开编纂工作会议，共商《编年》修改方案。会议的中心主题是：加快进程，提高质量。会上，我们简要总结了《清代学术编年》20余年以及《编年》整体启动8年来的学术历程，介绍了目前各卷的进展以及存在的问题。接着由倪为国先生向各卷作者反馈了相关专家的审稿意见,并提出了具体的修改要求。在经过双方热烈细致讨论的基础上,最后形成整体修改方案。会议决定,每卷定稿后将再次聘请专家集中审阅,以确保《编年》的学术质量。会上对分卷与作者也作了相应的调整,即由原先的 6 卷本扩展为 9 卷本。2007 年 6 月 30 日,《中国学术编年》第二次编纂工作会议在浙江师范大学召开,倪为国先生一行 4 人再次来到师大与各卷作者继续会商修改与定稿等问题。会议决定以由俞樟华编纂的宋代卷为范本,各卷根据实际情况做适当调整。此后,各卷的责任编辑的审稿与《编年》各卷作者的修改一直在频繁交替进行。目前,《编年》各卷署名作者依次为:(1) 先秦卷:陈年福、叶志衡;(2) 汉代卷:宋清秀、曾礼军、包礼祥;(3) 三国两晋卷:王德华;(4) 南北朝卷:林家骊;(5) 隋唐五代卷:陈国灿;(6) 宋代卷:俞樟华;(7) 元代卷:邱江宁;(8) 明代卷(上、下册):陈玉兰、胡吉省;(9) 清代卷(上、中、下册):俞樟华、毛策、姚成荣。

此外,由秦治国、陆怡清、方勇、杜英、王延庆、陈允欣等编纂的作为参照的外国学术部分,则另请责任编辑万骏统一修改压缩,使内容更为精要。

《编年》经过长时期的磨砺而最终得以问世,可以说是各方人士共同努力的结果,郁积砥砺于我们心中的感悟也同样经历了一个不断变化、超越与升华的过程:从《清代学术编年》到《中国学术编年》,从反映有清一代学术到总结中国通代学术,集中体现了中国学术在走向现代与世界的过程中需要进行全面、系统、深入总结的内在要求与趋势,这是世纪之交中国学界与学者的历史使命,实与世纪之交的"学术史热"殊途而同归。与此同时,正是由于中国学术自身发展赋予《编年》的必要性与可能性,所以尽管历经种种曲折,甚至因先后被退稿和毁约而几乎中途夭折,但最终还是走出了困境,如愿以偿。从 50 余万字的《清代学术编年》,到 1000 余万字的《中国学术编年》,不仅仅意味着其规模的急遽扩大,更为重要的在于其学术质量的全面提高。在此,挫折本身已不断转化为一种催人不断前行的动力。

(三)《中国学术编年》的学术追求

尽管编年体史书源远流长,但编年体学术史著作晚至民国时期才得问世,而贯通历代的集成性的《中国学术编年》之作则一直阙如。20 世纪 20 年代,刘汝霖先生曾以一人之力启动《中国学术编年》的编纂工程,先于 1929 年完成《周秦诸子考》,继之编纂《汉晋学术编年》、《东晋南北朝学术编年》,分别 1932 年、1935 年由商务印书馆出版。

根据刘汝霖先生拟定《总目》,《中国学术编年》分为六集:

第一集,汉至晋:汉高祖元年(前 206)至晋愍帝建兴四年(316)。

第二集,东晋南北朝:东晋元帝建武元年(317)至陈后主祯明二年(588)。

第三集,隋唐五代:隋文帝开皇九年(589)至周世宗显德六年(959)。

第四集,宋:宋太祖建隆元年(960)至恭帝德祐二年(1276)。

第五集,元明:元世祖至元十四年(1277)至明思宗崇祯十六年(1643)。

第六集,清民国:清世祖顺治元年(1644)至民国七年(1918)。

然而由于种种原因,刘汝霖先生雄心勃勃编纂《中国学术编年》大型工程只完成第一集《汉晋学术编年》、第二集《东晋南北朝学术编年》即戛然而止,实在令人遗憾。在此后相当长的时期内,尽管在断代、专门性的学术编年方面成果渐丰,但贯通历代之作依然未能取得重大突破。2005 年,张岂之先生主编的《中国学术思想编年》由陕西师范大学出版,率先在贯通历代方面取得了重要进展,但因此书以"学术思想"为主旨,实乃一部按时间顺序编年的编年体学术思想史,所以在学术宗旨与内容取舍方面,与刘汝霖先生当年设计的综合型的中国通代学术编年不同。有鉴于此,的确需要编纂一部贯通历代、综合型、集大成的《中国学术编年》,以为"重写学术史"提供更加全面、系统而坚实的文献支持。

我们所编纂的《中国学术编年》,仍承刘汝霖先生当年所取之名,但非续作,而是另行编纂的一部独立著作。《编年》上起先秦,下迄清末,分为9卷、12册,依次为:先秦卷、汉代卷、三国两晋卷、南北朝卷、隋唐五代卷、宋代卷、元代卷、明代卷(上、下册)、清代卷(上、中、下册),共计1000余万字。《编年》具有自己独特而鲜明的学术追求,重在揭示以下四大规律:

(1) **注重中国学术史的宏观发展演变历程,以见各代学术盛衰规律**。每个时代都有自己的学术主潮,但彼此之间的嬗变与衔接及其外部动因与内在分合,却需要加以全面、系统、深入的省察,除了重点关注标志性人物、事件、成果等以外,更需要见微知著,由著溯微。唯此,才能在通观中国学术史的发展演变历程中把握各代学术盛衰规律。

(2) **注重学术流派的源起、形成、鼎盛及至解体历程,以见学术流派的兴替规律**。学术流派既是学术发展的主体力量,又是学术繁荣的根本标志。因此,通观学术流派的源起、形成、鼎盛及至解体历程并把握其兴替规律,显然是学术史研究的核心所在。然后,从学术流派的个案研究走向群体研究,即进而可见各种学术流派与各代学术盛衰规律的内在关联与宏观趋势。

(3) **注重学术群体的区域流向、位移、承变历程,以见学术中心的迁移规律**。不同的学术流派由不同的学术群体所构成,由各不同学术群体的区域流向、移位、承变历程可见学术中心的迁移规律,其中学术领袖所扮演的主导角色、所发挥的核心作用尤为重要,从一定意义上说,学术领袖的区域流向与一代学术的中心迁移常常具有同趋性。诚然,促使学术中心的迁移具有更广泛、更多元、更复杂的内外动力与动因,其与经济、政治、文化中心的迁移也常常存在着时空差。概而言之,以与经济中心迁移的关系最为持久,以与文化中心迁移的关系最为密切,而与政治中心尤其是都城迁移的关系则最为直接。

(4) **注重中外学术的冲突、交流与融合历程,以见跨文化的学术传通规律**。文化者,文而化之、化而文之也,跨文化的学术传通规律正与此相通。因此,由中外学术的冲突、交流与融合历程,探索跨文化的学术传通规律,不仅可以进一步拓展中国学术史的研究范围,而且可以借此重新审视中国学术史的发展轨迹与演变规律。

(四)《中国学术编年》的体例创新

《编年》综合吸取历代史书与各种学术编年之长而加以融通之,首创了一种新的编纂体例,主要由学术背景、学术活动、学术成果、学者生卒四大栏目构成,同时在各栏目适当处加按语,另外再在每年右边重点记载外国重大学术事件,以裨中外相互参照,合之为六大版块:

(1) **学术背景**。着重反映深刻影响中国学术史发展进程的重大文化政策以及政治、经济、军事、外交诸方面的重大事件,以考察学术演变的特定时代背景及其对学术思潮、治学风尚的影响。学术背景著录以时间为序。

(2) **学术活动**。着重记述学者治学经历、师承关系和学术交流活动,包括从师问学、科举仕进、讲学授业、交游访问、会盟结社、创办书院、学校、报刊等学术机构等,以明学术渊源之所自、学术创见之所成、学术流派之脉络以及不同流派之间的争鸣、兴替轨迹。学术活动著录以人物的重要性为序。

（3）**学术成果**。着重记述具有代表性的学术论著，以著作为主，兼收重要的单篇文献，如论文序跋、书信、奏疏等，兼录纂辑、校勘、评点、注释、考证、译著等。内容包括成书过程、内容特色、价值影响、版本流传情况等，以见各代学术研究之盛况。学术成果著录以论著类别为序，大致按经史子集顺序排列。

（4）**学者生卒**。又分卒年、生年两小栏。其中卒年栏著录学者姓名、生年、字号、籍贯以及难以系年的重要著述，并概述其一生主要成就、贡献与地位及后人的简单评价。学者生卒著录以卒年、生年为序。

（5）**编者按语**。在学术背景、学术活动、学术成果、学者生卒四栏重要处再加编者按语，内容包括补充说明、原委概述、异说考辨、新见论证、价值评判等。"按语"犹如揭示各代学术发展的"纲目"，若将各卷"按语"组合起来，即相当于一部简明学术史。

（6）**外国学术**。撷取同时期外国重要学术人物、活动、事件、成果等加以简要著录，以资在更广阔的比较视境中对中外学术的冲突交融历程以及跨文化的学术传通规律获得新的感悟与启示。

以上编纂体例的创体，最初是受《史记》的启发。《史记》分本纪、表、书、世家、列传，最后有"太史公曰"，为六大板块。"本纪"为帝王列传，《编年》之"学术背景"栏与此相对应；"世家"、"列传"为传记，以"人"为纲，重在纪行，《编年》之"学术活动"栏与此相对应；"书"为典章制度等学术成果介绍，《编年》之"学术成果"栏与之相对应；"表"按时间先后记录历史大事和历史人物，《编年》之"学者生卒"栏与之相对应；"太史公曰"为史家评论，《编年》之"按语"与之相对应。以上综合《史记》之体而熔铸为一种学术编年的新体例，是一种旨在学术创新的尝试与探索。此外，"外国学术"栏，主要参照一些中西历史合编的年表而运用于《编年》之中。

中国史书编纂源远流长、成果丰硕，但要以纪传体、编年体、纪事本末体为三大主干。三体各有利弊，纪传体创始于《史记》，长于纪人，短于纪事，常常同为一事，分在数篇，断续相离，故《史记》以互见法弥补之；编年体创始于《春秋》，长于纪时，短于纪事，常常同为一事，分在数年，亦是断续相离；纪事本末体创始于《通鉴纪事本末》，长于纪事，短于纪人，往往见事不见人，见个体不见整体。《中国学术编年》在体例上显然属于编年体，但同时又努力融合纪传体、纪事本末体之长，以弥补编年体之不足。一部学术发展史，归根到底是由若干巨星以及围绕着这些巨星的光度不同的群星所形成的历史。既然学术活动与成果的主体是学人，这就决定了年表不能不以学人为纲来排比材料。而取舍人物，做到既不漏也不滥，确实能反映出一代学术的本质面貌，则是编好《编年》的关键，这也决定了《编年》与以人为纲的纪传体的密切关系。何况上文所述借鉴《史记》而创立《编年》新的编纂体例，更是直接吸取了纪传体之长。而在"按语"中，常于分隔数年的学术活动、学术成果加以系统勾勒或考证、说明之，以明渊源所自，演化所终，也是充分吸取了纪事本末传的长处。

在《编年》的编写过程中，我们非常注意第一手材料，同时也注意吸收学术界的新成果，包括尽可能地参考港台学者出版的同类或相关的书籍，力求详而不芜，全而有要。其中重点采纳的文献资料主要有：历代正史、私史、实录、会要、起居注、方志、档案、文集、专著、类书、谱牒、笔记等，同时博采当代学者的研究成果。按语所录文献，随文标注所出，以示征信。或遇尚存异说之文献，则择善而从，或略加考释。

《编年》收录学者多达四万余人，论著多达四万五千篇（部），数量与规模超过了以往任何学术编年著作。为便于使用，《编年》于每卷后都编有详细的学者、论著索引，以充分发挥

《编年》学术著作兼工具书的双重功能。

自 1985 年开始启动以来，《编年》这一浩大工程经过 20 余年的艰难曲折历程至今终于划上了句号，期间所经历的艰难曲折，的确非一般著书之可比；其中所蕴含的学术景遇与世事沧桑，更不时引发我们的种种感慨。于今，这一独特经历已伴随《编年》的告竣而成为融会其间的一个重要组成部分，并已积淀为一种挥之不去、值得回味的文化记忆与学术反思。毋庸置疑，晚清以来中国学术的西化改造与现代转型是以传统学术的边缘化与断层化为沉重代价的，这是基于西学东渐与"中"学"西"化的必然结果。如果说传统学术的边缘化是对中国学术史之"昨天"的遗忘或否定，那么，传统学术的断层化则是中国学术史之"昨天"与"今天"之间的断裂。显然，两者既不利于对中国传统学术内在价值的理性认知，也不利于对中国学术未来发展方向的战略建构。我们编纂《中国学术编年》的根本宗旨：**即是期望通过对中国学术史的历史还原与重构，不仅重新体认其固有的学术价值，而且藉以反思其未来的学术取向，从而为弥补晚清以来传统学术边缘化与断层化的双重缺陷，重建一种基于传统内蕴与本土特色而又富有世界与现代意义的中国学术话语体系提供重要的思想资源与学术参照。**因此，《编年》的编纂与出版，并非缘于思古之幽情，而是出于现实之需要。当然，随着《编年》的规模扩张与内涵深化，我们对此的认知也大体经历了一个由表及里、由浅入深、与时俱进的演化过程。

值此《编年》即将出版之际，我们惟以虔敬之心，感铭这一变革时代的风云砺励，感铭来自学界内外各方人士的鼎力相助！

一是衷心感谢李学勤、安平秋、章培恒、裘锡圭、朱维铮、葛兆光、刘小枫、赵逵夫、吴熊和、杨忠、束景南、崔富章、张涌泉、常元敬、黄灵庚诸位先生的热情鼓励和精心指导，朱维铮、刘小枫、束景南、崔富章、黄灵庚先生还拨冗审阅了部分书稿，并提出了修改意见，使《编年》质量不断提高，体例更趋完善。常元敬先生在退休之后仍一直关心《编年》的进展，时时勉励我们一定要高质量的完成这一大型学术工程，以早日了却他当年未曾了却的心愿。二是衷心感谢华东师范大学出版社的热忱相助。华东师范大学出版社朱杰人先生始终坚守学术的职业精神，给人留下了深刻的印象。与此同时，我们也不能忘记曾为此书付出劳动的上海书店、上海三联书店的有关人士。三是衷心感谢《编年》所有作者长期持续不懈的努力。鉴于人文社会科学研究个性化的特点与当今科研评价功利化趋势，组织大型集体攻关项目诚为不易，而长时期地坚持不懈更是难上加难，这意味着对其他科研机会与成果的舍弃与牺牲。在此，对于所有关心支持并为《编年》的编纂、出版作出贡献的前辈、同仁，一并致以诚挚的谢忱！

学无止境，学术编年更是一项永无止境的学术活动。由于《编年》是首次全面贯通中国各代学术的集成性之作，历时久长，涉面广泛，规模宏大，限于我们自身的精力与水平，其中不足或错误之处在所难免，衷心希望得到学者与读者的批评指正。

梅新林　俞樟华
2008 年春初稿
2009 年秋改稿
2013 年春终稿

凡 例

一、《中国学术编年》(以下简称《编年》)为中国学术史编年体著作,兼具工具书的检索功能。

二、《编年》上起先秦时代,下迄清末。按时代分为九卷,即先秦卷、汉代卷、三国两晋卷、南北朝卷、隋唐五代卷、宋代卷、元代卷、明代卷、清代卷。

三、《编年》所取材,主要依据历代正史、私史、实录、会要、起居注、方志、档案、文集、专著、类书、谱牒、笔记等,同时博采当代学者的研究成果。所录文献,引文标注所出,以示征信;其他材料,限于体例,未能一一注明所出,可参见统一列于每卷之末的参考文献。或遇尚存异说之文献,则择善而从,或略加考释。

四、《编年》具有自己独特而鲜明的学术追求,重点关注各卷本时段学术主流特色与学术发展趋势两个方面,重在揭示以下四大规律:

1. 注重中国学术史的宏观发展演变历程,以见各代学术盛衰规律;
2. 注重学术流派的源起、形成、鼎盛及至解体历程,以见学术流派的兴替规律;
3. 注重学术群体的区域流向、移位、承变历程,以见学术中心的迁移规律;
4. 注重中外学术的冲突、交流与融合历程,以见跨文化的学术传通规律。

五、《编年》采用一种新的编撰体例,由学术背景、学术活动、学术成果、学者生卒四大栏目构成,同时在各栏目适当处加编者按语。若遇跨类,则以"互见法"于相应栏目分录之。

六、《编年》中的"学术背景"栏目,着重反映深刻影响中国学术史发展进程的重大文化政策以及政治、经济、军事、外交诸方面的重大事件,以考察学术演变的特定时代背景及其对学术思潮、治学风尚的影响。

1. 学术背景著录,先录时间,后录事件。
2. 同月不同日者,只标日,不标月。
3. 知月而不知日者,于此月最后以"是月,……"另起。
4. 只知季节而不知月者,则分别于三月、六月、九月、十二月后标以"是春,……"、"是夏……"、"是秋,……"、"是冬,……"另起。
5. 只知年而不知季、月、日者,列于本年最后,以"是年,……"另起。

七、《编年》中的"学术活动"栏目,着重记述学者治学经历、师承关系和学术交流活动,以明学术渊源之所自、学术创见之所成、学术流派之脉络以及不同流派之间的争鸣、兴替轨迹,包括从师问学、科举仕进、讲学授业、交游访问、会盟结社、创办书院、学校、报刊等学术机构,等等。其中学者仕历与学术思想和学术活动之演变关系密切,故多予著录。

1. 学术活动著录，先录人物，后录时间。
2. 人物大致以学术贡献与地位之重要排次，使读者对当时学界总貌有一目了然之感。相关师友、弟子、家人附列之。
3. 有诸人同时从事某一学术活动者，则系于同一条，以主次列出，不再分条著录。
4. 学者人名一般标其名而不标其字、号。科举择其最高者录之。
5. 少数民族学者一般用汉译名，不用本名。
6. 僧人通常以"僧××"或"释××"标示之，若习惯上以法号称之，则去"僧"或"释"字。方外人名只标僧名、法名，不标本名。
7. 外国来华传教士及其他人员统一标出国别，如"美国传教士×××"。外国来华学者人名一般用汉名，若无汉名则用译名。其来华前、离华后若与中国学术无涉，则不予著录。
8. 中国学者在国外传播、研究中国学术者，予以著录。

八、《编年》中的"学术成果"栏目，着重记述具有代表性的学术论著，以著作为主，兼收重要的单篇文献，如论文序跋、书信、奏疏以及纂辑、校勘、评点、注释、考证、译著等等，以见各代学术研究之盛况。

1. 学术成果著录，先录作者，后录论著。
2. 论著排列依据传统"经史子集"之序而又略作变通，依次为经学（含理学）、史学、诸子学、语言文字学、文艺学、宗教学、自然科学、图书文献学、综合。
3. 论著通常分别以"作"、"著"标之，众人所作或非专论专著一般以"纂"标之。
4. 著录论著撰写与刊行过程，包括始撰、成稿、修订、续撰、增补、重著以及刊行出版等，并著录书名、卷数及一书异名情况。
5. 对重要论著作出简要评价，如特色、价值、版本、影响等。对重要论著的序跋，或录原文，或节录原文。

九、《编年》中的"学者生卒"栏目，分卒年、生年两小栏。卒年栏著录学者姓名、生年（公元××年）、字号（包括谥号）、籍贯以及难以系年的重要著述，凡特别重要人物，略述其一生主要成就、贡献与地位、传记资料及后人的简单评价。

1. 学者生卒著录，先学者卒年，后学者生年。
2. 在卒年栏中对重要学者的学术成就与贡献作出概要评价。
3. 年月难考之论著系于卒年之下，以此对无法系年的重要学术论著略作弥补。

十、《编年》在以上四大栏目下都加有"按语"。主要内容为：
1. 价值评判。即对学术价值以及重要影响进行简要评价。
2. 原委概述。即对事件缘起、过程、流变、结果、影响诸方面作一概要论述。
3. 补充说明。即对相关内容及背景材料再作扼要说明。
4. 史料存真。即采录比较珍贵的史料或略为可取的异说，裨人参考。
5. 考辨断论。即对异说或有争论者，略加考辨并尽量作出断论，或择取其中一说。

十一、《编年》在注录中国学术之外，又取同时期外国重要学术人物、活动、事件、成果等加以简要著录，以资中外参照。

十二、《编年》纪年依次为帝王年号、干支年号、公年纪年，三者具备。遇二个以上王朝并立，则标出全部王朝帝王年号。凡因农历与公历差异产生年份出入问题，以农历为准。

无法确切考定年份者,用"约于是年前后"标之。凡在系年上有分歧而难以断定者,取一通行说法著录之,另以按语录以他说。

十三、《编年》纪年所涉及的古地名(包括学者卒年所标之籍贯),一般不注今地名。

十四、《编年》每卷后列有征引及参考文献,包括著作与论文两个方面。征引及参考文献的著录顺序:先古代,后现代;先著作,后论文。

十五、《编年》每卷后编有索引,以强化其检索功能。其中包括"人物索引"与"论著索引"。人物索引按笔画顺序编排,每卷人物索引只列本朝代的人物,跨代人物不出索引;人物的字号,加括号附录在正名之后;论著索引按拼音顺序编排。唐以前称"篇目索引",即重要论文亦出索引;隋唐五代称"论著索引";此后各代称"著作索引",即文章不出索引。同书名而不同作者的,在书名后面加括号,注明作者,以示区别;一书异名的,在通行书名后面加括号,注明异称。

十六、全书根据一以贯之的统一要求与体例格式进行编写,各卷(尤其是先秦卷)基于不同时代学术发展演变的实际情况再作变通处理,力求达到规范与变通的有机结合。

目 录

汉高祖刘邦元年　乙未　前 206 年 …………………………………………………… (1)
汉高祖二年　丙申　前 205 年 ………………………………………………………… (4)
汉高祖三年　丁酉　前 204 年 ………………………………………………………… (6)
汉高祖四年　戊戌　前 203 年 ………………………………………………………… (8)
汉高祖五年　己亥　前 202 年 ………………………………………………………… (9)
汉高祖六年　庚子　前 201 年 ………………………………………………………… (13)
汉高祖七年　辛丑　前 200 年 ………………………………………………………… (20)
汉高祖八年　壬寅　前 199 年 ………………………………………………………… (25)
汉高祖九年　癸卯　前 198 年 ………………………………………………………… (25)
汉高祖十年　甲辰　前 197 年 ………………………………………………………… (28)
汉高祖十一年　乙巳　前 196 年 ……………………………………………………… (29)
汉高祖十二年　丙午　前 195 年 ……………………………………………………… (32)
汉惠帝刘盈元年　丁未　前 194 年 …………………………………………………… (35)
汉惠帝二年　戊申　前 193 年 ………………………………………………………… (35)
汉惠帝三年　己酉　前 192 年 ………………………………………………………… (37)
汉惠帝四年　庚戌　前 191 年 ………………………………………………………… (37)
汉惠帝五年　辛亥　前 190 年 ………………………………………………………… (41)
汉惠帝六年　壬子　前 189 年 ………………………………………………………… (42)
汉惠帝七年　癸丑　前 188 年 ………………………………………………………… (42)
高后吕雉元年　甲寅　前 187 年 ……………………………………………………… (43)
高后二年　乙卯　前 186 年 …………………………………………………………… (45)
高后三年　丙辰　前 185 年 …………………………………………………………… (49)
高后四年　丁巳　前 184 年 …………………………………………………………… (49)
高后五年　戊午　前 183 年 …………………………………………………………… (50)
高后六年　己未　前 182 年 …………………………………………………………… (51)
高后七年　庚申　前 181 年 …………………………………………………………… (51)
高后八年　辛酉　前 180 年 …………………………………………………………… (52)
汉文帝刘恒元年　壬戌　前 179 年 …………………………………………………… (53)
汉文帝二年　癸亥　前 178 年 ………………………………………………………… (59)
汉文帝三年　甲子　前 177 年 ………………………………………………………… (62)
汉文帝四年　乙丑　前 176 年 ………………………………………………………… (63)
汉文帝五年　丙寅　前 175 年 ………………………………………………………… (65)

汉文帝六年 丁卯 前174年	(65)
汉文帝七年 戊辰 前173年	(66)
汉文帝八年 己巳 前172年	(67)
汉文帝九年 庚午 前171年	(68)
汉文帝十年 辛未 前170年	(68)
汉文帝十一年 壬申 前169年	(78)
汉文帝十二年 癸酉 前168年	(79)
汉文帝十三年 甲戌 前167年	(81)
汉文帝十四年 乙亥 前166年	(82)
汉文帝十五年 丙子 前165年	(83)
汉文帝十六年 丁丑 前164年	(86)
汉文帝后元元年 戊寅 前163年	(87)
汉文帝后元二年 己卯 前162年	(88)
汉文帝后元三年 庚辰 前161年	(89)
汉文帝后元四年 辛巳 前160年	(90)
汉文帝后元五年 壬午 前159年	(91)
汉文帝后元六年 癸未 前158年	(91)
汉文帝后元七年 甲申 前157年	(92)
汉景帝刘启元年 乙酉 前156年	(94)
汉景帝二年 丙戌 前155年	(98)
汉景帝三年 丁亥 前154年	(101)
汉景帝四年 戊子 前153年	(105)
汉景帝五年 己丑 前152年	(106)
汉景帝六年 庚寅 前151年	(107)
汉景帝七年 辛卯 前150年	(107)
汉景帝中元元年 壬辰 前149年	(110)
汉景帝中元二年 癸巳 前148年	(110)
汉景帝中元三年 甲午 前147年	(112)
汉景帝中元四年 甲午 前146年	(113)
汉景帝中元五年 丙申 前145年	(113)
汉景帝中元六年 丁酉 前144年	(115)
汉景帝后元元年 戊戌 前143年	(116)
汉景帝后元二年 己亥 前142年	(117)
汉景帝后元三年 庚子 前141年	(119)
汉武帝刘彻建元元年 辛丑 前140年	(120)
汉武帝建元二年 壬寅 前139年	(124)
汉武帝建元三年 癸卯 前138年	(127)
汉武帝建元四年 甲辰 前137年	(129)
汉武帝建元五年 乙卯 前136年	(129)

汉武帝建元六年	丙午	前135年	(131)
汉武帝元光元年	丁未	前134年	(134)
汉武帝元光二年	戊申	前133年	(143)
汉武帝元光三年	己酉	前132年	(145)
汉武帝元光四年	庚戌	前131年	(146)
汉武帝元光五年	辛亥	前130年	(147)
汉武帝元光六年	壬子	前129年	(150)
汉武帝元朔元年	癸丑	前128年	(151)
汉武帝元朔二年	甲寅	前127年	(153)
汉武帝元朔三年	乙卯	前126年	(154)
汉武帝元朔四年	丙辰	前125年	(157)
汉武帝元朔五年	丁巳	前124年	(157)
汉武帝元朔六年	戊午	前123年	(160)
汉武帝元狩元年	己未	前122年	(161)
汉武帝元狩二年	庚申	前121年	(164)
汉武帝元狩三年	辛酉	前120年	(165)
汉武帝元狩四年	壬戌	前119年	(166)
汉武帝元狩五年	癸亥	前118年	(167)
汉武帝元狩六年	甲子	前117年	(169)
汉武帝元鼎元年	乙丑	前116年	(170)
汉武帝元鼎二年	丙寅	前115年	(171)
汉武帝元鼎三年	戊辰	前114年	(172)
汉武帝元鼎四年	戊辰	前113年	(173)
汉武帝元鼎五年	己巳	前112年	(174)
汉武帝元鼎六年	庚午	前111年	(175)
汉武帝元封元年	辛未	前110年	(179)
汉武帝元封二年	壬申	前109年	(182)
汉武帝元封三年	癸酉	前108年	(184)
汉武帝元封四年	申戌	前107年	(185)
汉武帝元封五年	乙亥	前106年	(186)
汉武帝元封六年	丙子	前105年	(187)
汉武帝太初元年	丁丑	前104年	(187)
汉武帝太初二年	戊寅	前103年	(191)
汉武帝太初三年	己卯	前102年	(192)
汉武帝太初四年	庚辰	前101年	(194)
汉武帝天汉元年	辛巳	前100年	(195)
汉武帝天汉二年	壬午	前99年	(195)
汉武帝天汉三年	癸未	前98年	(196)
汉武帝天汉四年	甲申	前97年	(198)

汉武帝太始元年	乙酉	前96年	(198)
汉武帝太始二年	丙戌	前95年	(199)
汉武帝太始三年	丁亥	前94年	(202)
汉武帝太始四年	戊子	前93年	(202)
汉武帝征和元年	己丑	前92年	(204)
汉武帝征和二年	庚寅	前91年	(205)
汉武帝征和三年	辛卯	前90年	(206)
汉武帝征和四年	壬辰	前89年	(207)
汉武帝后元元年	癸巳	前88年	(211)
汉武帝后元二年	甲午	前87年	(212)
汉昭帝刘弗陵始元元年	乙未	前86年	(215)
汉昭帝始元二年	丙申	前85年	(217)
汉昭帝始元三年	丁酉	前84年	(218)
汉昭帝始元四年	戊戌	前83年	(218)
汉昭帝始元五年	己亥	前82年	(218)
汉昭帝始元六年	庚子	前81年	(219)
汉昭帝元凤元年	辛丑	前80年	(222)
汉昭帝元凤二年	壬寅	前79年	(223)
汉昭帝元凤三年	癸卯	前78年	(224)
汉昭帝元凤四年	甲辰	前77年	(226)
汉昭帝元凤五年	乙巳	前76年	(227)
汉昭帝元凤六年	丙午	前75年	(228)
汉昭帝元平元年	丁未	前74年	(229)
汉宣帝刘询本始元年	戊申	前73年	(231)
汉宣帝本始二年	己酉	前72年	(232)
汉宣帝本始三年	庚戌	前71年	(234)
汉宣帝本始四年	辛亥	前70年	(235)
汉宣帝地节元年	壬子	前69年	(236)
汉宣帝地节二年	癸丑	前68年	(236)
汉宣帝地节三年	甲寅	前67年	(237)
汉宣帝地节四年	乙卯	前66年	(239)
汉宣帝元康元年	丙辰	前65年	(240)
汉宣帝元康二年	丁巳	前64年	(242)
汉宣帝元康三年	戊午	前63年	(243)
汉宣帝元康四年	己未	前62年	(244)
汉宣帝神爵元年	庚申	前61年	(245)
汉宣帝神爵二年	辛酉	前60年	(248)
汉宣帝神爵三年	壬戌	前59年	(249)
汉宣帝神爵四年	癸亥	前58年	(250)

汉宣帝五凤元年	甲子	前57年	(251)
汉宣帝五凤二年	乙丑	前56年	(252)
汉宣帝五凤三年	丙寅	前55年	(253)
汉宣帝五凤四年	丁卯	前54年	(254)
汉宣帝甘露元年	戊辰	前53年	(256)
汉宣帝甘露二年	己巳	前52年	(258)
汉宣帝甘露三年	庚午	前51年	(259)
汉宣帝甘露四年	辛未	前50年	(261)
汉宣帝黄龙元年	壬申	前49年	(262)
汉元帝刘奭初元元年	癸酉	前48年	(263)
汉元帝初元二年	甲戌	前47年	(265)
汉元帝初元三年	乙亥	前46年	(269)
汉元帝初元四年	丙子	前45年	(270)
汉元帝初元五年	丁丑	前44年	(271)
汉元帝永光元年	戊寅	前43年	(274)
汉元帝永光二年	己卯	前42年	(275)
汉元帝永光三年	庚辰	前41年	(276)
汉元帝永光四年	辛巳	前40年	(276)
汉元帝永光五年	壬午	前39年	(279)
汉元帝建昭元年	癸未	前38年	(280)
汉元帝建昭二年	甲申	前37年	(281)
汉元帝建昭三年	乙酉	前36年	(283)
汉元帝建昭四年	丙戌	前35年	(284)
汉元帝建昭五年	丁亥	前34年	(285)
汉元帝竟宁元年	戊子	前33年	(285)
汉成帝刘骜建始元年	己丑	前32年	(287)
汉成帝建始二年	庚寅	前31年	(290)
汉成帝建始三年	辛卯	前30年	(290)
汉成帝建始四年	壬辰	前29年	(291)
汉成帝河平元年	癸巳	前28年	(292)
汉成帝河平二年	甲午	前27年	(294)
汉成帝河平三年	乙未	前26年	(294)
汉成帝河平四年	丙申	前25年	(297)
汉成帝阳朔元年	丁酉	前24年	(298)
汉成帝阳朔二年	戊戌	前23年	(300)
汉成帝阳朔三年	己亥	前22年	(301)
汉成帝阳朔四年	庚子	前21年	(303)
汉成帝鸿嘉元年	辛丑	前20年	(304)
汉成帝鸿嘉二年	壬寅	前19年	(305)

汉成帝鸿嘉三年	癸卯	前18年	(305)
汉成帝鸿嘉四年	甲辰	前17年	(306)
汉成帝永始元年	乙巳	前16年	(307)
汉成帝永始二年	丙午	前15年	(308)
汉成帝永始三年	丁未	前14年	(309)
汉成帝永始四年	戊申	前13年	(311)
汉成帝元延元年	己酉	前12年	(311)
汉成帝元延二年	庚戌	前11年	(312)
汉成帝元延三年	辛亥	前10年	(313)
汉成帝元延四年	壬子	前9年	(316)
汉成帝绥和元年	癸丑	前8年	(317)
汉成帝绥和二年	甲寅	前7年	(319)
汉哀帝刘欣建平元年	乙卯	前6年	(322)
汉哀帝建平二年	丙辰	前5年	(326)
汉哀帝建平三年	丁巳	前4年	(328)
汉哀帝建平四年	戊午	前3年	(328)
汉哀帝元寿元年	己未	前2年	(331)
汉哀帝元寿二年	庚申	前1年	(333)
汉平帝刘衎元始元年	辛酉	1年	(334)
汉平帝元始二年	壬戌	2年	(335)
汉平帝元始三年	癸亥	3年	(337)
汉平帝元始四年	甲子	4年	(339)
汉平帝元始五年	乙丑	5年	(340)
孺子婴居摄元年	丙寅	6年	(344)
居摄二年	丁卯	7年	(344)
居摄三年 初始元年	戊辰	8年	(345)
新皇帝王莽始建元年	己巳	9年	(346)
新莽始建国二年	庚午	10年	(349)
新莽始建国三年	辛未	11年	(350)
新莽始建国四年	壬申	12年	(351)
新莽始建国五年	癸酉	13年	(352)
新莽天凤元年	甲戌	14年	(352)
新莽天凤二年	乙亥	15年	(353)
新莽天凤三年	丙子	16年	(354)
新莽天凤四年	丁丑	17年	(355)
新莽天凤五年	戊寅	18年	(355)
新莽天凤六年	己卯	19年	(357)
新莽地皇元年	庚辰	20年	(357)
新莽地皇二年	辛巳	21年	(358)

新莽地皇三年　壬午　22年	(359)
新莽地皇四年　汉更始帝(淮阳王)刘玄元年　癸未　23年	(360)
汉更始二年　甲申　24年	(362)
汉更始三年　汉光武帝刘秀建武元年　乙酉　25年	(363)
汉光武帝建武二年　丙戌　26年	(370)
汉光武帝建武三年　丁亥　27年	(373)
汉光武帝建武四年　戊子　28年	(374)
汉光武帝建武五年　己丑　29年	(377)
汉光武帝建武六年　庚寅　30年	(379)
汉光武帝建武七年　辛卯　31年	(381)
汉光武帝建武八年　壬辰　32年	(383)
汉光武帝建武九年　癸巳　33年	(384)
汉光武帝建武十年　甲午　34年	(385)
汉光武帝建武十一年　乙未　35年	(386)
汉光武帝建武十二年　丙申　36年	(387)
汉光武帝建武十三年　丁酉　37年	(392)
汉光武帝建武十四年　戊戌　38年	(393)
汉光武帝建武十五年　己亥　39年	(394)
汉光武帝建武十六年　庚子　40年	(396)
汉光武帝建武十七年　辛丑　41年	(396)
汉光武帝建武十八年　壬寅　42年	(398)
汉光武帝建武十九年　癸卯　43年	(399)
汉光武帝建武二十年　甲辰　44年	(401)
汉光武帝建武二十一年　乙巳　45年	(403)
汉光武帝建武二十二年　丙午　46年	(403)
汉光武帝建武二十三年　丁未　47年	(404)
汉光武帝建武二十四年　戊申　48年	(405)
汉光武帝建武二十五年　己酉　49年	(406)
汉光武帝建武二十六年　庚戌　50年	(408)
汉光武帝建武二十七年　辛亥　51年	(409)
汉光武帝建武二十八年　壬子　52年	(410)
汉光武帝建武二十九年　癸丑　53年	(411)
汉光武帝建武三十年　甲寅　54年	(413)
汉光武帝建武三十一年　乙卯　55年	(414)
汉光武帝建武三十二年　中元元年　丙辰　56年	(415)
汉光武帝中元二年　丁巳　57年	(420)
汉明帝刘庄永平元年　戊午　58年	(422)
汉明帝永平二年　己未　59年	(423)
汉明帝永平三年　庚申　60年	(425)

汉明帝永平四年	辛酉	61年	(427)
汉明帝永平五年	壬戌	62年	(428)
汉明帝永平六年	癸亥	63年	(431)
汉明帝永平七年	甲子	64年	(432)
汉明帝永平八年	乙丑	65年	(433)
汉明帝永平九年	丙寅	66年	(434)
汉明帝永平十年	丁卯	67年	(436)
汉明帝永平十一年	戊辰	68年	(437)
汉明帝永平十二年	己巳	69年	(438)
汉明帝永平十三年	庚午	70年	(439)
汉明帝永平十四年	辛未	71年	(440)
汉明帝永平十五年	壬申	72年	(441)
汉明帝永平十六年	癸酉	73年	(442)
汉明帝永平十七年	甲戌	74年	(443)
汉明帝永平十八年	乙亥	75年	(444)
汉章帝刘炟建初元年	丙子	76年	(446)
汉章帝建初二年	丁丑	77年	(449)
汉章帝建初三年	戊寅	78年	(450)
汉章帝建初四年	己卯	79年	(451)
汉章帝建初五年	庚辰	80年	(454)
汉章帝建初六年	辛巳	81年	(455)
汉章帝建初七年	壬午	82年	(456)
汉章帝建初八年	癸未	83年	(459)
汉章帝建初九年 元和元年	甲申	84年	(461)
汉章帝元和二年	乙酉	85年	(463)
汉章帝元和三年	丙戌	86年	(467)
汉章帝元和四年 章和元年	丁亥	87年	(468)
汉章帝章和二年	戊子	88年	(469)
汉和帝刘肇永元元年	己丑	89年	(472)
汉和帝永元二年	庚寅	90年	(473)
汉和帝永元三年	辛卯	91年	(474)
汉和帝永元四年	壬辰	92年	(476)
汉和帝永元五年	癸巳	93年	(478)
汉和帝永元六年	甲午	94年	(480)
汉和帝永元七年	乙未	95年	(481)
汉和帝永元八年	丙申	96年	(482)
汉和帝永元九年	丁酉	97年	(483)
汉和帝永元十年	戊戌	98年	(485)
汉和帝永元十一年	己亥	99年	(486)

汉和帝永元十二年　庚子　100年	(487)
汉和帝永元十三年　辛丑　101年	(489)
汉和帝永元十四年　壬寅　102年	(491)
汉和帝永元十五年　癸卯　103年	(493)
汉和帝永元十六年　甲辰　104年	(494)
汉和帝元兴元年　乙巳　105年	(495)
汉殇帝刘隆延平元年　丙午　106年	(496)
汉安帝刘祜永初元年　丁未　107年	(498)
汉安帝永初二年　戊申　108年	(500)
汉安帝永初三年　己酉　109年	(501)
汉安帝永初四年　庚戌　110年	(503)
汉安帝永初五年　辛亥　111年	(506)
汉安帝永初六年　壬子　112年	(507)
汉安帝永初七年　癸丑　113年	(508)
汉安帝元初元年　甲寅　114年	(509)
汉安帝元初二年　乙卯　115年	(510)
汉安帝元初三年　丙辰　116年	(511)
汉安帝元初四年　丁巳　117年	(512)
汉安帝元初五年　戊午　118年	(514)
汉安帝元初六年　己未　119年	(515)
汉安帝元初七年　永宁元年　庚申　120年	(516)
汉安帝永宁二年　建光元年　辛酉　121年	(518)
汉安帝建光二年　延光元年　壬戌　122年	(520)
汉安帝延光二年　癸亥　123年	(521)
汉安帝延光三年　甲子　124年	(522)
汉安帝延光四年　乙丑　125年	(524)
汉顺帝刘保永建元年　丙寅　126年	(526)
汉顺帝永建二年　丁卯　127年	(528)
汉顺帝永建三年　戊辰　128年	(530)
汉顺帝永建四年　己巳　129年	(530)
汉顺帝永建五年　庚午　130年	(532)
汉顺帝永建六年　辛未　131年	(533)
汉顺帝阳嘉元年　壬申　132年	(533)
汉顺帝阳嘉二年　癸酉　133年	(535)
汉顺帝阳嘉三年　甲戌　134年	(537)
汉顺帝阳嘉四年　乙亥　135年	(538)
汉顺帝永和元年　丙子　136年	(539)
汉顺帝永和二年　丁丑　137年	(540)
汉顺帝永和三年　戊寅　138年	(541)

汉顺帝永和四年	己卯	139年	(542)
汉顺帝永和五年	庚辰	140年	(543)
汉顺帝永和六年	辛巳	141年	(544)
汉顺帝汉安元年	壬午	142年	(545)
汉顺帝汉安二年	癸未	143年	(547)
汉顺帝汉安三年　建康元年	甲申	144年	(548)
汉冲帝刘炳永嘉元年	乙酉	145年	(550)
汉质帝刘缵本初元年	丙戌	146年	(551)
汉桓帝刘志建和元年	丁亥	147年	(552)
汉桓帝建和二年	戊子	148年	(554)
汉桓帝建和三年	己丑	149年	(555)
汉桓帝和平元年	庚寅	150年	(557)
汉桓帝元嘉元年	辛卯	151年	(557)
汉桓帝元嘉二年	壬辰	152年	(559)
汉桓帝元嘉三年　永兴元年	癸巳	153年	(560)
汉桓帝永兴二年	甲午	154年	(561)
汉桓帝永寿元年	乙未	155年	(562)
汉桓帝永寿二年	丙申	156年	(563)
汉桓帝永寿三年	丁酉	157年	(564)
汉桓帝永寿四年　延熹元年	戊戌	158年	(565)
汉桓帝延熹二年	己亥	159年	(566)
汉桓帝延熹三年	庚子	160年	(568)
汉桓帝延熹四年	辛丑	161年	(569)
汉桓帝延熹五年	壬寅	162年	(570)
汉桓帝延熹六年	癸卯	163年	(572)
汉桓帝延熹七年	甲辰	164年	(573)
汉桓帝延熹八年	乙巳	165年	(575)
汉桓帝延熹九年	丙午	166年	(578)
汉桓帝延熹十年　永康元年	丁未	167年	(580)
汉灵帝刘弘建宁元年	戊申	168年	(583)
汉灵帝建宁二年	己酉	169年	(586)
汉灵帝建宁三年	庚戌	170年	(588)
汉灵帝建宁四年	辛亥	171年	(589)
汉灵帝建宁五年　熹平元年	壬子	172年	(591)
汉灵帝熹平二年	癸丑	173年	(593)
汉灵帝熹平三年	甲寅	174年	(595)
汉灵帝熹平四年	乙卯	175年	(596)
汉灵帝熹平五年	丙辰	176年	(599)
汉灵帝熹平六年	丁巳	177年	(600)

| 汉灵帝熹平七年　光和元年　戊午　178年 | (602) |

汉灵帝光和二年　己未　179年 …………………………………………………… (606)
汉灵帝光和三年　庚申　180年 …………………………………………………… (608)
汉灵帝光和四年　辛酉　181年 …………………………………………………… (609)
汉灵帝光和五年　壬戌　182年 …………………………………………………… (611)
汉灵帝光和六年　癸亥　183年 …………………………………………………… (612)
汉灵帝光和七年　中平元年　甲子　184年 ……………………………………… (613)
汉灵帝中平二年　乙丑　185年 …………………………………………………… (616)
汉灵帝中平三年　丙寅　186年 …………………………………………………… (618)
汉灵帝中平四年　丁卯　187年 …………………………………………………… (619)
汉灵帝中平五年　戊辰　188年 …………………………………………………… (621)
汉灵帝中平六年　少帝刘辩光熹元年　昭宁元年　献帝刘协永汉元年　己巳　189年
……………………………………………………………………………………… (623)
汉献帝初平元年　庚午　190年 …………………………………………………… (626)
汉献帝初平二年　辛未　191年 …………………………………………………… (630)
汉献帝初平三年　壬申　192年 …………………………………………………… (631)
汉献帝初平四年　癸酉　193年 …………………………………………………… (636)
汉献帝兴平元年　甲戌　194年 …………………………………………………… (637)
汉献帝兴平二年　乙亥　195年 …………………………………………………… (639)
汉献帝建安元年　丙子　196年 …………………………………………………… (641)
汉献帝建安二年　丁丑　197年 …………………………………………………… (644)
汉献帝建安三年　戊寅　198年 …………………………………………………… (646)
汉献帝建安四年　己卯　199年 …………………………………………………… (648)
汉献帝建安五年　庚辰　200年 …………………………………………………… (651)
汉献帝建安六年　辛巳　201年 …………………………………………………… (657)
汉献帝建安七年　壬午　202年 …………………………………………………… (659)
汉献帝建安八年　癸未　203年 …………………………………………………… (660)
汉献帝建安九年　甲申　204年 …………………………………………………… (662)
汉献帝建安十年　乙酉　205年 …………………………………………………… (663)
汉献帝建安十一年　丙戌　206年 ………………………………………………… (665)
汉献帝建安十二年　丁亥　207年 ………………………………………………… (666)
汉献帝建安十三年　戊子　208年 ………………………………………………… (668)
汉献帝建安十四年　己丑　209年 ………………………………………………… (672)
汉献帝建安十五年　庚寅　210年 ………………………………………………… (674)
汉献帝建安十六年　辛卯　211年 ………………………………………………… (675)
汉献帝建安十七年　壬辰　212年 ………………………………………………… (676)
汉献帝建安十八年　癸巳　213年 ………………………………………………… (679)
汉献帝建安十九年　甲午　214年 ………………………………………………… (681)
汉献帝建安二十年　乙未　215年 ………………………………………………… (683)

汉献帝建安二十一年　丙申　216年	(685)
汉献帝建安二十二年　丁酉　217年	(686)
汉献帝建安二十三年　戊戌　218年	(689)
汉献帝建安二十四年　己亥　219年	(691)
汉献帝建安二十五年　延康元年　魏文帝曹丕黄初元年　庚子　220年	(693)

征引及主要参考文献 …………………………………………………………… (705)

人物索引 ………………………………………………………………………… (733)

著作索引 ………………………………………………………………………… (753)

后记 ……………………………………………………………………………… (765)

汉高祖刘邦元年　乙未　前 206 年

十月,刘邦入关,约法三章。

按:《史记·高祖本纪》曰:"汉元年十月,沛公兵遂先诸侯至霸上。……召诸县父老豪桀曰:'父老苦秦苛法久矣,诽谤者族,偶语者弃市。吾与诸侯约,先入关者王之,吾当王关中。与父老约法三章耳:杀人者死,伤人及盗抵罪。余悉除去秦法。诸吏人皆案堵如故。凡吾所以来,为父老除害,非有所侵暴,无恐!且吾所以还军霸上,待诸侯至而定约束耳。'"《汉书·高帝纪》、《汉书·刑法志》亦载此事。刘邦此举在当时具有安定民心的重要作用。但是关于"约法三章"是否为汉代最初的法律,有不同意见。梁玉绳《史记志疑》卷六认为"约法三章"不是正式法令,只是针对秦法酷烈的安民告示,"然则秦法未尝悉除,三章徒为虚语,《续古今考》所谓'一时姑为大言以慰民'也。"杭世骏《订讹类编》"约法三章"条亦引薛千仞曰:"约法三章,约之为三节也。观其言曰父老苦秦苛法,曰余悉除去秦法,则秦法繁多,沛公特节之为三章耳,非相约也。"吕思勉《秦汉史》(上海古籍出版社 2005 年版)说:"是时为沛公计,择地而王,关中自是上选。既求王关中,自不肯残暴其民,约法三章,不受献享,虽有溢美之词,当不至全非实录也。""约法三章"在钟惺《汉文归》、严可均《全汉文》中都题作《入关告谕》。此文在文学史上有重要意义,刘跃进《秦汉文学编年史》(商务印书馆 2006 年版)引唐顺之言"入关一谕,不独四百年帝业所基,实一代文章之本"。又引张煜如评曰:"三代之文至战国而靡滥极矣。秦帝返之奇奥,多雄拔刻削之气。高祖乃浑朴大雄,直接商周遗风,使西汉文遂过战国而上,亦甚伟哉!"

又按:汉初,承秦历法,以十月为岁首。班固《汉书》卷二一《律历志》:"汉兴,方纲纪大基,庶事草创,袭秦正朔。以北平侯张苍言,用《颛顼历》,比于六历,疏阔中最为微近。然正朔服色,未睹其真,而朔晦月见,弦望满亏,多非是。"太初元年(前104年)改行太初历,以正月为岁首。关于汉代历法,学界存有争议,通常以为曾先后施用三种历法:从西汉高祖元年(前206年)到武帝元封六年(前105年),施用颛顼历,太初元年(前104年)到东汉章帝元和二年(公元85年),施用太初历,元和二年到东汉灭亡(公元220年),施用新四分历。故汉初百年间编年以十月为岁首。

刘邦入秦,宫室、帷帐、狗马、重宝、妇女以千数,意欲留居之。张良、樊哙等谏止。

按:秦朝都城经数代秦君兴修后,规模宏大、布局讲究。当时有长安宫、甘泉宫、华阳宫、长信宫、阿房宫等建筑群,并有上林苑、宜春苑等皇家园囿及祖庙和寝陵。刘邦悦其壮丽,意欲留之,张良等谏止。《史记·留侯世家》曰:"沛公入秦宫,宫室、帷帐、狗马、重宝、妇女以千数,意欲留居之。樊哙谏沛公出舍,沛公不听。良曰:'夫秦为无道,故沛公得至此。夫为天下除残贼,宜缟素为资。今始入秦,即安其乐,此所谓"助桀为虐"。且"忠言逆耳利于行,毒药苦口利于病",愿沛公听樊哙言。'沛公乃还军霸上。"张文虎《舒艺室随笔》(辽宁教育出版社 2003 年版)卷四曰:"《项羽本纪》:汉皆已入彭城,收其货宝美人,日置酒高会。案沛公一入秦宫即欲留居,今入

罗马收复伊比利亚。

彭城又复如此,亦无异于淫昏之主,此范增所云贪财好美姬者也,宜其为羽所破,几灭亡哉!史公于此二事,不著之《高纪》,而见之《羽纪》及《留侯世家》,此为高讳而仍不没其实,旁见侧出,谓之良史,不亦宜乎!"王夫之《读通鉴论》认为刘邦此举是"一时取天下之雄略",更重要的是以此"垂训后嗣,而文、景之治,至于尽免天下田租而国不忧贫,数百年居民交裕之略,定于此矣"。

刘邦至霸上,五星聚于东井(《史记·天官书》、《汉书·高帝纪》)。

按:《汉书·楚元王传》曰:"汉之入秦,五星聚于东井,得天下之象也。"

十二月,项羽率军至新丰,会刘邦于鸿门;屠咸阳,烧秦王宫(《史记·项羽本纪》)。

正月,项羽尊怀王为义帝,徙之江南(《史记·项羽本纪》)。

二月,项羽自立西楚霸王,都彭城;封刘邦为汉王,都南郑。

按:《史记·项羽本纪》曰:"是时,汉兵盛食多,项王兵罢食绝。汉遣陆贾说项王,请太公,项王弗听。汉王复使侯公往说项王。项王乃与汉约,中分天下,割鸿沟以西者为汉,鸿沟而东者为楚。"裴骃《史记集解》引文颖曰:"于荥阳下引河东南为鸿沟,以通宋、郑、陈、蔡、曹、卫,与济、汝、淮、泗会于楚,即今官渡水也。"《汉书·高帝纪》曰:"二月,羽自立为西楚霸王,王梁、楚地九郡,都彭城。背约,更立沛公为汉王,王巴、蜀、汉中四十一县,都南郑。"颜师古《汉书注》引文颖曰:"《史记·货殖传》曰淮以北沛、陈、汝南、南郡为西楚。彭城以东东海、吴、广陵为东楚。衡山、九江、江南、豫章、长沙为南楚。羽欲都彭城,故自称西楚。"又引孟康曰:"旧名江陵为南楚,吴为东楚,彭城为西楚。"刘邦至南郑,诸将及士卒皆歌讴思东归,因而《汉铙歌十八曲·巫山高》作。《汉书·高帝纪》曰:"汉王既至南郑,诸将及士卒皆歌讴思东归,多道亡还者。"王先谦《汉书补注》曰:"《宋书·乐志》载《汉铙歌十八曲》,其一《巫山高》云:'巫山高,高以大;淮水深,难以逝。我欲东归,害梁不为。我集无高,曳水何梁。汤汤回回,临水远望。泣下沾衣,远道之人心思归,谓之何。'此歌盖将士所作。曰'淮水深'者,其家在淮上耳。"

是月,刘邦以萧何为丞相(《汉书·百官公卿表》)。

按:《史记·萧相国世家》:"沛公为汉王,以何为丞相。"

是年,定正朔服色。

按:《史记·封禅书》曰:"高祖之微时,尝杀大蛇。有物曰:'蛇,白帝子也,而杀者赤帝子。'"所以汉定三秦,遂袭秦正,以十月为岁首,而色尚赤。刘汝霖《汉晋学术编年》(中华书局1987年版)曰:"按《史记·历书》、《张苍传》及《汉书·律历志》、《张苍传》,皆谓汉尚黑,然《史记·封禅书》及《汉书·郊祀志》,皆谓汉尚赤。……余谓此问题不宜求之过深,盖高帝初起之时,事事草创,因陋就简。服色之尚,自不便与秦相同。而历算之改革,则非一时之事。故因袭正朔而服色不同也。及统一之后,用张苍之说,故全袭秦制也。"

列《巴渝舞》为典礼乐舞。

按:《后汉书·南蛮传》曰:"至高祖为汉王,发夷人还伐三秦。秦地既定,乃遣还巴中,复其渠帅罗、朴、督、鄂、度、夕、龚七姓,不输租赋,余户乃岁入賨钱,口四十。世号为板楯蛮夷。阆中有渝水,其人多居水左右,天性劲勇,初为汉前锋,数陷阵。俗喜歌舞,高祖观之,曰:'此武王伐纣之歌也。'乃命乐人习之,所谓《巴渝舞》也。遂世世服从。"《晋书·乐志》曰:"汉高祖自蜀汉将定三秦,阆中范因率賨人以从帝,为前锋。及定秦中,封因为阆中侯,复賨人七姓。其俗喜舞,高祖乐其猛锐,数观其舞,后使乐人习之。阆中有渝水,因其所居,故名曰《巴渝舞》。"汉时与周围民族交往频繁,文化上互相熏陶、影响,如1983年广州象岗南越王赵眛墓中,出土六个玉雕舞人,其服饰、舞姿多有中原风韵。西北地区由于匈奴、羌、西域诸族大量迁入,形成了具有浓厚胡乐色彩的边地音乐。

萧何十月入秦丞相、御史府收所藏图籍文书。

按:《史记·萧相国世家》曰:"沛公至咸阳,诸将皆争走金帛财物之府分之,何独先入收秦丞相、御史律令图书藏之。沛公为汉王,以何为丞相。项王与诸侯屠烧咸阳而去。汉王所以具知天下阨塞,户口多少,强弱之处,民所疾苦者,以何具得秦图书也。"《汉书·高帝纪》曰:"元年冬十月,……萧何尽收秦丞相府图籍文书。"关于萧何所收图籍内容,有两种说法:一,根据《史记·秦始皇本纪》中载李斯之奏章:"臣请史官非秦记皆烧之。非博士官所职,天下敢有藏《诗》、《书》、百家语者,悉诣守、尉杂烧之。有敢偶语《诗》、《书》者弃市。以古非今者族。吏见不举者与同罪。令下三十日不烧,黥为城旦。所不去者,医药、卜筮、种树之书。若欲有学法令,以吏为师。"可知秦时允许保存之书,只限于医、农、数术、法律方面。王应麟《汉书艺文志考证》卷一曰:"《大事记》:'始皇三十四年焚书,非博士官所职,天下敢有藏《诗》、《书》、百家语者,悉诣守、尉杂烧之。'东莱吕氏曰:'所烧者,天下之书。博士官所职,固若也。萧何独收图籍而遗此,惜哉!'"从这段话可知萧何所收之书无《诗》、《书》、百家语者。目前考古发现当时的图书也大多是秦法律和文书。如1975年底湖北省博物馆等单位在云梦睡虎地发掘战国末年至秦代墓葬十二座,其中十一号墓出土秦简一千余枚,季勋《云梦睡虎地秦简概述》(《文物》1976年第5期)详细介绍了出土的内容,后经初步整理,此秦简内容包括:秦始皇二十年《南郡守文书》、《语书》;秦昭王元年至秦始皇三十年《编年纪》;《秦律》三种;《封诊式》;《吏道》;《日书》,恰与李斯奏议相符。袁枚《随园诗话》(人民人学出版社1982年版)卷五曰:"黄石牧太史言:'秦禁书,禁在民,不禁在官;故内府博士所藏,并未亡也。自萧何不取,项羽烧阿房,而书亡矣。'年家子高树程咏《萧相》云:'英风犹想入关初,相国功勋世莫如。独恨未离刀笔吏,只收图籍不收书。'"二,郑文杰(《战国策文新论》,山东人民出版社1998年版)认为萧何所收之书有诸子书。因为当时丞相府中应有诸子书,据《秦会要订补》引《三辅黄图》曰:"石渠阁,萧何所造,藏入关所得之图书。"若仅秦地图、户籍、律令等书,则无需另造藏书之所。不论萧何所收图籍内容具体为何,但后来刘邦能够具知"天下阨塞,户口多少,强弱之处,民之所疾苦者",则是源于萧何收秦图籍之举。这是"汉兴,改秦之败,大收篇籍,广开献书之路"所实行的第一步。

周苛为御史大夫,佐萧何职典制度文章。

按:《资治通鉴》卷九曰:"是岁,以内史沛周苛为御史大夫。"汉代御史大夫要主管文书档案。颜师古《汉书·东方朔传》注引应劭注:"御史大夫职典制度文章。"

又按:吕祖谦《大事记解题》卷八曰:"汉置丞相、御史大夫官,制悉因秦旧也。高祖起为沛公,萧何为丞督,事固已处副贰之任矣。入关,何独先入收秦丞相御史律令图书藏之,其自处者固非群有司之职业也。以周苛荥阳之节观之,斯其所以为何之佐与。"

韩信为治粟都尉,逃离刘邦,萧何追之,被刘邦拜为大将军,遂陈羽可图、三秦易并之计(《史记·淮阴侯列传》)。

按:《汉书·高帝纪》曰:"韩信为治粟都尉,亦亡去,萧何追还之,因荐于汉王,曰：'必欲争天下，非信无可与计事者。'于是汉王斋戒设坛场，拜信为大将军，问以计策。信对曰：'项羽背约而王君王于南郑，是迁也。吏卒皆山东之人，日夜企而望归，及其锋而用之，可以有大功。天下已定，民皆自宁，不可复用。不如决策东向。'因陈羽可图、三秦易并之计。汉王大说，遂听信策，部署诸将。留萧何收巴蜀租，给军食。"吕祖谦《大事记解题》卷八曰："致堂胡氏曰：'智谋之士急于求用，非如抱道怀德之君子，舍之则藏也。陈平所谓"臣为事来，言不可过今日"是也。韩信，才士尔。稽留汉中，见王未有以处之，则思去而它适，无足怪者。萧何既深知其人可以争天下，诚惜其去，身自追亡，非特为信，乃为汉王也。方是时，王未奇信，则骂何为诈，亦理之常。而或者之论，乃谓汉王与何欲致信死，固示不用之端，激之使亡，又为此追求喜怒之态，然后用信，信必返而为汉效力，是殆见汉王轩轾英布而生此论耳。夫汉王恢廓大度，何又称人杰，岂固为是区区小数以动一信哉。汉王待布固不当尔，然布既南面称孤，不如是，不足以折其威而收其心。信事项羽，官不过郎中，位不过执戟，言不听，计不用而来，非布比也。或者谓信既为汉王、萧何所迷，作史者亦复不悟。至编于伊川先生诸语中，殆门人剿入之，非先生语也。'临川王氏曰：'韩信论楚汉形势，大抵汉能顺民心而楚常失之，则胜负存亡居然可见。此信所以能佐高祖致天下也。当楚汉之际，策士至多，然其智计不过规取一城一邑，见小利而遗大略。信所论乃天下形势而已。唯大形势为系天下之胜负存亡，取一城一邑见小利者，何能致天下。'"

陆贾说项羽，请太公，羽弗听。

按：《史记·郦生陆贾列传》曰："陆贾者，楚人也。以客从高祖定天下，名为有口辩士，居左右，常使诸侯。"《史记·项羽本纪》曰："是时，汉兵盛食多，项王兵罢食绝。汉遣陆贾说项王，请太公，项王弗听。"

韩生说项羽被烹。

按：秦末至汉初，天下大乱，秦时蛰伏的游士重新开始活跃，韩生是类于战国游士的汉初儒生。《史记·项羽本纪》曰："居数日，项羽引兵西屠咸阳，杀秦降王子婴，烧秦宫室，火三月不灭。收其货宝妇女而东。人或说项王曰：'关中阻山河四塞，地肥饶，可都以霸。'项王见秦宫皆以烧残破，又心怀思欲东归，曰：'富贵不归故乡，如衣绣夜行，谁知之者！'说者曰：'人言楚人沐猴而冠耳，果然。'项王闻之，烹说者。"《汉书·陈胜项籍传》曰："韩生说羽曰：'关中阻山带河，四塞之地，肥饶，可都以伯。'羽见秦宫室皆已烧残，又怀思东归，曰：'富贵不归故乡，如衣锦夜行。'韩生曰：'人谓楚人沐猴而冠，果然。'羽闻之，斩韩生。"

张良八月作《遗项王书》(《汉书·陈胜项籍传》、《资治通鉴》卷九)。

汉高祖二年　丙申　前205年

第一次马其顿战争结束。

克里特战争爆发。

十月，刘邦定都栎阳(《史记·高祖本纪》)。

二月癸未，诏民除秦社稷，立汉社稷，置乡三老。

按：《史记·高祖本纪》曰："二月，令除秦社稷，更立汉社稷。"《汉书·高帝纪》

曰："二月癸未，令民除秦社稷，立汉社稷。施恩德，赐民爵。蜀汉民给军事劳苦，复勿租税二岁。关中卒从军者，复家一岁。举民年五十以上，有修行，能帅众为善，置以为三老，乡一人。择乡三老一人为县三老，与县令、丞、尉以事相教，复勿徭戍。以十月赐酒肉。"吕祖谦《大事记解题》卷八曰："三老，秦法也。厚其恩礼而责以教化，高祖萧何之规摹也。"陈明光《汉代"乡三老"与乡族势力蠡测》（《中国社会经济史研究》2006年第4期）认为："汉代'乡三老'具有官方身份但又不是纯粹的吏，他们通常颇有资财，有相当的文化和议政能力，在当地较大的地域范围内对民众有号召力，因而是乡族势力的代表人物。汉朝建立'乡三老'制度，旨在笼络和利用乡族势力的代表人物，让他们从政治和文化习俗方面帮助国家维护乡村统治秩序，从而加强国家对乡村基层社会的控制。"

三月，刘邦为义帝发丧。（《史记·高祖本纪》）

按：清人汪越《读史记十表》卷一〇（中华书局1955年《二十五史补编》本）曰："高帝约法三章及为义帝发丧，是灭秦破楚之本。"钟惺《汉文归》命此告谕为《告诸侯为义帝发丧》。吴非《楚汉帝月表》（中华书局1955年《二十五史补编》本）后附《楚义帝本纪》、《史记不立义帝本纪辨》以及李渔《论汉高祖为义帝发丧、曹操挟天子以令诸侯之同异》（《李渔随笔全集·西汉记》，巴蜀书社2003年版）亦都有详论。

六月壬午，刘邦立刘盈为太子（《史记·高祖本纪》）。

八月，刘邦赴荥阳，命萧何守关中，计关中户口，转漕、调兵以给军（《史记·萧相国世家》）。

是年，刘邦平定三秦，立黑帝祠；复置太祝、太宰，如其故仪礼；令上帝之祭及山川诸神当祠者，各以其时礼祠之如故。

按：《史记·封禅书》曰："二年，东击项籍而还入关，问：'故秦时上帝祠何帝也？'对曰：'四帝，有白、青、黄、赤帝之祠。'高祖曰：'吾闻天有五帝，而四，何也？'莫知其说。于是高祖曰：'吾知之矣，乃待我而具五也。'乃立黑帝祠，命曰北畤。有司进祠，上不亲往。悉召故秦祝官，复置太祝、太宰，如其故仪礼。因令县为公社。下诏曰：'吾甚重祠而敬祭。今上帝之祭及山川诸神当祠者，各以其时礼祠之如故。'"

叔孙通归附刘邦，为博士，号稷嗣君，儒生弟子百余人随从。

按：《史记·刘敬叔孙通列传》曰："叔孙通者，薛人也。秦时以文学征，待诏博士。……汉二年，汉王从五诸侯入彭城，叔孙通降汉王。汉王败而西，因竟从汉。叔孙通儒服，汉王憎之。乃变其服，服短衣，楚制，汉王喜。叔孙通之降汉，从儒生弟子百余人，然通无所言进，专言诸故群盗壮士进之。弟子皆窃骂曰：'事先生数岁，幸得从降汉，今不能进臣等，专言大猾，何也？'叔孙通闻之，乃谓曰：'汉王方蒙矢石争天下，诸生宁能斗乎？故先言斩将搴旗之士。诸生且待我，我不忘矣。'汉王拜叔孙通为博士，号稷嗣君。"《汉书·郦陆朱刘叔孙传》亦载此事。博士名称始于战国，博士官职则始于秦，汉代承之。考叔孙通之为博士，职责乃在备询问，仍与秦博士掌古今之职相承，而与文帝之后多有不同，王国维《汉魏博士考》（《观堂集林》，中华书局1996年版）对此考之甚详。齐国稷下先生可能与博士异名同实，因齐国稷下先生于汉代著作中称之为博士，如《新序》曰："邹忌既为齐相，稷下先生淳于髡之属七十二人，皆轻邹忌，相与往见。"《说苑·尊贤》则曰："诸侯举兵伐齐，齐王闻之，惕然而恐，招其群臣大夫告曰：'有智为寡人用之。'于是博士淳于髡仰天大笑而不应。"两书同为刘向所作,故稷下先生应与博士相同。叔孙通于汉初封为博士时,仍称稷嗣君,是谓其德行足以沿袭稷下风流,堪为稷下学派继承人,后来郑玄称汉代博士孔安国为稷下生,谓其能传承稷下学风。陈直《西汉齐鲁人在学术上的贡献》(《文史考古论丛》,天津古籍出版社1988年版)说:"西汉时齐鲁人对学术上的贡献,如此之伟大,其原因远受孔子下官学的私学的影响。次则受荀卿游齐之影响。汉初齐鲁经学大师,如申培公、毛苌,皆为其再传弟子。再次则受齐稷下先生之影响,稷下为人才荟萃之地,百家争鸣,不拘一格。医学、农学、算学等,当必有从事研究者,在战国时开灿烂之花,至西汉时结丰硕之果,其势然也。"又归纳齐鲁人学术艺术成就九项,具体如下:1.田何、伏生等的经学;2.褚少孙的史学;3.东方朔的文学;4.仓公的医学;5.尹都尉的农学;6.徐伯、延年的水利学;7.齐人的《九章算术》;8.宿伯年、霍巨孟的雕绘;9.无名氏的书学。此外"至于《汉书·艺文志》所载师氏的乐学,《律历志》所载即墨徐万且的历学,《曹参传》所载胶西盖公的黄老学,其事实不够具体,故均略而不谈"。秦博士齐人叔孙通率百余弟子西行,拜为太常,为高祖定朝仪,是为齐鲁儒学西渐并逐步占据汉代学术中心地位的先声,同时也是儒学地位开始上升的文化信号。

又按:叔孙通为汉初归依刘邦的首位博士,对于汉代学术及其与政治的关系影响巨大,《史记》、《汉书》之《儒林传》"序言"对此均有重点论述。《汉书·儒林传》曰:"高皇帝诛项籍,引兵围鲁,鲁中诸儒尚讲诵习礼,弦歌之音不绝,岂非圣人遗化好学之国哉?于是诸儒始得修其经学,讲习大射乡饮之礼。叔孙通作汉礼仪,因为奉常,诸弟子共定者,咸为选首,然后喟然兴于学。然尚有干戈,平定四海,亦未皇庠序之事也。孝惠、高后时,公卿皆武力功臣。孝文时颇登用,然孝文本好刑名之言。及至孝景,不任儒,窦太后又好黄老术,故诸博士具官待问,未有进者。汉兴,言《易》自淄川田生;言《书》自济南伏生;言《诗》,于鲁则申培公,于齐则辕固生,燕则韩太傅;言《礼》,则鲁高堂生;言《春秋》,于齐则胡母生,于赵则董仲舒。及窦太后崩,武安君田蚡为丞相,黜黄老、刑名百家之言,延文学儒者以百数,而公孙弘以治《春秋》为丞相,封侯,天下学士靡然乡风矣。"

董公说汉王刘邦为义帝发丧。

按:董公是当时持纵横之术的士人。《汉书·高帝纪》曰:"(刘邦)至洛阳,新城三老董公遮说汉王曰:'臣闻"顺德者昌,逆德者亡","兵出无名,事故不成。"故曰:"明其为贼,敌乃可服。"项羽为无道,放杀其主,天下之贼也。夫仁不以勇,义不以力,三军之众为之素服,以告之诸侯,为此东伐,四海之内莫不仰德。此三王之举也。'汉王曰:'善,非夫子无所闻。'于是汉王为义帝发丧。"参见本年"三月,刘邦为义帝发丧"条。

郦食其往说魏王豹,不听。

按:《史记·魏豹彭越列传》载汉王使郦食其往说魏王豹,且召之。豹不听,谢曰:"今汉王慢而侮人,骂詈诸侯群臣如骂奴耳,非有上下礼节也,吾不忍复见也。"

汉高祖三年　丁酉　前204年

罗马入迦太基。

十月,韩信用蒯通计破齐,田横走博阳(《史记·淮阴侯列传》)。

四月,陈平行反间计,项羽疑范增(《史记·项羽本纪》)。

九月,刘邦遣郦食其说齐,齐附于汉(《汉书·高帝纪》)。

郦食其欲立六国后以树党,为张良发八难而阻之。

按:《史记·留侯世家》曰:"汉三年,项羽急围汉王荥阳,汉王恐忧,与郦食其谋桡楚权。食其曰:'昔汤伐桀,封其后于杞。武王伐纣,封其后于宋。今秦失德弃义,侵伐诸侯社稷,灭六国之后,使无立锥之地。陛下诚能复立六国后世,毕已受印,此其君臣百姓必皆戴陛下之德,莫不乡风慕义,愿为臣妾。德义已行,陛下南乡称霸,楚必敛衽而朝。'"《汉书·高帝纪》曰:"项羽数侵夺汉甬道,汉军乏食,与郦食其谋桡楚权。食其欲立六国后以树党,汉王刻印,将遣食其立之。以问张良,良发八难。汉王辍饭吐哺,曰:'竖儒几败乃公事!'令趣销印。"郦食其为汉初持纵横之术的士人,劝刘邦分封六国之后,有其学术、社会背景,而张良持儒家一统观,故发八难以阻之。刘跃进《秦汉文学编年史》(商务印书馆2006年版)谓"刘邦之不信任儒生,殆缘于此事"。

辕生说汉王刘邦走荥阳。

按:辕生为汉初持纵横之术的儒生。《汉书·高帝纪》曰:"汉王出荥阳,至成皋。自成皋入关,收兵欲复东。辕生说汉王曰:'汉与楚相距荥阳数岁,汉常困。愿君王出武关,项王必引兵南走,王深壁,令荥阳、成皋间且得休息。使韩信等得辑河北赵地,连燕齐,君王乃复走荥阳。如此,则楚所备者多,力分。汉得休息,复与之战,破之必矣。'汉王从其计,出军宛叶间,与黥布行收兵。"

随何说英布归汉(《史记·黥布列传》)。

按:随何为汉初持纵横之术的儒生,以辩士称于时。楚汉战争时为刘邦谒者,奉命说英布叛楚归汉。《汉书·韩彭英卢吴传》曰:"项籍死,上置酒对众折随何曰腐儒,'为天下安用腐儒哉!'随何跪曰:'夫陛下引兵攻彭城,楚王未去齐也,陛下发步卒五万人,骑五千,能以取淮南乎?'曰:'不能。'随何曰:'陛下使何与二十人使淮南,如陛下之意,是何之功贤于步卒数万,骑五千也。然陛下谓何腐儒,"为天下安用腐儒",何也?'上曰:'吾方图子之功。'乃以随何为护军中尉。"汉初刘邦对儒生态度傲慢,如称随何为"腐儒"、郦食其为"竖儒"等,然随何以口舌之利而胜雄兵十万,使刘邦逐渐改变了对儒生的看法。

蒯通说韩信攻齐。

按:蒯通为汉初著名纵横家。《史记·淮阴侯列传》曰:"信引兵东,未渡平原,闻汉王使郦食其已说下齐,韩信欲止。范阳辩士蒯通说信曰:'将军受诏击齐,而汉独发间使下齐,宁有诏止将军乎?何以得毋行也!且郦生一士,伏轼掉三寸之舌,下齐七十余城,将军将数万众,岁余乃下赵五十余城,为将数岁,反不如一竖儒之功乎?'于是信然之,从其计,遂渡河。齐已听郦生,即留纵酒,罢备汉守御。信因袭齐历下军,遂至临菑。齐王田广以郦生卖己,乃亨之,而走高密,使使之楚请救。韩信已定临菑,遂东追广至高密西。楚亦使龙且将,号称二十万,救齐。"

颜芝约卒于是年以前,生年不详。河间人,经学家。曾于秦焚书时收藏《孝经》。汉初,《孝经》18章即由其子颜贞传世。事迹见《隋书》卷三二。

按:《隋书·经籍志》曰:"夫孝者,天之经,地之义,人之行。自天子达于庶人,

李维乌斯·安德罗尼库斯卒(约前284—)。罗马文学史上第一位诗人、剧作家。译有荷马《奥德修纪》,并改编希腊剧本在罗马上演。

虽尊卑有差,及乎行孝,其义一也。先王因之以治国家,化天下,故能不严而顺,不肃而成。斯实生灵之至德,王者之要道。孔子既叙六经,题目不同,指意差别,恐斯道离散,故作《孝经》,以总会之,明其枝流虽分,本萌于孝者也。遭秦焚书,为河间人颜芝所藏。汉初,芝子贞出之,凡十八章,而长孙氏、博士江翁、少府后苍、谏议大夫翼奉、安昌侯张禹,皆名其学。又有《古文孝经》,与《古文尚书》同出,而长孙有《闺门》一章,其余经文,大较相似,篇简缺解,又有衍出三章,并前合为二十二章,孔安国为之传。"秦始皇下"挟书令"之时,很多儒生仍偷藏诗书,这才使汉代废除"挟书令"后,得以搜集到大批古代典籍,他们为文化的传承和发展作出了重要贡献。

汉高祖四年　戊戌　前 203 年

塞琉古及马其顿谋分托勒密埃及。

二月,刘邦立韩信为齐王(《史记·淮阴侯列传》)。

八月,刘邦数项羽十罪;楚汉约以鸿沟为界,中分天下。

按:《汉书·高帝纪》曰:"汉王数羽曰:'吾始与羽俱受命怀王,曰先定关中者王之。羽负约,王我于蜀汉,罪一也。羽矫杀卿子冠军,自尊,罪二也。羽当以救赵还报,而擅劫诸侯兵入关,罪三也。怀王约入秦无暴掠,羽烧秦宫室,掘始皇帝冢,收私其财,罪四也。又强杀秦降王子婴,罪五也。诈坑秦子弟新安二十万,王其将,罪六也。皆王诸将善地,而徙逐故主,令臣下争畔逆,罪七也。出逐义帝彭城,自都之,夺韩王地,并王梁楚,多自与,罪八也。使人阴杀义帝江南,罪九也。夫为人臣而杀其主,杀其已降,为政不平,主约不信,天下所不容,大逆无道,罪十也。吾以义兵从诸侯诛残贼,使刑余罪人击公,何苦乃与公挑战!'"

初定算赋,民年十五以上至五十六出算赋。

按:《汉书·高帝纪》曰:"八月,初为算赋。"颜师古《汉书注》引如淳曰:"《汉仪注》民年十五以上至五十六出赋钱,人百二十为一算,为治库兵车马。"可见汉代十五岁开始交纳赋税。

是年,刘邦作《武德舞》,以象天下乐已行武以除乱。

按:《汉书·礼乐志》曰:"高庙奏《武德》、《文始》、《五行》之舞;孝文庙奏《昭德》、《文始》、《四时》、《五行》之舞;孝武庙奏《盛德》、《文始》、《四时》、《五行》之舞。《武德舞》者,高祖四年作,以象天下乐已行武以除乱也。《文始舞》者,曰本舜《招舞》也,高祖六年更名曰《文始》,以示不相袭也。《五行舞》者,本周舞也,秦始皇二十六年更名曰《五行》也。"

蒯通说韩信自立,不听;蒯通因去,佯狂为巫(《史记·淮阴侯列传》)。

按:赵翼《陔余丛考》(中华书局 1963 年版)卷五《史记四》曰:"《史记·淮阴侯传》全载蒯通语,正以见淮阴之心乎为汉,虽以通之说喻百端,终确然不变,而他日之诬以反而族之者之冤痛,不可言也。班书则《韩信传》尽删通语,而另为通作传,以此语叙入《通传》中,似乎详简得宜矣,不知蒯通本非必应立传之人,载其语于《淮阴传》,则淮阴之心迹见,而通之为辨士亦附见,史迁所以不更立《蒯通传》,正以明淮阴之心,兼省却无限笔墨。班掾则转因此语而特为通立传,反略其语于《韩信传》中,是舍所重而重所轻,且开后世史家一事一传之例,宜乎后世之史日益繁也。"

郦食其卒,生年不详。食其,陈留高阳乡人,秦汉纵横家。家贫,好读书,为里监门。为刘邦定计下陈留,封广野君。后被齐王烹死。著《郦生书》,今不传。事迹见《史记》卷九七、《汉书》卷四三。

按:《史记·郦生陆贾列传》曰:"淮阴侯闻郦生伏轼下齐七十余城,乃夜度兵平原袭齐。齐王田广闻汉兵至,以为郦生卖己,乃曰:'汝能止汉军,我活汝;不然,我将烹汝!'郦生曰:'举大事不细谨,盛德不辞让。而公不为若更言!'齐王遂烹郦生,引兵东走。"郦食其是汉初著名的纵横家。汉初纵横策士是一批异常活跃的人物,他们大多对当时的政治形势有比较深刻的理解,又擅长于计谋策略,对当时局势发展产生过重要影响。郦食其建议刘邦占据有利地形;为刘邦游说齐国,客观上为韩信迅速攻占齐国创造了条件。所以刘向《新序》曰:"(刘邦)乃从其计划,复守敖仓,卒粮食不尽,以擒项氏。其后吴、楚反,将军窦婴、周亚夫复据敖仓,塞成皋如前,以破吴、楚。皆郦生之谋也。"《史记·高祖功臣侯者年表》曰:"食其,兵起以客从击破秦,以列侯入汉,还定诸侯,常使约和诸侯列卒兵聚,侯,功比平侯嘉。"因而《汉书·郦陆朱刘叔孙传》载前195年"高祖举功臣,思食其。食其子疥数将兵,上以其父故,封疥为高梁侯。后更食武阳,卒,子遂嗣"。郦食其作为纵横家,亦有著述,当时人尚见之。《史记·郦生陆贾列传》曰:"太史公曰:'世之传《郦生书》,多曰汉王已拔三秦,东击项籍而引军于巩洛之间,郦生被儒衣往说汉王。乃非也。"

汉高祖五年　己亥　前202年

十二月,刘邦与项羽决战垓下,项羽自刎于乌江(《史记·高祖本纪》、《史记·项羽本纪》)。

按:唐顺之《精选批点史记》卷一曰:"(巨鹿之战)项羽最得意之战,太史公最得意之文。《垓下歌》悲壮呜咽,与《大风》各自摹写帝王兴衰气象。"

二月甲午,刘邦即皇帝位,定都洛阳,更王后曰皇后,太子曰皇太子,追尊先媪曰昭灵夫人(《史记·高祖本纪》)。

按:荀悦《前汉纪》卷三曰:"二月甲午,皇帝即位于汜水之阳,以十月为正,从火德,色尚赤,以应斩白蛇神母之符,尊王后曰皇后。"吕祖谦《大事记解题》卷九曰:"致堂胡氏曰:'古之圣人应时称号,故曰皇、曰帝、曰王而止矣,非帝贬为皇,王贬于帝也。惟不知此义,遂以皇帝为首称而以自居,以王为降等而以封其臣子,失之甚矣。王之为名,继天抚世之谓也,曾是而可使臣子称之曰,吴楚僭王,《春秋》比之夷狄,六国用夷礼,乃周公之所膺也,岂可以此之故,谓王卑于帝而不称哉!仲尼祖述唐虞,宪章三代,尊周立号,系王于天,其礼隆极,于秦何取焉?有天下者必法孔子称天王,其列爵诸侯,自公而降,则名正言顺,百世以俟而不惑矣。'"

大西庇阿于扎马战役击败汉尼拔。迦太基乞和。

第五次叙利亚战争爆发。

五月,令聚保山泽不书名数者各归其县,"复故爵田宅"。

按:《汉书·高帝纪》曰:"夏五月,兵皆罢归家。诏曰:'诸侯子在关中者,复之十二岁,其归者半之。民前或相聚保山泽,不书名数,今天下已定,令各归其县,复故爵、田宅;吏以文法教训辨告,勿笞辱。民以饥饿自卖为人奴婢者,皆免为庶人。军吏卒会赦,其亡罪及不满大夫者,皆赐爵为大夫。故大夫以上赐爵各一级,其七大夫以上,皆令食邑,非七大夫以下,皆复其身及户,勿事。'又曰:'七大夫、公乘以上,皆高爵也。诸侯子及从军归者,甚多高爵,吾数诏吏先与田宅,及所当求于吏者,亟与。爵或人君,上所尊礼,久立吏前,曾不为决,甚亡谓也。异日秦民爵公大夫以上,令丞与亢礼。今吾于爵非轻也,吏独安取此!且法以有功劳行田宅,今小吏未尝从军者多满,而有功者顾不得,背公立私,守尉长吏教训甚不善。其令诸吏善遇高爵,称吾意。且廉问,有不如吾诏者,以重论之。'"颜师古《汉书注》曰:"名数,谓户籍也。"吕祖谦《大事记解题》卷九曰:"此还定安集之大政也。"

是月,刘邦与高起、王陵论取天下之因。

按:《史记·高祖本纪》曰:"高起、王陵对曰:'陛下慢而侮人,项羽仁而爱人。然陛下使人攻城略地,所降下者因以予之,与天下同利也。项羽妒贤嫉能,有功者害之,贤者疑之,战胜而不予人功,得地而不予人利,此所以失天下也。'高祖曰:'公知其一,未知其二。夫运筹策帷帐之中,决胜于千里之外,吾不如子房;镇国家,抚百姓,给饷馈,不绝粮道,吾不如萧何;连百万之军,战必胜,攻必取,吾不如韩信。此三者,皆人杰也,吾能用之,此吾所以取天下者也。项羽有一范增而不能用,此其所以为我擒也。'"高祖得天下后与群臣论之所以得天下的原因就是能够尚贤用能,这是从先秦诸子开始就争相提倡的观点,秦始皇推行法制,逐客,刘邦复用之,能者为佑,智者用事,能得人所以得天下也。从刘邦的话语中可以看出汉初杂诸子百家而用之思想。

六月,诏大赦天下。

按:吕祖谦《大事记解解题》卷九曰:"正月之赦,为项籍灭而下也;六月之赦,为定都关中而下也。"

是年,立无诸为闽越王(《汉书·西南夷两粤朝鲜传》)。

令修长安城;建长乐宫。

按:《汉书·地理志上》曰:"长安,高帝五年置。"《三辅黄图》曰:"长乐宫,本秦之兴乐宫也。高皇帝始居栎阳,七年,长乐宫成,徙居长安城。"吕祖谦《大事记题解》卷九曰:"长安,即秦咸阳也。按《史记·大事记》,高帝六年'更命咸阳曰长安。'然《卢绾传》云,绾封为长安侯,长安故咸阳也。则长安为咸阳别名久矣。是时高祖虽西入关,尚居栎阳,方营宫室于长安,谋徙都也。"长乐宫处于汉长安城东偏南方向,原为高祖处理政事的地方,后来为太后居所。中国社会科学院考古研究所汉长安城工作队进行了部分发掘,其中首次发现了西汉时期的藏冰遗迹。

令定币制,黄金以斤为名;又铸荚钱(《汉书·食货志》)。

令定天子文体,曰策书、曰制书、曰诏书、曰戒书。

按:刘勰《文心雕龙·诏策》曰:"汉初定仪则,则命有四品:一曰策书,二曰制书,三曰诏书,四曰戒敕。"蔡邕《独断》曰:"其命令一曰策书,二曰制书,三曰诏书,四曰戒书。"刘跃进《秦汉文学编年史》(商务印书馆 2006 年版)于此年下系此条,认为此种文体源于汉初。

叔孙通为汉制定礼乐制度。

按：《史记·刘敬叔孙通传》曰："汉五年，已并天下，诸侯共尊汉王为皇帝于定陶，叔孙通就其仪号。高帝悉去秦苛仪法，为简易。群臣饮酒争功，醉或妄呼，拔剑击柱，高帝患之。叔孙通知上益厌之也，说上曰：'夫儒者难与进取，可与守成。臣愿征鲁诸生，与臣弟子共起朝仪。'高帝曰：'得无难乎？'叔孙通曰：'五帝异乐，三王不同礼。礼者，因时世人情为之节文者也。故夏、殷、周之礼所因损益可知者，谓不相复也。臣愿颇采古礼与秦仪杂就之。'上曰：'可试为之，令易知，度吾所能行为之。'于是叔孙通使征鲁诸生三十余人。鲁有两生不肯行，曰：'公所事者且十主，皆面谀以得亲贵。今天下初定，死者未葬，伤者未起，又欲起礼乐。礼乐所由起，积德百年而后可兴也。吾不忍为公所为。公所为不合古，吾不行。公往矣，无污我！'叔孙通笑曰：'若真鄙儒也，不知时变。'遂与所征三十人西，及上左右为学者与其弟子百余人为绵蕞野外。习之月余，叔孙通曰：'上可试观。'上既观，使行礼，曰：'吾能为此。'乃令群臣习肄。"《史记》载鲁两生谓叔孙通因"面谀以得亲贵"，对于叔孙通，史家看法不一，非之者曰阿谀之臣。高塘《史记钞》（《高梅亭读书丛钞》，黄秀文、吴平主编《华东师范大学图书馆藏稀见丛书汇刊》北京图书馆出版社 2005 年）卷四《刘敬叔孙通赞》认为叔孙通所做的制度"原采古礼与秦仪杂就之，议者以为适俗，不合典礼。然此仪一定，后代大抵因之，似未可尽非"。刘向《灾异疏》曰："孔子与季孟偕仕鲁，叔孙与李斯偕仕秦定公，始皇不用孔子，叔孙故以大乱污辱，至今直以其人比孔子。"司马光《资治通鉴》卷一一曰："礼之为物大矣！用之于身，则动静有法而百行备焉；用之于家，则内外有别而九族睦焉；用之于乡，则长幼有伦而俗化美焉；用之于国，则君臣有叙而政治成焉；用之于天下，则诸侯顺服而纪纲正焉；岂直几席之上、户庭之间得之而不乱哉！夫以高祖之明达，闻陆贾之言而称善，睹叔孙通之仪而叹息；然所以不能比肩于三代之王者，病于不学而已。当是之时，得大儒而佐之，与之以礼为天下，其功烈岂若是而止哉！惜夫，叔孙生之为器小也！徒窃礼之糠秕，以依世、谐俗、取宠而已，遂使先王之礼沦没而不振，以迄于今，岂不痛甚矣哉！是以扬子讥之曰：'昔者鲁有大臣，史失其名，曰："何如其大也！"曰："叔孙通欲制君臣之仪，召先生于鲁，所不能致者二人。"曰："若是，则仲尼之开迹诸侯也非邪？"曰："仲尼开迹，将以自用也。如委己而从人，虽有规矩、准绳，焉得而用之！"'善乎扬子之言也！夫大儒者，恶肯毁其规矩、准绳以趋一时之功哉！"叔孙通制定礼仪，为汉初儒学的复兴以至于后来的儒家独尊起到重要推动作用。

刘敬奏迁都关中，拜为郎中，号曰奉春君。

按：《史记·刘敬叔孙通列传》曰："刘敬者，齐人也。汉五年，戍陇西，过洛阳，高帝在焉。娄敬脱挽辂，衣其羊裘，见齐人虞将军曰：'臣愿见上言便事。'虞将军欲与之鲜衣，娄敬曰：'臣衣帛，衣帛见；衣褐，衣褐见：终不敢易衣。'于是虞将军入言上。上召入见，赐食。已而问娄敬，娄敬说曰：'陛下都洛阳，岂欲与周室比隆哉？'上曰：'然。'娄敬曰：'……今陛下起丰沛，收卒三千人，以之径往而卷蜀汉，定三秦，与项羽战荥阳，争成皋之口，大战七十，小战四十，使天下之民肝脑涂地，父子暴骨中野，不可胜数，哭泣之声未绝，伤痍者未起，而欲比隆于成康之时，臣窃以为不侔也。且夫秦地被山带河，四塞以为固，卒然有急，百万之众可具也。因秦之故，资甚美膏腴之地，此所谓天府者也。陛下入关而都之，山东虽乱，秦之故地可全而有也。夫与人斗，不搤其亢，拊其背，未能全其胜也。今陛下入关而都，案秦之故地，此亦搤天下之亢而拊其背也。'高帝问群臣，群臣皆山东人，争言周王数百年，秦二世即亡，不如都周。上疑未能决。及留侯明言入关便，即日车驾西都关中。于是上曰：'本言都秦地者娄敬，"娄"者乃"刘"也。'赐姓刘氏，拜为郎中，号为奉春君。"吕祖谦《大事记解题》卷九曰:"娄敬建入关之策,则是至言。周公营洛邑,有德则易以王,无德则易以亡,乃战国陋儒之说,而论周秦形势,初未尝考也。丰镐,本文武成康之所都,平王东迁,始以封秦耳。敬所谈秦之形势,乃周之形势也。秦汉间人多不学,但据目见言之,东迁以前全盛之周,则识之者鲜矣。群臣皆山东人,争言洛阳东有成皋,西有殽渑,倍河乡伊洛,其固亦足恃。高帝独非山东人乎?与项羽富贵不归故乡之见异矣。"高嶟《史记钞》(《高梅亭读书丛钞》,黄秀文、吴平主编《华东师范大学图书馆藏稀见丛书汇刊》北京图书馆出版社 2005 年)卷四《刘敬叔孙通列传赞》)曰:"刘敬建都关中议,自具卓识,留侯赞之,高帝纳之,遂定汉家四百年之基。"刘邦接受刘敬建议定都关中,逐步确立了长安的学术中心地位,所以迁都对两汉学术区域迁徙轨迹及多元学术分化规律有一定的启示意义。胡宝国《汉代政治文化中心的转移》(《汉唐间史学的发展》,商务印书馆 2003 年版)认为刘敬以及其它齐人对于汉代的政治文化中心的转移具有重要作用。刘敬除了主张西都关中外,还请将公主嫁于单于为妻;建议迁关东豪族至关中,以削弱其势力,这都对汉代政治产生重要的影响。

随何为护军中尉(《汉书·韩彭英卢吴传》)。

田横门人作《薤露歌》、《蒿里曲》。

按:吕祖谦《大事记解题》卷九曰:"彭越既受汉封,横入海居岛中,高帝遣使召之,诏卫尉郦商曰:'齐王横即至,人马从者敢动摇者,致族夷!'横至尸乡厩置,自刭。致堂胡氏曰:'横不肯北面汉祖,以同列为王之故,志亦壮矣。然天下岂有俱王、俱帝之理,岂有四海无君之道。吕政之时,藏器以待可也;胡亥之时,合从而起可也。至汉祖出,可以委质矣。汉祖而不可事,则谁可事者,此所谓可以无死,死,伤勇者也。"郭茂倩(《乐府诗集》,中华书局 2003 年版)引崔豹《古今注》曰:"《薤露》、《蒿里》,并丧歌也。本出田横门人。横自杀,门人伤之,为作悲歌。言人命奄忽,如薤上之露,易晞灭也。亦谓人死魂魄归于蒿里。至汉武时,李延年乃分为二曲。《薤露》送王公贵人,《蒿里》送士大夫庶人。使挽柩者歌之,亦谓之挽歌。"因《汉书·高祖纪》载田横于本年自杀,因而系于此。萧涤非《汉魏六朝乐府文学史》(人民文学出版社 1998 年版)说:"二歌盖作于汉初。然以其中多用七言句一事按之,必经李延年润色增损,以武帝之世,乐府始倡七言也。要为西汉文字无疑。"

项羽作《垓下歌》;世传虞姬有《和项王歌》。

按:《史记·项羽本纪》曰:"夜闻汉军四面皆楚歌,项王乃大惊曰:'汉皆已得楚乎?是何楚人之多也!'项王则夜起,饮帐中。有美人名虞,常幸从;骏马名骓,常骑之。于是项王乃悲歌忼慨,自为诗曰:'力拔山兮气盖世,时不利兮骓不逝。骓不逝兮可奈何,虞兮虞兮奈若何!'歌数阕,美人和之。项王泣数行下,左右皆泣,莫能仰视。"《垓下歌》是因冯惟讷《古诗记》而得名,但宋代郭茂倩《乐府诗集》题名为《力拔山操》,《文选补遗》题为《垓下帐中歌》。楚歌,裴骃《史记集解》引应劭曰:"楚歌者,谓《鸡鸣歌》也。汉已略得其地,故楚歌者多鸡鸣时歌也。"张守节《史记正义》引颜师古曰:"楚人之歌也,犹言'吴讴'、'越吟'。若鸡鸣为歌之名,于理则可,不得云'鸡鸣时'也。高祖戚夫人楚舞,自为楚歌,岂亦鸡鸣时乎?"《楚汉春秋》载虞姬和歌曰:"汉兵已略地,四方楚歌声。大王意气尽,贱妾何聊生。"关于虞姬和歌,多数学者认为不可靠。

制氏活动于汉初,传秦代故乐。

按:制氏,佚名,世为乐官,擅律,谙歌舞。《汉书·艺文志》曰:"汉兴,制氏以雅乐声律,世在乐官,颇能纪其铿锵鼓舞,而不能言其义。"刘勰《文心雕龙·乐府》曰:"秦燔《乐经》,汉初绍复,制氏纪其铿锵,叔孙定其容与。于是《武德》兴乎高祖,《四时》广于孝文,虽摹韶夏,而颇袭秦旧。"《汉书·礼乐志》载宗庙祭祀之乐有:1.高祖时叔孙通因秦乐人制宗庙之乐。2.高祖唐山夫人《房中乐》。3.高祖、文帝、景帝、武帝各庙祀舞乐。4.汉武帝立乐府所作郊祀乐。上述四种俱是雅乐,尤其《房中歌》、《郊祀歌》,一直被文学家当做与乐府民歌相对的雅颂之乐。《汉书·礼乐志》却认为汉郊祀乐不是雅乐,因为班固认为以八音为主要乐器,符合五声十二律及伦理道德的西周雅乐系统的音乐,才是雅乐。因为"汉兴有制氏"语,所以将制氏活动系于此年。

项羽卒(前232—)。羽,名籍,下相人。楚贵族出身,起兵反秦。后与刘邦争天下,兵败垓下,自刎而死。《汉书·艺文志·兵书略》(二)"兵形势"下著录《项王》一篇。事迹见《史记》卷七、《汉书》卷三一。

汉高祖六年　庚子　前201年

十月甲申,始剖符封功臣曹参等为通侯。

按:《汉书·高帝纪下》曰:"甲申,始剖符封功臣曹参等为通侯。"颜师古《汉书·高惠高后文功臣表》注引孟康曰:"曹参位第二而表在首,萧何位第一而表在十三,表以封前后故也。"

正月丙午,封刘贾为荆王,刘交为楚王(《汉书·高帝纪》)。

三月,诏定十八侯之位。

按:《资治通鉴》卷一一曰:"列侯毕已受封,诏定元功十八人位次。"胡三省注曰:"师古曰:'谓萧何、曹参、张敖、周勃、樊哙、郦商、奚涓、夏侯婴、灌婴、傅宽、靳歙、王陵、陈武、王吸、薛欧、周昌、丁复、虫达,自第一至十八也。余谓此但定萧何等元功十八人位次耳。至吕后时,乃诏作高祖功臣位次,凡一百四十余人。师古所谓自萧何至虫达十八人,吕后所定位次也。张敖于高祖九年始自赵王废为宣平侯,安得预元功十八人之数哉?故师古注功臣位次云:张耳及敖并为无大功,盖以鲁元之故,吕后曲升之耳。此说则得之。"关于十八侯之名还有不同,班固《十八侯铭》认为十八侯是:酂侯萧何、舞阳侯樊哙、留侯张良、绛侯周勃、平阳侯曹参、户牖侯陈平、南宫侯张敖、曲阳侯郦商、颍阳侯灌婴、汝阴侯夏侯婴、阳陵侯傅宽、信武侯靳歙、安国侯王陵、襄平侯韩信、棘津侯陈武、曲成侯虫达、汾阴侯周昌、青阳侯王吸。王观国《学林》(中华书局1988年版)卷三"汉高功臣"条认为十八侯是:一萧何、二曹参、三张敖、四周勃、五樊哙、六郦商、七奚涓、八夏侯婴、九灌婴、十傅宽、十一靳歙、十二王陵、十三陈武、十四王吸、十五薛欧、十六周昌、十七丁复、十八虫达。

五月丙午,刘邦尊太公为太上皇。

按:《史记·高祖本纪》曰:"高祖五日一朝太公,如家人父子礼。太公家令说太

第二次布匿战争结束,迦太基向罗马割地赔款求和,此后再无力与罗马抗衡。

是年,罗马纳西班牙为行省。

公曰:'天无二日,土无二王。今高祖虽子,人主也;太公虽父,人臣也。奈何令人主拜人臣! 如此,则威重不行。'后高祖朝,太公拥篲,迎门却行。高祖大惊,下扶太公。太公曰:'帝,人主也,奈何以我乱天下法!'于是高祖乃尊太公为太上皇。心善家令言,赐金五百斤。"此事件中,太公家令之言表达崇尚忠君思想,所以高祖"心善家令言"。但儒家还提倡孝道,《史记·礼书》曰:"天地者,生之本也,先祖者,类之本也,君师者,治之本也。无天地恶生? 无先祖恶出? 无君师恶治? 三者偏亡,则无安人。故礼,上事天,下事地,尊先祖而隆君师,是礼之三本也。"所以司马贞《史记索隐》颜氏按:"荀悦云'故虽天子必有尊也,无父犹设三老,况其存乎? 家令之言过矣'。晋刘宝云'善其发悟己心,因得尊崇父号也'。"吕祖谦《大事记解题》卷九曰:"夏五月丙午诏尊太公曰太上皇,盖用秦追尊庄襄王之制也。"

是年,刘邦更《舜韶》舞名为《文始》舞;又作《昭容乐》、《礼容乐》。

按:《汉书·礼乐志》曰:"《文始》舞者,曰本舜《韶舞》也,高祖六年更名曰《文始》,以示不相袭也。……至孝宣,采《昭德舞》为《盛德》,以尊世宗庙。诸帝庙皆常奏《文始》、《四时》、《五行舞》云。高祖六年又作《昭容乐》、《礼容乐》。《昭容》者,犹古之《昭夏》也,主出《武德舞》。《礼容》者,主出《文始》、《五行舞》。舞人无乐者,将至至尊之前不敢以乐也;出用乐者,言舞不失节,能以乐终也。大氐皆因秦旧事焉。"

令广置祠、社伯各方巫祝主祀,长安置祠祝官、女巫。

按:《史记·封禅书》曰:"二年……后四岁,天下已定,诏御史,令丰谨治枌榆社,常以四时春以羊彘祠之。令祝官立蚩尤之祠于长安。长安置祠祝官、女巫。其梁巫,祠天、地、天社、天水、房中、堂上之属;晋巫,祠五帝、东君、云中君、司命、巫社、巫祠、族人、先炊之属;秦巫,祠社主、巫保、族累之属;荆巫,祠堂下、巫先、司命、施糜之属;九天巫,祠九天:皆以岁时祠宫中。其河巫祠河于临晋,而南山巫祠南山秦中。秦中者,二世皇帝。各有时日。"王青(《先唐神话、宗教与文学论考》,中华书局2007年版)认为汉初刘邦把秦代祭祀系统进行修改:首先,他把上帝之数由秦时的四帝增为五帝,以配合阴阳五行思想,其次是提高他家乡神邸的地位;其三是对各地的巫祝对象重新做了规定。而且所祠的有古神如云中君、九天;有古巫如巫保、巫先等,很多神都是新加入的。马端临《文献通考》卷六八《郊社一》曰:"西汉之所谓郊祀,盖袭秦之制,而杂以方士之说。"这样导致汉代阴阳术数之学甚为繁盛,刘歆《七略》专设《术数略》,与六艺、诸子、诗赋、兵书、方技并行。《汉书·艺文志》中术数类有一百九十多家,近于全志书籍总数三分之一;20世纪70年代陆续出土的楚地云梦睡虎地秦简、长沙马王堆帛书和竹木简,阜阳双古堆汉简等都包括相当数量的术数书,可以互证。

张良学道,欲从赤松子游。

按:《史记·留侯世家》曰:"留侯乃称曰:'家世相韩,及韩灭,不爱万金之资,为韩报仇强秦,天下振动。今以三寸舌为帝者师,封万户,位列侯,此布衣之极,于良足矣。愿弃人间事,欲从赤松子游耳。'乃学辟谷,道引轻身。会高帝崩,吕后德留侯,乃强食之,曰:'人生一世间,如白驹过隙,何至自苦如此乎。'留侯不得已,强听而食。"此事《资治通鉴》卷一一系于上年。吕祖谦《大事记题解》卷九曰:"按《本传》,汉六年先载劝封雍齿,次载劝都关中,次载入关,道引不出。《通鉴》从《本纪》移劝都关中于五年既得之矣,然并移杜门不出于五年则非也。六年尚从帝至洛阳,劝封雍齿,岂得谓之杜门不出哉。"颜师古《汉书》注曰:"赤松子,仙人号也,神农时为雨师,服水玉,教神农能入火自烧。至昆山上,常止西王母石室,随风雨上下。炎帝少女追之,亦得仙俱去。"刘跃进《秦汉文学编年史》(商务印书馆 2006 年版)系于高祖十二年,并且说,"由此可以得出三点推测:第一,赤松子之名,广泛流行于秦汉之际。第二,寻仙求远,亦为齐俗,故《淮南子》将之放在'齐俗训'中。那么,《列仙传》者,齐人所著邪?陆贾虽为楚人,但却沿承荀子之说(参见拙文《陆贾的学术渊源及其文学贡献》)。第三,记载赤松子、王子乔事迹的《列仙传》的年代不会过晚。《汉书·郊祀志》上'形解销化'应劭注引《列仙传》曰:'崔文子学仙于王子乔,(王子乔)化为白蜺,文子惊,引戈击之,府而见之,王子乔之尸也。须臾则为大鸟飞而去。'按:应劭乃东汉末人,则所见《列仙传》至少是汉代的作品当无疑问。旧本题曰刘向撰,或有根据。因为《汉书》本传:'上复兴神仙方术之事,而淮南有《枕中鸿宝苑秘书》,书言神仙使鬼物为金之术,及邹衍《重道延命方》,世人莫见,而更生父德,武帝时治淮南狱得其书。更生幼而读诵,以为奇,献之,言黄金可成。'诚如颜师古注,'《鸿宝苑秘书》,并道术篇名。藏在枕中,言常存录之不漏泄也。'刘向所献所撰,多为这类'道术'之书。"

又按:汉初考古中曾发现一些有关导引术的材料。1973 年于长沙马王堆出土帛书《导引图》、《引书》、《脉书》。《导引图》被认为是我国最早健身图谱,绘有人物图像四十四个,甚为生动,原都有题记,不幸半数残缺。图前虽有文字,却与图无直接关系。《引书》是用文字讲述导引的专门著作,书中详细描写导引具体的各种单个动作,及治疗诸般疾病之方法,于动作解释甚为细致。简文中有些可与《导引图》参看,《引书》中还有一部分为关于疾病原因的论述,阐述导引家的卫生原理。张家山竹简的《脉书》内容,相当于马王堆帛书的《阴阳十一灸经》、《脉法》、《阴阳脉死候》三种,帛书之缺字,由于竹简出现,基本上都可补足,对照帛书释文,除个别地方,所释尚能无误。李学勤(《简帛佚籍与学术史》,江西教育出版社 2007 年版)认为帛书《五十二病方》卷前佚书为《足臂十一灸经》、《脉书》两种。《足臂十一灸经》确为与《阴阳十一灸经》不同的一种书。竹简《脉书》比帛书还文字稍多一些,最重要的是有很多病名,依照从头到足次第论述,其间有属于全身疾病者。不少病名,已见于帛书《五十二病方》,足资比照。以《脉书》作整体观察,更能看出其为《内经·灵枢·经脉》的一种祖本。书中关于十一脉和死候的部分,都能在《经脉》中寻出相应的段落,《内经》以及其它很多古书是由若干流传已久的单篇汇集而成的,同时有些古书的篇章又常分开单行,这对于研究古书的形成过程,是很重要的启示。过去谈导引,以为只有《庄子》、《淮南子》几种术式。而今发现了《引书》和《导引图》,使古代导引内涵大为丰富,可见当时导引术之发达。

盖公居齐言黄老术,曹参为齐相国,从之学其术。

按:盖公,齐胶西人。明老子,师事乐臣公。《史记·乐毅列传》曰:"高帝封之乐卿,号曰华成君。华成君,乐毅之孙也。而乐氏之族有乐瑕公、乐臣公,赵且为秦所灭,亡之齐高密。乐臣公善修黄帝、老子之言,显闻于齐,称贤师。太史公曰……乐臣公学黄帝、老子,其本师号曰河上丈人,不知其所出。河上丈人教安期生,安期生教毛翕公,毛翕公教乐瑕公,乐瑕公教乐臣公,乐臣公教盖公。盖公教于齐高密、胶西,为曹相国师。"《史记·曹相国世家》曰:"项籍已死,天下定,汉王为皇帝,韩信徙为楚王,齐为郡。参归汉相印。高帝以长子肥为齐王,而以参为齐相国。……参之相齐,齐七十城。天下初定,悼惠王富于春秋,参尽召长老诸生,问所以安集百姓,如齐故诸儒以百数,言人人殊,参未知所定。闻胶西有盖公,善治黄老言,使人厚币请之。既见盖公,盖公为言治道贵清静而民自定,推此类具言之。参于是避正堂,舍盖公焉。其治要用黄老术,故相齐九年,齐国安集,大称贤相。"

又按：任继愈《中国哲学发展史·秦汉卷》（人民出版社1983年版）说："黄老并称是汉代人的说法。黄老指的是什么？黄就是黄帝，老就是老子。《史记·乐毅传》说：'乐臣公善修黄帝老子之言'，《陈丞相世家》说陈平少时'治黄帝老子之书'，《外戚世家》说窦太后'好黄帝老子之言'，王充说得很清楚：'黄者，黄帝也；老者，老子也'（《论衡·自然篇》）。黄老之称虽指的是黄帝老子，黄老之学却与黄帝、老子不是一码事。"张岂之《中国思想史》（西北大学出版社2003年版）说："战国汉初的黄老学派是道家的一个支派。由于这个学派融合道、法，主张'清静自定'，适应汉初休养生息、稳定政治局势和恢复发展经济的需要，得到统治阶级的重视而极盛一时。"约在战国时代就有人托名黄老而著书。《汉书·艺文志》的《诸子略》、《兵书略》、《数术略》和《方技略》中托名黄帝的著作，总计二十一种。这些著作除医书《黄帝内经》尚存外都已失传。1973年12月长沙马王堆三号汉墓出土的帛书《老子》乙本卷前有《经法》、《十六经》、《称》、《道原》四篇古佚书。书中避邦字讳，不避惠帝刘盈讳，抄写年代当在惠帝至文帝初年。从其中的思想体系和一些用语可以看出，这四篇合起来是一部比较完整的书。唐兰认为第一篇《经法》主要讲的是法；第二篇《十六经》主要讲的是兵；第三篇《称》主要讲的是朴素的辨证法；第四篇《道原》讲的是道，即事物的客观规律。四篇体裁各别，但互为联系，成为一个整体。所以说这四篇是一本书。据唐兰推断，这四篇古佚书就是《汉书·艺文志》道家里的《黄帝四经》。（参见《座谈长沙马王堆汉墓帛书》，《文物》1974年第9期）李学勤认为从帛书的发现证明战国至汉初一直流行的黄老思想，实源于楚。《老子》的作者为楚苦县人，早见于《史记》，但是黄老的内容及地域特色，前人无所知之。汉兴以后，惠帝时除'挟书律'，晚周各地的百家思想得以复兴。《史记》、《汉书》所载学术传统，多侧重北方，对南方楚地的文化史涉及较少，而《黄帝书》文字很多类同于《越语》、《淮南子》，显然为长江流域之思想文化结晶。过去很多学者认为黄老思想源于齐学，有人认为与稷下学说有关，现由于马王堆帛书的发现，知道齐的道家并非是这一流派的主流。"（李学勤《简帛佚籍与学术史》，江西教育出版社2001年版）

蒯通于是年前后为齐国丞相曹参聘为门客。

按：《汉书·蒯伍江息夫传》曰："至齐悼王时，曹参为相，礼下贤人，请通为客。"

张苍八月丁丑为北平侯，又迁计相，定律历。

按：《史记·高祖功臣侯表》曰："（高祖）六年八月丁丑，文侯张苍元年。"《史记·张丞相列传》曰："苍以代相从攻臧荼有功，以六年中封为北平侯。食邑千二百户。迁为计相，一月，更以列侯为主计四岁。是时萧何为相国，而张苍乃自秦时为柱下史，明习天下图书计籍。苍又善用算律历，故令苍以列侯居相府，领主郡国上计者。……张苍为计相时，绪正律历。以高祖十月始至霸上，因故秦时本以十月为岁首，弗革。推五德之运，以为汉当水德之时，尚黑如故。吹律调乐，入之音声，及以比定律令。若百工，天下作程品。至于为丞相，卒就之，故汉家言律历者，本之张苍。苍本好书，无所不观，无所不通，而尤善律历。"王益之《西汉年纪》卷二曰："张苍绪正律历，以帝十月始至霸上，因故奏时本以十月为岁首，弗革。以苍言颛项历，比于六历。疏阔中最为微近，而朔晦月见，弦望满亏，多非是。又推五德之运，以为汉当水德之时，尚黑如故，吹律调乐，入之音声，及以比定律令，若百工，天下作程品。"

张苍献《春秋左氏传》，为汉初《左氏春秋》首传者。

按：张守节《史记正义》（见张衍田《史记正义佚文辑校》）曰："《七录》曰：'汉兴，有《公羊》、《谷梁》并立国学。《左传》始出乎张苍家，本无传者。'"《春秋》有今古文之异。《汉书·艺文志》所载"《经》十一卷，公羊、谷梁两家"为今文；所载"《左氏传》三十卷,左丘明,鲁太史"为古文。钱大昕《汉书考异》曰:"汉儒传《春秋》者,以左氏为古文。称古经,则知其为左氏矣。左氏经传,本各单行,固别有《左氏传》。"《隋书·经籍志》曰:"而《左氏》,汉初出于张苍之家,本无传者。至文帝时,梁太傅贾谊为训诂,授赵人贯公。"许慎认为张苍所献《左氏春秋传》为秦以前的古文著作,但王充《论衡·案书篇》曰:"则谓《左氏春秋传》者,盖出于孔子壁中。孝武皇帝时,鲁恭王坏孔子教授堂以为宫,得佚《春秋》三十篇,《左氏传》也。"刘歆《移太常博士书》谓《左氏传》在汉时藏于秘府。黄晖于《论衡校释》(中华书局1990年版)中认为鲁恭王坏孔子宅而得的《春秋》为《春秋》古文经,张苍所献《左氏传》为《春秋》古文传。此说较为合理的说明许慎序中所论的两种《春秋》之书的异同。据吴之英《汉师传经表》、蒋日豫《两汉传经表》等稽考,西汉《左氏春秋》学传授关系是:张苍授贾谊,贾谊授其孙嘉、贯公。贯公授子长卿,长卿授张禹,张禹授尹更始,尹更始授子咸、翟方进、胡常。子咸、翟方进同授刘歆,刘歆授贾徽、孔奋、郑兴。孔奋传弟孔奇、子孔嘉。郑兴又授子郑众,郑众又授子安世。胡常授贾护,贾护授陈钦。陈钦授子佚,陈佚授子元。陈元授马严,马严授子马融。兹列《左氏春秋》师传表如下:

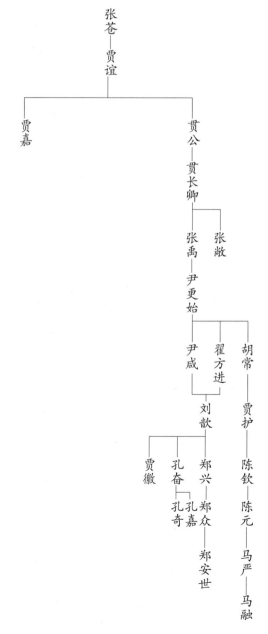

又按：汉初研习《春秋左传》者凡8人：张苍、贾谊、张敞、刘公子、贯公、陆贾、贾山、韩婴；诸人奏疏中征引《左传》有贾谊、张敞、陆贾、贾山、韩婴等，此时征引《左传》集中表现出强烈的重礼倾向。张苍为河洛人，刘跃进《秦汉区域文化的划分及其意义》(《淮阴师范学院学报》2006年第7期)根据《汉书·儒林传》统计西汉河洛学者28人。《易》：周王孙、丁宽、田王孙、彭宣、焦延寿、京房、乘弘。《书》：贾嘉、陈翁生、宽中、赵玄、桑钦、鲁赐、许晏。《礼》：满昌、赵子、蔡义、食子公、戴德、戴圣、桥仁、杨荣。《公羊春秋》：吕步舒、冷丰、堂溪惠、孙宝。《左氏春秋》：张苍、贾谊。河洛文人作品28种：《易传周氏》二篇。《丁氏》八篇。丁宽著。《孟氏京房》十一篇。《灾异孟氏京房》六十六篇。《五鹿充宗略说》三篇。《章句》施、孟、梁丘氏各二篇。(礼)《戴氏》。《雅琴龙氏》九十九篇，梁人龙德著。《张氏微》十篇。《贾山》八篇。《贾谊》五十八篇。《盐铁论》六十篇，桓宽著。《五曹官制》五篇。《吕氏春秋》二十六篇，吕不韦辑，智略士作。《东方朔》二十篇。《臣寿周纪》七篇。《虞初周说》九百四十三篇。《贾谊赋》七篇。《淮阳宪王赋》二篇。《雒阳锜华赋》九篇。《齐郑歌诗》四篇。《雒阳歌诗》四篇。《河南周歌诗》七篇。《河南周歌声曲折》七篇。《周谣歌诗》七十五篇。《周谣歌诗声曲折》七十五篇。《周歌诗》二篇。《南郡歌诗》五篇。可见在学术上河洛地区重视《易》、《礼》学。西汉时期河洛地区学者人数约占全国总人数的14%，位列第三，著作数量则占第四位。但至东汉时期，据《后汉书·儒林传》所列学者的人数与著作所占比例，均已上升为第一位。其中著作约占全国总量的33%。

高堂伯以《礼》教于鲁。

按：《史记·儒林列传》曰："诸学者多言《礼》，而鲁高堂生最本。《礼》固自孔子时而其经不具，及至秦焚书，书散亡益多，于今独有《士礼》，高堂生能言之。而鲁徐生善为容。孝文帝时，徐生以容为礼官大夫。传子至孙徐延、徐襄。襄，其天姿善为容，不能通《礼经》；延颇能，未善也。襄以容为汉礼官大夫，至广陵内史。延及徐氏弟子公户满意、桓生、单次，皆尝为汉礼官大夫。而瑕丘萧奋以礼为淮阳太守。是后能言《礼》为容者，由徐氏焉。"此据刘汝霖《汉晋学术编年》(中华书局1987年版)系于此年。《汉书·艺文志》曰："汉兴，鲁高堂生传《士礼》十七篇。讫孝宣世，后苍最明。戴德、戴胜、庆普皆其弟子，三家立于学官。《礼古经》者，出于鲁淹中及孔氏，与十七篇文相似，多三十九篇。"又著录"《礼古经》五十六卷，《经》十七篇。后氏、戴氏。"高堂生所传即现通行的《仪礼》。《礼记注疏·三礼注解传述人》曰："汉兴有鲁高堂生传《士礼》十七篇，即今之《仪礼》也。"宋魏了翁《仪礼要义》卷一曰："《汉书》云鲁人高堂生为汉博士，《仪礼》十七篇是今文也。至武帝之末，鲁恭王坏孔子宅得古《仪礼》五十六篇，其字皆以篆书，是为古文也。古文十七篇与高堂生所传者同，而字多不同。其余三十九篇绝无师说，秘在于馆。"李光坡《仪礼述注》卷一曰："《仪礼疏》曰：《仪礼》、《周礼》同是周公所制，题号不同者，《周礼》取别夏殷，故言《周》。《仪礼》不言周者，欲见兼有异代之法，故《士冠》有醮用酒，《燕礼》云诸公士，《丧礼》云商祝、夏祝，是兼夏殷。《仪礼》亦名《曲礼》，言仪者，见行事有威仪，言曲者，见行事有屈曲，故有二名也。"但有人不同意此说，认为高堂生所传非今《仪礼》。宋张淳《仪礼识误序》曰："鲁人高堂生传《士礼》十七篇，其篇数与今《仪礼》同。陆德明、贾公彦皆以为今《仪礼》。考之《西汉·艺文志》，高堂生之礼，后仓最明，仓以传大小戴。古经者出鲁淹中，多天子诸侯卿大夫制，愈于仓等。推士礼以致天子，夫如是，则高堂生所传特《士礼》尔。今《仪礼》中所谓《士礼》有冠、昏、相见、丧、既夕、虞、特牲馈食七篇，他皆天子诸侯卿大夫礼，必非高堂生所传者，不知贾陆二子何据而云尔。"不过江永《群经补遗》卷三解释说："《汉书·艺文志》云：'汉兴，鲁高堂生传《士礼》十七篇。按

《仪礼》十七篇,惟冠、昏、相见、士丧、既夕、士虞、特牲七篇是士礼,其余则为天子诸侯大夫之礼,而《丧服》一篇上下通用,不得言士礼也。此《志》'传士礼'三字恐有误。《儒林传》云:'高堂生传《礼》十七篇',无'士'字。贾公彦《序周礼废兴》引此《志》云:'汉兴,至高堂生博士传十七篇',盖博士之'博'讹为'传',而'传'字易为礼,遂误作'传士礼'耳。贾氏所引唐初本,尚未误也。"陈国庆《汉书艺文志注释汇编》(中华书局1983年版)说:"《礼经》即《仪礼》,初名《士礼》。《士礼》所言,盖古人进退揖让之节,昏丧燕饮之道。十七篇,在汉代凡有三本:一、戴德本;二、戴圣本;三、刘向《别录》本,即郑玄所注本,亦即现今通行本。其次第:一、《士冠礼》;二、《士昏礼》;三、《士相见礼》。此三篇为冠昏,冠以明成人,昏以合男女。四、《乡饮酒》;五、《乡射礼》;六、《燕礼》;七、《大射礼》。此四篇为乡射,乡以合乡里,射以成宾主。八、《聘礼》;九、《公食大夫礼》;十、《觐礼》。此三篇为朝聘。朝以辨上下,聘以睦邦交。十一、《丧服》;十二、《士丧礼》;十三、《既夕礼》;十四、《士虞礼》;十五、《特牲馈食礼》;十六、《少牢馈食礼》;十七、《有司彻礼》。此七篇为丧葬祭。丧以仁父子,祭以严鬼神。冠昏、乡射、朝聘、丧祭八者为礼之经,十七篇全包括了。"据吴之英《汉师传经表》、蒋曰豫《两汉传经表》等稽考,西汉《礼》学传授关系是:由高堂伯授徐生。徐生授子、公孙满意、桓生、单次、萧奋。徐生子再授徐生孙徐延、徐襄。萧奋授孟卿,孟卿授后仓、闾邱卿。后仓授闻人通汉、戴德、戴圣、庆普。戴德所传称大戴《礼》,授徐良,由是大戴《礼》有徐氏学。戴圣所传称小戴《礼》,再授桥仁、杨荣。由是小戴《礼》有桥、杨氏学。庆普授夏侯敬、族子咸,由是有庆氏学。兹列出西汉《礼》学师传表如下:

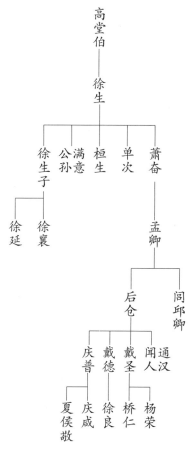

刘交至楚,以穆生、白生、申培为中大夫。

按:《汉书·楚元王传》曰:"元王既至楚,以穆生、白生、申公为中大夫。……元王好《诗》,诸子皆读《诗》,申公始为《诗》传,号《鲁诗》。元王亦次之《诗》传,号曰《元王诗》,世或有之。"因刘交少时尝与鲁穆生、白生、俱受诗于浮丘伯,故任楚王后,招穆生、白生、申培为中大夫,于是在楚地形成了一个诗学中心。汉地方诸侯国多致力于发展学术事业,养士人,尊学者,虽使政治分裂,却有功学术,使文化得以在全国范围内传播、发展。

韦孟为楚王傅,亦好《诗》,传为家学。

按:《汉书·韦贤传》载韦孟曾为"楚元王傅",因而系于此年。韦孟为韦贤先祖,傅楚王三代。

张苍约于是年作《终始五德传》、《张苍》18篇。

按:《史记·十二诸侯年表》曰:"汉相张苍历谱五德。"司马贞《史记索隐》曰:"张苍著《终始五德传》也。"颜师古《汉书注》曰:"著书十八篇,言阴阳律历事。"《汉书·艺文志》道家下著录"《张苍》十六篇,丞相北平侯"。十六与十八篇目不同的原因,顾实《汉书艺文志讲疏》(上海古籍出版社1987版)认为是"八六二字形相近易讹"而导致的。此事不知具体系年,姑系于张苍为北平侯之年。

张良、韩信约于是年序次《兵法》35家。

按:《汉书·艺文志·兵书略》曰:"汉兴,张良、韩信序次兵法,凡为八十二家,删取要用,定著三十五家。"关于序次《兵法》三十五家之年,谢祥皓《中国兵学·汉唐卷》(山东人民出版社1998年版)说:"'高鸟尽,良弓藏',既无强敌之患,'大将'何所事事?——整理兵书,实为'美差'一桩。故韩信之整理兵书,大致当在此时。其时也正是高祖六年(公元前201年),其与张良同有余暇亦正在此时。韩信尝与高祖'从容'论兵议将,与'整理兵书'的气氛正相融洽。"序次的具体内容:王应麟《汉书艺文志考证》曰:"《高帝纪》:'韩信申兵法'。李靖云:'张良所学,《六韬》、《三略》是也。韩信所学,《穰苴》、《孙武》是也。然大体上不出三门四种而已。'"陈国庆《汉书艺文志注释汇编》(中华书局1983年版)说:"《六韬》,即《文韬》、《武韬》、《龙韬》、《虎韬》、《豹韬》、《犬韬》。《三略》:《上略》、《中略》、《下略》。韬者,韬藏之义;略者,谋略之意。三门,据《七子兵书》李卫公曰:'《太公谋》八十一篇,所谓阴谋,不可以言穷,《太公言》七十一篇,不可以兵穷,《兵》八十五篇,不可以贼穷,此三门也。'四种:权谋、阴阳、形势、技巧。"谢祥皓又认为临沂银雀山汉简出土的兵书应就是韩信、张良整理的《兵法》三十五家。

韩信约于是年著兵书《韩信》3篇。

按:《汉书·艺文志·兵法略》曰:"《韩信》三篇。"杨树达《汉书窥管》(上海古籍出版社1984年版)说:"《高纪》云:'韩信申兵法',《司马迁传》亦云,即此书也。"不知确切年代,姑系于张良、韩信序次兵法之年。

汉高祖七年　辛丑　前200年

克里特战争结束。

第二次马其顿战争爆发。

十月,刘邦亲征匈奴,被围平城,天下作《平城歌》,始定与匈奴和亲之策。(《史记·高祖本纪》)。

二月，刘邦自平城过赵、雒阳至长安。长乐宫成，丞相已下徙治长安(《史记·高祖本纪》)。

刘邦令置宗正官以序九族(《汉书·高帝纪下》、《资治通鉴》卷一一)。

按：《汉书·高帝纪下》："二月……置宗正官以序九族。"宗正，秦官。高帝始复置之。《汉书·高祖本纪赞》曰：《春秋》晋史蔡墨有言，陶唐氏既衰，其后有刘累，学扰龙，事孔甲，范氏其后也。而大夫范宣子亦曰：'祖自虞以上为陶唐氏，在夏为御龙氏，在商为豕韦氏，在周为唐杜氏。晋主夏盟为范氏。'范氏为晋士师。鲁文公世奔秦。后归于晋，其处者为刘氏。刘向云战国时刘氏自秦获于魏。秦灭魏，迁大梁，都于丰，故周市说雍齿曰：'丰，故梁徙也。'是以颂高祖云：'汉帝本系，出自唐帝。降及于周，在秦作刘。涉魏而东，遂为丰公。'丰公，盖太上皇父，其迁日浅，坟墓在丰鲜焉。"此是汉刘邦之族系传承。

叔孙通定朝仪成，拜为奉常，赐金五百斤，作庙乐。

按：《史记·刘敬叔孙通列传》曰："汉七年，长乐宫成，诸侯群臣皆朝十月。仪：先平明，谒者治礼，引以次入殿门，廷中陈车骑步卒卫官，设兵张旗志。传言'趋'，殿下郎中侠陛，陛数百人。功臣列侯诸将军军吏以次陈西方，东乡。文官丞相以下陈东方，西乡。大行设九宾，胪传。于是皇帝辇出房，百官执职传警，引诸侯王以下至吏六百石以次奉贺。自诸侯王以下莫不振恐肃敬。至礼闭，尽伏。复置法酒，诸侍坐殿上皆伏抑首，以尊卑次起上寿。觞九行，谒者言'罢酒'。御史执法举不如仪者辄引去。竟朝置酒，无敢欢哗失礼者。于是高祖曰：'吾乃今日知为皇帝之贵也。'拜叔孙通为奉常，赐金五百斤。叔孙通因进曰：'诸弟子儒生随臣久矣，与臣共为仪，愿陛下官之。'高帝悉以为郎。叔孙通出，皆以五百金赐诸生。诸生乃皆喜曰：'叔孙诚圣人也，知当世之要务。'"司马迁评价说："叔孙通希世度务制礼，进退与时变化，卒为汉家儒宗。"

又按：汉代的降神祭祀乐，也是西汉初年由叔孙通主持在秦乐的基础上制订的。《汉书·礼乐志》曰："高祖时，叔孙通因秦乐人制宗庙乐。大祝迎神于庙门，奏《嘉至》，犹古降神之乐也。皇帝入庙门，奏《永至》，以为行步之节，犹古《采荠》、《肆夏》也。乾豆上，奏《登歌》，独上歌，不以管弦乱人声，欲在位者遍闻之，犹古《清庙》之歌也。《登歌》再终，下奏《休成》之乐，美神明既飨也。皇帝就酒东厢，坐定，奏《永安》之乐，美礼已成也。"

萧何规定"太史试学童，能讽书九千字以上，乃得为史"。

按：《汉书·艺文志》曰："汉兴，萧何草律，亦著其法，曰：'太史试学童，能讽书九千字以上，乃得为史。又以六体试之，课最者以为尚书御史史书令史。吏民上书，字或不正，辄举劾。'六体者，古文、奇字、篆书、隶书、缪篆、虫书，皆所以通知古今文字，摹印章，书幡信也。"许慎《说文解字·叙》曰："及亡新居摄，使大司空甄丰等校文书之部，自以为应制作，颇改定古文，时有六书，一曰古文，孔子壁中书也；二曰奇字，即古文而异者也；三曰篆书，即小篆，秦始皇使下杜人程邈所作也；四曰佐书，即秦隶书；五曰缪篆，所以摹印也；六曰鸟虫书，所以书幡信也。"刘跃进《秦汉文学编年史》(商务印书馆2006年版)载此事于本年，并评论说："古文、奇字亦在其中，汉赋大量出现奇字，或与此政策有直接关系。"另外，萧何还善书法，尝题前殿额匾。南北朝羊欣《笔阵图》曰："何深善笔理，尝与子房、陈隐等论用笔之道。何为前殿，覃思三月，

波斯人约于此时发明立轴式风车，是为世界上最早的风力机。

以题其额,观者如流水。何更用秃笔。"《太平广记》卷二〇六"萧何"条曰:"前汉萧何善篆籀……可使秃笔书。"康有为《广艺舟双楫》(上海书画出版社 2006 年版)曰:"盖汉人极讲书法,羊欣称萧何题前殿额,覃思三月,观者如流水。《金壶记》曰:'萧何用退笔书裳,大工。'此言虽不足信,然张安世以善书给事尚书;严延年善史书,奏成手中,奄忽如神;史游工散隶;王尊能史书;谷永工笔札;陈遵性善隶书,与人尺牍,主皆藏去以为荣。此皆著于汉史者,可见前汉风尚已笃好之。降逮后汉,好书尤盛。曹喜、杜度、崔瑗、蔡邕、刘德升之徒并擅精能,各创新制。至灵帝好书,开鸿都之观,善书之人鳞集,万流仰风,争工笔札。当是时,中郎为之魁,张芝、师宜官、钟繇、梁鹄、胡昭、邯郸淳、卫觊、韦诞、皇象之徒,各以古文草隶名家。"

叔孙通著《汉仪》、《汉礼器制度》成。

按:《史记·太史公自序》曰:"汉兴,萧何次律令,韩信申军法,张苍为章程,叔孙通定礼仪,则文学彬彬稍进,诗书往往间出矣。"《史记·刘敬叔孙通列传》曰:"汉诸仪法,皆叔孙生为太常所论著也。"《后汉书·曹褒传》曰:"章和元年正月,乃召褒诣嘉德门,令小黄门持班固所上叔孙通《汉仪》十二篇,敕褒曰:'此制散略,多不合经,今宜依礼条正,使可施行。于南宫、东观尽心集作。'褒既受命,乃次序礼事,依准旧律,杂以五经谶记之文,撰次天子至于庶人冠婚凶终始制度,以为百五十篇,写以二尺四寸简。其年十二月奏上。"《汉书·艺文志》及《隋书·经籍志》皆未著录此书。此书又称《仪品》,《论衡·谢短篇》曰:"高祖诏叔孙通制作《仪品》十六篇何在?而复定《仪礼》,见在十六篇,秦火之余也。"刘盼遂说(《刘盼遂文集》,清华大学出版社 2002 年版):"叔孙所定《仪礼》十六篇,或以为即今《仪礼》。古本《少牢馈食》与《有司彻》连篇,故得十六。其说难信。通所定《仪礼》中有《尔雅》(见张揖《上广雅表》),其非今之仪礼必矣。以上二则,参取黄以周《读汉书·礼乐志》。"还有学者认为所谓叔孙通的"汉仪"、"汉诸仪法",就是《晋书·刑法志》中所提到"叔孙通益律所不及《傍章》十八篇"的《傍章》;但有学者持反对意见。清代杜贵墀《汉律辑证》说:"《周礼·大司马》遂以搜田。注:无干车,无自后射。贾疏:此据汉《田律》而言。《士师》五禁注引作《军礼》。按前书《礼乐志》:今叔孙通所撰《礼仪》与律令同录,藏于理官,法家又复不传。《应邵传》:删定律令为汉仪。据此,知汉礼仪多在律令中。《晋志》所谓叔孙通益律所不及。当即以所撰《礼仪》益之。此条为《田律》,亦为军礼,是其证也。"沈家本《历代刑法考·汉律摭遗》(《历代刑法考》,中国检察出版社 2003 年版)中说:"杜氏据《礼乐志》及《应劭传》为说,颇有据。傍,广也(《尔雅·释诂》二);衍也(《文选》《封禅文》注引张揖)。律所不及,广而衍之,于律中拾其遗,于律之外补其阙。其书今亡,其目亦无可考矣。《曹褒传》有叔孙通《礼仪》十二卷,《周礼》疏引叔孙通《汉礼器制度》,未知与《傍章》同异何如?"程树德《九朝律考·汉律考》(中华书局 2003 年版)"傍章十八篇"考证说:"按《司马迁传》,叔孙通定汉仪;《梅福传》叔孙通遁秦归汉,制作仪品;《曹褒传》章和元年,召褒诣嘉德门,令小黄门持班固上叔孙通《汉仪》十二篇;《论衡》高祖诏叔孙通制作《仪品》十六篇。是通所著为《汉仪》。王应麟于《汉书艺文志考证》增《汉仪》一种,即谓此也,别无益律十八篇之说。《史记》、《汉书》通本传及《刑法志》俱不载,疑莫能明。后考《礼乐志》云:今叔孙通所撰礼仪与律令同录藏于理官。而后得其说。盖与律令同录,故谓之傍章。"沈家本在其《历代刑法考·汉律摭遗·傍章》中辑得十余条。张建国《叔孙通定〈傍章〉质疑——兼析张家山汉简所载律篇名》(《北京大学学报》1997 年第 6 期)认为"叔孙通制定的仅为汉礼仪;叔孙通没有制定《傍章》;唐代人撰写的《晋书·刑法志》有误说;《傍章》在汉代,应是写成和读作'旁章';汉代人将汉律分成两类,《旁章》是汉律里的一类,它相对于汉律中的正律而得名。此外,根据张家山汉简中所见的律篇名,本文推测,凡其中不属于正律即九章律篇名的,依类别而论,应当就是《旁章》中的篇名。""湖北江陵张家山出土的汉简汉律于M247,计有五百余支。已发现有书题《二年律令》,同时又有《律令二十六种》、《津关令》等篇题,……。已清理出的律名,与睡虎地简秦律相同的,有金布律、徭律、置吏律、效律、传食律、行书律等;不相同的,有杂律、□市律、均输律、史律、告律、钱律、赐律等等。此外在简文内还见有奴婢律、变(蛮)夷律等律名。《律令二十六种》的主要内容,有徭律、爵律、户律、金布律、津关令、贼律、盗律、捕律、告律、亡律、传食律、赐律、行书律、钱律、置吏律、史律、均输律、具律、效律等,集汉律之大成。汉代正律即九章律,是指盗、贼、囚、捕、杂、具、户、兴、厩九篇,张家山汉简中出现的诸如杂律、户律、贼律、盗律、捕律、具律等篇名,自然应当归类于九章律中。汉简其它汉律篇名,如金布律、徭律、置吏律、效律、传食律、行书律、□市律、均输律、史律、告律、钱律、赐律、奴婢律、变(蛮)夷律、爵律、亡律等,总计十六篇,应当为汉代《傍章》。"

又按:叔孙通又作《汉礼器制度》,《周礼·天官·凌人》贾公彦疏:"叔孙通前汉时做《汉礼器制度》,多得周之古制,故郑君依而用之。"清王谟辑《汉礼器制度》1卷(载《汉魏遗书钞》,上海古籍出版社1996年版)。华友根《西汉礼学新论》(上海社会科学院出版社1998年版)说:"从以上仅搜集到的《汉礼器制度》有关规定:盛冰以寒尸体的盘,放食品的笾,盥洗用的弃水器,以及乐器枳、虡,冠冕尺寸,宗庙门闩的长短,棺饰的讲究,已足以看出,从天子、诸侯、卿大夫、士,乃至庶民,所用器具服冕,无论是质,或者是量,都有尊卑、贵贱、上下的差别。这是叔孙通所定礼仪,不仅在尊严、荣誉上有严格区分,就是在穿戴的衣帽、享用的乐器、用具上,也予以一一区别,以显示出不同的等级,不同的社会地位。并且,不同的等级与地位,不仅在生前,也在死后。这也是他的礼学思想,在器具、服饰、制度上的集中表现。"

再按:纪自强、高航《浅议汉代文献资源建设》(《教育研究》2009年第17期)说:"西汉时期整理官藏图书共有5次,每一次都是一次文献资源的整序与建设。第一次是'萧何次律令,韩信申军法,张苍为章程,叔孙通定礼仪'(《史记·太史公自序》)。这是汉初派遣各有专长的官员一面整理图书,一面汲取可用信息资源,以制定政治统治的各项制度而进行的一次文献整理过程(这里所提到的张苍,曾为先秦直接掌管图书的御史)。第二次是'张良、韩信序次兵法'(《汉志》),通过这次整理,使兵法'凡百八十二家,删取要用,定著三十五家'(《汉志》)。第三次是汉武帝命杨仆整理散佚的兵书,所成'纪奏兵录'实际就是兵书目录,这使得我国古代的军事类文献第一次得到全面收集与整理。第四次是宣帝时由后仓等人在曲台藏书阁校理图书。第五次是成帝时鉴于'经或脱简,传或间编',不整理极易使简编烂绝,于是派刘向等人校理图书。刘向死后,其子刘歆继承父业,继续校理。刘氏父子先后领导校书35年,校定图书38种、596家、13269卷。这是继孔子删定六经后,第一次大规模整理文化典籍的活动,是中国文化史上文献资源建设的一次惊人创举。伴随这次校书活动而问世的《七略》,则为我国封建社会图书目录学和图书分类学奠定了基础。"

萧何著《九章律》。

按:《汉书·刑法志》曰:"汉兴,高祖初入关,约法三章曰:'杀人者死,伤人及盗抵罪',蠲削烦苛,兆民大说。其后四夷未附,兵革未息,三章之法不足以御奸,于是相国萧何攈摭秦法,取其宜于时者,作律《九章》。"《九章律》的篇名,《晋书·刑法志》

曰:"汉承秦制,萧何定律,除参夷连坐之罪,增部主见知之条,益事律《兴》、《户》、《厩》三篇,合为九篇。"《唐律疏议》卷一曰:"周衰刑重,战国异制,魏文侯师于李悝,集诸国刑典,造《法经》六篇:一、《盗法》;二、《贼法》;三、《囚法》;四、《捕法》;五、《杂法》;六、《具法》。商鞅传授,改'法'为'律',汉萧何加《兴》、《户》、《厩》三篇,谓九章之律。"由此可知,汉九章律包括:《盗律》、《贼律》、《囚律》、《捕律》、《杂律》、《具律》、《户律》、《兴律》、《厩律》等。萧何作《九章律》未知确切年代,因为此年高祖称制,叔孙通定礼仪,《资治通鉴考异》又曰"盖汉初之制,多定于七年",因而置于此年。扬雄《解嘲篇》曰:"甫刑靡敝,秦法酷烈,圣汉权制而萧何造律,宜也。"但王充《论衡·谢短篇》曰:"法律之家,亦为儒生问曰:'《九章》,谁所作也?'"说明《九章》是否为萧何所定,当时尚有异议。李振宏《萧何"作律九章"说质疑》(《历史研究》2005年第3期)认为张家山汉简《二年律令》是萧何所作之律。"所应指出的是,《二年律令》并不是萧何之律的全部内容,譬如前边征引的文帝二年废除的'诽谤妖言罪',应当是萧何制定的汉律的条目,但在《二年律令》中却见不到,说明《二年律令》还不是完整的汉律,这一点是应当明确的。"

佚名著《周髀算经》于汉初成书。

按:关于《周髀算经》的成书年代,众说纷纭。南宋鲍瀚之"其书出于商周之间",宋李籍"其传自周公,受之于大夫商高,周人志之";明朱载堉"周髀为周公之遗文"。清陈杰依据帝星经纬及岁差,推定为西汉时实测所得。邹伯奇根据经文"冬至日在牵牛,夏至日在东井",利用岁差推算,这些观测结果应是秦汉以后方可得,所以成书年代当在汉。钱宝琮认为成书于西汉。日本能田忠亮认为该书成于东汉灵帝元年。英国李约瑟代认为最为妥善的办法是把《周髀》看作是具有周代的骨架加汉代的皮肉,而把《九章算术》看作秦和西汉的著作加上东汉的一些增补。冯礼贵(《〈周髀算经〉成书年代考》,《古籍整理研究学刊》1986年4期)在综合以上诸意见详细考证《周髀算经》的成书年代应在西汉初期(即公元前200年左右)。书中有些内容则还要更古老些。此书是古代重要科学著作之一,在天文学上论证盖天说,使之系统化与数学化。历法上,阐明四分历法;数学上,已应用复杂的分数运算、开平方法、一次内插法,提出了等差数列、一次不定方程等问题,是我国现存文献中最早引用勾股定理的著作。目前传世的最早刻本为南宋嘉定六年(1213)所刻本,三国时东吴人赵爽、北周甄鸾、唐李淳风等都先后为之作注。(又参见曲安京《〈周髀算经〉新议》,陕西人民出版社2002年版)

贾谊(—前168)生(汪中《贾太傅年谱》、王耕心《贾子年谱》)。

晁错(—前154)生(谢巍《历代人物年谱考录》、吴文治《中国文学史大事年表》)。

公孙弘(—前121)生。

按:公孙弘生年一般都认为是公元前200年,均据《汉书·公孙弘卜式儿宽传》载公孙弘卒年八十,《史记·平津侯主父列传》载公孙弘于武帝元狩二年卒而推算得出的。

汉高祖八年　壬寅　前199年

三月,令贾人毋得衣锦、绣、绮、縠、絺、纻、罽,操兵、乘骑马(《汉书·高帝纪》)。

按:吕祖谦《大事记解题》卷九曰:"颜师古曰:'贾人,坐贩卖者也。绮,文缯也,即今之细绫也。絺,细葛也。纻,织纻为布及疏也。罽,织毛,若今毾㲪及氍毹之类。操,持也。兵,凡兵器也。乘,驾车也。骑,单骑也。'叔向对韩宣子曰:'绛之富商,韦藩木楗以过于朝,唯其功庸少也,而能金玉其车,文错其服,而无寻尺之禄,无大绩于民故也。'秦始皇并天下,始重商贾,乌氏倮以畜牧比封君,与朝请。蜀寡妇清擅丹穴之利,以为贞妇而客之。先王崇本抑末之意亡矣。至是,始复旧制焉。管子制国,以为二十一乡:工商之乡六,士乡十五,盖三代兵出于农,而工商不预焉,虽霸者不敢改也。高帝击陈豨,问豨将皆故贾人,上曰:'吾知与之矣。'乃多以金购豨将,豨将多降。其有见于此乎!"

是年,刘邦令天下立灵星祠祭祀后稷,并作《灵星舞》。

按:《史记·封禅书》曰:"其后二岁,或曰周兴而邑邰,立后稷之祠,至今血食天下。于是高祖诏制御史:'其令郡国县立灵星祠,常以岁时祠以牛。'"《后汉书·祭祀志下》曰:"汉兴八年,有言周兴而邑立后稷之祀,于是高帝令天下立灵星祠。言祠后稷而谓之灵星者,以后稷又配食星也。旧说,星谓天田星也。一曰,龙左角为天田官,主谷。祀用壬辰位祠之。壬为水,辰为龙,就其类也。牲用太牢,县邑令长侍祠。舞者用童男十六人。舞者象教田,初为芟除,次耕种、芸耨、驱爵及获刈、舂簸之形,象其功也。"这是北宋以前唯一的表现农业生产的乐舞。

叔孙通仍为奉常。

按:《汉书·百官公卿表》于高帝八年下载:"博士叔孙通为奉常,三年徙为太子太傅。"

汉高祖九年　癸卯　前198年

十月,未央宫建成,群臣庆贺;以未央宫石渠阁藏入关所得秦之图书。

按:《汉书·高帝纪》曰:"九年冬十月,淮南王、梁王、赵王、楚王朝未央宫,置酒前殿。上奉玉卮为太上皇寿,曰:'始大人常以臣亡赖,不能治产业,不如仲力。今某之业所就孰与仲多?'殿上群臣皆称万岁,大笑为乐。"

塞琉西帝国胜埃及托勒密王朝于帕尼翁战役。

第二次马其顿战役,罗马人胜马其顿。

是年,纳维乌斯卒(约前270—　)。拉丁史诗诗人、剧作家。作有剧本《罗慕路斯》、史诗《布匿战记》等。

又按：《汉书·高帝纪》载萧何始建未央宫，事在高祖七年二月。《史记·高祖本纪》载于高祖八年，曰："萧丞相营作未央宫，立东阙、北阙、前殿、武库、太仓。高祖还，见宫阙壮甚，怒，谓萧何曰：'天下匈匈苦战数岁，成败未可知，是何治宫室过度也？'萧何曰：'天下方未定，故可因遂就宫室。且夫天子四海为家，非壮丽无以重威，且无令后世有以加也。'高祖乃说。"

再按：石渠阁位于未央宫北，为西汉最早设立的国家藏书场所。《三辅黄图》曰："石渠阁，萧何造，其下礲石为渠，以导水，因以阁名，所藏入关所得秦之图书。"此外，萧何还建有天禄阁、麒麟阁，《三辅黄图》卷三《汉宫殿疏》曰："天禄、麒麟阁，萧何造，以藏秘书，处贤才也。刘向于成帝末校书天禄阁。"

十一月，从刘敬之议，徙齐、楚大族昭氏、屈氏、景氏、怀氏、田氏五族及豪桀于关中，凡十余万口（《史记·刘敬叔孙通列传》）。

按：是为西汉第一次大规模移民，也是人口最多的一次移民。移民数量估计占关中人口的半数以上，在此年首次大规模移民充实长安后，至西汉末年的百余年间，先后移民达十余次，移民后裔已占关中人口的一半以上。吕祖谦《大事记解题》卷九曰："《虞书》之《序》曰：'帝釐下土方，设居方，别生分类，作《汩作》、《九共》九篇，《槁饫》。'其书虽亡，然一视同仁，类族辨物之意盖可见矣。秦始皇并六国，徙天下豪强于咸阳十二万户，自以为强干弱枝，而项梁、田儋辈乃出于所徙之外。高祖、刘敬又从而效之。盖不能以天下为一家，中国为一人，其势固至于此也。颜师古曰：'今高陵、栎阳诸田，华阴、好畤诸景，及三辅诸屈、诸怀尚多，皆此时所徙。'"

冬，高祖取家人子名为长公主，以妻单于，使刘敬往结和亲（《史记·刘敬叔孙通列传》）。

按：汉遣刘敬前往匈奴，以"家人子"充长公主嫁与冒顿单于，这是汉匈之间第一次和亲，此后，汉惠、文、景诸帝时又各遣宗室女或公主与匈奴单于联姻。

田何约于此年徙居关中杜陵，号杜陵生，为《周易》宗；后传《易》于周王孙、丁宽、服生、王同等。

按：《史记·儒林列传》曰："自鲁商瞿受《易》孔子，孔子卒，商瞿传《易》，六世至齐人田何，字子庄，而汉兴。田何传东武人王同子仲，子仲传菑川人杨何。何以《易》，元光元年征，官至中大夫。齐人即墨成以《易》至城阳相。广川人孟但以《易》为太子门大夫。鲁人周霸，莒人衡胡，临菑人主父偃，皆以《易》至二千石。"《汉书·儒林传》曰："汉兴，田何以齐田徙杜陵，号杜田生，授东武王同子中、雒阳周王孙、丁宽、齐服生，皆著《易传》数篇。同授淄川杨何，字叔元，元光中征为太中大夫。齐即墨城，至城阳相。广川孟但，为太子门大夫。鲁周霸、莒衡胡、临淄主父偃，皆以《易》至大官。要言《易》者本之田何。"《汉书·艺文志》曰："汉兴，田何传之，讫于宣、元，有施、孟、梁丘、京氏，列于学官，而民间有费、高二家之说。"据吴之英《汉师传经表》、蒋曰豫《两汉传经表》等稽考，西汉《易》学传授关系是：由田何授王同、丁宽、服生、项生。王同授杨何、即墨成、孟但、周霸、衡胡、主父偃。杨何授京房，京房授梁丘贺、司马谈。丁宽既从洛阳周王孙受古《易》，又授田王孙。田王孙授施雠、孟喜、梁丘贺，由是有施、孟、梁丘氏之学。施雠授梁丘临、张禹、鲁伯。张禹授彭宣、戴崇。由是施家有张、彭之学。鲁伯授毛莫如、邴丹。孟喜授白光、翟牧、盖宽饶、焦延寿、赵宾。由是有白、翟之学。焦延寿授京房。京房授殷嘉、姚平、乘弘、任良。梁丘授贺子临。贺子临授王骏、五鹿充宗。五鹿充宗授士孙张、邓彭祖、衡咸。由是梁丘家有士孙、邓、衡氏学。另民间有费、高氏学。皆自言传自丁宽。费直授王璜。高相授子康（高康）、毋将永。兹列出《易》学师传表如下：

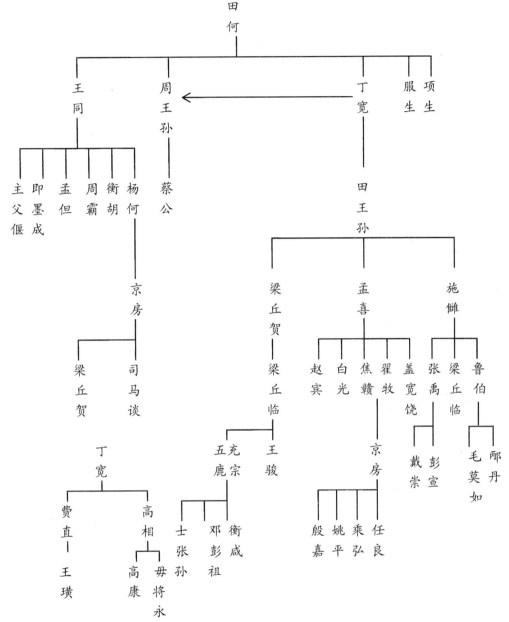

又按：汉初易学大体上形成南北两大传授系统。北方系统承自孔子，以田何为宗，可谓汉代易学主流。南方易学系统，以马王堆汉墓出土的帛书《六十四卦》、《系辞》、《二三子问》等五篇易说为代表，流行于楚地。两大系统的相异之处，主要在于传本文字，其主导思想和治学旨趣则基本一致。除此两大系统，当时朝野还有许多学者，如陆贾、贾谊、韩婴等都致力于易学研究。韩婴既是《韩诗》传授者，又传《易》，《汉志》著录《韩氏易》二篇。杨树达《汉书窥管》（上海古籍出版社1984年版）引姚振宗云："《韩诗外传》间有《易》者，亦《韩氏易》也。"

叔孙通以奉常迁太子太傅；张良行少傅事。

按：《史记·刘敬叔孙通传》曰："汉九年，高帝徙叔孙通为太子太傅。"《史记·留侯世家》曰："是时叔孙通为太傅，留侯行少傅事。"太子师傅的人选，反映了刘邦本人对待儒学的态度：《古文苑》"手敕太子"逸文载刘邦曾曰："吾生不学书，但读书问字而遂知耳，以此故不大工，然亦足自辞解。今视汝书犹不如吾，汝可勤学习，每上疏宜自书，勿使人也"。后又曰："吾遭秦乱世，当秦禁学，自喜，谓读书无益，洎践祚以来，时方醒书，乃始知作者之意，追思所行，多不是。"这说明刘邦已经开始重视读书，并用儒士叔孙通为太傅，但兼用道家思想的张良来辅佐。

汉高祖十年　甲辰　前197年

罗马人及埃托利亚同盟于库诺斯。

克法莱战役击败马其顿王国腓力五世，第二次马其顿战争结束。

罗马始征服山南高卢。

十月，淮南王黥布、梁王彭越、燕王卢绾、荆王刘贾、楚王刘交、齐王刘肥、长沙王吴芮皆来朝长乐宫（《史记·高祖本纪》、《汉书·高帝纪》）。

七月，更命郦邑曰新丰（《史记·高祖本纪》）。

八月，赵相国陈豨反代地（《史记·高祖本纪》）。

周昌免御史大夫，为赵相，辅佐赵王刘如意（《汉书·张周赵任申屠传》）。

赵尧以符玺御史迁御史大夫（《汉书·百官公卿表》）。

唐山夫人约于是年前不久作《房中祠乐》。

按：《汉书·礼乐志》曰："又有《房中祠乐》，高祖唐山夫人所作也。周有《房中乐》，至秦名曰《寿人》，凡乐，乐其所生，礼不忘本。高祖乐楚声，故《房中乐》楚声也。"唐山夫人《房中祠乐》是最早的汉乐府诗，歌凡十七章。郑文《汉诗研究·朝廷乐歌》（甘肃出版社1994年版）说："考唐山夫人作《安世房中歌》的时间，在高帝六年到十年之间。这时天下初定，就需要说，创作时间在六七年间的可能性最大。"但是关于唐山夫人是否作《房中歌》一直有争论。如宋陈旸《乐书》曰："汉高祖时，叔孙通制宗庙礼，有《房中乐》，其声则楚也。孝惠更名《安世》，文、景朝无所增损。至武帝定郊祀礼，令司马相如等造《安世曲》，合八音之调，《安世房中歌》十七章存焉。"陈旸认为现存的《房中乐》是武帝司马相如等改作的。《隋书·音乐志》以为《安世房中乐》中的《休成》、《永志》二曲，为叔孙通所作。明代徐献忠根据《史记·张苍传》，"苍书无所不观，无所不通，而尤善律历"之文，怀疑《安世房中乐》其中之篇章有张苍所作。清人陈本礼《汉诗统笺》认为，"《房中》十七章，乃高祖祀祖庙乐章，沛属楚地，凡乐，乐其所生，礼不忘本，故高祖乐楚声。唐山夫人深于律吕，能楚声，故命夫人制乐十七章以祀其先。"逯钦立《汉诗别录》（台湾《中央研究院历史语言研究所集刊》1948年）认为《汉书》仅说唐山夫人作乐。乐与辞非一事。此质之《汉志》可知。似不得署唐山夫人。黄纪华《汉〈房中祠乐〉的时代作者辨》（《湖北师范学院学报》1985年第3期）说："故《房中祠乐》与《郊祠歌》一样，并非成于一人一时，不妨说，《郊祀歌》是李延年与武帝从臣、赋家之流先后合作而成（此点自古至今无异议），而《房中祠乐》则主要是李家兄妹共同的创作。"萧涤非《汉魏六朝乐府文学史》（人民文学出版社1998年版）认为《房中歌》为七体之祖，亦为汉代有乐府之始。"《房中乐》之内容，纯为儒家思想，尤重于孝道，汉初贵黄老，而夫人独以儒学制歌于焚书坑儒、解冠溺溲之际，虽云其体宜尔，盖亦难能可贵。厥后武帝之尊儒术，自夫人开其端。此外，

《房中歌》于后来诗歌之影响,不在其内容与描写,而在其句法与体式。全歌计十七章中,以句法析之,不外三种:曰四言句,曰三言句,曰七言句。四言者十三章,三言者三章,七言无全篇,与三言杂者一章。四言虽多,然为沿用《诗》三百篇之颂体,故其价值乃在于能变化楚辞而创为三言与七言句。"

汉高祖十一年　乙巳　前 196 年

冬,太尉周勃平定代地。刘邦立子刘恒为代王,都晋阳(《史记·高祖本纪》、《汉书·高帝纪》)。

正月,淮阴侯韩信反关中,夷三族(《史记·高祖本纪》、《汉书·高帝纪》)。

二月,刘邦下诏求贤才。

按:《汉书·高帝纪》曰:"盖闻王者莫高于周文,伯者莫高于齐桓,皆待贤人而成名。今天下贤者智能岂特古之人乎?患在人主不交故也,士奚由进,今吾以天之灵,贤士大夫定有天下,以为一家,欲其长久,世世奉宗庙亡绝也。贤人已与我共平之矣,而不与吾共安利之,可乎?贤士大夫有肯从我游者,吾能尊显之。布告天下,使明知朕意。御史大夫昌下相国,相国酂侯下诸侯王,御史中执法下郡守,其有意称明德者,必身劝,为之驾,遣诣相国府,署行、义、年。有而弗言,觉,免。年老癃病,勿遣。"高祖曾与大臣议论得天下在于尚贤用能,而此诏书表现了高祖认识到贤能对于安天下的重要性。这实际上已开西汉察举制度先河。《剑桥中国秦汉史》(中国社会科学出版社 1995 年版)认为此诏令"有助于实现在行政管理体制上的选贤任能的一个重要步骤,也可以说是走向著名的科举制度的第一个主要的推动力"。

三月,梁王彭越反,废迁蜀;复欲反,遂夷三族(《史记·高祖本纪》、《汉书·高帝纪》)。

刘邦立皇子刘恢为梁王,皇子刘友为淮阳王(《史记·高祖本纪》、《汉书·高帝纪》)。

罢东郡,颇益梁;罢颍川郡,颇益淮阳(《汉书·高帝纪》)。

五月,封赵佗为"南越王"(《汉书·高帝纪》)。

七月,淮南王英布反,刘邦自将兵而东;立皇子刘长为淮南王(《史记·高祖本纪》)。

蒯通向刘邦陈述教淮阴侯反的原因;又向曹参举荐齐处士东郭先生、梁石君(《汉书·蒯伍江息夫传》)。

朱建以谏止英布反,赐号平原君。

按:朱建亦是汉初的纵横家之一。《汉书·郦陆朱刘叔孙传》曰:"朱建,楚人也。故尝为淮南王黥布相,有罪去,后复事布。布欲反时,问建,建谏止之。布不听,听梁父侯,遂反。汉既诛布,闻建谏之,高祖赐建号平原君。"

陆贾五月奉命使南越,授赵佗"南越王"玺绶,归拜为太中大夫(《汉

马其顿退出希腊。

汉尼拔当选迦太基最高行政官。

今日以罗塞塔石碑之名举世闻名的石碑被制成,以纪念托勒密五世登基一周年。

书·高帝纪》)。

陆贾著《新语》12篇。

按：《史记·郦生陆贾列传》曰："陆贾，楚人也，以客从高祖定天下。……陆生时时前说称《诗》、《书》。高帝骂之曰：'乃公居马上而得之，安事《诗》、《书》！'陆生曰：'居马上得之，宁可以马上治之乎？且汤武逆取而以顺守之，文武并用，长久之术也。昔者吴王夫差、智伯极武而亡。秦任刑法不变，卒灭赵氏。乡使秦已并天下，行仁义，法先圣，陛下安得而有之？'高帝不怿而有惭色，乃谓陆生曰：'试为我著秦所以失天下，吾所以得之者何，及古成败之国。'陆生乃粗述存亡之征，凡著十二篇。每奏一篇，高帝未尝不称善，左右呼万岁，号其书曰《新语》。"关于《新语》的思想归属，各家说法不同。《汉书·艺文志》儒家类列有"《陆贾》二十三篇"。余嘉锡《四库提要辩证》（中华书局1980年版）说："贾在汉初，粹然儒者，于诗书垠埒之余，独能诵法孔氏，开有汉数百年文学之先。较之贾、董为尤难，其功诚不在浮邱伯、伏生以下。"熊铁基《秦汉新道家略论稿》（上海人民出版社1984年版）认为《新语》是汉初新道家的代表作。清唐晏《陆子新语校注序》曰："或者陆生为荀卿弟子。"无论如何，陆贾在汉初促使高祖从尚武转向重儒具有关键作用，故而有学者称之为秦王朝焚书坑儒后复兴儒学的第一人。徐平华《〈新语〉——汉代儒学制度化的理论先声》（《湖南社会科学》2009年第2期）说："学术界普遍认为汉初独尊黄老道家，儒学一再遭受迫害，直到汉武帝'罢黜百家，独尊儒术'时，才忽然转变，由被黜变为独尊，并开始制度化。这正如干春松说：'汉武帝采纳董仲舒的建议而确立了儒家的独尊地位，这是儒家制度化的开始。'（《制度化儒家及其解体》，中国人民大学出版社2003年版）但笔者认为：儒学制度化并非突发事件，而是汉初儒学与王权政治长期磨合的必然结果，陆贾起了至关重要的作用：首先，论证了王权必须与儒学结盟，蕴含着王权与儒学结盟的途径就是儒学制度化；其次，提出了儒学制度化的三种具体形式，即儒学法律化，儒学礼仪化，儒学习俗化；最后，提出了儒学如何制度化的途径，即改造儒学、寻求王权支持。董仲舒正是沿着陆贾的路子使得儒学制度化，因此，陆贾其著作《新语》实则是汉代儒学制度化的理论先声。"

又按：《四库全书总目提要》曰："旧本题汉陆贾撰。案：《汉书》贾本传称著《新语》十二篇。《汉书·艺文志》儒家陆贾二十七篇，盖兼他所论述计之。《隋志》则作《新语》二卷。此本卷数与《隋志》合，篇数与本传合，似为旧本。然《汉书·司马迁传》称迁取《战国策》、《楚汉春秋》、陆贾《新语》作《史记》。《楚汉春秋》，张守节《正义》犹引之，今佚不可考。《战国策》取九十三事皆与今本合。惟是书之文悉不见于《史记》。王充《论衡·本性篇》引陆贾曰：天地生人也，以礼义之性。人能察己所以受命则顺，顺谓之道。今本亦无其文。又《谷梁传》至汉武帝时始出，而《道基》篇末乃引《谷梁传》曰，时代尤相抵牾。其殆后人依托，非贾原本欤？考马总《意林》所载，皆与今本相符。李善《文选注》于司马彪赠山涛诗引《新语》曰：椴梓仆则为世用。于王粲从军诗引《新语》曰：圣人承天威，承天功，与之争功，岂不难哉！于陆机日出东南隅行引《新语》曰：高台百仞。于古诗第一首引《新语》曰：邪臣之蔽贤，犹浮云之障日月。于张载杂诗第七首引《新语》曰：建大功于天下者，必垂名于万世也。以今本核校，虽文句有详略异同，而大致亦悉相应，似其伪犹在唐前。惟《玉海》称陆贾《新语》今存于世者，道基、术事、辅政、无为、资贤、至德、怀虑，才七篇。此本十有二篇，乃反多于宋本，为不可解。或后人因不完之本补缀五篇，以合本传旧目也。今但据其书论之，则大旨皆崇王道，黜霸术，归本于修身用人。其称引《老子》者，惟思务篇引上德不德一语,馀皆以孔氏为宗。所援据多《春秋》、《论语》之文。汉儒自董仲舒外,未有如是之醇正也。流传既久,其真其赝,存而不论可矣。所载卫公子鱄奔晋一条,与三传皆不合,莫详所本。中多阙文,亦无可校补。所称文公种米、曾子驾羊诸事,刘昼《新论》、马总《意林》皆全句引之,知无讹误,然皆不知其何说。又据犁鷝报之语,训诂亦不可通。古书佚亡,今不尽见,阙所不知可也。《新语》通行本有弘治十五年(1502)李廷梧刻本、明万历十九年(1591)范大冲及其父范钦订本、万历程荣刻《汉魏丛书》本、清道光六年(1862)浮溪精舍刻宋凤翔校本、1917年龙溪精舍刻唐晏校注本、1937年商务印书馆丛书集成初编本、1986年中华书局《新编诸子集成》收王利器《新语校注》本(中华书局1986年版)等。前人所作《新语》序跋,有钱福新刊《新语序》、都穆《新语后记》、范大冲《陆贾新语序》、严可均《新语叙》、戴彦开《陆子新语序》、唐晏《陆子新语校注序》、陆子《新语校注跋》等。

再按:关于陆贾《新语》著成时间,司马光《资治通鉴》将《新语》的作时系在高祖十一年夏,南宋胡宏《知言》也认为陆贾与高祖的著名对话发生在高祖十一年其任太中大夫后,此说对后世影响很大,学者多从其说。刘汝霖《汉晋学术编年》(中华书局1987年版),萧楚父、李锦全主编《中国哲学史》(人民出版社1982年版)附《中国哲学史大事年表》,张峰屹《西汉文学思想史》(南开大学出版社2001版)附《西汉主要作家年表》,罗义俊《陆贾在汉初政策转变中的贡献》(《中国古代史论业》1983年第7辑)等均将《新语》作时系于高祖十一年。但汤其领《汉初"无为之治"源于陆贾论》(《史学月刊》1991年第4期)认为《新语》的产生要早于高祖六年,即公元前201年(曹参任齐相之前);孙次舟《论陆贾新语的真伪》(上海古籍出版社1982年版)则考陆贾之作《新语》在高祖六年;唐晏《新语校注》跋甚至说"陆氏著此书去秦焚书才六年耳",即高祖元年,但没有确定证据。胡兴华《陆贾及其〈新语〉研究》(西北师范大学2003年硕士学位论文)认为"《新语》成书的具体时间,当在叔孙通制礼仪后的汉七年至九年这一时期之内,而高祖初期或末期都不符合这一要求。但《新语》中有些篇章的写作时间也可能在汉七年之前,陆贾奏呈时一并上献,最后合为一书"。

韩信卒,生年不详。信,江苏淮阴人。汉初诸侯王、军事家。他与张良、萧何并称"三杰"。刘邦建汉后,封为楚王,后黜为淮阴侯,以谋反罪被吕后所杀。曾与张良整理春秋战国以来各家军事著作,又著有兵书《韩信》三篇,今佚。事迹见《史记》卷九二、《汉书》卷三四。

蒯通约卒,生年不详。蒯,涿郡范阳人,原名"彻",后以避汉武帝改称"通"。秦汉之际,战国时纵横捭阖之余风犹存,蒯通是这时纵横家代表。著有《隽永》81篇,今佚。《汉书·艺文志》著录《蒯子》5篇。事迹见《史记》卷九八、《汉书》卷四五。

按:此年以后,蒯通行事史书无载,所以暂定卒于此年。《史记》、《汉书》记载的蒯通著述有《隽永》八十一篇和《蒯子》五篇。《史记·田儋列传赞》载太史公曰:"蒯通者,善为长短说,论战国之权变,为八十一首。"《汉书·蒯伍江息夫传》曰:"通论战国时说士权变,亦自序其说,凡八十一首,号曰《隽永》。"王应麟《汉书艺文志考证》曰:"本传云:'论战国时说士权变,亦自其说,凡八十一首,号《隽永》。'"周寿昌《汉书注校补》曰:"通著书名曰《隽永》,凡八十一首。通《传》有之,而《艺文志》不载,载《蒯子》五篇,而《传》又未及之。"《隽永》之名一种意见认为为后人命名,如罗根泽、余嘉锡等。罗根泽《跋金德建先生〈战国策〉作者之推测》,《古史辨》第六册上海古籍出版社1982年版)认为战国前无私家著作,战国至汉初无自己命名之书。"蒯通生楚汉之交,'论战国权变为八十一首',当亦无自己命名,后人以其记战国纵横长短之说,遂漫名为《国策》,《短长》,《事语》,《长书》,《修书》,刘向更以为宜名《战国策》。"后罗根泽(《〈战国策〉作于蒯通考》,《古史辨》第四册;《〈战国策〉作于蒯通考补证》,《古史辨》第四册))对其说又有修正:"《隽永》之名,与《短长》,《长书》,《修书》之旨相仿,疑其与诸名同为后人因其实以漫名之耳。即为蒯通自命之名,亦必因所论述者为战国纵横长短之说,故'号曰《隽永》'。因一方面因实赋名,重实不重名;一方面当时书名不似后世'名从主人'之不敢稍有出入,所以他人漫之以《国策》,《短长》等名称之。由是'隽永'之原名逸,而后加之杂名显。"另一种意见认为为自号之名,张心澂《伪书通考》(上海书店出版社1998年版)说:"《汉书·蒯通传》曰:'通论战国时说士权变,亦自序其说,凡八十一首,号曰《隽永》。'玩其文意,当系自号。罗氏谓'通时尚少自命书名之习惯',既曰少,则不能谓之无。"

又按:关于《隽永》与《蒯子》的关系,学术界有三种不同意见:第一种存疑。王应麟《汉书艺文志考证》曰:"本传论战国时说士权变,亦自序其说,凡八十一首,号曰《隽永》。夫《蒯子》五篇,与八十一首之《隽永》,为一为二,不可审知。"翁孝廉(参见梁玉绳《史记志疑》)曰:"《汉书·通传》言'八十一首,号《隽永》。'考《艺文志》无《隽永》而有《蒯子》五篇,未知即此八十一首否?史公述战国时事与《策》不同者五,岂取于《隽永》乎?今不可考矣。"第二种意见认为《隽永》与《蒯子》是两本书。牟庭《雪泥书屋杂志》卷二《战国策考》(《续修四库全书本》))曰:"《艺文志》纵横家,有《蒯子》五篇,亦通之所作,然非此八十一首之书也。"张舜徽《汉书艺文志通释》,武汉湖北教育出版社1990年版)说:"著录于《汉志》之五篇,殆时人所传录,如苏、张之例,题曰《蒯子》耳。自是二书,未可混同也。"第三种意见认为《隽永》就是《蒯子》。马国翰(《玉函山房辑佚书》卷七三《子编·纵横家论》)曰:"《艺文志》纵横家有《蒯子》五篇,注名通。隋唐《志》不著录,其书久佚,所谓论战国说士之文不可复见。"马国翰认为《蒯子》即"论战国说士之文",亦即《隽永》。梁启超(《汉书艺文志诸子略考释》,《梁启超全集》第八册,北京出版社1999年版)曰:"《史记·田儋列传》云:'蒯通者善为长短说,论战国之权变,为八十一首。'当即本志之蒯子五篇,据'论战国权变'之文,则似不仅说韩信诸语而已。"(参见李艳华《秦汉之际纵横策士考论》,西北师范大学2007年博士学位论文)

汉高祖十二年　丙午　前195年

汉尼拔出走迦太基。

第五次叙利亚战争爆发。

十月,刘邦东征英布还归,过沛。置酒沛宫,悉召故人父老子弟纵酒,歌《大风歌》;立侄刘濞为吴王(《史记·高祖本纪》)。

十一月,刘邦还归过鲁,以太牢祀孔子。

按:《史记·孔子世家》曰:"孔子葬鲁城北泗上,弟子皆服三年。三年心丧毕,相诀而去,则哭,各复尽哀;或复留。唯子赣庐于冢上,凡六年,然后去。弟子及鲁人往从冢而家者百有馀室,因命曰孔里。鲁世世相传以岁时奉祠孔子冢,而诸儒亦讲礼乡饮大射于孔子冢。孔子冢大一顷。故所居堂弟子内,后世因庙藏孔子衣冠琴车书,至于汉二百馀年不绝。高皇帝过鲁,以太牢祠焉。诸侯卿相至,常先谒然后从政。"《汉书·高帝纪》曰:"十二年……十一月,行自淮南。过鲁,以太牢祠孔子。"此举开启历代帝王尊孔和祭孔之先例。宋代志盘《佛祖统纪》曾述评此事:"周秦以来,为儒者尊孔子为宗师,而在上之君曾未知所以褒称而尊事之。高皇帝当干戈甫定之日,过鲁祠之,且封其后人以奉嗣焉,所以教人以'武定文守'之义。后代人主尊称'先圣',通祀天下,为万世师儒之法者,自汉家始。岂不盛哉!"罗振玉《古今学术之递变》(载《本朝学术源流概略》,民国十九年刊本)五《两汉至隋唐间儒学兴废》曰:"自嬴秦并六国,烧诗书,坑术士,重法吏,二世而亡天下。及炎汉兴,高祖十二年行过鲁以太牢祀孔子,为两汉尊崇儒术之始。"但是,高祖祭孔在当时并没有形成为国家定制,到汉成帝时也未举行过此类祭祀仪式。

十一月,刘邦还归长安(《史记·高祖本纪》)。

十二月,刘邦施恩于前朝功臣后裔,徙家守陵;立皇子刘建为燕王(《史记·高祖本纪》)。

三月,颁《布告天下诏》。

按:《汉书·高帝纪》曰:"三月,诏曰:'吾立为天子,帝有天下,十二年于今矣。与天下之豪士贤大夫共定天下,同安辑之。其有功者上致之王,次为列侯,下乃食邑。而重臣之亲,或为列侯,皆令自置吏,得赋敛,女子公主。为列侯食邑者,皆佩之印,赐大第室。吏二千石,徙之长安,受小第室。入蜀汉定三秦者,皆世世复。吾于天下贤士功臣,可谓亡负矣。其有不义背天子擅起兵者,与天下共伐诛之。布告天下,使明知朕意。'"

四月甲辰,刘邦卒于长乐宫(《史记·高祖本纪》)。

按:《汉书·高帝本纪》曰:"初,高祖不修文学,而性明达,好谋,能听,自监门戍卒,见之如旧。初顺民心作三章之约。天下既定,命萧何次律令,韩信申军法,张苍定章程,叔孙通制礼仪,陆贾造《新语》。又与功臣剖符作誓,丹书铁契,金匮石室,藏之宗庙。虽日不暇给,规摹弘远矣。"

五月丙寅,葬刘邦于高陵(《史记·高祖本纪》)。

己巳,太子刘盈即皇帝位;上刘邦尊号为高皇帝;令郡国诸侯各立高祖庙,以岁时祠(《汉书·高帝纪》)。

是年前后,始设兰台,以御史中丞专掌宫廷图书。

按:《艺文类聚》卷一二引庾信《汉武帝聚书赞》曰:"献书路广,藏书府开。秦儒出谷,汉简吹灰。芝泥印上,玉匣封来。坐观风俗,不出兰台。"兰台为汉代中央档案、典籍库,也是当时名儒著述的地方,实具皇家图书馆性质。兰台建于长安宫内,系石室建筑,修造年代不可考。隶属于御史府(台),由御史中丞一员兼领,置兰台令史,秩六百石(一说兰台令史六人,秩百石),选能通仓颉、史籀篇者担任,除在殿中受公卿奏事外,并负责典校秘书或从事撰述。西汉成帝以后,兰台令史约有18人之多。由于汉代重视对档案典籍的收集,兰台典藏十分丰富。

叔孙通为太常,奉诏制定宗庙仪法。

按:《汉书·百官公卿表》曰:"十二年,太子太傅叔孙通复为奉常。"《史记·刘敬叔孙通列传》曰:"高帝崩,孝惠即位,乃谓叔孙生曰:'先帝园陵寝庙,群臣莫习。'

徒为太常,定宗庙仪法。及稍定汉诸仪法,皆叔孙生为太常所论著也。"

叔孙通、张良谏勿易太子;四皓向刘邦言太子仁孝,恭敬爱士(《史记·刘敬叔孙通列传》)。

按:晋皇甫谧《高士传》曰:"四皓者,皆河内轵人也。或在汲。一曰东园公,二曰角里先生,三曰绮里季,四曰夏黄公。皆修道洁己,非义不动。秦始皇时,见秦政虐,乃退入蓝田山而作歌曰:'莫莫高山,深谷逶迤;晔晔紫芝,可以疗饥;唐虞世远,吾将何归?驷马高盖,其忧甚大。富贵之畏人,不如贫贱之肆志。'乃共入商洛,隐地肺山,以待天下定。及秦败,汉高闻之,征之不至。深自匿终南山,不能屈也。"王应麟《困学纪闻》卷一二曰:"今考《高士传》,高车山上有四皓碑及祠,汉惠帝所立。"关于此事,吕祖谦《大事记解题》卷九曰:"竟不易太子者,留侯本招此四人之力也。程氏《易传》曰:'坎六四,纳约自牖。'自牖,言自通明之处。人臣以忠信善道结于君心,必自其所明处乃能入也。人心有所蔽,有所通。所蔽者,暗处也。所通者,明处也。如汉祖爱戚姬,将易太子,是其所蔽也。群臣争之者众矣,嫡庶之义,长幼之序,非不明也,其如蔽而不察何?四老者,高祖素知其贤而重之,此其不蔽之明心也。故因其所明而及其事,则悟之如反手。且四老人之力,孰与张良群公卿及天下之心?其言之切,孰与周昌、叔孙通?然而不从此者,繇攻其蔽与就其明之异耳。致堂胡氏曰:'子房引致四皓,羽翼储宫,方之齐桓公会合八国定王世子,事简而力不劳,其绩尤伟,而世之君子反致疑焉,谓审有此,是子房为子结党以拒父,是盖未尝知圣人深许首止之盟,而称管仲相齐一匡天下之美也。且子房时然后言,言必有益,而前史谓良与帝言前后甚多,非天下所以治乱安危者,故不载。呜呼,良岂有费言哉!'"

浮丘伯、申培往见刘邦。

按:《汉书·高帝纪》曰:"十二年……十一月,行自淮南,过鲁。"《汉书·儒林传》曰:"高祖过鲁,申公以弟子从师入见高祖于鲁南宫。"浮丘伯为申培的老师。《汉书·楚元王传》曰:"(楚元王)少时尝与鲁穆生、白生、申公俱受诗于浮丘伯。"浮丘伯,一作包丘伯,齐人,秦末儒生,荀况门人,尝与李斯俱事荀卿,既而李斯相秦,而伯则饭麻蓬藜修道白屋之下,以乐其志。赵翼《陔余丛考》卷三四"安期生、浮邱伯条"曰:"世以安期生、浮邱伯皆为列仙之徒。《史记·封禅书》:栾大云:'臣尝往来海中,见安期、羡门之属。'又郭璞诗'左携浮丘袂,右拍洪崖肩'是也。然安期生实学黄老之术者。《史记·乐毅传》:河上丈人以黄老教安期生,数传至盖公,为曹相国师,教相国以清净为治,而齐国大治。《蒯通传》:安期生尝以策干项羽,羽不能用。授以官,安期生不受而去。则安期盖隐君子也。《汉书·儒林传》:申公少与楚元王交,俱事齐人浮丘伯。在长安,元王又遣子郢与申公从之,俱卒业。则浮丘伯实儒者也。"

刘邦作《大风歌》、《鸿鹄歌》、《高祖传》13篇。

按:《史记·高祖本纪》曰:"高祖还归,过沛,留。置酒沛宫,悉召故人父老子弟纵酒,发沛中儿得百二十人,教之歌。酒酣,高祖击筑,自为歌诗曰:'大风起兮云飞扬,威加海内兮归故乡,安得猛士兮守四方。'"《大风歌》又名《过沛诗》、《三侯之章》,《史记·乐书》曰:"高祖过沛诗《三侯之章》。《史记索隐》曰:"过沛诗即《大风歌》也。其辞曰:'大风起兮云飞扬,威加海内兮归故乡,安得猛士兮守四方'是也。侯,语辞也。《诗》曰:'侯其祎而'者是也。兮亦语辞也。沛诗有三'兮',故云三侯也。"《艺文类聚》始题为《大风歌》,但朱熹《楚辞后语》题为《鸿鹄歌》。《大风歌》与项羽《垓下曲》同为楚声,可见楚赋进入中央政权所在地,对汉赋发展有一定影响。《史记·留侯世家》曰："汉十二年，……四人为寿已毕，趋去。上目送之，召戚夫人指示四人者曰：'我欲易之，彼四人辅之，羽翼已成，难动矣。吕后真而主矣。'戚夫人泣，上曰：'为我楚舞，吾为若楚歌。'歌曰：'鸿鹄高飞，一举千里。羽翮已就，横绝四海。横绝四海，当可奈何！虽有矰缴，尚安所施！'歌数阕，戚夫人嘘唏流涕，上起去，罢酒。竟不易太子者，留侯本招此四人之力也。"《西京杂记》卷一曰："高帝、戚夫人善鼓瑟击筑。帝常拥夫人倚瑟而弦歌，毕，每泣下流涟。夫人善为翘袖折腰之舞，歌《出塞》、《入塞》、《望归》之曲，侍婢数百皆习之。后宫齐首高唱，声入云霄。"《文心雕龙·时序篇》曰："《大风》、《鸿鹄》之歌，亦天纵之英作也。"《汉书·艺文志》著录《高祖传》十三篇，班固注："高祖与大臣述古语及诏策也。"

汉惠帝刘盈元年　丁未　前194年

十二月，吕后杀赵王如意，徙淮阳王赵友为赵王；又断戚夫人手足，命惠帝观看，惠帝遂沈饮而不听政事（《史记·吕太后本纪》）。

正月，始筑长安城（《汉书·惠帝纪》）。

燕王卢绾部下率千余人，椎结夷服，度浿水，抵朝鲜（《史记·韩信卢绾列传》、《汉书·西南夷两粤朝鲜传》）。

按：此为中朝间最早的大规模移民，对经济、文化交流均产生一定影响。

田何年老，家贫，守道不仕；惠帝亲幸其庐以受业，遂益为世重。

按：晋皇甫谧《高士传》曰："惠帝时，何年老家贫，守道不仕，帝亲幸其庐以受业，终为《易》者宗。"因为惠帝时事，所以系于惠帝元年。

罗马最终征服北意大利之因苏布雷人。

是年，埃拉托色尼卒（约前276—　）。昔兰尼数学家、天文学家、地理学家。

汉惠帝二年　戊申　前193年

十月，楚元王、齐悼惠王皆来朝（《史记·吕太后本纪》、《汉书·惠帝纪》）。

七月，曹参继萧何为相国，以黄老之术治国。

按：曹参为此时黄老思想主要代表人物。黄老之术源于战国黄老学派，1973年长沙马王堆出土帛书《书经》、《十六经》、《称》、《道原》四篇，可知黄老学派从道论出发，结合阴阳学说，强调刑德并用，宣扬无为而治。《史记·曹相国世家》曰："参代何为汉相国，举事无所变更，一遵萧何约束。择郡国吏木讷于文辞、重厚长者，即召除为丞相史；吏之言文刻深，欲务声名者，辄斥去之。日夜饮醇酒。卿大夫以下吏及宾客见参不事事，来者皆欲有言。至者，参辄饮以醇酒；间之，欲有所言，复饮之，醉而后去,终莫得开说,以为常。……参见人有细过,专掩匿覆盖之,府中无事。……惠帝怪相国不治事……参曰:'……高帝与萧何定天下,法令既明。今陛下垂拱,参等守职,遵而勿失,不亦可乎?'帝曰:'善。君休矣!'参为汉相国,出入三年。卒,谥懿侯。子窋代侯。百姓歌之曰:'萧何为法,颛若画一;曹参代之,守而勿失。载其清净,民以宁一。'"《汉书·百官公卿表》曰:"七月辛未,相国何薨。七月癸巳,齐相曹参为相国。"洪迈《容斋随笔》卷一〇曰:"曹参代萧何为汉相国,日夜饮酒不事事,自云:'高皇帝与何定天下,法令既明,遵而勿失,不亦可乎!'是则然矣,然以其时考之,承暴秦之后,高帝创业尚浅,日不暇给,岂无一事可关心者哉?其初相齐,闻胶西盖公善治黄老言,使人厚币请之。盖公为言治道贵清净而民自定。参于是避正堂以舍之,其治要用黄老术。故相齐九年,齐国安集。然入相汉时,未尝引盖公为助也。齐处士东郭先生、梁石君隐居深山,蒯彻为参客,或谓彻曰:'先生之于曹相国,拾遗举过,显贤进能,二人者,世俗所不及,何不进之于相国乎?'彻以告参,参皆以为上宾。彻善齐人安其生,尝干项羽,羽不能用其策。羽欲封此两人,两人卒不受。凡此数贤,参皆不之用,若非史策失其传,则参不荐士之过多矣。"

又按:《史记》中提到的汉初黄老学者除了曹参,还有陈平、田叔、司马季主、郑当时、汲黯、王生、黄生、司马谈、刘德、杨王孙、邓章等。

夏侯宽更名《房中祠乐》为《安世乐》。

按:《汉书·礼乐志》曰:"又有《房中祠乐》,高祖唐山夫人所作也。周有《房中乐》,至秦名曰《寿人》。凡乐,乐其所生,礼不忘本。高祖乐楚声,故《房中乐》,楚声也。孝惠二年,使大乐令夏侯宽备其箫管,更名《安世乐》。"

萧何卒,生年不详。何,沛县人。曾为秦沛县吏,后任汉王刘邦丞相;汉初封酂侯,食邑万户,位次第一。入关之初,收藏秦丞相、御史府所藏的律令、图书;制定《九章律》;造石渠阁、天禄阁、麒麟阁等图书藏所,功不可没。事迹见《史记》卷五三、《汉书》卷三九。

按:《史记·萧相国世家》曰:"萧相国何于秦时为刀笔吏,录录未有奇节。及汉兴,依日月之末光,何谨守管钥,因民之疾秦法,顺流与之更始。淮阴、黥布等皆以诛灭,而何之勋烂焉。位冠群臣,声施后世,与闳夭、散宜生等争烈矣。"方苞《望溪先生文集》卷二《书萧相国世家后》曰:"《萧相国世家》所叙实迹仅四事,其定汉家律令,及受遗命辅惠帝皆略焉。盖收秦律令图书,举韩信,镇抚关中三者,乃鄂君所谓万世之功也。其终也,举曹参以自代而无少芥蒂,则至忠体国可见矣。至其所以自免,皆自他人发之,非智不足也。使何自觉之,则于至忠体国之道有伤矣。故终载请上林空地,械系廷尉,明何用诸客之谋,非得已耳。若定律令,则别见《曹参》、《张苍传》。何之终,惠帝临问而举参,则受遗命不待言矣。盖是二者,于何为顺且易,非万世之功之比也。班史承用是篇,独增汉王谋攻项羽,何谏止,劝入汉中一事,在固亦自谓识其大者,然其事有无未可知。信有之,亦谋臣策士所能及也。且语甚鄙浅,与《何传》气象规模不类。柳子厚称太史公书曰洁,非谓辞无芜累也,盖于明体要,而所载之事,不杂其气,体为最洁耳。以固之才识,犹未足与于此,故韩、柳列数文章家,皆不及班氏。噫,严矣哉!"

汉惠帝三年　己酉　前192年

　　春,发长安六百里男女七四万六千人筑长安城,三十日罢(《汉书·惠帝纪》)。

　　以宗室女为公主,嫁匈奴单于(《汉书·惠帝纪》)。

　　五月,封闽越君摇为东海王,又称东瓯王,都东瓯。

　　按:《史记·东越列传》曰:"孝惠三年,举高帝时越功,曰闽君摇功多,其民便附,乃立摇为东海王,都东瓯,世俗号为东瓯王。"《汉书·惠帝纪》:"夏五月,立闽越君摇为东海王。"梁章钜《浪迹续谈》卷五有《东瓯王始末》,详细叙述其建国以及灭亡之始末。吕祖谦《大事记解题》卷九曰:"武帝既灭东瓯,地入会稽郡。东汉永和三年以会稽郡章安县(即前汉回浦县)之东瓯乡置永宁县,今为温州永嘉县。《史记正义》曰:'瓯水出永宁山,行四十余里入江。昔有东瓯王都城,有亭,积石为道,今犹存。'"

　　七月,南越王赵佗称臣奉贡(《汉书·惠帝纪》)。

罗马—叙利亚战争爆发。

汉惠帝四年　庚戌　前191年

　　十月,立皇后张氏(《汉书·惠帝纪》)。

　　正月,令举民孝悌、力田者,复其身。

　　按:《汉书·惠帝纪》曰:"春正月,举民孝悌、力田者复其身。"孝即善事父母,悌为善事兄长,力田谓勤力于田事。复其身即免除其本人徭役,以劝导风俗。至文帝时,诏令按郡县户口比例,常设孝悌力田的定员,成为郡县掌管教民务农的乡官之一。赵翼《廿二史札记》卷二有"三老孝悌力田皆乡官名"条。

　　三月甲子,皇帝冠,诏赦天下;除"挟书律",于是壁藏之书纷纷出世。

　　按:《汉书·惠帝纪》曰:"三月甲子,皇帝冠,赦天下。省法令妨吏民者,除挟书律。"颜师古《汉书注》引应劭曰:"挟,藏也。"又引张晏曰:"秦律敢有挟书者族。"《汉书·艺文志》曰:"至秦患之,乃燔灭文章,以愚黔首。汉兴,改秦之败,大收篇籍,广开献书之路。"吕祖谦《大事记解题》卷九曰:"此曹相国之政也。"秦时燔灭文章以愚黔首,下令敢有挟书者族,六艺自此缺。于是好古之士,或藏之山崖屋壁,如鲁淹中空壁藏《古经》,伏生藏《尚书》,河间人颜芝藏《孝经》,山岩藏《周官》。或以口授诸生徒,如公羊寿传《春秋》,高生堂传《仪礼》。高祖因秦律,未遑除去。是年三月,惠帝乃下令除之,于是壁藏者纷纷出世。而口授者亦得书之于简策。各书多有残缺,惟《易》为卜筮之书,不在禁列,传者不绝,《诗》则讽诵不在竹帛,故俱能遭秦而全。惠

罗马人于温泉关之役败塞琉西帝国。

帝此令为儒学兴起创造宽松的学术环境,此后民间儒家经典传授之风日盛。(参见刘汝霖《汉晋学术编年》)。

七月乙亥,未央宫凌室灾。丙子,织室灾。

按:荀悦《汉纪》曰:"《本志》以为'冰室奉供养之馈,织室供宗庙衣服,皇后之象也。天诫若曰,皇后无宗庙之德云耳,后嗣果绝。'其于《洪范》为火不炎上,视不明之咎。《洪范》著天人之变,其法本于五行,通于五事,善恶吉凶之应,于是在矣。'五行:一曰水,二曰火,三曰木,四曰金,五曰土。水曰润下,火曰炎上,木曰曲直,金曰从革,土爰稼穑。''田猎不宿,饮食不享,出入不节,夺民农时,及有奸谋,则木不曲直。''弃法律,逐功臣,杀太子,以妾为妻,则火不炎上。''好治宫室,饰台榭,内淫乱,犯亲戚,侮父兄,则稼穑不成。''好攻战,轻百姓,饰城郭,侵边境,则金不从革。''简宗庙,不祷祠,废祭祀,逆天时,则水不润下。''五事:一曰貌,二曰言,三曰视,四曰听,五曰思。''木为貌,貌曰恭,恭作肃,肃,时雨若,厥福攸好德。貌失,厥咎狂,厥罚常雨,厥极恶。时则有服妖,时则有龟孽,时则有鸡祸,时则有下体生于上之痾,时则有青眚、青祥。惟金沴木。金为言,言曰从,从作义,义,时旸若,厥福康宁。言失,厥咎僭,厥罚常阳,厥极忧。时则有诗妖,时则有介虫之孽,时则有犬祸,时则有口舌之痾,时则有白眚、白祥。惟火沴金。火为视,视曰明,明作哲,哲,时燠若,厥福寿。视失,厥咎舒,厥罚常燠,厥极疾。时则有草妖,时则有蠃虫之孽,时则有羊祸,时则有目痾,时则有赤眚、赤祥。惟水沴火。水为听,听曰聪,聪作谋,谋,时寒若,厥福富。聪失,厥咎急,厥罚常寒,厥极贫。时则有鼓妖,时则有鱼孽,时则有豕祸,时则有耳痾,时则有黑眚、黑祥。惟土沴水。土为思,思曰心,心曰睿,睿作圣,圣,时风若,厥福考终命。思失,厥咎雾,厥罚常风,厥极凶短折。时则有脂夜之妖,时则有华孽,时则有牛祸,时则有腹心之痾,时则有黄眚、黄祥。惟金、木、水、火沴土。皇之不极,厥咎眊,厥罚常阴,厥极弱。时则有射妖,时则有龙蛇之孽,时则有马祸,时则有下人伐上之痾,时则有日月乱行,星辰逆行。'此《洪范》之大体也。"

叔孙通谏惠帝立原庙《史记·刘敬叔孙通列传》。

按:此后关于立毁原庙之说时有争论。

伏生以《尚书》教于齐鲁之间。

按:《史记·儒林列传》曰:"伏生者,济南人也。故为秦博士,……秦时焚书,伏生壁藏之。其后大起兵,流亡。汉定,伏生求其书,亡数十篇,独得二十九篇,即以教于齐鲁之间。学者由是颇能言《尚书》,诸山东大师无不涉《尚书》以教矣。"刘起釪《尚书学史》(中华书局1989年版)说:"由于秦末战乱,伏生避兵流亡,把自己手里的《书》篇藏在屋壁里,乱定归来……"据陈蜚声所考,此流亡期间伏生应居于距山东阳谷县东北三十里的宓城集。而待"汉定"伏生方求其书。《资治通鉴》曰:"汉四年始定齐地。"故伏生在汉四年后返回乡里求得《尚书》。惠帝四年三月解除"挟书律"后,伏氏才得以教《书》于齐鲁之间(又见谷颖《伏生及〈尚书大传〉研究》,东北师范大学2005年硕士学位论文)。郑洁文、李梅《中国学术思想编年·秦汉卷》(陕西师范大学出版社2005年版)说:"然其传授始年,实不可考,至是始有官方诏书除挟书律,诸经传授必大昌,故将伏生传《尚书》系于是年。"《汉书·艺文志·六艺略》著录"《经》二十九卷,大小夏侯二家,《欧阳经》三十二卷"。颜师古注曰:"此二十九卷,伏生教授也。"顾实《汉书艺文志讲疏》(上海古籍出版社1987版)曰:"伏生今文《尚书》也。然以二十八篇合于古文,则又其亡中之存也。"《汉书·艺文志》还著录《传》四十篇。顾实说："此伏生《尚书大传》也。"清《四库全书》"书"类二附录《尚书大传》4卷，《补疑》1卷。据吴之英《汉师传经表》、蒋日豫《两汉传经表》等稽考，西汉《今文尚书》学传授关系是：由伏生授张生、欧阳生、晁错。张生授夏侯都尉，夏侯都尉授族子夏

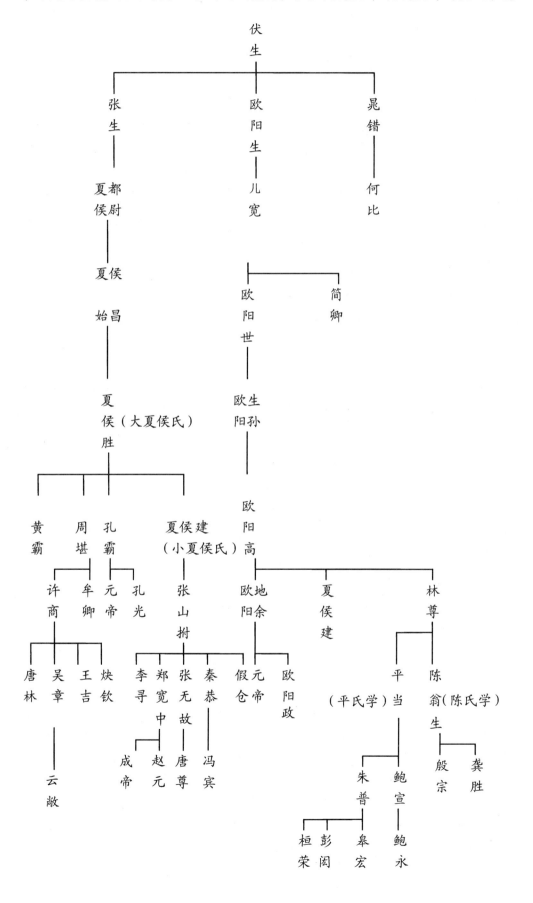

侯昌始，夏侯昌始授族子胜，夏侯胜后又事简卿、欧阳高，授从子建、孔霸、周堪、黄霸。是为大夏侯氏。夏侯建又事欧阳高，授张山拊，是为小夏侯氏。张山拊授李寻、郑宽中、张无故、秦恭、假仓。郑宽中授成帝、赵元（或作赵光）。张无故授唐尊。秦恭授冯宾。孔霸为孔子十三十孙，授元帝及子光，孔光又事牟卿。周堪授牟卿、许商，由是大小夏侯氏有牟、许氏学。许商授唐林、吴章、王吉、炔钦。吴章授云敞。欧阳生授儿宽，儿宽又事孔安国，授子欧阳世、简卿。欧阳世授欧阳生孙，欧阳生孙再授曾孙欧阳高，欧阳高授子、林尊、夏侯建。欧阳高子授欧阳高孙欧阳地余，地余授元帝及子欧阳政。林尊授平当、陈翁生。由是欧阳家有平、陈之学。平当授朱普、鲍宣。陈翁生授殷宗、龚胜。朱普授桓荣、彭闳、皋宏。鲍宣授子鲍永。桓荣授明帝及子桓郁、丁鸿、何汤、鲍俊、胡宽、张酺，桓郁授安帝及子桓焉、杨振、朱宠。丁鸿授刘恺、巴茂、朱俊、杨伦、陈弇。桓焉授安帝及孙典、杨赐、黄琼。杨震授子秉、孙众及虞放、陈翼。朱宠授张奂。杨秉授子赐，杨赐授灵帝及子彪、王朗。晁错授何比。兹列出《今文尚书》师传表如下：

又按：田何徙关中与伏生以《尚书》教于齐鲁间两件史事颇可代表当时学界的重要事件，即儒学战乱后在齐鲁地区复苏，同时向关中西传过程中取得了新的学术据点。汉初的儒者分为两种类型，一种埋头于传授六艺、六经，以发展学术为己任；一种则积极入世，伺机将其所掌握的儒家学术影响当时社会政治现实，致力于儒家学术与皇权、社会现实相结合。伏生为前者的代表人物，叔孙通为后者的代表人物。

颜贞出《孝经》。

按：陆德明《经典释文·序录》曰："《孝经》者，孔子为弟子曾参说孝道，因明天子庶人五等之孝，事亲之法。亦遭焚尽。河间人颜芝为秦禁藏之。汉氏尊学，芝子贞出之，是为今文。"颜贞所献《孝经》是《十三经注疏》所据之本。《四库全书总目提要》曰："《孝经》有今文、古文二本。今文称郑玄注，其说传自荀昶，而《郑志》不载其名。古文称孔安国注，其书出自刘炫，而《隋书》已言其伪。"王应麟《汉书艺文志考证》曰："《隋志》：'河间颜芝所藏，汉初芝子贞出之，……刘向以颜本比古文，除其繁惑，以十八章为定。'"《汉书·艺文志·六艺略》著录"《孝经》一篇，十八章，长孙氏、江氏、后氏、翼氏四家"。这都是今文《孝经》。《汉书艺文志·六艺略》所载《孝经古孔氏》一篇，二十二章，为古文。顾实《汉书艺文志讲疏》（上海古籍出版社1987版）曰："此孔壁古文《孝经》也。《隋志》曰：'古文《孝经》与古文《尚书》同出。孔安国为之传。'"此后《古文孝经》之出，凡四次：1.《汉书·艺文志》的《书》类序曰："武帝末，鲁恭王坏孔子宅，欲以广其宫。而得《古文尚书》及《礼记》、《论语》、《孝经》凡数十篇。皆古字也。"其书凡二十二篇，亡于梁末。2.昭帝时鲁国三老所献古文《孝经》，至东汉时卫宏予以校订。3.《隋书·经籍志》曰："至隋，秘书监王劭于京师访得《孝经》、《孔传》，送至河间刘炫。"唐后其书亦亡。亦说所亡者只是《孔传》，而《古文孝经》的本文则别自流传。4.清初自日本传入一部《孔传》本《古文孝经》，刊入鲍廷博《知不足斋丛书》。对于刘炫及所传入日本的《孔传》本《古文孝经》，历代学人或疑其伪，近人胡平生在《中国古代佚名哲学名著评注》（齐鲁书社1985年版）中论证了所谓《孔传》"伪撰者已全都推翻"。研究《孝经》的著作有：唐玄宗注，北宋邢昺疏《孝经注疏》（收入《十三经注疏》），宋司马光《孝经指南》，明黄道周《孝经传》，清皮锡瑞《孝经义疏》等。

欧阳和伯作《欧阳章句》31卷、《欧阳说义》2篇。

按：《汉书·儒林传》曰："伏生教济南张生及欧阳生。张生为博士，而伏生孙以治《尚书》征，弗能明定。是后鲁周霸、雒阳贾嘉颇能言《尚书》云。欧阳生字和伯，千乘人也。事伏生，授儿宽。宽又受业孔安国，至御史大夫，自有传。"《汉书·艺文志》载有《欧阳章句》31卷，杨树达《汉书窥管》(上海古籍出版社1984年版)引庄述祖曰："欧阳《经》32卷，《章句》仅31卷，其1卷无章句，盖序也。有马国翰辑本1卷。《汉志》载有《欧阳说义》2篇，有陈乔枞辑本。"欧阳生著作早佚，今有王谟辑《今文尚书说》1卷，黄奭《欧阳尚书章句》1卷，马国翰《尚书欧阳章句》1卷。因本年有伏生教授《尚书》之事，所以将欧阳生著作系于此年。

汉惠帝五年　辛亥　前190年

九月，筑长安城成。

按：《三辅黄图·汉长安故城》曰："汉惠帝元年正月，初城长安城。三年春，发长安六百里内男女十四万六千人，三十日罢。城高三丈五尺。六月发徒隶二万人民常役。至五年，复发十四万五千人，三十日乃罢。九月城成。高三丈五尺，下阔形，至今人呼汉京城为斗城是也。"

是年，以高祖沛宫为高祖原庙，皆令歌儿习《大风歌》，吹以相和，常以百二十人为员。

按：《史记·高祖本纪》曰："及孝惠五年，思高祖之悲乐沛，以沛宫为高祖原庙。高祖所教歌儿百二十人，皆令为吹乐，后有缺，辄补之。"

曹参卒，生年不详。参，字敬伯，沛县人。西汉开国功臣，名将。刘邦称帝后，对有功之臣论功行赏，曹参功居第二，赐爵平阳侯。汉惠帝时继萧何为丞相，一遵萧何约束，有"萧规曹随"之称。曹参从盖公闻黄老之言，遂以黄老之术治国，对汉初学术有重要影响。事迹见《史记》卷五四、《汉书》卷三九。

按：《史记·曹相国世家》："孝惠帝元年，除诸侯相国法，更以参为齐丞相。参之相齐，齐七十城。天下初定，悼惠王富于春秋，参尽召长老诸生，问所以安集百姓，如齐故诸儒以百数，言人人殊，参未知所定。闻胶西有盖公，善治黄老言，使人厚币请之。既见盖公，盖公为言治道贵清静而民自定，推此类具言之。参于是避正堂，舍盖公焉。其治要用黄老术，故相齐九年，齐国安集，大称贤相。……参为汉相国，出入三年。卒，谥懿侯。子窋代侯。百姓歌之曰：'萧何为法，顜若画一；曹参代之，守而勿失。载其清净，民以宁一。'……太史公曰：'曹相国参攻城野战之功所以能多若此者，以与淮阴侯俱。及信已灭，而列侯成功，唯独参擅其名。参为汉相国，清静极言合道。然百姓离秦之酷后，参与休息无为，故天下俱称其美矣。'"

罗马人于马格尼西亚战役胜塞琉西帝国。

阿波罗尼奥斯卒(约前262—)。希腊数学家，有大几何学家之称。著有《圆锥曲线》，引进抛物线、椭圆、双曲线概念。

汉惠帝六年　壬子　前189年

罗马人建拉丁殖民地于波罗那，坎培尼亚人被列为罗马公民。

十月，以王陵为右丞相，陈平为左丞相(《汉书·张陈王周传》)。

是月，民女子年十五以上至三十不嫁，五算(《汉书·惠帝纪》)。

按：吕祖谦《大事记解题》卷九曰："《本纪》'女子年十五以上至三十不嫁，五算'。应劭曰：'《国语》越王勾践令国中女子年十七不嫁者父母有罪，欲人民繁息也。汉律人出一算，算百二十钱，唯贾人与奴婢倍算。今使五算，罪谪之也。'以此法考之，女子十六不嫁即出五算，视勾践又先一岁，亦不近人情，恐五字误。"

六月，长安起西市，修敖仓(《汉书·惠帝纪》)。

是年，匈奴冒顿单于遣使遗高后书，颇多侮辱之词。

按：王益之《西汉年纪》系此事于本年，刘跃进《秦汉文学编年史》(商务印书馆2006年版)以为此说不确，系于惠帝三年(前192年)。

汉惠帝七年　癸丑　前188年

阿帕米亚和约签订，塞琉古帝国放弃在欧洲的所有领土，将托罗斯山脉以北整个小亚细亚割让与帕加马及支付巨额赔偿金。

八月戊寅，惠帝刘盈卒于未央宫，庙号"孝惠"。

按：《汉书·惠帝纪》曰："(七年)秋八月戊寅，帝崩于未央宫。"颜师古《汉书注》曰："孝子善述父之志，故汉家之谥，自惠帝已下，皆称孝也。"《艺文类聚》卷四〇引《荀氏家传》载荀爽《对策》曰："臣闻火生于木，故其德孝。汉之谥帝称孝者，其义取此也。故汉制使天下皆诵《孝经》，选吏则举孝廉，以孝为务也。"

九月，皇太子恭少帝嗣位，吕太后临朝称制，王诸吕。

按：《史记·吕太后本纪》曰："七年秋八月戊寅，孝惠帝崩。发丧，太后哭，泣不下。留侯子张辟强为侍中，年十五，谓丞相曰：'太后独有孝惠，今崩，哭不悲，君知其解乎？'丞相曰：'何解？'辟强曰：'帝毋壮子，太后畏君等。君今请拜吕台、吕产、吕禄为将，将兵居南北军，及诸吕皆入宫，居中用事，如此则太后心安，君等幸得脱祸矣。'丞相乃如辟强计。太后说，其哭乃哀。吕氏权由此起。"吕祖谦《大事记解题》卷九曰："前此秦宣太后之属虽内秉大权，犹外假人主之号令而行也，吕太后在惠帝世，盖亦如此。至是，出临朝自称制以号令天下，所谓少帝者不复预事矣。"

是年，吕后弛困辱商贾之律，但市井子孙仍不得仕宦为吏(《史记·平准书》)。

孔鲋弟子孔襄为博士。

按：《史记·孔子世家》曰："(孔)鲋弟子襄，年五十七，尝为孝惠皇帝博士，迁为长沙太守。"《汉书·匡张孔马传》曰："(孔)鲋弟子襄为孝惠博士,长沙太傅。"泷川资言《史记会注考证》认为太守当作太傅。郑洁文、李梅《中国学术思想编年·秦汉卷》(陕西师范大学出版社2005年版)将此事系于本年,今从之。

又按：在汉代经学的发展过程中,已逐步形成一批以代代相承的经学世家,孔氏世家作为天下"第一世家",成就尤为显著。《史记·孔子世家》论孔氏世系："孔子生鲤,字伯鱼。伯鱼年五十,先孔子死。伯鱼生伋,字子思,年六十二。尝困于宋。子思作《中庸》。子思生白,字子上,年四十七。子上生求,字子家,年四十五。子家生箕,字子京,年四十六。子京生穿,字子高,年五十一。子高生子慎,年五十七,尝为魏相。子慎生鲋,年五十七,为陈王涉博士,死于陈下。鲋弟子襄,年五十七。尝为孝惠皇帝博士,迁为长沙太守。长九尺六寸。子襄生忠,年五十七。忠生武,武生延年及安国。安国为今皇帝博士,至临淮太守,蚤卒。安国生昂,昂生驩。"《汉书·匡张孔马传》论孔氏世家入汉后的经学传家："鲋弟子襄为孝惠博士、长沙太傅。襄生忠,忠生武及安国,武生延年。延年生霸,字次儒。霸生光焉。安国、延年皆以治《尚书》为武帝博士。安国至临淮太守。霸亦治《尚书》,事太傅夏侯胜,昭帝末年为博士,宣帝时为太中大夫,以选授皇太子经,迁詹事、高密相。""霸四子,长子福嗣关内侯。次子捷、捷弟喜皆列校尉、诸曹。光,最少子也,经学尤明,年未二十,举为议郎。光禄勋匡衡举光方正,为谏大夫。坐议有不合,左迁虹长,自免归教授。成帝初即位,举为博士。"

审食其为典客(《汉书·百官公卿表》)。

朱建为审食其谋画释困(《史记·郦生陆贾列传》)。

严忌(—约前105)生(吴文治《中国文学史大事年表》、刘国盈、廖仲安《中国古典文学词典》)。

刘偃(—前133)约生(吴文治《中国文学史大事年表》)。

高后吕雉元年　甲寅　前187年

十一月,免王陵右丞相职,任为太傅,以左丞相陈平为右丞相,审食其为左丞相(《史记·吕太后本纪》)。

印度孔雀王朝亡。

正月,除秦夷灭三族罪、妖言令。

按：《汉书·高后纪》曰："元年春正月,诏曰：'前日孝惠皇帝言欲除三族罪、妖言令,议未决而崩。今除之。'"这是继惠帝废挟书律之后的又一项改善学术环境的措施,有利于学术的发展。

又按：吕祖谦《大事记解题》卷九曰："此少帝之元年也,而《史记》、《汉书》皆以为高后元年者,盖四年太后废少帝立恒山王为帝,以太后制天下事,不复改元,则此元固可以谓之高后之元也。"

二月,初置孝悌力田二千石者1人(《汉书·高后纪》)。

按：孝悌力田是汉代文化上重视孝道，经济上则重视农业的表现。吕祖谦《大事记解题》卷九曰："汉初君臣大意如此，至是始设官耳。耕战者，秦孝公商鞅之规摹也；孝弟力田者，高帝萧何之规摹也。使于孝弟力田，深探其本而张其纲纪，岂止革秦之暴而已哉！此盖大司徒之职，而止以二千石掌之，其任轻矣！"

五月，封吕氏数人为王（《史记·吕太后本纪》、《汉书·高后纪》）。

是年前后，诸吕盗取张良、韩信序次之兵法三十五家。

按：《汉书·艺文志·兵书略》曰："汉兴，张良、韩信序次兵法，凡为八十二家，删取要用，定著三十五家。诸吕用事而盗取之。"

浮丘伯是年前后居于长安，楚元王刘交闻之，遣子刘郢客受业。

按：《史记·儒林列传》曰："吕太后时，申公游学长安，与刘郢同师。"《汉书·儒林传》曰："吕太后时，浮丘伯在长安，楚元王遣子郢与申公俱卒学。"《汉书·楚元王传》曰："高后时，以元王子郢客为宗正，封上邳侯。"刘汝霖《汉晋学术编年》（中华书局1987年版）据《汉书·百官公卿表》"（高后二年）上邳侯刘郢客为宗正"，认为刘郢客求学当在高后二年前，因定此事之年代，今从之。蒙文通曾作《浮丘伯传》（载《古学甄微》，巴蜀书社1987年版）。

申培游学长安，从浮丘伯受《诗》与《谷梁春秋》，为汉代谷梁学派代表。

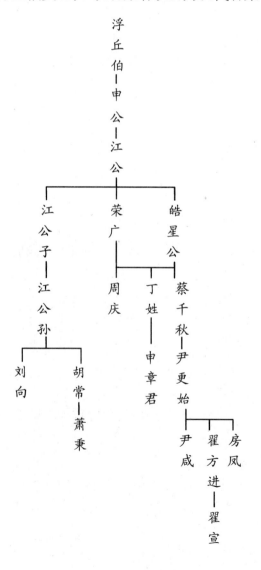

按：《汉书·儒林传》曰："申公卒以《诗》、《春秋》授，而瑕丘江公尽能传之，徒众最盛。"所以申培除传《鲁诗》外，还是汉初谷梁学派的代表，谷梁学派在汉初一度因申培而受到重视。《汉书·艺文志》所载除《谷梁传》十一篇外，尚有《谷梁外传》二十篇，《谷梁章句》三十二篇。据吴之英《汉师传经表》、蒋曰豫《两汉传经表》等稽考，西汉《谷梁春秋》学传授关系是：浮丘伯授申公，申公授江公，江公授子、荣广、皓星公，江公子授孙，江公孙授刘向、胡常。胡常授萧秉。荣广授蔡千秋、周庆、丁姓。蔡千秋又事皓星公，授尹更始。丁姓授申章昌。尹更始授尹咸、翟方进、房凤。翟方进授长子翟宣。兹列出《谷梁春秋》师传表如下：

任敖为御史大夫（《汉书·张周赵任申屠传》）。

按：《汉书·百官公卿表》："高后元年，上党守任敖为御史大夫，三年免。"

高后二年　乙卯　前186年

春，诏差次列侯功以定朝位，藏于高庙，世世勿绝。

按：《汉书·高后纪》曰："二年春，诏曰：'高皇帝匡饬天下，诸有功者皆受分地为列侯，万民大安，莫不受休德。朕思念至于久远而功名不著，亡以尊大谊，施后世。今欲差次列侯功以定朝位，臧于高庙，世世勿绝，嗣子各袭其功位。其与列侯议定奏之。'丞相臣平言：'谨与绛侯臣勃、曲周侯臣商、颍阴侯臣婴、安国侯臣陵等议：列侯幸得赐餐钱奉邑，陛下加惠，以功次定朝位，臣请臧高庙。'奏可。"

七月，行八铢钱（《汉书·高后纪》）。

按：颜师古《汉书注》引应劭曰："本秦钱，质如周钱，文曰半两，重如其文，即八铢也。汉以其太重，更铸荚钱，今民间名榆荚钱是也。民患其太轻，至是复行八铢钱。"

刘郢客为宗正，掌管皇族户籍族谱。

按：《汉书·楚元王传》曰："高后时，以元王子郢客为宗正，封上邳侯。"《汉书·百官公卿表》高后二年下载"上邳侯刘郢客为宗正，七年为楚王"。

江陵张家山汉简《二年律令》、《奏谳书》、《盖庐》、《算数书》、《脉书》、《引书》等成于是年或此前。

按：1983年12月至1984年1月，荆州地区博物馆在湖北江陵张家山清理了三座西汉初年的古墓（编号M247、M249、M258）。荆州地区博物馆的《江陵张家山三座汉墓出土大批竹简》（《文物》，1985年第1期）以及张家山汉墓竹简整理小组的《江陵张家山汉简概述》（《文物》，1985年第1期）对出土汉简作了简要介绍。汉墓中的二四七号汉墓随葬品中有竹简计1236枚（不含残片）。包括历谱、《二年律令》、《奏谳书》、《脉书》、《算数书》、《盖庐》、《引书》和遣策等。兹分述如下：

1. 《二年律令》。共有竹简526枚，简长约为31厘米。简文包含27种律和1种令,每种律、令均有题名,并与各自律、令正文分简抄写。《二年律令》是这批竹简所书法律条文的总称,为其原有标题,单独写在一枚简上。整理出律27种(贼律、盗律、具律、告律、捕律、亡律、收律、襍律、钱律、置吏律、均输律、传食律、田律、□市律、行书律、复律、赐律、户律、效律、傅律、置后律、爵律、兴律、徭律、金布律、秩律、史律)和令1种(津关令)。汉代律令散失严重,这次汉初多种律令的出土,对于汉史研究具有重大意义。研究的论文有《江陵张家山汉墓出土大批珍贵竹简》(《江汉考古》1985年2期),李学勤《论张家山247号墓汉律竹简》、彭浩《湖北江陵出土前汉简牍概说》、胡平生《中国湖北江陵张家山汉墓出土竹简概述》(均载日本大庭修主编《汉简研究的现状与展望》,日本关西大学出版会1993年11月版)。根据公布的有限信息,有些学者就该竹简律令形成年代、汉律体系、书法等问题进行了初步的探讨。2001年11月张家山二四七号汉墓竹简整理小组整理的《张家山汉墓竹简(二四七号墓)》出版,公布了《二年律令》图版和释文、注释。附录有竹简整理号与出土号对照表和竹简出土位置示意图。张家山二四七号汉墓竹简整理小组于2006年5月又出版了《张家山汉墓竹简(二四七号墓)》(释文修订本)。《郑州大学学报》2002年第3期组织了"张家山汉简《二年律令》汉律价值"专题笔谈,刊载了李学勤《张家山汉简研究的几个问题》,高敏《漫谈〈张家山汉墓竹简〉的主要价值与作用》,李均明《〈二年律令·具律〉中应分出〈囚律〉条款》,谢桂华《〈二年律令〉所见汉初政治制度》,徐世虹《对汉代民法渊源的新认识》,彭浩《〈津关令〉的颁行年代与文书格式》;中国政法大学《政法论坛》2002年第5期以"张家山汉简解读"为专题,刊载了王子今《汉初查处官员非法收入的制度》、徐世虹《张家山二年律令简所见汉代的继承法》、李均明《张家山汉简所见规范人口管理的法律》、南玉泉《张家山汉简〈二年律令〉所见刑罚原则》、崔永东《张家山出土汉律的特色》、张建国《论西汉初期的赎》等文章。2003年底,彭浩、陈伟、工藤元男提议由武汉大学简帛研究中心、荆州博物馆、早稻田大学长江流域文化研究所三方合作,利用早稻田大学方面提供的红外线成像系统(IRRS—100),再次拍摄张家山法律简,并吸纳海内外众家之说,形成新的图版、释文和注释,出版了彭浩、陈伟、工藤元男主编的《二年律令与奏谳书——张家山二四七号汉墓出土法律文献释读》(上海古籍出版社2007年版)。关于《二年律令》的研究成果很多,如年代问题:《二年律令》为出土简文的原有标题,由于这部分竹简简册同墓中《历谱》共存一处,《历谱》所记的最早年号为汉高祖五年、最后年代为吕后二年,因此整理小组认为《二年律令》的"二年"应为吕后二年,亦即律令应是从汉高祖五年到吕后二年时施行的律令。这为大多数学者所认同,但也存在多种不同意见。张建国、李力等为代表的"汉二年"(前205)说,亦即"高帝二年"说,曹旅宁主张"惠帝元年前"说等。还有汉代法律体系的研究:学者观点总体可以分为两种,一种是承认九章的存在。程树德认为于九章之外存在单行律。80年代堀敏一提出傍章即旁章,"旁章(傍章)具有正律即九章律的副法的意思",作为追加法的"田律、田租税律、钱律以下的诸律,都应该看作是旁章。"张建国也认为汉代的正律也就是九章律,其它篇名,如金布律、徭律、置吏律、效律、传食律、行书律、□市律、均输律、史律、告律、钱律、赐律、奴婢律、变(蛮)夷律、爵律、亡律等,是汉代的旁章。杨振红则认为秦汉律篇存在二级分类,张家山汉简《二年律令》以及传世文献中不属于九章的汉代律篇,应是九章之下的次级律篇。另一种观点是不承认九章的存在。孟彦弘提出的一种解释是"九章"只是法学意义上的分类,并非实际律文的章数。李振宏认为司马迁没有说创制九章,而班固的创设"九章律"之说没有事实根据,从根本上否定了九章的存在。《二年律令》的年代问题综述性文章可参见张忠炜《〈二年律令〉年代问题研究》(《历史研究》,2008年第3期)。另外曾加有《张家山汉简法律思想研究》(商务印书馆,2008年版)主要是研究张家山汉简所反映的汉初法律思想。丁义娟《张家山汉简〈二年律令〉2009年以前研究简介》收集了2009年以前研究的论文和专著,具有重要的参考价值。(参见前200年"叔孙通著《汉仪》(《仪品》)、《汉礼器制度》成"条;"萧何著《九章律》"条)

2. 《奏谳书》。《文物》1993年第8期和1995年第3期相继发表了《奏谳书》全部释文,包含春秋至西汉时期的22个案例。大体上是年代较早的案件排在全书的后部,较晚的案例则排在前部。李学勤《〈奏谳书〉解说》(《文物》1995年第3期)认为《奏谳书》是议罪案例的汇集,其作用为供官吏审理案件时参考,或学吏者阅读的文书程式。彭浩《谈〈奏谳书〉中的西汉案例》(《文物》1993年第8期)、《谈〈奏谳书〉中秦代和东周时期的案例》(《文物》1995年第3期)对《奏谳书》中各案例的年代和文书格式作了说明,阐述了秦的乞鞫制度,西汉诉讼制度、录囚制度、审判程序等,并分析、梳理了秦代司法实践和西汉法律的实际执行情况。高敏《汉初法律系全部继承秦律说——读张家山汉简〈奏谳书〉札记之一》(《秦汉史论丛》第6辑,江西教育出版社1994年版)从文献记载、萧何制定汉律九章的时间、及《奏谳书》简文三个方面,对传统"汉承秦制"说法作了验证,指出《奏谳书》所反映出来的汉律,全部继承秦律而来,这是汉初法律的最大特点。岳庆平、张继海《〈奏谳书〉所见的古代城市》(《长沙三国吴简暨百年来简帛发现与研究国际学术研讨会论文集》,湖南人民出版社,2003年)指出《奏谳书》出现的18个县级以上的城市,代表了战国秦汉时期城市的不同类型。杨建《〈奏谳书〉地名札记》(《江汉考古》2001年第4期),就《奏谳书》所载四个地名夷道、郳邑、醴阳、新郪作了考证,指出《奏谳书》既是汉初珍贵的法律文献,同时也是先秦两汉历史地理研究的重要参考资料。蔡万进《张家山汉简〈奏谳书〉研究》(广西师范大学出版社2006年版)从文献学、法学、历史学角度,重点探讨了《奏谳书》的题名及其结构、材料来源与编订年代、法律地位以及所反映的秦汉法律实际应用、秦末汉初重大历史事实与制度等问题。

3. 《盖庐》。全书共九章,皆以盖庐的提问为开头,申胥的回答为主体,除涉及治理国家和用兵作战的理论外,有浓厚的兵阴阳家色彩,如强调"天之时"、阴阳、刑德、"用日月之道"、"用五行之道"等,具有很高的学术研究价值。曹锦炎《论张家山汉简〈盖庐〉》(《东南文化》2002年第9期)认为《盖庐》只是篇题,内容既有兵家特点,也有阴阳数术特点,且兼有儒、墨、名、法各家色彩,可归入"杂家类",即《汉书艺文志》中所著录的《伍子胥》,成书年代在战国早期,而抄写时间则在刘邦卒后不久。田旭东《张家山简〈盖庐〉中的兵阴阳家》(《历史研究》2002年第6期)认为《盖庐》是吴王阖闾与其谋臣伍子胥的对话,反映了伍子胥以兵阴阳之术见长的军事思想。邵鸿《张家山汉简《盖庐》研究》(文物出版社,2007年版)全书包括两部分,前面是对此篇兵书的有关问题的综合论述,后面是对《盖庐》全篇的释文、注释与译文。

4. 《算数书》。张家山汉简《算数书》是一部数学问题集,共有69个章题,大多数算题由题文、答案、术构成,内容可归纳成算术和几何两大类,包括分数的性质和四则运算、各种比例问题、盈不足问题、体积问题和面积问题,与《九章算术》接近。彭浩《中国最早的数学著作〈算数书〉》一文,首先认定《算数书》实际成书年代公元前2世纪或更早一些时间;接着从《算数书》所记载对土地和租税的管理、对仓储的管理及对劳役和工程维修的管理三个方面,阐述了秦汉县级政府的管理职责;最后说《算数书》奠定了中国古代数学发展的基础,系统总结了秦和秦以前的数学成就,对另一部数学巨著《九章算术》的产生有着直接的影响。他的《从张家山汉简〈算数书〉到

《九章算术》》指出两书的算题类型、内容和解法基本相同,其内容取自当时流行的一些数学著作,偏重实用的特点反映它可能是政府下级官吏常备的工具书或教材,可以说《算数书》为《九章算术》的形成奠定了良好的基础。邹大海在《出土〈算数书〉初探》(《自然科学史研究》2001年第20卷第3期)通过分析《算数书》的体例和结构,对照《算数书》与《九章算术》,并结合其他文献和社会背景进行考察,得出以下结论《算数书》不是一本精心编撰的数学专著,其性质属于一部撮编问题、方法、标准等的文集。它与《九章算术》没有直接的文本影响关系。彭浩《张家山汉简〈算数书〉注释》(科学出版社2001年版)对《算数书》作了详细注释,并对其涉及的一系列问题进行了精深的研究,是一本《算数书》研究的集大成之作。李迪《江陵张家山汉墓墓主是谁》(《数学史研究论文集》,内蒙古大学出版社1993年版)认为作者为张苍,因为早期的算学与张苍有关。

5.《脉书》和《引书》。张家山汉简最早公布的是《脉书》和《引书》两部医学简的释文,部分内容可与马王堆帛书相互印证。其中《脉书》可以确证马王堆帛书《五十二病方书》卷前佚书应是由《足臂十一脉灸经》和《脉书》构成,可补充帛书《脉法》中的不少缺字,书中的一些疾病名称也可与《五十二病方书》对应;《引书》是专门讲述导引、养生、治病的著作,与马王堆帛书《导引图》互为发明。连劭名《江陵张家山汉简〈脉书〉校释》(《文物》1989年第7期)对《脉书》做了介绍,并对释文进行校正,同时说明《脉书》在中国医学史上的意义。彭浩《张家山汉简〈引书〉初探》(《文物》1990年第10期)指出全书由三部分组成。第一部分阐述一年四季的养生之道;第二部分记载导引术式及用导引治疗疾病的方法;第三部分着重说明导引养生的理论。最后他说"《引书》是西汉早期的一部系统的导引著作,它从理论和实践两个方面介绍了导引的功用。它所阐述的保健养生理论强调依靠人体内的积极因素来抵御疾病,及时调整起居饮食,做到生活有规律,养成良好的卫生习惯,这些道理看来也是正确的。导引行气之术是西汉时期广泛流行的一种保健和治疗疾病的方法,它简便易行,有一定的实用价值。"李学勤《〈引书〉与〈导引图〉》(《文物天地》1991年第2期)将《引书》分作六段:第一段讲彭祖之道;第二段讲一种足部运动;第三段讲各种导引动作;第四段讲对各种疾病的治疗;第五段是一整套导引动作;最后一段是导引理论。他并将《引书》与《导引图》作了比较,指出它们之间的相互继承关系。连劭名在《江陵张家山汉简〈引书〉述略》(《文献》1991年第4期)将《引书》分为四部分:第一部分叙述养生的基本理论,明确指出人体的生活习惯必须遵循自然界的运行规律;第二部分叙述导引术的具体锻炼方法;第三部分介绍24个导引术式的名称及其功效;结尾部分是一段关于"气"的理论。高大伦先后著有《张家山汉简〈脉书〉校释》(成都出版社1992年版)和《张家山汉简〈引书〉研究》(巴蜀书社1995年版)二书,全面系统而详尽地阐述了张家山医简的价值和意义,他将张家山汉简《引书》放在战国秦汉间的社会文化背景中加以考察,从文化、风俗、学术史、方技等领域予以阐述,颇有新意。(参见前201年"张良学道,欲从赤松子游"条)。

张良卒,生年不详。良,字子房,传为城父人。汉初大臣、政治家。对汉高祖胜项羽,建西汉,定汉初规制,多有筹划。曾学道,善导引术、兵法,与韩信序次汉初一百八十二家,删取要用,定著三十五家。《道藏》有张良校正《高上玉皇本行集经》3卷,严可均《全汉文》收张良文2篇,并附张良《与四皓书》,自言采自小说,乃近人伪作。事迹见《史记》卷七、卷八、卷五

五、《汉书》卷一、卷四〇。

按：《资治通鉴》载张良卒于惠帝六年。《汉书·张陈王周传》所载张良去世及留侯"国除"的时间均比《史记·留侯世家》、《史记·高祖功臣侯年表》、《汉书·孝惠高后文功臣表》三处记载的时间早两年。王先谦《汉书补注》曰："《史记》作后八年卒。据《侯表》，良以高后二年薨。"

高后三年　丙辰　前185年

夏，江水、汉水溢，流四千余家（《汉书·高后纪》）。

刘郢仍为宗正。

按：《汉书·百官公卿表》曰："高后元年，上邳侯刘郢客为宗正，七年为楚王。"

高后四年　丁巳　前184年

吕后废少帝，幽杀之（《史记·吕太后本纪》）。

五月丙辰，立恒山王刘义为帝，更名曰弘（《汉书·高后纪》）。

是年，禁南越关市铁器。

按：《资治通鉴》卷十三系于本年。吕祖谦《大事记解题》卷九曰："四夷不王，中国闭关以绝之，然后贸易有禁。今他方奉贡职，而有司乃有此请，宜其叛也。或曰'不禁之，是遗之以戎器之资，有司之请岂为过哉？'曰'釜以爨，镈以田，铁岂特用于戎器哉？推王者无外之心勿禁之可也，苟必欲禁之，犹当于初受封之时明立条约，佗受封十余年乃始为之禁，安得不反侧哉！'"

任敖免御史大夫，曹窋继之（《汉书·张周赵任申屠传》）。

按：曹窋为曹参之子。

是年，普劳图斯卒（约前254年— ）。共和时期最著名的剧作家。

高后五年　戊午　前183年

_{是年，大西庇阿卒（前235— ），罗马共和国的军事统帅和政治家。}

春，赵佗自称南越武帝，发兵攻长沙，败数县而去。

按：《汉书·高后纪》曰："五年春，南粤王尉佗自称南武帝。"《资治通鉴》卷一三曰："春，佗自称南越武帝，发兵攻长沙，败数县而去。"刘跃进《秦汉文学编年史》（商务印书馆2006年版）说："长沙国的位置非常重要，可谓汉帝国的前沿阵地。几年以后，贾谊之出守长沙王太傅，实属重任。"

贾谊以能诵《诗》《书》属文称于郡中，河南太守吴公召置门下。

按：《史记·屈原贾生列传》曰："贾生名谊，洛阳人。年十八，以能诵《诗》属《书》称于郡中，吴廷尉为河南守，闻其秀才，召置门下，甚爱之。"贾谊的学术思想相当庞杂。刘跃进《贾谊的学术背景及其文章风格的形成》（《文史哲》2006年2期）说："贾谊的思想经历了由刑名而儒术、再近道家的几次转变；其学术背景也较为复杂，他的北方文化的基因中又揉进若干南方文化的因素，因而显示出阳刚阴柔相兼容的博大气象。""总之，贾谊不是纯儒，就其学术传统而言，他主要继承了荀子、李斯、张苍之学。而后，又深受南方文化的影响，故其思想不主故常，杂糅儒道，出入百家。故《汉书·司马迁传》云：'汉兴，萧何次律令，韩信申军法，张苍为章程，叔孙通定礼仪，则文学彬彬稍进，《诗》《书》往往间出。自曹参荐盖公言黄老，而贾谊、晁错明申、韩，公孙弘以儒显，百年之间，天下遗文古事靡不毕集。'"《汉书·艺文志》儒家下著录《贾谊》五十八篇。贾谊属于儒家是确定的，但其思想确非纯儒。此与西汉前期首先是以黄老之学为主流、辅以儒家、法家文化的思想文化格局密切相关。所以贾谊曾学申商之学：吴公"召置门下，甚幸爱"。吴公史失其名，尝为廷尉，所以《史记》称其为"吴廷尉"，吴氏与"李斯同邑而长学事焉"，李斯曾"从荀卿学帝王之术"，吴公从学于李斯，贾谊从学于吴公，可谓荀子三传弟子，李斯之再传弟子。贾谊学阴阳学说：贾谊从张苍学《左传》。《说文解字·后叙》曰："北平侯张苍献《春秋左氏传》。"陆德明《经典释文·序录》说《左氏传》的传授关系是"（荀）况传武威张苍。苍传洛阳贾谊。"可见张苍也传荀子之学。《后汉书·儒林传》曰："梁太傅贾谊为《春秋左氏传训诂》，授赵人贯公。"说明贾谊从张苍学习《左传》。《汉书·张周赵任申屠传》曰："张苍，阳武人也，好书律历。秦时为御史，主柱下方书。"张苍为律学，是汉初著名的阴阳学家，其主张定正朔改历为贾谊所传承，后公孙卿发扬光大。《汉书·艺文志》"阴阳家"下载贾谊《五曹官制》。贾谊学黄老学说：贾谊《宗首》曰："黄帝曰：日中必燂，操刀必割。"《吊屈原赋》、《鹏鸟赋》也称引《老子》、《庄子》的文句。贾谊礼学思想：《新书》与《礼记》的关系比较密切。《新书》中的《保傅》、《傅职》、《胎教》和《容经》四篇涉及的内容，在《礼记》中见于《保傅》篇。《周礼》保氏六仪为纬，即祭祀之容，宾客之容，朝廷之容，丧纪之容，军旅之容，车马之容，规定得非常详尽。其中一些文字与《大戴礼》中的《傅职》、《保傅》、《连语》、《辅佐》、《胎教》等多有重合。《礼记》中也有若干文字和条目见于《新书》。贾谊《左传》学：《汉书·儒林传》曰："汉兴，北平侯张苍及梁大傅贾谊、京兆尹张敞、太中大夫刘公子皆修《春秋左氏传》。谊为《左氏传训故》，授赵人贯公，为河间献王博士。"陆德明《经典释文·序录》曰："左丘明作传以授曾申，申传卫人吴起，起传子期，期传楚人铎椒赵人虞卿，卿传同郡荀卿名况，况传武威张苍，苍传洛阳贾谊，谊传至其孙嘉，嘉传赵人贯公，贯公传其少子长卿，长卿传京兆尹张敞，及侍御史张禹"。王更生《贾谊春秋左氏承传考》(《孔孟学报》第35期)中谓"西汉刘向条《别录》，首明《春秋》传授次第；班固《儒林传》言北平侯张苍及梁太傅贾谊、京兆尹张敞、太中大夫刘公子，皆修左氏传，而列贾谊于张苍之后，其承传关系，于焉可见。唐初陆德明著《经典释文》，逆考群经，泛滥百氏，寻源抉微，条贯统绪，《春秋左氏》之传授，其次第始焕然大备"。贾谊的《诗经》学：《新书》征引《诗经》共17次，未引《诗经》语句而论及本经者有10处。《新书》中涉及《诗经》的文字共有27处。涉及13篇诗经。刘跃进(《贾谊〈诗〉学寻踪》，《周口师范学院学报》2003年1期)认为贾谊的诗学非当时的毛、齐、鲁等系统，"贾谊的《诗经》学源于《左传》系统。……更加注重礼学，接受的是《春秋》学官的'以诗为教'传统。"

高后六年　己未　前182年

四月，诏大赦天下(《汉书·高后纪》)。

是月，行五分钱(《汉书·高后纪》)。

按：丁福保《〈古钱大辞典〉后叙》(中华书局1992年版)载："得五分钱及五分钱之极薄者，即可补《史》《汉》注语之不详。"自注："五分钱亦为荚钱之一种，《汉书·高后纪》'六年行五分钱'是也。考高后二年因荚钱太小，故别行八铢半两钱，此钱三枚，使用时可抵秦半两二枚。亦觉不便，故再行五分钱。五分钱者，五分十二铢而得二铢四絫，为泉一枚之重，即以五枚抵秦半两一枚，得此可以正古来注五分钱者之太略。又有形式相同，而极薄者，其重已不及二铢，即《史记·平准书》所谓'荚钱益多轻者'是也。"

汉尼拔卒(前247—　)，迦太基共和国的军事统帅。

高后七年　庚申　前181年

正月，赵幽王刘友为吕氏所幽而死(《汉书·高后纪》)。

是月，以吕产为相国(《汉书·高后纪》)。

六月，赵王刘恢自杀(《汉书·高后纪》)。

陆贾、陈平等谋除诸吕。

按：《史记·郦生陆贾列传》曰："陆生以此游汉廷公卿间，名声藉甚。及诛诸吕，立孝文帝，陆生颇有力焉。"黄震《黄氏日抄》卷四六评论陆贾曰："陆贾两使尉佗，使汉越无兵争，天下阴受其赐多矣。时时称说《诗》《书》，以祛高帝马上之习，社稷灵长，终必赖之矣。其后知太后将王诸吕，不可争，乃病免家居。及诸吕将危刘氏，则出为陈平画策诛之，动静合时措之宜，而功烈泯无形之表。"

刘章作《耕田歌》。

按：《史记·齐悼惠王世家》曰："朱虚侯年二十，有气力，忿刘氏不得职。尝入侍高后燕饮，高后令朱虚侯刘章为酒吏。章自请曰：'臣，将种也，请得以军法行酒。'高后曰：'可。'酒酣，章进饮歌舞。已而曰：'请为太后言耕田歌。'高后儿子畜之，笑曰：'顾而父知田耳。若生而为王子，安知田乎？'章曰：'臣知之。'太后曰：'试为我言田。'章曰：'深耕穊种，立苗欲疏，非其种者，鉏而去之。'吕后默然。顷之，诸吕有一人醉，亡酒，章追，拔剑斩之而还，报曰：'有亡酒一人，臣谨行法斩之。'太后左右皆大惊。业已许其军法，无以罪也。因罢。自是之后，诸吕惮朱虚侯，虽大臣皆依朱虚侯，刘氏为益强。"从中可见当时刘吕两姓之间的矛盾。

刘友作《赵幽王传》1篇。

按：《汉书·艺文志·诗略赋》曰："《赵幽王传》一篇。"顾实《汉书艺文志讲疏》（上海古籍出版社1987版）曰："《本传》歌一篇，或即此。"《史记·吕太后本纪》曰："七年正月，太后召赵王友。友以诸吕女为后，弗爱，爱他姬，诸吕女妒，怒去，谗之于太后，诬以罪过，曰'吕氏安得王！太后百岁后，吾必击之'。太后怒，以故召赵王。赵王至，置邸不见，令卫围守之。弗与食。其群臣或窃馈，辄捕论之。赵王饿，乃歌曰：'诸吕用事兮刘氏危，迫胁王侯兮强授我妃。我妃既妒兮诬我以恶，谗女乱国兮上曾不寤。我无忠臣兮何故弃国？自决中野兮苍天举直！于嗟不可悔兮宁蚤自财。为王而饿死兮谁者怜之！吕氏绝理兮托天报仇。'丁丑，赵王幽死，以民礼葬之长安民冢次。"

刘恢作《歌诗》4章。

按：《汉书·高五王传》曰："赵共王恢。十一年，梁王彭越诛，立恢为梁王。十六年，赵幽王死，吕后徙恢王赵，恢心不乐。太后以吕产女为赵王后，王后从官皆诸吕也，内擅权，微司赵王，王不得自恣。王有爱姬，王后鸩杀之。王乃为歌诗四章，令乐人歌之。王悲思，六月自杀。太后闻之，以为用妇人故自杀，无思奉宗庙礼，废其嗣。"

高后八年　辛酉　前180年

是年，拜占庭的阿里斯托芬卒（约前257— ）。希腊文献校勘学家、语法学家。

七月辛巳，吕太后崩（《汉书·高后纪》）。

按：《史记·吕太后本纪》曰："太史公曰：孝惠皇帝、高后之时，黎民得离战国之苦，君臣俱欲休息乎无为，故惠帝垂拱，高后女主称制，政不出房户，天下晏然。刑罚罕用，罪人是希。民务稼穑，衣食滋殖。"

九月，太尉周勃、右丞相陈平等诛诸吕（《史记·绛侯周勃世家》）。

闰九月,立高帝子代王刘恒为帝,是为文帝;又诛少帝刘弘及惠帝诸子(《史记·吕太后本纪》).

张苍以淮南丞相迁御史大夫(《汉书·百官公卿表》)。
按:《史记·张丞相列传》曰:"以平阳侯曹窋为御史大夫。高后崩,与大臣共诛吕禄等。免,以淮南相张苍为御史大夫。"

审食其以左丞相为太傅。
按:《史记·吕太后本纪》曰:"高后以葬,以左丞相审食其为帝太傅。"审食其为吕后亲信,吕后卒,诸吕诛,文帝即位,遂免其左丞相职。《史记·郦生陆贾列传》曰:"吕太后崩,大臣诛诸吕,辟阳侯于诸吕至深,而卒不诛。计画所以全者,皆陆生、平原君之力也。"

淳于意从公乘阳庆学习医术。
按:《史记·扁鹊苍公列传》载淳于意曰:"至高后八年,得见师临菑元里公乘阳庆。庆年七十余,意得见事之。谓意曰:'尽去而方书,非是也。庆有古先道遗传黄帝、扁鹊之脉书,五色诊病,知人生死,决嫌疑,定可治,及药论书,甚精。我家给富,心爱公,欲尽以我禁方书悉教公。'臣意即曰:'幸甚,非意之所敢望也。'臣意即避席再拜谒,受其《脉书》上下经、《五色诊》、《奇咳术》、《揆度阴阳外变》、《药论》、《石神》、《接阴阳禁书》,受读解验之,可一年所。明岁即验之,有验,然尚未精也。要事之三年所,即尝已为人治,诊病决死生,有验,精良。"《史记·扁鹊苍公列传》还载淳于意曾从公孙光学习医学。

贾谊著《劝学》、《道德说》、《道术》、《六术》。
按:王兴国《贾谊评传》(南京大学出版社1992版)引章炳麟曰:"贾书中《道术篇》、《六术篇》、《道德说篇》,正是训诂之学,有得于正名为政之意也。""《道德说》、《六术》中数多用六,显为承秦制。《史记·秦始皇本纪》云:'数以六为纪,符法冠皆六寸,而舆六尺,六尺为步,乘六马。'而贾谊于汉文帝元年上《论定制度上礼乐疏》中,建议'色尚黄,数用五',故其以六为数的文章不应迟于此年。"

汉文帝刘恒元年　壬戌　前179年

十月,以周勃为右丞相,陈平为左丞相(《汉书·百官公卿表》)。

十二月,立赵幽王子刘遂为赵王,徙琅琊王刘泽为燕王(《汉书·百官公卿表》)。

令尽除收帑相坐法令(《史记·孝文本纪》)。
按:吕祖谦《大事记解题》卷十曰:"高后除三族罪,而收坐父母妻子同产之律犹在,至是乃除之。按《刑法志》'诏丞相太尉御史:法者,治之正,所以禁暴而卫善人也。今犯法者已论,而使无罪之父母妻子同产坐之及收,朕甚弗取。其议。'左右丞

马其顿国王腓力五世卒,子珀尔修斯继位。

相周勃、陈平奏言：'父母妻子同产相坐及收，所以累其心，使重犯法也。收之之道，所繇来久矣。臣之愚计以为如其故便。'文帝复曰：'朕闻之，法正则民悫，罪当则民从。且夫牧民而道之以善者，吏也，既不能道，又以不正之，法罪之，是法反害于民，为暴者也。朕未见其便宜，熟计之！'平、勃乃曰：'陛下幸加大惠于天下，使有罪不收，无罪不相坐，甚盛德！臣等所不及也。臣等谨奉诏尽除收相坐法。'其后新垣平谋为逆，复行三族之诛。繇是言之，风俗移易，人性相近而习相远，信矣！夫以孝文之仁，平、勃之知，犹有过刑谬论如此甚也，而况庸材溺于末流者乎！"

正月，立皇子刘启为太子（《史记·孝文本纪》）。

三月，立太子母窦氏为皇后（《汉书·文帝纪》）。

诏振贷鳏、寡、孤、独、穷困之人；二千石遣都吏循行，不称者督之（《汉书·文帝纪》）。

四月，齐楚地震，二十九山同日崩，大水溃出（《汉书·文帝纪》）

按：吕祖谦《大事记解题》卷十引致堂胡氏曰："文帝当阳而有此大异，何也？或以为吕氏盛阴余气所感，公孙弘所言汤旱为桀之余虐也。非耶？曰：天地之变非一端，尽以为人事致之，则如五行穿凿附会，泥而不通，使人不之信者多矣。尽以为气数适然，不可致诘，则古人有修德，正厥事，反灾祥召和气者，班班可考也。要之为天下主，父天而母地，父母震怒，颜色异常，人子当祗栗恐，思所以平格，不当指为情性所发而遂已也。吕氏之祸，既已往矣，未来之应，庸可忽诸。然文帝方以德化天下，尚俭素，务敦朴，爱民如子，惟恐伤之，所以有灾异之征而无其应乎！"

六月，令郡国无来献，施惠天下（《汉书·文帝纪》）。

八月，周勃归相印，陈平专为丞相（《史记·孝文本纪》）。

按：《史记·孝文本纪》曰："人或说右丞相曰：'君本诛诸吕，迎代王，今又矜其功，受上赏，处尊位，祸且及身。'右丞相勃乃谢病免罢，左丞相平专为丞相。"《史记·陈丞相世家》曰："居顷之，孝文皇帝既益明习国家事，朝而问右丞相勃曰：'天下一岁决狱几何？'勃谢曰：'不知。'问：'天下一岁钱谷出入几何？'勃又谢不知，汗出沾背，愧不能对。于是上亦问左丞相平。平曰：'有主者。'上曰：'主者谓谁？'平曰：'陛下即问决狱，责廷尉；问钱谷，责治粟内史。'上曰：'苟各有主者，而君所主者何事也？'平谢曰：'主臣！陛下不知其驽下，使待罪宰相。宰相者，上佐天子理阴阳，顺四时，下育万物之宜，外镇抚四夷诸侯，内亲附百姓，使卿大夫各得任其职焉。'孝文帝乃称善。右丞相大惭，出而让陈平曰：'君独不素教我对！'陈平笑曰：'君居其位，不知其任邪？且陛下即问长安中盗贼数，君欲强对邪？'于是绛侯自知其能不如平远矣。居顷之，绛侯谢病请免相，陈平专为一丞相。"吕祖谦《大事记解题》卷十曰："自是专置一相。武帝征和二年虽诏分丞相长史为两府，以刘屈氂为左丞相，然右丞相竟未尝拜也。"此外，陈平关于宰相职责的回答，首次将宰相与"阴阳"挂钩，公开承认宰相有资格对"灾异"负责。

是年，赵佗去帝号，再度归属汉朝（《汉书·郦陆朱刘叔孙传》）。

是年前后，选皇后兄弟师傅宾客。

按：《史记·外戚世家》曰："绛侯、灌将军等曰：'吾属不死，命乃且县此两人。两人所出微，不可不为择师傅宾客，又复效吕氏大事也。'于是乃选长者士之有节行者与居。窦长君、少君由此为退让君子，不敢以尊贵骄人。"吕祖谦《大事记解题》卷十曰："按《申屠嘉传》'张苍免相，孝文帝欲用皇后弟窦广国为丞相，曰'恐天下以吾私广国。'广国贤有行，故欲相之。广国少为人所略卖为奴，晚节其贤至此，岂非择师傅宾客之力乎？古者天子诸侯不内娶，故教养外戚之法无传焉。封建既废，外戚未必世族，尤不可不教养也。平、勃亲经吕氏之祸，故知其为急务耳。东京虽置四姓小侯学，而窦宪、梁冀几危社稷，得非未尝选长者士之有节行者与居？居训导之任者，特章句之陋儒乎？"

文帝时始置《论语》、《孝经》、《尔雅》、《孟子》等博士。

按：《后汉书·翟酺传》曰："孝文帝始置一经博士。"清张金吾《两汉五经博士考》认为文帝时期已经有五经博士，"孝文帝始置一经博士"中"一"应为"五"误写。王国维《汉魏博士考》（《观堂集林》，中华书局1996年版）以为应为"一经"，盖北宋景佑、南宋嘉定本《汉书》作"一经"，何焯校宋本作"五经"。又案曰："《汉书·武帝纪》及《百官公卿表》皆云武帝始置《五经》博士，翟酺乃言孝文皇帝始置一经博士者，盖为经置博士，始于文帝，而限于《五经》，则自武帝建元五年始也。考文景时博士，如张生，如晁错，乃《书》博士；如申公，如辕固，如韩婴，皆《诗》博士；如胡母生，如董仲舒，乃《春秋》博士，是专经博士，文景时已有之，但未备《五经》，而复有传记博士，故班固言置《五经》博士自武帝始也。"罗义俊《汉文帝置三经博士》（《中华文史论丛》1980年第1辑）认为除《诗》置博士外，可考见者又有《书》、《礼》二经博士：张生、欧阳生、晁错为《尚书》博士，高堂生为《礼》经博士。曹金华《汉文帝置经博士考》（《江海学刊》1994年4期）则又说："考之《史记》、《汉书》，文帝时唯《诗》即置博士，且列于学官，可谓'纯壹'者也。《汉书·楚元王传》：'楚元王……少时尝与鲁穆生、白生、申公俱受《诗》于浮丘伯。……文帝时，闻申公为《诗》最精，以为博士。'《史记·儒林列传》：'韩生者，燕人也，孝文时为博士，……韩生推《诗》之意而为《内外传》数万言。'《汉书·儒林传》：'韩婴，燕人也，孝文时为博士，……燕赵间言《诗》者由韩生。'是文帝时申、韩皆为《诗》博士耳。《汉书·楚元王传》载汉文帝时"天下众书往往颇出，皆诸子传说，犹广立于学官，为置博士"。东汉赵岐《孟子题辞》曰："孝文皇帝欲广游学之路，《论语》、《孝经》、《孟子》、《尔雅》皆置博士。后罢传记博士，独立五经而已。"可见文帝尚未专崇经学，亦置诸子博士。但吴从祥《从〈论衡〉看汉代孟学之发展》（《阴山学刊》2009年第5期）说："西汉初期，黄老学说盛行，儒家思想并未受到重视。赵岐认为，汉初《孟子》曾立为传记博士，此说不尽可信。"

张苍传授贾谊《左氏传》。

按：清代学者汪中《贾谊年表》曰："《经典序录》云《左氏传》阳武张苍传洛阳贾谊，据《百官公卿表》，张苍于高后八年由淮南王丞相入为御史大夫，明年而文帝即位，贾谊受学于张苍，必在此时。"郑洁文、李梅《中国学术思想编年·秦汉卷》（陕西师范大学出版社2005年版）亦云："贾谊以文帝元年被召为博士，文帝二年即出为长沙王太傅，文帝六年为梁怀王太傅，十一年梁怀王堕马死，贾谊哭泣岁余亦死；而据《汉书·百官表》，高后八年（公元前180年），淮南丞相张苍为御史大夫，则文帝元年张苍、贾谊同在京师，若《经典释文·序录》张苍传贾谊《左氏》为实，则其事或在此年，故系于此。"

又按：长沙马王堆三号汉墓出土的帛书，有一种记述春秋史事及有关议论，原书无名，发表时题作《春秋事语》，帛书的形制较为特殊，帛高约二十三厘米，相当于当时一尺，卷在一块长方形的木板上，共十三周。李学勤《帛书〈春秋事语〉与〈左传〉的传流》（《古籍整理研究学刊》1989年第4期）说："《春秋事语》帛书一出现，就有学者注意到它和《左传》间的关系。裘锡圭先生在1974年的一次座谈会上指出，这卷帛书很可能是《铎氏微》一类的书，'据《经典释文·序录》，铎椒是左丘明四传弟子。

这部帛书虽然记有《左传》所没有的事，并且所引用的议论也往往与《左传》不同，但是所记的有关历史事实则大部与《左传》相合。同时，唐兰先生则认为'它不是《左传》系统而为另一本古书'，怀疑是《汉书·艺文志》中的《公孙固》。整理小组的注释和郑良树先生的《〈春秋事语〉校释》，已经以帛书同《左传》作了详细对比。……如郑良树先生所说，此段文字与帛书最近。不难看出，帛书的内容是从《左传》简化而来。……徐仁甫先生的看法不同。他主张不是帛书《春秋事语》袭《左传》，而是伪造《左传》的刘歆袭《春秋事语》。……总之，《春秋事语》一书实为早期《左传》学的正宗作品。其本于《左传》而兼及《谷梁》，颇似荀子学风，荀子又久居楚地，与帛书出于长沙相合，其为荀子一系学者所作是不无可能的。秦始皇三十四年（公元前213年）焚书，'史官非秦记皆烧之'，《左传》一类书自在禁毁之列，至汉惠帝四年（公元前191年）除《挟书律》后，张苍献其《左传》，不过是二十年左右，而帛书《春秋事语》的抄写即在其间。近年出土的简帛书籍，属于秦至汉初的还有不少，但确定在秦法禁绝范围以内的，特别是儒家作品，应推此书为最早。这对我们了解当时学术流传的脉络，有很重要的启示。"

韩婴约于此年后为博士。

按：韩婴是西汉今文《诗》学"韩诗学"开创者。其治《诗经》，后淮南贲生受之，燕赵间言诗者皆由韩婴；曾与董仲舒论于武帝前，仲舒不能难之。韩婴还传韩氏《易学》。《汉书·儒林传》曰："韩生亦以《易》授人，推《易》意而为之传。"十三家《易》中有《易传韩氏》二篇。韩婴授其孙商，其后人有涿郡韩生，曾为习孟氏易的盖宽饶之师。但燕赵间好《诗》，故其《易》微。西汉《韩诗》的传授是：先由韩婴授子、贲生、赵子。韩婴子授韩婴孙韩商，韩商授韩生，韩生授盖宽饶。赵子授蔡义，由是有王、食氏之学。蔡义授昭帝、王吉、食子公。王吉授长孙顺，由是有长孙氏学。长孙顺授发福。食子公授栗丰，栗丰授张就。从此《韩诗》分为王、食、长孙三派。兹列出西汉《韩诗》师传表如下：

申培因为《诗》最精而任博士。

按：《汉书·楚元王传》曰："文帝时，闻申公为《诗》最精，以为博士。"刘郢客于文帝二年嗣立为楚王后，令申公傅其太子戊。《汉书·楚元王传》曰："申公为博士，失官，随郢客归，复以为中大夫。"《汉书·儒林传》曰："申公独以《诗经》为训诂以教，无传。"颜师古注："口说其旨，不为解说之传。"《鲁诗》于西晋而亡，陈国庆《汉书艺文志注疏汇编》（中华书局1983年版）说："《鲁诗》亡于西晋，《隋》、《唐志》皆不著录。周寿昌曰：'宋王应麟辑三家佚说为《诗考》，《鲁诗》仅十四条。'"王先谦《汉书补注》曰："《儒林传》，鲁诗有韦、张、唐、褚之学。此鲁说，弟子所传。"《鲁诗》传承中，申培的弟子赵绾、王臧下狱死，申公免归，窦婴、田蚡皆免，这是《鲁诗》学派之一大重创。但后来文帝时申培为博士，武帝好儒术，又习《鲁诗》，则《鲁诗》成为三家诗中发展最兴盛的一派。申公弟子为博士十余人，孔安国至临淮太守，周霸胶西内史，夏宽城阳内史，砀鲁赐东海太守，兰陵缪生长沙内史，徐偃胶西中尉，邹人阙门庆忌胶东内史，其治官民皆有廉节称。其学官弟子行虽不备，而至于大夫、郎、掌故以百数。

窦公约于此时献《周官·大宗伯》之《大司乐章》。

按：《汉书·艺文志》曰："六国君臣，魏文侯最为好古，孝文时得其乐人窦公。献其书，乃《周官·大宗伯》之《大司乐章》也。"

龚奋约于此时传《鲁论语》。

按：《汉书·艺文志》曰："传《鲁论语》者，常山都尉龚奋、长信少府夏侯胜、丞相韦贤、鲁扶卿、前将军萧望之、安昌侯张禹，皆名家。张氏最后而行于世。"皇侃《论语义疏序》曰："《鲁论》为太子太傅夏侯胜及前将军萧望之、少府夏侯建等所学，以此教授于侯王也。"陆德明《经典释文·序录》曰："常山都尉龚奋、长信少府夏侯胜、丞相韦贤及子玄成、鲁扶卿、夏侯建、前将军萧望之并传之，各自名家。"《隋书·经籍志》曰："《鲁》则常山都尉龚奋、长信少府夏侯胜、韦丞相节侯父子、鲁扶卿、前将军萧望之、安昌侯张禹，并名其学。"所以可知龚奋是汉代《鲁论语》早期传授者，但生平事迹不详。清马国翰《论语燕传说·序》曰："考韩婴燕人，与（龚）奋同时，各以经师著誉。"因韩婴系于此年，所以将龚奋活动亦系于此年。

吴公为河南太守，因治平天下第一，升为廷尉。

按：《汉书·百官公卿表》载孝文元年河南守吴公为廷尉。《史记·屈原贾生列传》曰："文帝初立，闻河南守吴公治平为天下第一，故与李斯同邑，而尝学事焉，征以为廷尉。"

贾谊以吴公荐征为博士，超迁为太中大夫；奏请朝廷改正朔、易服色制度，定官名，兴礼乐。

按：《史记·屈原贾生列传》曰："廷尉乃言贾生年少，颇通诸子百家之书。文帝召以为博士。是时，贾生年二十余，最为少。每诏令议下，诸老先生不能言，贾生尽为之对，人人各如其意所出。诸生于是以为不能及也。孝文帝说之，超迁，一岁中至太中大夫。贾生以为汉兴至孝文二十余年，天下和洽，而固当改正朔，易服色，法制度，定官名，兴礼乐，乃悉草具其事仪法，色尚黄，数用五，为官名，悉更秦之法。孝文帝初即位，谦让未遑也。诸律令所更定，及列侯悉就国，其说皆自贾生发之。"此事因吴公推荐贾谊系于此年。袁济喜《从董仲舒的奏对看汉代士人与帝王之对弈》（《中国文化研究》2009年第3期）说："从这条记载中可以看出，贾谊以年少天才的身份受到皇帝重视，首先是因为他的文采与学问，其次是通过奏对，得到皇帝的重用。西汉时期，因为对策而平步青云的士人不在少数，贾谊可谓首开风气。这些士人有的擅长儒学,有的兼通各学,大都将学术与时政结合起来,而其途径则是奏对,舍此而别无选择。"

贾谊与宋忠访问长安卜者司马季主。

按:《史记·日者列传》曰:"司马季主者,楚人也。卜于长安东市。宋忠为中大夫,贾谊为博士,同日俱出洗沐,相从论议,诵易先王圣人之道术,究遍人情,相视而叹。贾谊曰:'吾闻古之圣人,不居朝廷,必在卜医之中。今吾已见三公九卿朝士大夫,皆可知也。试之卜数中以观采。二人即同舆而之市,游于卜肆中。天新雨,道少人,司马季主间坐,弟子三四人侍,方辨天地之道,日月之运,阴阳吉凶之本。二大夫再拜谒。司马季主视其状貌,如类有知者,即礼之,使弟子延之坐。坐定,司马季主复理前语,分别天地之终始,日月星辰之纪,差次仁义之际,列吉凶之符,语数千言,莫不顺理。"司马季主又曰:"今夫卜者,导惑教愚也。夫愚惑之人,岂能以一言而知之哉!言不厌多。……故骐骥不能与罢驴为驷,而凤皇不与燕雀为群,而贤者亦不与不肖者同列。故君子处卑隐以辟众,自匿以辟伦,微见德顺以除群害,以明天性,助上养下,多其功利,不求尊誉。公之等喁喁者也,何知长者之道乎!'宋忠、贾谊忽而自失,芒乎无色,怅然噤口不能言。"褚先生论曰:"夫司马季主者,楚贤大夫,游学长安,通《易经》,术黄帝、老子,博闻远见。观其对二大夫贵人之谈言,称引古明王圣人道,固非浅闻小数之能。"司马季主是日者,日者指选择时日吉凶之术人。记载这种术数的书称为《日书》。秦代焚书,所不去者,医药、卜筮、种树之书,日者之书与卜筮相近,当不在禁绝之列。目前出土的秦简,《日书》甚多,西汉前期墓葬中,如长沙马王堆3号墓和阜阳双古堆汝阴侯墓,都发现内容相近的竹简或帛书,可见汉代术数流传之广。所以《史记·日者列传》曰:"自古受命而王,王者之兴何尝不以卜筮决于天命哉。其于周尤甚,及秦可见。代王之入,任于卜者。太卜之起,由汉兴而有。"《史记索隐》曰:"《周礼》有太卜之官。此云由汉兴者,谓汉自文帝卜大横之后,其卜官更兴盛焉。"

徐生以善礼容为文帝礼官大夫。

按:《史记·儒林列传》曰:"汉兴,鲁高堂生传《士礼》。而徐生善为颂。孝文帝时,徐生以容为礼官大夫。传子至孙徐延、徐襄。襄,其天姿善为容,不能通礼经;延颇能,未善也。襄以容为汉礼官大夫,至广陵内史。延及徐氏弟子公户满意、桓生、单次,皆尝为汉礼官大夫。而瑕丘萧奋以礼为淮阳太守。是后能言礼为容者,由徐氏焉。"容,《汉书》作"颂",亦指音容,即行礼时的姿态规范。徐生为文帝礼官大夫,不知其具体时间,故置于文帝元年。丁鼎《齐鲁文化与两汉礼制及礼学》(《齐鲁文化研究》第2辑)说:"值得注意的是《史记·儒林列传》与《汉书·儒林传》所载汉代初期传授《仪礼》的几位关键人物均为鲁人。比如高堂生、徐生、间丘、夏侯敬卿等均明言'鲁'人。萧奋为瑕丘县(今山东兖州)人,孟卿为东海郡(治今山东郯城)人,后仓(苍)为东海郯县人,徐良为琅邪郡人,萧、孟、后、徐四人实际上也都属于齐鲁之地的学者。至于沛人闻人通汉、庆普,梁人戴德、戴圣及其弟子梁人桥仁、杨荣等,虽然并非齐鲁地区的学者,但是他们都师承齐鲁地区的礼学家,亦即其学术渊源均出于齐鲁文化。由此可见西汉初年齐鲁学者在《仪礼》传授中的重要作用。"

陆贾奉命再使南越,宣谕文帝赐赵佗书(《汉书·郦陆朱刘叔孙传》)。

贾谊著《论定制度上礼乐疏》、《五曹官制》。

按:《汉书·艺文志》载有贾谊《论定制度上礼乐疏》。又著录贾谊《五曹官制》,

并自注"汉制,似贾谊所条"。宋王应麟《汉书艺文志考证》中引《贾谊传》"宜当改正朔"等语,认为系贾谊所作。杨树达《汉书窥管·贾谊传》(上海古籍出版社1984年版)说:"《艺文志·阴阳家》有《五曹官制》五篇,班固自注云:'汉制,似贾谊所条',疑即此传所草具其仪法者。"

刘交卒,生年不详。交,字游,刘邦同父弟,好读书,多才艺,少时尝受诗于荀卿门人浮丘伯,入关后封文信侯,后封楚王,曾注释《诗》,称《元王诗》,已佚。事迹见《史记》卷五〇、《汉书》卷三六。

按:楚国在汉初是一个文化中心,特别是楚元王学《诗》,又重用穆生、白生、申公等儒士,从而在楚国形成了影响巨大的经学传习重镇。姚振宗《汉书艺文志拾补》曰:"《元王诗》,在《鲁》、《齐》、《韩》三家未分之前,固与申培公,同为《鲁诗》宗。其后刘向家世《鲁诗》,传学至西京之末,皆元王一派,亦云盛矣。"王先谦《汉书补注》引王先慎曰:"《艺文志》不载元王《诗传》,《志》本《七略》,刘歆不应数典忘祖,当是次而未成,故班史传疑云'或有',以示未见之意。"

司马相如(—前117)生。

按:姜亮夫编《历代人物年里碑传综表》(中华书局1959版)据《汉书》本传云"卒五岁,上始祭后土",而考司马相如生于元帝元年(公元前179年)。《史记·司马相如传》曰:"司马相如者,蜀郡成都人也。"清王培荀《听雨楼笔记》(周昌富、李大营校点,山东大学出版社1992年版)提出:"人皆以相如为成都人,实今之蓬州(现在蓬安县)人。"(参见司马研《王培荀的司马相如"实今之蓬州人"说考论》,《四川师范学院学报(哲学社会科学版)》2000年第4期)

刘安(—前122)生(吴文治《中国文学史大事年表》)。

董仲舒(—前96)生。

按:姜亮夫编《历代人物年里碑传综表》(中华书局1959版)考董仲舒生于文帝四年(前176年)。施子勉《董子年表订误》(《东方杂志》第41卷第21号)谓董仲舒生于惠帝或吕后时,卒于武帝元鼎中,年七十余。苏舆《董子年表》认为仲舒生于文帝前元元年(前179年),讫于武帝太初元年(前104年),年逾六十。马采、陈云《世界哲学史年表》(华夏出版社2009年版)、吴文治《中国文学史大事年表》(黄山书社1987年版)认为董仲舒生年于文帝元年(前179年);周桂钿《董学探微》(北京师范大学出版社1989年版)认为生于汉高祖刘邦九年(前198年),卒于汉武帝太始元年(前96年);华友根《董仲舒思想研究》((上海社会科学出版社1992年版))附录一《董仲舒年谱》列其生于汉惠帝五年(前190年),卒于汉武帝元鼎二年(前115年);魏文华编著《儒学大师董仲舒》(新华出版社2000年版)认为,生于汉惠帝四年(前191年),卒于汉武帝元朔元年(前123年)。今从前179年说。

汉文帝二年　癸亥　前178年

十月,丞相陈平卒,复以周勃为丞相(《史记·孝文本纪》)。

诏遣列侯离长安就国。

按：《汉书·文帝纪》曰："诏曰：'朕闻古者诸侯建国千余，各守其地，以时入贡，民不劳苦，上下欢欣，靡有违德。今列侯多居长安，邑远，吏卒给输费苦，而列侯亦无由教训其民。其令列侯之国，为吏及诏所止者，遣太子。'"

十一月晦，日食（《史记·孝文本纪》）。

十二月望，日又食，诏举贤良方正能言极谏者。

按：《史记·孝文本纪》曰："十一月晦，日有食之。十二月望，日又食。上曰：'朕闻之，天生蒸民，为之置君以养治之。人主不德，布政不均，则天示之灾，以诫不治。乃十一月晦，日有食之，适见于天，灾孰大焉！朕获保宗庙，以微眇之身托于兆民君王之上，天下治乱，在朕一人，唯二三执政犹吾股肱也。朕下不能理育群生，上以累三光之明，其不德大矣。令至，其悉思朕之过失，及知见之所不及，匄以告朕。及举贤良方正能直言极谏者，以匡朕之不逮。因各饬其任职，务省繇费以便民。朕既不能远德，故憪然念外人之有非，是以设备未息。今纵不能罢边屯戍，又饬兵厚卫，其罢卫将军军。太仆见马遗财足，余皆以给传置'"。文帝的"及举贤良方正能直言极谏者"，是武帝察举制度之开端。

正月丁亥，诏开籍田，文帝亲耕以劝农桑（《史记·孝文本纪》）。

三月，立赵幽王少子刘辟彊为河间王，以齐悼惠王子刘章为城阳王，刘兴居为济北王，皇子刘武为代王，子刘参为太原王，子刘揖为梁王（《史记·孝文本纪》）。

五月，诏除诽谤妖言法；又诏议除连坐（《汉书·文帝纪》）。

按：《史记·孝文本纪》曰："上曰：'古之治天下，朝有进善之旌，诽谤之木，所以通治道而来谏者。今法有诽谤妖言之罪，是使众臣不敢尽情，而上无由闻过失也。将何以来远方之贤良？其除之。民或祝诅上以相约结而后相谩，吏以为大逆，其有他言，而吏又以为诽谤。此细民之愚无知抵死，朕甚不取。自今以来，有犯此者勿听治。'"颜师古曰："高后元年诏除妖言之令，今此又有妖言之罪，是则中间曾重复设此条也。"

九月，诏免本年天下田租之半。

按：《汉书·文帝纪》曰："诏曰：'农，天下之大本也，民所恃以生也，而民或不务本而事末，故生不遂。朕忧其然，故今兹亲率群臣农以劝之。其赐天下民今年田租之半。'"

是月，初与郡国守相为铜虎符、竹使符（《史记·孝文本纪》）。

按：裴骃《史记集解》引应劭曰："铜虎符第一至第五，国家当发兵，遣使者至郡合符，符合乃听受之。竹使符皆以竹箭五枚，长五寸，镌刻篆书，第一至第五。"

石奋约于是年代张相如为太子太傅。

按：吕祖谦《大事记解题》卷十系此事于本年，并且评论此时太子太傅人选皆为长者任之。"按《本传》：'孝文时官至太中大夫，无文学，恭谨，举无与比。东阳侯张相如为太子太傅，免。选可为傅者，皆推奋为太子太傅。'张释之问文帝：'东阳侯张相如何如人也？'然则相如当时共推以为长者，文帝太子师傅之选盖如此。"

申培博士失官，随楚王刘郢客复之楚，为中大夫，傅其子刘戊。

按：《史记·儒林列传》曰："吕太后时，申公游学长安，与刘郢同师。已而郢为楚王，令申公傅其太子戊。"《汉书·楚元王传》曰："元王立二十三年薨，太子辟非先卒,文帝乃以宗正上邳侯郢客嗣,是为夷王。申公为博士,失官,随郢客归,复以为中大夫。"《汉书·诸侯王表》曰:"孝文二年,夷王郢客嗣。"刘交为汉高祖刘邦同父异母弟,被封为第一代楚王。文帝二年刘交卒后,至本年由刘交次子刘郢客承继楚王王位。后改封为夷王,在位仅四年。

贾谊作《论积贮疏》。

按:《汉书·文帝纪》载二月诏开籍田。《汉书·食货志》在引贾谊《论积贮疏》说"于是上感谊言始开籍田躬耕,以劝百姓"。《资治通鉴》据此,将《论积贮疏》系于此年。王兴国《贾谊评传》(南京大学出版社1992版)认为应从《资治通鉴》,系于此年。"而《忧民》与《瑰玮》两篇,其内容与《论积贮疏》也有相通之处,部分文字还相同。""可能原来为《论积贮疏》的一部分,后来于流传中逐渐独立成篇。"刘跃进《秦汉文学编年史》(商务印书馆2006年版)认为贾谊《论积贮疏》"文中有'汉之不汉几四十年矣'之语,刘邦为汉王在公元前206年,至本年三十九年。王洲明、徐超《贾谊集校注》所附年谱以为作于孝文二年,疑是。《汉书·文帝纪》载本年春正月丁亥下《开籍田诏》,是贾谊上书应在本年十二月。几四十年,当是几三十年之误。汉隶'三'与'四'很容易致误。"贾谊针对西汉初年在经济上所面临的严重危机,从不同角度论述加强积贮对国计民生的重大意义,它对于维护汉朝的封建统治,促进当时的社会生产,发展经济,巩固国防,安定人民的生活,都有一定的贡献。

贾山著《至言》。

按:《汉书·贾邹枚路传》曰:"贾山,颍川人也。祖父祛,故魏王时博士弟子也。山受学祛,所言涉猎书记,不能为醇儒。尝给事颍阴侯为骑。孝文时,言治乱之道,借秦为谕,名曰《至言》。"文存于《汉书》本传。宋王益之《西汉年纪》卷四、《资治通鉴》卷一三均系本年。钟惺《汉文归》引真德秀评曰:"汉自高帝以来,未有以疏言事者。山实始之。岂非文帝开广言路之故欤?"又引唐顺之评曰:"此文去战国未远,有奇气而不用绳墨,与梅福上书意格颇通。"贾山《至言》是汉代的重要奏疏,奏疏是西汉散文的重要组成部分。刘开说:"文莫胜于西汉,而汉人所谓文者,但有奏对封事。"(《与阮芸台宫保论文书》),徐复观《徐复观论经学史二种》(上海书店出版社2006年版)说:"贾山《至言》,董仲舒《天人三策》后,宣、元、成、哀各代经学的意义,是通过他们的奏议表现出来的。没有经学,便不能出现掷地有声的奏议。虽然其中多缘灾异以立言,但若稍稍落实地去了解,则灾异是外衣,外衣里的现实政治社会的利弊是非,才是他们奏议中的实质。这正是由经学而来。所以两汉经学,除死守章句的小儒外,乃是由竹帛进入到他们的生命,再由生命展现为奏议,展现为名节的经学。"《汉书·艺文志·诸子略》中著录《贾山》八篇,已散佚。马国翰有辑本1卷(《玉函山房辑佚书·子编儒家类》)。严可均《全汉文》卷一四)辑有《至言》。

孔臧(　—约前114)约生。

按:孔臧,孔子后裔。《孔丛子》卷七《连丛子上·叙书》曰:"家之族胤,一世相承,以至九世。相魏,居大梁。始有三子焉。长子之后承殷统为宋公,中子之后奉夫子祀为褒成侯。小子之后彦以将事高祖,有功封蓼侯。其子臧嗣。"孙少华《孔安国及其孔臧的生卒与学术》(《中国社会科学院研究生院学报》2007年第6期)考证说:"谭正璧先生《中国文学家大辞典》曾推定孔臧约前201年至前123年间在世,这样的话孔臧与贾谊几乎同时,与《鹞赋》中孔臧所说的'昔在贾生'矛盾。我们认为,既然孔臧在汉文帝前元九年(前171)已经嗣爵,且其为孔安国从兄,则孔臧比孔安国至少要长二十三岁;如孔臧在《与子琳书》中说孔安国'少小及长,操行如故',从'少小及长'中蕴含的语气分析,也可以证明这一点。结合上文所证孔安国生卒,我们假定孔臧比孔安国年长三十岁,则其生年上限当在汉文帝前元二年(前178)左右,其袭爵时年龄甚幼。从其免官至卒,假定为十年,则其卒年当在汉武帝元鼎三年(114)左右。"

裴君（ —?）生。

按：《云笈七签》卷一〇五邓云子撰《汪灵真人裴君传》曰："清灵真人裴君字玄仁。右扶风夏阳人也。以汉孝文帝二年,君始生焉。"（参见刘跃进《秦汉文学编年史》商务印书馆2006年版）

汉文帝三年　甲子　前177年

十月丁酉晦,日食（《史记·孝文本纪》、《汉书·文帝纪》）。

十一月丁卯晦,日蚀。诏周勃率列侯就国,免丞相（《史记·孝文本纪》、《汉书·文帝纪》）。

按：吕祖谦《大事记解题》卷十曰："以率列侯之国为名而罢之也。勃功成不退,固非人主所能久安,观袁盎之进说,盖亦有助焉。"

十二月,太尉灌婴为丞相,罢太尉官,属丞相。

按：灌婴功名次于周勃者也,故以代之,罢太尉官属丞相,此后兵权归丞相掌握。

五月,匈奴入北地,据河南,掠上郡;文帝行幸甘泉（《史记·孝文本纪》、《汉书·文帝纪》）。

六月,遣丞相颍阴侯灌婴击匈奴（《史记·孝文本纪》）。

辛卯,文帝自甘泉之高奴,因幸太原,见故群臣,皆赐之。留游太原十余日（《史记·孝文本纪》）。

七月辛亥,文帝自太原还长安（《汉书·文帝纪》）。

贾谊因周勃等谗言被贬为长沙王太傅,过湘水吊屈原。

按：《史记·屈原贾生列传》曰："贾生以为汉兴至孝文二十余年,天下和洽,而固当改正朔,易服色,法制度,定官名,兴礼乐,乃悉草具其事仪法,色尚黄,数用五,为官名,悉更秦之法。孝文帝初即位,谦让未遑也。诸律令所更定,及列侯悉就国,其说皆自贾生发之。于是天子议以为贾生任公卿之位。绛、灌、东阳侯、冯敬之属尽害之,乃短贾生曰:'雒阳之人,年少初学,专欲擅权,纷乱诸事。'于是天子后亦疏之,不用其议,乃以贾生为长沙王太傅。贾生既辞往行,闻长沙卑湿,自以寿不得长,又以谪去,意不自得。及渡湘水,为赋以吊屈原。"一般认为贾谊被贬是才高被妒,但还有其它说法,如周晓露《贾谊被贬原因新探》(《湖南大学学报》2008年3期)认为贾谊被贬的主要原因在于:"思想的不成熟使他提出的'积极多为'的政治主张,与当时君民俱欲'清静无为'的客观形势相违背,因此,其言论不为执政者所接受而被贬为长沙王太傅。"此事《资治通鉴》系于文帝四年;王益之《西汉年纪》卷六系于文帝三年,吕祖谦《大事记解题》卷十曰:"按谊至长沙三年始作《鵩赋》,首称单阏之岁,盖丁卯岁也。若载谪贾谊于丁卯年,则绛侯已就国,灌婴已死,无繇谮之,今附于甲子岁之末。"刘跃进《秦汉文学编年史》(商务印书馆2006年版)从之,系于文帝三年,王兴国《贾谊评传》(南京大学出版社1992版)也系于此年,但郑洁文、李梅《中国学术思想编年·秦汉卷》(陕西师范大学出版社2005年版)根据汪中《贾谊年表》认为此事在文帝二年。

审食其四月为淮南王刘长所杀(《汉书·文帝纪》)。
袁盎谏淮南王刘长骄纵(《资治通鉴》卷一三)。
张释之以中郎将迁廷尉(《汉书·百官公卿表》)。

贾谊作《吊屈原赋》。
按:《史记》和《汉书》贾谊本传均将此赋全文录入,《昭明文选》与朱熹《楚辞集注》亦收录。因贾谊同屈原相同之遭遇,《吊屈原赋》与《离骚》有相承相通之处,然《吊屈原赋》在体制上虽上承《九章》,但前一段连用许多铺排句,第二段多用反诘句和感叹句,存有战国策士说辞雄辩之余风,为目前最早悼念屈原之作品。

朱建卒,生年不详。为人辩有口,刻廉刚直,后与英布同归汉,英布谋反时,谏不与谋,乃不诛,高祖赐号"平原君"。文帝时,遭牵连而自杀。著《平原君》7篇,《朱建赋》2篇。事迹见《史记》卷九七、《汉书》卷四三。
按:《汉书·艺文志·诸子略》(一)"儒家"下著录《平原君》七篇。王先谦《汉书补注》曰:"官本'君'作'老'。"梁启超《诸子略考释》(《梁启超全集》第八册,北京出版社1999年版):"此书置鲁仲连、虞卿之间,然则正是赵公子平原君胜也。此盖刘《略》之旧。王氏注为朱建恐误。"杨树达《汉书窥管》(上海古籍出版社1984年版)引沈涛曰:"书即为建作,不应厕鲁连、虞卿之间。盖后人误以为六国之平原君而移其次第。"马国翰有《平原君》辑佚一卷。又《汉书·艺文志·诗赋略》(二)"陆贾赋之属"著录《朱建赋》二篇,今不传。

汉文帝四年　乙丑　前176年

十二月,丞相灌婴卒(《汉书·文帝纪》)。
正月,以御史大夫张苍为丞相(《史记·张丞相列传》)。
九月,封齐悼惠王子七人为列侯;绛侯周勃有罪,逮诣廷尉诏狱(《汉书·文帝纪》)。

按：吕祖谦《大事记解题》卷十引延平陈氏曰："孝文逮捕周勃诚过矣，然勃以河东守尉行县至绛，自畏恐诛，常被甲，令家人持兵以见之，使汉以无罪加诛，被甲持兵可以免乎，逮捕之辱亦有以自取之也。"

是年，作顾成庙（《汉书·文帝纪》）。

按：颜师古《汉书注》引服虔曰："庙在长安城南，文帝作。"又引应劭曰："文帝自为庙，制度卑狭，若顾望而成，犹文王灵台不日成之，故曰顾成。"又引如淳曰："身存而为庙，若《尚书》之《顾命》也。景帝庙号德阳，武帝庙号龙渊，昭帝庙号徘徊，宣帝庙号乐游，元帝庙号长寿，成帝庙号阳池。"姜波《汉唐都城礼制建筑研究》（文物出版社2003年版）说："汉初建立的太上庙、高庙、惠帝庙、文帝庙，景帝庙，前三者都在城内，自文帝顾成庙开始，帝庙挪到城郊，以后终西汉之世不变。"

刘武以代王徙为淮阳王（《汉书·文三传》）。

匈奴冒顿致书文帝请求和亲（《汉书·匈奴传》）。

按：时匈奴攻破月氏，西域十六国尽附之。

贾谊因周勃下狱事上疏以礼对待大臣。

按：《史记·绛侯周勃世家》曰："廷尉下其事长安，逮捕勃治之，勃恐，不知置辞。吏稍侵辱之。……绛侯既出，曰：'吾尝将百万军，然安知狱吏之贵乎！'"《汉书·文帝纪》曰："文帝四年九月，绛侯周勃有罪，逮诣廷尉诏狱。"为此贾谊上书文帝，建议礼貌大臣。王兴国《贾谊评传》（南京大学出版社1992版）认为："《贾谊新书》中《阶级》一篇，即该疏内容，班固作《汉书》贾谊传时，将此疏全文引证后说：'是时丞相绛侯周勃就国，有人告勃谋反，逮系长安狱吏，卒复事，复爵邑，故贾谊以此讥之。上深纳其言，养臣下有节，时后大臣有罪，皆自杀，不受刑。'"文帝采纳了贾谊的意见，这说明此时"法律之儒家化汉代已开其端。汉律虽为法家系统，为儒家所不喜，但自汉武标榜儒术以后，法家逐渐失势，而儒家抬头，此辈于是重整旗鼓，想将儒家的精华成为国家制度，使儒家主张籍政治、法律的力量永垂不朽。汉律虽已颁布，不能一旦改弦更张，但儒家确有许多机会可以左右当时的法律。"（参见瞿同祖《中国法律和社会》，中华书局1981年版）

刘德约（ —前130）生。

按：蔡仲德《河间献王刘德评传》（《河北师范大学学报》1983年第1期）说："《乐记》作者河间献王刘德，是汉景帝刘启之子，汉武帝刘彻之兄。刘德生年已难考定。但其祖文帝恒于惠帝七年（公元前一八八年）生子启，时年十五。启是文帝中子，其前尚有异母兄三人，则文帝生长子时约十二岁。今假定启生长子临江王荣也在十二岁（小于十二岁，似无生育可能），而德与荣同母，是景帝次子，则其生年不得早于文帝四年（公元前一七六年）。又，吴楚反时（景帝前三年，公元前一五四年），汝南王非曾以将军击吴有功，时年十五，其生年为文帝十二年（公元前一六八年）。非是景帝第五子，与四子鲁共王余同母，余前尚有三子临江哀王阏与德同母（据《汉书·诸侯王表》），则德生年不得晚于文帝十年（公元前一七〇年）。据此可推知其生年当在文帝四年至十年（公元前一七六年至一七〇年）之间。"

汉文帝五年　丙寅　前175年

二月,地震(《汉书·文帝纪》)。
四月,除盗铸钱令,更造四铢钱(《汉书·文帝纪》)。

贾谊作《谏除铸钱令使民放铸》(《汉书·食货志》)。
按:《新书》有《铜布》、《铸钱》两篇。
贾山作《对诘谏除盗铸钱令》(汉书·贾山传)。

汉文帝六年　丁卯　前174年

十一月,淮南王刘长谋反,废迁蜀,死于雍(《汉书·淮南衡山列传》)。
是年,文帝回复匈奴冒顿书,允其和亲(《汉书·匈奴传》)。

张苍、冯敬等谏文帝严惩淮南王刘长(《史记·淮南衡山列传》)。
袁盎谏文帝于淮南王刘长恐有杀弟之名(《史记·袁盎晁错列传》)。
穆生以楚元王刘戊失礼自楚归鲁。
按:《汉书·楚元王传》曰:"初,元王敬礼申公等,穆生不耆酒,元王每置酒,常为穆生设醴。及王戊即位,常设,后忘设焉。穆生退曰:'可以逝矣!醴酒不设,王之意怠,不去,楚人将钳我于市。'称疾卧。申公、白生强起之曰:'独不念先王之德与?今王一旦失小礼,何足至此!'穆生曰:'《易》称知"几其神乎!几者动之微,吉凶之先见者也。君子见几而作,不俟终日。"先王之所以礼吾三人者,为道之存故也;今而忽之,是忘道也。忘道之人,胡可与久处!岂为区区之礼哉?'遂谢病去。申公、白生独留。"汉代儒学大师游学于各诸侯国间,有益于当时的文化传播和交流。

贾谊著《鵩鸟赋》。
按:《史记·屈原贾生列传》曰:"贾生为长沙王太傅三年,有鸮飞入贾生舍,止于坐隅。楚人命鸮曰'鵩'。贾生既以适居长沙,长沙卑湿,自以为寿不得长,伤悼之,乃为赋以自广。"泷川资言《史记会注考证》曰:"汪中曰:'按《史记·历书》太初元年焉逢摄提格',上推孝文五年,是为昭阳单阏。贾生以孝文元年为博士。岁中超迁至太中大夫,旋出为长沙王太傅。至此适得三年。"根据赋中所提的单阏、四月、庚子等时间,推知作于本年。刘跃进《秦汉文学编年史》(商务印书馆2006年版)亦从之定于此年。《鵩鸟赋》承传屈原《天问》(基本上为四言诗),荀况《礼》、《智》等赋(说理、有问答)和宋玉的《风赋》(问答、寓言)等特点,是赋史上第一篇成熟的哲理赋,亦是第一篇较完整的以四言为主的问答体赋。《鵩鸟赋》有人称之为骚体赋(见于非主编的《中国古代文学史》,高等教育出版社1994年版),有人称之为文赋(见王兴国著《贾谊评传》,南京大学出版社1992版)。此赋的语言特点是以四言句式为主,又采用问答体,明显有别于骚体赋而显露出散体大赋的端倪,故刘大杰《中国文学史发展史》(上海古籍出版社1997年版)谓其"可以作汉赋的先声"。

刘郢客卒,生年不详。楚元王刘交次子。吕后时为宗正,掌管皇族户籍族谱。文帝二年,嗣为楚王,召募申培公、韦孟等著名学者汇集于楚国都城彭城。在位仅四年而卒。

按:《汉书·诸侯王表》楚元王下载"孝文二年,夷王郢客嗣,四年薨。""六年,王戊嗣。"

汉文帝七年　戊辰　前173年

四月,诏赦天下(《汉书·文帝纪》)。

是年,初置南陵。

按:吕祖谦《大事记解题》卷十曰:"用秦始皇骊山故事也。以文帝之贤而作庙起陵,皆蹑亡秦之迹。岂当时在廷之臣智皆不足以及此与？霸陵在长安南,王粲所谓'南登霸陵岸,回首望长安'者也。始作未有名,故谓之南陵。按《史记·大事记》九年以芷阳乡为霸陵,是时始有名。"

民有歌淮南王者,文帝闻而病之。

按:《史记·淮南衡山列传》曰:"一尺布,尚可缝;一斗粟,尚可舂;兄弟二人不能容！"

贾谊为文帝言鬼神之事,拜为梁怀王太傅。

按:《史记·屈原贾生列传》曰:"后岁余,贾生征见。孝文帝方受釐,坐宣室。上因感鬼神事,而问鬼神之本。贾生因具道所以然之状。至夜半,文帝前席。既罢,曰:'吾久不见贾生,自以为过之,今不及也。'居顷之,拜贾生为梁怀王太傅。梁怀王,文帝之少子,爱,而好书,故令贾生傅之。"吕祖谦《大事记解题》卷十评论曰:"文帝思见贾生而处之者,止如此。宣室之问,其所感者大矣！夜半前席,其语虽不可得而闻,必自本而及末,自幽而及明,凡谊之所能更者,端绪当略举矣。文帝既无立纲陈纪之志,而更事之久,谊之短阙无不照知,所以不能采其长而弃其短也。"

贾谊上《治安策》,作《宗首》、《数宁》、《藩强》等篇;《先醒》亦作于是年之后。

　　按：《治安策》又名《陈政事疏》。《汉书·贾谊传》载谊上疏曰："臣窃惟事势，可为痛哭者一，可为流涕者二，可为长太息者六；若其它背理而伤道者，难遍以疏举。进言者皆曰天下已安已治矣，臣独以为未也。曰安且治者，非愚则谀，皆非事实知治乱之体者也。夫抱火厝之积薪之下而寝其上，火未及然，因谓之安；方今之势，何以异此！"《资治通鉴》卷一四系于此年。王兴国《贾谊评传》（南京大学出版社 1992 版）说："这就是说《治安策》中'可痛哭者，此病是也'以前的内容，是班固取《宗首》、《数宁》、《藩伤》、《藩强》、《五美》、《制不定》、《亲疏危乱》、《大都》等八篇文章裁减加工而成。"刘跃进《秦汉文学编年史》（商务印书馆 2006 年版）考证贾谊《新书》第一篇《宗首》成书时间说："文称'今或亲弟谋为东帝，亲兄之子西向而击'云云。亲弟指淮南王刘长，上年十一月谋反，自称东帝。兵败贬至四川，道路死。建本又有'离今春难为已'云云。据此，阎振德、钟夏《新书校注》谓'今春，当指文帝七年'。似不确。文帝时以十月为岁首，刘长六年十一月谋反，时当现在的阴历二月，此文当作于六年春天。但是，当时，贾谊正在长沙，不可能有此文之作。卢文弨校本认为这段言语字'是后人妄窜，太半不成文理。当削无疑。'其说可从。故系此文于本年为妥。《先醒》开篇：'怀王问于贾君曰'云云，说明作于梁怀王傅之后。独醉先醒之说，原本是《楚辞·渔父》中语，贾谊从长沙回来之后，作此篇。"

汉文帝八年　己巳　前 172 年

　　夏，封淮南王刘长子刘安等 4 人为列侯。

　　按：《汉书·文帝纪》曰："八年夏，封淮南厉王长子四人为列侯。"《汉书·淮南衡山济北王传》曰："孝文八年，怜淮南王，王有子四人，年皆七八岁，乃封子安为阜陵侯，子勃为安阳侯，子赐为阳周侯，子良为东城侯。"因当时朝廷允许诸侯王聘贤，四方文学方士为施展才华，纷纷周游于各诸侯国之间，战国养士之风得以延续。淮南王刘安本人博学多文，其封地最近中原，经济文化条件优越，且其所居寿春，又为战国四公子楚春申君之故地，所以一时士人荟萃，多达百人，于刘安学术上多有贡献。又其中多"诸辩士为方略者"，促使刘安后来的谋反。后来朝廷禁止诸侯王养士，士人开始由藩国向中央汇集。

　　贾谊约于是年前后作《谏立淮南诸子疏》。

　　按：《汉书·贾谊传》曰："时又封淮南厉王四子皆为列侯。谊知上必将复王之也，上疏谏曰：'窃恐陛下接王淮南诸子，曾不与如臣者孰计之也。淮南王之悖逆亡道，天下孰不知其罪？陛下幸而赦迁之，自疾而死，天下孰以王死之不当？今奉尊罪人之子，适足以负谤于天下耳。此人少壮，岂能忘其父哉！白公胜所为父报仇者，大父与伯父、叔父也。白公为乱，非欲取国代主也，发愤快志，剚手以冲仇人之匈，固为俱靡而已。淮南虽小，黥布尝用之矣，汉存特幸耳。夫擅仇人足以危汉之资，于策不便。虽割而为四，四子一心也。予之众，积之财，此非有子胥、白公报于广都之中，即

第三次马其顿战争爆发。

疑有剸诸、荆轲起于两柱之间,所谓假贼兵为虎翼者也。愿陛下少留计!'"此疏原文为贾谊《新书·淮难》。王先谦《汉书补注》曰:"据《文纪》,梁王胜死在十一年,封厉王四子在八年,班氏载此事于前疏后,盖谏王淮南诸子亦在十一年也。"刘跃进(《秦汉文学编年史》商务印书馆2006年版)说:"《史记·屈原贾生列传》:'文帝复封淮南厉王子四人,皆为列侯。贾生谏,以为患之兴自此起也。贾生数上疏,言诸侯或连数郡,非古之制,可稍削之。文帝不听。居数年,怀王骑。堕马而死,无后。贾生自伤为傅无状,哭泣,岁余亦死。'则贾谊之上谏后'居数年'方死,则不可能作于前元十一年。"今从之系于本年。

汉文帝九年　庚午　前171年

马其顿人于卡利基努斯战役败罗马。

春,大旱(《汉书·文帝纪》)。

孔臧嗣父孔聚为蓼侯。

按:《全汉文》卷一三《孔臧传》曰:"文帝九年嗣父聚爵蓼侯。"

贾谊约于此年作《旱云赋》。

按:《汉书·文帝纪》曰:"九年春,大旱。"《古文苑·旱云赋》题注云:"贾谊负超世之才,文帝将大用之,乃为大臣绛、贯所阻,卒弃不用,而世不被其泽,故托旱云以寓其意焉。"刘跃进《秦汉文学编年史》(商务印书馆2006年版)将此文系于此年。但此赋一直有争议,《艺文类聚》中题为东方朔所作,马积高《赋史》(上海古籍出版社1987年版)说:"然其末段有云:'何操行之不得兮,政治失中而违节;阴气辟而留滞兮,厌暴至而沉没。'把灾异与政治联系起来,这种现象是在汉武帝以后才出现的事,当非贾谊所作,东方朔博学多闻,然从《汉书》本传看,也不应有天人感应之说,亦恐难为他所作。且其赋文辞浅显,疑其作时当更在后。但根据李善注《文选》谢朓《敬亭山》诗及潘岳《在怀县》诗已引'贾谊《旱云赋》'断句,则其为一篇较早的古赋,大概还是可以肯定的。"

汉文帝十年　辛未　前170年

冬,文帝行幸甘泉(《汉书·文帝纪》)。

晁错从伏生学《尚书》,诏以为太子舍人,门大夫,迁博士。

按：《史记·儒林列传》曰："孝文帝时，欲求能治《尚书》者，天下无有，乃闻伏生能治，欲召之。是时伏生年九十余，老，不能行，于是乃诏太常使掌故晁错往受之。"《汉书·晁错传》曰："孝文时，……太常遣错受《尚书》伏生所，还，因上书称说，诏以为太子舍人，门大夫，迁博士。"《论衡·正说篇》曰："盖《尚书》本百篇，孔子以授也，遭秦用李斯之议，燔烧五经，济南伏生抱百篇藏于山中。孝景帝时，始存《尚书》。伏生已出山中，景帝遣晁错往从受《尚书》二十余篇。伏生老死，《书》残不竟。晁错传于儿宽。"此"景"字应为"文"字之讹。吕祖谦《大事记解题》卷十曰此事"史失其年，按《晁错传》错受尚书伏生所还，因上便宜事，以书称说，诏以为太子舍人门大夫，今载于拜家令之前年。"王益之《西汉年纪》将此事系于此年，刘跃进《秦汉文学编年史》（商务印书馆2006年版）从之。而郑洁文、李梅《中国学术思想编年·秦汉卷》（陕西师范大学出版社2005年版）将此事系于文帝八年，谓"据《汉书·袁盎晁错传》，晁错上《言兵事疏》，文帝嘉之，赐晁错玺书中有'皇帝问太子家令'之语，而晁错上《言兵事疏》当在文帝十一年。《史记·袁盎晁错列传》载晁错学《尚书》事在太子家令前，故将此事暂厕于此。"伏生之女亦传晁错《尚书》，卫宏《古文尚书序》曰："伏生老而不能言，言而不能晓，使其女传言教错，齐人语多与颖川异，错所不知者十二三，略以其意读之。"

又按：晁错为三辅人，刘跃进《秦汉区域文化的划分及其意义》（《淮阴师范学院学报》2006年第7期）根据《汉书·儒林传》统计西汉三辅儒者15人。《易》：士孙张，字仲方。平陵人。师从五鹿充宗，为博士，至扬州牧，光禄大夫给事中，家世传业。《书》：晁错，师从济南伏生。平当，平陵人，师从林尊。牟卿，师从周堪。许商，字长伯，长安人。师从周堪。善为算，著《五行论历》。号其门人沛唐林子高为德行，平陵吴章伟君为言语，重泉王吉少音为政事，齐炔钦幼卿为文学。吴章，字伟君。平陵人。师从许商。为王莽所杀。云敞，字幼孺，平陵人。师事吴章。王吉，字少音。重泉人。张山拊，字长宾，平陵人。事小夏侯建，为博士，论石渠，至少府。授同县李寻，平陵人。师从张山拊。司马迁，字子长，韩城人。师孔安国。《史记》所载《尧典》、《禹贡》、《洪范》、《微子》、《金縢》诸篇，多古文说。徐敖，右扶风掾。涂恽，字子真，平陵人。《左氏春秋》：张敞，字子高。本河东平阳（山西临汾）人，祖父孺为上谷太守，徙居茂陵。张敞后随宣帝徙杜陵。察廉为甘泉仓长，稍迁太仆丞、豫州刺史等。刘公子，为太中大夫。三辅文人作品13种：《高祖歌诗》二篇。《晁错》三十一篇。《太史公》百三十篇。司马迁撰，十篇有录无书。《司马迁赋》八篇。《上所自造赋》二篇。《所续太史公》七篇，冯商撰。《待诏冯商赋》九篇。《仓颉训纂》一篇，杜林撰。《仓颉故》一篇，杜林撰。《孝文传》十一篇。《氾胜之》十八篇。《博士弟子杜参赋》二篇。《左冯翊秦歌诗》三篇。《京兆尹秦歌诗》五篇。可见在三辅学者中以《尚书》研究为主，这与晁错的影响直接相关；在作品中歌诗和赋的比例较大，这与汉高祖的好楚歌有关。西汉三辅学者数量居第五位；著作数量居第四位；东汉时期三辅学者数量居第四位；文人数量升至第二位。而根据《隋书·经籍志》综括秦汉著作的总量，三辅地区上升至第三位，约占16.4%。

张释之言虎圈啬夫非长者，谏帝止拜为上林令。

按：《史记·张释之冯唐列传》曰："张廷尉释之者，堵阳人也，字季。有兄仲同居。以訾为骑郎，事孝文帝，十岁不得调，无所知名。释之曰：'久宦减仲之产，不遂。'欲自免归。中郎将袁盎知其贤，惜其去，乃请徙释之补谒者。释之既朝毕，因前言便宜事。文帝曰："卑之，毋甚高论，令今可施行也。"於是释之言秦汉之间事，秦所以失而汉所以兴者久之。文帝称善，乃拜释之为谒者仆射。释之从行，登虎圈。上问上林尉诸禽兽簿,十余问,尉左右视,尽不能对。虎圈啬夫从旁代尉对上所问禽兽簿甚悉,欲以观其能口对响应无穷者。文帝曰:'吏不当若是邪?尉无赖!'乃诏释之拜啬夫为上林令。释之久之前曰:'陛下以绛侯周勃何如人也?'上曰:'长者也。'又复问:'东阳侯张相如何如人也?'上复曰:'长者。'释之曰:'夫绛侯、东阳侯称为长者,此两人言事曾不能出口,岂学此啬夫谍谍利口捷给哉!且秦以任刀笔之吏,吏争以亟疾苛察相高,然其敝徒文具耳,无恻隐之实。以故不闻其过,陵迟而至於二世,天下土崩。今陛下以啬夫口辩而超迁之,臣恐天下随风靡靡,争为口辩而无其实。且下之化上疾於景响,举错不可不审也。'文帝曰:'善。'乃止不拜啬夫。"吕祖谦《大事记解题》卷十曰:"《通鉴》载于三年,以《本传》考之,荀氏书于此年是也。"又引紫微吕氏本中曰:"世之治也,君子在上位而其说行,世之不治,君子在下位而其说隐。夫说非隐也,上之人不能显其言而用之也。虽然君子为是,非一人之私言也,天下之公论也。天下之公论不能尽隐,不行于上,必传于乡党闾里,而世之好事者常必相与珍贵而扶持之。及世之有为,则必质前日不用之说以为治,取乡党闾里之所珍贵而扶持者达之于朝廷,施之于四海,其效可观也。当汉之治,其用人必先曰长者,举事必先曰大体,怀王之遣诸将入关也,曰:'不如更遣长者扶义而西,今诚得长者,往无侵暴,宜可下。'于是独以高祖素宽大长者,卒遣高祖。文帝初立,召田叔问曰,'公知天下长者乎?'对曰:'臣何足以知之。'上曰:'公长者,宜知之。'叔顿首曰:'故云中守孟舒长者也。'并论孟舒所以为长者。张释之问文帝:'陛下以绛侯周勃何如人也?'上曰'长者'。又复问'东阳侯张相如何如人?'上复曰'长者'。直不疑、张欧之徒皆以长者处官,世皆亦长者子之。及宣帝悦龚遂之对,曰'君安得长者之言而称之此',皆汉之治用人,必先长者验也。袁盎当文景之世常引大体慷慨,汲黯事武帝亦引大体不拘文法。太史公传《酷吏》称'自郅都杜周之属皆以酷吏为声,郅都伉直引是非,争天下大体。'田蚡与窦婴争辩,韩安国数蚡,何其无大体也。及邴吉为相,尝出,逢清道群斗,死者不问,问牛喘吐舌者,恐时气失节有所伤害,掾吏服吉知大体。皆汉之治,举事必先大体验也。用人必先长者,举事必先大体,此固汉之所以为治,而非汉之君臣建为此言也。因秦之世其说不行,而为乡党闾里珍贵而扶持之者,汉知天下公论所主,取而用之尔。方秦之末,其用人先苛察亟疾,以捷给为务,以相先为能,以众论为陋而不取,以在下者为相阿党朋比而不用其举事,不以长远重厚为计而不可拔者,计其入不考其出,便于今不谋于后,安于上不问其下之当否也。持重者以为可鄙,简朴者以为可厌,秦之治如此,宜夫二说之不用也。呜呼,说之不用,弃于上而隐于下,为上者不可不察也。"

长沙马王堆三号汉墓帛书《五星占》约成于是年。

按:《五星占》为 1973 年出土于湖南长沙马王堆三号汉墓的天文帛书。傅举有《座谈长沙马王堆汉墓帛书》(《文物》1974 年 9 期)说:"天文方面的帛书没有标出书名,但从其内容看,主要是关于木、金、水、火、土等五大行星的叙述和记事。"刘云友《中国天文史上的一个重要发现——马王堆汉墓帛书中的〈五星占〉》(《文物》1974 年第 11 期)说:"1973 年年底在长沙马王堆三号汉墓中出土的帛书中有'五星占'约六千字,其占文很可能是甘氏或石氏天文书的一部分,估计是甘氏的可能性更大,这要留待以后考证。特别值得指出的是,其中列有从秦始皇元年(公元前 246 年)到汉文帝三年(公元前 177 年)凡七十年间木星、土星和金星的位置。我们发现,它所载的金星的会合周期为 584.4 日,比今测值 583.92 日只大 0.48 日;土星的会合周期为 377 日,比今测值只小 1.09 日,恒星周期为 30 年,比今测值 29.46 年大 0.54 年。从马王堆三号墓的安葬日期为汉文帝'十二年二月乙巳朔戊辰',即公元前168年颛顼历二月二十四日,和其中的天象纪录到汉文帝三年为止,可以断定帛书的写成年代约在公元前170年左右。"故系于是年。

又按:李岩《马王堆帛书与历史研究》(《古籍整理研究学刊》2007年第5期)说长沙马王堆"这批帛书的特别珍贵之处在于其中不少是长期以来失传的古书,例如,《老子》乙本前面的四篇古佚书,《老子》甲本卷后佚书四篇,《周易》卷后佚书三篇等佚书共有21篇之多。《春秋事语》和《战国纵横家书》是史书的重要发现。《春秋事语》以'记言'为主,可能是《左传》节略。《战国纵横家书》27篇,有16篇属久已失传的佚篇,是战国史的新资料。为纠正《史记》、《战国策》记载的苏秦所处时代错误,提供了证据。"郑艳娥《马王堆汉墓文献及其定名》(《图书馆》2000年第2期)介绍了马王堆汉墓相关资料,说这是我国考古工作一项极为罕见的重大发现。古墓中出土了三千多件珍贵文物,引起了世界性的轰动。形成了世界性的"马王堆热"。以马王堆汉墓为题材的整理性、研究性著作和文、集,已组成了强大的资料阵容,仅湖南省博物馆资料部,就收到了来自国内外的有关论、著、资料的出版信息2200多条。收集文字资料1000多本(篇)。现在湖南省博物馆已自然地形成了一个小型的"马王堆资料库"。"这些资料,可以分为以下几大内容:(1)汲冢书帛书(四十三篇):《老子》甲本和乙本、《五行》、《九主》、《明君》、《德圣》、《经法》;《周易·六十四卦》、《二三子向》、《系辞》、《易之义》、《要》、《缪和》、《昭力》、《春秋事语》、《战国纵横家书》、《丧服图》;《刑德》甲、乙、丙本;《阴阳五行》甲、乙篇,《五星占》、《天文气象杂占》、《相马经》、《脉法》、《阴阳脉死候》、《五十二病方》、《胎产书》、《导引图》、《阴阳十一脉灸经》甲、乙本;《驻军图》、《地形图》等等。竹书(简):《十问》、《合阴阳》、《天下至道谈》。木书(简):纪年木牍、遗策、木牌。(2)汲冢书译文、注释:《老子注译及评介》、《五星占》释文、《五十二病方注释》、《黄帝四经今注今译》、《战国策注释》、《战国纵横家书译文注释》、《马王堆医书考》等等。(3)汲冢书的研究专著和论文,如《周易经传溯源》、《易传与道家思想》、《黄帝四经与黄老思想》、《帛书系辞略论》、《道家文化研究》、《战国策研究》、《国际易学研究》、《竹简帛书论文集》、《马王堆医书研究专集》等等。(4)马王堆汉墓出土文物的研究专著及论文。(5)马王堆汉墓综合性的信息发布文章。(6)马王堆汉墓记实性报导文章和专著。(7)影像资料:《西汉古尸》和马王堆研究活动记实录像带;大量的文物照片;计算机存贮资料。(8)马王堆汉墓相关资料的专题目录。(9)文物:指图、像、字、画及器物。"

再按:关于马王堆的帛书资料,韩仲民《长沙马王堆帛书概述》(《文物》1972年第9期)将帛书依次编号,共四十。但有的编号里有两种或多种书,所以总数超出四十。晓菡《长沙马王堆汉墓帛书概述》(《文物》1974年9期)概括当时的出土内容:"(甲)(一)用书编号目录:《老子》甲本,无篇题;1、《老子》甲本卷后佚书之一,无篇题;2、《老子》甲本卷后佚书之二,无篇题;3、《老子》甲本卷后佚书之三,无篇题;4、《老子》甲本卷后佚书之四,无篇题;(乙)1、《老子》乙本卷前佚书之一,《经法》;2、《老子》乙本卷前佚书之二,《十大经》;3、《老子》乙本卷前佚书之三,《称》;4、《老子》乙本卷前佚书之四,《道原》;5、《老子》乙本。(丙)1、《周易》,无篇题。2、《周易》卷后佚书之一,无篇题。3、《周易》卷后佚书之二,《要》。4、《周易》卷后佚书之三,《昭力》。5、《周易·系辞》,无篇题。(丁)与《战国策》有关的书一种,无篇题。(戊)与《左传》类似的佚书一种,无篇题。(己)关于天文星占的佚书一种,无篇题。(庚)关于相马的佚书一种,无篇题。(辛)关于医经方的佚书一种,无篇题。(壬)1、关于刑德的佚书之一,无篇题。2、关于刑德的佚书之二,无篇题。3、关于刑德的佚书之三,无篇题。

(癸)1、关于阴阳五行的佚书之一,篇题。2、关于阴阳五行的佚书之二,无篇题。(子)导引图一幅。(丑)地图一幅。(寅)驻军图一幅。(卯)街坊图一幅。(辰)杂占。"《座谈长沙马王堆汉墓帛书》(《文物》1974年9期)载:"我国文物考古工作者于1973年11月至1974年年初发掘了长沙马王堆第二、三号汉墓,获得了大批珍贵文物。特别是三号墓出土的帛书,共十二万多字,大部分是失传了一两千年的古籍,包括《老子》甲本卷后无篇名的四篇,《老子》乙本卷前的《经法》、《十大经》、《称》、《道原》四篇。还有《周易》、《易说》、以及类似《战国策》、相马经、医经方、天文星占等古籍。帛书中的《老子》、《周易》等,与今本文字上也有不少出入。这些古籍的出土,为研究我国古代历史和哲学思想,研究西汉初期的儒法斗争,研究古代医学、天文学等提供了新的资料。"陈松长在《长沙马王堆西汉墓》(上海古籍出版社,1998年版)中将其分为六大类四十四种。邢文在《帛书周易研究》(人民出版社,1997年)中也是将其分为六大类,编号共二十七,但其中有的编号内包括数种,所以可析分为四十七种。陈松长《长沙马王堆二、三号汉墓》的下册《三号汉墓帛书》时,将马王堆帛书分为五大类。具体目录为:一、艺文类,包括《周易》(或称《六十四卦》)、《二三子问》、《系辞》、《易之义》(或称《易赞》)、《要》、《缪和》、《昭力》、《春秋事语》、《战国纵横家书》、《丧服图》。二、诸子类,包括《老子》甲本、《老子》乙本、《五行篇》(或称《德行》篇)、《九主》篇(或称《伊尹·九主》)、《明君》篇、《德圣》篇(或称《四行》篇)、《经法》、《经》(或称《十六经》、《十大经》)、《称》、《道原》。三、术数类,包括《五星占》、《天文气象杂占》、《阴阳五行》甲篇(或称"篆书阴阳五行")、《阴阳五行乙篇》(或称"隶书阴阳五行")、《出行占》、《木人占》、《相马经》、《太一将行图》(或称《神祇图》、《避兵图》)、《刑德》甲篇、《刑德》乙篇、《刑德》丙篇。四、方技类,包括《足臂十一脉灸经》、《阴阳十一脉灸经》甲篇、《阴阳十一脉灸经》乙篇、《脉法》、《阴阳脉死候》、《五十二病方》、《养生方》、《杂疗方》、《胎产书》、《却谷食气》篇、《导引图》。五、其他,包括《地形图》、《驻军图》、《宅位草图》、《府宅图》、《"物则有刑"图》、《宅形宅位吉凶图》、《城邑图》(或称《街坊图》、《园庙图》)、《卦象图》(或称《符》、《幡信图》)。这是最为完备的帛书目录。兹就其中重要的帛书内容及研究情况分述如下:

1.《天文气象杂占》。既是帛书又是帛画,图文并茂,从上到下可分为6列,每列从右到左又分成若干行,每行都是用墨或朱砂、或朱砂和墨并用画成的云气、星图,图下写有一两行文字,其内容或是标出名称,或是解释图像。从总体内容来看,它应该是一种利用星象和云气变化来占验灾异变故、战争胜败的书籍。虽然多为迷信的内容,但全书有图250幅,整体看来仿佛一幅天象图。特别是其中的29幅彗星图,这是现存世界上最早关于彗星形态的描述。一般认为《天文气象杂占》成书较早,陈松长《帛书〈天文气象杂占〉研究三题》(《简帛研究文稿》,2007年线装书局出版)认为"类似这种实用性的帛书,在不能确认其成书年代的情况下,最好不要勉强去推断其所谓成书年代,而是直接讨论其撰抄年代即可。所谓撰抄年代,也就是帛书抄录成书的年代,因为在抄录的过程中已加入了编撰者的意见,从严格意义上讲,它已不是所用底本的原来面目,而是经编次形成了一卷新的帛书。帛书《天文气象杂占》的撰抄年代,应与帛书《刑德》甲篇的撰抄年代相近。因为从书体上看,这件帛书第一部分的字体,与帛书《刑德》甲篇的非常接近。帛书《天文气象杂占》也应撰抄于汉高祖十一年(公元前195年)或稍后,因为后一种字体,又与有汉文帝三年(公元前177年)的明确纪年的帛书《五星占》的字体风格比较接近,这件帛书比较准确的撰抄年代应在汉高祖十一年至汉文帝三年之间。"刘乐贤《马王堆天文书考释》(中国社会科学院出版社,2004年版)是研究马王堆天文书的专著,内容主要包括马王堆天文书的出土及研究情况、马王堆天文书的内容性质及时代、《天文气象杂占》考释、天文气象杂占看楚地彗星占测传统、天文气象杂占的两个问题(一'北宫'考,二从《天文气象杂占》看楚地彗星占测传统)、从马王堆帛书看太阴纪守等及相关问题。书中还对另一本《日月风雨云气占》帛书进行了研究。王树金《马王堆汉墓帛书〈天文气象杂占〉研究三十年》(《湖南省博物馆馆刊》,2007年第4期)对近三十年来有关马王堆汉墓帛书《天文气象杂占》研究情况作一回顾和综述,并重点介绍帛书《天文气象杂占》最新的整理研究成果。另外,刘乐贤还有《简帛数术文献探论》(湖北教育出版社,2003年版)一书。

2.《长沙国地形图》与《驻军图》。傅举有《座谈长沙马王堆汉墓帛书》(《文物》1974年9期)说:"在出土的帛书中,还有两张地图:长沙国南部边防驻军图和长沙国南部水路交通图。这是我国现存最早的两张地图。它们都是绘在帛上的。地图上标有山脉、河流、城市、集镇、村庄、道路;驻军图还标有营房、城堡和各种军事设施,在地图的四边还写有'东''南'等字样,以表明方向。"整理简报及最早4篇研究论文在《文物》1975年第2期、第6期和1976年第1期发表,又汇编为《古地图论文集》,连同4副拼复图、复原图题为《马王堆汉墓帛书·古地图》,1977年3月由文物出版社出版。帛书整理小组将其中2幅地图暂定名为《地形图》和《驻军图》,有学者将《地形图》进一步细化定名为《西汉初期长沙国深平防区图》(谭其骧)或《长沙国南部舆地图》(单先进),或称《驻军图》为《守备图》(詹立波)。其命名得到学术界的充分肯定,但邢义田《论马王堆汉墓"驻军图"应正名为"箭道封域图"》(《湖南大学学报》2007年第5期)认为《地形图》应正名为《箭道封域图》。王成祖《中国地理学史》(商务印书馆2005年版)认为系驻军所绘,成于西汉文帝初元十一年。马王堆汉墓的地图不仅是中国现存最早的实测地图,而且也是世界上发现最早的具有科学价值的地图,比埃及托勒密的世界地图(被称为世界最早的地图)早了二百多年,而托勒密的地图有许多部分是根据传闻和想像绘成的,但马王堆汉墓出土的地图则是通过实地测绘而成的,故比埃及托勒密的地图要精确得多。(参见马王堆汉墓帛书整理小组《长沙马王堆三号汉墓出土地形图的整理》、谭其骧《二千一百多年前的一幅地图》(均载于马王堆汉墓帛书整理小组编《古地图》,文物出版社1977年版。)关于《驻军图》的绘制年代,何介钧《马王堆汉墓研究评述》(《湖南省博物馆馆刊》2004年第1期)综述说:关于《驻军图》的绘制年代,一说以上引朱桂昌的文章为代表。他认为《驻军图》反映的这一军事行动可能和高帝十一年陆贾第一次出使南粤有关。另一说以《长沙马王堆三号汉墓出土〈驻军图〉整理简报》(载《古地图论文集》)为代表,认为该图制作于文帝初年,以后曹学群《论马王堆古地图的绘制年代》(载《马王堆汉墓研究文集》,湖南出版社,1994年)更明确认为为吕后七年,(即西汉王朝与南越发生战争的那一年),至文帝前元十二年(即三号墓墓主入葬的那一年)。"

3. 医书及《导引图》。关于医经方一类佚书,共约17,000余字,原无篇题,整理组根据各书的内容,分别定名为:《足臂十一脉灸经》、《阴阳十一脉灸经》甲本、《脉法》、《阴阳脉死候》、《五十二病方》(以上五种医书合抄在一卷帛书上)、《却谷食气》、《阴阳十一脉灸经》乙本、《导引图》(以上三种各抄为一卷帛书)十一种。由于《阴阳十一脉灸经》有两种抄本,文字基本相同,所以帛书古医书实际上共有十种。还有四种竹简本医书。医书简的内容可以分为4种书,发表时分别为《十问》(竹简)、《合阴阳》(竹简)、《杂禁方》(木简)、《天下至道谈》(竹简)。另外还有《导引图》。中医研究院医史文献研究室《马王堆三号汉墓帛画导引图的初步研究》(《文物》1975年第6期)说:"帛书《去(却)谷食气》和《阴阳十一脉灸经》之后,是一张绘有各种运动姿势的帛画,共有图像四十余幅。图前投有总名,每幅图侧均有简短标题。经初步研究,我们认为是属于西汉早期的导引图。""帛画导引图的出土是我国古代医学科学资料的一个新发现,它进一步填补了我国医学史和体育史在秦汉时期有关导引疗法的一段重要空白。"《马王堆帛书四种古医学佚书简介》(《文物》1975年第6期):"两部古灸经要早于《黄帝内经》的这一论断是有足够的根据的。如果从《黄帝内经》成书于战国时期来推定,那么两部灸经的成书年代至少可以上溯到春秋战国之际甚至更早。""《脉法》一书共十二行,约四百字左右(现可识出一百八十余字,见本期发表的释文二中第72—84行),由于文字缺损较甚,现尚不能了解其全貌。但从其第一句所说的'以脉法明教下'来看,此书是以脉法教授学生的。因此我们仍沿用原来的书名,称为《脉法》。据《史记·扁鹊仓公列传》记载,在西汉初名医淳于意就曾提到'故古圣人为之《脉法》,以起度量,立规矩,杯权衡,案绳墨,调阴阳'的话,可知《脉法》一书的名称由来已久。但《史记》所引的《脉法》佚文却与此书不尽相同。""《阴阳脉死候》一书共四行,约一百余字,(现可识出九十八字,见本期发表的释文二中第85—88行)。其内容论述三阳脉的死候有'一死',三阴脉的死候有'五死',因此我们暂名为《阴阳脉死候》。关于'五死'的内容又可见于《黄帝内经》中(见今存传本的《灵枢·经脉篇》及《甲乙经·十二经脉络脉支别第一上》),但内容已有了很大变动。即将原来的五种'先死'症候的肉、骨、气、血、筋,改为筋、血(脉)、肉、(皮)毛、骨,并新增了五行干支生克等内容作为其理论根据,而在帛书中却完全没有掺入五行学说的痕迹。由此也可以看出帛书《阴阳脉死候》的写成年代必然也是早于《黄帝内经》的。"马王堆医书的研究,大致可分两个阶段。第一个阶段是从1973年至1985年,唐兰《试论马王堆三号汉墓出土〈导引图〉》(后收入〈导引图〉,文物出版社,1979年版)、湖南省博物馆、中医研究院医史文献研究室《从三种经脉文献看经络学说的形成与发展》(收入〈导引图〉)、马继兴《帛书〈脉法初探〉》(《湖南考古辑刊》第3集)、马继兴、李学勤《我国现已发现的最古医方——帛书〈五十二病方〉》(《文物》1975年第9期)、马继兴《马王堆帛书四部古医学佚书简介》、何宗禹《马王堆医书考证译释问题探讨》(均载《中华医史杂志》1981年11卷1期)。1981年1至2月,湖南中医学院和湖南省博物馆的部分学者为主体组成了马王堆医书研究小组,在《湖南中医学院学报》上相继发表了两期《马王堆医书研究专刊》,相对集中地刊发了国内一些研究马王堆医书的论文。第二阶段是从1985年至今。1985年3月,十四种医书由帛书整理小组简略加注后,编成《马王堆汉墓帛书(肆)》,由文物出版社出版,从而为医书研究提供了完整的第一手资料。海内外学者相继出版了一些很有价值的马王堆汉墓医学研究专著,如美国夏德安的《五十二病方:翻译和综述》(1982年美国加利福尼亚大学博士论文),日本山田庆儿主编的《新发现中国科学史资料之研究》(1985年3月、12月由日本京都大学人文科学研究所印行)、日本坂出祥伸的《道教和养生思想》(1992年2月出版)、日本江村治树等人编的《马王堆出土医书字形分类索引》(1987年出版)等。在国内,周一谋、萧佐桃主编《马王堆医书考注》(天津科学技术出版社,1988年),全书分提要、释文、考注和按语四个部分,极有利于读者更全面、更准确地理解医书的内容,了解不同的学术见解。随后,周世荣《马王堆汉墓养身气功》(湖南科学技术出版社1990年版)、魏启鹏、胡翔骅《马王堆汉墓医书校释》(壹)、(贰)两册(成都出版社1996年版)、马继兴《马王堆古医书考释》(湖南科技出版社1990出版)。韩健平《马王堆古脉书研究》(中国社会科学出版社,1999年版)相继出版。除这些专著外,还有论文如李零《马王堆房中术研究》(《文史》第35辑)、史常永《马王堆汉墓医书考释》(《中华医史杂志》1993年第3期)、李建民《中国古代禁方考证》(台北《历史语言研究所集刊》第 68 本 1 分册,1997 年)和《马王堆汉墓〈禹藏埋胞图〉笺证》(台北《历史语言研究所集刊》第 65 本 4 分册,1994 年)等。目前较新的研究成果是周世荣《马王堆导引术》(岳麓书社,2005 年版)、何介钧《马王堆汉墓》(文物出版社,2004 年版)。(参见何介钧《马王堆汉墓研究评述》,《湖南省博物馆馆刊》2004 年第 1 期)

4. 帛书《老子》甲本、乙本。《老子》甲本抄写在通高 24 厘米的帛上,《老子》乙本抄写在通高 48 厘米的帛上。皆朱丝栏墨书。甲本的字体在篆隶之间,不避高帝刘邦讳,抄写时代可能在高帝时期。乙本的字体为隶书,避邦字讳而不避惠帝刘盈讳,抄写时代可能在惠帝或吕后时期。甲、乙两本各附抄有四篇古佚书,甲本在卷后,乙本在卷前。甲本《老子》和卷后四篇古佚书合抄成一个长卷,共 463 行,约有 13,000 多字。乙本《老子》与卷前四篇古佚书出土时折叠的边缘已经残断,分成 32 片,经缀合,共有 252 行,约 16,000 余字,两种《老子》抄本大体相同,但和今本对照,在文字上和篇章次序上都有较大出入。帛书《老子》的《德经》在前,《道经》在后,与《韩非子》的〈解老〉、〈喻老〉所引《老子》本文次序一致。帛书《老子》乙本的上下篇卷尾注有"德三千四十一"、道二千四百六十二"字样,为乙本《老子》的总字数。习称《老子》"五千言",大概是省事而称的约略之数,帛书乙本实为 5,467 字。《老子》甲本卷后四篇古佚书,均无篇题,文献记载也无可查考。第一篇共 181 行,约有 5,400 余字。是有关儒家思想中的"慎独"、"性善"的内容。第二篇是有关伊尹论"九主"的内容,共 52 行,约 1,500 多字。文中讲到九种君主,特别肯定了"法君"。第三篇共 48 行,约 1,500 多字。是有关兵家论述攻战守御的内容。第四篇共 13 行,约 400 余字。文字简短,综述了"五行"和德、圣、智的关系。因后部残缺甚多,文意不明。《老子》乙卷本前,有《法经》、《十大经》、《称》和《道原》四篇佚书,共 175 行,11640 字,除少数几篇文字略有残缺外,保存的相当完整。唐兰《座谈长沙马王堆汉墓帛书》(《文物》1974 年 9 期)说:"这批帛书特别珍贵之处在于其中有不少是长期来失传的古书,例如《老子》乙本前面的四篇古佚书,我认为是《黄帝四经》。黄老并称,黄和老实际上有很大不同。《黄帝四经》应该是公元前四世纪的著作,比《老子》较晚。可能是一个早期法家采用一些《老子》的朴素的辩证法,借以讲法家的理论的。第一篇《经法》,讲的是法,是《老子》所不讲的。第二篇《十大经》,主要讲的是兵,讲黄帝擒蚩尤的故事。《老子》主张不争,这里讲的却是'不争亦无以成功'。第三篇讲权衡轻重的《称》,第四篇讲《道原》,是有体系的。这本书有很多新的创造。……使我们对黄老之黄究竟是什么,汉文帝为什么宗黄老,儒家为什么反对黄老,可以有比较清楚的看法,是十分重要的历史资料,我们应对它作深入的研究。"

5. 帛书《周易》。此书无篇题,出土时包括《系辞》在内约有 5,200 余字。张政烺《座谈长沙马王堆汉墓帛书》(《文物》1974 年 9 期)说:"帛书本《周易》中,六十四卦是独立的一篇,只有卦辞、爻辞,不附《彖》、《象》、《文言》。熹平石经亦如此。王弼本《彖》、《象》、《文言》分别附在卦爻辞之下,据传出于《费氏易》。汲家《周易》不仅无《彖》、《象》、《文言》,连《系辞》也没有。帛书《系辞》共有八十多行,约六千字,不分上下篇,和今本对勘,上篇基本相同,但帛书没有'大衍之数五十'一节(约 189 字),大约这是后加的。下篇出入稍大,尤其是第五章(据《周易本义》本)的后半部,帛书中有一大段(约 23 行,1700 字)今本删去,其中的一段约一百五六十字,变成今本《说卦》编首的第一至三章,可见《说卦》是后起的。今本的'子曰危者安其位也'一段 101 字,'子曰颜氏之子其殆庶几乎'一段 149 字,帛书《系辞》都没有,而见于另外一篇其尾题作《要,千六百册八》中。这也说明今本《系辞》是杂抄成书,完成甚晚。把帛书

《周易》和今本对读,参考晋代有关汲冢的记载,可以得出下面初步结论:一、六十四卦的顺序古今不同,今本大约是汉朝人改编的。二、《易传》即所谓'十翼',汲冢《周易》没有,帛书本仅有《系辞》还未定形,可见它大约是汉初以后的东西。三、儒家说孔丘作《易传》是诳言。"

6.《战国纵横家书》。顾铁符《座谈长沙马王堆汉墓帛书》(《文物》1974年9期)说:"我粗略地看了一下《战国策》,共28篇,约一万一千五百多字。这28篇里,见于今本的10篇;今本所没有而为《史记》所引用的一篇,所以有17篇是真正的佚文。在这17篇里,以关于合纵问题的居多,对苏秦、苏代、田文、李兑等企图解决燕、齐、三晋之间的矛盾,和联合攻秦的活动,有不少补充。……今本和《史记》有抵触的,帛书本大都和《史记》一致。"关于《战国纵横家书》的价值,唐兰《司马迁所没有见过的珍贵史料——长沙马王堆帛书〈战国纵横家书〉》(载《战国纵横家书》,文物出版社,1976年版)认为它保存了已被埋没两千多年的真实可信的关于苏秦的书信和谈话十四章,这既可以用来纠正有关苏秦历史的许多根本错误,又可以校正补充这一段战国时代的历史记载。杨宽《战国中期的合纵连横战争和政治路线斗争——再谈马王堆帛书〈战国策〉》(《文物》,1975年第3期)则认为《战国纵横家书》的出土,有助于弄清诸多历史事实的真相,进一步分析这一时期的政治路线斗争。

7.《春秋事语》。裘锡圭《座谈长沙马王堆汉墓帛书》(《文物》1974年9期)说:"马王堆帛书里有一种是讲春秋时代的历史事件的,没有编年,一件事讲一段,现在保存的约有十多段,其内容有鲁隐公被杀、齐使公子彭生杀鲁桓公、宋南宫长万杀君、鲁公子庆父杀君、宋襄公泓之败、子赣见太宰嚭,等等。这很可能是《铎氏微》一类的书。《汉书·艺文志》春秋家中有《铎氏微》三篇。《史记·十二诸侯年表》说:"铎椒为楚威王傅,为王不能尽观《春秋》,采取成败,卒四十章,为《铎氏微》。"其体裁显然跟这部帛书很相似。《艺文志》所记的春秋家著作中,属于《铎氏微》这一系统的,尚有《张氏微》和《虞氏微传》等书(参看《汉书补注》)。这部帛书可能是《铎氏微》等书中的一种。据《经典释文·序录》,铎椒是左丘明四传弟子。这部帛书虽然记有《左传》所没有的事(如子赣见太宰嚭),并且所引用的议论也往往与《左传》不同,但是所记的有关历史事实则大都与《左传》相合。"唐兰《座谈长沙马王堆汉墓帛书》(《文物》1974年9期)说:"那篇有些像《左传》的古佚书,裘锡圭同志认为很可能是《铎氏微》一类的书,我怀疑它是《汉书·艺文志》中的《公孙固》。班固说《公孙固》是十八章,现在发现的大概是十八段左右。《史记》的《十二诸侯年表》说:'及如荀卿、孟子、公孙固、韩非之徒,各往往捃摭《春秋》之文以著书',可见公孙固的书在汉初还很有名。这次发现的虽然只有两千多字,由于十分破碎,很难整理。它并不按时代次序,有几段记事和《左传》接近,但后面的议论,和《左传》都不同。……还有好多段史料是《左传》里完全没有的,也因此引起整理上的困难。但就是这些情况,它不是《左传》系统而为另一本古书是无疑的。"帛书整理小组在《文物》1977年第1期刊载了整理后的帛书《春秋事语》全部释文,在这时根据其内容,正式定名为《春秋事语》。《马王堆汉墓帛书》(文物出版社1979年版)有《〈春秋事语〉注释》。郑良树有《〈春秋事语〉校释》(载《竹简帛书论文集》中华书局1982年版)。张政烺《〈春秋事语〉解题》(《文物》1977年第1期)认为帛书《春秋事语》抄写年代在秦末汉初,是一种教科书,"应当认为和《铎氏微》是一致的,所不同者在编者文化水平的高低"。李裕民《马王堆汉墓帛书抄写年代考》,(《考古与文物》,1981年1期)根据帛书《春秋事语》不避汉讳的特点,判断其抄写年代上限为秦朝灭亡,下限为汉朝建立(公元前200年)。李学勤《帛书〈春秋事语〉与〈左传〉的流传》(《古籍整理研究学刊》,1989年第4期)总结了前人的研究工作,并提出帛书《春秋事语》与《左传》关系密切:"《春秋事语》一书实为早期《左传》学的正宗作品。其本于《左传》而兼及《谷梁》,颇似荀子学风,荀子又久居楚地,与帛书出于长沙相合,其为荀子一系学者所作是不无可能的。"这一观点基本代表了国内学者对帛书《春秋事语》的普遍认识。野间文史于2007年出版的《春秋事语》是迄今为止最为详尽的帛书《春秋事语》会注本,作者以中华繁体版《马王堆汉墓帛书》本为底本,结合郑良树先生的校释,并利用其他中日学者的研究成果对帛书《春秋事语》进行了全面的注释。

陆贾卒(约前240年—)。贾,楚人,西汉政论家,辞赋家。历经楚、秦、汉三朝,以客从高祖定天下,曾仕高、惠、文三帝,官至太中大夫。学识渊博,言辞辨丽,思想以德为主,杂糅黄老"无为而治"。所著《新语》12篇,《楚汉春秋》9篇及赋3篇,今佚。事迹见《史记》卷九七、《汉书》卷五一。

按:陆贾生卒年不详,任继愈《中国哲学发展史》(人民出版社1996年版),张岂之《中国思想史》(西北大学出版社1989年版)等认为生于前240年,卒于前170年。胡适《中国中古思想史长编》(安徽教育出版社1999年版)认为其卒年约在公元前170年。姜书阁《骈文史论》(人民文学出版社1986年版)认为陆贾与高祖年或相若,宜生于公元前250年左右,卒于公元前179年以后。赵吉惠等主编《中国儒学史》(中州古籍出版社1991年版)评价陆贾云:"陆贾被后世学者誉为秦后的第一儒。……被研究者视为汉初著名的经学家、《谷梁》大师。他怀着改良社会政治和复兴儒学的热忱,及时以理论的形式、从治理'天下'的高度提醒刘邦君臣改变诋儒轻学的态度,给儒生、儒学以应有的重视,并且提出融'仁义''无为'为一炉的思想理论,对儒学复兴做出贡献。"史载陆贾时时说称《诗》、《书》,王谟《汉魏丛书·识语》谓其"所敷奏盖不独称说《诗》、《书》","又多引《论语》、《孝经》",又说陆贾《谷梁》之学出自浮邱伯,虽未能以《谷梁》名家而列入《儒林传》,但实属汉代《谷梁》学者中不可忽视者。清人唐晏《陆子新语校注序》以陆贾为谷梁大师,并于《两汉三国学案》中将其列在《谷梁》学派之首。陆贾的著作除了《新语》外,《后汉书·班彪传》曰:"汉兴,定天下,太中大夫陆贾记录时功,作《楚汉春秋》九篇。"此书《汉书·艺文志》入《六艺略·春秋》。而刘知几《史通·题目第十一》则曰:"按吕、陆二氏各著一书,惟次篇章,不系时月,此乃子书杂记,而皆号曰《春秋》。"沈钦韩《汉书疏证》曰:"《隋志》九卷,《旧唐志》二十卷,《御览》引之,《经籍考》不载,盖亡于南宋也。"《汉书艺文志·诗赋略》分屈原赋、陆贾赋、荀卿赋杂赋及诗歌五大类。"陆贾赋之属"下著录《陆贾赋》三篇。杨树达《汉书窥管》(上海古籍出版社1984年版)说:"《文心雕龙·才略篇》云:'汉室陆贾首发奇采,赋孟春而选曲诣。'是贾有《孟春赋》,当为此三篇之一。又《汉书·艺文志·兵书略》著录兵权谋十三家,又云'省伊尹、太公、管子、孙卿子、鹖冠子、苏子、蒯通、陆贾、淮南子二百三十九家,出《司马法》入礼也'。王先谦《汉书补注》引陶宪曾曰:'省伊尹、太公、管子、孙卿子、鹖冠子、苏子、蒯通、陆贾、淮南子二百五十九家者,重也。'盖《七略》中《伊尹》以下九家,其全书收入儒、道、纵横、杂各家,又择其中言兵权谋者重入于此。其得而二百五十九篇。班氏存其专家各书,而于此则省之。故所省亦止二百五十九篇也。《七略》本入此,班出之入礼家。是入礼,专指《司马法》而言。"

汉文帝十一年　壬申　前169年

罗马人入马其顿。

是年，罗马诗人恩尼乌斯卒（前239—　）。著有史诗《编年史》，被誉为罗马文学之父。

十一月，文帝行幸代（《汉书·文帝纪》）。

正月，文帝自代还（《汉书·文帝纪》）。

三月，颁布《劝农诏》（《汉书·文帝纪》）。

六月，梁怀王刘揖卒。

按：《汉书·文三王传》曰："梁怀王揖，文帝少子也。好《诗》、《书》，帝爱之，异于他子。五年一朝，凡再入朝。因堕马死，立十年薨。无子，国除。明年，梁孝王武徙王梁。"

是月，匈奴寇狄道（《汉书·文帝纪》）。

晁错作《上书言皇太子宜知术数》，拜太子家令。

按：《汉书·袁盎晁错传》曰："又上书言：'人主所以尊显功名扬于万世之后者，以知术数也。故人主知所以临制臣下而治其众，则群臣畏服矣。知所以听言受事，则不欺蔽矣。知所以安利万民，则海内必从矣。知所以忠孝事上，则臣子之行备矣：此四者，臣窃为皇太子急之。人臣之议或曰皇太子亡以知事为也，臣之愚，诚以为不然。窃观上世之君，不能奉其宗庙而劫杀于其臣者，皆不知术数者也。皇太子所读书多矣，而未深知术数者，不问书说也。夫多诵而不知其说，所谓劳苦而不为功。臣窃观皇太子材智高奇，驭射技艺过人绝远，然于术数未有所守者，以陛下为心也。窃愿陛下幸择圣人之术可用今世者，以赐皇太子，因时使太子陈明于前。唯陛下裁察。'上善之，于是拜错为太子家令。以其辩得幸太子，太子家号曰'智囊'。"吕祖谦《大事记解题》卷十曰："此文帝之大失也。独不记用张相如、石奋为太子师傅之意乎。"又曰："汉初黄老、申、韩，世有传授。观此《传》及《乐毅传赞》皆可考也，独儒者无闻焉。故高祖以来，黄老、申韩迭用于世（注曰：文帝玄默寡欲，故与黄老合。景帝峻暴寡恩，故与申韩合。），而儒者独不用，殆非专时君之罪也。太史公曰：'自曹参荐盖公言黄老，而贾生、晁错明申商，公孙弘以儒显，其所感者深矣。'"

晁错作《上书言兵事》、《言守边备塞务农力本当世急务二事》、《复言募民徙塞下》等。

按：晁错三疏，提出募民徙塞、良将戍边；守边劝农、巩固边郡；以夷攻夷等戍边之策。《汉书·袁盎晁错传》曰："是时匈奴强，数寇边，上发兵以御之。错上言兵事，曰：'……臣又闻用兵，临战合刃之急者三：一曰得地形，二曰卒服习，三曰器用利。……夫卑身以事强，小国之形也；合小以攻大，敌国之形也；以蛮夷攻蛮夷，中国之形也。……今降胡义渠蛮夷之属来归谊者，其众数千，饮食长技与匈奴同，可赐之坚甲絮衣，劲弓利矢，益以边郡之良骑。令明将能知其习俗和辑其心者，以陛下之明约将之。即有险阻，以此当之；平地通道，则以轻车材官制之。两军相为表里，各用其长技,衡加之以众,此万全之术也。传曰:"狂夫之言,而明主择焉。"臣错愚陋,昧死上狂言,唯陛下财择。'"又曰:"错复言守边备塞、劝农力本,当世急务二事,曰:'臣闻秦时北攻胡貉,筑塞河上,南攻杨粤,置戍卒焉。其起兵而攻胡、粤者,非以卫边地而救民死也,贪戾而欲广大也,故功未立而天下乱。……以是观之,往来转徙,时至时去,此胡人之生业,而中国之所以离南亩也。……以陛下之时,徙民实边,使远方亡屯戍之事,塞下之民父子相保,亡系虏之患,利施后世,名称圣明,其与秦之行怨民,相去远矣。'上从其言,募民徙塞下。"又曰:"错复言:'陛下幸募民相徙以实塞下,使屯戍之事益省,输将之费益寡,甚大惠也。……陛下绝匈奴不与和亲,臣窃意其冬来南也,壹大治,则终身创矣。欲立威者,始于折胶,来而不能困,使得气去,后未易服也。愚臣亡识,唯陛下财察。"晁错的三次上疏,《资治通鉴》卷一五系于此年,从之。

贾谊作《上疏谏封建弟子》。

按:《资治通鉴》系于本年。即《新书》中《益壤》、《权重》篇。

汉文帝十二年　癸酉　前 168 年

十二月,河决东郡(《汉书·文帝纪》)。

二月,出惠帝后宫美人令得嫁。

按:吕祖谦《大事记解题》卷十曰"惠帝之崩,至此二十年矣,以文帝之仁,始得出嫁,然则定制未立,事之遗落者多矣。"

三月,废出关用传(符证)之制。

按:《汉书·文帝纪》曰:"三月,除关,无用传。"孙翊刚《中国赋税史》(中国税务出版社 1998 年版)说:"据《汉书·地理志》所记,汉朝的关计有弘农郡陆浑武关(秦有函谷关);上党郡的上党关、壶口关、石研关;汉中郡的郧关;牂柯郡的柱蒲关、进桑关;巴郡鱼复的江关;敦煌郡有阳关、玉门关;代郡有五原关、常山关,上谷郡有居庸关;郁林郡雍鸡有关;苍梧郡有离水关、谢沐关和荔平关;合浦郡有合浦关;九真郡有界关。北部、西部、西南部以及内地要道,均置有关,由此看来,国防安全要重于经济意义。景帝的恢复进出关用传制度,可能其意义并不在收税。"

是月,诏赐农民今年租税之半.。

按:《汉书·文帝纪》曰:"诏曰:'道民之路,在于务本。朕亲率天下农,十年于今,而野不加辟。岁一不登,民有饥色,是从事焉尚寡,而吏未加务也。吾诏书数下,岁劝民种树,而功未兴,是吏奉吾诏不勤,而劝民不明也。且吾农民甚苦,而吏莫之省,将何以劝焉?其赐农民今年租税之半。'"

诏置三老孝悌力田常员。

按:《汉书·文帝纪》曰:"又曰:'孝悌,天下之大顺也;力田,为生之本也;三老,众民之师也;廉吏,民之表也。朕甚嘉此二三大夫之行。今万家之县,云无应令,岂实人情?是吏举贤之道未备也。其遣谒者劳赐三老、孝者帛人五匹;悌者、力田二匹;廉吏二百石以上率百石者三匹。及问民所不便安,而以户口率置三老、孝、悌、力

罗马灭马其顿王国。

田常员,令各率其意以道民焉。'"

晁错谏文帝使天下入粟塞下以拜爵(《资治通鉴》卷一五)。

刘武由淮阳王徙为梁王,后延四方文士,形成梁苑文人集团。

按:《史记·梁孝王世家》曰:"初,武为淮阳王十年,而梁王胜卒,谥为梁怀王。怀王最少子,爱幸异于他子。其明年,徙淮阳王武为梁王。梁王之初王梁,孝文帝之十二年也。"梁孝王"招延四方豪杰,自山以东游说之士,莫不毕至,齐人羊胜、公孙诡、邹阳之属"(《史记·梁孝王世家》),于是形成了一个著名的梁苑文人集团。鲁迅《汉文学史纲》(人民文学出版社1958年版)说:"汉高祖虽不喜儒,文、景二帝亦好刑名黄老,而当时诸侯王中,则颇有倾心养士、致意于学术者。楚、吴、梁、淮南、河间王,其尤著也。"

贾谊著《新书》10卷成。

按:《汉书·艺文志·诸子略·儒家》曰:"《贾谊》五十八篇。"陈国庆《汉书艺文志注释汇编》(中华书局1983年版)说:"《隋志》载《贾子》十卷,《录》一卷。《旧唐志》则云九卷,其称《贾子》则同。《新唐志》始称《贾谊新书》十卷。清《四库全书》子部儒家类著录《新书》十卷,《四库全书总目提要》载:'汉贾谊撰。原本五十八篇,今佚其三篇。多取《汉书》谊《本传》之文,割裂章段,颠倒次序,而加以标题,殊瞀乱无绪。疑旧本列阙,好事者取本传所载,离析其文,以足五十八篇之数,不可谓真出谊手,亦不可谓非出谊手也。今书阙卷五《问考》一篇,卷十《礼容语》上一篇。"《四库总目提要》认为贾谊之文多见于《新语》取自《汉书》本传,但余嘉锡《四库提要辨证》(中华书局2007年版)则说:"然则班固于其所上之疏,凡以为疏而不切者,皆不加采掇。其它泛陈古义,不涉世事者,更无论也。故凡载于《汉书》者,乃从五十八篇之中撷其精华,宜其文如万选青钱。后人于此数篇,童而习之,而《新书》则读者甚寡。其书又传写脱误,语句多不可解,令人厌观。偶一涉猎,觉其皆不如见于《汉书》者之善,亦固其所。"关于《新书》的版本流传问题,李书玮有详细的论述(参见《贾谊〈新书〉版本流传述略》,《图书馆工作与研究》2007年2期)。

晁错作《论贵粟疏》。

按:《汉书·食货志》曰:"晁错复说上曰:'……方今之务,莫若使民务农而已矣。欲民务农,在于贵粟;贵粟之道,在于使民以粟为赏罚。……以是观之,粟者,王者大用,政之本务。……'于是文帝从错之言,令民入粟边。"此疏根本目的在于贵农抑商,而其直接目的是为了入粟支边,积极加强对于匈奴的防御。

贾谊卒(前200—)。谊,洛阳人。西汉政治家、文学家。年二十余,被文帝召为博士,迁太中大夫;后谪为长沙王太傅、梁怀王太傅。著《新书》10卷及奏疏、赋等。事迹见《史记》卷九七、《汉书》卷四八。

按:《史记·屈原贾生列传》曰:"居数年,怀王骑,坠马死。无后。贾生自伤为傅无状,哭泣岁余,亦死。贾生之死时年三十三矣。"吕祖谦《大事记解题》卷十评论曰:"梁怀王以十一年六月死,至此仅两年。临川王氏诗曰:'怀王自坠马,贾傅至死悲。古人事一职,岂敢苟然为。哭死非为生,吾心良不欺。滔滔声利间,绛灌复何知。'东坡苏氏曰:'贾生过湘为赋以吊屈原,纡郁愤闷趯然有远举之志,其后卒以自伤哭泣,至于夭绝,使人君得如贾谊臣,则知其有狷介之操,一不见用则忧伤病沮不能复振,而为贾生者亦慎其所发哉!合临川东坡二说观之,则贾生之醇疵可见矣。"贾谊为汉初大儒,其思想上杂糅儒道,出入百家,如刘跃进《贾谊的学术背景及其文章风格的形成》(《文史哲》2006年2期)所说:"贾谊的思想经历了由刑名而儒术、再近道家的几次转变;其学术背景也较为复杂,他的北方文化的基因中又糅进若干南方文化的因素,因而显示出阳刚阴柔相兼容的博大气象。"目前贾谊《贾谊集》的整理本有祁玉章《贾子新书校释》;王洲明《贾谊集校注》;吴云、李春台《贾谊集校注》;方向东《贾谊集汇校集解》;阎振益、钟夏《新书校注》等。

汉文帝十三年　甲戌　前167年

二月甲寅,诏亲率天下农耕以供粢盛,皇后亲桑以供祭服(《汉书·文帝纪》)。

夏,诏除秘祝。

按:《史记·孝文本纪》曰:"上曰:'盖闻天道,祸自怨起,而福由德兴,百官之非,宜由朕躬。今秘祝之官移过于下,以彰吾之不德,朕甚弗取。其除之!'"《汉书·文帝纪》、《史记·封禅书》、《汉书·郊祀志》略同。《春秋繁露·王道通三》中,董仲舒阐述了这样的思想:"是故《春秋》君不名恶,臣不名善,善皆归于君,恶皆归于臣。臣之义,比于地。故为人臣者,视地之事天也;为人子者,视土之事火也。虽居中央,亦岁七十二日之王,传于火以调和养长,然而弗名者,皆并功于火,火得以盛。不敢与父分功,美孝之至也。是故孝子之行,忠臣之义,皆法于地也。"这就为君主公开移过于臣下及大臣公开代君受过提供了理论基础。

五月,诏除肉刑。

按:《史记·孝文本纪》曰:"乃下诏曰:'盖闻有虞氏之时,画衣冠异章服以为僇,而民不犯。何则?至治也。今法有肉刑三,而奸不止,其咎安在?非乃朕德薄而教不明欤?吾甚自愧。故夫驯道不纯而愚民陷焉。《诗》曰"恺悌君子,民之父母"。今人有过,教未施而刑加焉,或欲改行为善而道毋由也。朕甚怜之。夫刑至断支体,刻肌肤,终身不息,何其楚痛而不德也,岂称为民父母之意哉!其除肉刑。'"

六月,诏除当年田租(《史记·孝文本纪》)。

张苍与御史大夫冯敬谏除肉刑,更定律令。

按:《汉书·刑法志》曰:"丞相张苍、御史大夫冯敬奏言:'肉刑所以禁奸,所由来者久矣。陛下下明诏,怜万民之一有过被刑者终身不息,及罪人欲改行为善而道亡繇至,于盛德,臣等所不及也。臣谨议请定律曰:诸当完者,完为城旦舂;当黥者,髡钳为城旦舂;当劓者,笞三百;当斩左止者,笞五百;当斩右止,及杀人先自告,及吏坐受赇枉法,守县官财物而即盗之,已论命复有笞罪者,皆弃市。罪人狱已决,完为城旦舂,满三岁为鬼薪、白粲。鬼薪、白粲一岁,为隶臣妾。隶臣妾一岁,免为庶人。隶臣妾满二岁,为司寇。司寇一岁,及作如司寇二岁,皆免为庶人。其亡逃及有罪耐以上,不用此令。前令之刑城旦舂岁而非禁锢者,如完为城旦舂岁数以免。臣昧死请。'制曰：'可。'是后，外有轻刑之名，内实杀人。斩右止者又当死。斩左止者笞五百，当劓者笞三百，率多死。"

淳于意女缇萦上书，为其父淳于意赎罪。

按：《史记·孝文本纪》曰："五月，齐太仓令淳于公有罪当刑，诏狱逮徙系长安。太仓公无男，有女五人。太仓公将行会逮，骂其女曰：'生子不生男，有缓急非有益也！'其少女缇萦自伤泣，乃随其父至长安，上书曰：'妾父为吏，齐中皆称其廉平，今坐法当刑。妾伤夫死者不可复生，刑者不可复属，虽复欲改过自新，其道无由也。妾愿没入为官婢，赎父刑罪，使得自新。'"书奏天子，天子怜悲其意，于是下诏除肉刑。

淳于意作《对诏问所为治病》、《死生验者几何》、《人主名为谁》。

按：《史记·扁鹊仓公列传》曰："意家居，诏召问所为治病死生验者几何人也，主名为谁。诏问故太仓长臣意：'方伎所长，及所能治病者？有其书无有？皆安受学？受学几何岁？尝有所验，何县里人也？何病？医药已，其病之状皆何如？具悉而对。'……问臣意：'诊病决死生，能全无失乎？'臣意对曰：'意治病人，必先切其脉，乃治之。败逆者不可治，其顺者乃治之。心不精脉，所期死生视可治，时时失之，臣意不能全也。'"此事因本年有缇萦救父之事，故系于此年。这些记载是中医学史上的重要文献，特别是案例，称为《诊籍》，是最早的病历纪录。董粉和《中国秦汉科技史》（人民出版社1994年版）说："淳于意给人看病注重病历记述。凡患者姓名、职业、地址、病名、脉象、病因、治疗、用药、疗效、预后等，皆作详细记录。这就是《诊籍》。《史记·扁鹊仓公列传》记载了淳于意所述'诊籍'25案，有成功的经验，也有失败的病例。这是我国最早见于文献记载的医案。其体例内容，实为后世病历医案的创始。"廖育群《中国科学技术史》（科学出版社1998年版）说："不论是判断疾病的'可治'或'不可治'，还是确定具体的治疗方法，基本上都是立足于中医基础理论体系之上以经脉、肺腑为基础。既看不到该时代理应存在的咒禁之术等超自然疗法的痕迹，亦不是滞留在经验医学的低级水平。可以说，这就是淳于意医学思想与治疗体系最突出的特点。追随淳于意学医的，有宋邑、高期、冯信、唐安等人。宋邑为临淄人，追随仓公学'五诊'之法；高期、王禹乃济北王之太医，受遣而来，得授经脉、腧穴针灸之法；冯信是淄川王之太仓马长，以学习药物治疗为主；杜信为高永侯家丞，喜脉，随淳于意学经脉、五诊之法两年余；唐安亦为临淄人，所学最多，未竟之时即被除为齐王侍医。"

汉文帝十四年　乙亥　前166年

冬，匈奴老上单于十四万骑入朝那、萧关，杀北地都尉印，烧回中宫，汉发军长安旁以备之（《史记·孝文本纪》、《汉书·文帝纪》）。

春，诏广增诸祀坛场珪币。

按：《史记·孝文本纪》曰："春，上曰：'朕获执牺牲珪币以事上帝宗庙，十四年于今，历日绵长，以不敏不明而久抚临天下，朕甚自愧。其广增诸祀墠场珪币。昔先王远施不求其报,望祀不祈其福,右贤左戚,先民后己,至明之极也。今吾闻祠官祝釐,皆归福朕躬,不为百姓,朕甚愧之。夫以朕不德,而躬享独美其福,百姓不与焉,是重吾不德。其令祠官致敬,毋有所祈。'"

公孙臣上书文帝,陈终始传五德事,奏改正朔服色制度。
按:《史记·孝文本纪》曰:"是时北平侯张苍为丞相,方明律历。鲁人公孙臣上书陈终始传五德事,言方今土德时,土德应黄龙见,当改正朔服色制度。天子下其事与丞相议。丞相推以为今水德,始明正十月上黑事,以为其言非是,请罢之。"《史记·封禅书》曰:"鲁人公孙臣上书曰:'始秦得水德,今汉受之,推终始传,则汉当土德,土德之应黄龙见。宜改正朔,易服色,色上黄。'是时丞相张苍好律历,以为汉乃水德之始,故河决金堤,其符也。年始冬十月,色外黑内赤,与德相应。如公孙臣言,非也。罢之。"张守节《史记正义》曰:"张苍以汉十月始置霸上,故因秦十月为岁首。推五德之运,以为当水之时也,当理如故。鲁人公孙臣上书言汉土德之时,又为土德。"梁玉绳《史记志疑》卷七曰:"窃谓五行之主,颇不足准。其说始于邹衍,今视之特阴阳末术耳。初无预于治乱之数,自秦始皇采用,遂相沿以为大事,不亦惑乎!……张苍之议,必因高帝'北畤待我而起'一语,故《历书》亦云'高祖自以为获水德之瑞'。不知高祖一时之词,非自道得水德。初起事时,旗帜尚赤矣。特袭秦正朔服色,未遑更定也。"

汉文帝十五年　丙子　前165年

春,文帝与诸生申明土德,草改历、服色事。
按:《史记·孝文本纪》曰:"十五年,黄龙见成纪,天子乃复召鲁公孙臣,以为博士,申明土德事。"《史记·封禅书》、《史记·张丞相列传》、《汉书·文帝纪》、《汉书·张周赵任申屠传》亦载此事。

四月,文帝始幸雍,郊见五帝,诏赦天下。
按:《史记·孝文本纪》曰:"于是上乃下诏曰:'有异物之神见于成纪,无害于民,岁以有年。朕亲郊祀上帝诸神。礼官议,毋讳以劳朕。'有司礼官皆曰:'古者天子夏躬亲礼祀上帝于郊,故曰郊。'于是天子始幸雍,郊见五帝,以孟夏四月答礼焉。"此为汉代天子首次亲郊。

九月,颁布《策贤良文学诏》,令诸侯王、公卿、郡守举贤良、能直言极谏者,文帝亲策之。
按:《汉书·袁盎晁错传》曰:"惟十有五年九月壬子,皇帝曰:'昔者大禹勤求贤士,施及方外,四极之内,舟车所至,人迹所及,靡不闻命,以辅其不逮;近者献其明,远者通厥聪,比善戮力,以翼天子。是以大禹能亡失德,夏以长楙。高皇帝亲除大害,去乱从,并建豪英,以为官师,为谏争,辅天子之阙,而翼戴汉宗也。赖天之灵,宗庙之福,方内以安,泽及四夷。今朕获执天子之正,以承宗庙之祀,朕既不德,又不敏,明弗能烛,而智不能治,此大夫之所著闻也。故诏有司、诸侯王、三公、九卿及主

犹太马卡比起义爆发。

郡吏，各帅其志，以选贤良明于国家之大体，通于人事之终始，及能直言极谏者，各有人数，将以匡朕之不逮。二三大夫之行当此三道，朕甚嘉之，故登大夫于朝，亲谕朕志。大夫其上三道之要，及永惟朕之不德，吏之不平，政之不宣，民之不宁，四者之阙，悉陈其志，毋有所隐。上以荐先帝之宗庙，下以兴愚民之休利，著之于篇，朕亲览焉，观大夫所以佐朕，至与不至。书之，周之密之，重之闭之。兴自朕躬，大夫其正论，毋枉执事。乌乎，戒之！二三大夫其帅志毋怠！"文帝这次诏令开启了后来察举中的贤良文学科，到武帝时期以诏令颁布，为儒学独尊奠定了基础。

公孙臣是春拜为博士，应诏明服色（《史记·孝文本纪》、《汉书·文帝纪》）。

按：公孙臣以传邹衍的阴阳学说而为博士，说明当时仍承秦制，百家之言，各为博士。

新垣平是春应诏设五庙（《汉书·文帝纪》、《汉书·郊祀志》）。

晁错九月以《举贤良对》对策高第，擢为中大夫。

按：《汉书·文帝纪》曰："九月，诏诸侯王公卿郡守举贤良能直言极谏者，上亲策之，傅纳其言。"《汉书·袁盎晁错传》曰："后诏有司举贤良文学士，错在选中。上亲策诏之，……时贾谊已死，对策者百余人，唯错为高第，由是迁中大夫。"吕祖谦《大事记解题》卷十曰："对策者百余人，唯错为高第，当时议论之臣固少与错比，其迁为中大夫，文帝特奇其材而已。观太史公所叙可见也。"

阜阳汉简《苍颉篇》、《诗经》、《周易》、《年表》、《大事记》、《杂方》、《作务员程》、《行气》、《相狗经》、《辞赋》、《刑德》、《日书》等是年前流传民间。

按：阜阳汉简整理小组《阜阳汉简简介》（《文物》1983年第2期）介绍"阜阳汉简是1977年在发掘阜阳县双古堆一号汉墓时发现的。同墓出土了铜器、漆器、铁器、陶器等文物二百余件。根据出土器物上有'女（汝）阴侯'铭文及漆器铭文纪年最长为'十一年'等材料，确认墓主是西汉第二代汝阴侯夏侯灶。夏侯灶是西汉开国功臣夏侯婴之子，卒于文帝十五年（前165年）。因此，阜阳汉简的下限不得晚于这一年，大抵为汉初遗物。详细内容参见《文物》1978年第8期《阜阳双古堆西汉汝阴侯墓发掘简报》。"阜阳汉简包括十多种古籍：《苍颉篇》、《诗经》、《周易》、《年表》、《大事记》、《杂方》、《作务员程》、《行气》、《相狗经》、《辞赋》、《刑德》、《日书》等。

1. 《苍颉篇》。此为我国古代除《史籀篇》而外最早的一部字书。汉初，"闾里书师"曾把这三部书合而为一，统称《苍颉篇》，断六十字为一章，共五十五章，三千三百字。但宋以后失传。《苍颉篇》残简首次面世于20世纪初，为斯坦因从敦煌汉代烽燧遗址中所获，仅四十余字（参见王国维《流沙坠简》与《重辑苍颉篇》）。另外，在甘肃居延和敦煌两地发掘出的汉简中，也有《苍颉篇》残文，或几十字或百字。阜阳汉简《苍颉篇》中完整的字达五百四十一个，这是《苍颉篇》亡佚千年后，国内最大的一次考古发现。这类简虽然十分破碎，仅留下些片言只语，但许多仍可联缀成句。利用这些资料，一则可以校订流沙坠简和居延汉简《苍颉篇》中对文字的误释，从而更准确地释读原文；再则对于进一步研究《苍颉篇》，考察古代字书，也是极为宝贵的资料。（参见《阜阳汉简〈苍颉篇〉》《文物》1983年第2期）

2. 《诗经》。阜阳汉简《诗经》是目前所见最早的《诗经》抄本，出土时竹简严重残损，经过清理，仅存长短不一的简片170余枚。无书题。与今本《毛诗》对勘，有

《国风》与《小雅》两种。《国风》中有《周南》、《召南》、《邶》、《鄘》、《卫》、《王》、《郑》、《齐》、《魏》、《唐》、《秦》、《陈》、《曹》、《幽》等14国残片,只有《桧风》没有发现。计有残诗(有的仅存篇名)65首;有的仅有残句,如《小雅》则仅存《鹿鸣之什》中的4首诗的残句。从残存诗篇文字来看,和今本《毛诗》有许多不同。(参见阜阳汉简整理小组《阜阳汉简诗经》,《文物》1984年第8期)。胡平生、韩自强《阜阳汉简〈诗经〉研究》(上海古籍出版社1988年版)认为它不属于鲁、齐、韩、毛中任何一家《诗》的传本,"是否与《元王诗》有关也无从考证",因此"只好推想它可能是未被《汉志》著录而流传于民间的另外一家"。饶宗颐《读阜阳汉简〈诗经〉》(《明报月刊》1984年十二月号)认为与四家诗中鲁诗年代相当,但亦不能指定为《鲁诗》之读本。孙斌来《阜阳汉简〈诗经〉的传本及抄写年代》(《古籍整理研究学刊》1985年第4期)认为"阜阳汉简《诗经》是楚国《诗经》的传本,楚国《诗经》大约抄写于公元前五四〇至公元前五二九年之间,即楚灵王在位时期,当时各诸侯国都有与今本《诗经》篇目大致相同的《诗经》定本,阜阳汉简《诗经》是汉代人在刘盈为帝之前、刘邦称帝之后抄写的,它虽然不是一人一时抄写的,但是却未经汉代学者修订过。"目前发现的《诗》类竹简书籍有两种:除了阜阳双古堆汉简《诗经》,还有上海博物馆藏战国楚竹书《孔子诗论》、郭店楚简和上海博物馆藏战国楚竹书的《缁衣》篇中也发现有引《诗》19条,其中包括逸诗1条。

3.《春秋事语》。韩自强《二号木牍〈春秋事语〉章题及相关竹简释文考证》(载《阜阳汉简〈周易〉研究》,上海古籍出版社,2004年版)说《春秋事语》"木牍长二十三厘米,宽五点五厘米,正背两面各分上、中、下三行,由右至左书写章题。正面上排仅存章题五行;中排存九行;下排存九行。背面上排和下排漫漶不清,仅各存两行;中排存七行,另外还有难以拼接的残片,两面保存七行,总计存有四十个章题"。章题有二十八个,正文二十五章,共五十三章。内容为春秋战国时期的历史故事,其中四十七章都见于刘向《说苑》、《新序》。韩自强对简牍《春秋事语》可识别的部分进行了释读,并认为其与刘向《说苑》有很大关系。另外,韩志强《阜阳汉简〈周易〉研究》还附《儒家者言释文考证》。《儒家者言》共47个章题,记载孔子及其弟子的言行。

4.《周易》。阜阳汉简《周易》保存数量相对较多,一共整理出752支简,有今本《周易》六十四卦中的四十多卦,涉及卦辞、爻辞的约200片,与今本不同的卜事之辞约400片。参见韩志强《阜阳汉简〈周易〉研究》(上海古籍出版社,2004年版)。

5.《万物》。共有130余片,可能是早期的本草、方术性质的书籍,主要为医药卫生及物理、物性方面的内容。研究的论文有《阜阳汉简〈万物〉》、《〈万物〉略说》(《文物》1988年第4期)、陈力、周一谋、龙月云有《对阜阳汉简〈万物〉所载药物与疾病的整理》(《湖南中医学院学报》,1991年第2期)等。

6.《庄子》。约20片,有传本《内篇》中的《逍遥游》、《人间世》,《外篇》中的《骈拇》、《在宥》等以及《杂篇》中的《徐无鬼》、《外物》、《让王》、《天下》等内容,但大多仅存数字,只有"宋元君夜半而梦"(《外物》)故事残留较多。研究的论文有韩自强《阜阳汉简〈庄子〉》(《文物研究》第6辑,黄山书社1990年版)。

晁错著《晁错》31篇。

按:《汉书·爱盎晁错传》载迁为中大夫后,"错又言宜削诸侯事,及法令可更定者,书凡三十篇。孝文虽不尽听,然奇其材。当是时,太子善错计策,爱盎诸大功臣多不好错"。《汉书·艺文志》法家载《晁错》三十一篇。与《本传》不同。陈国庆《汉书艺文志注释汇编》(中华书局1983年版)说:"《史记》云,'晁错学申、商、刑名于轵

汉文帝十六年　丁丑　前164年

犹大·马卡比重建犹太圣殿。犹太人的宗教自由恢复。

　　四月，文帝郊祀上帝于渭阳五帝庙；令博士诸生采六经作《王制》，又谋议巡狩、封禅事；又于长门道北立五帝坛。

　　按：《史记·封禅书》载："其明年，赵人新垣平以望气见上，言'长安东北有神气，成五采，若人冠絻焉。或曰东北神明之舍，西方神明之墓也。天瑞下，宜立祠上帝，以合符应'。于是作渭阳五帝庙，同宇，帝一殿，面各五门，各如其帝色。祠所用及仪亦如雍五畤。夏四月，文帝亲拜霸渭之会，以郊见渭阳五帝。五帝庙南临渭，北穿蒲池沟水，权火举而祠，若光辉然属天焉。于是贵平上大夫，赐累千金。而使博士诸生刺《六经》中作《王制》，谋议巡狩封禅事。"《资治通鉴》卷一五曰："夏，四月，上郊祀上帝于渭阳五帝庙。于是贵新垣平至上大夫，赐累千金；而使博士、诸生刺《六经》中作《王制》，谋议巡狩、封禅事。又于长门道北立五帝坛。"汉文帝时立五帝坛，这是有文献明确记载的中国历史上最早建立的郊坛，实开汉代以后郊坛建置的先例，同时亦是汉代方士倡言神仙之事的发端。吕祖谦《大事记解题》卷十曰："按《郊祀志》'文帝出长门若见五人于道北，遂因其直立五帝坛，祠以五牢'。以文帝之清静寡欲，一有所溺，其惑如此，况其下者乎，是故人主不可有所欲。"

　　又按：吕祖谦《大事记解题》卷十曰："今《礼记·王制》篇是也。文帝方溺于方士之说，此岂兴礼乐之时乎？使有真儒必不在执笔之列！"《礼记》中《王制》与此处汉文帝令博士作《王制》，二者如果是一书的话，涉及《王制》成书时间的问题，大致有如下说法：东汉卢植以为文帝时作；郑玄以为是秦汉之际所作；俞樾、皮锡瑞认为是七十子后学所作，亦有学者认为文帝《王制》与《礼记·王制》是二书。王鸣盛《十七史商榷》卷一三"文帝王制"条对此又作了详细说明："《索隐》引刘向《七录》云：'文帝所造书有《本制》、《兵制》、《服制》篇。'《封禅书》所谓《王制》也，非今《礼记》所有《王制》。卢植妄以当之，彼疏引郑《目录》云：'名曰《王制》者，以其记先王班爵授禄祭礼养老之法度。此于《别录》属制度。'王郑《答临硕》云：'孟子当赧王之际，《王制》之作，复在其后。'郑意不以《王制》为文帝作。《艺文志》：'《礼记》百三十一篇，七十子后学者所记也。'大小戴删取之，今存四十九篇，《王制》在此内，与文帝所作何涉？许慎《说文·自序》云：'壁中书者，鲁恭王坏孔子宅而得《礼记》、《尚书》、《春秋》、《论语》、《孝经》。'《礼记》亦孔壁中所得，其非汉儒作，甚明。下文武帝得宝鼎，命群臣采《封禅》、《尚书》、《周官》、《王制》事。此《王制》则是文帝所作。盖文帝原为封禅作之，武帝亦以议封禅采之也。武帝封禅用《王制》见《史记·孝武本纪》载：'自得宝鼎，上与公卿诸生议封禅。封禅用希旷绝，莫知其仪礼，而群儒采封禅尚书、周官、王制之望祀射牛事。齐人丁公年九十余，曰："封者，合不死之名也。秦皇帝不得上封。陛下必欲上，稍上即无风雨，遂上封矣。"上于是乃令诸儒习射牛，草封禅仪。数年，至且行。天子既闻公孙卿及方士之言，黄帝以上封禅，皆致怪物与神通，欲放黄帝以尝接神仙人蓬莱士,高世比德于九皇,而颇采儒术以文之。群儒既以不能辩明封禅事,又牵拘于诗书古文而不敢骋。上为封祠器示群儒,群儒或曰'不与古同',徐偃又曰'太常诸生行礼不如鲁善',周霸属图封事,于是上绌偃、霸,尽罢诸儒弗用。"王先谦《汉书补注》亦引证王鸣盛观点。任铭善《礼记目录后案》(齐鲁书社1982年版)亦说:"卢君盖据《史记》言汉文帝令博士刺《六经》作《王制》,谋议封禅巡守事。然其言在《封禅书》,则文帝所作《王制》宜重其事,其遗文或有见于《封禅书》及《白虎通》者,而此篇曾无一字及之;司马贞《索隐》引《别录》,更谓文帝书有《本制》、《兵制》、《服制》诸篇,此篇亦无其文;则此《王制》非文帝《王制》至明。"

丙寅,分齐为六国,淮南为三国,以弱其力(《资治通鉴》卷一五)。

按:《汉书·文帝纪》曰:"五月,立齐悼惠王子六人、淮南厉王子三人皆为王。"吕祖谦《大事记解题》卷十曰:"文帝于贾谊之策,一从一违者。分齐以王悼惠诸子,盖其所欲,不王厉王诸子,则非其所安也。观过知仁,亦可谓天资之厚矣。天资虽厚,不能裁之以义,及武帝之世,淮南、衡山之狱,屠戮生民,以数万计,恃天资而不学,其患至此。"

申屠嘉为御史大夫(《汉书·百官公卿表》)。

刘安为淮南王,招揽四方宾客方术之士。

按:《汉书·淮南衡山列传》曰:"孝文十六年,徙淮南王喜复故城阳。上怜淮南厉王废法不轨,自使失国早死,乃立其三子:阜陵侯安为淮南王……安为人好书,鼓琴,不喜弋猎狗马驰骋,亦欲以行阴德,拊循百姓,流名誉,招致宾客方术之士数千人。作为《内书》二十一篇;《外书》甚众。又有《中篇》八卷,言神仙黄白之术,亦二十余万言。"

新垣平九月献玉杯,为文帝宣扬谶纬之说。

按:《汉书·文帝纪》曰:"秋九月,得玉杯,刻曰:'人主延寿'。令天下大酺,明年改元。"《汉书·郊祀志》亦载此事。《资治通鉴》卷一五载:"秋,九月,新垣平使人持玉杯上书阙下献之。平言上曰:'阙下有宝玉气来者。'已视之,果有献玉杯者,刻曰'人主延寿'。平又言:'臣候日再中。'居顷之,日却,复中。于是始更以十七年为元年,令天下大酺。平言曰:'周鼎亡在泗水中。今河决,通于泗,臣望东北汾阴直有金宝气,意周鼎其出乎!兆见,不迎则不至。'于是上使使治庙汾阴南,临河,欲祠出周鼎。"

汉文帝后元元年　戊寅　前163年

三月,颁布《求言诏》(《汉书·文帝纪》)。

按:诏令丞相、列侯、吏二千石、博士有可以佐百姓者,率意远思,无有所隐。

新垣平十月被诛,夷三族(《汉书·文帝纪》)。

按：《汉书·郊祀志》曰："人有上书告平所言皆诈也。下吏治，诛夷平。是后，文帝怠于改正服鬼神之事，而渭阳、长门五帝使祠官领，以时致礼，不往焉。"《资治通鉴》卷一五系于本年。吕祖谦《大事记解题》卷十曰："受玉杯之献，即明皇之德灵宝也。以日再中之说而改元，即哀帝之溺夏贺良也。治庙汾阴，欲祠出周鼎，即始皇之祷泗水也。与治同，道固不兴，与乱同，事固不亡。使新垣平之不死，汉其殆哉。然武帝既诛文成，而五利之宠又甚于前。文帝自是遂不复信方士之诞。盖其天资本非多欲而骛溺尚新，故犹可自拔也。观其遗诏之首曰：'盖天下万物之萌生靡不有死，死者，天地之理物之自然。'去此才六七年耳。所见如出两人。人恒过然后能改。岂虚言哉！至于忿疾新垣平而复三族刑，惩艾淫祠而怠于正朔服色郊祀之事，则补衮职者之责也。"

汉文帝后元二年　己卯　前162年

夏，文帝行幸雍棫阳宫（《汉书·文帝纪》）。

六月，诏复与匈奴和亲（《资治通鉴》卷一五）。

八月戊戌，张苍免丞相职，以御史大夫申屠嘉为丞相（《汉书·百官公卿表》）。

按：《史记·张丞相列传》曰："其后黄龙见成纪，于是文帝召公孙臣以为博士，草土德之历制度，更元年。张丞相由此绌，谢病称老。苍任人为中侯，大为奸利。上以让苍，苍遂病免。苍为丞相十五岁而免。"

陶青八月以开封侯迁御史大夫（《汉书·百官公卿表》）。

阎昭著《阎氏五胜》（《日书》）是年前成书。

按：1999年6～9月湖南省沅陵县城关镇西进行了考古发掘。此墓主是长沙王吴臣之子，为第一代沅陵侯，高后元年（公元前187年）受封，死于文帝后元2年（公元前162年），故系于是年。据郭伟民《沅陵虎溪山一号墓发掘记》《文物天地》（1999年第6期）《沅陵虎溪山一号墓发掘简报》、郭伟民《虎溪山一号汉墓葬制及出土竹简的初步研究》（《文物》2003年第1期）可知在一号汉墓中发现陶器、漆木器、铜器、玉器、滑石器、丝织品、竹简等1500余件（套）等。其中竹简残段1336枚，内容可分为黄簿、美食方、日书三大类，各类竹简的形制均不相同。黄簿简出土于头箱之中，整残共计编号170余。简长14、宽0.6、厚0.13厘米，两道绳编，制作规整，书写更是规整。它详细记载了沅陵侯国至当时的首都长安和长沙国的水陆距离、侯国的人口、乡邑、田土、赋税、畜力、船只、兵甲、经济林木以及对老人和残疾人的赋税减免。美食方简出土于北边箱，无一完整。其完整长度当在46—50厘米，宽0.6厘米，三道绳编，每简书写60—70字。它描述了当时大部分的植物性和动物性的食物加工方式。日书简也出土于北边箱，数量众多，编号800余，长27，宽0.6—0.7厘米,两道绳编,自述篇题为"阎氏五胜",内容和睡虎地秦墓竹简日书以及放马滩日书有些差异。郭伟民认为创下了两项新纪录:第一,竹简中有我国已知最早的侯国"黄簿"。第二,出土了过去从未发现过的《美食方》,亦即食谱大全,在《汉书·艺文志》里也未见有记载。另外,出土的"日书"类的古籍与以往出土的日书不同,其中有很多关于秦汉时期的历史事件和人物的记载,如"楚将军项籍助赵"、"陈胜反攻秦"等,对于核勘秦汉史实是很重要的材料,同时也对研究这一时期的数术书有重要参考价值。

汉文帝后元三年　庚辰　前 161 年

二月,文帝行幸代(《汉书·文帝纪》)。

是年,匈奴老上单于卒,子军臣单于立(《资治通鉴》卷一五)。

邹阳、枚乘、严忌自吴之梁国,从梁王游。

按:《汉书·贾邹枚路传》曰:"是时,景帝少弟梁孝王贵盛,亦待士。于是邹阳、枚乘、严忌知吴不可说,皆去之梁,从孝王游。"刘汝霖《汉晋学术编年》(中华书局1987年版)曰:"《汉书·枚乘传》:'乘在梁时,取皋母为小妾。'其生皋当在后,而景帝后元二年,皋已十七岁,可推定其生于文帝后元六年,则乘之取小妾,至迟亦当在五年也。"赵奎夫《〈七发〉与枚乘生平新探》(《辞赋文学论集》,江苏教育出版社1999年版)认为此事当在前161年。"枚乘去吴而至梁究竟在哪一年? 前已考知枚皋生于前160年。本传言'乘在梁时取皋母为小妾。则枚乘之到梁,应在前161年,即文帝后元三年。其第一封《谏吴王书》,也应作于这一年去吴之梁以前不久。《本传》在叙枚乘等'去而之梁,从孝王游'下面才说'景帝即位',也说明其去而之梁在文帝之时。"正是由于枚乘、邹阳、严忌等文士各国游历,所以汉初藩国文学迅速发展。

枚乘约于是年或此前作《上书谏吴王》。

按:《汉书·贾邹枚路传》曰:"枚乘字叔,淮阳人也,为吴王濞郎中。吴王之初怨望谋为逆也,乘奏书谏曰……吴王不纳。乘等去而之梁,从孝王游。"枚乘《谏吴王书》应作于去吴之梁以前不久。姑系于此年。

邹阳约于是年或此前作《上书吴王》。

按:《汉书·贾邹枚路传》曰:"邹阳,齐人也。汉兴,诸侯王皆自治民聘贤。吴王濞招致四方游士,阳与吴严忌、枚乘等俱仕吴,皆以文辩著名。久之,吴王以太子事怨望,称疾不朝,阴有邪谋,阳奏书谏。为其事尚隐,恶指斥言,故先引秦为谕,因道胡、越、齐、赵、淮南之难,然后乃致其意。……吴王不纳其言。"邹阳《上书吴王》亦应作于去吴之梁以前不久。

伏生卒(约前260—　)。济南人,曾为秦博士。秦始皇焚书,伏生藏

《尚书》于壁中。汉兴,伏生得29篇《尚书》,教于齐、鲁之间,是《尚书》之最早传承者,其功绩表现是对《尚书》的保存、流传、阐述上。《汉书·艺文志》载《尚书大传》41篇,是伏生卒后,其弟子张生、欧阳生等各论所闻,以弥缝其阙,别作章句而作。事迹见段成式《酉阳杂俎》、郭宪《洞冥记》。

按:伏生生卒本无可考,清陈玺声《先儒年表》谓其约略于周赧王五十五年(公元前260年)至汉文帝后元三年(公元前161年)在世。陈玺声《伏乘》中引《酉阳杂俎》、《洞冥记》为据,认为伏生应师从"李克",亦称"季充"。段成式《酉阳杂俎》曰:"季充称负图先生,秦博士。"伏生十岁就充石室中受《尚书》四代之事,伏生以绳绕腰领,一读一结,十寻之绳皆成结矣。郭宪《洞冥记》曰:"李克,冯翊人也。自言三百岁,少而好学,为秦博士,门徒万人。伏生时十岁,就克授《尚书》,乃以口传授伏子四代之事,略无遗脱。"伏生所传经文为二十八篇或二十九篇之辩,几千年来一直被历代学者所关注。《史记》、《汉书》均称二十九篇,而孔颖达、段玉裁、董仲舒、陈寿祺等则认为伏生所传《尚书》应为二十八篇。两说之间主要分歧在于《顾命》、《康王之诰》、《书序》、《太誓》等篇的归属问题。世传伏生作《尚书大传》,郑玄《尚书大传序》曰:"生终后,张生、欧阳生等各论所闻,以弥缝其阙,别作章句,又特选大义,因经属指名之曰《传》,是先儒卒后大传始有定本也。"所以《尚书大传》是伏生弟子张生、欧阳生等人载记伏生之言所著。历代书目中记载:《汉书·艺文志》载《尚书大传》"四十一篇",不分卷数;《隋书·经籍志》中则录:"《尚书大传》三卷,郑玄注。"刘向校书时亦定其为三卷。《旧唐志·经籍志》曰:"《尚书畅训》三卷,伏胜注。"《新唐志·经籍志》曰:"伏胜注《大传》三卷,又《畅训》一卷。"《宋史·艺文志》曰:"伏胜《大传》三卷,郑玄注。"宋时已失所谓《畅训》一卷。《直斋书录解题》曰:《大传》"印板刓缺,宋世已无完本"。清代很多学者对《大传》进行了辑佚工作,陈寿祺、皮锡瑞等辑本较好。谷颖《伏生及〈尚书大传〉研究》(东北师范大学2005年硕士学位论文)对于伏生的一些问题做了较为详细的考证。

东方朔(—前93年)生。

按:《汉书·东方朔传》曰:"东方朔字曼倩,平原厌次人。事汉武帝,屡进谏,以滑稽著称。"《史记·滑稽列传》褚少孙补"武帝时,齐人有东方生名朔,以好古传书,爱经术,多所博观外家之语。"关于其生年,主要有两种说法:前154年之说,姜书阁《骈文史论》(人民文学出版社1986年版)、吴文治《中国文学史大事年表》(黄山书社1987年版)都主前154年之说。主要是根据郭宪《洞冥记》曰:"朔生三日,而田氏死,时景帝三年(前154)也。"前161年之说,如龚克昌《东方朔评传》(山东文艺出版社1990年版)、傅春明《东方朔作品辑注》(齐鲁书社1987年版)、张啸虎《中国政论文学史稿》(武汉出版社1992年版)、郑洁文、李梅《中国学术思想编年·秦汉卷》(陕西师范大学出版社2005年版)、刘跃进《秦汉文学编年史》(商务印书馆2006年版)等。

汉文帝后元四年　辛巳　前160年

是年,罗马大加图约于此前后撰成《农业志》。

四月丙寅晦,日蚀(《汉书·文帝纪》)。

五月,诏赦天下,免官奴婢为庶人;文帝行幸雍(《汉书·文帝纪》)。

按:吕祖谦《大事记解题》卷十曰:"为日食而下也,免官奴婢为庶人,盖特恩,非赦例也。"

汉文帝后元五年　壬午　前159年

正月,文帝行幸陇西(《汉书·文帝纪》)。

三月,文帝至雍(《汉书·文帝纪》)。

七月,文帝至故地代郡(《汉书·文帝纪》)。

是年,泰伦提乌斯卒(前190—　)。生于迦太基,本是奴隶。喜剧作家。

汉文帝后元六年　癸未　前158年

冬,匈奴三万骑入上郡,三万骑入云中,烽火通于甘泉、长安(《汉书·文帝纪》)。

四月,大旱,蝗。令诸侯无入贡,弛山泽,减诸服御,损郎吏员,发仓庾以振民,民得卖爵(《汉书·文帝纪》)。

文翁为蜀郡太守,遣郡县小吏赴京师受业博士,或学律令;又于成都创办郡学,为汉武帝令天下郡国立学之先导。

按:《汉书·循吏传》曰:"文翁,庐江舒人也。少好学,通《春秋》,以郡县吏察举。景帝末,为蜀郡守,仁爱好教化。见蜀地辟陋有蛮夷风,文翁欲诱进之。乃选郡县小吏开敏有材者张叔等十余人亲自饬厉,遣诣京师,受业博士。或学律令。减省少府用度,买刀布蜀物,赍计吏以遗博士。数岁,蜀生皆成就还归,文翁以为右职,用次察举,官有至郡守刺史者。又修起学官于成都市中,招下县子弟以为学官弟子,为除更繇,高者以补郡县吏,次为孝悌力田。常选学官僮子,使在便坐受事。每出行县,益从学官诸生明经饬行者与俱,使传教令,出入闺閤,县邑吏民见而荣之。数年,争欲为学官弟子,富人至出钱以求之。由是大化,蜀地学于京师者比齐鲁焉。至武帝时,乃令天下郡国立学校官,自文翁为之始云。文翁终于蜀,吏民为立祠堂,岁时祭祀不绝。至今巴蜀好文雅,文翁之化也。"此事刘汝霖《汉晋学术编年》(中华书局1987年版)系于此年,考证说:"按文翁之为郡守,《汉书》谓在景帝末。窃疑'景帝'为'文帝'之讹。本传载其立学之后,有'至武帝时'之语。若在景帝之末为郡守,则遣隽士立学校之事,当皆在武帝时,以后之事,不得言'至'矣。《华阳国志》正作'文帝末年',当是别有所本。而《通典》、《通考》引《汉书》文,亦作'文帝',则《汉书》之讹,当在宋代以后也。"刘跃进《秦汉文学编年史》(商务印书馆2006年版)虽系于景帝末年,但又说此说亦有矛盾之处,"司马相如虽然早在文帝中期已经学成并入京师。但是,司马相如之学业,似也与文翁有关。王先谦《汉书补注》引齐召南曰:'按《蜀志》秦宓曰:"文翁遣司马相如东受七经,还教吏民",然则相如即文翁所拔以为蜀人师者。其语与《地理志》所云'由文翁倡其教,相如为之师'者正合。不过,这里记载略有矛盾。如果说司马相如受到文翁的提携是在文翁任蜀郡太守之后,就不当是景帝末。因为司马相如在七年前的文帝前元七年(前150)前后已经随梁孝王游,上年梁孝王卒,相如回到成都。因此,文翁之出仕蜀郡太守,必在前元七年之前。倘若如此,就不是景帝末,而应当说'景帝中'耳。姑系于此。"李详《愧生丛录》卷一曰:"《汉书·地理志》:景武间,言文翁为蜀守,教民读书,及司马相如游宦京师诸侯,以文辞显于世,乡党慕循其迹。后有王褒、严尊、扬雄之徒,文章冠天下。由文翁倡其教,相如为之师。孟坚此言,蜀承文翁之教,王、杨文章师法相如而已,非亲为之师也。"文翁对于儒学南传西渐与蜀地学术文化的渐次提高贡献甚巨。房锐《文翁化蜀对儒学传播的推动意义》(《孔子研究》2007年第2期)说他"成功地改造了与中原文化异质的巴蜀文化","具有用夏变夷的性质,具有深刻的政治意义","为儒学改造其它地域文化提供了范例"。另外,《太平寰宇记》曰:"文翁名党字仲翁。"《北堂书钞》卷九七引《庐江七贤传》曰:"文党,字翁仲,未学之时,与人俱入山取木,谓侣人曰:'吾欲远学,先试投我斧高木上,斧当挂。'仰而投之,斧果上挂,因之长安受经。"西晋常璩《华阳国志》曰:"始文翁立文学精舍讲堂作石室,一作玉室,在城南。"周桂钿、李祥俊《中国学术通史·秦汉卷》(人民出版社2004年版)第五章《西汉中后期儒家经学的传承与发展》说:"文翁作为一个地方官,不仅履行朝廷所赋予的治民之责,他同时还自觉地以儒家经学来教导民众,移风易俗,体现出官、师合一的风范。在汉武帝'独尊儒术'之前,他就兴办学官,开了儒家经学与国家教育制度结合的先河,在时间上早于西汉太学的建立,在学术发展与政治统治方式上都有重大意义。像文翁这样自觉地用儒家经学改造社会传统的地方官员,在西汉中后期还有很多,他们沟通了社会上层学术文化与下层民众生活之间的联系,真正将儒家经学推广到社会,实现了移风易俗、教化民众的责任,促进了中华民族总体文明的进步。"汉代郡国学校的设立创始于蜀郡文翁,它标志着汉代传授经学的新型地方学校的建立。

张宽诣京师,受业博士。

按:《汉书·循吏传》曰:"文翁欲诱进之。乃选郡县小吏开敏有材者张叔等十余人,亲自饬厉,遣诣京师,受业博士。或学律令。减省少府用度,买刀布蜀物,赍计吏以遗博士。数岁,蜀生皆成就归,文翁以为右职,用次察举,官有至郡守刺史。"张叔,《华阳国志》曰:"张宽,字叔文,成都人也。蜀承秦后,质文刻野,太守文翁遣宽诣博士东受七经,还以教授,于是蜀学比于齐、鲁,巴、汉亦化之。景帝嘉之,命天下郡国皆立文学,由翁唱其教,蜀为之始也。宽从武帝郊甘泉泰畤,过桥,见一女子裸浴川中,乳长七尺,曰:'知我者,帝后七车。'得宽车。对曰:'天有星主祠祀,不斋洁,则作女令见。'帝感寤,以为扬州刺史。复别蛇荠之妖。世称云'七车张'。作《春秋章句》十五万言。"

汉文帝后元七年　甲申　前157年

六月乙亥,文帝卒于未央宫,遗诏简葬。

按：《史记·孝文本纪》曰："后七年六月己亥，帝崩于未央宫。遗诏曰：'朕闻盖天下万物之萌生，靡不有死。死者天地之理，物之自然者，奚可甚哀。当今之时，世咸嘉生而恶死，厚葬以破业，重服以伤生，吾甚不取。且朕既不德，无以佐百姓；今崩，又使重服久临，以离寒暑之数，哀人之父子，伤长幼之志，损其饮食，绝鬼神之祭祀，以重吾不德也，谓天下何！朕获保宗庙，以眇眇之身托于天下君王之上，二十有余年矣。赖天地之灵，社稷之福，方内安宁，靡有兵革。朕既不敏，常畏过行，以羞先帝之遗德；维年之久长，惧于不终。今乃幸以天年，得复供养于高庙。朕之不明与嘉之，其奚哀悲之有！其令天下吏民，令到出临三日，皆释服。毋禁取妇嫁女祠祀饮酒食肉者。自当给丧事服临者，皆无践。经带无过三寸，毋布车及兵器，毋发民男女哭临宫殿。宫殿中当临者，皆以旦夕各十五举声，礼毕罢。非旦夕临时，禁毋得擅哭。已下，服大红十五日，小红十四日，纤七日，释服。佗不在令中者，皆以此令比率从事。布告天下，使明知朕意。霸陵山川因其故，毋有所改。归夫人以下至少使。'"文帝一生贯彻黄老思想，与民休息，世称"文景之治"。从此遗诏看，文帝主薄葬，但刘跃进《秦汉文学编年史》（商务印书馆2006年版）引《汉晋春秋》之语认为事实恐非如此，"《汉晋春秋》云：'愍帝建兴三年，秦人发霸杜二陵，珠玉彩帛以千万计。帝问索琳曰："汉陵中物，何乃多耶？"对曰："天子即位一年而为陵，天下贡赋三分之：一供宗庙，一供客，一充山陵。武帝享年既久，比崩，茂陵不复容物，赤眉不能减半，今犹有朽帛委积，珠玉未尽。此二陵是俭者也。"'于此可见汉代厚葬之风气实起于皇族也。沈钦韩以为《本纪》言如此，则是帝崩后臣子违其素志也'。事实恐未必如此。"吕祖谦《大事记解题》卷十解题曰："太史公曰：'孔子言"必世而后仁，善人之治国百年，亦可以胜残去杀"，诚哉是言！汉兴，至孝文四十有余岁，德至盛也。廪廪乡改正服封禅矣，谦让未成于今。呜呼，岂不仁哉！自'汉兴至孝文'以下，子长专为武帝发也，虽意有所偏，亦可谓中武帝之病矣！班孟坚《赞》尽用《史记》。'孝文皇帝从代来即位二十三年'一章，而自增两语云'断狱数百，几致刑措'，复采'呜呼仁哉'四字以结之，失其旨矣。"

乙巳，文帝葬霸陵。

按：文帝号称贤君，东汉以后则时有批评之语。应劭《风俗通·正失篇》曰："然文帝本修黄、老之言，不甚好儒术，其治尚清净无为，以故礼乐庠序未修，民俗未能大化，苟温饱完结，所谓治安之国也。其后匈奴数犯塞，侵扰边境，……由是北边置屯待战，设备备胡，兵连不解，转输骆驿，费损虚耗，因以年岁谷不登，百姓饥乏，谷籴常至石五百，时不升一钱。……文帝即位二十三年，日月薄蚀，地数震动，毁坏民庐舍，关东二十九山，同日崩溃，水出，河决酸枣，大风坏都，雨雹如桃李，深者厚三尺，狗马及人皆生角，大雪蝗虫。……推此事类，似不及太宗之世，不可以为升平。……上曰：'后世皆言文帝治天下几至太平，其德比周成王，此语何从生？'向对曰：'生于言事。文帝礼言事者，不伤其意，群臣无小大，至即便从容言，上止辇听之，其言可者称善，不可者喜笑而已。言事多褒之，后人见遗文，则以为然。世之毁誉，莫能得实，审形者少，随声者多，或至以无为有。故曰：尧、舜不胜其善，桀、纣不胜其恶。'"汤谐《史记半解·孝文本纪》曰："孝文为三代以后第一贤君，史公在孝武时作《孝文纪》，故尤极无穷慨慕也。"

丁未，太子刘启即皇帝位，是为景帝，尊皇太后薄氏曰太皇太后，皇后曰皇太后（《汉书·景帝纪》）。

河上公著《老子河上公章句》成。

按：《隋书·经籍志三》曰："《老子道德经》二卷，周柱下史李耳撰。汉文帝时，河上公注。"关于《老子河上公章句》的产生时代，唐以来争论颇多，比较有代表性的看法：一是认为该书成于西汉前期（如金春峰《也谈〈老子河上公章句〉之时代及其与〈抱朴子〉之关系：与谷方同志商榷》，《中国哲学》1982 年第 9 辑）；二是认为该书成于东汉中叶至末季（如王明《〈老子河上公章句〉考》，载《道家和道教思想研究》，中国社会科学出版社 1984 年版）；三是认为该书成于"王弼之后"（如马叙伦《老子校诂》，中华书局 1974 年版）；或成于魏晋葛洪时代（谷方《〈河上公老子章句〉考证》，《中国哲学》1982 第 7 辑）。金春峰《汉代思想史》（中国社会科学出版社 1987 年版）经过详细考证，定是书出于西汉，且在汉成帝时蜀郡严遵作《道德指归》之前成书。黄钊《〈老子河上公章句〉成书时限考论》（《中州学刊》2001 年第 2 期）认为《河上注》既保留了《老子》古本的特殊用语，又总结了秦朝灭亡的历史教训，歌颂宣传了汉初的大政方针，并且同西汉时元气初始的文化背景相一致。这些都说明《河上章句》同西汉历史有不可分割的关系，该书只能成于西汉时期。那么，具体说来，《河上注》究竟成于西汉那一段呢？由于该书的作者不明，因而很难说清这一问题。从已知的材料推测，该书很可能出在汉文帝之后，董仲舒《春秋繁露》之前，时当西汉中期或稍前。"不能具体断定其成书年代，又据《隋书·经籍志》称"汉文帝时，河上公注"，所以附于文帝末年。《老子河上公章句》是汉代注释《老子》的重要著作。它继承了老子学说，主张宇宙本原是道，治理社会应清静无为，对其后的《老子想尔注》等著述产生了重要影响。

汉景帝刘启元年　乙酉　前 156 年

十月，定文帝庙乐为《昭德》之舞。

按：《史记·孝文本纪》曰："孝景皇帝元年十月，制诏御史：'盖闻古者祖有功而宗有德，制礼乐各有由。闻歌者，所以发德也；舞者，所以明功也。高庙酎，奏《武德》、《文始》、《五行》之舞。孝惠庙酎，奏《文始》、《五行》之舞。孝文皇帝临天下，通关梁，不异远方。除诽谤，去肉刑，赏赐长老，收恤孤独，以育群生。减嗜欲，不受献，不私其利也。罪人不帑，不诛无罪。除宫刑，出美人，重绝人之世。朕既不敏，不能识。此皆上古之所不及，而孝文皇帝亲行之。德厚侔天地，利泽施四海，靡不获福焉。明象乎日月，而庙乐不称。朕甚惧焉。其为孝文皇帝庙为《昭德》之舞，以明休德。然后祖宗之功德著于竹帛，施于万世，永永无穷，朕甚嘉之。其与丞相、列侯、中二千石、礼官具为礼仪奏。'"《汉书·礼乐志》曰："孝文庙奏《昭德》、《文始》、《四时》、《五行》之舞，……《四时舞》者，孝文所作，以示天下之安和也。盖乐已所自作，明有制也。乐先王之乐，明有法也。孝景采《武德舞》以为《昭德》，以尊大宗庙。"

正月，诏听民徙宽大地（《汉书·文帝纪》）。

按：吕祖谦《大事记解题》卷十曰："《史记·文帝纪》多载诏书，入《景纪》则皆不载，盖以为不足载也，其旨微矣。刘氏《七略》'《太史公》百三十篇十篇有录无书'，

《汉书·太史公传》亦如之。以张晏所列亡篇之目校之，《史记》或其篇具在，或草具而未成，惟《武帝》一篇亡耳。司马贞《索隐》信张晏之说，遂为《景纪》后人取班书补之，是殆不然。学者合取司马氏、班氏二《纪》，观其书法，则才识高下可默喻矣。今各随事辨之。卫宏《汉书旧仪注》曰：'司马迁作《本纪》，极言景帝之短及武帝之过，武帝怒而削去之。'卫宏与班固同时，两《纪》俱亡。《景纪》所以复出者，武帝特能毁其副在京师者耳，藏之名山，固自有他本也。《武纪》终不见者，岂非指切尤甚，虽民间亦畏祸而不敢藏乎！"

四月，诏赦天下；遣御史大夫青翟至代下与匈奴和亲（《汉书·景帝纪》）。

五月，复收民田半租三十而税一。

按：《汉书·食货志》曰："（文帝）遂除民田之租税。后十三岁，孝景二年，令民半出田租，三十而税一也。"

是年，诏减笞法。

按：《汉书·刑法志》曰："下诏曰：'加笞与重罪无异；幸而不死，不可为人。'其定律：笞五百曰三百，笞三百曰二百。'"

申屠嘉谏立太宗之庙。

按：《史记·孝文本纪》曰："丞相臣嘉等言：'陛下永思孝道，立《昭德》之舞以明孝文皇帝之盛德，皆臣嘉等愚所不及。臣谨议：世功莫大于高皇帝，德莫盛于孝文皇帝，高皇庙宜为帝者太祖之庙，孝文皇帝庙宜为帝者太宗之庙。天子宜世世献祖宗之庙。郡国诸侯宜各为孝文皇帝立太宗之庙。诸侯王列侯使者侍祠天子，岁献祖宗之庙。请著之竹帛，宣布天下。'制曰：'可。'"

周仁为郎中令，张欧为廷尉，晁错为左内史。

按：吕祖谦《大事记解题》卷十曰："周仁以尝为太子舍人而拜郎中令，张欧以事太子而为廷尉，晁错以太子家令而拜内史，景帝初元除拜如此，既示天下以不广矣。若深考之，仁本医工贱品，乃以代先帝亲信之张武，虽非宋昌比，犹代国二千石也。张释之为廷尉，天下所称，反以宿憾黜之，岂欧所能继乎？至于晁错之除，则社稷安危所系也，文帝置错于东宫，其害始见矣。"

胡毋生为博士，与其师公羊寿将《公羊传》著于竹帛。

按：《汉书·儒林传》曰："胡毋生字子都，齐人也。治《公羊春秋》，景帝时为博士。与董仲舒同业，仲舒著书称其德。年老，归教于齐，齐之言《春秋》者宗事之，公孙弘颇受焉。"此事从刘汝霖《汉晋学术编年》（中华书局1987年版）系于本年。刘汝霖考证说："《汉书·公孙弘传》：'年四十余，乃学《春秋》杂说。'《儒林传》又称其学于胡毋子都。弘，齐人，子都亦齐人，则其受学子都，当在其年老归教受学子都，至迟不过景帝五年，而又在子都辞博士之后，故知子都之初为博士景帝初年也。"杨树达《汉书窥管》（上海古籍出版社1984年版）曰："王应麟云：'……至汉景帝时，寿乃与弟子胡毋子都著于竹帛。'……《四库简目》云：'《传》中有子公羊子曰，此《传》出于高之明证。知《传》确为寿撰，而胡毋子都助之。旧本首属有高名，盖未审也。'"姚振宗《汉书条理》曰："徐彦《公羊疏》称：'公羊高五世相授，至胡毋生乃著于竹帛，题其亲师，故曰《公羊传》。'"陈国庆《汉书艺文志注释汇编》（中华书局1983年版）说："今存《公羊传疏》28卷。清《四库全书提要》'旧题周公羊高撰，实高所传述，而其玄孙寿及胡毋子都录为书。汉何休注，唐徐彦疏。'"公羊学在西汉成为显学，据吴之英《汉师传经表》、蒋日豫《西汉传经表》等稽考,西汉《公羊春秋》师传关系是:由公羊寿授胡毋生、董仲舒。胡毋生授公孙弘、褚大、嬴公、殷仲、吕步舒。嬴公授孟卿、眭弘、贡禹。孟卿授疏广,疏广授管路。眭弘授严彭祖、颜安乐,由是有严、颜之学。宣元之际,严氏、颜氏学成为《公羊春秋》两大学派。贡禹授堂溪惠。严彭祖授王中。颜安乐授冷丰、任公,由是《公羊》颜家有冷、任氏学。堂溪惠授冥都。管路授孙宝、冥都。又事颜安乐,由是颜家有管、冥氏学。王中授公孙文、东门云。冷丰授马宫、左咸。董仲舒授褚大、嬴公、殷仲、吕步舒。兹列出西汉《公羊春秋》师传表如下:

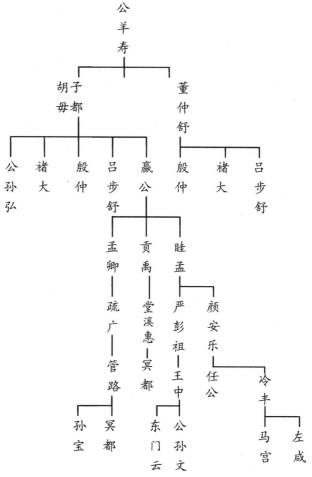

辕固生约于是年后为博士,与黄老学者黄生于景帝前辨论汤、武受命问题。

按:辕固,或作辕固生,齐人,西汉经学家。今文《诗》学"齐诗学"开创者。景帝时以治《诗》为博士。《史记·儒林列传》曰:"清河王太傅辕固生者,齐人也。以治诗,孝景时为博士。"后景帝以固廉直,拜为清河王太傅。据吴之英《汉师传经表》、蒋日豫《西汉传经表》等稽考,西汉《齐诗》师传关系是:由辕固授夏侯始昌,夏侯始昌授后仓,后仓授翼奉、萧望之、匡衡、白奇。萧望之又事白奇。匡衡授师丹、伏理、满昌。满昌授张邯、皮容、马援。伏理授伏湛。兹列出西汉《齐诗》师传表如下:

又按:《史记·儒林列传》曰:"清河王太傅辕固生者,齐人也。……与黄生争论于上前。黄生曰:'汤、武非受命,乃弑也。'固曰:'不然。夫桀、纣虐乱,天下之心皆归汤、武,汤、武因天下之心而诛桀、纣,桀、纣之民不为使而归汤、武,汤、武不得已而立,非受命为何?'黄生曰:'冠虽敝必加于首,履虽新贯于足。何者?上下之分也。今桀、纣虽失道,然君上也。汤、武虽圣,臣下也。夫主有失行,臣不正言匡过以尊天子,反因过而诛之,代立践南面,非弑而何也?'固曰:'必若所云,是高帝代秦即天子

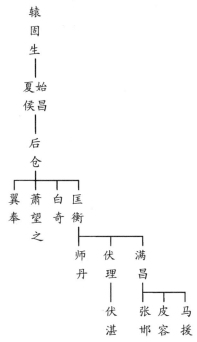

之位,非邪?'于是景帝曰:'食肉不食马肝,不为不知味。言学者无言汤、武受命,不为愚。'遂罢。"黄生,《汉书·司马迁传》云司马迁"习道论于黄子",颜师古注曰:"景帝时人,《儒林传》谓之黄生,与辕固争论于上前,谓汤武非受命,乃杀也。"《史记集解》引徐广曰:"《儒林传》曰黄生,好黄老之术。"洪适《容斋随笔续笔》卷二"汤武革命条"说:"汤武之事古人言之多矣,惟汉辕固黄生争辩最详。……颜师古注云言汤武为杀,是背经义,故以马肝为喻也。《东坡志林》云武王非圣人也,昔者孔子盖罪汤武。伯夷叔齐不食周粟而孔子予之其罪,武王也甚矣。至孟轲始乱之,使当时有良史,南巢之事必以叛书,牧野之事必以弑书。汤武仁人也,必将为法受恶,可谓至论。然予窃考孔子之序《书》,明言伊尹相汤伐桀,成汤放桀于南巢,武王伐商,武王胜商杀受,各蔽以一语,而大指皦如。所谓六艺折衷,无待于良史复书也。"董仲舒《春秋繁露·尧舜不擅移,汤武不专杀》曰:"今唯以汤武之伐桀纣为不义,则七十二王亦有伐也。推足下之说,将以七十二王为皆不义也!故夏无道而殷伐之,殷无道而周伐之,周无道而秦伐之,秦无道而汉伐之。有道伐无道,此天理也,所从来久矣,宁能至汤武而然耶?夫非汤武之伐桀纣者,亦将非秦之伐周,汉之伐秦,非徒不知天理,又不明人礼。礼,子为父隐恶,今使伐人者,而信不义,当为国讳之,岂宜如诽谤者,此所谓一言而再过者也。君也者,掌令者也,令行而禁止也,今桀纣令天下而不行,禁天下而不止,安在其能臣天下也?果不能臣天下,何谓汤武弑?"董仲舒的观点与辕固生的观点一致。以"有益伐无道乃从天理",论尧舜汤武得位,徐朔方《董仲舒的贤良对策和他的政治思想》(《史汉论稿》,江苏古籍出版社1984年版)认为这是"董仲舒寄给黄生的一封信"。

董仲舒约于是年为博士。

按:《汉书·董仲舒传》曰:"以治《春秋》,孝景时为博士。"刘汝霖《汉晋学术编年》(中华书局1987年版)系于此年。董仲舒善治公羊《春秋》,郑玄《六艺论》曰:"治《公羊》者胡毋生、董仲舒。董仲舒弟子嬴公,嬴公弟子眭孟,眭孟弟子庄彭祖及颜安乐,安乐弟子阴丰、刘向、王彦。"戴宏《序》曰:"子夏传与公羊高,高传与其子平,平传与其子地,地传与其子敢,敢传与其子寿。至汉景帝时,寿乃共弟子齐人胡毋子都著于竹帛,与董仲舒皆见于图谶。"此时景帝在全国范围内要求推荐贤良之士,儒学有了一定发展。刘师培《论古今学风变迁与政俗之关系》(冯天瑜等编《中国学术流变》上册，华东师范大学出版社2003年版)曰："两汉之时，学者迷信经术，以为致君泽民之道悉寓于六经之中。自董仲舒、刘向以来，两汉三公多以经生任其职，举事发言，笃守师法，不屑周道以殉人，虽解经之词多神秘之说，然笃信固执，安习不移，致畏天敬民之思想普及于民心，虽谲诈之儒间以经术济其私，或用以全身保位，然不足以概汉儒之全，故多数之儒生以经为道，或蛰居洛诵，不求显达，积德在躬，以尽成俗化民之责，虽造次颠沛，亦必以礼义为归；或扬身王廷，遵道而行，于民间疾苦，慷慨直陈，援引经义，以折君非，敦厉名实，力挽颓风：此二派者，其迹近于愚赣，然汉代风俗之良，实由愚赣之人笃信经术，故承风兴起之士，恒依道不依人。王吉、贡禹之直谏，贾谊、刘向之尽忠，朱云、梅福之抗节，盖宽饶、龚胜之直刚，不为利害所摇，不为威权所惕，在朝在野，均有裨于民风。"

枚皋（ —?)生。

按：枚皋，枚乘子。《汉书·贾邹枚路传》曰："皋字少孺。"未载生卒年，骆玉明《枚皋生年考》(《中华文史论丛》1986年第3辑)根据《汉书·贾邹枚路传》附枚皋传"年十七，上书梁共王，得召武帝建元二年之前，即公元前142至139之间。"上书时年十七，故其生年在公元前158—155之间，倘折衷取公元前156为约数，则上下之差不出一二年。"

汉景帝二年　丙戌　前155年

春，令天下男子二十而始傅(《史记·孝景本纪》)。

按：荀悦曰："傅，正卒。旧法二十三而傅，今改为二十。"

三月，立刘德为河间献王，刘阏为临江王，刘余为淮阳王，刘非为汝南王，刘彭祖为广川王，刘发为长沙王(《汉书·景帝纪》)。

秋，与匈奴和亲，通关市(《汉书·景帝纪》)。

八月，张苍免丞相，以御史大夫陶青为丞相(《史记·孝景本纪》)。

按：《史记·张丞相列传》曰："自申屠嘉死之后，景帝时开封侯陶青、桃侯刘舍为丞相。及今上时，柏至侯许昌、平棘侯薛泽、武强侯庄青翟、高陵侯赵周等为丞相。皆以列侯继嗣，娖娖廉谨，为丞相备员而已，无所能发明功名有著于当世者。"吕祖谦《大事记解题》卷十一曰："自嘉之死，汉相之威权遂夺矣。御史大夫虽副，贰丞相之官，今晁错为之，陶青特充位而已，体统不正，盖自此始。"

是年，彗星出东北，雨雹于衡山，荧惑逆行，守北辰。月出北辰间。岁星逆行天庭中(《史记·孝景本纪》)。

按：吕祖谦《大事记解题》卷十一曰：《史记·景帝纪》载灾异甚悉，《汉书》皆略之，岂非以既见《五行志》不复重出欤？失其旨矣。"

晁错八月丁巳以内史迁御史大夫，说景帝削藩。

按：《史记·袁盎晁错列传》曰："(错)迁为御史大夫，请诸侯之罪过，削其地，收其枝郡。奏上，上令公卿列侯宗室集议，莫敢难，独窦婴争之，由此与错有郤。错所更令三十章，诸侯皆喧哗疾晁错。错父闻之，从颍川来，谓错曰：'上初即位，公为政用事，侵削诸侯，别疏人骨肉，人口议多怨公者，何也？'晁错曰：'固也。不如此，天子不尊，宗庙不安。'错父曰：'刘氏安矣，而晁氏危矣，吾去公归矣！'遂饮药死，曰：'吾不忍见祸及吾身。'死十余日，吴楚七国果反，以诛错为名。及窦婴、袁盎进说，上令晁错衣朝衣斩东市。"《汉书·荆燕吴传》曰："晁错为太子家令，得幸皇太子，数从容言吴过可削。数上书说之，文帝宽，不忍罚，以此吴王日益横。及景帝即位，错为御史大夫，说上曰：'昔高帝初定天下，昆弟少，诸子弱，大封同姓，故孽子悼惠王王齐七十二城，庶弟元王王楚四十城，兄子王吴五十余城。封三庶孽，分天下半。今吴王前有太子之隙，诈称病不朝，于古法当诛。文帝不忍，因赐几杖，德至厚也。不改过自新，乃益骄恣，公即山铸钱，煮海为盐，诱天下亡人谋作乱逆。今削之亦反，不削亦反。削之，其反亟，祸小；不削之，其反迟，祸大。'"此时晁错受宠，因而法令多所更定。周岚《略论晁错的治国之策》(《社会科学辑刊》1992年第1期)说："晁错的尊君、削藩之策，虽然在实行过程中遭到以吴王为首的诸侯国的反对，他本人也因此丢掉了性命。但由削藩而带来的景帝时期中央政权的加强，从而打击了诸侯国的势力，不仅对于汉朝出现文景之治起到了重要作用；而且为巩固西汉中央集权的统治奠定了基础。"

刘德为河间献王后，以重金搜求先秦古籍，主传古文经学。

按：河间献王好儒学，受封后，在封地形成了一个儒学中心，主传古文经学。《汉书·景十三王传》曰："河间献王德以孝景前二年立，修学好古，实事求是。从民得善书，必为好写与之，留其真，加金帛赐以招之。由是四方道术之人不远千里，或有先祖旧书，多奉以奏献王者，故得书多，与汉朝等。是时，淮南王安亦好书，所招致率多浮辩。献王所得书皆古文先秦旧书，《周官》、《尚书》、《礼》、《礼记》、《孟子》、《老子》之属，皆经传说记，七十子之徒所论。其学举六艺，立《毛氏诗》、《左氏春秋》博士。修礼乐，被服儒术，造次必于儒者。山东诸儒多从而游。"其中《周官》即《周礼》。关于河间献王刘德所得《周礼》之源流，《隋书·经籍志》曰："汉时有李氏得《周官》，《周官》盖周公所制官政之法，上于河间献王，独缺《冬官》一篇，献王购以千金不得，遂取《考工记》以补其处，合成六篇，奏之。至王莽时，刘歆始置博士，以行于世。河南缑氏人杜子春受业于歆，因以教授，是后马融作《周官传》以授郑玄，玄作《周官》注。"今所通行本，即为郑注。顾实《汉书艺文志讲疏》(上海古籍出版社1987版)说："汉文帝得魏乐人窦公书，乃《周官·大宗伯》之《大司乐》章，盖汉犹先得一章，后得其全书而复不完也。"又说《周官》得之于武帝时"。贾公彦《周礼义疏》引《马融传》云："汉武时，始出于山岩屋壁，而又复入秘府，儒者莫得见焉。"

申培自楚归鲁，退居家教，传《诗经》之学。

按：《史记·儒林列传》曰："及王郢卒，戊立为楚王，胥靡申公。申公耻之，归鲁，退居家教，终身不出门，复谢绝宾客，独王命召之乃往。弟子自远方至受业者百余人。申公独以《诗》经为训以教，无传，疑者则阙不传。"申培"弟子为博士者十余人：孔安国至临淮太守，周霸至胶西内史，夏宽至城阳内史，砀鲁赐至东海太守，兰陵缪生至长沙内史，徐偃为胶西中尉，邹人阙门庆忌为胶东内史。其治官民皆有廉节，称其好学。学官弟子行虽不备，而至于大夫、郎中、掌故以百数。言《诗》虽殊，多本于申公。"此外，见于史书的还有：王臧，兰陵人，景帝时太子少傅，后免，武帝时郎中令;赵绾,代郡人,御史大夫;瑕丘江公,博士;许生,鲁人;徐公,免中人,皆"守学教授"。据吴之英《汉师传经表》、蒋日豫《两汉传经表》等稽考,西汉《鲁诗》学传授关系是:由浮丘伯分别传给楚元王交、元王子郢客、申培公。申培公分别授郢王子戊、王臧、赵绾、孔安国、周霸、夏宽、鲁赐、缪生、徐偃、阙门庆忌、江公。江公授许生、徐公、韦贤。韦贤又事许生,授子韦元成、孙赏、义倩,由是《鲁诗》有韦氏学。韦赏又授哀帝。徐公授王式,王式授昌邑王贺、张长安、褚少孙、唐长宾、薛广德。由是《鲁诗》有张、褚、唐氏学。张长安授兄子游卿,游卿授元帝、王扶、许晏。薛广德授龚舍。兹列《鲁诗》师传表如下:

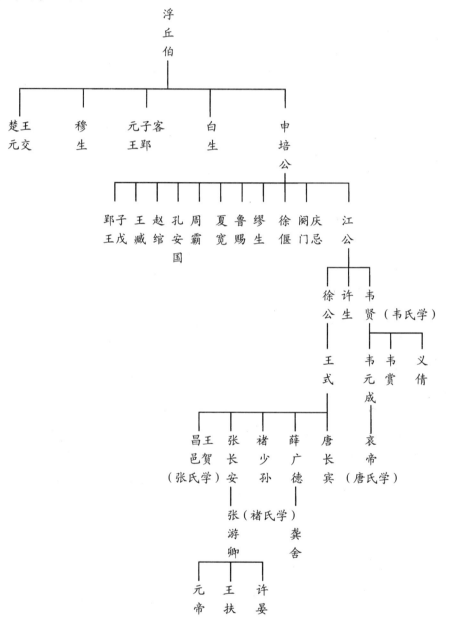

韦孟作《讽谏诗》、《在邹诗》。

按:《汉书·韦贤传》曰:"韦贤字长孺。鲁国邹人也。其先韦孟,家本彭城,为楚元王傅,傅子夷王及孙王戊。戊荒淫不遵道,孟作诗风谏。后遂去位,徙家于邹,又作一篇。"韦孟作《讽谏诗》规谏楚太子戊,不听,徙家于邹,作《在邹诗》。其《讽谏诗》较有影响,刘勰《文心雕龙》曰:"汉初四言,韦孟首唱,匡谏之意,继轨周人。"二诗合并起来,也可以当做其叙志诗,诗体为四言,中正和平,符合诗人温柔敦厚之宗旨。亦有人认为此二诗为其子孙好事述先人之志而作。刘跃进《秦汉文学编年史》(商务印书馆2006年版)系于此年,并认为"如果此诗确为韦孟作,则必作于本年前"。

汉景帝三年　丁亥　前154年

　　正月,吴王刘濞、楚王刘戊等七国以诛晁错、"清君侧"为名起兵谋反,史称"七国之乱";诏大赦天下(《史记·孝景本纪》、《汉书·景帝纪》)。

　　二月壬子晦,日蚀(《汉书·景帝纪》)。

　　是月,周亚夫大破吴楚军,吴王刘濞等败死,楚王刘戊自杀(《汉书·景帝纪》)。

　　六月,立刘礼为楚王,刘端为胶西王,刘胜为中山王。

　　按:《汉书·景帝纪》曰:"夏六月,诏曰:'乃者吴王濞等为逆,起兵相胁,诖误吏民,吏民不得已。今濞等已灭,吏民当坐濞等及逋逃亡军者,皆赦之。楚元王子艺等与濞等为逆,朕不忍加法,除其籍,毋令污宗室。'立平陆侯刘礼为楚王,续元王后。立皇子端为胶西王,胜为中山王。"

　　刘余封鲁恭王,破坏孔子宅壁,得《尚书》、《礼记》、《论语》、《孝经》等古文经传。

　　按:鲁恭王坏孔子宅所得古书与其他地方的古书成为汉代古文经学兴起的基础,而关于鲁恭王刘余坏孔子宅的时间有不同说法。《汉书·艺文志》曰:"武帝末,鲁恭王坏孔子宅,欲以广其宫,而得《古文尚书》及《礼记》、《论语》、《孝经》凡数十篇,皆古字也。共王往入其宅,闻钟磬琴瑟之音,于是惧,乃至不坏。"周寿昌《汉书注校补》曰:"鲁恭王以孝景前三徙王鲁,徙二十七年薨,适当武帝元朔元年,时武帝方即位十三年,安得云武帝末乎。且《恭王传》云:'王初好治宫室,季年则好音乐。'是其坏孔子宅以广其宫,当在王鲁之初,为景帝时,非武帝时也。"王充《论衡·正说篇》曰:"孝景帝时,鲁恭王坏孔子教授堂以为殿,得百篇《尚书》云云,其于景帝时,似与《传》相合。"王先谦《汉书补注》曰:"《刘歆传·移太常博士书》亦云武帝末。《鲁恭王传》以孝景前三徙王鲁,好治宫室,二十八年薨,不得至武帝末,《论衡》以为孝景时,是也。"《史记·五宗世家》曰:"鲁恭王余,以孝景前二年用皇子为淮阳王。二年,吴楚反破后,以孝景前三年徙为鲁王。"鲁恭王刘余于孔子壁中得《古文尚书》、《礼记》、《论语》、《孝经》凡数十篇,皆古文。此为汉得古文经的重要途径。汉初于儒学《六经》从两方面搜求:一、秦博士的述录,为今文经。二、对先前典籍的求取,为古文经。自孝惠四年除"挟书律"始。所求对象,主要是民间隐匿藏于山岩屋壁之书,此时所藏之书,或有遗失、破坏,再则初求献书,藏者或有疑虑,故最初并不多见。至景、武之际,方有较多收获。得书途径:一、河间献王刘德所献的书;二、孔壁藏书。三、其他途径所得之书。1.《礼古经》:《六艺略》中《礼》序说:"《礼古经》者,出于鲁淹中及孔氏,(与十七)篇文相似,多三十九篇。""鲁淹",注引苏林曰:"里名也。"既与"孔氏"并提,当是孔壁之外的另有所得。2.《周官·大司伯·大司乐》:《六艺略》中

《乐》序说:"六国之君,魏文侯最为好古,孝文时得其乐人窦公,献其书,乃《周官·大司伯》之《大司乐》章也。"窦公魏文侯的乐人,其所献之书是先秦逸书。4. 张苍所献《左氏春秋》亦是先秦古籍。5. 汉时《尚书》还有"世所传《两百篇》者,出东莱张霸,分析合二十九篇以为数十,又采《左氏传》,《书序》为作首尾,凡百二篇。"6.《后汉书·儒林传》言杜林"于西洲得漆书《古文尚书》一卷",曾流行于东汉。四、流传于民间的书籍:有《费氏易》和《毛诗》。《易》:今文:田何首传,至宣元之际,有施仇、孟喜、梁丘贺、京氏,四家立于学官;高相《易》流传民间。古文:费氏《易》流传民间。另有官方所存"中古文《易》"。《书》:今文:伏生首传,至宣元之际有欧阳、大小夏侯三家立于学官。古文:孔壁《古文尚书》,孔安国传之。刘德所征《古文尚书》未闻其传。诗:今文:《韩诗》、《鲁诗》、《齐诗》三家。古文:《毛诗》一家。礼:今文:高堂生首传《士礼》十七篇。至宣元之际,有大小戴、庆普三家,或各附《礼记》。古文:《周官》、《逸礼》。《春秋》:今文:《公羊》、《谷梁》。古文:《左氏》。《论语》:今文:《齐论》、《鲁论》。古文:孔壁《古论》。《孝经》:今文:长孙氏、江氏、后氏、翼氏四家。古文:孔壁《古文孝经》。争论最多的是《公羊》、《左氏》;《周官》、《古文尚书》的真伪。

又按:关于孔壁出古文之说见于文献记载者如下:1. 荀悦《前汉纪·成帝纪》引刘向曰:"鲁恭王坏孔子宅,以广其宫,得古文《尚书》,多十六篇,及《论语》、《孝经》。武帝时孔安国家献之,会巫蛊之事,未列于学官。……其《礼古经》五十六篇,出于鲁壁中。"2. 刘歆《移太常博士书》曰:"及鲁恭王坏孔子宅,欲以为宫,而得古文于坏壁中,《逸礼》三十九,《书》十六篇。天汉之后,孔安国献之,遭巫蛊仓卒之难,未及施行。及《春秋左氏》,丘明所修,皆古文旧书,多者二十余通,藏于秘府,伏而未发。"3.《汉书·艺文志》曰:"鲁恭王坏孔子宅,欲以广其宫而得古文《尚书》及《礼记》、《论语》、《孝经》凡数十篇,皆古字也。……孔安国者,孔子后也,悉得其书,以考二十九篇,得多十六篇,安国献之。遭巫蛊事,未列于学官。"4.《汉书·景十三王传》曰:"恭王好治宫室,坏孔子宅以广其宫,闻钟磬琴瑟之声,遂不敢复坏,于其壁中得古文经传。"5. 王充《论衡·佚文篇》曰:"孝武帝封弟为恭王。恭王坏孔子宅以为宫,得《尚书》百篇,《礼》三百,《春秋》三十篇,《论语》二十一篇。闻弦歌之声,惧,复涂,上言武帝。武帝遣吏发取,古经、《论语》此时皆出。"6. 王充《论衡·正说篇》曰:"至孝武(景)帝时,鲁恭王坏孔子教授堂以为得百篇《尚书》于墙壁中。武帝使使者取视,莫能读者,遂秘于中,外不得见。"7. 王充《论衡·案书篇》曰:"《春秋左氏传》者,盖出自孔子壁中。孝武帝时,恭王坏孔子教授堂以为宫,得佚《春秋》三十篇,《左氏传》也。"8. 许慎《说文解字叙》曰:"鲁恭王坏孔子宅,而得《礼记》、《尚书》、《春秋》、《论语》、《孝经》,又北平侯张苍献《春秋左氏传》。"9.《魏志·刘劭传》注引卫恒《四体书势序》曰:"汉武帝时,鲁恭王坏孔子宅,得《尚书》、《春秋》、《论语》、《孝经》。"10.《后汉书·章帝纪》曰:"古文《尚书》者出孔安国。武世,鲁恭王坏孔子宅欲广其宫,得古文《尚书》及《礼》、《论语》、《孝经》数十篇,皆古字也。"陈开先《孔壁古文与中秘古文》(《中山大学学报》1997年第5期)认为,上述所记之惑有五:其一,《艺文志》曰,鲁恭王坏孔子宅于"武帝末"。考《史记》所记,鲁恭王余以孝景前三年(公元前154年)徙为鲁王;二十六年,即元光六年(公元前129年),是年为武帝即位之十二年。武帝在位五十四年,果恭王坏孔子宅,当在武帝初或景帝末。但无论是在景帝末,还是在武帝初,均当发生在太史公著《史记》之前,为何独《史记》不载?其二,关于孔壁出书之种类,刘向言孔子宅出《尚书》,而《礼古经》出自鲁壁;刘歆则言壁中书为《逸礼》及《尚书》;《艺文志》所记又增添了《论语》和《孝经》,并把《礼》演绎成《礼古经》及《礼记》;王充又加进了《春秋左氏》;许慎虽言《春秋左氏传》由北平侯所献,但其所记之孔壁书仍有《春秋》,即为《春秋经》。各家之所记孔壁书,皆有《尚书》,但刘歆言十六篇;荀悦引刘向言则"多十六篇";《艺文志》进一步言孔安国以考二十九篇,得多十六篇;王充更言"得佚《尚书》百篇";袁宏《后汉记》则言"得古文《尚书》及《礼》、《论语》、《孝经》数十篇"。关于《礼古经》的出处和篇数,刘向言出鲁壁中,五十六篇;刘歆言出孔壁中,三十九篇;王充言出孔子宅,《礼》三百;《艺文志》又言出鲁淹中及孔氏二本,多三十九篇。郑玄则言,《礼古经》出孔子壁中而河间献王得之;但《隋志》及陆德明《经典释文》更以为献王本即鲁淹中本。记述如此之纷乱,简直叫人莫衷一是!其三,关于谁是上述古文的壁藏者,文献所记亦纷乱不一。其四,关于孔安国与古文《尚书》的关系,《史记·儒林传》曰:"鲁周霸、孔安国、雒阳贾嘉,颇能言《尚书》事。孔氏有古文《尚书》,而安国以今文读之,因以起其家。逸《书》得十余篇,盖《尚书》滋多于是矣。"王引之《读书杂志》释"起家"曰:"起,兴起也;家,家法也。"但此释似仍未通,后今文学家多怀疑此文为刘歆所篡。不过以今文家观之,全部古文之说,皆由此而生。刘歆《移太常博士书》言:"天汉以后,孔安国献之,遭巫蛊仓卒之难,未及施行。"成书于此前后的《史记》则记:"安国为今皇帝博士,至临淮太守,早卒。"晚出于刘歆《移太常博士书》的荀悦引刘向说,则修改此说为"安国家"献书;阎若璩《尚书古文疏证》采荀悦之说,曰:"窃意天汉后,安国死已久,或其家子孙献之。"《艺文志》只言"安国献之,遭巫蛊事,未列于学官",而不明言其时;《汉书·儒林传》为避开司马迁著《史记》多采古文说之惑,又加入了"司马迁亦从安国问故"之说,但这同时留下进一步的困惑:"为何司马迁对孔安国之生平记述甚少,乃至其卒年亦未予之记?"王充或许是鉴于诸说之矛盾,故只言壁书为武帝所取,而不言与孔安国有任何干系。其五,关于藏书之"壁"亦有种种不同记载,太史公之《史记》只提到孔安国家有古文《尚书》而以今文读之,并无壁藏之说;到刘向父子便生出(1)孔氏古文与孔子壁中书的混淆;(2)孔氏壁藏古文之说;(3)孔安国献书之说。其后关于"壁"之记,有孔子宅、孔子壁中、孔子教授堂、古壁、鲁壁、鲁淹中等等,不一而足。为此,汉兴以后先后从不同地方所出的先秦古文书籍均与孔子家藏挂上号,以至于有"古文,孔子壁中书也"的说法,孔子壁中书乃成了古文的代名词。陈梦家先生以为:所谓"壁藏"之说,最初是司马迁提出的。《史记·儒林传》曰:"秦时焚书,伏生壁藏之。"而伏生是秦始皇博士,是可以有书而不必藏于壁中的。刘向、刘歆父子把太史公关于伏生《尚书》的壁藏和孔安国家的古文《尚书》逸篇结合起来,遂有孔子壁中古文之说。这应该是他们争立古文《尚书》博士的借口。在太史公与二刘之间,郡国民间又出现了若干古文经书,因此使后来的记述者夸大增饰"壁中书"之内容,进而产生许多壁藏者之异说。

丁宽为梁孝王将军距吴楚,号丁将军(《汉书·儒林传》)。

按:《汉书·儒林传》曰:"丁宽字子襄,梁人也。初,梁项生从田何受《易》,时宽为项生从者,读《易》精敏,材过项生,遂事何。学成,何谢宽。宽东归,何谓门人曰:'《易》以东矣。'宽至雒阳,复从周王孙受古义,号《周氏传》。景帝时,宽为梁孝王将军距吴、楚,号丁将军。"

枚乘以复说吴王拜为弘农都尉。

按:《汉书·贾邹枚路传》曰:"枚乘复说吴王曰:'昔者……。'汉既平七国,乘由是知名。景帝召拜乘为弘农都尉。乘久为大国上宾,与英俊并游,得其所好,不乐郡吏,以病去官。复游梁,梁客皆善属辞赋,乘尤高。孝王薨,乘归淮阴。"

又按:枚乘一直游历于藩国间,此时任职于中央,说明当时藩国势力渐次削弱,文士从地方流向中央,表明政治大一统和学术大一统并行。

袁盎以故吴相迁奉常(《汉书·百官公卿表》)。

卫绾以河间大夫迁中尉(《汉书·百官公卿表》)。

丁宽著《易说》。
按：《汉书·儒林传》曰："景帝时，宽为梁孝王将军距吴、楚，号丁将军，作《易说》三万言，训故举大谊而已，今《小章句》是也。宽授同郡砀田王孙。王孙授施雠、孟喜、梁丘贺。繇是《易》有施、孟、梁丘之学。"《汉书·艺文志》载《丁氏》八篇，已散失不存。

又按：丁宽先从田何受《易》，后复从周王孙受古义。可知当时田何传《易》的内容包括传于周王孙的"古义"，"号《周氏传》"者。刘大钧《〈周易〉古义考》(《中国社会科学》2002年第5期)具体考证当时的《周易》古义流传情况："'十三家'中，我们仍可略考当时的'古义'：'《易经》十二篇，施、孟、梁丘三家。'案《汉书·儒林传》载，丁宽曾著'《易说》三万言，训诂举大谊而已，今小章句是也'。丁宽授田王孙，田王孙授施雠、孟喜、梁丘贺，'繇是《易》有施、孟、梁丘之学'。以此考之，《易经》十二篇之注当受'训诂举大谊'的影响，因而属于今义。'《易传》周氏二篇。'颜师古注：'字王孙也'，此系周王孙之著，当然为古义。'服氏二篇'，因资料缺，难以辨其古今之义。'杨氏二篇'，据颜师古注，'杨氏'即杨何。据《汉书·儒林传》载，周王孙、丁宽、服生以及王同'皆著《易传》数篇'，王同又'授于淄川杨何'。故杨何之《易》当有古义之影响。'蔡公二篇'，颜师古注：'卫人，事周王孙'。显然属古义。'韩氏二篇'，已难考其古今之义。'王氏二篇'，已难考其古今之义。'丁氏八篇'，依颜师古注，丁氏即丁宽也，此处云'丁氏'而未云《易说》，可证非'训诂举大谊'的《易说》三万言，此八篇当有古义。'《古五子》十八篇'，颜师古注：'自甲子至壬子，说《易阴阳》'。案：此注非常重要，《汉书·魏相传》载魏相上书言事，曾表采《易阴阳》，我们仅得其要，而'自甲子至壬子'，乃在于解说《易阴阳》。笔者在后文对此作了初步考证，兹不赘述。此书当然属古义。'《淮南道训》两篇'，颜师古注：'淮南王安聘明《易》者九人，号九师说。'据笔者考证，《淮南道训》属古义无疑，详见后文。'《古杂》八十篇、《杂灾异》三十五篇、《神输》五篇，图一'，颜师古注：'刘向《别录》云神输者，王道失则灾害生，得则四海输之祥瑞'。据此数语考之，《神输》大旨与《易阴阳》及帛书《要》篇所云'五官'、'六府'、'五正'之旨同，故为古义无疑。'《孟氏京房》十一篇，《灾异孟氏京房》六十六篇，五鹿充宗《略说》三篇，《京氏段嘉》十二篇'，颜师古注：'嘉即京房所从受《易》者也'。案孟、京之学，其主要内容确得古义之传，此点下文还将继续讨论。'《章句》，施、孟、梁丘氏各二篇'，此'章句'即《汉书·儒林传》所云丁宽'作《易说》三万言，训诂举大谊'的'今小章句是也'，当属今义之作。由以上所考看，西汉'《易》十三家'中，起码有八家尚传古义。"

枚乘作《上书重谏吴王》。
按：文载《汉书·贾邹枚路传》。

晁错卒(前200—)。错，颍川人。学申商刑名于轵张恢先所，与雒阳宋孟及刘礼同师。以文学为太常掌故。曾奉命向伏生学《尚书》。还，以为太子舍人、门大夫、太子家令。以其辩得幸太子，号曰"智囊"。数上书孝文时，言削诸侯事，及法令可更定者。迁为中大夫。景帝即位，以为内史。迁为御史大夫。吴楚七国之乱时，被腰斩。《汉书·艺文志》载《晁错》31篇，《隋书·经籍志》载梁有《晁氏新书》2卷，今佚。《全汉文》卷18

录其文(含残文)9篇。事迹见《史记》卷一○一、《汉书》卷四九。

  按：《汉书·荆燕吴传》曰："初，吴、楚反书闻，兵未发，窦婴言故吴相袁盎。召入见，上问以吴、楚之计，盎对曰：'吴、楚相遗书，曰"贼臣晁错擅适诸侯，削夺之地"，以故反，名为"西共诛错，复故地而罢"。方今计独斩错，发使赦七国，复其故地，则兵可毋血刃而俱罢。'上从其议，遂斩错。"现存晁错著作主要散见于《汉书》中《晁错传》、《食货志》、《荆燕吴传》等篇中。目前研究晁错思想比较完整的资料有1975年中华书局出版《晁错及其著作》、1976年上海人民出版社出版的《晁错集注释》。

汉景帝四年　戊子　前 153 年

  春，复置诸关用传出入(《汉书·景帝纪》)。
  按：裴骃《史记集解》引应劭曰："文帝十二年，除关，无用传，至此复置传，以七国新反，备非常也。"
  四月己巳，立刘荣为皇太子，刘彻为胶东王(《史记·孝景本纪》)。
  六月甲戌，诏赦天下(《汉书·景帝纪》)。
  十月戊戌晦，日蚀(《汉书·景帝纪》)。

  邹阳、羊胜、公孙诡、枚乘入梁。
  按：《汉书·文三王传》曰："明年(景帝四年)，汉立太子。……于是孝王筑东苑，方三百余里，广睢阳城七十里，大治宫室……招延四方豪杰，自山东游士莫不至：齐人羊胜、公孙诡、邹阳之属。"《资治通鉴》卷十五系于景帝二年，梁孝王"招延四方豪俊之士，如吴人枚乘、严忌、齐人羊胜、公孙诡、邹阳，蜀人司马相如之属皆从之游。"束景南《司马相如游梁年代与生平的再考辨》(《文学遗产》1991年第2期)认为"邹阳路途较远，其北归齐，吴楚已反，无法入梁，自须在七国反平后才同齐人羊胜、公孙诡于景帝四年辗转入梁。"此后至景帝七年(前150年)司马相如入梁，最终形成了梁苑文学集团，这个集团是的特征已经由纵横策士开始向文士聚会的转型，他们的活动多是为文作赋、吟风弄月、诗酒唱和等文学创作活动。当时羊胜、公孙诡、邹阳、庄忌及梁人韩安国之属，皆善属辞赋，乘尤高。梁孝王游于忘忧馆，枚乘作《柳赋》；路乔嘉作《鹤赋》；公孙诡作《文鹿赋》；邹阳作《酒赋》；羊胜作《屏风赋》；韩安国作《几赋》；公孙乘作《月赋》。这些赋均收于《西京杂记》、《古文苑》中，都是咏物小赋，或杂以六言，且属对甚工，马积高《赋史》认为这种文体决非西汉前期所能有，至少是西汉后期人的伪托，或者即是葛洪所作，而不能视为藩国君臣之作。此外，《汉书·艺文志所》载西汉藩国群臣之赋还有：《淮南王赋》八十二篇，《淮南群臣赋》有四十四篇，《长沙王群臣赋》三篇，《广川惠王越赋》三篇，《淮阴宪王赋》三篇等，多已佚。王应麟《汉书艺文志考证》曰："《楚辞》《招隐士》，淮南小山之所作也。淮南王安，招致宾客，客有八公之徒，分造词赋，以类相从，或称大山，或称小山。如《诗》有大、小《雅》。则小山似是淮南群臣中一人或几人的笔名。又似乎是辞赋分类的名称。"《艺文类聚》载有题刘安所作《屏风赋》一篇，另据《北堂书钞》一三五、《御览》七一二，刘向《别录》曰："淮南有《熏笼赋》"，今已佚。《西京杂记》载中山王胜《文木赋》一篇。长沙王未知指谁，或为景帝子刘发。广川惠王越及中山王胜均为景帝子，淮南宪王名宪，宣帝子。由此可见当时藩国文学之兴盛。但《汉书·艺文志》所载藩王赋六十四篇，今所存者不多。

凤凰山出土下层官吏文书简册是年成书。

按：出土于湖北江陵凤凰山。1973年秋，长江流域第二期文物考古工作人员训练班学员在凤凰山墓地实习，发掘了九座西汉木椁墓，发掘简报见《文物》1974年6期。裘锡圭《湖北江陵凤凰山十号汉墓出土简牍考释》认为："根据10号墓所出的1号木牍，可以进一步推定这座墓葬的绝对年代。1号木牍背面有'四年后九月辛亥平里五大夫张堰口口地下'之文。四年后九月辛亥显然是墓主死去或下葬的日期。据《二十史朔闰表》，在《简报》指出的墓葬时代的上下限内，景帝四年和武帝建元四年都有后九月。武帝建元四年的后九月为辛未朔，该月不可能有辛亥日。景帝四年的后九月为甲辰朔，初八日为辛亥。所以木牍所记的四年没有问题是景帝四年。这就是10号墓的绝对年代。""因为出土的'绝大部分是乡里行政机构的文书'，所以墓主大概就是江陵西乡的有秩或啬夫"。凤凰山土的资料对于西汉前期的社会经济情况，有很大的价值。另外在1975年上半年湖北江陵楚纪南故城内发掘了一六八号汉墓，据《湖北江陵凤凰山一六八号汉墓发掘简报》(《文物》1975年第9期)可知发现了五百多件随葬品和一具保存相当完整的男尸。出土了竹牍1枚，竹简66枚，各简的编排顺序已散乱。简牍的内容记录墓主姓名、爵位、纪年的"告地状"和遣策。根据简牍中"告地状"中所载的"十三年五月庚辰"可知，该墓下葬的准确日期文帝十三年五月十三日，墓主爵位为五大夫。

汉景帝五年　己丑　前152年

正月，置阳陵县(《史记·孝景本纪》)。
按：司马贞《史记索隐》曰："景帝豫作寿陵也。"
是年，遣公主嫁匈奴单于(《史记·孝景本纪》)。

胡毋生授公孙弘《公羊》等儒家典籍。

按：《汉书·儒林传》曰："胡毋生字子都，齐人也。治《公羊春秋》，为景帝博士。与董仲舒同业，仲舒著书称其德。年老，归教于齐，齐之言《春秋》者宗事之，公孙弘亦颇受焉。而董生为江都相，自有传。弟子遂之者，兰陵褚大、东平嬴公、广川段仲、温吕步舒。大至梁相，步舒丞相长史，唯嬴公守学不失师法，为昭帝谏大夫，授东海孟卿、鲁眭孟。孟为符节令，坐说灾异诛，自有传。"刘汝霖《汉晋学术编年》(中华书局1987年版)考证公孙弘"受学子都，至迟不过景帝五年"，因从之系于此年。

张苍卒(约前256—)。苍，阳武人，谥曰文侯。秦时为御史，后归汉。封北平侯。历任计相、淮南相、御史大夫、丞相。精通律例,定汉章程,著书十八篇,言阴阳律历事。曾授贾谊《左传》,是汉代传授《左传》第一人。事迹见《史记》卷九三、《汉书》卷四二。

按:《史记·张丞相列传》曰:"孝景前五年,苍卒,谥为文侯。……苍年百有余岁而卒。"《汉书·张周赵任申屠传》载与此相同。《汉书·叙传》评价张苍曰:"北平志古,司秦柱下,定汉章程,律度之绪。"

桑弘羊（ —前80）生。

按:马元材《桑弘羊年谱订补》（中州书画社1982年版）以为桑弘羊应生于景帝五年（公元前152年），武帝建元元年（公元前140年）为侍中，至昭帝元凤元年9公元前80年被杀，享年73岁。桑弘羊之生年朱希祖以为汉景帝后三年（前141年）。吴慧《桑弘羊研究》（齐鲁书社1981年版）谓其生于汉景帝四年（公元前153年）；王利器《盐铁论校注·前言》（增订本）（天津古籍出版社1983年版）谓其生于汉景帝二年（公元前155年）。

汉景帝六年　庚寅　前151年

九月,皇后薄氏废(《汉书·景帝纪》)。

按:两汉废后自此始。

后九月,伐驰道树,填兰池(《史记·孝景本纪》)。

按:吕祖谦《大事记解题》卷十一曰:"列树以表道,古制也,伐之,非矣。填兰池,虽不知其故,然塞池以为陆,岂小役哉!《春秋》书毁泉台,谷梁氏以为自古为之,今毁之不如勿处之而已矣,正此意也。《史记》载于《本纪》,所以讥景帝废古制劳民力,《汉书》削之。"

袁盎从剧孟游(《汉书·袁盎晁错传》)。

罗马禁止执政官重新获选。

汉景帝七年　辛卯　前150年

十月,梁孝王入朝。其侍中、郎、谒者均出入天子宫殿。

按:《汉书·文三王传》曰:"二十九年十月,孝王入朝。景帝使使持乘舆驷,迎梁王于关下。既朝,上疏,因留。以太后故,入则侍帝同辇,出则同车游猎上林中。梁之侍中、郎、谒者著引籍出入天子殿门,与汉宦官亡异。"褚先生曰:"又诸侯朝见天子,汉法凡当四见耳。始到,入小见。到正月朔旦,奉皮荐璧玉贺正月,法见。后三

第四次马其顿战争爆发。

日,为王置酒赐金钱财物。后二日,复入小见,辞去。凡留长安不过二十日。小见者,燕见于禁门内,饮于省中,非士人所得入也。今梁王西朝,因留且半岁,入与人主同辇,出与同车,示风以大言而实不与,令出怨言,谋畔逆,乃随而忧之,不亦远乎。非大贤人,不知退让。今汉之仪法,朝见贺正月者,常一王与四侯俱朝见,十余岁一至。今梁王常比年入朝见,久留。鄙语曰'骄子不孝',非恶言也。故诸侯王当为置良师傅,相为忠言之士,如汲黯、韩长孺等,敢直言极谏,安得患害。"(《史记·梁孝王世家》)

又按:据《汉书·文三王传》载,梁孝王此前曾数次入朝,以此次最为隆重。

十一月庚寅晦,日蚀(《汉书·景帝纪》)。

是月,废栗太子刘荣为临江王,太后心欲以梁王为嗣(《汉书·文三王传》)。

按:《汉书·景帝纪》载此事在正月。《资治通鉴》卷一六曰:"十一月,上废栗太子,太后心欲以梁王为嗣。大臣及袁盎等有所关说于帝,太后议格,孝王不敢复言太后以嗣事。事秘,世莫知,乃辞归国。"吕祖谦《大事记解题》卷十一曰:"《史记》、《汉书》皆云'事秘,世莫知。'则褚先生所载窦太后安车大驾之语,袁盎等论谏之辞,皆世俗意之耳。"

二月乙巳,以太尉条侯周亚夫继陶青为丞相(《史记·孝景本纪》)。

是月,罢太尉官(《汉书·景帝纪》)。

四月乙巳,立皇后王氏(《汉书·景帝纪》)。

丁巳,立胶东王刘彻为太子(《史记·孝景本纪》)。

卫绾告归,复召为太子太傅。

按:《汉书·万石卫直周张传》曰:"明年,上废太子,诛栗卿之属,上以绾为长者,不忍,乃赐绾告归,而使郅都捕治栗氏。既已,上立胶东王为太子,召绾为太子太傅。"吕祖谦《大事记解题》卷十一曰:"按《本传》上立胶东王为太子,召绾拜为太子太傅,景帝欲治栗氏,则以绾为非击断之才而免之,既立太子,则又以绾为醇谨,而为太子太傅。岂非窃取孔子论孟公绰之意乎,然人固有貌似而不同者,绾特醇谨无它耳,非文帝用万石君、东阳侯之比也。"

羊胜、公孙诡为梁孝王求汉嗣,袁盎引《春秋》阻之。

按:《汉书·文三王传》曰:"上废栗太子,太后心欲以梁王为嗣,大臣袁盎等有所关说于帝,太后议格,孝王不敢复言太后以嗣事。"《史记·梁孝王世家》曰:"盖闻梁王西入朝,谒窦太后,燕见,与景帝俱侍坐于太后前,语言私说。太后谓帝曰:'吾闻殷道亲亲,周道尊尊,其义一也。安车大驾,用梁孝王为寄。'景帝跪席举身曰:'诺。'罢酒出,帝召袁盎诸大臣通经术者曰:'太后言如是,何谓也?'皆对曰:'太后意欲立梁王为帝太子。'帝问其状,袁盎等曰:'殷道亲亲者,立弟。周道尊尊者,立子。殷道质,质者法天,亲其所亲,故立弟。周道文,文者法地,尊者敬也,敬其本始,故立长子。周道,太子死,立适孙。殷道。太子死,立其弟。'帝曰:'于公何如?'皆对曰:'方今汉家法周,周道不得立弟,当立子。故《春秋》所以非宋宣公。宋宣公死,不立子而与弟。弟受国死,复反之与兄之子。弟之子争之,以为我当代父后,即刺杀兄子。以故国乱,祸不绝。故《春秋》曰"君子大居正,宋之祸宣公为之"。臣请见太后白之。'袁盎等入见太后:'太后言欲立梁王,梁王即终,欲谁立?'太后曰:'吾复立帝子。'袁盎等以宋宣公不立正,生祸,祸乱后五世不绝,小不忍害大义状报太后。太后乃解说,即使梁王归就国。而梁王闻其议出于袁盎诸大臣所,怨望,使人来杀袁盎。袁盎顾之曰:'我所谓袁将军者也,公得毋误乎?'刺者曰:'是矣!'刺之,置其剑,剑著身。视其剑,新治。问长安中削厉工,工曰:'梁郎某子来治此剑。'以此知而发觉之,发使者捕逐之。独梁王所欲杀大臣十余人,文吏穷本之,谋反端颇见。太后不食,日夜泣不止。景帝甚忧之,问公卿大臣,大臣以为遣经术吏往治之,乃可解。于是遣田叔、吕季主往治之。此二人皆通经术,知大礼。来还,至霸昌厩,取火悉烧梁之反辞,但空手来对景帝。景帝曰:'何如?'对曰:'言梁王不知也。造为之者,独其幸臣羊胜、公孙诡之属为之耳。谨以伏诛死,梁王无恙也。'景帝喜说,曰:'急趋谒太后。'太后闻之,立起坐餐,气平复。故曰,不通经术知古今之大礼,不可以为三公及左右近臣。少见之人,如从管中窥天也。"

邹阳以谏梁孝王求汉嗣事下狱,释罪后为梁王使长安求方略。

按:《汉书·贾邹枚路传》曰:"初,胜、诡欲使王求为汉嗣,王又尝上书,愿赐容车之地径至长乐宫,自使梁国士众筑作甬道朝太后。袁盎等皆建以为不可。天子不许。梁王怒,令人刺杀盎。上疑梁杀之,使者冠盖相望责梁王。梁王始与胜、诡有谋,阳争以为不可,故见谗。枚先生、严夫子皆不敢谏。及梁事败,胜、诡死,孝王恐诛,乃思阳言,深辞谢之,贵以千金,令求方略解罪于上者,阳素知齐人王先生,年八十余,多奇计,即往见,语以其事。王先生曰:'难哉!人主有私怨深怒,欲施必行之诛,诚难解也。以太后之尊,骨肉之亲,犹不能止,况臣下乎?昔秦始皇有伏怒于太后,群臣谏而死者以十数。得茅焦为廓大义,始皇非能说其言也,乃自强从之耳。茅焦亦廑脱死如毛氂耳,故事所以难者也。今子欲安之乎?'阳曰:'邹、鲁守经学,齐、楚多辩知,韩、魏时有奇节,吾将历问之。'王先生曰:'子行矣。还,过我而西。'邹阳行月余,莫能为谋,还,过王先生,曰:'臣将西矣,为如何?'王先生曰:'吾先日欲献愚计,以为众不可盖,窃自薄陋不敢道也。若子行,必往见王长君,士无过此者矣。'邹阳发寤于心,曰:'敬诺。'辞去,不过梁,径至长安,因客见王长君。……长君曰:'诺。'乘间入而言之。及韩安国亦见长公主,事果得不治。"

司马相如为武骑常侍以病免,客游梁。

按:《史记·司马相如传》曰:"事孝景帝,为武骑常侍,非其好也。会景帝不好辞赋,是时梁孝王来朝,从游游说之士邹阳、淮阴枚乘、吴庄忌夫子之徒,相如见而说之,因病免,客游梁。梁孝王令与诸生同舍,得与诸生游士居,数岁,乃著《子虚》之赋。"《汉书·司马相如传》所载略同。据《史记·梁孝王世家》,景帝中梁孝王入朝五次,分别在景帝前元二年、三年、七年十月、七年四月、后元元年。郑洁文、李梅《中国学术思想编年·秦汉卷》(陕西师范大学出版社2005年版)考证说:"若其见邹阳、枚乘、严忌诸人在景帝二年或三年,则居梁达十余年,跟'与诸生游士居数岁'不甚相合;若于景帝七年十月见邹阳等而至梁,又不见'杀袁盎'事件前相如在梁有何活动;而七年四月,梁孝王因遣人杀袁盎被责而入朝谢罪,故司马相如见邹阳诸人当在七年四月梁王入朝时。王观国《学林》卷七'古赋题'以为,'司马相如《子虚赋》,虽言上林之事,然首尾贯通一意,皆《子虚赋》也,未尝有《上林赋》,而昭明太子编《文选》乃析其半,自亡是公听然而笑为始,以为《上林赋》,误矣。'"刘跃进《秦汉文学编年史》(商务印书馆2006年版)说:"此云《子虚赋》似为《汉书·司马相如传》所载赋之初稿,未见传本也。因为《汉书》明言:'居久之,蜀人杨得意为狗监,侍上。上读《子虚赋》而善之,曰:"朕独不得与此人同时哉!"得意曰:"臣邑人司马相如自言为此赋。"上惊,乃召问相如。相如曰:"有是"。然此乃诸侯之事,未足观,请为天子游猎之赋。上令尚书给笔札,相如以"子虚",虚言也,为楚称;"乌有先生"者,乌有此事也,为齐难;"亡是公"者,亡是人也,欲明天子之义。故虚藉此三人为辞,以推在子诸侯之是公者,亡是人也,欲明天子之义,故虚藉此三人为辞,以推天子诸侯之苑围。其卒竟归之于节俭,因以风谏,奏之天子,天子大说。其辞曰云云。'《文选》将此赋一分为二。根据《汉书》所云,先有《子虚赋》乃游梁时作,后更为楚称齐难而归之天子,非本文矣。"梁苑文人集团的形成得益于司马相如的加入。

| 米洛的维纳斯雕像约于此时完成。 | 邹阳在狱中作《上梁王书》。
按:《汉书·贾邹枚路传》曰:"阳为人有智略,忼慨不苟合,介于羊胜、公孙诡之间。胜等疾阳,恶之孝王。孝王怒,下阳吏,将杀之。阳客游以谗见禽,恐死而负累,乃从狱中上书曰……书奏孝王,孝王立出之,卒为上客。"邹阳说辞存战国纵横辩士之风,可见此时纵横学影响仍在。 |

汉景帝中元元年　壬辰　前149年

| 第三次布匿战争爆发。 | 四月乙巳,诏赦天下(《汉书·景帝纪》)。
按:此年为立太子而改元;又为立太子而赦天下,赐民爵一级。
是年,封故御史大夫周苛孙平为绳侯,故御史大夫周昌孙左车为安阳侯(《史记·孝景本纪》)。
按:封忠臣之后继绝世。 |
| 大加图卒(前234—)。罗马政治家、作家。拉丁散文文学开创者。著有罗马最早的史书《罗马历史源流考》和《农业志》。 | 孔安国(—约前89)约生。
按:吴文治《中国文学史大事年表》(黄山书社1987年版)说孔安国约生于前156年。孙少华《孔安国及其孔臧的生卒与学术》(《中国社会科学院研究生院学报》2007年6期)说:"《汉书·艺文志》记其献书在'武帝末',再结合《孔子世家谱》'自博士迁临淮太守,六年以病免'的记载,孔安国此次献书,当在征和二年为宜。安国卒年必在司马迁《孔子世家》成篇之前、孔安国献书之后。据王国维的考证,司马迁所著《史记》,最晚为《匈奴列传》李广利降匈奴,其时为汉武帝征和三年,此后事迹皆为后人续补。故孔安国卒年必在汉武帝征和三年(前90)之前,其生年则在汉景帝中元元年(前149)左右。" |

汉景帝中元二年　癸巳　前148年

二月,列侯薨及诸侯太傅初除之官,大行奏谥、诔、策(《汉书·景帝纪》）。

按：吕祖谦《大事记解题》卷十一曰："始为定制，因以抑损之也。"

是月，匈奴入燕，遂不和亲（《史记·孝景本纪》）。

三月，临江王刘荣坐侵太宗庙地，自杀（《汉书·景帝纪》）。

四月，立皇子刘越为广川王，刘寄为胶东王（《汉书·景帝纪》）。

七月，更郡守为太守，郡尉为都尉。

按：《汉书·景帝纪》曰："秋七月，更郡守为太守，郡尉为都尉。"吕祖谦《大事记解题》卷十一曰："守之加太，尉之加都，皆隆其名也。是时方收诸侯之权，隆此所以杀彼也。"

九月甲戌晦，日蚀（《汉书·景帝纪》）。

是月，封故楚、赵傅、相、内史前死事者四人子皆为列侯（《汉书·景帝纪》）。

董仲舒著《五行对》。

按：《春秋繁露·五行志》曰："河间献王刘德问仲舒曰：'《孝经》曰："夫孝，天之经也，地之义也。"何谓也？'对曰：'天有五行，木火土金水也。木生火，火生土，土生金，金生水。水为冬，金为秋，土为季夏，火为夏，木为春。春主生，夏主长，季夏主养，秋主收，冬主藏。藏冬之所成也。是故父之所生，其子长之。父之所长，其子养之。父之所养，其子成之。诸父所为，其子皆奉承而续行之，不敢不致如父之意尽为人之道也。故五行者，五行也。由此观之，父授之，子受之，乃天之道也。故曰夫孝，天之经也。此之谓也。'王曰：'善哉，天经既得闻之矣，愿闻地之义。'对曰：'出云为雨，起气为风，风雨者，地之所属，地不敢有其功名，必上之于天。命若从天气者，故曰天风地雨也，莫曰地风地雨也。勤劳在地，名一归于天，非有至义，其孰能行此？故下事上，如地事天也。可谓大忠矣。土者，火之子也，五行莫贵于土，土之于四时无所命者，不与火分功名。木名春，火名夏，金名秋，水名冬。忠臣之义，孝子之行，取之土。土者，五行最贵者也。其义不可以加矣。五声莫贵于宫，五味莫美于甘，五色莫盛于黄。此谓孝者地之义也。'"儒家五行学说，首推《尚书洪范》，五行指水、木、金、火、土；五事指貌、言、视、听、思。战国邹衍"阴阳消息"、"五德转移"的阴阳五行说法与董仲舒的"五行相胜"相通。董仲舒的五行思想是在原始阴阳五行思想和战国以来阴阳五行家学说基础上形成的，同时提出新见解：一、父子相承说。五行和四季都是上天安排的顺序，而人也应该按父子相承的顺序；二、五行以土为贵。董仲舒的五事次序与《尚书》同；但五行次序不同，据不完全统计，五行的次序大致有九种，且五行平等，董仲舒首次提出"五行莫贵于土"，《白虎通义·五行》承袭此说。三、用五行循环相胜的观点来说明封建政府内部的权力互相制约。（四）、用五行生克来充实天人感应。董仲舒的五行思想影响很大，后代史志中《五行志》基本上从祥异观点来记载。此事具体不知何年，刘汝霖《汉晋学术编年》（中华书局1987年版）因此年河间献王入朝，故系于是年，今从之。

羊胜卒，生年不详。胜，齐人，西汉文人，吴楚七国乱后，梁孝王招延四方文人，与公孙诡、邹阳同游于梁。孝王怨袁盎等阻立已为嗣，与诡谋，刺杀袁盎等十余人。后景帝究其事，遣使至梁捕胜等，孝王不得已，令胜自杀。传胜作《屏风赋》，今存《古文苑》中。

公孙诡卒,生年不详。诡,齐人。梁王招延四万豪杰,公孙诡与羊胜、邹阳等同游于梁。多奇计。初见梁孝王,赐千金,官至中尉,号"公孙将军"。梁王怨袁盎等阻窦太后立已为嗣,与胜谋,刺杀袁盎等议臣十余人。后景帝遣使捕诡,诡等匿王后宫。使者责之急,王乃令诡等自杀。传诡作《文鹿赋》,今已不存。

韦贤(—前66)生(姜亮夫编《历代人物年里碑传综表》)。

汉景帝中元三年　甲午　前147年

十一月,罢诸侯御史大夫官(《史记·孝景本纪》)。

按:颜师古《汉书注》曰:"所以抑损其权。"

春,匈奴王徐卢等七人降,皆封为列侯(《史记·孝景本纪》)。

立皇子刘方乘为清河王(《史记·孝景本纪》)。

三月,周亚夫免丞相,以御史大夫桃侯刘舍为丞相(《史记·孝景本纪》)。

按:《史记·绛侯周勃世家》曰:"其后匈奴王唯徐卢等五人降,景帝欲侯之以劝后。亚夫曰:'彼背其主降陛下,陛下侯之,即何以责人臣不守节者乎?'景帝曰:'丞相议不可用。'乃悉封唯徐卢等为列侯。"吕祖谦《大事记解题》卷十一曰:"外国归义封者始于文帝世弓高、襄成两侯,然二人者皆韩王信子孙,本皆中国之人,能自拔于匈奴,率其众复归中国,封之不为过也。彼徐卢等本匈奴酋长,景帝乃欲侯之以劝后,丞相亚夫之议虽若迂阔,其用意则远矣。景帝所以显沮之者,以向者引《正义》裁后兄王信之封,无辞以屈之,故发愤于此也。人主不敢专,封爵必与大臣共之,盖古之成法。景帝欲行其意而轻废之,此亚夫所以谢病也。自是以后人主益行其意,封爵纷然,丞相亦不复以此为职守矣。"

夏,旱;禁酤酒(《汉书·景帝纪》)。

按:酤,卖酒也。吕祖谦《大事记解题》卷十一曰:"文帝诏曰'为酒醪以靡谷者多,岁旱而禁酒',意盖在此也。"

九月戊戌晦,日蚀(《汉书·景帝纪》)。

卫绾以太子太傅为御史大夫(《汉书·百官公卿表》)。

辕固生约于是年前拜清河王太傅。

按:王益之《西汉年纪》卷九曰:"春三月丁巳,立子乘为清河王。乘,王夫人子。以辕固为清河王太傅。初固以治诗为博士,窦太后召固,问老子书。固曰:'此家人言耳。'太后怒曰:'安得司空城旦书乎?'乃使固入圈刺豕。上知太后怒而固直言无罪,乃假固利兵,下圈刺彘。彘应手而倒。太后默然,亡以复罪。后上以固廉直拜为王傅,诸齐以诗显皆固之弟子也。"《汉书·景十三王传》载中元三年(前147年)立皇子乘为清河王。辕固生为清河太傅,应在此年前后。

汉景帝中元四年　甲午　前146年

春,起德阳宫。

按：臣瓚曰："是景帝庙也。帝自作之,讳不言庙,故言宫。"

十月戊午,日蚀(《汉书·景帝纪》)。

卫绾奏禁马高五尺九寸以上,齿未平,不得出关(《汉书·景帝纪》)。

> 罗马毁迦太基城,建阿非利加行省。
>
> 罗马解散希腊阿卡亚同盟,遂毁科林斯,建马其顿行省。

汉景帝中元五年　丙申　前145年

六月丁巳,诏赦天下赐民爵一级,天下大酺(《史记·孝景本纪》)。

夏,立皇子刘舜为常山王(《史记·孝景本纪》)。

八月,诏更名诸侯丞相为相(《汉书·景帝纪》)。

按：颜师古《汉书注》曰："亦所以抑黜之,令异于汉朝。"吕祖谦《大事记解题》卷十一曰："诸侯王既不得治国,则建空名于一国之上,不为士民所尊,势与富室亡异矣。汉初诸侯王国置官一如天朝,固僭儗太过。今悉减黜之,简陋不复成邦,与郡县殆无以异也。方是时,惩艾七国之祸,惟恐诸侯之不轻。及王莽篡逆,诸侯王厥角稽首奉上玺韨,惟恐在后,其兆实见于此,是故为治者以执中为难。"

九月,诏令禁暴止邪(《汉书·景帝纪》)。

韩婴为常山太傅。

按：韩婴于汉初传《诗》、《易》,所传《诗》称《韩诗》。汉文帝时为博士,汉景帝时为常山王太傅。刘汝霖《汉晋学术编年》(中华书局1987年版)根据《汉景十三王传》系于此年,今从之。《汉书·艺文志·六艺略·易》著录《韩氏》2篇,下班固注"名婴"。韩婴为河北人,刘跃进《秦汉区域文化的划分及其意义》(《淮阴师范学院学报》2006年第4期)根据《汉书·儒林传》统计隶属于幽并学者18人：《易》：孟但,广川人,为太子门大夫。姚平,河东人,从京房习《易》。韩商,韩婴之孙,传《易》学,为博士。韩生,韩商之后。孝宣帝时人,以《易》征,待诏殿中。盖宽饶,字次公,魏郡人。本受《易》于孟喜,见涿韩生说《易》而好之,即更从受焉。《书》：鲍宣,上党人。从平当习《书》。胡常,清河人,从庸生学习《书》。《诗》：韩婴,燕人,孝文时为博士,景帝时至常山太傅。推诗人之意,而作《内》、《外传》数万言,燕赵间言《诗》者由韩生。韩生亦以《易》授人,推《易》意而为之传。燕赵间好《诗》,故其《易》微,唯韩氏自传之。

赵绾，代人，从申公学《诗》，为御史大夫。奏请立明堂以朝诸侯，并推荐业师。武帝遣使束帛加璧，安车以蒲裹轮，驾驷迎申公，弟子两人乘轺传从。拜申公为太中大夫，舍鲁邸，议明堂事。毛公，赵人。治《诗》，为河间献王博士。贯长卿，赵人。《左传》学传人贯公之子，从毛公学《诗》。为荡阴令。解延年，从贯长卿学《诗》。徐敖，从解延年学《诗》。由是言《毛诗》者，本之徐敖。《公羊春秋》：董仲舒，赵人。《公羊学》大师。段仲，广川人，从胡毋生学《公羊春秋》。《左氏春秋》：贯公，从贾谊研习《左氏春秋》，为河间献王博士。张禹，从贯公研习《左氏春秋》。萧望之同时为御史，数为望之言《左氏》，望之善之，上书数以称说。贾护，字季君，黎阳人。从张禹研习《左氏春秋》。李封，魏郡人。建武初为《左传》博士。见《册府元龟》卷五百九十七《学校部·选任》。幽并文人作品31种。《蔡公》二篇。《雅琴》赵氏七篇。《虞氏微传》二篇。《张、苍》十六篇。《蒯子》五篇。《赵幽王赋》一篇。《李夫人及幸贵人歌诗》三篇。《诏赐中山靖王子哙及孺子妾冰未央材人歌诗》四篇。《韩氏》二篇，韩婴撰。《韩故》三十六卷。《韩内传》四卷。《韩外传》六卷。《韩说》四十一卷。《毛诗》二十九卷。《毛诗故训传》三十卷。《乐记》二十三篇。《河间献王对上下三雍宫》三篇。《公羊董仲舒治狱》十六篇。《董仲舒》百二十三篇。《吾丘寿王》六篇。《吾丘寿王赋》十五篇。《广川惠王越赋》五篇。《燕传说》三卷。《虞丘说》一篇。《徐乐》一篇。《待诏金马聊苍》三篇。《蔡癸》一篇。《魏内史赋》二篇。《燕代讴雁门云中陇西歌诗》九篇。《邯郸河间歌诗》四篇。《河东蒲反歌诗》一篇。西汉时期幽并地区学者数量占第四位；著作数量占第三位；到东汉时期学者数量则占最后第八位；文人数量占第四位；《隋书·经籍志》统计的秦汉著作的总量，幽并地区占第五位。

萨摩色雷斯的阿里斯塔克卒（约前217—　）。希腊文献校勘学家、语法学家。

司马迁（　—约前89）约生。

按：关于司马迁的生年有六种不同的说法：1. 生于汉景帝前元四年戊子（公元前153年）之说。此说见于清代王鸣盛《十七史商榷·子长游踪》。2. 生于汉景帝中元五年丙申（公元前145年）之说。《史记·太史公自序》"五年而当太初元年"，张守节《史记正义》说此时"迁年四十二岁"，故定司马迁生于汉景帝中元五年。王国维《观堂集林·太史公行年考》（中华书局1996年版）、张鹏一《太史公年谱》（北京图书馆出版社2004年版）、杨启高《史记通论》（青山阁1926年版）、朱东润《史记考索》（华东师范大学出版社1996年版）、泷川资言《史记会注考证·太史公年谱》（新世界出版社2009年版）、程金造《从史记三家注商榷司马迁的生年》（《文史哲》1957年第2期）、徐朔方《司马迁生于汉景帝中元五年考》（《杭州大学学报》1983年第3期）、施丁《司马迁生年考——兼及司马迁入仕考》（《杭州大学学报》1984年第3期）、张大可《评司马迁生于建元六年说之新证》（《求是学刊》1984年第2期）等持此说，考证颇详，今从之。3. 生于汉景帝后元元年戊戌（公元前143）之说。周寿昌《汉书注校补》、苏舆《春秋繁露义证·董子年表》认为"史公生于景帝后元元年"。4. 生于汉武帝建元六年丙午（公元前135年）之说。郭沫若《"太史公行年考"有问题》（《历史研究》1955年第6期）、李长之《司马迁生年为建元六年辨》（收入《司马迁之人格与风格》，开明书店1948年版）、郑鹤声《司马迁年谱》附《补遗》（商务印书馆1933年版）、施子勉《〈太史公行年考〉辨疑》（《东方杂志》1925年3期）据《史记·太史公自序》"迁为太史令"，司马贞《史记索隐》引《博物志》"年二十八"，推司马迁生于武帝建元六年。5. 生于汉武帝元光六年壬子（公元前129年）之说。见张维骧《太史公疑年考》（北京图书馆出版社2004年版）。6. 生于汉武帝元朔二年甲寅（公元前127年）之说。见康熙《韩城县志》载翟世琪《重修太史庙记》。目前最有影响的是王国维和郭沫若两家的考证,各有信从者。王国维《观堂集林》卷一一《太史公行年考》曰:"案《自序》,《索隐》引《博物志》:'太史令茂陵显武里大夫司马(此下夺迁字),年二十八。三年六月乙卯除。六百石也。'三年者,武帝之元封三年。苟元封三年史公年二十八,则当生于建元六年。然张守节《正义》于《自序》'为太史令五年而当太初元年'下云:'案迁年四十二岁。'与《索隐》所引《博物志》差十岁。《正义》所云亦当本《博物志》。疑今本《索隐》所引《博物志》'年二十八',张守节所见本作'年三十八'。三讹为二,乃事之常,三讹为四,则于理为远,以此视之,则史公生年,当为孝景中五年,而非孝武建元六年矣。"

汉景帝中元六年　丁酉　前144年

十二月,诏改官名,定铸钱伪黄金弃市律(《汉书·景帝纪》)。

二月乙卯,景帝行幸雍,郊五畤(《史记·孝景本纪》)。

按:《汉书·景帝纪》载此事在十月。吕祖谦《大事记解题》卷十一曰:"自文帝诛新垣平后,至是始复郊五畤。"

四月,分梁为五国,立孝王子五人皆为王(《汉书·景帝纪》)。

五月,定长吏车服,减刑法(《汉书·景帝纪》、《汉书·刑法志》)。

七月辛亥晦,日蚀(《汉书·景帝纪》)。

枚乘自梁归淮阴。

按:《汉书·贾邹枚路传》曰:"孝王薨,乘归淮阴。"《汉书·文三王传》载梁孝王"三十五年冬,复入朝……六月中,病热,六日薨"。此"三十五年"指梁孝王三十五年,即景帝中元六年。《史记·汉兴以来诸侯王年表》曰:"景帝中元六年梁孝王来朝,薨。"枚乘归淮阴应在景帝中元六年(前144年)。

司马相如自梁归成都。

按:《汉书·司马相如传》曰:"会梁孝王薨,相如归,而家贫无以自业。素与临邛令王吉相善,吉曰:'长卿久宦游,不遂而困,来过我。'于是相如往舍都亭,临邛令缪为恭敬,日往朝相如。相如初尚见之,后称病,使从者谢吉,吉愈益谨肃。临邛多富人,卓王孙僮客八百人,程郑亦数百人,乃相谓曰:'令有贵客,为具召之。并召令。'令既至,卓氏客以百数,至日中请司马长卿,长卿谢病不能临。临邛令不敢尝食,身自迎相如,相如为不得已而强往,一坐尽倾。酒酣,临邛令前奏琴曰:'窃闻长卿好之,愿以自娱。'相如辞谢,为鼓一再行。是时,卓王孙有女文君新寡,好音,故相如缪与令相重而以琴心挑之。相如时从车骑,雍容闲雅,甚都。及饮卓氏弄琴,文君窃从户窥,心说而好之,恐不得当也。既罢,相如乃令侍人重赐文君侍者通殷勤。文君夜亡奔相如,相如与驰归成都。"

枚乘约于此时前后作《七发》。

按：刘跃进《秦汉文学编年史》（商务印书馆2006年版）系于此年，并且认为要理解这篇文章的主题，"关键是对于'要言妙道'如何理解。……由此来看，所谓要道，一言以蔽之，曰孝悌而已矣。"《七发》上承楚辞铺陈夸饰的传统，下开汉代散文体赋的先河，在中国古代文学史上有深远影响。

刘武卒，生年不详。武，文帝刘恒次子，喜招延四方豪杰及文士。其时枚乘、邹阳、严忌等人汇集于梁，梁国文学称盛一时，形成著名的梁苑文人集团。事迹见《史记》卷六〇、《汉书》卷四七。

按：《史记·梁孝王世家》曰："三十五年冬，复朝。上疏欲留，上弗许。归国，意忽忽不乐。北猎良山，有献牛，足出背上，孝王恶之。六月中，病热，六日卒，谥曰孝王。"万曼《辞·赋·颂》（《河南师大学报》，1982年第5期）说："辞赋从一种地方文学发展成为宫廷文学，梁苑赋坛是一个过渡时期。从某种意义上讲，没有梁苑辞赋的繁荣，就没有后来武帝时期宫廷辞赋的繁荣。"余江《梁苑辞赋集团简论》（《漳州师范学院学报》2001年第3期）说："现存的史料表明，汉初赋家的赋作有很大一部分是与梁有着显而易见的关系的。所以，可以肯定地说正是有了梁孝王，才能聚集这么多显名后世的辞赋作家，才出现了如此多的传世赋作。也正是有了梁孝王，一个崭新的以辞赋创作为主的文学集团才正式形成了，并由此而带来了汉代辞赋文学的勃兴，成为有汉一代文学主流的发皇。这样一个文学集团也因此被冠以'梁苑集团'而得以留名文学史册。梁孝王去世后，枚乘东归故乡淮阴，司马相如归蜀，梁苑作家纷纷出走。从景帝前元四年梁孝王平'七国之乱'后始筑梁苑倡导辞赋，至孝王卒，这一著名的辞赋文学集团在走过十余年的繁荣之后，最终分崩离析了。"

汉景帝后元元年　戊戌　前143年

正月，诏令治狱从宽（《汉书·景帝纪》）。

三月丁酉，诏赦天下，赐中二千石、诸侯相爵右庶长（《史记·孝景本纪》）。

四月，大酺五日，民得酤酒（《史记·孝景本纪》、《汉书·景帝纪》）。

按：中元三年因大旱禁酤酒，至是除其禁。

七月，刘舍免丞相（《史记·孝景本纪》）。

八月，以御史大夫卫绾为丞相，封为建陵侯（《史记·孝景本纪》）。

五月，地震（《汉书·景帝纪》）。

七月乙巳晦，日蚀（《汉书·景帝纪》）。

茅盈（　—？）生。

按：茅盈字叔申，咸阳南关人。茅祚长子。《三辅黄图·甘泉宫》引《华山记》及《三辅旧事》曰："昔有《太元真人茅盈内记》：始皇三十一年九月庚子，盈曾祖父濛于华山乘云驾龙,白日升天。先是邑人谣曰:神仙得者茅初成,驾龙上升入太清。时下玄州戏赤城,继世而往在我盈,帝若学之腊嘉平。"又见《史记·秦始皇本纪集解》引《太元真人茅盈内纪》、《史记索隐》引《广雅》、《太平御览》卷六六一道部引《茅君传》(参见刘跃进《秦汉文学编年史》商务印书馆 2006 年版)。

汉景帝后元二年　己亥　前 142 年

十月,省彻侯之国(《汉书·景帝纪》)。

按:颜师古《汉书注》引晋灼曰:"《文纪》遣列侯之国,今省之。"吕祖谦《大事记解题》卷十一曰:"《史记·列侯》、《表》各书元年,盖汉初封列侯犹有君国子民之意也。(《汉书·列传》、《年表》但书某年某月封,不书元年失其旨矣。)故文帝遣列侯就国之诏曰:'古者诸侯建国千余,各守其地,今列侯多居长安,吏卒给输费苦,而列侯亦无繇教训其民。'然则岂徒使之利租税之入而已哉。景帝既不令诸侯王治事,故亦省彻侯之国。自是之后,事权皆在其相,所谓侯国者亦与县邑无异矣。"

四月,令治奸法者(《汉书·景帝纪》)。

五月,颁重廉士诏。

按:《汉书·景帝纪》曰:"五月,诏曰:'人不患其不知,患其为诈也;不患其不勇,患其为暴也;不患其不富,患其亡厌也。其唯廉士,寡欲易足。今訾算十以上乃得宦,廉士算不必众。有市籍不得宦,无訾又不得宦,朕甚愍之。訾算四得宦,亡令廉士久失职,贪夫长利。'"

枚皋在梁国为郎。

按:《汉书·贾邹枚路传》曰:"三年,为王使,与冗从争,见谗恶遇罪,家室没入。皋亡至长安。会赦,上书北阙,自陈枚乘之子。上得大喜,召入见待诏,皋因赋殿中。诏使赋平乐馆,善之。拜为郎,使匈奴。"骆玉明《枚皋生年考》(《中华文史论丛》1986 年第 3 辑)以为事"在景帝后元二年后,武帝建元二年前,即公元前 142—139 之间",枚皋拜为郎。皋好诙谐,善辞赋,才思敏捷,与东方朔同以滑稽得武帝欢。因其作文迅速,超过相如,人称"枚速马迟"。扬雄亦谓"军旅之际,戎马之间,飞书驰檄,则用枚皋。"《汉书·艺文志》曰:"枚皋赋百二十篇"。今多不传。陈国庆《汉书艺文志注释汇编》(中华书局 1983 年版)说:"枚皋附本书《枚乘传》,《本传》载有《平乐馆赋》、《立皇太子禖祝》、《卫皇后立时戒终之赋》。"

桑弘羊 13 岁,以赀为郎。

按:《盐铁论·贫富篇》曰:"大夫曰:余结发束修,年十三,幸得宿卫,给事辇毂之下。"王利器《盐铁论校注》(天津古籍出版社 1983 年版)举出很多例证,认为十三岁乃为桑弘羊从事宦学之年,又考证其作为商人后代能够入仕的原因,"《汉书·景帝纪》:'后二年,五月诏:"今訾算十以上乃得宦,廉士算不必众。有市籍不得宦,无訾又不得宦,朕甚愍之。訾算四得宦,亡令廉士久失职,贪夫长利。"'服虔注曰:'訾,万钱,算,百二十七也。'应劭注曰:'古者,疾吏之贪,衣食足,知荣辱,限訾十算乃得

罗马人约于此时建成第 1 座跨越台伯河的大桥。

为吏。十算,十万也。贾人有财,不得为同。'……这是汉景帝继惠帝、高后'弛商贾之律'之后,复开'市井之子孙不得仕宦为吏'之禁也。诏文明言'有市籍不得为宦,无訾又不得宦,朕甚愍之'嘛,这实在是给商贾与廉士这两种人大开利禄之途的嚆矢。因此,桑弘羊才得于此时'以訾为郎',成为'市井子孙得仕宦为吏'的破天荒创举。因此,后来郑当时才得根据这个诏令而向汉武帝进言东郭咸阳、孔仅、桑弘羊这些富商大贾和市井子孙的。"(又参见马元材《桑弘羊年谱订补》,中州书画社1982年版)

毛亨于是年前著《毛诗故训传》30卷。

按：毛亨,生卒年不详,鲁人,一曰河间人。为汉代传《诗》四大家之一。其诗学自称传自子夏,著有《毛诗故训传》,以授赵人毛苌。后人称其曰"大毛公",而谓毛苌为"小毛公"。《汉书·艺文志·六艺略·诗序》曰："又有毛公之学,自谓子夏所传,而河间献王好之,未得立。"《汉书·艺文志·六艺略》著录《毛诗故训传》30卷。马瑞辰《毛诗笺传通释·毛诗故训传名义考》曰："毛公传《诗》多古文,其释实兼训、诂、传三体,故名其书为《故训传》。"王先谦《汉书补注》曰："古经传皆别行,毛作《诗传》,取28卷之经,析邶、鄘、卫风为3卷,故为30卷也。"马培棠《国故概要》(中华书局1993年版)曰："《诗经》,称曰《毛诗》,以古文《毛诗》独传故也。盖西汉传《诗》者,除齐、韩、鲁三家外,又有鲁人毛亨,善治《诗》,作《诗故训传》30卷,人以毛公所传,因曰《毛诗》,以别于《齐诗》、《韩诗》、《鲁诗》。后今文三家皆废,独《毛诗》盛行,今本《十三经注疏》,即以《毛诗》为底本。"关于《毛诗故训传》究竟为毛亨或毛苌所作,亦历来存有争议。王国维《书〈毛诗诂训传〉后》(《观堂别集》卷一)说："《后汉书·儒林传》云：'赵人毛苌传《诗》,是为《毛诗》。'《隋书·经籍志》亦云：'《毛诗》二十卷,河间太守毛苌传。'惟郑氏《诗谱》云：'鲁人大毛公为训诂。传于其家,河间献王得而献之。以小毛公为博士。'陆玑《毛诗草木虫鱼鸟兽疏》亦云：'《毛诗》荀卿授鲁国毛亨。毛亨作《训诂传》以授赵国毛苌。则以故训传为毛亨作。余谓二说皆是也。盖《故训》者大毛公所作,而《传》则小毛公所增益也。汉初诗家故与传皆别行。"陈国庆《汉书艺文志注释汇编》(中华书局1983年版)说："清《四库提要》云：'《汉书·艺文志》,《毛诗》29卷。《毛诗故训传》30卷。然但称毛公不著其名。《后汉书·儒林传》始云赵人毛苌传《诗》,《隋志》载《毛诗》24卷,河间太守毛苌传。然据郑玄《诗谱》、陆玑《毛诗草木虫鱼疏》则作传者乃毛亨,非毛苌也。今参稽众说,定作传者为毛亨。"据吴之英《汉师传经表》、蒋日豫《西汉传经表》等稽考,西汉《毛诗》师传关系是：由大毛公毛亨授小毛公毛苌,毛苌授贯长卿,贯长卿授解延年,解延年授徐敖,徐敖授陈侠,陈侠授谢曼卿。谢曼卿授卫宏、徐巡。兹列出西汉《毛诗》师传表如下：

毛亨——毛苌——长卿——解延年——徐敖——陈侠——谢曼卿——卫宏/徐巡

随州孔家坡汉简《历日》、《日书》、《告地书》成书。

按：从1998年10月到2000年3月,在湖北省随州市孔家坡砖瓦厂取土地方断续发现了16基墓葬,其中8号墓里出土了竹简700余枚和木牍4枚,据《随州市孔家坡墓地M8发掘简报》(2001《文物》第9期)及《随州孔家坡汉墓简牍》(文物出版社,2006年版)可知简牍为竹简《日书》、《历日》及木牍《告地书》三部分。武家璧《随州孔家坡汉简〈历日〉及其年代》(《江汉考古》2009年第1期)说："我初步复原《历日》后认为当是汉景帝后元二年(公元前142年)的历谱。""孔简《历日》的编排方式为前此出土历谱所未见,它以最简洁的方式、最少的文字将一年内的历日干支全部排出。"考证"孔家坡汉简《历日》是汉景帝后元二年(前142)的历谱,气、朔、闰与《颛顼历》吻合;年序与《告地书》吻合;冬、夏至干支与实历密近等,殆无可疑。"文中又考证"孔M8木牍《告地书》云:'二年正月壬子朔,甲辰,都乡燕佐戎敢言之……正月壬子,桃侯国丞万移地下丞'","汉景帝后元二年(公元前142年)正月甲辰朔,故《告地书》'二年'当为汉景帝后元二年。"森和《从离日与反支日看〈日书〉的继承关系》(武汉大学《出土数术文献国际学术研讨会》发言)说2000年3月随州孔家坡8号汉墓出土孔家坡汉简《日书》是第一次完全公开的西汉时代《日书》,而且这数据抄录很多与睡虎地秦简《日书》共通或类似的篇。其文中又归纳了目前发现的《日书》,属于汉代的有:张家山249号汉墓竹简《日书》,400余枚(墓葬年代上限为西汉初年,下限不会晚景帝);张家山127号汉墓竹简《日书》,300多枚(包含残简130枚余,汉惠帝时期公元前195~公元前188);香港中文大学文物馆藏汉简《日书》,109枚(其出土地可能即在湖北随州一带,为汉惠帝3年(公元前192)之后所抄写);双古堆汉简《日书》,近100个残片(下葬年代在汉文帝前元15年,公元前165);虎溪山汉简《日书》,约500枚,(竹简自署篇名《阎氏五胜》,作者为阎昭。下葬年代在汉文帝后元2年,公元前162);孔家坡汉简《日书》,478枚(下葬年代在汉景帝后元2年,公元前142);定县汉简《日书》,(下葬年代在汉宣帝五凤3年,公元前55);杜陵汉墓木牍《日书》,该墓葬是汉宣帝(公元前74—公元前49)杜陵的陪葬墓。

毛亨卒,生年不详。亨,鲁人,一说河间人。荀卿弟子,《诗经》"毛诗学"开创者。曾著《毛诗故训传》,授赵人毛苌《诗》,世称大小毛公。事迹见《史记》卷一二一。

按:吴文治《中国文学史大事年表》(黄山书社1987年版)于此年下说"毛亨约于此年前后在世,生卒年不详"。《毛诗》由孔子而下至毛亨凡七传,陆玑《毛诗草木虫鱼疏》曰:"孔子删诗,授卜商,商为之序。授鲁人曾申,申授魏人李克,克授鲁人孟仲子,仲子授根牟子,根牟子授赵人荀卿,荀卿授鲁人毛亨,毛亨作训诂以传赵人毛苌。时人谓亨为大毛公,苌为小毛公。"

汉景帝后元三年　庚子　前141年

正月,诏劝农桑,禁采黄金、珠玉(《汉书·景帝纪》)。

甲子,景帝刘启卒于未央宫。太子刘彻即皇帝位,是为武帝,尊皇太后为太皇太后,皇后为皇太后(《汉书·武帝纪》)。

按:《史记·孝景本纪》曰:"太史公曰:汉兴,孝文施大德,天下怀安,至孝景,不复忧异姓,而晁错刻削诸侯,遂使七国俱起,合从而西乡,以诸侯太盛,而错为之不以渐也。及主父偃言之,而诸侯以弱,卒以安。安危之机,岂不以谋哉?"《汉书·景帝纪赞》曰:"周秦之敝,罔密文峻,而奸轨不胜。汉兴,扫除烦苛,与民休息,至于孝文,加之以恭俭,孝景遵业,五六十载之间,至于移风易俗,黎民醇厚,周云成康,汉云文

犹太脱离塞琉西帝国独立。

景,美矣!"吕祖谦《大事记解题》卷十一引致堂胡氏曰:"文帝宽厚长者,以德化人,无事则谦抑如不能,有事则英气奋发。景帝刻薄任数,以诈力御下,平居则诛赏肆行,缓急则揣惧失措,其大致悬绝如此。而又以无宠废正后而夫妇之义薄,无罪废太子而父子之恩暌,过爱梁王轻许传位而兄弟之好不终,信谗用间,绌申屠嘉,戮晁错,杀周亚夫,而君臣之道乖缺,其视乃翁益相远矣。独节俭不妄费,育民以致丰富一事,为克遵前业耳。"

三月,封皇太后同母弟田蚡为武安侯,弟田胜为周阳侯(《汉书·武帝纪》)。

枚皋上书梁共王刘买,召为郎。

按:《汉书·贾邹枚路传》附枚皋传:"年十七,上书梁共王,得召为郎。"骆玉明《枚皋生年考》(《中华文史论丛》1986年第3辑)以为事在景帝后元二年后,武帝建元二年前,即公元前142—139间。刘跃进《秦汉文学编年史》系于是年,从之。

汉武帝刘彻建元元年　辛丑　前140年

罗马人及埃及人会于亚历山大城。

十月,诏贤良方正直言极谏之士;罢所举贤良中治申、商、韩非、苏秦、张仪之言乱国政者。

按:《史记·孝武本纪》曰:"元年,汉兴已六十余岁矣,天下乂安,荐绅之属皆望天子封禅改正度也。而上乡儒术,招贤良,赵绾、王臧等以文学为公卿,欲议古立明堂城南,以朝诸侯。草巡狩封禅改历服色事未就。会窦太后治黄老言,不好儒术,使人微得赵绾等奸利事,召案绾、臧,绾、臧自杀,诸所兴为者皆废。"《汉书·武帝纪》曰:"建元元年冬十月,诏丞相、御史、列侯、中二千石、二千石、诸侯相举贤良方正直言极谏之士。丞相绾奏:'所举贤良,或治申、商、韩非、苏秦、张仪之言,乱国政,请皆罢。'"

又按:颜师古曰:"自古帝王未有年号,始起于此。"但《史记·封禅书》曰:"其后三年,有司言元宜以天瑞命,不宜以一二数。一元曰'建'。二元以长星曰'光',三元以郊得一角兽曰'狩'云。"所以建元年号皆史官追书也。

二月,诏赦天下;行三铢钱(《史记·孝武本纪》、《汉书·武帝纪》)。

四月己巳,诏令孝养老人(《汉书·武帝纪》)。

五月,诏令祠官修山川之祠,为岁事,曲加礼(《汉书·武帝纪》)。

按:颜师古《汉书注》引孟康曰:"为农祈也。于此造之,岁以为常,故曰为岁事也。"吕祖谦《大事记解题》卷十一曰:"此武帝祷祠之始也。"

六月,卫绾免丞相,以魏其侯窦婴为丞相,武安侯田蚡为太尉,御史大夫王臧为郎中令(《汉书·百官公卿表》)。

七月,诏令罢苑马赐贫民;议立明堂。

按:《史记·孝武本纪》曰:"元年,汉兴已六十余岁矣,天下乂安,荐绅之属皆望天子封禅改正度也。而上乡儒术，招贤良，赵绾、王臧等以文学为公卿，欲议古立明堂城南，以朝诸侯。草巡狩封禅、改历服色事未就。"

窦婴、田蚡、赵绾、王臧等隆推儒术，贬道家言。

按：《史记·魏其武安侯列传》曰："魏其、武安俱好儒术，推毂赵绾为御史大夫，王臧为郎中令。迎鲁申公，欲设明堂，令列侯就国，除关，以礼为服制，以兴太平。举适诸窦宗室无节行者，除其属籍。时诸外家为列侯，列侯多尚公主，皆不欲就国，以故毁日至窦太后。窦太后好黄老之言，而魏其、武安、赵绾等务隆推儒术，贬道家言，是以窦太后滋不说魏其等。"《史记·儒林列传》："及今上即位，赵绾、王臧之属明儒学，而上亦乡之，于是招方正贤良文学之士。自是之后，言《诗》于鲁则申培公，于齐则辕固生，于燕则韩太傅。言《尚书》自济南伏生。言《礼》自鲁高堂生。言《易》自菑川田生。言《春秋》于齐鲁自胡毋生，于赵自董仲舒。及窦太后崩，武安侯田蚡为丞相，绌黄老、刑名百家之言，延文学儒者数百人，而公孙弘以《春秋》白衣为天子三公，封以平津侯。天下之学士靡然乡风矣。"窦婴、田蚡、赵绾、王臧等人虽提倡儒学，但亦通黄老以及诸子之学。《汉书·窦田灌韩传》又曰："及孝景晚节，蚡益贵幸，为中大夫。辩有口，学《盘盂》诸书，王皇后贤之。"《盘盂》书，应劭曰："黄帝史孔甲所作也。凡二十九篇，书盘盂中，所以为法戒也。诸书，诸子之书也。"孟康曰："孔甲《盘盂》二十六篇，杂家书，兼儒墨名法者也。"晋灼曰："按《艺文志》孟说是也。"

卫绾上书请所举贤良治申、韩、苏、张之言乱国政者皆罢。

按：《汉书·武帝纪》载此事。颜师古注引李奇曰："申不害书执卑。商鞅为法，赏不失卑，刑不讳尊，然深刻无恩德。韩非兼行申、商之术。"申、韩之法、术、势学说，曾为秦始皇所爱而尊用，与儒家道德教化之说相乖悖；苏、张纵横之学，亦以权谋诈术取胜，与儒家道德学说相左。此举是汉朝尊崇儒学之始。

申培因赵绾荐为太中大夫，对武帝问政；又议立明堂事。

按：《史记·儒林列传》曰："绾、臧请天子，欲立明堂以朝诸侯，不能就其事，乃言师申公。于是天子使使束帛加璧安车驷马迎申公，弟子二人乘轺传从。至，见天子。天子问治乱之事，申公时已八十余，老，对曰：'为治者不在多言，顾力行何如耳。'是时天子方好文词，见申公对，默然。然已招致，则以为太中大夫，舍鲁邸，议明堂事。"《汉书·武帝纪》曰："秋七月，……议立明堂。遣使者安车蒲轮，束帛加璧，征鲁申公。"吕祖谦《大事记解题》卷十一曰："申公在汉初诸儒中进退出入，盖多可议。然其对武帝简实要切，一言而尽帝终身之病。彼陆沉岩谷不为时用者，其所存殆未可量度也。"赵绾曾受《诗》申公，为申公弟子。

辕固复以贤良征，此后，齐诗皆本之。

按：《史记·儒林列传》曰："今上初即位，复以贤良征固。诸谀儒多疾毁固，曰'固老'，罢归之。时固已九十余矣。固之征也，薛人公孙弘亦征，侧目而视固。固曰：'公孙子，务正学以言，无曲学以阿世'。自是之后，齐言《诗》皆本辕固生也。诸齐人以《诗》显贵，皆固之弟子也。"辕固的著作，《汉书·艺文志》曰："汉兴，鲁申公为《诗》训故，而齐辕固、燕韩生皆为之《传》。"《汉书·艺文志·六艺略》著录《齐诗》二十八卷。应劭曰："后仓作《齐诗》。"王先谦《汉书补注》引齐召南曰："应说非是。后仓，传《齐诗》者，非其始也。《齐诗》始于辕固。"陆德明《经典释文·序录》曰："齐人辕固生作《诗传》，号《齐诗》。"荀悦《汉纪》卷二五曰："齐人辕固生为景帝博士，亦作《诗》外、内《传》。"辕固作《诗外传》仅见于此。陈乔枞曰："《志》叙六家只有后氏、孙氏而不及辕生者,盖后氏《故》《传》即本诸辕生也。《后氏故》二十卷,而《后氏传》多至三十九卷,殆合《内》《外传》言之欤?"黄奭《黄氏逸书考》辑有辕固《齐诗传》一卷。马国翰《齐诗传》辑佚二卷。另外,辕固生斥责公孙弘曲学阿世,可见在儒学内部已经分化为固守训诂本义与变通自家学说为当时政治服务的两派。但清徐文靖《管城硕记》卷十八(《四库全书》本)则认为"师古曰'庋目而事言深惮之',此弘初征时固见其谨慎事已,因以勉之,非有所指而云也。世遂以弘为曲学阿世谬矣。"《资治通鉴》卷一八将此事载于元光五年。

公孙弘以贤良征为博士,罢归。

按:《史记·平津侯列传》曰:"丞相公孙弘者,齐菑川国薛县人也,字季。少时为薛狱吏,有罪,免。家贫,牧豕海上。年四十馀,乃学春秋杂说。养后母孝谨。建元元年,天子初即位,招贤良文学之士。是时弘年六十,征以贤良为博士。使匈奴,还报,不合上意,上怒,以为不能,弘乃病免归。"宋王益之《西汉年纪》卷十曰:"建元元年冬十月,前清河太傅辕固、楚相冯唐、故城阳中尉邓先、公孙宏、吴人严助皆以贤良征。宏少时为狱吏,有罪免。家贫牧豕海上。年四十余乃学《春秋》杂说。时年六十,以贤良征。仄目事辕固,固曰:公孙子务正学以言,无曲学以阿世。诸儒多嫉曰:固老罢归之。时固已九十余矣,对策百余人,帝擢严助为中大夫,公孙宏为博士。"又元光元年考云:"按《宏》传,武帝初即位,招贤良文学士。是时宏年六十,以贤良征为博士。元狩二年,宏年八十,终于丞相位。自元狩逆数至武帝即位之初,盖二十年,则宏之初举贤良,其在建元元年明矣。"(参见刘跃进《秦汉文学编年史》,商务印书馆2006年版)

严助以贤良对策,擢为中大夫。

按:《汉书·严朱吾丘主父徐严终王贾传》曰:"严助,会稽吴人,严夫子子也,或言族家子也。郡举贤良,对策百余人,武帝善助对,由是独擢助为中大夫。后得朱买臣、吾丘寿王、司马相如、主父偃、徐乐、严安、东方朔、枚皋、胶仓、终军、严葱奇等,并在左右。是时,征伐四夷,开置边郡,军旅数发,内改制度,朝廷多事,屡举贤良文学之士。公孙弘起徒步,数年至丞相,开东阁,延贤人与谋议,朝觐奏事,因言国家便宜。上令助等与大臣辩论,中外相应以义理之文,大臣数诎。其尤亲幸者,东方朔、枚皋、严助、吾丘寿王、司马相如。相如常称疾避事。朔、皋不根持论,上颇俳优畜之。唯助与寿王见任用,而助最先进。"《资治通鉴》卷一七系之本年,"会稽庄助亦以贤良对策,天子擢为中大夫",今从之。王先谦《汉书补注》引齐召南:"助对策在建元元年。"《汉书·艺文志·诸子略》(一)"儒家"下著录《庄助》四篇,《诗赋略》(二)"陆贾赋之属"下著录《严助赋》二十五篇。严助即庄助,因避明帝讳改。马国翰有《严助书》辑佚一卷。

胶仓、朱买臣、严葱奇等为武帝时待诏金马。

按:《汉书·艺文志》曰:胶仓"赵人,武帝时"。颜师古曰:"《严助传》作胶苍,而此《志》作聊。《志》《传》不同,未知孰是。"颜氏认为聊苍即是《汉书·严助传》之胶苍,聊、胶二字不知何者为误。应邵曰:"聊氏,聊苍,为汉侍中,著子书。"梁玉绳《史记志疑》曰:"胶扁之姓甚少,汉武帝时有赵人胶仓,与朱买臣、庄忽奇等待诏金马,见《严助传》《东方朔传》。而《艺文志》作聊仓,疑以音近而异。《广韵》引《风俗通》亦作聊仓,盖仍《汉志》,未必是两人。"《汉书·东方朔传》曰:"是时朝廷多贤材,上复问朔:'方今公孙丞相、倪大夫、董仲舒、夏侯始昌、司马相如、吾丘寿王、主父偃、朱买臣、严助、汲黯、胶仓、终军、严安、徐乐、司马迁之伦,皆辩知闳达,溢于文辞,先生自视,何与比哉?'"可知胶苍为武帝的文学侍从之臣。《汉书·艺文志》载:"《金马门待诏聊苍》三篇。"严葱奇,《汉书·艺文志》作庄葱奇,官常侍郎,有赋十一篇。作为后补官的待诏,秦已经出现。汉代大量出现,是在武帝时期,此后,待诏之制在汉代一直被沿用。西汉丞相府、太卜寺、玉堂殿（黄门）、尚方、保宫、殿中、承明堂等都有这样的官职,而最为常见的是公车、金马门。如主父偃、严安、徐乐、东方朔、贾捐之、郑朋等人都曾待诏金马门,金马门是著书和校书的机构。《史记·滑稽列传》曰:"金马门者,宦署门也,门傍有铜马,故谓之曰'金马门'。"

东方朔上书自荐,待诏公车。

按:《汉书·东方朔传》曰:"东方朔字曼倩,平原厌次人也。武帝初即位,征天下举方正贤良文学材力之士,待以不次之位,四方士多上书言得失,自衒鬻者以千数,其不足采者辄报闻罢。朔初来,上书曰:'臣朔少失父母,长养兄嫂。年十三学书,三冬文史足用。十五学击剑。十六学《诗》、《书》,诵二十二万言。十九学孙吴兵法,战阵之具,钲鼓之教,亦诵二十二万言。凡臣朔固已诵四十四万言。又常服子路之言。臣朔年二十二,长九尺三寸,目若悬珠,齿若编贝,勇若孟贲,捷若庆忌,廉若鲍叔,信若尾生。若此,可以为天子大臣矣。臣朔昧死再拜以闻。'"《资治通鉴》卷十七将东方朔初见武帝归于建元三年,但建元三年无诏举事,而此年十月则称"诏举良方正直言极谏之士",所以东方朔公车上书当在此年。

司马谈约于是年后为太史令。

按:司马迁《太史公自序》曰:"太史公仕于建元元封之间。"姑系于此。

贾嘉兄弟通《左传》,为郡守。

按:《史记·屈原贾生列传》曰:"及孝文崩,孝武皇帝立,举贾生之孙二人至郡守,而贾嘉最好学,世其家,与余通书。至孝昭时,列为九卿。"《经典释文·序录》曰:"贾谊传其孙嘉。"贾谊早逝,亲传未必可能,但贾嘉世其家学则可能。《汉书·伏生传》又曰:"贾嘉颇能言《尚书》。"此事不知系于何年,因传有"孝武皇帝立"语,所以置于武帝元年。

宁成抵罪髡钳。

按:《汉书·贾谊传》曰:"上深纳其（贾谊）言,养臣下有节。是后大臣有罪,皆自杀,不受刑。至武帝时,稍复入狱,自宁成始。"《汉书·酷吏传》:"武帝即位,徙为内史,外戚多毁成之短,抵罪髡钳。是时九卿死即死,少被刑,而成刑极,自以为不复收,乃解脱,诈刻传出关归家。称曰:'仕不至二千石,贾不至千万,安可比人乎!'乃贳贷陂田十余顷,假贫民,役使数千家。数年,会赦,致产数千万,为任侠,持吏长短,出从数十骑。其使民,威重于郡守。"

枚乘卒,生年不详。乘,字叔,淮阴人。初为吴王刘濞郎中,后去吴归梁。时人以枚、贾并称,其上君主书,纵横奔放,有战国说士之风,《七发》为汉代大赋前驱,为七体之祖。原有集已失传,近人辑有《枚叔集》。事迹见《汉书》卷五一。

按:《汉书·贾邹枚路传》曰:"武帝自为太子闻乘名,及即位,乘年老,乃以安车蒲轮征乘,道死。诏问乘子,无能为文者,后乃得其孽子皋。"吕祖谦《大事记解题》卷十一曰:"观征枚生之意,宜其申公落落难合也。"《汉书·艺文志》著录《枚乘赋》九篇,《隋志》谓梁有《枚乘集》二卷,《新唐志》作一卷。有《上吴王书》二篇、《梁王兔园》一篇、《忘忧馆柳赋》一篇、《临霸池远决赋》。今存《文选》中《七发》,《古文苑》中《梁王兔园》、《西京杂记》中《柳赋》等三篇。刘跃进《秦汉文学编年史》（商务印书馆 2006

希腊学者阿波罗多罗斯活动时期约为是年。著有《希腊编年史》。

年版)说:"枚乘之死,具有重要意义。第一,标志着盘根错节的王侯文化的消失;第二,标志着无为而治的黄老思想的终结;第三,标志着居安思危的忧患意识的终结;第四,标志着汉帝国进入一个全新的时期。"

淳于意卒,生年不详。意,临淄人。曾为齐太仓长,故世称仓公。受学于公孙光,后以公孙光荐从学于公乘阳庆。公乘阳庆为临淄人,精于医,年七十,无子,见淳于意喜之,以古先遗传黄帝、扁鹊的《脉书》及《药论》、《禁方》等授意,意学得《脉书》上、下经,《五色诊》,《奇咳书》,《揆度阴阳外变》,《药论》,《石神》,《接阴阳书》等。仓公遗著,《通志·艺文略》有《仓公决生死秘要》1卷;《崇文总目》有《仓公生死秘要》;葛洪《肘后方》引有《仓公秘法》。事迹见《史记》卷一○五。

终军(—前112)生。

按:《汉书·终军传》曰:"终军,字子云,济南人也。少好学,以辩博能属文闻于郡中。年十八,选为博士弟子。至府受遣,太守闻其有异才,召见军,甚奇之,与交结。军揖太守而去,至长安上书言事。武帝异其文,拜军为谒者给事中。"终军于元狩元年(前122)作《白麟奇木对》。所以终军入选博士弟子当在元朔六年(前123),时终军十八岁,由此上推,则终军应生于本年。

汉武帝建元二年　壬寅　前139年

十月,窦太后以不喜儒术、好黄老而免窦婴、田蚡丞相、太尉职;废明堂事(《史记·孝武本纪》、《汉书·武帝纪》)。

按:《史记·魏其武安侯列传》曰:"及建元二年,御史大夫赵绾请无奏事东宫。窦太后大怒,乃罢逐赵绾、王臧等,而免丞相、太尉。"颜师古《汉书注》引应劭注曰:"礼,妇人不豫政事,时帝已自躬省万机。王臧儒者,欲立明堂辟雍。太后素好黄老术,非薄《五经》。因欲绝奏事太后,太后怒,故杀之。"吕祖谦《大事记解题》卷十一曰:"申公既为楚王戊胥靡,归鲁,退居家教,不出,绝宾客,可谓深自惩艾矣。独以诗经为训,疑者则阙不传,可谓有古经师之模范矣。彼赵绾、王臧虽尝北面称弟子,观其'请毋奏事东宫',触窦太后之怒,遂以奸利见诛。轻浅浮伪一至于是,方在门时岂无可见者乎?为申公者,闻其进用,盍以辱吾道为忧可也,今反依藉之以兴礼乐,一举而有三失焉。乐其意向之同而不深考其实,一也;眩于名位而忘其人之素,二也;黾勉庶几行志而不守初见武帝之正对,三也。得非自反尚未深,格局尚未进,志虽及之而力尚未足以守之邪,此儒者之大戒也。厌空言者必尊实行,绾臧既败之后,石建兄弟遂以孝谨并用,事势相激无足怪者。虽然,吾窃有感焉。阴长则阳消,小人进则君子退,至于孝谨之人,本非儒者之敌,乃良资美质,教所当先施者也。儒者既无实行,非特不足以启迪之,反使世俗崇奖之,以为讪薄儒者之具。苟儒者自名以为君子,而指彼为小人,可不可耶?"

二月丙戌朔,日蚀(《汉书·武帝纪》)。

三月，以太常许昌为丞相(《汉书·百官公卿表》)。

四月，令于槐里茂乡建茂陵，置茂陵邑(《汉书·武帝纪》)。

赵绾、王臧以窦太后不好儒术罢官下狱。

按：《盐铁论·褒贤篇》曰："赵绾、王臧之徒，已以儒术擢为上卿。"《史记·孝武本纪》："会窦太后治黄、老言，不好儒术，使人微得赵绾等奸利事，召案绾、臧，绾、臧自杀，诸所兴为者皆废。"《史记·儒林列传》曰："太皇窦太后好老子言，不说儒术，得赵绾、王臧之过以让上，上因废明堂事，尽下赵绾、王臧吏，后皆自杀。"

申公因窦太后不悦儒术而免归，此后谷梁学渐微。

按：《史记·儒林列传》曰："太皇窦太后好老子言，不说儒术，……申公亦疾免以归，数年卒。"武帝被迫废立明堂，赵绾、王臧下狱自杀，申公归家，此为儒术对黄老之学的失败，也是汉初《谷梁学》逐渐衰微的转折。申公的《谷梁》学，重心在"礼"，申公及弟子主张"议立明堂"，其实就是希望通过制礼作乐，实现天下"太平"。申公归家后，研习公羊学的公孙弘、董仲舒渐为武帝赏识，因而《公羊》大盛，《谷梁》则渐微。

刘安来朝，与田蚡交好。

按：《史记·淮南衡山列传》曰："淮南王安为人好读书鼓琴，不喜弋猎狗马驰骋，亦欲以行阴德拊循百姓，流誉天下。时时怨望厉王死，时欲畔逆，未有因也。及建元二年，淮南王入朝。素善武安侯，武安侯时为太尉，乃逆王霸上，与王语曰：'方今上无太子，大王亲高皇帝孙，行仁义，天下莫不闻。即宫车一日晏驾，非大王当谁立者！'淮南王大喜，厚遗武安侯金财物。阴结宾客，拊循百姓，为畔逆事。"吕祖谦《大事记解题》卷十一曰："田蚡尚可结，其余谁不可结哉。此所以益增其逆谋也。"

刘安著《内书》21篇，献于朝。

按：《汉书·淮南衡山济北王传》曰："淮南王安为人好书，鼓琴，不喜弋猎狗马驰骋，亦欲以行阴德拊循百姓，流名誉。招致宾客方术之士数千人，作为《内书》二十一篇，《外书》甚众，又有《中篇》八卷，言神仙黄白之术，亦二十余万言。时武帝方好艺文，以安属为诸父，辩博善为文辞，甚尊重之。每为报书及赐，常召司马相如等视草乃遣。初，安入朝，献所作《内篇》，新出，上爱秘之。"《汉书·艺文志》载《淮南内》二十一篇，《汉书·淮南衡山济北王传》作《内书》二十一篇。《淮南内》与《内书》是同一部书。据高诱《叙目》，此书当初刘安题名《鸿烈》，刘向名之《淮南》。《隋书》名《淮南子》，郑樵《通志》名《淮南鸿烈解》，《宋史·艺文志》名《淮南子鸿烈解》，均题为刘安撰，二十一卷。可见《鸿烈》、《淮南内》、《内书》、《淮南》、《淮南子》、《淮南子鸿烈解》亦同。又《旧唐书·经籍志》丙部杂家类载刘安撰二十一卷《淮南商诂》。陈振孙《直斋书录解题》认为《淮南商诂》当做《淮南间诂》。据《隋书》记载《淮南子》有许慎注、高诱注两种注释本，都是二十一卷，郑樵《通志》记载有许慎注，未录高诱注。《旧唐书·经籍志》和《新唐书·艺文志》杂家类、《崇文总目》杂家均著录高诱注《淮南子》二十一卷，未题许慎注本。《宋史·艺文志》则著录许慎注《淮南子》二十一卷，高诱注《淮南子》十三卷，高诱注少八卷。《新唐书·艺文志》丙部杂家类记载：高诱有《淮南鸿烈音》二卷。郑樵《通志·艺文略》杂家也有此书，但未题注者。《旧唐书》题作何诱注，《四库全书总目提要》和庄逵吉都认为是何诱注，不能改做高诱，并批评欧阳修"不精考古，以名字相涉而乱之"。该书可能是隋唐人从高诱二十一卷注本中录出音注部分二卷，并转换为当时通行的切音，别为单行本。宋初该书尚存，欧阳修当

希腊天文学家喜帕恰斯精确地计算出朔望月的一种时间。

知见此书,故作高诱。胡适在刘文典《淮南鸿烈集解》序中说《淮南子》"其书作于汉代,时尚修辞,今观许慎、高诱之注,知当汉时已有注释之必要。历年久远,文义变迁,传写讹夺,此书遂更难读。中世儒者排斥异已,忽略百家,坐令此绝代其书,沉埋不显。迄乎近世,经师旁求故训,博览者始稍整治秦汉诸子,而淮南王书,治之者尤众。用力最勤而成功较大者,莫如高邮王氏父子;德清俞氏间有创获,已多臆说矣;王绍兰、孙诒让颇精审,然所校皆不多。此外,如庄逵吉、洪颐煊、陶方琦诸人,亦皆瑕瑜互见。计而百年来,补苴校注之功,已令此书稍可读矣"。

又按:《四库全书总目提要》曰:"《淮南子》二十一卷,汉淮南王刘安撰,高诱注。安事迹具《汉书》本传。《汉书·艺文志·杂家》,《淮南》内二十一篇,外三十三篇。颜师古注曰:内篇论道,外篇杂说。今所存者二十一篇,盖内篇也。高诱序言此书大较归之于道,号曰鸿烈。故《旧唐志》有何诱《淮南鸿烈音》一卷,言鸿烈之音也。《宋志》有《淮南鸿烈解》二十一卷,亦鸿烈之解也。而注其下曰淮南王安撰,似乎解亦安撰者。诸书引用,遂并《淮南子》之本文亦题曰《淮南鸿烈解》,误之甚矣。晁公武《读书志》称,《崇文总目》亡三篇,李淑《邯郸图书志》亡二篇。其家本惟存原道、俶真、天文、坠形、时则、览宜、精神、本经、主术、缪称、齐俗、道应、泛论、诠言、兵略、说林、说山十七篇,亡其四篇。高似孙《子略》称,读《淮南》二十篇。是在宋已鲜完本。惟洪迈《容斋随笔》称,今所存者二十一卷,与今本同。然白居易《六帖引》乌鹊填河事,云出《淮南子》,而今本无之,则尚有脱文也。公武谓许慎注称记上,陈振孙谓今本题许慎注,而详序文即是高诱,殆不可晓。芦泉刘绩又谓记上犹言标题进呈,并非慎为之注。然《隋志》、《唐志》、《宋志》皆许氏、高氏二注并列。陆德明《庄子释文》,引《淮南子》注称许慎。李善《文选注》,殷敬顺《列子释文》引《淮南子》,注或称高诱,或称许慎,是原有二注之明证。后慎注散佚,传刻者误以诱注题慎名也。观书中称景古影字,而慎说文无影字,其不出于慎审矣。诱,涿郡人,卢植之弟子。建安中辟司空掾,历官东都濮阳令,迁河东监。并见于自序中,慎则和帝永元中人,远在其前,何由记上诱注?刘绩之说,盖徒附会其文而未详考时代也。"

刘安著《离骚传》。

按:《汉书·淮南衡山济北王传》曰:"淮南王安入朝,献所作《内篇》,新出,上爱秘之。使为《离骚传》,旦受诏,日食时上。"王逸《楚辞章句》中载有班固的《离骚序》曰:"昔在孝武,博览古文,淮南王叙《离骚传》。以《国风》好色而不淫,《小雅》怨诽而不乱,若《离骚》者可谓兼之。蝉蜕浊秽之中,浮游尘埃之外,嚼然泥而不滓。推其志,虽与日月争光可也。"班固这两段文字,说明刘安曾撰文研究《离骚》。高诱《淮南鸿烈解叙》曰:"诏使为《离骚赋》,自旦受诏,日早食时已。"此外,还有写成"章句"的。王逸《楚辞章句》曰:"至于孝武,恢廓道训,使淮南王安作《离骚经章句》,则大义集然。"刘勰《文心雕龙》《神思》、《辨骚》曰"淮南终朝而赋《骚》"、"昔汉武爱《骚》而淮南作《传》",并且还引用了班固《离骚序》的原文,进一步证明刘安曾作《离骚传》。《隋书·经籍志》曰:"始汉武帝命淮南王为之章句,旦受诏,食时而奏之,其书今亡。"关于刘安作《离骚赋》还是《离骚传》有争议。王念孙认为所作为《离骚赋》,但大多数认为是《离骚传》。刘安所作《离骚传》已失传,现仅能从班固的《离骚序》中见到被引的51字。颜师古《汉书》注说《离骚传》犹如《毛诗传》之类。刘安是汉代第一个对屈原及其作品进行研究评价的人。刘安对屈原与《离骚》的评价,对司马迁写《屈原列传》及评论《离骚》有直接影响,《史记·屈原列传》曰:"屈平疾王听之不聪也,谗谄之蔽明也,邪曲之害公也,方正之不容也,故忧愁幽思而作《离骚》。《离骚》者,犹离忧也。夫天者,人之始也;父母者,人之本也。人穷则反本,故劳苦倦极,未尝不呼天也;疾痛惨怛，未尝不呼父母也。屈平正道直行，竭忠尽智以事其君，谗人间之，可谓穷矣。信而见疑，忠而被谤，能无怨乎？屈平之作《离骚》，盖自怨生也。《国风》好色而不淫，《小雅》怨诽而不乱。若《离骚》者，可谓兼之矣。上称帝喾，下道齐桓，中述汤武，以刺世事。明道德之广崇，治乱之条贯，靡不毕见。其文约，其辞微，其志絜，其行廉，其称文小而其指极大，举类迩而见义远。其志絜，故其称物芳。其行廉，故死而不容。自疏濯淖汙泥之中，蝉蜕于浊秽，以浮游尘埃之外，不获世之滋垢，皭然泥而不滓者也。推此志也，虽与日月争光可也。"清代萧穆《敬孚类稿》曰："余以为千古第一知《骚》者，莫如太史公，学者但读太史公《屈原列传》，可深得屈原各篇精义之所在。"

赵绾卒，生年不详。申培弟子，汉武帝即位后受重用，官拜御史大夫，推行独尊儒术，贬斥黄老，与王臧议立明堂、封禅等事。因与王臧上书武帝毋奏事太皇太后而遭罢官，旋于狱中自杀。

王臧卒，生年不详。臧，兰陵人，申培弟子，汉武帝即位之初受到重用，建元元年（前140），官拜郎中令，推行独尊儒术，贬斥黄老，与赵绾建议立明堂、封禅等事。次年，因和赵绾上书武帝毋奏事太皇太后而遭罢官，旋于狱中自杀。

汉武帝建元三年　癸卯　前138年

春，大饥，人相食；赐徙茂陵者赐钱二十万，田二顷（《汉书·武帝纪》）。

按：移民就食是最简单、最原始的救灾办法。此次赐徙茂陵者是为了鼓励移民垦荒定居。

九月丙子晦，日蚀（《汉书·武帝纪》）。

是年，武帝作祀太牢牛鼎文。

按：严可均《全汉文》据《西湖游览志》辑录此文。《西湖游览志》曰："宋绍兴二十年，赐临安宁寿观古器，其一汉鼎，高尺有九寸，两耳旁出，曲上三尺牛首识云。有汉建元三年八月，作牛鼎，祀太室，铭曰：'惟甲午丙寅，帝若稽古，肇作宗器，审厥象，作牛鼎，格于位，室从用飨，亿宁神休。惟帝时保，万世其永赖。'"

初置期门，比郎，无员（《汉书·百官公卿表》）。

遣使张骞出使大月氏，为第一次出使西域（《汉书·张骞李广利传》）。

刘胜入朝，于武帝所置酒席间闻乐声而泣。

按：刘胜，景帝子。《汉书·景十三王传》曰："建元三年，代王登、长沙王发、中山王胜、济川王明来朝，上置酒，胜闻乐声而泣，问其故，胜对曰：'臣闻悲者不可为累欷，思者不可为叹息。故高渐离击筑易水之上，荆轲为之低而不食；雍门子壹微吟，孟尝君为之于邑。今臣心结日久，每闻幼眇之声，不知涕泣之横集也。……臣虽薄也,得蒙肺腑。位虽卑也,得为东藩,属又称兄。今群臣非有葭莩之亲,鸿毛之重,群居党议,朋友相为,使夫宗室摈却,骨肉冰释。斯伯奇所以流离,比干所以横分也。"

严助发兵救越围东瓯,遂徙其众于江淮间。

按:《史记·东越列传》曰:"至建元三年,闽越发兵围东瓯。东瓯食尽,困,且降,乃使人告急天子。天子问太尉田蚡,蚡对曰:'越人相攻击,固其常,又数反覆,不足以烦中国往救也。自秦时弃弗属。'于是中大夫庄助诘蚡曰:'特患力弗能救,德弗能覆;诚能,何故弃之?且秦举咸阳而弃之,何乃越也!今小国以穷困来告急天子,天子弗振,彼当安所告愬?又何以子万国乎?'上曰:'太尉未足与计。吾初即位,不欲出虎符发兵郡国。'乃遣庄助以节发兵会稽。会稽太守欲距不为发兵,助乃斩一司马,谕意指,遂发兵浮海救东瓯。未至,闽越引兵而去。东瓯请举国徙中国,乃悉举众来,处江淮之间。"吕祖谦《大事记解题》卷十一曰:"武帝四夷之功始于此。"又曰:"助之言非特文多实少,武帝使近臣折大臣盖始于此。"

司马相如以同郡杨得意荐再度入朝(《史记·司马相如列传》)。

按:《史记·司马相如列传》曰:"蜀人杨得意为狗监,侍上。上读《子虚赋》而善之,曰:'朕独不得与此人同时哉!'得意曰:'臣邑人司马相如自言为此赋。'上惊,乃召问相如。相如曰:'有是。然此乃诸侯之事,未足观也。请为天子游猎赋,赋成奏之。'上许,令尚书给笔札。相如以'子虚',虚言也,为楚称;'乌有先生'者,乌有此事也,为齐难;'无是公'者,无是人也,明天子之义。故空藉此三人为辞,以推天子诸侯之苑囿。其卒章归之于节俭,因以风谏。奏之天子,天子大说。"

韩安国以北地都尉迁大农令(《汉书·百官公卿表》)。

东方朔因奏《泰阶六符》为太中大夫给事中(《汉书·东方朔传》)。

按:颜师古《汉书注》引孟康曰:"泰阶,三台也。每台二星,凡六星。符,六星之符验也。"又引应劭注:"《黄帝·泰阶六符经》曰:'泰阶者,天之三阶也。上阶为天子,中阶为诸侯公卿大夫,下阶为士庶人。上阶上星为男主,下星为女主,中阶上星为诸侯三公,下星为卿大夫。下阶上星为元士,下星为庶人。三阶平则阴阳和,风雨时,社稷神祇咸获其宜,天下大安,是为太平。三阶不平,则五神乏祀,日有食之,水润不浸,稼穑不成,冬雷夏霜,百姓不宁,故治道倾。天子行暴令,好兴兵甲,修宫榭,广苑囿,则上阶为之奄奄疏阔也。'以孝武皆有此事,故朔为陈之。"《资治通鉴》卷一七亦载此事。

张骞出使大月氏,出陇西,途中被匈奴扣留十余年(《汉书·张骞李广利传》)。

司马相如作《子虚赋》、《谏猎赋》。

按:《史记·司马相如列传》所载"上读《子虚赋》",即《汉书》所载之辞,而《文选》根据司马相如游梁时曾作《子虚赋》,入京后再赋《上林》,故将此赋一分为二,误读史传。事实上,游梁时所赋《子虚》乃本篇之初稿。在此基础上,乃成一完整的作品,中间不应当分开。又云:"赋奏,天子以为郎。亡是公言上林广大,山谷水泉万物,及子虚言云梦所有甚众,侈靡多过其实,且非义理所止,故删取其要,归正道而论之。"据此而论,《子虚赋》乃早年所作,至本年而赋,而后又赋《上林》,时在元光元年。《资治通鉴》卷一七载其上《谏猎赋》亦在此年。(参见刘跃进《秦汉文学编年史》,商务印书馆2006年版)参见本年"司马相如以同郡杨得意荐再度入朝"条。

刘胜作《闻乐对》。

按：《汉书·景十三王传》曰："建元三年，……上置酒，胜闻乐声而泣，问其故，胜对曰：'……《诗》云"我心忧伤，怒焉如捣。假寐永叹，唯忧用老。心之忧矣，疢如疾首"，臣之谓也。'具以吏所侵闻。于是上乃厚诸侯之礼，省有司所奏诸侯事，加亲亲之恩焉。"参见本年"刘胜入朝，于武帝所置酒席间闻乐声而泣"条。

汉武帝建元四年　甲辰　前 137 年

六月，旱（《汉书·武帝纪》）。

是年，南越王佗死，其孙文王胡立。

按：《资治通鉴》卷一七载此事。赵佗为长寿之君，年九十余岁而卒，主政南越达 67 年之久，于汉文化尤其是儒家诗书礼乐的南传贡献尤巨。黎嵩《越通鉴考总论》（吴士连、陈荆和《大越史记全书》卷首，日本东京大学东洋研究所 1968 年版）曰："赵武帝乘秦之乱，奋有岭表，都于番禺，与汉高祖各帝一方。有爱民之仁，武功慑乎蚕丛，文教振于象郡，以读书而化训国俗，以仁义而固结人心，教民耕种，国富兵强。至于遣使一节，词极谦逊，南北交欢，天下无事。享国百有余年，真英雄才略之主也。"

郑当时以江都相迁右内史（《汉书·百官公卿表》）。

汉武帝建元五年　乙卯　前 136 年

春，诏置《易》、《诗》、《书》、《礼》、《春秋》五经博士（《汉书·武帝纪》）。

按：《汉书·百官公卿表》曰："博士，秦官。掌通古今，秩比六百石，员多至数十人。武帝建元五年，初置五经博士。"《后汉书·和帝纪》注引《十三州志》曰："孝武初置五经博士，后稍增至十四员。取聪明威重者一人为祭酒，主领焉。"武帝置五经博士，开经典专置博士之风。五经博士的设置，又是独尊儒术在制度上的保证。《汉书·儒林列传赞》曰："自武帝立《五经》博士，开弟子员，设科射策。劝人以官禄，讫于元始，百有余年，传业者寖盛，支叶蕃滋，一经说至百余万言，大师众至千余人，盖禄利之路然也。初，《书》唯有欧阳，《礼》后，《易》杨，《春秋》公羊而已。至孝宣世，复立《大小夏侯尚书》、《大小戴礼》、《施》、《孟》、《梁丘易》、《谷梁春秋》。至元帝世，复立《京氏易》。平帝时，又立《左氏春秋》、《毛诗》、逸《礼》、古文《尚书》，所以罔罗遗失，兼而存之，是在其中矣。"博士本秦官，取其学通行修，博学多艺，晓古文尔雅。自文帝欲广游学之路，《论语》、《孝经》、《尔雅》、《孟子》皆置博士。至是，罢传记博士，独立五经。武帝所立博士，与文景时有异。文景时非以诸经各立博士，武帝则专立五经，使博士各掌其经，自是始有专责。顾颉刚《汉代学术史略》（东方出版社1996年版）说："武帝建元元年，借着选举贤良方正的机会，崇儒学而黜百家。五年，又置《五经》博士。从此以后，博士开始向儒家和经学方面走去，把始皇时的博士之业《诗》、《书》和'百家之言'分开了。这是一个剧急的转变，使得此后的博士的执掌不为'通古今'，而为'作经师'。"可见博士之职，从秦到汉高祖、文帝时各自不同，而武帝时则为经学博士。皮锡瑞《经学历史》三《经学昌明时代》曰："经学至汉武始昌明，而汉武时之经学为最纯正。"又曰："刘歆称先师皆出于建元之间。自建元立五经博士，各以家法授之，据《汉书·儒林传》赞曰，《书》、《礼》、《易》、《春秋》四经，各止一家，惟《诗》之鲁、韩，汉初以分，申公、辕固、韩婴，汉初以为博士，此三人者，生非一地，学非一地，《诗》分鲁齐韩三家，此固不得不分也。"张志哲《西汉今文经学评述》（《华东师大学报》1987年第5期）说："汉武帝时期博士可考者22人，其学有专长者仅是申培弟子，申培传《鲁诗》与《谷梁春秋》，其弟子应兼治二经，其中周霸还兼治《易》经。治《韩诗》者有韩商、蔡义二人，治《尚书》者有孔延年、孔安国、欧阳高三人。孔安国是申培再传弟子，亦当明《鲁诗》与《谷梁春秋》，治《易》者田王孙一人，治《礼》者，高堂生一人。治《公羊春秋》者有董仲舒、公孙弘二人。兼治五经者褚大一人。这里不见《齐诗》者，是因为当时《齐诗》没有著名的人。这时的《谷梁春秋》博士，都是兼治别经的，没有专职《谷梁春秋》博士。"

罢三铢钱，行半两钱（《汉书·武帝纪》）。

司马迁10岁，读古文。

按：《史记·太史公自序》曰："年十岁，则诵古文。"司马迁生于前145年，本年为十岁。郑鹤声《司马迁年谱》认为司马迁读书是司马贞《史记索隐》所说的从伏生学古文《尚书》以及刘伯庄说学《左传》、《国语》、《世本》，具体书目，学者多有争论。刘师培（《左庵集》卷二《史记述左传考自序》）曰："《太史公自序》言'年十岁诵古文'，又言'为太史令紬史记金匮石室之书'。'古文'者，即古文《尚书》、《左传》、《国语》之属也；'金匮石室'者，汉代秘书所藏之所也。汉代秘府有北平（按，指北平侯张苍）所献《春秋左氏传》，及景武之际古文《春秋》经传，获于孔壁，兴于河间，此皆史公所克睹者也。故史公作《史记》均据《春秋》古经及《左传》。又当此之时，贾嘉为贾谊孙，世传左氏学（《史记》曰：嘉'世其家'，即世传左氏学也。），而史公与之通书；孔安国为孔子之裔，躬藏孔氏古文，而史公从之问故，故《左氏》古义恒载《史记》，盖均贾、孔二子之绪言也。或谓史公之世公羊之学盛行，而《自序》又引董生说，则史公所据之《春秋》，当属《公羊》。然《十二诸侯年表·序》云：'孔子明王道，干七十余君，莫能用，故西观周室，论史记旧闻，兴于鲁而次《春秋》，上记隐，下至哀之获麟，约其辞文，去其烦重，以制王法，王道备，人事浃，七十子之徒口受其传旨，为有所刺讥褒讳挹损之文辞，不可以书见也。鲁君子左丘明惧弟子人人异端，各安其意，失其真，故因孔子史记具论其语，成《左氏春秋》。'是史公以《左传》为《春秋》嫡传也。所谓'因孔子史记'者，即孔子所'论史记旧文'。盖孔子据史记旧文而为经，丘明即存史记旧文以为传。……班氏明言《史记》据《左传》也。若《史记》之于公羊，虽述董生之言，然《儒林传·董仲舒传》云：'广川人'，'治《春秋》'；又曰：'汉兴至于五世之间，唯董仲舒名为明于《春秋》，其传公羊氏也。'是史公仅以公羊为《春秋》别派，不以《春秋》即公羊。其曰'名为明于《春秋》'者，犹言世俗以为明《春秋》，疑盖之词溢于言表。《十二诸侯年表·序》云：'上大夫董仲舒推《春秋》义，颇著文焉。'"颇"为稍略之词，是史公以仲舒述《春秋》于义未尽，安得谓史公说本仲舒？又安得谓史公以公羊为《春秋》哉？故知史公作书折衷《左氏》，丘明诸说赖以仅存。西汉张、贾而外，说《左》之书，莫古于《史记》。"

刘越卒，生年不详。《汉书·艺文志》著录其赋五篇，事迹见《汉书·景十三王传》。

按：《汉书·景十三王传》曰："广川惠王越以孝景中二年立，十三年薨。"《汉书·武帝纪》本年："秋八月，广川王越、清河王乘皆薨。"《汉书·艺文志》曰："广川王越赋五篇。"

汉武帝建元六年　丙午　前135年

二月乙未，辽东高庙灾（《汉书·武帝纪》）。

四月壬子，高庙便殿火（《汉书·武帝纪》）。

五月丁亥，窦太皇太后卒，黄老之说自此渐微（《汉书·武帝纪》）。

按：窦太后卒，是盛行于汉初黄老之学终结的标志。此后武帝黜黄老、刑名百家之言，延文学儒生，大一统的儒家学说逐渐取代了黄老学说的主导地位。

六月，许昌免丞相，武安侯田蚡为丞相（《汉书·窦田灌韩传》）。

按：武帝即位之初，已罢申韩苏张之言，至于黄老，以窦太后之故，未敢废也，至是始禁之。许昌是窦太后任命的丞相，不能按照武帝的意思来实行尊儒的主张，因而窦太后卒后，武帝罢免许昌，任用田蚡，大力发展儒学。

田蚡延文学儒者以百数，黜黄老、形名百家之言，开"独尊儒术、罢黜百家"之先风。

按：《史记·儒林列传》曰："及至孝景，不任儒者，而窦太后又好黄老之术，故诸博士具官待问，未有进者。及今上即位，赵绾、王臧之属明儒学，而上亦乡之，于是招方正贤良文学之士。自是之后，言《诗》于鲁则申培公，于齐则辕固生，于燕则韩太傅。言《尚书》自济南伏生。言《礼》自鲁高堂生。言《易》自菑川田生。言《春秋》于齐鲁自胡毋生，于赵自董仲舒。及窦太后崩，武安侯田蚡为丞相，绌黄老、刑名百家之言，延文学儒者数百人，而公孙弘以《春秋》白衣为天子三公，封以平津侯。天下之学士靡然乡风矣。"

董仲舒以辽东高庙灾，居舍著灾异之记。主父偃取其书，奏于武帝。

按：《史记·儒林传》载董仲舒"中废为中大夫后，居舍，著灾异之记。是时辽东高庙灾，主父偃疾之，取其书奏之天子。天子召诸生示其书，有刺讥。董仲舒弟子吕步舒不知其师书，以为下愚。于是下董仲舒吏，当死，诏赦之。于是董仲舒竟不敢复言灾异"。

罗马人平犹太人叛乱，改犹太地为巴勒斯坦。

汲黯以东海太守迁主爵都尉，列于九卿。

按：《汉书·百官表》曰："建元六年，东海太守汲黯为主爵都尉，十一年徙。"王夫之《读通鉴论》曰："言有迹近而实异者，不可不察。申公曰：'为治不在多言，顾力行何如耳。'汲黯曰：'陛下内多欲而外施仁义，奈何欲效唐、虞之治乎！'于以责武帝之崇儒以虚名而亡实，相似也。然而异焉者，申公之言，儒者立诚之辞也；汲黯之言，异端贼道之说也。黯之自为治也，一以黄老为师，托病卧闺合而任丞史，曹参之余智耳，而抑佐以傲忽之气。……故救多欲之失者，唯仁义之行。……黯挟其左道，非侮尧舜，胁其君以从己，而毁先王仅存之懿典，……武帝之不终于崇儒以敷治，而终惑于方士以求仙，黯实有以启之也。"

韩安国与王恢论对匈奴之策（《史记·韩长孺列传》）。

按：韩安国除"受韩子、杂家说于驺田生所"外，《西京杂记》还记载曾与梁孝王游，与邹阳等人为伍，作《几赋》未成，邹阳赋之。

严助出使南越，谕意南越王与淮南王，还朝后拜会稽太守。

按：《汉书·严朱吾丘主父徐严终王贾传》曰："是时，汉兵遂出，未逾领，适会闽馀善杀王以降。汉兵罢。上嘉淮南之意，美将卒之功，乃令严助谕意风指于南越。南越王顿首曰：'天子乃幸兴兵诛闽越，死无以报！'即遣太子随助入侍。助还，又谕淮南曰……助由是与淮南王相结而还。上大说。……上问所欲，对曰：'愿为会稽太守。'于是拜为会稽太守。"

刘安上书谏伐南越（《汉书·严朱吾丘主父徐严终王贾传》、《汉书·百官公卿表》）。

按：《韩文归》辑录刘安"上书谏伐南越"文，并引唐顺之评："如珠走盘之文，不可捉摸。"

唐蒙上书请通夜郎（《汉书·西南夷两粤朝鲜传》）。

司马谈约于是年作《论六家要旨》。

按：司马谈作《论六家要旨》确切时间无考。宋王益之《西汉年纪》卷十系于是年，注曰："《考异》曰：此事不见司马迁传，谈仕于建元元封之间，愍学者不达其意而师悖，乃论六家之要旨。谈之仕，始于建元，而终于元封。此论必作于建元。盖是时窦太后已崩，武帝相田蚡，隆儒术而贬道家，故其言如此。今附于建元六年窦太后已崩之后。"

又按：《论六家要旨》论阴阳、儒、墨、名、法、道德六家学术宗旨，而归于道家为本。兹据《史记》卷一三〇《太史公自序》引录于下："太史公学天官于唐都，受《易》于杨何，习道论于黄子。太史公仕于建元元封之间，愍学者之不达其意而师悖，乃论六家之要旨曰："《易大传》：'天下一致而百虑，同归而殊途。'夫阴阳、儒、墨、名、法、道德，此务为治者也，直所从言之异路，有省不省耳。尝窃观阴阳之术，大祥而众忌讳，使人拘而多所畏；然其序四时之大顺，不可失也。儒者博而寡要，劳而少功，是以其事难尽从；然其序君臣父子之礼，列夫妇长幼之别，不可易也。墨者俭而难遵，是以其事不可遍循；然其强本节用，不可废也。法家严而少恩；然其正君臣上下之分，不可改矣。名家使人俭而善失真；然其正名实，不可不察也。道家使人精神专一，动合无形，赡足万物。其为术也，因阴阳之大顺，采儒墨之善，撮名法之要，与时迁移，应物变化，立俗施事，无所不宜，指约而易操，事少而功多。儒者则不然。以为人主天下之仪表也，主倡而臣和，主先而臣随。如此则主劳而臣逸。至于大道之要，去健羡,绌聪明,释此而任术。夫神大用则竭,形大劳则敝。形神骚动,欲与天地长久,非所闻也。夫阴阳四时、八位、十二度、二十四节各有教令,顺之者昌,逆之者不死则亡。未必然也,故曰'使人拘而多畏'。夫春生夏长,秋收冬藏,此天道之大经也,弗顺则无以为天下纲纪,故曰'四时之大顺,不可失也'。夫儒者以六艺为法。六艺经传以千万数,累世不能通其学,当年不能究其礼,故曰'博而寡要,劳而少功'。若夫列君臣父子之礼,序夫妇长幼之别,虽百家弗能易也。墨者亦尚尧舜道,言其德行曰:'堂高三尺,土阶三等,茅茨不翦,采椽不刮。食土簋,啜土刑,粝粱之食,藜藿之羹。夏日葛衣,冬日鹿裘。'其送死,桐棺三寸,举音不尽其哀。教丧礼,必以此为万民之率。使天下法若此,则尊卑无别也。夫世异时移,事业不必同,故曰'俭而难遵'。要曰强本节用,则人给家足之道也。此墨子之所长,虽百家弗能废也。法家不别亲疏,不殊贵贱,一断于法,则亲亲尊尊之恩绝矣。可以行一时之计,而不可长用也,故曰'严而少恩'。若尊主卑臣,明分职不得相逾越,虽百家弗能改也。名家苛察缴绕,使人不得反其意,专决于名而失人情,故曰'使人俭而善失真'。若夫控名责实,参伍不失,此不可不察也。道家无为,又曰无不为。其实易行,其辞难知。其术以虚无为本,以因循为用。无成势,无常形,故能究万物之情。不为物先,不为物后,故能为万物主。有法无法,因时为业,有度无度,因物与合。故曰'圣人不朽,时变是守。虚者道之常也,因者君之纲'也。群臣并至,使各自明也。其实中其声者谓之端,实不中其声者谓之窾。窾言不听,奸乃不生,贤不肖自分,白黑乃形。在所欲用耳,何事不成。乃合大道,混混冥冥。光耀天下,复反无名。凡人所生者神也,所托者形也。神大用则竭,形大劳则敝,形神离则死。死者不可复生,离者不可复反,故圣人重之。由是观之,神者生之本也,形者生之具也。不先定其神〔形〕,而曰'我有以治天下',何由哉?”

董仲舒四月作《庙殿火灾对》(《汉书·儒林传》)。

按:《汉书·五行志》载董仲舒对曰:"故天灾若语陛下:'当今之世,虽敝而重难,非以太平至公,不能治也。视亲戚贵属在诸侯远正最甚者,忍而诛之,如吾燔辽东高庙乃可;视近臣在国中处旁庋及贵而不正者,忍而诛之,如吾燔高园殿乃可'云尔。在外而不正者,虽贵如高庙,犹灾燔之,况诸侯乎!在内不正者,虽贵如高园殿,犹燔灾之,况大臣乎!此天意也。罪在外者天灾外,罪在内者天灾内,燔甚罪当重,燔简罪当轻,承天意之道也。"吕祖谦《大事记解题》卷十一曰:"《五行志》又云:'先是淮南王安入朝,始与帝舅太尉武安侯田蚡有逆言;元朔六年乃发觉而伏辜。时田蚡已死,不及诛。上思仲舒前言,使仲舒弟子吕步舒持斧钺治淮南狱。'以灌夫告田蚡与淮南王交通之事观之,其谋夫人皆知之,仲舒忧国之深,故因天变而献言,然傅会已甚,又犯不密之戒,此其所以得罪也。"

申培约卒(约前227—)。鲁人,西汉儒家学者,经学家,是今文《诗》学中"鲁诗学"之开创者。申培公从浮丘伯学《诗》及《谷梁春秋》,汉文帝时立为博士,又为刘郢客太子刘戊师。汉武帝即位,招申培议立明堂,封为太中大夫,但武帝不喜其"为治不在多言,顾力行何如耳"之言,后因崇尚黄老之学的窦太后不喜而病免归,数年后卒。事迹见《史记》卷一二一、《汉书》卷八八。

按:申培卒年,无确切记载。郑洁文、李梅《中国学术思想编年·秦汉卷》(陕西师范大学出版社2005年版)考证说:"申培卒年,史无确载。《汉书·儒林传》谓其

'病免归'。在汉武帝建元二年,后'数年卒'。但汉武帝元光元年举贤良文学、策儒生时,不见有申培行事,故暂厕于此年。其生年史籍无载,然秦始皇焚书时(公元前213年)其与刘交已事齐人浮丘伯学《诗》(见《汉书·楚元王传》),而古人十五而就外傅,是申培此年最少当为15岁,那么他当生于公元前227年;则赵绾、王臧请立明堂(公元前140年)而荐其师时,申公已87岁,与《汉书·儒林传》谓'申公时已八十余'正合。"

汉武帝元光元年　丁未　前134年

十一月初,令郡、国举孝、廉各1人。

按:《汉书·武帝纪》曰:"元光元年冬十一月,初令郡国举孝廉各一人。"荀悦《前汉纪》卷一一曰:"元光元年,初令郡国举孝廉各一人,从董仲舒之言。"汉代具有经学特色的选官制度始于此,以后察举成为常制。孝廉制度是武帝推崇儒术重要措施之一,因孝廉每岁由郡国推举,非如贤良方正、文学、明经诸科需待诏而行,故其得人最盛。实行此制度,使各地儒者经察举、孝廉进入汉王朝官吏行列,汉室官吏队伍渐次儒学化。吕祖谦《大事记解题》卷十二曰:"按《董仲舒传》:'仲舒对策,推明孔氏抑黜百家,立学校之官,州郡举茂材孝廉,皆自仲舒发之。'此举孝廉秀才之始也,犹有乡举里选、诸侯贡士之遗法焉。自汉至隋,虽时有污隆,法有臧否,其源流要出于古,至炀帝始变之。"

四月,诏赦天下,赐民长子爵一级,复七国宗室前绝属者(《汉书·武帝纪》)。

按:颜师古《汉书注》曰:"此等宗室前坐七国反,故绝属。今加恩赦之,更令上属籍于宗正也。"

五月,诏举贤良文学。

按:《汉书·武帝纪》曰:"五月,诏贤良曰:'朕闻昔在唐虞,画象而民不犯,日月所烛,莫不率俾。周之成、康,刑错不用,德及鸟兽,教通四海,海外肃眘,北发渠搜,氐羌徕服;星辰不孛,日月不蚀,山陵不崩,川谷不塞;麟凤在郊薮,河洛出图书。呜乎,何施而臻此与!今朕获奉宗庙,夙兴以求,夜寐以思,若涉渊水,未知所济。猗与伟与!何行而可以章先帝之洪业休德,上参尧舜,下配三王!朕之不敏,不能远德,此子大夫之所睹闻也,贤良明于古今王事之体,受策察问,咸以书对,著之于篇,朕亲览焉。'于是董仲舒、公孙弘等出焉。"

董仲舒五月上《天人三策》,提出"罢黜百家,独尊儒术"之说。

按:董仲舒《天人三策》,或称《贤良对策》,总其主要内容,一是主张天人感应,君权神授;二是推明孔氏,抑黜百家,即所谓的"罢黜百家,独尊儒术";三是主张《春秋》大一统,尊王攘夷;四是建议建立太学,改革人才拔擢制度,反对任子訾选制。《天人三策》对汉代及后世产生了巨大而深远的影响:一是提出"罢黜百家,独尊儒术",确立以儒家思想作为汉国家的主流意识形态;二是以儒学为主体和外壳,杂揉各家思想，以阴阳五行学为哲学原理建立起具有神学色彩的新儒学体系；三是建立一套考试选贤的文官制度，即班固所谓"推明孔氏，抑黜百家，立学校之官，州郡举茂材孝廉，皆自仲舒发之"；四是"大一统"思想有助于中华民族的团结与统一。

又按：《汉书·董仲舒传》曰："武帝即位，举贤良文学之士前后百数，而仲舒以贤良对策焉。"兹引录《汉书·董仲舒传》所载《天人三策》于下：

制曰："朕获承至尊休德，传之亡穷，而施之罔极，任大而守重，是以夙夜不皇康宁，永惟万事之统，犹惧有阙。故广延四方之豪俊，郡国诸侯公选贤良修洁博习之士，欲闻大道之要，至论之极。今子大夫襃然为举首，朕甚嘉之。子大夫其精心致思，朕垂听而问焉。盖闻五帝三王之道，改制作乐而天下洽和，百王同之。当虞氏之乐莫盛于《韶》，于周莫盛于《勺》。圣王已没，钟鼓管弦之声未衰，而大道微缺，陵夷至乎桀、纣之行，王道大坏矣。夫五百年之间，守文之君，当涂之士，欲则先王之法以戴翼其世者甚众，然犹不能反，日以仆灭，至后王而后止，岂其所持操或诗缪而失其统与？固天降命不可复反，必推之于大衰而后息与？乌乎！凡所为屑屑，夙兴夜寐，务法上古者，又将无补与？三代受命，其符安在？灾异之变，何缘而起？性命之情，或夭或寿，或仁或鄙，习闻其号，未烛厥理。伊欲风流而令行，刑轻而奸改，百姓和乐，政事宣昭，何修何饬而膏露降，百谷登，德润四海，泽臻草木，三光全，寒暑平，受天之祜，享鬼神之灵，德泽洋溢，施乎方外，延及群生？子大夫明先圣之业，习俗化之变，终始之序，讲闻高谊之日久矣，其明以谕朕。科别其条，勿猥勿并，取之于术，慎其所出。乃其不正不直，不忠不极，枉于执事，书之不泄，兴于朕躬，毋悼后害。子大夫其尽心，靡有所隐，朕将亲览焉。"

仲舒对曰："陛下发德音，下明诏，求天命与情性，皆非愚臣之所能及也。臣谨案《春秋》之中，视前世已行之事，以观天人相与之际，甚可畏也。国家将有失道之败，而天乃先出灾害以谴告之，不知自省，又出怪异以警惧之，尚不知变，而伤败乃至。以此见天心之仁爱人君而欲止其乱也。自非大亡道之世者，天尽欲扶持而全安之，事在强勉而已矣。强勉学问，则闻见博而知益明；强勉行道，则德日起而大有功：此皆可使还至而有效者也。《诗》曰"夙夜匪解"，《书》云"茂哉茂哉！"皆强勉之谓也。

道者，所繇适于治之路也，仁义礼乐皆其具也。故圣王已没，而子孙长久安宁数百岁，此皆礼乐教化之功也。王者未作乐之时，乃用先王之乐宜於世者，而以深入教化於民。教化之情不得，雅颂之乐不成，故王者功成作乐，乐其德也。乐者，所以变民风，化民俗也；其变民也易，其化人也著。故声发于和而本于情，接于肌肤，臧于骨髓。故王道虽微缺，而管弦之声未衰也。夫虞氏之不为政久矣，然而乐颂遗风犹有存者，是以孔子在齐而闻《韶》也。夫人君莫不欲安存而恶危亡，然而政乱国危者甚众，所任者非其人，而所繇者非其道，是以政日以仆灭也。夫周道衰于幽厉，非道亡也，幽厉不繇也。至于宣王，思昔先王之德，兴滞补弊，明文武之功业，周道粲然复兴，诗人美之而作，上天佑之，为生贤佐，后世称诵，至今不绝。此夙夜不解行善之所致也。孔子曰'人能弘道，非道弘人'也。故治乱废兴在于己，非天降命不得可反，其所操持诗谬失其统也。

臣闻天之所大奉使之王者，必有非人力所能致而自至者，此受命之符也。天下之人同心归之，若归父母，故天瑞应诚而至。《书》曰'白鱼入于王舟，有火复于王屋，流为乌'，此盖受命之符也。周公曰'复哉复哉'，孔子曰'德不孤，必有邻'，皆积善累德之效也。及至后世，淫佚衰微，不能统理众生，诸侯背畔，残贼良民以争壤土，废德教而任刑罚。刑罚不中，则生邪气；邪气积于下，怨恶畜于上。上下不和，则阴阳缪盭而妖孽生矣。此灾异所缘而起也。

臣闻命者天之令也，性者生之质也，情者人之欲也。或夭或寿，或仁或鄙，陶冶而成之，不能粹美，有治乱之所生，故不齐也。孔子曰：'君子之德风，小人之德草，草上之风必偃。'故尧舜行德则民仁寿，桀纣行暴则民鄙夭。夫上之化下，下之从上，犹泥之在钧，唯甄者之所为，犹金之在镕，唯冶者之所铸。'绥之斯徕，动之斯和'，此之谓也。

臣谨案《春秋》之文，求王道之端，得之於正。正次王，王次春。春者，天之所为也；正者，王之所为也。其意曰：上承天之所为，而下以正其所为，正王道之端云尔。然则王者欲有所为，宜求其端於天。天道之大者在阴阳。阳为德，阴为刑；刑主杀而德主生。是故阳常居大夏，而以生育养长为事；阴常居大冬，而积於空虚不用之处。以此见天之任德不任刑也。天使阳出布施於上而主岁功，使阴入伏於下而时出佐阳；阳不得阴之助，亦不能独成岁。终阳以成岁为名，此天意也。王者承天意以从事，故任德教而不任刑。刑者不可任以治世，犹阴之不可任以成岁也。为政而任刑，不顺於天，故先王莫之肯为也。今废先王德教之官，而独任执法之吏治民，毋乃任刑之意与！孔子曰：'不教而诛谓之虐。'虐政用于下，而欲德教之被四海，故难成也。

臣谨案《春秋》谓一元之意，一者万物之所从始也，元者辞之所谓大也。谓一为元者，视大始而欲正本也。《春秋》深探其本，而反自贵者始。故为人君者，正心以正朝廷，正朝廷以正百官，正百官以正万民，正万民以正四方。四方正，远近莫敢不壹于正，而亡有邪气奸其间者。是以阴阳调而风雨时，群生和而万民殖，五谷孰而草木茂，天地之间被润泽而大丰美，四海之内闻盛德而皆徕臣，诸福之物，可致之祥，莫不毕至，而王道终矣。

孔子曰：'凤鸟不至，河不出图，吾已矣夫！'自悲可致此物，而身卑贱不得致也。今陛下贵为天子，富有四海，居得致之位，操可致之势，又有能致之资，行高而恩厚，知明而意美，爱民而好士，可谓谊主矣。然而天地未应而美祥莫至者，何也？凡以教化不立而万民不正也。夫万民之从利也，如水之走下，不以教化堤防之，不能止也。是故教化立而奸邪皆止者，其堤防完也；教化废而奸邪并出，刑罚不能胜者，其堤防坏也。古之王者明于此，是故南面而治天下，莫不以教化为大务。立太学以教於国，设庠序以化於邑，渐民以仁，摩民以谊，节民以礼，故其刑罚甚轻而禁不犯者，教化行而习俗美也。

圣王之继乱世也，扫除其迹而悉去之，复修教化而崇起之。教化已明，习俗已成，子孙循之，行五六百岁尚未败也。至周之末世，大为亡道，以失天下。秦继其后，独不能改，又益甚之，重禁文学，不得挟书，弃捐礼谊而恶闻之，其心欲尽灭先圣之道，而颛为自恣苟简之治，故立为天子十四岁而国破亡矣。自古以来，未尝有以乱济乱，大败天下之民如秦者也。其遗毒余烈，至今未灭，使习俗薄恶，人民嚚顽，抵冒殊扞，孰烂如此之甚者也。孔子曰：'朽木不可雕也，粪土之墙不可圬也。'今汉继秦之后，如朽木粪墙矣，虽欲善治之，亡可奈何。法出而奸生，令下而诈起，如以汤止沸，抱薪救火，愈甚亡益也。窃譬之琴瑟不调，甚者必解而更张之，乃可鼓也；为政而不行，甚者必变而更化之，乃可理也。当更张而不更张，虽有良工不能善调也；当更化而不更化，虽有大贤不能善治也。故汉得天下以来，常欲善治而至今不可善治者，失之于当更化而不更化也。古人有言曰：'临渊羡鱼，不如退而结网。'今临政而愿治七十余岁矣，不如退而更化；更化则可善治，善治则灾害日去，福禄日来。《诗》云：'宜民宜人，受禄于天。'为政而宜于民者，固当受禄于天。夫仁、谊、礼、知、信五常之道，王者所当修饬也；五者修饬，故受天之佑，而享鬼神之灵，德施于方外，延及群生也。"

天子览其对而异焉,乃复册之曰:

制曰:"盖闻虞舜之时,游于岩郎之上,垂拱无为,而天下太平。周文王至于日昃不暇食,而宇内亦治。夫帝王之道,岂不同条共贯与?何逸劳之殊也?盖俭者不造玄黄旌旗之饰。及至周室,设两观,乘大路,朱干玉戚,八佾陈於庭,而颂声兴。夫帝王之道岂异指哉?或曰良玉不瑑,又曰非文亡以辅德,二端异焉。殷人执五刑以督奸,伤肌肤以惩恶。成康不式,四十余年天下不犯,囹圄空虚。秦国用之,死者甚众,刑者相望,耗矣哀哉!乌乎!朕夙寤晨兴,惟前帝王之宪,永思所以奉至尊,章洪业,皆在力本任贤。今朕亲耕籍田以为农先,劝孝弟,崇有德,使者冠盖相望,问勤劳,恤孤独,尽思极神,功烈休德未始云获也。今阴阳错缪,氛气充塞,群生寡遂,黎民未济,廉耻贸乱,贤不肖浑殽,未得其真,故详延特起之士,庶几乎!今子大夫待诏百有余人,或道世务而未济,稽诸上古之不同,考之于今而难行,毋乃牵于文系而不得骋与?将所繇异术,所闻殊方与?各悉对,著于篇,毋讳有司。明其指略,切磋究之。以称朕意。"

仲舒对曰:"臣闻尧受命,以天下为忧,而未以位为乐也,故诛逐乱臣,务求贤圣,是以得舜、禹、稷、咎、繇。众圣辅德,贤能佐职,教化大行,天下和洽,万民皆安仁乐谊,各得其宜,动作应礼,从容中道。故孔子曰:'如有王者,必世而后仁。'此之谓也。尧在位七十载,乃逊于位以禅虞舜。尧崩,天下不归尧子丹朱而归舜。舜知不可辟,乃即天子之位,以禹为相,因尧之辅佐,继其统业,是以垂拱无为而天下治。孔子曰'《韶》尽美矣,又尽善矣',此之谓也。至于殷纣,逆天暴物,杀戮贤知,残贼百姓。伯夷、太公皆当世贤者,隐处而不为臣。守职之人皆奔走逃亡,入于河海。天下耗乱,万民不安,故天下去殷而从周。文王顺天理物,师用贤圣,是以闳夭、大颠、散宜生等亦聚于朝廷。爱施兆民,天下归之,故太公起海滨而即三公也。当此之时,纣尚在上,尊卑昏乱,百姓散亡,故文王悼痛而欲安之,是以日昃而不暇食也。孔子作《春秋》,先正王而系万事,见素王之文焉。由此观之,帝王之条贯同,然而劳逸异者,所遇之时异也。孔子曰'《武》尽美矣,未尽善也',此之谓也。

臣闻制度文采玄黄之饰,所以明尊卑,异贵贱,而劝有德也。故《春秋》受命所先制者,改正朔,易服色,所以应天也。然则宫室旌旗之制,有法而然者也。故孔子曰:'奢则不逊,俭则固。'俭非圣人之中制也。臣闻良玉不瑑,资质润美,不待刻瑑,此亡异于达巷党人不学而自知也。然则常玉不瑑,不成文章;君子不学,不成其德。

臣闻圣王之治天下也,少则习之学,长则材诸位,爵禄以养其德,刑罚以威其恶,故民晓於礼谊而耻犯其上。武王行大谊,平残贼,周公作礼乐以文之,至於成康之隆,囹圄空虚四十余年,此亦教化之渐而仁谊之流,非独伤肌肤之效也。至秦则不然。师申商之法,行韩非之说,憎帝王之道,以贪狼为俗,非有文德以教训於[天]下也。诛名而不察实,为善者不必免,而犯恶者未必刑也。是以百官皆饰虚辞而不顾实,外有事君之礼,内有背上之心;造伪饰诈,趣利无耻;又好用憯酷之吏,赋敛亡度,竭民财力,百姓散亡,不得从耕织之业,群盗并起。是以刑者甚众,死者相望,而奸不息,俗化使然也。故孔子曰'导之以政,齐之以刑,民免而无耻',此之谓也。

今陛下并有天下,海内莫不率服,广览兼听,极群下之知,尽天下之美,至德昭然,施于方外。夜郎、康居,殊方万里,说德归谊,此太平之致也。然而功不加于百姓者,殆王心未加焉。曾子曰:'尊其所闻,则高明矣;行其所知,则光大矣。高明光大,不在於它,在乎加之意而已。'愿陛下因用所闻,设诚於内而致行之,则三王何异哉!

陛下亲耕籍田以为农先,夙寤晨兴,忧劳万民,思惟往古,而务以求贤,此亦尧舜之用心也,然而未云获者,士素不厉也。夫不素养士而欲求贤,譬犹不琢玉而求文采也。故养士之大者，莫大[乎]太学。太学者，贤士之所关也，教化之本原也。今以一郡一国之众，对亡应书者，是王道往往而绝也。臣愿陛下兴太学，置明师，以养天下之士，数考问以尽其材，则英俊宜可得矣。今之郡守、县令，民之师帅，所使承流而宣化也；故师帅不贤，则主德不宣，恩泽不流。今吏既亡教训於下，或不承用主上之法，暴虐百姓，与奸为市，贫穷孤弱，冤苦失职，甚不称陛下之意。是以阴阳错缪，氛气充塞，群生寡遂，黎民未济，皆长吏不明，使至於此也。

夫长吏多出于郎中、中郎，吏二千石子弟选郎吏，又以富訾，未必贤也。且古所谓功者，以任官称职为差，非谓积日累久也。故小材虽累日，不离于小官；贤材虽未久，不害为辅佐。是以有司竭力尽知，务治其业而以赴功。今则不然。累日以取贵，积久以致官，是以廉耻贸乱，贤不肖浑淆，未得其真。臣愚以为使诸列侯、郡守、二千石各择其吏民之贤者，岁贡各二人以给宿卫，且以观大臣之能。所贡贤者有赏，所贡不肖者有罚。夫如是，诸侯、吏二千石皆尽心于求贤，天下之士可得而官使也。遍得天下之贤人，则三王之盛易为，而尧舜之名可及也。毋以日月为功，实试贤能为上，量材而授官，录德而定位，则廉耻殊路，贤不肖异处矣。陛下加惠，宽臣之罪，令勿牵制于文，使得切磋究之，臣敢不尽愚！"

于是天子复册之。

制曰："盖闻'善言天者必有征於人，善言古者必有验於今'。故朕垂问乎天人之应，上嘉唐虞，下悼桀纣，寖微寖灭寖明寖昌之道，虚心以改。今子大夫明於阴阳所以造化，习于先圣之道业，然而文采未极，岂惑乎当世之务哉？条贯靡竟，统纪未终，意朕之不明与？听若眩与？夫三王之教所祖不同，而皆有失，或谓久而不易者道也，意岂异哉？今子大夫既已著大道之极，陈治乱之端矣，其悉之究之，孰之复之。《诗》不云乎？'嗟尔君子，毋常安息，神之听之，介尔景福。'朕将亲览焉，子大夫其茂明之。"

仲舒复对曰："臣闻《论语》曰：'有始有卒者，其唯圣人乎！'今陛下幸加惠，留听於承学之臣，复下明册，以切其意，而究尽圣德，非愚臣之所能具也。前所上对，条贯靡竟，统纪不终，辞不别白，指不分明，此臣浅陋之罪也。

册曰：'善言天者必有征于人，善言古者必有验于今。'臣闻天者群物之祖也。故遍覆包函而无所殊，建日月风雨以和之，经阴阳寒暑以成之。故圣人法天而立道，亦溥爱而亡私，布德施仁以厚之，设谊立礼以导之。春者天之所以生也，仁者君之所以爱也；夏者天之所以长也，德者君之所以养也；霜者天之所以杀也，刑者君之所以罚也。繇此言之，天人之征，古今之道也。孔子作《春秋》，上揆之天道，下质诸人情，参之于古，考之于今。故《春秋》之所讥，灾害之所加也；《春秋》之所恶，怪异之所施也。书邦家之过，兼灾异之变；以此见人之所为，其美恶之极，乃与天地流通而往来相应，此亦言天之一端也。古者修教训之官，务以德善化民，民已大化之后，天下常亡一人之狱矣。今世废而不修，亡以化民，民以故弃行谊而死财利，是以犯法而罪多，一岁之狱以万千数。以此见古之不可不用也，故《春秋》变古则讥之。天令之谓命，命非圣人不行；质朴之谓性，性非教化不成；人欲之谓情，情非度制不节。是故王者上谨于承天意，以顺命也；下务明教化民，以成性也；正法度之宜，别上下之序，以防欲也：修此三者，而大本举矣。人受命於天，固超然异於群生，入有父子兄弟之亲，出有君臣上下之谊，会聚相遇，则有耆老长幼之施，粲然有文以相接，欢然有恩以相爱，此人之所以贵也。生五谷以食之，桑麻以衣之，六畜以养之，服牛乘马，圈豹槛虎，是其得天之灵，贵于物也。故孔子曰：'天地之性人为贵。'明于天性，知自贵于物；知自贵于物，然后知仁谊；知仁谊，然后重礼节；重礼节，然后安处善；安处善，然后乐循理；乐循理，然后谓之君子。故孔子曰'不知命，亡以为君子'，此之谓也。

册曰：'上嘉唐虞，下悼桀纣，寖微寖灭寖明寖昌之道，虚心以改。'臣闻众少成多，积小致钜，故圣人莫不以晻致明，以微致显。是以尧发于诸侯，舜兴乎深山，非一日而显也，盖有渐以致之矣。言出於己，不可塞也；行发於身，不可掩也。言行，治之大者，君子之所以动天地也。故尽小者大，慎微者著。《诗》云：'惟此文王，小心翼翼。'故尧兢兢日行其道，而舜业业日致其孝，善积而名显，德章而身尊，以其寖明寖昌之道。积善在身，犹长日加益，而人不知也；积恶在身，犹火之销膏，而人不见也。非明乎情性察乎流俗者，孰能知之？此唐虞之所以得令名，而桀、纣之可为悼惧者也。夫善恶之相从，如景乡之应形声也。故桀纣暴谩，谗贼并进，贤知隐伏，恶日显，国日乱，晏然自以如日在天，终陵夷而大坏。夫暴逆不仁者，非一日而亡也，亦以渐至，故桀纣虽亡道，然犹享国十余年，此其寖微寖灭之道也。

册曰：'三王之教所祖不同，而皆有失，或谓久而不易者道也，意岂异哉？'臣闻夫乐而不乱复而不厌者谓之道。道者万世亡弊，弊者道之失也。先王之道必有偏而不起之处，故政有眊而不行，举其偏者以补其弊而已矣。三王之道所祖不同，非其相反，将以捄溢扶衰，所遭之变然也。故孔子曰：'亡为而治者，其舜乎！'改正朔，易服色，以顺天命而已；其余尽循尧道，何更为哉！故王者有改制之名，亡变道之实。然夏上忠，殷上敬，周上文者，所继之捄，当用此也。孔子曰：'殷因於夏礼，所损益可知也；周因於殷礼，所损益可知也；其或继周者，虽百世可知也。'此言百王之用，以此三者矣。夏因於虞，而独不言所损益者，其道如一而所上同也。道之大原出于天，天不变，道亦不变，是以禹继舜，舜继尧，三圣相受而守一道，亡救弊之政也，故不言其所损益也。繇是观之，继治世者其道同，继乱世者其道变。今汉继大乱之后，若宜少损周之文致，用夏之忠者。

陛下有明德嘉道，愍世欲之靡薄，悼王道之不昭，故举贤良方正之士，论[议]考问，将欲兴仁谊之休德，明帝王之法制，建太平之道也。臣愚不肖，述所闻，诵所学，道师之言，廑能勿失耳。若乃论政事之得失，察天下之息耗，此大臣辅佐之职，三公九卿之任，非臣仲舒所能及也。然而臣窃有怪者。夫古之天下亦今之天下，今之天下亦古之天下，共是天下，古以大治，上下和睦，习俗美盛，不令而行，不禁而止，吏亡奸邪，民亡盗贼，囹圄空虚，德润草木，泽被四海，凤皇来集，麒麟来游，以古准今，壹何不相逮之远也！安所缪盭而陵夷若是？意者有所失于古之道与？有所诡於天之理与？试迹之於古，返之於天，党可得见乎。

夫天亦有所分予，予之齿者去其角，傅其翼者两其足，是所受大者不得取小也。古之所予禄者，不食於力，不动於末，是亦受大者不得取小，与天同意者也。夫已受大，又取小，天不能足，而况人乎！此民之所以嚻嚻苦不足也。身宠而载高位，家温而食厚禄，因乘富贵之资力，以与民争利于下，民安能如之哉！是故众其奴婢，多其牛羊，广其田宅，博其产业，畜其积委，务此而亡已，以迫蹴民，民日削月朘，寖以大穷。富者奢侈羡溢，贫者穷急愁苦；穷急愁苦而不上救，则民不乐生；民不乐生，尚不避死，安能避罪！此刑罚之所以蕃而奸邪不可胜者也。故受禄之家，食禄而已，不与民争业，然后利可均布，而民可家足。此上天之理，而亦太古之道，天子之所宜法以为制，大夫之所当循以为行也。故公仪子相鲁，之其家见织帛，怒而出其妻，食於舍而茹葵，愠而拔其葵，曰：'吾已食禄，又夺园夫红女利乎！'古之贤人君子在列位者皆如是，是故下高其行而从其教，民化其廉而不贪鄙。及至周室之衰，其卿大夫缓于谊而急于利，亡推让之风而有争田之讼。故诗人疾而刺之，曰：'节彼南山，惟石岩岩，赫赫师尹，民具尔瞻。'尔好谊，则民乡仁而俗善；尔好利，则民奸邪而俗败。由是观之，天子大夫者，下民之所视效，远方之所四面而内望也。近者视而放之，远者望而效之，岂可以居贤人之位而为庶人行哉！夫皇皇求财利常恐乏匮者，庶人之意也；皇皇求仁义常恐不能化民者，大夫之意也。《易》曰：'负且乘，致寇至。'乘车者君子之位也，负担者小人之事也，此言居君子之位而为庶人之行者，其患祸必至也。若居君子之位，当君子之行，则舍公仪休之相鲁，亡可为者矣。

《春秋》大一统者，天地之常经，古今之通谊也。今师异道，人异论，百家殊方，指意不同，是以上亡以持一统；法制数变，下不知所守。臣愚以为诸不在六艺之科孔子之术者，皆绝其道，勿使并进。邪辟之说灭息，然后统纪可一而法度可明，民知所从矣。"

又按： 关于董仲舒《对策》之年，历来有异说：一、建元元年说。《资治通鉴》卷一七根据《史记》"今上即位，为江都相"一语定在建元元年冬十月，载"天子善其对，以仲舒为江都相"。胡三省注曰："按《考异》曰：'《汉书·武纪》："元光元年五月，诏举贤良，董仲舒、公孙弘出焉。"《仲舒传》曰："仲舒对册，推明孔氏，抑黜百家。立学校之官，州县举茂才、孝廉，皆自仲舒发之。"今举孝廉在元光元年十一月，若《对策》在下五月，则不得云自仲舒发之，盖《武纪》误也。然仲舒《对策》，不知果在何时；元光元年以前，唯今年举贤良见于《纪》。三年，闽越、东瓯相攻，庄助已为中大夫，故皆著之与此。《仲舒传》又云："辽东高庙、长陵高园灾。仲舒推说其意。主父偃窃其书奏之，仲舒由是罪。"按二灾在建元六年，《主父偃传》，上书召见在元光元年。盖仲舒追述二灾而作书，或作书不上，而偃后来方见其草稿。'"钱穆《两汉博士家法考》（载《两汉经学今古文平议》，商务印书馆 2001 年版）以为"《通鉴》所定实是。"张大可《董仲舒天人三策应作于建元元年》（《兰州大学学报》1982 年第 4 期）说，学术界一般认为，董仲舒举贤良在元光元年五月，依据是《汉书·武帝纪》，而《资治通鉴》系于建元元年。综核史实，元光元年武帝未举贤良，元光五年举贤良公孙弘为举首，这之前只有建元元年举贤良，而董仲舒为举首。二、建元五年说。清人齐召南认为西汉设置五经博士是在建元五年。《对策》曰："今临政而愿治七十余岁矣。"王先谦《汉书补注》征引齐召南曰："仲舒《对策》之年，先儒疑而未定。《汉书·武帝纪》载于元光元年与公孙弘并列，既失之太后。《通鉴》据《史记》武帝即位为江都相之文，载于建元元年与严助并列，亦失之太前。若以仲舒此文推之，则在建元五年也。计汉元年至建元三年为七十岁，而五年始置五经博士，即《传》所谓推明孔氏，抑黜百家，立学校之官也。至元光元年，岂得七十余岁乎？"三、元光元年说。班固《汉书·武帝纪》、荀悦《前汉纪》系于元光元年五月，与公孙弘并列。宋人王益之、洪迈、清人王先谦据此以为元光元年为是。王先谦《汉书补注》曰："仲舒对策有'夜郎康居，殊方万里，说德归谊'之语。《西南夷传》夜郎之通在建元六年，大行王恢击东粤后，次年为元光元年，是《汉书》载仲舒对策于元光元年并不失之太后。齐说非是。建元五年始置五经博士，元光元年初令郡国举孝廉各一人。其时武帝崇儒已有此盛举。《传》所称立学校之官，州郡举孝廉茂才二事，文与《武纪》不尽符合。或因仲舒对策推广规模，抑或后世怨时事相当，传疑附会，班氏未审，因而归美，未可知也。康居归谊，于史无征。盖武帝初立，欲事灭胡，遣人往通西域，而康居或于时一至中国，史官失载。若张骞之道康居，又后十数岁矣。《武纪》载贤良一诏于元光元年五月。又云：'于是董仲舒、公孙弘等出焉'，特史家综述此举得人之盛，非谓董与公孙皆出于是年。而此诏书在是岁不可易也。至《通鉴》之误更不足辩。"四、元朔五年说。苏诚鉴《董仲舒对策在元朔五年议》（《中国史研究》1984 年 3 期）、王葆玹《今古文经学新论》（中国社会科学出版社 2004 年版）等同此说。（参见刘跃进《秦汉文学编年史》）此取"元光元年说"。

董仲舒为江都相,与易王论仁人。

按:《汉书·董仲舒传》曰:"对既毕,天子以仲舒为江都相,事易王。易王,帝兄,素骄,好勇。仲舒以礼谊匡正,王敬重焉。……仲舒治国,以《春秋》灾异之变推阴阳所以错行,故求雨,闭诸阳,纵诸阴,其止雨反是;行之一国,未尝不得所欲。中废为中大夫。"

又按:《汉书·董仲舒传》曰:"久之,王问仲舒曰:'粤王勾践与大夫泄庸、种、蠡谋伐吴,遂灭之。孔子称殷有三仁,寡人亦以为粤有三仁。桓公决疑于管仲,寡人决疑于君。'仲舒对曰:'臣愚不足以奉大对。闻昔者鲁君问柳下惠:"吾欲伐齐,何如?"柳下惠曰:"不可。"归而有忧色,曰:"吾闻伐国不问仁人,此言何为至于我哉!"徒见问耳,且犹羞之,况设诈以伐吴乎?由此言之,粤本无一仁。夫仁人者,正其谊不谋其利,明其道不计其功。是以仲尼之门,五尺之童羞称五伯,为其先诈力而后仁谊也。苟为诈而已,故不足称于大君子之门也。五伯比于他诸侯为贤,其比三王,犹武夫之与美玉也。'王曰:'善。'"仲舒所论,与《论语》仁的思想有相似之处。

董仲舒与鲍敞论阴阳。

按:严可均《全汉文》曰:"元光元年七月,京师雨雹,鲍敞问董仲舒曰:'雹何物也,何气而生之?'仲舒曰:'……此圣人之在上,则阴阳和风雨时也。政多纰缪,则阴阳不调,风发屋,雨溢河,雪至牛目,雹杀驴马。此皆阴阳相荡而为祲沴之妖也。'"《西京杂记》卷五载此事。阴阳是董仲舒学说中一个重要概念,董仲舒认为阳尊阴卑。《春秋繁露·五行之义》曰:"君臣、父子、夫妇之义,皆取阴阳之道:君为阳,臣为阴;父为阳,子为阴,夫为阳,妻为阴。"并用阴阳伦常道德观来论述三纲五常。董仲舒则认为天下之常道是王道,"君臣父子之道,皆与诸阴阳之道,君为阳,臣为阴,父为阳,子为阴,夫为阳,妻为阴,……天为君而覆露之,地为臣而载持之,阳为夫而生之,夫为阴而助之,春为父而生之,夏为子而养之;……王道之三纲,可求于天。"君臣父子夫妇之道,都可从阴阳中得到证明,此为上天所制定,必须遵守,否则"子不奉父命,则有伯讨之罪,……臣不奉君命,虽善以叛,……妻不奉夫命,则绝。"五常肇始于董仲舒,他说:"夫仁、义、礼、智、信,五常之道,王者当修饬也。王者修饬,故受天之佑,而享鬼神之灵,德施与方外,延及群生。"

公孙弘上《贤良对策》,征为博士。

按:《史记·孝武本纪》曰:"后六年,窦太后崩。其明年,上征文学之士公孙弘等。"《史记·平津侯主父列传》曰:"元光五年,有诏征文学,菑川国复推上公孙弘。弘让谢国人曰:'臣已尝西应命,以不能罢归,愿更推选。'国人固推弘,弘至太常。太常令所征儒士各对策,百余人,弘第居下。策奏,天子擢弘对为第一。召入见,状貌甚丽,拜为博士。"泷川资言《史记会注考证》引梁玉绳曰:"五年是元年之误。苟《纪》、《西京杂记》、《石林燕语》皆依《史》作元光五年,失之。《通鉴考异》反据五年为说,无怪乎疑不能明也。《汉书》《本纪》以弘举贤良在元光元年。而《弘传》本《史记》误作五年耳。《野客丛书》辨之极是。其言曰:武帝两开贤良科,一在建元元年,一在元光元年。而元光元年但诏征吏民明当世务者,不闻有贤良之举。考武帝初即位,弘年六十,以贤良征。元狩二年薨,年八十。自元狩二年推而上之至武帝初年,恰二十年。以是言之,弘于弘光元年再举贤良明甚。《本传》谓五年误也。又况元光元年贤良制政系弘所对者。"刘跃进《秦汉文学编年史》(商务印书馆2006年版)依据泷川资言《史记会注考证》系于本年;郑洁文、李梅《中国学术思想编年·秦汉卷》(陕西师范大学出版社2005年版)系于元光五年。

辕固以贤良征,诸儒多嫉毁之,遂以老罢归。

按：《汉书·儒林传》曰："武帝初即位，复以贤良征。诸儒多嫉毁曰固老，罢归之。时，固已九十余矣。公孙弘亦征，侧目而事固。固曰：'公孙子，务正学以言，无曲学以阿世！'诸齐以《诗》显贵，皆固之弟子也。昌邑太傅夏候始昌最明，自有传。后苍字近君，东海郯人也。事夏候始昌。始昌通《五经》，苍亦通《诗》、《礼》，为博士，至少府，授翼奉、萧望之、匡衡。奉为谏大夫，望之前将军，衡丞相，皆有传。衡授琅邪师丹、伏理斿君、颍川满昌君都。君都为詹事，理高密太傅，家世传业。丹大司空，自有传。由是《齐诗》有翼、匡、师、伏之学。满昌授九江张邯、琅邪皮容，皆至大官，徒众尤盛。"

杨何因学《易》为太中大夫。

按：《史记·儒林列传》曰："自鲁商瞿受《易》孔子，孔子卒，商瞿传《易》，六世至齐人田何，字子庄，而汉兴。田何传东武人王同子仲，子仲传菑川人杨何。何以《易》，元光元年征，官至中大夫。齐人即墨成以《易》至城阳相。广川人孟但以《易》为太子门大夫。鲁人周霸，莒人衡胡，临菑人主父偃，皆以《易》至二千石。然要言易者本于杨何之家。"《汉书·儒林传》曰："自鲁商瞿子木受《易》孔子，以授鲁桥庇子庸。子庸授江东馯臂子弓。子弓授燕周丑子家。子家授东武孙虞子乘。子乘授齐田何子庄。及秦禁学，《易》为筮卜之书，独不禁，故传受者不绝也。汉兴，田何以齐田徙杜陵，号杜田生。授东武王同子中、雒阳周王孙、丁宽、齐服生，皆著《易传》数篇。同授淄川杨何，字叔元，元光中征为太中大夫。齐即墨成，至城阳相。广川孟但，为太子门大夫。鲁周霸、莒衡胡、临淄主父偃，皆以《易》至大官。要言易者本之田何。"《史记》说《易》本于杨何之家，《汉书》则说本于田何，二者不同。《汉书·儒林传赞》曰："初，《书》唯有欧阳，《礼》后，《易》杨，《春秋》公羊而已。"武帝建元五年置五经博士，杨何以元光元年被征，司马迁此时惟有"《易》杨"，而且《史记·太史公自序》又曰："太史公学天官于唐都，受《易》于杨何。"所以司马迁称言"本于杨何之家"，而至宣帝，复立《施》、《孟》、《梁丘》易，元帝世复立京氏《易》，民间又有费氏《易》、高氏《易》，不都出于杨何。所以《汉书·儒林传》曰："至成帝时，刘向校书，考《易》说，以为诸《易》家说皆祖田何、杨叔元、丁将军，大谊略同，唯京氏为异党，焦延寿独得隐士之说，托之孟氏，不相与同。"王应麟《汉书艺文志考证》卷一曰："晁氏曰商瞿受《易》孔子，五传而至田何，汉之《易》盖自田何始，何而上未尝有书。管辂谓《易》安可注者？其得先儒之心欤？《易》家著书自王同始，学官自杨何始。下自著曰：'所谓《易》杨者是也。'"

临沂银雀山汉简《汉元光元年历谱》成书。

喜帕恰斯编制有1025颗恒星的星图，并且创立了星等的概念。

按：银雀山汉墓竹简整理小组《银雀山汉墓竹简》（文物出版社1975年版）介绍1972年在山东省临沂银雀山一、二号汉墓中发现4900多枚竹简，一号墓内容为《孙子兵法》以及四篇佚文；《六韬》十四组；《尉僚子》五篇；《晏子》十六章；《孙膑兵法》十六篇；《守法守令十三篇》十篇；《讼政论兵之类》五十篇；《阴阳时令占候之类》十二篇；《其它之类》十三篇。这些竹简的出土，对有关古籍的校刊、辑佚和辨伪等工作有重要意义。尤其《孙膑兵法》与《孙子兵法》的同时出土，结束了长期以来关于这两部书的一些悬而未决的争议。关于兵法的研究有：银雀山汉墓竹简整理小组《孙膑兵法（银雀汉墓竹简）》（文物出版社，1975年版）、银雀山汉墓竹简整理小组《孙子兵法（银雀山汉墓竹简）》（文物出版社，1976年版）、张震泽《孙膑兵法校理》（中华书局，1984年版）、银雀山汉墓竹简整理小组《银雀山竹书〈守法〉、〈守令〉等十三篇》（《文物》1985年第4期）。据吴九龙考证，此墓的下葬年代不会早于建元元年，不会晚于元狩五年，总之均在汉武帝时代。

二号墓竹简内容为《汉武帝元光元年历谱》。1972年山东临沂银雀山二号汉墓出土竹简文书，未题作者。临沂银雀山二号汉墓墓葬年代在公元前134年至公元前28年间，由此而专家们推断成书年代亦当在此间，且以公元前134至前133年间的可能性为大。《历谱》共三十二简，约九百五十字左右，明显缺字为四十个左右，再加上其它缺文，原文恐在一千字以上。简文起于汉武帝建元七年，亦即改元后的元光元年，公元前134年。此下接叙全年月份安排：十月大、十一月小、十二月大、正月大、二月小、三月大、四月小、五月大、六月小、七月大、八月小、九月大、后九月小。再下即将全年日子按三十份缩排，中记有反日、节气及腊、伏。像这样基本完整地记载一年历日的历谱，可以看出完全是付诸实用。汉初于武帝元封七年改号太初元年，并改行以孟春正月为岁首的《芨初历》。而在此以前用何种历法，尚不清楚。（参见吴九龙《银雀山汉简释义》，文物出版社1985年版。）陈梦家《汉简年历表叙》（《汉简缀述》，中华书局1980年）叙述汉简历谱共15件：本始二年（前72年）、本始四年（70年）、元康三年（前63年）、神爵元年（前57年）、永光五年（前39年）、鸿嘉四年（前17年）、永始四年（前13年）、建平二年（前5年）、居摄元年（6年）、居摄三年（8年）、永元六年（94年）、永元十七年（105年）、永兴元年（153年）。《元光元年历谱》（前134年）比《本始二年历谱》早62年。刘操南《〈元光元年历谱〉考释》（《古籍整理研究学刊》1995年1、2期合刊）说：《元光元年历谱》为当年实用历谱，'时月互异'，由于调整后世自难辨析。然自全年岁实、朔策、闰余，纪日干支；起于己丑，终于壬子，凡384日综合论之，无不符合，仅大小月安排出入而已。据此可窥汪氏历术精审。《元光元年历谱》出土问世，学者辄与《资治通鉴目录》、《历代长术辑要》、《二十史朔闰表》对勘，而议其'错误'，以校其失；识见卓越。然犹可作一步之探索、商榷与研究也。"

董仲舒作《冰雹对》（《汉书·董仲舒传》）。

汉武帝元光二年　戊申　前133年

十月，武帝祠五畤，始亲祠灶，遣方士入海求蓬莱安期生之属。

按：《史记·孝武本纪》曰："明年，上初至雍，郊见五畤。后常三岁一郊。是时上求神君，舍之上林中蹏氏观。神君者，长陵女子，以子死悲哀，故见神于先后宛若。宛若祠之其室，民多往祠。平原君往祠，其后子孙以尊显。及武帝即位，则厚礼置祠之内中，闻其言，不见其人云。"事又见《史记·封禅书》、《汉书·郊祀志》。吕祖谦《大事记解题》卷十二曰："夫绾臧儒者也，明堂盛礼也；宛若妖巫也，祠灶贱事也。论其名则有邪正高下之殊，论其实则皆出于帝之多欲而已。司马子长并载于《封禅书》，而无所轻重其有旨哉。"

六月，遣韩安国、王恢等五将军将兵三十万出塞；匈奴绝和亲，然关市仍未绝（《史记·韩长孺列传》）。

提比略·格拉古出任罗马保民官，平均地权，格拉古兄弟改革始。提比略旋被杀。

按：马邑之谋以后，与匈奴之战持续四十多年，对于西汉的政治、经济、文化诸方面产生重大影响。

薄诱忌奏祠泰一于东南郊。

按：《史记·孝武本纪》曰："亳人薄诱忌奏祠泰一方，曰：'天神贵者泰一，泰一佐曰五帝。古者天子以春秋祭泰一东南郊，用太牢具，七日，为坛开八通之鬼道。'于是天子令太祝立其祠长安东南郊，常奉祠如忌方。其后人有上书，言'古者天子三年一用太牢具祠神三一：天一，地一，泰一'。天子许之，令太祝领祠之忌泰一坛上，如其方。后人复有上书，言'古者天子常以春秋解祠，祠黄帝用一枭破镜；冥羊用羊；祠马行用一青牡马；泰一、皋山山君、地长用牛；武夷君用乾鱼；阴阳使者以一牛'。令祠官领之如其方，而祠于忌泰一坛旁。"《史记索隐》引宋均曰："天一、太一，北极神之别名。"《汉书·艺文志》神仙家有《泰一杂子》十五家，凡二十二卷，大约是记载此类祭祀的内容。吕祖谦《大事记解题》卷十二曰："太乙之名，古无有也。古之医者，观八风之虚实邪正以治病，因有太乙九宫之说。其说具于《针经》，虽执技者支离漫衍漫失其本，然尚止于医也。今谬忌所奏太乙方曰：'天神贵者太乙。太乙佐曰五帝。古者天子以春秋祭太乙东南郊。用太牢具，七日，为坛开八通之鬼道。'是果安所从授哉。"直到元鼎五年武帝亲自祠太一于甘泉，确立了太一祠的尊贵地位。

李少君以祠灶、谷道、却老方见宠。

按：《史记·孝武本纪》曰："是时而李少君亦以祠灶、谷道、却老方见上，上尊之。少君者，故深泽侯，入以主方。匿其年及其生长，常自谓七十，能使物，却老。其游以方遍诸侯。无妻子。人闻其能使物及不死，更馈遗之，常余金钱帛衣食。人皆以为不治产业而饶给，又不知其何所人，愈信，争事之。少君资好方，善为巧发奇中。尝从武安侯饮，坐中有九十余老人，少君乃言与其大父游射处，老人为儿时从其大父，识其处，一坐尽惊。少君见上，上有故铜器，问少君。少君曰：'此器齐桓公十年陈于柏寝。'已而案其刻，果齐桓公器。一宫尽骇，以为少君神，数百岁人也。少君言上曰：'祠灶则致物，致物而丹沙可化为黄金，黄金成以为饮食器则益寿，益寿而海中蓬莱仙者乃可见，见之以封禅则不死，黄帝是也。臣尝游海上，见安期生，安期生食巨枣，大如瓜。安期生仙者，通蓬莱中，合则见人，不合则隐。'于是天子始亲祠灶，遣方士入海求蓬莱安期生之属，而事化丹沙诸药齐为黄金矣。居久之，李少君病死。天子以为化去不死也，而使黄锤史宽舒受其方。求蓬莱安期生莫能得，而海上燕齐怪迂之方士多相效，更言神事矣。"《史记·封禅书》、《汉书·郊祀志》、《资治通鉴》卷一八亦载此事。李少君劝武帝"祠灶则致物，致物而丹砂可化为黄金，黄金成以为饮食器则益寿"，是中国古代关于炼丹术的最早记载，亦是世界史中关于炼丹术的最早记录。《后汉书·方术列传序》曰："汉自武帝颇好方术，天下怀协道艺之士，莫不负策抵掌，顺风而届焉。后王莽矫用符命，及光武尤信谶言，士之赴趣时宜者，皆骋驰穿凿，争谈之也。"汉武帝好方术，促进了汉代纬学的兴起。

杨王孙倡言裸葬。

按：《汉书·杨胡朱梅云传》曰："杨王孙者，孝武时人也。学黄老之术，家业千金，厚自奉养生，亡所不致。及病且终，先令其子，曰：'吾欲裸葬，以反吾真，必亡易吾意。死则为布囊盛尸，入地七尺，既下，从足引脱其囊，以身亲土。'其子欲默而不从，重废父命；欲从之，心又不忍，乃往见王孙友人祁侯。祁侯与王孙书曰：'王孙苦疾,仆迫从上祠雍,未得诣前。愿存精神,省思虑,进医药,厚自持。窃闻王孙先令裸葬,令死者亡知则已,若其有知,是戮尸地下,将裸见先人,窃为王孙不取也。且《孝经》曰"为之棺椁衣衾",是亦圣人之遗制,何必区区独守所闻?愿王孙察焉。'王孙报曰:'盖闻古之圣王,缘人情不忍其亲,故为制礼,今则越之,吾是以裸葬,将以矫世也。夫厚葬诚亡益于死者,而俗人竞以相高,靡财单币,腐之地下。或乃今日入而明日发,此真与暴骸于中野何异!且夫死者,终生之化,而物之归者也。归者得至,化者得变,是物各反其真也。反真冥冥,亡形亡声,乃合道情。夫饰外以华众,厚葬以鬲真,使归者不得至,化者不得变,是使物各失其所也。且吾闻之,精神者天之有也,形骸者地之有也。精神离形,各归其真,故谓之鬼,鬼之为言归也。其尸块然独处,岂有知哉?裹以币帛,鬲以棺椁,支体络束,口含玉石,欲化不得,郁为枯腊,千载之后,棺椁朽腐,乃得归土,就其真宅。由是言之,焉用久客!昔帝尧之葬也,窾木为匮,葛藟为缄,其穿下不乱泉,上不泄殠。故圣王生易尚,死易葬也。不加功于亡用,不损财于亡谓。今费财厚葬,留归鬲至,死者不知,生者不得,是谓重惑。于戏!吾不为也。'祁侯曰:'善。'遂裸葬。"《西京杂记》载杨王孙"名贵,字王孙,京兆人,学黄老之术,家业千金,厚自奉,养生亡所不致。及病且终,先令其子曰:'吾欲赢葬;以及吾真,必亡易吾意。死则为布囊盛尸,入地七尺。既下,从足引脱其囊,以身亲土。'"文中祁侯指缯它,祁侯缯贺孙,景帝六年(前151年)封嗣,与杨王孙友善。杨王孙裸葬的想法显然受到墨家节葬思想的影响,可见墨学在汉代并未中绝。从刘汝霖《汉晋学术编年》系于此年。

司马迁随父在黄河、渭水一带稽考遗闻古事。

按:王国维《太史公行年考》(《观堂集林》卷一一)认为"考《自序》云二十而南游江淮,则卫宏说非也。或本作二十,误倒为十二,又讹二为三与?"郑鹤声《司马迁年谱》说"惟不当作十三年事耳",日本泷川资言《太史公年谱》注曰:"十三,年少,不宜有此事。"王国维认为司马迁有二十而游江淮事,就不应有十三乘传之事。郑鹤声、泷川资言则以为司马迁年龄小,不可能有此行。吉春《太史公年谱新编》(三秦出版社1989年版)认为这些说法不能成立。因只有司马谈、司马迁父子相随或单独多次地行天下,才能达到"百年之间,天下遗闻古事靡不毕集太史公"。

汉武帝元光三年　己酉　前132年

五月丙子,复决濮阳瓠子,注巨野,通淮、泗,泛郡十六(《汉书·武帝纪》)。

是月,起龙渊宫(《汉书·武帝纪》、《资治通鉴》卷一八)。

按:颜师古《汉书注》引服虔曰:"宫在长安西,作铜飞龙,故以冠名也。"又引如淳曰:"《三辅黄图》云:'有龙渊宫,今长安城西有其处。《沟洫志》:'救河决,亦起龙渊宫于其傍。'"

汲黯、郑当时发卒十万塞濮阳县黄河决口,无功(《汉书·武帝纪》)。

按:《水经注·瓠子河》曰:"瓠子河出东郡濮阳县北河。"《史记·平准书》曰:"初,先是往十余岁河决观,梁楚之地固已数困,而缘河之郡堤塞河,辄决坏,费不可胜计。"

汉武帝元光四年　庚戌　前131年

三月乙卯,丞相田蚡卒。

按:《汉书·窦田灌韩传赞》曰:"窦婴、田蚡皆以外戚重,灌夫用一时决策,而各名显,并位卿相,大业定矣。然婴不知时变,夫亡术而不逊,蚡负贵而骄溢。凶德参会,待时而发,藉福区区其间,恶能救斯败哉!以韩安国之见器,临其挚而颠坠,陵夷以忧死,遇合有命,悲夫!若王恢为兵首而受其咎,岂命也乎?"

四月,御史大夫韩安国行丞相事(《汉书·窦田灌韩传》)。

五月丁巳,韩安国以病免,平棘侯薛泽继为丞相(《汉书·窦田灌韩传》)。

刘德修学好古,多得古文先秦旧书,山东诸儒多从之游。

按:《汉书·景十三王传》曰:"河间献王德以孝景前二年立,修学好古,实事求是。从民得善书,必为好写与之,留其真,加金帛赐以招之。由是四方道术之人不远千里,或有先祖旧书,多奉以奏献王者,故得书多,与汉朝等。是时,淮南王安亦好书,所招致率多浮辩。献王所得书皆古文先秦旧书,《周官》、《尚书》、《礼》、《礼记》、《孟子》、《老子》之属,皆经传说记,七十子之徒所论。其学举六艺,立《毛氏诗》、《左氏春秋》博士。修礼乐,被服儒术,造次必于儒者。山东诸儒多从而游。"《资治通鉴》卷一八此事系于本年,"献王所得书,皆古文先秦旧书,采礼乐古事,稍稍增辑至五百余篇,被服、造次必于儒者,山东诸儒多从而游。"所以刘德时,河间地区文化发达,形成了一个影响深且广的学术集团,成为汉代地方古文经学研究中心。

毛苌是年后为河间献王博士,又授《诗》与同郡贯长卿。

按:毛苌,赵人,生卒年不详,《诗经》毛诗学传授者。其诗学传自"大毛公"毛亨,曾为河间献王博士,官至北海太守,称为"小毛公"。《汉书·儒林传》曰:"毛公,赵人也。治《诗》,为河间献王博士,授同国贯长卿。长卿授解延年。延年为阿武令,授徐敖。敖授九江陈侠,为王莽讲学大夫。由是言《毛诗》者,本之徐敖。"《经典释文·序录》曰:"《毛诗》者,出自毛公,河间献王好之。徐整云,子夏授高行子,高行子授薛仓子,薛仓子授帛妙子,帛妙子授河间人大毛公。毛公为《诗》故训,传于家,以授赵人小毛公。小毛公为河间献王博士,以不在汉朝,故不列于学。一云,子夏传曾申,申传魏人李克,克传鲁人孟仲子,孟仲子传根牟子,根牟子传赵人孙卿子,孙卿子传鲁人大毛公。《汉书·儒林传》云,毛公赵人,治《诗》,为河间献王博士,授同国贯长卿,长卿授解延年,延年授虢徐敖,敖授九江陈侠。或云,陈侠传谢曼卿,元始五年,公车征说《诗》。后汉郑众、贾逵传《毛诗》,马融作《毛诗》注,郑玄作《毛诗》笺,申明毛义,难三家,于是三家遂废矣。魏太常王肃,更述毛非郑。荆州刺史王基驳王肃，申郑义。晋豫州刺史孙毓，为《诗评》，评毛、郑、王肃三家同异，朋于王。徐州从事陈统，难孙，申郑，宋征士雁门周续之。豫章雷次宗，齐沛国刘瓛，并为《诗序义》。前汉鲁、齐、韩三家《诗》，列于学官，平帝世，《毛诗》始立，《齐诗》久亡，《鲁诗》不过江东，《韩诗》虽在，人无传者，惟《毛诗》郑《笺》，独立国学，今所遵用。"因本年有河间献王刘德事，所以系于此年。

又按：《毛诗》于《诗》三百篇均有小序，而首篇《关雎》题下的小序后，另有一段较长文字，世称《诗大序》，又称《毛诗序》。其曰："《关雎》，后妃之德也，风之始也，所以风天下而正夫妇也。故用之乡人焉，用之邦国焉。风，风也，教也；风以动之，教以化之。诗者，志之所之也，在心为志，发言为诗。情动于中而形于言，言之不足故嗟叹之，嗟叹之不足故永歌之，永歌之不足，不知手之舞之足之蹈之也。情发于声，声成文谓之音。治世之音安以乐，其政和；乱世之音怨以怒，其政乖；亡国之音哀以思，其民困。故正得失，动天地，感鬼神，莫近于诗。先王以是经夫妇，成孝敬，厚人伦，美教化，移风俗。故诗有六义焉：一曰风，二曰赋，三曰比，四曰兴，五曰雅，六曰颂。上以风化下，下以风刺上。主文而谲谏，言之者无罪，闻之者足以戒，故曰风。至于王道衰，礼义废，政教失，国异政，家殊俗，而变风变雅作矣。国史明乎得失之迹，伤人伦之废，哀刑政之苛，吟咏情性，以风其上，达于事变而怀其旧俗者也。故变风发乎情，止乎礼义。发乎情，民之性也；止乎礼义，先王之泽也。是以一国之事，系一人之本，谓之风；言天下之事，形四方之风，谓之雅。雅者，正也，言王政之所由废兴也。政有小大，故有小雅焉，有大雅焉。颂者，美盛德之形容，以其成功告于神明者也。是谓四始，诗之至也。然则《关雎》《麟趾》之化，王者之风，故系之周公。南，言化自北而南也。《鹊巢》《驺虞》之德，诸侯之风也，先王之所以教，故系之召公。《周南》《召南》，正始之道，王化之基。是以《关雎》乐得淑女，以配君子，忧在进贤，不淫其色；哀窈窕，思贤才，而无伤善之心焉。是《关雎》之义也。""风、雅、颂者，《诗》篇之异体；赋、比、兴者，《诗》文之异辞耳。大小不同，而得并为六义者，赋、比、兴是《诗》之所用，风、雅、颂是《诗》之成形，用彼三事，成此三事，是故同称为'义'。大师教六诗：曰风，曰赋，曰比，曰兴，曰雅，曰颂，以六德为之本，以六律为之音。"曹顺庆《〈毛诗序〉学术话语权的形成及影响》(《四川大学学报》2007年第4期)说："在中国文学批评史上，《毛诗序》有着独特而显赫的地位。作为中国第一篇诗学专论，《毛诗序》比较系统地提出了若干文艺理论原则，构成了儒家文论基本框架，形成了强大的话语权，对中国文学理论和文学创作都产生了不可估量的影响。"

张欧为太常，迁御史大夫(《汉书·百官公卿表》)。

汉武帝元光五年　辛亥　前130年

夏，使唐蒙通夜郎，置犍为郡；发巴、蜀治南夷道；又发卒万人治雁门阻险(《汉书·武帝纪》)。

七月乙巳，皇后陈氏废；捕为巫蛊者，皆枭首。

按：《汉书·外戚传》曰："孝武陈皇后，长公主嫖女也。曾祖父陈婴与项羽俱

是年，罗马建有9行省，西西里、撒丁尼亚、山南高卢、西班牙、阿非利加、马其顿、伊利里库姆、阿卡亚、亚细亚。

起,后归汉,为堂邑侯。传子至孙午,午尚长公主,生女。初,武帝得立为太子,长主有力,取主女为妃。及帝即位,立为皇后,擅宠骄贵,十余年而无子,闻卫子夫得幸,几死者数焉。上愈怒。后又挟妇人媚道,颇觉。元光五年,上遂穷治之,女子楚服等坐为皇后巫蛊祠祭祝诅,大逆无道,相连及诛者三百余人,楚服枭首于市。使有司赐皇后策曰:'皇后失序,惑于巫祝,不可以承天命。其上玺绶,罢退居长门宫。'"《资治通鉴》卷一八胡三省注:"贾公彦曰:'按《汉书》,妇人蛊惑媚道,更相祝诅,作木偶人埋之于地。汉法又有官禁敢行媚道者。'"

八月,征吏民有明当世之务习先圣之术者,县次续食,令与上计吏同诣京师(《汉书·武帝纪》)。

刘德十月朝长安,献雅乐;对三雍宫及诏策所问三十余事。

按:《汉书·景十三王传》曰:"武帝时,献王来朝,献雅乐,对三雍宫及诏策所问三十余事。其对推道术而言,得事之中,文约指明。"《汉书·礼乐志》曰:"是时,河间献王有雅材,亦以为治道非礼乐不成,因献所集雅乐。天子下大乐官,常存肄之,岁时以备数,然不常御,常御及郊庙皆非雅声。然诗乐施于后嗣,犹得有所祖述。"《汉书·艺文志》又曰:"武帝时,河间献王好儒,与毛生等共采《周官》及诸子言乐事者,以作《乐记》,献八佾之舞,与制氏不相远。其内史丞王定传之,以授常山王禹。禹,成帝时为谒者,数言其义,献二十四卷记。刘向校书,得《乐记》二十三篇,与禹不同,其道寖以益微。"《汉书·儒林传》亦载此事。《汉书·艺文志》中著录河间献王《对上下三雍宫》三篇。三雍宫指辟雍、明堂、灵台。《汉书·艺文志》又著录《河间周制》十八篇,班固注:"似河间献王所述也。"杨树达《汉书窥管》(上海古籍出版社1984年版)曰:"《金楼子·说蕃篇》云:'献王又为《周制》二十篇,'与《志》云十八篇小异。"礼乐是儒家教化的两种重要措施,秦以后,雅乐不传,此时河间献王献雅乐,武帝纳之,是尊儒术、重教化的重要表现。

孔安国约于是年献《古文尚书》及《礼记》、《论语》、《孝经》等。

按:《汉书·艺文志·六艺略·尚书序》曰:"武帝末,鲁共王坏孔子宅,欲以广其宫,而得《古文尚书》及《礼记》、《论语》、《孝经》凡数十篇,皆古字也。共王往入其宅,闻鼓琴瑟钟磬之音,于是惧,乃止不坏。孔安国者,孔子后也,悉得其书,以考二十九篇,得多十六篇。安国献之。遭巫蛊事,未列于学官。"孔安国献书时有巫蛊事,武帝朝之巫蛊案至少有四次:第一次在本年七月;第二次在太始元年(前96)春正月;第三次在征和二年(前91)春;第四次在同年七月,即著名的戾太子巫蛊之案。朱彝尊《经义考》以为"遭巫蛊事"指征和二年巫蛊事,前91年。白新良《孔安国献书考》(《中国历史文献研究集刊》第4集)认为是前130年,考证说"上述四起巫蛊之案中,公孙敖、公孙贺及戾太子巫蛊之案皆在天汉以后,和司马迁所称孔安国'早卒'之说不合,而陈皇后巫蛊之案发生在武帝初年,《汉志》所称的'遭巫蛊事,未列于学官,会不会是这一次巫蛊之案呢?如果对这次巫蛊之案发生前后的一些史实进行排比,便可发现,陈皇后巫蛊之案和汉武帝尊儒在时间上相一致,和《古文尚书》的发现与流传在时间上相一致,和孔安国的活动年代相一致。"

又按:关于孔氏《古文尚书》及《孔传》的流传,《汉书·儒林传》载,安国为谏议大夫,授都尉朝,而司马迁亦从安国问故,都尉朝授胶东庸生,庸生授清河胡常少子,常授虢徐敖,敖为右扶风掾,授王璜、平陵涂恽子真,子真授河南桑钦君长。王莽时,诸学皆立。至东汉,贾逵之父贾徽"受《古文尚书》于涂恽"而"逵悉传父业",逵之学又传许慎。由于徐敖曾为右扶风掾，而杜林、贾逵、马融并为扶风人，陈梦家《尚书通论》（中华书局 1985 年版）说："贾传安国之学，马、杜所传古文亦属一系。"东汉《古文尚书》传授的主要家派，大致都源于孔安国。据此及吴之英《汉师传经表》、蒋曰豫《西汉传经表》之稽考，西汉《古文尚书》师传关系是：孔安国授都尉朝、司马迁及兄子孔延年。由是《尚书》有古文学。都尉朝授庸谭、司马迁子司马长、孔延年子孔霸。庸谭授胡常、徐敖。胡常授萧秉、贾护。徐敖授王璜、涂恽。涂恽授桑钦、贾徽。贾徽授传子贾逵。贾逵授贾伯升。兹列出西汉《古文尚书》师传表如下：

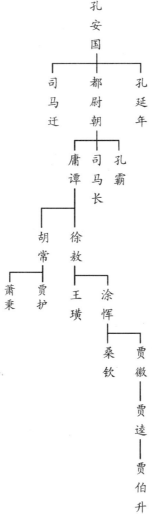

张汤为太中大夫，与赵禹共定律令。

按：《史记·酷吏列传》曰："武安侯为丞相，征汤为史，时荐言之天子，补御史，使案事。治陈皇后蛊狱，深竟党与。于是上以为能，稍迁至太中大夫。与赵禹共定诸律令，务在深文，拘守职之吏。"又曰："赵禹者，斄人。……今上时，禹以刀笔吏积劳，稍迁为御史，上以为能，至太中大夫，与张汤论定诸律令，作见知，吏传得相监司。用法益刻，盖自此始。"《汉书·刑法志》曰："及至孝武即位，外事四夷之功，内盛耳目之好，征发烦数，百姓贫耗，穷民犯法，酷吏击断，奸轨不胜。于是招进张汤、赵禹之属，条定法令，作见知故纵、监临部主之法，缓深故之罪，急纵出之诛。其后奸猾巧法，转相比况，禁罔寖密。律令凡三百五十九章，大辟四百九条，千八百八十二事，死罪决事比万三千四百七十二事。文书盈于几阁，典者不能遍睹。是以郡国承用者驳，或罪同而论异。奸吏因缘为市，所欲活则傅生议，所欲陷则予死比，议者咸冤伤之。"《晋书·刑法志》载"张汤《越宫律》二十七篇，赵禹《朝律》六篇"，《太平御览》卷六三八引晋代人张斐《律序》曰："张汤制《越宫律》，赵禹作《朝会正见律》。"可能指具体的律篇名。吕祖谦《大事记解题》卷十二曰："太中大夫，宿卫之官而使之定律令，武帝时近臣夺有司之职类如此。"

郑当时以詹事迁大农令（《汉书·百官公卿表》）。

公孙弘为左内史（《汉书·百官公卿表》）。

按：泷川资言《史记会注考证》引梁玉绳曰："是弘以元光元年对策为博士，中更母丧三年。盖元光五年仍为博士。即于是岁在内史。故《公卿表》言元光五年为左内史。"

东方朔谏武帝诛宠臣董偃（《汉书·东方朔传》）。

司马相如奉命出使西南夷，责唐蒙并谕告巴、蜀民（《汉书·武帝纪》《史记·司马相如传》）。

帕库维乌斯卒（约前220年— ）。罗马悲剧作家。

刘德卒（前176？— ）。德以孝景前二年立为河间王，其人身端行正、温仁恭俭，修学好古，所得先秦古文旧书包括《周官》、《尚书》、《礼记》、《孟子》、《老子》等。事迹见《史记》卷一二、《汉书》卷五三。

按：《史记·五宗世家》曰："河间献王德以孝景帝前二年用皇子为河间王。好儒学，被服造次必于儒者。山东诸儒多从之游。二十六年卒。"《集解》引《汉名臣奏》曰："杜业奏曰'河间献王经术通明，积德累行，天下雄俊众儒皆归之。'孝武帝时，献王朝，被服造次必于仁义。问以五策，献王辄对无穷。孝武帝艴然难之，谓献王曰：'汤以七十里，文王百里，王其勉之。'王知其意，归即纵酒听乐，因以终。"《汉书·景十三王传》载与此相同。河间是汉代地方的儒家学术中心。河间献王好儒术，搜求民间古书，为传播儒家奠定了基础。张玉《西汉献王刘德与河间学术中心》（《邢台学院学报》2009年第3期）说："刘德任河间王26年，对史籍的整理作出了巨大贡献。且'温仁恭俭，笃敬爱下，明知深察，惠于鳏寡。'刘德去世后，大行令上奏汉武帝，以'聪明睿智，谥为献王'。虽然，随着河间献王刘德的病逝，河间学术中心渐渐衰落了，但其搜集整理儒家经典、招纳聚集儒学大师的卓越业绩，对中国封建社会的儒学发展、礼乐文化、学校教育以及地方历史都有着深远的影响。"河间献王刘德对毛诗学开创具有重要作用。王长华、易卫华《汉代河间儒学与〈毛诗〉》（《河北师范大学学报》2004年第6期）说："正是在河间儒学的哺育和滋养下，《毛诗》和《毛诗》学派才取得了足以赢得人心的学术优势，它渐渐从河间一步步传播到全国，成为可以与同时代占据强大政治优势的今文经学相抗衡的古文经学营垒中的重要一员。"

汉武帝元光六年　壬子　前129年

冬，初算商车（《汉书·武帝纪》）。

按：李奇曰："始税商贾车船，令出算。"吕祖谦《大事记解题》卷十二曰："按《本纪》：'元狩四年初算缗钱。'《平准书》载公卿奏章曰：'异时算轺车，贾人缗钱皆有差，请筭如敌。'所谓异时,即指今年事也。请筭如故者,中间尝罢之也。武帝承文景富庶之后,即位甫一纪耳,征利已至于此,然则府库之积,其可恃哉。兴利之臣,不知为谁。是时郑当时为大农,以他日荐桑弘羊、咸阳孔仅之事观之,益疑也。政使非其建白,可亦负奉行之责矣。"

春,匈奴入侵上谷,遣卫青、公孙敖、公孙贺、李广等击之(《汉书·武帝纪》)。

按:此为汉与匈奴交恶后的第一场重要战争,此后战争连绵不断。

韩安国以中尉迁卫尉(《汉书·百官公卿表》)。

赵禹以中大夫迁中尉(《汉书·百官公卿表》)。

汉武帝元朔元年　癸丑　前128年

十一月,诏举孝廉。

按:《汉书·武帝纪》曰:"元朔元年冬十一月,诏曰:'公卿大夫,所使总方略,壹统类,广教化,美风俗也。夫本仁祖义,襃德禄贤,劝善刑暴,五帝三王所由昌也。朕夙兴夜寐,嘉与宇内之士臻于斯路。故旅耆老,复孝敬,选豪俊,讲文学,稽参政事,祈进民心,深诏执事,兴廉举孝,庶几成风,绍休圣绪。夫十室之邑,必有忠信;三人并行,厥有我师。今或至阖郡而不荐一人,是化不下究,而积行之君子雍于上闻也。二千石官长纪纲人伦,将何以佐朕烛幽隐,劝元元,厉蒸庶,崇乡党之训哉?且进贤受上赏,蔽贤蒙显戮,古之道也。其与中二千石、礼官、博士议不举者罪。'有司奏议曰:'古者,诸侯贡士,壹适谓之好德,再适谓之贤贤,三适谓之有功,乃加九锡;不贡士,壹则黜爵,再则黜地,三而黜爵地毕矣。夫附下罔上者死,附上罔下者刑;与闻国政而无益于民者斥;在上位而不能进贤者退,此所以劝善黜恶也。今诏书昭先帝圣绪,令二千石举孝廉,所以化元元,移风易俗也。不举孝,不奉诏,当以不敬论。不察廉,不胜任也,当免。'奏可。"

三月甲子,立卫夫人为皇后,时人作《卫皇后歌》;诏赦天下(《汉书·武帝纪》)。

秋,匈奴入辽西,杀太守;入渔阳、雁门,败都尉,遣将军卫青、将军李息出代,获虏首数千级(《汉书·武帝纪》)。

东夷秽君南闾等口二十八万人降,为苍海郡(《汉书·武帝纪》)。

按:吕祖谦《大事记解题》卷十二曰:"武帝始南击闽越,次西通夜郎,次北击匈奴,今年复受东夷秽君之降,则四边皆骚动矣。"

孔安国以明经为博士;授业儿宽。

按:《史记·孔子世家》曰:"(孔)武生延年及安国。安国为今皇帝博士,至临淮太守,蚤死。"郑洁文、李梅《中国学术思想编年·秦汉卷》(陕西师范大学出版社2005

年版)根据王国维《太史公行年考》据儿宽为廷尉文学卒史之年考证说:"孔安国为博士当在元光、元朔间";《资治通鉴》卷一八载,元朔二年,孔臧辞御史大夫时曰"从弟侍中孔安国",所以认为孔安国任博士必在任侍中前。今从之系于此年。

主父偃上书言律令谏伐匈奴。

按:《史记·平津侯主父偃列传》曰:"主父偃者,齐临菑人也。学长短纵横之术,晚乃学《易》、《春秋》、百家言。游齐诸生间,莫能厚遇也。齐诸儒生相与排摈,不容于齐。家贫,假贷无所得,乃北游燕、赵、中山,皆莫能厚遇,为客甚困。孝武元光元年中,以为诸侯莫足游者,乃西入关见卫将军。卫将军数言上,上不召。资用乏,留久,诸公宾客多厌之,乃上书阙下。朝奏,暮召入见。所言九事,其八事为律令,一事谏伐匈奴。"《资治通鉴》卷一八载此年"临菑人主父偃、严安,无终人徐乐,皆上书言事"。今从之。

徐乐、严安上书言世务(《汉书·严朱吾丘主父徐严终王贾传》)。

按:《资治通鉴》系于此年。《考异》曰:"《汉书·主父偃传》云元光元年三人上书。按《严安书》云'徇南夷,朝夜郎,降羌,略州,此等事皆在元光元年后,盖误以'朔'字为'光'字耳。"刘跃进《秦汉文学编年史》(商务印书馆 2006 年版)说:"《汉书·武帝纪》,本年十一月,武帝下《议不举孝廉者罪诏》,徐、严二人之文或应此而作,故今从之系于本年。"王先谦《汉书补注》系于元光六年。吕祖谦《大事记解题》卷十二定于元光元年,曰:"三子论征伐四夷之害,与时事背驰,武帝亟召见,奖擢之,盖所以开忠谏之路广异同之议也。世言穷兵黩武者,必曰秦皇汉武,使三子者奏疏于始皇之朝,必干诽谤之辟矣。一存一亡,其分在此。《通鉴》载于元朔之元,盖附见于分封诸侯王子弟之前一年。以主父偃窃奏董仲舒高园殿对考之,高园殿火在建元六年,距元朔改元八年,若主父偃果以是年初召见,前此未尝见武帝,安得窃仲舒草藁而奏之;若召见,亲近之后方窃奏仲舒奏藁,则仲舒亦不应追论七八年前灾异也。况田蚡死已久,仲舒所谓贵而不正者,果安所指乎?按《主父偃传》元光元年西入关见卫将军,卫将军数言上,上不省,资用乏,留,诸侯宾客多厌之,乃上书阙下,朝奏,暮召。是岁去高园殿火才一年耳。仲舒之草奏论说,盖其时也。偃方以口舌鼎贵,忌仲舒能出己右而陷之,亦好进者之常态。今移三子上书于此年之末庶几于事为合。"

茅盈出家入恒山,读《道德经》、《周易传》。

按:见赵道一《历世真仙体道通鉴》卷一六小传。

枚皋、东方朔各作《皇太子生禖祝赋》。

按:刘跃进《秦汉文学编年史》据《汉书·贾邹枚路传》"武帝春秋二十九乃得皇子,群臣喜,故皋与东方朔作《皇太子生赋》及《立皇子禖祝》",载二文于此年。颜师古曰:"《礼·月令》'祀于高禖'。高禖,求子之神也。武帝晚得太子,喜而立此禖祠,而令皋作祭祀之文也。"

司马相如作《难蜀父老文》。

按:《汉书·司马相如传》载:"相如使时,蜀长老多言通西南夷之不为用,大臣亦以为然。相如欲谏,业已建之,不敢,乃著书,藉蜀父老为辞,而己诘难之,以风天子,且因宣其使指,令百姓皆知天子意。其辞曰:'兴七十有八载……。'"刘跃进《秦汉文学编年史》据此及文中"通夜郎之途,三年于兹"而确认作于本年。

汉武帝元朔二年　甲寅　前127年

冬，赐淮南王、菑川王几杖，毋朝（《汉书·武帝纪》）。

按：颜师古《汉书注》曰："淮南王安、菑川王志皆武帝诸父列也，故赐几杖焉。"吕祖谦《大事记解题》卷十二曰："是时衡山王赐亦高帝诸孙，而几杖之赐独及二人者，盖安有文学之名，志有坚守不从七国之功也。"

正月，颁推恩令，于是藩国始分，子弟毕侯。

按：《汉书·武帝纪》曰："春正月，诏曰：'梁王、城阳王亲慈同生，愿以邑分弟，其许之。诸侯王请与子弟邑者，朕将亲览，使有列位焉。'于是藩国始分，而子弟毕侯矣。"用主父偃之策，进一步削弱诸侯割据势力，实行推恩，使诸侯子弟得以分封为侯，从此王国封地愈来愈小，名存实亡，不再有与中央朝廷抗衡的力量。

匈奴入上谷、渔阳。汉遣将军卫青、李息出云中，至高阙，遂西至符离，获首虏数千级。收河南地，置朔方、五原郡（《汉书·武帝纪》）。

夏，募民徙朔方十万口；徙郡国豪杰及訾三百万以上于茂陵《汉书·武帝纪》。

按：徙民以实新边。

主父偃谏武帝令诸侯推恩子弟；谏立朔方城；谏徙民茂陵（《史记·平津侯主父列传》）。

孔臧为太常，愿与从弟孔安国纲纪古训。

按：《汉书·百官公卿表》曰："元朔二年，孔臧为太常。"《资治通鉴》卷一八曰："二年，……上欲以蓼侯孔臧为御史大夫，臧辞曰：'臣世以经学为业，乞为太常，典授家业，与从弟侍中安国纲纪古训，使永垂后世。'上乃臧为太常，其礼赐如三公。"吕祖谦《大事记解题》卷十二曰："武帝尊乡孔氏，表章六经，臧亲为圣人之后，遇时如此，乃逡巡不就大位，方欲纲纪古训，以示来嗣，其必有以也。帝其可不深省乎！臧进退可度，出言有章，真孔氏子孙也！"

孔臧作《与侍中从弟安国书》。

按：书载《孔丛子·连丛子上》。《孔丛子·连丛子上》曰："臣世以经学为业，家传相承，作为训法。今俗儒繁说远本，杂以妖妄，难可以教。臣乞为太常，典臣家业，与安国纪纲古训，使永垂来嗣。"

汉武帝元朔三年　乙卯　前126年

春，诏罢苍海郡(《汉书·武帝纪》)。

按：武帝听从公孙弘建议，罢苍海郡。

三月，诏赦天下。

按：《汉书·武帝纪》曰："三月，诏曰：'夫刑罚所以防奸也，内长文所以见爱也。以百姓之未洽于教化，朕嘉与士大夫日新厥业，祗而不解。其赦天下。'"

秋，诏罢西夷，独置南夷、夜郎两县，城朔方城(《汉书·武帝纪》)。

张欧免御史大夫告老。

按：《史记·平津侯主父列传》曰："元朔三年，张欧免，以弘为御史大夫。"吕祖谦《大事记解题》卷十二曰："欧之归老，汉初所谓宽大长者于是尽矣。"

公孙弘以左内史迁御史大夫，谏罢西南夷、沧海而专主朔方。

按：《史记·平津侯主父列传》曰："元朔三年，张欧免，以弘为御史大夫。是时通西南夷，东置沧海，北筑朔方之郡。弘数谏，以为罢敝中国以奉无用之地，愿罢之。于是天子乃使朱买臣等难弘置朔方之便。发十策，弘不得一。弘乃谢曰：'山东鄙人，不知其便若是，愿罢西南夷、沧海而专奉朔方。'上乃许之。"

公孙弘断狱，游侠郭解被杀(《史记·游侠列传》)。

按：王夫之《读通鉴论》曰："公孙弘请诛郭解，而游侠之害不滋于天下，伟矣哉！游侠之兴也，上不能养民，而游侠养之也。秦灭王侯、奖货殖，民乍失侯王之主而无归，富而豪者起而邀之，而侠遂横于天下。虽然，逆弥甚者失弥速，微公孙弘，其能久哉？……虽然，郭解族而游侠不复然于后世。若夫学问志节之士，上失教，君子起而教之，人之不沦胥于禽兽者赖此也。前祸虽烈，后起复盛，天视之在人心，岂悦辈小人所能终掩之乎！游行之讥，只见其不知量而已矣。"武帝时公孙弘族诛郭解之举，使得地方豪强改变其尚武的暴力作风，钦敬儒雅，为此后儒学的独尊奠定了基础，这是武帝时期对于儒士态度的一个大转折。吕祖谦《大事记解题》卷十二曰："游侠始于王政之不行，而盛于战国之末，虽以始皇之暴，隳名城杀豪杰不能少杀其势，田横之死，自杀者至五百人，私义之胜亦极矣。文景以来，累加诛摘，然其锋犹未衰也，至于武帝势平文胜，禁网日密，自郭解之诛而天下无大侠矣。班固荀悦之论固不可易，而司马迁讪薄拘学乃豪侠之情，儒者不可不知也。"

朱买臣、汲黯等难公孙弘谏罢西南夷、沧海而专主朔方。

按：《汉书·严朱吾丘主父徐严终王贾传》曰："朱买臣字翁子，吴人也。家贫，好读书，不治产业，常艾薪樵，卖以给食，担束薪，行且诵书。……后数岁，买臣随上计吏为卒，将重车至长安，诣阙上书，书久不报。待诏公车，粮用乏，上计吏卒更乞丐之。会邑子严助贵幸，荐买臣。召见，说《春秋》，言《楚词》，帝甚说之，拜买臣为中大夫，与严助俱侍中。是时，方筑朔方，公孙弘谏，以为罢敝中国。上使买臣难诎弘，语在《弘传》。"

又按：王夫之《读通鉴论》曰："汲黯责公孙弘布被为诈，弘之诈岂在布被乎？黯不斥其大而擿其小，细矣。黯非翘细过以讦人者。黯之学术，专于黄、老，甘其食，美其衣，老氏之教也。以曾、史为桎梏，以名教为蹄衡羁络，为善而不欲近名，大白而欲不辱，故黯之言曰：'奈何欲效唐、虞之治。'弘位三公，禄甚多，布被为诈。尧、舜富有四海而茅茨土阶，黯固以为诈而不足效也。弘起诸生，四十而贫贱，安于布被，则布被已耳，弘之诈岂在此乎？黯沉酣于黄、老，欲任情以远名，而见以为诈焉耳。"

汲黯数质张汤，谓天下刀笔吏不可为卿。

按：《史记·汲郑列传》曰："张汤方以更定律令为廷尉，黯数质责汤于上前，曰：'公为正卿，上不能褒先帝之功业，下不能抑天下之邪心，安国富民，使囹圄空虚，二者无一焉。非苦就行，放析就功，何乃取高皇帝约束纷更之为？公以此无种矣。'黯时与汤论议，汤辩常在文深小苛，黯伉厉守高不能屈，忿发骂曰：'天下谓刀笔吏不可以为公卿，果然。必汤也，令天下重足而立，侧目而视矣！'"

张汤以中大夫迁廷尉，请博士弟子治《春秋》、《尚书》者补廷尉吏。

按：《汉书·百官公卿表》武帝元朔三年下载："中大夫张汤为廷尉，五年迁。"《史记·酷吏列传》曰："是时上方乡文学，汤决大狱，欲傅古义，乃请博士弟子治《尚书》、《春秋》，补廷尉史，亭疑法。奏谳疑事，必豫先为上分别其原……而刻深吏多为爪牙用者，依于文学之士。"张汤事董仲舒、公孙弘等，好引经义决狱。武帝时好"引经决狱"，以《春秋》作为审理案件和定罪量刑的主要标准。董仲舒在《春秋繁露·精华》曰："《春秋》之听狱也，必本其事而原其志。志邪者不待成，首恶者罪特重，本直者其论轻。"桓宽《盐铁论·刑德》进一步阐述，"故《春秋》之治狱，论心定罪：志善而违于法者免，志恶而合于法者诛。"王充《论衡·答佞篇》曰："刑故无小，宥过无大，圣君原心省意，故诛故赏误。故贼加增，过误减损。"赵翼《廿二史札记》卷二《汉时以经义断事》曰："汉初法制未备，每有大事，朝臣得援经义，以折衷是非。如张汤为廷尉，每决大狱，欲傅古义，乃请博士弟子治《尚书》、《春秋》者，补廷尉史，亭疑奏谳（《汤传》）。儿宽为廷尉掾，以古义决疑狱，奏辄报可（《宽传》）。张敞为京兆尹，每朝廷大议，敞引古今，处便宜，公卿皆服也（《敞传》）。今见于各《传》者：宣帝时，有一男子诣阙，自称卫太子，举朝莫敢发言。京兆尹隽不疑至，即令缚之。或以为是非未可知。不疑曰：'昔蒯聩违命出奔，辄拒而不纳，《春秋》是之。卫太子得罪先帝，已为罪人矣。'帝及霍光闻之曰：'公卿当用经术明大义者。'（《不疑传》）匈奴大乱，议者遂欲举兵灭之。萧望之曰：'《春秋》，士匄侵齐。闻齐侯卒，引师还。君子善其不伐丧。今宜遣使吊问，则四夷闻之，咸服中国之仁义。'宣帝从之，呼韩邪单于遂内属（《望之传》）。朱博、赵玄、傅晏等奏，何武、傅喜虽已罢退，仍宜革爵。彭宣劾奏，博、玄、晏等欲禁锢大臣，以专国权。诏下公卿议。龚胜引叔孙侨如欲专国，谮季孙行父于晋。晋人执囚行父。《春秋》重而书之。今傅晏等职为乱阶，宜治其罪。哀帝乃削晏封户，坐玄罪（《朱博传》）。哀帝宠董贤，以武库兵送其第。毋将隆奏：'《春秋》之谊，家不藏甲，所以抑臣威也。孔子曰："奚取于三家之堂。"臣请收还武库。'（《隆传》）贾捐之与杨兴迎合石显，上书荐显，为显所恶，下狱定谳。引《书》'谗说殄行'，《王制》'顺非而泽'，请论如法。捐之遂弃市，兴减死一等（《捐之传》）。此皆无成例可援，而引经义以断事者也。援引古义，固不免于附会。后世有一事，即有一例，自亦无庸援古证今。第条例过多，竟成一吏胥之天下，而经义尽为虚设耳。"

儿宽诣博士受业，以射策为掌故，为廷尉文学卒吏。

按：《史记·儒林列传》曰："伏生教济南张生及欧阳生，欧阳生教千乘儿宽。儿宽既通尚书,以文学应郡举,诣博士受业,受业孔安国。儿宽贫无资用,常为弟子都养,及时时间行佣赁,以给衣食。行常带经,止息则诵习之。以试第次,补廷尉史。是时张汤方乡学,以为奏谳掾,以古法议决疑大狱,而爱幸宽。宽为人温良,有廉智,自持,而善著书、书奏,敏于文,口不能发明也。"王国维《太史公行年考》考证曰:"宽自博士弟子补廷尉文学卒吏,则当张汤为廷尉。汤以元朔三年为廷尉,至元狩三年迁御史大夫,在职凡六年。宽为廷尉史,至北地视畜数年,始为汤知。则其自博士弟子为廷尉卒吏,当在汤初任廷尉时也。"故系于本年。

司马迁奉父命赴江淮等地进行学术考察,史称"二十壮游"。

按:《史记·太史公自序》曰:"二十而南游江、淮,上会稽,探禹穴,窥九嶷,浮于沅、湘,北涉汶、泗,讲业齐鲁之都,观孔子之遗风,乡射邹、峄,厄困鄱、薛、彭城,过梁、楚以归。"此段自记录迁南游路线及主要地点。从时间上看,由两年南游(郑鹤声《司马迁年谱》)到近十年南游(刘孝严等编著《中国历代名人》)不一。从路线上看,王国维《太史公行年考》曰:"考《自序》所纪,亦不尽以游之先后为次,其次当先浮沅、湘,窥九嶷然后上会稽,自是北涉汶泗,过楚及梁而归。"吉春《司马迁年谱新编》认为,司马迁先到会稽探禹穴,经过这次即东复西,又折而东北的南游。司马迁游历路线:会稽、探禹穴;窥九嶷;适长沙,观屈原所自沉渊;浮于沅、湘、南登庐山,观禹疏九江;上姑苏,望五湖;适楚,观春申君故城宫室;适淮阴;行淮、泗、济、漯;北涉汶、泗;讲业齐、鲁之都;观孔子之遗风;乡射邹、绎;厄鄱、薛、彭城;适丰、沛,过梁、楚以归。《太平御览》卷二三五引卫宏《汉旧仪》曰:"司马迁父谈世为太史,迁年十三,使乘传行天下,求古诸侯之史记。"《西京杂记》卷六文略同。这个故事是卫宏记载的传闻遗事,从年龄上说与司马迁《太史公自序》所云"二十而南游"不符,是不可信的。但这个传闻与《自序》所说"网罗天下放失旧闻"的目的相合,说明司马迁的"二十壮游"是走出书斋,面向社会作调查,了解和搜求古代和近现代的历史传说故事及各种史料。此行是在司马谈的决定和指导下进行的。"二十壮游"对司马迁以后撰写《史记》具有重要意义。《史记》中记载的游历资料计有十五条,即《五帝本纪赞》、《河渠书赞》、《齐太公世家赞》、《魏世家赞》、《伯夷列传》、《孔子世家赞》、《孟尝君列传赞》、《魏公子列传赞》、《春申君列传赞》、《屈原贾生列传赞》、《蒙恬列传赞》、《淮阴侯列传赞》、《樊郦滕灌列传赞》、《龟策列传》、《太史公自序》。

张骞四月出使西域归,拜为太中大夫,封博望侯(《史记·大宛列传》)。

按:张骞以匈奴内乱,乘机逃回汉朝,具为天子言其地形所有,西域之议始于此。

主父偃卒,生年不详。偃,齐国临淄人。初学纵横术,晚年始学《易》、《春秋》及诸子百家。武帝时拜为郎中,迁谒者、中郎、中大夫。建议实行推恩之策,分封诸侯子弟为侯,使众建诸侯而少其力。《汉书·艺文志》著录《主父偃》28篇,今存《上书谏伐匈奴》、《说武帝令诸侯得分封子弟》。马国翰有《主父偃书》1卷;《全汉文》存文3篇。事迹见《史记》卷一一二、《汉书》卷六四。

按:《汉书·严朱吾丘主父徐严终王贾传》详细记述其被杀的经过。王先谦《汉书补注》以为下年被杀,"按元光四年至元朔二年共五年。燕王自杀事在元朔二年秋;厉王自杀亦在二年。偃诛盖元朔二三年之交矣。计偃上书贵幸至诛死,先后不及三年。《通鉴》载偃诛于元朔二年。《史记·偃传》言偃诛时公孙弘为御史大夫。

考《弘传》及《百官表》，弘为御史大夫在元朔三年，则偃诛以三年矣。《通鉴》系于二年误。"《汉书·东方朔传》记载主父偃与董仲舒等大儒等并列，"方今公孙丞相、大夫、董仲舒、夏侯始昌、司马相如、吾丘寿王、主父偃、朱买臣、严助、汲黯、胶仓、终军、严安、徐乐、司马迁之伦，皆辩知闳达，溢于文辞，先生自视，何与比哉？"

汉武帝元朔四年　丙辰　前125年

夏，匈奴入代郡、定襄、上郡，各三万骑，杀略数千人（《汉书·武帝纪》）。

司马迁仍漫游江淮之地（《史记·司马迁自序》）。

罗马执政官弗拉库斯提议给予所有意大利人以公民权，元老院拒绝。

弗拉库斯征服高卢东南部。

是年，喜帕恰斯卒（约前190年—　）。古希腊天文学家，被称为"方位天文学之父"。

汉武帝元朔五年　丁巳　前124年

十一月乙丑，薛泽免丞相，御史大夫公孙弘继之，封平津侯。

按：丞相封侯自公孙弘始。《史记·建元以来侯者年表》曰："元朔五年十一月乙丑，献侯公孙弘元年。"《汉书·百官公卿表》曰："十一月乙丑，丞相泽免，御史大夫公孙弘为丞相。"《汉书·公孙弘卜式儿宽传》亦载此事。《史记·儒林列传》曰："公孙弘以《春秋》白衣为天子三公，封以平津侯，天下之学士靡然乡风矣。"公孙弘以精于《公羊》成为第一个以平民擢升为丞相的儒家学者，此后，天下学者靡然成风，纷纷传习《公羊》学。班固《汉书·匡张孔马传赞》曰："自孝武兴学，公孙弘以儒相，其后蔡义、韦贤、玄成、匡衡、张禹、翟方进、孔光、平当、马宫及当子晏咸以儒宗居宰相位，服儒衣冠，传先王语。"尚镕（《史记辨证》卷一〇《儒林列传》）曰："汉至武帝，始黜百家，重儒术，而是时方外攘四夷，内兴神仙土木。治《诗》之申培、辕固，以正直罢归，治《春秋》之董仲舒，以廉直不容于朝，出为诸侯相，而儿宽承意从容，乃得为御史大夫，公孙弘世用事，乃得封侯为丞相，是亦叶公好龙矣。"皮锡瑞《经学历史》四《经学极盛时代》认为汉代经学之所以兴盛，与公孙弘等儒学之士受到朝廷重用及兴办学校有关，其曰："经学自汉元、成至后汉，为极盛时代。其所以极盛者，汉初不任儒者，武帝始以公孙弘为丞相，封侯，天下学士靡然乡风。元帝尤好儒生，韦、匡、贡、薛，并致辅相。自后公卿之位，未有不从经术进者。青紫拾芥之语，车服稽古之荣。黄金满籯，不如教子一经。以累世之通显，动一时之美慕。后汉桓氏代为师傅；杨氏世作三公。宰相须用读书人，由汉武开其端，元、成及光武、明、章继其轨。经学所以极盛者，此其一。武帝为博士官置弟子五十人，复其身。昭帝增满百人。宣帝末，增倍之。元帝好儒，能通一经者皆复。数年，以用度不足，更为设员千人，郡国置五经百石卒史。成帝增弟子员三千人。平帝时,增元士之子得受业如弟子,勿以为员。岁课甲乙丙科,为郎中、太子舍人、文学掌故。后世生员科举之法,实本于此。经生即不得大用,而亦得有出身,是以四海之内,学校如林。汉末太学诸生至三万人,为古来未有之盛事。经学所以极盛者,又其一。"

六月,从公孙弘诏奏设太学,为博士官置弟子50人,吏通一艺以上者补官。

按:此为汉代正式创立太学的开端,亦是我国历史上有文献记载正式大学的滥觞。《汉书·武帝纪》曰:"夏六月,诏曰:'盖闻导民以礼,风之以乐。今礼坏乐崩,朕甚闵焉。故详延天下方闻之士,咸荐诸朝。其令礼官劝学,讲议洽闻,举遗举礼,以为天下先。太常其议予博士弟子,崇乡党之化,以厉贤材焉。'丞相弘请为博士置弟子员,学者益广。"汉武帝设立太学,博士官职为之一变,成为教授太学的学官。最初的博士官职承袭秦代旧制,《汉书·百官表》曰:"博士,秦官,掌通古今。"没有教授弟子的职责;《后汉书·百官志》已经明确规定,博士之职有"掌教弟子"的任务。唐明贵《论语学史》第二章《先秦两汉时期的论语学》说:"太学的建立,标志着汉代以儒家经籍为主的官方教育的开始。汉代太学之创立源自于董仲舒之对策,他在策文中建议武帝兴建太学:'太学者,贤士之所关也,教化之本原也。今以一郡一国之众,对亡应书者,是王道往往而绝也。臣愿陛下兴太学,置明师,以养天下之士,数考问以尽其材,则英俊宜可得矣。'汉武帝接受了这个建议,并责成有关人员筹备此事。元朔五年,公孙弘在与'太常臧、博士平'等人商议后,提出了关于创立太学的计划。……这个计划共包括三个方面:第一,为博士置弟子,建立学官。第二,规定了博士弟子的人数、身份和选送方法。招收博士弟子五十人,他们可享受免除徭役和赋税的优待。选送方法一是由太常直接选补;二是由地方官逐级选拔。两种选拔方法的标准不一样,前者要求十八岁以上,仪表端庄;后者必须是'好文学,敬长上,肃政教,顺乡里,出入不悖'。虽宽严不同,但入学后待遇一样。第三,提出了博士弟子的考试、任用制度。博士弟子每年考一次,成绩中上者可任官,差者及不勤学者勒令退学。汉武帝批准了这个方案并在当年贯彻实施,汉代太学自此建立。"

是年,天下郡国立学官。

按:刘汝霖《汉晋学术编年》(中华书局1987年版)考证说:"《玉海》一百一十引《汉书·文翁传》,载武帝时令天下郡国皆立学校官,不知在何年。《玉海》所引,不知何所本,姑系于此。"晋文《以经治国与汉代教育》(《徐州师范学院学报》1991年第4期)说:"汉武帝时,为了促进经学传播和发展,他下令仿效蜀郡,'天下郡国皆立学校官'。以后,各地皆立学校,至平帝便制定了系统的郡国学校制度。共分四级:'郡国曰学,县、道、邑、侯国曰校。校、学置经师一人。乡曰庠,聚曰序。序、庠置《孝经》师一人。'"

建藏书之策,置写书之官(《隋书·经籍志》)。

按:《汉书·艺文志》曰:"讫孝武世,书缺简脱,礼坏乐崩。圣上喟然而称曰:'朕甚闵焉。'于是建藏书之策,置写书之官,下及诸子传说,皆充秘府。"王先谦《汉书补注》引何焯曰:"《文选》注三十八引刘歆《七略》曰:'孝武皇帝,敕丞相公孙弘广开献书之路。百年之间,书各如山。'此即所谓藏书之策。"颜师古《汉书注》引如淳曰:"刘歆《七略》曰:'外则有太常、太史、博士之藏,内则有延阁、广内、秘室之府。'"因本年公孙弘为丞相,所以系此事于本年。

公孙弘上《请为博士置子弟员议》，奏设太学，为博士置弟子员。

按：《史记·儒林列传》曰："公孙弘为学官，悼道之郁滞，乃请曰：'丞相御史言：制曰"盖闻导民以礼，风之以乐。婚姻者，居屋之大伦也。今礼废乐崩，朕甚愍焉。故详延天下方正博闻之士，咸登诸朝。其令礼官劝学，讲议洽闻兴礼，以为天下先。太常议，与博士弟子，崇乡里之化，以广贤材焉"。谨与太常臧、博士平等议曰：闻三代之道，乡里有教，夏曰校，殷曰序，周曰庠。其劝善也，显之朝廷。其惩恶也，加之刑罚。故教化之行也，建首善自京师始，由内及外。今陛下昭至德，开大明，配天地，本人伦，劝学修礼，崇化厉贤，以风四方，太平之原也。古者政教未洽，不备其礼，请因旧官而兴焉。为博士官置弟子五十人，复其身。太常择民年十八已上，仪状端正者，补博士弟子。郡国县道邑有好文学，敬长上，肃政教，顺乡里，出入不悖所闻者，令相长丞上属所二千石，二千石谨察可者，当与计偕，诣太常，得受业如弟子。一岁皆辄试，能通一艺以上，补文学掌故缺；其高弟可以为郎中者，太常籍奏。即有秀才异等，辄以名闻。其不事学若下材及不能通一艺，辄罢之，而请诸不称者罚。臣谨案诏书律令下者，明天人分际，通古今之义，文章尔雅，训辞深厚，恩施甚美。小吏浅闻，不能究宣，无以明布谕下。治礼次治掌故，以文学礼义为官，迁留滞。请选择其秩比二百石以上，及吏百石通一艺以上，补左右内史、大行卒史；比百石已下，补郡太守卒史；皆各二人，边郡一人。先用诵多者，若不足，乃择掌故补中二千石属，文学掌故补郡属，备员。请著功令。佗如律令。'制曰：'可'。自此以来，则公卿大夫士吏斌斌多文学之士矣。"王应麟《困学纪闻》曰："董仲舒在建元初对策，愿兴太学，置明师以养天下之士，数考问以尽其材。传谓立学校之官，自仲舒发之。考之《武帝纪》，建元五年，置五经博士，此所谓学校之官也。元朔五年，始有礼官劝学之诏。于是丞相弘请为博士置弟子员。《儒林传》所载，其著为令也。详于取而略于教，不过开禄利之途而已。明经而志青紫，教子而拟籯金。孰知古者为己之学哉，倘使仲舒为相，使正谊明道之学行于时，则学者兴于礼乐，庶几三代之风，岂止斌斌多文学之士乎？"公孙弘上书的意义一是确立了外儒内法的治国策略；二是设立考科博士弟子的常规制度，奠定了汉武帝时的政治制度和选官制度，而古代的科举制度实渊源于此。

吾丘寿王驳公孙弘禁民毋得挟弓弩（《资治通鉴》卷一九）。

按：从《资治通鉴》卷一九系于此年。吾丘寿王曾从董仲舒学《公羊春秋》，《汉书·严朱吾丘主父徐严终王贾传》曰："吾丘寿王字子赣，赵人也。年少，以善格五召待诏。诏使从中大夫董仲舒受《春秋》，高才通明。"《汉书·艺文志·诸子略》"儒家"下著录《吾丘寿王》六篇。

汲黯以主爵都尉迁右内史（《史记·汲郑列传》、《汉书·百官公卿表》）。

按：从《资治通鉴》卷一九系于此年。《史记·汲郑列传》曰："上愈益贵弘、汤，弘、汤深心疾黯，唯天子亦不说也，欲诛之以事。弘为丞相，乃言上曰：'右内史界部中多贵人宗室，难治，非素重臣不能任，请徙黯为右内史。'为右内史数岁，官事不废。"

赵禹以中尉迁少府（《汉书·百官公卿表》）。

孔臧以南陵桥坏衣冠道绝免太常。

按：《汉书·百官公卿表》载元朔二年，孔臧为太常；三年，坐南陵桥坏衣冠道绝免。《全汉文》卷十三《孔臧传》曰："文帝九年嗣父蓼夷侯。元朔二年拜太常，五年坐事免。"

孔臧约于是年前后作《谏格虎赋》、《杨柳赋》、《鸮赋》、《蓼虫赋》及《与子琳书》。

按：刘跃进《秦汉文学编年史》（商务印书馆 2006 年版）系于是年，从之。

贡禹（　—前 44）生。

按：《汉书·王贡两龚鲍传》载贡禹上书自称"犬马之齿八十一"，后月余，"以贡禹为长信少府。会御史大夫陈万年卒，禹代为御史大夫。"《汉书·百官公卿表》曰："初元五年六月辛酉，长信少府贡禹为御史大夫，十二月丁未卒。"因而推论贡禹应生于此年。

汉武帝元朔六年　戊午　前 123 年

盖约·格拉古出任罗马保民官，恢复平均地权。

二月，卫青出定襄，击匈奴；诏赦天下（《汉书·武帝纪》）。

按：为伐匈奴而赦天下。

六月，诏有司奏请置武功赏官，以宠战士（《汉书·武帝纪》）。

董仲舒与瑕丘江公辩论，江公败；此后《公羊》学大盛，《谷梁学》式微。

按：《汉书·儒林传》曰："瑕丘江公受《谷梁春秋》及《诗》于鲁申公，传子至孙为博士。武帝时，江公与董仲舒并。仲舒通《五经》，能持论，善属文。江公呐于口，上使与仲舒议，不如仲舒。而丞相公孙弘本为《公羊》学，比辑其议，卒用董生。于是上因尊《公羊》家，诏太子受《公羊春秋》，由是《公羊》大兴。"此事从刘汝霖《汉晋学术编年》（中华书局 1987 年版）系于此年。

董仲舒约于是年以公孙弘荐为胶西王相，后因病免。

按：《汉书·董仲舒传》曰："董仲舒为人廉直。是时方外攘四夷，公孙弘治《春秋》不如董仲舒，而弘希世用事，位至公卿。董仲舒以弘为从谀。弘疾之，乃言上曰：'独董仲舒可使相胶西王。'胶西王素闻董仲舒有行，亦善待之。董仲舒恐久获罪，疾免居家。至卒，终不治产业，以修学著书为事。"刘汝霖《汉晋学术编年》（中华书局 1987 年版）卷二考证说："《汉书·儒林传》既称丞相公孙弘助董仲舒，则必在其为丞相之后，即元朔五年之后也。仲舒本传又称仲舒'为胶西相以病免，归居，朝廷如有大议，使使者及廷尉张汤就其家而问之。'考张汤以元狩三年由廷尉为御史大夫，则仲舒之免胶西相必在其前，初为胶西相及与江公议《公》、《谷》之学，当更在前，故志之于此。"《资治通鉴》卷一九载此事于元朔五年。

周霸谏卫青斩苏建，后囚建诣行在所（《资治通鉴》卷一九）。

按：周霸为申公弟子，通《诗》、《书》、《易》，《史记·儒林列传》曰："申公，……弟子为博士者十余人：孔安国至临淮太守，周霸至胶西内史，自此以后，鲁周霸、孔安国、洛阳贾嘉，颇能言《尚书》事。""又曰："鲁人周霸，莒人衡胡，临淄人主父偃，皆以《易》至二千石。"

张骞以校尉大将军击匈奴，封为博望侯。

按：《汉书·张骞李广利传》曰："骞以校尉从大将军击匈奴，知水草处，军得以不乏，乃封骞为博望侯。是岁元朔六年也。"

董仲舒作《对胶西王越大夫不得为仁》、《郊事对》、《春秋决狱》。

按：因本年又董仲舒为胶西王相，故《春秋繁露·对胶西王越大夫不得为仁》一文应作于此时。《汉书·艺文志·六艺略》（六）"春秋"下著录《公羊董仲舒治狱》十六篇。《后汉书·应劭传》曰："胶西董仲舒老病致仕，朝廷每有政议，数遣廷尉张汤亲就陋巷，问其得失。于是作《春秋决狱》二三事，动以经对，言之详矣。"章学诚《校雠通义·内篇》三曰："当互见于法家与律令之书。"此书已佚，马国翰、洪颐煊并有辑本。

汉武帝元狩元年　　己未　　前 122 年

冬十月，武帝行幸雍，祠五畤。获白麟，改年号为元狩（《汉书·武帝纪》）。

按：赵翼《廿二史札记》卷二《武帝年号系元狩以后追建》曰："古无年号，即有改元，亦不过以某年改作元年。如汉文帝十六年，因新垣平侯日再中以为吉祥，乃以明年为后元年。景帝即位之七年，改明年为中元年。又以中元五年，改明年为后元年是也。至武帝始创为年号，朝野上下俱便于记载，实为万世不易之良法。然武帝非初登极即建年号也。据《史记·封禅书》：武帝六年，窦太后崩。其明年，征文学之士。明年，至雍，郊见五畤。以后则但云其后、其后，而不著某年。下又云：后三年，有司言元宜以天瑞命，不宜以一二数。一元曰建元。二元以长星见曰元光，三元以郊得一角兽曰元狩。是帝至元狩始建年号。从前之建元、元光等号，乃元狩后重制嘉号，追纪其岁年也。不然，则武帝六年即应云建元六年，其下所云明年又明年，皆可书元光几年、元朔几年，岂不简易明白？而乃云明年后年耶？又案武帝自建元至元封，每六年一改元。太初至征和，每四年一改元。征和四年后，但改为后元年而无复年号，盖帝亦将终矣。"《资治通鉴考异》则认为获麟之事在元狩五年，盖因本年而误会于此。《汉书补注》引刘奉世观点认为元狩改元亦是后来追记。但班固《汉书》、荀悦《汉纪》则认为本年改元，所以将《终军传》中明确说"对奏，上甚异之，由是改元为元狩"。

十一月，淮南王安、衡山王赐谋反，株连死者数万人（《汉书·淮南衡山济北王传》）。

四月，诏赦天下（《汉书·武帝纪》）。

丁卯，立刘据为皇太子；遣谒者巡行天下，嘉孝弟、力田；巡行天下，存问致赐。

按：《汉书·武五子传》曰："戾太子据，元狩元年立为皇太子，年七岁矣。初，上

盖约·格拉古连任，拟予所有意大利人以公民权。

年二十九乃得太子，甚喜，为立禖，使东方朔、枚皋作禖祝。少壮，诏受《公羊春秋》，又从瑕丘江公受《谷梁》。及冠就宫，上为立博望苑，使通宾客，从其所好，故多以异端进者。"

又按：《汉书·武帝纪》曰："诏曰：'朕闻咎繇对禹，曰在知人，知人则哲，惟帝难之。盖君者心也，民犹支体，支体伤则心憯怛。日者淮南、衡山修文学，流货赂，两国接壤，怵于邪说，而造篡弑，此朕之不德。《诗》云："忧心惨惨，念国之为虐。"已赦天下，涤除与之更始。朕嘉孝弟、力田，哀夫老眊孤寡鳏独或匮于衣食，甚怜愍焉。其遣谒者巡行天下，存问致赐。曰：皇帝使谒者赐县三老、孝者帛，人五匹；乡三老、弟者，力田帛，人三匹；年九十以上及鳏寡孤独帛，人二匹，絮三斤；八十以上米，人三石。有冤失职，使者以闻。县、乡即赐，毋赘聚。'"汉武帝首次于救灾诏书中称引经义，说明经学理论已经成为统治者处理各种社会问题包括救灾问题的理论依据。

五月乙巳晦，日有蚀（《汉书·武帝纪》）。

公孙弘上书乞骸骨（《汉书·公孙弘传》）。

按：《汉书·儒林传》曰："武帝时，江公与董仲舒并。仲舒通《五经》，能持论，善属文。江公呐于口，上使与仲舒议，不如仲舒。而丞相公孙弘本为《公羊》学，比辑其议，卒用董生。于是上因尊《公羊》家，诏太子受《公羊春秋》，由是《公羊》大兴。"

朱买臣以会稽太守迁主爵都尉。

按：《汉书·百官公卿表》于元狩元年下载"会稽太守为主爵都尉"。《史记·酷吏列传》曰："始长史朱买臣，会稽人也。读《春秋》。庄助使人言买臣，买臣以《楚辞》与助俱幸，侍中，为太中大夫，用事；而汤乃为小吏，跪伏使买臣等前。已而汤为廷尉，治淮南狱，排挤庄助，买臣固心望。及汤为御史大夫，买臣以会稽守为主爵都尉，列于九卿。数年，坐法废，守长史，见汤，汤坐床上，丞史遇买臣弗为礼。买臣楚士，深怨，常欲死之。"

吕步舒以《春秋》断淮南狱。

按：吕步舒，温人，董仲舒弟子，擅以《春秋》断狱。《汉书·五行传》曰："董仲舒对曰：'《春秋》之道举往以明来，是故天下有物，视《春秋》所举与同比者，精微眇以存其意，通伦类以贯其理，天地之变，国家之事，粲然皆见，亡所疑矣。'……上思仲舒前言，使吕步舒持斧钺治淮南狱，以《春秋》谊颛断于外，不请。既还奏事，上皆是之。"吕步舒治淮南狱，是见于史载的"春秋决狱"正式开始的时间。汉代常以《春秋》决狱，但还要注意的是"两汉之时虽颇以经义折狱，又议论政事，解释经传，往往取儒家教义，与汉律之文比傅引申，但汉家法律，实本嬴秦之旧，虽有马、郑诸儒为之章句，并未尝以儒家经典为法律条文也。"（参见陈寅恪《崔浩与寇谦之》，《金明馆丛稿初编》，上海古籍出版社1980年版）

严助以《春秋》具对。

按：《汉书·严朱吾丘主父徐严终王贾传》曰："助侍燕从容，上问助居乡里时，助对曰：'家贫，为友婿富人所辱。'上问所欲，对愿为会稽太守。于是拜为会稽太守。数年，不闻。赐书曰：'制诏会稽太守：君厌承明之庐，劳侍从之事，怀故土，出为郡吏。会稽东接于海，南近诸越，北枕大江。间者，阔焉久不闻问，具以《春秋》对，毋以苏秦从横。'助恐，上书谢称：'《春秋》天王出居于郑，不能事母，故绝之。臣事君，犹子事父母也，臣助当伏诛。陛下不忍加诛，愿奉三年计最。'诏许，因留侍中。有奇异，辄使为文。后淮南王来朝，厚赂遗助，交私论议。及淮南王反，事与助相连，上薄其罪,欲勿诛。廷尉张汤争,以为助出入禁门,腹心之臣,而外与诸侯交私如此,不诛,后不可治。助竟弃市。"王先谦《汉书补注》曰:"郭嵩焘曰:'《春秋》据事直书,纵横则饰辩而已。诏盖诘其所以不乐侍中而外求郡之旨。助据《春秋》出居于郑为对,正承诏言之,然不自述己意,而述《公羊》说经之意,是其善于立言。'"可见严助学习的是《春秋公羊》学。

  终军对白麟奇木对,为谒者给事中。

  按:《汉书·严朱吾丘主父徐严终王贾传》曰:"终军字子云,济南人也。少好学,以辩博能属文闻于郡中。年十八,选为博士弟子。至府受遣,太守闻其有异材,召见军。甚奇之,与交结。军揖太守而去,至长安上书言事。武帝异其文,拜军为谒者给事中。从上幸雍祠五畤,获白麟,一角而五蹄。时又得奇木,其枝旁出,辄复合于木上。上异此二物,博谋群臣。军上对曰:'臣闻《诗》颂君德,《乐》舞后功,异经而同指,明盛德之所隆也。……夫天命初定,万事草创,及臻六合同风,九州共贯,必待明圣润色,祖业传于无穷。……宜因昭时令日,改定告元,苴白茅于江、淮,发嘉号于营丘,以应缉熙,使著事者有纪焉。'……对奏,上甚异之,由是改元为元狩。后数月,越地及匈奴名王有率众来降者,时皆以军言为中。"参照"元狩改元"条。

  东方朔为武帝说驺牙。

  按:《史记·滑稽列传》褚少孙曰:"建章宫后阁重栎中有物出焉,其状似麋。以闻,武帝往临视之。问左右群臣习事通经术者,莫能知。诏东方朔视之。朔曰:'臣知之,愿赐美酒粱饭大飧臣,臣乃言。'诏曰:'可。'已又曰:'某所有公田鱼池蒲苇数顷,陛下以赐臣,臣朔乃言。'诏曰:'可。'于是朔乃肯言,曰:'所谓驺牙者也。远方当来归义,而驺牙先见。其齿前后若一,齐等无牙,故谓之驺牙。'其后一岁所,匈奴混邪王果将十万众来降汉。乃复赐东方生钱财甚多。"武帝好神仙,又好大喜功,故臣下频以"祥瑞"上奏,此亦为汉代谶纬盛行原因之一。

  张骞从大夏还,具为武帝言西域诸国风俗(《汉书·西南夷两粤朝鲜传》)。

  刘安卒(前179—)。安,西汉沛郡丰人。高祖刘邦之孙厉王刘长之子,武帝刘彻的叔父,封淮南王。曾与门客苏飞、李尚、左吴、田由、雷被、毛被、伍被、晋昌等8人,及诸儒大山、小山之徒,共讲论道德,总统仁义,而著《淮南子》(又名《淮南鸿烈》)21篇。后谋反,事败自杀。又著诗歌《淮南王赋》82篇、《群臣赋》44篇、《淮南歌诗》4篇、《淮南杂星子》19卷、《淮南万毕术》等。事迹见《史记》卷一一八、《汉书》卷四四。今有王云度《刘安评传》(南京大学出版社1997年版)。

  严助卒,生年不详。本名庄助,汉人避明帝讳改。郡举其为贤良,武帝善其对,擢为中大夫。建元三年,奉命发会稽兵以救东瓯。后为会稽太守。因与淮南王刘安相结,遂弃市。曾著有赋35篇,今佚。马国翰有《严助书》1卷,《全汉文》卷一九存其文2篇。事迹见《史记》卷一一二、《汉书》卷六四。

汉武帝元狩二年　庚申　前121年

盖约·格拉古第三次竞选保民官失败，旋被杀。罗马停止分配土地，允许土地转让。

十月，武帝行幸雍，祠五畤（《汉书·武帝纪》）。

三月壬辰，御史大夫李蔡继公孙弘为丞相（《汉书·百官公卿表》）。

夏，遣骠骑将军霍去病、公孙敖出北地二千余里，过居延，击匈奴（《汉书·武帝纪》）。

南越献驯象、能言鸟（《汉书·武帝纪》）。

江都王刘建谋反（《汉书·武帝纪》）。

秋，匈奴昆邪王杀休屠王，并将其众合四万余人来降，置五属国以处之；以其地为武威、酒泉郡（《汉书·西域传》）。

董仲舒致仕家居，潜心为学。

按：《史记·儒林列传》曰："董仲舒恐久获罪，疾免居家。至卒，终不治产业，以修学著书为事。故汉兴至于五世之间，唯董仲舒名为明于《春秋》，其传公羊氏也。"此后董仲舒未出仕。刘歆评价说："仲舒遭汉承秦灭学之后，六经离析，下帷发愤，潜心大业，令后学者有所统壹，为群儒首。"（《汉书·董仲舒传》）

张骞出击匈奴，以迟误军期当死，赎为庶人（《汉书·张骞李广利传》）。

张汤数次奉命问政得失于董仲舒。

按：《后汉书·应劭传》曰："故胶东相董仲舒老病致仕，朝廷每有政议，数遣张汤亲至陋巷，问其得失。于是作《春秋决狱》二百三十二事，动以经对，言之详矣。"

公孙弘卒（前200—　）。弘，字季，菑川薛人。以布衣为丞相，封平津侯。治《春秋公羊传》，其著作多载《史记》及《汉书》。另有《答东方书》1篇，见《艺文类聚》。《汉书·艺文志》著录《公孙弘》10篇，已亡佚。事迹见《史记》卷一一二、《汉书》卷五八。

按：《史记·平津侯主父列传》曰："弘为人意忌，外宽内深。诸尝与弘有卻者，虽详与善，阴报其祸。杀主父偃，徙董仲舒于胶西，皆弘之力也。食一肉脱粟之饭。故人所善宾客，仰衣食，弘奉禄皆以给之，家无所余。士亦以此贤之。……元狩二年，弘病，竟以丞相终。子度嗣为平津侯。度为山阳太守十余岁，坐法失侯。"《汉书·公孙弘卜式儿宽传》曰："时上方兴功业，弘于是开东阁以延贤人，与参谋议。……凡为丞相御史六岁，年八十，终丞相位。"《资治通鉴》亦载此事。杨琪光《读史记臆说》卷五《读儒林列传》曰："自秦燔弃《诗》、《书》，汉兴七十余年，犹未下搜书之令，武帝始兹兹，天下靡然向风，务于文学，虽所得为曲学阿世之公孙弘，而彬彬文雅，要自兹开之，乃史公读广厉学官之功令奚为叹也。方灵皋谓自孔孟以来，群儒相承之统，经战国秦汉殄灭摈弃未绝者，至此尽废弃无余也，是何言也欤！是何言也欤！"杨绍文《云在文稿·史记儒林传论》曰："余读《史记·儒林传》曰，嗟乎！儒术之坏自此始矣。……汉兴几百年,历文景之治而后学校立,寖寖乎固一时之盛也,然其所举者治六经之说已耳,非有古者三德六行之选也,而方汲汲乎以利诱之,为博士弟子,为郎中,为秀才异等,释奠舍采、诵弦书礼之教,盖无闻焉。而自布衣为天子三公者,乃公孙弘等,而申公、韩生、董仲舒皆以抗直黜去,则是风天下之为学者,治章句以为荣宠之资,而争为阿谀之术以取宰相卿大夫,抗颜而为儒林而不知愧也。当周之衰,攻战纵横之术行,然孔子之门弟子游夏之属,各有徒数十人,后百余年而有孟子、荀卿。秦始皇尽烧天下之书,杀戮诸儒,然陈涉起而孔甲从,伏生之徒犹守其遗经以至汉,岂非先圣人遗风流俗犹有存者,而无为而为仁者,人之良心未尽泯哉!汉之举贤良孝弟,古庠序之法也,较唐宋为盛,其使天下骛于功利而背乎先王之道,则学校之失也。公孙弘之曲学阿世,诸儒诋之。学校兴而幸进之徒得所资而起,而老师宿儒,不得复以道正其失,其有异己者,共挤而排之,而汉遂无儒矣。太史公叙云,建元、元狩之间,文辞可观,伤儒林之徒,有文辞自此始也。故学校不坏于周之废,而坏于汉之兴,则公孙弘之罪也。孔子曰:'君子于其所不知,盖阙如也。'叔孙通制礼,而先王之礼亡,公孙弘学儒,而先王之教亡,其遗害百世,曷可道哉。"

汉武帝元狩三年　辛酉　前120年

秋,匈奴入右北平、定襄,各数万骑,杀略千余人(《汉书·武帝纪》)。

山东大水,徙其地饥民七十余万口于关西及新秦中(《资治通鉴》卷一九)。

遣谒者劝有水灾郡种宿麦;举吏民能假贷贫民者以名闻(《汉书·武帝纪》)。

按:《汉书·食货志》载董仲舒曾建议"使关中民益种宿麦"。

减陇西、北地、上郡戍卒半(《汉书·武帝纪》)。

按:《资治通鉴》卷一九曰:"汉既得浑邪王地,陇西、北地、上郡益少胡寇,诏减三郡戍卒之半,以宽天下之繇。"

张汤三月以廷尉迁御史大夫(《汉书·百官公卿表》)。

儿宽为奏谳掾,擢为中大夫。

按:《汉书·公孙弘卜式儿宽传》曰:"汤由是乡学,以宽为奏谳掾,以古法决疑狱,甚重之。及汤为御史大夫,以宽为掾,举侍御史。见上,语经学。上说之,从问《尚书》一篇。擢为中大夫,迁左内史。"《汉书·儒林传》曰:"宽有俊才,初见武帝,语经学,上曰:'吾始以《尚书》为朴学!弗好,及闻宽说,可观。'"从《资治通鉴》卷一九系于此年。

张骞以庶人为卫尉(《汉书·百官公卿表》)。

少翁以方术为文成将军。

按:《史记·孝武本纪》曰:"其明年,齐人少翁以鬼神方见上。上有所幸王夫人,夫人卒,少翁以方术盖夜致王夫人及灶鬼之貌云,天子自帷中望见焉。于是乃拜少翁为文成将军,赏赐甚多,以客礼礼之。文成言曰:'上即欲与神通,宫室被服不象神,神物不至。'乃作画云气车,及各以胜日驾车辟恶鬼。又作甘泉宫,中为台室,画天、地、泰一诸神,而置祭具以致天神。"王先谦《汉书补注》卷二五曰:"《通鉴》诛文成在元狩四年,下云居岁余云云,是见上或在元狩三年。'"

汉武帝元狩四年　壬戌　前119年

冬,有司言关东贫民徙陇西、北地、西河、上郡、会稽凡七十二万五千口,初算缗钱。

按:《汉书·武帝纪》曰:"四年冬,有司言关东贫民徙陇西、北地、西河、上郡、会稽凡七十二万五千口,县官衣食振业,用度不足,请收银锡造白金及皮币以足用。初算缗钱。"王鸣盛《十七史商榷》卷九曰:"会稽生齿之繁,当始于此。约增十四万五千口也。"辛德勇(《汉武帝徙民会稽史事证释》,《历史研究》2005年1期)说:"汉武帝徙民会稽,是中国移民史上一项重要事件。大批移民迁入,直接影响到中原的农业技术以及其他文化成分在江南的传播扩散进程。通过以上三个方面的相互印证,不仅足以证实《汉书·武帝纪》所记元狩四年汉武帝徙民会稽一事,确实可信,从而为认识江南经济、文化的发展历程,提供了一个重要基础,同时还揭示出汉武帝通过移民会稽来巩固东南边防的战略意图,充实了西汉军事地理研究中的一项基本内容,使我们对于西汉东南边防线的建构形式,取得了更为清楚和全面的认识。"

又按:杨振红(《汉代算车、船、缗钱制度新考——以〈史记·平准书〉为中心》,《文史》2007年第4辑)总结这几年的经济政策说:"武帝时为了解决一时的财政困难,分别于元光六年和元狩四年创立了算商车和算缗钱的新税目,但它们是仅行于当年的临时性措施。元狩四年夏,汉王朝出兵数十万攻打匈奴,使国家财政再度陷入困境。政府年初推行的造皮币、白金、废半两钱、更铸三铢钱的货币改革亦不成功,元狩五年政府不得不废三铢钱,更铸五铢钱。两次币制改革对商贾造成很大打击,商贾纷纷囤积货物,规避货币改革带来的损失,牟取暴利。"

夏,卫青、霍去病击败匈奴,封狼居胥山乃还,自此匈奴远徙漠北(《汉书·武帝纪》)。

是年,置大司马,以将军号官之;以卫青为大司马大将军,霍去病为骠骑将军(《汉书·百官公卿表》)。

遣张骞出使乌孙,此为第二次出使西域(《史记·大宛列传》、《汉书·张骞李广利列传》)。

孔仅、咸阳为大农丞言盐铁专卖之策。

按:《史记·平准书》曰:"大农上盐铁丞孔仅、咸阳言:'山海,天地之藏也,皆宜属少府。陛下不私,以属大农佐赋。愿募民自给费,因官器作煮盐,官与牢盆。浮食奇民，欲擅管山海之货，以致富羡，役利细民。其沮事之议，不可胜听。敢私铸铁器煮盐者，钛左趾，没入其器物。郡不出铁者，置小铁官，便属在所县。'使孔仅、东郭咸阳乘传举行天下盐铁，作官府，除故盐铁家富者为吏。"此即中国历史上有名之盐铁专卖政策，上承齐管仲所为，下开两千年封建财政模式，引发了后来的盐铁之争。

张汤为御史大夫，群臣震慑，酷吏之制大兴(《汉书·张汤传》)。

义纵以定襄太守迁右内史(《汉书·酷吏传》)。

王温舒以河内太守迁中尉(《汉书·酷吏传》)。

汲黯坐法免右内史(《史记·汲郑列传》、《汉书·百官公卿表》)。

按：吕祖谦《大事记》卷十二曰："汲黯去则汉朝无人矣。义纵、王温舒、杨仆名皆在《酷吏传》。三人分典关辅，民亦不堪命矣。有兴利之臣，则必有酷吏。盖两者相资产为用，而不可相无者也。如桑弘羊之徒，兴利之臣也，义纵之徒，酷吏也。兼之者，其张汤乎？"

张骞为中郎将，奉命出使乌孙(《史记·大宛列传》、《汉书·张骞李广利列传》)。

按：张骞又分遣副使往大宛、康居、月氏、大夏等旁国，后相继引诸国使者来汉；乌孙后来终于与汉通婚，共击破匈奴。

少翁卒，生年不详。方士，以法术见宠于武帝，被封为文成将军，至是年因法术失灵，被武帝诛杀。

按：《史记·封禅书》曰："居岁余，其方益衰，神不至。乃以帛书以饭牛，详不知，言曰此牛腹中有奇。杀视得书。书言甚怪。天子识其手书，问其人，果是伪书，于是诛文成将军，隐之。"

汉武帝元狩五年　癸亥　前118年

三月甲午，丞相李蔡自杀(《汉书·武帝纪》)。

四月乙卯，以太子少傅庄青翟为丞相(《汉书·百官公卿表》)。

罢半两钱，行五铢钱(《汉书·武帝纪》)。

诏徙奸猾吏民于边(《汉书·武帝纪》)。

按：武帝时期对河套地区非常重视，共进行三次大移民，元朔二年(前127年)春，募民徙朔方十万口；元狩二年(前121年)，徙关东贫民处所夺匈奴河南、新秦中以实之。元狩四年冬，关东贫民徙陇西、北地、西河、上郡、会稽凡七十二万五千口。小规模的迁民如本年的"徙天下奸猾吏民于边"。

是年，武帝祠神君以却病，此后益信神君。

按：《史记·封禅书》曰："文成死明年，天子病鼎湖甚，巫医无所不致，不愈。游水发根言上郡有巫，病而鬼神下之。上召置祠之甘泉。及病，使人问神君。神君言曰：'天子无忧病。病少愈，强与我会甘泉。'于是病愈，遂起，幸甘泉，病良已。大赦，置寿宫神君。寿宫神君最贵者曰太一，其佐曰太禁、司命之属，皆从之，非可得见，闻其言，言与人音等。时去时来，来则风肃然。居室帷中，时昼言，然常以夜。天子祓，然后入。因巫为主人，关饮食，所以言，行下。又置寿宫、北宫，张羽旗，设供具，以礼神君。神君所言，上使人受书其言，命之曰'画法'。其所语，世俗之所知也，无绝殊者，而天子心独喜。其事秘，世莫知也。"

孔安国为谏大夫（《汉书·儒林传》）。

汲黯为淮阳太守（《史记·汲郑列传》）

司马迁入仕为郎中。

按：张大可《史记教程》第二章《多彩的人生》（华文出版社2002年版）说："司马迁入仕为郎中，王国维在《太史公行年考》中认为'其年无考'，推论'大抵在元朔、元鼎间，其何自为郎，亦不可考'，较为粗疏。郑鹤声《司马迁年谱》系司马迁始仕为郎中在元朔五年，以博士弟子高等为郎中，这是想当然的假说。《汉书·武帝纪》载，元朔五年丞相公孙弘奏请立博士弟子，受业一年后方能参加考试，能通一艺者补文学掌故缺员，高第者可为郎中。如果郑鹤声的假设能成立，司马迁最早出仕也只能在元朔六年，而非元朔五年。司马迁《报任安书》说：'长无乡曲之誉。'博士弟子的条件是选择孝悌子弟，由乡曲推荐到太常，太常审核合格才能入选。司马迁入仕未走乡曲推荐进太学之路，而是走高官子弟恩荫入仕之路。《报任安书》云：'仆赖先人绪业，得待罪辇毂下二十余年矣。'王国维说，司马迁'其何自为郎，亦不可考'，失察之言，不可为据。施丁《司马迁生年考》认为司马迁始仕为郎，大约在元狩五年，公元前118年，司马迁二十八岁。根据有：其一，《封禅书》'太史公曰'有'余入寿宫侍祠神语'的话头。'寿宫'据《史记·封禅书》及《汉书·郊祀志》推定，置于元狩五年，《资治通鉴》正系于此年。'神君'是上郡巫装神弄鬼为汉武帝驱魔治病，汉武帝不久病愈，于是'置寿宫神君'。而'入寿宫侍祠神语'的事，'其事秘，世莫知'，非亲信不得参与。因此，能入寿宫的'余'，不是作为太史令的司马谈，而应是做郎官的司马迁。其二，司马迁与仁安、田仁二人友善。据《田叔列传》及褚补，仁安与田仁原为大将军卫青舍人，被赵禹奉武帝之命选为郎。赵禹奉命选人才，事在何年？据《卫将军骠骑列传》与《三王世家》可考知，任安在元狩四年还为大将军舍人，元狩六年已为太子少傅，则任安进宫为郎当在元狩五年。司马迁与任安、田仁两人的友谊应是在同僚为郎时建立起来的。依上考论，元朔五年当为司马迁最早出仕之年。"

司马相如著《封禅书》。

按：《史记·司马相如列传》曰："相如既病免，家居茂陵。天子曰：'司马相如病甚，可往从悉取其书，若不然，后失之矣。'使所忠往，而相如已死，家无书。问其妻，对曰：'长卿固未尝有书也。时时著书，人又取去，即空居。长卿未死时，为一卷书，曰有使者来求书，奏之。无他书。'其遗札书言封禅事，事所忠。忠奏其书，天子异之。"

司马相如卒（前179— ）。相如，字长卿，小名犬子，蜀郡成都人。好读书击剑，景帝时为武骑常侍，后入梁游数岁，梁孝王死，相如归蜀，经狗监杨得意推荐，被武帝召为郎。奉使西南，后迁孝园令。赋凡29篇，《子虚赋》、《上林赋》是代表作；又作《凡将》，《荆轲论》；散文《喻巴蜀檄》、《难

波里比阿卒（约前200— ）。希腊历史学家，著有《通史》，探求罗马勃兴之因。

蜀父老》《上书谏猎》等。明人辑有《司马文园集》。事迹见《史记》卷一一七、《汉书》卷五七。

按：郝衡《司马相如年表》定相如卒开武帝元狩五年（公元年118年）。《史记集解》引徐广注："元狩五年也。"《史记·司马相如列传》曰："司马相如既卒五岁，天子始祭后土。八年而遂先礼中岳，封于太山，至梁父，禅肃然。"刘跃进《秦汉文学编年史》据《汉书·武帝纪》，元鼎四年（公元前113年）十一月，武帝立后土祠于汾阴上；元封元年（公元前110年）四月，武帝登封泰山。由元鼎四年上溯4年，元封元年上溯7年，当元狩六年。《汉书·艺文志·文艺略·小学》著录其《凡将》1篇，《隋书·经籍志》曰："梁有，亡。"韩愈《昌黎先生集》卷一八《答刘正夫书》曰："汉朝人莫不能为文，独司马相如、太史公、刘向、扬雄为之最。然则用功深者其收名也远，若皆与世沉浮，不自树立，虽不为当时所轻，亦必无后世之传也。"今人整理《司马相如集》有李孝中《司马相如集校注》，（上海古籍出版社1993年版）；朱一清、孙以昭《司马相如集校注》（人民文学出版社1996年版）；张连科《司马相如集编年注》（辽海出版社2003年版）。

汉武帝元狩六年　甲子　前117年

四月乙巳，庙立皇子刘闳为齐王，刘旦为燕王，刘胥为广陵王，初作诰策（《汉书·武帝纪》）。

按：敕拜诸王策文起于此。颜师古《汉书·武帝纪》注解释庙立，乃"于庙中策命之。"又引服虔曰："诰敕王，如《尚书》诸诰也。"又引李斐曰："今敕封拜诸侯王策文亦是也。见《武五子传》。"胡三省注引作："李奇曰：今敕封拜诸王策文起于此。毛晃曰：汉制，天子之策长三尺。《释名》曰：策，书教令于上，所以驱策于下也。"

又按：燕王刘旦博学经书杂说，好星历数术倡优射猎，招致游士。

褚大、徐偃等博士巡行天下。

按：据《汉书·儒林传》载，褚大是董仲舒弟子，学《公羊春秋》；徐偃是申公弟子，学《谷梁春秋》，二人都是博士。《汉书·武帝纪》载武帝六月诏曰："日者有司以币轻多奸，农伤而末众，又禁兼并之涂，故改币以约之。稽诸往古，制宜于今，废期有月，而山泽之民未谕。夫仁行而从善；义立则俗易；意奉宪者所以导之未明与，将百姓所安殊路，而挢虔吏因乘势以侵蒸庶耶！何纷然其扰也。今遣博士等六人分循行天下，存问鳏寡废疾，无以自振业者贷与之，谕三老孝弟以为民师，举独行之君子，征诣行在所。朕嘉贤者，乐知其人，广宣厥道，士有特招，使者之任也。详问隐处亡位，及冤失职，奸猾为害，野荒治苛者，举奏。郡国有所以为便者，上丞相、御史以闻。"巡行制度是汉代特有的制度，始于汉文帝前元元年（前179），终于灵帝光和二年（179），此后不见记载。循行郡国的目的旨在稳定社会秩序，强化中央对地方的控制。武帝时巡行除了救济鳏寡孤独、存问长老外，还监察吏治、举荐贤良、宣扬圣德、考察风土民情等。汉武帝派博士巡行天下，提高了博士的政治地位。

张汤创腹诽之法，公卿大夫多谄谀取容。

按：《史记·平准书》曰："大农颜异诛。初，异为济南亭长，以廉直稍迁至九卿。上与张汤既造白鹿皮币，问异。异曰：'今王侯朝贺以苍璧，直数千，而其皮荐反四十万，本末不相称。'天子不说。张汤又与异有郤，及有人告异以它议，事下张汤治异。异与客语，客语初令下有不便者，异不应，微反唇。汤奏当异九卿见令不便，不入言而腹诽，论死。自是之后，有腹诽之法比，而公卿大夫多谄谀取容矣。"

孔安国出为临淮郡太守（《汉书·儒林传》）。

汉武帝元鼎元年　乙丑　前116年

五月，诏大赦天下（《汉书·武帝纪》）。

获宝鼎与汾阴水之上，改元元鼎元年。

按：《汉书·武帝纪》曰："得鼎汾水上。"应劭曰："得宝鼎故，因是改元。"《通鉴考异》曰："《汉书·武纪》，此年云'得鼎汾水上'，《汉纪》云'六月得宝鼎于河东汾水上，吾丘寿王对云云。'按《封禅书》，栾大封乐通侯之岁，其夏六月，汾阴巫锦为民祠魏脽后土营旁得鼎，诏曰：'间者巡祭后土云云。'《武纪》：'元鼎四年，十月，幸汾阴。十一月，立后土祠于汾阴脽上。六月，得宝鼎后土祠旁。'《礼乐志》又云'元鼎五年得宝鼎。'《恩泽侯表》，'元鼎四年四月乙巳，栾大封侯。'然则得鼎应在四年。盖《武纪》因今年改元而误增此得鼎一事耳，非曾两得鼎于汾水上也。《封禅书》：'天子封泰山反，至甘泉。有司言宝鼎出为元鼎，以今年为元封元年。'然则元鼎年号亦如建元、元光，皆后来追改之耳。"今从《汉书》暂系于此。

终军奉诏诘徐偃。

按：《汉书·严朱吾丘主父徐严终王贾传》曰："元鼎中，博士徐偃使行风俗。偃矫制，使胶东、鲁国鼓铸盐铁。还，奏事，徙为太常丞。御史大夫张汤劾偃矫制大害，法至死。偃以为《春秋》之义，大夫出疆，有可以安社稷，存万民，颛之可也。汤以致其法，不能诎其义。有诏下军问状，军诘偃曰：'古者诸侯国异俗分，百里不通，时有聘会之事，安危之势，呼吸成变，故有不受辞造命颛己之宜；今天下为一，万里同风，故《春秋》"王者无外"。偃巡封域之中，称以出疆何也？且盐铁，郡有余臧，正二国废，国家不足以为利害，而以安社稷存万民为辞，何也？'又诘偃：'胶东南近琅邪，北接北海，鲁国西枕泰山，东有东海，受其盐铁。偃度四郡口数田地，率其用器食盐，不足以并给二郡邪？将势宜有余，而吏不能也？何以言之？偃矫制而鼓铸者，欲及春耕种赡民器也。今鲁国之鼓，当先具其备，至秋乃能举火。此言与实反者非？偃已前三奏，无诏，不惟所为不许，而直矫作威福，以从民望，干名采誉，此明圣所必加诛也。"枉尺直寻"，孟子称其不可；今所犯罪重，所就者小，偃自予必死而为之邪？将幸诛不加，欲以采名也？'偃穷诎，服罪当死。军奏'偃矫制颛行，非奉使体，请下御史征偃即罪。'奏可。上善其诘，有诏示御史大夫。"成祖明《郎官制度与汉代儒学》(《史学集刊》2009年第3期)说："这次争论胜利的重要意义在于表明内朝不仅取得了决策的主动权,也取得了学术上的优势,标志着武帝在学术上始以内朝来统合外朝,使学术一统于内朝。此为武帝一朝学术之重要变局,虽汉兴以来已见其端倪,至武帝朝则始成规制。这一学术布局对汉代学术的发展产生了深刻的影响。"

汉武帝元鼎二年　丙寅　前115年

　　二月壬辰,丞相庄青翟自杀。辛亥,以太子太傅赵周为丞相(《汉书·百官公卿表》)。

　　春,起柏梁台,作承露盘(《汉书·武帝纪》)。

　　按:《资治通鉴》卷二〇曰:"春,起柏梁台。作承露盘,高二十丈,大七围,以铜为之。上有仙人掌,以承露,和玉屑饮之,云可以长生。宫室之修,自此日盛。"《三辅旧事》曰:"以香柏为梁也。帝尝置酒其上,诏群臣和诗,能七言诗者乃得上。与引所编之年不同。盖柏梁建于元鼎二年,登台赋诗乃元封三年也。"《玉海》卷二九"圣文·御制诗歌"条曰:"《古文苑》武帝作《柏梁台诗》。"《古文苑》卷八曰:"汉武帝元封三年作柏梁台。诏群臣二千石有能为七言诗,乃得上座。"顾炎武《日知录》卷二一曰:"汉武《柏梁台诗》本出《三秦记》,云是元封三年作。……按《孝武纪》元鼎二年春,起柏梁台,是为梁平王之二十二年,而孝王之薨,至此已二十九年。又七年始为元封三年。……又参加联句者的某些官名,如光禄勋、大鸿胪、大司农、执金吾、京兆尹、左冯翊、右扶风等,皆太初以后之名,不应预书于元封之时。……反复考证,无一合者。盖是后人拟作。"逯钦立《汉诗别录》(台湾《中央研究院历史语言研究所集刊》1948年)及郑文《汉诗研究》(甘肃出版社1994年版)力主其真。

　　九月,诏令博士中等分行江南,拯救饥寒之民(《汉书·武帝纪》)。

　　按:吕祖谦《大事记解题》卷十二曰:"是时师旅宫室始兴而忧民如此,此武帝所以异于始皇也。"

　　是年,遣张骞第二次出使西域,西域始通于汉(《资治通鉴》卷二〇)。

　　桑弘羊为大农中丞,稍置均输,以通货物。

　　按:《资治通鉴》卷二〇:"是岁,以孔仅为大农令,桑弘羊为大农丞,置均输通货物。"

　　张骞出西域还,拜为大行(《资治通鉴》卷二〇)。

　　张汤卒,生年不详。汤,西汉杜陵人,汉武帝时著名酷吏,又以廉洁著称。曾任长安吏、内史掾和茂陵尉,后为太中大夫、廷尉、御史大夫。用法严峻,常以春秋之义加以掩饰,曾助武帝推行盐铁专卖、告缗算缗,打击富商,剪除豪强。与赵禹编定《越宫律》、《朝律》等法律著作,为汉朝法律体系的奠基人之一。元鼎二年十一月,因御史中丞李文及丞相长史朱买臣的构陷,被强令自杀。事迹见《史记》卷一二二、《汉书》卷五九。

罗马约于此时形成独立的图书誊抄业。

朱买臣卒,生年不详。买臣,字翁子。吴县人。武帝时,由严助推荐,拜为中大夫,为会稽太守、主爵都尉、丞相长史。善辞赋,精通楚辞,尝为武帝文学侍臣。元鼎二年,因与御史中丞李文等构陷张汤,张汤自杀后被诛。《汉书·艺文志·诗赋略》著录《朱买臣赋》三篇,今佚。事迹见《史记》卷一二二、《汉书》卷六四。

汉武帝元鼎三年　戊辰　前114年

冬,徙函谷关于新安;以故关为弘农县(《汉书·武帝纪》)。
十一月,令民告缗者以其半与之(《汉书·武帝纪》)。
四月,雨雹,关东郡国十余饥,人相食(《汉书·武帝纪》)。

王温舒以中尉迁廷尉(《汉书·百官公卿表》)。

张骞卒(约公元前164—)。字子文,汉中郡城固人,汉武帝建元元年为郎,先后于建元三年、元狩四年两次出使西域。为汉代卓越的探险家、旅行家与外交家,率先开拓汉朝通往西域的南北道路,又从西域诸国引进汗血马、葡萄、苜蓿、石榴、胡桃、胡麻等等,对丝绸之路的开辟作出了重大贡献。张骞出使关西域有关见闻,备载于《史记》、《汉书》中,为研究中亚史所根据的原始资料。事迹见《史记》卷一二三、《汉书》卷六一。

孔臧约卒(约前178—)。臧为孔安国从兄,蓼侯孔丛之子,嗣爵为蓼侯。曾著书10篇,作赋20篇,其赋有较高的文学价值。事迹见《孔丛子·连丛子》卷五、卷六。

按:其卒年从孙少华的考证。《汉书·艺文志·诸子略》"儒家类"录《太常蓼侯孔臧》十篇,《诗赋略》"屈赋之属"录《太常蓼侯孔臧赋》二十篇。《四库全书总目》认为儒家孔臧与诗赋家中的孔臧实为二人。陈国庆《汉书艺文志注释汇编》(中华书局1983年版)考证说:"《孔丛子·连丛子上·叙书》云:'在官数年,注书十篇而卒。先时尝为赋二十四篇。别不在集,似其幼时之作也。'或即《谏格虎赋》、《杨柳赋》、《鸮赋》、《蓼虫赋》。"李零《简帛古书与学术源流》(三联书店2007年版)也怀疑《孔丛子》中的卷四、五、六共十篇,就是《汉书·艺文志》中的《太常蓼侯孔臧》十篇,也即后世的《孔臧集》。孔臧赋传世不多,"则其文学史价值就显得尤其重要。因为孔臧四言诗体赋的存在至少说明:西汉确实流传着四言诗体赋,后世流传数量虽少,但今所见者应非伪造,孔臧四赋的存在恰好承担了见证历史与呈现真相的意义。我们怀疑,孔臧四言诗体赋可能是西汉诗、赋分途过渡期间的作品,这个问题值得进一步深入研究。"(参见孙少华《孔安国及其孔臧的生卒与学术》,《中国社会科学院研究生院学报》2007年第5期)

汉武帝元鼎四年　戊辰　前113年

　　十月,武帝行幸雍,祠五畤。行自夏阳,东幸汾阴(《汉书·武帝纪》、《资治通鉴》卷二〇)。

　　十一月甲子,立后土祠于汾阴脽上,武帝亲望拜,如上帝礼。礼毕,行幸荥阳,还至洛阳(《资治通鉴》卷二〇)。

　　按:《汉书·武帝纪》曰:"十一月甲子,立后土祠于汾阴脽上。礼毕,行幸荥阳。还至洛阳,诏曰:'祭地冀州,瞻望河、洛,巡省豫州,观于周室,邈而无祀。询问耆老,乃得孽子嘉。其封嘉为周子南君,以奉周祀。'"《史记·封禅书》曰:"其明年冬,天子郊雍,议曰:'今上帝朕亲郊,而后土无祀,则礼不答也。'有司与太史公、祠官宽舒议:'天地牲角茧栗。今陛下亲祠后土,后土宜于泽中圜丘为五坛,坛一黄犊太牢具,已祠尽瘗,而从祠衣上黄。'于是天子遂东,始立后土祠汾阴脽丘,如宽舒等议。上亲望拜,如上帝礼。礼毕,天子遂至荥阳而还。过洛阳,下诏曰:'三代邈绝,远矣难存。其以三十里地封周后为周子南君,以奉其先祀焉。'是岁,天子始巡郡县,侵寻于泰山矣。"

　　六月,得宝鼎后土祠旁(《汉书·武帝纪》)。

　　按:参见宝鼎元年"得鼎汾水"条。

　　秋,马生渥洼水中;作《宝鼎》、《天马》之歌。

　　按:《汉书·武帝纪》曰:"秋,马生渥洼水中。作《宝鼎》、《天马》之歌。"《汉书·礼乐志》所载《郊祀歌》第十章《天马歌》二节,其第一节末曰:"元狩三年,马生渥洼水中作。"其第二节注在太初四年作。泷川资言《史记会注考证》以为《礼乐志》记载有误。又该诗第十二章为《景星》,其末曰:"元鼎五年,得鼎汾阴作。"《景星》题解曰:"一曰《宝鼎歌》。《汉书·武帝纪》曰:元鼎四年夏六月,得宝鼎后土祠旁,作《宝鼎之歌》。《礼乐志》曰:'《景星》,元鼎五年,得鼎汾阴作。'如淳曰:'景星者,德星也。见无常,常出有道之国。'"

　　立常山宪王子刘商为泗水王(《汉书·武帝纪》)。

　　是年,置均输官于郡国,置平准于京师;禁郡国铸钱,专令上林三官铸钱(《史记·平准书》)。

　　按:司马贞《史记索隐》曰:"大司农属官有平准令丞者,又均天下郡国转贩,贵则卖之,贱则买之,贵贱相权输,归于京都,故命曰'平准'。"汉代管理铸钱的均输、钟官、辨铜令三官,为水衡都尉之属官。黄震《黄氏日抄》卷四六《史记》曰:"平准者,桑弘羊笼天下货官自为商贾买卖于京师之名也。盖汉更文景恭俭,至武帝初,公私之富极矣。自开西南夷,灭朝鲜,至置初郡,自设谋马邑,挑匈奴,至大将军、骠骑将军连年出塞,大农耗竭犹不足以奉战士,乃卖爵,乃更钱币,乃算舟车,而事益烦,财益屈,宜天下无可枝梧之术矣。未几,孔仅、东郭咸阳乘传行天下盐铁,杨可告缗遍天下,得民财物以亿计,而县官之用反以饶,而宫室之修于是日丽。凿无为有,逢君之

日耳曼人入阿尔卑斯山南麓,与罗马军团战。

恶,小人之术何怪也!然汉自是连兵三岁,费皆仰给大农,宜无复可继之术矣。又未几,桑弘羊领大农,置平准,于是天子北至朔方,东至泰山,巡海上,并北边以归,用帛百余万匹,钱金以巨万计,皆取足大农。又一岁之中,太仓、甘泉仓皆满,而边余谷。其始愈取而愈不足于用,及今愈用而反愈有余,小人之术,展转无穷,又何怪之甚也。呜呼!武帝五十年间,因兵革而财用耗,因财用而刑法酷,沸四海而为鼎,生民无所措手足。迫至末年,平准之置,则海内萧然,户口减半,阴夺于民之祸于斯为极。迁备著始终相应之变,特以平准名书,而终之曰:'烹弘羊,天乃雨。'呜呼,旨哉!"

栾大以方士宠幸于武帝,赐列侯甲第,贵震天下(《汉书·武帝纪》)。

公孙卿为郎,东候神于太室。

按:《史记·孝武本纪》曰:"卿曰:'申功,齐人也。与安期生通,受黄帝言,无书,独有此鼎书。曰'汉兴复当黄帝之时。汉之圣者在高祖之孙且曾孙也。宝鼎出而与神通,封禅。封禅七十二王,唯黄帝得上泰山封'。申功曰:'汉主亦当上封,上封则能仙登天矣。黄帝时万诸侯,而神灵之封居七千。天下名山八,而三在蛮夷,五在中国。中国华山、首山、太室、泰山、东莱,此五山黄帝之所常游,与神会。黄帝且战且学仙。患百姓非其道,乃断斩非鬼神者。百余岁然后得与神通。黄帝郊雍上帝,宿三月。鬼臾区号大鸿,死葬雍,故鸿冢是也。其后于黄帝接万灵明廷。明廷者,甘泉也。所谓寒门者,谷口也。黄帝采首山铜,铸鼎于荆山下。鼎既成,有龙垂胡髯下迎黄帝。黄帝上骑,群臣后宫从上龙七十余人,龙乃上去。余小臣不得上,乃悉持龙髯,龙髯拔,堕黄帝之弓。百姓仰望黄帝既上天,乃抱其弓与龙胡髯号。故后世因名其处曰鼎湖,其弓曰乌号。'于是天子曰:'嗟乎!吾诚得如黄帝,吾视去妻子如脱躧耳。'乃拜卿为郎,东使候神于太室。"

吾丘寿王言宝鼎。

按:《汉书·严朱吾丘主父徐严终王贾传》曰:"汾阴得宝鼎,武帝嘉之,荐见宗庙,藏于甘泉宫,群臣皆上寿贺曰:'陛下得周鼎。'寿王独曰非周鼎。上闻之,召而问之,曰,'今朕得周鼎,群臣皆以为然,寿王独以为非,何也?有说则可,无说则死。'寿王对曰:'臣安敢无说?臣闻周德始乎后稷,长于公刘,大于太王,成于文武,显于周公。德泽上昭,天下漏泉,无所不通,上天报应,鼎为周出,故名曰周鼎。今汉自高祖继周,亦昭德显行,布恩施惠,六合和同。至于陛下,恢廓祖业,功德愈盛,天瑞并至,珍祥毕见。昔秦始皇亲出鼎于彭城而不能得,天祚有德而宝鼎自出。此天之所以与汉,乃汉宝,非周宝也。'上曰:'善。'群臣皆称万岁。是日,赐寿王黄金十斤。后坐事诛。"

儿宽以中大夫迁左内史(《汉书·百官公卿表》)。

赵禹以少府迁廷尉(《汉书·百官公卿表》)。

王温舒以廷尉贬为中尉(《汉书·百官公卿表》)。

终军为朝廷遣报南越,请内属之(《汉书·严朱吾丘主父徐严终王贾传》)。

汉武帝元鼎五年　己巳　前112年

十一月辛巳朔旦,立泰畤于甘泉。

按：《史记·孝武本纪》曰："十一月辛巳朔旦冬至，昧爽，天子始郊拜泰一。朝朝日，夕夕月，则揖；而见泰一如雍礼。其赞飨曰：'天始以宝鼎神策授皇帝，朔而又朔，终而复始，皇帝敬拜见焉。'而衣上黄。其祠列火满坛，坛旁烹炊具。有司云'祠上有光焉'。公卿言'皇帝始郊见泰一云阳，有司奉瑄玉嘉牲荐飨。是夜有美光，及昼，黄气上属天'。太史公、祠官宽舒等曰：'神灵之休，祐福兆祥，宜因此地光域立泰畤坛以明应。令太祝领，秋及腊间祠。三岁天子一郊见。'"《汉书·武帝纪》亦载此事。

四月，南越王相吕嘉反，杀汉王使者及王、王太后（《汉书·武帝纪》）。

丁丑晦，日蚀（《汉书·武帝纪》）。

秋，遣伏波将军路博德、楼船将军杨仆等率五路军讨伐南越（《汉书·武帝纪》）。

九月丙申，丞相赵周下狱死，以御史大夫石庆为丞相（《汉书·百官公卿表》）

是月，列侯坐献黄金酎祭宗庙不如法，夺爵者百六人（《汉书·武帝纪》）。

西羌众十万人反，与匈奴通使，攻故安，围枹罕（《汉书·武帝纪》）。

司马谈时任太史令，与祠官宽舒等十一月议泰畤典礼（《资治通鉴》卷二〇）。

栾大九月坐诬罔腰斩（《史记·封禅书》）。

终军卒（前140—　）。军字子云，济南人，十八岁被选为博士弟子。《汉书·艺文志·诸子略》（一）"儒家"下著录《终军》8篇，今存《白麟奇木对》、《自请使匈奴使南越》等4篇。事迹见《汉书》卷六三。

按：《汉书·严朱吾丘主父徐严终王贾传》曰："越相吕嘉不欲内属，发兵攻杀其王，及汉使者皆死。语在《南越传》。军死时年二十余，故世谓之'终童'。"杨树达《汉书窥管》（上海古籍出版社1984年版）曰："军《传》有《白麟奇木对》一篇，《奉诏诘徐偃矫制状》一篇，《自请使匈奴使南越》各一篇。"

汉武帝元鼎六年　庚午　前111年

十月，发陇西、天水、安定骑士及中尉、河南、河内卒十万人，遣将军李息、郎中令徐自为征西羌，平之（《汉书·武帝纪》）。

朱古达战争爆发。

十二月，令朝会不置酒。

按：吕祖谦《大事记解题》卷十二曰："武帝赐杨仆书曰：'士卒暴露连岁，为朝会不置酒。'盖此时也。"

春,平定南越,置南海、苍梧、郁林、合浦、交址、九真、日南、珠厓、儋耳等九郡;平定西南夷,置武都、牂柯、越嶲、沈黎、文山五郡(《汉书·武帝纪》)。

按:武帝平定南越后,开通海上丝绸之路,进行远航活动,促进了汉朝与海外国家的经济和文化的交流,也激发了当时造船与航海技术的发展。《汉书·艺文志·数术略》"天文"下即著录佚名《海中星占验》12卷,《海中五星经杂事》22卷,《海中五星顺逆》28卷,《海中二十八宿国分》28卷,《海中二十八宿臣分》28卷,《海中日月慧虹杂占》18卷等。沈钦韩《汉书疏证》曰:"海中混茫,比平地难验,著海中者,言其术精,算法亦有《海岛算经》。"可见当时航海、天文、地理、气象以及航海技术的研究已达到一定水准。

秋,分武威、酒泉地置张掖、敦煌郡,徙民以实之(《汉书·武帝纪》)。

是年,迁丞相吕嘉家属至益州石韦县。

按:《三国·吴书·薛琮传》载薛琮上孙权疏尝论流人迁徙的影响,"汉武帝诛吕嘉,开九郡,设交趾刺史以镇监之,山川长远,习传不齐,言语同异,重译乃通,民如禽兽,长幼无别。椎结徒跣,贯头左衽。长吏之设,虽有若无。自斯以来,颇徙中国罪人杂居其间,稍使学书,粗知言语,使驿往来,观见礼化。"

塞南越,祠泰一、后土,始用乐舞,益召歌儿,作二十五弦及箜篌瑟自此起。

按:《史记·孝武本纪》曰:"其年,既灭南越,上有嬖臣李延年以好音见。上善之,下公卿议,曰:'民间祠尚有鼓舞之乐,今郊祠而无乐,岂称乎?'公卿曰:'古者祀天地皆有乐,而神祇可得而礼。'或曰:'泰帝使素女鼓五十弦瑟,悲,帝禁不止,故破其瑟为二十五弦。'于是塞南越,祷祠泰一、后土,始用乐舞,益召歌儿,作二十五弦及箜篌瑟自此起。"

儿宽时为左内史,与褚大等议封禅。

按:《史记·封禅书》曰:"自得宝鼎,上与公卿诸生议封禅。封禅用希旷绝,莫知其仪礼,而群儒采封禅《尚书》、《周官》、《王制》之望祀射牛事。齐人丁公年九十余,曰:'封禅者,合不死之名也。秦皇帝不得上封,陛下必欲上,稍上即无风雨,遂上封矣。'上于是乃令诸儒习射牛,草封禅仪。数年,至且行。天子既闻公孙卿及方士之言,黄帝以上封禅,皆致怪物与神通,欲放黄帝以上接神仙人蓬莱士,高世比德于九皇,而颇采儒术以文之。群儒既已不能辨明封禅事,又牵拘于《诗》、《书》古文而不能骋。上为封禅祠器示群儒,群儒或曰'不与古同',徐偃又曰'太常诸生行礼不如鲁善',周霸属图封禅事,于是上绌偃、霸,而尽罢诸儒不用。"《汉书·公孙弘卜式儿宽传》曰:"及议欲放古巡狩封禅之事,诸儒对者五十余人,未能有所定。"后来儿宽对曰:"陛下躬发圣德,统楫群元,宗祀天地,荐礼百神,精神所乡,征兆必报,天地并应,符瑞昭明。其封泰山,禅梁父,昭姓考瑞,帝王之盛节也。然享荐之义,不著于经,以为封禅告成,合袪于天地神祇,祇戒精专以接神明。总百官之职,各称事宜而为之节文。唯圣主所由,制定其当,非君臣之所能列。今将举大事,优游数年,使群臣得人自尽,终莫能成。唯天子建中和之极,兼总条贯,金声而玉振之,以顺成天庆,垂万世之基。"此时"褚大通《五经》,为博士,时宽为弟子。及御史大夫缺,征褚大,大自以为得御史大夫。至洛阳,闻儿宽为之,褚大笑,及至,与宽议封禅于上前,大不能及,退而服曰:'上诚知人。'"(《汉书·公孙弘卜式儿宽传》)

公孙卿等言见仙人。

按：《史记·封禅书》曰："其冬，公孙卿候神河南，言见仙人迹缑氏城上，有物如雉，往来城上。天子亲幸缑氏城视迹。问卿：'得毋效文成、五利乎？'卿曰：'仙者非有求人主，人主者求之。其道非少宽假，神不来。言神事，事如迂诞，积以岁乃可致也。'于是郡国各除道，缮治宫观名山神祠所，以望幸也。"

李延年为协律都尉，新立乐府。

按：关于汉武帝立乐府的时间，学术界主要有以下四种观点：第一种观点吕祖谦《大事记》提出："汉孝武皇帝元狩二年……立乐府，以宦者李延年为协律都尉。"第二种观点司马光《资治通鉴》提出元狩三年（前120）："元狩……三年……得神马于渥洼水中。上方立乐府，使司马相如等造为诗赋，以宦者李延年为协律都尉，佩二千石印。"第三种观点王益之《西汉年纪》提出元鼎六年（前111）："元鼎……六年……于是立乐府。"第四种观点是倪其心《汉代诗歌新论》提出从元狩起至元鼎六年间："乐府建置似非一次下诏完成，而是逐渐扩展，有个过程。……约从元狩起，至元鼎六年。"第五种观点是龙文玲《汉武帝立乐府时间考》（《学术论坛》2009年第3期）从元光二年汉武帝为神道设教而进行的祠五畤与太一等两项重要郊祀活动，可以推断，武帝立乐府为郊祀配乐，应在元光二年前（前133）。赵敏俐《汉代乐府官署兴废考论》（《文献》2009年第3期）认为，"班固在《汉书·礼乐志》中之所以有'乃立乐府'之说，正是特别强调了汉武帝时代对乐机构的职能和规模的重新扩充这一点，而绝不是前所未有的制度首创。要之，汉武帝扩充乐府之事，本质上是由于国家经济的繁荣、大一统的需要而进行的制度建设，因而在中国的政治文化史上具有重要的意义。同时，因为汉乐府利用'新声变曲'来为国家的郊祀之礼配乐，也使自战国以来广为流行的新声俗乐堂而皇之地进入大雅之堂，这在客观上进一步促进了先秦雅乐的衰亡，也推动了新声俗乐的发展。唯其如此，汉武帝'立乐府'之事，在中国文学史上也有了不同寻常的意义。从此以后，'乐府'不但是一个国家音乐机关的名称，而且逐渐演化为一种诗体的名称。"

司马迁升任郎中将，奉使西征巴蜀以南（《史记·太史公自序》）。

按：关于司马迁奉使西征的年代，有不同说法。1. 元鼎六年"置郡之后"，王国维《太史公行年考》（《观堂集林》卷一一）；2. 元封元年，日本泷川资言《太史公年谱》和张惟骧《太史公疑年考》；3. 元鼎五年至六年，汪定《司马迁传》（《清华周刊》），方国瑜《史记西南夷传概说》（《中国史研究》1979年第4期）；4. 元鼎六年春，施丁《司马迁游历考》（《司马迁和史记》，北京出版社1987年版）。王鸣盛《十七史商榷》卷一以为是时司马迁四十左右，"始迁为郎中，又奉使巴蜀，南略邛、筰、昆明，还报命。徐广以为平西南夷在元鼎六年。其明年为元封元年。约计是时，迁之年必在四十左右。元封初，其父谈卒。迁使还，见父卒。"张大可等（《史记教程》第二章《多彩的人生》，华文出版社2002年版）说："司马迁从元朔三年壮游到元鼎六年以郎中身份奉使巴蜀，其间有十六年。这期间，司马迁的重大活动，一是壮游，二是师承大师孔安国、董仲舒，三是入仕为郎中，四是奉使西征，五是扈从武帝，这是司马迁灿烂的青年时代。"祁庆富《司马迁奉使西南设郡考》（《中央民族学院学报》1981年第3期）一文的考察，司马迁奉使西南夷往返路程约需时半年。元封元年春正月，汉武帝又东巡，并至海上，登泰山封禅。司马谈从巡武帝，因病留滞周南（今洛阳）。司马迁还报命追寻武帝至行在所，四月见父于河洛。以此推知，司马迁还报命在元封元年二、三月间，上距奉使西征元鼎六年春正月，有一年又三个月之久，扣去来往路途六个月，司马迁在西南夷地区设郡置吏，考察与巡行长达八、九个月之久。奉使西征及较长时间的考察与生活体验,无疑是激发司马迁首创民族史传最重要的原因。"

司马相如等作《郊祀歌》19章。

按:《汉书·礼乐志》曰:"至武帝定郊祀之礼,祠太一于甘泉,就乾位也;祭后土于汾阴,泽中方丘也。乃立乐府,采诗夜诵,有赵、代、秦、楚之讴。以李延年为协律都尉,多举司马相如等数十人造为诗赋,略论律吕,以合八音之调,作十九章之歌。"《史记·乐书》曰:"至今上即位,作十九章,令侍中李延年次序其声,拜为协律都尉。通一经之士不能独知其辞,皆集会五经家,相与共讲习读之,乃能通知其意,多《尔雅》之文。汉家常以正月上辛祠太一甘泉,以昏时夜祠,到明而终。常有流星经于祠坛上。使僮男僮女七十人俱歌。春歌《青阳》,夏歌《朱明》,秋歌《西皞》,冬歌《玄冥》。"关于《郊祀歌》的作者,一直有争论。一,认为是李延年的作品。萧涤非《汉魏六朝乐府文学史》(人民文学出版社1998年版)认为《日出入》一章,长短错落,与其它十八章之整俪者迥异,疑为"善歌,为新变声"之李延年所作。余冠英《乐府诗选》(人民文学出版社1957年版)认为郊祀歌第十章《天马》本是两辞,据《汉书·礼乐志》,"太乙况"一首作于元狩三年,"天马来"一首作于太初四年,应是合并于李延年辈之手。二,认为是司马相如的作品。罗根泽《乐府文学史》(东方出版社1996年版)认为:"郊祀歌泰半出司马相如等……邹子四章……司马相如等十五章。"张永鑫(《汉乐府研究》,江苏古籍出版社2000年版)在肯定司马相如作《郊祀歌》的情况下,认为:"《郊祀歌十九章》的作者除司马相如外,还有数十人,其中包括吾丘寿王、东方朔、枚皋、董仲舒、萧望之(班固《两都赋序》)、邹阳等人(《汉书·礼乐志》)所谓的'邹子乐'。"郑文(《汉诗研究》,甘肃出版社1994年版)认为,《郊祀歌》十九章中,……司马相如"可能参加写作的诗颂,仅《帝临》《练时日》《赤蛟》及《朝陇首》"。三,认为是汉武帝的作品。《史记·乐书》曰:"至今上(武帝)即位,作十九章……又尝得神马渥洼水中,复次以为《太一》之歌。……后伐大宛得千里马,马名蒲梢,次作以为歌。……中尉汲黯进曰:'凡王者作乐,上以承祖宗,下以化兆民。今陛下得马,诗以为歌,协于宗庙,先帝百姓,岂能知其音耶?'"萧涤非《汉魏六朝乐府文学史》(人民文学出版社1998年版)据此推断:"《郊祀歌》则非出一人之手,且非一时所制。据上引《史记》,知其中有武帝之作。"他猜测《天马》为武帝作品。逯钦立《汉诗别录》(台湾《中央研究院历史语言研究所集刊》1948年)指出汉武帝所作《郊祀歌》的具体篇章:"此乐歌如《天马》、《景星》、《齐房》、《朝陇首》、《象载瑜》诸篇,《武纪》悉谓武帝作。……惟乐章既不容分割,歌辞亦当经人删定,故今统编阙名卷中,不再析出。"此外,张强《〈郊祀歌〉考论》(《淮阴师范学院报》1998年第3期)说:"至于司马迁《史记》不说明《景星》、《齐房》、《朝陇首》、《象载瑜》为武帝所作的时间,我以为可能与司马迁认为这是人所皆知的缘故有关。如他在《史记·乐书》中说:'春歌青阳,夏歌朱明,秋歌西皞,冬歌玄冥。世多有,故不论。'此可作为司马迁不记明《景星》等四章写作时间和写作内容的佐证。另外一个证据是,有关《天马》二首的写作时间司马迁也没有明确地交代,只是我们根据《史记》它处的记载印证而得来的。"龙文玲《汉武帝与西汉文学》(社会科学出版社2008年版)认为"汉武帝不仅在《郊祀歌》十九章创作中起领导作用,而且还亲自创作了其中的五章颂瑞诗歌辞","《天马》等《郊祀歌》五章颂瑞诗是汉武帝所作,其中可能会经过当时宫廷文人的润饰,但其第一作者为汉武帝,也是不应怀疑的事实"。

汉武帝元封元年　辛未　前110年

十月，武帝亲巡边垂，行自云阳，北历上郡、西河、五原，出长城，北登单于台，至朔方，临北河。勒兵十八万骑，旌旗径千余里，威震匈奴。还，祠黄帝于桥山，乃归甘泉。(《汉书·武帝纪》)。

是月，东越杀王余善以降。令迁其民于江、淮间(《汉书·武帝纪》)。

正月，武帝行幸缑氏，礼祭中岳太室，诏祠官加增太室祠。遂东巡海上，行礼祠八神。齐人之上疏言神怪、奇方者以万数，乃益发船，令言海中神山者数千人求蓬莱神人(《汉书·武帝纪》、《资治通鉴》卷二〇)。

按：《史记·封禅书》所载武帝行幸缑氏事在三月。其曰："三月，遂东幸缑氏，礼登中岳太室。从官在山下闻若有言'万岁'云。问上，上不言；问下，下不言。于是以三百户封太室奉祠，命曰崇高邑。"

四月癸卯，武帝还，登封泰山，降坐明堂；诏改元元封(《汉书·武帝纪》)。

按：汉武帝是历史上举行封禅仪式次数最多的帝王，一共七次，此为第一次。封禅观念，由来已久。最初王者信奉神权，但王畿狭小，四周小国林立，交通受阻，不能远行拜神；而列国各自有神，不愿越界祭祀。春秋战国之世，齐鲁为文化中心，泰山为两国界墙。他们设想人间最高的帝王应到最高之山去拜见上帝。于是侯国地望扩大为帝国之望，定其祭名为封禅，封是泰山上祭祀，禅是泰山下小山祭祀。最早记载封禅为《管子·封禅篇》，最早大兴封禅仪礼者为秦始皇。汉高祖即位，天下初定，无力于此。至汉武帝，汉兴已六十余年，天下太平，家给人足，因思封禅、改制。《汉书·艺文志·六艺略》载有《古封禅群祀》二十二篇。顾实《书艺文志讲疏》(上海古籍出版社1987版)曰："《史记·封禅书》或有取于是者。"说明封禅礼仪由来已久。又有《汉封禅群祀》三十六篇，姚振宗《汉书艺文志条理》(中华书局1955年版)曰："《后汉书·张纯传》：'纯奏孝武《太山名堂制度》，欲县奏之。《太山名堂制度》似即《汉封禅群祀》三十六篇中。'"

又按：《史记·封禅书》曰："上遂东巡海上，行礼祠八神。齐人之上疏言神怪奇方者以万数，然无验者。乃益发船，令言海中神山者数千人求蓬莱神人。公孙卿持节常先行候名山，至东莱，言夜见大人，长数丈，就之则不见，见其迹甚大，类禽兽云。群臣有言见一老父牵狗，言'吾欲见巨公'，已忽不见。上即见大迹，未信，及群臣有言老父，则大以为仙人也。宿留海上，予方士传车及间使求仙人以千数。"《史记·孝武本纪》曰："五月，返至甘泉，有司言宝鼎出为元鼎，以今年为元封元年。"应劭曰："始封泰山，故改元。"

是月，武帝行自泰山，复东巡海上，至碣石。自辽西历北边九原(《汉书·武帝纪》、《史记·封禅书》)。

五月，武帝归至甘泉。至此凡周行万八千里(《资治通鉴》卷二〇)。

秋,除齐国(《资治通鉴》卷二〇)。

司马谈随从武帝东巡泰山封禅,至洛阳病危,遗命司马迁作《史记》。

按:《史记·太史公自序》曰:"是岁天子始建汉家之封,而太史公留滞周南,不得与从事,故发愤且卒。而子迁适使反,见父于河洛之间。太史公执迁手而泣曰:'余先周室之太史也。自上世尝显功名于虞夏,典天官事。后世中衰,绝于予乎?汝复为太史,则续吾祖矣。今天子接千岁之统,封泰山,而余不得从行,是命也夫,命也夫!余死,汝必为太史;为太史,无忘吾所欲论著矣。且夫孝始于事亲,中于事君,终于立身。扬名于后世,以显父母,此孝之大者。夫天下称诵周公,言其能论歌文武之德,宣周邵之风,达太王王季之思虑,爰及公刘,以尊后稷也。幽厉之后,王道缺,礼乐衰,孔子修旧起废,论《诗》、《书》,作《春秋》,则学者至今则之。自获麟以来四百有余岁,而诸侯相兼,史记放绝。今汉兴,海内一统,明主贤君忠臣死义之士,余为太史而弗论载,废天下之史文,余甚惧焉,汝其念哉!'迁俯首流涕曰:'小子不敏,请悉论先人所次旧闻,弗敢阙。'"方苞《望溪先生文集》卷二《书太史公自序后》曰:"子长作《封禅书》,著武帝愚迷,而序其父之死,对曰:'是岁天子方建汉家之封,而太史公留滞周南,不得与从事,故发愤且卒。'又记其言曰:'今天子接千岁之统,封泰山,而余不得从行,命也夫。'余少读而疑焉,及读《封禅书》,至群儒不能辨明封禅事,然后得其意。盖封禅用事,虽希旷其礼仪,不可得而详,然以是为合不死之名,致怪物,接仙人,蓬莱士之术,则夫人而知其妄矣。子长恨群儒不能辨明,为天下笑,故寓其意于《自序》,以明其父未尝与此,而所为发愤以死者。盖以天子建汉家之封,接千岁之统,乃重为方士所愚迷,恨己不得从行而辨明其事也。所记群祀,惟太畤、后土二祠,自著其名而寓其意于篇末,曰五宽舒之祠。示太畤、后土二祠而外,皆宽舒成之,而己不与其议也。独其《自序》曰,奉使适反,见父于河洛之间,则是岁封禅,其父子皆未与明矣。而《封禅书》后论,则自谓从行,岂所从者,乃其后五年一修之封与!子长之言曰:'非好学深思,心知其意,难为浅见寡闻者道。'然则读子长之书者,不求其所以云之意,可乎!"

东方朔谏武帝浮海求蓬莱神仙。

按:《资治通鉴》卷二〇:"天子既已封泰山,无风雨,而方士更言蓬莱诸神若将可得,于是上欣然庶几遇之,复东至海上望焉。上欲自浮海求蓬莱,群臣谏,莫能止。东方朔曰:'夫仙者,得之自然,不必躁求。若其有道,不忧不得;若其无道,虽至蓬莱见仙人,亦无益也。臣愿陛下第还宫静处以须之,仙人将自至。'上乃止。"

儿宽以左内史迁御史大夫(《汉书·百官公卿表》)。

按:《资治通鉴》卷二〇曰:"上以卜式不习文章,贬秩为太子太傅,以儿宽代为御史大夫。"吕祖谦《大事记解题》卷十二曰:"卜式虽贬秩,犹以为太子太傅,盖以朴直待之也。儿宽劝武帝自制封禅以导谀见用。《本传》云:'宽为御史大夫,以称意任职,故久无有所匡谏于上,官属易之。''初,梁相褚大通五经为博士,时宽为弟子,及御史大夫缺,征褚大,大自以为得御史大夫,至洛阳,闻儿宽为之。褚大笑。及至与宽议封禅于上前,大不能及,退而服曰:"上诚知人!"'大号为老儒,所见亦如此,鲁二生、辕固、董仲舒诸儒之风衰矣。"

咸宣为左内史,阎奉为水衡都尉。

按:吕祖谦《大事记解题》卷十二曰:"宣代儿宽者也。《史记·酷吏传》凡十人,咸宣亦在其数,其末云:'此十人中,其廉者足以为仪表;其污者足以为戒。方略教导,禁奸止邪,一切亦皆彬彬质有其文武焉。虽惨酷,斯称其位矣。至若蜀守冯当暴挫,河东褚广妄杀,水衡阎奉朴击卖请,何足数哉!'然则阎奉之徒又酷吏之下者也。"

桑弘羊为治粟都尉,请令吏得入粟补官,及罪人赎罪,行"平准"之策(《史记·平准书》)。

儿宽作《封泰山还登明堂上寿》(《汉书·公孙弘卜式儿宽传》)。

司马谈卒,生年不详。谈,夏阳人。司马迁父。官至太史令。著《论六家要旨》,总结先秦各家学说,认为阴阳、儒、墨、名、法诸家均有短长,唯道家兼有各家之长,"立俗施事,无所不宜"。又发凡起例,效《春秋》而作《史记》,未成而卒,其子司马迁继其志,纂《史记》130卷。事迹见《史记》卷一三〇、《汉书》卷六二。

按：刘知几《史通·古今正史》曰:"孝武之世,太史公司马谈,欲错综古今,勒成一史,其意未就而卒,子迁乃述父遗志。"郑樵《通志·总序》曰:"司马谈有其书而司马迁能成其父志。"《史记·太史公自序》曰:"太史公学天官于唐都,受《易》于杨何,习道论于黄子。太史公仕于建元元封之间,愍学者之不达其意而师悖,乃论六家之要指曰:《易大传》:'天下一致而百虑,同归而殊途。'夫阴阳、儒、墨、名、法、道德,此务为治者也,直所从言之异路,有省不省耳。尝窃观阴阳之术,大祥而众忌讳,使人拘而多所畏;然其序四时之大顺,不可失也。儒者博而寡要,劳而少功,是以其事难尽从;然其序君臣父子之礼,列夫妇长幼之别,不可易也。墨者俭而难遵,是以其事不可遍循;然其强本节用,不可废也。法家严而少恩;然其正君臣上下之分,不可改矣。名家使人俭而善失真;然其正名实,不可不察也。道家使人精神专一,动合无形,赡足万物。其为术也,因阴阳之大顺,采儒墨之善,撮名法之要,与时迁移,应物变化,立俗施事,无所不宜,指约而易操,事少而功多。儒者则不然。以为人主天下之仪表也,主倡而臣和,主先而臣随。如此则主劳而臣逸。至于大道之要,去健羡,绌聪明,释此而任术。夫神大用则竭,形大劳则敝。形神骚动,欲与天地长久,非所闻也。夫阴阳四时、八位、十二度、二十四节各有教令,顺之者昌,逆之者不死则亡,未必然也,故曰'使人拘而多畏'。夫春生夏长,秋收冬藏,此天道之大经也,弗顺则无以为天下纲纪,故曰'四时之大顺,不可失也'。夫儒者以六艺为法。六艺经传以千万数,累世不能通其学,当年不能究其礼,故曰'博而寡要,劳而少功'。若夫列君臣父子之礼,序夫妇长幼之别,虽百家弗能易也。墨者亦尚尧舜道,言其德行曰:'堂高三尺,土阶三等,茅茨不翦,采椽不刮。食土簋,啜土刑,粝粱之食,藜藿之羹。夏日葛衣,冬日鹿裘。'其送死,桐棺三寸,举音不尽其哀。教丧礼,必以此为万民之率。使天下法若此,则尊卑无别也。夫世异时移,事业不必同,故曰'俭而难遵'。要曰强本节用,则人给家足之道也。此墨子之所长,虽百家弗能废也。法家不别亲疏,不殊贵贱,一断于法,则亲亲尊尊之恩绝矣。可以行一时之计,而不可长用也,故曰'严而少恩'。若尊主卑臣,明分职不得相逾越,虽百家弗能改也。名家苛察缴绕,使人不得反其意,专决于名而失人情,故曰'使人俭而善失真'。若夫控名责实,参伍不失,此不可不察也。道家无为,又曰无不为,其实易行,其辞难知。其术以虚无为本,以因循为用。无成势,无常形,故能究万物之情。不为物先,不为物后,故能为万物主。有法无法,因时为业;有度无度,因物与合。故曰'圣人不朽,时变是守。虚者道之常也,因者君之纲'也。群臣并至,使各自明也。其实中其声者谓之端,实不中其声者谓之窾。窾言不听，奸乃不生，贤不肖自分，白黑乃形。在所欲用耳，何事不成。乃合大道，混混冥冥。光耀天下，复反无名。凡人所生者神也，所托者形也。神大用则竭，形大劳则敝，形神离则死。死者不可复生，离者不可复反，故圣人重之。由是观之，神者生之本也，形者生之具也。不先定其神形，而曰'我有以治天下'，何由哉？"

《论六家要旨》是古代第一篇专门的学术论文，不仅首次提出儒家、道家、法家、墨家、阴阳家和名家的说法，而且对其中儒家、法家、墨家、阴阳家、名家五家的长处与不足作出了符合实际的批评，对道家则没有批评，故司马谈被归入道家范畴。周桂钿、李祥俊《中国学术通史·秦汉卷》（人民出版社2004年版）第三章说："在学术史上，司马谈的这篇文章意义重大。黄老之学在汉初虽然盛行了几十年，但在司马谈之前，始终没有人就道家学说高于诸子作出理论上的论证，也没有明确提出以道家思想来统摄其它诸子的构想。司马谈的《论六家要旨》是汉初黄老之学政治上的成功在学术上的回应。"

汉武帝元封二年　壬申　前109年

日耳曼人再败罗马。

十月，武帝行幸雍，祠五畤；还，祝祠泰一，以拜德星（《资治通鉴》卷二一）。

按：《汉书·武帝纪》曰："冬十月，行幸雍，祠五畤。"《史记·孝武本纪》曰："其来年冬，郊雍五帝，还，拜祝祠泰一。赞飨曰：'德星昭衍，厥维休祥。寿星仍出，渊耀光明。信星昭见，皇帝敬拜泰祝之飨。'"

春，武帝幸缑氏，遂至东莱（《汉书·武帝纪》）。

按：《汉书·郊祀志上》曰："其春，公孙卿言见神人东莱山，若云'欲见天子'。天子於是幸缑氏城，拜卿为中大夫。遂至东莱，宿，留之数日，毋所见，见大人迹。复遣方士求神怪采药以千数。是岁旱。于是天子既出亡名，乃祷万里沙，过祠泰山。"颜师古《汉书注》引应劭云："万里沙，神祠也。在东莱曲城。"吕祖谦《大事记解题》卷十二曰："文成五利诈，觉而诛者，其言大也。公孙卿诈，觉而不诛者，其言远也。一则骤得富贵，一则迁延岁月。骤得富贵者，其败速，迁延岁月，其败迟。然则卿之为害，盖甚于文成五利矣。祷万里沙，虽以忧民之名，而盖求仙之实，然犹有所畏也。若始皇则肆行而不顾矣。"

四月，武帝还祠泰山。至瓠子，命从臣塞河，作《瓠子之歌》。

按：《汉书·武帝纪》曰："夏四月，还祠泰山。至瓠子，临决河，命从臣将军以下皆负薪塞河堤，作《瓠子之歌》。"《汉书·艺文志》曰："《出行巡狩及游歌诗》十篇。"王先谦《汉书补注》曰："盖武帝《瓠子》、《盛唐》、《枞阳》等歌。汉《饶歌上之回曲》当亦在内。《瓠子》，见《史记·河渠书》，《盛唐》、《枞阳》等歌见《武帝纪》。《上之回》见《乐府诗集》卷十六。"

是月，令作甘泉通天台、长安飞廉馆。

按：《史记·孝武本纪》曰："公孙卿曰：'仙人可见，而上往常遽，以故不见。今陛下可为观，如缑氏城，置脯枣，神人宜可致。且仙人好楼居。'于是上令长安则作蜚廉桂观，甘泉则作益延寿观，使卿持节设具而候神人，乃作通天台，置祠具其下，将招来神仙之属。于是甘泉更置前殿，始广诸宫室。"《汉书·武帝纪》曰："还，作甘泉通天台、长安飞廉馆。"颜师古《汉书注》引应劭曰："飞廉，神禽能致风气者也。明帝永平五年，至长安迎取飞廉并铜马，置上西门外，名平乐馆。董卓悉销以为钱。"又引晋灼曰："身似鹿，头如爵，有角而蛇尾，文如豹文。"

六月，武帝以甘泉宫产芝，作《芝房之歌》，诏令赦天下。

按：《汉书·武帝纪》曰："六月，诏曰：'甘泉宫内中产芝，九茎连叶，上帝博临，不异下房，赐朕弘休。其赦天下，赐云阳都百户牛酒。'作《芝房之歌》。"诗见《汉书·礼乐志》所载《郊祀歌》第十三章，末云："《齐房》十三。元封二年芝生甘泉齐房作。"

秋，作明堂于泰山下。

按：《史记·封禅书》曰："初，天子封泰山，泰山东北阯古时有明堂处，处险不敞。上欲治明堂奉高旁，未晓其制度。济南人公玉带上黄帝时明堂图。明堂图中有一殿，四面无壁，以茅盖，通水，圜宫垣为复道，上有楼，从西南入，命曰昆仑，天子从之入，以拜祠上帝焉。于是上令奉高作明堂汶上，如带图。"

募天下死罪为兵，遣楼船将军杨仆从齐浮渤海，左将军荀彘出辽东，以讨朝鲜（《汉书·武帝纪》）。

按：吕祖谦《大事记解题》卷十二曰："杨仆从齐浮渤海兵五万人，海道也；荀彘出辽东，陆道也。"

遣郭昌卫广发巴蜀兵平西南夷未服者，降滇王以为益州郡（《汉书·武帝纪》）。

按：西南夷至是悉平。

是年，初令越巫祠上帝、百鬼，以鸡卜。

按：《史记·孝武本纪》曰："是时既灭南越，越人勇之乃言'越人俗信鬼，而其祠皆见鬼，数有效。昔东瓯王敬鬼，寿至百六十岁。后世谩怠，故衰秏'。乃令越巫立越祝祠，安台无坛，亦祠天神上帝百鬼，而以鸡卜。上信之，越祠鸡卜始用焉。"

公孙卿正月以言见神人东莱山拜为中大夫。

按：《资治通鉴》卷二一曰："正月，公孙卿言：'见神人东莱山，若云欲见天子。'天子于是幸缑氏城，拜卿为中大夫，遂至东莱，宿留之，数日，无所见，见大人迹云。复遣方士求神怪，采芝药，以千数。"

杜周以御史大夫迁廷尉，治狱多仿张汤（《史记·酷吏列传》）。

王温舒以中尉迁少府（《汉书·百官公卿表》）。

司马迁著《河渠书》。

按：《史记·河渠书》曰："太史公曰：余南登庐山，观禹疏九江，遂至于会稽太湟，上姑苏，望五湖；东窥洛汭、大邳，迎河，行淮、泗、济、漯洛渠；西瞻蜀之岷山及离碓；北自龙门至于朔方。曰：甚哉，水之为利害也！余从负薪塞宣房，悲《瓠子之诗》而作《河渠书》。"沈家本《史记琐言·河渠书》曰："《河渠书·赞》言水之为利害，盖以河之害为尤甚，而诸渠皆利民者也，故曰河渠。《汉书》改为沟洫，聊以示异于史公。然沟洫之制自阡陌既开，而后久已废而不可复。当时诸渠之利，不过资灌溉而已，非有遂人、匠人之经纬也，谓之沟洫，非其实矣。"郭嵩焘《史记札记》卷三《河渠书》曰："案《河渠》一书，叙武帝通渭、引汾、通褒斜之道，穿洛，而终之以塞决河复禹旧迹，其勤民至矣,而言水利者遂遍于天下,此两汉富强之业所由开也。儒者徒知《史记》为谤书,而瑕瑜固不相掩,在善读者究观而知其故耳。武帝雄才大略,秦、汉以来所未有也。"

杨恽(　—前54)生。

汉武帝元封三年　癸酉　前108年

十二月,遣将军赵破奴击车师,虏楼兰王,遂破车师(《资治通鉴》卷二一)。

春,初作角抵戏,三百里内皆来观之(《汉书·武帝纪》)。

按:"角抵",或称"觳抵",其名称和记述最早见于司马迁《史记》卷八七《李斯列传》:"是时,二世在甘泉,方作觳抵、优俳之观。李斯不得见,因上书言赵高之短。"应劭注曰:"角者,角材也。抵者,相抵触也。"文颖注曰:"秦名此乐为角抵,两两相当,角力、角技艺、射御,故曰角抵也。盖杂技乐也。巴俞戏、鱼龙蔓延之属也。汉后更名平乐观。"颜师古注曰:"抵者,当也。非谓抵触。文说是也。"桓宽《盐铁论》卷下《崇礼》:"贤良曰:王者崇礼施德,上仁义而贱怪力,故圣人绝而不言,孔子曰:言忠信、行笃敬,虽蛮貊之邦不可弃也。今万方绝国之君奉赞献者,怀天子之盛德,而欲观中国之礼仪,故设明堂辟雍以示之,扬干戚、昭雅颂以风之。今乃玩好不用之器,奇虫不畜之兽,角抵诸戏,炬耀之物陈夸之,殆与周公待远方殊。"《汉书》卷二三《刑法志》曰:"至元帝时,以贡禹议,始罢角抵,而未正治兵振旅之事也。"《汉书》卷二四上《食货志》曰:"元帝二年,诸儒多言盐铁官及北假田官、常平仓可罢,毋与民争利。上从其议,皆罢之。又罢建章、甘泉宫卫,角抵,齐三服官,省禁苑以予贫民,减诸侯王庙卫卒半。"

夏,旱。令天下尊祠灵星。

按:《史记·孝武本纪》曰:"其明年,伐朝鲜。夏,旱。公孙卿曰:'黄帝时封则天旱,乾封三年。'上乃下诏曰:'天旱,意乾封乎?其令天下尊祠灵星焉。'"吕祖谦《大事记解题》卷十二曰:"武帝信公孙卿之诞,为之下诏,矫诬上天,与王莽以地震为地动何异,其所以小异于莽者,诏语且疑且信,又令天下修高祖灵星之祠以祈农事,未至如莽之无忌惮也。"

朝鲜斩其王右渠降,以其地为乐浪、临屯、玄菟、真番郡(《汉书·武帝纪》)。

司马迁继父职为太史令,始撰《史记》。

按:《史记·太史公自序》曰:"(司马谈)卒三岁,而迁为太史令。䌷史记石室金匮之书。"司马谈卒于元封元年,因而本年司马迁为太史令。关于司马迁撰《史记》的起始时间,各家说法不一,清赵翼《廿二史札记》卷一《司马迁作史年岁》曰:"司马迁《报任安书》,谓身遭腐刑,而隐忍苟活者,恐没世而文采不表于后世也。论者遂谓迁遭李陵之祸,始发愤作《史记》,而不知非也。其《自序》谓父谈临卒,属迁论著列代之史,父卒三岁迁为太史令,即紬石室金匮之书,为太史令五年,当太初元年,改正朔,正值孔子《春秋》后五百年之期,于是论次其文。会草创未就,而遭李陵之祸,惜其不成,是以就刑而无怨。是迁为太史令即编纂史事,五年为太初元年,则初为太史令时,乃元封二年也。元封二年至天汉二年,遭李陵之祸已十年。又《报任安书》内,谓安抱不测之罪,将迫季冬,恐卒然不讳,则仆之意终不得达,故略陈之。安所抱不测之罪,缘戾太子以巫蛊事,斩江充,使安发兵助战,安受其节而不发兵,武帝闻之,以为怀二心,故诏弃市。此书正安坐罪将死之时,则征和二年间事也。自天汉二年至征和二年,又阅八年。统计迁作《史记》,前后共十八年,况安死后,迁尚未亡,必更有删订改削之功。盖书之成,凡二十余年也。其《自序》末谓自黄帝以来,至太初而讫,乃指所述历代之事,止于太初,非谓作史岁月至太初而讫也。李延寿作《南北史》,凡十七年。欧阳修、宋子京修《新唐书》,亦十七年。司马温公作《资治通鉴》,凡一十九年。迁作史之岁月,更有过之。合班固作史之岁月并观之,可知编订史事,未可聊尔命笔矣。元末修宋、辽、金三史,不过三年,明初修《元史》,两次设局,不过一年,毋怪乎草率荒谬,为史家最劣也。"汪之昌《青学斋集》卷一六《马班作史年岁考》曰:"考迁史之年,《自序》谓谈卒三岁,迁为太史令,紬石室金匮之书,又五年而当太初元年,始论次其文。《正义》案迁年四十二岁。《十七史商榷》据迁云二十南游,涉历既广,阅时必久,归后始仕郎中,又奉使巴蜀,南略邛笮昆明。徐广以为平西南夷在元鼎六年,计是时迁之年必在四十左右,洎至太初元年,迁之年盖已近五十又七年,遭李陵之祸。徐广以为天汉三年既腐刑,乃卒述黄帝至太初,则书成必六十余矣。《廿二史札记》据迁《报任安书》'草创未造,会遭此祸,惜其不成,是以就极刑而无怨色'云云,迁为太史令乃元封二年,遭李陵之祸当天汉二年,时已十年,任安坐罪将死,则征和二年间事,自天汉二年至征和二年,又阅八年,统计迁作《史记》,前后共十八年。案《书》言抱不测罪,迫季冬从上雍。考《汉书》,征和元年巫蛊起,二年七月,御史大夫暴胜之、司直田仁坐失纵,胜之自杀,仁要斩,安下吏当与同时。三年春正月,行幸雍,则此书作于征和二年甚确。又叙本纪、表、书、世家、列传,凡百三十篇,似所作已告成。然《贾生传》末'生之孙嘉与余通书,至孝昭时列为九卿',据此所作容有删定于孝昭初者。"

汉武帝元封四年　申戌　前107年

十月,武帝行幸雍,祠五畤。通回中道,遂北出萧关,历独鹿,鸣泽,自代而还,幸河东(《汉书·武帝纪》)。

三月,武帝祠后土(《汉书·武帝纪》)。

夏,大旱,关东流民二百万口,以丞相石庆老谨,不能与其议,赐告归。

按:吕祖谦《大事记解题》卷十二曰:"按《本纪》:'夏大旱,民多暍死。'公孙卿谓乾封三年,今四年而旱益甚,不正其欺罔之罪而行诛何哉!"《汉书·万石卫直周张传》曰:"元封四年,关东流民二百万口,无名数者四十万,公卿议欲请徙流民于边以

盖乌斯·马略被选为罗马执政官,并被授予在朱古达战争中指挥作战的全权。

罗马始施行募兵制,以常备雇佣军代替公民军。

适之。上以为庆老谨,不能与其议,乃赐丞相告归,而案御史大夫以下议为请者。庆惭不任职,上书曰:'臣幸得待罪丞相,疲驽无以辅治。城郭仓廪空虚,民多流亡,罪当伏斧质,上不忍致法。愿归丞相侯印,乞骸骨归,避贤者路。'"

王温舒以少府迁右内史(《汉书·百官公卿表》)。

萧望之(　—前47)生。

按:《汉书·萧望之传》曰:"萧望之字长倩,东海兰陵人,徙杜陵。家世以田为业,至望之,好学,治齐诗,事同县后仓且十年。"王葆玹《今古文经学新论》第二章《今文经学的流派》(中国社会科学出版社2004年版)考证说:"据《汉书·元帝纪》和《萧望之传》,望之死于汉元帝初元二年(前47),死前自称'年逾六十'。在初元元年,郑朋称望之'至于耳顺之年。'由此可见萧望之享年61岁,生于汉武帝元封四年(前107)。"

汉武帝元封五年　乙亥　前106年

努米底亚国王朱古达被俘至罗马。

是年,希腊艾利亚努斯约于此时撰成《战术论》。

冬,武帝南巡,至盛唐,望九嶷,祀虞舜,登天柱山,浔阳浮江射蛟,出枞阳,北至琅琊。

按:《汉书·武帝纪》曰:"五年冬,行南巡狩,至于盛唐,望祀虞舜于九嶷。登灊天柱山,自寻阳浮江,亲射蛟江中,获之。舳舻千里,薄枞阳而出,作《盛唐枞阳之歌》。遂北至琅邪,并海,所过礼祠其名山大川。"刘跃进《秦汉文学编年史》(商务印书馆2006年版)根据"《玉海》卷二九'圣文·御制诗歌'条:《纪》元封五年冬,南巡至于盛唐,望祀于九疑,自寻阳浮江,亲射蛟江中,获之。舳舻千里,薄枞阳而出,作《盛唐枞阳之歌》。《文心雕龙》曰:柏梁展朝燕之诗,今隁制恤民之咏。《武帝集》曰:悼车子候自为歌诗。'似乎又是怀念奉车子候之作。奉车子候卒于元封元年。"

三月,武帝还至泰山,增封。

按:是为汉武帝第二次封禅。《史记·封禅书》曰:"及五年修封,则祠太一、五帝于明堂上坐,令高皇帝祠坐对之。祠后土于下房,以二十太牢。天子从昆仑道入,始拜明堂如郊礼。礼毕,燎堂下。而上又上泰山,有秘祠其巅。而泰山下祠五帝,各如其方,黄帝并赤帝,而有司侍祠焉。山上举火,下悉应之。"

甲子,武帝祠高祖于明堂,以配上帝,因朝诸侯王、列侯,受郡国计(《汉书·武帝纪》)。

四月,诏令赦天下。还至甘泉,郊泰畤(《汉书·武帝纪》)。

是年,初置十三州部,皆置刺史;求贤诏,举茂才异等及可为将相及使绝国者。

按:《汉书·武帝纪》曰:"初置刺史部十三州。名臣文武欲尽,诏曰:'盖有非常之功,必待非常之人,故马或奔踶而致千里,士或有负俗之累而立功名。夫泛驾之马,趿驰之士,亦在御之而已。其令州郡察吏民有茂材异等可为将相及使绝国者。"《资治通鉴》卷二一曰:"上既攘却胡、越,开地斥境,乃置交趾、朔方之州,及冀、幽、并、兖、徐、青、扬、荆、豫、益、凉等州,凡十三部,皆置刺史焉。"吕祖谦《大事记解题》卷十二曰:"武帝以名臣文武欲尽,慨然下诏,虽未闻应书者,然统御英杰鞭棰戎狄之雄略,尚于此见之。"

韩延寿为太常(《汉书·百官公卿表》)。

汉武帝元封六年　丙子　前105年

冬,武帝行幸回中(《汉书·武帝纪》)。

按:回中在安定高平。安定古称泾川。泾川是传说中西王母的降生地。《史记》与《汉书》记载武帝共11次到泾川。

春,作首山宫(《汉书·武帝纪》)。

三月,武帝至河东,祠后土(《汉书·武帝纪》)。

夏,京师民于上林平乐馆观角抵戏(《汉书·武帝纪》)。

秋,大旱,蝗;以江都王刘建女细君为公主嫁乌孙(《汉书·武帝纪》、《汉书·西域传》)。

严忌约卒(前188—　)。忌字夫子,吴人。本名庄忌,汉人避明帝讳改严。景帝时与枚乘、邹阳等为梁孝王友。《汉书·艺文志》著录"庄夫子赋二十四篇"。今存《哀时命》1篇。

日耳曼人大破罗马军于高卢南部。

汉武帝太初元年　丁丑　前104年

十月,武帝行幸泰山(《汉书·武帝纪》)。

十一月甲子朔旦,冬至,武帝祀上帝于明堂。

按:《史记·孝武本纪》曰:"其后二岁,十一月甲子朔旦冬至,推历者以本统。天子亲至泰山,以十一月甲子朔旦冬至日祠上帝明堂,每修封禅。其赞飨曰:'天增授皇帝泰元神策,周而复始。皇帝敬拜泰一。'东至海上,考入海及方士求神者,莫验,然益遣,冀遇之。"

乙酉,柏梁台灾(《汉书·武帝纪》)。

马略始连任罗马执政官。

十二月,武帝禅高里,祠后土;东临渤海,望祠蓬莱。

  按:是为汉武帝第三次封禅。《史记·孝武本纪》曰:"十二月甲午朔,上亲禅高里,祠后土。临渤海,将以望祠蓬莱之属,冀至殊庭焉。"

春,武帝还,受计于甘泉。

  按:《史记·孝武本纪》曰:"上还,以柏梁灾故,朝受计甘泉。公孙卿曰:'黄帝就青灵台,十二日烧,黄帝乃治明庭。明庭,甘泉也。'方士多言古帝王有都甘泉者。其后天子又朝诸侯甘泉,甘泉作诸侯邸。"

二月,起建章宫;置建章营骑事,后改名羽林(《史记·孝武本纪》)。

  按:《后汉书·顺帝纪》注引《汉官仪》曰:"武帝太初元年初置建章营骑,后更名羽林。以天有羽林之星,故取名焉。又取从军死事之子孙养羽林官。教以五兵,号曰羽林孤儿。光武中兴,以征伐之士劳苦者为之。故曰羽林士。"

五月,正历,以正月为岁首;色尚黄,数用五,定官名,协音律。

  按:《史记·封禅书》曰:"夏,改汉历,以正月为岁首,而色尚黄,官名更印章以五字,为太初元年。"《史记·太史公自序》曰:"五年而当太初元年,十一月甲子朔旦冬至,天历始改,建于明堂,诸神受纪。"《史记·礼书》曰:"今上即位,招致儒术之士,令共定仪,十余年不就。或言古者太平,万民和喜,瑞应辨至,乃采风俗,定制作。上闻之,制诏御史曰:'盖受命而王,各有所由兴,殊路而同归,谓因民而作,追俗为制也。议者咸称太古,百姓何望?汉亦一家之事,典法不传,谓子孙何?化隆者闳博,治浅者褊狭,可不勉与!'乃以太初之元改正朔,易服色,封太山,定宗庙百官之仪,以为典常,垂之于后云。"《史记·历书》曰:"至今上即位,招致方士唐都,分其天部;而巴落下闳运算转历,然后日辰之度与夏正同。乃改元,更官号,封泰山。因诏御史曰:'乃者,有司言星度之未定也,广延宣问,以理星度,未能詹也。盖闻昔者黄帝合而不死,名察度验,定清浊,起五部,建气物分数。然盖尚矣。书缺乐弛,朕甚闵焉。朕唯未能循明也,䌛绩日分,率应水德之胜。今日顺夏至,黄钟为宫,林钟为徵,太蔟为商,南吕为羽,姑洗为角。自是以后,气复正,羽声复清,名复正变,以至子日当冬至,则阴阳离合之道行焉。十一月甲子朔旦冬至已詹,其更以七年为太初元年。年名"焉逢摄提格",月名"毕聚",日得甲子,夜半朔旦冬至。'"李慈铭《汉书札记》曰:"此古今一大关键也。孔子所谓行夏之时者,至此始验,遂行之万世矣。小颜此注极明。前此每年之首所云科十月者,皆当作冬正月,其下即以二三为次,数至十二月,今仍以十月起者,盖武帝正朔之后,必下诏书追改以前国史所纪月日,故得尽正之也。"应劭曰:"初用夏正,以正月为岁首,故改年为太初也。"

是月,遣因杅将军公孙敖筑塞外受降城(《汉书·武帝纪》)。

八月,武帝行幸安定;遣贰师将军李广利发天下谪民西征大宛;蝗从东方飞至敦煌(《汉书·武帝纪》)。

是年,西伐大宛,虞初与丁夫人等以方祠诅匈奴、大宛(《史记·封禅书》、《孝武本纪》)。

  按:巫蛊盖发端于此。

更名右内史为京兆尹;中尉为执金吾;郎中令为光禄勋;中大夫为为光禄大夫(《汉书·百官公卿表》)。

司马迁、公孙卿、壶遂、儿宽等议改正朔;选治历邓平及长乐司马可、酒泉侯宜君、侍郎尊及与民间治历者,凡二十余人造《汉历》,史称《太初历》。

按：《汉书·律历志》曰："至武帝元封七年，汉兴百二岁矣，大中大夫公孙卿、壶遂、太史令司马迁等言'历纪坏废，宜改正朔'。是时御史大夫儿宽明经术，上乃诏宽曰：'与博士共议，今宜何以为正朔？服色何上？'宽与博士赐等议，皆曰：'帝王必改正朔，易服色，所以明受命于天也。创业变改，制不相复，推传序文，则今夏时也。臣等闻学褊陋，不能明。陛下躬圣发愤，昭配天地，臣愚以为三统之制，后圣复前圣者，二代在前也。今二代之统绝而不序矣，唯陛下发圣德，宣考天地四时之极，则顺阴阳以定大明之制，为万世则。'于是乃诏御史曰：'乃者有司言历未定，广延宣问，以考星度，未能雠也。盖闻古者黄帝合而不死，名察发敛，定清浊，起五部，建气物分数。然则上矣。书缺乐弛，朕甚难之。依违以惟，未能修明。其以七年为元年。'遂诏卿、遂、迁与侍郎尊、大典星射姓等议造《汉历》。乃定东西，立晷仪，下漏刻，以追二十八宿相距于四方，举终以定朔晦分至，躔离弦望。乃以前历上元泰初四千六百一十七岁，至于元封七年，复得阏逢摄提格之岁，中冬十一月甲子朔旦冬至，日月在建星，太岁在子，已得太初本星度新正。姓等奏不能为算，愿慕治历者，更造密度，各自增减，以造《汉太初历》。乃选治历邓平及长乐司马可、酒泉候宜君、侍郎尊及与民间治历者，凡二十余人，方士唐都、巴郡落下闳与焉。都分天部，而闳运算转历。其法以律起历，曰：'律容一龠，积八十一寸，则一日之分也。与长相终。律长九寸，百七十一分而终复。三复而得甲子。夫律阴阳九六，爻象所从出也。故黄钟纪元气之谓律。律，法也，莫不取法焉。'与邓平所治同。于是皆观新星度、日月行，更以算推，如闳、平法。法，一月之日二十九日八十一分日之四十三。先藉半日，名曰阳历；不藉，名曰阴历。所谓阳历者，先朔月生；阴历者，朔而后月乃生。平曰：'阳历朔皆先旦月生，以朝诸侯王群臣便。'乃诏迁用邓平所造八十一分律历，罢废尤疏远者十七家，复使校历律昏明。宦者淳于陵渠复覆《太初历》晦、朔、弦、望，皆最密，日月如合璧，五星如连珠。陵渠奏状，遂用邓平历，以平为太史丞。"这是我国历法史上重大改革，其科学成就巨大。《太初历》的功绩，在于它运算上的精密准确，使其与日月相合；把以十月为岁首改为以正月为岁首；沿用十九年七闰法，使历书与农时季节相适应，利于四季昌顺。自此以后，历代王朝均以正月为年始。但因为此历比四分历的误差大，所以西汉末年以《三统历》代之。

司马迁与壶遂论史书。

按：《史记·太史公自序》曰："上大夫壶遂曰：'昔孔子为何作《春秋》哉？'太史公曰：'余闻之董生："周道衰废，孔子为鲁司寇，诸侯害之，大夫壅之。孔子知言之不用，道之不行也，是非二百四十二年之中，以为天下仪表，贬诸侯，退诸侯，讨大夫，以达王事而已矣。"子曰："我欲载之空言，不如见之于行事之深切著明也。"夫《春秋》上明三王之道，下辨人事之纪，别嫌疑，明是非，定犹豫，善善恶恶，贤贤贱不肖，存亡国，继绝世，补弊起废，王道之大者也。《易》著天地、阴阳、四时、五行，故长于变；《礼》纲纪人伦，故长于行；《书》记先王之事，故长于政；《诗》记山川、溪谷、禽兽、草木、牝牡、雌雄，故长于风；《乐》乐所以立，故长于和；《春秋》辩是非，故长于治人。是故《礼》以节人，《乐》以发和，《书》以道事，《诗》以达意，《易》以道化，《春秋》以道义。拨乱世反之正，莫近于《春秋》。《春秋》文成数万，其指数千。万物之散聚皆在《春秋》。《春秋》之中，弑君三十六，亡国五十二，诸侯奔走不得保社稷者不可胜数。察其所以，皆失其本已。故《易》曰"失之豪厘，差以千里"。故"臣弑君，子弑父，非一朝一夕之故，其渐久矣"。故有国者不可以不知《春秋》，前有谗而弗见，后有贼而不知。为人臣者不可以不知《春秋》，守经事而不知其宜，遭变事而不知其权。为人君父者而不通于《春秋》之义者,必蒙首恶之名。为人臣子不通于《春秋》之义者,必陷篡弑之诛,死罪之名。其实皆以为善,为之不知其义,被之空言而不敢辞。夫不通礼义之指,至于君不君,臣不臣,父不父,子不子。夫君不君则犯,臣不臣则诛,父不父则无道,子不子则不孝:此四行者,天下之大过也。以天下大过予之,受而弗敢辞。故《春秋》者,礼义之大宗也。夫礼禁未然之前,法施已然之后。法之所为用者易见,而礼之所为禁者难知。'壶遂曰:'孔子之时,上无明君,下不得任用,故作《春秋》,垂空文以断礼义,当一王之法。今夫子上遇明天子,下得守职,万事既具,咸各序其宜,夫子所论,欲以何明?'太史公曰:'唯唯,否否,不然。余闻之先人曰:"伏羲至纯厚,作《易·八卦》。尧舜之盛,《尚书》载之,礼乐作焉。汤武之降,诗人歌之。《春秋》采善贬恶,推三代之德,褒周室,非独刺讥而已也。"汉兴已来,至明天子,获符瑞,封禅,改正朔,易服色,受命于穆清,泽流罔极,海外殊俗,重译款塞,请来献见者,不可胜道。臣下百官,力诵圣德,犹不能宣尽其意。且士贤能,而不用,有国者之耻;主上明圣而德不布闻,有司之过也。且余尝掌其官,废明圣盛德不载,灭功臣世家贤大夫之业不述,堕先人所言,罪莫大焉。余所谓述故事,整齐其世传,非所谓作也,而君比之于《春秋》,谬矣。'"《史记·韩长孺列传》曰:"太史公曰:'余与壶遂定律历,观韩长孺之义,壶遂之深中隐厚。世之言梁多长者,不虚哉!壶遂官至詹事,天子方倚以为汉相,会遂卒。不然,壶遂之内廉行修,斯鞠躬君子也。'"

夏侯始昌为昌邑太傅。

按:《汉书·眭两夏侯京翼李传》曰:"夏侯始昌,鲁人也。通《五经》,以《齐诗》、《尚书》教授。自董仲舒、韩婴死后,武帝得始昌,甚重之。始昌明于阴阳,先言柏梁台灾日,至期日果灾。时昌邑王以少子爱,上为选师,始昌为太傅。年老,以寿终。族子胜亦以儒显名。"夏侯始昌言柏梁台灾日,应验,具有谶纬的意味。因为此年有柏梁台之灾,所以系于此。夏侯始昌是辕固之后,略晚于董仲舒的《齐诗》派大师。"诸齐以《诗》显贵,皆固之弟子也。昌邑王太傅夏侯始昌最明。"《齐诗》派言阴阳灾异,始于董仲舒与夏侯始昌。《汉书·眭两夏侯京翼李传赞》曰:"汉兴,推阴阳言灾异者,孝武时有董仲舒、夏侯始昌;昭、宣则眭孟、夏侯胜;元、成则京房、翼奉、刘向、谷永;哀、平则李寻、田终术。"始昌学《尚书》于夏侯都尉。《汉书·儒林传》曰:"夏侯胜,其先夏侯都尉,从济南张生受《尚书》,以传族子始昌。始昌传胜。"还精于推衍《洪范五行传》。《汉书·眭两夏侯京翼李传》曰:"胜少孤,好学,从始昌受《尚书》及《洪范五行传》,说灾异。"《汉书·五行传》曰:"(夏侯始昌)善推《五行传》,以传族子夏侯胜,下及许商,皆以教所贤弟子。"武帝很赏识始昌,武帝对东方朔曰:"方今公孙丞相、倪大夫、董仲舒、夏侯始昌、司马相如、吾丘寿王、主父偃、朱买臣、严助、汲黯、胶仓、终军、严安、徐乐、司马迁之伦,皆辩知闳达,溢于文辞。先生自视,何与比哉?"(《汉书·东方朔传》)

虞初著《周说》。

按:虞初约于此年前后在世,生卒年不详,西汉方士,汉代小说的初创者。《汉书·艺文志》曰:"《虞初周说》九百四十三篇。河南人。武帝时以方士为侍郎,号'黄车使者'。颜师古《汉书注》引应邵曰:'其说以《周书》为本。'"《汉书·艺文志》论小说家起源云:"小说家者流,盖出于稗官。街谈巷语,道听途说者之所造也。孔子曰:'虽小道,必有可观者焉,致远恐泥,是以君子弗为也,然亦弗灭也。同里小知者之所及,亦使缀而不忘。如或一言可采,比亦刍荛狂夫之议也。'"王先谦《汉书补注》卷二五引薛琮注曰:"小说,医巫厌祝之术。凡有九百四十三篇。言九百,举大数也。"王瑶《小说方术》说:"张衡所言小说本自虞初的说法,也就是说小说本自方士。"张衡《西京赋》曰:"匪惟玩好,乃有秘书,小说九百,本自虞初,从容之求,实侯实储。"

汉武帝太初二年　戊寅　前 103 年

正月戊申,丞相石庆卒(《汉书·百官公卿表》)。

闰月丁丑,以太仆公孙贺为丞相,封葛绎侯(《汉书·百官公卿表》、《汉书·公孙刘田王杨蔡陈郑传》)。

按:吕祖谦《大事记解题》卷十二引致堂胡氏曰:"宰相,人臣所愿为者也。武帝多杀,至死,人不敢以辅佐为荣,盖亦少省乎?而公孙贺惧祸不拜,亦未有自善之策也。以妻与椒房兄弟而有宠,其子骄奢不奉法,盗用北军钱千九百万,与公主私通而不能禁,为木偶祝诅上,有恶言而不能发觉,而致身诛族夷,是则自殆,岂独武帝好杀之过哉!春秋之诸侯专杀大夫,固曰有罪,而大夫见杀,鲜不有以致之,是故仲尼交贬焉!"

三月,武帝行幸河东,祠后土(《汉书·武帝纪》)。

是年,民谣《鸡鸣谣》作。

按:《拾遗记》曰:"太初二年,大月氏国贡双头鸡,四足一尾,鸣则俱鸣。武帝置于甘泉故馆,更以余鸡混之,得其种类而不能鸣。谏者曰:'诗云:"牡鸡无晨",一云:"牡鸡之晨,惟家之索。"今雄类不鸣,非吉祥也。'帝乃送还西域。行至西关,鸡反顾望汉宫而哀鸣。故谣言曰:'三七末世,鸡不鸣,犬不吠,宫中荆棘乱相系,当有九虎争为帝。'至王莽篡位,将军有九虎之号。其后丧乱弥多,宫掖中生蒿棘,家无鸡鸣犬吠。"

儿宽卒,生年不详。宽,千乘人。先从欧阳生学《尚书》,后从孔安国受业,通经学,善属文。曾与司马迁共同制定《太初历》。官至御史大夫。著有文 9 篇,赋 2 篇。事迹见《汉书》卷五八。

按:《汉书·武帝纪》曰:"冬十二月,御史大夫儿宽卒。"《汉书·公孙弘卜式儿宽传赞》曰:"公孙弘、卜式、儿宽皆以鸿渐之翼困于燕爵,远迹羊豕之间,非遇其时,焉能致此位乎?是时,汉兴六十余载,海内艾安,府库充实,而四夷未宾,制度多阙。上方欲用文武,求之如弗及,始以蒲轮迎枚生,见主父而叹息。群士慕向,异人并出。卜式拔于刍牧,弘羊擢于贾竖,卫青奋于奴仆,日䃅出于降虏,斯亦曩时版筑饭牛之朋已。汉之得人,于兹为盛,儒雅则公孙弘、董仲舒、儿宽,笃行则石建、石庆,质直则汲黯、卜式,推贤则韩安国、郑当时,定令则赵禹、张汤,文章则司马迁、相如,滑稽则东方朔、枚皋,应对则严助、朱买臣,历数则唐都、洛下闳,协律则李延年,运筹则桑弘羊,奉使则张骞、苏武,将率则卫青、霍去病,受遗则霍光、金日䃅,其余不可胜纪。是以兴造功业,制度遗文,后世莫及。孝宣承统,纂修洪业,亦讲论六艺,招选茂异,而萧望之、梁丘贺、夏侯胜、韦玄成、严彭祖、尹更始以儒术进,刘向、王褒以文章显,将相则张安世、赵充国、魏相、丙吉、于定国、杜延年,治民则黄霸、王成、龚遂、郑弘、召

萨图宁当选罗马保民官,遂提出土地分配和平价售粮。为元老院反对。

萨图宁及马略盟。

信臣、韩延寿、尹翁归、赵广汉、严延年、张敞之属,皆有功迹见述于世。参其名臣,亦其次也。"王夫之《读通鉴论》曰:"武帝之淫祠以求长生,方士言之,巫言之耳。儿宽,儒者也,其言王道也,琅琅乎大言之无惭矣;乃附会缘饰,以赞封禅之举,与公孙卿之流相为表里,武帝利赖其说,采儒术以文其淫诞,先王之道,一同于后世缁黄之徒,而灭裂极矣。沿及于谶纬,则尤与莲教之托浮屠以鼓乱者,均出一轨。呜呼! 儒者先裂其防以启妄,佛、老之慧者,且应笑其狂惑而贱之。汉儒之毁道徇俗以陵夷圣教,其罪复奚诿哉!"《汉书·艺文志》著录《儿宽》九篇。今《汉书》本传及《律历志》载其文四篇。《汉书·艺文志·诗略赋》又著录《儿宽赋》二篇,已佚。马国翰有《儿宽书》1卷,《全汉文》卷二八录其文3篇。

汉武帝太初三年　己卯　前102年

马略于阿奎亚·塞克斯提亚之役大败日耳曼人。

是年,卢奇利乌斯卒(约前180—　)。罗马讽刺诗人。

正月,武帝东巡海上,考神仙之属,未有验者。

按:《史记·封禅书》曰:"其明年,东巡海上,考神仙之属,未有验者。方士有言'黄帝时为五城十二楼,以候神人于执期,命曰迎年'。上许作之如方。命曰迎年。上亲礼祠上帝焉。"

四月,武帝封泰山,禅石闾。

按:是为汉武帝第四次封禅。《史记·孝武本纪》曰:"公玉带曰:'黄帝时虽封泰山,然风后、封钜、岐伯令黄帝封东泰山,禅凡山合符,然后不死焉。'天子既令设祠具,至东泰山,东泰山卑小,不称其声,乃令祠官礼之,而不封禅焉。其后令带奉祠候神物。夏,遂还泰山,修五年之礼如前,而加禅祠石闾。石闾者,在泰山下址南方,方士多言此仙人之闾也,故上亲禅焉。"

夏,遣强弩都尉路博德筑居延塞。

按:《汉书·武帝纪》曰:"(太初三年)遣光禄勋徐自为筑五原塞外列城,西北至卢朐,游击将军韩说将兵屯之。强弩都尉路博德筑居延。"《史记·匈奴列传》正义引《括地志》云:"居延县故城在甘州张掖县东北一千五百三十里。有汉遮虏障,强弩都尉路博德之所筑。李陵败,与士众期至遮虏障,即此也。《长老传》云障北百八十里,直居延之西北,是李陵战地也。"《史记·李将军列传》正义引《括地志》云:"居延海在甘州张掖县东北[千]六十四里。"《史记·大宛列传》曰:"太初三年置居延、休屠以卫酒泉。"居延县当设于是年。《汉书·地理志》曰"居延,居延泽在东北,古文以为流沙。都尉治。莽曰居成。"李并成《汉居延县城新考》(《考古》1998年第5期)说:"据此,居延县的东北有居延泽,即'古文'所谓的流沙之地。该县应位于居延泽的西南。所谓'古文',当指《尚书》而言。《尚书·禹贡》云:'道弱水,至于合黎,余波入于流沙。'弱水,古今书籍都认为即黑河,一名黑水,又名张掖河;有时又专指黑河主要支流之一的山丹河。《山海经·海内西经》:'流沙出钟山,西行又南行昆仑之虚,西南入海,黑水之山'。郭璞注:'今西海居延泽。《尚书》所谓"流沙"者,形如月生五日也。'流沙形如月生五日,当是指随风流动的沙丘呈新月形,这是河西走廊北部巴丹吉林沙漠和腾格里沙漠的主要地貌景观。《水经注》卷40:'流沙地在张掖居延县东北。……弱水入流沙。流沙，沙与水流行也。亦言出钟山，西行极崎峨之山，在西海郡北。'据《晋书·地理志》，西海郡为献帝兴平二年（公元195年）武威太守张雅请置，治所在居延县城。《元和郡县图志》卷40："居延海，在（张掖）县东北一千六百里。即居延泽，古文以为流沙者，风吹流行，故曰流沙。"可见《尚书·禹贡》所谓流沙当指今黑河下游的沙漠地区（属巴丹吉林沙漠的一部分）。由《汉书·地理志》'流沙'的地望可推，汉居延县位于今黑河下游内蒙古额济纳旗域内，古居延泽则在其东北。"1926年在这里发现大量汉代竹简，具有重要价值。当时由中国和瑞典学者组成西北科学考察团，赴内蒙古、甘肃、新疆、宁夏等地进行天文、地理、文物、古迹、风土、民情等综合考察，在汉代长城居延地段的甲渠候官的城堡、甲渠第四燧的了望台和肩水金关的关城等三个不同等级的军事设施和建筑物发现了汉代木简。再至1930年，由西北科学考察团对额济纳河流域的大湾、地湾、金关、破城子等遗址进行考古发掘，共获汉简一万多枚。这批竹简绝大多数保存在台湾省中央研究院历史语言研究所。1972年至1974年间又发掘了肩水、甲渠候宫（破城子）、甲渠塞第四燧三处遗址，出土汉简一万九千余枚。1977年在长城烽隧遗址发现木简91枚。1979年在敦煌马圈湾遗址发现1217枚。1985年在天水市北道区党川乡放马滩一号墓出土460枚秦代竹简。上述发掘，总计已达三万余枚。居延汉简的发现，是20世纪中国考古界的重大事件，与北京故宫内阁大库档案、安阳甲骨档案、敦煌莫高窟藏经洞经卷档案一并被誉为20世纪中国档案界的"四大发现"。（参见刘跃进《秦汉简帛中的文学世界——秦汉文学研究新资料之一》，《忻州师范学院学报》2001年第2期）

秋，发"七科谪"征大宛。

按：《汉书·武帝纪》卷曰："发天下七科谪及勇敢士，遣贰师将军李广利将六万骑、步兵七万人出朔方，因杆将军公孙敖万骑、步兵三万人出雁门，游击将军韩说步兵三万人出五原，强弩都尉路博德步兵万余人与贰师会。广利与单于战余吾水上连日，敖与左贤王战不利，皆引还。"王夫之《读通鉴论》曰："汉发七科谪充战士征胡，法已苛矣，乃犹有正俗重农之意焉。吏有罪，一也；使为吏者惜官箴而重自爱也。亡命，二也；使民有罪自伏而不逃亡以诡避也。赘婿，三也；使民不舍其父母而从妻以逆阴阳之纪也。贾人，四也；故有市籍，五也；父母有市籍，六也；大父母有市籍，七也。农人力而耕之，贾人诡而获之，以役农人而骄士大夫，坏风俗，伤贫弱，莫此甚焉。重其役者，犹周制贾出车牛乘马之赋，以抑末而崇本也。汉去古未远，政虽苛暴，不忘贱货利、重天伦、敦本业之道焉。至于唐，承五胡十六国之夷习，始驱农民以为兵。读杜甫《石壕吏》之诗，为之陨涕。汉即不可法，成周之遗制，甲兵之资取之于商贾，万世可行之法乎！"

公玉带作《明堂图》。

按：《史记·封禅书》曰："泰山东北阯古时有明堂处，处险不敞。上欲治明堂奉高旁，未晓其制度。济南人公玉带上黄帝时明堂图。明堂图中有一殿，四面无壁，以茅盖，通水，圜宫垣为复道，上有楼，从西南入，命曰昆仑，天子从之入，以拜祠上帝焉。于是上令奉高作明堂汶上，如带图。及五年修封，则祠太一、五帝于明堂上坐，令高皇帝祠坐对之。祠后土于下房，以二十太牢。天子从昆仑道入，始拜明堂如郊礼。礼毕，燎堂下。"孙葆田《山东通志》卷一三四《艺文志》曰："《明堂图》，公玉带撰，济南人。图见《史记·封禅书》。马端临曰：'黄帝明堂之说制度，乃武帝时济南人公玉带所上，杨氏《祭礼·明堂篇》以其不经而削之。然其所言茅盖通水与《大戴礼》所记略同。万斯大《仪礼商》云明堂之制，见于《考工》，见于《大戴》，见于《淮南子》，见

《孝经纬》,而淳于登有说,公玉带有图,唯《考工》最古可信。余俱不经,无足道也。独据公玉图以例朝堂之制恐未然。"

居延汉简纪年始于是年。

按:"居延汉简"是指出土于我国内蒙古自治区额济纳旗的居延地区以及甘肃省嘉峪关以东的金塔县破城子等地的汉代简牍,总计三万多枚。由新旧两部分组成,人们习惯上将1930年出土的称为旧简,1972年至1976年出土的称为新简。居延汉简纪年简最早者为汉武帝太初三年(公元前102年),亦即汉武帝遣强弩都尉路博德始筑居延塞之年。劳榦根据居延汉简的性质和用途,将其分为五大类型:一、文书:书檄、封检、符券、刑讼;二、簿册:烽燧、戍役、疾病死亡、钱谷、名籍、资绩、器物、车马、酒食、计簿、杂簿;三、信札;四、经籍:历谱、小学、六经诸子、律令、医方、术数;五、杂类:无年号者、有年号者。后又调整为七大类66项,其中新增的条目如下:一、简牍之制:封检形式、检署、露布、版书、符券、契据、编简之制;二、公文形式与一般制度:诏书、玺印、小官印、刚卯、算赀、殿最、别火官、养老、抚恤、捕亡、刺史、都吏、司马、大司空属、地方属佐、文吏与武吏、期会、都亭部、传舍、车马、行程;三、有关史事文件举例:汉武诏书、五铢钱、王路堂、王莽诏书用月令文、西域、羌人;四、有关四郡问题:四郡建置、禄福县、武威县、居延城、居延地望;五、边塞制度:边郡制度、烽燧、亭障、坞堡、邸阁、兵器、屯田、将屯、农都尉、罪人徙边、内郡人与戍卒、边塞吏卒之家属、雇佣与"客";六、边郡生活:粮食、谷类、牛犁、服御器、酒与酒价、塞上衣著、缣帛、蟾褕、社、古代记时之法、五夜;七、书牍与文字:书牍、"七"字的繁写、《仓颉篇》与《急就篇》。(参见《居延汉简考释》)居延汉简的发现与研究,具有补史、证史的不可替代的重要功能和学术价值。

汉武帝太初四年　庚辰　前 101 年

马略败日耳曼人于佛切里之役。

春,贰师将军广利斩大宛王首,获汗血马来;武帝作《西极天马之歌》。

按:《汉书·礼乐志》载《天马歌》,"太初四年诛宛王,获宛马作"。吕祖谦《大事记解题》卷十二曰:"自是之后,汉威行于西域矣。从李广利出敦煌者六万人,马三万匹,军还而入玉门者万余人,马千余匹,苟非以女宠之故,将如荀彘、杨仆,或死或黜矣。"

秋,起明光宫(《汉书·武帝纪》)。

冬,武帝行幸回中(《汉书·武帝纪》)。

徙弘农都尉治武关,税出入者以给关吏、卒食(《汉书·武帝纪》)。

按:西汉初期曾制定关税,如文帝前元十一年,下令"除关",现又恢复关税制度。

是年,匈奴尽归汉使及降者,并使人聘于汉(《汉书·匈奴传》)。

汉武帝天汉元年　辛巳　前100年

正月,改元为天汉。

按：应劭曰:"时频年苦时,故改元为天汉,以祈甘雨。"

是月,武帝行幸甘泉,郊泰畤(《汉书·武帝纪》)。

三月,武帝行幸河东,祠后土;作《秋风辞》(《汉书·武帝纪》)。

按：王益之《西汉年纪》卷一六曰:"天汉元年春三月,行幸河东,祠后土。上作《秋风辞》。"《文选》有《秋风辞》,序曰:"上行幸河东,祠后土。顾视帝京欣然,中流与群臣宴饮。上欢甚,乃自作《秋风辞》。"郑文《汉诗研究》(甘肃出版社1994年版)以为此诗是东汉以后伪造的。

遣中郎将苏武等送匈奴使留汉者(《汉书·苏武传》)。

五月,诏赦天下。

按：为改元而赦也。

秋,发谪戍屯五原(《汉书·武帝纪》)。

桑弘羊为大司农(《汉书·百官公卿表》)。

王卿传《齐论语》,为御史大夫。

按：王卿是第一个传《齐论语》的经师,《汉书·百官公卿表》曰:"天汉元年,济南太守琅琊王卿为御史大夫。二年,有罪自杀。"《经典释文·序录》曰:"《齐论语》者,齐人所传,别有《问王》、《知道》二篇。凡二十二篇,其二十篇中,章句颇多于《鲁论》。昌邑王吉、少府宋畸、琅琊王卿、御史大夫贡禹、尚书令五鹿充宗、胶东庸生并传之,惟王阳名家。"

苏武出使匈奴,被扣留(《汉书·苏武传》)。

按：苏武被匈奴扣留时间长达19年。

萨图宁再任罗马保民官,重提土地法和粮食法,遭贵族派反对,被杀。

希腊天文学家安德罗尼卡活动时期约在是年,他建有雅典钟楼"风塔"。

希腊新毕达哥拉斯学派哲学家、数学家吉拉什的尼科马科斯活动时期约在是年。他著有《算数引论》、《数的神学》、音乐著作《谐和手册》。

汉武帝天汉二年　壬午　前99年

春,武帝行幸东海,还幸回中,复至泰山修禅。

按：《史记·封禅书》曰:"其后五年。复至泰山修禅。"《汉书·武帝纪》曰:"二年春,行幸东海。还幸回中"

五月,李陵兵败,降匈奴(《汉书·武帝纪》)。

罗马元老院废除萨图宁土地法。

秋,止禁巫祠道中者。大搜;西域渠黎六国使使来献(《汉书·武帝纪》)。

十一月,武帝诏令关卡都尉严查出入者(《汉书·武帝纪》)。

是年,作沉命法。

按:《资治通鉴》卷二一曰:"上以法制御下,好尊用酷吏,而郡、国二千石为治者大抵多酷暴,吏民益轻犯法;东方盗贼滋起,大群至数千人,攻城邑,取库兵,释死罪,缚辱郡太守、都尉,杀二千石;小群以百数掠卤乡里者,不可胜数。道路不通。上始使御史中丞、丞相长史督之,弗能禁;乃使光禄大夫范昆及故九卿张德等衣绣衣,持节、虎符,发兵以兴击。斩首大部或至万余级,及以法诛通行、饮食当连坐者,诸郡甚者数千人。数岁,乃颇得其渠率,散卒失亡复聚党阻山川者往往而群居,无可奈何。于是作《沉命法》,曰:'群盗起,不发觉,发觉而捕弗满品者,二千石以下至小吏,主者皆死。'其后小吏畏诛,虽有盗不敢发,恐不能得,坐课累府,府亦使其不言。故盗贼多,上下相为匿,以文辞避法焉。"

遣开陵侯成娩将楼兰兵击车师。

按:吕祖谦《大事记解题》卷十二曰:"汉用西域兵伐国自此始,盖以蛮夷攻蛮夷也。"

杜周以御史中丞迁执金吾(《汉书·百官公卿表》)。

司马迁因为李陵降匈奴事辩解而罢太史令,下狱。

按:《汉书·李广苏建传》曰:"后闻陵降,上怒甚,责问陈步乐,步乐自杀。群臣皆罪陵,上以问太史令司马迁,迁盛言:'陵事亲孝,与士信,常奋不顾身以殉国家之急。其素所畜积也,有国士之风。今举事一不幸,全躯保妻子之臣随而媒蘖其短,诚可痛也!且陵提步卒不满五千,深鞯戎马之地,抑数万之师,虏救死扶伤不暇,悉举引弓之民共攻围之。转斗千里,矢尽道穷,士张空拳,冒白刃,北首争死敌,得人之死力,虽古名将不过也。身虽陷败,然其所摧败亦足暴于天下。彼之不死,宜欲得当以报汉也。'初,上遣贰师大军出,财令陵为助兵,及陵与单于相值,而贰师功少。上以迁诬罔,欲沮贰师,为陵游说,下迁腐刑。"

汉武帝天汉三年　癸未　前98年

二月,初榷酒酤。

按:《汉书·武帝纪》曰:"初榷酒酤"。即酒为国家专卖。顾炎武《日知录》卷二八曰:"武帝天汉三年,初榷酒酤。昭帝始元六年,用贤良文学之议,罢之,而犹令民得以律占租卖,酒升四钱,遂以为利国之一孔,而酒禁之弛实滥觞于此。然史之所载,自孝宣已后,有时而禁,有时而开。至唐代宗广德二年十二月,诏天下州县,各量定酤酒户,随月纳税,除此之外,不问官私,一切禁断。自此名禁而实许之酤,意在榷钱而不在酒矣,宋仁宗乾兴初,言者以天下酒课月比岁增,无有艺极,非古禁群饮节用之意。孝宗淳熙中，李焘妻谓，设法劝饮，以敛民财。周辉《杂志》以为，惟恐其饮不多而课不美，此榷酤之弊也。至今代，则既不榷缗而亦无禁令，民间遂以酒为日用之需，比于饔飧之不可阙，若水之流，滔滔皆是，而厚生正德之论莫有起而持之者矣。"

三月，武帝东巡泰山修封，祀明堂。还至北地，祠常山，埋玄玉。

按：是为汉武帝第五次封禅。《史记·封禅书》曰："其后三年，复至泰山修封。"裴骃《史记集解》引徐广曰："天汉三年。"

四月，大旱，诏赦天下（《汉书·武帝纪》）。

杜周以执金吾迁御史大夫（《汉书·百官公卿表》）。

司马迁因为李陵辩护而受宫刑，遂发愤著书。

按：《史记·太史公自序》曰："七年而太史公遭李陵之祸，幽于缧绁。乃喟然而叹曰：'是余之罪也夫！是余之罪也夫！身毁不用矣。'退而深惟曰：'夫《诗》《书》隐约者，欲遂其志之思也。昔西伯拘羑里，演《周易》；孔子厄陈蔡，作《春秋》；屈原放逐，著《离骚》；左丘失明，厥有《国语》；孙子膑脚，而论兵法；不韦迁蜀，世传《吕览》；韩非囚秦，《说难》《孤愤》；《诗》三百篇，大抵贤圣发愤之所为作也。此人皆意有所郁结，不得通其道也，故述往事，思来者。'于是卒述陶唐以来，至于麟止，自黄帝始。"司马迁初拟为诬上死罪，后受宫刑。吉春《司马迁年谱新编》（三秦出版社1989年版）认为李陵战败被俘，司马迁被下狱后，武帝有个犹豫不决"李陵无罪"的调查过程，此过程应有岁余。一般认为司马迁定为死罪而受腐刑应在杀害李陵家族后。王国维《观堂集林·太史公行年考》、泷川资言《史记会注考证·太史公年谱》系于天汉三年。《资治通鉴》系于天汉二年。关于司马迁腐刑的原因，王鸣盛《十七史商榷》卷六《裴注引卫宏非是》曰："裴骃于《自序》末引卫宏《汉旧仪注》云：'司马迁作《景帝本纪》，极言其短及武帝过，武帝怒而削去之。后坐举李陵，陵降匈奴，故下迁蚕室。有怨言，下狱死。'今观《景纪》，绝不言其短。又迁下蚕室，在天汉三年，后为中书令，尊宠任职。其卒在昭帝初，距获罪被刑盖已十余年矣，何得谓下蚕室，有怨言，下狱死乎？与情事全不合，皆非是。"清代赵铭《琴鹤山房遗稿》卷五《司马迁下蚕室论》认为司马迁受宫刑出于自愿，目的是为了撰写《史记》，其曰："夫迁以救李陵得罪，迁但欲护陵耳，非有沮贰师意也。帝怒其欲沮贰师而为陵游说，则迁罪更不容诛，以武帝用法之严，而吏傅帝意以置迁于法，迁之死尚得免乎？汉法，罪当斩赎为庶人者，唯军将为然，而死罪欲腐者许之，则自景帝时著为令。张贺以戾太子宾客，当诛，其弟安世为上书，得下蚕室，是其明证。迁惜《史记》未成，请减死一等就刑，以继成父谈所为史，帝亦惜其才而不忍致诛，然则迁之下蚕室，出于自请无疑也。迁《报任少卿书》曰：'草创未就，会遭此祸，惜其不成，是以就极刑而无愠色。'又曰：'仆诚已著此书，藏之名山，传之其人，通邑大都，则仆偿前辱之责，虽万被戮，岂有悔哉！'寻文考指，当日迁所以请，与帝所以贳之之本末，犹可推见，史家讳不书耳。若魏明帝讥迁以被刑之故，隐切武帝，王肃谓帝取观迁所作孝景及己本纪，怒而投之，后遂以李陵事下蚕室。而裴骃《自序》引卫宏《汉旧仪注》，谓迁被刑后有怨言，下狱死，均非事实，不足辨。呜呼，作史者不有人祸，必有天殃，迁以史未成，幸得赎死，班、范卒皆坐诛，邕亦为王允所杀，可不惧哉！"

汉武帝天汉四年　甲申　前97年

正月,朝诸侯王于甘泉宫(《汉书·武帝纪》)。
四月,立皇子髆为昌邑王(《汉书·武帝纪》)。
九月,令死罪赎钱五十万减死一等。
按:《汉书·武帝纪》曰:"秋九月,令死罪入赎钱五十万减死一等。"《汉书·萧望之传》载萧望之与京兆尹张敞辩论入谷赎罪是否可行,其中亦有"闻天汉四年,常使死罪人入五十万钱减死罪一等"之语,似赎罪之法实创始于天汉四年。

萧望之与京兆尹张敞辩论入谷赎罪(《汉书·萧望之传》)。
桑弘羊贬为搜粟都尉。
按:《汉书·百官公卿表》曰:"武帝天汉元年,大司农桑弘羊,四年,贬为搜粟都尉。"
司马迁出狱,为中书令。
按:《汉书·司马迁传》曰:"迁既被刑之后,为中书令,尊宠任职。"

汉武帝太始元年　乙酉　前96年

昔兰尼始受罗马统治。

正月,改元太始。
按:应劭曰:"言荡涤天下,与民更始,故以冠元。"
是月,徙郡、国吏民豪桀于茂陵、云陵(《汉书·武帝纪》)。
按:西汉的"徙陵"制度,是将具有一定身份的人迁往皇帝陵墓旁所设立的县邑,《汉书·地理志》曰:"汉兴,立都长安,徙齐诸田,楚昭、屈、景及诸功臣家于长陵。后世世徙吏二千石、高訾富人及豪桀并兼之家于诸陵。盖亦以强干弱支,非独为奉山园也。"
六月,诏赦天下(《汉书·武帝纪》)。

董仲舒卒(前179—　)。仲舒,广川人。今文经学大师,治《春秋公羊传》,景帝时为博士。武帝时提出"罢黜百家,独尊儒术"的建议,为朝廷统一学术文化思想奠定基础。《汉书·艺文志》著录《董仲舒》123篇;尚有《春秋繁露》、《春秋决狱》、《董子文集》。事迹见《史记》卷一二一、《汉书》

卷五六。

按：关于董仲舒之卒年，苏舆《春秋繁露义证·董子年表》有详细考证，定于是年。"仲舒著书。皆为改正朔以前事，则其卒于太初前可知。故断于是年止。"今从之。周桂钿《秦汉思想史》（河北人民出版社2000年版）考证董仲舒死于元封四年（公元前107年）以后，太初元年（公元前104年）之前。施子勉《董子年表订误》（《东方杂志》第41卷第21号）谓董仲舒卒于武帝元鼎中。杨树达《汉书窥管》（上海古籍出版社1984年版）曰："今考《食货志》上云：仲舒死后，功费愈甚，天下虚耗，人复相食。据《武纪》，关东郡国饥，人相食，事在元鼎三年。又《食货志》下云：作柏梁台，高数十丈，宫室之修，由此日丽。是时河东被河灾，及岁不登数年，人或相食。所叙与上篇同时事。筑柏梁台、关东水灾，据《纪》，皆在元鼎二年。则董生之卒，当在元鼎二年以前，不及元封太初时矣。先生（苏舆）云：《止雨》篇有二十一年之文，知董生元狩四年尚存。此说甚是。然则董之卒当在元狩五六年及元鼎元年三年间也。"

又按：《夏侯始昌传》云：自董仲舒、韩婴死后，武帝始得昌，甚重之。始昌言柏梁台灾日，至灾期，果灾。据《五行志》上及《武纪》，柏梁台之灾在太初元年十一月乙酉，此十一月实为太初元年之第二月。计董生死而帝始得始昌，始昌先言柏梁台当灾，而后柏梁台始灾，其间为时自当不少。然董生不得卒于太初元年，又甚明矣。"《汉书·董仲舒传》曰："仲舒所著，皆明经术之义，及上疏条教，凡百二十三篇。而说《春秋》事得失，《闻举》、《玉杯》、《蕃露》、《清明》、《竹林》之属，复数十篇，十余万言。"《春秋繁露》即是说《春秋》，争得失的数十篇。其名称不见于《汉书·艺文志》，《汉书·艺文志·诸子略·儒家》著录《董仲舒》123篇。《隋书·经籍志》著录《春秋繁露》。《四库全书总目提要》曰："《春秋繁露》，繁或作蕃，盖古字相通，其立名之义不可解，中与馆阁书目为繁露，冕之所垂，有联贯之象。春秋比事属词，立名或取之此，亦以意为说也。"关于此书的注疏有：清凌曙《春秋繁露注》，黄金鉴《春秋繁露集注》，苏舆《春秋繁露义证》等。关于董仲舒思想的研究有：明归有光《桂岩子》，清王朴《春秋繁露求雨止雨考》，近代康有为《春秋董氏学》（中华书局1990年版），今人周辅成《论董仲舒思想》（上海人民出版社1961年版）、周桂钿、吴锋《董仲舒》（吉林文史出版社1997版）等。

汉武帝太始二年　丙戌　前95年

正月，武帝行幸回中（《汉书·武帝纪》）。

三月，诏令改铸黄金为麟趾、褭蹄形（《汉书·武帝纪》）。

按：吕祖谦《大事记解题》卷十二曰："武帝老矣，而夸符瑞之习犹未衰也。"

延年上书请开大河上领，出之胡中（《汉书·沟洫志》）。

按：刘跃进《秦汉文学编年史》（商务印书馆2006年版）本年载齐人延年作《上书请开大河上领出之胡中》。

白公奏穿渠，民得其利，作《郑白渠歌》以歌之。

按：《汉书·沟洫志》曰："太始二年，赵中大夫白公复奏穿渠。引泾水，首起谷口，尾入栎阳，注渭中，袤二百里，溉田四千五百余顷，因名曰白渠。民得其饶，歌之曰：'田于何所？池阳、谷口。郑国在前，白渠起后。举臿为云，决渠为雨。泾水一石，其泥数斗。且溉且粪，长我禾黍。衣食京师，亿万之口。'言此两渠饶也。"

司马迁《史记》绝笔于本年前后。

按：司马迁写《史记》的终讫时限，与司马迁的卒年有关，因其卒年无法确定，所以《史记》记事的下限也众说纷纭，或曰讫于元狩获麟，或曰讫于元封六年，或曰讫于太初，或曰讫于天汉，或曰讫于太始麟趾，或曰讫于征和，或曰讫于武帝末年，至今未有定论。《后汉书·班彪传》载其论《史记》文曰："孝武之世，太史令司马迁采《左氏》、《国语》，删《世本》、《战国策》，据楚汉列国时事，上自黄帝，下讫获麟，作《本纪》、《世家》、《列传》、《书》、《表》，凡百三十篇而十篇缺焉。迁之所记，从汉元至武以绝，则其功也。至于采经摭传，分散百家之事，甚多疏略，不如其本，务欲以多闻广载为功，论议浅而不笃。其论术学，则崇黄老而薄五经；序货殖，则轻仁义而羞贫穷；道游侠，则贱守节而贵俗功：此其大敝伤道，所以遇极刑之咎也。然善述序事理，辩而不华，质而不野，文质相称，盖良史之才也。诚令迁依五经之法言，同圣人之是非，意亦庶几矣。"李贤注："武帝太始二年，登陇首，获白麟，迁作《史记》，绝笔于此年也。"今从之。

又按：《史记·太史公自序》曰："罔罗天下放失旧闻，王迹所兴，原始察终，见盛观衰，论考之行事，略推三代，录秦汉，上记轩辕，下至于兹，著十二本纪，既科条之矣。并时异世，年差不明，作十表。礼乐损益，律历改易，兵权山川鬼神，天人之际，承敝通变，作八书。二十八宿环北辰，三十辐共一毂，运行无穷，辅拂股肱之臣配焉，忠信行道，以奉主上，作三十世家。扶义俶傥，不令己失时，立功名于天下，作七十列传。凡百三十篇，五十二万六千五百字，为《太史公书》。"从《自序》可见，《史记》五体具全，130篇之数也足，说明其书是完成了的。但是到东汉班彪、班固父子时，已经"十篇缺，有录无书"（《汉书·艺文志》）。裴骃《史记集解》引张晏说："迁没之后，亡《景纪》、《武纪》、《礼书》、《乐书》、《律书》、《汉兴以来将相年表》、《日者列传》、《三王世家》、《龟策列传》，《傅靳蒯成列传》。元成之间褚先生补缺。作《武帝纪》、《三王世家》、《日者列传》，言辞鄙陋，非迁本意也。"王应麟《汉书艺文志考证》引东莱吕氏曰："以张晏所列亡篇之目校之，《史记》或其篇具在，或莫具而未成，非皆无书也。其一曰《景纪》，此其篇具在者也，所载间有班书所无者。其二曰《武纪》，十篇唯此篇亡。卫宏《汉旧仪注》：'司马迁作本纪，极言景帝之短及武帝之过，武帝怒而削去之。'卫宏与班固同时，是时两《纪》俱亡。今《景纪》所以复出者，武帝特能毁其副在京师者耳，藏之名山，固自有它本也。《武纪》终不见者，岂非指切尤甚，虽民间亦畏祸而不敢藏乎。其三曰《汉兴以来将相年表》，其书具在，但前阙叙。其四曰《礼书》，其叙俱在，自'礼由人起'以下，草具未成者也。其五曰《乐书》，其叙具在，自'凡音之成'而下，草具未成。其六曰《律书》，其叙具在，自'书曰七正二十八舍'以下，草具未成。其七曰《三王世家》，其书虽亡，然叙传曰三子之王，文辞可观，作《三王世家》，所载不过奏请及策书，或如《五宗世家》其首略叙其所自出，亦为可知，赞乃真史公语也。其八曰《傅靳蒯成列传》，其篇具在，而无刓缺者。……其九曰《日者列传》，自'余志而著之'以下，皆《太史公》本书。十曰《龟策列传》，其序具在，自'褚先生曰'以下乃其所补尔。方班固时，东观兰台所藏，十篇虽有录无书，正如《古文尚书》，两汉诸儒皆未尝见，至江左始盛行。固不可以其晚出遂以为伪也。"关于《史记》缺篇的研究，至今仍是一大悬案。至于《史记》之名的由来,清代梁玉绳《史记志疑》曰:"史公作书,不名《史记》。《史记》之名,当起班皮(班彪)父子。观《汉书·五行志》及《后汉书·班彪传》可见。盖取古《史记》之名以名迁之书,尊之也。"现存《史记》的版本约有六十余种,最早的版本为南宋绍熙年间黄善夫刻本,二十四史百衲本即商务印书馆影印黄氏刻本。对本书的增补考订有:金王若虚《史记辨惑》11卷(二十五史三编第1册);明杨慎《小司马索隐注误》1卷(二十五史三编第1册);明柯维骐《史记考要》10卷(嘉靖20年刊本);明程一枝《史诠》5卷(万历7年刊本);明陈懿典《读史随笔》1卷(二十五史三编第1册影印本);清王仁俊辑《史记佚文》1卷(二十五史三编第1册);清王元启《史记正讹》3卷(二十五史三编第2册);清汪继培、孙同元《史记阙篇补篇考》(《诂经精舍文初集卷八》);清方苞《史记注补正》(二十五史三编第1册);清方苞《史记评语》一卷(二十五史三编第1册);清杭世骏《史记考证》7卷(二十五史三编第1册)清梁玉绳《史记志疑》36卷附录3卷(丛书集成第148—159册,中华书局1981年版))清王念孙《读史记杂志》(二十五史三编第1册,江苏古籍出版社2000年版)清沈钦韩《史记疏证》六十卷(上海古籍出版社2006年版);清牛运震《史记评注》12卷(二十五史三编第1册);清尚镕《史记辨证》10卷(二十五史三编第1册);清程馀庆《史记集说》130卷(1918年石印本);清王筠《史记校》2卷(二十五史三编第1册);清林伯桐《史记蠡测》1卷(二十五史三编第1册);清丁晏《史记毛本正误》1卷(丛书集成第147册、二十五史三编第1册);清张文虎《校刊史记集解索隐正义札记》5卷(中华书局1977年整理点校本);清郭嵩焘《史记札记》(上海商务印书馆1957年铅印本);清李德基、朱锦绶《读史记日记两种》(二十五史三编第1册);清李慈铭《史记札记》2卷(二十五史三编第2册);清吴汝纶《点勘史记》130卷(1915年都门书局铅印本);佚名《史记校注》(二十四史订补第1册);清汪越撰徐克范补《读史记十表》十卷(1927年南陵徐氏影印本、二十五史补编本删史记原文第1册);清王元启《史记秦楚之际月表正讹》1卷(二十五史补编本第1册);清卢文弨《史记惠景间侯者年表校补》1卷(二十五史补编本第1册);钱大昕《廿二史考异》(凤凰出版社2008年版),清张森楷《史记新斠注》(南京图书馆藏稿本,1967年台湾影印本);张文虎《校刊史记集解索引正义札记》(中华书局1977年版),清陈汉章《史记六国表新校正》1卷(浙江图书馆藏稿本);近人崔适《史记探源》(中华书局1986年版),鲁实先《史记会注考证驳义》(岳麓书社1986版;二十五史三编第2册;《史记会注考证》附录,台北天工书局2008年版),余嘉锡《太史公书亡篇考》(辅仁学志1947年版);朱东润《史记考索》(华东师范大学出版社1999年版);李长之《司马迁的人格与风格》(三联出版社1984年版);杨赞襄《史记发微》(1910年成都石印本);周尚木《史记识误》(1928年石印本、二十四史订补第1册);李蔚芬《史记正义佚文纂录》(二十四史订补第1册);瞿方梅《史记三家注补正》8卷(二十五史三编第2册);吴国泰《史记解诂》(1933年成都居易簃丛著本);刘坦《史记纪年考》(1937年商务印书馆石印本、二十五史三编第2册);李笠《史记订补》8卷(1924年自刊本);高平子《史记天官书今注》(台湾书店排印本1965年版),黄庆萱《史记汉书儒林传疏证》(台北嘉新水泥公司文化基金会1965年版),钱穆《史记地名考》(商务印书馆2001年版),王骏图撰、王骏观续《史记旧注平议》13卷(南京正中书局1947年版);今人有贺次君《史记书录》(1958年商务印书馆铅印本);张衍田《史记正义佚文辑校》(北京大学出版社1985年版);韩兆琦《史记笺证》(江西人民出版社2005年版),安平秋、张大可、俞樟华主编《史记研究集成》14卷(华文出版社2005年版)等。

汉武帝太始三年　丁亥　前94年

正月,武帝行幸甘泉宫,飨外国客(《汉书·武帝纪》)。

按:贾丛江《西汉属部朝贡制度》(《西域研究》2003年第4期)说:"综合分析,我们认为直到武帝(前140—前87年)前期,大部分属部是以不定时朝觐为主;武帝后期,随着多民族国家统一格局日趋定型,原来的多数外臣改属内臣,属部朝觐才以'贺正月'为主要方式。朝会地点也从长安移到了甘泉山。……正月旦大朝会,成为西汉中后期属部朝觐的主要形式。"

二月,武帝行幸东海,获赤雁,作《朱雁之歌》。幸琅邪,礼日成山。登芝罘,浮大海(《汉书·武帝纪》)。

是年,皇子刘弗陵生。

按:《资治通鉴》卷二二曰:"弗陵母曰河间赵婕妤,居钩弋宫,任身十四月而生。上曰:'闻昔尧十四月而生,今钩弋亦然。'乃命其所生门曰尧母门。"司马光评论曰:"为人君者,动静举措不可不慎,发于中必形于外,天下无不知之。当是时也,皇后、太子皆无恙,而命钩弋之门曰尧母,非名也。是以奸臣逆探上意,知其奇爱少子,欲以为嗣,遂有危皇后、太子之心,卒成巫蛊之祸,悲夫!"

江充以直指绣衣使者迁水衡都尉,威震京师(《资治通鉴》卷二二)。

汉武帝太始四年　戊子　前93年

三月,武帝行幸泰山。壬午,祀高祖于明堂,以配上帝,因受计。癸未,祀孝景皇帝于明堂。甲申,修封。丙戌,禅石闾(《汉书·武帝纪》)。

按:是为汉武帝第六次封禅。

四月,武帝幸不其,祠神人于交门宫,若有乡坐拜者,作《交门之歌》。

按:《汉书·武帝纪》曰:"四年春三月,行幸泰山。壬午,祀高祖于明堂,以配上帝,因受计。癸未,祀孝景皇帝于明堂。甲申,修封。丙戌,禅石闾。夏四月,幸不其,祠神人于交门宫,若有乡坐拜者。作《交门之歌》。"关于不其,颜师古《汉书注》引如淳曰:"不其,山名,因以为县。"吕祖谦《大事记解题》卷十二曰:"高皇既配上帝,则景帝必配五帝也。武帝去年登之罘山称万岁,今年幸不其,祠神人于交门,若有乡坐拜者。是时帝既深厌方士之诞矣,犹不治其罪者,亦姑以自诬耳。"

五月,武帝还幸建章宫,大置酒,诏赦天下(《汉书·武帝纪》)。

十月甲寅晦,日蚀(《汉书·武帝纪》)。

十二月,武帝行幸雍,祠五畤,西至安定、北地(《汉书·武帝纪》)。

司马迁约于是年作《报任安书》(《报任少卿书》)、《悲士不遇赋》。

按:《报任安书》是了解司马迁遭受李陵之祸始末的主要资料,也是理解司马迁发愤著书心理的重要文献。此文作于何年历来有不同的看法。王国维《太史公行年考》以为此文作于太始四年(前93)。因书中有"今少卿抱不测之罪"云云。"《汉书·武帝纪》,是岁(太始四年)春三月行幸太山。夏四月幸不其。五月还幸建章宫。《书》所云'会从上东来'者也。又冬十二月行幸雍,祠五畤。《书》所云'令少卿抱不测之罪,涉旬月,迫季冬,仆又薄从上上雍'者也。是报安书作于是冬十一月无疑。或以任安下狱,坐受卫太子节,当在征和二年。然是年无东巡事。又行幸雍在次年正月,均与报书不合。《田叔列传》后载褚先生所述武帝语曰'任安有当死之罪甚众,吾尝活之',是安于征和二年前曾坐他事。公《报安书》,自在太始末,审矣。"张鹏一《太史公年谱》(北京图书馆出版社2004年版)、郑鹤声《司马迁谱》(商务印书馆1933年版)等均从王说。而赵翼《廿二史札记》以为作于征和二年(前91),"安有不测之罪,缘戾太子以巫蛊斩江充,使安发兵助战。安受其节而不发兵。武帝闻之,以为怀二心,故诏弃市。此书正安坐罪将死之时,则征和二年间事也"。程金造《史记管窥》(陕西人民出版社1985年版)也以为作于征和二年,"按《汉书·刘屈氂传》在任安腰斩之后,即叙明年李广利击匈奴之事。而《李广利传》叙其代匈奴是在征和三年,是则任安腰斩在征和二年无疑"。施丁《司马迁行年新考》(陕西人民教育出版社1995年版)则认为,此书"写于太始元年十一月间"。

又按:《汉书·艺文志·诗略赋》著录《司马迁赋》三篇,《艺文类聚》卷三〇载其《悲士不遇赋》一篇。明胡应麟认为"董仲舒有《士不遇赋》,……殊不类江都平日语,且《汉志》无仲舒赋,伪无疑。太史公亦有此赋,尤可笑"。认为此二赋系"六朝浅陋者"的"赝作"。王国维曰:"《隋志·别集》类有汉中书令《司马迁集》一卷。盖后人所辑,书已久佚,今其遗文存者,《悲士不遇赋》见《艺文类聚》卷三十;……陶靖节《感士不遇赋·序》及刘孝标《辨命论》俱称之,是六朝人已视为公作。然其辞义殊未足与公他文相称……"目前学界多认为是司马迁所作。董仲舒亦作《士不遇赋》,两赋均见《艺文类聚》。均似节录,而非原璧。两赋均为抒情言志之作,故与当时宫廷作者的赋不同,可能因其为学者,其赋说理较多,殊少夸饰描写。但董赋多儒家言,迁赋多愤世语,又有差异。形式上,两赋都仿骚体,但不全用兮,且有成段的四言句,显系受文赋影响。(参见刘跃进《秦汉文学编年史》,商务印书馆2006年版)

东方朔约于是年作《戒子诗》。

按:《汉书》取其前十语为《东方朔赞》。系年据东方朔卒年推测,参见本年"东方朔约卒"条。

东方朔约卒(前161—)。 朔,字曼倩,平原厌次人。性诙谐,善幽默,武帝时为太中大夫,给事中。善辞赋,著有散文《答客难》、《非有先生论》。《神异经》、《海内十洲记》、《五岳真形图》等也托其所作,有《东方先生集》。事迹见《史记》卷一二五、《汉书》卷六五。

按:关于东方朔卒年,胡春润《东方朔生卒考》(《湖北广播电视大学学报》2007年第4期)说:"东方朔的卒年,一般皆系于汉武帝太始四年(前93年),但论证不详,不知何据。笔者以为当在武帝末年,约在前91年—前87年之间。桓谭《新论·离事》第十一云'太史公造书,书成,示东方朔。'桓谭去东方朔所处时代不远,其说应具有一定的可信度。司马迁和东方朔本就是朋友,而东方朔博学多闻,司马迁书成后给东方朔一阅,极有可能。《史记》之成书,学术界向有太始四年(前93年)和征和二年(前91年)之说。……如果桓谭所言不虚的话,如此亦可知东方朔此年(前91)尚在人世。又《史记·滑稽列传》卷一二六褚先生补曰:'至老,朔且死时,谏曰:"《诗》云:营营青蝇,止于蕃。恺悌君子,无信谗言。谗言周极,交乱四国。愿陛下远巧佞,退谗言。"帝曰:"今顾东方朔多善言?"怪之。居无几何,朔果病死。'由此可知东方朔老死于武帝之前。总前所论,则大体可以推断东方朔卒年应在《史记》成书之后,武帝崩驾(后元二年,前87)之前。据此,可以推断东方朔的生卒年为前161年—约前87年。"关于东方朔著作,《汉书·艺文志》曰:"东方朔二十篇。"《隋书·经籍志》卷三五曰:"汉太中大夫《东方朔集》二卷。"《新唐书·艺文志》卷六〇曰:"《东方朔集》二卷。"明人张溥辑有《东方中大夫集》十五篇,后收入《汉魏六朝百三家集》。清严可均《全汉文》卷二五收其文十八篇。另外,《五岳真形图》亦认为是东方朔所做。此书又名《洞玄玄支灵宝五岳古本真形图》、《五岳真形之图》、《道藏经五岳真形图》,一卷。成书于西汉武帝时,为《五岳地形图》及其说明的著作。通行本有明《正统道藏》本等。《五岳真形图》成书后流传较广,因地图难绘而失真,转化为道教灵图。传入日本的一个本子,经日本学者小川琢治研究,其中的东岳泰山图与实地测量用等高残绘制的泰山地形图很为近似。这表明汉代道士已经用平面封闭曲线绘制山区地形,并取得重大成绩。同时或稍后,又将其概括为高下随形,长短取象的理性认识,这些成就因地形图蜕化为灵图作为符箓使用而中绝。有关本书的研究,有佚名《五岳真形图序论》、小川琢治《近世西洋交通以前的支那地图成就》、曹婉如、郑锡煌《试论道教的五岳真形图》、《论五岳真形图》、任继愈、锺肇鹏《道藏提要·洞支灵宝古本五岳真形图》等。

汉武帝征和元年　己丑　前92年

正月,改元征和(《汉书·武帝纪》)。

按:应劭言改元原因曰:"言征伐四夷而天下和平。"

是月,武帝还,幸建章宫。

十一月,巫蛊案起,发三辅骑士大搜上林,十一日乃解。

按:《汉书·武帝纪》曰:"冬十一月,发三辅骑士大搜上林,十一日乃解。"《汉书·公孙刘田杨蔡陈郑传》曰:"巫蛊之祸起自朱安世,成于江充,遂及公主、皇后、太子,皆败。"《资治通鉴》卷二二曰:"是时,方士及诸神巫多聚京师,率皆左道惑众,变幻无所不为。女巫往来宫中,教美人度厄,每屋辄埋木人祭祀之。因妒忌恚詈,更相告讦,以为祝诅上,无道。上怒,所杀后宫延及大臣,死者数百人。上心既以为疑,尝昼寝,梦木人数千持杖欲击上,上惊寤,因是体不平,遂苦忽忽善忘。江充自以与太子及卫氏有隙,见上年老,恐晏驾后为太子所诛,因是为奸,言上疾祟在巫蛊。于是上以充为使者，治巫蛊狱。充将胡巫掘地求偶人，捕蛊及夜祠、视鬼，染污令有处，辄收捕验治，烧铁钳灼，强服之。民转相诬以巫蛊，吏辄劾以为大逆无道；自京师、三辅连及郡、国，坐而死者前后数万人。"

汉武帝征和二年　庚寅　前91年

正月，丞相公孙贺因巫蛊案下狱死，族家（《汉书·武帝纪》）。

闰月，诸邑公主、阳石公主皆因巫蛊死（《资治通鉴》卷二二）。

按：吕祖谦《大事记解题》卷十二曰："公孙贺之狱所连及也。两公主，武帝女也。曹宗，平阳公主之故夫家卫后之所自出也。卫伉，大将军青之子，卫后之弟子也。公孙敖，卫青贫贱之交，亦卫氏之党也。至是皇后太子之祸愈迫矣。"

五月丁巳，以涿郡太守刘屈氂为左丞相（《汉书·百官公卿表》）。

夏，武帝幸甘泉（《汉书·武帝纪》）。

按：吕祖谦《大事记解题》卷十二曰："巫蛊之变政以武帝在外，父子隔绝，使不幸，甘泉其祸或未至如是也。"

七月，按道侯韩说、使者江充等掘蛊太子宫（《汉书·武五子传》）。

壬午，江充与丞相刘屈氂大战长安（《汉书·武五子传》）。

庚寅，戾太子逃亡，皇后自杀，死者数万人（《汉书·武五子传》）。

八月辛亥，戾太子被围于湖县而自杀（《汉书·武五子传》）。

按：明王祎《大事记续编》卷一曰："坐祝诅也。古者王官有奇袤之禁，而执左道以乱政者杀，所以正人心而谨防范也。武帝纵诸巫往来上林中，而又为方以祠祝匈奴大宛，非其道矣。晚年意多忌恶，群臣多坐祝诅诛。民转相诬死者，前后数万，至于皇后太子公主，皆不相保，其祸不可胜言。先王维持世道之具，其不可蹻也如此。"

癸亥，地震（《汉书·武帝纪》）。

九月，立赵敬肃王子偃为平干王（《汉书·武帝纪》）。

匈奴入上谷、五原，杀略吏民（《汉书·武帝纪》）。

是年，汉武帝与卫青曰："汉家庶事草创，加（之）四夷侵陵中国，朕不变更制度，后世无法；不出师征伐，天下不安。为此者，不得不劳民。若后世又如朕所为，是袭亡秦之迹也。"（《资治通鉴》卷二二）

令狐茂作上书理太子（《汉书·武五子传》）。

按：《汉书·武五子传》曰："壶关三老茂上书曰：'……'。"又见荀悦《汉纪》所载作令狐茂事迹。

孔安国约于是年前撰《孔子家语》成。

按：《孔子家语序》曰："《孔子家语》者，皆当时公卿士大夫及七十二弟子之所咨访交相对问言语也，既而诸弟子各记其所问焉。与《论语》、《孝经》并时。弟子取其

同盟者战争因保民官李维·德鲁苏遇刺而爆发。初，李维提出平均地权、平价售粮，遭贵族派反对。

正实而切事者,别出为《论语》,其余则都集录之,名之曰《孔子家语》。凡所论辩,疏判较归,实自夫子本旨也。属文下辞,往往颇有浮说,烦而不要者,亦由七十二子各其叙述首尾,加之润色,其材或有优劣,故使之然也。孔子既没而微言绝,七十二弟子终而大义乖。六国之世,儒道分散,游说之士,各以巧意而为枝叶。孟轲、荀卿,守其所习。当秦昭王时,荀卿入秦,昭王从之问儒术,荀卿以孔子之语诸国事七十二弟子之言凡百余篇与之,由此秦悉有焉。始皇之世,李斯焚书,《孔子家语》与诸子同列,故不见灭。高祖克秦,悉敛得之,皆载于二尺竹简,多有古文字。及吕氏专汉,取归藏之。其后被诛亡,而《孔子家语》乃散在人间,好事者或各以意增损其言,故使同是事而辄异辞。孝景皇帝末年,募求天下遗书,于时京师大夫皆送官,得吕氏之所传《孔子家语》而与诸国事及七十子辞,妄相错杂,不可得知,以付掌书与典礼。众篇乱简,合而藏之秘府。元封之时,吾仕京师,窃惧先人之典辞将遂泯没,于是因诸公卿大夫,私以人事募求其副,悉得之,乃以事类相次,撰集为四十篇。又有《曾子问礼》一篇,自别属《曾子问》,故不复录。其诸弟子书所称引孔子之言者,本不存乎《家语》,亦以自己有所传也,是以皆不收也,将来君子不可不鉴。"关于《孔子家语》是否为孔安国所作,历来有争论:郎瑛《七修类稿》卷二四考证"《家语》非孔安国所为"。严可均辑录《家语序》后有按语:"元王广谋、明何孟春注《家语》皆载此序,以为王肃作。"王柏《家语考》以为《家语》乃王肃自取《左传》、《国语》、《孟子》、《荀子》、大小戴《礼记》割裂而成。关于此书,刘跃进《秦汉文学编年史》(商务印书馆2006年版)有详细考述:"根据定州竹简《儒家者言》,与《孔子家语》颇多重复者,或《孔子家语》也有所本?胡平生《阜阳双古堆汉简与〈孔子家语〉》则以为在秦汉之际确有类似于《孔子家语》这样的书在世间流传,故为刘向等辑录到《新序》、《说苑》中来,《孔子家语》也是这样的一书,是汉代人辑录而成的。"

汉武帝征和三年　辛卯　前 90 年

马略、苏拉率军镇压,《尤利乌斯法案》遂授予所有效忠罗马的意大利人。

正月,武帝行幸雍,至安定、北地(《汉书·武帝纪》)。
匈奴入五原、酒泉,杀两都尉(《汉书·武帝纪》)。
三月,遣贰师将军李广利出五原,御史大夫商丘成出西河,重合侯马通出酒泉击匈奴;后败,李广利败,降匈奴(《汉书·武帝纪》)。
五月,诏赦天下(《汉书·武帝纪》)。
六月,丞相刘屈氂下狱要斩,妻枭首(《汉书·武帝纪》)。
是年,武帝作思子宫,为归来望思之台(《汉书·武五子传》)。

田千秋上书言太子冤,以享庙郎中迁大鸿胪(《汉书·公孙刘田王杨蔡陈郑传》)。
按:《汉书·公孙刘田王杨蔡陈郑传》曰:"车千秋,本姓田氏,其先齐诸田徙长陵。"

汉武帝征和四年　壬辰　前89年

正月,武帝行幸东莱,临大海,欲浮海求神山,群臣谏弗听,大风海涌而止(《汉书·武帝纪》、《资治通鉴》卷二二)。

二月丁酉,陨石于雍,声闻四百里(《汉书·武帝纪》)。

三月,武帝耕于钜定。

按:明王祎《大事记续编》卷一曰:"武帝一纪,征伐、宫室、祭祀、诗乐之事,无岁无之,独农桑之务未尝及焉。至是始亲耕钜定,是殆悔心之萌乎。轮台悔过之诏,富民搜粟之封,兆于此矣。"

三月,武帝还至泰山,修封,渐悟诸方士之妄,悉罢方士求神人者(《资治通鉴》卷二二)。

按:是为汉武帝第七次封禅。明王祎《大事记续编》卷一曰:"《通鉴》载上每对群臣自叹曰:'乡时愚惑为方士所欺,天下岂有仙人,尽妖妄耳!节食服药差可少病而已。'此出汉武故事,其言绝不类西汉。《通鉴》误取尔。"

六月,武帝还幸甘泉(《汉书·武帝纪》)。

丁巳,以大鸿胪田千秋为丞相(《汉书·百官公卿表》)。

八月辛酉晦,日蚀(《汉书·武帝纪》)。

是年,武帝颁布《轮台罪己诏》,深陈既往之悔。

按:《汉书·西域传》曰:"上乃下诏,深陈既往之悔,曰:'前有司奏,欲益民赋三十助边用,是重困老弱孤独也。而今又请遣卒田轮台。轮台西于车师千余里,前开陵侯击车师时,危须、尉犁、楼兰六国子弟在京师者皆先归,发畜食迎汉军,又自发兵,凡数万人,王各自将,共围车师,降其王。诸国兵便罢,力不能复至道上食汉军。汉军破城,食至多,然士自载不足以竟师,强者尽食畜产,羸者道死数千人。朕发酒泉驴、橐驼负食,出玉门迎军。吏卒起张掖,不甚远,然尚厮留其众。曩者,朕之不明,以军候弘上书言匈奴缚马前后足,置城下,驰言"秦人,我匄若马",又汉使者久留不还,故兴遣贰师将军,欲以为使者威重也。古者卿大夫与谋,参以蓍龟,不吉不行。乃者以缚马书遍视丞相、御史、二千石、诸大夫、郎为文学者,乃至郡属国都尉成忠、赵破奴等,皆以"虏自缚其马,不祥甚哉!"或以为"欲以见强,夫不足者视人有余。"《易》之,卦得《大过》,爻在九五,匈奴困败。公车方士、太史治星望气,及太卜龟蓍,皆以为吉,匈奴必破,时不可再得也。又曰:"北伐行将,于鬴山必克。"卦诸将,贰师最吉。故朕亲发贰师下鬴山,诏之必毋深入。今计谋卦兆皆反缪。重合侯得虏候者,言"闻汉军当来,匈奴使巫埋羊牛所出诸道及水上以诅军。单于遗天子马裘,常使巫祝之。缚马者,诅军事也。"又卜"汉军一将不吉"。匈奴常言"汉极大,然不能饥渴,失一狼,走千羊。"乃者贰师败,军士死略离散,悲痛常在朕心。今请远田轮台,欲起亭隧,是扰劳天下,非所以优民也。今朕不忍闻。大鸿胪等又议,欲募囚徒送匈奴使者,明封侯之赏以报忿,五伯所弗能为也。且匈奴得汉降者,常提掖搜索,问以所

米特里达梯战争爆发。

同盟者战争北部战事以罗马的胜利告终,罗马公民权遂授予所有在60天内登记的意大利人。

闻。今边塞未正,阑出不禁,障候长吏使卒猎兽,以皮肉为利,卒苦而烽火乏,失亦上集不得,后降者来,若捕生口虏,乃知之。当今务在禁苛暴,止擅赋,力本农,修马复令,以补缺,毋乏武备而已。郡国二千石各上进畜马方略补边状,与计对。'由是不复出军。而封丞相车千秋为富民侯,以明休息,思富养民也。"吕祖谦《丽泽论说集》卷九(《四库全书》本)曰:"汉武帝穷侈淫刑黩武,比秦隋无几。然秦、隋亡而汉不亡者,要须深思。二世、炀帝只以下情不通故亡。汉武下情却通,只轮台诏可见。外面利害,武帝具知之。国之存亡只看下情通塞。"任宝磊《从"轮台诏"到"盐铁会议"——以《盐铁论》观西汉中后期对匈奴政策的重大转变》(《新疆大学学报》2009 年第 3 期)说:"从公元前 89 年汉武帝颁布《轮台罪己诏》,到公元前 81 年汉昭帝召开的'盐铁会议',标志着汉武帝、汉昭帝之际对匈奴政策转变的开始,即由'武折'为主,转为'武折'与'德怀'二者相结合。这一转变自轮台诏肇始,以盐铁会议及桑弘羊被诛标志其完成,既是对前代民族政策的吸收和继承,又是汉前期处理匈奴问题的经验总结,并为后世中原王朝处理民族关系提供了重要范式。"

赵过为搜粟都尉(《资治通鉴》卷二二)。

按:《汉书·食货志》记载赵过关于对农业生产动力、技术和工具三方面之贡献。在西汉时,他推行代田法,发明时功效较高的播种机——耧车,推行以牛耕的"耦犁",发明三脚耧车。

桑弘羊上书奏屯田轮台(《汉书·西域传》)。

按:汉朝在轮台兴办屯田,并设校尉管理,使轮台与渠犁成为西域地区最早的,也是最重要的两个屯田点,从而开创了以后天山南北大规模举办屯垦事业的先河。

司马迁约于是年著《史记》毕。

按:司马迁约于是年卒,参见本年"司马迁约卒"条。

孔安国约卒(约前 149—)。安国,字子国,孔子十一代孙,汉代经学家,也是孔氏家学的重要代表。从申公学《诗》;从伏生学《尚书》,曾献《古文尚书》、《论语》、《孝经》,武帝时,官谏大夫,临淮太守。据《经义考》,著有《古论语训》1 卷、《孔子家语》21 篇等;据《孔子家语后序》及《连丛子》,著有《论语孔氏训解》(又名《论语孔安国注》)11 卷、《尚书传》12 卷、《孝经传》1 卷等。事迹见《史记·孔子世家》及《孔丛子·连丛子》。

按:朱彝尊《经义考》根据《史记·孔子世家》"安国为今皇帝博士,至临淮太守,早卒"及司马迁《自序》"予述黄帝以来,至太初而迄",考证孔安国有可能卒于太初之前。但是《自序》又云"论次其文,七年而遭李陵之祸",此事实至天汉三年。而荀悦《汉纪》曰"司马迁据《左氏春秋》、《国语》,采《世家》、《战国策》,逮《楚汉春秋》,迄于天汉",孔安国卒年亦可能在天汉三年之后,而且《史记·李广传》附李陵事,《大宛传》载李广利事。《卫将军骠骑列传》载公孙贺、公孙敖、韩说、赵破奴,皆直书巫蛊,而此多系征和年事,孔安国有卒于征和年间的可能。孙少华《孔安国及其孔臧的生卒与学术》(《中国社会科学院研究生院学报》2007 年 6 期)考证"故孔安国卒年必在汉武帝征和三年(前 90)之前,其生年则在汉景帝中元元年(前 149)左右"。据唐晏《两汉三国学案》,孔安国通今、古文《尚书》、《鲁诗》、《古论语》、《孝经》。孙少华说"孔安国祖父孔子襄曾学于叔孙通,叔孙通学术亦与稷下有关,则孔安国学术渊源应与先秦稷下学风有关。叔孙通学于孔鲋,则孔安国学术可上溯至孔鲋。""汉代孔氏家学与稷下学术关系甚大,而汉代孔氏子孙的学术来源还有可能与荀子有关。《孔丛子》与《荀子》思想材料相同者为数不少,《孔丛子》有些材料应该来自荀子,而其所含学术思想亦有本于稷下的成分。有人猜测,上海博物馆藏战国楚竹书《孔子论诗》即与荀子关系甚密,《记义》'孔子论诗'与《孔子诗论》互有异同,证明《孔丛子》与荀子之学也应有一定关系"(孙少华《孔安国及其孔臧的生卒与学术》)。孔安国著述早佚,今有黄奭辑《孔安国易义》,马国翰《论语孔注》,龙璋《孔注论语》1卷。孔安国除了《尚书》之外,还有易学的研究,但只有一条,所以张惠言、孙堂、马国翰三家辑本,均未收录。惟黄奭《汉学堂经解》于《易杂家注》中,从《周易集解》里收录了此条,名之曰:"孔安国易义。"

又按:《史记》、《汉书》皆未提及孔安国为《论语》作注之事,《隋书·经籍志》和《旧唐书·经籍志》、《新唐书·艺文志》也未著录,故孔安国的《论语孔氏训解》一直被认为是伪书。最早将此书视为伪书的是王肃《孔子家语后序》,以后清代刘台拱《论语骈枝》、丁晏《论语孔注证伪》、沈涛《论语孔注辨伪》等,都沿袭王说,只是刘台拱认为是魏人伪托,丁晏认为是王肃伪造,沈涛则认为是何晏伪托,各家说法不一,证据有别。唐明贵《论语学史》(中国社会科学出版社2009年版)第二章《先秦两汉时期的论语学》则不同意上述说法:"第一,《孔子家语》不伪。《孔子家语》早在《汉志》中就有著录,为二十七卷,列于《论语》类文献,按照《汉志》的记载,当时记录孔子及孔门弟子的书,除《论语》外,就只有《孔子家语》。但今本《孔子家语》除卷次与《汉志》所载不同外,其内容又多见《荀子》、《礼记》、《大戴礼记》、《韩诗外传》、《说苑》等书。特别是今本《家语》是在王肃作注后流行开来的,因此长期以来它被视为伪书,认为系王肃所伪撰。然而,越来越多的证据表明《孔子家语》不伪:第一,现存史料的证据。……第二,出土文献的证据。……第三,从王注本《孔子家语》流行情况看,自南朝至于李唐,学者们大都广征博引,毫不排斥。……因此,我认为《孔子家语》并非伪书,所谓孔安国序与王肃序的说法是有根据的。第二,将《论语》孔注指为王肃伪造,并无真凭实据。……第三,将《论语》孔注指为何晏伪造,与史实不符。……第四,不能因《书孔传》之伪而疑《论语》孔注之伪。……第五,何晏《论语集解》共引孔注473条,而与《释文》所载29条《鲁》、《古》异读相合明显者仅6处。……综上所述,我认为可以得出这样的结论,即《论语》孔注绝非后人伪造,孔安国和《论语》有一定的联系,他曾'考论古今文字,撰众师之义,为《古文论语训解》',但流传下来的《孔注》屡经后人的口传笔抄及增删,已经失去了原来的模样。""《论语孔氏训解》是迄今尚存的最古老的《论语》注本,也是儒家经典中'行于世'的最早注本。《汉志》中虽记载了许多训说《论语》的著作,如《(鲁论)传》十九篇,《齐说》二十九篇,《鲁夏侯说》二十一篇,《鲁安昌侯说》二十一篇,《鲁王骏说》二十篇,《燕传说》三卷,然而这些著作却没有流传下来,甚至在汉人及稍后的人的著作中也很难找寻到它们的吉光片羽。尽管《汉志》中没有著录孔安国的《古文论语训解》,然孔安国《论语注》,除大部分见于《论语集解》外,又分见于裴骃《史记集解》(《孔子世家》、《仲尼弟子传》、《伯夷传》、《礼书》等《集解》)、李善《文选注》(《西都赋》、《东征赋》、《登楼赋》、《闲居赋》、《绝交书》、《报任安书》、《七发》、《华子岗诗》、《郭有道碑文》注)及李贤《后汉书》注(《陈元传》、《崔寔传》注),为我们研究早期《论语》学乃至西汉的经学提供了第一手材料。无怪乎后人姚雪坡对其评价甚高。朱彝尊《经义考》云:'按宋雪坡姚氏云:六经之传行于世者,《诗》、《礼》笺注自郑康成,始于东汉;《易》、《春秋》注自王弼、杜预,始于魏晋;出西汉者,独孔安国《书》传耳!然安国《书》传本出伪托,惟《论语集解》中所引孔氏训,则解经首功矣。'"

再按：赵翼《廿二史札记》卷五《累世经学》曰："古人习一业,则累世相传,数十百年不坠。盖良冶之子必学为裘,良弓之子必学为箕,所谓世业也。工艺且然,况于学士大夫之术业乎！今案周秦以来,世以儒术著者,自以孔圣之后为第一。伯鱼、子思后,子上生求。求生箕。箕生穿。穿生顺,为魏相。顺生鲋,为陈涉博士。鲋弟子襄,汉惠帝时为博士,历长沙太傅。襄生忠。忠生武及安国。武生延年。安国、延年皆以治《尚书》,武帝时为博士,安国至临淮太守。延年生霸,亦治《尚书》,昭帝时为博士,宣帝时为大中大夫,授皇太子经,元帝即位,赐爵关内侯,号褒成君。霸生光,尤明经学,历成、哀、平三帝,官御史大夫、丞相、太傅、太师、博山侯,犹会门下生讲问疑难(《孔光传》)。霸曾孙奋,少从刘歆受《春秋左氏》,歆称之曰：'吾已从君鱼(奋字)受道矣！'(《奋传》)安国后世传《古文尚书》、《毛诗》,有名子建者,不仕王莽。元和中,子建曾孙僖,受爵褒成侯。其子长彦好章句学,季彦亦守家学(《僖传》)。霸七世孙昱,少习家学,征拜议郎。自霸至昱,卿相牧守五十三人,列侯七人(《孔昱传》)。计自孔圣后,历战国、秦及两汉,无代不以经义为业,见于《前》、《后汉书》,此儒学之最久者也。其次则伏氏。自伏胜以《尚书》教授,其后有名理者,为当世名儒。其子湛,少传家学,教授常数百人。湛弟黯,明《齐诗》,改定《章句》。湛兄子恭,传黯学,减省黯《章句》为二十万言。湛子翕。翕子光。光子晨。晨子无忌。亦皆传家学。顺帝时,无忌奉诏与议郎黄景校定中书五经诸子百家。桓帝时,又与崔寔等共撰《汉记》。又自采集古今删著事要,号曰《伏侯注》。伏氏自伏生以后,世传经学,清静无竞,东州号为'伏不斗'云。此一家历两汉四百年,亦儒学之最久者也(《伏湛传》)。又次则桓荣,以宿学授明帝经,封关内侯。帝即位,亲行养老礼,以荣为五更(长老),备极尊崇。其子郁,当章帝为太子时,又入授经。及和帝即位,以年少宜经学,郁又侍讲禁中,凡教授二帝。先是荣受朱普章句四十万言,荣减为二十三万言,郁又删省成十二万言,由是有桓君大、小太常章句。郁中子焉,又以明经笃行,授安帝经。顺帝为太子时,又为少傅授经,亦教授二帝。焉兄孙彬,亦以文学与蔡邕齐名(各本传)。计桓氏经学,著于东汉一朝,视孔、伏二家稍逊其久。然一家三代,皆以明经为帝王师,且至于五帝,则又孔、伏二氏所不及也。"

司马迁约卒(前145—)。迁字子长,左冯翊夏阳人。司马谈子。初任郎中,奉使巴蜀以南,以还报命。元封三年继父职,任太史令。太初元年与唐都、落下闳等共订太初历;后为李陵辩解,下狱,受腐刑。出狱后,任中书令,发愤著《史记》130篇。另有《报任安书》、《悲士不遇赋》及书信佚文2篇传世。事迹见《史记》卷一三〇、《汉书》卷六二。

按：司马迁卒年,史无明载,故研究者往往以《史记》记事之止年推其卒年。古今异说甚多。王鸣盛《十七史商榷》卷一"子长游踪"曰："后为中书令,卒必在武帝末。《曹参世家》末言参之五世孙宗,以征和二年坐太子死,即戾太子也。又田仁、任安二人皆坐戾太子事诛,而《史记·田叔传》及仁死事,且云：子与仁善,故述之。又《报任安书》作于安下狱将论死之时,则巫蛊之狱,戾太子之败,迁固亲见之。又四年,武帝崩。《汉书》本传于《报任安书》后言迁卒,则在武帝末或更至昭帝也。《孝武本纪》裴骃注曰：《太史公自序》曰：作《今上本纪》,又其述事,皆云今上、今天子,或有言孝武帝者悉后人所定也。愚谓迁实卒于昭帝初。"王国维《太史公行年考》对司马迁卒年的推断是："案,史公卒年,绝不可考,然视为与武帝相终始,当无大误也。"班固《汉书·司马迁传赞》曰："司马迁据《左氏》、《国语》,采《世本》、《战国策》,述《楚汉春秋》，接其后事，讫于天汉。其言秦汉，详矣。至于采经摭传，分散数家之事，甚多疏略，或有抵牾。亦其涉猎者广博，贯穿经传，驰骋古今，上下数千载间，斯以勤矣。又其是非颇谬于圣人，论大道则先黄老而后六经，序游侠则退处士而进奸雄，述货殖则崇势利而羞贱贫，此其所蔽也。然自刘向、扬雄博极群书，皆称迁有良史之材，服其善序事理，辨而不华，质而不俚，其文直，其事核，不虚美，不隐恶，故谓之实录。呜呼！以迁之博物洽闻，而不能以知自全，既陷极刑；幽而发愤，书亦信矣。迹其所以自伤悼，《小雅》巷伯之伦。夫唯《大雅》'既明且哲，能保其身'，难矣哉！"梁启超《要籍解题及其读法》（载《国学要籍研读法四种》国家图书馆出版社2008年版）论《史记》创造之要点说：一、以人物为中心。二、历史之整个的观念。三、组织之复杂及其联络。四、叙列之扼要而美妙。徐浩《廿五史论纲》（上海书店1989年版）说："《史记》发凡起例，固为后世所宗，然其主要特征，可约言者，第一，《史记》以前，所有史书，或限于国别地方记载，如《国语》、《国策》，或以时期为主，如《春秋》、《左传》，或为一事有关文书，如《尚书》。《史记》则冶为一炉，纵贯上下数千年，横及各国各阶层，举凡人类全体之活动，靡不备载，并明示历史之因果脉络。第二，将传记分为本纪、世家、列传三种，在本纪中则秦昭襄王、庄襄王、楚项羽与周、汉并列；世家中，管、蔡、田完、孔丘、陈涉与周公、太公并列；在列传中老庄、儒林、刺客、医生、游侠、日者、龟策、货殖，与名公巨卿并列，一扫封建上下等级。第三，反过去重视政治之记载，而叙述社会中各种现象，在事有八书，在人有一技之长可传者，均为作传。第四，反春秋时代内其国而外诸夏、内诸夏而外夷狄之狭小眼光，为匈奴等民族作列传。第五，在体裁上不采《春秋》之编年体，以人国为纲目，再益以书表，创为全史。最后，史公《史记》非徒事实纪录之史，其主旨在'究天人之际，通古今之变，成一家之言'。盖欲完成其史学系统，奠定历史哲学基础。夫子不以空言说经，史公亦有载之空言不如见诸行事深切著明之论，藉史实而成一家之学，较周秦诸子实高出一筹。后之史家，只知模仿其体例而修正史，以昧于'究天人之际，成一家之学'之义矣。"司马迁行年事迹参考文献有张鹏一《太史公年谱》；王国维《太史公系年考略》、《太史公行年考》；杨启高《太史公年谱》；郑鹤声《司马迁年谱补遗》；徐震《太史公历年考》；李奎耀《司马迁年表》；朱东润《太史公年谱订正》；施子勉《〈太史公行年考〉辨疑》；泷川资言《太史公年谱》；大岛利一《司马迁年谱》、吉春《司马迁年谱新编》等。

汉武帝后元元年　癸巳　前88年

正月，武帝行幸甘泉，郊泰畤，遂幸安定（《汉书·武帝纪》）。

按：明王祎《大事记续编》卷一曰："宋庠《纪年通谱》武帝虽沿文景故事复为后元，然始以后元二字加于年上，此为异也，非史官追书之名，以本纪修。蜀敞曰'《昭帝纪》词讼在后二年者，皆勿听治'，则当称后元年。"

二月，诏赦天下（《汉书·武帝纪》）。

六月，侍中仆射莽何罗与弟重合侯通谋反，侍中驸马都尉金日磾、奉车都尉霍光、骑都尉上官桀讨之（《资治通鉴》卷二二）。

罗马人尽取波河以南意大利地区。

本都国王米特里达梯六世尽取安纳托利亚西部。

卢基乌斯·科尔内利乌斯·苏拉入罗马，逐马略党人，当选执政官。

七月,地震(《汉书·武帝纪》)。

是年,设立敦煌郡。河西四郡至此全部建立。

按:河西四郡的建置,《史记》、《汉书》的记载颇多分歧。今从《汉书·地理志》说。河西四郡初立于太初元年。本年最后建立敦煌郡,前后长达十七年。建立河西四郡,对于汉帝国具有重要意义。《汉书·西域传赞》从政治、军事、经济等方面论述武帝建置河西四郡的意义:"孝武之世,图制匈奴,患其兼从西国,结党南羌,乃表河西,列四郡,开玉门,通西域,以断匈奴右臂,隔绝南羌、月氏,单于失援,由是远遁,而幕南无王庭。遭值文、景玄默,养民五世,天下殷富,财力有余,士马强盛。故能睹犀布、瑇瑁则建珠崖七郡;感枸酱、竹杖则开牂柯、越巂;闻天马、蒲陶则通大宛、安息。自是之后,明珠、文甲、通犀、翠羽之珍盈于后宫,蒲梢、龙文、鱼目、汗血之马充于黄门。钜象、师子、猛犬、大雀之群食于外囿。殊方异物,四面而至。于是广开上林,穿昆明池,营千门万户之宫,立神明通天之台,兴造甲乙之帐,落以随珠和璧。天子负黼依,袭翠被,凭玉几而处其中,设酒池肉林以飨四夷之宾,作《巴渝》都庐、海中《砀极》、漫衍鱼龙、角抵之戏以观视之。"

赐霍光周公负成王朝诸侯像;赐钩弋夫人死(《汉书·霍光传》)。

按:《资治通鉴》卷二二曰:"后数日,帝谴责钩弋夫人。夫人脱簪珥,叩头。帝曰:'引持去,送掖庭狱!'夫人还顾,帝曰:'趣行,汝不得活!'卒赐死。顷之,帝闲居,问左右曰:'外人言云何?'左右对曰:'人言"且立其子,何去其母乎?"'帝曰:'然,是非儿曹愚人之所知也。往古国家所以乱,由主少、母壮也。女主独居骄蹇,淫乱自恣,莫能禁也。汝不闻吕后邪!故不得不先去之也。'"明王祎《大事记续编》卷一曰:"后世如元魏立主必杀其母,实始于此事。"朱翌《猗觉寮杂记》卷上曰:"司马迁载武帝杀钩弋夫人云:'女主独居骄蹇,淫乱自恣,莫能禁也,女不闻吕后耶?'故诸为武帝生子者,不问男女,其母无不谴死,岂可谓非贤圣哉!夫不问有罪无罪,一切杀之,此与桀纣何异?迁乃以为圣,何哉?"

隽不疑于武帝末年为青州刺史。

按:《汉书·隽疏于薛平彭传》曰:"隽不疑字曼倩,勃海人也。治《春秋》,为郡文学,进退必以礼,名闻州郡。武帝末,郡国盗贼群起,暴胜之为直指使者,衣绣衣,持斧,逐捕盗贼,督课郡国,东至海,以军兴诛不从命者,威振州郡。胜之素闻不疑贤,至勃海,遣吏请与相见。……胜之知不疑非庸人,敬纳其戒,深接以礼意,问当世所施行。门下诸从事皆州郡选吏,侧听不疑,莫不惊骇。至昏夜,罢去。胜之遂表荐不疑,征诣公车,拜为青州刺史。"

汉武帝后元二年　甲午　前 87 年

苏拉登陆伊庇鲁斯,遂连败米特里达梯六世军。

正月,武帝朝诸侯王于甘泉宫(《汉书·武帝纪》)。

二月,武帝行幸盩厔五柞宫(《汉书·武帝纪》)。

乙丑,封皇子刘弗陵为皇太子(《汉书·武帝纪》)。

丁卯，武帝崩于五柞宫，皇太子弗陵嗣位，是为孝昭皇帝；霍光、金日䃅、上官桀、桑弘羊等受遗诏共领尚书事，辅政（《汉书·武帝纪》、《汉书·霍光传》）。

按：1977年在长城烽燧遗址发现木简91枚。其中玉门花海出土中有一件皇帝诏书计130字，嘉峪关市文物保管所编《玉门花海汉代烽燧遗址出土的简牍》（《汉简研究文集》，甘肃人民出版社1984年版）认为，这很有可能是武帝遗诏。吴礽骧《敦煌汉简释文》（甘肃人民出版社1991年版）载其文字："制诏：皇太（太子），朕体不安，今将绝矣，与地合同，众（终）不复起。谨视皇之加曾（增）朕在。善禺（遇）百姓，赋敛以理，存贤近圣，必聚（贤）士，表教奉先，自致天子。胡亥自圯，灭名绝纪。审察朕言，众（终）身毋久，苍苍之天，不可得久视；堂堂之地，不可得久履，道此绝矣，告后世及其孙子，忽忽锡锡，恐见故至，毋贰天际，更亡更在，去如庐，下敦间里。人固当死，慎毋取。"田余庆《论轮台诏》（《历史研究》1997年第4期）说："据该文考证，与舷同出木简，有'元平元年（74）七月庚子'记事；六月，昌邑王即位；七月，宣帝立。这些发生在长安的政治事件，边陲所恐难及时获悉，所以舷上遗诏的作者不一定是昭帝。事实上昭帝无子，也不可能有戒嗣主的遗诏。史籍所载汉帝临终遗诏，昭帝以后无闻，昭帝以前只有武帝一人。武帝于后元二年（前87）二月乙丑立皇太子，即后来的昭帝。丙寅，霍光等受遗诏辅少主，丁卯帝崩。其事距本简所示的元平元年计有十三年余。按理，引舷所抄残缺遗诏，当为武帝命霍光等人辅少主进诫少主之文，其文字直到十余年后尚为边塞卒摹写。上述考证如查所据释文与情节无大误差，当属可信。"明王祎《大事记续编》卷一引李焘曰："成王崩，逆子钊于南门之外，太子在外特出而迎之，表异之也。及康王尸天子，天下莫不闻知，是以人人寅畏，以服事其上而不敢觊觎，此可为百世帝王之大法。武帝求神仙，以死为讳，自卫太子后辈臣莫敢以继立为言者，病既弥留而霍光请之，乃与日䃅等俱拜床下，受遗诏辅少主，此何法也。侍中王忽在帝左右，犹不闻封日䃅等事。执金吾郭广待诏五柞宫，不知帝所病，但云宫中谨言帝崩，诸将军等共立太子年八九岁，葬时亦不出临，是朝廷之间皆未知嗣天子为何如人也。燕王怪之，遂有邪谋，使帝以至公为心，早建太子，行顾命之法，决不至此。"

三月甲申，葬武帝于茂陵（《汉书·武帝纪》）。

按：对于武帝评价，班固《汉书·武帝纪赞》曰："汉承百王之弊，高祖拨乱反正，文景务在养民，至于稽古礼文之事，犹多阙焉。孝武初立，卓然罢黜百家，表章《六经》，遂畴咨海内，举其俊茂，与之立功；兴太学，修郊祀，改正朔，定历数，协音律，作诗乐，建封禅，礼百神，绍周后，号令文章，焕焉可述，后嗣得遵洪业，而有三代之风。如武帝之雄才大略，不改文景之恭俭以济斯民，虽《诗》、《书》所称何有加焉！"《汉书·艺文志·诗赋略·歌诗》著录《李夫人》、《幸贵人歌诗》等三篇。沈韩钦《汉书疏证》曰："《外戚传》有《是耶非耶》诗。王子年《拾遗记》有《落叶哀蝉曲》，未审其真伪。"《隋书·经籍志》著录《汉武帝集》一卷，久佚。

桑弘羊二月以搜粟都尉迁御史大夫（《汉书·百官公卿表》）。

婴齐、曹羽约活动于武帝时。

按：《汉书·艺文志》将婴齐与同时之学者曹羽皆列入道家。"《郎中婴齐》十二篇，武帝时人。"颜师古曰："刘向云：'故待诏，不知其姓，数从游观，名能为文。'"《诸子略》（下）著录"《曹羽》二篇。楚人，武帝时说与齐王"。

犍为文学著《尔雅注》。

按：《经典释文·序录》曰："《尔雅》……犍为文学注三卷。一云犍为郡文学卒吏史臣舍人。汉武帝时待诏，阙中卷。"《隋书·经籍志》曰："梁有汉刘歆、犍为文学、中黄门李巡《尔雅》各三卷，亡。"犍为文学之《尔雅注》早佚，今有朱彝尊辑《犍为文学尔雅注》（见《经义考·尔雅》一）、王谟辑《尔雅注》1卷（见《汉魏遗书钞·经翼》第四册）、张澍辑《犍为舍人尔雅注》（见《蜀典》卷一〇上，清光绪元年尊经书院刻本）、黄奭辑《尔雅犍为文学注》1卷（见《黄氏逸书考·汉学堂经解·尔雅古义》）、马国翰辑《尔雅犍为文学注》3卷（见《玉函山房辑佚书·经编尔雅类》）。

又按：郑珍、莫友芝《遵义府志》曰："前辈言《尔雅》家，皆不详文学姓名、乡里。以《释文》本注云犍为郡学季卒史臣舍人，考之于郡吏衔下加臣某，必其上此注时自题，则舍人其姓名也。《广韵》云'舍，又姓'，舍姓别无所见，意其所据《姓苑》诸书必有引注《尔雅》之文学为证者。观陆氏于注中备录其衔，亦所以备其姓名，使人有考。其大题不云舍人而云犍为文学者，盖当时此注通如此称，陆虽得其旧本原题，骤改恐人难即晓，故具之注中。又诸经疏所引《尔雅》旧注，多直称舍人曰，与孙炎、李巡、樊光等曰一例，愈知舍人为姓名也。其乡里，考《汉书·衡山王传》注如淳曰'《汉仪注》吏四百石以下自除国中'。又《黄霸传》注如淳曰'三辅郡得仕用他郡人，而卒史独二百石，所谓尤异者也'。《后汉书·百官志》：'每郡皆置诸曹掾史，本注诸曹略如公府曹，无东西曹。'刘昭注引《汉官》云：'河南尹员吏九百二十七人，百石卒史二百五十人，文学守助掾六十人。'又诸卿下注，皆有文学百石。又大尉公下本注：'汉初掾史辟，皆上言之，故有秩比命士，其所不言，则为百石属，其后皆自辟除，故通为百石。'然则文学卒史皆百石也。洪适《隶释》巴郡太守张纳碑阴有文学主事掾、文学主事史、文学掾、文学史四衔，繁长张禅等题名有郡文学师，《隶续》末卷无名碑阴亦有文学史。此之文学，其为主事史，与史与师未可知。其聊称卒史，自是当时史员通称，而其秩之为百石，固然疑者。当时四百石下自除国中，则文学必犍为人可知。犍为初治鳖，其即鳖人，或他县人，不可考矣。若《汉书·儒林传》称公孙宏等为治礼掌故，以文学礼义为官迁留滞，请选择其秩比，百石以下补郡太守卒史皆各二人，边郡一人，不足，择文学掌故补郡属，请著功令。此之文学，既称系犍为，其为郡曹明甚，必非如《儒林传》所云者，不得因彼致疑。至陆云汉武帝时待者，《文选》扬雄《甘泉赋》序召雄待诏承明之庭，李善注'诸以材术见知，直于承明，待诏即见，故曰待诏'；《汉书·朱买臣传》诣阙上书久不报，待诏公车；《东方朔传》上书自荐，令待诏公车；《枚皋传》上书北阙，召入见，待诏；《贾捐之传》，元帝即位，上疏言得失，诏待诏金马门；《王褒传》宣帝时召高才，刘向、张子侨、华龙、柳褒等待诏金马门，上征褒至，诏褒为圣主得贤臣颂，令褒与侨等并待诏。文学待诏必是上《尔雅注》后，待上诏除，与诸人等，至其后为何官史，失事实，虽陆已莫能详也。又考《汉书·百官志》注引《汉官》曰太史待诏三十七人，其别有治历、龟卜、庐宅、日时、易筮、典禳、籍氏、许氏、典昌氏、嘉法、请雨、解事、医等十三职，又引灵台待诏四十一人，其别有候星、候日、候风、候雨、候气、候晷景、候钟律、舍人等七职。文学既上此注，必承明金马中人，不与诸小术家为伍，其非灵台太史所属待诏明矣。或曰舍人即文学计征所授之官，《后汉》注灵台待诏，其一人舍人，陆言汉武帝时待诏，即谓此。是以舍人与待诏传会曲说，大不然也。古人注书结衔之例，其私成者，则曰某官某人；其上于朝者，则云某官臣某人。若以舍人为官，则是某官臣下又云某官，何以解耶？卢文弨《释文考证》云李善注《文选·羽猎赋》，引《尔雅注》作郭舍人，考《汉书·东方朔传》武帝初有幸倡郭舍人常侍左右，注《尔雅》者，疑非此人。卢疑之是也。武帝建元六年始开犍为，文学为郡吏必在其后,至上书待诏,尤必多历年所,其非武帝初幸倡无疑。洪颐煊《读书丛录》云《尔雅》犍为文学注,《文选注》引作郭舍人,《西京杂记》郭威字文伟,茂陵人,好读书,以谓《尔雅》周公所制,而有张仲孝友,张仲,宣王时人,非周公之制明矣。疑即此人。考汉茂陵右扶风县,文学若即茂陵郭威,则与汉四百石下吏自除国中之制不合,又与陆氏所书臣舍人之衔大谬,且注疏家亦决不讥议本经也,此缘《选注》偶误致起文弨之疑,颐煊又缘误注而别求一郭姓者以当之,则误之又误矣。"

《禁中起居注》创于武帝时。

按:刘知几《史通·外篇·史官建置第一》曰:"夫起居注者,编次甲子之书,至于策命、章奏、封拜、薨免,莫不随事记录,言惟详审,凡欲撰帝纪者,皆称之以成功。今为载笑之别曹,立言贰职。故略述其事,附于斯篇。"又按:《诗·邶风·静女》之三章,君子取其彤管。夫彤管者,女史记事规诲之所执也。古者人君,外朝则有国史,内朝则有女史,内之与外,其任皆同。故晋献惑乱,骊姬夜泣,床笫之私,房中之事,不得掩焉。楚昭王宴游,蔡姬对以其愿,王顾谓史:'书之,蔡姬许从孤死矣。'夫宴私而有书事之册,盖受命者即女史之流乎?至汉武帝时,有《禁中起居注》;明德马皇后撰《明帝起居注》。凡斯著述,似出宫中,求其职司,未闻位号。隋世王劭上疏,请依古法,复置女史之班,具录内仪,付于外省。文帝不许,遂不施行。"

汉昭帝刘弗陵始元元年　乙未　前 86 年

二月,黄鹄下建章宫太液池中。公卿上寿。赐诸侯王、列侯、宗室(《汉书·昭帝纪》)。

马略第七次当选为执政官,寻卒。

按:相传昭帝作《黄鹄歌》、《液池歌》。《西京杂记》曰:"始元元年,黄鹄下太液池,帝为此歌。"《拾遗记》曰:"昭帝始元元年,穿淋池,广千步,东引太液池水,上游戏其中,乃至通夜,使宫人歌之。"此二诗,今存《古文苑》中。郑文《汉诗研究》(甘肃出版社 1994 年版)认为非昭帝所作。

己亥,昭帝耕于钩盾弄田;益封燕王、广陵王及鄂邑长公主各万三千户(《汉书·昭帝纪》)。

夏,益州廉头、姑缯、牂柯谈指、同并二十四邑皆反。遣水衡都尉吕破胡募吏民及发犍为、蜀郡奔命击益州,大破之(《汉书·昭帝纪》)。

有司请河内属冀州,河东属并州(《汉书·昭帝纪》)。

七月,诏赦天下。

按:霍光秉政,始行宽缓欲以悦天下,故赦天下。

八月,齐孝王孙刘泽谋反,伏诛(《汉书·昭帝纪》)

闰九月,遣故廷尉王平等五人持节巡察郡、国,举贤良,问民疾苦、冤、失职者(《汉书·昭帝纪》)。

按:明王祎《大事记续编》卷一曰:"此霍光辅政之初政也。王平后以治侯史吴狱抵罪，盖长者也以。"

隽不疑八月以青州刺史迁京兆尹（《汉书·隽疏于薛平彭传》）。

公户满意为太中大夫，以经术责燕王刘旦。

按：《史记·三王世家》褚少孙补曰："会武帝崩，昭帝初立，旦果作怨而望大臣。自以长子当立，与齐王子刘泽等谋为叛逆，出言曰：'我安得弟在者！今立者乃大将军子也。'欲发兵。事发觉，当诛。昭帝缘恩宽忍，抑案不扬。公卿使大臣请，遣宗正与太中大夫公户满意、御史二人，偕往使燕，风喻之。到燕，各异日，更见责王。宗正者，主宗室诸刘属籍，先见王，为列陈道昭帝实武帝子状。侍御史乃复见王，责之以正法，问：'王欲发兵罪名明白，当坐之。汉家有正法，王犯纤介小罪过，即行法直断耳，安能宽王。'惊动以文法。王意益下，心恐。公户满意习于经术，最后见王，称引古今通义，国家大礼，文章尔雅。谓王曰：'古者天子必内有异姓大夫，所以正骨肉也；外有同姓大夫，所以正异族也。周公辅成王，诛其两弟，故治。武帝在时，尚能宽王。今昭帝始立，年幼，富于春秋，未临政，委任大臣。古者诛罚不阿亲戚，故天下治。方今大臣辅政，奉法直行，无敢所阿，恐不能宽王。王可自谨，无自令身死国灭，为天下笑。'于是燕王旦乃恐惧服罪，叩头谢过。大臣欲和合骨肉，难伤之以法。"

王吉举贤良为昌邑中尉，上疏谏昌邑王刘贺。

按：《汉书·王贡两龚鲍传》曰："王吉字子阳，琅邪皋虞人也。少好学明经，以郡吏举孝廉为郎，补若卢右丞，迁云阳令。举贤良为昌邑中尉，而王好游猎，驱驰国中，动作亡节，吉上疏谏：'……今者大王幸方与，曾不半日而驰二百里，百姓颇废耕桑，治道牵马，臣愚以为民不可数变。昔召公述职，当民事时，舍于棠下而听断焉。是时，人皆得其所，后世思其仁恩，至乎不伐甘棠，《甘棠》之诗是也。……皇帝仁圣，至今思慕未怠，于官馆囿池弋猎之乐未有所幸，大王宜夙夜念此，以承圣意。'……王贺虽不遵道，然犹知敬礼吉，乃下令曰：'寡人造行不能无惰，中尉甚忠，数辅吾过。使谒者千秋赐中尉牛肉五百斤，酒五石，脯五束。'其后复放从自若。吉辄谏争，甚得辅弼之义，虽不治民，国中莫不敬重焉。"王吉的学术背景，《汉书·王贡两龚鲍传》曰："初，吉兼通《五经》，能为驺氏《春秋》，以《诗》、《论语》教授，好梁丘贺说《易》。"王吉传《韩诗》学：《汉书·儒林传》曰："赵子，河内人也。事燕韩生，授同郡蔡谊。谊至丞相，自有传。谊授同郡食子公与王吉。吉为昌邑王中尉，自有传。"传《今文尚书》："周堪授牟卿、许商，由是大小夏侯氏有牟、许氏学。许商授唐林、吴章、王吉、炔钦。"传《齐论语》：王吉本以《论语》名家，《经典释文·序录》曰："《齐论语》者，齐人所传，别有《问王》、《知道》二篇。凡二十二篇，其二十篇中，章句颇多于《鲁论》。昌邑王吉、少府宋畸、琅琊王卿、御史大夫贡禹、尚书令五鹿充宗、胶东庸生并传之，惟王阳名家。"又传《齐论》与张禹，《经典释文·序录》曰："安昌张侯受《鲁论》于夏侯建，又从庸生、王吉受《齐论》。"庸生是汉代《齐论语》的传授者，同时又是西汉《古文尚书》的学习者。《隋书·经籍志》曰："安国又为五十八篇作传，会巫蛊事起，不得奏上，私传其业于都尉朝，朝授胶东庸生，谓之《尚书古文》之学，而未得立。"西汉的私学一直有传授，未尝中绝。

又按：王吉与庸生都是汉代齐鲁学者，汉代齐鲁文人约110人。齐鲁文人作品55种。刘跃进《秦汉区域文化的划分及其意义》一文根据《汉书·儒林传》、《艺文志》、《后汉书·文苑传》、《郡国志》以及《隋书·经籍志》等数据记载，对秦汉时期八个文化区域的文人及作品进行了统计，通过上面的110人以及55部作品得出这样的结论:"第一,根据《汉书·儒林传》所列201位学者的分布,齐鲁地区占据第一位,占西汉学者总数的55%,超过了半数。其次是荆楚地区,约占15%。河洛地区屈居第三,仅占总人数的约14%。而河西地区竟无一人入选。这些数字表明,西汉时期,齐鲁区域文化占据了绝对的优势。其余地区依次为:幽并地区、三辅地区、巴蜀地区和江南地区。第二,根据《汉书·艺文志》所列184种著作,齐鲁地区依然占据第一位,占西汉著作总量的30%。其次是荆楚地区,约占19%,而第三位不是河洛,而是幽并地区,占17%。河洛地区占第四位。河西地区依然排在最后。其余地区依次为:巴蜀地区、三辅地区、江南地区。"但是在东汉时期,"第三,根据《后汉书·儒林传》所列56位学者的分布,河洛地区上升为第一位,占东汉学者总数的44.6%,齐鲁地区降为第二位,约占30.4%,而巴蜀上升为第三位,约占10.7%。河西地区还是排在最后。其余地区依次为:三辅地区、江南地区、荆楚地区、幽并地区。第四,根据《后汉书·文苑传》所列27位学者的分布,河洛依然为第一位,约占东汉文人总数的30%,三辅地区上升为第二位,约占18.5%,齐鲁地区又降为第三位,约占15%。其余地区依次为:幽并地区、河西地区、巴蜀地区、荆楚地区、江南地区。"

汉昭帝始元二年　丙申　前 85 年

正月,大将军霍光、左将军上官桀以前捕斩反虏重合侯马通功封为博陆侯、安阳侯(《汉书·昭帝纪》)。

是年,匈奴因王位之事内讧,左贤王、右谷蠡王怨望,不肯会祭龙城,匈奴始衰(《资治通鉴》卷二三)。

刘长乐为光禄大夫(《汉书·昭帝纪》)。

刘辟彊为光禄大夫,守长乐卫尉。

按:《汉书·昭帝纪》曰:"以宗室毋在位者,举茂才刘辟强、刘长乐皆为光禄大夫,辟强守长乐卫尉。"

刘辟彊卒,生年不详。辟彊字少卿,汉高祖刘邦同父弟楚元王刘交孙,刘向祖父。好读《诗》,能属文。武帝时,以宗室子随二千石论议,冠诸宗室。不肯仕。昭帝即位,遂拜辟彊为光禄大夫,守长乐卫尉,时年已八十。徙为宗正,数月卒。事迹见《汉书》卷三六。

按:《汉书·楚元王传》曰:"昭帝即位,或说大将军霍光曰:'将军不见诸吕之事乎?处伊尹、周公之位,摄政擅权,而背宗室,不与共职,是以天下不信,卒至于灭亡。今将军当盛位,帝春秋富,宜纳宗室,又多与大臣共事,反诸吕道,如是则可以免患。'光然之,乃择宗室可用者。辟彊子德待诏丞相府,年三十余,欲用之。或言父见在,亦先帝之所宠也。遂拜辟彊为光禄大夫,守长乐卫尉,时年已八十余矣。徙为宗正,数月卒。"刘辟彊以祖辈《诗》学相承,表明刘氏家学传统已初步形成。

米特里达梯六世及苏拉盟。

阿克齐乌斯卒(约前170—　)。罗马悲剧作家、语言学家。

汉昭帝始元三年　丁酉　前84年

执政官秦纳被杀，罗马内战爆发。

秋，募民徙云陵，赐钱、田、宅（《汉书·昭帝纪》）。

按：云陵，钩弋夫人之陵。

十月，凤皇集东海，遣使者祠其处（《汉书·昭帝纪》）。

十一月壬辰朔，日蚀（《汉书·昭帝纪》）。

徐仁以胶西太守迁少府。

按：《汉书·百官公卿表》曰：（元凤）"六年坐纵反者自杀。"

汉昭帝始元四年　戊戌　前83年

苏拉复归意大利，尽屠马略党人。

三月甲寅，立皇后上官氏，诏赦天下。

按：《汉书·昭帝纪》曰："四年春三月甲寅，立皇后上官氏。赦天下。辞讼在后二年前，皆勿听治。"文颖注曰："上官桀孙，安之女。"即霍光之外孙女，时年六岁。

六月，徙三辅富人于云陵，户赐钱十万（《汉书·昭帝纪》）。

王莽以卫尉迁右将军卫尉（《汉书·百官公卿表》）。

汉昭帝始元五年　己亥　前82年

六月，诏三辅、太常举贤良各2人，郡国举文学各1人；罢儋耳、真番郡（《汉书·昭帝纪》）。

按：《汉书·昭帝纪》曰："六月……诏曰：'朕以眇身获保宗庙，战战栗栗，夙兴夜寐，修古帝王之事，诵《保傅传》、《孝经》、《论语》、《尚书》，未云有明。其令三辅、太常举贤良各二人，郡国文学高第各一人。赐中二千石以下至吏民爵各有差。'"

秋，大鸿胪田广明击败西南夷(《汉书·昭帝纪》)。

是年，增博士弟子员为百人，其后名额逐渐扩大。

> **按**：《汉书·儒林传》曰："昭帝时举贤良文学，增博士弟子员满百人，宣帝末增倍之。元帝好儒，能通一经者皆复。数年，以用度不足，更为设员千人，郡国置《五经》百石卒史。成帝末，或言孔子布衣养徒三千人，今天子太学弟子少，于是增弟子员三千人。岁余，复如故。平帝时王莽秉政，增元士之子得受业如弟子，勿以为员，岁课甲科四十人为郎中，乙科二十人为太子舍人，丙科四十人补文学掌故云。"

隽不疑审理诣北阙夏阳男子张延年而名重一时。

> **按**：《汉书·昭帝纪》曰："夏阳男子张延年诣北阙，自称卫太子，诬罔，要斩。"《汉书·隽疏于薛平彭传》曰："始元五年，有一男子乘黄犊车，建黄旐，衣黄襜褕，著黄冒，诣北阙，自谓卫太子。公车以闻，诏使公卿、将军、中二千石杂识视。长安中吏民聚观者数万人。右将军勒兵阙下，以备非常。丞相、御史、中二千石至者并莫敢发言。京兆尹不疑后到，叱从吏收缚。或曰：'是非未可知，且安之。'不疑曰：'诸君何患于卫太子！昔蒯聩违命出奔，辄距而不纳，《春秋》是之。卫太子得罪先帝，亡不即死，今来自诣，此罪人也。'遂送诏狱。天子与大将军霍光闻而嘉之，曰：'公卿大臣当用经术明于大谊。'由是名声重于朝廷，在位者皆自以不及也。"《资治通鉴》卷二三亦载此事。明王祎《大事记续编》卷一曰："程颐曰：'隽不疑说《春秋》非是，然其处事应机，则不异于古人矣。'胡寅曰：'蒯聩，卫灵公世子也。出奔于宋，灵公未尝命废之而更立它子也。灵公卒，蒯聩之子辄遂自立，拒蒯聩，亦未尝有灵公之命也。蒯聩欲杀南子，又忘父丧，当黜何疑。然辄拒之，则失人子之道，故《春秋》于赵鞅纳蒯聩书曰："世子明其位之未绝也，于石曼姑围戚，书齐国，夏为首恶，其党辄也。"然则谓《春秋》是辄者，考实未详而处义未精矣。又况与戾园之事非伦乎。据称兵阙下，与父交战，正使不死而父宥之，其位不得有矣。果来自诣，但当以此下令叱吏收缚自足以成狱而议刑，不必引《春秋》也。霍光不学，故莫之能辨，然其言曰"公卿当用经术明于大谊者"，则格言也。'"

杜延年时为谏大夫，劝霍光"修孝文时政，示以俭约、宽和"。

> **按**：《汉书·杜延年传》曰："见国家承武帝奢侈师旅之后，数为大将军光言：'年岁比不登，流民未尽还，宜修孝文明政，示以俭约宽和，顺天心，说民意，年岁宜应。'光纳其言，举贤良，议罢酒榷、盐、铁，皆自延年发之。"《资治通鉴》卷二三亦载此事，系于此年。其所治律令学成果，后世传者甚众，史称"小杜律"。程树德《九朝律考·汉律考》(中华书局2003年版)说："其可考者，《文苑英华》引沈约授蔡法度廷尉制，谓汉之律书，出于小杜，故当时有所谓小杜律。"因此龙大轩《汉代律章学考论》(西南政法大学2006年博士学位论文)推断，"杜延年著有成文的律令著作，其所处之世，章句学已盛，以此推断其所著律书恐为律章句，有了律章句，才能标明宗派，才便于开门授徒，才能被称为'小杜律'，以别于其父之律令学风格。史称东汉颍川郭氏律家，传习小杜律。"

汉昭帝始元六年　庚子　前81年

正月，昭帝耕于上林(《汉书·昭帝纪》)。

苏拉复归罗马，任终身独裁官。

庞培凯旋自非洲之战。

二月，诏有司问郡国所举贤良、文学民所疾苦；议罢盐、铁、榷酤。

按：《汉书·昭帝纪》曰："二月，诏有司问郡国所举贤良、文学民所疾苦。议罢盐、铁、榷酤。"应劭曰："武帝时，以国用不足，县官悉自卖盐铁，酤酒。昭帝务本抑末，不与天下争利，故罢之。"《汉书·食货志》曰："昭帝即位六年，诏郡国所举贤良文学之士，问民所疾苦，教化之要。皆对愿罢盐铁酒榷均输官，毋与天下争利，视以节俭。弘羊难，以为此国家大业，所以制四夷，不可废也。乃与丞相千秋共奏罢酒酤。"《盐铁论·本议》曰："惟始六年，有诏书使丞相、御史与所举贤良、文学语。问民间疾苦。"《资治通鉴》卷二三曰："六年春二月，诏有司问郡国所举贤良、文学，民所疾苦，教化之要。皆对愿罢盐、铁、酒榷、均输官，毋与天下争利，示以节俭，然后教化可兴。桑弘羊难以为此国家大业，所以制四夷，安边足用之本，不可废也。于是盐铁之议起。"

七月，昭帝纳贤良、文学之议，罢榷酤官（《汉书·昭帝纪》）。

按：《资治通鉴》卷二三曰："秋，七月，罢榷酤官，从贤良、文学之议也。武帝之末，海内虚耗，户口减半，霍光知时务之要，轻徭薄赋，与民休息。至是匈奴和亲，百姓充实，稍复文、景之业焉。"明王祎《大事记续编》卷一曰："桓宽《盐铁论》文学初言盐铁酒榷均输之害，桑大夫答之，皆谓不然。及再发问，则独答以盐铁均输而已。此所以独罢榷酤官而盐铁均输未及施行也。然汉初群饮之禁未尝不可行，而乃令民自占租又从而升税四钱，是亦月攘一鸡者耳。其桑大夫之意欤。"宋钱时《两汉笔记》卷五曰："甚矣，利端之不可轻启也，其端一启，后来者守为定法，以害民蠹国为常事，其祸可胜言哉。桑弘羊一贾孺耳，天子作民父母，而用贾人斗筲之智以争利，竭赤子之膏血以事荒远，譬犹伐贞气助狂阳，实此曹从臾之。武帝末年有志富民，而田千秋、赵过用，选受顾命而得霍光、金日磾，平生谬妄洒然一洗。桑弘羊，巨蠹也，大盗也，可去不去，而顾以御史大夫辅少主，竟使贤良文学之议排抑而不得伸，因观霍光号知时务未几而罢榷酤，则贤良文学固有以切中其心矣。向微弘羊盐铁均输，岂不能悉罢乎。小人之根不除，虽有谠议空言无补，机会一失，流毒滔滔，武帝实遗其祸也。"

是月，以边塞阔远，取天水、陇西、张掖郡各二县置金城郡（《汉书·昭帝纪》）。

桑弘羊、田千秋与郡国所举贤良文学辩论汉武帝以来盐铁官卖之策。

按：盐铁会议官方代表是丞相田千秋、御史大夫桑弘羊以及丞相府属官多人，民间方面的贤良文学约有六十多人，《汉书》中具名者为汝南朱生、茂陵唐生、鲁国万生、中山刘子雄、九江祝生等。此次辩论内容包括：（一）关于盐铁等官营政策的争论；（二）关于对匈奴和战政策的争论；（三）关于德治与法治政策的争论。周桂钿、李祥俊《中国学术通史·秦汉卷》（人民出版社2004年版）第五章《西汉中后期儒家经学的传承与发展》说："盐铁会议在学术史上具有重大意义。代表儒家学派的贤良文学对大夫的阻击，虽然只是成为霍光等权臣进行统治阶级内部政治斗争的工具，他们的学说本身与当时占主导地位的儒家经学主旨也不太合拍，但这个行为的本身却在客观上进一步加强了儒家经学独尊的地位，而汉昭帝、汉宣帝时期正是汉武帝'独尊儒术'政策实际进入社会政治层面的关键时刻。"

魏相以文学对策。

按：《汉书·赵尹韩张两王传》曰："是时，昭帝富于春秋，大将军霍光持政，征郡国贤良文学，问以得失。时魏相以文学对策，以为'赏罚所以劝善禁恶，政之本也。日者燕王为无道，韩义出身强谏，为王所杀。义无比干之亲而蹈比干之节，宜显赏其子，以示天下，明为人臣之义'。光纳其言，因擢延寿为谏大夫，迁淮阳太守。"《汉书·魏相丙吉传》又曰："相明《易经》，有师法，好观汉故事及便宜章奏，以为古今异制，方今务在奉行故事而已。数条汉兴已来国家便宜行事，及贤臣贾谊、晁错、董仲舒所言……上施行其策。又数表采《易阴阳》及《明堂》、《月令》奏之，……相数陈便宜，上纳用之。"魏相认为震司春、离司夏、兑司秋、坎司冬，把震、离、兑、坎四正卦与四季结合起来，属西汉象数易学之"卦气"说。魏相在汉代易学发展史上有重要贡献。刘大钧《卦气溯源》(《中国社会科学》2000 年 5 期)认为魏相所学之《易》早于孟喜，因而在孟喜之"卦气"说以前，"卦气"之说早已有人传授，魏相所持之"卦气"说亦应对其后的孟喜有所影响。张涛《经学与汉代社会》(河北人民出版社 2001 年版)认为魏相"借助政治力量推动《易》学的改革和发展，从而为其后象数《易》学的全面兴盛提供了重要契机"。

韩延寿因魏相之言而为谏大夫。

按：《汉书·赵尹韩张两王传》曰："韩延寿字长公，燕人也，徙杜陵。少为郡文学。父义为燕郎中。刺王之谋逆也，义谏而死，燕人闵之。时魏相以文学对策，……光纳其言，因擢延寿为谏大夫，迁淮阳太守。治甚有名，徙颍川。"刘跃进《秦汉文学编年史》(商务印书馆 2006 年版)于始元元年(前 86 年)著录韩延寿作《举贤良对策》。因本年闰九月，"遣故廷尉王平等五人持节行郡国，举贤良，问民疾苦、冤、失职者"。

苏武二月归汉，寻任典属国。

按：《汉书·昭帝纪》曰："二月，……栘中监苏武前使匈奴，留单于庭十九岁乃还，奉使全节，以武为典属国，日赐钱。"

桓宽是年后整理《盐铁论》。

按：桓宽字次公，生卒不详，西汉汝南郡人，少攻《春秋公羊传》。汉宣帝时被举为郎，官至庐江太守，擅文学，专治《公羊春秋》。《汉书·公孙刘田王杨蔡陈郑传赞》曰："所谓盐铁议者，起始元中，征文学贤良问以治乱，皆对愿罢郡国盐铁酒榷均输，务本抑末，毋与天下争利，然后教化可兴。御史大夫弘羊以为此乃所以安边境，制四夷，国家大业，不可废也。当时相诘难，颇有其议文。至宣帝时，汝南桓宽次公治《公羊春秋》，举为郎，至庐江太守丞，博通善属文，推衍盐铁之议，增广条目，极其论难，著数万言，亦欲以究治乱，成一家之法焉。其辞曰：'观公卿贤良文学之议，异乎吾所闻。闻汝南朱生言，当此之时，英俊并进，贤良茂陵唐生、文学鲁国万生之徒六十有余人咸聚阙庭，舒六艺之风，陈治平之原，知者赞其虑，仁者明其施，勇者见其断，辩者骋其辞，断断焉，行行焉，虽未详备，斯可略观矣。中山刘子推言王道，挢当世，反诸正，彬彬然弘博君子也。九江祝生奋史鱼之节，发愤懑，讥公卿，介然直而不挠，可谓不畏强圉矣。桑大夫据当世，合时变，上权利之略，虽非正正，巨儒宿学不能自解，博物通达之士也。然摄公卿之柄，不师古始，放于末利，处非其位，行非其道，果陨其性，以及厥宗。车丞相履伊、吕之列，当轴处中，括囊不言，容身而去，彼哉！彼哉！若夫丞相、御史两府之士，不能正议以辅宰相，成同类，长同行，阿意苟合，以说其上，'斗筲之徒，何足选也！'"《盐铁论》一书倾向于贤良文学一边，但能客观地记双方言论主张，遂使诸多原始史料得以保存。《汉书·艺文志·诸子略·儒家》曰："桓宽《盐铁论》六十篇。"此书注释本极多，有明代张之象注，金蟠辑注；清代俞樾《盐铁论校》；今人杨树达《盐铁论要释》、王利器《盐铁论校注》、徐培德《盐铁轮集释》等。

又按：《四库全书总目提要》曰："《盐铁论》十二卷，汉桓宽撰。宽字次公，汝南人。宣帝时举为郎，官至庐江太守丞。昭帝始元六年，诏郡国举贤良文学之士，问以民所疾苦。皆请罢盐铁、榷酤，与御史大夫桑宏羊等建议相诘难。宽集其所论，为书凡六十篇，篇各标目。实则反覆问答，诸篇皆首尾相属。后罢榷酤，而盐铁则如旧，故宽作是书，惟以盐铁为名，盖惜其议不尽行也。书末杂论一篇，述汝南朱子伯之言，记贤良茂陵唐生、文学鲁万生等六十余人，而最推中山刘子雍、九江祝生，于桑宏羊、车千秋深著微词。盖其著书之大旨，所论皆食货之事，而言皆述先王，称《六经》，故诸史列之儒家。黄虞稷《千顷堂书目》改隶史部食货类中，循名而失其实矣。明嘉靖癸丑，华亭张之象为之注。虽无所发明，然事实亦粗具梗概。今并录之，以备考核焉。"

李陵作《别诗》、《与苏武书》(《汉书·李广苏建传》)。

按：《文选》、《古文苑》载有李陵五言别诗，后世又传李陵《与苏武书》及苏武《报李陵书》，苏轼以为是齐梁间人所作。章培恒、刘骏《关于李陵〈与苏武书〉的真伪问题》(《复旦学报》1998年2期)认为苏武李陵诗文均系苏李二人所作。

汉昭帝元凤元年　辛丑　前 80 年

马略党人塞多留归西班牙。

三月，赐郡国所选有行义者涿郡韩福等五人帛，人五十匹，遣归(《汉书·昭帝纪》)。

六月，诏赦天下(《汉书·昭帝纪》)。

七月乙亥晦，日蚀(《汉书·昭帝纪》)。

八月，改元元凤(《汉书·昭帝纪》)。

按：应劭曰："三年中，凤凰比下东海海西乐乡，于是以冠元焉。"

九月，燕王刘旦、鄂邑长公主与左将军上官桀、桀子骠骑将军上官安、御史大夫桑弘羊等谋反，史称"燕王之变"(《资治通鉴》卷二三)。

十月，燕王、鄂邑长公主、上官桀、上官安、桑弘羊等以谋反罪伏诛(《汉书·昭帝纪》)。

刘德以大中大夫为宗正，数月免，复为青州刺史(《汉书·百官公卿表》)。

按：《汉书·楚元王传》曰："德常持《老子》'知足'之计。妻死，大将军光欲以女妻之，德不敢取，畏盛满也。盖长公主孙谭遮德自言，德数责以公主起居无状。侍御史以为光望不受女，承指劾德诽谤诏狱，免为庶人，屏居山田。光闻而恨之，复白召德守青州刺史。岁余，复为宗正。"

杜延年以谏大夫为太仆(《汉书·百官公卿表》)。

刘旦作《歌》；华容夫人作《歌》。

按：《汉书·武五子传》曰："王愈忧恐，谓广等曰：'谋事不成，妖祥数见，兵气且至，奈何？'会盖主舍人父燕仓知其谋，告之，由是发觉。丞相赐玺书，部中二千石逐捕孙纵之及左将军桀等，皆伏诛。旦闻之，召相平曰：'事败，遂发兵乎？'平曰：'左将军已死，百姓皆知之，不可发也。'王忧懑，置酒万载宫，会宾客、群臣、妃妾坐饮。王自歌曰：'归空城兮，狗不吠，鸡不鸣，横术何广广兮，固知国中之无人！'华容夫人起舞曰：'发纷纷兮寘渠，骨籍籍兮亡居。母求死子兮，妻求死夫。裴回两渠间兮，君子独安居！'坐者皆泣。"

桑弘羊卒（前 152— ）。弘羊，洛阳人。西汉杰出经济思想家与理财家，经济上主张"建本抑本"，"开本末之途"，"绝并兼之路"，曾参与制订推行盐铁官营、酒类专卖、均输平准、算缗告缗，统一铸币权及边境屯田等政策。是年受燕王刘旦谋反事牵连，被杀。事迹见《史记》卷三〇、《汉书》卷五八、朱希祖《桑弘羊年表》、南京师范学院中文系资料室编《桑弘羊年表初稿》、马元材《桑弘羊年谱订补》。

周义山（ —?）生。

按：《云笈七签》卷一百六《紫阳真人周君内传》曰："紫阳真人姓周，讳义山，字季通，汝阴人也。汉丞相毂七世之孙。以冠族播流。世居贵宦，祖父玄，元凤元年为青州刺史。父秘为范是令。时君始生焉。"赵道一《历世真仙体道通鉴》卷一四同。

汉昭帝元凤二年　壬寅　前 79 年

四月，昭帝自建章宫徙未央宫（《汉书·昭帝纪》）。

六月，诏赦天下（《汉书·昭帝纪》）。

是年，匈奴欲以渐致和亲，汉亦羁縻之（《资治通鉴》卷二三）。

孟卿教授于兰陵，后苍、疏广从之学《春秋》；后苍、鲁间丘卿从之学《礼》（《汉书·儒林传》）。

按：刘汝霖《汉晋学术编年》（中华书局 1987 年版）卷二曰："按孟卿之设教，当非一年事。而疏广、后仓俱在宣帝之初任职，则其受教于孟卿应在昭帝时。"因而系于此年。

刘向（ —前 8）生。

按：《汉书·楚元王传》曰："向字子政，本名更生。年十二，以父德任为辇郎。"又曰："居列大夫官前后三十余年，年七十二卒。"其生年系据其卒年逆推而得。刘向卒年，清人梅毓《刘更生年表》、周果《刘子政生卒年月及其著述考辨》认为是哀建平元年（前 6 年）。其立说是根据《汉书·楚元王传》载"年七十二卒。卒后十三岁而五氏代汉"。从王莽始建国元年上推十三年而得。钱穆《刘向歆父子年谱》（《两汉经学

罗马终身独裁官苏拉辞职并隐退。

今古文平议》，商务印书馆2001年版）认为"向生实在元凤二年"。钱大昕《廿二史考异》认为卒年是绥和二年，"淮南王安以谋反诛，事在元狩元年。此传言昭帝即位，'德待诏丞相府，年三十余。'自元狩元年，数至后元二年昭帝即位，实三十六年矣。当淮南狱起之时，恐德尚未生，安得预治狱之列？"钱穆赞同钱大昕之说，"向生实在元凤二年，钱（大昕）氏推不误。自绥和元年后十三年为孺子婴居摄元年，莽称假皇帝。《汉书》帝纪尽于平帝元始五止，无记孺子婴者。此汉人以莽代汉在居摄之斑点也。"所以上推，得出刘向生于此年。

汉昭帝元凤三年　癸卯　前78年

李必达当选罗马执政官，旋逃往伊特拉斯坎。

是年，苏拉卒（前138—　）。

春，匈奴犯张掖（《资治通鉴》卷二四）。

冬，辽东乌桓反，以中朗将范明友为度辽将军击之（《汉书·昭帝纪》、《资治通鉴》卷二四）。

蔡义因善《韩诗》为昭帝召见，擢为光禄大夫给事中，再迁为少府。

按：《汉书·百官公卿表》曰："元凤三年，光禄大夫蔡义为少府。"《汉书·公孙刘田王杨蔡陈郑传》曰："蔡义，河内温人也。以明经给事大将军莫府。家贫，常步行，资礼不逮众门下，好事者相合为义买犊车，令乘之。数岁，迁补覆盎城门候。久之，诏求能为《韩诗》者，征义待诏，久不进见。义上疏曰：'臣山东草莱之人，行能亡所比，容貌不及众，然而不弃人伦者，窃以闻道于先师，自托于经术也。愿赐清闲之燕，得尽精思于前。'上召见义，说《诗》，甚说之，擢为光禄大夫给事中，进授昭帝。数岁拜为太守。"《韩诗》在汉代影响不如《鲁诗》、《齐诗》，但由于蔡义学《韩诗》，又贵为丞相，对《韩诗》在西汉的发展起了重要作用。

荣广与眭孟辩论《公羊》、《谷梁》，数困之，此后学者颇复受《谷梁》。

按：武帝时瑕丘江公与董仲舒辩论《公羊传》、《谷梁传》，结果《公羊》学大兴。太子好《谷梁》，所以在昭帝时期《谷梁》复兴。《汉书·儒林传》曰："太子既通，复私问《谷梁》而善之。其后浸微，唯鲁荣广王孙、皓星公二人受焉。广尽能传其《诗》、《春秋》，高材捷敏，与《公羊》大师眭孟等论，数困之，故好学者颇复受《谷梁》。"这是《公羊》、《谷梁》学的又一次争论，标志著《谷梁》开始兴盛。

眭孟以《公羊》学理论附会灾异，上书请汉求贤禅让，以妖言惑众罪被杀。

按：《汉书·眭两夏侯京翼李传》曰："眭弘字孟，鲁国蕃人也。少时好侠，斗鸡走马，长乃变节，从嬴公受《春秋》。以明经为议郎，至符节令。孝昭元凤三年正月，泰山莱芜山南匈匈有数千人声。民视之，有大石自立，高丈五尺，大四十八围，入地深八尺，三石为足。石立后有白乌数千下集其旁。是时昌邑有枯社木卧复生。又上林苑中大柳树断枯卧地，亦自立生，有虫食树叶成文字，曰'公孙病已立'，孟推《春秋》之意，以为'石柳皆阴类，下民之象；泰山者岱宗之岳，王者易姓告代之处。今大石自立，僵柳复起，非人力所为，此当有从匹夫为天子者。枯社木复生，故废之家公孙氏当复兴者也。'孟意不知其所在，即说曰：'先师董仲舒有言，虽有继体守文之君，不害圣人之受命。汉家尧后，有传国之运。汉家宜谁差天下，求索贤人，禅以帝位，而退自封百里，如殷周二王后，以承顺天命。'孟使友人内官长赐上此书。时昭帝幼，大将军霍光秉政，恶之，下其书廷尉。奏赐、孟妄设袄言惑众，大逆不道，皆伏诛。后五年，孝宣兴于民间，即位，征孟子为郎。"事又见《汉书·五行志》、《儒林传》、《资治通鉴》卷二三。眭孟所学是《公羊》学，与孟卿同学，都师从嬴公。眭孟在《春秋公羊传》的传授上占有重要的地位，对西汉的儒学的发展有着重要的作用。曾指导贡禹研习《春秋公羊传》，《春秋公羊传》的两个最大的派别：严、颜二派皆出于眭孟。眭孟习《公羊春秋》，授严彭祖、颜安乐，由是《公羊》有严、颜之学。眭孟之死并非是因为其习《公羊》，而是其提出的禅让主张，之后盖宽饶亦持此种观点。

严彭祖、颜安乐传眭孟《公羊》之学。

按：《汉书·儒林传》曰："孟卿授鲁人眭孟，眭孟授东海严彭祖、鲁人颜安乐。故后汉《公羊》有严氏、颜氏之学，与谷梁三家并立。"眭孟被诛后，严彭祖、颜安乐传眭孟《公羊》之学，由是形成严、颜之学。

又按：《汉书·儒林传》曰："彭祖为宣帝博士，至河南、东郡太守。以高等入为左冯翊，迁太子太傅，廉直不事权贵。或说曰：'天时不胜人事，君以不修小礼曲意，亡贵人左右之助，经谊虽高，不至宰相。愿少自勉强！'彭祖曰：'凡通经术，固当修行先王之道，何可委曲从俗，苟求富贵乎！'彭祖竟以太傅官终。"《隋书·经籍志》曰："《春秋公羊传》十二卷，严彭祖撰。"此书久佚。《汉书·艺文志》未著录此书。严彭祖的弟子，主要有琅琊王中，王中为元帝少府，其家后世传《严氏春秋》。王中授同郡之公孙文、东门云。东门云为荆州刺史；公孙文官为太傅，弟子众多。因《儒林传》载严彭祖宣帝时为博士，故系于宣帝初年。《隋书·经籍志》著录严彭祖《春秋左氏图》十卷。《旧唐书·经籍志》著录严彭祖《春秋图》七卷，严彭祖虽然习公羊，但还同时研习《左传》，并且是汉代以图解经的代表人物。西汉阐释《左传》的著作见于记载的四部：除了严彭祖之外，还有贾谊《左氏传训故》，《汉书·儒林传》曰："汉兴，北平侯张苍及梁大傅贾谊、京兆尹张敞、太中大夫刘公子皆修《春秋氏传》。谊为《左氏传训故》，授赵人贯公，为河间献王博士，子长卿为荡阴令，清河张禹长子。"《后汉书·儒林列传》曰："梁太傅贾谊为《春秋左氏传训故》，授赵人贯公。"刘歆《春秋左氏传章句》，《汉书·楚元王传》曰："初《左氏传》多古字古言，学者传训故而已，及歆治《左氏》，引传文以解经，转相发明，由是章句义理备焉。"《玉函山房辑佚书》卷三有《春秋左氏传章句》辑本。陈钦《陈氏春秋》，《后汉书·陈元传》曰："陈元字长孙，苍梧广信人也。父钦，习《左氏春秋》，事黎阳贾护，与刘歆同时别自名家。"李贤注云："以《左氏》授王莽，自名《陈氏传》。故曰别也。"

再按：《汉书·儒林传》曰："颜安乐字公孙，鲁国薛人，眭孟姊子也。家贫，为学精力，官至齐郡太守丞，后为仇家所杀。安乐授淮阳泠丰次君、淄川任公。公为少府，丰淄川太守。由是颜家有泠、任之学。始贡禹事嬴公，成于眭孟，至御史大夫，疏广事孟卿，至太子太傅，皆自有传。广授琅邪管路，路为御史中丞。禹授颍川堂溪惠，惠授泰山冥都，都为丞相史。都与路又事颜安乐，故颜氏复有管、冥之学。路授孙宝，为大司农，自有传。丰授马宫、琅邪左咸。咸为郡守九卿，徒众尤盛。宫至大司徒，自有传。"颜氏《公羊》一派分为四家：泠、任之学；管氏、冥氏之学。严彭祖与颜安乐同学于眭孟，但其学说不同。马勇《汉代春秋学史》（四川人民出版社1990年版）说："至于严、颜二人之间，差别也颇为明显，否则不足以独立门户，专门教授。……颜氏之学,其宗旨也不能详考,但以下两点或许能说明一些问题。一是当时《公羊》学盛行朝野,而严、颜对峙,严彭祖自道不肯委屈从俗以求富贵。那么势必有人从俗以求之,此人盖为颜安乐。二是颜安乐官至齐郡太守丞,而为仇人所杀,或许是因为颜安乐不甘心寂寞,积极参与政治或私人之间的斗争而积怨太多。从严、颜后学也可看出其分化,严氏之学主正直,但墨守成规,故终西汉一代,传人无几且流派不可详考。而颜氏之学,虽委屈从俗,从人格上或许不足道,但识时务,知变通,故能兴旺发达代有传人且多致大官。"清马国翰《玉函山房辑轶书》辑有《春秋公羊颜氏记》)。

张寿王上书议《太初历》。

按:《汉书·律历志》曰:"元凤三年,太史令张寿王上书言:'历者天地之大纪,上帝所为。传黄帝《调律历》,汉元年以来用之。今阴阳不调,宜更历之过也。'诏下主历使者鲜于妄人诘问,寿王不服。妄人请与治历大司农中丞麻光等二十余人杂候日月晦朔弦望、八节二十四气,钧校诸历用状。奏可。诏与丞相、御史、大将军、右将军史各一人杂候上林清台,课诸历疏密,凡十一家。以元凤三年十一月朔旦冬至,尽五年十二月,各有第。寿王课疏远。案汉元年不用黄帝《调历》,寿王非汉历,逆天道,非所宜言,大不敬。有诏勿劾。复候,尽六年。《太初历》第一。即墨徐万且、长安徐禹治《太初历》亦第一。寿王及待诏李信治黄帝《调历》,课皆疏阔,又言黄帝至元凤三年六千余岁。丞相属宝、长安单安国、安陵杯育治《终始》,言黄帝以来三千六百二十九岁,不与寿王合。寿王又移《帝王录》,舜、禹年岁不合人年。寿王言化益为天子代禹,骊山女亦为天子,在殷周间,皆不合经术。寿王历乃太史官《殷历》也。寿王猥曰安得五家历,又妄言《太初历》亏四分日之三,去小余七百五分,以故阴阳不调,谓之乱世。劾寿王吏八百石,古之大夫,服儒衣,诵不详之辞,作袄言欲乱制度,不道。奏可。寿王候课,比三年下,终不服。再劾死,更赦勿劾,遂不更言,诽谤益甚,竟以下吏。故历本之验在于天,自汉历初起,尽元凤六年,三十六岁,而是非坚定。"张寿王的主张体现了古历法学派中"天象派"与"受命派"的矛盾。

刘德以青州刺史复为宗正(《汉书·百官公卿表》)。

按:参见元凤元年"刘德以太中大夫为宗正"条。

汉昭帝元凤四年　甲辰　前 77 年

李必达攻罗马,败。

塞多留建元老院于西班牙,庞培伐。

正月丁亥,昭帝加冠,免民四年、五年口赋及三年前欠更赋未入者(《汉书·昭帝纪》)。

二月乙丑,御史大夫王䜣继田千秋为丞相(《汉书·百官公卿表》)。

五月丁丑,孝文庙正殿灾。

按:《汉书·昭帝纪》曰:"五月丁丑,孝文庙正殿火。上及群臣皆素服,发中二千石将五校作治,六日成。太常及庙令丞郎吏皆劾大不敬;会赦,太常轑阳侯德免为庶人。"《汉书·五行志》曰:"元凤四年五月丁丑,孝文庙正殿灾。刘向以为孝文,太宗之君,与成周宣榭火同义。先是,皇后父车骑将军上官安、安父左将军桀谋为逆,大将军霍光诛之。皇后以光外孙,年少不知,居位如故。光欲后有子,因上待疾医言,禁内后宫皆不得进,唯皇后颛寝。皇后年六岁而立,十三年而昭帝崩,遂绝继嗣。光执朝政,犹周公之摄也。是岁正月,上加元服,通《诗》、《尚书》,有明哲之性。光亡周公之德,秉政九年,久于周公,上既已冠而不归政,将为国害。故正月加元服,五月而灾见。古之庙皆在城中,孝文庙始出居外,天戒若曰,去贵而不正者。宣帝既立,光犹摄政,骄溢过制,至妻显杀许皇后,光闻而不讨,后遂诛灭。"

六月,诏赦天下(《汉书·昭帝纪》)。

田千秋卒,生年不详。又名车千秋。原为高寝郎,后为戾太子诉冤,武帝因而擢用为大鸿胪,任丞相,封富民侯。遗诏辅昭帝,卒谥曰定侯。事迹见《汉书》卷六六。

按:《汉书·公孙刘田王杨蔡陈郑传》曰:"千秋居丞相位,谨厚有重德。每公卿朝会,光谓千秋曰:'始与君侯俱受先帝遗诏,今光治内,君侯治外,宜有以教督,使光毋负天下。'千秋曰:'唯将军留意,即天下幸甚。'终不肯有所言。光以此重之。每有吉祥嘉应,数褒赏丞相。讫昭帝世,国家少事,百姓稍益充实。"

京房(—前37)生。

按:《汉书·眭两夏侯京翼李传》曰:"京房字君明,东郡顿丘人。"钱穆《刘向歆父子年谱》(《两汉经学今古文平议》,商务印书馆2001年版)系于是年。

汉昭帝元凤五年　乙巳　前76年

六月,发三辅、郡国恶少年及吏被告劾而逃亡者屯辽东(《汉书·昭帝纪》)。

按:此为犯人流徙东北之始。

秋,罢象郡,分属郁林、牂柯(《汉书·昭帝纪》)。

十二月庚戌,丞相王䜣卒(《汉书·百官公卿表》)。

韦贤以詹事迁大鸿胪,授昭帝《诗》(《汉书·百官公卿表》)。

按:《汉书·韦贤传》曰:"自孟至贤五世。贤为人质朴少欲,笃志于学,兼通《礼》、《尚书》,以《诗》教授,号邹鲁大儒。征为博士,给事中。进授昭帝《诗》。稍迁光禄大夫詹事,至大鸿胪。"《汉书·百官公卿表》曰:"元凤五年,詹事韦贤为大鸿胪,四年为长信少府。"韦贤创立了鲁诗中的韦氏学,还是《鲁论语》重要传人。西汉《论语》传授大抵始于昭宣时代,王吉、韦贤与夏侯胜等皆为较早传授《论语》的学者。

汉昭帝元凤六年　丙午　前75年

正月，募郡国徒筑辽东、玄菟城（《资治通鉴》卷二四）。

夏，诏赦天下；乌桓复犯塞，汉遣度辽将军范明友击之（《汉书·昭帝纪》）。

十一月，以御史大夫杨敞为丞相（《汉书·百官公卿表》、《汉书·公孙刘田杨蔡陈郑传》）。

蔡义十一月以少府迁御史大夫（《汉书·百官公卿表》）。

按：《汉书·公孙刘田杨蔡陈郑传》曰："上召见义，说《诗》，甚说之，擢为光禄大夫给事中，进授昭帝。数岁，拜为少府，迁御史大夫，代杨敞为丞相，封阳平侯。"因其明年代杨敞为丞相，所以其为御史大夫系于本年。

夏侯胜征为博士、光禄大夫。

按：《汉书·眭两夏侯京翼李传》曰："夏侯胜字长公。初，鲁共王分鲁西宁乡以封子节侯，别属大河，大河后更名东平，故胜为东平人。胜少孤，好学，从始昌受《尚书》及《洪范五行传》，说灾异。后事蕳卿，又从欧阳氏问。为学精孰，所问非一师也。善说礼服。征为博士、光禄大夫。"因为明年昭帝崩，夏侯胜有谏昌邑王事，故系此事于本年。夏侯胜的学术背景：以《尚书》名家；通《鲁论语》；善说礼服。夏侯胜在《尚书》学上成就最大，创立《尚书》大夏侯派。《汉书·儒林传》曰："夏侯胜，其先夏侯都尉，从济南张生受《尚书》以传族子始昌。始昌传胜，胜又事同郡蕳卿。蕳卿为儿宽门人。"儿宽的《尚书》学则兼欧阳与孔安国。"欧阳生字和伯，千乘人也。事伏生，授儿宽。宽又受业孔安国，至御史大夫，自有传。"所以夏侯胜学问精纯，自成大夏侯《尚书》一派。又传夏侯建，成小夏侯《尚书》一派。夏侯胜征为博士一般以为是尚书博士，程元敏《欧阳容夏侯胜未曾身为〈尚书〉博士考》（《国立编译馆馆刊》第23卷第2期）说："汉《尚书》欧阳学宗始师欧阳和伯，考诸《欧阳谱图序》，名容。《谱图序》载容为汉《尚书》博士，乃《家乘》溢美之词，容未曾身为博士；东汉以后人不知，多为所误。同时代《尚书》大夏侯学宗始师夏侯胜，尝受征为《礼》博士昭帝初，后世人皆不知，亦误认胜尝为《尚书》博士。夫汉代经学显学派，其始师不必立为该学宗博士，诸家昧于此理，因误定容、胜为《尚书》博士，余征之前献，正其讹谬。复考诸两宗之立学，两宗并出伏生，初无所谓欧阳、夏侯学之分，其分宗别家，肇自宣帝朝石渠会议后，此前所立《尚书》博士若张生、欧阳高等皆不需判分家派以称之，而容、胜两人之学早显，亦不及为欧阳、大夏侯两宗《尚书》初成宗派之首任博士。汉制：每经之某一学宗，但立博士一人，无同日并任两人例。故文帝朝张生为《尚书》博士，其同门学弟欧阳容即不得同时为博士；而武帝元狩至宣帝甘露间，为《尚书》博士知名者至少有六人，其间不容夏侯胜亦为博士。彰彰明也。欧阳容与夏侯胜授《尚书》家塾。儿宽初从欧阳受，后又膺选入官学太学师事孔安国仍习《尚书》，若囊从受于欧阳者亦为博士，则不得复受郡选，则容的非博士。而夏侯建、孔霸等受《尚书》业于夏侯家，事亦在胜入仕前,胜时非《尚书》博士,至确。夏侯胜以'善说礼服'征为博士(当昭帝朝),《史》《汉》见载同类文例事例可证,诸家习知胜《尚书》学成就,但不知彼亦《礼》学大家,其在太学,以《仪礼》授萧望之,为宣帝之师祖,仕至太傅中二千石,必无左迁为《尚书》博士之理事。"关于礼服,颜师古注曰:"礼之丧服。"王应麟《困学纪闻》卷五曰:"夏侯胜善说礼服,谓《礼》之丧服也。萧望之以礼服授皇太子,则汉世不以丧服为讳也。唐之奸臣以凶事非臣子所宜言,去《国恤》一篇,而凶礼居五礼之末。五服如父在为母,叔嫂之类,率意轻改,皆不达《礼》意者。"顾炎武《日知录》卷六曰:"读《檀弓》二篇及《曾子问》,乃知古人于礼服讲之悉而辨之明如此。《汉书》言夏侯胜善说礼服,萧望之从夏侯胜问《论语》礼服。唐开元《四部书目》,《丧服传义疏》有二十三部。昔之大儒有专以丧服名家者,其去邹鲁之风未远也。故萧望之为太傅,以《论语》礼服授皇太子。"

又按:《汉书·儒林传》曰:"胜传从兄子建,建又事欧阳高。胜至长信少府,建太子太傅,自有传。由是《尚书》有大小夏侯之学。"《汉书·眭两夏侯京翼李传》曰:"胜从父子建字长卿,自师事胜及欧阳高,左右采获,又从《五经》诸儒问与《尚书》相出入者,牵引以次章句,具文饰说。胜非之曰:'建所谓章句小儒,破碎大道。'建亦非胜为学疏略,难以应敌。建卒自颛门名经,为议郎、博士,至太子少傅。胜子兼为左曹太中大夫,孙尧至长信少府、司农、鸿胪,曾孙蕃郡守、州牧、长乐少府。胜同产弟子赏为梁内史,梁内史子定国为豫章太守。而建子千秋亦为少府、太子少傅。"

李光请路温舒署奏曹掾,守廷尉史。

按:《汉书·贾邹枚路传》曰:"路温舒字长君,巨鹿东里人也。父为里监门。使温舒牧羊,温舒取泽中蒲,截以为牒,编用写书。稍习善,求为狱小吏,因学律令,转为狱史,县中疑事皆问焉。太守行县,见而异之,署决曹史。又受《春秋》,通大义。举孝廉,为山邑丞,坐法免,复为郡吏。元凤中,廷尉光以治诏狱,请温舒署奏曹掾,守廷尉史。"刘跃进《秦汉文学编年史》(商务印书馆2006年版)根据清人齐召南所说"《公卿表》,李光以元凤六年为廷尉",系于此年。刘师培(《左盦集》卷二《左传学行于西汉考》)认为路温舒兼通《公羊》、《谷梁》二传。

汉昭帝元平元年　丁未　前74年

四月癸未,昭帝刘弗陵卒;大将军霍光承皇后诏,遣人迎武帝孙昌邑王刘贺诣长安(《汉书·霍光传》)。

六月丙寅,昌邑王刘贺立,旋被废(《汉书·霍光传》)。

七月,立武帝孙刘病已嗣位,是为宣帝。

按:《汉书·霍光传》曰:"光坐庭中,会丞相以下议定所立。广陵王已前不用,及燕刺王反诛,其子不在议中。近亲唯有卫太子孙号皇曾孙在民间,咸称述焉。光遂复与丞相敞等上奏曰:'《礼》曰:"人道亲亲故尊祖,尊祖故敬宗。"大宗亡嗣,择支子孙贤者为嗣。孝武皇帝曾孙病已,武帝时有诏掖庭养视,至今年十八,师受《诗》、《论语》、《孝经》,躬行节俭,慈仁爱人,可以嗣孝昭皇帝后,奉承祖宗庙,子万姓。臣昧死以闻。'皇太后诏曰：'可。'光遣宗正刘德至曾孙家尚冠里，洗沐赐御衣，太仆以軨猎车迎曾孙就斋宗正府，入未央宫见皇太后，封为阳武侯。已而光奉上皇帝玺绶，谒于高庙，是为孝宣皇帝。"霍光立刘病已为帝的理由，是他已经学过《诗》、《论语》、《孝经》等儒家经典，可见儒家经学已经影响到了皇位的传承。汉宣帝因为受过儒家经典的教育，所以即位以后就很重视儒学，重用大批经术之士，因此出现了一大批拜师学习经学或者自学经学的循吏。《汉书·循吏传》所载西汉循吏16人，仅宣帝朝就占了11人。

又按：《汉书·宣帝纪》载宣帝刘病已于元康二年五月更名刘询。

八月已巳，丞相杨敞卒（《汉书·宣帝纪》）。

九月戊戌，御史大夫蔡义继杨敞为丞相（《汉书·百官公卿表》）。

是月，诏大赦天下（《汉书·宣帝纪》）。

丙吉奏记霍光议立皇曾孙刘病已即帝位，赐爵关内侯。

按：《汉书·魏相丙吉传》曰："迁大将军长史，霍光甚重之，入为光禄大夫给事中。昭帝崩，无嗣，大将军光遣吉迎昌邑王贺。贺即位，以行淫乱废，光与车骑将军张安世诸大臣议所立，未定。吉奏记光曰：'将军事孝武皇帝，受襁褓之属，任天下之寄，孝昭皇帝早崩亡嗣，海内忧惧，欲亟闻嗣主，发丧之日以大谊立后，所立非其人，复以大谊废之，天下莫不服焉。方今社稷宗庙群生之命在将军之一举。窃伏听于众庶，察其所言，诸侯宗室在位列者，未有所闻于民间也。而遗诏所养武帝曾孙名病已在掖庭外家者，吉前使居郡邸时见其幼少，至今十八九矣，通经术，有美材，行安而节和。愿将军详大议，参以蓍龟，岂宜褒显，先使入侍，令天下昭然知之，然后决定大策，天下幸甚！'光览其议，……宣帝初即位，赐吉爵关内侯。"

刘德时为宗正，与丙吉奉霍光命迎立刘病已嗣帝位。

按：《汉书·魏相丙吉传》："遣宗正刘德与吉迎曾孙于掖庭。"

夏侯胜以《洪范五行传》谏昌邑王贺；授太后《尚书》，迁长信少府，赐爵关内侯，益千户。

按：《汉书·眭两夏侯京翼李传》曰："会昭帝崩，昌邑王嗣立，数出，胜当乘舆前谏曰：'天久阴而不雨，臣下有谋上者，陛下出欲何之？'王怒，谓胜为祅言，缚以属吏。吏白大将军霍光，光不举法。是时光与车骑将军张安世谋，欲废昌邑王，光让安世以为泄语，安世实不言。乃召问胜。胜对言：'在《洪范传》曰："皇之不极，厥罚常阴，时则下人有伐上者。"恶察察言，故云臣下有谋。'光、安世大惊，以此益重经术士。后十余日，光卒与安世白太后，废昌邑王，尊立宣帝。光以为群臣奏事东宫，太后省政，宜知经术。白令胜用《尚书》授太后，迁长信少府，赐爵关内侯，以与谋废立，定策安宗庙，益千户。"

王式以《诗经》三百五篇谏昌邑王而得以免罪归家。

按：《汉书·儒林传》曰："王式字翁思，东平新桃人也。事免中徐公及许生。式为昌邑王师。昭帝崩，昌邑王嗣立，以行淫乱废，昌邑群臣皆下狱诛，唯中尉王吉、郎中令龚遂以数谏减死论。式系狱当死，治事使者责问曰：'师何以无谏书？'式对曰：'臣以《诗》三百五篇朝夕授王，至于忠臣孝子之篇，未尝不为王反复诵之也；至于危亡失道之君，未尝不流涕为王深陈之也。臣以三百五篇谏，是以亡谏书。'使者以闻，亦得减死论，归家不教授。"王式是汉代《鲁诗》大家，免罪后一直困顿于家。

王吉、龚遂因曾讽谏昌邑王而得以免罪归家。

按：《汉书·王贡两龚鲍传》曰："昭帝崩,亡嗣,大将军霍光秉政,遣大鸿胪宗正迎昌邑王。吉即奏书戒王曰：'……今帝崩亡嗣,大将军惟思可以奉宗庙者,攀援而立大王,其仁厚岂有量哉。臣愿大王事之敬之,政事壹听之。大王垂拱南面而已。愿留意,常以为念。'王既到,位二十余日以行淫乱废。昌邑群臣坐在国时不举奏王罪过,令汉朝不闻知,又不能辅道,陷王大恶,皆下狱诛。唯吉与郎中令龚遂以忠直数谏正得减死,髡为城旦。"王吉是汉代《韩诗》大家,自韩婴下,只有蔡义、王吉以《韩诗》名家。《汉书·循吏传》曰："龚遂字少卿。龚遂字少卿,山阳南平阳人也。以明经为官,至昌邑郎中令,事王贺。贺动作多不正,遂为人忠厚,刚毅有大节,内谏争于王,外责傅相,引经义,陈祸福,至于涕泣,蹇蹇亡已。面刺王过,王至掩耳起走,曰：'郎中令善愧人。'及国中皆畏惮焉。……王即位二十七日,卒以淫乱废。昌邑群臣坐陷王于恶不道,皆诛,死者二百余人,唯遂与中尉王吉以数谏争得减死,髡为城旦。"明王祎《大事记续编》卷一曰："昌邑群臣坐亡辅导之谊,陷王于恶,光悉诛杀二百余人,出死号呼市中,曰'当断不断,反受其乱'"。又引苏轼曰："昌邑王废则已矣,何至诛其从官二百余人,必其中有谋光者,光知之,故立废贺,非专以淫乱故也。二百人号呼于市,曰'当断不断',此其有谋明矣。特其事秘无缘得之,著此者亦欲后人微见其意也。武王数纣之罪,孔子犹且疑之,光等疏贺之恶可尽信耶！"

于定国以上书谏昌邑王擢为光禄大夫。

按：《汉书·隽疏于薛平彭传》："定国少学法于父,父死,后定国亦为狱吏,郡决曹,补廷尉史,以选与御史中丞从事治反者狱,以材高举侍御史,迁御史中丞。会昭帝崩,昌邑王征即位,行淫乱,定国上书谏。后王废,宣帝立,大将军光领尚书事,条奏群臣谏昌邑王者皆超迁。定国由是为光禄大夫,平尚书事,甚见任用。数年,迁水衡都尉,超过廷尉。"

张敞以上书切谏昌邑王显名,擢为豫州刺史。

按：《汉书·赵尹韩张两王传》曰："张敞字子高,本河东平阳人也。祖父孺为上谷太守,徙茂陵。敞父福事孝武帝,官至光禄大夫。敞后随宣帝徙杜陵。敞本以乡有秩补太守卒史,察廉为甘泉仓长,稍迁太仆丞,杜延年甚奇之。会昌邑王征即位,动作不由法度,敞上书谏曰：'孝昭皇帝蚤崩无嗣,大臣忧惧,选贤圣承宗庙,东迎之日,唯恐属车之行迟。今天子以盛年初即位,天下莫不拭目倾耳,观化听风。国辅大臣未褒,而昌邑小辇先迁,此过之大者也。'后十余日王贺废,敞以切谏显名,擢为豫州刺史。"

汉宣帝刘询本始元年　戊申　前73年

正月,募郡国吏民赀百万以上徙平陵,遣使者持节诏郡国二千石谨牧养民而风德化（《汉书·宣帝纪》）。

四月庚午,诏内郡国举文学高第各1人。

按：《汉书·宣帝纪》曰："夏四月庚午,地震。诏内郡国举文学高第各一人。"内郡意思指中国,韦昭注曰："中国为内郡,缘边有夷狄障塞者为外郡。武帝侍时,内郡

斯巴达克起义爆发。

举方正,北边二十二郡举勇猛士。"

五月,凤凰集胶东、千乘。诏赦天下(《汉书·宣帝纪》)。

是年,河内女子发老屋,得《易》、《礼》、《尚书》各1篇奏之。

按:刘汝霖《汉晋学术编年》(中华书局1987年版)卷二根据《尚书正义》引《后汉史》房宏语"宣帝本始元年,河内女子有坏老子室,得《古文·泰誓》三篇"之语而系于此年。王充《论衡·正说篇》曰:"孝宣皇帝之时,河内女子发老屋,得逸《易》、《礼》、《尚书》各一篇,奏之。然后《易》、《礼》、《尚书》各益一篇,而《尚书》二十九篇始定。"刘向《别录》曰:"武帝末,民间有得《泰誓》于壁内者,献之。"《隋书·经籍志》曰:"《易》失《说卦》三篇,后河内女子得之。"这些记载说明,当时民间献书确有其事。

宣帝以霍光拥立有功而益封(《汉书·霍光传》)。

严彭祖为宣帝时博士。

按:《汉书·儒林传》曰:"彭祖为宣帝博士,至河南、东郡太守。"

张山拊为宣帝时博士。

按:《汉书·儒林传》曰:"张山拊字长宾,平陵人也。事小夏侯建,为博士,论石渠,至少府。授同县李寻、郑宽中少君、山阳张无故子儒,信都秦恭延君、陈留假仓子骄。""由是小夏侯有郑、张、秦、假、李氏之学。因其宣帝时曾为博士,故系于宣帝初年。

路温舒上书宣帝言尚德缓刑,迁广阳私府长。

按:《汉书·贾邹枚路传》曰:"会昭帝崩,昌邑王贺废,宣帝初即位,温舒上书,言宜尚德缓刑。"宣帝时期如路温舒、薛宣、朱博、张敞、赵充国等主要是由于明法或廉能而被提拔,这些人的奏疏是一种西汉公文写作的模式。

汉宣帝本始二年　己酉　前72年

斯巴达克起义军从意大利北部沿半岛南下至半岛的最南端。

庞培杀塞多留。

五月,诏立太学,修郊祀,订正朔,协音律。

按:《汉书·宣帝纪》曰:"夏五月,诏曰:'朕以眇身奉承祖宗,夙夜惟念孝武皇帝躬履仁义,选明将,讨不服,匈奴远遁,平氐、羌、昆明、南越,百蛮乡风,款塞来享;建太学,修郊祀,定正朔,协音律;封泰山,塞宣房,符瑞应,宝鼎出,白麟获。功德茂盛,不能尽宣,而庙乐未称,其议奏。'有司奏请宜加尊号。"

六月,尊孝武庙为世宗庙,奏《盛德》、《文始》、《五行》之舞。

按:《汉书·宣帝纪》曰:"六月庚午,尊孝武庙为世宗庙,奏《盛德》、《文始》、《五行》之舞,天子世世献。武帝巡狩所幸之郡国,皆立庙。"李湛《〈春秋〉经传与汉代祭祀》(《齐鲁学刊》1997年第4期)说:"汉时关于武帝功过问题的争论与其庙的毁立密切相关。宣帝欲褒武帝功德,而长信少府夏侯胜却说:'武帝虽有攘四夷广土斥境之功,然多杀士众,竭民财力,奢泰亡度,天下虚耗,百姓流离,物故者半,……亡德泽于民,不宜为立庙乐。'(《汉书·夏侯胜传》)但是,宣帝终于尊武帝庙为世宗庙。于武帝巡狩所至以49郡国皆为立庙。一如待高祖、太宗之礼。哀帝时,光禄勋彭宣等53人以为'继祖宗以下,五庙而迭毁,后虽有贤君,犹不得与祖宗并列,子孙虽欲褒大显扬而立之,鬼神不享也。孝武皇帝虽有功烈,亲尽,宜毁。'彭宣等认为,天子七庙,除一祖一宗外,其余五庙应遵亲尽迭毁的昭穆制度,如今武帝于哀帝已属亲尽,所以,武帝虽有功烈,其庙也应毁。但是,太仆王舜、中垒校尉刘歆却反对说:'《春秋》齐桓伐楚,北伐山戎,孔子曰:微管仲,吾其被发左衽矣。是故弃桓之过而录其功,以为伯首。武帝征伐四夷,捍卫华夏,致使如今单于守藩,百蛮服从,万世之基也,中兴之功未有高焉者也。高皇帝建大业,为太祖;孝文皇帝德至厚也,为文太宗;孝武皇帝功至著也,为武世宗,此孝宣所以发德音也。'《春秋》经传弃齐桓之过而录其尊王攘夷、兴亡继绝之功,对他颇有赞赏。王舜、刘歆援引《春秋》为齐桓公讳这一原则,论证宣帝纪念武帝功德,讳言武帝过失,为武帝立武世宗庙这一举措的合理性。他们还进一步就天子宗庙的数量问题进行了论证。"

秋,汉与乌孙共击匈奴(《资治通鉴》卷二四)。

夏侯胜非难武帝下狱;狱中授黄霸《尚书》。

按:《汉书·眭两夏侯京翼李传》曰:"宣帝初即位,欲褒先帝……长信少府胜独曰:'武帝……不宜为立庙乐。'公卿共难胜曰:'此诏书也。'胜曰:'诏书不可用也。人臣之谊,宜直言正论,非苟阿意顺指。议已出口,虽死不悔。'于是丞相义,御史大夫广明劾奏胜非议诏书,毁先帝,不道,及丞相长史黄霸阿纵胜,不举劾,俱下狱。有司遂请尊孝武帝庙为世宗庙,奏《盛德》、《文始》、《五行》之舞,天下世世献纳,以明盛德。武帝巡狩所幸郡国凡四十九,皆立庙,如高祖、太宗焉。胜、霸既久系,霸欲从胜受经,胜辞以罪死。霸曰:'朝闻道,夕死可矣。'胜贤其言,遂授之。系再更冬,讲论不怠。"

罗马斗兽场和万圣殿建成。

后苍继任少府,授翼奉、萧望之、匡衡《齐诗》、《礼》、《孝经》。

按:《汉书·百官公卿表》曰:"孝宣本始二年,博士后苍为少府。"《汉书·儒林传》曰:"后苍字近君,东海郯人也。事夏侯始昌。始昌通《五经》,苍亦通《诗》、《礼》,为博士,至少府,授翼奉、萧望之、匡衡。奉为谏大夫,望之前将军,衡丞相,皆有传。衡授琅邪师丹、伏理斿君、颍川满昌君都。君都为詹事,理高密太傅,家世传业。丹大司空,自有传。由是《齐诗》有翼、匡、师、伏之学。满昌授九江张邯、琅邪皮容,皆至大官,徒众尤盛。"后苍是《齐诗》派的大师,其弟子翼奉、萧望之、匡衡以《齐诗》名家。后苍、翼奉又通《孝经》,《汉书·艺文志·六艺略·孝经序》曰:"《孝经》者,……汉兴,长孙氏、博士江翁、少府后苍、谏大夫翼奉、安昌侯张禹传之,各自名家。"《汉书·六艺志·六艺略·孝经》曰:"《孝经》一篇,十八章。"班固注:"长孙氏、江氏、后氏、翼氏四家。"有《后氏说》、《翼氏说》各一篇。姚振宗《汉书艺文志条理》曰:"翼丰为后苍之弟子,其《孝经》之学,亦受之后氏可知。"后苍曾从孟卿授《礼》,《汉书·儒林传》曰:"苍说《礼》数万言,号曰《后氏曲台记》,授沛闻人通汉子方、梁戴德延君、戴圣次君、沛庆普孝公。孝公为东平太傅。德号'大戴',为信都太傅,圣号'小戴',以博士论石渠,至九江太守。由是《礼》有大戴、小戴、庆氏之学。"

田广明时任御史大夫,以《春秋》说霍光(《汉书·酷吏传》)。

按:《汉书·百官公卿表》武帝元年下载"九月戊戌,左冯翊田广明为御史大夫。三年为祁连将军。"

魏相以河南太守迁大司农(《汉书·百官公卿表》)。

后苍宣帝时著《后氏曲台记》。

按：《汉书·儒林传》曰："苍说《礼》数万言，号曰《后氏曲台记》。"顾实《汉书艺文志讲疏》（上海古籍出版社 1987 版）曰："《文选》六十引《七略》云：'宣帝时，行射礼，博士后苍为之辞，至今记之，曰《曲台之记》。'"颜师古引如淳曰："行礼射于曲台，后苍为记，故名曰《曲台记》。"

汉宣帝本始三年　庚戌　前71年

克拉苏败杀斯巴达克。

六月，长信少府韦贤为丞相（《汉书·百官公卿表》）。

按：韦贤以《诗》名家，为昭帝师，又有功于宣帝，故封为丞相。

冬，匈奴大衰，益欲与汉和亲，而边境少事（《资治通鉴》卷二四）。

夏侯胜与丞相韦贤倡《谷梁》之学。

按：《汉书·儒林传》曰："宣帝即位，闻卫太子好《谷梁春秋》，以问丞相韦贤、长信少府夏侯胜，及侍中乐陵侯史高，皆鲁人也。言谷梁子本鲁学，公羊氏乃齐学也，宜兴《谷梁》。时千秋为郎，召见，与《公羊》家并说。上善《谷梁》说，擢千秋为谏大夫给事中。"于是《谷梁》之学渐兴。汉代齐鲁之学一直有纷争。蔡德贵《稷下之风流》（中国评论学术出版社 2005 版）说："在学术思想和学风方面，齐学、鲁学之分，源于西周，起自春秋，烈于战国，沿及汉代。齐学、鲁学不同的学术内容和特点不同：从内容看，在单一农业经济基础上产生的鲁学，以儒家思想为宗，排他性特别强，比较守旧。而在多种经济基础上产生的齐学，其学术思想的内容也是多样化的。因此它能先后容纳了道家、法家、墨家、阴阳家、儒家、纵横家、农家、兵家，乃至方技、术士、方士等等的思想，使齐学的思想相当丰富，使齐国的思想界相当活跃。一所容纳数百千人的包罗各家在内的稷下学宫，出在齐国是有其历史必然性的。难怪有人说：'战国学术，多出于齐'。从特点看，齐学主变，主合时，有革新精神，对各家学说兼收并蓄。《管子·正世篇》说：'不慕古，不留今，与时变，与俗化'，这表现出齐学崇尚变革的精神。鲁学主常，主合古，倾向于保守，凡事都力主维持现状。"汉代《诗》有今文鲁、齐、韩三家；《论语》有鲁论、齐论；《春秋》三传中《谷梁》本鲁学，《公羊》乃齐学。因而汉代齐鲁之争就是《齐诗》与《鲁诗》；《齐论》与《鲁论》；《公羊》与《谷梁》之争。西汉后期，夏侯胜传《鲁论》，韦贤传《鲁诗》，宣帝喜《谷梁》，所以鲁学渐渐压倒汉初齐学占优势的局面。

蔡千秋以《谷梁》学最笃，为谏大夫给事中（《汉书·宣帝纪》）。

按：《汉书·儒林传》曰："宣帝即位，闻卫太子好《谷梁春秋》，以问丞相韦贤、长信少府夏侯胜及侍中乐陵侯史高，皆鲁人也，言谷梁子本鲁学，公羊氏乃齐学也，宜兴《谷梁》。时千秋为郎，召见，与《公羊》家并说，上善《谷梁》说，擢千秋为谏大夫给事中，后有过，左迁平陵令。复求能为《谷梁》者，莫及千秋。"

魏相六月以大司农为御史大夫（《汉书·魏相丙吉传》、《汉书·百官公卿表》）。

于定国以光禄大夫迁为水衡都尉(《汉书·百官公卿表》)。

蔡义卒,生年不详。义或作谊,河内温人。受学于《韩诗》传人赵子。曾以明经给事大将军府。昭帝诏求能为《诗》者,召见义说《诗》,甚悦之,擢为光禄大夫给事中,进授昭帝《诗》。累迁少府、御史大夫等职。元平元年,任丞相,封阳平侯。事迹见《汉书》卷六六。

按:《汉书·儒林传》:"赵子,河内人也。事燕韩生,授同郡蔡谊。"

汉宣帝本始四年　辛亥　前 70 年

正月,乐府减乐人,使归就农业。

按:《汉书·宣帝纪》曰:"四年春正月,诏曰:'盖闻农者兴德之本也,今岁不登,已遣使者振贷困乏。其令太官损膳省宰,乐府减乐人,使归就农业。丞相以下至都官令丞上书入谷,输长安仓,助贷贫民。民以车船载谷入关者,得毋用传。'"周寿昌《汉书注校补》曰:"后世关津不税米始此。"

三月乙卯,立霍光女为皇后。诏赦天下(《汉书·宣帝纪》)。

四月壬寅,四十九郡国同日地震,死六千余人;诏博问经学之士以应变之策;令三辅、太常、内郡国各举贤良方正 1 人;诏大赦天下(《汉书·宣帝纪》)。

按:明王祎《大事记续编》卷一曰:"胡寅曰:'地者,妻道也,臣道也,宜静。而动,阴盛而反常也,然不能终动。不过为妻道不得,臣道不宁之象耳'。是时郡国四十九同日地震山崩,二郡坏祖宗庙,盖霍氏专权,又弑许后而立其女,以至咎征,著见如此而不知戒。宣帝诏问经学贤良亦无的言其所以然者,使宣帝恐惧祗戒,以象类推求而有以善处之,则霍氏异日之祸亦无由而成矣。"

五月,凤凰集北海、淳于(《汉书·宣帝纪》)。

夏侯胜被释,为谏大夫、给事中(《汉书·眭两夏侯京翼李传》)。

黄霸被释,为扬州刺史(《汉书·眭两夏侯京翼李传》)。

日记体于是年前后出现。

按:据《江苏邗江胡场五号汉墓》(见《文物》1981 年第 11 期)介绍,该墓始发掘于 1980 年,出土木牍十三枚,木觚七件,木签六件。其中有文字的木觚六件,包括《神灵名位牍》、《日记牍》、《文告牍》、《丧祭物品牍》等。据考证,墓主为王奉世夫妇,卒日为宣帝本始三年十二月十六日(按阳历应为公元前 70 年 1 月 23 日),葬于本始四年。其中日记简可视为最早的日记体。另外,尹湾汉简有《元延二年日记》。

克奈乌斯·庞培和克拉苏共任罗马执政官。凯撒当选财政官。

汉宣帝地节元年　壬子　前69年

六月，诏亲宗室。

按：《汉书·宣帝纪》曰："夏六月，诏曰：'盖闻尧亲九族，以和万国。朕蒙遗德，奉承圣业，惟念宗室属未尽而以罪绝，若有贤才，改行劝善，其复属，使得自新。'"

十一月，楚王刘延寿谋反，自杀（《汉书·宣帝纪》）。

十二月癸亥晦，日蚀（《汉书·宣帝纪》）。

是年，改元地节（《汉书·宣帝纪》）。

按：应劭曰："以先者地震，山崩水出，于是改元曰地节，欲令地得其节。"

于定国以水衡都尉迁为廷尉（《汉书·百官公卿表》）。

按：《汉书·隽疏于薛平彭传》曰："数年，迁水衡都尉，超为廷尉。定国乃迎师学《春秋》，身执经，北面备弟子礼。为人廉恭，尤重经术士，虽卑贱徒步往过，定国皆与钧礼，恩敬甚备，学士咸称焉。其决疑平法，务在哀鳏寡，罪疑从轻，加审慎之心。朝廷称之曰：'张释之为廷尉，天下无冤民；于定国为廷尉，民自以不冤。'定国食酒至数石不乱，冬月治请谳，饮酒益精明。为廷尉十八岁，迁御史大夫。"《魏书·刑罚志》载汉宣帝时"于定国为廷尉，集诸法律，凡九百六十卷。"

敦煌清水沟汉简《地节元年历谱》成书。

按：敦煌清水沟汉简《地节元年历谱》系当地农民捐出，现存27枚木简，简长36—37厘米，宽0.6—1.3厘米。每简上端书写日期，从右至左，一日一简，从四日至三十日，共27简，中间缺一至三日三简。殷光明《敦煌清水沟汉代烽火燧遗址出土〈历谱〉述考》（《简帛研究》第2辑，法律出版社）考证认为，该历谱当为西汉宣帝地节元年历谱，而且是目前我国所见最早、最完整的太初历谱简册。敦煌《地节三年历谱》、《本始四年历谱》也系当地农民捐出。地节三年历谱仅存1支木简，本始四年历谱仅存2支木简。这两种历谱的抄写形式与上述《地节元年历谱》相同。敦煌汉简《元康三年历谱》、《神爵三年历谱》、《五凤元年八月历谱》、《永光五年历谱》、《永光六年历谱》、《永兴元年历谱》六种历谱均出土于1906—1907年间，均为断简残简，详细情况及考释文字见罗振玉编《流沙坠简》一书的《数术类》中。

汉宣帝地节二年　癸丑　前68年

三月庚午，大司马、大将军霍光卒。

按：《汉书·宣帝纪》曰："二年春三月庚午，大司马大将军光薨。诏曰：'大司马大将军博陆侯宿卫孝武皇帝三十余年，辅孝昭皇帝十有余年，遭大难，躬秉义，率三公、诸侯、九卿、大夫定万世策，以安宗庙。天下蒸庶，咸以康宁，功德茂盛，朕甚嘉之。复其后世，畴其爵邑，世世毋有所与。功如萧相国。'"

四月，凤皇集鲁，群鸟从之。诏大赦天下（《汉书·宣帝纪》）。

五月，宣帝始亲政事。

按：《汉书·宣帝纪》曰："上始亲政事，又思报大将军功德，乃复使乐平侯山领尚书事，而令群臣得奏封事，以知下情。五日一听事，自丞相以下各奉职奏事，以傅奏其言，考试功能。侍中尚书功劳当迁及有异善，厚加赏赐，至于子孙，终不改易。枢机周密，品式备具，上下相安，莫有苟且之意也。"明王祎《大事记续编》卷一曰："汉无每日常朝之礼，至是始五日一听事也。"

魏相上疏荐张安世，又谏夺霍氏权。

按：张安世为著名酷吏张汤之子。《汉书·张汤传》曰："大将军光薨后数月，御史大夫魏相上封事云。"《汉书·魏相丙吉传》曰："数年，宣帝即位，征相入为大司农，迁御史大夫。四岁，大将军霍光薨，上思其功德，以其子禹为右将军，兄子乐平侯山复领尚书事。相因平恩侯许伯奏封事，言：'《春秋》讥世卿，恶宋三世为大夫，及鲁季孙之专权，皆危乱国家。自后元以来，禄去王室，政繇冢宰。今光死，子复为大将军，兄子秉枢机，昆弟诸婿据权势，在兵官。光夫人显及诸女皆通籍长信宫，或夜诏门出入，骄奢放纵，恐浸不制。宜有以损夺其权，破散阴谋，以固万世之基，全功臣之世。'"

刘向以父刘德荐为辇郎（《汉书·楚元王传》）。

汉宣帝地节三年　甲寅　前 67 年

三月，赐王成关内侯；加赐鳏、寡、孤、独、高年帛；令内郡国举贤良方正可亲民者。

庞培平地中海海盗。

按：《汉书·宣帝纪》曰："三年春三月，诏曰：'盖闻有功不赏，有罪不诛，虽唐虞犹不能以化天下。今胶东相成劳来不怠，流民自占八万余口，治有异等，其秩成中二千石，赐爵关内侯。'又曰：'鳏寡孤独高年贫困之民，朕所怜也。前下诏假公田，贷种、食。其加赐鳏、寡、孤、独、高年帛。二千石严教吏谨视遇，毋令失职。'令国郡国举贤良方正可亲民者。"

四月戊申，立皇太子，诏大赦天下（《汉书·宣帝纪》）。

五月，自韦贤始行丞相致仕之制。

按：《汉书·儒林传》曰："韦贤治《诗》，事大江公及许生，又治《礼》，至丞相。"《汉书·韦贤传》曰："时贤七十余，为相五岁，地节三年，以老病乞骸骨，赐黄金百斤，罢归，加赐第一区。丞相致仕自贤始。"事又见《资治通鉴》卷二五。

六月，御史大夫魏相继韦贤为丞相(《汉书·百官公卿表》)。

按：《汉书·魏相丙吉传》曰："于是韦贤以老病免，相遂代为丞相，封高平侯，食邑八百户。"

十月，诏罢车骑将军、右将军屯兵；又诏流民还归者，假公田，贷种、食，免出徭役(《汉书·宣帝纪》)。

十一月，令郡国举孝悌有行义闻于乡里者各1人。

按：《汉书·宣帝纪》曰："十一月，诏曰：'朕既不逮，导民不明，反侧晨兴，念虑万方，不忘元元。唯恐羞先帝圣德，故并举贤良方正以亲万姓，历载臻兹，然而俗化阙焉。《传》曰：孝弟也者，其为仁之本与！其令郡国举孝弟、有行义闻于乡里者各一人。'"

十二月，置廷尉平，秩六百石，员四人十二月，初置廷尉平四人，秩六百石；省文山郡，并蜀(《汉书·宣帝纪》)。

丙吉四月为太子太傅，六月，迁为御史大夫(《汉书·百官公卿表》、《汉书·魏相丙吉传》)。

疏广通《春秋》，征为博士；六月为太子少傅，旋迁太傅。

按：《汉书·隽疏于薛平彭传》曰："疏广字仲翁，东海兰陵人也。少好学，明《春秋》，家居教授，学者自远方至。地节三年，立皇太子，选丙吉为太傅，广为少傅。数月，吉迁御夫大夫，广徙为太傅。广兄子受字公子，亦以贤良举为太子家令。"事又见《资治通鉴》卷二五。疏广从孟卿受《公羊传》，曾做《疏氏春秋》，不传。

张敞上书谏霍氏封侯(《汉书·赵尹韩张两王传》)。

按：钱穆《刘向歆父子年谱》(《两汉经学今古文平议》，商务印书馆2001年版)系于是年，但《资治通鉴》卷二二系于公元前66年。

萧望之因雨雹上疏，陈灾异之意，拜为谒者。

按：《汉书·萧望之传》曰："萧望之字长倩，东海兰陵人也，徙杜陵。家世以田为业，至望之，好学，治《齐诗》，事同县后仓且十年。以令诣太常受业，复事同学博士白奇，又从夏侯胜问《论语》、《礼服》。京师诸儒称述焉。……地节三年夏，京师雨雹，望之因是上疏，愿赐清闲之宴，口陈灾异之意。宣帝自在民间闻望之名，曰：'此东海萧生邪？下少府宋畸问状，无有所讳。'望之对，……对奏，天子拜望之为谒者。"萧望之此对是以《公羊》阴阳之意而阐发。萧望之以《齐诗》名家；又从夏侯胜学《鲁论语》、《礼服》；还支持《谷梁》学，使之得以立为学官，《经典释文·序录》曰："张禹数为御史大夫望之言《左传》，望之善之。"可见萧望之通《公羊》、赞《谷梁》、善《左传》，表现出三《传》合流的倾向。此外，宋畸是汉代《齐论》传习者，任少府，除了与萧望之对问之外，还曾举荐黄霸。

郑昌上疏请删定律令疏(《汉书·刑法志》)。

按：从《资治通鉴》卷二十二系于本年。

路温舒上书谏尚德缓刑，论秦有十失。迁为广阳私府长。

按：《汉书·贾邹枚路传》："元凤中，廷尉光以治诏狱，请温舒署奏曹掾，守廷尉史。会昭帝崩，昌邑王贺废，宣帝初即位，温舒上书，言宜尚德缓刑。其辞曰：'……'。"从《资治通鉴》卷二五系于本年。

汉宣帝地节四年　乙卯　前66年

二月,诏令后民有祖父母、父母丧事,可免徭役,使得收敛送终,尽孝道。

按:《汉书·宣帝纪》曰:"四年春二月,……诏曰:'导民以孝,则天下顺。今百姓或遭衰绖凶灾,而吏繇事,使不得葬,伤孝子之心,朕甚怜之。自今诸有大父母、父母丧者勿繇事,使得收敛送终,尽其子道。'"

五月,诏令后子窝藏父母、孙窝藏祖父母,妻窝藏夫犯罪者,皆得不坐罪(《汉书·宣帝纪》)。

按:明王祎《大事记续编》卷一曰:"陈瓘曰宣帝之政及于风俗,方见于此。"

七月,霍氏谋废宣帝,族诛(《汉书·宣帝纪》)。

八月己酉,皇后霍氏废(《汉书·宣帝纪》)。

王式授经,与江公辩论败。

按:《汉书·儒林传》曰:"山阳张长安幼君先事式,后东平唐长宾、沛褚少孙亦来事式,问经数篇,式谢曰:'闻之于师具是矣,自润色之。'不肯复授。唐生、褚生应博士弟子选,诣博士,抠衣登堂,颂礼甚严,试诵说,有法,疑者丘盖不言。诸博士惊问何师?对曰事式。皆素闻其贤,共荐式。诏除下为博士。式征来,衣博士衣而不冠,曰:'刑余之人,何宜复充礼官?'既至,止舍中,会诸大夫博士,共持酒肉劳式,皆注意高仰之,博士江公世为《鲁诗》宗,至江公著《孝经说》,心嫉式,谓歌吹诸生曰:'歌《骊驹》。'式曰:'闻之于师:客歌《骊驹》,主人歌《客毋庸归》。今日诸君为主人,日尚早,未可也。'江翁曰:'经何以言之?'式曰:'在《曲礼》。'江翁曰:'何狗曲也!'式耻之,阳醉逿墬。式客罢,让诸生曰:'我本不欲来,诸生强劝我,竟为竖子所辱!'遂谢病免归,终于家。张生、唐生、褚生皆为博士。张生论石渠,至淮阳中尉。唐生楚太傅。由是《鲁诗》有张、唐、褚氏之学。张生兄子游卿为谏大夫,以《诗》授元帝。其门人琅邪王扶为泗水中尉,陈留许晏为博士。由是张家有许氏学。初,薛广德亦事王式,以博士论石渠,授龚舍。广德至御史大夫,舍泰山太守,皆有传。"当时与王式辩论的江公亦是《鲁诗》博士。王式传授的《鲁诗》后来有张、唐、褚氏之学。张氏一派有许氏学。王式授经之确年不可考,《郑洁文、李梅《中国学术思想编年·秦汉卷》(陕西师范大学出版社2005年版)据刘汝霖考褚少孙补《史记》在元康元年(公元前65年),而据王昶《春融堂集》卷四三《书褚先生史记后》"(褚少孙)宣帝时博士,寓居于沛,事大儒王式,续《太史公书》",将王式授经系于此年,今从之。

杨恽以告发霍氏谋反,封平通侯,迁中郎将。

按:杨恽为杨敞之子。《汉书·公孙刘田王杨蔡陈郑传》曰:"恽母,司马迁女也。恽始读外祖《太史公记》,颇为《春秋》。以材能称。好交英俊诸儒,名显朝廷,擢为左曹。霍氏谋反,恽先闻知,因侍中金安上以闻,召见言状。霍氏伏诛,恽等五人

庞培征本都,遂臣服亚美尼亚。元老院授予庞培东方军事指挥权。

皆封,恽为平通侯,迁中郎将。"

苏昌时任太常官,曾将国家藏书借与大司马霍山抄写,免官。

按:《汉书·霍光传》载霍氏欲"献城西第,入马千匹,以赎山罪",后以谋反之罪将霍山处死。卢央《京房评传》(南京大学出版社1998年版)附录《京房年谱》系于是年,从之。

梁丘贺以筮见应,迁太中大夫。

按:《汉书·儒林传》曰:"梁丘贺字长翁,琅邪诸人也。以能心计,为武骑。从太中大夫京房受《易》。房者,淄川杨何弟子也。房出为齐郡太守,贺更事田王孙。宣帝时,闻京房为《易》明,求其门人,得贺。贺时为都司空令。坐事,论免为庶人。待诏黄门数入说教侍中,以召贺。贺入说,上善之,以贺为郎。会八月饮酎,行祠孝昭庙,先驱旄头剑挺堕坠,首垂泥中,刃乡乘舆车,马惊。于是召贺筮之,有兵谋,不吉。上还,使有司侍祠。是时,霍氏外孙代郡太守任宣坐谋反诛,宣子章为公车丞,亡在渭城界中,夜玄服入庙,居郎间,执戟立庙门,待上至,欲为逆。发觉,伏诛。故事,上常夜入庙,其后待明而入,自此始也。贺以筮有应,由是近幸,为太中大夫,给事中,至少府。为人小心周密,上信重之。年老终官。"因梁丘贺筮有兵谋,而任宣谋反伏诛亦在此年,刘汝霖《汉晋学术编年》(中华书局1987年版)系于此年。

朱邑以北海太守迁大司农(《汉书·百官公卿表》)。

龚遂以渤海太守迁水衡都尉(《汉书·百官公卿表》)。

韦贤卒(前148—)。贤字长孺,鲁国邹人。韦孟五世孙,以《鲁诗》授人。昭帝时被召为博士,以《诗》进授。韦贤在《诗经》传授中,上承瑕丘江公,下启韦玄成,开创《鲁诗》韦氏学。立丞相致仕传统。卒谥曰节侯。事迹见《汉书》卷三七。

按:韦贤卒年,钱穆《刘向歆父子年谱》(《两汉经学今古文平议》,商务印书馆2001年版)系于地节三年(前67)。《汉书·韦贤传》曰:"丞相致仕自贤始。年八十二薨,谥曰节侯。贤四子:长子方山为高寝令,早终;次子弘,至东海太守;次子舜,留鲁守坟墓;少子玄成,复以明经历位至丞相。故邹鲁谚曰:'遗子黄金满籝,不如一经。'"

龚胜(—11)生。

汉宣帝元康元年　丙辰　前65年

庞培入高加索,臣服今格鲁吉亚、阿塞拜疆。

正月,龟兹王及其夫人朝汉。汉赐歌吹数10人(《汉书·西域传下》)。

按:因诛灭霍氏,所以改元元康。

春,以杜东原上为初陵,更名杜县为杜陵。徙丞相、将军、列侯、吏二千石、訾百万者杜陵(《汉书·西域传下》)。

三月,诏赦天下徒,赐勤事吏中二千石以下至六百石爵,女子百户牛、酒;加赐鳏、寡、孤、独、三老、孝弟、力田帛。

> **按**:《汉书·宣帝纪》曰:"三月,诏曰:'乃者凤皇集泰山、陈留,甘露降未央宫。朕未能章先帝休烈,协宁百姓,承天顺地,调序四时,获蒙嘉瑞,赐兹祉福,夙夜兢兢,靡有骄色,内省匪解,永惟罔极。《书》不云乎?"凤皇来仪,庶尹允谐。"其赦天下徒,赐勤事吏中二千石以下至六百石爵,自中郎吏至五大夫,佐史以上二级,民一级,女子百户牛、酒。加赐鳏、寡、孤、独、三老、孝弟力田帛。'"

五月,复高皇帝功臣绛侯周勃等136人家子孙,令奉祭祀,世世勿绝(《汉书·宣帝纪》)。

八月,诏博举吏、民,厥身修正,通文学,明先王之术,宣尽其意者,各2人。

> **按**:《汉书·宣帝纪》曰:"秋八月,诏曰:'朕不明六艺,郁于大道,是以阴阳风雨未时。其博举吏民,厥身修正,通文学,明于先王之术,宣究其意者,各二人,中二千石各一人。'"

是年,令选博士、谏大夫通政事者补郡国守相(《资治通鉴》卷二五)。

萧望之为平原太守,上疏谏选明经术,通于几微谋虑之谏官,寻迁少府。

> **按**:《汉书·萧望之传》曰:"是时选博士谏大夫通政事者补郡国守相,以望之为平原太守。望之雅意在本朝,远为郡守,内不自得,乃上疏曰:'陛下哀愍百姓,恐德化之不究,悉出谏官以补郡吏,所谓忧其末而忘其本者也。朝无争臣则不知过,国无达士则不闻善。愿陛下选明经术,温故知新,通于几微谋虑之士以为内臣,与参政事。诸侯闻之,则知国家纳谏忧政,亡有阙遗。若此不息,成康之道其庶几乎!外郡不治,岂足忧哉?'书闻,征入守少府。"明王祎《大事记续编》卷二引吕祖谦曰:"汲黯、萧望之之不欲补外,盖心在王室,发于至诚,非重内轻外之徒也。"

尹翁归为右扶风(《汉书·百官公卿表》、《资治通鉴》卷二五)。

褚少孙补《史记》。

> **按**:《孝武本纪·史记索隐》引韦棱曰:"《褚顗家传》,褚少孙,梁相褚大弟之孙,宣帝代为博士,寓居于沛,事大儒王式,号曰'先生',续《太史公书》。"司马贞又曰:"阮孝绪亦以为然。"《后汉书·班彪传》曰:"武帝时,司马迁著《史记》,自太初以后,阙而不录,后好事者颇或缀集时事,然多鄙俗,不足以踵继其书。"《太史公自序》裴骃《史记集解》引张晏曰:"迁没之后,亡,褚少孙以律书补之,今《律书》亦略言兵也。山川,即《河渠书》也;鬼神,《封禅书》也,故云山川鬼神也。"赵翼《廿二史劄记》认为褚少孙所补《史记》不止十篇。"《汉书·司马迁传》谓:'《史记》内十篇,有録无书。'颜师古注引张晏曰:'迁没后,亡《景纪》、《武纪》、《礼书》、《乐书》、《兵书》、《汉兴以来将相年表》、《日者列传》、《三王世家》、《龟策列传》、《傅靳蒯成列传》,凡十篇。元、成间,褚少孙补之,文词鄙陋,非迁原本也。'是少孙所补,只此十篇。然细按之,十篇之外尚有少孙增入者。如《外戚世家》:增尹、邢二夫人相避不相见。及钩弋夫人生子,武帝将立为太子,而先赐钩弋死。又卫青本平阳公主骑奴,后贵为大将军,而平阳公主寡居,遂以青为夫等事。《田仁传》后增:仁与任安,皆由卫青舍人,选入见帝。二人互相举荐,帝遂拔用之等事。又《张苍》、《申屠嘉传》后增记征和以后为相者。车千秋之外,有韦贤、魏相、丙吉、黄霸,皆宣帝时也。韦元成、匡衡,则元帝时也。此皆

少孙别有传闻,缀于各传之后。"刘汝霖《汉晋学术编年》(中华书局 1987 年版)卷二载此事于是年,又考曰:"按褚少孙之补《史记》,必非一时之事。盖以出入宫殿中十有余年,习闻朝廷之事,随得随补。始于宣帝而止于元帝。考《史记·建元以来侯者年表》载董忠'今为枭旗都尉侍,坐祠宗庙乘小车,夺百户'。《汉书·景武昭宣元成功臣表》载忠'再坐法,削户一百,定七十九户'。又载'封十九年薨',则当卒于初元元年。既以'今'立时,则非追记可知。既有两次削户而本表只载其一,知其记在此段必在宣帝之时,证一也。本表又载王长君,'至今元康元年中,诏征立以为侯,封五千户',亦可知其记于宣帝之时,证二也。惟此于《汉书》所记少有出入,盖《汉书》所记,乃得之史官之稿,少孙所记,仅得知传闻,故不免少有差错。且宣帝自灭霍氏之后,始大封功臣外戚,此种事势,自足激动少孙补此传之兴趣。故志之于此。"另外,除褚少孙外,还有很多人续补《史记》。《汉书·艺文志》载冯商续补《太史公》七篇,韦昭注云冯商"受诏续《太史公书》十余篇",刘知几《史通外篇》卷二十二曰:"《史记》所出,年止太初,其后刘向、向子歆,及诸好事者,若冯商、卫衡、扬雄、史岑、梁审、肆仁、晋冯、段肃、金丹、冯衍、韦融、萧奋、刘恂等相继撰续,迄于哀平间,尤名《史记》"。

汉宣帝元康二年　丁巳　前 64 年

塞琉西王国亡,罗马取叙利亚,置行省。

正月,诏赦天下,与士大夫厉精更始。

按:《汉书·宣帝纪》曰:"二年春正月,诏曰:'《书》云"文王作罚,刑兹无赦",今吏修身奉法,未有能称朕意,朕甚愍焉。其赦天下,与士大夫厉精更始。'"

二月乙丑,立皇后王氏(《汉书·宣帝纪》)。

三月,以凤凰、甘露降集,赐天下吏爵二级,民一级,女子百户牛、酒,鳏、寡、孤、独、高年帛(《汉书·宣帝纪》)。

五月,宣帝更名刘询。

按:《汉书·宣帝纪》曰:"夏五月,……又曰:'闻古天子之名,难知而易讳也。今百姓多上书触讳以犯罪者,朕甚怜之。其更讳询。诸触讳在令前者,赦之。'"

是年,以乌孙将迎聘汉公主,宣帝命在上林苑置官属侍御百余人,令习乌孙语(《汉书·西域传下》)。

按:此为由政府主持的民族语言学习机构的最早记载。

蔡千秋受命选郎 10 人教授《谷梁春秋》。

按:《汉书·儒林传》曰:"沛蔡千秋少君、梁周庆幼君、丁姓子孙皆从广受。千秋又事皓星公,为学最笃。宣帝即位,……复求能为《谷梁》者,莫及千秋。上愍其学且绝,乃以千秋为郎中户将,选郎十人从受。汝南尹更始翁君本自事千秋,能说矣,会千秋病死,征江公孙为博士。刘向以故谏大夫通达待诏,受《谷梁》,欲令助之。江博士复死,乃征周庆、丁姓待诏保宫,使卒授十人。自元康中始讲,至甘露元年,积十余岁,皆明习。"郑洁文、李梅《中国学术思想编年·秦汉卷》(陕西师范大学出版社2005年版)系于此年,考证说:"《汉书·儒林传》称'自元康中始讲,至甘露元年积十余岁',至甘露元年(公元前53年)上溯11年即元康二年(公元前65年),至迟不过元康二年(公元前64年)。所以系于此年。"葛志毅《汉代的博士与议郎》(《史学集刊》1998年第3期)认为西汉自宣帝起,某经议郎的选立,往往成为其经正式立于博士之前的准备。至东汉,某经议郎则成为朝廷承认古文经立于学官的变通办法。根据宣帝"乃以千秋为郎中户将,选郎十人从受。汝南尹更始翁君本自事千秋,能说矣,……至甘露元年,……乃召五经名儒太子太傅萧望之等大议殿中,平《公羊》、《谷梁》同异,各以经处是非。时《公羊》博士严彭祖、侍郎申车免、伊推、宋显,《谷梁》议郎伊更始、待诏刘向、周庆、丁姓并论。"葛志毅认为从这段记载"可以概见汉代某经立学官博士前的准备程序。即宣帝为立《谷梁》于学官,先选郎十人讲习做准备,然后召集诸儒咨问评议,论定其优劣,最后《谷梁》才得立为博士。当论辩时,《公羊》已立学官,于是有'《公羊》博士'之称;《谷梁》尚未立于学官,于是仅有'《谷梁》议郎',其次为'《谷梁》待诏'。《谷梁》议郎尹更始本从蔡千秋受学讲习,或当在所选十郎之内;或者所选十郎本皆准备擢为议郎者,但实际唯尹更始得擢为议郎并代表《谷梁》参与立博士的辩论评议。总之,在《谷梁》立于学官之前,需先选议郎等郎官做讲习准备。宣帝此举,对博士制度及后来朝廷处古文经争立学官之事,产生很大影响。"

魏相上书谏勿击匈奴右地;数条汉兴已来国家便宜行事;又数表采《易阴阳》、《明堂》、《月令》奏之。

按:《汉书·魏相丙吉传》曰:"元康中,匈奴遣兵击汉屯田车师者,不能下。上与后将军赵充国等议,欲因匈奴衰弱,出兵击其右地,使不敢复扰西域。相上书谏曰:……上从相言而止。相明《易经》,有师法,好观汉故事及便宜章奏,以为古今异制,方今务在奉行故事而已。数条汉兴已来国家便宜行事,及贤臣贾谊、晁错、董仲舒等所言,奏请施行之,……上施行其策。又数表采《易阴阳》及《明堂》、《月令》奏之。'……愿陛下选明经通知阴阳者四人,各主一时,时至明言所职,以和阴阳,天下幸甚!'相数陈便宜,上纳用焉。"

萧望之以少府迁左冯翊(《汉书·百官公卿表》)。

汉宣帝元康三年　戊午　前63年

春,以神爵数集泰山,赐诸侯王、丞相、将军、列侯二千石金,郎从官帛,各有差。赐天下吏爵二级,民一级,女子百户牛、酒,鳏、寡、孤、独、高年帛(《汉书·宣帝纪》)。

三月乙未,封丙吉、史曾、史玄、许舜、许延寿为列侯(《汉书·宣帝纪》)。

按:《汉书·宣帝纪》曰:"又曰:'朕微眇时,御史大夫丙吉、中郎将史曾、史玄、长乐卫尉许舜、侍中光禄大夫许延寿皆与朕有旧恩。及故掖庭令张贺辅导朕躬,修文学经术,恩惠卓异,厥功茂焉。《诗》不云乎?无德不报。封贺所子弟子侍中中郎

西塞罗出任罗马执政官,发表《反喀提林阴谋演说》。

凯撒当选罗马祭司长,稍后,当选大法官。

将彭祖为阳都侯,追赐贺谥曰阳都哀侯。吉、曾、玄、舜、延寿皆为列侯。故人下至郡邸狱复作尝有阿保之功,皆受官禄田宅财物,各以恩深浅报之。'"

六月,立皇子刘钦为淮阳王(《汉书·宣帝纪》)。

<u>罗马马尔库斯·图利乌斯·提罗约于此时发明速记法。</u>

疏广、疏受父子上疏请辞归兰陵。

按:《汉书·隽疏于薛平彭传》曰:"广由是见器重,数受赏赐。太子每朝,因进见,太傅在前,少傅在后。父子并为师傅,朝廷以为荣。在位五岁,皇太子年十二,通《论语》、《孝经》。广谓受曰:'吾闻"知足不辱,知止不殆","功遂身退,天之道"也。今仕官至二千石,宦成名立,如此不去,惧有后悔,岂如父子相随出关,归老故乡,以寿命终,不亦善乎?'受叩头曰:'从大人议。'即日父子俱移病。满三月赐告,广遂称笃,上疏乞骸骨。上以其年笃老,皆许之,加赐黄金二十斤,皇太子赠以五十斤。公卿大夫故人邑子设祖道,供张东都门外,送者车数百两,辞决而去。及道路观者皆曰:'贤哉二大夫!'或叹息为之下泣。"明王祎《大事记续编》卷二引唐仲友曰:"人论二疏,但以为知足,不知广以正论内忤许伯,外咈丞相意,上以此器重,遂为二人所忌,不去祸必及,兼在位五岁,知元帝资质非能保全师傅者,故断然去之,不然纵不为许史所害,终亦必如萧望之,不殖产亦所以避祸也。"

夏侯胜迁太子太傅。

按:刘汝霖《汉晋学术编年》(中华书局1987年版)卷二考证说:"考宣帝时为太子太傅者,最后为萧望之。而《望之传》谓其由御史大夫左迁乃为太子太傅。《百官表》载'五凤二年太子太傅黄霸为御史大夫'可知霸之为太子太傅在萧望之之前,而胜必更在前矣。最初为太子太傅者乃丙吉,丙吉之后乃疏广。《汉书·广传》,广归里时为太子年十二,即元康三年。则继广者,当即夏侯胜,《丙吉传》亦称丙吉于封侯太子太傅夏侯胜云云,吉于三年封侯,则胜之为太子太傅,亦当在次年。"

黄霸以颍川太守迁京兆尹,数月后又复为颍川太守(《汉书·百官公卿表》、《资治通鉴》卷二五)。

夏侯胜受诏撰《尚书》、《论语说》。

按:《汉书·眭两夏侯京翼李传》曰:"(夏侯胜)迁太子太傅。受诏撰《尚书》、《论语说》,赐黄金百斤。"《汉书·艺文志·六艺略》著录大、小《夏侯章句》各29卷,又大、小《夏侯解故》29篇。《隋书·经籍志一》谓大、小《夏侯尚书》亡于晋永嘉之乱。今有马国翰辑夏侯胜撰《尚书大小夏侯章句》1卷、夏侯建《尚书小夏侯章句》1卷(见《玉函山房辑佚书·经编尚书类》)。《汉书·六艺志·六艺略·论语》著录《夏侯说》21篇,早佚。

汉宣帝元康四年　己未　前62年

<u>凯撒为喀提林辩护。</u>

正月,遣使循行天下,存问鳏寡,览观风俗,察吏治得失,举茂材异伦

之士。

按：《汉书·宣帝纪》曰："四年春正月，诏曰：'朕惟耆老之人，发齿堕落，血气衰微，亦亡暴虐之心，今或罹文法，拘执圉圇，不终天命，朕甚怜之。自今以来，诸年八十以上，非诬告、杀伤人，佗皆勿坐。'遣太中大夫强等十二人循行天下，存问鳏寡，览观风俗，察吏治得失，举茂材异伦之士。"

二月，河东霍徵史等谋反，诛（《汉书·宣帝纪》）。

冯奉世以光禄大夫迁水衡都尉（《汉书·百官公卿表》）。

按：《汉书·冯奉世传》曰："冯奉世字子明，上党潞人也，徙杜陵。……汉兴，文帝时冯唐显名，即代相子也。至武帝末，奉世以良家子选为郎。昭帝时，以功次补武安长。失官，年三十余矣，乃学《春秋》涉大义，读兵法明习，前将军韩增奏以为军司空令。本始中，从军击匈奴。军罢，复为郎。……奉世遂西至大苑。大苑闻其斩莎车王，敬之异于它使。得其名马象龙而还。上甚说，下议封奉世。丞相、将军皆曰：'《春秋》之义，大夫出疆，有可以安国家，则颛之可也。奉世功效尤著，宜加爵土之赏。'少府萧望之独以奉世奉使有指，而擅矫制违命，发诸国兵，虽有功效，不可以为后法。即封奉世，开后奉使者利，以奉世为比，争逐发兵，要功万里之外，为国家生事于夷狄。渐不可长，奉世不宜受封。上善望之议，以奉世为光禄大夫、水衡都尉。"

汉宣帝神爵元年　庚申　前61年

正月，宣帝行幸甘泉，郊泰畤（《汉书·宣帝纪》）。

三月，宣帝行幸河东，祠后土；改元神爵；西羌反（《汉书·宣帝纪》）。

按：应劭曰："前年神爵集于长乐宫，故改年。"

四月，遣赵充国、许延寿击西羌（《汉书·宣帝纪》）。

按：《汉书·赵充国辛庆忌传》载赵充国上书陈兵利害及言屯田计。此事刘跃进《秦汉文学编年史》（商务印书馆2006年版）系于元康四年（前62年），并且考证说："文中有'臣位上卿，爵为列侯，犬马之齿七十六，为明诏填沟壑，死骨不朽，亡所顾念。'赵充国卒于汉宣帝甘露二年（前52）时年八十六岁。逆推本年，正七十六岁。"但《汉书·赵充国辛庆忌传》曰："是岁，神爵元年春也。时，充国年七十余，上老之，……充国既得让，以为将任兵在外，便宜有守……"所以此疏应系于此年。而此年赵充国陈兵利害之疏颇多，非只此一也。后又上屯田计。

孟喜授《易》。

按：《汉书·儒林传》曰："孟喜字长卿，东海兰陵人也。父号孟卿，善为《礼》、《春秋》，授后苍、疏广。世所传《后氏礼》、《疏氏春秋》，皆出孟卿。孟卿以《礼经》多、《春秋》烦杂，及使喜从田王孙受《易》。喜好自称誉，得《易》家候阴阳灾变书，诈言师田生且死时枕喜膝，独传喜，诸儒以此耀之。同门梁丘贺疏通证明之，曰：'田生绝于

凯撒任外西班牙行省总督。

施雠手中,时喜归东海,安得此事?'又蜀人赵宾好小数书,后为《易》,饰《易》文,以为'箕子明夷,阴阳气亡箕子;箕子者,万物方荄兹也'。宾持论巧慧,《易》家不能难,皆曰'非古法也'。云受孟喜,喜为名之。后宾死,莫能持其说。喜因不肯仞,以此不见信。喜举孝廉为郎,曲台署长,病免,为丞相掾。博士缺,众人荐喜。上闻喜改师法,遂不用喜。喜授同郡白光少子、沛翟牧子兄,皆为博士。由是有翟、孟、白之学。"据《汉书·儒林传》载,孟喜授魏郡盖宽饶、同郡白光(少子)、沛人翟牧(子兄),后二者皆为博士,故孟氏易学仍显于当时。又有蜀人赵宾,自云受于孟喜,据《后汉书·儒林列传》及《两汉三国学案》,后汉洼丹、觟阳鸿、任安、梁竦、许慎、甘容、夏恭、袁安、袁京、袁敞、袁彭、袁汤、尹珍、徐淑、宗资、袁太伯、虞叔雅、冯颢、虞光、虞成、虞凤、虞歆、虞翻、杜微等皆习孟氏易。永嘉之乱后,孟氏易有书无师,唐以后亦亡。郑洁文、李梅《中国学术思想编年·秦汉卷》(陕西师范大学出版社2005年版)考证说:"孟喜传《易》之年不可考。据《汉书·盖诸葛刘邦郑孙毋将何传》,盖宽饶曾从孟喜学《易》,而明年宽饶自杀。姑厕此条于此。"

又按:孟喜曾与施雠、梁丘贺从田王孙受《易》,为孟氏《易》学的开创人。《汉书·儒林传》曰:"宽授同郡砀田王孙,王孙授施雠、孟喜、梁丘贺。繇是《易》有施、孟、梁丘之学。"汉宣帝时,施、孟、梁丘三家易学被立为博士,田何一系至此极盛。孟喜和京房是西汉象数易学的代表。一般认为孟喜所得"易家候阴阳灾变书",先儒多认定即"卦气"说。刘大钧《卦气溯源》(《中国社会科学》2000年5期)说:"'卦气'说首见于《孟氏章句》。孟氏之书唐时尚存,《新唐书·艺文志》:'《孟喜章句》十卷。'故唐人僧一行尚能见之。据《新唐书·历志》一行解释'卦议'曰:'十二月卦出于孟氏章句,其说《易》本于气,而后以人事明之。'《汉书·京房传》云,京房'事梁人焦延寿……其说长于灾变,分六十四卦,更直日用事,以风、雨、寒、温为候,各有占验,房用之尤精'。孟康注此曰:'分卦值日之法,一爻主一日,六十四卦分为三百六十日,余四卦震、离、兑、坎为方伯监司之官。所以用震、离、兑、坎者,是二至二分用事之日,又是四时各专主之气。各卦主时,其占法各以其日观其善恶也。'由这段对于京房所传'卦气'的介绍及孟康注文看,焦、京之学确为师承孟喜而来。"又考证:"此书孟喜只传给了焦延寿,兼之孟喜为此而蒙上'改师法'的恶名,故翟牧、白生与之划清界限,不承认焦氏所学的内容为孟喜《易》,这也就毫不足怪了。《汉书·艺文志》所载《孟氏京房》十一篇、《灾异孟氏京房》六十六篇等,这些才是焦氏由孟喜处所得的'易家候阴阳灾变书'的内容。"杨树达《汉书窥管》(上海古籍出版社1984年版)曰:"《孟氏京房》、《灾异孟氏京房》,皆京房述孟喜之学者也。"陈国庆《汉书艺文志注释汇编》(中华书局1983年版)引严可均《铁桥漫稿》曰:"孟喜受《易》家阴阳,授之焦赣,焦赣授之京房,孝文立博士,迄东汉来,费直行,京氏衰,晋代犹有传习者。"而孟喜传白光少子、沛翟牧子兄等人的易学则"肯定不包含'易家候阴阳灾变书'的阴阳灾变内容"。可考定孟氏《易》的内容应是"章句施、孟、梁丘氏各二篇"与丁宽的"《易说》三万言,训诂举大谊而已"及《汉志》所载"《易经》十二篇,施、孟、梁丘三家"中有关孟氏《易》的内容,故翟牧、白生从孟喜所学,无非如上内容,其中即便有'卦气'说的内容,亦无非一般解经知识"。所以尚秉和(《周易尚氏学》,光明日报出版社2006年版)说:"西汉易学得孔子嫡传者三家,施、孟、梁邱是也。三家之学,同祖于丁将军宽。宽既从田何受《易》毕,复归洛阳丛周王孙受古义。古义者,非孔氏《十翼》。盖即许慎所谓秘书,汲冢古《易》但有阴阳秘书者是也,即阴阳灾变之学也。"尚秉和又说:"由是观之,三家之《易》独孟喜兼明阴阳,不坠师法。而焦延寿则问《易》于孟喜者也,故延寿亦兼明阴阳灾变。其白生、翟牧不肯焦、京为孟学者,仍经师嫉诟之私。

史谓延寿得隐士之说者,仍施、梁二家解嘲之语。盖自孔子传《易》六传至田何,七传而至丁将军。丁将军既从田何受《易》,复从周王孙受古义。周王孙非他,仍田何弟子也。然则阴阳灾变之学皆出自孔门,为传《易》者所必学。其渊源可谓明悉矣。"

王吉时为谏大夫,上书言礼乐教化。

按:《汉书·王贡两龚鲍传》曰:"起家复为益州刺史,病去官,复征为博士,谏大夫。是时,宣帝颇修武帝故事,宫室车服盛于昭帝。时外戚许、史、王氏贵宠,而上躬亲政事,任用能吏。吉上疏言得失……上以其言迂阔,不甚宠异也。吉遂谢病归琅邪。"此事《资治通鉴》卷二六系于此年。明王祎《大事记续编》卷二曰:"吉疏言明衣服贵贱之章,论男女阴阳之序,选贤而除任子之令,厚赏以减外戚之权,减乐府省尚方,此皆宣帝之阙政,而三代之先务也。宣帝治不本于王道,则其迂阔之也宜哉。"《汉文归》辑录此文,张煜如评:"宣帝之治,综核名实,所治政刑之备而已。王吉欲以礼乐王道进而之成周之际,所言皆本儒术,惜乎宣帝以为迂也。"

杨恽以中郎将迁诸吏光禄勋(《汉书·百官公卿表》)。

萧望之以左冯翊迁大鸿胪,与张敞等论入谷赎罪(《汉书·萧望之传》)。

张敞以胶东相迁京兆尹,上书与萧望之论入谷赎罪;又上书谏用方士及言美阳鼎不宜荐于宗庙。

按:《汉书·赵尹韩张两王传》曰:"敞为人敏疾,赏罚分明,见恶辄取,时时越法纵舍,有足大者。其治京兆,略循赵广汉之迹。方略耳目,发伏禁奸,不如广汉,然敞本治《春秋》,以经术自辅,其政颇杂儒雅,往往表贤显善,不醇用诛罚,以此能自全,竟免于刑戮。"此事因《资治通鉴》二六系于此年。参见《汉书·萧望之传》、《汉书·郊祀志》、《汉书·百官公卿表》。

王褒以辞赋宣风化;与被公、刘向、张子侨、华龙、柳褒等并待诏马门;后擢为谏大夫,持节而求益州金马、碧鸡之神。

按:《汉书·严朱吾丘主父徐严终王贾传下》曰:"王褒字子渊,蜀人也。宣帝时修武帝故事,讲论六艺群书,博尽奇异之好,征能为《楚辞》九江被公,召见诵读,益召高材刘向、张子侨、华龙、柳褒等待诏金马门。……于是益州刺史王襄欲宣风化于众庶,闻王褒有俊材,请与相见,使褒作《中和》、《乐职》、《宣布诗》,选好事者令依《鹿鸣》之声习而歌之。时氾乡侯何武为僮子,选在歌中。久之,武等学长安,歌太学下,转而上闻。宣帝召见武等观之,皆赐帛,谓曰:'此盛德之事,吾何足以当之!'……是时,上颇好神仙,故褒对及之。上令褒与张子侨等并待诏,数从褒等放猎,所幸宫馆,辄为歌颂,第其高下,以差赐帛。议者多以为淫靡不急,上曰:'不有博弈者乎,为之犹贤乎已!辞赋大者与古诗同义,小者辩丽可喜。辟如女工有绮縠,音乐有郑卫,今世俗犹皆以此虞说耳目,辞赋比之,尚有仁义风谕,鸟兽草木多闻之观,贤于倡优博弈远矣。'顷之,擢褒为谏大夫。"《资治通鉴》卷二六曰:"上颇修武帝故事,谨斋祀之礼,以方士言增置神祠;闻益州有金马、碧鸡之神,可醮祭而致,于是遣谏大夫蜀郡王褒使持节而求之。"《隋书·经籍志》著录《王褒集》五卷。今存《洞箫赋》、《四子讲德论》等文。因为《资治通鉴》于本年载王褒为谏议大夫,所以系于此年。

赵定、龚德以丞相魏相荐,皆召见待诏。

按:《汉书·严朱吾丘主父徐严终王贾传下》曰:"神爵、五凤之间,天下殷富,数有嘉应。上颇作歌诗,欲兴协律之事,丞相魏相奏言知音善鼓雅琴者渤海赵定、梁国龚德,皆召见待诏。"《汉书·艺文志》六艺略乐家类《雅琴赵氏》七篇。班固曰:"名定,渤海人。宣帝时丞相魏相所奏。"《雅琴师氏》八篇,班固曰:"名中,东海人,传言师旷后。"《雅琴龙氏》九十九篇。班固曰:"名德,梁人。"颜师古注:"刘向《别录》云:亦魏相所奏也。与赵定俱召见待诏,后拜为侍郎。"此事因"上颇作歌诗,欲兴协律之事"时,所以系于此年。

韦玄成为河南太守(《汉书·韦贤传》)。

按:韦玄成为丞相韦贤之子。

夏侯胜卒,生年不详。胜字长公,东平人。从夏侯始昌受今文《尚书》及《洪范五行传》,善说灾异,创立《尚书》"大夏侯学";又传《鲁论》;善为礼服,卒时太后赐钱二百万,为之服素服五日,儒者以为荣。事迹见《汉书》卷七五。

按:《汉书·眭两夏侯京翼传》曰:"(夏侯胜)年九十卒官,赐冢茔,葬平陵。太后赐钱二百万,为之服素服五日,以报师傅之恩,儒者以为荣。始,胜每讲授,常谓诸生曰:'士病不明经术;经术苟明,其取青紫如俯拾地芥耳。学经不明,不如归耕。'"刘汝霖《汉晋学术编年》(中华书局1987年版)卷二系于此年,考证说"按《汉书·黄霸传》,左冯翊宋畸举霸贤良,上擢霸为扬州刺史,三岁而为颍川太守,又八岁,征为太子太傅。考《汉书·百官表》,宋畸以为本始四年为左冯翊,是即霸为扬州刺史之岁也。又三年而至地节二年,《百官表》又载颍川太守广为右扶风。则代广者,即黄霸。又八岁而至是岁,霸为太子太傅。《夏侯传》称胜年九十卒官,则胜之卒年,当即霸为太子太傅之年也。"

汉宣帝神爵二年　辛酉　前60年

凯撒遂盟及克拉苏、庞培,史称"前三头同盟"。

二月,诏赦天下。

按:《汉书·宣帝纪》曰:"二年春二月,诏曰:'乃者正月乙丑,凤皇、甘露降集京师,群鸟从以万数。朕之不德,屡获天福,祗事不怠,其赦天下。'"

五月,置金城属国以处降羌;赵充国平羌后振旅而还(《资治通鉴》卷二六)。

九月,始置西域都护,驻乌垒。

按:《资治通鉴》卷二六曰:"(丙)吉既破车师,降日逐,威震西域,遂并护车师以西北道,故号都护。都护之置,自吉始焉。上封吉为安远侯。吉于是中西域而立莫府,治乌垒城,去阳关二千七百余里。匈奴益弱,不敢争西域,僮仆都尉由此罢。都护督察乌孙、康居等三十六国动静,有变以闻,可安辑,安辑之,不可者诛伐之,汉之号令班西域矣。"

是月,匈奴单于遣名王奉献,贺正月,始和亲(《汉书·宣帝纪》)。

盖宽饶谏"不得其人则不居其位",被认为大逆不道,终自杀。

按:《汉书·盖诸葛刘郑孙毋将何传》曰:"是时,上方用刑法,信任中尚书宦官,宽饶奏封事曰：'方今圣道浸废，儒术不行，以刑余为周召，以法律为《诗》《书》。'又引《韩氏易传》言：'五帝官天下，三王家天下，家以传子，官以传贤，若四时之运，功成者去，不得其人则不居其位。'书奏，上以宽饶怨谤终不改，下其书中二千石。时执金吾议，以为宽饶指意欲求禅，大逆不道。谏大夫郑昌愍伤宽饶忠直忧国，以言事不当意而为文吏所诋挫，上书颂宽饶曰：'臣闻山有猛兽，藜藿为之不采；国有忠臣，奸邪为之不起。司隶校尉宽饶居不求安，食不求饱，进有忧国之心，退有死节之义，上无许、史之属，下无金、张之托，职在司察，直道而行，多仇少与，上书陈国事，有司劾以大辟，臣幸得从大夫之后，官以谏为名，不敢不言。'上不听，遂下宽饶吏。宽饶引佩刀自刭北阙下，众莫不怜之。"明王祎《大事记续编》卷二引陈瓘曰："宣帝杀赵盖韩杨，皆过。而宽饶尤为可惜，宽饶直箴宣帝用刑法、任中书之失，使用其言，治效当何如也。"钱穆《刘向歆父子年谱》（《两汉经学今古文平议》，商务印书馆2001年版）说："元凤三年，眭弘以论禅让诛，宽饶之死，去弘不二十年。当时学者敢于依古以违时政之风如此。"又曰："汉自元成以下，乃纯用儒术，与武宣之政不同。不达时宜，是古非今，其风至于莽歆而极，正其篡汉败文之本也。宣帝时学者已有此风，故能预言之如此。"盖宽饶曾学《易》。《汉书·儒林传》曰："司隶校尉盖宽饶本受《易》于孟喜，见涿韩生说《易》而好之，即更从受焉。"

郑昌因颂盖宽饶而获罪（《汉书·盖诸葛刘郑孙毋将何传》）。

刘向擢为谏大夫，与王褒、张子侨等并进对，献赋颂凡数十篇；又献《枕中鸿宝苑秘书》。

按：《汉书·楚元王传》："向字子政，本名更生。年十二，以父德任为辇郎。既冠，以行修饬擢为谏大夫。是时，宣帝循武帝故事，招选名儒俊材置左右。更生以通达能属文辞，与王褒、张子侨等并进对，献赋颂凡数十篇。上复兴神仙方术之事，而淮南有《枕中鸿宝苑秘书》。书言神仙使鬼物为金之术，及邹衍重道延命方，世人莫见，而更生父德武帝时治淮南狱得其书。更生幼而读诵，以为奇，献之，言黄金可成。"系年据刘跃进《秦汉文学编年史》（商务印书馆2006年版）。

又按："《汉书·艺文志》载刘向赋三十三篇，王褒赋十六篇，向父阳城侯刘德赋九篇。张子侨赋二篇。汉中都尉丞华龙赋二篇。又有车郎张丰赋三篇。注曰："张子侨子。"

苏武卒，生年不详。武，字子卿，杜陵人。武帝时为郎。天汉元年，奉命以中郎将持节出使匈奴，被扣留。后迁于北海（今贝加尔湖）边牧羊，留居十九年持节不屈。始元六年，获释回汉。拜典属国，封关内侯。后宣帝将其列为麒麟阁十一功臣之一，以彰显其节操。《文选》收录其《杂诗》四首，学者多以为后人伪托。事迹见《汉书》卷五四。

汉宣帝神爵三年　壬戌　前59年

春，起乐游苑（《汉书·宣帝纪》）。

凯撒当选罗马执政官。

四月，御史大夫丙吉继魏相为丞相（《汉书·百官公卿表》、《资治通鉴》卷二六）。

八月，诏益吏百石以下奉十五（《汉书·宣帝纪》）。

梁丘贺以光禄大夫迁少府，遣其子梁丘临受学于施雠。

按：《汉书·百官公卿表》载梁丘贺于神爵三年为少府。《汉书·儒林传》曰："施雠字长卿，沛人也。沛与砀相近，雠为童子，从田王孙受《易》。后雠徙长陵，田王孙为博士，复从卒业，与孟喜、梁丘贺并为门人。谦让，常称学废，不教授。及梁丘贺为少府，事多，乃遣子临分将门人张禹等从雠问。雠自匿不肯见，贺固请，不得已乃授临等。于是贺荐雠：'结发事师数十年，贺不能及。'诏拜雠为博士。甘露中与《五经》诸儒杂论同异于石渠阁。雠授张禹、琅邪鲁伯。伯为会稽太守，禹至丞相。禹授淮阳彭宣、沛戴崇子平。崇为九卿，宣大司空。禹、宣皆有传。鲁伯授太山毛莫如少路、琅邪邴丹曼容，著清名。莫如至常山太守。此其知名者也。由是施家有张、彭之学。"施氏后学中以张、彭之学影响较大。据《后汉书·儒林列传》，戴崇之子戴宾以施氏易授陈留刘昆，昆传其子刘轶；又有广汉景鸾，施氏易后来遭西晋永嘉之乱而亡。《汉书·艺文志·六艺略·易》著录《章句》施、孟、梁丘氏各2篇。

萧望之以大鸿胪迁御史大夫（《汉书·百官公卿表》）。

韩延寿以东郡太守迁左冯翊（《汉书·百官公卿表》、《资治通鉴》卷二六）。

罗马议事厅始逐日公布元老院议事情况，后世称为"每日纪闻"，是为报纸新闻的发端。

汉宣帝神爵四年　癸亥　前58年

二月，诏赦天下。

按：《汉书·宣帝纪》曰："四年春二月，诏曰：'乃者凤皇、甘露降集京师，嘉瑞并见。修兴泰一、五帝、后土之祠，祈为百姓蒙祉福。鸾凤万举，蜚览翱翔，集止于旁。斋戒之暮，神光显著。荐鬯之夕，神光交错。或降于天，或登于地，或从四方来集于坛。上帝嘉飨，海内承福。其赦天下，赐民爵一级，女子百户牛、酒，鳏、寡、孤、独、高年帛。'"

四月，令内郡国举贤良可亲民者各1人（《汉书·宣帝纪》）。

五月，匈奴单于遣弟呼留若王胜之来朝（《汉书·宣帝纪》）。

薛广德以《鲁诗》教授于楚国，御史大夫萧望之荐为博士。

按：《汉书·隽疏于薛平彭传》曰："薛广德字长卿，沛郡相人也。以《鲁诗》教授楚国，龚胜、舍师事焉。萧望之为御史大夫，除广德为属，数与论议，器之，荐广德经行宜充本朝。为博士，论石渠，迁谏大夫，代贡禹为长信少府、御史大夫。"此事刘汝霖《汉晋学术编年》（中华书局1987年版）系于此年。薛广德学《鲁诗》于王式，曾参加石渠阁会议。参加石渠会议的《鲁诗》学者除薛广德外，还有淮阳中尉鲁韦玄成，博士山阳张长安。

保民官克劳狄乌斯推行反贵族措施，放逐西塞罗。

凯撒总督山南高卢、南法高卢及伊利里亚。高卢战争遂始。

黄霸时为颍川太守,以治行尤异秩中二千石,赐爵关内侯,迁太子太傅(《汉书·宣帝纪》、《资治通鉴》卷二七)。

按：黄霸曾跟随夏侯胜研习三年《尚书》,为元帝儒学老师之一。后世将其与龚遂作为古代循吏的代表,并称"龚黄"。

韦玄成以河内太守迁卫尉。

按：《汉书·韦贤传》曰："玄成字少翁,以父任为郎,常侍骑。少好学,修父业,尤谦逊下士。出遇知识步行,辄下从者,与载送之,以为常。其接人,贫贱者益加敬,繇是名誉日广。以明经擢为谏大夫,迁大河都尉。"此从刘汝霖《汉晋学术编年》(中华书局1987年版)系于本年。

严延年因语言怨望、诽谤政治数事坐不道,弃市(《资治通鉴》卷二七)。

汉宣帝五凤元年　甲子　前57年

正月,宣帝行幸甘泉,郊泰畤。

按：应劭曰："先者凤皇五至,因以改元云。"

夏,赦徙作杜陵者(《汉书·宣帝纪》)。

秋,匈奴五单于争立,国内大乱,萧望之谏遣使者吊问,辅其微弱,救其灾患(《汉书·萧望之传》)。

十二月乙酉朔,日蚀(《汉书·宣帝纪》)。

刘向以伪铸黄金下狱吏,其父刘德上书求免。

按：《汉书·楚元王传》曰："上复兴神仙方术之事,而淮南有《枕中鸿宝苑秘书》。书言神仙使鬼物为金之术,及邹衍重道延命方,世人莫见,而更生父德武帝时治淮南狱得其书。更生幼而读诵,以为奇,献之,言黄金可成。上令典尚方铸作事,费甚多,方不验。上乃下更生吏,吏劾更生铸伪黄金,系当死。更生兄阳城侯安民上书,入国户半,赎更生罪。上亦奇其材,得逾冬减死论。"《汉书·郊祀志》曰："大夫刘更生献淮南《枕中鸿宝苑秘》之方,令尚方铸作。事不验,更生坐论。"刘汝霖《汉晋学术编年》(中华书局1987年版)系于此年,"《汉书·楚元王传》：'坐铸伪黄金,当伏法,德上书讼罪。会薨。'《官公卿表》元凤三年云青州刺史刘德为宗正,二十二年薨。至是适为二十二年,故志之于此。"郑洁文、李梅《中国学术思想编年·秦汉卷》(陕西师范大学出版社2005年版)亦系于此年,"则下刘向狱之事与刘德卒同时。考《外戚恩泽侯表》,刘德'地节四年三月甲寅封,十年薨'。又《汉书·百官公卿表》：元凤三年(公元前78年)'青州刺史刘德为宗正,二十二年薨。'由地节四年(公元前66年)下推9年,由元凤三年下推21年,则刘德卒于五凤元年,则应系于此年。"刘跃进《秦汉文学编年史》(商务印书馆2006年版)系于上年(前58年)。

刘德卒,生年不详。德,字路叔,修黄、老术,有智略。少时数言事,召

西塞罗归罗马。

凯撒攻高卢北部。

见甘泉宫,武帝谓之'千里驹'。昭帝初,为宗正丞。后累迁大中大夫、宗正、青州刺史。封为阳城侯。事迹见《汉书》卷三六。

按:刘德卒年之系年,参见本年"刘向以伪铸黄金下狱吏,其父刘德上书求免"条。刘德为刘辟疆子,刘向父刘德修黄老术,可见刘氏家学的时代衍变轨迹与趋向。

汉宣帝五凤二年 乙丑 前56年

凯撒降服高卢沿海之文几内人、阿奎丹尼人。

三月,宣帝行幸雍,祠五畤(《汉书·宣帝纪》)。

五月,许延寿为大司马车骑将军。

按:自是以后司马将军之任以外戚居之。

八月,诏不禁民嫁娶具酒食相召贺(《汉书·宣帝纪》)。

按:《汉书·宣帝纪》曰:"秋八月,诏曰:'夫婚姻之礼,人伦之大者也;酒食之会,所以行礼乐也。今郡国二千石或擅为苛禁,禁民嫁娶不得具酒食相贺召。由是废乡党之礼,令民亡所乐,非所以导民也。《诗》不云乎?"民之失德,乾餱以愆。"勿行苛政。'"

冬十一月,匈奴呼遬累单于帅众来降,封为列侯(《汉书·宣帝纪》)。

萧望之以短丙吉而左迁为太子太傅,以《论语》、《礼服》授皇太子。

按:《汉书·萧望之传》曰:"是时,大司农中丞耿寿昌奏设常平仓,上善之,望之非寿昌。丞相丙吉年老,上重焉,望之又奏言:'百姓或乏困,盗贼未止,二千石多材下不任职。三公非其人,则三光为之不明,今首岁日月少光,咎在臣等。'上以望之意轻丞相,乃下侍中建章卫尉金安上、光禄勋杨恽、御史中丞王忠,并诘问望之。望之免冠置对,天子由是不说。……望之既左迁,而黄霸代为御史大夫。数月间,丙吉薨,霸为丞相。霸薨,于定国复代焉。望之遂见废,不得相。为太傅,以《论语》、《礼服》授皇太子。"从《资治通鉴》卷二七系于此年。

黄霸八月以太子太傅迁御史大夫(《汉书·百官公卿表》)。

杨恽十二月坐前为光禄勋有罪,免为庶人(《汉书·汉宣帝》)。

韦玄成以卫尉迁太常(《汉书·百官公卿表》)。

韩延寿为五原太守(《汉书·百官公卿表》)。

蔡癸著《蔡癸》1篇。

按:《汉书·食货志上》载汉宣帝五凤年间,"蔡癸以好农使劝郡国,至大官"。王先谦《汉书补注》曰:"癸,邯郸人,官至弘农太守。"《汉书·艺文志》曰:"《蔡癸》一篇,宣帝时,以言便宜,至弘农太守。"

汉宣帝五凤三年　丙寅　前55年

正月癸卯，丞相丙吉卒(《汉书·百官公卿表》)。

二月壬申，御史大夫黄霸继丙吉为丞相(《汉书·百官公卿表》)。

是年，置西河、北地属国以处匈奴降者(《汉书·宣帝纪》)。

庞培、克拉苏任罗马执政官。

刘向受《谷梁》之学。

按：《汉书·楚元王传》曰："会初立《谷梁春秋》，征更生受《谷梁》，讲论《五经》于石渠。"钱穆《刘向歆父子年谱》(《两汉经学今古文平议》，商务印书馆2001年版)说："石渠讲论，在甘露三年。据《儒林传》，刘向待诏受《谷梁》时，乃江公孙为博士。后江博士卒，征周庆丁姓待诏保宫。后石渠议，庆、姓皆在。江博士之卒，庆、姓之征，以至于明习，其间需时。自此下至甘露三年共五岁，向既以今年春得减死论，疑不久即待诏受《谷梁》也。清梅毓《刘更生年表》系刘更生受《谷梁》于石渠讲论之年，误。"刘跃进《秦汉文学编年史》(商务印书馆2006年版)、郑洁文、李梅《中国学术思想编年·秦汉卷》(陕西师范大学出版社2005年版)均系于此年。刘向虽为《谷梁》大师，实亦精通《左传》。桓谭《新论》曰："刘子政、子骏、子骏兄子伯玉，三人俱是通人，尤珍重《左氏》，教授子孙，下至妇女，无不诵读者。"王充《论衡·案书篇》曰："刘子政玩弄《左氏》，童仆妻子皆呻吟之。"章炳麟《刘子政左氏说》(《章氏丛书》，民国1933年上海右文社石印本)曰："《说苑》、《新序》、《列女传》中所举《左氏》事义六七十条，其间一字偶易，正可见古文《左传》不同今本。"而且家传《鲁诗》学。在刘向之前，《鲁诗》学者比之齐、韩二家，更为明习典章制度。徐偃、周霸都是申公弟子，论封禅泥于旧章，王式"以三百篇为谏书"，未尝有阴阳灾异之论。但刘向上书却多据灾变以言事。刘向结合五行灾异言《诗》，还与其通《尚书》学以及《公羊传》有关。陈乔枞《齐诗遗说考》曰："《汉志》，夏侯始昌善推《五行传》，与《齐诗》同一师法。刘向《五行传论》，即夏侯所推《传》，向集而论之。《翼奉传》言奉事后苍治《齐诗》，为始昌再传弟子，与《齐诗》同一师法，其言《齐诗》五际，皆推本五行以著天人之应。"郑玄《六艺论》曰："治《公羊》者，胡毋生、董仲舒。董仲舒弟子赢公，赢公弟子眭孟，眭孟弟子严彭祖及颜安乐，安乐弟子阴丰、刘向、王彦。"

杜延年以西河太守迁御史大夫(《汉书·百官公卿表》)。

张敞时为京兆尹，奏劾丞相黄霸(《汉书·循吏传》)。

定州汉简《论语》是年前行世。

按：1973年河北定州八角廊西汉(中山怀王刘修)墓M40出土约2500支竹简，包括1、《论语》，2、《文子》3、《六韬》(原名《太公》)、4、《儒家者言》5、《保傅传》6、《哀公问五义》7、《日书》、8、萧望之等人奏议、9、《六安王朝五凤二年正月起居记》等内容。有关论语的竹简有620余枚，但残损严重，约有7576字，不足传世本的二分之一。原无书题和篇题。其中保存字数最多的是《卫灵公》篇,存有694字,可达今本的百分之七十;保存最少的是《学而》篇,仅存20字。从所见简本《论语》来看,其篇章分合、文句等与传世本都有所不同。李学勤《定县八角廊汉简儒书小议》(《简帛研究》第1辑,法律出版社1993年)认为竹简本《论语》不会是《鲁论》系统的本子,属于《齐论》的可能性要大一些。王素《河北定州出土西汉简本〈论语〉性质新探》(《简帛研究》第3辑,广西教育出版社1998年)认为:"简本《论语》是一个比《张侯论》更早的融合本,这种融合本与《张侯论》相同,也是以《鲁论》为底本,以《齐论》为校本。不同的是,简本《论语》的章句保存《鲁论》原貌更多,而《张侯论》的章句主要是根据《齐论》。简本《论语》的章句与以《张侯论》为主体的今本《论语》的章句颇多差异,盖源于此。西汉时代,不仅存在由《齐》转《鲁》的风气,而且存在融合《齐》、《鲁》的趋势。在这种背景下,相信当时的《论语》传习者曾经编撰过不少类似融合本。区别在于,张禹的《张侯论》是为成帝编撰,并幸运地流传下来;而简本《论语》是为中山怀王编撰,非常不幸地成为随葬品。简本《论语》的重新出土,使我们对西汉时代有关《齐》、《鲁》的融合问题以及《张侯论》的性质问题有了新的认识。"另外还有专著河北省文物研究所定州汉墓竹简整理小组《定州汉墓竹简论语》,文物出版社1997版。

韦玄成自伤贬黜父爵而作《自劾诗》。

按:《汉书·韦贤传》曰:"数岁,玄成征为未央卫尉,迁太常。坐与故平通侯杨恽厚善,恽诛,党友皆免官。后以列侯侍祀孝惠庙,当晨入庙,天雨淖,不驾驷马车而骑至庙下。有司劾奏,等辈数人皆削爵为关内侯。玄成自伤贬黜父爵,叹曰:'吾何面目以奉祭祀!'作诗自劾责。"刘跃进《秦汉文学编年史》(商务印书馆2006年版)考证说:"讨论五经异同在甘露三年(前51),故知韦玄成之被起用当在该年前。但其《自劾诗》必作于本年之前无疑。其被贬之确切时日不得而考。王益之《西汉年纪》卷二十一系于甘露元年。而清人周寿昌则以为在本年,至永光中代于定国为丞相,其贬黜长达十五年之久。"

梁丘贺卒,生年不详。贺字长翁,琅琊诸人。为《易学》大师。初从京房受《易》,继学于田王孙,与施雠、孟喜并称,创梁丘《易学》。事迹见《汉书》卷五八。

按:刘汝霖《汉晋学术编年》(中华书局1987年版)系于此年,考证说:"按贺之终于官,以《汉书·百官表》有阙略不知在何年。但《汉书·匡衡传》载太子太傅萧望之少府梁丘贺问衡对诗诸大义。则贺之卒,当在望之为太子太傅之后也。至石渠讲经,贺盖已卒,故使其子问诸儒。知其卒时,必在五凤甘露之间,故志于此以俟考。"

汉宣帝五凤四年　丁卯　前54年

凯撒入不列颠岛,降服不列颠人。

正月,匈奴单于称臣(《汉书·宣帝纪》)。

四月辛丑,日蚀,遣丞相、御史掾24人循行天下,举冤狱,察官吏苛暴不改者。

按：《汉书·宣帝纪》曰："夏四月辛丑晦，日有蚀之。诏曰：'皇天见异，以戒朕躬，是朕之不逮，吏之不称也。以前使使者问民所疾苦，复遣丞相、御史掾二十四人循行天下，举冤狱，察擅为苛禁深刻不改者。'"于振波《汉代"天人感应"思想对宰相制度的影响》(《中国社会科学院研究生院学报》1994年第6期)说汉宣帝"尽管没有秘密地移过，但已公开宣称'朕'与'吏'共同对日蚀负责，这大概是有史以来的第一次……从宣帝开始，皇帝转移'灾异'的责任，并不仅仅停留在纸面上，而是已经付诸行动了。也就是五凤四年的那次日蚀之后，有人告发杨恽'骄奢、不悔过，日食之咎，此人所致'，朝廷又察得杨恽写给孙会宗的信。虽然杨恽只当过中郎将，而且已经罢官，宣帝还是龙颜大怒，杀之以塞责"。

耿寿昌时为大司农中丞，奏于边郡设常平仓，以给北边，省转漕。赐爵关内侯(《汉书·宣帝纪》、《汉书·食货志》)。

按：《资治通鉴》卷二七载此事，系于本年。此后救荒史上逐渐形成以稳定粮价，储粮备荒的常平仓制度。

萧望之驳斥耿寿昌奏增海租及近籴计(《汉书·食货志》)。

杨恽作《报孙会宗书》。

按：《汉书·公孙刘田王杨蔡陈郑传》曰："恽既失爵位，家居治产业，起室宅，以财自娱。岁余，其友人安定太守西河孙会宗，知略士也，与恽书谏戒之，为言大臣废退，当阖门惶惧，为可怜之意，不当治产业，通宾客，有称誉。恽宰相子，少显朝廷，一朝以暗昧语言见废，内怀不服，《报会宗书》曰：恽材朽行秽，文质无所底，幸赖先人余业得备宿卫，遭遇时变以获爵位，终非其任，卒与祸会。足下哀其愚，蒙赐书，教督以所不及，殷勤甚厚。然窃恨足下不深惟其终始，而猥随俗之毁誉也。……下流之人，众毁所归，不寒而栗。虽雅知恽者，犹随风而靡，尚何称誉之有！董生不云乎，'明明求仁义，常恐不能化民者，卿大夫意也；明明求财利，常恐困乏者，庶人之事也'。故'道不同，不相为谋'。今子尚安得以卿大夫之制而责仆哉！夫西河魏土，文侯所兴，有段干木、田子方之遗风，漂然皆有节概，知去就之分。顷者，足下离旧土，临安定，安定山谷之间，昆戎旧壤，子弟贪鄙，岂习俗之移人哉？于今乃睹子之志矣。方当盛汉之隆，愿勉旃，毋多谈。"明冯有翼《秦汉文钞》(齐鲁书社1997年版)辑录此文后引凌以栋评曰："慷慨激烈，规模布置，宛然外祖答任安风致。"又引冯小海曰："文气毫宕纵逸，最得史迁家法。第中多愤上之词。古人所谓怨而不怒者似不如此。"杨恽的《报孙会宗书》与司马迁的《报任安书》，是中国文学史上两篇著名的书信体散文，刘周堂《论〈报孙会宗书〉与〈报任安书〉的异同》(《中国文学研究》2004年第4期)认为它们的相同是表面的、形式上的，而在思想感情、主旨意图、语言风格等内在本质方面是不同的。

杨恽卒(前109—)。恽字子幼，陕西华阴人。司马迁外孙。幼习《太史公书》，好史学。宣帝时为郎，擢升左曹。后告发霍氏谋反，封平通侯，升中郎将。迁光禄勋。以《报孙会宗书》中多怨望语，为人告发，腰斩处死。曾将《史记》公布于世，有功于学术文化发展。事迹见《汉书》卷六六。

按：《汉书·宣帝纪》曰："(五凤)二年……十二月，平通侯杨恽坐为光禄勋有罪,免为庶人。不悔过,怨望,大逆不道,腰斩。"《汉书·公孙刘田王杨蔡陈郑传》曰:"章下廷尉案验,得所予会宗书,宣帝见而恶之。廷尉当恽大逆无道,要斩。妻子徙酒泉郡。谭坐不谏正恽,与相应,有怨望语,免为庶人。召拜成为郎,诸在位与恽厚善者,未央卫尉韦玄成、京兆尹张敞及孙会宗等,皆免官。"明王祎《大事记续编》卷二曰:"举宽狱之使方出而恽遽当不道之诛,于定国时为廷尉,民自以不宽,观其奏恽妖言大逆不道,是民不宽而士大夫固宽甚也。惜哉!"

又按:《史记》流布民间,是宣帝时司马迁外孙杨恽向外传播的。《汉书·司马迁传》曰:"迁既死后,其书稍出。宣帝时,迁外孙平通侯杨恽,祖述其书,遂宣布焉。"从此开始了《史记》的研究,如同西汉古文经学一样,在民间士大夫中流传,到了东汉逐渐扩大。由于《史记》本身的巨大成就,杨恽宣布后,受到众多学者的效仿。西汉一代续补《史记》者有十七人。刘知几《史通·古今正史》载十五人,其言曰:"《史记》所书,年止汉武,太初已后,阙而不录。其后刘向、向子歆及诸好事者,若冯商、卫衡、扬雄、史岑、梁审、肆仁、晋冯、段肃(又作殷肃)、金丹、冯衍、韦融、萧奋、刘恂等,相次撰续,迄于哀、平间,犹名《史记》。"此外,有褚少孙补《史记》十篇,直接附骥《史记》流传。《后汉书·班彪传》李贤注,又有阳城衡续《史记》。东汉班彪集大成,作《史记后传》六十五篇,其子班固扩充独立为《汉书》。《汉书》由于受到统治者的宣扬,加之是一部汉代近代史,首尾完具载述西汉一朝,所以成书不久,就大行于世,被目为五经之亚。《汉书》却是仿《史记》的体例。反过来,它推动了《史记》的流传。东汉后期,《史记》流布渐广。桓帝时,《史记》已成为司马迁书之专名。这时已有两部《史记》音注书问世。有延笃《音义》一卷,无名氏《音隐》五卷(见《史记索隐后序》)。延笃,东汉顺桓时人,传见《后汉书》卷五十四,卒于桓帝永康元年,即公元167年。(参见安平秋、张大可、俞樟华主编《史记教程》第十一章《史记流传》)

汉宣帝甘露元年 戊辰 前53年

凯撒入日耳曼人地区。

正月,宣帝行幸甘泉,郊泰畤;呼韩邪单于及郅友单于各遣子入侍称臣(《汉书·宣帝纪》)

按:明王祎《大事记续编》卷二宋庠《纪年通谱》曰:"元年诏甘露降集京师,四年诏凤凰甘露,五凤三年祠后土,甘露降神爵集,至此改元以协瑞。"

冬,匈奴单于遣弟左贤王来朝贺(《汉书·宣帝纪》)。

是年,宣帝与太子论霸道、王道。

按:《汉书·元帝纪》曰:"孝元皇帝,宣帝太子也。母曰共哀许皇后,宣帝微时生民间。年二岁,宣帝即位。八岁,立为太子。壮大,柔仁好儒。见宣帝所用多文法吏,以刑名绳下,大臣杨恽、盖宽饶等坐刺讥辞语为罪而诛,尝侍燕从容言:'陛下持刑太深,宜用儒生。'宣帝作色曰:'汉家自有制度,本以霸王道杂之,奈何纯任德教,用周政乎!且俗儒不达时宜,好是古非今,使人眩于名实,不知所守,何足委任?'乃叹曰:'乱我家者,太子也!'由是疏太子而爱淮阳王,曰:'淮阳王明察好法,宜为吾子。'而王母张婕妤尤幸。上有意欲用淮阳王代太子,然以少依许氏,俱从微起,故终不背焉。"明王祎《大事记续编》卷二引张栻曰："王者之政皆无所为而为之，霸者则莫非有为而然也。无所为者，天理义之公也；有所为者，人欲利之私也。汉自高祖取天下，固非若汤武吊民伐罪之心，其立国规模，大抵皆因秦旧而无复三代封建井田，公天下之心。其合于王道者，如约法三章，为义帝发丧，要亦未免有假之之意，其实不孚也，则其杂霸固有自来。惟文帝天资为近之，然亦杂于黄老刑名，考其设施动皆有术，但其资美而术高耳。至于宣帝，则又霸之下者，西京之亡自宣帝始。盖文景养民之意至是消靡尽矣，且帝岂真知所谓德教者哉？王者之政本乎天理，建立人纪，施于万事，仁立义行而无偏弊不举之处，此古人之所以制治保邦而垂裕乎无疆者。后世未尝真知王道，顾曰儒生之说迂阔而难行，盖亦未之思矣。"又引吕祖谦曰："宣帝自以为能知制度所在，殊不知汉家大制度，自高惠文景萧曹绛灌养成大规模，所谓其政闷闷者，帝固未之识也。"

萧望之时为太子太傅，奉命主持殿中评议《谷梁》、《公羊》同异。

按：《汉书·儒林传》曰："至甘露元年，……乃召《五经》名儒太子太傅大议殿中，平《公羊》、《谷梁》同异，各以经处是非。"

张敞诣公车上书，拜为冀州刺史（《汉书·赵尹韩张两王传》）。

尹更始著《春秋谷梁章句》。

按：尹更始本从蔡千秋学《谷梁》，又习《左氏传》。尹更始的左氏之学得自张禹。后融合《谷梁》与《左传》，开创了《谷梁》尹氏学派。《汉书·儒林传》曰："汝南尹更始翁君本自事千秋，能说矣……又受《左氏传》，取其变理合者以为章句，传子咸及翟方进、琅邪房凤。咸至大司农，方进丞相，自有传。"《经典释文·序录》曰："汉尹更始《春秋谷梁章句》十五卷。"《隋书·经籍志》载梁有更始《春秋谷梁章句》十五卷。马国翰曰："汉儒传《谷梁》学者中唯有尹及刘向有书。"（《玉函山房辑佚书·春秋类》）从郑洁文、李梅《中国学术思想编年·秦汉卷》（陕西师范大学出版社2005年版）系于此年。从尹更始开始，《谷梁》与《左传》的师传谱系发生了重叠：尹更始传《谷梁》于翟方进、尹咸（其子）、房凤，翟方进、尹咸、胡常又传《左传》；翟与尹咸传《左传》于刘歆。胡常是《谷梁》派江公孙的弟子，且还研习《古文尚书》。胡常弟子徐敖，又是《毛诗》大家。

扬雄（ —18）生。

按：《汉书·扬雄传》曰："扬雄字子云，蜀郡成都人也。"周寿昌《汉书注校补》卷四十八曰："雄卒于莽之天凤五年戊寅，年七十一。则雄生时当宣帝甘露元年戊辰。"《文选·王文宪集序注》引《七略》曰："子云《家牒》言以甘露元年生也。"刘跃进《秦汉文学编年史》（商务印书馆2006年版）系于此年，郑洁文、李梅《中国学术思想编年·秦汉卷》（陕西师范大学出版社2005年版）系于下年（前52年）。

刘歆（ —23）约生。

按：《汉书·楚元王传》曰："（刘向）少子歆，最知名。歆字子骏。"姜亮夫编《历代人物年里碑传综表》（中华书局1959版）谓刘歆生当甘露元年（公元前53年），吴文治《中国文学史大事年表》（黄山书社1987年版）于此年下记"刘歆约生于此年"。钱穆《刘向歆父子年谱》（《两汉经学今古文平议》，商务印书馆2001年版）考刘歆生于汉元帝初元四年（公元前45年）。

汉宣帝甘露二年　己巳　前 52 年

庞培任罗马单独执政官，称独裁者。

正月，立皇子嚣为定陶王；诏赦天下（《汉书·宣帝纪》）。

十二月，匈奴单于叩塞请朝，令丞相以下议其仪（《汉书·宣帝纪》）。

按：《汉书·宣帝纪》曰："匈奴呼韩邪单于款五原塞，愿奉国珍朝三年正月。诏有司议。咸曰：'圣王之制，施德行礼，先京师而后诸夏，先诸夏而后夷狄。《诗》云："率礼不越，遂视既发。相土烈烈，海外有截。"陛下圣德。充塞天地，光被四表。匈奴单于乡风慕义，举国同心，奉珍朝贺，自古未之有也。单于非正朔所加，王者所客也，礼仪宜如诸侯王，称臣昧死再拜，位次诸侯王下。'诏曰：'盖闻五帝三王，礼所不施，不及以政。今匈奴单于称北藩臣，朝正月，朕之不逮，德不能弘覆。其以客礼待之，位在诸侯王上。'"

梁丘临受宣帝命为高材郎 10 人讲《易》。

按：《汉书·儒林传》曰："宣帝选高材郎十人从临讲。"明年梁丘《易》立博士，因而系于本年。

萧望之议以客礼待匈奴来朝，位在诸侯上（《汉书·萧望之传》）。

于定国五月以廷尉迁御史大夫（《汉书·百官公卿表》）。

耿寿昌删补《九章算术》成。

按：刘徽《九章算术注·序》曰："周公制礼而有九数，九数之流，则《九章》是矣。往者暴秦焚书，经术散坏。自时厥后，汉北平侯张苍、大司农中丞耿寿昌皆以善算命世。苍等因旧文之遗残，各称删补。""九数"指的是《周礼·地官司徒·保氏》所言："保氏掌谏王恶而养国子以道，乃教之六艺：一曰五礼，二曰六乐，三曰五射，四曰五御，五曰六书，六曰九数。""九数"的细目，《周礼》并没有列出。郑玄《周礼注疏·地官司徒·保氏》引郑众曰："九数：方田、粟米、差分、少广、商功、均输、方程、赢不足、旁要；今有重差、夕桀、勾股也。"《九章算术》成书过程相当漫长，非一人一时之所为。其最后定本年代，迄今未有定论，两种观点较为流行，一为公元前一世纪前半期，一为公元五十年前后。近年发现至迟到西汉初年已成书的《算数书》是《九章》之近源。《汉书·艺文志》著录"《许商算术》二十六卷，《杜忠算术》十六卷"，此二书与《九章》关系密切。其书共收 246 个数学问题，由问、答、术三部分组成。其中会整的分数运算方法，比例算法，正负数加减法和不定方程等在世界数学史上均居领先地位。《九章》与希腊《几何原本》同为世界数学发展之东西两源。注释者有刘徽、祖冲子、李淳风，以刘注最富创见。目前的研究论著有郭书春《汇校九章算术》（辽宁教育出版社 2004 年版），吴文俊 沈康身主编的《中国数学史大系》第 2 卷《中国古代数学名著《九章算术》》（北京师范大学出版社 2004 版）、宋杰《〈九章算术〉与汉代社会经济》（首都师大出版社 1984 年版）、钱宝琮《〈九章算术〉及其刘徽注与哲学思想的关系》(《钱宝琮科学史论文选集》,科学出版社1983年版)、宋杰《〈九章算术〉在社会经济方面的史料价值》(《自然辩证法通讯》1984年第5期)、宋杰《从〈九章算术〉的有关记载看汉代贸易中的"共买"》(《首都师范大学学报1991年第2期》)、宋杰《九章算术》所反映的汉代交通状况》(《首都师范大学学报》1987年第2期)、宋杰《九章算术》记载的汉代徭役制度》(《首都师范大学学报》1985年第2期)等。

汉宣帝甘露三年　庚午　前51年

正月,宣帝行幸甘泉,郊泰畤(《汉书·宣帝纪》)。

是月,匈奴呼韩邪单于来朝称臣。赐以玺绶。冠带、安车、驷马、黄金等物,使就邸长安(《汉书·宣帝纪》)。

二月,遣单于归国,此后匈奴、自乌孙以西至安息诸国近匈奴者咸尊汉(《汉书·宣帝纪》)。

按：西汉王朝辽阔疆域至此以基本划定。

是月,诏画功臣于麒麟阁。

按：《汉书·李广苏建传》曰："甘露三年,单于始入朝。上思股肱之美,乃图画其人于麒麟阁,法其容貌,署其官爵姓名。唯霍光不名,曰大司马大将军博陆侯姓霍氏。次曰卫将军富平侯张安世,次曰车骑将军龙额侯韩增,次曰后将军营平侯赵充国,次曰丞相高平侯魏相,次曰丞相博阳侯丙吉,次曰御史大夫建平侯杜延年,次曰宗正阳城侯刘德,次曰少府梁丘贺,次曰太子太傅萧望之,次曰典属国苏武。皆有功德,知名当世,是以表而扬之,明著中兴辅佐,列于方叔、召虎、仲山甫焉。凡十一人,皆有传。自丞相黄霸、廷尉于定国、大司农朱邑、京兆尹张敞、右扶风尹翁归及儒者夏侯胜等,皆以善终,著名宣帝之世,然不得列于名臣之图,以此知其选矣。"这是汉代统治者画功臣像之始,开后世绘画功臣之风。《论衡·须颂篇》曰："宣帝时,画图汉列士,或不在于画上,子孙耻之。"

三月,诏诸儒讲论《五经》异同于石渠阁,宣帝亲临裁决;增立梁丘《易》、大、小夏侯《尚书》、谷梁《春秋》博士。

按：《汉书·宣帝纪》曰："诏诸儒讲《五经》同异,太子太傅萧望之等平奏其议,上亲称制临决焉。乃立梁丘《易》、大小夏侯《尚书》、谷梁《春秋》博士。"《汉书·儒林传赞》曰："自武帝立《五经》博士,开弟子员,设科射策,劝以官禄,讫于元始,百有余年,传业者寖盛,支叶蕃滋,一经说至百余万言,大师众至千余人,盖禄利之路然也。初,《书》唯有欧阳,《礼》后,《易》杨,《春秋》公羊而已。至孝宣世,复立大小夏侯《尚书》,大小戴《礼》,《施》、《孟》、《梁丘易》,《谷梁春秋》。至元帝世,复立《京氏易》,平帝时,又立《左氏春秋》、《毛诗》、逸《礼》、古文《尚书》,所以罔罗遗失,兼而存之,是在其中矣。"杨树达《汉书窥管》(上海古籍出版社1984年版)认为宣帝召萧望之等人评议《谷梁》、《公羊》异同与此石渠阁会议为一事,刘汝霖已论其非。此次石渠会议为西汉规模最大的儒学讨论会,由"上亲称制临决",是宣帝时期以儒家经学为主体的

庞培及元老院谋兵权于凯撒。

凯撒征服高卢。

封建政治逐渐确立之界碑,开政治干预学术之风。关于石渠会议的起因,钱穆《两汉经学今古文平议》(商务印书馆2005年版)说:"自汉武置五经博士,说经为利禄之途,于是说者众,经说益详密,而经之异说亦益歧,乃不得不谋整齐以归一是,故宣帝有石渠会诸儒论《五经》异同之举。其不能归一是者,乃于一经分数家,各立博士。其意实欲永为定制,使此后说经者限于此数家,勿再生歧异也。故使大臣平奏其异同,而汉帝称制临决,此即整齐归一是,永不欲再有异说之意。'乃立梁氏《易》、大小夏侯《尚书》、《谷梁春秋》'者,此即汉帝称制特许之异说也。汉博士经说分家,实起于此。"参与石渠议的人数众多,王先谦《汉书补注》引钱大昭曰:"时与议石渠者,《易》家博士沛施雠、黄门郎东莱梁丘临。《书》家博士千乘欧阳地余,博士济南林尊,译官令齐周堪,博士扶风张山拊,谒者陈留假仓。《诗》家淮阳中尉鲁韦元成,博士山阳张长安,沛薛广德。《礼》家梁戴圣,太子舍人沛闻人通汉。《公羊》家博士严彭祖,侍郎申挽、伊推、宋显、许广。《谷梁》家议郎汝南尹更始,待诏刘向,梁周庆、丁姓,中郎王亥。其可考者凡二十三人。《议奏》之见于《艺文志》者,《书》四十二篇,《礼》三十八篇,《春秋》三十九篇,《论语》十八篇,《五经杂议》十八篇,凡一百六十五篇。《易》、《诗》二经独无议奏,班氏失载之耳。"姚振宗《汉书艺文志条理》曰:"《论语》家与石渠者,唯淮阳中尉韦玄成、太子太傅萧望之二人,皆治《鲁论》者也。"据《汉书·儒林传》载,周庆、丁姓、王亥参加石渠阁会议后为博士。张国刚、乔治思等著《中国学术史》(东方出版中心2002年版)第二章第五节说:"石渠阁会议使儒学与政治紧密地结合在一起,皇帝不仅是政治的最高权威,同时成了经学的最高权威,政教合一,经学的内容和观点变成了政治法典。其结果不仅提高了儒学的地位,也扩大和加强了儒家礼仪制度对社会的控制力量。"赵绖《从汉代经学的沿革看"齐一鲁一道"之变》(《东岳论丛》1994年第5期)说:"齐学虽在西汉今文经中占主导地位,但自宣帝石渠阁会议后,齐、鲁两派在政治、学术上逐渐持平,加之元帝以降,社会各种矛盾日益激化,统治基础日渐动摇,在这种前提下,以附庸政治为生存前提的今文经学,有必要适当地平息内部一些不必要的派系矛盾,以维护汉帝国的一统,以确保自身的既得利益,于是跨派系、隔门户习经者日渐增多,如萧望之兼习《齐诗》、《鲁论》;王吉研习《骁氏春秋》、《韩诗》、《齐论》、《梁丘易》等,为西汉少有的通五经者;张禹更选定难度较小的《论语》,去作试图弥合齐、鲁派系矛盾的尝试,他'本授《鲁论》,继讲《齐论》,后遂合而考之,删其烦惑'(《隋书·经籍志》)融为一本,'号曰《张侯论》,为世所贵'(何晏《论语序》),这种经学的合流,并没有给它带来任何生机,与末世的政治一样,经学自身形式上的烦琐化和内容上的迷信化,拖累着它只能蹒跚前进。"

五月,御史大夫于定国继黄霸为丞相(《汉书·百官公卿表》)。

冬,乌孙公主来归(《汉书·宣帝纪》)。

是年,王政君入宫(《资治通鉴》卷二七)。

萧望之时为太子太傅,应诏于石渠阁召集诸儒讲论《五经》异同(《汉书·宣帝纪》)。

按:据王先谦《汉书补注》引钱大昭所论,诸儒与议石渠阁而可考者,凡23人。参见本年"三月,诏诸儒讲论《五经》异同于石渠阁,宣帝亲临裁决;增立梁丘《易》、大、小夏侯《尚书》、谷梁《春秋》博士"条。

刘向拜为郎中,给事黄门,迁散骑谏议大夫,给事中(《汉书·楚元王传》)。

诸儒《石渠议奏》编成。

按：《汉书·艺文志·六艺略·礼》曰："《议奏》三十八篇。"班固注："石渠。"章学诚《校雠通义·内篇二》曰："此处之所谓《议奏》，乃是汉孝宣时于石渠阁大集诸儒讨论经旨异同，帝为称制临决之篇，而非廷臣章奏封事之属也。"《汉书·艺文志》著录关于此次议论的文章：1. 书："《议奏》四十二篇，宣帝时石渠论。"2. 礼："《议奏》三十八篇。石渠"。钱大昕《汉书辨疑》曰："案《书》、《春秋》、《论语》议奏，石渠下皆有'论'字，疑此脱'论'也。"沈韩钦《汉书疏证》曰："《石渠议礼》，唐时尚完，引见《通典》'礼'部十三。"马国翰有《石渠礼论》辑佚一卷，王谟、洪颐煊皆有辑本。3. 春秋："《议奏》三十九篇。石渠论。"杨树达《汉书窥管》（上海古籍出版社1984年版）曰："《儒林传》：'宣帝好《谷梁》说，召《五经》名儒萧望之等，大议殿中，评《公羊》、《谷梁》异同，各以经处是非，议三十余事，多从《谷梁》，由是《谷梁》之学大盛。'"按议三十余事，事为一篇，故为三十九篇。4. 论语："《议奏》十八篇。石渠论。"姚振宗《汉书艺文志条理》曰："《论语》家与石渠者，唯淮阳中尉韦玄成、太子太傅萧望之二人，皆治《论语》也。时黄门侍郎梁丘临奏使问诸儒，萧望之则条奏其议。可考见者，唯此三人而已。"5. 五经："《五经杂议》十八篇。石渠论。"王先谦《汉书补注》曰："此经总论也。《尔雅》、《小尔雅》、《诸经通训》、《古今字》、《经字异国》，皆附焉。"

黄霸卒（前130年— ）。霸字次公，淮阳阳夏人。少学律令，后从经学家夏侯胜治尚书。武帝末，补侍郎谒者。后历河南太守丞、廷尉、扬州刺史、颍川太守、太子太傅、御史大夫，官至丞相，封建成侯，谥曰定侯。为政宽和，处议当法，任颍川太守8年期间，力劝农桑，重视教化，政绩斐然，史称"以外宽内明得吏民心，户口岁增，治为天下第一"。事迹见《汉书》卷八九。

凯撒撰成史著《高卢战记》。

汉宣帝甘露四年　辛未　前50年

十月丁卯，未央宫宣室阁火灾（《汉书·宣帝纪》）。

周堪为太子少傅。

按：《汉书·儒林传》曰："周堪字少卿，齐人也。与孔霸俱事大夏侯胜。霸为博士。堪译官令，论于石渠，经为最高，后为太子少傅，而孔霸以太中大夫授太子。及元帝即位，堪为光禄大夫，与萧望之并领尚书事，为石显等所谮，皆免官。望之自杀，上愍之，乃擢堪为光禄勋，语在《刘向传》。堪授牟卿及长安许商长伯。牟卿为博士。霸以帝师赐爵号褒成君，传子光，亦事牟卿，至丞相，自有传。由是大夏侯有孔、许之学。商善为算，著《五行论历》，四至九卿，号其门人沛唐林子高为德行，平陵吴章伟君为言语，重泉王吉少音为政事，齐炔钦幼卿为文学。王莽时，林、吉为九卿，自表上师冢，大夫、博士、郎吏为许氏学者，各从门人，会车数百辆，儒者荣之。钦、章皆为博

希腊阿盖桑德、波利多洛斯、阿塔诺多洛斯约于此时完成群像雕刻《拉奥孔》。罗马出现最早的双簧管式乐器。

卢克莱修卒（约前93— ）。罗马诗人、哲学家。

士,徒众尤盛。章为王莽所诛。"

林尊为少府。

按:《汉书·儒林传》曰:"林尊字长宾,济南人也。事欧阳高,为博士,论石渠。后至少府,太子太傅,授平陵平当、梁陈翁生。当至丞相,自有传。翁生信都太傅,家世传业。由是欧阳有平、陈之学。翁生授琅邪殷崇、楚国龚胜。崇为博士,胜右扶风,自有传。而平当授九江朱普公文、上党鲍宣。普为博士,宣司隶校尉,自有传。徒众尤盛,知名者也。"因《汉书·儒林传》载林尊"事欧阳高,为博士,论石渠。后至少府,太子太傅",故从刘汝霖《汉晋学术编年》(中华书局1987年版)系于是年。

汉宣帝黄龙元年　壬申　前49年

凯撒复归罗马,称独裁者。遂败庞培于西班牙。

正月,宣帝行幸甘泉,郊泰畤;匈奴呼韩邪单于来朝,次月归国(《汉书·宣帝纪》)

四月,诏举廉吏,诚欲得其真(《汉书·宣帝纪》)。

十二月甲戌,宣帝崩,皇太子刘奭嗣位,是为元帝。

按:《汉书·宣帝纪赞》曰:"孝宣之治,信赏必罚,综核名实,政事、文学、法理之士咸精其能,至于技巧、工匠、器械,自元、成间鲜能及之,亦足以知吏称其职,民安其业也。遭值匈奴乖乱,推亡固存,信威北夷,单于慕义,稽首称藩。功光祖宗,业垂后嗣,可谓中兴,侔德殷宗、周宣矣!"

是年,博士增员至12人,博士弟子员增至二百多人。

按:《汉书·百官公卿表序》曰:"武帝建元五年初置《五经》博士,宣帝黄龙元年稍增员十二人。"《汉书·宣帝纪》曰:"甘露三年,立梁丘《易》,大小夏侯《尚书》,谷梁《春秋》博士。"《汉书》中《记》、《表》、《志》、《传》所载博士名称人数互异。王国维《汉魏博士考》(《观堂集林》,中华书局1996年版)曰:"宣帝末所有博士,《易》则施、孟、梁丘。《书》则欧阳、大、小夏侯。《诗》则齐、鲁、韩。《礼》则后氏。《春秋》,公羊、谷梁。适得十二人。《儒林传赞》遗《诗》三家,因刘歆之言而误。《赞》又数大、小戴《礼》,《艺文志》并数庆氏《礼》,则又因后汉所立而误也。又宣帝增至博士之年,《记》、《表》虽不同,然皆以为在论石渠之后,然《儒林传》言欧阳高、孙地余为博士,论石渠。又林尊事欧阳高为博士,论石渠,张山拊事小夏侯建为博士,论石渠,则论石渠时似欧阳有二博士,小夏侯亦已有博士,与《记》、《传》均不合,盖所记历官时代有错误也。又《易》施、孟二博士,亦宣帝所立。但在甘露、黄龙前,则《儒林传赞》所言是也。"汉初经学都赖口头传授,极重师法。后渐重家法。先有师法,然后才成一家之言。"师法者,溯其源;家法者,衍其流也",师法是干,家法是枝。今文经学把经学阴阳五行化,偏重微言大义,穿凿附会,导致谶纬之学大盛。而古文经学重训诂考证。今文经学立为学官,成为官学;而古文经学成为私学。西汉今、古文学分类如下:《诗》,鲁、齐、韩三家皆今文,立博士官;而《毛诗》为古文,未立;《尚书》,伏生所传为今文,因之所授的欧阳、大小夏侯二家立博士,而《古文尚书》不得立。《礼》,属今文《大小戴礼》立博士,而古文《周官》或《周礼》未立。《易》,属今文施、孟、梁丘、京氏均立博士,而《费氏易》为古文,未立。《春秋》、《公羊》为今文,古文严、颜氏得立,而《左氏春秋》属古文不立。《谷梁》因今、古文之争不一,西汉立,而东汉废。

又按:《汉书·儒林传》:"昭帝时举贤良文学,增博士弟子员满百人,宣帝末倍之。"

萧望之为前将军、光禄勋,领尚书事,与史高、周堪等受遗诏辅政(《汉书·萧望之传》)。

按:明王祎《大事记续编》卷二曰:"踵武帝故事也。宣帝不信儒学,宜于经生学士落落不合,然以望之经明持重材任宰相,又使之与周堪傅相太子,临终选大臣可属者,遂付以受遗,不可谓无所见者!夫何平时所信之史高乃居其首,卒使之表里,恭显以危正人,诒厥孙谋,以燕翼子,宣帝岂能知之耶!"

费直约于是年前后传费氏《易》学。

按:《汉书·儒林传》曰:"费直字长翁,东莱人也。治《易》为郎,至单父令。长于卦筮,亡章句,徒以《彖》、《象》、《系辞》十篇、《文言》解说上下经。"《后汉书·儒林列传》又谓其学"本以古字,号《古文易》"。《汉书·艺文志·六艺略》曰:"讫于宣、元、有施、孟、梁丘、京氏,列于学官。而民间有费、高二家之说。刘向以中《古文易经》校施、孟、梁丘经,或脱去'无咎'、'悔亡',唯费氏经与古文同。"费氏易学已难知其出,可能也出自田何一系,琅琊王璜平中能传之。因其无师承又无章句,故初未立于学官,在民间流传,影响颇巨。《隋书·经籍志》曰汉初"费氏之学,行于人间,而未得立,后汉郑元、郑众,皆传费氏之学。马融又为其作传,以授郑玄,玄作《易》注,荀爽又作《易》传。魏代王肃、王弼并为之注。自是费氏大兴。"顾实《汉书艺文志讲疏》(上海古籍出版社1987版)曰:"此二家费氏古文,清《四库全书》经部著录《周易正义》本是也。"

高相传高氏《易》。

按:《汉书·儒林传》曰:"高相,沛人也。治《易》与费直同时,其学亦亡章句,专说阴阳灾异,自言出于丁将军。"授其子康及兰陵毋将永。《隋书·经籍志》则云高氏易学出于费直弟子王璜。后来费氏《易学》大兴,高氏遂衰。

汉元帝刘奭初元元年　癸酉　前48年

正月辛丑,孝宣皇帝葬杜陵。诏大赦天下(《汉书·元帝纪》)。

丙午,立皇后王氏(《汉书·元帝纪》)。

四月,遣光禄大夫褒等12人循行天下;存问耆老、鳏、寡、孤、独、困乏、失职之民,延登贤俊,招显侧陋,因览风俗之化。

按:《汉书·元帝纪》曰:"夏四月,诏曰:'朕承先帝之圣绪,获奉宗庙,战战兢兢。间者地数动而未静,惧于天地之戒,不知所由。方田作时,朕忧蒸庶之失业,临遣光禄大夫褒等十二人循行天下,存问耆老鳏寡孤独困乏失职之民,延登贤俊,招显

凯撒败庞培于希腊法萨卢斯战役。庞培逃埃及,被杀。

侧陋，因览风俗之化。相守二千石诚能正躬劳力，宣明教化，以亲万姓，则六合之内和亲，庶几虖无忧矣。《书》不云乎？"股肱良哉，庶事康哉！"布告天下，使明知朕意。'又曰：'关东今年谷不登，民多困乏。其令郡国被灾害甚者毋出租赋。江海陂湖园池属少府者以假贫民，勿租赋。赐宗室有属籍者马一匹至二驷，三老、孝者帛五匹，弟者、力田三匹，鳏寡孤独二匹，吏民五十户牛酒。'"

六月，以民疾疫，诏太官损膳，减乐府员，省苑马，以赈困乏（《汉书·元帝纪》）。

九月，关东郡国十一大水，饥，或人相食，转旁郡钱谷以相救。诏诸宫馆希御幸者勿缮治，太仆减谷食马，水衡省肉食兽（《汉书·元帝纪》）。

是年，初置戊己校尉，使屯田车师故地（《资治通鉴》卷二七）。

按：戊己校尉是继西域都护后为加强与西域联系而设立的又一重要官职。

东平思王刘宇就国，诏敕傅相以《五经》为正术。

按：《汉书·宣元六王传》曰："东平思王宇，甘露二年立。元帝即位，就国。壮大，通奸犯法，上以至亲贳弗罪，傅相连坐。……宇惭惧，因使者顿首谢死罪，愿洒心自改。诏书又敕傅相曰：'夫人之性皆有五常，及其少长，耳目牵于耆欲，故五常销而邪心作，情乱其性，利胜其义，而不失厥家者，未之有也。今王富于春秋，气力勇武，获师傅之教浅，加以少所闻见，自今以来，非《五经》之正术，敢以游猎非礼道王者，辄以名闻。'"汉元帝在诏书中认为儒家的《五经》是正学，是因为元帝受儒学影响大。其老师都是当时的名家。太傅：疏广《春秋》学者；夏侯胜，《尚书》学者，创《尚书》大夏侯学；萧望之，治《齐诗》，又曾师于夏侯胜；严彭祖，是《公羊春秋》严氏学的创始人；丙吉，精通《诗》、《礼》。少傅：疏受，疏广侄，明经好礼；夏侯建，夏侯胜之侄，创《尚书》小夏侯之学；周堪，事夏侯胜，论于石渠，经为最高；《尚书》博士孔霸，以选授皇太子经；冯奉世之子冯野王曾受业博士，通《诗》，为太子中庶子；《尚书》博士欧阳地馀，论石渠，曾以太子中庶子的身份授；《汉书·儒林传》曰："张生（张长安）兄子游卿为谏大夫，以《诗》授元帝"；高嘉"以《鲁诗》授元帝"；匡衡"习《齐诗》，补博士，……而事孝元帝，……授教左右"。

埃及亚力山大图书馆毁。

匡衡因善说《诗》为郎中，旋迁博士、给事中。

按：《汉书·匡张孔马传》曰："匡衡字稚圭，东海承人也。父世农夫，至衡好学，家贫，庸作以供资用，尤精力过绝人。诸儒为之语曰：'无说《诗》，匡鼎来；匡语《诗》，解人颐。'衡射策甲科，以不应令除为太常掌故，调补平原文学。学者多上书荐衡经明，当世少双，令为文学就官京师；后进皆欲从衡平原，衡不宜在远方。事下太子太傅萧望之、少府梁丘贺问，衡对《诗》诸大义，其对深美。望之奏衡经学精习，说有师道，可观览。宣帝不甚用儒，遣衡归官。而皇太子见衡对，私善之。会宣帝崩，元帝初即位，乐陵侯史高以外属为大司马车骑将军，领尚书事，前将军萧望之为副。望之名儒，有师傅旧恩，天子任之，多所贡荐。高充位而已，与望之有隙。长安令杨兴说高曰：'……平原文学匡衡材智有余，经学绝伦，但以无阶朝廷，故随牒在远方。将军诚召置莫府，学士歙然归仁，与参事议，观其所有，贡之朝廷，必为国器，以此显示众庶，名流于世。'高然其言，辟衡为议曹史，荐衡于上。上以为郎中，迁博士，给事中。"匡衡是《齐诗》派大家，西汉中期以后说《齐诗》者，都出于匡衡之门，但其在宣帝时期并没有得到重用，元帝即位后，由于史高为了抗衡萧望之，听从杨兴的建议，举荐匡衡，这表明儒生在元成时期已经成为政治上的平衡势力的重要砝码。匡衡对元帝影响很大,从经学出发为元帝上疏,反过来促进了元帝对于儒学的重视。

翼奉以诸儒所荐征待诏宦者署,上书言邪正。

按:《汉书·眭两夏侯京翼李传》曰:"翼奉字少君,东海下邳人也。治《齐诗》,与萧望之、匡衡同师。三人经术皆明,衡为后进,望之施之政事,而奉惇学不仕,好律历阴阳之占。元帝初即位,诸儒荐之,征待诏宦者署,数言事宴见,天子敬焉。时,平昌侯王临以宣帝外属侍中,称诏欲从奉学其术。奉不肯与言,而上封事曰:……上以奉为中郎。"翼奉以《齐诗》名家,又习《孝经》,还曾从后苍学礼,通《左传》。但其《诗》说流入阴阳五行之术,清人连鹤寿辑有《齐诗翼氏学》。

贡禹为光禄大夫,以年岁不登上书谏元帝(《汉书·王贡两龚鲍传》)。

刘向以散骑谏大夫迁宗正(《汉书·百官公卿表》、《汉书·楚元王传》)。

按:《汉书·百官公卿表》曰:"孝元初元元年,散骑谏大夫刘更生为宗正,二年免。"

韦玄成以淮阳中尉迁少府(《汉书·百官公卿表》)。

冯奉世以水衡都尉迁执金吾(《汉书·百官公卿表》)。

王吉卒,生年不详。吉,字子阳,琅琊皋虞人。兼通《五经》,曾治邹氏《春秋》,亦好梁丘贺《易》学,以《诗》授徒,以《韩论语》名世。后为博士,因上疏言政,被宣帝视为"迂阔"。今存文3篇。事迹见《汉书》卷七二。

按:《汉书·王贡两龚鲍传》曰:"初,吉兼通《五经》,能为驺氏《春秋》,以《诗》、《论语》教授,好梁丘贺说《易》。"沈钦韩《汉书疏证》曰:"王吉能为《驺氏春秋》。《隋志》:'王莽之乱,邹氏无师,夹氏亡。此固先有其书,故二刘著录,至班氏乃绝耳'。又曰:'齐有三驺子,莫知为谁。'"钱大昭《汉书辨疑》曰:"王吉能为《邹氏春秋》,即此也。邹、驺古字通。"

汉元帝初元二年　甲戌　前47年

正月,元帝行幸甘泉,郊泰畤(《汉书·元帝纪》)。

二月戊午,陇西地震(《资治通鉴》卷二八)。

三月,诏罢黄门乘舆狗马,以禁囿假贫民,郡国被地震灾甚者免租赋,举茂才异等直言极谏之士(《汉书·元帝纪》)。

四月,立皇子骜为太子(《汉书·元帝纪》)。

夏,关东饥,齐地人相食(《汉书·元帝纪》)。

七月,诏其悉意陈朕过,靡有所讳(《汉书·元帝纪》)。

按:《汉书·元帝纪》曰:"秋七月,诏曰:'岁比灾害,民有菜色,惨怛于心。已诏吏虚仓廪,开府库振救,赐寒者衣。今秋禾麦颇伤。一年中地再动。北海水溢,流杀人民。阴阳不和,其咎安在?公卿将何以忧之?其悉意陈朕过,靡有所讳。'"

冬,诏"国之将兴,尊师而重傅"(《汉书·元帝纪》)。

是年，以宦官石显为中书令（《汉书·萧望之传》）。

按：宦官擅权由此始。

刘向谏弘恭、石显以章蔽善之罚，进萧望之等以通贤者之路；免为庶人。

按：《汉书·楚元王传》曰："冬，地复震。时恭、显、许、史子弟侍中诸曹，皆侧目于望之等，更生惧焉，乃使其外亲上变事，言：窃闻故前将军萧望之等，皆忠正无私，欲致大治，忤于贵戚尚书。今道路人闻望之等复进，以为且复见毁谗，必曰尝有过之臣不宜复用，是大不然。臣闻春秋地震，为在位执政太盛也，不为三独夫动，亦已明矣。……前弘恭奏望之等狱决，三月，地大震。恭移病出，后复视事，天阴雨雪。由是言之，地动殆为恭等。臣愚以为宜退恭、显以章蔽善之罚，进望之等以通贤者之路。如此，太平之门开，灾异之原塞矣。书奏，恭、显疑其更生所为，白请考奸诈。辞果服，遂逮更生系狱，下太傅韦玄成、谏大夫贡禹，与廷尉杂考。劾更生前为九卿，坐与望之、堪谋排车骑将军高、许、史氏侍中者，毁离亲戚，欲退去之，而独专权。为臣不忠，幸不伏诛，复蒙恩征用，不悔前过，而教令人言变事，诬罔不道。更生坐免为庶人。而望之亦坐使子上书自冤前事，恭、显白令诣狱置对。"明王祎《大事记续编》卷三曰："此初逐受遗大臣也。初，宣帝不甚从儒术，任用法律，而中书宦官用事，中书令弘恭久典枢机，明习文法，与车骑将军史高为表里，论议常独持故事，不从望之等。望之以为中书政本宜以贤明之选，自武帝游宴后廷，故用宦者，白欲更置士人，繇是大与恭显忤。"又引陈瓘曰："宣帝以兵柄授许史，以枢机付恭显，而归过于儒，不亦悖乎！"

翼奉上书以经义言地震灾异，谏元帝远外戚。

按：《汉书·眭两夏侯京翼李传》曰："二月戊午，地震。……奉奏封事曰：'臣闻之于师曰，天地设位，悬日月，布星辰，分阴阳，定四时，列五行，以视圣人，名之曰道。圣人见道，然后知王治之象，故画州土，建君臣，立律历，陈成败，以视贤者，名之曰经。贤者见经，然后知人道之务，则《诗》、《书》、《易》、《春秋》、《礼》、《乐》是也。《易》有阴阳，《诗》有五际，《春秋》有灾异，皆列终始，推得失，考天心，以言王道之安危。至秦乃不说，伤之以法，是以大道不通，至于灭亡。今陛下明圣，深怀要道，烛临万方，布德流惠，靡有阙遗。罢省不急之用，振救困贫，赋医药，赐棺钱，恩泽甚厚。又举直言，求过失，盛德纯备，天下幸甚。臣奉窃学《齐诗》，闻五际之要《十月之交》篇，知日蚀、地震之效昭然可明，犹巢居知风，穴处知雨，亦不足多，适所习耳。臣闻人气内逆，则感动天地；天变见于星气日蚀，地变见于奇物震动。所以然者，阳用其精，阴用其形，犹人之有五脏六体，五脏象天，六体象地。故脏病则气色发于面，体病则欠申动于貌。今年太阴建于甲戌，律以庚寅初用事，历以甲午从春。历中甲庚，律得参阳，性中仁义，情得公正贞廉，百年之精岁也。正以精岁，本首王位，日临中时接律而地大震，其后连月久阴，虽有大令，犹不能复，阴气盛矣。古者朝廷必有同姓以明亲亲，必有异姓以明贤贤，此圣王之所以大通天下也。同姓亲而易进，异姓疏而难通，故同姓一，异姓五，乃为平均。今左右亡同姓，独以舅后之家为亲，异姓之臣又疏。二后之党满朝，非特处位，势尤奢僭过度，吕、霍、上官足以卜之，甚非爱人之道，又非后嗣之长策也。阴气之盛，不亦宜乎！臣又闻未央、建章、甘泉宫才人各以百数，皆不得天性。若杜陵园，其已御见者，臣子不敢有言，虽然，太皇太后之事也。及诸侯王园，与其后宫，宜为设员，出其过制者，此损阴气应天救邪之道也。今异至不应，灾将随之。其法大水，极阴生阳，反为大旱，甚则有火灾，春秋宋伯姬是矣。唯陛下财察。'"

张禹授太子《论语》，为光禄大夫。

按：《汉书·匡张孔马传》曰："张禹字子文，河内轵人也。至禹父徙家莲勺。禹为儿，数随家至市，喜观于卜相者前。久之，颇晓其别蓍布卦意，时从旁言。卜者爱之，又奇其面貌，谓禹父：'是儿多知，可令学经。'及禹壮，至长安学，从沛郡施雠受《易》，琅邪王阳、胶东庸生问《论语》，既皆明习，有徒众，举为郡文学。甘露中，诸儒荐禹，有诏太子太傅萧望之问。禹对《易》及《论语》大义，望之善焉，奏禹经学精习，有师法，可试事。奏寝，罢归故官。久之，试为博士。初元中，立皇太子，而博士郑宽中以《尚书》授太子，荐言禹善说《论语》。诏令禹授太子《论语》，由是迁光禄大夫。"张禹以《论语》名家，其《张侯论》出后，其余《论语》则寖微之外，张禹还曾学《易》。《汉书·儒林传》曰："及梁丘贺为少府，事多，乃遣子临分将门人张禹等从雠问。……雠授张禹、琅邪鲁伯。伯为会稽太守，禹至丞相。禹授淮阳彭宣、沛戴崇子平。崇为九卿，宣大司空。禹、宣皆有传。"张禹的《易学》兼梁丘与施氏，自成一派。又治《孝经》：《汉书·艺文志》曰："《孝经》者，孔子为弟子曾参陈孝道也。夫孝，天之经，地之义也，举大言者，故曰《孝经》。汉兴，长孙氏，博士江翁、少府后仓、谏大夫翼奉、安昌侯张禹传之，各自名家。"又治《左传》：《经典释文·序录》曰："左丘明作《传》，以授曾申，申传卫人吴起，起传其子期，期传楚人铎椒，椒传赵人虞卿，卿传同郡荀卿，名况，况传武威张苍，苍传洛阳贾谊，谊传至其孙嘉，嘉传赵人贯公传其少子长卿，长卿传京兆尹张敞，及侍御史张禹。"唐明贵《论语学史》第二章《先秦两汉时期的论语学》（中国社会科学出版社 2009 年版）说："张禹在《论语》学史上的地位举足轻重。他以《鲁论》为底本，删去了《齐论》比《鲁论》多出的篇章，整合了《论语》文本和经说，为今本《论语》一书的最终定稿付出了心血，所著《张侯论》也成为《论语》结集史上的里程碑式的著作。据本传记载，《张侯论》问世后，'诸儒为之语曰：欲为《论》，念张文。由是学者多从张氏，余家寖微。'东汉时，包咸、周氏先后为之'章句'，且立于学官，汉末熹平石经及郑玄《论语注》均以此为本。"

贾捐之上书议弃珠厓，待诏金马门。

按：《汉书·严朱吾丘主父徐严终王贾传》曰："贾捐之字君房，贾谊之曾孙也。元帝初即位，上疏言得失，召待诏金马门。"贾捐之亦为汉代《左传》学传人，刘师培《左氏学行于西汉考》（《刘申叔遗书》，江苏古籍 1997 年版）曰："《汉书·捐之传》载其请罢珠崖议云及其衰也，南征不复，齐桓拯其难，孔子宣其文。此捐之通《左传》之证。"系年据《资治通鉴》卷二八。

张禹著《张侯论》。

按：《汉书·匡张孔马传》曰："初，禹为师，以上难数对己问经，为《论语章句》献之。始鲁扶卿及夏侯胜、王阳、萧望之、韦玄成皆说《论语》，篇第或异。禹先事王阳，后从庸生，采获所安，最后出而尊贵。诸儒为之语曰：'欲为《论》，念张文。'由是学者多从张氏，余家寖微。"此《论语章句》即《汉书·艺文志》载《鲁安昌侯说》二十一篇。张禹以《论语》名家，兼《齐论》、《鲁论》。何晏《论语集解》曰："安昌侯张禹，本受《鲁论》，兼讲齐说，善者从之，号曰《张侯论》，为世所贵。"皇侃《论语义疏》曰："《鲁论》为太子太傅夏侯胜、及前将军萧望之、少傅夏侯建等所学。晚有安昌侯张禹，就建学鲁论，兼讲齐说，择善而从之，号曰《张侯论》，为世所贵。"陆德明《经典释文》曰："安昌侯张禹受《鲁论》于夏侯建，又从庸生、王吉受《齐论》，择善而从，号曰《张侯论》，最后而行于汉世。"《隋书·经籍志》曰："张禹本授《鲁论》，晚讲《齐论》，后遂合而考之，删其烦惑。除去《齐论》、《问王》、《知道》二篇，从《鲁论》二十篇为定，号《张侯论》，当世重之。"邢昺《论语正义》曰："禹本受鲁论于夏侯建，又从庸生王吉受齐论，故兼讲齐说也。"刘宝楠《论语正义》曰："《释文·序录》云：安昌侯张禹，受《鲁论》于夏侯建，又从庸生、王吉受《齐论》，择善而从，号曰《张侯论》。据《序录》，是禹受鲁论于夏侯建，而禹传不及建，盖所遗也。"江藩《经解入门》曰："安昌侯张禹受鲁论于夏侯建，又从庸生王吉受齐论，择善而从，号曰《张侯论》，最后而行于汉世。"朱维铮《〈论语〉结集脞说》(《孔子研究》1986年创刊号)说："禹本受《齐论》是真，其改编本删去《齐论》特有二篇也是真。"一般认为张禹本受《鲁论》，但是许刚《读经史札记三题》(《阳明学刊》第一辑，贵州人民出版社2004年版)认为："《隋志》、阮氏、朱氏是也。皇《疏》所增'就建学《鲁论》'，不见于《汉书》，于史无征，其前亦无人道及，固无须辨；考之《汉书》所载，禹先事王阳，后从庸生，二人皆为《齐论》，则禹本受《齐论》明矣。然禹为人实不足称，惟身家之利害是从，班书谓'自孝武兴学，公孙弘以儒相，其后蔡义、韦贤、玄成、匡衡、张禹、翟方进、孔光、平当、马宫及当子晏咸以儒宗居宰相位，服儒衣冠，传先王语，其酝藉可也，然皆持禄保位，被阿谀之讥。彼以古人之迹见绳，乌能胜其任乎！'(《汉书·匡张孔马传》)是孟坚已非之矣。甘露中，萧望之虽'奏禹经学精习，有师法，可试事'，然宣帝喜好鲁学，遂不得用，'罢归故官'。及至'初元中，立皇太子，而博士郑宽中以《尚书》授太子，荐言禹善《论语》。诏令禹授太子《论语》，由是迁光禄大夫。'(《本传》)但他的学生是汉元帝之子，汉元帝当然很关心皇储的教育，甚至注意到皇储行路所表现的经学修养。而汉元帝做太子时学习的，恰是《鲁论》。张禹并不傻，他虽然早有重师法的荣名，倘见师法可能与王法冲突，便会背师谀君。且元帝亦必以《鲁论》质诸禹，是故'(禹)以上难数对己问经，为《论语章句》献之。'斯即《汉志》'《鲁安昌侯说》二十一篇'也。由是，禹乃改治《鲁论》，'采获所安，最后出而尊贵'。"

萧望之卒（前107— ）。望之字长倩，东海兰陵人。西汉大儒，曾师从后苍治《齐诗》，又师从白奇、夏侯胜治《论语》、《礼服》。历任大鸿胪、太子太傅等，主持石渠阁会议。是年十二月为宦官弘恭、石显诬陷下狱，自杀。事迹见《汉书》卷七八。

按：明王袆《大事记续编》卷三曰："夫韦玄成、贡禹世之所谓儒者也，岂不知望之、更生国之桢干，纵不能如郑昌之讼宽饶，庆忌之救刘辅，亦何忍傅会贵幸而中以深文乎？今劾更生罪至不道，是殆观望恭、显、许、史之意耳。儒者若此，岂有益于人之国哉。张栻曰：'望之、向辅初政，以元帝天资之弱，而外有史高总朝廷之事，内有恭显制枢机之权，可谓孤危之甚。要当艰深其虑，正固其守，诚意恳恻，以广上心，人才兼收以强国势，积之以久，群心归而理势顺，庶几可为，此易屯膏小贞之义也。今二子绸缪经理，未尝有一日之功，遽白罢中书宦官，其机已尽露而无余，既不蒙信用，而中外小人并起而乘之，以郑朋之倾邪而使之待诏，至于华龙之污秽亦欲入其党，彼盖有以召之矣。袁安任隗当窦宪强横之时，非惟不能加害而卒能去之，以其所处者正也。二子曾不知此，至于使外亲上变，事与子上书则又其无识之甚者矣！'"

张敞卒，生年不详。敞字子高，河东平阳人。曾从贯长卿受《春秋左氏传》与《论语》。宣帝时研习《仓颉篇》古字，能正其讹读。事迹见《汉书》

卷七六。

按：《资治通鉴》卷二八系于此年。钱穆《刘向歆父子年谱》（《两汉经学今古文平议》，商务印书馆2001年版）说："敞卒在今年，望之下狱前也。张氏也擅古文学，《杜邺传》，邺母敞女，邺从敞子吉学问，得其家书。"

汉元帝初元三年　乙亥　前46年

春，令诸侯相位在郡守下；罢珠崖郡，博谋群臣（《汉书·元帝纪》、《资治通鉴》卷二八）。

四月乙未晦，孝武园白鹤馆灾，诏赦天下《汉书·元帝纪》。

六月，诏丞相、御史举天下明阴阳灾异者各3人。

按：《汉书·元帝纪》曰："六月，诏曰：'盖闻安民之道，本由阴阳。间者阴阳错谬，风雨不时。朕之不德，庶几群公有敢言朕之过者，今则不然。偷合苟从，未肯极言，朕甚闵焉。惟烝庶之饥寒，远离父母妻子，劳于非业之作，卫于不居之宫，恐非所以佐阴阳之道也。其罢甘泉、建章宫卫，令就农。百官各省费。条奏毋有所讳。有司勉之，毋犯四时之禁。丞相、御史举天下明阴阳灾异者各三人。'于是言事者众，或进擢召见，人人自以得上意。"阴阳月令之说发于魏相，至此言阴阳者遂盛。

焦延寿传焦氏《易》。

按：《汉书·眭两夏侯京翼李传》曰："延寿字赣。赣贫贱，以好学得幸梁王。梁王共其资用，令极意学。既成，为郡史，察举补小黄令。以候司先知奸邪，盗贼不得发。爱养吏民，化行县中。举最当迁，三老官属上书愿留赣，有诏许增秩留，卒于小黄。赣常曰：'得我道以亡身者，必京生也。'其说长于灾变，分六十四卦，更直日用事，以风雨寒温为候：各有占验。房用之尤精。好钟律，知音声。初元四年以孝廉为郎。"郑洁文、李梅《中国学术思想编年·秦汉卷》（陕西师范大学出版社2005年版）说："焦延寿学《易》创卦的确切时间难考。《汉书·眭两夏侯京翼李传》载其教授京房，京房以元帝初元四年举为郎，姑暂厕于此。"

翼奉因地震上疏言得失；又上书请迁都洛阳。

按：《汉书·眭两夏侯京翼李传》曰："明年夏四月乙未，孝武园白鹤馆灾。奉自以为中，上疏曰：'臣前上五际地震之效，曰极阴生阳，恐有火灾。不合明听，未见省答，臣窃内不自信。今白鹤馆以四月乙未，时加于卯，月宿亢灾，与前地震同法。臣奉乃深知道之可信也。不胜拳拳，愿复赐间，卒其终始。'上复延问以得失。奉以为祭天地于云阳汾阴，及诸寝庙不以亲疏迭毁，皆烦费，违古制。又宫室苑囿，奢泰难供，以故民困国虚，亡累年之畜。所繇来久，不改其本，难以末正，乃上疏曰：……书奏，天子异其意，答曰：'问奉：今园庙有七，云东徙，状何如？'奉对曰'昔成王徙洛，般庚迁殷，其所避就，皆陛下所明知也。非有圣明，不能一变天下之道。臣奉愚戆狂惑，唯陛下裁赦。'其后，贡禹亦言当定迭毁礼，上遂从之。及匡衡为丞相，奏徙南北

凯撒制《儒略历》。

郊,其议皆自奉发之。奉以中郎为博士、谏大夫,年老以寿终。子及孙,皆以学在儒官。"钱穆《刘向歆父子年谱》(《两汉经学今古文平议》,商务印书馆2001年版)说:"莽议欲迁都,亦自奉此疏发之。"而翼奉此议,开启了元帝以后、数代不绝的宗庙迭毁之议。这是西汉后期的重要政治活动,从中又可考见西汉一代学术风气的演变。元帝以下,迭毁之议,歧义纷呈。班彪曰:"汉承亡秦绝学之后,祖宗之制因时施宜。自元、成后学者蕃滋,贡禹毁宗庙,匡衡改郊兆,何武定三公,后皆数复,故纷纷不定。何者?礼文缺微,古今异制,各为一家,未易可偏定也。"(《汉书·韦贤传》)

匡衡上书言尚风尚,倡教化,迁为太子少傅。

按:《汉书·匡张孔马传》曰:"是时,有日蚀、地震之变,上问以政治得失,衡上疏曰:'臣闻五帝不同礼,三王各异教,民俗殊务,所遇之时异也。陛下躬圣德,开太平之路,闵愚吏民触法抵禁,比年大赦,使百姓得改行自新,天下幸甚。臣窃见大赦之后,奸邪不为衰止,今日大赦,明日犯法,相随入狱,此殆导之未得其务也。……臣窃考《国风》之诗,《周南》、《召南》被贤圣之化深,故笃于行而廉于色。郑伯好勇,而国人暴虎;秦穆贵信,而士多从死;陈夫人好巫,而民淫祀;晋侯好俭,而民畜聚;太王躬仁,邠国贵恕。由此观之,治天下者审所上而已。……今长安天子之都,亲承圣化,然其习俗无以异于远方,郡国来者无所法则,或见侈靡而放效之。此教化之原本,风俗之枢机,宜先正者也。……宜遂减宫室之度,省靡丽之饰,考制度,修外内,近忠正,远巧佞,放郑卫,进《雅》、《颂》,举异材,开直言,任温良之人,退刻薄之吏,显洁白之士,昭无欲之路,览六艺之意,察上世之务,明自然之道,博和睦之化,以崇至仁,匡失俗,易民视,令海内昭然咸见本朝之所贵,道德弘于京师,淑问扬乎疆外,然后大化可成,礼让可兴也。'上说其言,迁衡为光禄大夫、太子少傅。时,上好儒术文辞,颇改宣帝之政,言事者多进见,人人自以为得上意。又傅昭仪及子定陶王爱幸,宠于皇后、太子。衡复上疏曰:'臣闻治乱安危之机,在乎审所用心。……臣又闻室家之道修,则天下之理得,故《诗》始《国风》,《礼》本《冠》、《婚》。始乎《国风》,原情性而明人伦也;本乎《冠》、《婚》,正基兆而防未然也。福之兴莫不本乎室家。道之衰莫不始乎闺内。故圣王必慎妃后之际,别适长之位。礼之于内也,卑不逾尊,新不先故,所以统人情而理阴气也。……故圣人慎防其端,禁于未然,不以私恩害公义。陛下圣德纯备,莫不修正,则天下无为而治。《诗》云:'于以四方,克定厥家。'《传》曰:'正家而天下定矣。'"

张山拊为少府。

按:刘汝霖《汉晋学术编年》(中华书局1987年版)考证说:"按山拊之为少府,不知在何年。然《百官表》称韦玄成于初元元年为少府,二年迁。而初元四年方见表载少府延。则三四年当即山拊为少府时也。"

周堪以光禄大夫迁光禄勋。

按:《汉书·百官公卿表》曰:"初元三年,光禄大夫周堪为光禄勋,三年贬为河东太守。"

冯延世以执金吾迁右将军(《汉书·百官公卿表》)。

汉元帝初元四年　丙子　前45年

凯撒颁行《儒略历》。

正月,元帝行幸甘泉,郊泰畤(《汉书·元帝纪》)。

三月，元帝行幸河东，祠后土（《汉书·元帝纪》）。

京房举孝廉为郎。

按：《汉书·眭两夏侯京翼李传》曰："京房字君明，东郡顿丘人也。治《易》，事梁人焦延寿。"《汉书·儒林传》曰："房京受《易》梁人焦延寿，延寿云尝从孟喜问《易》。会喜死，房以为延寿《易》即孟氏学，翟牧、白生不肯，皆曰非也。至成帝时，刘向校书，考《易》说，以为诸《易》家说皆祖田何，杨叔、丁将军，大谊略同。唯京氏为异，党焦延寿独得隐士说，托之孟氏，不相与同。"可见焦、京易学是孟氏易学之后的又一支突起异军，不同于梁丘、施氏等易学传统。京房将《尚书》、《春秋》家灾异学结合于《易学》，其《易经》在东汉有巨大影响，东汉儒者论灾异多引之以为典据，《汉书》、《续汉书》中的《五行志》中有大量引述。京房又创立一套八宫卦体系，反映在尚存的三卷《京氏易传》中。后世所流传的《火株林》法，包括《卜筮正余》之类，则完全是建立在京房易学体系上的。京房授东海殷嘉、河东姚平、河南乘弘，皆为郎、博士；淮阳宪王舅张博、中郎任良亦从京房受学。杨树达《汉书窥管》（上海古籍出版社1984年版）曰："《孟氏京房》、《灾异孟氏京房》，皆京房述孟喜之学者也。下文《京氏段嘉》十二篇例同。"段嘉，东海人，为博士。周寿昌《汉书注校补》认为段嘉应作殷嘉，以字近而讹。《汉书·艺文志·数术略·蓍龟》著录《任良易旗》71卷。周寿昌《汉书注校补》曰："任良，当即京房弟子任良也。……其所为《易旗》者，全数术之学，无与《易经》正义也。"京房本人以明灾异得幸，其易学也得立为博士，后京房坐事遭诛，其易学亦被废黜。成帝时长安谷永仍以通京氏易、善言灾异而知名。东汉光武帝时，京氏易复兴，据《后汉书·儒林列传》及《两汉三国学案》，其时习京氏易者有汝南戴忞，南阳魏满，沛王刘辅，北海郎宗、郎顗父子，董春，京兆第五元先，弘农杨秉、杨赐父子，广汉折象，豫章徐穉，京兆韦著，济阴孙期，涿郡崔瑗，弘农刘宽，唐檀，河内杜乔，南阳樊英，鄷人李郃，陈留范冉，山阳度尚，灵州傅燮，韩宗，广陵张纮，东海王朗、王肃父子，弘农董遇，昆陵陆增等。三国时东吴陆绩曾注《京氏易传》。之后，京氏易学的传承不明。

汉元帝初元五年　丁丑　前44年

正月，以周后周子南君为周承休侯，位次诸侯王（《汉书·元帝纪》）。　　布鲁图斯弑凯撒。

按：钱穆《刘向歆父子年谱》（《两汉经学今古文平议》，商务印书馆2001年版）曰："此亦追复古礼之一见端也。"

三月，元帝行幸雍，祠五畤（《汉书·元帝纪》）。

四月，诏罢角抵、上林宫、馆希御幸者、齐三服官、北假田官、盐铁官、常平仓。博士弟子毋置员，以广学者。

按：《汉书·元帝纪》曰："夏四月，有星孛于参。诏曰：'朕之不逮，序位不明，众僚久旷，未得其人。元元失望，上感皇天，阴阳为变，咎流万民，朕甚惧之。乃者关东连遭灾害。饥寒疾疫,天不终命。《诗》不云乎,"凡民有丧,匍匐救之。"其令太官毋日杀,所具各减半。乘舆秣马,无乏正事而已。罢角抵、上林宫、馆希御幸者、齐三服官、北假田官、盐铁官、常平仓。博士弟子毋置员,以广学者。赐宗室子有属籍者马一匹至二驷,三老、孝者帛,人五匹,弟者、力田三匹,鳏、寡、孤、独二匹,吏民五十户牛、酒。'省刑罚七十余事。除光禄大夫以下至郎中保父母同产之令。令从官给事宫司马中者,得为大父母、父母、兄弟通籍。"《汉书·儒林传》曰:"昭帝时举贤良文学,增博士弟子员满百人,宣帝末倍增之,元帝好儒,能通一经者皆复。数年,以用度不足,更为设员千人,郡国置《五经》百石卒史。"再度放宽博士弟子员数,表现了儒学的昌盛。

是年,匈奴郅支单于杀汉使谷吉等,西走康居(《汉书·元帝纪》)。

贡禹六月以长信少府迁为御史大夫;谏倡农耕、兴教化、减刑法等。

按:《汉书·百官公卿表》曰:"初元五年六月辛酉,长信少府贡禹为御史大夫。"《汉书·王贡两龚鲍传》曰:"自禹在位,数言得失,书数十上。禹以为古民亡赋算口钱,起武帝征伐四夷,重赋于民,民产子三岁则出口钱,故民重困,至于生子辄杀,甚可悲痛。宜令儿七岁去齿乃出口钱,年二十乃算。又言古者不以金钱为币,专意于农,故一夫不耕,必有受其饥者。……是以奸邪不可禁,其原皆起于钱也。疾其末者绝其本,宜罢采珠玉金银铸钱之官,无复以为币。市井勿得贩卖,除其租铢之律,租税禄赐皆以布帛及谷,使百姓一归于农,复古道便。又言诸离宫及长乐宫卫可减其太半,以宽徭役。又诸官奴婢十万余人戏游亡事,税良民以给之,岁费五六巨万,宜免为庶人,廪食,令代关东戍卒,乘北边亭塞候望。又欲令近臣自诸曹、侍中以上,家亡得私贩卖,与民争利,犯者辄免官削爵,不得仕宦。"后来禹又言:"……今欲兴至治,致太平,宜除赎罪之法。相守选举不以实,及有臧者,辄行其诛,亡但免官,则争尽力为善,贵孝弟,贱贾人,进真贤,举实廉,而天下治矣。孔子,匹夫之人耳,以乐道正身不解之故,四海之内,天下之君,微孔子之言亡所折中。况乎以汉地之广,陛下之德,处南面之尊,秉万乘之权,因天地之助,其于变世易俗,调和阴阳,陶冶万物,化正天下,易于决流抑队。自成、康以来,几且千岁,欲为治者甚众,然而太平不复兴者,何也?以其舍法度而任私意,奢侈行而仁义废也。……天子下其议,令民产子七岁乃出口钱,自此始。又罢上林宫馆希幸御者,及省建章、甘泉宫卫卒,减诸侯王庙卫卒,省其半。余虽未尽从,然嘉其质直之意。禹又奏欲罢郡国庙,定汉宗庙迭毁之礼,皆未施行。"

严彭祖精《公羊春秋》,以河南太守迁左冯翊。

按:《汉书·百官公卿表》曰:"初元五年,河南太守刘彭祖为左冯翊,二年迁太子少傅。"王先谦《汉书补注》认为刘彭祖"严彭祖也,见《儒林传》,历官与此吻合"。《汉晋学术编年》据《汉书·儒林传》、《百官公卿表》将此事系于是年。

薛广德代贡禹为长信少府。

按:《汉书·百官公卿表》曰:"丁巳,长信少府薛广德为御史大夫,一年以病赐安车驷马免。"

贡禹卒(前124—)。禹字少翁,琅琊人。以明经洁行征为博士,复举贤良。为河南令。元帝时召为谏大夫,迁御史大夫。数上书批评时政,主张减徭役,选贤能。从嬴公受《公羊春秋》。事迹见《汉书》卷七二。

按:《汉书·王贡两龚鲍传》曰:"贡禹字少翁,琅邪人也。以明经洁行著闻,征为博士。"《汉书·儒林传》曰："始贡禹事嬴公,成于眭孟,至御史大夫,……禹授颍川堂溪惠,惠授泰山冥都,都为丞相史。都与路又事颜安乐,故颜氏复有管、冥之学。"《汉书·郊祀志》曰："元帝好儒,贡禹、韦玄成、匡衡等相继为公卿。禹建言汉家宗庙祭祀多不应古礼,上是其言。"

褚少孙卒,生年不详。少孙,颍川人,西汉经学家、史学家。仕于元帝、成帝时,学《鲁诗》,鲁诗有褚氏之学,增补司马迁《史记》,明人有《褚先生集》。

按：关于其卒年,刘汝霖《汉晋学术编年》(中华书局1987年版)卷三考证死于此年："《史记·建元以来侯者年表》褚先生补表载：'广陵王……坐祝诅灭国,自杀,国除。今帝复立子为广陵王。'考《汉书·诸侯王表》,孝王霸以元帝初元二年绍封,立三十年卒。而《史记》补表称今帝,则为元帝无疑,但未及其死,则少孙至迟不得见及建昭四年。证一也。考《汉书》,扶阳侯韦玄成因有罪削一级为关内侯。永光二年,复以丞相侯。而补表不言复侯之事。玄成为一代名臣,经学大师,少孙与之同时,若见及其复侯,断无不知之理,知之断无遗漏之理。言既止于为关内侯,则知少孙死于永光元年之前,证二也。补表又载：王雅君'初元以来,游宦求官者于京师者,多得其力,未闻其知略广宣于国家也。'雅君卒于永光元年,玩味此文,少孙当未见及其死,而少孙之死,必在初元之中矣。证三也。有此三证,故志之于此。"

又按：褚少孙十分推崇司马迁、珍爱《史记》。他说："臣以通经术,受业博士,治《春秋》,以高第为郎,幸得宿卫,出入宫殿中十有余年。窃好《太史公传》。"(《史记·龟策列传》)既附骥《史记》又有别于司马迁是褚少孙补续的两大特点,作为第一个补续《史记》的人,他在《史记》的传播和扩大影响方面,有不可磨灭的功劳。他补续《史记》有三点值得肯定。其一,具有较进步的思想倾向。所补《外戚世家》揭露了外姓诸王之间的钩心斗角,把笔触伸向了统治阶级内部；《梁孝王世家》写窦太后的气焰和景帝的软弱以及由此造成的国家动荡不安；《西门豹传》写了一位敢于维护人民利益、勇于向神权迷信作斗争、发动群众兴修水利的地方官吏,等等,体现出补续者的胆识和批判精神。其二,认真的写作态度。为了补续《史记》,他尽量收集各方面的材料。补《三王世家》时,他"从长老好故事者,取其封策书,编列其事而传之"；补《龟策列传》时,"问掌故文学长老习事者,写取龟策卜事,编于下方"；续《外戚世家》时,"问习汉家故事者钟离生"；续《梁孝王世家》,则"闻之宫殿中老郎吏好事者称道之"。可见他补续《史记》,是抱着十分认真的态度的。他也尽量揣猜司马迁的本意,使补续的作品基本符合《史记》的原意。其三,褚的文辞笔法也有可观之处。明人张溥《汉魏六朝百三家集题辞·褚先生集》评价曰："读其所记景帝王后,武帝尹、邢两夫人,与梁王、田仁、任安诸逸事,及《滑稽》六章,《日者》、《龟策》二传,错综尔雅,状形貌,缀古语,竟有似太史公者。……予为采列独出,使世者龙门而下,扶风而上,尚有褚生,以当史家小山云。"今人张仲良《褚补史记未可厚非》(《人文杂志》1984年第1期)一文对褚少孙补《史记》进行了全面评价,认为褚少孙对《史记》的补续是比较成功的,无论是从史家的胆识、修史的方法,还是艺术修养和语言造诣,都有其一定的长处,不应把褚补视为"言辞鄙陋"。这种看法是较为公允的。总之,我们对褚少孙补《史记》应正确评价,不能因袭前人对他的诋毁而抹杀他的功绩(参见张新科、俞樟华《史记研究史及史记研究家》,华文出版社2005年版)。

汉元帝永光元年　戊寅　前43年

凯撒养子屋大维入罗马，任执政官，遂盟及安东尼、骑兵长官李必达，后三头同盟确立。

屋大维杀西塞罗。

正月，元帝巡行甘泉，郊泰畤（《汉书·元帝纪》）。

二月，诏丞相、御史举质朴、敦厚、逊让、有行者，光禄岁以此四科考校郎及从官，定其等第高下（《汉书·元帝纪》）。

按：颜师古《汉书注》曰："始令丞相、御史举此四科以擢用之。"

三月，诏赦天下，令厉精自新，各务农亩（《汉书·元帝纪》）。

十一月，于定国免丞相职（《汉书·百官公卿表》）。

按：《汉书·隽疏于薛平彭传》曰："永光元年，春霜夏寒，日青亡光，上复以诏条责曰：'郎有从东方来者，言民父子相弃。丞相、御史案事之吏匿不言邪？将从东方来者加增之也？何以错缪至是？欲知其实。方今年岁未可预知也，即有水旱，其忧不细。公卿有可以防其未然，救其已然者不？各以诚对，毋有所讳。'定国惶恐，上书自劾，归侯印，乞骸骨。……上乃赐安车驷马、黄金六十斤，罢就第。"同时辞职的尚有大司马车骑将军史高、御史大夫薛广德。是为三公主动以公开的形式承担"灾异"责任之始。

韦玄成以太子太傅迁御史大夫（《汉书·百官公卿表》、《资治通鉴》卷二八）。

欧阳地余善《尚书》，以侍中大夫迁少府。

按：《汉书·百官公卿表》曰："永光元年，侍中大夫欧阳地余为少府，五年卒。"《汉书·儒林传》曰："欧阳生字和伯，千乘人也。事伏生，授儿宽。宽又受业孔安国，至御史大夫，自有传。宽有俊材，初见武帝，语经学。上曰：'吾始以《尚书》为朴学，弗好，及闻宽说，可观。'乃从宽问一篇。欧阳、大小夏侯氏学皆出于宽。宽授欧阳生子，世世相传，至曾孙高子阳，为博士。高孙地余长宾以太子中庶子授太子，后为博士，论石渠。元帝即位，地余侍中，贵幸，至少府。戒其子曰：'我死，官属即送汝财物，慎毋受。汝九卿儒者子孙，以廉洁著，可以自成。'及地余死，少府官属共送数百万，其子不受。天子闻而嘉之，赐钱百万。地余少子政为王莽讲学大夫。由是《尚书》世有欧阳氏学。"

刘向上灾异封事，以阴阳灾异警示元帝。

按：《汉书·楚元王传》曰："更生见堪、猛在位，几已得复进，惧其倾危，乃上封事谏曰：'臣前幸得以骨肉备九卿，奉法不谨，乃复蒙恩。窃见灾异并起，天地失常，征表为国。欲终不言，念忠臣虽在畎亩，犹不忘君，惓惓之义也。况重以骨肉之亲，又加以旧恩未报乎，……由此观之，和气致祥，乖气致异；祥多者其国安，异众者其国危，天地之常经，古今之通义也。今陛下开三代之业，招文学之士，优游宽容，使得并进。今贤不肖浑殽，白黑不分，邪正杂糅，忠谗并进。章交公车，人满北军。朝臣舛午，胶戾乖剌，更相谗诉，转相是非。传授增加，文书纷纠，前后错缪，毁与浑乱。所以营惑耳目，感移心意，不可胜载。分曹为党，往往群朋，将同心以陷正臣。正臣进者，治之表也；正臣陷者，乱之机也。乘治乱之机，未知孰任，而灾异数见，此臣所以寒心者也。……初元以来六年矣，案《春秋》六年之中，灾异未有稠如今者也。……自古明圣，未有无诛而治者也，故舜有四放之罚，而孔子有两观之诛，然后圣化可得而行也。今以陛下明知，诚深思天地之心，迹察两观之诛，览《否》、《泰》之卦，观雨雪之诗，历周、唐之所进以为法，原秦、鲁之所消以为戒，考祥应之福，省灾异之祸，以揆当世之变，放远佞邪之党，坏散险诐之聚，杜闭群枉之门，广开众正之路，决断狐疑，分别犹豫，使是非炳然可知，则百异消灭，而众祥并至，太平之基，万世之利也。臣幸得托肺附，诚见阴阳不调，不敢不通所闻。窃推《春秋》灾异，以救今事一二，条其所以，不宜宣泄。臣谨重封昧死上。'"文中有"初元以来六年"之语，又《资治通鉴》卷二十八系于此年，故从之。

薛广德谏元帝射猎(《资治通鉴》卷二八)。

杨兴、葛丰言周堪、张猛罪(《汉书·楚元王传》)。

周堪左迁为河东太守，张猛为槐里令(《汉书·楚元王传》)。

贾捐之与杨兴相互荐誉，为石显告发，弃市(《汉书·严朱吾丘主父徐严终王贾传》)。

何武因光禄勋举四行，与翟方进交志相友，迁为鄠令。

按：《汉书·何武王嘉师丹传》曰："何武字君公，蜀郡郫县人也。……武诣博士受业，治《易》。以射策甲科为郎，与翟方进交志相友。光禄勋举四行，迁为鄠令，坐法免归。"因本年二月诏光禄岁以质朴、敦厚、逊让、有行者四科第郎、从官，所以系于此年。何武除学习《易》之外，还通《左传》。

贾捐之卒，生年不详。捐之，洛阳人，贾谊曾孙，精于《左传》之学，汉元帝初即位，上书言得失，召待诏金马门，数次召见，言多采纳，因忤中书令石显，下狱死。事迹见《汉书》卷六四。

西塞罗卒(前106—)。罗马政治家、演说家、哲学家。

汉元帝永光二年　己卯　前 42 年

二月，诏大赦天下；以御史大夫韦玄成为丞相(《汉书·元帝纪》、《汉书·百官公卿表》)。

按：汉代丞相仅有韦氏世家韦贤、韦玄成与平氏世家平当、平晏父子两代相继为丞相。

三月壬戌朔，日蚀，诏郡国举茂才异等贤良直言之士各 1 人。

按：《汉书·元帝纪》曰："三月壬戌朔，日有蚀之。诏曰：'朕战战栗栗，夙夜思过失，不敢荒宁。惟阴阳不调，未烛其咎，娄敕公卿，日望有效。至今有司执政，未得其中，施与禁切，未合民心，暴猛之俗弥长，和睦之道日衰，百姓愁苦，靡所错躬。是以氛邪岁增，侵犯太阳，正气湛掩，日久夺光。乃壬戌，日有蚀之，天见大异，以戒朕

建凯撒神庙。
屋大维败杀布鲁图斯。

躬,朕甚悼焉。其令内郡国举茂材异等、贤良、直言之士各一人。'"

六月,诏赦天下(《汉书·元帝纪》)。

七月,西羌反,遣右将军冯奉世击之(《汉书·元帝纪》)。

郑弘二月以右扶风迁御史大夫(《汉书·百官公卿表》)。

冯奉世是秋以将屯为名讨伐西羌。

按:《汉书·冯奉世传》载永光二年秋,遣奉世将万二千人骑,以将屯为名讨伐西羌。冯奉世以及其子冯立皆通《春秋》。《汉书·冯奉世传》曰:"立字圣卿,通《春秋》。以父任为郎,稍迁诸曹。竟宁中,以王舅出为五原属国都尉。数年,迁五原太守,徙西河、上郡。立居职公廉,治行略与野王相似,而多知有恩贷,好为条教。"其少子冯参通《尚书》,"参字叔平,学通《尚书》。少为黄门郎给事中,宿卫十余年,参为人矜严,好修容仪,进退恂恂,甚可观也。"(《汉书·冯奉世传》)

韦玄成作《戒子孙诗》(刘跃进《秦汉文学编年史》)。

汉元帝永光三年　庚辰　前41年

安东尼会埃及克娄巴特拉七世于亚历山大城。

十一月,诏曰:"乃者己丑地动,中冬雨水、大雾,盗贼并起。吏何不以时禁?各悉意对。"《汉书·元帝纪》)。

冬,复盐铁官、博士弟子员。以用度不足,民多复除,无以给中外徭役。

按:《汉书·元帝纪》曰:"冬,复盐铁官,博士弟子员。以用度不足,民多复除。无以给中外徭役。"《汉书·儒林传》曰:"元帝好儒,能通一经者皆复。数年,以用度不足,更为设千员,郡国置《五经》百石卒史。"

冯奉世以右将军迁左将军光光禄勋(《汉书·百官公卿表》)。

汉元帝永光四年　辛巳　前40年

后三头同盟三分天下。

二月,诏赦天下,所贷贫民勿收责(《汉书·元帝纪》)。

按:《汉书·元帝纪》曰:"四年春二月,诏曰:'朕承至尊之重,不能烛理百姓,娄遭凶咎。加以边境不安,师旅在外,赋敛转输,元元骚动,穷困亡聊,犯法抵罪。夫上失其道而绳下以深刑,朕甚痛之。其赦天下,所贷贫民勿收责。'"

三月,元帝行幸雍,祠五畤(《汉书·元帝纪》)。

六月戊寅晦,日蚀。诏公卿大夫勉思天戒,慎身修永,以辅朕之不逮;直言尽意,无有所讳(《汉书·元帝纪》)。

九月戊子,罢卫思后园及戾园(《汉书·元帝纪》)。

十月乙丑,罢祖宗庙在郡国者(《汉书·元帝纪》)。

韦玄成、刘向、郑弘、严彭祖、欧阳地余等70人赞成罢郡国祖宗庙。

按:《汉书·韦贤传》曰:"永光四年,乃下诏先议罢郡国庙,曰:'朕闻明王之御世也,遭时为法,因事制宜。往者天下初定,远方未宾,因尝所亲以立宗庙,盖建威销萌,一民之至权也。今赖天地之灵,宗庙之福,四方同轨,蛮貊贡职,久遵而不定,令疏远卑贱共承尊祀,殆非皇天祖宗之意,朕甚惧焉。《传》不云乎?"吾不与祭,如不祭。"其与将军、列侯、中二千石、二千石、诸大夫、博士、议郎议。'丞相玄成、御史大夫郑弘、太子太傅严彭祖、少府欧阳地余、谏大夫尹更始等七十人皆曰:'臣闻祭,非自外至者也,繇中出,生于心也。故唯圣人为能飨帝,孝子为能飨亲。立庙京师之居,躬亲承事,四海之内各以其职来助祭,尊亲之大义,五帝、三王所共,不易之道也。《诗》云:"有来雍雍,至止肃肃,相维辟公,天子穆穆。"《春秋》之义,父不祭于支庶之宅,君不祭于臣仆之家,王不祭于下土诸侯。臣等愚以为宗庙在郡国,宜无修,臣请勿复修。'奏可。因罢昭灵后、武哀王、昭哀后、卫思后、戾太子、戾后园,皆不奉祠,裁置吏卒守焉。"

韦玄成、许嘉等再议毁原庙。

按:《汉书·韦贤传》曰:"罢郡国庙后月余,复下诏曰:'盖闻明王制礼,立亲庙四,祖宗之庙,万世不毁,所以明尊祖敬宗,著亲亲也。朕获承祖宗之重,惟大礼未备,战栗恐惧,不敢自颛,其与将军、列侯、中二千石、二千石、诸大夫、博士议。'玄成等四十四人奏议曰:'《礼》,王者始受命,诸侯始封之君,皆为太祖。以下,五庙而迭毁,毁庙之主臧乎太祖,五年而再殷祭,言壹禘壹祫也。祫祭者,毁庙与未毁庙之主皆合食于太祖,父为昭,子为穆,孙复为昭,古之正礼也。《祭义》曰:"王者禘其祖自出,以其祖配之,而立四庙。"言始受命而王,祭天以其祖配,而不为立庙,亲尽也。立亲庙四,亲亲也。亲尽而迭毁,亲疏之杀,示有终也。周之所以七庙者,以后稷始封,文王、武王受命而王,是以三庙不毁,与亲庙四而七。非有后稷始封,文、武受命之功者,皆当亲尽而毁。成王成二圣之业,制礼作乐,功德茂盛,庙犹不世,以行为谥而已。《礼》,庙在大门之内,不敢远亲也。臣愚以为高帝受命定天下,宜为帝者太祖之庙,世世不毁,承后属尽者宜毁。今宗庙异处,昭穆不序,宜入就太祖庙而序昭穆如礼。太上皇、孝惠、孝文、孝景庙皆亲尽宜毁,皇考庙亲未尽,如故。'大司马车骑将军许嘉等二十九人以为孝文皇帝除诽谤,去肉刑,躬节俭,不受献,罪人不帑,不私其利,出美人,重绝人类,宾赐长老,收恤孤独,德厚侔天地,利泽施四海,宜为帝者太宗之庙。廷尉忠以为孝武皇帝改正朔,易服色,攘四夷,宜为世宗之庙。谏大夫尹更始等十八人以为皇考庙上序于昭穆,非正礼,宜毁。"

平当上书请复太上皇寝庙园。

按:《汉书·隽疏于薛平彭泽传》曰:"自元帝时,韦玄成为丞相,奏罢太上皇寝庙园,当上书言:'臣闻孔子曰:"如有王者,必世而后仁。"三十年之间,道德和洽,制礼兴乐,灾害不生,祸乱不作。今圣汉受命而王,继体承业二百余年,孜孜不怠,政令清矣。……'上纳其言,下诏复太上皇寝庙园。"

周堪复为光禄大夫,不能言而卒(《汉书·楚元王传》)。

张猛为太中大夫,遭石显诬谮,自杀(《汉书·楚元王传》)。

戴德选纂《大戴礼记》和戴圣选纂《小戴礼记》先后成书。

按:《大戴礼记》,又名《大戴礼》、《大戴记》,为西汉时期的礼学名家戴德选编。其从兄之子戴圣选编《礼记》,名《小戴礼记》,又名《小戴礼》、《小戴记》。两书的成书年代,学术界有不同意见。王葆玹《今古文经学新论》(中国社会科学出版社 2004 年版)认为在元帝永光四年(公元前 40 年)韦玄成等七十人上奏说:"《春秋》之义,'父不祭于支庶之宅,君不祭于臣仆之家,王不祭于下土诸侯。'"这三个命题都见于《小戴礼记》,例如《小戴记·郊特牲篇》说:"诸侯不敢祖天子,大夫不敢祖诸侯,而公庙之设于私家,非礼也,由三桓始也。"《丧服小记》说:"庶子不祭祖者,明其宗也。"均与韦玄成等七十人所说相同,而这七十人称其为"《春秋》之义",不称《礼记》,可见《小戴记》在这时尚未成书。在永光四年,韦玄成又率领四十多位朝臣上奏说:"《祭义》曰:'王者禘其祖自出,以其祖配之而立四庙。'"这几句话见于《大戴记·丧服小记》,不见于《祭义》,则四十余人所称引的《祭义》当是《大戴记》篇名。又说:"《礼》:王者始受命,诸侯始封之君,皆为太祖。以下,五庙而迭毁,毁庙之主藏乎太祖,五年而再殷祭。"后两句见于《公羊传》与《谷梁传》文公二年。两《传》为汉元帝时朝野儒生熟读之书,而韦玄成等四十四人却称其为《礼》,可见这是《大戴记》篇的内容……这意味着《大戴记》成书于元帝永光四年以前,《小戴记》成书于永光四年以后。到永光五年(公元前 39 年),又有朝臣士奏:"祭不欲数,数则渎,渎则不敬……"颜师古说这是称引《小戴记·祭法》的文字。而在汉成帝"初即位"时,匡衡、王商等人先后上疏,称引《礼记》的文字,与现存《小戴记》大同小异。从这些情况看,《小戴记》正好成书于永光四年至永光五年之间。戴德、戴圣俱受学于后仓,他们编纂的《大戴礼记》和《小戴礼记》当时并行而传。但《小戴礼记》因得马融、卢植、郑玄等人为之注释而在唐代列为"经书",与《周礼》、《仪礼》合为《三礼》;《大戴礼记》因不为两汉经师所传注,却从此长期被冷落,以致篇章残落,亡佚过半,多赖北周学者卢辩的注释得以流传。至清代,《大戴礼记》才日益受到重视,陆续有学者进行整理研究。成绩卓著者,当推孔广森的《大戴礼记补注》和王聘珍的《大戴礼记解诂》。今有方向东的《大戴礼记汇校集解》,中华书局 2008 年版。

刘向著《疾谗》、《摘要》、《救危》及《世颂》等 8 篇。

按:《汉书·楚元王传》曰:"后三岁余,孝宣庙阙灾,其晦,日有蚀之。于是上召诸前言日变在堪、猛者责问,皆稽首谢。乃因下诏曰……拜为光禄大夫,秩中二千石,领尚书事。猛复为太中大夫给事中。显干尚书事,尚书五人,皆其党也。堪希得见,常因显白事,事决显口。会堪疾瘖,不能言而卒。显诬谮猛,令自杀于公车。更生伤之,乃著《疾谗》、《摘要》、《救危》及《世颂》,凡八篇,依兴古事,悼己及同类也。遂废十余年。"

苏竟(—约 30)生。

汉元帝永光五年　壬午　前39年

正月,元帝行幸甘泉,效泰畤(《汉书·元帝纪》)。
三月,元帝幸河东,祠后土(《汉书·元帝纪》)。

冬,元帝幸长杨射熊馆,布车骑,大猎(《汉书·元帝纪》)。
十二月乙酉,毁太上皇、孝惠皇帝寝庙园(《汉书·元帝纪》)。

韦玄成、刘向等44人议毁太上、孝惠庙;议定祭时依古礼。
　按:《汉书·韦贤传》曰:"于是上重其事,依违者一年,乃下诏曰:'盖闻王者祖有功而宗有德,尊尊之大义也;存亲庙四,亲亲之至恩也。高皇帝为天下诛暴除乱,受命而帝,功莫大焉。孝文皇帝国为代王,诸吕作乱,海内摇动,然群臣黎庶靡不一意,北面而归心,犹谦辞固让而后即位,削乱秦之迹,兴三代之风,是以百姓晏然,咸获嘉福,德莫盛焉。高皇帝为汉太祖,孝文皇帝为太宗,世世承祀,传之无穷,朕甚乐之。孝宣皇帝为孝昭皇帝后,于义一体。孝景皇帝庙及皇考庙皆亲尽,其正礼仪。'玄成等奏曰:'祖宗之庙世世不毁,继祖以下,五庙而迭毁。今高皇帝为太祖,孝文皇帝为太宗,孝景皇帝为昭,孝武皇帝为穆,孝昭皇帝与孝宣皇帝俱为昭。皇考庙亲未尽。太上、孝惠庙皆亲尽,宜毁。太上庙主宜瘗园,孝惠皇帝为穆,主迁于太祖庙,寝园皆无复修。'奏可。议者又以为《清庙》之诗言交神之礼无不清静,今衣冠出游,有车骑之众,风雨之气,非所谓清静也。'祭不欲数,数则渎,渎则不敬。'宜复古礼,四时祭于庙,诸寝园日月间祀皆可勿复修。上亦不改也。"

欧阳地余卒,生年不详。地余,字长宾,千乘人。欧阳和伯之后。欧阳和伯从伏生受《尚书》,传儿宽,儿宽传欧阳和伯之子,世世相传,至欧阳高。地余为高孙,与林尊、陈翁生受业于欧阳高,以名《尚书》为博士,参加石渠阁会议。元帝兴儒学,地余贵幸,官至少府。传《尚书》于子欧阳政。王莽时,政为讲学大夫。事迹见《汉书》卷八八。
　按:《汉书·百官公卿表》曰:"侍中大夫欧阳地余为少府,五年卒。"为少府为永光元年,则本年卒。
　郭伋(　—47)生。

小庞培辖治西西里、撒丁尼亚和伯罗奔尼撒。

汉元帝建昭元年　癸未　前 38 年

三月,元帝行幸雍,祠五畤(《汉书·元帝纪》)。

冬,罢孝文太后薄氏、孝昭太后赵氏寝园。

按:《汉书·元帝纪》载此事。此议发于韦玄成,凡此皆汉儒追复古礼之事,均始自汉元以后。《汉书·韦贤传》曰:"明年,玄成复言:'古者制礼,别尊卑贵贱,国君之母非适不得配食,则荐于寝,身没而已。陛下躬至孝,承天心,建祖宗,定迭毁,序昭穆,大礼既定,孝文太后、孝昭太后寝祠园宜如礼勿复修。'奏可。"

朱云为博士,与五鹿充宗辩《易》。

按:《汉书·杨胡朱梅云传》曰:"是时,少府五鹿充宗贵幸,为《梁丘易》。自宣帝时善梁丘氏说,元帝好之,欲考其异同,令充宗与诸《易》家论。充宗乘贵辩口,诸儒莫能与抗,皆称疾不敢会。有荐云者,召入,摄齐登堂,抗首而请,音动左右。既论难,连拄五鹿君,故诸儒为之语曰:'五鹿岳岳,朱云折其角。'由是为博士。"此事刘汝霖《汉晋学术编年》(中华书局 1987 年版)系于此年。《汉书·艺文志·六艺略》著录五鹿充宗《略说》三篇,列于京房《易》学著作之间,或与京氏《易》相近。文亦武《〈汉书·儒林传〉"梁丘易"传承祛疑》(《古籍整理研究学刊》2004 年第 6 期)考证:"今本《汉书·儒林传》叙梁丘易之授受,于五鹿充宗之师承未作说明,致使梁丘易之传承不能链接。过去,有学者认为《汉书》(梁丘)临代五鹿充宗君孟为少府之'代'当作'授'字,或以为'传'字之讹。本文从事理、文理、语例、史实及书证等方面进行细致剖析,进一步确认梁丘临与五鹿充宗为师徒关系而非前后任的替代关系,否定此处'代'为'授'字或'传'字之讹,更不可能是后人误改,考定此处并非字误而实为脱文,过去令人置疑的'代'字原是五鹿充宗之籍贯,'代'上当据《经典释文》及《儒林传》文例增补'授'字。如此,梁丘易之师法传承始环环相扣,明白无疑。"五鹿充宗在汉代易学史上有重要地位。曾授士孙张、邓彭祖、衡咸。由是梁丘家有士孙、邓、衡氏学。五鹿充宗还传《齐论语》。《汉书·艺文志·六艺略·易》著录五鹿充宗《略说》三篇。《汉书·艺文志·六艺略》曰:"传《齐论》者,昌邑中尉王吉、少府宋畸、御史大夫贡禹、尚书令五鹿充宗、胶东庸生。"

五鹿充宗以尚书令迁少府。

按:《汉书·百官公卿表》载建昭元年尚书令五鹿充宗为少府。五鹿充宗与宦官石显结党,贵宠一时。

匡衡以太子少府迁光禄勋(《汉书·百官公卿表》)。

韦玄成复作罢文昭太后寝祠议(《汉书·韦贤传》)。

汉元帝建昭二年　甲申　前 37 年

正月，元帝行幸甘泉，郊泰畤（《汉书·元帝纪》）。

三月，元帝行幸河东，祠后土（《汉书·元帝纪》）。

四月，诏赦天下（《汉书·元帝纪》）。

十一月，齐、楚地震（《汉书·元帝纪》）。

是年，立京房《易》于学官，未几而废。

按：《汉书·艺文志》曰："讫于宣、元、有施、孟、梁丘、京氏，列于学官。"《儒林传赞》曰："至元帝世，复立京氏《易》。"《后汉书·范升传》曰："先帝前世有疑于此，故京氏虽立，辄复见废。"

匡衡八月以诸吏散骑光禄勋迁御史大夫（《汉书·百官公卿表》）。

京房出为魏郡太守，上封事书，为石显所谮下狱，腰斩弃市（《汉书·眭两夏侯京翼李传》）。

朱云、陈咸以罪下狱，废锢。

按：《汉书·杨胡朱梅云传》曰："朱云字游，鲁人也，徙平陵。少时通轻侠，借客报仇。长八尺余，容貌甚壮，以勇力闻。年四十，乃变节从博士白子友受《易》，又事前将军萧望之受《论语》，皆能传其业。好倜傥大节，当世以是高之。……迁杜陵令，坐故纵亡命，会赦，举方正，为槐里令。时中书令石显用事，与充宗为党，百僚畏之。唯御史中丞陈咸年少抗节，不附显等，而与云相结。云数上疏，言丞相韦玄成容身保位，亡能往来，而咸数毁石显。久之，有司考云，疑风吏杀人。群臣朝见，上问丞相以云治行。丞相玄成言云暴虐亡状。时陈咸在前，闻之，以语云。云上书自讼，咸为定奏草，求下御史中丞。事下丞相，丞相部吏考立其杀人罪。云亡入长安，复与咸计议。丞相具发其事，奏：'咸宿卫执法之臣，幸得进见，漏泄所闻，以私语云，为定奏草，欲令自下治，后知云亡命罪人，而与交通，云以故不得。'上于是下咸、云狱，减死为城旦。咸、云遂废锢，终元帝世。"从《资治通鉴》卷二十九系于是年。

王骏奉旨责淮阳王钦。

按：王骏乃王吉子，学《易》，以经学闻名。《汉书·宣元六王传》曰："会房出为郡守，离左右，显具有此事告之。房漏泄省中语，博兄弟诖误诸侯王，诽谤政治，狡猾不道，皆下狱。有司奏请逮捕钦，上不忍致法，遣谏大夫王骏赐钦玺书曰：'皇帝问淮阳王。有司奏王，王舅张博数遗王书，非毁政治，谤讪天子，褒举诸侯，称引周、汤，以诒惑王，所言尤恶，悖逆无道。王不举奏而多与金钱，报以好言，罪至不赦，朕恻焉不忍闻，为王伤之。推原厥本，不祥自博，惟王之心，匪同于凶。已诏有司勿治王事，遣谏大夫骏申谕朕意。《诗》不云乎？"靖恭尔位，正直是与。"王其勉之！'骏谕指曰：'礼为诸侯制相朝聘之义，盖以考礼一德，尊事天子也。且王不学《诗》乎？《诗》云："俾侯于鲁，为周室辅。"今王舅博数遗王书，所言悖逆。王幸受诏策，通经术，知诸侯

罗马灭犹太哈斯蒙王朝，希律王朝始。

是年，罗马瓦罗著成有关农业技术和经营的专著《论农业》。

名誉不当出竟。天子普覆，德布于朝，而恬有博言，多予金钱，与相报应，不忠莫大焉。故事，诸侯王获罪京师，罪恶轻重，纵不伏诛，必蒙迁削贬黜之罪，未有但已者也。今圣主赦王之罪，又怜王失计忘本，为博所惑，加赐玺书，使谏大夫申谕至意，殷勤之恩，岂有量哉！博等所犯恶大，群下之所共攻，王法之所不赦也。自今以来，王毋复以博等累心，务与众弃之。《春秋》之义，大能变改。《易》曰"藉用白茅，无咎"，言臣子之道，改过自新，洁己以承上，然后免于咎也。王其留意慎戒，惟思所以悔过易行，塞重责，称厚恩者。如此，则长有富贵，社稷安矣。'于是淮阳王钦免冠稽首谢曰：'奉藩无状，过恶暴列，陛下不忍致法，加大恩，遣使者申谕道术守藩之义。伏念博罪恶尤深，当伏重诛。臣钦愿悉心自新，奉承诏策。顿首死罪。'"因本年京房为郡守，故系于此。

京房卒(前77—)。房本姓李，推律自定为京氏，字君明，东郡顿丘人。汉代《易》学大师。因劾奏石显等权贵，被石显诬为与淮阳宪王舅张博通谋而下狱，卒于狱中。著有《易传》3卷、《周易章句》10卷、《周易错卦》7卷、《周易妖占》12卷、《周易占事》12卷、《周易守林》3卷、《周易飞候》9卷、《周易飞候六日七分》8卷、《周易四时候》4卷、《周易混沌》4卷、《周易委化》4卷、《周易逆刺占灾异》12卷、《易传积算法杂占条例》1卷等，今存《京氏易传》3卷。事迹见《汉书》卷八八。

按：《汉书·眭两夏侯京翼李传》曰："房本姓李，推律自定为京氏，死时年四十一。"京房的著作，《汉书·艺文志》载有《孟氏京房》十一篇，《灾异孟氏京房》六十六篇，《京氏段嘉》十二篇。《汉书·五行志》又引京房《易传》、《易占》二书。《隋书·经籍志》载《京房周易章句》十卷、《周易错》八卷、《周易占》十二卷、《周易妖占》十三卷、《周易飞候》九卷、《周易混沌》四卷、《周易占事》十二卷、《风角五音占》五卷、《周易飞候六日七分》八卷、《周易守林》三卷、《周易集林》十二卷、《周易四时候》四卷、《周易逆刺占灾异》十二卷、《周易委化》四卷、《逆刺》一卷、《方正百对》一卷、《晋灾异》一卷、《占梦书》三卷；《唐书·艺文志》载《京氏章句》十卷、《占候》三十三卷。《经典释文·序录》载：《京房章句》十二卷。以上京氏著作大多佚失，今只存《京氏易传》三卷。今存《京氏易传》与《汉书》所引《易传》大不相同。前者言与纳甲筮法相关的内容，后者言卦气、灾异。所以是京房的不同著作。马国翰《玉函山房辑佚书》辑有《周易京氏章句》一卷，黄奭《汉学堂丛书》、孙堂《汉魏二十一家易注》也有辑录。民国徐昂有《京氏易传笺》。今人邵意积有《论三卷本〈京氏易传〉，兼及京房的六日七分说》(《中国文哲研究集刊》2008年第33期)、江弘远有《京房易学流变考》(台湾瑞成书局2005年版)、卢央有《京房评传》(南京出版社1998年版)。

又按：《四库全书总目提要》曰："《京氏易传》《京氏易传》三卷，汉京房撰，吴陆绩注。房本姓李，推律自定为京氏，字君明，东郡顿邱人。受《易》于焦延寿。元帝时以言灾异得幸，为石显等所嫉。出为魏郡太守，卒以谮诛。事迹具《汉书》本传。继有《易解》，已著录。房所著有《易传》三卷，《周易章句》十卷，《周易错卦》七卷，《周易妖占》十二卷，《周易占事》十二卷，《周易守林》三卷，《周易飞候》九卷，又六卷。《周易飞候六日七分》八卷，《周易四时候》四卷，《周易混沌》四卷，《周易委化》四卷，《周易逆刺占灾异》十二卷，《易传积算法杂占条例》一卷，今惟《易传》存。考《汉志》作十一篇，《文献通考》作四卷，均与此本不同。然《汉志》所载古书，卷帙多与今互异。不但此编，《通考》所谓四卷者，以晁、陈二家书目考之，盖以《杂占条例》一卷合于《易传》三卷,共为四卷,亦不足疑。惟晁氏以《易传》为即错卦,《杂占条例》为即逆刺占灾异,则未免臆断无据耳。其书虽以《易传》为名,而绝不诠释经文,亦绝不附合易义。上卷、中卷以八卦分八宫,每宫一纯卦统七变卦,而注其世应、飞伏、游魂、归魂诸例。下卷首论圣人作易揲蓍布卦,次论纳甲法,次论二十四气候配卦,与夫天、地、人、鬼四易,父母、兄弟、妻子、官鬼等爻,龙德、虎形、天官、地官与五行生死所寓之类,盖后来钱卜之法,实出于此。故项安世谓以《京易》考之,世所传火珠林即其遗法。以三钱掷之,两背一面为坼、两面一背为单,俱面为交,俱背为重。此后人务趋捷径以为卜肆之便,而本意尚可考。其所异者不以交重为占,自以世为占,故其占止于六十四爻而不能尽三百八十四爻之变。张行成亦谓卫元嵩《玄包》其法合于火珠林,火珠林之用祖于京房。陆德明《经典释文》乃于《周易》六十四卦之下悉注某宫一世、二世、三世、四世、游魂、归魂诸名,引而附合于经义,误之甚矣。"

严光(　—43)生。

汉元帝建昭三年　乙酉　前36年

夏,令三辅都尉、大郡都尉秩皆二千石(《汉书·元帝纪》)

七月,御史大夫匡衡继韦玄成为丞相(《汉书·百官公卿表》)。

秋,使护西域骑都尉甘延寿、副校尉陈汤拊发戊已校尉屯田吏士及西域胡兵攻郅支单于(《汉书·百官公卿表》)。

匡衡应元帝诏诸儒议复诸毁郡国庙,以为不可;祷高祖、孝文、孝武庙。

按:《汉书·韦贤传》曰:"后岁余,玄成薨,匡衡为丞相。上寝疾,梦祖宗谴罢郡国庙,上少弟楚孝王亦梦焉。上诏问衡,议欲复之,衡深言不可。上疾久不平。衡惶恐,祷高祖、孝文、孝武庙曰:'嗣曾孙皇帝恭承洪业,夙夜不敢康宁,思育休烈,以章祖宗之盛功。故动作接神,必因古圣之经。往者有司以为前因所幸而立庙,将以系海内之心,非为尊祖严亲也。今赖宗庙之灵,六合之内莫不附亲,庙宜一居京师,天子亲奉,郡国庙可止毋修。皇帝祗肃旧礼,尊重神明,即告于祖宗而不敢失。今皇帝有疾不豫,乃梦祖宗见戒以庙,楚王梦亦有其序。皇帝悼惧。即诏臣衡复修立。谨案上世帝王承祖祢之大礼,皆不敢不自亲。郡国吏卑贱,不可使独承。又祭祀之义以民为本,间者岁数不登,百姓困乏,郡国庙无以修立。《礼》,凶年则岁事不举,以祖祢之意为不乐,是以不敢复。如诚非礼义之中,违祖宗之心,咎尽在臣衡,当受其殃,大被其疾,队在沟渎之中。皇帝至孝肃慎,宜蒙祐福。唯高皇帝、孝文皇帝、孝武皇帝省察,右飨皇帝之孝,开赐皇帝眉寿亡疆,令所疾日瘳,平复反常,永保宗庙,天下幸甚!'又告谢毁庙曰:'往者大臣以为,在昔帝王承祖宗之休典,取象于天地,天序五行,人亲五属,天子奉天,故率其意而尊其制。是以禘尝之序,靡有过五。受命之君躬接于天,万世不堕。继烈以下,五庙而迁,上陈太祖,间岁而祫,其道应天,故福禄

安东尼攻帕提亚,大败。遂与埃及克娄巴特拉七世成婚。

罗马执政官阿格里帕败小庞培。

屋大维削夺李必达兵权及其统治的非洲行省,遂任终身保民官。

永终。太上皇非受命而属尽,义则当迁。又以为孝莫大于严父,故父之所尊子不敢不承,父之所异子不敢同。礼,公子不得为母信,为后则于子祭,于孙止,尊祖严父之义也。寝日四上食,园庙间祠,皆可亡修。皇帝思慕悼惧,未敢尽从。惟念高皇帝圣德茂盛,受命溥将,钦若稽古,承顺天心,子孙本支,陈锡亡疆。诚以为迁庙合祭,久长之策,高皇帝之意,乃敢不听?即以令日迁太上、孝惠庙,孝文太后、孝昭太后寝,将以昭祖宗之德,顺天人之序,定无穷之业。今皇帝未受兹福,乃有不能共职之疾。皇帝愿复修承祀,臣衡等咸以为礼不得。如不合高皇帝、孝惠皇帝、孝文皇帝、孝武皇帝、孝昭皇帝、孝宣皇帝、太上皇、孝文太后、孝昭太后之意,罪尽在臣衡等,当受其咎。今皇帝尚未平,诏中朝臣具复毁庙之文。臣衡中朝臣咸复以为天子之祀义有所断,礼有所承,违统背制,不可以奉先祖,皇天不祐,鬼神不飨。《六艺》所载皆言不当,无所依缘以作其文。事如失指,罪乃在臣衡,当深受其殃。皇帝宜厚蒙祉福,嘉气日兴,疾病平复,永保宗庙,与天亡极,群生百神,有所归息。'诸庙皆同文。"

韦玄成卒,生年不详。玄成字少翁,鲁国邹人,韦贤少子。少好学,以明经为谏大夫,以《鲁诗》闻名。后为河南太守,迁太子太傅,至御史大夫,为相七年卒。曾与萧望之等诸儒,论经术同异于石渠阁。著有《韦玄成集》,已佚。事迹见《汉书》卷七三。

> 按:《汉书·韦贤传》曰:"玄成为相七年,守正持重不及父贤,而文采过之。建昭三年薨,谥曰恭侯。"

汉元帝建昭四年　丙戌　前35年

正月,以诛郅支单于告祠郊庙;诏赦天下(《汉书·元帝纪》)。
四月,遣使循行郡国,举茂才特立之士(《汉书·元帝纪》)。

师丹于建昭间谏止元帝不亲政事,留好音乐(《汉书·王商师丹傅喜传》)。
谷永三月因灾异谏止后宫专政。
> 按:《汉书·五行志》曰:"建昭四年三月,雨雪,燕多死。谷永对曰:'皇后桑蚕以治祭服,共事天地宗庙,正以是日疾风自西北,大寒雨雪,坏败其功,以章不乡。宜斋戒辟寝,以深自责,请皇后就宫,鬲闭门户,毋得擅上。且令众妾人人更进,以时博施。皇天说喜,庶几可以得贤明之嗣。即不行臣言,灾异俞甚,天变成形,臣民欲复捐身关策,不及事已。'其后许后坐祝诅废。"

汉元帝建昭五年　丁亥　前34年

三月，诏赦天下(《汉书·元帝纪》)。

六月壬申晦，日蚀(《汉书·元帝纪》)。

七月，尽复诸所罢寝庙园，祭祀如旧(《汉书·元帝纪》)。

按：《汉书·韦贤传》曰："久之，上疾连年，遂尽复诸所罢寝庙园，皆修祀如故，初，上定迭毁礼，独尊孝文庙为太宗，而孝武庙亲未尽，故未毁。上于是乃复申明之，曰：'孝宣皇帝尊孝武庙曰世宗，损益之礼，不敢有与焉。他皆如旧制。'唯郡国庙遂废云。"

扬雄是年前于蜀中作《蜀都赋》、《蜀王本纪》、《逐贫赋》。

按：《蜀都赋》、《逐贫赋》并见《古文苑》卷四。《蜀王本纪》散见于《华阳国志》及《文选》李善注等书征引。其撰著年代不详。蓝秀隆《扬子法言研究》(文津出版社1989年版)以为三文均成于本年前后。扬雄与司马相如、班固、张衡并称汉代四大赋家，但其晚年却否定大赋，其《法言·吾子篇》曰："或问：'吾子少而好赋？'曰：'然。童子雕虫篆刻。'俄而曰：'壮夫不为也。'"扬雄的话，以后成为人们批评汉赋的重要依据。

安东尼征服亚美尼亚。遂赠罗马东部各行省于克娄巴特拉七世。

是年，萨卢斯特(前86年——　)卒。古罗马著名历史学家。主要作品有《喀提林阴谋》、《朱古达战争》。

汉元帝竟宁元年　戊子　前33年

正月，匈奴呼韩邪单于来朝，王昭君嫁之为宁阕氏(《汉书·元帝纪》)。

三月癸未，复孝惠皇帝等庙(《汉书·元帝纪》)。

五月壬辰，元帝崩于未央宫。

按：《汉书·元帝纪赞》曰："臣外祖兄弟为元帝侍中，语臣曰元帝多材艺，善史书。鼓琴瑟，吹洞箫，自度曲，被歌声，分刌节度，穷极幼眇。少而好儒，及即位，征用儒生，委之以政，贡、薛、韦、匡迭为宰相。而上牵制文义，优游不断，孝宣之业衰焉。然宽弘尽下，出于恭俭，号令温雅，有古之风烈。"元帝时期重视儒学，儒学得到极大的发展。《汉书·百官公卿表》记载元帝时官员共50人，除御史大夫李延寿，光禄勋赏，卫尉云，太仆谭，廷尉尹忠，大鸿护显，大司农宏、充郎、尧、非调，宗正刘临，少府延，右扶风强，水衡都尉福，京兆尹范、成、王昌，左冯翊刘彭祖、郭延等19人的出身和事迹不可考外，另外31人中有17人出身经学之士，或与经学密切相关。如于定国，曾从师学《春秋》，为人谦恭，尤重经术士；韦玄成，以明经官至丞相；匡衡，是当时著名的《诗经》学者;薛广德,曾以《鲁诗》教授楚国;于定国之子于永,年三十折节修行,父死,居丧如礼,以孝行闻;贡禹,以明经洁行著闻;萧望之,精研《齐诗》和《论语》,京师诸儒称述焉;冯奉世,学《春秋》,通大义;周堪,从夏侯胜学《尚书》,论石渠,经为最高;冯野王,受业博士,通《诗》;解延年,是当时著名的《毛诗》学者;刘更生、五鹿充宗,是当时著名的《梁丘易》学者,萧望之称之为"明经达学";欧阳地余曾为博士,论石渠;张谭,元帝甚好其说;召信臣,以明经甲科为郎;郑弘,好学,明经,元帝称其"廉洁节俭"等。汉元帝时期可考的14位郡县长官除了河南太守陈遂外,其余的如京房、冯俊、王尊、平当、严彭祖、张禹、何武、冯野王、冯立(通《春秋》,竟宁中迁五原太守)、冯参(通《尚书》,竟宁中补渭陵食官令)、周堪、郑弘(好学,明经,为淮阳相)、五鹿充宗(著名的《梁丘易》学者,曾任玄菟太守)等13位都是经学之士。皮锡瑞《经学历史》说:"汉崇经术,实能见之施行。武帝罢黜百家,表彰《六经》,孔教已定于一尊矣。然武、宣帝皆好刑名,不专重用儒,盖宽饶谓以法律为《诗》、《书》,不尽用经术也,元成以后,刑名渐废,上无异教,下无异学。皇帝诏书,群臣奏议,莫不援引经义,以为据依。国有大疑,辄引《春秋》为断。一时循吏多能推明经意,移风易化,号为以经术饰吏事。汉治近古,实由于此。盖其时公卿大夫士吏未有不通一艺者也。后世取士偏重文辞,不明经义;为官专守律例,不引儒书。既不用经学,而徒存其名;且疑经学为无用,而欲并去其实。观两汉之已事,可以发思古之幽情。孔子道在《六经》,本以垂教万世;惟汉专崇经术,犹能实行孔教。虽《春秋》太平之义,《礼运》大同之象,尚有未逮;而三代后政教之盛,风化之美,无有如两汉者。降至唐、宋,皆不能及。尊经之效,已有明征。若能举太平之义、大同之象而实行之,不益见玄圣缀学立制真神明之式哉?此顾炎武所云'光武、明、章果有变齐至鲁之功,而惜其未纯乎道'也。"

是月,毁太上皇诸庙,罢太后寝园(《汉书·元帝纪》)。

六月,太子刘骜即位,是为成帝。以长舅王凤为大司马、大将军,领尚书事,辅政(《汉书·成帝纪》)。

张谭以太子少傅迁御史大夫(《汉书·百官公卿表》)。

孔光、何武上书请毁原庙(《汉书·韦贤传》)。

刘歆时为中书垒校尉,上书议毁原庙事(《汉书·韦贤传》)。

翟方进为议郎,议郊祀之礼。

按:《汉书·翟方进传》曰:"翟方进字子威,汝南上蔡人也。家世微贱,至方进父翟公,好学,为郡文学。方进年十二三,失父孤学,给事太守府为小史,号迟顿不及事,数为掾史所詈辱。方进自伤,乃从汝南蔡父相问已能所宜。蔡父大奇其形貌,谓曰:'小史有封侯骨,当以经术进,努力为诸生学问。'方进既厌为小史,闻蔡父言,心喜,因病归家,辞其后母,欲西至京师受经。母怜其幼,随之长安,织屦以给方进读;经博士受《春秋》。积十余年,经学明习,徒众日广,诸儒称之。以射策甲科为郎。二三岁,举明经,迁议郎。"郑洁文、李梅《中国学术思想编年·秦汉卷》(陕西师范大学出版社2005年版)据《汉书·郊祀志》,成帝初即位,翟方进以议郎议郊祀之礼而系于本年。翟方进从尹更始受《谷梁》与《左传》二传,又传《左传》与刘歆。刘师培认为尹更始以下尹咸、翟方进、房凤等人都是以《左氏》通《谷梁》,所以都是《谷梁》先师。此与张敞、张吉、杜邺等人以《左传》通《公羊》不同。

召信臣以河南太守迁少府,位列九卿,奏省乐府(《汉书·循吏传》)。

匡衡、刘向、石显论陈汤、甘延寿功过(《汉书·元帝纪》)。

按：《资治通鉴》卷二九亦系于是年。

杜钦上疏追讼冯奉世前破莎车功(《资治通鉴》卷二九)。

按：杜钦还有《举贤良方正对策》、《白虎殿对策》等奏疏。

史游于元帝时著《急就篇》。

按：《汉书·艺文志》曰："元帝时黄门令史游作《急就篇》。"此书问世不久即在社会上流行，在居延汉简等出土文献中多见载录。颜师古注《序》曰："逮至炎汉，司马相如作《凡将篇》，俾效书写，多所载述，务适时要。史游景慕，拟而广之，元成之间，列于秘府。虽复文非清靡，义阙经纶，至于包括品类，错综古今，详其意趣，实有可观者焉。"晁公武《郡斋读书志》曰："凡三十二章，杂记姓名、诸物、五官等字，以教童蒙。急就者，谓字之难知者缓急要就而求焉。"张丽生《急就篇研究》(台湾商务印书馆1983年版)以为"《急就》成书，或可定在元帝即位的第一年初元元年(或第二年)，就是元帝的老师萧望之自杀之前(萧望之卒于初元二年十二月)"。

又按：《四库全书总目提要》曰："《急就篇》四卷。汉史游撰。《汉书·艺文志注》，称游为元帝时黄门令，盖宦官也。其始末则不可考矣。是书《汉志》但作《急就》一篇，而《小学类》末之《叙录》则称史游作《急就篇》，故晋夏侯湛抵疑称'乡曲之徒，一介之士，曾讽《急就》，通甲子'，《北齐书》称李铉'九岁入学，书《急就篇》'。或有'篇'字，或无'篇'字，初无一定。《隋志》作《急就章》一卷，《魏书·崔浩传》亦称人多托写《急就章》。是改'篇'为'章'在魏以后。然考张怀瓘《书断》曰：'章草者，汉黄门令史游所作也。'王愔云：'汉元帝时史游作《急就章》，解散隶体。汉俗简惰，渐以行之是也。'然则所谓'章草'者，正因游作是书，以所变草法书之。后人以其出於《急就章》，遂名'章草'耳。今本每节之首俱有'章第几'字，知《急就章》乃其本名，或称《急就篇》，或但称《急就》，乃偶然异文也。其书自始至终，无一复字。文词雅奥，亦非蒙求诸书所可及。《玉台新咏》载梁萧子显《乌栖曲》，有'幕边杂佩琥珀龙'句，冯氏校本改'龙'为'红'。今检此书，有'系臂琅玕虎魄龙'句，乃知子显实用此语，冯氏不知而误改之。则遗文琐事，亦颇赖以有徵，不仅为童蒙识字之用矣。旧有曹寿、崔浩、刘芳、颜之推《注》，今皆不传，惟颜师古《注》一卷存。王应麟又补注之，厘为四卷。师古本比皇象碑多六十三字，而少'齐国'、'山阳'两章，止三十二章。应麟《艺文志考证》，标'真定常山至高邑'句，以为此二章起于东汉，最为精确。其注亦考证典核，足补师古之阙。别有黄庭坚本、李焘本、朱子越中本，字句小有异同。应麟所注，多从颜本，盖以其考证精深，较他家为可据焉。"

汉成帝刘骜建始元年　己丑　前32年

正月，罢上林诏狱(《汉书·成帝纪》)。　　　　　　　　　　　　　　后三头同盟破裂。

二月，诏大赦天下；封舅王崇为安成侯、舅王谭、王商、王立、王根、王逢时为关内侯(《汉书·成帝纪》)。

四月,黄雾四塞,博问公卿大夫,无有所讳(《汉书·成帝纪》)。

秋,罢上林宫、馆希御幸者二十五所(《汉书·成帝纪》)。

十二月,作长安南北郊,罢甘泉、汾阴祠(《汉书·成帝纪》)。

梁丘临善京房《易》为少府;王骏从临受《易》。

按:《汉书·儒林传》曰:"临学精孰,专行京房法。琅邪王吉通《五经》,闻临说,善之。时,宣帝选高材郎十人从临讲,吉乃使其子郎中骏上疏从临受《易》。临代五鹿充宗君孟为少府,骏御史大夫,自有传。"梁丘临代五鹿充宗为少府,因而故系于此。

伏理是年后以《诗》授成帝,为高密太傅,别自名学。

按:《后汉书·伏侯宋蔡冯赵牟韦列传》曰:"父理,为当世名儒,以《诗》授成帝,为高密太傅,别自名学。"

伏湛成帝时以父任为博士弟子。

按:《后汉书·伏侯宋蔡冯赵牟韦列传》曰:"湛性孝友,少传父业,教授数百人。成帝时,以父任为博士弟子。"

匡衡上书以《诗》戒妃匹,劝经学威仪之则。

按:《汉书·匡张孔马传》曰:"元帝崩,成帝即位,衡上疏戒妃匹,劝经学威仪之则,曰:'……臣又闻之师曰:'妃匹之际,生民之始,万福之原。'婚姻之礼正,然后品物遂而天命全。……故《诗》曰:"窈窕淑女,君子好仇。"言能致其贞淑,不贰其操,情欲之感无介乎容仪,宴私之意不形乎动静,夫然后可以配至尊而为宗庙主。此纲纪之首,王教之端也。自上世已来,三代兴废,未有不由此者也。愿陛下详览得失盛衰之效以定大基,采有德,戒声色,近严敬,远技能。窃见圣德纯茂,专精《诗》、《书》,好乐无厌。臣衡材驽,无以辅相善义,宣扬德音。臣闻《六经》者,圣人所以统天地之心,著善恶之归,明吉凶之分,通人道之正,使不悖于其本性者也。……愿陛下留神动静之节,使群下得望盛德休光,以立基桢,天下幸甚!'上敬纳其言。"此事《资治通鉴》卷二九系于上年。范家相《诗渖》卷二(《四库全书》本)曰:"齐诗之出,《汉书》不详所自。观其与黄生争汤武之受命,对窦太后之论黄老,责公孙弘之无曲学,皆辞严义正,则其传受之不苟,大概可知。其弟子如后苍、萧望之、衡、翼奉、师丹诸人,尤极一时之盛。而萧、匡起家至丞相,至后汉陈元,方犹祖其学。乃与鲁诗俱亡于西晋,即轶说亦少留传者,或疑翼奉好言阴阳,意齐诗舛驳甚于鲁、韩,不知此非辕固生之咎也。观匡衡政事得失疏引《关雎》一诗言后妃夫人之德,与毛无异可见一斑矣。"

匡衡与张谭、许嘉、王商、师丹、翟方进等议长安定南、北郊,罢淫祠。

按:《汉书·郊祀志》曰:"成帝初即位,丞相衡、御史大夫谭奏言:'帝王之事莫大乎承天之序,承天之序莫重于郊祀,故圣王尽心极虑以建其制。祭天于南郊,就阳之义也;瘗地于北郊,即阴之象也。天之于天子也,因其所都而各飨焉。……由此观之,天随王者所居而飨之,可见也。甘泉泰畤、河东后土之祠宜可徙置长安,合于古帝王。愿与群臣议定。'奏可。大司马车骑将军许嘉等八人以为所以从来久远,宜如故。'右将军王商、博士师丹、议郎翟方进等五十人以为……天地以王者为主,故圣王制祭天地之礼必于国郊。长安,圣主之居,皇天所观视也。甘泉、河东之祠非神灵所飨,宜徙就正阳、大阴之处。违俗复古,循圣制,定天位,如礼便。于是衡、谭奏议曰:'陛下圣德,聪明上通,承天之大,典览群下,使务悉心尽虑,议郊祀之处,天下幸甚。……今议者五十八人,其五十人言当徙之义,皆著于经传,同于上世,便于吏民;

八人不案经艺,考古制,而以为不宜,无法之议,难以定吉凶。《太誓》曰:"正稽古立功立事,可以永年,丕天之大律。"《诗》曰"毋曰高高在上,陟降厥士,日监在兹",言天之日监王者之处也。又曰"乃眷西顾,此维予宅,"言天以文王之都为居也。宜于长安定南北郊,为万世基。'天子从之。"杨志刚《汉代礼制和文化略论》(《复旦学报》1992年第3期)说:"成帝继位,匡衡等人即提出改革郊礼的建议。内容主要有三点:1.将甘泉郊泰畤的活动移至长安;2.古制祭祀上帝'贵诚上质',而甘泉紫坛'有文章采镂黼黻之饰及玉、女乐'等等,'宜皆勿修';3.罢除雍五畤和一切淫祀;凡'不应礼'者,一概罢除。当时有五十八位朝臣参加了关于甘泉泰畤'徙置长安'讨论,结果匡衡一派以五十票的优势获胜。儒臣们以为,汉武帝'立甘泉、汾阴之祠,皆出方士之言,非据经典者也'。这场讨论反映了儒家与神仙方术家之间的斗争及其走向。"

杨兴、驷胜言黄雾阴盛侵阳之气。

按:《汉书·成帝纪》曰:"夏四月,黄雾四起,博问公卿大夫,无所讳。"故此杨兴、驷胜作《黄雾对》言说阴阳之事。

薛宣作上疏言吏多苛政(《资治通鉴》卷二九)。

王尊弹劾匡衡、张谭而左迁为高陵令(《汉书·赵尹韩张两王传》)。

张禹领尚书事,赐爵关内侯(《汉书·张禹传》)。

彭宣为右扶风,迁廷尉。

按:《汉书·隽疏于薛平彭传》曰:"彭宣字子佩,淮阳阳夏人也。治《易》,事张禹,举为博士,迁东平太傅。禹以帝师见尊信,荐宣经明有威重,可任政事,繇是入为右扶风,迁廷尉,以王国人出为太原太守。"彭宣曾从张禹受《易》,亦兼《梁丘》与《施氏》二家之学。

刘向更名,领护三辅都水,迁光禄大夫。

按:《汉书·楚元王传》曰:"成帝即位,显等伏辜,更生乃复进用,更名向。向以故九卿召拜为中郎,使领护三辅都水。数奏封事,迁光禄大夫。"

五鹿充宗贬为玄菟太守。

按:《汉书·百官公卿表》曰:"建昭元年,尚书令五鹿充宗为少府,五年贬为玄菟太守。"《资治通鉴》卷三〇载此事为建始元年,从之。

冯逡奏请浚屯氏河;许商以为屯氏河盈溢所为,方用度不足,可且勿浚。

按:《汉书·沟洫志》曰:"成帝初,清河都尉冯逡奏言:'郡承河下流,……可复浚以助大河泄暴水,……不豫修治,北决病四五郡,南决病十余郡,然后忧之,晚矣。'事下丞相、御史,白博士许商治《尚书》,善为算,能度功用。遣行视,以为屯氏河盈溢所为,方用度不足,可且勿浚。"冯逡为奉世之子,《汉书·冯奉世传》曰:"逡字子产,通《易》,太常察孝廉为郎,补谒者。建昭中,选为复土校尉。光禄勋于永举茂材,为美阳令。功次迁长乐屯卫司马,清河都尉,陇西太守。治行廉平,年四十余卒。为都尉时,言河堤方略,在《沟洫志》。"

李长著《元尚》1篇。

按:《汉书·艺文志·六艺略》曰:"《元尚》一篇。成帝时将作大匠李长作。"因此系于元帝初年。

汉成帝建始二年　庚寅　前31年

亚克兴海战，罗马胜安东尼及托勒密埃及联军。

正月，罢雍五畤（《汉书·成帝纪》）。

辛巳，成帝始郊祀长安南郊；诏减天下赋钱，算四十（《汉书·成帝纪》）。

二月，诏三辅内郡举贤良方正各1人（《汉书·成帝纪》）。

三月，罢六厩、技巧官（《汉书·成帝纪》）。

秋，罢太子博望苑，以赐宗室朝请者；减乘舆厩马（《汉书·成帝纪》）。

匡衡上书请罢诸淫祀。

按：《汉书·郊祀志》曰："明年，上始祀南郊，赦奉郊之县及中都官耐罪囚徒。是岁，衡、谭复条奏：'长安厨官、县官给祠，郡国候神方士使者所祠，凡六百八十三所，其二百八所应礼，及疑无明文，可奉祠如故。其余四百七十五所不应礼，或复重，请皆罢。'奏可。本雍旧祠二百三所，唯山川诸星十五所为应礼云。若诸布、诸严、诸逐，皆罢。杜主有五祠，置其一。又罢高祖所立梁、晋、秦、荆巫、九天、南山、莱中之属，及孝文渭阳、孝武薄忌泰一、三一、黄帝、冥羊、马行、泰一、皋山山君、武夷、夏后启母石、万里沙、八神、延年之属，及孝宣参山、蓬山、之罘、成山、莱山、四时、蚩尤、劳谷、五床、仙人、玉女、径路、黄帝、天神、原水之属，皆罢。候神方士使者副佐、本草待诏七十余人皆归家。"

杜钦上书成帝戒女色（《汉书·杜周传》）。

王章以执金吾迁太仆（《汉书·百官公卿表》）。

汉成帝建始三年　辛卯　前30年

罗马入亚历山大城。埃及亡。

秋，关内大雨四十余日，京师民讹言大水至，长安中大乱（《资治通鉴》卷三〇）。

十二月，以日食地震同日俱发，诏举方正能直言极谏之士。

按：《汉书·成帝纪》曰："冬十二月戊申朔，日有蚀之。夜，地震未央宫殿中。诏曰：'盖闻天生众民，不能相治，为之立君以统理之。君道得，则草木、昆虫咸得其所；人君不德，谪见天地，灾异娄发，以告不治。朕涉道日寡，举错不中，乃戊申日蚀、地震，朕甚惧焉。公卿其各思朕过失，明白陈之。"女无面从，退有后言。"丞相、御史与将军、列侯、中二千石及内郡国举贤良方正能直言极谏之士，诣公车，朕将览焉。'"

丁丑，匡衡免丞相为庶人（《汉书·百官公卿表》、《资治通鉴》卷三〇）。

是年前后，已有书肆出现。

按：扬雄《法言·吾子篇》曰："好书，而不要之仲尼，书肆也。"这是文献上首次提到书肆。郑士德《中国图书发展史》（中国时代经济出版社 2009 年版）认为，其产生上限为武帝末期（前 90 年左右），下限为成帝初（前 30 年左右），即大概公元前 1 世纪。

刘向对成帝甘泉泰畤问。

按：《汉书·郊祀志》曰："明年，匡衡坐事免官爵。众庶多言不当变动祭祀者。又初罢甘泉泰畤作南郊日，大风坏甘泉竹宫，折拔畤中树木十围以上百余。天子异之，以问刘向。对曰：'家人尚不欲绝种祠，况于国之神宝旧畤！且甘泉、汾阴及雍五畤始立，皆有神祇感应，然后营之，非苟而已也。武、宣之世，奉此三神，礼敬敕备，神光尤著。祖宗所立神祇旧位，诚未易动。及陈宝祠，自秦文公至今七百余岁矣，汉兴世世常来，光色赤黄，长四五丈，直祠而息，音声砰隐，野鸡皆雊。每见雍太祝祠以太牢，遣候者乘一乘传驰诣行在所，以为福祥。高祖时五来，文帝二十六来，武帝七十五来，宣帝二十五年，初元元年以来亦二十来，此阳气旧祠也。及汉宗庙之礼，不得擅议，皆祖宗之君与贤臣所共定。古今异制，经无明文，至尊至重，难以疑说正也。前始纳贡禹之议，后人相因，多所动摇。《易大传》曰："诬神者殃及三世。"恐其咎不独止禹等。'上意恨之。"

谷永作《建始三年举方正对策》。

按：《汉书·谷永杜邺传》曰："建始三年冬，日食、地震同日俱发，诏举方正直言极谏之士，太常阳城侯刘庆忌举永待诏公车。"故谷永有此对策。汉代末期奏疏与对策大都与灾异有关。

杜钦作《举贤良方正对策》。

按：《汉书·杜周传》曰："后有日蚀、地震之变，诏举贤良方正能直言士，合阳侯梁放举钦。"故杜钦有此对策。

汉成帝建始四年　壬辰　前 29 年

正月，罢中书宦官，初置尚书员 5 人（《汉书·成帝纪》）。

三月，王商继匡衡为丞相（《汉书·王商传》）。

按：王商是成帝时期唯一一个不是儒生的丞相。

夏，上悉召前所举直言之士，诣白虎殿对策（《资治通鉴》卷三〇）。

秋，大水，河决东郡金堤（《汉书·成帝纪》）。

谷永以白虎对策为王凤说项，迁光禄大夫，作书谢王凤（《汉书·谷

罗马关闭杰纳斯神殿之门。

孙宝为议郎。

按：《后汉书·孙宝传》曰："宝字子严，颍川鄢陵人，受学于管路，以明经为郡吏。"马勇《汉代春秋学研究》（四川人民出版社1990年版）系于是年，从之。

杜钦作《白虎殿对策》。

按：《汉书·杜周传》曰："其夏，上尽召直言之士诣白虎殿对策，策曰：'天地之道何贵？王者之法何如？《六经》之义何上？人之行何先？取人之术何以？当世之治何务？各以经对。'钦对曰：'臣闻天道贵信，地道贵贞；不信不贞，万物不生。生，天地之所贵也。王者承天地之所生，理而成之，昆虫草木靡不得其所。王者法天地，非仁无以广施，非义无以正身；克己就义，恕以及人，《六经》之所上也。不孝，则事君不忠，莅官不敬，战阵无勇，朋友不信。孔子曰："孝无终始，而患不及者，未之有也。"孝，人行之所先也。观本行于乡党，考功能于官职，达观其所举，富观其所予，穷观其所不为，乏观其所不取，近观其所为主，远观其所主。孔子曰："视其所以，观其所由，察其所安，人焉廋哉？"取人之术也。殷因于夏尚质，周因于殷尚文，今汉家承周、秦之敝，宜抑文尚质，废奢长俭，表实去伪。孔子曰"恶紫之夺朱"，当世治之所务也。臣窃有所忧，言之则拂心逆指，不言则渐日长，为祸不细，然小臣不敢废道而求从，违忠而耦意。臣闻玩色无厌，必生好憎之心；好憎之心生，则爱宠偏于一人；爱宠偏于一人，则继嗣之路不广，而嫉妒之心兴矣。如此，则匹妇之说，不可胜也。唯陛下纯德普施，无欲是从，此则众庶咸说，继嗣日广，而海内长安。万事之是非何足备言！'"

谷永作《白虎殿对》。

按：杜钦与谷永同时对策白虎殿。《资治通鉴》卷三○曰："夏，上悉召前所举直言之士，诣白虎殿对策。是时上委政王凤，议者多归咎焉。谷永知凤方见柄用，阴欲自托，乃曰……杜钦亦仿此意。上皆以其书示后宫，擢永为光禄大夫。"

汉成帝河平元年　癸巳　前28年

屋大维任元首（蒲林斯，意为第一公民）。

三月，以河决东郡，改元河平。

按：《汉书·成帝纪》曰："元年春三月，诏曰：'河决东郡，流漂二州，校尉王延世堤塞辄平，其改元为河平。赐天下吏民爵，各有差。'"

四月己亥晦，日蚀。诏大赦天下。

按：《汉书·成帝纪》曰："夏四月己亥晦，日有蚀之，既。诏曰：'朕获保宗庙，战战栗栗，未能奉称。《传》曰："男教不修，阳事不得，则日为之蚀。"天著厥异，辜在朕躬。公卿大夫其勉悉心，以辅不逮。百寮各修其职，惇任仁人，退远残贼。陈朕过失，无有所讳。'大赦天下。"

六月，罢典属国并大鸿胪（《汉书·成帝纪》）。

九月，诏议减死刑及律令可简者；复太上皇寝庙园（《汉书·成帝纪》、

《汉书·刑法志》）。

是年，成帝采谷永、刘向之言谕诫皇后（《资治通鉴》卷三〇）。

平当谏复太上皇寝庙园。

按：平当为汉代《尚书》学者，明《禹贡》，开创欧阳派《尚书》中的平氏《尚书》学。其《尚书》学自林尊，与陈翁生为同学；传《尚书》于朱普、鲍宣。《汉书·隽疏于薛平彭传》曰："平当字子思，祖父以訾百万，自下邑徙平陵。当少为大行治礼丞，功次补大鸿胪文学，察廉为顺阳长、栒邑令，以明经为博士，公卿荐当论议通明，给事中。每有灾异，当辄傅经术，言得失。文雅虽不能及萧望之、匡衡，然指意略同。自元帝时，韦玄成为丞相，奏罢太上皇寝庙园，当上书言：'臣闻孔子曰："如有王者，必世而后仁。"三十年之间，道德和洽，制礼兴乐，灾害不生，祸乱不作。今圣汉受命而王，继体承业二百余年，孜孜不怠，政令清矣。然风俗未和，阴阳未调，灾害数见，意者大本有不立与？何德化休征不应之久也！祸福不虚，必有因而至者焉。宜深迹其道而务修其本。昔者帝尧南面而治，先"克明俊德，以亲九族"，而化及万国。《孝经》曰："天地之性人为贵，人之行莫大于孝，孝莫大于严父，严父莫大于配天，则周公其人也。"夫孝子善述人之志，周公既成文武之业而制作礼乐，修严父配天之事，知文王不欲以子临父，故推而序之，上极于后稷而以配天。此圣人之德，亡以加于孝也。高皇帝圣德受命，有天下，尊太上皇，犹周文武之追王太王、王季也。此汉之始祖，后嗣所宜尊奉以广盛德，孝之至也。《书》云："正稽古建功立事，可以永年，传于亡穷。"'上纳其言，下诏复太上皇寝庙园。"

刘宇来朝求诸子及《太史公书》，不得。

按：《汉书·宣元六王传》曰："'后年来朝，上疏求诸子及《太史公书》，上以问大将军王凤，对曰：'臣闻诸侯朝聘，考文章，正法度，非礼不言。今东平王幸得来朝，不思制节谨度，以防危失，而求诸书，非朝聘之义也。诸子书或反经术，非圣人；或明鬼神，信物怪；《太史公书》有战国纵横权谲之谋，汉兴之初谋臣奇策，天官灾异，地形阨塞：皆不宜在诸侯王。不可予。不许之辞宜曰：《五经》圣人所制，万事靡不毕载。王审乐道，傅相皆儒者，旦夕讲诵，足以正身虞意。夫小辩破义，小道不通，致远恐泥，皆不足以留意。诸益于经术者，不爱于王。'对奏，天子如凤言，遂不与。"从中可见当时君臣对诸子及《史记》的看法，说明《史记》在当时的流传还比较艰难。宋原放主编《中国出版史料》第二卷《古代部分》（湖北教育出版社、山东教育出版社2004年版）说："此事为西汉东平王刘宇求成帝赐书，时间在建始五年，即公元前28年，上距惠帝除挟书律163年。东平王刘宇，宣帝之子，成帝叔父。从刘宇求赐书而不得，可知其时诸子及《史记》一般不公开流通。"

刘向作《日食对》。

按：《资治通鉴》卷三〇曰："夏，四月，己亥晦，日有食之。诏公卿百僚陈过失，无有所讳。大赦天下。光禄大夫刘向对曰：'四月交于五月，月同孝惠，日同孝昭，其占恐害继嗣。'是时许皇后专宠，后宫希得进见，中外皆忧上无继嗣，故杜钦、谷永及向所对皆及之。上于是减省椒房、掖廷用度，服御、舆驾所发诸官署及所造作，遗赐外家、群臣妾，皆如竟宁以前故事。"

洼丹（ —41）生。

汉成帝河平二年　甲午　前 27 年

正月，匈奴单于遣使朝献，成帝遣归(《资治通鉴》卷三〇)。

六月，悉封诸舅王谭、王商、王立、王根、王逢时为列侯，五人同日封，世称"一日五侯"，王氏专权自此始(《汉书·成帝纪》)。

是年，平西南夷。

按：《资治通鉴》卷三〇系于是年。

平当等考试常山王禹弟子宋晕所说河间献王之《乐记》。

按：《汉书·礼乐志》曰："至成帝时，谒者常山王禹世受河间乐，能说其义，其弟子宋晕上书言之，下大夫博士平当等考试。当以为'汉承秦灭道之后，赖先帝圣德，博受兼听，修废官，立大学，河间献王聘求幽隐，修兴雅乐以助化。时大儒公孙弘、董仲舒等皆以为音中正雅，立之大乐。春秋乡射，作于学官，希阔不讲。故自公卿大夫观听者，但闻铿锵，不晓其意，而欲以风谕众庶，其道无由。是以行之百有余年，德化至今未成。今晕等守习孤学，大指归于兴助教化。衰微之学，兴废在人。宜领属雅乐，以继绝表微。孔子曰："人能弘道，非道弘人。"河间区区，小国藩臣，以好学修古，能有所存，民到于今称之，况于圣主广被之资，修起旧文，放郑近雅，述而不作，信而好古，于以风示海内，扬名后世，诚非小功小美也。'事下公卿，以为久远难分明，当议复寝。"刘向明年校书时曾见河间献王《乐记》，所以系于是年。

杜钦时为议郎，谏王凤勿专权(《汉书·杜周传》)。

张忠时任御史大夫，弹劾王尊(《汉书·赵尹韩张两王传》)。

谷永时为光禄大夫，与杜钦共议不受匈奴降(《汉书·匈奴传》)。

许商著《许商算术》、杜忠著《杜忠算术》成书。

按：《汉书·艺文志》著录"《许商算术》二十六卷，《杜忠算术》十六卷"，明年陈农搜求天下遗书，得许商、杜忠《算术》，则此年之前已成书。许商，字长伯，长安人。公元前29年至公元前27年间，曾任博士、河堤都尉，四度为九卿，三次受命治理黄河长达十余年。其精通《尚书》，擅计算，著有《五行传记》、《许商算术》。

罗马元老院上屋大维尊号"奥古斯都"。罗马帝国朱利亚—克劳狄王朝始。

是年，瓦罗卒(前 116—　)。罗马政治家、作家、学者。筹建罗马第一座公共图书馆。著有《古代》、《拉丁文法》、《论农业》等。

汉成帝河平三年　乙未　前 26 年

二月，犍为地震，山崩，壅江，水逆流(《汉书·成帝纪》)。

八月乙卯晦，日蚀（《汉书·成帝纪》）。

是年，诏谒者陈农求遗书于天下（《汉书·成帝纪》）。

刘向、任宏、尹咸、李柱国应诏分校群书，刘向总其成。

按：《汉书·成帝纪》载河平三年"光禄大夫刘向校中秘书。谒者陈农使，使求遗书于天下。"颜师古曰："言令陈农为使，而使之求遗书也。"《汉书·艺文志》曰："昔仲尼没而微言绝，七十子丧而大义乖。故《春秋》分为五，《诗》分为四，《易》有数家之传。战国从衡，真伪分争，诸子之言纷然殽乱。至秦患之，乃燔灭文章，以愚黔首。汉兴，改秦之败，大收篇籍，广开献书之路。迄孝武世，书缺简脱，礼坏乐崩，圣上喟然而称曰：'朕甚闵焉！'于是建藏书之策，置写书之官，下及诸子传说，皆充秘府。至成帝时，以书颇散亡，使谒者陈农求遗书于天下。诏光禄大夫刘向校经传诸子诗赋。与步兵校尉任宏校兵书，太史令尹咸校数术，侍医李柱国校方技。每一书已，向辄条其篇目，撮其旨意，录而奏之。会向卒，哀帝复使向子侍中奉车都尉歆卒父业。歆于是总群书而奏其《七略》。"《汉书·艺文志·六艺略》"易"下曰："刘向以中《古文易经》校施、孟、梁丘经，或脱去'无咎'、'悔亡'。""书"下曰："刘向以中古文校欧阳、大小夏侯三家经文，《酒诰》脱简一，《召诰》脱简二。率简二十五字者，脱亦二十五字；简二十二字者，脱亦二十二字。文字异者七百有余，脱字数十。"又《文选·魏都赋》注引《风俗通》曰："刘向《别录》：'校雠，一人读书，校其上下，得谬误为校。一人持本，一人读书，若怨家相对为雠。'"由此可知刘向校书之大略，其校雠方法对后代校勘典籍颇有影响。王先谦《汉书补注》曰："《汉书·刘向传》：'上方精于《诗》、《书》，观古文，诏向领校中《五经》秘书'"。"则刘向既专校经传、诸子、诗赋，又领校群书以总其成。一书校毕，条其篇目，撮其意旨，录而奏之，遂成《别录》。"此为西汉第三次大规模征求图书，遂使图书"积丘如山"。首次为武帝元朔五年（前124），命丞相公孙弘广开献书之途，得河间献王刘德等响应。第二次为武帝末鲁恭王扩建宫室，坏孔子宅，得《古文尚书》及《礼记》等。据《七略》和《汉书艺文志拾补》所著录，三次征书共得书72部，919家，数万卷之多。本次如此大规模地征求图书，对古代图书的校勘学、版本学、目录学、图书馆学，以及其他专科学术研究都具有特别重要的意义。由此开始了我国历史上第一次大规模的古籍整理。孙德谦《刘向校雠学纂微》（台北正中书局1971年版）将刘向校书的过程总结为23步：一曰备众本，二曰订脱误，三曰删重复，四曰条篇目，五曰定书名，六曰谨编次，七曰析内外，八曰待刊改，九曰分部类，十曰辨异同，十一曰通学术，十二曰叙源流，十三曰究得失，十四曰撮指意，十五曰撰叙录，十六曰述疑似，十七曰准经义，十八曰征史传，十九曰辟旧说，二十曰增佚文，二十一曰考师承，二十二曰纪图卷，二十三曰存别义。姚福申《中国编辑史》（复旦大学出版社1990年版）说："中国的古籍经过刘向等人的校订和编次，每部书都有了明确的书名、篇名、作者、目录、叙录、正文和附件，全书次序井然、字句标准化，已明显地不同于初创时期的书籍了。中国书籍的基本形态，在刘向校书时才大致奠定了基础。刘向父子所编校的图书，从数量和范围来看，几乎囊括了当时的全部古籍，从质量上看，无论是体例的科学性或校勘的精确性都达到了前所未有的高度。刘向父子无愧为中国编辑工作的奠基人。"

又按：王先谦《汉书补注》引陶宪曾曰："据《哀纪》《公卿志》，有任宏字伟公，为执金吾，守大鸿胪，盖即其人。"尹咸为尹更始之子，传《谷梁》学，又通《左氏》。刘歆之《左传》学得自尹咸与翟方进。周寿昌《汉书注校补》曰："尹咸，本书《刘歆传》作丞相史,能治《左氏》。谏大夫,更始之子,官至大司农。"杨树达《汉书窥管》(上海古籍出版社1984年版)曰:"《刘歆传》云:'丞相史尹咸以能治《左氏》,与歆共校经传。'而咸不仅校数术也。"

杜参、班斿、望等受诏襄刘向校书。

按: 顾实《汉书艺文志讲疏》(上海古籍出版社1987版)曰:"(任宏、尹咸、李柱国)三人,盖皆襄向校书,专门分任。然与校可考者,尚有杜参、班斿,则又必不止此数人。"钱穆《两汉经学今古文平议》(商务印书馆2001年版)考证参与校书的人:1.杜参。《艺文志》有博士弟子《杜参赋》二篇。师古曰:"刘向《别录》云:'臣向谨与长社尉杜参校中秘书'。刘歆又云:'参,杜陵人,以阳朔元年病死,时年二十余'。"钱穆认为,《晏子春秋》叙录"臣向谨与长社尉臣参校雠",即此人。2.班斿。《汉书·叙传》曰:"班斿博学有俊材。左将军史丹举贤良方正,以对策为议郎,迁谏大夫,右曹中郎将,与刘向校秘书。"3.望。钱穆说:"《山海经》第九第十三卷末,有建平元年四月丙戌臣望校云云","其姓字不可考,《山海经》经刘歆所上,望则助歆校书者,或其人向是为助校不可知。"宋原放主编《中国出版史料》第二卷《古代部分》(湖北教育出版社2004年版)说:"《汉书·叙传上》:'班斿,博学有俊材,左将军史丹举贤良方正,以对策为议郎,迁谏大夫、右中郎将,与刘向校秘书,每奏事。(师古注:斿每奏校书之事)斿以选受诏进读群书。(师古注:于天子前读书。)上器其能,赐以秘书之副。时书不布。自东平王以叔父求《太史公书》、诸子书,大将军不许,语在《东平王传》。'

又按: 班斿(读如游),班固从伯祖。"大将军不许",大将军者,王凤也。从"时书不布"可知成帝时秘府之书不得在社会。

刘歆初入仕为黄门郎,奉诏襄其父刘向校理经传。

按:《汉书·楚元王传》曰:"歆字子骏,少以通《诗》、《书》能属文,召见成帝,待诏宦官者署,为黄门郎。"《汉书·刘歆传》曰:"丞相史尹咸以能治《左氏》,与歆共校经传。"后刘向卒,刘歆奉命继承父业,总群书而奏其《七略》。《太平御览》卷二二一引《刘向集》曰:"《书诫子歆》曰:'今若年少,得黄门侍郎,显处也,新拜皆谢贵人,叩头谨战战乃可必免。'"《汉书·元后传》曰:"大将军凤用事,上遂谦让无所颛。左右常荐光禄大夫刘向少子歆通达有异材。上召见歆,诵读诗赋,甚说之,欲为中常侍,召取衣冠。临当拜,左右皆曰:'未晓大将军。'上曰:'此小事,何须关大将军?'左右叩头争之。上于是语凤,凤以为不可,乃止。其见惮如此。"刘汝霖《汉晋学术编年》(中华书局1987年版)卷三考证曰:"按《刘歆传》称歆于河平中受诏与父向领校秘书,则歆之被引用,至迟不得过河平时。考《王凤传》,帝之欲用歆,在河平二年封王侯之后。故志之于此。《歆传》称'歆少以通《诗》、《书》能属文,召见成帝,待诏宦者署,为黄门郎。'而《凤传》则称'上召见歆,诵读诗赋,甚悦之,欲以为中常侍。'皆似记刘歆初见成帝者,窃疑此本一事,因传说不同而记载少异。盖歆见帝之后,即拜为黄门侍郎,不久即欲转为中常侍也。"

许商与光禄大夫王延世等共治河(《资治通鉴》卷三〇)。

刘向著《别录》。

按: 刘向总领校中五经秘书,条其篇目,撮其旨意,录而奏之,汇为《别录》。《汉书·艺文志》曰:"每一书已,向辄条其篇目,撮其旨意,录而奏之。"《别录》为中国首部综合性群书目录,其中著录图书603家,13219卷,分为六部。该书奠定中国目录学基础,形成目录学"辨章学术,考镜源流"之传统。流传未久,即已散佚。《隋书·

经籍志二》曰:"《七略别录》二十卷,刘向撰。"陈国庆《汉书艺文志注释汇编》(中华书局 1983 年版)说:"向所做的《书录》,其附在本书的谓之《叙录》。现今所存的,只《战国策》、《管子》、《晏子》、《孔子》、《荀子》、《邓析子》、《说苑》七书中各一篇,共七篇。共他如《关尹子》、《子华子》二书中云《叙录》,伪托不足信。"刘向《别录》与刘歆《七略》之关系,孙启治、陈建华编《古佚书辑本目录》云:"是向撰《别录》于前,而歆继父业成《七略》于后也。然父子同事,前后相继,其撰述有不能区分判然者,故《隋志》或并而称之,为《七略别录》者。《隋》、《唐志》并载刘向《七略别录》二十卷。"

刘向著《洪范五行传论》11 卷。

按:《汉书·楚元王传》曰:"向以为外戚贵盛,凤兄弟用事之咎。而上方精于《诗书》,观古文,诏向领校中《五经》秘书。向见《尚书·洪范》,箕子为武王陈五行阴阳休咎之应。向乃集合上古以来历春秋六国至秦汉符瑞灾异之记,推迹行事,连传祸福,著其占验,比类相从,各有条目,凡十一篇,号曰《洪范五行传论》,奏之。"《汉书·艺文志·六艺略·书》著录刘向《五行传记》十一卷。《汉书·五行志》曰:"汉兴,承秦灭学之后,景、武之世,董仲舒治《公羊春秋》,始推阴阳,为儒者宗。宣、元之后,刘向治《谷梁春秋》,数其祸福,传以《洪范》,与仲舒错。至向子欲治《左氏传》,其《春秋》意亦已乖矣;言《五行传》,又颇不同。"

许商约于是年著《五行传记》1 篇。

按:《汉书·艺文志》著录有许商《五行传记》一篇,章学诚《校雠通义·内篇三》曰:"刘向、许商二家,各有《五行传记》,当互见于五行类。夫《书》非专为五行也,五行专家,则本之于《书》也,故必互见,乃得原委。"王先谦《汉书补注》曰:"商治《尚书》,善为算,见《沟洫志》。著《五行论历》,见《儒林传》。"据钱穆(《刘向歆父子年谱》,载《两汉经学今古文平议》,商务印书馆 2001 年版)考证,许商与刘向为同时代人。许氏"治大夏侯《尚书》,其弟子显于莽朝。昔沈约有云:'伏生创纪《大传》,五行之体始详。刘向广演《洪范》,休咎之文益备'。《隋志》'伏生之《传》,唯刘向父子所著《五行》是其本法',则向歆父子因得与许氏之学相通矣"。

郭宪(—约 55)约生。

汉成帝河平四年　丙申　前 25 年

正月,匈奴单于来朝(《汉书·成帝纪》)。

二月,单于罢归国(《汉书·成帝纪》)。

三月癸丑朔,日蚀(《汉书·成帝纪》)。

三月,遣光禄大夫等 11 人巡行濒河郡县;诏举纯厚有行、能直言之士(《汉书·成帝纪》)。

四月,王商免丞相(《汉书·百官公卿表》)。

六月,张禹继王商为丞相;改元阳朔(《汉书·成帝纪》、《汉书·百官公按：应劭曰："时阴盛阳微故改元阳朔，欲阳之苏息也。"颜师古曰："朔，始也，以火生石中，言阳气之始。"

韦安世迁大鸿胪（《汉书·百官公卿表》）。
王章以司隶校尉迁京兆尹（《汉书·百官公卿表》）。

张霸上百两篇《尚书》。

按：《汉书·儒林传》曰："世所传《百两篇》者，出东莱张霸，分析合二十九篇以为数十，又采《左氏传》、《书叙》为作首尾，凡百二篇，篇或数简，文意浅陋。成帝时求其古文者，霸以能为《百两》征，以中书校之，非是。霸辞受父，父有弟子尉氏樊并。时太中大夫平当、侍御史周敞劝上存之。"王先谦《汉书补注》曰："王引之曰：'合'字与上下文意不相属，盖'今'字之误。'今'谓伏生所传之书也。分析今之二十九篇，以为数十也。"沈钦韩《汉书疏证》曰："《书正义》，郑作《书论》，依《尚书纬》云孔子求书，得黄帝元孙帝魁之书，迄于秦穆公，凡三千二百四十篇。断远取近，定可以为世法者百二十篇，以百二篇为《尚书》，十八篇为《中侯》，去三千一百二十篇。"《论衡·佚文篇》曰："孝武皇帝封北为鲁恭王。恭王坏孔子宅以为宫，得佚《尚书》百篇……孝成皇帝读百篇《尚书》，博士郎吏莫能晓知，征天下能为《尚书》者，东海张霸通左氏《春秋》，案百篇序，以左氏训诂，造作百二篇，具成，奏上。成帝出秘《尚书》以校考之，无一字相应者。成帝下霸于吏，吏当器辜磊不谨敬。成帝奇霸之才，赦其辜，亦不灭其经，故百二篇书传在民间。"

科内留斯·内波斯卒（约前100— ）。罗马历史学家。著有《名人传》等。

蔡茂（ —47）、郭丹（ —62）生。

汉成帝阳朔元年　丁酉　前24年

二月丁未晦，日蚀（《汉书·成帝纪》）。
三月，诏赦天下徒（《汉书·成帝纪》）。

刘歆被召见谈诗赋，成帝欲启用为中常侍，为王凤所阻（《资治通鉴》卷十）。
王章上疏言王凤不可任用，以大逆罪死狱中。

按：《汉书·赵尹韩张两王传》曰："王章字仲卿，泰山巨平人也。少以文学为官，稍迁至谏大夫，在朝廷名敢直言。元帝初，擢为左曹中郎将，与御史中丞陈咸相善，共毁中书令石显，为显所陷，咸减死髡，章免官。成帝立，征章为谏大夫，迁司隶校尉，大臣贵戚敬惮之。王尊免后，代者不称职，章以选为京兆尹。时，帝舅大将军王凤辅政，章虽为凤所举，非凤专权，不亲附凤。会日有蚀之，章奏封事，召见，言凤不可任用,宜更选忠贤。上初纳受章言,后不忍退凤。章由是见疑,遂为凤所陷,罪至大逆。语在《元后传》。"

杜钦建言王凤上疏乞骸骨,又举荐王章直言极谏。

按:《汉书·杜周传》曰:"顷之,复日蚀,京兆尹王章上封事求见,果言凤专权蔽主之过,宜废勿用,以应天变。于是天子感悟,召见章,与议,欲退凤。凤甚忧惧,钦令凤上疏谢罪,乞骸骨,文指甚哀。太后涕泣为不食。上少而亲倚凤,亦不忍废,复起凤就位。凤心惭,称病笃,欲遂退。……凤复起视事。上令尚书劾奏京兆尹章,章死诏狱。语在《元后传》。章既死,众庶冤之,以讥朝廷。钦欲救其过,复说凤曰:'京兆尹章所坐事密,吏民见章素好事,以为不坐官职,疑其以日蚀见对有所言也。假令章内有所犯,虽陷正法,事不暴扬,自京师不晓,况于远方。恐天下不知章实有罪,而以为坐言事也。如是,塞争引之原,损宽明之德。钦愚以为宜因章事举直言极谏,并见郎从官展尽其章,加于往前,以明示四方,使天下咸知主上圣明,不以言罪下也。若此,则流言消释,疑惑著明。'凤白行其策。钦之补过将美,皆此类也。"

王章荐冯野王,未被任用(《汉书·赵尹韩张两王传》)。

按:冯野王为冯奉世之子,通《诗》。

薛宣为左冯翊(《汉书·百官公卿表》)。

刘向著《新序》成。

按:《汉书·楚元王传》曰:"向睹俗弥奢淫,而赵、卫之属起微贱,逾礼制。向以为王教由内及外,自近者始。故采取《诗》、《书》所载贤妃贞妇,兴国显家可法则,及孽嬖乱亡者,序次为《列女传》,凡八篇,以戒天子。及采传记行事,著《新序》、《说苑》凡五十篇奏之。数上疏言得失,陈法戒。书数十上,以助观览,补遗阙。上虽不能尽用,然内嘉其言,常嗟叹之。"钱穆《刘向歆父子年谱》(《两汉经学今古文平议》,商务印书馆2001年版)根据《刘向传》记载《新序》、《说苑》、《列女传》在《谏昌陵宫》之后,遂定其作于永始元年。刘跃进《秦汉文学编年史》(商务印书馆2006年版)以为"三书未必成于同一年",并考证如下:《玉海》卷五五"艺文":"汉《新序》、《说苑》。《刘向传》向采传记行事者著《新序》、《说苑》凡五十篇,奏之(《新序》阳朔元年二月癸卯上。《说苑》鸿嘉四年三月己亥上)。《志》儒家刘向所序六十七篇,注:《新序》、《说苑》、《世说》、《列女传颂图》。《唐志》儒家类刘向《新序》三十卷(《隋志》又录一卷),又《说苑》三十卷(《隋志》同。文中子读《说苑》曰:'可以辅教矣')。《中兴书目》杂家《新序》十卷,汉阳朔元年刘向撰,远至舜禹,次及周秦,古人嘉言善行,悉采摭。序载总一百八十三章。《说苑》二十卷,汉鸿嘉四年刘向撰,采传记百家所载行事之迹,凡二十篇。总七百八十四章上之。曾巩序:……。据此,《新序》本年以完成。而《新苑》成于鸿嘉四年。至于《列女传》之成书年代不详,但是根据东海出土文献,在元延三年之前已经问世,故其下限不晚于该年。"罗根泽《〈新序〉〈说苑〉〈列女传〉不作于刘向考》(《古史辨》第四册)据《说苑》、《列女叙录》皆曰'校'字,认为'刘向时已有成书,已有定名,故刘向得读而校之,其非作始刘向毫无疑义。惟《新序》一书,叙录久佚,无从考证。然《说苑叙录》言"除去与《新序》复重者"云云,则《新序》亦当时已成之书,非自刘向撰者。'"此说或有道理,因为新近发现的简帛资料时常有见于三书者,说明刘向编辑三书乃辑录故事而成。

又按:《四库全书总目提要》曰:"《新序》十卷,汉刘向撰。向字子政,初名更生。以父任为辇郎,历官中垒校尉。事迹具《汉书》本传。案班固《汉书·艺文志》,称向所序六十七篇，《新序》、《说苑》、《世说》、《列女传》，《颂图》也。《隋书·经籍志》，《新序》三十卷，《录》一卷。《唐书·艺文志》，其目亦同。曾巩《校书序》则云，今可见者十篇。巩与欧阳修同时，而其所言卷帙悬殊。盖《艺文志》所载据唐时全本为言，巩所校录则宋初残阙之本也。晁公武谓曾子固缀辑散逸，《新序》始复全者，误矣。此本杂事五卷，刺奢一卷，节士二卷，善谋二卷，盖即曾巩校定之旧。《崇文总目》云，所载皆战国、秦、汉间事。以今考之，春秋时事尤多，汉事不过数条。大抵采百家传记，以类相从，故颇与《春秋内外》、《战国策》、《太史公书》互相出入。高似孙《子略》谓，先秦古书，甫脱烬劫，一入向笔，采撷不遗。至其正纪纲，迪教化，辨邪正，黜异端，以为汉规监者，尽在此书。固未免推崇已甚。要其推明古训，以衷之于道德仁义，在诸子中犹不失为儒者之言也。叶大庆《考古质疑》摘其昭奚恤对秦使者一条，所称司马子反在奚恤前二百二十年，叶公子高、令尹子西在奚恤前一百三十年，均非同时之人。又摘其误以孟子论好色好勇为对梁惠王，皆切中其失。至大庆谓黍离乃周诗，《新序》误云卫宣公之子寿，闵其兄且见害而作，则殊不然。向本学鲁诗，而大庆以毛诗绳之，其不合也固宜。是则未考汉儒专门授受之学矣。"

扬雄作《反离骚》、《广离骚》、《畔牢愁》。

按：《反离骚》中有"汉十世之阳朔兮，招摇纪于周正"，晋灼注："十世数高祖、吕后至成帝也。成帝八年乃称阳朔。"应劭注："周正，十一月也。"苏林注："言已以此时吊屈原也。"知此《反离骚》作于本年之十一月。丁介民《扬雄年谱》（菁华出版社1976年版）系于本年，并以为《畔牢愁》也作于本年。陆侃如《中古文学系年》（人民文学出版社1985年版）系于下年。吴则虞《扬雄思想评议》（《哲学研究》1957年第6期）以为"这篇作品很可能是写在丁酉、戊戌之际"。郑文《扬雄思想研究》（载《金城丛稿》，齐鲁书社2000年版）以为作于本年至扬雄三十三岁之间。

汉成帝阳朔二年　戊戌　前23年

春，诏顺四时月令。

按：《汉书·成帝纪》曰："诏曰：'昔在帝尧立羲、和之官，命以四时之事，令不失其序。故《书》云"黎民于蕃时雍"，明以阴阳为本也。今公卿大夫或不信阴阳，薄而小之，所奏请多违时政。传以不知，周行天下，而欲望阴阳和调，岂不谬哉！其务顺四时月令。'"

三月，诏大赦天下（《汉书·成帝纪》）。

四月，王音以侍中、太仆为御史大夫（《汉书·百官公卿表》、《资治通鉴》卷三〇）。

按：《汉书·元后传》曰："王氏爵位日盛，唯音为修整，数谏正，有忠节。"

秋，关东大水，流民欲入函谷、天井、壶口、五阮关者，勿苛留。遣谏大夫博士分行视（《汉书·成帝纪》）。

九月，诏丞相、御史其与中二千石、二千石杂举可充博士位者，使卓然可观。

按：《汉书·成帝纪》曰："九月，奉使者不称。诏曰：'古之立太学，将以传先王之业，流化于天下也。儒林之官，四海渊原，宜皆明于古今，温故知新，通达国体，故谓之博士。否则学者无述焉，为下所轻，非所以尊道德也。''工欲善其事，必先利其器。'丞相、御史其与中二千石、二千石杂举可充博士位者，使卓然可观。'"此诏说明经学博士不仅应具备广博深厚的知识，而且要善于运用通古知今的知识来为汉王朝的现实政治需要服务。

刘向四月上书言王氏日盛，谏用外戚，受元帝召见，迁中垒校尉（《汉书·楚元王传》、《资治通鉴》卷三〇、《西汉年纪》卷二五）。

戴圣时为九江太守，恃才忮刺史何武之政，后为博士。

按：《汉书·何武王嘉师丹传》曰："九江太守戴圣，《礼经》号小戴者也，行治多不法，前刺史以其大儒，优容之。及武为刺史，行部录囚徒，有所举以属郡。圣曰：'后进生何知，乃欲乱人治！'皆无所决。武使从事廉得其罪，圣惧，自免，后为博士，毁武于朝廷。武闻之，终不扬其恶。而圣子宾客为群盗，得，系庐江，圣自以子必死。武平心决之，卒得不死。自是后，圣惭服。武每奏事至京师，圣未尝不造门谢恩。"刘汝霖《汉晋学术编年》（中华书局1987年版）系于此年，今从之。

桓谭（　—56）生。

按：《后汉书·桓谭冯衍列传》曰："桓谭字君山，沛国相人也。"刘汝霖《汉晋学术编年》（中华书局1987年版）卷三考证桓谭生于此年。"考《前汉书·成帝纪》，帝以绥和二年（成帝末年）祠甘泉河东。若其时君山年十七岁，为奉车郎，则卒年已七十九岁，移前则年过八十，移后则与成帝不相及。故由其年推知出于此年。"姜亮夫撰、陶秋英校《历代年里碑传综表》（中华书局1959版）考桓谭生于成帝建始二年（前31年），卒于汉光武建武中；大久保隆郎《桓谭年谱考》谓其生于永光元年（前43年）。

汉成帝阳朔三年　　己亥　　前22年

九月，以王凤从弟王音为大司马、车骑将军辅政（《汉书·百官公卿表》、《资治通鉴》卷三一）。

谷永十一月为御史大夫，上书谏王谭及王音（《汉书·谷永杜邺传》）。

王章以右将军迁光禄勋（《汉书·百官公卿表》）。

刘歆与王莽为黄门郎（《汉书·刘向传》）。

按：此王莽、刘歆有关系之始。

严遵隐居于蜀，常卜筮于市。

按：晋常璩《华阳国志》曰："严遵，字君平，成都人。雅性澹泊，学业加妙，专精大《易》，耽于《老》、《庄》。常卜筮于市……日阅得百钱，则闭肆下帘，授《老》、《庄》，著《指归》，为道书之宗。"《汉书·王贡两龚鲍传》曰："其后谷口有郑子真，蜀有严君平，皆修身自保，非其服弗服，非其食弗食。成帝时，元舅大将军王凤以礼聘子真，子真遂不仕而终。君平卜筮于成都市。以为'卜筮者贱业，而可以惠众人。有邪恶非正之问，则依蓍龟为言利害。与人子言依于孝，与人弟言依于顺，与人臣言依于忠，各因势导之以善，从吾言者，已过半矣。'裁日阅数人，得百钱足自养，财闭肆下帘而授《老子》。博览亡不通，依老子、严周之指著书十余万言。"刘汝霖《汉晋学术编年》（中华书局1987年版）卷三曰："按严遵隐居，原非一年之事。但《汉书》传第四十二载扬雄至京师时常称君平之德，则遵在永始三年以后犹存。《高士传》称王凤请交君平，不许。考王凤卒于是年，则请交之事，最晚亦当在此年。其它事迹，无年代可考。故志之于此。"

严遵著《道德指归论》（《老子指归》）。

按：《三国志·蜀书·许糜孙简伊秦传》曰："先是，李权从宓借《战国策》，宓曰：'战国从横，用之何为？'权曰：'仲尼、严平，会聚众书，以成《春秋》、《指归》之文，故海以合流为大，君子以博识为弘。'宓报曰：'书非史记周图，仲尼不采；道非虚无自然，严平不演。……，朴对曰：'乃自先汉以来，其爵位者或不如余州耳，至于著作为世师式，不负于余州也。严君平见黄老作《指归》，扬雄见《易》作《太玄》，见《论语》作《法言》，司马相如为武帝制封禅之文，于今天下所共闻也。'"《经典释文·序录》曰："《老子》，严遵注二卷。"注曰："字君平，蜀都人，汉征士，又作《老子指归》十四卷。"《经典释文》曰"严遵《老子指归》十四卷"，《隋书·经籍志》曰"《老子指归》十一卷，严遵注"，两《唐志》皆曰"严遵志《老子指归》十四卷。冯廓撰《老子指归》十三卷"，《郡斋读书志》曰："《老子指归》十三卷，西汉严遵君平撰，谷神子注本。理国修身清净无为之说。按《唐志》有严遵《指归》四十卷（按，当作十四卷），冯廓注《指归》十三卷，此本有序注而题谷神子，疑即廓也。"《宋史·艺文志》曰"严遵《老子指归》十三卷"。清钱曾《读书敏求记》载："严君平《道德指归论》七卷至十三卷。《谷神子序》云：'《道德指归论》，陈隋之际已逸其半，今所存者只《论德篇》。"清末唐鸿学《指归跋》载："右汉严君平《道德真经指归》七卷，《序目》一卷，……存原卷第七、八、九、十、十一、十二、十三，序目在后，别为一卷。……然此书陆德明、晁公武二家所记、张君房所引，皆系全书，是宋以后始行残阙。……宋编《道藏》亦据残本七卷收入，而明刻因之，序目则径途于篇首矣。此本虽不全，而《序目》在末，其为卷，则十四之原数与《经典释文》序录、新旧《唐书·志》卷数皆合，则实为唐宋传抄旧卷无疑，以校藏本，不独字句为胜可知矣。"可见在宋以前，《老子指归》卷数的记载有十一卷、十三卷、十四卷之分，宋以后，只有十三卷之说。其中，十一卷之说只有一处提及，应当是传写之误。而十三卷之说和十四卷之说曾多次提及，这两种说法又仅一卷之差，十分接近。根据以上唐鸿学所谓"序目在末，其为卷，则十四之原数与《经典释文》序录、新旧《唐书·志》卷数皆合"，由此可知，十三卷之说和十四卷之说的差别仅在于，是否将序目也计为一卷，所以二者内容上并无本质的差别。自宋以后，《老子指归》开始部分遗失，残缺不全，仅留存关于《德经》的七卷，关于《道经》的六卷已佚失。

又按：《四库全书总目提要》曰："《老子指归》，旧本题汉严遵撰。《隋志》著录十一卷。晁公武《读书志》曰：《唐志》有严遵《指归》四十卷，冯廓注《指归》十三卷。今考新、旧唐书均载严遵《老子指归》十四卷，冯廓《老子指归》十三卷，无严遵书四十卷之说。疑公武所记为传写误倒其文也。此本为胡震亨《秘册汇函》所刊，后以板归毛晋，编入《津逮秘书》，止存六卷。钱曾《读书敏求记》云，曾得钱叔宝钞本，自七卷至十三卷，前有总序。后有人之饥也至信言不实四章，今皆失去。又引《谷神子》序云，《道德指归论》，陈、隋之间已逸其半，今所存者止《论德篇》。近代嘉兴刻本，列卷一之卷六，与序文大相迳庭云云。此本亦题卷一之卷六。然则震亨所刻，即据嘉兴本也。曹学佺作《玄羽外编》序，称近刻严君平《道德指归论》，乃吴中所伪作。今按《通考》引晁氏之言，（案：此条《通考》所引与，今本《读书志》不同。）称其章句颇与诸本不同，如以曲则全章末十七字为次章首之类，则是书原有经文。《陆游集》有是书跋，称为《道德经指归》古文，亦以经文为言。此本乃不载经文，体例互异。又《谷神子》注本晁氏尚著录十三卷，不云佚阙，此本载《谷神子》序乃云陈、隋之间已逸其半，今所存者止《论德篇》，因猎其讹舛，定为六卷。与晁氏所录亦显相背触。且既云佚其上经，何以说目一篇独存？至于所引《庄子》，今本无者十六七，不应遵之所取皆向、郭之所弃。此必遵书散佚，好事者摭吴澄《道德经》注跋中庄君平所传章七十有二之语，造为上经四十，下经三十二之说。目又因《汉志·庄子》五十二篇，今本惟三十三篇，遂多造《庄子》之语，以影附于逸篇，而偶未见晁公武说，故《谷神子》伪序之中牴牾毕露也。以是推求，则学佺之说不为无据，钱曾所辨殊逐末而遗其本矣。以其言不悖于理，犹能文之士所赝托，故仍著于录，备道家之一说焉。"清末学者唐鸿学《指归跋》反驳说："《四库提要》据窜乱之本，遂行曹学佺之说，疑为伪书，岂非谬邪？《指归》确为君平所作，余得三证焉。"如《指归》第七卷"夫易姓而王封于太山，禅于梁父者七十有二义"，"义"字在其他书中作"家"、"君"、"代"，只有在《汉书·扬雄传·羽猎赋》中记"泰山之封，乌得七十而有二仪"，"义"、"仪"古通，此一证。又如《指归》第十卷"啼号不嘎，可谓志和"，其它各本"嘎"多误作"嗄"，而《太玄》本之"夷"次三曰："柔婴儿于号，三日不嘎。""测"曰："婴儿于号，中心和也。"此二证。梁刘昭注《续汉书·祭祀志》，引《庄子》曰"易姓而王封于泰山，禅于梁父者七十有二代〔当作义〕，其有形兆垠堮"数语，皆在第七卷中，此三证。唐鸿学以"三证"从字句训诂方面即证明《指归》为严君平所作，并非他人伪作。今人王利器在《道藏本〈道德真经指归〉提要》（《中国哲学》第四辑，生活、读书、新知三联书店1980版）说《老子指归》"至于征之时王典制，考之当时之风俗习惯，尤令人感觉得一种强烈的时代气氛，时时洋溢于字里行间"。张岱年在《中国哲学史史料学》（《张岱年全集》第四卷，河北人民出版社，1996年版）说《老子指归》"指斥秦楚，赞扬汉朝，是汉代的著作。"而且"书中屡称'庄子'，所谓庄子非指庄周，而是庄君平自称。这些情况看来，此书确非伪书，但是可能有后人附益的部分。"王德有点校《老子指归·自序》（点校《老子指归》，中华书局1994版）说："为校点此书，我查阅了历代《老子》注十余种，发现《指归》的引文二百余处，其中引前七卷文近百处，与明代后的《指归》对照，乃大同小异。这些注本都是唐宋之时所著，足证明后《指归》存本不是伪托。"

汉成帝阳朔四年　庚子　前 21 年

正月，令二千石劝勉农桑（《汉书·成帝纪》）。

二月，诏赦天下(《汉书·成帝纪》)。

谷永上疏荐薛宣为御史大夫(《汉书·薛宣朱博传》)。
薛宣以左冯翊迁少府(《汉书·百官公卿表》)。
王骏为京兆尹(《汉书·百官公卿表》、《资治通鉴》卷三一)。
　　按：《汉书·艺文志》曰："传《齐论》者，昌邑中尉王吉、少府宋畸、御史大夫贡禹、尚书令五鹿充宗、胶东庸生，唯王阳名家。"王吉为王骏之父，以《齐论》名家，但王骏则说《鲁论》，《汉书·艺文志》载"《鲁王骏说》二十篇"。《汉书·艺文志》关于《鲁论》的传承却没有记载王骏。王骏还学梁丘《易》。

何武上书荐辛庆忌(《汉书·赵充国辛庆忌传》)。

汉成帝鸿嘉元年　辛丑　前 20 年

二月，遣谏大夫理等举三辅、三河、弘农冤狱(《汉书·成帝纪》)。
壬午，成帝行幸初陵(《汉书·成帝纪》)。
是月，成帝始为微行出。
　　按：《汉书·元帝纪》曰："鸿嘉元年，上始为微行出。"颜师古《汉书注》引张晏曰："单骑出入，若微贱之所为，故曰微行。"
三月，丞相张禹以老病罢(《汉书·百官公卿表》)。
四月，以御史大夫薛宣为丞相(《汉书·百官公卿表》)。

薛宣正月以少府迁为御史大夫(《汉书·百官公卿表》)。
王骏四月继薛宣为御史大夫(《汉书·百官公卿表》)。
　　按：王骏此前为京兆尹。
朱云直谏张禹为佞臣，薛宣往见之(《汉书·杨胡朱梅云传》)。
　　按：刘汝霖《汉晋学术编年》(中华书局 1987 年版)卷三将此事系于鸿嘉四年，其考曰："按《本传》观之，云之上书，在薛宣为丞相时或其前甚明。然考《百官表》，辛庆忌之为左将军在永始三年，时宣已罢相一载。窃疑左将军为右将军之讹，庆忌之为左将军在鸿嘉三年，而救朱云稍在其后，为时尚合，姑志于此，俟考。"然张禹已于是年罢相，则"朱云直谏张禹为佞臣"应在鸿嘉元年三月之前。

古希腊历史学家、修辞学家哈利卡纳苏斯的狄奥尼西奥斯的创作时期约为是年。著有《罗马史》等。

冯衍(　—60)约生。

汉成帝鸿嘉二年　壬寅　前 19 年

春,成帝行幸云阳(《汉书·成帝纪》)。

三月,博士初行大射礼及饮酒礼;诏举敦厚有行义能直言者。

按:《汉书·成帝纪》曰:"三月,博士行饮酒礼,有雉蜚集于庭,历阶升堂而雊,后集诸府,又集承明殿。诏曰:'古之选贤,傅纳以言,明试以功。故官无废事,下无逸民,教化流行,风雨和时,百谷用成,众庶乐业,咸以康宁。朕承鸿业十有余年,数遭水旱疾疫之灾,黎民娄困于饥寒,而望礼义之兴,岂不难哉!朕既无以率道,帝王之道日以陵夷,意乃招贤选士之路郁滞而不通与,将举者未得其人也?其举敦厚有行义、能直言者,冀闻切言嘉谋,匡朕之不逮。'"

夏,徙郡国豪杰訾五百万以上五千户于昌陵(《汉书·成帝纪》)。

王音等作《因雉雊上言》(《汉书·五行志》)。

夏恭(　—30)生。

维吉尔卒(前70—　)。罗马诗人,一代诗宗。

汉成帝鸿嘉三年　癸卯　前 18 年

四月,诏赦天下(《汉书·成帝纪》)。

是年,成帝专宠赵飞燕,许皇后、班婕妤因谮被废(《汉书·外戚传》)。

翟方进以丞相司直迁为京兆尹。

按:《汉书·百官公卿表》曰:"鸿嘉三年,丞相司直翟方进为京兆尹,三年迁。"

胡常为青州刺史,曾与翟方进同讲经。

按:刘汝霖《汉晋学术编年》(中华书局 1987 年版)将胡常为青州刺史事系于此年。《汉书·翟方进传》曰:"时,宿儒有清河胡常,与方进同经。常为先进,名誉出方进下,心害其能,论议不右方进。方进知之,候伺常大都授时,遣门下诸生至常所问大义疑难,因记其说。如是者久之,常知方进之宗让己,内不自得,其后居士大夫之间未尝不称述方进,遂相亲友。"《汉书·儒林传》载胡常学《古文尚书》,"都尉朝授胶东庸生。庸生授清河胡常少子,以明《谷梁春秋》为博士、部刺史,又传《左氏》。"胡常不仅以明《谷梁》为博士,还开创了《谷梁春秋》尹、胡、申章、房氏之学中的胡氏之学。"始江博士授胡常,常授梁萧秉君房,王莽时为讲学大夫。由是《谷梁春秋》有尹、胡、申章、房氏之学。"(《汉书·儒林传》)

班婕妤作《自悼赋》(《汉书·外戚传》)。

按:《隋书·经籍志》著录汉成帝《班婕妤集》1卷,《玉海》卷五五"艺文类"载《班婕妤集》1卷。

汉成帝鸿嘉四年　甲辰　前17年

罗马自建立以来第五个世代结束,举行"世代竞赛"的宗教庆典。

正月,遣使者循行郡国(《汉书·成帝纪》)。

李寻等奏言勿塞黄河,以观水势(《资治通鉴》卷三一)。
许商以《尚书·禹贡》论河改道,谋划治河之策(《汉书·沟洫志》)。
杜邺是年因与王谭、王商有隙说王音。

按:《汉书·谷永杜邺传》曰:"杜邺字子夏,本魏郡繁阳人也。祖父及父积功劳皆至郡守,武帝时徙茂陵。邺少孤,其母张敞女。邺壮,从敞子吉学问,得其家书。以孝廉以郎。与车骑将军王音善。平阿侯谭不受城门职,后薨,上闵悔之,乃复令谭弟成都侯商位特进,领城门兵,得举吏如将军府。邺见音前与平阿有隙,即说音。"王谭卒于本年,则杜邺说王音事当在此前。

刘向著《说苑》20卷成。

按:《玉海》卷五五"艺文"曰:"向采传记行事者著《新序》、《说苑》凡五十篇,奏之。《新序》阳朔元年二月癸卯上。《说苑》鸿嘉四年三月己亥上。"《四库全书总目提要》曰:"《说苑》二十卷,汉刘向撰。是书凡二十篇。隋、唐志皆同。《崇文总目》云今存者五篇,余皆亡。曾巩《校书序》云:得十五篇于士大夫家,与旧为二十篇。晁公武《读书志》云:刘向《说苑》以君道、臣术、建本、立节、贵德、复恩、政理、尊贤、正谏、法诫、善说、奉使、权谋、至公、指武、谈丛、杂言、辨物、修文为目,鸿嘉四年上之,阙第二十卷。曾子固所得之二十篇,正是析十九卷作修文上下篇耳。今本第十法诫篇作敬慎,而修文篇后有反质篇。陆游《渭南集》记李德刍之言,谓得高丽所进本补成完书。则宋时已有此本,晁公武偶未见也。其书皆录遗闻佚事足为法戒之资者,其例略如《诗外传》。叶大庆《考古质疑》摘其赵襄子赏晋阳之功孔子称之一条,诸御己谏楚庄王筑台引伍子胥一条,晏子使吴见夫差一条,晋太史屠余与周桓公论晋平公一条,晋胜智氏后阍阘袭郓一条,楚左史倚相论越破吴一条,晏子送曾子一条,晋昭公时战邲一条,孔子对赵襄子一条,皆时代先后,邈不相及。又介子推、舟之侨并载其龙蛇之歌,而之侨事尤舛。黄朝英《缃素杂记》亦摘其固桑对晋平公论养士一条,《新序》作舟人古乘对赵简子。又楚文王爵筦饶一条,《新序》作楚共王爵筦苏。二书同出向手,而自相矛盾。殆捃拾众说,各据本文,偶尔失于参校也。然古籍散佚,多赖此以存。如《汉志》、《河间献王》八篇，《隋志》已不著录，而此书所载四条，尚足见其议论醇正，不愧儒宗。其他亦多可采择。虽间有传闻异辞，固不以微瑕累全璧矣。"

汉成帝永始元年　乙巳　前16年

四月，封赵飞燕为成阳侯（《汉书·成帝纪》）。　　　　　　　　　　　　　　　　　　　　日耳曼人侵罗马。
五月，封王太后侄王莽为新都侯（《汉书·成帝纪》）。
六月，立赵飞燕为皇后，诏大赦天下（《汉书·成帝纪》）。
七月，罢昌陵，及故陵勿徙吏民（《汉书·成帝纪》）。
八月丁丑，太皇太后王氏崩（《汉书·成帝纪》）。

刘辅上书谏立赵后收缚，辛庆忌、廉褒、师丹、谷永上书求情。
按：《汉书·成帝纪》曰："夏四月，封婕妤赵氏父临为成阳侯。六月丙寅，立皇后赵氏。大赦天下。"《汉书·盖诸葛刘郑孙毋将何传》曰："刘辅，河间宗室人也。举孝廉，为襄贲令。上书言得失，召见，上美其材，擢为谏大夫。会成帝欲立赵婕妤为皇后，先下诏封婕妤父临为列侯。辅上书言……书奏，上使侍御史收缚辅，系掖庭秘狱，群臣莫知其故。于是中朝左将军辛庆忌、右将军廉褒、光禄勋师丹、太中大夫谷永俱上书曰：'臣闻明王垂宽容之听，崇谏争之官，广开忠直之路，不罪狂狷之言，然后百僚在位，竭忠尽谋，不惧后患，朝廷无谄谀之士，元首无失道之愆。……公卿以下见陛下进用辅亟，而折伤之暴，人有惧心，精锐销耎，莫敢尽节正言，非所以昭有虞之听，广德美之风也。臣等窃深伤之，唯陛下留神省察。'上乃徙系辅共工狱，减死罪一等，论为鬼薪。终于家。"王益之《西汉年纪》卷二六系于本年。

王仁上书谏立赵皇后。
按：荀悦《汉纪》卷二六曰："永始元年六月，立皇后赵氏，先是谏议大夫王仁上疏言，上不听。"《全汉文》卷四十三载此疏。小传曰："王仁，凤第三弟谭之子，为谏大夫。永始初嗣父爵平阿侯，以刚直为莽所惮。平帝初遣就国。元始三年，遣使迫令自杀，谥曰刺侯。"

刘向上书谏制度泰奢。
按：《汉书·楚元王传》曰："久之，营起昌陵，数年不成，复还归延陵，制度泰奢。向上疏谏曰……"王先谦《汉书补注》曰："成帝以渭城延陵亭部为初陵，在建始三年。以新丰戏乡为昌陵县，在鸿嘉元年。罢昌陵反故陵在永始元年。反故陵即传所云复还归延陵也。反故陵后制度仍奢，故向上此疏。"

谷永作《日食对》。
按：《汉书·五行志》曰："永始元年九月丁巳晦，日有食之。谷永以京房《易占》对曰：'元年九月日蚀，酒亡节之所致也。独使京师知之，四国不见者，若曰，湛湎于酒，君臣不别，祸在内也。'"

窦融（　—62）生。

汉成帝永始二年　丙午　前15年

是年，普罗佩提乌斯卒（约前50年—　）。有哀歌4卷。

二月癸未夜，星陨如雨。乙酉晦，日蚀（《汉书·成帝纪》）。

三月，以王商为大司马、卫将军辅政（《汉书·成帝纪》）。

十月，薛宣免丞相（《汉书·百官公卿表》）。

按：《汉书·薛宣朱博传》曰："薛宣字赣君，东海郯人也。少为廷尉书佐、都船狱吏。……以明习文法诏补御史中丞。……数月，代张禹为丞相。……时天子好儒雅，宣经术又浅，上亦轻焉。……久之，广汉郡盗贼群起，丞相御史遣掾史逐捕不能克。上乃拜河东都尉赵护为广汉太守，以军法从事。数月，斩其渠帅郑躬，降者数千人，乃平。会邛成太后崩，丧事仓卒，吏赋敛以趋办。其后上闻之，以过丞相御史，遂册免宣。"西汉末年，重视经学。《汉书·儒林传赞》曰："自武帝立五经博士，开弟子员，设科射策，劝以官禄，迄于元始，百有余年，传业者浸盛，枝叶蕃滋，一经说者至百万言，大师众至千余人，盖禄利之路然也。"而薛宣以"明习文法诏"才升为御史中丞，其"经术又浅"是罢免的主要原因。

十一月，成帝行幸雍，祠五畤（《汉书·成帝纪》）。

以执金吾翟方进为丞相（《汉书·百官公卿表》）。

按：《汉书·翟方进传》曰："居官三岁，永始二年迁御史大夫。数月，会丞相薛宣坐广汉盗贼群起及太皇太后丧时三辅吏并征发为奸，免为庶人。方进亦坐为京兆尹时奉丧事烦扰百姓，左迁执金吾。二十余日，丞相官缺，群臣多举方进，上亦器其能，遂擢方进为丞相，封高陵侯，食邑千户。"成帝好儒术，以古文经学家翟方进为丞相，是为西汉后期学术风气变化得重要标志。翟方进又与何武交好。钱穆《刘向歆父子年谱》（载《两汉经学今古文平议》，商务印书馆2001年版）说："何武、翟方进皆治古文，通《左氏》，其学风盖承王、韦而启莽、歆，改易官名以慕古昔，亦新政之先声也。"

孔光以光禄大夫迁光禄勋。十一月，迁御史大夫（《汉书·孔光传》）。

朱博以琅琊太守迁左冯翊（《汉书·薛宣朱博传》）。

谯玄诣公车，对策高第，拜议郎。

按：《后汉书·独行传》曰："谯玄字君黄，巴郡阆中人也。少好学，能说《易》、《春秋》。仕于州郡。成帝永始二年，有日食之灾，乃诏举敦朴逊让、有行义者各一人。州举玄，诣公车，对策高第，拜议郎。帝始作期门，数为微行。立赵飞燕为皇后，后专宠怀忌，皇子多横夭。玄上书谏曰：'臣闻王者承天，继宗统极，保业延祚，莫急胤嗣。故《易》有干蛊之义，《诗》咏众多之福。今陛下圣嗣未立，天下属望，而不惟社稷之计，专念微行之事，爱幸用于所惑，曲意留于非正。窃闻后宫皇子，产而不育。臣闻之怛然，痛心伤剥，窃怀忧国，不忘须臾。夫警卫不修，则患生非常。忽有醉酒狂夫，分争道路。既无尊严之仪，岂识上下之别！此为胡狄起于轂下，而贼乱发于左右也。愿陛下念天下之至重，爱金玉之身，均九女之施，存无穷之福，天下幸甚。'"

刘向上所校订《列子》。

按：《列子·书录》曰："护左都水使者光禄大夫臣向言：'所校中书《列子》五篇，臣向谨与长社尉臣参校雠，《太常书》三篇，《太史书》四篇，臣向《书》六篇，臣参《书》二篇，《内》、《外书》凡二十篇，以校，除复重十二篇，定著八篇，《中书》多，《外书》少。章乱布在诸篇中，或字误，以'尽'为'进'，以'贤'为'形'，如此者众。及在新书有笺。校雠从中书，已定，皆以杀青。书可缮写。列子者，郑人也，与郑缪公同时，盖有道者也。其学本于黄帝老子，号曰道家。道家者，秉要执本，清虚无为，及其治身接物，务崇不竞，合于六经，而《穆王》、《汤问》二篇，迂诞恢诡，非君子之言也。至于《力命》篇一推分命，《杨子》之篇唯贵放逸，二义乖背，不似一家之书。然各有所明，亦有可观者。孝景皇帝时贵黄老术，此书颇行于世。及后遗落，散在民间，未有传者，且多寓言，与庄周相类，故太史公司马迁不为列传，谨第录。臣向昧死上，护左都水使者光禄大夫臣向所校《列子书录》，永始三年八月壬寅上。'"

谷永作《又日食对》、《星陨对》、《黑龙见东莱对》。

按：《汉书·五行志》曰："永始二年二月乙酉晦，日有食之。谷永以京房《易占》对曰：'今年二月日食，赋敛不得度，民愁怨之所致也。所以使四方皆见，京师荫蔽者，若曰，人君好治宫室，大营坟墓，赋敛兹重，而百姓屈竭，祸在外也。'"《汉书·谷永杜邺传》曰："音薨，成都侯商代为大司马卫将军，永乃迁为凉州刺史。奏事京师讫，当之部，时有黑龙见东莱，上使尚书问永，受所欲言。永对曰……成帝性宽而好文辞，又久无继嗣，数为微行，多近幸小臣，赵、李从微贱专宠，皆皇太后与诸舅凤夜所常忧；至亲难数言，故推永等使因天变而切谏，劝上纳用之。永自知有内应，展意无所依违，每言事辄见答礼。至上此对，上大怒。卫将军商密擿永令发去。上使侍御史收永，敕过交道厩者勿追；御史不及永，还。上意亦解，自悔。"

汉成帝永始三年　丁未　前14年

正月乙卯晦，日蚀。遣使循行天下，存问耆老，民所疾苦，并与部刺史举惇朴逊让有行义者各1人（《汉书·成帝纪》）。

十月庚辰，皇太后诏有司复甘泉泰畤、汾阳后土、雍五畤、陈宝祠在陈仓者（《汉书·成帝纪》）。

按：《汉书·郊祀志》曰："后上以无继嗣故，令皇太后诏有司曰：'盖闻王者承事天地，交接泰一，尊莫著于祭祀。孝武皇帝大圣通明，始建上下之祀，营泰畤于甘泉，定后土于汾阴，而神祇安之，飨国长久，子孙蕃滋，累世遵业，福流于今。今皇帝宽仁孝顺，奉循圣绪，靡有大愆，而久无继嗣。思其咎职，殆在徙南、北郊，违先帝之制，改神祇旧位，失天地之心，以妨继嗣之福。春秋六十，未见皇孙，食不甘味，寝不安席，朕甚悼焉。《春秋》大复古，善顺祀。其复甘泉泰畤、汾阴后土如故，及雍五畤、陈宝祠在陈仓者。'天子复亲郊礼如前。又复长安、雍及郡国祠著明者且半。"匡衡免相后，刘向等认为不宜变动祭祀制度，至此，复营泰畤于甘泉，祠后土于汾阴，祀雍五畤，恢复原罢废各地的旧祠达半数左右。

十一月，尉氏樊并谋反，自称将军（《汉书·成帝纪》）

以樊并谋反，罢黜张霸百两篇《尚书》。

按：《汉书·儒林传》曰："世所传《百两篇》者，出东莱张霸，分析合二十九篇以为数十，又采《左氏传》、《书叙》为作首尾，凡百二篇。篇或数简，文意浅陋。成帝时求其古文者，霸以能为《百两》征，以中书校之，非是。霸辞受父，父有弟子尉氏樊并。时，太中大夫平当、侍御史周敞劝上存之。后樊并谋反，乃黜其书。"

刘向向成帝言复甘泉畤，汾阴后土、雍五畤（《汉书·郊祀志》）。

谷永请禁祭祀方术事，成帝善其言。

按：《汉书·郊祀志》曰："成帝末年颇好鬼神，亦以无继嗣故，多上书言祭祀方术者，皆得待诏，祠祭上林苑中长安城旁，费用甚多，然无大贵盛者。谷永说上曰……上善其言。"可见西汉末年方士之术繁杂，后来逐渐演变成道教的道术。谷永此次上疏，冯有翼《秦汉文钞》、明胡缵宗《秦汉文》并题作《论神怪》或《神怪论》。

梅福上书言王凤专权。

按：《汉书·杨胡朱梅云传》曰："梅福字子真，九江寿春人也。少学长安，明《尚书》、《谷梁春秋》，为郡文学，补南昌尉。后去官归寿春，数因县道上言变事，求假轺传，诣行在所条对急政，辄报罢。是时，成帝委任大将军王凤，凤专势擅朝，而京兆尹王章素忠直，讥刺凤，为凤所诛。王氏浸盛，灾异数见，群下莫敢正言。福复上书曰：'……势陵于君，权隆于主，然后防之，亦亡及已。'上遂不纳。"《资治通鉴》卷三〇系于本年。

师丹为少府，再迁光禄勋（《汉书·百官公卿表》）。

朱博以左冯翊迁大司农（《汉书·百官公卿表》）。

许商以詹事迁少府（《汉书·百官公卿表》）。

彭宣以东平太傅迁右扶风（《汉书·百官公卿表》）。

扬雄约是年左右自蜀至长安，为门下史，待诏承明之庭。

按：《汉书·扬雄传》曰："孝成帝时，客有荐雄文似相如者。上方郊祠甘泉泰畤、汾阴后土，以求继嗣，召雄待诏承明之庭。"

罗马维特鲁威《建筑十书》约于此时出版。

刘向著《列女传》本年前已成书。

按：《汉书·楚元王传》曰："向睹俗弥奢淫，而赵、卫之属起微贱，逾礼制。向以为王教由内及外，自近者始。故采取《诗》、《书》所载贤妃贞妇，兴国显家可法则，及孽嬖乱亡者，序次为《列女传》，凡八篇，以戒天子。及采传记行事，著《新序》、《说苑》凡五十篇奏之。数上疏言得失，陈法戒。书数十上，以助观览，补遗阙。上虽不能尽用，然内嘉其言，常嗟叹之。"《资治通鉴》卷三一系于本年，从之。1993年在江苏东海县尹湾村出土西汉后期简牍，约四万余字，包括《东海郡吏员簿》、《历谱》、《神乌傅》、《列女传》、《楚相内史对》、《弟子职》、《六甲阴阳书》等。据《文物》1996年第8期所刊《江苏东海县尹湾汉墓发掘报告》，墓主师饶在成帝时任东海郡功曹史，因而简牍包括本郡簿籍，还有墓主本人行事记录和所用名谒。其下葬的年代为元延三年（前10）。《列女传》，当是墓主所读之书，书分《母仪》、《贤明》、《仁智》、《贞顺》、《节义》、

《辨通》、《孽嬖》各章。可见，刘向《列女传》至少在本年之前已经问世，并且很快就在世间流传。又敦煌汉简中有"□□分《列女传》书"之残简，当也是指《列女传》，则已远播边郡。在东汉画像中，如武梁祠画像，又"梁节姑姊"、"齐义继母"、"京师节女"、"钟离春"、"梁高行"、"鲁秋胡"、"齐姑姊、楚昭贞姜"、"王陵母"九事，皆本于刘向《列女传》。(参见刘跃进《秦汉文学编年史》，商务印书馆2006年版)

汉成帝永始四年　戊申　前13年

正月，成帝行幸甘泉，郊泰畤，神光降集紫殿，诏大赦天下(《汉书·成帝纪》)。

三月，成帝行幸河东，祠后土(《汉书·成帝纪》)。

七月辛未晦，日蚀(《汉书·成帝纪》)。

是年，长安歌尹赏，皆五言诗(《汉书·酷吏传》)。

谷永上书，建言治梁王刘立之罪。

按：《汉书·文三王传》附传载"永始中，相禹奏立对外家怨望，有恶言。有司案验，因发淫乱事，奏立禽兽行，请诛。太中大夫谷永上疏"，建议治其罪。

彭宣以右扶风迁廷尉(《汉书·百官公卿表》)。

何武以司隶校尉迁京兆尹(《汉书·百官公卿表》)。

德鲁苏·日尔曼尼库斯任高卢总督。

汉成帝元延元年　己酉　前12年

正月己亥朔，日蚀(《汉书·成帝纪》)。

三月，成帝行幸雍，祠五畤(《汉书·成帝纪》)。

四月丁酉，无云有雷，声光耀耀，四面下至地，昏止。诏赦天下(《汉书·成帝纪》)。

七月，诏公卿大夫、博士、议郎其各悉心，惟思变意，明以经对，无有所讳；与内郡国举方正能直言极谏者各一人，北边二十二郡举勇猛知兵法者各一人(《汉书·成帝纪》)。

是年，成帝稍厌游宴，复修经书之业。

按：《资治通鉴》卷三一曰："北地都尉张放到官数月，复征入侍中。太后与上书

德鲁苏败日耳曼人于高卢，入日耳曼尼亚(今德国)。

曰：'前所道尚未效，富平侯反复来，其能默虖！'上谢曰：'请今奉诏！'上于是出放为天水属国都尉。引少府许商、光禄勋师丹为光禄大夫，班伯为水衡都尉，并侍中，皆秩中二千石，每朝东宫，常从；及大政，俱使谕指于公卿。上亦稍厌游宴，复修经书之业；太后甚悦。"

师丹为光禄大夫，班伯为水衡都尉，从师丹学《齐论语》。

按：《汉书·师丹传》曰："师丹字公仲，琅琊东武人也。治《诗》，事匡衡，举孝廉为郎，元帝末为博士，免。建始中，州举茂材，复补博士，出为东平王太傅。丞相方进、御史大夫孔光举丹论议深博，廉正守道，征入为光禄大夫、丞相司直。"文幸福《诗经毛传郑笺辨异》认为班斿、班稚诸班氏俱受诗于师丹。《汉书·叙传》曰："况（班况）生三子：伯、斿、稚。伯少受诗于师丹。大将军王凤荐伯宜劝学，召见宴昵殿，容貌甚丽，诵说有法，拜为中常侍。时上方乡学，郑宽中、张禹朝夕入说《尚书》、《论语》于金华殿中，诏伯受焉。既通大义，又讲异同于许商，迁奉车都尉。"陈乔枞《齐诗遗说考·自序》曰："班固之从祖伯少受诗于师丹，诵说有法，故叔皮父子世传家学。《汉书·地理志》引'子之营兮'及'自杜沮漆'，并据齐诗之文。又云'陈俗巫鬼，晋俗俭陋'，其语亦与匡衡说诗合，是其验已。"若依陈氏之说，则班彪、班固父子亦学齐诗。但是《叙传》又曰："斿博学有俊材，左将军师丹举贤良方正，以对策为议郎，迁谏大夫，右曹中郎将，与刘向校秘书。"没有提及斿、稚俱受诗于师丹。

杜邺建言王商恢复长安南北郊祀（《汉书·郊祀志》）。

谷永为北地大守，因言灾异之意。

按：《汉书·谷永杜业传》曰："元延元年，为北地大守。时灾异尤数，永当之官，上使卫尉淳于长安受永所欲言"，谷永遂上书。谷永于经书，"泛为疏达，与杜钦、杜邺略等，不能洽浃如刘向父子及扬雄也"，但其"于天官京氏《易》最密，故善言灾异"。钱穆《刘向歆父子年谱》（《两汉经学今古文平议》，商务印书馆2001年版）说："甘忠可夏贺良之徒方以推运数见诛，而永之言又如此，此自元成以来一时学者意见，鼓荡蕴积，遂召莽篡。而歆、雄之徒，后世所讥为贰臣莽大夫者，彼固自有其见解。谷永之言，虽涉荒诞，而发明天下不私一姓之义，深切著明，固非后世拘儒所与知也。"应劭注引有《谷永集》，知其著作在汉末已经有集子行世。《隋书·经籍志》著录汉谏议大夫《谷永集》二卷。《玉海》卷五十五"艺文"类有"《谷永集》二卷"。

李寻以时多灾异说王根。

按：《汉书·眭两夏侯京翼李传》曰："李寻字子长，平陵人也。治《尚书》，与张孺、郑宽中同师。宽中等守师法教授，寻独好《洪范》灾异，又学天文月令阴阳。事丞相翟方进，方进亦善为星历，除寻为吏，数为翟侯言事。帝舅曲阳侯王根为大司马票骑将军，厚遇寻。是时多灾异，根辅政，数虚己问寻。寻见汉家有中衰厄会之象，其意以为且有洪水为灾，乃说根曰：'……'"《百官公卿表》载王根元延元年为票骑大将军，知此事是王根于成帝末年所为。

汉成帝元延二年　庚戌　前11年

正月，成帝行幸甘泉，郊泰畤（《汉书·成帝纪》）。

三月，成帝行幸河东，祠后土(《汉书·成帝纪》)。

冬，成帝行幸长杨宫，从胡客大校猎(《汉书·成帝纪》)。

扬雄从成帝至长杨宫，观胡人手搏熊罴(《汉书·扬雄传》)。

扬雄作《甘泉赋》、《河东赋》、《校猎赋》。

按：《汉书·扬雄传》曰："孝成帝时，客有荐雄文似相如者，上方郊祠甘泉泰畤、汾阴后土，以求继嗣，召雄待诏承明之庭。正月，从上甘泉，还奏《甘泉赋》以风。……赋成，奏之，天子异焉。其三月，将祭后土，上乃帅群臣横大河，凑汾阴。既祭，行游介山，回安邑，顾龙门，览盐池，登历观，陟西岳以望八荒，迹殷周之虚，眇然以思唐虞之风。雄以为临川羡鱼不如归而结网，还，上《河东赋》以劝。……其十二月羽猎，雄从。……故聊因《校猎赋》以风。"王益之《西汉年纪》卷二七、钱大昕《三史拾遗》卷三、钱穆《刘向歆父子年谱》(《两汉经学今古文平议》，商务印书馆2001年版)等把《甘泉赋》系于元延二年。此外，还有认为作于永始三年，如《文选》李善注引《七略》；或认为作于永始四年。李善注《文选》曰："《汉书》：'永始四年正月，行幸甘泉。'《七略》曰：'《甘泉赋》，永始三年正月，待诏臣雄上。'《汉书》三年无幸甘泉之文，疑《七略》误也。"陆侃如《中古文学系年》(人民文学出版社1985年版)认为作于元延元年。

刘歆约于是年作《甘泉宫赋》。

按：姑系于扬雄作《甘泉赋》之后。

桓谭约于是年作《仙赋》。

按：《全后汉文》载桓谭《仙赋序》曰："余少时为郎，从孝成帝出祠甘泉河东，见部先置华阴集灵宫。宫在华山下，武帝所造，欲以怀集仙者王乔赤松子，故名殿曰存仙。端门南向山，书曰望仙门。余居此焉。窃有乐高眇之志。即书壁为小赋。以颂美曰：'……'。"今并附于扬雄作《甘泉赋》、《河东赋》等下。

汉成帝元延三年　辛亥　前10年

正月丙寅，蜀郡岷山崩，雍江三日，江水竭(《汉书·成帝纪》)。

三月，成帝行幸雍，祠五畤(《汉书·成帝纪》)。

刘向上书论灾异事，谏王氏擅权(《汉书·五行志》)。

按：《汉书·五行传》曰："元延三年正月丙寅，蜀郡岷山崩，雍江，江水逆流，三日乃通。刘向以为周时岐山崩，三川竭，而幽王亡。岐山者，周所兴也。汉家本起于蜀汉刘向以为，周时岐山崩，三川竭，而幽王亡。岐山者，周所兴也。汉家本起于蜀、汉，今所起之地山崩川竭，星孛又及摄提、大角，从参至辰，殆必亡矣。其后，三世亡嗣，王莽篡位。"《汉书·楚元王传》曰："向为人简易无威仪，廉靖乐道，不交接世俗，专积思于经术,昼诵书传,夜观星宿,或不寐达旦。元延中,星孛东井,蜀郡岷山崩雍江。向恶此异,语在《五行志》。怀不能已,复上奏,其辞曰:……上辄入之,然终不能用也。向每召见,数言公族者国之枝叶,枝叶落则本根无所庇廕;方今同姓疏远,母党专政,禄去公室,权在外家,非所以强汉宗、卑私门、保守社稷、安固后嗣也。向自见得信于上,故常显讼宗室,讥刺王氏及在位大臣,其言多痛切,发于至诚。上数欲用向为九卿,辄不为王氏居位者及丞相御史所持,故终不迁。居列大夫官前后三十余年,年七十二卒。卒后十三岁而王氏代汉。"

朱博以廷尉迁后将军(《汉书·百官公卿表》)。

何武以沛郡太守迁廷尉(《汉书·百官公卿表》)。

王嘉以九江太守迁大鸿胪(《汉书·百官公卿表》)。

佚名撰《元延元年历谱》、《元延三年五月历谱》。

按:尹湾汉简还出土了《元延元年历谱》、《元延三年五月历谱》。尹湾木牍《元延元年历谱》抄写在长23厘米、宽6.5厘米木牍的正面,其抄写形式很特殊,而且也很科学。木牍的上下两端分别书写该年十三个月(包括闰正月)的月名,并注明各月的大小及朔日干支。剩余的干支分别书写在木牍的左右两侧,六十干支与上下两端的月朔干支正好按逆时顺序围成一个长方形。(参见《尹湾汉墓简牍》,中华书局,1997年版)。《汉书·艺文志》云:"历谱者,序四时之位,正分至之节,会日月五星之辰,以考寒暑杀生之实。故圣王必正历数,以定三统服色之制,又以探知五星日月之会。凶隐之患,吉隆之喜,其术皆出焉。此圣人知命之术也,非天下之至材,其孰与焉。"从《艺文志》所著录的书目来看,约可分为三类:第一类是制历方法和计算数据的书籍;第二类是年谱、世谱之类的书籍;第三类是计算方法和算术类书籍。在出土简帛文献中历谱类书籍主要有:1.阜阳双古堆汉简《天历》。2.阜阳双古堆汉简《汉初朔闰表》。3.阜阳双古堆汉简《干支》。4.张家界古人堤汉简《历日表》。5.关沮周家台秦简《历谱》。6.张家山汉简《历谱》:张家山汉简《历谱》共由18枚简组成,简长23厘米。每简从上到下记有年、月朔干支。始十月,终后九月。经过整理,简文所记为汉高祖五年(前202)四月至吕后二年(前186)后九月间各月朔日干支,是目前已知年代最早的两汉初年实用历谱。但它与银雀山汉简《元光元年历谱》推出的西汉初年历谱不尽相同,对研究秦汉时期历法演变过程有重要参考价值。7.银雀山汉简《元光元年历谱》:银雀山汉简《元光元年历谱》,由32枚竹简组成,简长69厘米,宽1厘米,3道编绳。第1简记年,自署"七年视日"。第二简从上到下纵向记月,以十月为岁首,最后一月为后九月,共13个月。从第3简至第32简横向书写每月初一至三十日的干支,32支简排列起来,正好是汉武帝元光元年历谱。记年简自署"七年",原历谱作者以汉武帝"建元"年号排至"七年",实则"建元"无"七年",所谓的"建元七年"已改元称"元光元年"。该历谱除记全年日数外,还附记有腊、冬日至、夏日至、立春、立秋、初伏、中伏、后伏等节气,可以看出该历谱系当时实用颛顼历。所记干支与宋人《资治通鉴目录》、清人《历代长术辑要》、近人《二十史朔闰表》有所不同。8.敦煌清水沟汉简《地节元年历谱》,每简上端书写日期,从右至左,一日一简,从四日至三十日,共27简,中间缺一至三日三简。殷光明《敦煌清水沟汉代烽火燧遗址出土〈历谱〉述考》,(《简帛研究》第2辑,法律出版社)认为该历谱当为西汉宣帝地节元年历谱,而且是"目前我国所见最早、最完整的太初历谱简册。"9.敦煌清水沟汉简《地节三年历谱》。10.敦煌清水沟汉简《本始四年历谱》。11.敦煌汉简《元康三年历谱》。12. 敦煌汉简《神爵三年历谱》。13. 敦煌汉简《五凤元年八月历谱》。14. 敦煌木牍《永光五年历谱》。15. 敦煌木牍《永光六年历谱》。16. 敦煌汉简《永兴元年历谱》，敦煌汉简六种历谱均出土于1906—1907年间，均为断简残简，详细情况及考释文字见罗振玉编《流沙坠简》一书的《数术类》中。17. 东海尹湾木牍《元延元年历谱》。18. 东海尹湾木牍《元延三年五月历谱》。出土简帛中的"历谱"类文献还有很多，但是比较分散，有的仅存几支残简。张永山曾对可推定年份的历谱进行过辑录，撰为《汉简历谱》(《中国科学技术典籍通汇·天文卷》第一册(大象出版社，1993年版))，可参考此书。(参见骈宇骞《出土简帛书籍分类述略(数术略)》，《中国典籍与文化》2006年第2期)

佚名作《神乌傅》成于是年之前。

按：尹湾汉墓简牍是我国继居延、敦煌、银雀山之后汉代简牍的又一重大考古发现。据整理与研究情况看，其内容大致分为四类：1、东海郡政府文书档案：《集簿》、《东海郡属县乡吏员定簿》、《东海郡吏员除名升迁簿》、《东海郡吏员考绩簿》、《永始四年武库兵车器集簿》；2、术数历谱：《神龟占卜法》、《六甲占雨》、《博局占》、《刑德行时》、《行道吉凶》及《元延元年历谱》、《元延三年五月历谱》；3、私人文书与墓主日记：《元延三年日书》、《衣物疏》、《赙赠名簿》等；4、汉赋佚篇《神乌傅》。自从《尹湾汉墓简牍概述》(《文物》1996年8期)及《尹湾汉墓简牍综合研究》(科学出版社1999年版)等资料刊出以后，进一步推动了尹湾汉墓简牍研究的深入。学者都认为这是我国迄今发现最早的一批郡级行政文书档案，为研究汉代上计制度、行政建置、吏员设置、官吏迁除、国家盐铁生产、国家兵器制造与贮存以及户口、垦田等等，均提供了珍贵的第一手资料，可以用来补充订正《汉书》、《后汉书》等史籍记载的缺漏和讹误，并据以判定前人有关研究的是非，具有重要的史料价值。而《神乌傅》是一组长简，共20枚。一枚写书名《神乌傅》，一枚记作者的姓名和官职。正文18枚。标题用隶书书写，而正文以成熟的草书书写，纵横恣肆，舒展流畅，转承起合，一气呵成，是不可多得的西汉草书的珍品。《神乌傅》讲的是雌乌和偷盗筑巢材料的盗乌展开的一场斗争，雌乌受伤严重，奄奄一息。临死前雌雄乌鸦生死诀别，催人泪下。赋中引用了《诗》、《论语》、《孝经》等儒家经典中的话，富于哲理，极富感染力。《神乌傅》的发现，比曹植的《鹞雀赋》提前了200年。裘锡圭《〈神乌傅〉初探》(《文物》，1997年第1期)、刘乐贤等《尹湾汉简〈神乌傅〉与禽鸟夺巢故事》(《文物》，1997年第1期)在肯定了《神乌傅》在中国古代文学史上价值的同时，从民间故事类型学的角度具体分析了《神乌傅》《燕子赋》等在拟人手法、题材、内容相象的原因。从现有材料看，这一类型的故事，其源头可能是《诗经》的《鹊巢》，承上启下的则是《燕子赋》，而《神乌傅》的发现，填补了《鹊巢》到《燕子赋》间的缺环，使这一类型故事的内容更为丰富。"关于《神乌傅》的创作年代，费振刚《全汉赋校注》(广东教育出版社，2005年版)据"考古学者定为王莽时期或稍前"，认为是"西汉人作无疑"，曲德来《由〈神乌傅(赋)〉论及有关文学史的几个问题》(《出土文献与中国文学研究》，北京广播学院出版社2000年版)认为当在扬雄《逐贫赋》之后。伏俊琏(《俗情雅韵——敦煌赋选析》，甘肃人民出版社，2000年版)据赋中有"贼□捕取，系之于柱"之句，解"贼□"为"贼曹"，认为"'贼曹'是官名，汉成帝时设立，具体时间不可考。据此，《神乌傅》的创作时间当在成帝置'贼曹'以后至元延三年以前(前32年—前10年)"。裘锡圭《神乌傅(赋)初探》，以为"《神乌傅(赋)》引六句《传》文作结，并将《诗》、《论语》、《孝经》等儒家经典里的一些话塞入'鸟语'之中，充分反映出其作者是儒学久已确立其独尊地位的时代的一个知识分子(我们认为此赋大约作于西汉后期，这是一个重要原因)"。许云和《尹湾汉简〈神乌傅(赋)〉考论》(《中山大学学报》2008 年第 3 期)认为"从该赋在各个方面显现的特征来看,它还是属于汉代典型的文人赋的形式。可以初步判定《神乌傅》的具体写作时间当在汉昭帝元凤元年稍后。"关于尹湾汉简有很多研究论文,如《论赋之"俗"与"俗赋"——兼论尹湾汉简〈神乌赋〉文体上的承传及性质》,《烟台大学学报》2002 年第 1 期)《从尹湾〈武库永始四年兵车器集簿〉看汉代兵种构成》,(《中国历史文物》2002 年第 5 期)《尹湾汉简〈元延二年日记〉所反映的汉代吏行制度》(郑州大学学报)2002 年第 1 期)等。

王隆(　—40)生。

汉成帝元延四年　壬子　前 9 年

罗马举行和平圣坛落成仪式。

德鲁苏卒于军中,提比略继之。

正月,成帝行幸甘泉,郊泰畤(《汉书·成帝纪》)。

二月,罢司隶校尉官(《汉书·成帝纪》)。

三月,成帝行幸河东,祠后土(《汉书·成帝纪》)。

是年,元帝庶孙定陶王刘欣入朝,成帝以其好文辞,能诵《诗》,称其材。

按:《资治通鉴》卷三一曰:"中山王兴,定陶王欣皆来朝,中山王独从傅,定陶王尽从傅、相、中尉。上怪之,以问定陶王,对曰:'令:诸侯王朝,得从其国二千石。傅、相、中尉,皆国二千石,故尽从之。'上令诵《诗》,通习,能说。佗日,问中山王:'独从傅在何法令?'不能对;令诵《尚书》,又废;及赐食于前,后饱;起下,袜系解。帝由此以为不能,而贤定陶王,数称其材。是时诸侯王唯二人于帝为至亲,定陶王祖母傅太后随王来朝,私赂遗赵皇后、昭仪及骠骑将军王根。后、昭仪、根见上无子,亦欲豫自结,为长久计,皆更称定陶王,劝帝以为嗣。帝亦自美其材,为加元服而遣之,时年十七矣。"晋文《以经治国与汉代教育》(《徐州师范学院学报》1991 年第 4 期)说:"汉代的统治者必然要以通经为己任。仅就其皇帝和皇后而言,文献上就有着昭帝、宣帝、元帝、成帝、哀帝、光武帝、明帝、章帝、安帝、顺帝、桓帝、上官太后、赵太后、马太后、邓太后和梁太后等通经的记载。而且,对皇帝而言,这甚至是必须具备的最基本的条件。如哀帝就是一个显例。《汉书·哀帝纪》记载,哀帝以藩王入继大统,成帝对其才能的考核,首先即检查他能否通经:'上令诵《诗》,通习,能说',成帝'称其材',然后才立他为皇太子。"

谷永以北地太守迁大司农(《汉书·百官公卿表》)。

汉成帝绥和元年　癸丑　前8年

正月，诏大赦天下(《汉书·成帝纪》)。

二月癸丑，立定陶王刘欣为皇太子(《汉书·成帝纪》)。

三月，成帝行幸雍，祠五畤(《汉书·成帝纪》)。

四月，以大司马票骑大将军王根为大司马，罢将军官。御史大夫为大司空，封为列侯。益大司马、大司空奉如丞相(《汉书·成帝纪》)。

十一月，以王莽为大司马辅政(《汉书·百官公卿表》)。

十二月，罢部刺史，更置州牧，秩二千石(《汉书·成帝纪》)。

是年，孔子后裔孔吉初封为殷绍嘉侯，旋晋爵为公，赐地百里。是为后世帝王敕封孔子后裔之始。

按：《汉书·成帝纪》曰："二月癸丑，……又曰：'盖闻王者必存二王之后，所以通三统也。昔成汤受命，列为三代，而祭祀废绝。考求其后，莫正孔吉。其封吉为殷绍嘉侯。'三月，进爵为公，及周承休侯皆为公，地各百里。"《汉书·杨胡朱梅云传》曰："成帝久亡继嗣，福以为宜建三统，封孔子之世以为殷后，复上书曰：'……臣闻存人所以自立也，雍人所以自塞也。善恶之报，各如其事。昔者秦灭二周，夷六国，隐士不显，逸民不举，绝三绝，灭天道，是以身危子杀，厥孙不嗣，所谓雍人以自塞者也。故武王克殷，未下车，存五帝之后，封殷于宋，绍夏于杞，明著三统，示不独有也。是以姬姓半天下，迁庙之主，流出于户，所谓存人以自立者也。……今仲尼之庙不出阙里，孔氏子孙不免编户，以圣人而歆匹夫之祀，非皇天之意也。今陛下诚能据仲尼之素功，以封其子孙，则国家必获其福，又陛下之名与天亡极。……'福孤远，又讥切王氏，故终不见纳。初，武帝时，始封周后姬嘉为周子南君，至元帝时，尊周子南君为周承休侯，位次诸侯王。使诸大夫博士求殷后，分散为十余姓，郡国往往得其大家，推求子孙，绝不能纪。时匡衡议，以为'王者存二王后，所以尊其先王而通三统也。其犯诛绝之罪者绝，而更封他亲为始封君，上承其王者之始祖。《春秋》之义，诸侯不能守其社稷者绝。今宋国已不守其统而失国矣，则宜更立殷后为始封君，而上承汤统，非当继宋之绝侯也，宜明得殷后而已。今之故宋，推求其嫡，久远不可得；虽得其嫡，嫡之先已绝，不当得立。《礼记》孔子曰："丘，殷人也。"先师所共传，宜以孔子世为汤后。'上以其语不经，遂见寝。至成帝时，梅福复言宜封孔子后以奉汤祀。绥和元年，立二王后，推迹古文，以《左氏》、《谷梁》、《世本》、《礼记》相明，遂下诏封孔子世为殷绍嘉公。语在《成纪》。"王先谦《汉书补注》引钱大昕曰："王者存二王之后，并当代为三。汉承周，周承殷，故以殷周为二王后，并汉为三代也。"

是年前后，增博士弟子员至三千人。

按：《汉书·儒林传》曰："成帝末，或言孔子布衣养徒三千人，今天子太学弟子少，于是增弟子员三千人。"

刘向说兴辟雍，以风化天下。

按：辟雍，原为西周天子所设大学。《汉书·礼乐志》曰："至成帝时，犍为郡于水滨得古磬十六枚，议者以为善祥。刘向因是说上：'宜兴辟雍，设庠序，陈礼乐，隆雅颂之声，盛揖攘之容，以风化天下。如此而不治者，未之有也。或曰，不能具礼。礼以养人为本，如有过差，是过而养人也。刑罚之过，或至死伤。今之刑，非皋陶之法也，而有司请定法，削则削，笔则笔，救时务也。至于礼乐，则曰不敢，是敢于杀人不敢于养人也。为其俎豆、管弦之间小不备，因是绝而不为，是去小不备而就大不备，或莫甚焉。夫教化之比于刑法，刑法轻，是舍所重而急所轻也。且教化，所恃以为治也，刑法所以助治也。今废所恃而独立其所助，非所以致太平也。自京师有诗逆不顺之子孙，至于陷大辟受刑戮者不绝，繇不习五常之道也。夫承千岁之衰周，继暴秦之余敝，民渐渍恶俗，贪饕险诐，不闲义理，不示以大化，而独驱以刑罚，终已不改。故曰："导之以礼乐，而民和睦。"初，叔孙通将制定礼仪，见非于齐鲁之士，然卒为汉儒宗，业垂后嗣，斯成法也。'成帝以向言下公卿议，会向病卒，丞相大司空奏请立辟雍。案行长安城南，营表未作，遭成帝崩，群臣引以定谥。"

梅福上书请封孔子子孙为殷后（《汉书·杨胡朱福云传》、《资治通鉴》卷三二）。

何武三月以廷尉迁御史大夫，四月，为大司空。十二月，与翟方进奏罢部刺史（《汉书·何武王嘉师丹传》）。

孔光以御史大夫贬为廷尉。九月，迁左将军（《汉书·百官公卿表》）。

师丹以侍中光禄大夫迁诸吏散骑光禄勋。十一月，为太子太傅（《汉书·百官公卿表》）。

许商以侍中光禄大夫迁大司农。十一月，迁光禄勋（《汉书·百官公卿表》）。

彭宣以太原太守迁大司农（《汉书·百官公卿表》）。

薛宣以长信少府迁京兆尹（《汉书·百官公卿表》）。

扬雄上所作《长杨赋》。

按：《汉书·扬雄传》曰："上将大夸胡人以多禽兽，秋，命右扶风发民入南山，……捕熊罴、豪猪、虎豹、狖玃、狐菟、麋鹿，载以槛车，输长杨射熊馆，令胡人手搏之，自取其获，上亲临观焉。是时，农民不得收敛。雄从至射熊馆，还，上《长杨赋》。"钱大昕《三史拾遗》卷三曰："吾友戴东原以本《纪》元延三年无校猎事，断为传误，不知《羽猎》、《长杨》二赋原非一时所作，《羽猎》在元延二年之秋，子云自序必不误也。"《文选·长杨赋注》引刘歆《七略》曰："《长杨赋》，绥和元年上。"

贺拉斯卒（前65— ）。罗马诗人。

刘向卒（前79— ）。本名更生，字子政。沛人。汉楚元王刘交四世孙，刘歆父。习《谷梁春秋》，宣帝时任散骑、谏大夫、给事中。元帝时擢为散骑、宗正给事中，成帝时升迁光禄大夫，又任中垒校尉，领校中秘书。著有《五经通义》、《五经杂义》7卷、《五经要义》、《周易系辞》2卷、《九章重差》1卷、《五行传记》11卷、《说老子》4篇、《列仙传》、《列士传》2卷、《新序》30卷、《说苑》20卷、《列女传》8篇、《世本》2卷、《七略别录》20卷、《稽疑》1篇及《赋》33篇等。有《刘中垒集》，又集《九叹》16卷。事迹见《汉书》卷三六。

按：刘向卒年，钱大昕《三史拾遗》卷三据"卒后十三岁而王氏代汉"而推曰"依次推检，向当卒于成帝绥和元年。"钱穆《刘向歆父子年谱》（载《两汉经学今古文平议》，商务印书馆2001年版）、杨树达《汉书窥管》（上海古籍出版社1984年版）等同意此说。司马光《资治通鉴》卷三二、王益之《西汉年纪》等并将刘向之卒系于本年。据此上推七十二年，则刘向生于汉昭帝元凤二年（前79）。清人梅毓《刘更生年表》（《积学斋丛书》）、周杲《刘子政生卒年月及其著述考辨》（《文学年报》1936年第2期）并谓刘向卒于哀帝建平元年（前6）。钱穆说："时学者可分两派，一好言灾异，一好言礼制。言灾异者，上本之天意。言礼制者，下揆之民生。京房、翼奉、刘向、谷永、李寻之徒言灾异，贡禹、韦玄成、匡衡、翟方进、何武之徒言礼制。虽不尽然，大较如是。向之晚年，议兴辟雍，亦昌言礼乐矣。王吉、贡禹之言礼，皆主俭约而重民生，向言教化，又微不同，盖仍是武宣一派。莽歆新政，托于符命，则言灾异之变也；其措施多慕古昔，切民事，则言礼制之裔也。然亦盛夸饰，兼袭武宣遗风。史言王莽兴辟雍，欲耀群庶，必谓成帝刘向之意乃在美教化，此又何以知之？弃其虚文，循其实迹，则莽歆兴辟雍，其议端自刘向开之。"（参见《刘向歆父子年谱》）

谷永卒，生年不详。本名并，字子云，长安人。博学经书，少为长安小吏，元帝建昭中为太常丞，成帝时擢为光禄大夫，后任安定太守、长史、凉州刺史，太中大夫、光禄大夫给事中、北地太守，终于大司农。于经书泛为疏达，善以灾异言政得失，《隋书·经籍志》著录《汉谏议大夫谷永集》2卷，《旧唐书·经籍志》、《新唐书·艺文志》著录《谷永集》5卷，已佚。事迹见《汉书》卷八五。

按：《汉书·谷永杜邺传》曰："谷永字子云，长安人也。父吉，为卫司马，使送郅支单于侍子，为郅支所杀，语在《陈汤传》。永少为长安小史，后博学经书。建昭中，御史大夫繁延寿闻其有茂材，除补属，举为太常丞，数上疏言得失。……永于经书，泛为疏达，与杜钦、杜邺略等，不能洽浃如刘向父子及扬雄也。其于天官、《京氏易》最密，故善言灾异，前后所上四十余事，略相反复，专攻上身与后宫而已。党于王氏，上亦知之，不甚亲信也。"

汉成帝绥和二年　甲寅　前7年

正月，成帝行幸甘泉，郊泰畤（《汉书·成帝纪》）。

二月，丞相翟方进为成帝所责而自尽（《汉书·百官公卿表》、《汉书·翟方进传》）。

三月，成帝行幸河东，祠后土（《汉书·成帝纪》）。

丙戌，成帝崩于未央宫（《汉书·成帝纪》）。

四月丙午，太子即皇帝位，是为哀帝；尊皇太后曰太皇太后，皇后曰皇太后；诏大赦天下（《汉书·哀帝纪》）。

提比略凯旋，自日耳曼尼亚。

耶稣约生于是年。

按：《汉书·郊祀志》："哀帝即位，寝疾，博征方术士，京师诸县皆有侍祠使者，尽复前世所常兴诸神祠官，凡七百余所，一岁二万七千祠云。"

是月，以左将军孔光为丞相（《汉书·百官公卿表》）。

五月丙戌，立皇后傅氏（《汉书·哀帝纪》）。

六月，诏罢乐府。

按：《汉书·哀帝纪》曰："六月，诏曰：'郑声淫而乱乐，圣王所放，其罢乐府。'"此是遵从孔光、何武的上疏，《汉书·礼乐志》曰："丞相孔光、大司空何武奏：'郊祭乐人员六十二人，给祠南北郊……大凡八百二十九人，其三百八十八人不可罢，可领属大乐，其四百四十一人不应经法，或郑、卫之声，皆可罢。'"赵敏俐《汉代乐府官署兴废考论》（《文献》2009年第3期）说："汉哀帝罢废乐府机构的举措，对汉代歌诗艺术发展的最大影响，是使此后的汉代乐官制度发生了变化。"

是月，令贾人皆不得名田、为吏（《汉书·哀帝纪》）。

秋，王根、王况以罪免官（《汉书·哀帝纪》）。

平当使领河堤，求治河之策，下丞相孔光、大司空何武奏诸部刺史，三辅、三河、弘农太守举吏民能者，莫有应书，待诏贾让上治河三策（《汉书·沟洫志》）。

按：张涛《经学与汉代的救灾活动》（《东岳论坛》1993年第1期）"在汉王朝组织大规模治理水患的过程中，经学有着特别突出的影响。黄河流域是汉代我国主要的农业区域，而黄河的泛滥又对农业生产和人民生活造成极大破坏。如何治理黄河，防止水患，变害为利，对社会经济的发展至关重要，也是历代王朝都要解决的大问题。《尚书·禹贡》记述了大禹治水的事迹，为后人提供了治理河川的经验，被视为后世山经水记之祖，所以汉代的经学大师、特别是那些精通《禹贡》者也被视为深谙治河之道的人。……当时最有名的还是平当以《禹贡》治河的故事。《汉书·平当传》载，大臣平当'以经明《禹贡》，使行河，为骑都尉，领河堤'。颜师古注云：'《尚书·禹贡》载禹治水次第，山川高下，当明此经，故使行河也。'平当本人也十分看重经学与治河的关系。他曾于哀帝初年奏言：'九河今皆寘灭，按经义治水，有决河深川，而无堤防雍塞之文。'要求依照经义，采用疏导的办法治河。"

又按：贾让反对修补故堤、增高培厚的消极办法，提出了治黄的一些合理建议，为水利史上全局治黄的第一份文献。

何武时为大司空。六月，与孔光奏罢减乐府人员；奏请毁原庙。十月，上大司空印绶，罢归就国（《汉书·百官公卿表》、《汉书·礼乐志》）。

按：《汉书·韦贤传》曰："成帝崩，哀帝即位。丞相孔光、大司空何武奏言：'永光五年制书，高皇帝为汉太祖，孝文皇帝为太宗。建昭五年制书，孝武皇帝为世宗。损益之礼，不敢有与。臣愚以为迭毁之次，当以时定，非令所为擅议宗庙之意也。臣请与群臣杂议。'奏可。于是，光禄勋彭宣、詹事满昌、博士左咸等五十三人皆以为继祖宗以下，五庙而迭毁，后虽有贤君，犹不得与祖宗并列。子孙虽欲褒大显扬而立之，鬼神不飨也。孝武皇帝虽有功烈，亲尽宜毁。"

师丹以太子太傅迁右将军，再迁大司马，与孔光、何武奏请限田限奴。

十月,继何武为大司空。(《汉书·食货志》)。

李寻二月弹劾丞相翟方进,九月对诏问灾异(《汉书·翟方进传》、《汉书·眭两夏侯京翼李传》)。

杜业二月弹劾翟方进;又谏王氏世权(《汉书·杜周传》)。

按:此杜业为杜钦之子,与当时与杜钦齐名的茂陵杜邺字子夏者非一人。

刘歆与太仆王舜议毁庙。五月,以王莽荐,为侍中大夫,迁骑都尉,奉车光禄大夫。

按:《汉书·韦贤传》曰:"太仆王舜、中垒校尉刘歆议曰:'……窃观孝武皇帝,功德皆兼而有焉。凡在于异姓,犹将特祀之,况于先祖?或说天子五庙无见文,又说中宗、高宗者,宗其道而毁其庙。名与实异,非尊德贵功之意也。《诗》云:"蔽芾甘棠,勿剪勿伐,邵伯所茇。"思其人犹爱其树,况宗其道而毁其庙乎?迭毁之礼自有常法,无殊功异德,固以亲疏相推及。至祖宗之序,多少之数,经传无明文,至尊至重,难以疑文虚说定也。孝宣皇帝举公卿之议,用众儒之谋,既以为世宗之庙,建之万世,宣布天下。臣愚以为孝武皇帝功烈如彼,孝宣皇帝崇立之如此,不宜毁。'上览其议而从之。制曰:'太仆舜、中垒校尉歆议可。'"

又按:《汉书·楚元王传》曰:"哀帝初即位,大司马王莽举歆宗室有材行,为侍中太中大夫,迁骑都尉,奉车光禄大夫,贵幸。"王莽于十一月免大司马,则荐刘歆事在本年十一月前。

解光上书劾王根、王况,又奏劾赵皇后姊妹(《汉书·外戚传》)。

耿育上书言便宜,因冤讼陈汤,又上书请宽赵氏(《汉书·傅常郑甘陈段传》、《汉书·外戚传》)。

彭宣以大司农迁光禄勋,再迁右将军(《汉书·百官公卿表》)。

朱博以光禄勋迁京兆尹(《汉书·百官公卿表》)。

杜邺迁凉州刺史(《汉书·杜邺传》)。

桓谭成帝时为乐府令。

按:桓谭《新论》曰:"昔余在孝成帝时为乐府令,凡凡所典领倡优伎乐,盖有千人之多。"故系于成帝末年。

氾胜之于成帝时撰成《氾胜之》书。

按:氾胜之,生卒不详,西汉成帝时为议郎,黄门侍郎。以"轻车使者"督导三辅地区种麦,获丰收,徙为御史。《汉书·艺文志·诸子略·农家》曰:"《氾胜之》十八篇。"班固注:"成帝时为议郎。"《通志·氏族略》曰:"汉有氾胜之,为黄门侍郎,撰《农书》十二篇。"唐时称为《氾胜之种植书》,为现存最早的古农书,本书开创了中国农书中作物各论之先例,并最早记述了嫁接法、套种法以及单项作物亩产与投入工本,计算其盈亏方法,已具成本核算概念。

翟方进卒,生年不详。方进字子威,汝南上蔡人。从博士受《春秋》。成帝河平年中为博士,因皇室内争而自尽。经学上颇有成就。事迹见《汉书》卷八四。

按:《汉书·成帝纪》曰:"二月壬子,丞相翟方进薨。"《汉书·翟方进传》曰:"方进虽受《谷梁》,然好《左氏传》、天文星历,其《左氏》则国师刘歆,星历则长安令田终术师也。厚李寻,以为议曹。"关于翟氏之死及学术传承,钱穆《刘向歆父子年谱》(《两汉经学今古文平议》,商务印书馆2001年版)引《汉书》言翟氏为言灾异不合于上意而自杀,"天子杀大臣以应星变,学者亦能预言其祸以为先见奇中,无有能知其非者。刘向论政,率本灾异","方进好喜天文星历,厚李寻,卒亦死于灾异。灾异进而为符命,莽遂以篡汉,此自汉儒学风如此。"于振波《汉代"天人感应"思想对宰相制度的影响》(《中国社会科学院研究生院学报》1994年第6期)说:"成帝绥和二年春,'荧惑守心',这种天象在古代被认为是对君主极为不利的重大'灾异'。成帝于是赐册给丞相翟方进,将翟氏为相以来所发生的一切灾异及政治不安定的责任,统统'赐'给了他。值得注意的是,在'荧惑守心'的天象发生之后,'善为星历'的翟氏本人及明于灾异之学而又与翟氏关系密切的李寻都对丞相负责毫无异议,反映了当时三公应对灾异负责的观念已成气候。"

汉哀帝刘欣建平元年　乙卯　前6年

正月,诏赦天下(《汉书·哀帝纪》)。

二月,诏大司马、列侯、将军、中二千石、州牧、守、相举孝悌惇纯厚、能直言、通议事可亲民者,各1人(《汉书·哀帝纪》)。

刘歆请立古文《尚书》及《春秋左氏传》、《毛诗》、《逸礼》博士;改名刘秀。

按:《汉书·儒林传》曰:"歆白《左氏春秋》可立,哀帝纳之,以问诸儒,皆不对。歆于是数见丞相孔光,为言《左氏》以求助,光卒不肯。唯凤、龚许歆,遂共移书责让太常博士,语在《歆传》。大司空师丹奏歆非毁先帝所立,上于是出龚等补吏:龚为弘农;歆河内;凤九江太守,至青州牧。"《汉书·楚元王传》曰:"歆及向始皆治《易》,宣帝时,诏向受《谷梁春秋》,十余年,大明习。及歆校秘书,见古文《春秋左氏传》,歆大好之。时丞相史尹咸以能治《左氏》,与歆共校经传。歆略从咸及丞相翟方进受,质问大义。初《左氏传》多古字古言,学者传训故而已,及歆治《左氏》,引传文以解经,转相发明,由是章句义理备焉。歆亦湛靖有谋,父子俱好古,博见强志,过绝于人。歆以为左丘明好恶与圣人同,亲见夫子,而公羊、谷梁在七十子后,传闻之与亲见之,其详略不同。歆数以难向,向不能非间也,然犹自持其《谷梁》义。及歆亲近,欲建立《左氏春秋》及《毛诗》、《逸礼》、《古文尚书》皆列于学官。"刘歆对于《左传》的贡献巨大。刘师培《左氏学行于西汉考》(《刘申叔遗书》,江苏古籍1997年版)认为《左传》有张苍所献的秘府藏本和孔安国所传的孔壁藏本这两种系统,"至刘歆典校秘书,见古文《春秋左氏传》,又从咸、方进质问大义,引传文解经,转相发明,而章句义理以备。盖以秘府经传为主,而兼通张、贾以下相传之大谊者也。"《左传》在刘歆、王莽努力下,平帝元始年间立于学官,设立博士,秘府藏本遂成为《左传》的正统定本。黄觉弘《论汉代〈左传〉的两大传本及其显晦》(《南京社会科学》2005年第12期)说:"在研究上,刘歆打破了以往《左传》的研究模式,将《左传》纳入经学范围,在刘歆之前,《左传》本与《春秋经》各自为书,并不连在一起。而且由于《左传》多古字古言,学者们只是当作一般古书来传习,或称引其中文事语义,或疏通其古字古言,'传训故而已'。刘歆打破了这种局面,把《左传》与《春秋经》联系起来,'引传文以释经,转相发明,由是章句义理备焉'。而这种'章句义理备焉',显然同今文经学的研究模式是一致的。也即是说,刘歆借鉴了今文经学的研究方法和模式,使《左传》研究从一般性的称述征引和文字训诂转到'创通大义'、阐释申发《春秋》之'微言大义'上来了,把《左传》由'具论其语'的史书推向了深旨奥义的经书,这是对《左传》价值取向上的一次根本性的转移。而且在书式上,一改以往那种经传各自别行的传统,改成传文附经的经传合行本,这成为后来《左传》流传的例程。刘歆又勤于授学,培养后进,造就了一批《左传》学者,及至东汉人才辈出,绵延不绝,实际上形成了以刘歆为宗、以秘府藏本为据的《左传》学派。如孔奋……孔奋弟孔奇…孔奋子孔嘉……贾徽……贾徽子贾逵……章帝八年又'诏诸儒各选高才生,受《左氏》、《谷梁春秋》、《古文尚书》、《毛诗》,由是四经遂行于世。'……贾逵之孙伯升……延笃曾受《左氏》于贾逵之孙伯升,……郑兴,少学《公羊春秋》,晚善《左氏传》……郑兴子郑众。……许淑……陈钦子陈元……马严……马严子马融……卢植,少与郑玄俱事马融,……此外,尚有苏竟、隗嚣、李守等人亦与刘歆过从较密,当曾闻习刘歆《左传》学说,可谓刘歆《左传》学派附翼。刘歆《左传》学派是新莽之后整个东汉《左传》学的主干,这个主导地位最终导致了《左传》秘府藏本的通行和民间传本的晦没。"

又按:刘歆改名秀,字颖叔,《汉书·楚元王传》曰:"初,歆以建平元年改名秀,字颖叔云。"

房凤、王龚许刘歆立《左传》博士。

按:《汉书·儒林传》曰:"房凤字子元,不其人也。以射策乙科为太史掌故。太常举方正,为县令都尉,失官。大司马票骑将军王根奏除补长史,荐凤明经通达,擢为光禄大夫,迁五官中郎将。时,光禄勋王龚以外属内卿,与奉车都尉刘歆共校书,三人皆侍中。歆白《左氏春秋》可立,哀帝纳之,以问诸儒,皆不对。歆于是数见丞相孔光,为言《左氏》以求助,光卒不肯。唯凤、龚许歆,遂共移书责让太常博士,语在《歆传》。大司空师丹奏歆非毁先帝所立,上于是出龚等补吏:龚为弘农;歆河内;凤九江太守,至青州牧。始,江博士授胡常,常授梁萧秉君房,王莽时为讲学大夫。由是《谷梁春秋》有尹、胡、申章、房氏之学。"房凤的《谷梁学》由尹更始传授。"尹更始为谏大夫、长乐户将,又受《左氏传》,取其变理合者以为章句,传子咸及翟方进、琅邪房凤。"《经典释文·序录》认为只传翟方进、胡常,未及房凤。

又按:王青《灾异与礼仪——西汉后期学术特点》(《原道》第7辑,贵州人民出版社2002年)说:"刘歆上书为古文经争立学官,但我们并不认为此时与今文经学相对抗的古文经学体系已经形成。确实,古文经学与今文经学在释经观点上有许多不同,但这些区别主要是在东汉以后形成的。西汉从文献体系到理论体系是否存在着一个与今文经学相对抗的古文经学,是颇有疑问的。首先,从文献体系上来说,很多今文经本身已经吸收了古文经的内容,如《尚书》、《周易》;其次,刘歆争立《左传》等3经,原意只是补陋缺,广道术,并非要用古文经代替今文经。第三,也是最重要的,从西汉的材料来看,治古文经与治今文经在理论体系、学术方法上并无太大差别。所以,我们不能对刘歆争立古文经在思想史上的地位作太高的估计。总的来说,这依然是由于博士制度成为利禄之途而产生的权力之争。元成以后的儒林学风确有相当的不同,由此而形成派系,但我认为,这种派系的形成其界限并不在于所受经文的文献体系有差异,也不在齐学和鲁学这种地域差异,而在于学术特长有差异。概括说来,汉儒中的一派擅礼仪,以贡禹、王吉、韦玄成、匡衡、师丹、孔光等人为代表,汉儒中的另一派擅灾异,以董仲舒、眭弘、夏侯始昌、夏侯胜、京房、刘向、翼奉、李寻、谷永等人为代表。这种擅长以他们所治的经典有一定的关系,通常说来,治《易》、《春秋》、《尚书》的儒生往往擅灾异;治《诗》、《礼》的儒生往往擅礼仪。元帝以后《诗》学兴起,礼仪派儒生占据越来越重要的地位,他们对扬雄思想的形成有着强烈的影响。"

朱博十月以京兆尹迁大司空(《汉书·百官公卿表》)。

孔光议定陶太后宜改筑宫(《汉书·匡张孔马传》)。

董宏上言宜立定陶共王后为皇太后,师丹与王莽驳之(《汉书·何武王嘉师丹传》)。

师丹免爵,给事中博士申咸、炔钦因称誉师丹贬秩各二等(《汉书·何武王嘉师丹传》)。

按:炔钦为许商弟子,传《尚书》学。

唐林上疏请复师丹邑爵(《汉书·何武王嘉师丹传》)。

按:唐林为许商弟子,通《尚书》学。

李寻以待诏黄门对策(《汉书·眭两夏侯京翼李传》)。

刘歆著《七略》。

按:《汉书·楚元王传》曰:"哀帝初即位,大司马王莽举歆宗室有材行,为侍中太中大夫,迁骑都尉、奉车光禄大夫,贵幸。复领《五经》卒父前业。歆乃集六艺群书,种别为《七略》。语在《艺文志》。"《汉书·艺文志》曰:"会向卒,哀帝复使向子侍中奉车都尉歆卒父业。歆于是总群书而奏其《七略》,故有《辑略》,有《六艺略》,有《诸子略》,有《诗赋略》,有《兵书略》,有《术数略》,有《方技略》。"《隋书·经籍志》曰:"《七略》七卷,刘歆撰。"刘向、刘歆校书,先校勘定本,即从多种书本内选定篇目,又据每篇善本校勘,校定文句,成一校定底本,继缮写清本,再编撰叙录,一书校毕,辄条其篇目,撮其指意,录而奏之。记其定本篇目,述其大意,后成系统目录。向校书未毕而卒,歆竟其业,在《别录》基础上又去详从略,撰成《七略》。《七略》约亡于北宋末年,因《汉书·艺文志》乃依《七略》"删其要"而就,故可见其概略。《七略》七卷,为刘歆承父志整理编撰的宫廷藏书目录,按六艺、诸子、诗赋、兵书、数术、方技六大类(略)分类编目,又加总序"辑略"而成,是中国首部完整的综合性图书分类目录,比被称为"目录学之父"的德国吉士纳所编的《万象图书分类法》早1550年。此书首创立古代图书六法法之体例,为《汉书·艺文志》之蓝本,与《别录》同为中国古典目录学的奠基之作。刘氏父子的《别录》和《七略》的出现,第一次建立了我国目录学的方法和理论,为此后整个封建社会目录学的发展奠定了坚实的基础。从汉代到清末,刘氏父子创建的目录学体系一直被奉为正统目录学的圭臬,受到历代学者的推崇。

刘歆作《移太常博士书》。

按:《汉书·楚元王传》曰:"哀帝令歆与《五经》博士讲论其义,诸博士或不肯置对,歆因移书太常博士,责让之曰:'昔唐虞既衰,而三代迭兴,圣帝明王,累起相袭,其道甚著。周室既微而礼乐不正,道之难全也如此。是故孔子忧道之不行,历国应聘。自卫反鲁,然后乐正,《雅》、《颂》乃得其所;修《易》,序《书》,制作《春秋》,以纪帝王之道。及夫子没而微言绝,七十子终而大义乖。重遭战国,弃笾豆之礼,理军旅之阵,孔氏之道抑,而孙吴之术兴。陵夷至于暴秦,燔经书,杀儒士,设挟书之法,行是古之罪,道术由是遂灭。汉兴,去圣帝明王遐远,仲尼之道又绝,法度无所因袭。时独有一叔孙通略定礼仪,天下唯有《易》卜,未有它书。至孝惠之世,乃除挟书之律,然公卿大臣绛、灌之属咸介胄武夫,莫以为意。至孝文皇帝,始使掌故朝错从伏生受《尚书》。《尚书》初出于屋壁,朽折散绝,今其书见在,明师传读而已。《诗》始萌芽。天下众书往往颇出,皆诸子传说,犹广立于学官,为置博士。在汉朝之儒,唯贾生而已。至孝武皇帝,然后邹、鲁、梁、赵颇有《诗》、《礼》、《春秋》先师,皆起于建元之间。当此之时,一人不能独尽其经,或为《雅》,或为《颂》,相合而成。《泰誓》后得,博士集而读之。故诏书称曰:"礼坏乐崩,书缺简脱,朕甚闵焉。"时汉兴已七八十年,离于全经,固已远矣。及鲁恭王坏孔子宅,欲以为宫,而得古文于坏壁之中,《逸礼》有三十九,《书》十六篇。天汉之后,孔安国献之,遭巫蛊仓卒之难,未及施行。及《春秋》左氏丘明所修,皆古文旧书,多者二十余通,臧于秘府,伏而未发。孝成皇帝闵学残文缺,稍离其真,乃陈发秘臧,校理旧文,得此三事,以考学官所传,经或脱简,传或间编。传问民间,则有鲁国桓公、赵国贯公、胶东庸生之遗学与此同,抑而未施。此乃有识者之所惜闵,士君子之所嗟痛也。往者缀学之士不思废绝之阙,苟因陋就寡,分文析字,烦言碎辞,学者罢老且不能究其一艺。信口说而背传记,是末师而非往古,至于国家将有大事,若立辟雍、封禅、巡狩之仪,则幽冥而莫知其原。犹欲抱残守缺,挟恐见破之私意,而无从善服义之公心,或怀妒忌,不考情实,雷同相从,随声是非,抑此三学,以《尚书》为备,谓左氏为不传《春秋》,岂不哀哉!今圣上德通神明,继统扬业,亦闵文学错乱,学士若兹,虽昭其情,犹依违谦让,乐与士君子同之。故下明诏,试《左氏》可立不,遣近臣奉指衔命,将以辅弱扶微,与二三君子比意同力,冀得废遗。今则不然,深闭固距,而不肯试,猥以不诵绝之,欲以杜塞余道,绝灭微学。夫可与乐成,难与虑始,此乃众庶之所为耳,非所望士君子也。且此数家之事,皆先帝所亲论,今上所考视,其古文旧书,皆有征验,外内相应,岂苟而已哉!夫礼失求之于野,古文不犹愈于野乎?往者博士《书》有欧阳,《春秋》公羊,《易》则施、孟,然孝宣皇帝犹复广立《谷梁春秋》,《梁丘易》,大小《夏侯尚书》,义虽相反,犹并置之。何则?与其过而废之也,宁过而立之。《传》曰:"文武之道未坠于地,在人;贤者志其大者,不贤者志其小者。"今此数家之言所以兼包大小之义,岂可偏绝哉!若必专己守残,党同门,妒道真,违明诏,失圣意,以陷于文吏之议,甚为二三君子不取也。'其言甚切,诸儒皆怨恨。是时,名儒光禄大夫龚胜以歆移书上疏深自罪责,愿乞骸骨罢。及儒者师丹为大司空,亦大怒,奏歆改乱旧章,非毁先帝所立。上曰:'歆欲广道术,亦何以为非毁哉!'歆由是忤执政大臣,为众儒所讪,惧诛,求出补吏,为河内太守。以宗室不宜典三河,徙守五原,后复转在涿郡,历三郡守。"此为汉代第一次今古文之争。侯外庐主编《中国思想通史》第二卷(人民出版社1957年版)谓两汉今、古文有四次大论争。"第一次是刘歆(古)和太常博士们(今)争立《毛诗》、古文《尚书》、逸《礼》、左氏《春秋》。第二次是韩歆、陈元(古)和范升(今)争立费氏《易》及左氏《春秋》。第三次是贾逵(古)和李育(今)。第四次是郑(古)和何休(今)争论《公羊传》及《左氏传》的优劣。"周桂钿、李祥俊《中国学术通史·秦汉卷》(人民出版社2004年版)第六章《两汉之际的今、古文经学之争与谶纬盛行》说:"就刘歆的这封信来看,其核心论点可以概括如下:1.在经书的作者问题上,认为《诗》、《书》、《礼》、《易》虽经孔子修定,但只是记述,惟有《春秋》是孔子制作,但也同样只是古帝王之道的记载,因此,在经学上,古圣王的地位远远高于孔子,这就和今文经学推重《春秋》一经,侧重孔子地位的说法有所不同;2.在经书的文本优劣问题上,认为古文经书比较全面、准确,不像今文经学的经书都是在秦王朝'焚书坑儒'之后留下的残缺不全的本子;3.

在经学解释方式上,批评今文经学在流传过程中逐渐变为破碎大道的章句之学,形式繁琐而内容单薄;4.在经学的经世致用问题上,批评只相信师门的传授,而不研究古帝王之道,在国家的礼制建设上无所作为。"邓星盈、黄开国《汉代经学之争》(《孔子研究》1994年第4期)说:"刘歆责让太常经学博士言语虽激切,但论说有据,说理充分,其批评今文经学尤能切中要害。所以,尽管刘歆议立《左传》古文经四经失败了,但从学术发展来看,却是有积极意义的。而《移太常博士书》,更是经学史上弥可珍贵的史料。"

刘歆校《山海经》成,作《上校〈山海经〉志》。

按:刘歆《上校〈山海经〉志》中自称刘秀,表明校《山海经》成,事在本年改名刘秀之后。

包咸(　—65)生。

汉哀帝建平二年　丙辰　前5年

三月,罢大司空,复御史大夫(《汉书·哀帝纪》、《资治通鉴》卷三四)。

四月,置州牧,复刺史;孔光免丞相职,御史大夫朱博为丞相(《汉书·哀帝纪》、《汉书·匡张孔马传》)。

六月,诏大赦天下,改元太初,号曰"陈圣刘太平皇帝",八月罢。

按:《汉书·眭两夏侯京翼李传》曰:"初,成帝时,齐人甘忠可诈造《天官历》、《包元太平经》十二卷,以言'汉家逢天地之大终,当更受命于天,天帝使真人赤精子,下教我此道'。忠可以教重平夏贺良、容丘丁广世、东郡郭昌等,中垒校尉刘向奏忠可假鬼神罔上惑众,下狱治服,未断病死。贺良等坐挟学忠可书以不敬论,后贺良等复私以相教。哀帝初立,司隶校尉解光亦以明经通灾异得幸,白贺良等所挟忠可书。事下奉车都尉刘歆,歆以为不合《五经》,不可施行。而李寻亦好之。光曰:'前歆父向奏忠可下狱,歆安肯通此道?'时郭昌为长安令,劝寻宜助贺良等。寻遂白贺良等皆待诏黄门,数诏见,陈说:'汉历中衰,当更受命。成帝不应天命,故绝嗣。今陛下久疾,变异屡数,天所以谴告人也。宜急改元易号,乃得延年益寿,皇子生,灾异息矣。得道不得行,咎殃且亡,不有洪水将出,灾火且起,涤荡民人。'哀帝久寝疾,几其有益,遂从贺良等议。于是诏制丞相御史:'盖闻《尚书》"五曰考终命",言大运一终,更纪天元人元,考文正理,推历定纪,数如甲子也。朕以眇身入继太祖,承皇天,总百僚,子元元,未有应天心之效。即位出入三年,灾变数降,日月失度,星辰错谬,高下贸易,大异连仍,盗贼并起。朕甚惧焉,战战兢兢,唯恐陵夷。惟汉兴至今二百载,历纪开元,皇天降非材之右,汉国再获受命之符,朕之不德,曷敢不通夫受天之元命,必与天下自新。其大赦天下,以建平二年为太初元年,号曰陈圣刘太平皇帝。漏刻以百二十为度。布告天下,使明知之。'"王步贵《谶纬与汉代政治》(《西北大学学报》1992年第1期)说:"这个掩耳盗铃、自欺欺人的恶作剧,却被王莽顺手牵羊、移花接木、轻而易举地利用了。王莽宣称,他于'未央宫之前殿'得铜符帛图,文曰:'天告帝符,献者封侯,承天命,用神令'。他又说,甘忠可、夏贺良的谶书,叫哀帝改元为太初大将元年,'大将元年者,大将居摄改元之文也',这是天命叫他改元作皇帝。就这样,王莽以'符命'为理由,在其他许多优越有利的条件配合下,篡汉称帝,改国号曰'新',以其'新受命'为根据,年号'始建国'。"

八月,丞相朱博自杀(《汉书·百官公卿表》)。

十二月,以御史大夫平当为丞相(《汉书·百官公卿表》)。

刘歆等斥齐人甘忠可《天官历》、《包元太平经》十二卷不合五经(《汉书·眭两夏侯京翼李传》)。

朱博时为大司空,奏复置御史大夫;让封邑;奏复置刺史(《汉书·薛宣朱博传》)。

平当九月以诸吏散骑光禄大夫为御史大夫(《汉书·百官公卿表》)。

王嘉十二月继平当为御史大夫(《汉书·百官公卿表》)。

扬雄、李寻四月论鼓妖事。

按:《汉书·五行志》曰:"哀帝建平二年四月乙亥朔,御史大夫朱博为丞相,少府赵玄为御史大夫,临延登受策,有大声如钟鸣,殿中郎吏陛者皆闻焉。上以问黄门侍郎扬雄、李寻,寻对曰:'《洪范》所谓鼓妖者也。师法以为人君不聪,为众所惑,空名得进,则有声无形,不知所从生。其传曰岁月日之中,则正卿受之。今以四月日加辰巳有异,是为中焉。正卿谓执政大臣也。宜退丞相、御史,以应天变。然虽不退,不出期年,其人自蒙其咎。'扬雄亦以为鼓妖,听失之象也。朱博为人强毅多权谋,宜将不宜相,恐有凶恶亟疾之怒。八月,博、玄坐为奸谋,博自杀,玄减死论。京房《易传》曰:'今不修本,下不安,金毋故自动,若有音。'"

息夫躬作《绝命辞》。

按:《汉书·蒯伍江息夫传》曰:"息夫躬字子微,河内河阳人也。少为博士弟子,受《春秋》,通览记书。容貌壮丽,为众所异。哀帝初即位,皇后父特进孔乡侯傅晏与躬同郡,相友善,躬繇是以为援,交游日广。……嘉固言董贤泰盛,宠、躬皆倾覆有佞邪材,恐必挠乱国家,不可任用。……初,躬待诏,数危言高论,自恐遭害,著绝命辞曰……"《玉海》卷五五"艺文类"曰:"《息夫躬集》一卷。"从刘跃进《秦汉文学编年史》系于本年。

张禹卒,生年不详。禹字子文,河内轵人。精习经学,为博士,历任光禄大夫、东平内史,诸吏光禄大夫,给事中,领尚书事,官至丞相、封安昌侯。少从施雠受《易》,后事王阳、庸生习《论语》,治《易》,传《孝经》。又兼采齐、鲁两家《论语》之说,编定篇次,著《论语章句》,其说最晚出,然行世后,诸家《论语》渐衰。事迹见《汉书》卷八一。

按:张禹本受《鲁论》,兼采齐论、古文论,作成《张侯论》,是郑玄注《论语》的底本。现在我们看到的《论语》的本子,是郑玄在《张侯论》基础上参校《古论语》而来。《经典释文·序录》曰:"安昌张侯受《鲁论》于夏侯建,又从庸生、王吉受《齐论》,择善而从,号'张侯论',最后而行于汉世。"周予同《周予同经学论著选集》(上海人民出版社1983版)说《张侯论》"是《论语》的第一次改订本"。

朱浮（　—66）、伏恭（　—84）生。

汉哀帝建平三年　丁巳　前4年

四月，御史大夫王嘉继平当为丞相（《汉书·百官公卿表》）。

十一月，诏复甘泉泰畤，汾阴后土祠，罢长安南北郊。

按：《汉书·哀帝纪》曰："冬十一月壬子，复甘泉泰畤，汾阴后土祠。罢南北郊。"

王崇四月为御史大夫，旋贬大司农（《汉书·百官公卿表》、《资治通鉴》卷三四）。

按：京兆尹王骏之子。

王嘉上书请养材（《汉书·何武王嘉师丹传》）。

刘歆为五原太守，以奏立《左传》于学官贬。

按：系年据刘跃进《秦汉文学编年史》（商务印书馆2006年版）。

刘歆于是作《遂初赋》。

按：文中写旅途所见，姑系于是年。

平当卒，生年不详。当字子思，梁国下邑人，居平陵。元帝时为大行治礼丞，因功补为大鸿胪文学，察举廉洁被先后选任顺阳长、栒邑令。成帝时以精于《尚书》被徵召为博士，迁长信少府，大鸿胪，光禄勋。每逢灾异发生，即以经术为据，谈论得失。哀帝初征为光禄大夫，迁拜御史大夫，官至丞相。事迹见《汉书》卷七一。

赵熹（　—80）生。

汉哀帝建平四年　戊午　前3年

春，大旱。关东民讹言"行西王母筹。"

按：《汉书·哀帝纪》曰："四年春，大旱。关东民传行西王母筹，经历郡国，西入关至京师。民又会聚祠西王母，或夜持火上屋，击鼓号呼相惊恐。"西汉后期，借灾异言政事之风颇为盛行。此时"行西王母筹"事件反映了当时人心摇荡的社会心理状况。汉代是西王母崇拜盛行的时代。汪小洋《论汉代西王母信仰的宗教性质转移》（《浙江社会科学》2009年第1期）说从汉代流传的文献看，"西王母信仰在汉代发生了三个变化。一是西王母的形象变化，她已经没有兽形的外表了；二是西王母细节描写的出现，比如长生之道的服药等细节；三是更加强调了西王母与帝王的直接联系，比如与千里迢迢赶来的周穆王相谈甚欢等。""三个变化，完成了西王母从自然宗教向人为宗教的转变，这是汉代西王母信仰的宗教性质的第一次转移。这些文献，都写自于西汉初至汉武帝时期，所以这次宗教性质转移完成的时间是西汉中叶。"又说："流民信奉的西王母表现出了明显的与国家政权相对抗的性质。这种性质的活动，使西王母信仰不可能只是停留于上流社会，而是要进入民间，从而带上了民间宗教的色彩。""从宗教发展史的角度看，利用民间新的宗教信仰攻击传统政治势力，破坏原有的政权结构，以而达到取而代之的政治目的，这样的事情在世界宗教发展史上也是常见的，这也从另一个方面说明了西王母信仰此时所具有的民间宗教性质。这是汉代西王母宗教信仰的第二次转移。"

二月，封帝太太后从弟侍中傅商为汝昌侯（《汉书·哀帝纪》）。

三月，侍中驸马都尉董贤封列侯（《汉书·哀帝纪》）。

鲍宣上书陈时政阙失，谓民有"七亡"、"七死"。

按：鲍宣是汉代《尚书》学者，师从平当。《汉书·王贡两龚鲍传》曰："鲍宣字子都，渤海高城人也。好学，明经，为县乡啬夫，守束州丞。后为都尉、太守功曹，举孝廉为郎，病去官，复为州从事。……宣每居位，常上书谏争，其言少文多实。……上以宣名儒，优容之。"

杜邺谏以行西王母筹。

按：《汉书·五行志》曰："哀帝建平四年正月，民惊走，持稾或梜一枚，传相付与，曰行诏筹。道中相过逢多至千数，或被发徒践，或夜折关，或逾墙入，或乘车骑奔驰，以置驿传行，经历郡国二十六，至京师。其夏，京师郡国民聚会里巷阡陌，设张博具，歌舞祠西王母。又传书曰：'母告百姓，佩此书者不死。不信我言，视门枢下，当有白发。'至秋止。是时，帝祖母傅太后骄，与政事，故杜邺对曰：'《春秋》灾异，以指象为言语。筹，所以纪数。民，阴，水类也。水以东流为顺走，而西行，反类逆上。象数度放溢，妄以相予，违忤民心之应也。西王母，妇人之称。博弈，男子之事。于街巷阡陌，明离阃内，与疆外。临事盘乐，炕阳之意。白发，衰年之象，体尊性弱，难理易乱。门，人之所由；枢，其要也。居人之所由，制持其要也。其明甚著。今外家丁、傅并侍帷幄，布于列位，有罪恶者不坐辜罚，亡功能者毕受官爵。皇甫、三桓，诗人所刺，《春秋》所讥，亡以甚此。指象昭昭，以觉圣朝，奈何不应！'后哀帝崩，成帝母王太后临朝，王莽为大司马，诛灭丁、傅。一曰丁、傅所乱者小，此异乃王太后、莽之应云。"

王嘉、贾延谏董贤等封事（《汉书·何武王嘉师丹传》）。

按：《汉文归》辑录王嘉文章多篇，楼日方评曰："西汉末文字，惟梅福、王嘉书最好，亦可以见汉家故事。"明王祎《大事记续编》卷四曰引吕祖谦曰："嘉、延以一身横当董贤之冲，忠矣，然其书言暴评其事必有言当封者，在陛下所从，此乃为董贤画计也。使哀帝今日下公卿议，则明日董宏、冷褒辈争言当封矣。大抵事有是非两端，事诚是耶，则或出于君，或出于臣，其利一也。事诚非耶，则或出于君，或出于臣，其害一也。故谷永任咎，而成帝之咎不下于永，李斯分谤而亡，秦之谤不分于斯，安得谓之咎有所分乎。"

郑崇以贤贵宠过度谏上，重罪死于狱中（《汉书·盖诸葛刘郑孙毋将何传》）。

孙宝上书称郑崇冤，免为庶人（《汉书·盖诸葛刘郑孙毋将何传》）。

按：明王袆《大事记续编》卷四引陈瓘曰："封一傅商，崇死宝免而赵昌得意。人主之祸莫大于杀谏臣，崇死则哀帝已矣。"

桓谭为郎典漏刻，为孔乡侯晏进说董贤受宠事。

按：《后汉书·桓谭冯衍列传》曰："桓谭字君山，沛国相人也。父成帝时为太乐令。谭以父任为郎，因好音律，善鼓琴。博学多通，遍习《五经》，皆诂训大义，不为章句。能文章，尤好古学，数从刘歆、扬雄辩析疑异。性嗜倡乐，简易不修威仪，而憙非毁俗儒，由是多见排抵。哀、平间，位不过郎。傅皇后父孔乡侯晏深善于谭。是时高安侯董贤宠幸，女弟为昭仪，皇后日已疏，晏嘿嘿不得意。谭进说曰……晏曰：'善'。遂罢遣常客，入白皇后，如谭所戒。"

毋将隆以京兆尹为执金吾，以《春秋》之义奏请收还武库兵器（《汉书·百官公卿表》、《汉书·盖诸葛刘郑孙毋将何传》）。

扬雄著《太玄》成，又著《解嘲》、《解难》。

按：《汉书·扬雄传》曰："哀帝时，丁、傅、董贤用事，诸附离之者或起家至二千石。时雄方草创《太玄》，有以自守，泊如是。或嘲雄以玄尚白，而雄解之，号曰《解嘲》。""《玄》文多，故不著，观之者难知，学之者难成。客有难《玄》太深，众人之不好也，雄解之，号曰《解难》。"《太玄》又称《太玄经》，共10卷，一说成书于公元前二年。体例仿《周易》，内容上混合儒、道、阴阳。全书以"玄"为中心，据浑天说，太初历，运用阴阳五行思想以占卜形式描绘了世界图式，有二元论倾向，为后来王充所继承发展，亦对魏晋玄学产生影响，其数术和卜筮学又为马司光所赏识。《后汉书·张衡传》曰："吾观《太玄》，方知子云妙极道术，乃与《五经》相拟，非徒传记之属，使人难论阴阳之事，汉家得天下二百岁之书。复二百岁，殆将终乎？所以作者之数，常然之符也。汉四百岁，《玄》其兴矣。"《四库全书总目提要》曰："汉扬雄撰，晋范望注。《汉书·艺文志》称扬雄所序三十八篇，《太玄》十九。其本传则称《太玄》三方、九州、二十七部、八十一家、二百四十三表、七百二十九赞，分为三卷，曰一、二、三与太初历相应。又称有《首》、《冲》、《错》、《测》、《摛》、《莹》、《数》、《文》、《掜》、《图》、《告》十一篇，皆以解剥玄体，离散其文，章句尚不存焉。与《艺文志》十九篇之说已相违异。桓谭《新论》则称《太玄经》三篇，传十二篇，合之乃十五篇，较本传又多一篇。案阮孝绪称《太玄经》九卷，雄自作《章句》，《隋志》亦载雄《太玄经章句》九卷，疑《汉志》所云十九篇，乃合其章句言之。今章句已佚，故篇数有异。至桓谭《新论》则世无传本，惟诸书递相援引，或讹十一为十二耳。以今本校之，其篇名、篇数一一与本传皆合，固未尝有脱佚也。注其书者，自汉以来，惟宋衷、陆绩最著。至晋范望，乃因二家之注，勒为一编。雄书本拟《易》而作，以家准卦，以首准象；以赞准爻，以测准象，以文准文言，以摛、莹、掜、图、告准系词，以数准《说卦》，以冲准《序卦》，以错准《杂卦》，全仿《周易》。古本经传各自为篇，望作注时，析玄首一篇分冠八十一家之前，析玄测一篇分系七百二十九赞之下，始变其旧，至今仍之。其书《唐·艺文志》作十二卷，《文献通考》则作十卷，均名曰《太玄经注》。此本十卷，与《通考》合，而卷端标题则称晋范望字叔明解赞。"关于《太玄》注释，重要的有晋代范望《太玄经解》，有明刊本、四部丛刊本；宋代司马光《太玄经集注》，有清五柳居刊本、湖北刊本、四部备要本；明代叶子奇《太玄本旨》，有明刊本、四库全书钞本。俞樾《诸子平议》中有《太玄经平议》一卷。今人郑万耕有《太玄校释》，北京师范大学出版社1989年版。

汉哀帝元寿元年　己未　前2年

正月辛丑朔，日蚀；诏举贤良方正，能直言者各1人，大赦天下（《汉书·哀帝纪》）。

三月，丞相王嘉下狱死（《汉书·百官公卿表》）。

七月，御史大夫孔光继王嘉复为丞相（《汉书·哀帝纪》）。

十二月，以董贤为大司马、卫将军。常给事禁中，领尚书事，百官因贤奏事（《汉书·哀帝纪》）。

是年，景卢从大月氏王使臣伊存受《浮屠经》，佛教自此传入中国。

按：此为佛法入中国之始。《三国志·魏志·东夷传》注引《魏略·西戎传》曰："昔汉哀帝元寿元年，博士弟子景卢受大月氏使伊存口授《浮屠经》曰复立者其人也。《浮屠》所载蒲塞、桑门、伯闻、疏问、白疏间、比丘、晨门，皆弟子号也。"又曰"《浮屠》所载与中国《老子经》相出入，盖以为老子西出关，过西域之天竺，教胡。浮屠属弟子别号，合有二十九，不能详载，故略之如此。"景卢一作秦景宪。任继愈《中国佛教史》（中国社会科学出版社1997年版）说："关于这个记载，有必要指出如下几点：(1)博士弟子景卢之所以愿意接受大月氏使者伊存口授《浮屠经》，说明这种宗教信仰已引起当时社会上某些人们的注意。(2)大月氏在公元前二世纪移居大夏后很快接受当地的风俗文化，因此在公元前一世纪末盛行佛教并由其来华使者口授佛经，是完全可能的。公元后一世纪大月氏取得统一，建立贵霜王朝，此后有不少佛教僧侣直接来华传教译经。(3)口授佛经是佛教的传统作法。在公元一世纪以前，佛教经典没有成文记载，全靠口头传诵，甚至东汉时我国早期的译经，也多从口授。"葛志毅《汉代博士与佛学的传播》（《中华文化论坛》1994年第1期）说："佛学传入应与博士制度有关，但当时未在太学中引起何等大的影响。"

王嘉正月上疏复奏封事、谏益封董贤等封事、荐梁相鞫、谭宗伯、凤三人（《汉书·何武王嘉师丹传》）。

孔光正月上书对问日蚀事；荐张敞为尚书令。五月，以光禄大夫迁御史大夫（《汉书·百官公卿表》、《汉书·匡张孔马传》）。

杜邺正月以外戚丁、傅及董贤贵宠上书切谏，抨击时政（《汉书·谷永杜邺传》）。

鲍宣正月上疏谏哀帝复征何武、师丹、彭宣、傅喜，拜为司隶，以摧辱丞相下狱（《汉书·王贡两龚鲍传》）。

王闳谏董贤无功封爵，勿尊崇（《汉书·王莽传》）。

屋大维公布限制释放奴隶法。

王咸为博士弟子，率太学生举幡救鲍宣。

按：《汉书·王贡两龚鲍传》曰："丞相孔光四时行园陵，官属以令行驰道中，宣出逢之，使吏钩止丞相掾史，没入其车马，摧辱宰相。事下御史，中丞、侍御史至司隶官，欲捕从事，闭门不肯内。宣坐距闭使者，亡人臣礼，大不敬，不道，下廷尉狱。博士弟子济南王咸举幡太学下，曰：'欲救鲍司隶者会此下。'诸生会者千余人。朝日，遮丞相孔光自言，丞相车不得行，又守阙上书。上遂抵宣罪减死一等，髡钳。宣既被刑，乃徙之上党，以为其地宜田牧，又少豪俊，易长雄，遂家于长子。"黄宛峰《汉代的太学生与政治》（《南都学坛》1996年第2期）说："此次事件的重要意义在于，它初次显示了太学生这一特殊身份的知识群体在政治上的自觉与自信。且他们的强大舆论攻势果真迫使皇帝改变了成命。对于政治中的不平之事，他们自觉有责任去干预，自信其力量能够干预。王咸在太学下举旗高呼，顿时千人云集的场面，颇为壮观。这可以说是中国历史上第一次学生运动了。"

何武以鲍宣荐复征为御史大夫（《汉书·何武王嘉师丹传》、《汉书·百官公卿表》）。

董恭以少府为卫尉，旋迁光禄大夫（《汉书·百官公卿表》）。

桓谭以右扶风迁卫尉（《汉书·百官公卿表》）。

杜邺卒，生年不详。邺字子夏，魏郡繁阳人。张敞外孙。曾从敞子吉问学，得读其家，故尤长小学。成帝时，以孝廉为郎。哀帝立，为凉州刺史。临终自作文，命刊石埋于墓侧。《隋书·经籍志》载有集2卷，已佚，今有黄奭辑《杜邺易义》。事迹见《汉书》卷八五。

按：《汉书·谷永杜邺传》曰："扶阳侯韦育举邺方正……邺未拜，病卒。邺言民讹言行筹，及谷永言王者买私田，彗星陨石牡飞之占，语在《五行志》。初，邺从张吉学，吉子竦又幼孤，从邺学问，亦著于世，尤长小学。邺子林，清静好古，亦有雅材，建武中历位列卿，至大司空。其正文字过于邺、竦，故世言小学者由杜公。"南宋孙坦《周易析蕴》曰："世有《子夏易传》，……疑汉杜子夏之学。"南宋赵汝楳《周易辑闻》曰："彭祖传梁邱之学，如以子夏为彭祖，犹有仿佛。"这两种看法都是以二人皆字子夏为据，不足凭信，朱彝尊《经义考》驳之曰："孙坦疑是杜邺，赵汝楳疑是邓彭祖，盖两人俱字子夏也。然绎其文义，总不类汉人文字。"

又按：关于墓志铭有一种说法是源于杜邺。《西京杂记》卷三曰："杜子夏葬长安北四里，临终作文曰：'魏郡杜邺，立志忠款。犬马未陈，奄先草露。骨肉归于后土，气魄无所不之。何必故丘，然后即化。封于长安北郭，此焉宴息。'及死，命刊石，埋于墓侧，墓前种松柏树五株，至今茂盛。"从内容上看，杜子夏这篇文字确实与后来墓志文的体格有相似之处，颇像墓志文的一个片断，所以，徐师曾《文体明辨序说·墓志铭》明确以其为墓志之源起："志者，记也；铭者，名也。古之人有德善功烈可名于世，殁则后人为之铸器以铭，而俾传于无穷，若《蔡中郎集》所载《朱公叔鼎铭》是已。至汉，杜子夏始勒文埋墓侧，遂有墓志，后人因之。"张华《博物志》卷七曰："汉西都时，南宫寝殿内有醇儒王史威长死葬铭曰：'明明哲士，知存知亡。崇陇原亹，非宁非康。不封不树，作灵乘光。厥铭何依，王史威长。'"

汉哀帝元寿二年　庚申　前1年

正月,匈奴单于、乌孙大昆弥来朝,汉以为荣(《资治通鉴》卷三五)。

四月壬辰晦,日蚀(《汉书·哀帝纪》)。

五月,正三公名分职;丞相更名大司徒。

　　按:《汉书·哀帝纪》曰:"五月,正三公官分职,大司马卫将军董贤为大司马,丞相孔光为大司徒,御史大夫彭宣为大司空。"钱穆《刘向歆父子年谱》(《两汉经学今古文平议》,商务印书馆2001年版)说:"三公官名,发于何武,废于朱博,至是又复之。汉廷好古如此,不俟新朝始尔矣。"《汉书·百官公卿表》:"相国、丞相,皆秦官……哀帝元寿二年更名大司徒。"

六月,哀帝崩于未央宫。

　　按:《汉书·哀帝纪赞》曰:"孝哀自为藩王及充太子之宫,文辞博敏,幼有令闻。睹孝成世禄去王室,权柄外移,是故临朝娄诛大臣,欲强主威,以则武、宣。雅性不好声色,时览下射武戏。即位痿痹,末年寖剧,飨国不永,哀哉!"苏辙《栾城后集》卷八曰:"汉哀帝自诸侯为天子,方其在国,好礼节俭。成帝优容舅家,权夺于王氏。及即位,收揽威柄,朝廷竦然,庶几于治。既而傅太后侵侮王后,僭窃名号,始失天下心。帝复宠任幸臣董贤,位至三公,富拟帝室。虽欲贬损王氏,而身既失德,朝无名臣,所以资之者多矣。《诗》曰:'无竞维人,四方其训之。有觉德行,四国顺之。'二者帝皆失之,其若王氏何!方帝之崩也,王太后召大司马贤,引见东厢,问以丧事调度,贤内忧不能对,免冠谢。太后曰:'新都侯莽,前以大司马奉送先帝大行,晓习故事,召令莽助君。'贤顿首幸甚。莽既至,使尚书劾免贤。贤即日自杀。王氏代汉之祸,实成于此。"

六月,董贤以罪免,籍其家财,迁徙合浦(《汉书·平帝纪》)。

徙孝哀皇后退就桂宫,傅氏、丁氏皆免官爵归故郡(《资治通鉴》卷三五)。

七月,迎元帝庶孙中山王箕子为嗣,王莽秉政(《汉书·王莽传》)。

何武、公孙禄因谏选立亲近辅幼主,不宜令异姓大臣持权,免职(《汉书·何武王嘉师丹传》)。

师丹复爵关内侯(《汉书·何武王嘉师丹传》)。

甄丰以左曹中郎迁光禄勋(《汉书·百官公卿表》)。

左咸以复土将军迁大鸿胪(《汉书·百官公卿表》)。

刘歆为左曹太中大夫,迁中垒校尉,典文章(《汉书·楚元王传》)。

贾护于哀帝时待诏为郎。

　　按:《汉书·儒林传》曰:"贾护哀帝时待诏为郎。"杜预注《春秋三传·纲领》载:尹更始以《左氏春秋》授其子尹咸及翟方进、胡常。胡常授黎阳贾护,贾护授苍梧陈

印度桑奇大佛约于前1世纪建成。

玛雅文字约创始于公元前后。

钦。陈钦授王莽,至将军。而刘歆从尹更始及翟方进受学。则西汉末传《左氏春秋》者,贾护、刘歆为两位关键人物。贾护从胡常学《左传》,与《谷梁》立为学官之前有议郎、待诏相似。贾护于哀帝时待诏为郎,不知具体时间,姑置于哀帝末年。

孔光上《汉名臣奏事》31篇。

按：侯康《补后汉书艺文志》引《中兴书目》载孔光奏在本年八月。《隋书·经籍志》著录三十卷。

冯鲂(—85)生。

汉平帝刘衎元始元年　辛酉　1年

埃塞俄比亚阿克苏姆王国建。

正月,群臣奏言大司马王莽功德比周公,赐号"安汉公"(《汉书·平帝纪》、《汉书·王莽传》)。

二月,置羲和官,班教化,禁淫祀,放郑声(《汉书·平帝纪》)。

是月,以大司马王莽为太傅(《汉书·百官公卿表》)。

五月丁巳朔,日蚀,诏大赦天下;公卿、将军、中二千石举敦厚能直言者各1人(《汉书·平帝纪》)。

六月,封周公后公孙相如为褒鲁侯,孔子后孔均为褒成侯,奉其祀;追谥孔子曰褒成宣尼公(《汉书·平帝纪》)。

按：《资治通鉴》卷三五曰："六月……丙午,封鲁顷公之八世孙公子宽为褒鲁侯,奉周公祀;封褒成君孙均为褒成侯,奉孔子祀。"是为后世帝王追谥孔子之始。

是月,罢明光宫及三辅驰道(《汉书·平帝纪》)。

诏天下女徒已论,归家,顾山钱月三百;复贞妇,乡一人;置少府海丞、果丞各1人;大司农部丞13人,人部一州,劝农桑(《汉书·平帝纪》)。

孔光二月以太傅迁太师(《汉书·百官公卿表》)。

刘歆二月为羲和官、京兆尹。

按：《汉书·平帝纪》曰："二月,置羲和官,秩二千石。"

左咸时为大鸿胪,举谯玄诣公车对策。

按：《后汉书·独行列传》曰："平帝元始元年,日食,又诏公卿举敦朴直言。大鸿胪左咸举玄诣公车对策,复拜议郎,迁中散大夫。"

谯玄以左咸举诣公车对策,复拜议郎。

按：参见"左咸时为大鸿胪,举谯玄诣公车对策"条。

梵文史诗《摩柯婆罗多》或成书于公元元年之后。

申屠刚作《举贤良方正对策》。

按：《后汉书·申屠刚鲍永郅恽列传》曰："申屠刚字巨卿,扶风茂陵人也。七世祖嘉,文帝时为丞相。刚质性方直,常慕史鱼酋、汲黯之为人。平帝时,王莽专政,朝多猜忌,遂隔绝帝外家冯卫二族,不得交宦,刚常疾之。及举贤良方正,因对策曰……。"王益之《西汉年纪》卷三〇系此事于元始元年。

郭躬（ —94)约生。

汉平帝元始二年　壬戌　2年

春,平帝改名刘衎。

按：《汉书·平帝纪》曰："诏曰：'皇帝二名,通于器物,今更名,合于古制。使太师光奉太牢告祠高庙。'"

四月,郡国大旱,发生蝗灾；王莽上书愿出钱百万,献田三十顷,四辅、三公、卿大夫、吏民皆慕效为百姓困乏者献其田宅,献其田宅者230人,以口赋贫民(《汉书·平帝纪》、《汉书·王莽传》)。

令罢安定呼池苑,以为安民县,起官寺市里,募徙贫民,县次给食；至徙所,赐田宅什器,假与犁、牛、种、食(《汉书·平帝纪》)。

按：此为经济而移民。颜师古《汉书注》曰："呼池苑,中山之安定也。"陈直《汉书新证》(天津出版社1979年版)根据考古材料对颜注提出异议："《封泥考略》有'呼沱塞尉'封泥,可证为边塞之要地,现废苑为县。"

秋,举勇武有节明兵法,郡1人。

按：汉成帝元延元年(公元前12年)日蚀,成帝曾诏令"北边二十二郡举勇猛知兵法者各一人"(《汉书·成帝纪》),此为汉代最早的武科察举,之后就是本次,为后来科举武科之开端。

九月戊申晦,日蚀(《汉书·平帝纪》)。

冬,令中二千石举治狱平,岁1人(《汉书·平帝纪》)。

按：治狱平即建元初令郡察人才时设四科中三科：明习法令。

龚胜以王莽策政,归乡里,与龚舍教授乡里。

按：龚胜、龚舍二人学《鲁诗》于薛广德,为汉代大儒。《汉书·王贡两龚鲍传》曰："初,琅邪邴汉亦以清行征用,至京兆尹,后为太中大夫。王莽秉政,胜与汉俱乞骸骨。自昭帝时,涿郡韩福以德行征至京师,赐策书束帛遣归。诏曰：'朕闵劳以官职之事,其务修孝弟以教乡里。行道舍传舍,县次具酒肉,食从者及马。长吏以时存问,常以岁八月赐羊一头,酒二斛。不幸死者,赐复衾一,祠以中牢。'于是王莽依故事,白遣胜、汉。策曰：'惟元始二年六月庚寅,光禄大夫、太中大夫耆艾二人以老病罢。'太皇太后使谒者仆射策诏之曰：'盖闻古者有司年至则致仕,所以恭让而不尽其力也。今大夫年至矣,朕愍以官职之事烦大夫,其上子若孙若同产、同产子一人。大夫其修身守道，以终高年。赐帛及行道舍宿，岁时羊酒衣衾，皆如韩福故事。所上子男皆除为郎。'于是胜、汉遂归老于乡里。""舍亦通《五经》，以《鲁诗》教授。舍、胜既归乡里，郡二千石长吏初到官皆至其家，如师弟子之礼。"

孙宝以光禄大夫迁大司农，谏群臣同声非其美者而免（《资治通鉴》卷三五）。

甄丰四月以少府为大司空（《汉书·百官公卿表》）。

桥仁为大鸿胪（《汉书·百官公卿表》）。

桥仁作《礼记章句》49篇。

按：《汉书·儒林传》曰："小戴授梁人桥仁季卿、杨荣子孙。仁为大鸿胪，家世传业，荣琅琊太守。由是大戴有徐氏，小戴有桥、杨氏之学。"《后汉书·李陈庞陈桥列传》曰："桥玄字公祖，梁国睢阳人也。七世祖仁，从同郡戴德学，著《礼记章句》四十九篇，号曰'桥君学'。"

又按：《四库全书总目提要》曰："《礼记正义》六十三卷，汉郑玄注，唐孔颖达疏。《隋书·经籍志》曰：'汉初，河间献王得仲尼弟子及后学者所记一百三十一篇献之，时无传之者。至刘向考校经籍，检得一百三十篇，第而叙之。又得《明堂阴阳记》三十三篇、《孔子三朝记》七篇、《王史氏记》二十一篇、《乐记》二十三篇，凡五种，合二百十四篇。戴德删其烦重，合而记之为八十五篇，谓之《大戴记》。而戴圣又删大戴之书为四十六篇，谓之《小戴记》。汉末，马融遂传小戴之学。融又益《月令》一篇、《明堂位》一篇、《乐记》一篇，合四十九篇'云云，其说不知所本。今考《后汉书·桥玄传》云：'七世祖仁，著《礼记章句》四十九篇，号曰桥君学。'仁即班固所谓小戴授梁人桥季卿者，成帝时尝官大鸿胪，其时已称四十九篇，无四十六篇之说。又孔《疏》称《别录》《礼记》四十九篇，《乐记》第十九。四十九篇之首，《疏》皆引郑《目录》。郑《目录》之末必云此于刘向《别录》属某门。《月令目录》云：'此于《别录》属《明堂阴阳记》。'《明堂位目录》云：'此于《别录》属《明堂阴阳记》。'《乐记目录》云：'此于《别录》属《乐记》。'盖十一篇今为一篇，则三篇皆刘向《别录》所有，安得以为马融所增。《疏》又引玄《六艺论》曰：'戴德传《记》八十五篇，则《大戴礼》是也。戴圣传《礼》四十九篇，则此《礼记》是也。'玄为马融弟子，使三篇果融所增，玄不容不知，岂有以四十九篇属于戴圣之理？况融所传者乃《周礼》，若小戴之学，一授桥仁，一授杨荣。后传其学者有刘祐、高诱、郑玄、卢植。融绝不预其授受，又何从而增三篇乎？知今四十九篇实戴圣之原书，《隋志》误也。元延祐中，行科举法，定《礼记》用郑玄《注》。故元儒说《礼》，率有根据。自明永乐中敕修《礼记大全》，始废郑《注》，改用陈澔《集说》，《礼》学遂荒。然研思古义之士，好之者终不绝也。为之疏义者，唐初尚存皇侃、熊安生二家（案明北监本以皇侃为皇甫侃，以熊安生为熊安，二人姓名并误，足征校刊之疏。谨附订于此）。贞观中，敕孔颖达等修《正义》，乃以皇氏为本，以熊氏补所未备。颖达《序》称：'熊则违背本经，多引外义，犹之楚而北行，马虽疾而去愈远。又欲释经文，惟聚难义，犹治丝而棼之，手虽繁而丝益乱也。皇氏虽章句详正，微稍繁广。又既遵郑氏，乃时乖郑义。此是木落不归其本，狐死不首其丘。此皆二家之弊，未为得也。'故其书务伸郑《注》，未免有附会之处。然采摭旧文，词富理博，说《礼》之家，钻研莫尽，譬诸依山铸铜，煮海为盐。即卫湜之书尚不能窥其涯涘，陈澔之流益如莛与楹矣。"

邓禹(—58)生。

汉平帝元始三年　癸亥　3年

春,太皇太后诏有司为平帝纳采安汉公王莽女为皇后(《资治通鉴》卷三五)。

夏,王莽奏车服及吏民养生、送终、嫁娶、奴婢、田宅、器械制度;立官稷及学官,置经师(《汉书·平帝纪》)。

按:郡国曰学,县、道、邑、侯国曰校,校、学置经师1人。乡曰庠,聚曰序。庠、序置《孝经》师1人。

王莽长子王宇与平帝母卫后通谋反莽,下狱死,诛卫氏,株连所及数百人,朝野震动(《汉书·平帝纪》)。

按:《汉书·王莽传》曰:"初,莽欲擅权,白太后:'前哀帝立,背恩义,自贵外家丁、傅,挠乱国家,几危社稷。今帝以幼年复奉大宗,为成帝后,宜明一统之义,以戒前事,为后代法。'于是遣甄丰奉玺绶,即拜帝母卫姬为中山孝王后,赐帝舅卫宝、宝弟玄爵关内侯,皆留中山,不得至京师。莽子宇,非莽隔绝卫氏,恐帝长大后见怨。宇即私遣人与宝等通书,教令帝母上书求入。……莽不听。宇与师吴章及妇兄吕宽议其故,章以为莽不可谏,而好鬼神,可为变怪以惊惧之,章因推类说令归政于卫氏。宇即使宽夜持血洒莽第,门吏发觉之,莽执宇送狱,饮药死。……莽因是诛灭卫氏,穷治吕宽之狱,连引郡国豪桀素非议已者,内及敬武公主、梁王立、红阳侯立、平阿侯仁,使者迫守,皆自杀。死者以百数,海内震焉。"

刘歆时为光禄大夫,应诏杂定婚礼。

按:《汉书·平帝纪》曰:"诏光禄大夫刘歆等杂定婚礼。四辅、公卿、大夫、博士、郎、吏家属皆以礼娶,亲迎立轺并马。"

陈崇时为大司徒司直,上书称颂王莽功德(《汉书·王莽传》)。

何武、鲍宣以王宇案被诬下狱死(《汉书·何武王嘉师丹传》)。

吴章以弟子王宇案被腰斩,弟子千人被禁锢,不得仕宦,门人尽更名他师。

按:《汉书·杨胡朱梅云传》曰:"云敞字幼孺,平陵人也。师事同县吴章,章治《尚书经》为博士。平帝以中山王即帝位,年幼,莽秉政,自号安汉公。以平帝为成帝后,不得顾私亲,帝母及外家卫氏皆留中山,不得至京师。莽长子宇,非莽隔绝卫氏,恐帝长大后见怨。宇与吴章谋,夜以血涂莽门,若鬼神之戒,冀以惧莽。章欲因对其咎。事发觉,莽杀宇,诛灭卫氏,谋所联及,死者百余人。章坐要斩,磔尸东市门。初,章为当世名儒,教授尤盛,弟子千余人,莽以为恶人党,皆当禁锢,不得仕宦,门人尽更名他师。敞时为大司徒掾,自劾吴章弟子,收抱章尸归,棺敛葬之,京师称焉。"

李业元始中举明经,除为郎。

按：《后汉书·独行列传》曰："李业字巨游，广汉梓潼人也。少有志操，介特。习《鲁诗》，师博士许晃。元始中，举明经，除为郎。"

董钧元始中举明经，迁廪牺令，病去官。

按：《后汉书·儒林列传下》："董钧字文伯，犍为资中人也。习《庆氏礼》。事大鸿胪王临。元始中，举明经，迁廪牺令。病去官。"

王宇作书8篇，比《孝经》。

按：《汉书·王莽传》曰："大司马护军褒奏言：'安汉公遭子宇陷于管蔡之辜，子爱至重，为帝室故不敢顾私。惟宇遭罪，喟然愤发作书八篇，以戒子孙。宜班郡国，令学官以教授。'事下群公，请令天下吏能诵公戒者，以著官簿，比《孝经》。"

扬雄著《法言》及《自序》。

按：《汉书·扬雄传》曰："雄见诸子各以其知舛驰，大抵诋訾圣人，即为怪迂。析辩诡辞，以挠世事，虽小辩，终破大道而或众，使溺于所闻而不自知其非也。及太史公记六国，历楚汉，讫麟止，不与圣人同，是非颇谬于经。故人时有问雄者，常用法应之，撰以为十三卷，象《论语》，号曰《法言》。"刘师培《扬子法言校补》于"汉兴二百一十载而中天"条下说："案：此乃扬子自述作书之岁也。以史考之，当为平帝三年。此书于居摄前，故称新莽为汉公，互相勘验，厥证益昭。"《汉书·艺文志》著录《法言》为十三篇，而《隋书·经籍志》著录六卷、十三卷、十五卷不同本。扬雄为何在此时创作《法言》，杨维骥（《汪荣宝〈法言疏证〉序二》，《雅言》1914第3期）说："子云之作此书，其意盖有所为也。方是时，王莽缘饰六艺，文其奸言，造作符命，以惑愚众，遂乃盗窃魁柄，躬为大逆，汉家二百载之天下，一旦委于庸妄竖子之手。子云痛心疾首而无尺寸之藉，莫可如何则假设问答以见其口诛笔伐之志，一篇之中三致意焉。"

又按：《四库全书总目提要》曰："《法言集注》十卷，汉扬雄撰。宋司马光集注。雄有《方言》，光有《易说》，皆已著录。考《汉书·艺文志》，儒家扬雄所序三十八篇，注曰：《法言》十三。雄本传具列其目，曰学行第一，吾子第二，修身第三，问道第四，问神第五，问明第六，寡见第七，五百第八，先知第九，重黎第十，渊骞第十一，君子第十二，孝至第十三。凡所列汉人著述，未有若是之详者，盖当时甚重雄书也。自程子始谓其曼衍而无断，优柔而不决。苏轼始谓其以艰深之词，文浅易之说。至朱子作《通鉴纲目》，始书莽大夫扬雄死。雄之人品著作，遂皆为儒者所轻。若北宋之前，则大抵以为孟、荀之亚。故光作《潜虚》以拟《太玄》，而又采诸儒之说以注此书。考自汉以来，有侯芭注六卷，宋衷注十三卷，李轨解一卷，辛德源注二十三卷。又有柳宗元注，宋咸广注，吴秘注。至光之时，惟李轨、柳宗元、宋咸、吴秘之注尚存。故光裒合四家，增以己意，原序称各以其姓别之。然今本独李轨注不署名，余则以宗元曰、咸曰、秘曰、光曰为辨。盖传刻者所改题也。旧本十三篇之序列于书后，盖自《书序》、《诗序》以来，体例如是。宋咸不知《书序》为伪孔传所移，《诗序》为毛公所移，乃谓子骈亲旨反列卷末，甚非圣贤之旨，今升之章首，取合经义。其说殊谬。然光本因而不改，今亦仍之焉。"扬雄《法言》卷一〇《重黎篇》曰："或曰《周官》，曰立事；《左氏》，曰品藻；《太史迁》，曰实录。"《法言》卷一二《君子篇》曰："仲尼多爱，爱义也；子长多爱，爱奇也。"扬雄在此率先提出三个重要观点，即《史记》"实录"、"爱奇"和"是非颇谬于经"，尤其是"是非颇谬于经"之责，实开班彪、班固父子批评《史记》之先河。《汉书·司马迁传赞》曰："其是非颇谬于圣人，论大道则先黄老而后六经，序游侠则退处士而进奸雄，述货殖则崇势利而羞贱贫。"此即所谓"史公三失"。

何武卒,生年不详。武,字君公,西汉蜀郡郫县人。兄弟五人,皆为郡吏。诣博士受业,精于《易》学。官至贤御史大夫、大司空,封汜乡侯。元始三年,王莽以事逮之入狱,自杀。事迹见《汉书》卷八六。

鲍宣卒(前30—),宣,字子都,渤海高城人。少好学,明经。举孝廉,入为郎官。因学识渊博,秉性耿直,品行高洁,为大司空何武举荐为谏大夫。后拜司隶,因摧辱丞相,下狱,博士弟子王咸等千余人上书营救,得减灭髡钳。元始三年,王莽以事逮之入狱,自杀。事迹见《汉书》卷七二。

耿弇(—58)生。

汉平帝元始四年　甲子　4年

正月,郊祀高祖以配天,宗祀孝文以配上帝(《汉书·平帝纪》)。

诏妇女非身犯法及男子年八十以上,七岁以下,家非坐不道,诏书指名特捕者,皆不得囚系(《汉书·平帝纪》)。

二月遣太仆王恽等8人各置副,假节,分行天下,览观风俗(《汉书·平帝纪》)。

按:《后汉书·独行传》曰:"四年,选明达政事、能班化风俗者八人。时并举玄,为绣衣使者,持节,与太仆王恽等分行天下,观览风俗,所至专行诛赏。"

丁未,立皇后王氏,诏大赦天下(《汉书·平帝纪》)。

夏,令加安汉公王莽号曰"宰衡(《汉书·平帝纪》)。

王莽奏立明堂、辟雍;学者筑舍万区;奏立《乐经》博士,此时《六经》皆设博士。

按:《汉书·平帝纪》曰:"安汉公奏立明堂、辟雍。尊孝宣庙为中宗,孝元庙为高宗,天子世世献祭。"《白虎通·辟雍篇》曰:"天子立辟雍何?辟雍所以行礼乐,宣德化也。辟者,璧也,象璧圆以法天也。雍者,壅之以水,象教化流行也。辟之言积也,积天下之道德;雍之为言壅也,天下之仪则;故谓之辟雍也。"

又按:《汉书·王莽传》曰:"是岁,莽奏起明堂、辟雍、灵台,为学者筑舍万区,作市、常满仓,制度甚盛。立《乐经》,益博士员,经各五人。征天下通一艺教授十一人以上,及有逸《礼》、古《书》、《毛诗》、《周官》、《尔雅》、天文、图谶、钟律、月令、兵法、《史篇》文字,通知其意者,皆诣公车。网罗天下异能之士,至者前后千数,皆令记说廷中,将令正乖缪,一异说云。"王莽此举网罗了大批能文之士,教授弟子,整理遗说。《三辅黄图》曰:"元始四年,起明堂、辟雍长安城南,北为会市,但列槐树数百行为队,无墙屋。诸生朔望会此市,各持其郡所出货物及经书、传记、笙磬乐器,相与买卖,雍容揖让,侃侃訚訚,或议论槐下。"后来王莽朝败,则槐市消失不存。其中所载"会市",又称"槐市",为最早出现的书籍集散市场。

令置西海郡,徙天下犯禁者处之(《汉书·西域传》)。

罗马征服易北河与多瑙河流域日耳曼人。

奥古斯都立提比略为储。

分京师置前辉光、后丞烈二郡；更公卿、大夫、八十一元士官名、位次及十二州名；分界郡国所属，罢、置、改易，天下多事，吏不能纪(《汉书·平帝纪》)。

是年，诏书祀百辟卿士有益于民者，蜀郡以文翁，九江以召父应诏书(《汉书·循吏传》)。

王璜等人言治河。

按：《汉书·沟洫志》曰："王莽时，征能治河者以百数，其大略异者，……大司空掾王璜言：'河入勃海，勃海地高于韩牧所欲穿处。往者天尝连雨，东北风，海水溢，西南出，浸数百里，九河之地已为海所渐矣。禹之行河水，本随西山下东北去。《周谱》云定王五年河徙，则今所行非禹之所穿也。又秦攻魏，决河灌其都，决处遂大，不可复补。宜却徙完平处，更开空，使缘西山足乘高地而东北入海，乃无水灾。'……王莽时，但崇空语，无施行者。"《资治通鉴》卷三六载此事，系于本年。王横即王璜，其精通《费氏易》学以及《古文尚书》。《汉书·儒林传》曰："费直字长翁，东莱人也。治《易》为郎，至单父令。长于卦筮，亡章句，徒以《彖》、《象》、《系辞》十篇文言解说上下经。琅邪王璜平中能传之。璜又传古文《尚书》。"又曰："孔氏有古文《尚书》，孔安国以今文字读之，……安国为谏大夫，授都尉朝，……都尉朝授胶东庸生。庸生授清河胡常少子，以明《谷梁春秋》为博士、部刺史，又传《左氏》。常授虢徐敖。敖为右扶风掾，又传《毛诗》，授王璜、平陵涂恽子真。子真授河南桑钦君长。王莽时，诸学皆立。刘歆为国师，璜、恽等皆贵显。"

谯玄为绣衣使者。

按：《后汉书·独行列传》曰："四年，选明达政事、能班化风俗者八人。时并举玄，为绣衣使者，持节，与太仆王恽等分行天下，观览风俗，所至专行诛赏。事未及终，而王莽居摄，玄于是纵使者车，变易姓名，间窜归家，因以隐遁。"

阳城衡著《乐经》4卷。

按：《隋书·经籍志》载《乐经》四卷，不著撰者。王充《论衡·超奇篇》曰："阳成子长作《乐经》、扬子云作《太玄经》，造于眇思，极窅冥之深，非庶几之才，不能成也。孔子作《春秋》，二子作两经，所谓卓尔蹈孔子之迹，鸿茂参贰圣之才者也。"《对作》曰："阳成子张作《乐》，扬子云造《玄》，二经发于台下，读于阙掖，卓绝惊耳，不述而作，材疑圣人，而汉朝不讥。"《四库全书总目提要》谓《隋志》所载《乐经》即王莽时所立者，马国翰以为亦即阳城衡所撰之书。此书今有王谟辑《乐经》1卷、张澍辑《阳城衡乐经》1卷、马国翰辑《乐经》1卷。

汉平帝元始五年　乙丑　5年

奥林匹亚宙斯神殿大火尽焚。

正月，诏祫祭明堂。诸侯王二十八人、列侯百二十人、宗室子九百余人征助祭（《汉书·平帝纪》）。

诏于郡国置宗师，以教宗室子弟。

按：《汉书·平帝纪》曰："五年春正月，祫祭明堂。……诏曰：'……其为宗室，自太上皇以来族亲，各以世氏，郡国置宗师以纠之，致教训焉。二千石选有德义者以为宗师。考察不从教令有冤失职者，宗师得因邮亭书言宗伯，请以闻。常以岁正月赐宗师帛各十匹。'"

征天下通知逸经、古记、天文、历算、钟律、小学、《史篇》、方术、《本草》及以《五经》、《论语》、《孝经》、《尔雅》教授者，遣诣京师，至者数千人。

按：《汉书·平帝纪》曰："征天下通知《逸经》、古记、天文、历算、钟律、小学、《史篇》、方术、《本草》及以《五经》、《论语》、《孝经》、《尔雅》教授者，在所为驾一封轺传，遣诣京师。至者数千人。"据《汉书·儒林传》曰："平帝时王莽秉政，增元士之子得受业如弟子，勿以为员，岁课甲科四十人为郎中，乙科二十人为太子舍人，丙科四十人补文学掌故云。"这种行为已经初具后世科举制雏形。钱穆《刘向歆父子年谱》（《两汉经学今古文平议》，商务印书馆2001年版）曾评此举说："莽自元始擅政以来，所重首在理财厚生，至是又及文献学术，其一时锐思求治之意，亦未可厚非也。"

又按：《本草》，又名《神农本草经》，它是我国现存的最早的本草学专著，书中共收载药物三百六十五种，各述其异名、主治、性味、产地、采集时间、入药部分等，总结了药物配伍的"君、臣、佐、使"原则，提出了中药五味（酸、咸、甘、苦、辛）四气（寒、热、温、凉）的理论，是中国药学史第一次比较全面、系统地对药物作了分类著录。一般认为其成书年代为西汉。它是汉代专著性医学教材的典型代表，也是现存最早、最系统的医学典籍。西汉的医学著作尚有《黄帝内经》。

十二月，平帝崩于未央宫；诏大赦天下（《汉书·平帝纪》）。

王莽以符命之谋居摄践阼。

按：《汉书·王莽传》曰："是月，前辉光谢嚣奏武功长孟通浚井得白石，上圆下方，有丹书著石，文曰：'告安汉公莽为皇帝。'符命之起，自此始矣。莽命群公以白太后，太后曰：'此诬罔天下，不可施行！'太保舜谓太后：'事已如此，无可奈何，沮之力不能止。又莽非敢有它，但欲称摄以重其权，填服天下耳。'太后听许。舜等即共令太后下诏曰：'盖闻天生众民，不能相治，为之立君以统理之。君年幼稚，必有寄托而居摄焉，然后能奉天施而成地化，群生茂育。《书》不云乎？"天工，人其代之。"朕以孝平皇帝幼年，且统国政，几加元服，委政而属之。今短命而崩，呜呼哀哉！已使有司征孝宣皇帝玄孙二十三人，差度宜者，以嗣孝平皇帝之后。玄孙年在襁褓，不得至德君子，孰能安之？安汉公莽辅政三世，比遭际会，安光汉室，遂同殊风，至于制作，与周公异世同符。今前辉光嚣、武功长通上言丹石之符，朕深思厥意，云"为皇帝者"，乃摄行皇帝之事也。夫有法成易，非圣人者亡法。其令安汉公居摄践阼，如周公故事，以武功县为安汉公采地，名曰汉光邑。具礼仪奏。'"王莽利用谶纬，登上"摄皇帝"的位置，为代汉自立奠定了基础。

是年，王莽奏请恢复长安南北郊祭，至此天地之祭变动凡五次。

按：自成帝建始元年至此，天地之祭变动凡五次。《汉书·郊祀志》曰："平帝元始五年，大司马王莽奏言：'王者父事天，故爵称天子。孔子曰："人之行莫大于孝，孝莫大于严父，严父莫大于配天。"王者尊其考，欲以配天，缘考之意，欲尊祖，推而上之，遂及始祖。……臣谨与太师孔光、长乐少府平晏、大司农左咸、中垒校尉刘歆、太中大夫朱阳、博士薛顺、议郎国由等六十七人议，皆曰宜如建始时丞相衡等议，复长安南北郊如故。'莽又颇改其祭礼,曰:'《周官》天地之祀,乐有别有合。其合乐曰"以六律、六钟、五声、八音、六舞大合乐",祀天神,祭地祇;祀四望,祭山川,享先妣先祖。……以孟春正月上辛若丁,天子亲合祀天地于南郊,以高帝、高后配。阴阳有离合,《易》曰:"分阴分阳,迭用柔刚"。以日冬至使有司奉祠南郊,高帝配而望群阳;日夏至使有司奉祭北郊,高后配而望群阳。皆以助致微气,信道幽弱。当此之时,后不省方,故天子不亲而遣有司,所以正承天顺地,复圣王之制,显太祖之功也。渭阳祠勿复修。群望未悉定,定复奏。'奏可。三十余年间,天地之祠五徙焉。"王祎《大事记续编》卷六曰:"元帝好儒,贡禹、韦玄成、匡衡等相继为公卿。禹建言汉家宗庙祭祀多不应古礼。上是其言。成帝即位,丞相衡、御史大夫谭奏言,帝王之事莫大乎承天之序,承天之序莫重于郊祀。故祭天于南郊,就阳之义也,瘗地于北郊,即阴之象也。天之于天子也,因其所都而各飨焉。往者孝武皇帝居甘泉宫,即于云阳立泰畤,祭于宫南。今常幸长安郊,见皇天,反北之泰阴,祠后土;反东之少阳。事与古殊制宜,可徙置长安。愿与群臣议定。大司马车骑将军许嘉等八人以为宜如故,右将军王商、博士师丹、议郎翟方进等五十人以为宜违俗复古。天子从之。建始元年,始于长安定南北郊。衡又言泰畤紫坛有文章采镂黼黻之饰及玉女乐,石坛仙人瘗鸾路骋驹寓龙马之属宜皆勿修。又雍鄜密上下畤本秦所立,及北畤未定时所立,不宜复修。及陈宝祠由是皆罢。明年衡谭复条奏,郡国候神方士使者所祠凡六百八十三所,其二百八所应礼,其余四百七十五所不应礼,请皆罢。奏可。又罢高祖所立梁晋秦荆巫,及孝文渭阳,孝武泰一,孝宣泰山蓬山之属。明年衡坐事免官爵,又初罢甘泉畤作南郊日大风,坏甘泉竹宫,折拔畤中树木十围以上百余。天子异之,以问刘向,对曰:家人尚不欲绝种祠,况于国之神宝旧时,且甘泉汾阴及雍五畤,始立皆有神祇感应,然后营之,及陈宝祠至今七百余岁矣。古今异制,经无明文,至尊至重,难以疑说正也。前纳贡禹之议,后人相因。易大传曰:诬神者殃及三世,恐其咎不独止禹等。上意恨之。后上以无继嗣,永始三年遂复甘泉泰畤汾阴后土及雍五畤陈宝祠,天子复亲郊礼,又复长安郡国祠著明者且半。帝末年,颇好鬼神,故多上书言祭祀方术者。谷永说上曰:臣闻明于天地之性不可惑以神怪,知万物之情不可罔以非,类诸背仁义之正道,不遵五经之法言,而盛称奇怪鬼神,及言世有仙人服食不经之药,皆奸。向谓经无明文,难以疑正。尚不违经义至谓家人种祠与诬神者殃及三世,则不经之甚矣。人惑众,挟左道怀诈伪,以欺罔世主,惟陛下距绝此类,毋令奸人有以窥朝者。上善其言。绥和二年,成帝崩,皇太后诏复南北郊长安如故。哀帝即位,寝疾,尽复前世所尝兴神祠官凡七百余所,一岁三万七千祠。建平三年,复泰畤后土祠如故。逮平帝元始五年,安汉公王莽奏言与太师孔光等六十七人议,宜如丞相衡等议,复长安南北郊。莽又颇改其祭祀。……三十余年之间天地之祠五徙焉。"杨志刚《汉代礼制和文化略论》(《复旦学报》1992年第3期)说:"平帝元始五年,王莽等人又提出一套新的祭祀改革方案,其中关于郊礼的主要有两项内容:1. 天和地应有合祭、有分祭,同时应建立相应的以祖妣与天地相配的制度。2. 根据《周礼》'祭五帝于四郊'之说,应分祭五帝于长安四郊。王莽的新朝虽然为时不长,但他所建立的一套郊坛建置制度和郊祭制度,却为东汉刘秀所继承和发展。东汉的郊祀制度,皆'采元始中故事'。自西汉末年到东汉初明,中国郊祀礼基本上形成定制,后世只不过在此基础上有所损益而已。"

王莽奏请以《尧典》正十二州分界。

按:《汉书·王莽传》曰:"汉家地广二帝三王,凡十三州,州名及界多不应经,……谨以经义正十二州名分界。"汪清《王莽何以改革州制》(《光明日报》2006年

5月23日)认为:"这一改革,从州数上看,变化并不大,然而在这简单变化的表象后面,却蕴藏着一个巨大的政治图谋——王莽篡汉的需要。王莽十分巧妙地利用西汉中期以来经学制造的种种理论,以达到自己篡汉的目的。首先,王莽利用了'汉运中衰,易姓受命'的说法。其次,王莽利用了'五德终始'的理论。……王莽即希望通过禅让的方式代汉,于是极力鼓吹'五行相生'的理论,……建立起符合他自己需要的古史系统。……王莽巧妙地利用了西汉中后期经学制造的种种理论,迎合时势,言必称尧舜,事必循儒术,实则断章取义,为己篡权所用。《汉书·王莽传》称'莽诵《六经》以文奸言',确为的论。"

刘歆应诏治明堂、辟雍,封红休侯。

按:《汉书·平帝纪》曰:"羲和刘歆等四人使治明堂、辟雍,令汉与文王灵台、周公作洛同符。"

王恽时为太仆,应诏使行风俗,宣明德化,万国齐同,封为列侯。

按:《汉书·平帝纪》曰:"太仆王恽等八人使行风俗,宣明德化,万国齐同。皆封为列侯。""秋,王恽等八人还京,言天下风俗异同,诈为郡国造歌谣,颂功德,凡三万言。"(《汉书·王莽传》)。

刘昆是年前受《施氏易》于沛人戴宾。

按:《后汉书·儒林列传上》:"平帝时,受《施氏易》于沛人戴宾。能弹雅琴,知清角之操。"

平晏二月以长乐少府迁大司徒(《汉书·百官公卿表》)。

尹咸为大司农(《汉书·百官公卿表》)。

刘歆作《钟历书》。

按:《汉书·律历志》曰:"汉兴,北平侯张苍首律历事,孝武帝时,乐官考正,至元始中,王莽秉政,欲耀名誉,征天下通知钟律者有百余人,使羲和刘歆等典领条奏,言之最详。"

扬雄作《训纂篇》。

按:《汉书·艺文志》曰:"元始中,征天下通小学者以百数,各令记字于庭中,扬雄取其有用者以作《训纂篇》,顺续《仓颉》。又易《仓颉》中重复之字,凡八十九章。"王先谦《汉书补注》以为"此合《仓颉》、《训》为一,下文所云又易《仓颉》中重复之字,凡八十九章也"。钱穆《刘向歆父子年谱》(《两汉经学今古文平议》,商务印书馆2001年版)、丁介民《扬雄年谱》(菁华出版社1976年版)根据《汉书·平帝纪》载本年"征书于天下"而将此事系于本年。

孔光卒,生年不详。光,字子夏,鲁国人,孔子十四代孙。自幼随父徙居长安,年未二十即以明经学举为议郎。后光禄勋匡衡推举其为方正,入朝任谏大夫。元帝时,因直谏无忌,被贬出朝。一度辞官,于故里收徒讲学,所教弟子多为博士、大夫。成帝即位后,举为博士,迁为仆射、尚书令、御史大夫,继而拜为丞相,封博山侯。一度罢相,后又复职。事迹见《汉书》卷八一。

任延(—67)生。

按：根据《后汉书·任延传》，任延更始元年为19岁，逆推生于本年。

孺子婴居摄元年　丙寅　6年

班诺尼亚和达尔马提亚叛，提比留伐。

罗马直辖犹太。

正月，王莽祀上帝于南郊，迎春于东郊，行大射礼于明堂；置柱下五史，侍旁记疏言行（《汉书·王莽传》）。

三月己丑，立宣帝玄孙刘婴为皇太子，年二岁，号曰"孺子"（《汉书·王莽传》）。

以王舜为太傅、左辅，甄丰为太阿、右拂，甄邯为太保、后承；又置四少：少师、少傅、少阿、少保（《汉书·王莽传》）。

按：汉许慎《说文解字·叙》曰："及亡新居摄，使大司空甄丰等校文书之部，自以为应制作，颇改定古文。"

五月，太皇太后诏王莽朝，称"假皇帝"（《汉书·王莽传》）。

张竦为刘嘉作奏，称王莽功德，封淑德侯。

按：《汉书·王莽传》曰："四月，安众侯刘崇与相张绍谋曰：'安汉公莽专制朝政，必危刘氏。天下非之者，乃莫敢先举，此宗室耻也。吾帅宗族为先，海内必和。'绍等从者百余人，遂进攻宛，不得入而败。绍者，张竦之从兄也。竦与崇族父刘嘉诣阙自归，莽赦弗罪。竦因为嘉作奏曰……于是莽大说。"张竦是张敞孙，《汉书·张敞传》曰："王莽时至郡守，封侯，博学文雅过于敞，然政事不及也。竦死，敞无后。"张竦曾随父张吉学《左传》，刘师培《左传学行于西汉考》（《左盦集》卷二）说："敞传子吉，敞女为杜邺母，邺从吉学，得其家书，恒引《左传》之说，竦为敞孙，从学于吉，亦通《左氏》。自敞以下大抵以《左传》通《公羊》，不杂《谷梁》之说，此民间《左氏》学之区别者。"

居摄二年　丁卯　7年

五月，更造货：错刀，一直五千；契刀，一直五百；大钱，一直五十，与五铢钱并行。（《汉书·王莽传》）。

九月，故丞相翟方进子东郡太守翟义起兵反莽，旋败死（《汉书·王莽传》）。

十月，作《大诰》，告谕天下必归位孺子（《汉书·王莽传》）。

高康卒，生年不详。康，沛人，高相子，从父受《易》，后以《易》学为郎。事迹见《汉书》卷八八。

按：《汉书·儒林传》曰："高相，沛人也。治《易》与费公同时，其学亦亡章句，专说阴阳灾异，自言出于丁将军。传至相，相授子康及兰陵毋将永。康以明《易》为郎，永至豫章都尉。及王莽居摄，东郡太守翟谊谋举兵诛莽，事未发，康候知东郡有兵，私语门人，门人上书言之。后数月，翟谊兵起，莽召问，对受师高康。莽恶之，以为惑众，斩康。由是《易》有高氏学。高、费皆未尝立于学官。"

居摄三年　初始元年　戊辰　8年

十一月，王莽改元，以居摄三年为初始元年；即真天子位，定有天下之号曰"新"，服色尚黄。

奥古斯都放逐诗人奥维德于黑海之滨。

按：《汉书·王莽传》曰："莽既灭翟义，自谓威德日盛，获天人助，遂谋即真之事矣。……是岁，广饶侯刘京，车骑将军千人扈云、太保属臧鸿奏符命。京言齐郡新井，云言巴郡石牛，鸿言扶风雍石，莽皆迎受。十一月甲子，莽上奏太后曰：'陛下至圣，遭家不造，遇汉十二世三七之厄，承天威命，诏臣莽居摄，受孺子之托，任天下之寄。臣莽兢兢业业，惧于不称。宗室广饶侯刘京上书言："七月中，齐郡临淄县昌兴亭长辛当一暮数梦，曰：'吾，天公使也。天公使我告亭长曰"摄皇帝当为真"。即不信我，此亭中当有新井。'亭长晨起视亭中，诚有新井，入地且百尺。"十一月壬子，直建冬至，巴郡石牛，戊午，雍石文，皆到于未央宫之前殿。臣与太保安阳侯舜等视，天风起，尘冥，风止，得铜符帛图于石前，文曰：'天告帝符，献者封侯。承天命，用神令。'骑都尉崔发等视说。及前孝哀皇帝建平二年六月甲子下诏书，更为太初元将元年，案其本事，甘忠可、夏贺良谶书臧兰台。臣莽以为元将元年者，大将居摄改元之文也。于今信矣。《尚书·康诰》王若曰："孟侯，朕其弟，小子封。"此周公居摄称王之文也。《春秋》隐公不言即位，摄也。此二经周公、孔子所定，盖为后法。孔子曰："畏天命，畏大人，畏圣人之言。"臣莽敢不承用！臣请共事神祇宗庙，奏言太皇太后、孝平皇后，皆称假皇帝。其号令天下，天下奏言事，毋言'摄'。以居摄三年为初始元年，漏刻以百二十为度，用应天命。臣莽夙夜养育隆就孺子，令与周之成王比德，宣明太皇太后威德于万方，期于富而教之。孺子加元服，复子明辟，如周公故事。'奏可。众庶知其奉符命，指意群臣博议别奏，以视即真之渐矣。"孙钦善《汉代的纬学和纬书》（《文献》1985年第4期）说："这一段材料非常重要，不仅写明王莽如何使人假造符命，利用谶言以谋篡；而且写明他自己如何假托经文，附会谶义，以开纬学之端。"

刘歆与博士诸儒78人议功显君长服。

按：《汉书·王莽传》曰："九月，莽母功显君死，意不在哀，令太后诏议其服。少阿、羲和刘歆与博士诸儒七十八人皆曰：'……摄皇帝当为功显君缌縗，弁而加麻环绖，如天子吊诸侯服，以应圣制。'莽遂行焉，凡一吊再会，而令新都侯宗为主，服丧三年云。"

新皇帝王莽始建元年　己巳　9年

条陀堡森林之役,罗马军团败于日耳曼人,指挥官瓦鲁斯自杀。

正月,王莽帅公侯卿士奉皇太后玺韨上太皇太后,顺符命,去汉号(《汉书·王莽传》、《资治通鉴》卷三六)。

王莽废孺子刘婴为定安公,封以万户,地方百里(《汉书·王莽传》)。

王莽又封黄帝、少昊、颛顼、帝喾、尧、舜、夏、商、周及皋陶、伊尹之后皆为公、侯,使各奉其祭祀(《汉书·王莽传》)。

王莽以汉高庙为文祖庙。

按:《汉书·王莽传》曰:"莽曰:'予之皇始祖考虞帝受嬗于唐,汉氏初祖唐帝,世有传国之象,予复亲受金策于汉高皇帝之灵。惟思褒厚前代,何有忘时?汉氏祖宗有七,以礼立庙于定安国。其园寝庙在京师者,勿罢,祠荐如故。予以秋九月亲入汉氏高、元、成、平之庙。诸刘更属籍京兆大尹,勿解其复,各终厥身,州牧数存问,勿令有侵冤。'"颜师古《汉书注》曰:"欲法舜受终于文祖。"又曰:"尧传舜,汉传莽,自为舜后,故言有传国之象。"

王莽策命群司各以其职,如典诰之文(《汉书·王莽传》)。

王莽复改币值(《汉书·王莽传》)。

四月,行井田制,改天下田为"王田",奴婢为"私属",皆禁买卖(《汉书·王莽传》)。

按:秦学颀《汉代经学的井田思想》(《重庆师院学报》1995年第4期)说:"为了实现土地平均分配以抑制兼并的仁政理想,经学大师们以孟子的井田思想为理论根据,不断地提出解决土地问题的方案。我们归纳这些方案,大致不外乎以下两种类型。第一种类型,主张取消土地私有制,把土地全部收归国有,完全恢复井田制。在这方面最为典型的代表是王莽。王莽是一位深受儒家思想熏陶的知识分子,对儒家经典有精湛的造诣。他十分醉心于儒家的仁政学说,特别向往三代的井田制度。他取代刘汉王朝以后,便运用国家行政力量全面推行井田制,下令'更名天下田曰王田,奴婢曰私属,皆不得卖买。其男口不盈八而田过一井者,分余田予九族邻里乡党。故无田、今当受田者如制度。敢有非井田圣制无法惑众者,投诸四裔,以御魑魅'(《汉书·王莽传中》)。众所周知,王莽的'王田制'改革由于违背了封建经济发展的客观规律,加以'制度不定,吏缘为奸'等弊端,不久就被迫取消了。……第二种类型,认为井田虽好,无奈废之已久,难以完全恢复,应当依照井田制精神,结合现实条件,实行变通的办法。王莽颁布了王田政策以后,一位叫区博的中郎官曾谏王莽说:'井田虽圣王法,其废久矣。周道既衰,而民不从。秦知顺民之心可以获利也,故灭庐井而置阡陌;遂王诸夏,迄今海内未厌其敝。今欲违民心,追复千载绝迹,虽尧舜复起,而无百年之渐,弗能行一也。天下初定,万民新附,诚未可一施行。'(《汉书·王莽传中》)这是我们在汉代文献中看到的反对井田制最早最激烈的言论。"

秋,遣五威将王奇等12人颁行《符命》42篇于天下,宣扬新当代汉(《汉书·王莽传》)。

按:《汉长安城未央宫:1980—1989年考古发掘报告》(中国大百科全书出版社1996年版)载1980年4月出土于西安未央宫前殿遗址出土共出残简115枚。其内容一些学者认为是主要是医方和病历,还杂有祥瑞的记载。同墓出土王莽时期的货币,汉简的时代当在西汉末年或新莽时期。邢义田《汉长安未央宫前殿遗址出土木简的性质》(《大陆杂志》,第100卷第6期)对未央宫简牍作了简单的探讨,指出这是新莽简,且简51号'防治病中柏树'及55号'病中柏杏李榆树'中的'病中'二字应释作'府中',因此这百余简和医疗无涉,所以前殿西南角A区建筑,也不是供从事保卫和医疗等人员居住的地方,而可能是某种贮藏文书之处。胡平生《未央宫遗址前殿出土王莽简牍校释》(2004上海古籍出版社《出土文献研究》第6辑)同意这种观点,认为"王莽篡位前,各方献瑞。例如安汉公加九锡,'圣瑞毕臻,太平已洽','麟凤龟龙,众祥之瑞,七拜有余'。中郎将平宪诱羌人内附,羌豪对曰:'安汉公至仁,天下太平,五谷成熟,或禾长丈余,或一粟三米,或不种自生,茧不蚕自成,甘露从,天下醴泉自地出,凤凰来集,神爵降集'。王莽得天下后,遣五威将王奇等班德祥五事,符命二十五,福应十二,凡二十二篇於天下。在未央宫前殿遗址发现这个时期瑞应记录的简牍,完全是可能的。"

冬,置五威司命,主司察上公以下;中城、四关将军,主十二城门及肴黾等四处险隘,皆以五威冠其号;五威将出使周边,改汉号(《资治通鉴》卷三七)。

刘歆为国师,诸辅臣皆拜封。

按:《汉书·王莽传》曰:"又按金匮,辅臣皆封拜。以太傅、左辅、骠骑将军安阳侯王舜为太师,封安新公;大司徒就德侯平晏为太傅,就新公;少阿、羲和、京兆尹、红休侯刘歆为国师,嘉新公;广汉梓潼哀章为国将,美新公:是为四辅,位上公。太保、后承承阳侯甄邯为大司马,承新公;丞进侯王寻为大司徒,章新公;步兵将军成都侯王邑为大司空,隆新公:是为三公。大阿、右拂、大司空、卫将军广阳侯甄丰为更始将军,广新公;京兆王兴为卫将军,奉新公;轻车将军成武侯孙建为立国将军,成新公;京兆王盛为前将军,崇新公:是为四将。凡十一公。王兴者,故城门令史。王盛者,卖饼。莽按符命求得此姓名十余人,两人容貌应卜相,径从布衣登用,以视神焉。余皆拜为郎。是日,封拜卿大夫、侍中、尚书官凡数百人。诸刘为郡守,皆徙为谏大夫。"

扬雄为中散大夫。

按:《汉书·扬雄传赞》曰:"当成、哀、平间,莽、歆皆为三公,权倾人主,所荐莫不拔擢,而雄三世不徙官。及莽篡位,谈说之士用符命称功德获封爵者甚众,雄复不侯,以耆老久次转为大夫,恬于势利乃如是。"郑洁文、李梅《中国学术思想编年·秦汉卷》(陕西师范大学出版社2005年版)因"莽篡位,谈说之士用符命称功德获封爵者甚众"之语系于此年。刘跃进《秦汉文学编年史》(商务印书馆2006年版)系于十二年。

桑钦从涂恽习《古文尚书》(《汉书·儒林传》)。

王璜传《费氏易》、《古文尚书》(《汉书·儒林传》)。

按:因本年刘歆为国师,所以郑洁文、李梅《中国学术思想编年·秦汉卷》(陕西师范大学出版社2005年版)将涂恽以及王璜传学事系于此,今从之。

桓荣奔其师朱普丧,因留九江教授,徒众数百人。

按:《后汉书·桓荣丁鸿列传》曰:"桓荣字春卿,沛郡龙亢人也。少学长安,习《欧阳尚书》,事博士九江朱普。贫窭无资,常客佣以自给,精力不倦,十五年不窥家园。至王莽篡位乃归。会朱普卒,荣奔丧九江,负土成坟,因留教授,徒众数百人。"因"至王莽篡位乃归"语,刘跃进《秦汉文学编年史》(商务印书馆2006年版)、郑洁文、李梅《中国学术思想编年·秦汉卷》(陕西师范大学出版社2005年版)均系于此年。朱普《尚书》学自平当,其《尚书》学特点是"浮辞繁长"。"荣受朱普学章句四十万言,浮辞繁长,多过其实"(《后汉书·桓荣丁鸿列传》)。

伏湛王莽时为绣衣执法(《后汉书·伏侯宋蔡冯赵牟韦列传》)。

崔篆王莽时为建新大尹,尝劝孔子建出仕,遭拒。

按:《后汉书·儒林列传上》曰:"孔僖字仲和,鲁国鲁人也。自安国以下,世传《古文尚书》、《毛诗》。曾祖父子建,少游长安,与崔篆友善。及篆仕王莽为建新大尹,尝劝子建仕。对曰:'吾有布衣之心,子有衮冕之志,各从所好,不亦善乎!道既乖矣,请从此辞。'遂归,终于家。"

冯衍王莽时获诸公荐举,辞不肯仕。

按:《后汉书·桓谭冯衍列传》曰:"冯衍字敬通,京兆杜陵人也。祖野王,元帝时为大鸿胪。衍幼有奇才,年九岁,能诵《诗》,至二十而博通群书。王莽时,诸公多荐举之者,衍辞不肯仕。"

王良王莽时寝病不仕,教授诸生千余人。

按:《后汉书·宣张二王杜郭吴承郑赵列传》曰:"王良字仲子,东海兰陵人也。少好学,习《小夏侯尚书》。王莽时,寝病不仕,教授诸生千余人。"

洼丹王莽时避世教授,专志不仕,徒众数百人。

按:《后汉书·儒林列传上》曰:"洼丹字子玉,南阳育阳人也。世传《孟氏易》。王莽时,常避世教授,专志不仕,徒众数百人。"

刘昆王莽时教授弟子恒五百余人,被莽系于外黄狱。

按:《后汉书·儒林列传上》曰:"王莽世,教授弟子恒五百余人。每春秋飨射,常备列典仪,以素木瓠叶为俎豆,桑弧蒿矢,以射'菟首'。每有行礼,县宰辄率吏属而观之。王莽以昆多聚徒众,私行大礼,有僭上心,乃系昆及家属于外黄狱。寻莽败得免。既而天下大乱,昆避难河南负犊山中。"

扬雄作《剧秦美新》。

按:此文颂王莽符命功德,陆侃如《中古文学系年》(人民文学出版社1985年版)根据《剧秦美新》曰"诸吏中散大夫臣雄稽首再拜,上封事皇帝陛下"云云,以为确系扬雄作,且系于始建国元年。刘跃进(《秦汉文学编年史》,商务印书馆2006年版)认为作于本年,且对于王莽有感恩戴德的成分。但高明《扬雄〈剧秦美新〉考论》(《西藏民族学院学报》2006年第2期)认为:"《剧秦美新》是西汉文学家扬雄在王莽代汉后创作的一篇作品,该文过去一直被批评者当作扬雄趋炎附势的'罪证'。从历史角度考察,王莽代汉有着复杂的历史内涵,扬雄创作这篇文章的历史背景和思想根源还有新的解释。详细考证会发现《剧秦美新》在认识和研究西汉历史上的价值,从'知人论世'的观点出发,应该给其以符合历史的评价。"

新莽始建国二年　庚午　10年

二月，废汉诸侯王为民。广阳王嘉、鲁王闵、中山王成称美颂王莽功德，封列侯（《汉书·王莽传》）。

是月，王莽据《周礼》、《乐语》，行"六筦、五均、赊贷"之法。

  按：《汉书·王莽传》曰："二年二月，……初设六筦之令。命县官酤酒，卖盐铁器，铸钱，诸采取名山大泽众物者税之。又令市官收贱卖贵，赊贷予民，收息百月三。牺和置酒士，郡一人，乘传督酒利，禁民不得挟弩铠，徙西海。"由国家经营盐、铁、酒、铸钱，五均赊贷，名山大泽税收，是谓"六筦"。其中"五均赊贷"之法最为推重。

十二月，更名匈奴单于曰"降奴服于"（《汉书·王莽传》）。

  按：此后北境和平、汉匈友好相处的局面结束。

是年，王莽三改币制，总称作宝货（《汉书·食货志》）。

王莽始兴神仙事。

  按：《汉书·郊祀志》曰："莽篡位二年，兴神仙事，以方士苏乐言，起八风台于宫中。台成万金，作乐其上，顺风作液汤。又种五梁禾于殿中，各顺色置其方面，先煮鹤髓、毒冒、犀玉二十余物渍种，计粟斛成一金，言此黄帝谷仙之术也。以乐为黄门郎，令主之。莽遂崇鬼神淫祀，至其末年，自天地六宗以下至诸小鬼神，凡千七百所，用三牲鸟兽三千余种。后不能备，乃以鸡当鹜雁，犬当麋鹿。数下诏自以当仙，语在其传。"

甄寻、刘棻冬十二月以献符命治罪，流放幽州（《汉书·王莽传》）。

扬雄校书天禄阁，以刘棻事牵连几死，以病免官。

  按：《汉书·扬雄传》曰："王莽时，刘歆、甄丰皆为上公。莽既以符命自立，即位之后欲绝其原以神前事；而丰子寻、歆子棻复献之。莽诛丰父子，投棻四裔；辞所连及，便收不请。时雄校书天禄阁上，治狱使者来，欲收雄；雄恐不能免，乃从阁上自投下，几死。莽闻之曰：'雄素不与事，何故在此？'间请问其故，乃刘棻尝从雄学作奇字；雄不知情，有诏勿问。然京师为之语曰：'惟寂寞，自投阁；爱清静，作符命。'雄以病免。"

陈钦习《左氏春秋》，以授王莽，为厌难将军。

  按：《汉书·王莽传》载本年"厌难将军陈钦、震狄将军王巡出云中"。陈钦本从贾护授《左氏春秋》，又以《左氏春秋》教授王莽。陈钦以及其子陈元是岭南经学的开创者。《后汉书·陈元传》曰："陈元字长孙，苍梧广信人也。父钦，习《左氏春秋》，事黎阳贾护，与刘歆同时而别自名家。"李贤注云："以《左氏》授王莽，自名《陈氏春秋》。故曰别也。"

  又按：西汉末期很多儒生都归附王莽，如刘歆、陈钦等人。在董仲舒天人政治学说的影响下，刘歆及儒士的附莽是合乎历史的逻辑和时代的潮流。钱穆《刘向歆父子年谱》(《两汉经学今古文平议》,商务印书馆2001年版)谓当时儒士"又深信阴阳五德转移之说,本非效后世抱万世帝王一姓之见,莽之篡权,硕学通儒劝进者多矣,虽以觊宠竞媚亦会一时学风之趋向,非独刘歆一人为然"。钱穆据《后汉书》爬梳考证,西汉末儒士仕莽者甚众,有李宪、彭宠、隗嚣、公孙述、李守、冯异、岑彭、耿况、李忠、邳彤、耿艾、景丹、窦融、马况、马余、马员、马援、原涉、卓茂、伏湛、侯霸、宋弘、张湛、冯衍、苏竟、张纯、范升、陈钦、张宗、刘平、赵孝、徐宣、欧阳歙、卫飒、王隆、史岑等数十人。

鲍昱(　—81)约生。

新莽始建国三年　辛未　11年

是年,令举吏民有德行、通政事、能言语、明文学者各1人(《汉书·王莽传》)。

王莽为太子置四师四友,置六经祭酒各1人。

按:《汉书·王莽传》曰:"为太子置师友各四人,秩以大夫。以故大司徒马宫为师疑,故少府宗伯凤为傅丞,博士袁圣为阿辅,京兆尹王嘉为保拂,是为四师;故尚书令唐林为胥附,博士李充为奔走,谏大夫赵襄为先后,中郎将廉丹为御侮,是为四友。又置师友祭酒及侍中、谏议、《六经》祭酒各一人,凡九祭酒,秩上卿。琅邪左咸为讲《春秋》、颍川满昌为讲《诗》、长安国由为讲《易》、平阳唐昌为讲《书》、沛郡陈咸为讲《礼》、崔发为讲《乐》祭酒。遣谒者持安车印绶,即拜楚国龚胜为太子师友祭酒,胜不应征,不食而死。"另外,在三家《诗》中,惟《齐诗》家用事于新莽。为太子讲《诗》者,也只有《齐诗》家满昌。西汉《鲁诗》极盛,政治影响巨大,王莽曾拜《鲁诗》派大儒楚国龚胜为太子师友祭酒,但龚胜拒不应征,后不食而死。

又按:钱穆《刘向歆父子年谱》(《两汉经学今古文平议》,商务印书馆2001年版)从《艺文志》中所见,"记王莽讲学大夫与此颇异",并作表记于下:

(1)易:

京房—梁　丘贺—梁丘临(贺子)—王骏

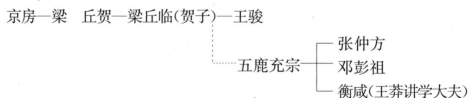

(2)书:

欧阳高—欧阳地余(高孙)—欧阳政(地余少子)(王莽讲学大夫)

(3)诗:

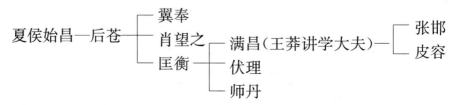

(4)诗(毛诗)：

毛公—贯长卿—解延年—徐敖—陈侠(王莽讲学大夫)

(5)春秋(公羊)：

(6)春秋(谷梁)：

江博士—胡常—肖秉(王莽讲学大夫)

(7)春秋(左氏)：

贾谊——贯公——贯长卿(贯公子)—张禹(非成帝师张禹)—

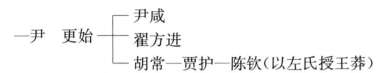

薛方、郭钦、蒋诩等人不仕王莽(《资治通鉴》卷三七)。

严尤谏伐匈奴(《汉书·匈奴传》)。

龚胜卒(前66—　)。胜字君宾，楚国彭城人。少好学，通《五经》，习《左传》，与龚舍名节并著，拒王莽征召，绝食死。事迹见《汉书》卷七二。

新莽始建国四年　壬申　12年

是年，王莽废井田制(《汉书·王莽传》)。

　按：关于王莽是否实行井田制，学界一直有争议。陈直《汉书新证》认为曾部分实施过。

改十一公号，以"新"为"心"，后又改"心"为"信"(《汉书·王莽传》)。

提比略任终身保民官。

桓谭迁讲学祭酒，秩上卿，位大夫上(吴文治《中国文学史大事年表》)。

扬雄复召为中散大夫(《汉书·扬雄传》)。

新莽始建国五年　癸酉　13年

二月,皇太后王政君卒(《汉书·王莽传》)。

满昌免官(《汉书·王莽传》)。

扬雄著《元后诔》。
按:《艺文类聚》卷一五、《古文苑》卷二〇载此文。《汉书·元后传》仅引四句:"太后年八十四,建国五年二月癸丑崩。三月乙酉。合葬渭陵。莽诏大夫扬雄作诔曰:'太阴之精,沙麓之灵,作合于汉,配元生成。'著其协于元城沙麓。太阴精者,谓梦月也。太后崩后十年,汉兵诛莽。"挚虞《文章流别论》怀疑这四句就是全篇。刘勰《文心雕龙·诔碑》曰:"扬雄之诔元后,文实烦秽,沙麓撮其要,而挚疑成篇,安有累德述尊,而阙略四句乎?"

新莽天凤元年　甲戌　14年

日耳曼人叛。

是年,王莽以《周官》、《王制》变易名号。
按:《汉书·王莽传》曰:"莽以《周官》、《王制》之文,置卒正、连率、大尹,职如太守;属令、属长,职如都尉。置州牧、部监二十五人,见礼如三公。监位上大夫,各主五郡。公氏作牧,侯氏卒正,伯氏连率,子氏属令,男氏属长,皆世其官。其无爵者为尹。分长安城旁六乡,置帅各一人。分三辅为六尉郡,河东、河内、弘农、河南、颍川、南阳为六队郡,置大夫,职如太守;属正,职如都尉。更名河南大尹曰保忠信卿。益河南属县满三十。置六郊州长各一人,人主五县。及它官名悉改。大郡至分为五。郡县以亭为名者三百六十,以应符命文也。缘边又置竟尉,以男为之。诸侯国闲田,为黜陟增减云。莽下书曰:'常安西都曰六乡,众县曰六尉。义阳东都曰六州,众县曰六队。粟米之内曰内郡,其外曰近郡。有鄣徼者曰边郡。合百二十有五郡。九州之内,县二千二百有三。公作甸服,是为惟城;诸在侯服,是为惟宁;在采、任诸侯,是为惟翰;在宾服,是为惟屏;在揆文教,奋武卫,是为惟垣;在九州之外,是为惟藩:各以其方为称,总为万国焉。'其后,岁复变更,一郡至五易名,而还复其故。吏民不能纪,每下诏书,辄系其故名,曰:'制诏陈留大尹、太尉:其以益岁以南付新平。新平,故淮阳。以雍丘以东付陈定。陈定,故梁郡。以封丘以东付治亭。治亭,故东郡。以陈留以西付祈隧。祈隧,故荥阳。陈留已无复有郡矣。大尹、太尉,皆诣行在所。'

其号令变易,皆此类也。"

王莽改历,令天下小学以戊子代甲子为六旬首。
按:《汉书·王莽传》曰:"令天下小学,戊子代甲子为六旬首。冠以戊子为元日,昏以戊寅之旬为忌日。百姓多不从者。"王先谦《汉书补注》卷九九曰:"周寿昌曰:《礼·郊特牲》:'日用甲,用日之始也。'古皆以甲子为六旬首,此则王莽所造《三光历》也。"

陈钦免官(《汉书·王莽传》)。

新莽天凤二年　乙亥　15年

二月,日中见星;讹言黄龙坠死黄山宫中,百姓奔走往观者以万数;王莽恶之,捕系问语所从起,不能得(《汉书·王莽传》)。
按:王莽之所以由辅汉进而代汉,士林及社会舆论的作用至为重要。为王莽造势的上书者动辄上万,好事者不断制造"巴郡石牛"、"扶风雍石"、"金匮策书"之类的符命。然而王莽代汉自立之后,士林及社会舆论发生了明显的转向。如始建国二年,疯癫女子碧在长安道路高呼:"高皇帝大怒,趣归我国。不者,九月必杀汝!"(《汉书·王莽传》)天凤二年,"讹言黄龙堕死黄山宫中,百姓奔走往观者以万数"(《汉书·王莽传》),

王莽讲论《六经》之说,议论连年不决,不暇省狱讼冤结民之急务(《汉书·王莽传》)。

刘歆约本年向扬雄索取《方言》。
按:《古文苑》卷一〇有扬雄《答刘歆书》载此事。《方言》卷一一郭璞注:"《方言》各本附刘歆《书》及雄答《书》云,雄为郎一岁,……积二十七年,……刘子歆与雄书,从取《方言》。"刘汝霖《汉晋学术编年》卷三曰:"杨雄以元延元年奏《羽猎赋》除为郎,而此书言雄为郎之岁始为《方言》,于今二十七年,当为此年之事。故志之于此。"今从之。

王咸、伏黯为帅,送匈奴登尸。
按:《汉书·王莽传》曰:"莽选儒生能颛对者济南王咸为大使,五威将琅邪伏黯等为帅,使送登尸。"伏黯是伏湛之弟,《后汉书·伏湛传》曰:"伏湛字惠公,琅邪东武人也,九世祖胜,字子贱,所谓济南伏生者也……父理,为当世名儒,以《诗》授成帝,为高密太傅,别自名学。湛性孝友,少传父业,教授数百人,成帝时,以父任为博士弟子。"《后汉书·儒林传》曰:"伏恭字叔齐,琅邪东武人,司徒湛之兄子也。湛弟黯,字稚文,以明《齐诗》,改定章句,作《解说》九篇,位至光禄勋,无子,以恭为后。恭性孝,事所继母甚谨,少传黯学,以任为郎。建武四年,除剧令。视事十三年,以惠政公廉闻。青州举为尤异,太常试经第一,拜博士,迁常山太守。敦修学校,教授不辍,由是北州多为伏氏学。永平二年,代梁松为太仆。四年,帝临辟雍,于行礼中拜恭为司空,儒者以为荣。初,父黯章句繁多,恭乃省减浮辞,定为二十万言。"伏氏家传《齐诗》学,所以《齐诗》有伏氏之学。

梁鸿(　—80)约生。

新莽天凤三年　丙子　16 年

二月乙酉,地震,大雨雪,关东尤甚,深者一丈,竹柏或枯(《汉书·王莽传》)。

五月,始赋官吏俸禄,制度烦碎,吏终不得禄(《汉书·王莽传》)。

七月戊子晦,日食,诏大赦天下,复令公卿、大夫、诸侯、二千石举四行各 1 人(《汉书·王莽传》)。

十月戊辰,王路朱鸟门鸣,昼夜不绝。

按:《汉书·王莽传》曰:"十月戊辰,王路朱鸟门鸣,昼夜不绝,崔发等曰:'虞帝辟四门,通四聪。门鸣者,明当修先圣之礼,招四方之士也。'于是令群臣皆贺,所举四行从朱鸟门入而对策焉。"

是年,西域始绝(《汉书·王莽传》)。

刘歆天凤中授郑众《左氏传》,使撰条例,章句、训诂、校《三统历》。

按:《后汉书·郑范陈贾张列传》曰:"郑兴字少赣,河南开封人也。少学《公羊春秋》。晚善《左氏传》,遂积精深思,通达其旨,同学者皆师之。天凤中,将门人从刘歆讲正大义,歆美兴才,使撰条例、章句、传诂,及校《三统历》。"

刘歆天凤中著《三统历谱》成。

按:据《后汉书·郑范陈贾张列传》载,事在天凤中,天凤凡六年,姑系于此。《三统历》系刘歆承《太初历》加以修改而成,糅杂董仲舒的"三统说",并附会以乐律、易数、五行等。《太初历》为武帝太初元年(前 104)邓平、落下闳所作。由于《太初历》早佚,故赖《三统历》保留其制历理论与体制。《三统历》的主要内容是运用"三统"解释历法。三统者,天施、地化、人事之纪也。《周易》乾之初九,音律黄钟律长九寸,为天统;坤之初六,林钟律长六寸,为地统;八卦,太簇律长八寸,为人统。《三统历》有七节,一为统(推算日、月位置),二为纪(推算五星见伏),三为图(立法原则),四为术(推算方法),五为岁术(推算纪年),六为五步(实则五星),七为世经(考研上古年代与事)。《三统历谱》是中国史书上第一部记载完整的历法。

新莽天凤四年　丁丑　17年

六月，更授诸侯茅土于明堂。

按：《汉书·王莽传》曰："六月，更授诸侯茅土于明堂，曰：'予制作地理，建封五等，考之经艺，合之传记，通于义理，论之思之，至于再三，自始建国之元以来九年于兹，乃今定矣。予亲设文石之平，陈菁茅四色之土，钦告于岱宗泰社后土、先祖先妣，以班授之。各就厥国，养牧民人，用成功业。其在缘边，若江南，非诏所召，遣侍于帝城者，纳言掌货大夫且调都内故钱，予其禄，公岁八十万，侯、伯四十万，子、男二十万。'然复不能尽得。莽好空言，慕古法，多封爵人，性实遴啬，托以地理未定，故且先赋茅土，用慰喜封者。"

八月，王莽亲之南郊，铸作威斗。

按：《汉书·王莽传》曰："威斗者，以五石铜为之，若北斗，长二尺五寸，欲以厌胜众兵。既成，令司命负之，莽出在前，入在御旁。"

是年，复明六筦之令；因吏用苛暴立威，旁缘莽禁，侵刻小民，天下盗贼蜂起。

按：《汉书·王莽传》曰："每一筦下，为设科条防禁，犯者罪至死，吏民抵罪者浸众。又一切调上公以下诸有奴婢者，率一口出钱三千六百，天下愈愁，盗贼起。纳言冯常以六筦谏，莽大怒，免常官。置执法左右刺奸。选用能吏侯霸等分督六尉、六队，如汉刺史，与三公士郡一人从事。"

唐林封为建德侯，纪逡为封德侯，位皆特进（《汉书·王贡两龚鲍传》）。

扬雄自谓年过七十，知晓天文。

按：桓谭《新论》曰："扬子云好天文，问之於黄门作浑天老工曰：'我少能作其事，但随尺寸法度，殊不晓达其意，然稍稍益愈。到今七十，乃甫适知，己又老且死矣。今我儿子爱学，亦当复年如我，乃晓知，己又且复死焉。'其言可悲可笑也。"

马严（　—98）生。

蒂托·李维卒（前59—　）。罗马历史学家，著有《罗马史》。

许癸努斯卒（约前64—　）。拉丁作家，著有《传说集》和《天文的诗歌》。

新莽天凤五年　戊寅　18年

是年，诸军吏及缘边吏大夫以上为奸利增产致富者，收其家所有财产五分之四，禁奸，奸愈甚（《汉书·王莽传》）。

赤眉力子都、樊崇等以饥馑相聚，起事山东（《汉书·王莽传》）。

侯芭是年前从扬雄受《法言》、《玄学》。

按：《汉书·扬雄传》曰："雄以病免，复召为大夫。家素贫，耆酒，人希至其门。时有好事者载酒肴从游学，而巨鹿侯芭常从雄居，受其《太玄》、《法言》焉。刘歆亦尝观之，谓雄曰：'空自苦！今学者有禄利，然向不能明《易》，又如《玄》何？吾恐后人用覆酱瓿也。'雄笑而不应。年七十一，天凤五年卒，侯芭为起坟，丧之三年。"

扬雄卒（前53—　）。雄字子云，蜀人，西汉学者、辞赋家、语言学家。少而好学，博览无所不见，为人简易佚荡，口吃不能剧谈，默而好深湛之思，清静亡为，少嗜欲。著有《大玄经》19篇、《法言》13篇、《方言》13篇、《训纂》1篇、《蜀之本经》1卷、《赋》12篇、《乐》4篇、《箴》2篇等。后人辑有《扬侍郎集》。事迹见《汉书》卷八七。

按：《汉书·扬雄传》曰："时，大司空王邑、纳言严尤闻雄死，谓桓谭曰：'子常称扬雄书，岂能传于后世乎？'谭曰：'必传。顾君与谭不及见也。凡人贱近而贵远，亲见扬子云禄位容貌不能动人，故轻其书。昔老聃著虚无之言两篇，薄仁义，非礼学，然后世好之者尚以为过于《五经》，自汉文、景之君及司马迁皆有是言。今扬子之书文义至深，而论不诡于圣人，若使遭遇时君，更阅贤知，为所称善，则必度越诸子矣。'诸儒或讥以为雄非圣人而作经，犹春秋吴楚之君僭号称王，盖诛绝之罪也。自雄之没至今四十余年，其《法言》大行，而《玄》终不显，然篇籍具存。"《汉书·艺文志·诸子略·儒家》载"扬雄所序三十八篇"。班固注："《太玄》十九，《法言》十三，《乐》四，《箴》二。"《隋书·经籍志》著录扬雄撰郭璞注《方言》13卷，著录《扬雄集》5卷。其集散佚。《扬侍郎集》一卷初刊于明万历间，收赋八篇、上书一篇、书四篇、设难二篇、颂一篇、箴补六篇、符命一篇、连珠二篇、诔一篇、文二篇、序经一篇。钱大昕《汉书考异》于《别字》十三篇下曰："即扬雄撰《方言》十三卷也。本名《輶轩史者绝代语释别国方言》，或称《别字》，或称《方言》皆省文也。"陈国庆《汉书艺文志注释汇编》（中华书局1983年版）说："按：《别字》十三篇，若果如钱氏所说，则《方言》十三卷，清《四库全书》著录入经部小学类。《简目》云：'旧本题汉扬雄撰，然于古无征。许慎《说文》引扬雄说，皆不见《方言》，其义训用《方言》者，又不言扬雄。至后汉应劭始称雄作，疑依托也。刻本传伪，殆不可读。今以《永乐大典》所载宋本校刊，始复其旧。'"扬雄事迹见陈本礼《汉给事黄门郎扬雄生卒年考》一卷（《儒藏·史部·儒林年谱》，四川大学出版社2007年版）、董作宾《方言学家扬雄年谱》（中山大学语言历史学研究所周刊》第8集85、86、87期合刊，1929年6月）、汤炳正《扬子云年谱》（《儒藏·史部·儒林年谱》，四川大学出版社2007年版）、王青《扬雄评传》（南京大学出版社）。目前出版的扬雄作品注释以及研究著作有：郑万耕《太玄校释》（北京师范大学出版社1989年版）、郑万耕《扬雄及其太玄》（台湾蓝灯文化事业股份有限公司1992年版）、扬雄撰，韩敬注《法言注》（中华书局1992年版）、汪荣宝撰、陈仲夫点校《法言义疏》（中华书局1987年版）、蓝秀隆《扬雄法言研究》（文津出版社1989年版）、丁惟汾《方言音释》（齐鲁书社1985年版）、清钱绎《方言笺疏》（中华书局1991年版）、周祖谟校笺《方言校笺》（中华书局1993年版）、华学诚《扬雄方言校释汇证》（中华书局2006年版）、刘君惠等《扬雄方言研究》（巴蜀书社1992年版）、张震泽校注《扬雄集校注》（上海古籍出版社1993年版）、郑文《扬雄文集笺注》（巴蜀书社2000年版）、林贞爱校注《扬雄集校注》(四川大学出版社2001年版)等。

新莽天凤六年　　己卯　　19年

春,王莽见盗贼多,乃令太史推三万六千岁历纪,六岁一改元,布天下;下书自言己当如黄帝仙升天,欲以诳耀百姓,销解盗贼(《汉书·王莽传》)。

是年,群臣初献《新乐》于明堂、太庙。群臣始冠麟韦之弁(《汉书·王莽传》)。

令广征有奇技可以攻匈奴者,待以不次之位(《汉书·王莽传》)。

范升谏王邑,不听。
　　按:《后汉书·郑范陈贾张列传》曰:"范升字辩卿,代郡人也。少孤,依外家居。九岁通《论语》、《孝经》,及长,习《梁丘易》、《老子》,教授后生。王莽大司空王邑辟升为议曹史。时莽频发兵役,征赋繁兴,升乃奏记邑曰……邑虽然其言,而竟不用。升称病乞身,邑不听,令乘传使上党。升遂与汉兵会,因留不还。"

新莽地皇元年　　庚辰　　20年

正月,改元地皇。从三万六千岁号;令有犯法者"斩无须时"(《汉书·王莽传》)。

二月,置前、后、左、右、中大司马之位,命诸州牧至县宰皆加大将军、偏、裨将军、校尉之号(《汉书·王莽传》)。

七月,王莽营长安城南,提封百顷;因乃博征天下工匠诸图画,以望法度算,功费数百巨万,卒徒死者万数。
　　按:《汉书·王莽传》曰:"望气为数者多言有土功象,莽又见四方盗贼多,欲视为自安能建万世之基者,乃下书曰:'予受命遭阳九之厄,百六之会,府帑空虚,百姓匮乏,宗庙未修,且祫祭于明堂太庙,夙夜永念,非敢宁息。深惟吉昌莫良于今年,予乃卜波水之北,郎池之南,惟玉食。予又卜金水之南,明堂之西,亦惟玉食。予将新筑焉。'于是遂营长安城南,提封百顷。司徒王寻、大司空王邑持节,及侍中常侍执法杜林等数十人将作。"

是年,改币制,敢盗铸钱及偏行布货,伍人知不发举,皆没入为官奴婢

(《汉书·王莽传》)。

王莽立《周官》于学官。

按：《汉书·艺文志·六艺略·礼》曰："《周官经》六篇。"班固自注曰："王莽时刘歆置博士。"《隋书·经籍志》曰："汉时有李氏得《周官》。《周官》盖周公所制官政之法，上于河间献王，独阙《冬官》一篇，献王购以千金不得，遂取《考工记》以补其处，合成六篇，奏之。至王莽时，刘歆始置博士，以行于世。"《经典释文·序录》曰："王莽时，刘歆为国师，始立《周官经》，以为《周礼》。"刘汝霖《汉晋学术编年》（中华书局1987年版）卷三曰："班固谓《周礼》于王莽时，刘歆置博士。《周礼废兴》引马融语谓歆'末年乃知其周公致太平之迹，迹具在斯。奈遭天下仓卒，兵戈并起'，故其立《周官》必在末年。又必在兵戈之起之前，故志于此。"

郅恽上书王莽以为汉必再受命，莽系诏狱。

按：《后汉书·申屠刚鲍永郅恽列传》曰："郅恽字君章，汝南西平人也。年十二失母，居丧过礼。及长，理《韩诗》、《严氏春秋》，明天文历数。王莽时，寇贼群发，恽乃仰占玄象，叹谓友人曰：'方今镇、岁、荧惑并在汉分翼、轸之域，去而复来，汉必再受命，福归有德。如有顺天发策者，必成大功。'时左队大夫逯并素好士，恽说之曰：'当今上天垂象，智者以昌，愚者以亡。昔伊尹自鬻辅商，立功全人。恽窃不逊，敢希伊尹之踪，应天人之变。明府傥不疑逆，俾成天德。'并奇之，使署为吏。恽不谒，曰：'昔文王拔吕尚于渭滨，高宗礼傅说于岩筑，桓公取管仲于射钩，故能立弘烈，就元勋。未闻师相仲父，而可为吏位也。非窥天者不可与图远。君不授骥以重任，骥亦俯首裹足而去耳。'遂不受署。西至长安，乃上书王莽……莽大怒，即收系诏狱，劾以大逆。犹以恽据经谶，难即害之，使黄门近臣胁恽，令自告狂病恍忽，不觉所言。恽乃瞋目詈曰：'所陈皆天文圣意，非狂人所能造。'遂系须冬，会赦得出，乃与同郡郑敬南遁苍梧。"

楼望（　—100）生；杜笃（　—78）约生。

按：据《后汉书·楼望传》，楼望卒于永元十二年，80岁，逆推生于本年。

新莽地皇二年　辛巳　21年

正月，以州牧位三公，刺举怠解，更置牧监副，秩元士，冠法冠，行事如汉刺史（《汉书·王莽传》）。

遣中散大夫、谒者各45人，分行天下，博采乡里所高有淑女者上名（《汉书·王莽传》）。

王况为李焉作谶书十万余言，劝其起兵反王莽。

按：《汉书·王莽传》曰："魏成大尹李焉与卜者王况谋，况谓焉曰：'新室即位以来,民田奴婢不得卖买,数改钱货,征发烦数,军旅骚动,四夷并侵,百姓怨恨,盗贼并起,汉家当复兴。君姓李,李者征,征,火也,当为汉辅。'因为焉作谶书,言:'文帝发怒,居地下趣军,北告匈奴,南告越人。江中刘信,执敌报怨,复续古先,四年当发军。江湖有盗,自称樊王,姓为刘氏,万人成行,不受赦令,欲动秦、雒阳。十一年当相攻,太白扬光,岁星入东井,其号当行。'又言莽大臣吉凶,各有日期。会合十余万言。焉令吏写其书,吏亡告之。莽遣使者即捕焉,狱治皆死。"王莽编造图谶以神化自己,王况以其人之道,反治其人之身,亦编造"荆楚当兴,李氏为辅"的谶书劝李焉造反。可见当时相信图谶的人之多,影响之大。后来刘秀就利用"赤伏符"登上了皇位。

公孙禄谏诛太史令宗宣、国师嘉信公秀、羲和鲁匡、说符侯崔发等人,又言匈奴不可攻。

按:《汉书·王莽传》曰:"是岁,南郡秦丰众且万人。平原女子迟昭平能说博经以八投,亦聚数千人在河阻中。莽召问群臣禽贼方略,皆曰:'此天囚行尸,命在漏刻。'故左将军公孙禄征来与议,禄曰:'太史令宗宣典星历,候气变,以凶为吉,乱天文,误朝廷。太傅平化侯饰虚伪以偷名位,'贼夫人之子'。国师嘉信公颠倒《五经》,毁师法,令学士疑惑。明学男张邯、地理侯孙阳,造井田,使民弃土业。羲和鲁匡设六筦以穷工商。说符侯崔发阿谀取容,令下情不上通。宜诛此数子以慰天下!'又言:'匈奴不可攻,当与和亲。臣恐新室忧不在匈奴,而在封域之中也。'莽怒,使虎贲扶禄出。然颇采其言,左迁鲁匡为五原卒正,以百姓怨非故。六筦非匡所独造,莽厌众意而出之。"公孙禄的奏议,对王莽假借经学复古改制行为作了全面批评。

新莽地皇三年　壬午　22年

正月,九庙成,纳神主(《汉书·王莽传》)。

二月,霸桥灾;开东方诸仓,赈贷穷乏,以施仁道(《汉书·王莽传》)。

冬,议遣风俗大夫司国宪等分行天下,除井田、奴婢、山泽、六筦之禁,即位以来诏令不便民者皆收还之(《汉书·王莽传》)。

十月,有星孛于张,东南行,五日不见;莽数召问太史令宗宣,诸术数家皆缪对,言天文安善,群贼且灭(《汉书·王莽传》)。

按:汉代的军事活动受术数与兵阴阳学影响甚大。太史须及时地报告占星望气的结果。如天凤六年春"莽见盗贼多,乃令太史推三万六千岁历记,六岁一改元,布天下"与本年事相似。

是月,汉宗室刘演及弟刘秀率春陵子弟起兵,称汉军(《后汉书·光武纪》)。

按:刘秀以谶纬起兵,最后夺取天下,故东汉时谶纬迷信大盛。

包咸讲授于东海。

按:《后汉书·儒林传》曰:"包咸字子良,会稽曲阿人也。少为诸生,受业长安,师事博士右师细君,习《鲁诗》、《论语》。王莽末,去归乡里,于东海界为赤眉贼所得,遂见拘执。十余日,咸晨夜诵经自若,贼异而遣之。因住东海,立精舍讲授。"何晏《论语集解·叙》载包咸曾为《张侯论》章句,其"所为章句,盖用禹说,而敷畅其旨。度其义例,当若郑玄之笺毛传。惜其书隋、唐《经籍志》皆不著录。盖自晏《集解》出,而马、郑、包诸家之注微差。幸《集解》所引,尚存十之二三。而唐人诸书,亦多称引者。即宋朱子章句,亦时引之。"(《续修四库全书总目提要·经部·四书类》)民国时龙璋辑有《论语包氏注》1卷。

冯衍说廉丹不听,乃亡命河东。

按:《后汉书·桓谭冯衍传》曰:"天下兵起,莽遣更始将军廉丹讨伐山东。丹辟衍为掾,与俱至定陶。莽追诏丹曰:'仓廪尽矣,府库空矣,可以怒矣,可以战矣。将军受国重任,不捐身于中野,无以报恩塞责。'丹惶恐,夜召衍,以书示之。衍因说丹曰……丹不能从。进及睢阳,复说丹曰……丹不听,遂进及无盐,与赤眉战死。衍乃亡命河东。"王符《潜夫论》曰:"衍笃学重义,诸儒号曰'德行冯敬通'。"

宋均(—76)约生。

新莽地皇四年　汉更始帝(淮阳王)刘玄元年　癸未　23 年

二月辛巳朔,平林、新市、下江兵将王常、朱鲔等共立刘玄为帝,改年为更始元年,拜置百官,刘演为大司徒,刘秀为太常偏将军(《汉书·王莽传》、《后汉书·光武帝纪》、《后汉书·刘玄刘盆子列传》)。

六月,隗嚣起兵于陇西,作移檄告郡国(《后汉书·隗嚣公孙述传》)。

王莽率群臣至南郊,陈其符命本末;又作告天策,自陈功劳(《汉书·王莽传》)。

九月庚戌,杜吴杀王莽,取其绶(《汉书·王莽传》、《后汉书·光武帝纪》)。

十月,更始帝迁都洛阳,以刘秀行司隶校尉,使前整修官府(《后汉书·光武帝纪》)。

张邯称说德及符命事。

按:《汉书·王莽传》曰:"又闻汉兵言,莽鸩杀孝平帝。莽乃会公卿以下于王路堂,开所为平帝请命金縢之策,泣以视群臣。命明学男张邯称说其德及符命事,因曰:'《易》言:"伏戎于莽,升其高陵,三岁不兴。"莽,皇帝之名,升,谓刘伯升。高陵,谓高陵侯子翟义也。言刘升、翟义为伏戎之兵于新皇帝世,犹殄灭不兴也。'群臣皆称万岁。又令东方槛车传送数人,言'刘伯升等皆行大戮'。民知其诈也。"

任延为大司马属,拜会稽都尉。

按:《后汉书·循吏传》曰:"任延字长孙,南阳宛人也。年十二,为诸生,学于长安,明《诗》、《易》、《春秋》,显名太学,学中号为'任圣童'。值仓卒,避兵之陇西。时隗嚣已据四郡,遣使请延,延不应。更始元年,以延为大司马属,拜会稽都尉。时年十九,迎官惊其壮。及到,静泊无为,唯先遣馈礼祠延陵季子。时天下新定,道路未通,避乱江南者皆未还中土,会稽颇称多士。延到,皆聘请高行如董子仪、严子陵等,敬待以师友之礼。"

孙堪王莽末力护宗族老弱,常陷敌而无所回避,数被创刃,宗族赖之以存。

按:《后汉书·儒林列传下》曰:"堪字子稺,河南缑氏人也。明经学,有志操,清白贞正,爱士大夫,然一毫未尝取于人,以节介气勇自行。王莽末,兵革并起,宗族老弱在营保间,堪常力战陷敌,无所回避,数被创刃,宗族赖之,郡中咸服其义勇。"

包咸王莽末去归乡里,于东海界为赤眉拘执。十余日,咸晨夜诵经自若,赤眉异而遣之。因住东海,立精舍讲授。

按:《后汉书·儒林列传下》曰:"包咸字子良,会稽曲阿人也。少为诸生,受业长安,师事博士右师细君,习《鲁诗》、《论语》。王莽末,去归乡里,于东海界为赤眉贼所得,遂见拘执。十余日,咸晨夜诵经自若,贼异而遣之。因住东海,立精舍讲授。"

刘昆以王莽败得以出狱,避难河南负犊山中。

按:《后汉书·儒林传》曰:"刘昆字桓公,陈留东昏人,梁孝王之胤也。少习容礼。平帝时,受《施氏易》于沛人戴宾。能弹雅琴,知清角之操。王莽世,教授弟子恒五百余人。每春秋飨射,常备列典仪,以素木瓠叶为俎豆,桑弧蒿矢,以射'菟首'。每有行礼,县宰辄率吏属而观之。王莽以昆多聚徒众,私行大礼,有僭上心,乃系昆及家属于外黄狱。寻莽败得免。既而天下大乱,昆避难河南负犊山中。"刘昆所习"容礼"即是"仪礼",毛奇龄《经问》卷十三曰:"《士礼》称《仪礼》,诚不知始于何时,然在汉时即有《容礼》之称,《容礼》即《仪礼》也。据《汉·儒林传·鲁高堂生传》《士礼》十七篇,而鲁徐生善为颂,孝文时徐生以颂为礼官大夫,颂即容也。《诗》、《传》颂者,美盛德之形容。《鲁仲连传》'鲍焦无从颂而死',谓'不从容而死'。故汉仪有二:即以容貌习礼,而郡国有容吏,未央殿前有曲台,即容台,命后苍说礼其中。当时称《士礼》为《容台礼》,又名《容礼》。贾谊引《容经》文即《容礼》。后汉刘昆为梁孝王后,少习《容礼》,是《士礼》即《容礼》,《容礼》即《仪礼》也。"

杜林王莽败时与弟成及同郡范逡、孟冀等,将细弱俱客河西。

按:《后汉书·宣张二王杜郭吴承郑赵列传》曰:"杜林字伯山,扶风茂陵人也。父邺,成、哀间为凉州刺史。林少好学沉深,家既多书,又外氏张竦父子喜文采,林从竦受学,博洽多闻,时称通儒。初为郡吏。王莽败,盗贼起,林与弟成及同郡范逡、孟冀等,将细弱俱客河西。道逢贼数千人,遂掠取财装,褫夺衣服,拔刃向林等将欲杀之。冀仰曰:'愿一言而死。将军知天神乎? 赤眉兵众百万,所向无前,而残贼不道,卒至破败。今将军以数千之众,欲规霸王之事,不行仁恩而反遵覆车,不畏天乎?'贼遂释之,俱免于难。隗嚣素闻林志节,深相敬待,以为持书平。后因疾告去,辞还禄食。嚣复欲令强起,遂称笃。嚣意虽相望,且欲优容之,乃出令曰:'杜伯山天子所不能臣,诸侯所不能友,盖伯夷、叔齐耻食周粟。今且从师友之位,须道开通,使顺所志。'林虽拘于嚣,而终不屈节。"

伏湛为平原太守,教授不废。

按:《后汉书·伏侯宋蔡冯赵牟韦列传》曰:"更始立,以为平原太守。时仓卒兵起,天下惊扰,而湛独晏然,教授不废。谓妻子曰:'夫一谷不登,国君彻膳;今民皆饥,奈何独饱?'乃共食粗粝,悉分奉禄以赈乡里,来客者百余家。时门下督素有气力,谋欲为湛起兵,湛恶其惑众,即收斩之,徇首城郭,以示百姓,于是吏人信向,郡亦以安。平原一境,湛所全也。"

桓谭召拜太中大夫(《后汉书·桓谭冯衍传》)。

斯特拉波卒(前64/63—)。古希腊地理学家、历史学家。

刘歆卒(约前53—)。歆,字颖叔,又字子骏,沛人。刘向子。少通《诗》、《书》。曾任中垒校尉。建议为《左传》、《毛诗》、《古文尚书》等古文经设立学官,遭今文学派反对,出为太守。汉成帝河平三年,受诏与其父刘向领校群书。王莽执政,提倡古文经,托古改制,以其为国师。后参与密谋诛莽,事泄自杀。著有《七略》7卷、《三统历法》3卷、《春秋左氏传条例》20卷等。明人辑有《刘子骏集》。事迹见《汉书》卷三六、钱穆《刘向歆父子年谱》。

按:《汉书·王莽传》曰:"先是,卫将军王涉素养道士西门君惠。君惠好天文谶记,为涉言:'星孛扫宫室,刘氏当复兴,国师公姓名是也。'涉信其言,以语大司马董忠,数俱至国师殿中庐道语星宿,国师不应。后涉特往,对歆涕泣言:'诚欲与公共安宗族,奈何不信涉也!'歆因为言天文人事,东方必成。涉曰:'新都哀侯小被病,功显君素耆酒,疑帝本非我家子也。董公主中军精兵,涉领宫卫,伊休侯主殿中,如同心合谋,共劫持帝,东降南阳天子,可以全宗族;不者,俱夷灭矣!'伊休侯者,歆长子也,为侍中五官中郎将,莽素爱之。歆怨莽杀其三子,又畏大祸至,遂与涉、忠谋,欲发。……七月,仅与邯俱告,……下书赦大司马官属吏士为忠所诖误,谋反未发觉者。收忠宗族,以醇醯毒药、尺白刃丛棘并一坎而埋之。刘歆、王涉皆自杀。"刘汝霖《汉晋学术编年》(中华书局1987年版)系于上年,钱穆《刘向歆父子年谱》(《两汉经学今古文平议》,商务印书馆2001年版)、陆侃如《中古文学系年》(人民文学出版社1985年版)以为本年。《隋书·经籍志》著录汉太中大夫《刘歆集》五卷。《玉海》卷五五"艺文"类曰:"《刘歆集》五卷。"刘歆在经学史上的贡献首先是发现了一批晚出先秦经书,使之免于遗失;第二个贡献是开辟了以文字和历史解经的新方法。刘歆等人重视训诂,"初,《左氏传》多古字古言,学者传训故而已,"及歆治《左氏》,"引传文以解经,转相发明,由是章句义理备焉。歆以为好恶与圣人同,亲见夫子,而公羊、谷梁在七十子后,传闻之与亲见之,其详略不同"。(《汉书·楚元王传》)第三个贡献是打破了今文经学对儒学的垄断,将《左传》、《毛诗》、《周礼》、《古文尚书》等立于学官,并且大增博士弟子,使古文学派的力量迅速壮大。

汉更始二年　甲申　24年

正月,更始帝立刘秀为萧王,不就征(《后汉书·光武帝纪》)。
二月,更始帝迁都长安,下诏大赦(《汉书·王莽传》)。
是年,窦融始经营河西诸郡(《后汉书·窦融传》)。

欧阳歙事更始帝。

按：《后汉书·儒林传》曰："欧阳歙字正思,乐安千乘人也。自欧阳生传《伏生尚书》,至歙八世,皆为博士。歙既传业,而恭谦好礼让。王莽时,为长社宰。更始立,为原武令。世祖平河北,到原武,见歙宰县修政,迁河南都尉,后行太守事。"

李淑上书谏更始（《后汉书·刘玄刘盆子传》）。

桓荣逃匿山谷。

按：《后汉书·桓荣丁鸿列传》曰："莽败,天下乱。荣抱其经书与弟子逃匿山谷,虽常饥困而讲论不辍,后复客授江淮间。"

班彪避难凉州,追随隗嚣（《后汉书·班彪传》）。

郑兴归隗嚣,说隗嚣不称王（《后汉书·郑范陈贾张列传》）。

方望致书辞谢隗嚣（袁宏《后汉书》卷二）。

佚名著《难经》约成书西汉末至东汉间。

按：《旧唐志·经籍志》曰："《黄帝八十一难经》一卷,秦越人撰。"秦越人即"扁鹊",但《史记·扁鹊仓公列传》未载,在东汉张仲景《伤寒杂病论》序言中才提及《八十一难经》。三国吴太医吕广曾为之注释,今佚。一般论者认为成书西汉末至东汉之间,且经长期修订而成。据《汉书·艺文志》载著有《扁鹊内经》、《扁鹊外经》,均亡佚,故《难经》为托名之作。全书以问答解释疑难的形式编纂,辨析精微,对脉学有详细的阐释。现存主要版本为明刻《医要集览》丛书本。

汉更始三年　汉光武帝刘秀建武元年　乙酉　25年

正月,平陵人方望立前孺子刘婴为天子（《后汉书·光武帝本纪》）。

四月,公孙述于成都自称天子,号成家,建元龙兴（《后汉书·光武帝本纪》）。

六月己未,刘秀即皇帝位,建元建武,诏大赦天下。

按：《后汉书·光武帝本纪》曰："六月己未,即皇帝位。燔燎告天,禋于六宗,望于群神。其祝文曰：'皇天上帝,后土神祇,眷顾降命,属秀黎元,为人父母,秀不敢当。群下百辟,不谋同辞,咸曰："王莽篡位,秀发愤兴兵,破王寻、王邑于昆阳,诛王郎、铜马于河北,平定天下,海内蒙恩。上当天地之心,下为元元所归。"谶记曰："刘秀发兵捕不道,卯金修德为天子。"秀犹固辞,至于再,至于三。群下佥曰："皇天大命,不可稽留。"敢不敬承。'于是建元为建武,大赦天下,改鄗为高邑。"

赤眉立刘盆子为天子,建元建世（《后汉书·光武帝本纪》）。

七月己亥,光武帝幸怀（《后汉书·光武帝本纪》）。

八月壬子,光武帝祭社稷。癸丑,祠高祖、太宗、世宗于怀宫;进幸河阳。

按：《后汉书·祭祀志上》曰："建武元年,光武即位于鄗,为坛营于鄗之阳。祭告天地,采用元始中郊祭故事。六宗群神皆从,未以祖配。天地共牺,余牲尚约。其文曰:'皇天上帝,后土神祇,睠顾降命,属秀黎元,为民父母,秀不敢当。群下百僚,不谋同辞。咸曰王莽篡弑窃位,秀发愤兴义兵,破王邑百万众于昆阳,诛王郎、铜马、赤眉、青犊贼,平定天下,海内蒙恩,上当天心,下为元元所归。谶记曰:"刘秀发兵捕不道,卯金修德为天子。"秀犹固辞,至于再,至于三。群下曰:"皇天大命,不可稽留。"敢不敬承!'"

九月,赤眉入长安,更始奔高陵。光武诏封更始为淮阳王(《后汉书·光武帝本纪》)。

十月癸丑,光武帝入洛阳,定为都城。载经牒秘书凡二千余辆(《后汉书·光武帝本纪》)。

按:光武帝定都洛阳,又载经牒秘书凡二千余辆,不仅促成了汉代政治、经济与文化学术中心由长安向洛阳的中心转移,而且为汉代学术的繁荣发展奠定了坚实的基础。东汉立国之初,由于光武帝所拥有的相对优势,当时多数文人学者相继作出了归依洛阳的决定,也有部分仍任职于更始帝或奔走于各地武人集团,尤以聚向隗嚣所据天水为多。此外,还有少数选择了归隐之路。然后,经过光武帝的多年征战而一统天下,于是四方之士接踵而至,云会京师,一同开创了东汉学术之盛。《后汉书·儒林传》序曰:"昔王莽、更始之际,天下散乱,礼乐分崩,典文残落。及光武中兴,爱好经术,未及下车,而先访儒雅,采求阙文,补缀漏逸。先是,四方学士多怀协图书,遁逃林薮。自是莫不抱负坟策,云会京师,范升、陈元、郑兴、杜林、卫宏、刘昆、桓荣之徒,继踵而集。于是立《五经》博士,各以家法教授,《易》有施、孟、梁丘、京氏,《尚书》欧阳、大小夏侯,《诗》齐、鲁、韩,《礼》大小戴,《春秋》严、颜、凡十四博士,太常差次总领焉。建武五年,乃修起太学,稽古典,笾豆干戚之容,备之于列,服方领矩步者,委它乎其中。中元元年,初建三雍。……初,光武迁还洛阳,其经牒秘书载之二千余两,自此以后,参倍于前。及董卓移都之际,吏民扰乱,自辟雍、东观、兰台、石室、宣明、鸿都诸藏典策文章,竞共剖散,其缣帛图书,大则连为帷盖,小乃制为縢囊。及王允所收而西者,裁七十余乘,道路艰远,复弃其半矣。后长安之乱,一时焚荡,莫不泯尽焉。"《隋书·经籍志》曰:"光武中兴,笃好文雅,明、章继轨,尤重经术,四方鸿生巨儒,负帙自远而至者,不可胜算。石室、兰台,弥以充积。又于东观及仁寿阁集新书,校书郎班固、傅毅等典掌焉。"

又按:据《后汉书·儒林列传》谓"光武迁还洛阳,载其经牒秘书二千辆。自此以后,三倍于前",则先秦到西汉建平四年(前3年)的著作总数应是13000余卷。而此后三倍于前,即达四万多卷,则东汉的著作达三万卷左右。姚振宗《后汉艺文志》著录一千一百余部,二千九百余卷,似不确。

是月,更始帝降于赤眉,封畏威侯,继封长沙王(《后汉书·光武帝本纪》)。

十一月,梁王刘永自称天子于睢阳(《后汉书·光武帝本纪》)。

十二月,赤眉军杀更始帝,更始政权终结(《后汉书·光武帝本纪》)。

按:刘玄字圣公,南阳蔡阳人,光武族兄。地皇四年,为更始将军,立为天子。后降赤眉刘盆子,封畏威侯、长沙王。

是年,隗嚣据天水,自称西凉上将军,三辅士大夫避乱者多归之(《后汉书·光武帝本纪》)。

窦融据河西,自称五郡大将军(《后汉书·光武帝本纪》)

匈奴迎立卢芳为汉帝(《后汉书·光武帝本纪》)。

邓禹七月辛未拜为大司徒(《后汉书·光武帝本纪》)。

按：邓禹为东汉开国名将，云台二十八将之首，亦是一位儒将。《后汉书·邓禹列传》曰："邓禹字仲华，南阳新野人也。年十三，能诵诗，受业长安。时光武亦游学京师，禹年虽幼，而见光武知非常人，遂相亲附。数年归家。及汉兵起，更始立，豪杰多荐举禹，禹不肯从。及闻光武安集河北，即杖策北渡，追及于邺。光武见之甚欢，谓曰：'我得专封拜，生远来，宁欲仕乎？'禹曰：'不愿也。'光武曰：'即如是，欲何为？'禹曰：'但愿名公威德加于四海，禹得效其尺寸，垂功名于竹帛耳。'光武笑，因留宿闲语。禹进说曰：'更始虽都关西，今山东未安，赤眉、青犊之属，动以万数，三辅假号，往往群聚。更始既未有所挫，而不自听断，诸将皆庸人屈起，志在财帛，争用威力，朝夕自快而已，非有忠良明智，深虑远图，欲尊主安民者也。四方分崩离析，形势可见，明公虽建藩辅之功，犹恐无所成立。于今之计，莫如延揽英雄，务悦民心，立高祖之业，救万民之命。以公而虑天下，不足定也。'光武大悦，因令左右号禹曰邓将军。常宿止于中，与定计议。"

伏湛以世传"尚书学"征为尚书，典定旧制。七月为司直，行大司徒事。

按：《后汉书·桓荣丁鸿传》曰："论曰：'伏氏自东西京相袭为名儒，以取爵位。中兴而桓氏尤盛。'"李贤注："谓伏生已后至伏湛也。"伏湛为西汉经学大师伏生九世孙，东汉之后，由伏湛及其后代经学名家延续着这一著名的经学世家。《后汉书·伏侯宋蔡冯赵牟韦列传》曰："伏湛字惠公，琅邪东武人也。九世祖胜，字子贱，所谓济南伏生者也。湛高祖父孺，武帝时，客授东武，因家焉。父理，为当世名儒，以《诗》授成帝，为高密太傅，别自名学。湛性孝友，少传父业，教授数百人。……光武即位，知湛名儒旧臣，欲信干任内职，征拜尚书，使典定旧制。时大司徒邓禹西征关中，帝以湛才任宰相，拜为司直，行大司徒事。车驾每出征伐，常留镇守，总摄群司。……二子：隆、翕。翕嗣爵，卒，子光嗣。光卒，子晨嗣。晨谦敬博爱，好学尤笃，以女孙为顺帝贵人，奉朝请，位特进。卒，子无忌嗣，亦传家学，博物多识，顺帝时，为侍中屯骑校尉。永和元年，诏无忌与议郎黄景校定中书《五经》、诸子百家、艺术。元嘉中，桓帝复诏无忌与黄景、崔寔等共撰《汉记》。又自采集古今，删著事要，号曰《伏侯注》。无忌卒，子质嗣，官至大司农。质卒，子完嗣，尚桓帝女阳安长公主。女为孝献皇后。曹操杀后，诛伏氏，国除。初，自伏生已后，世传经学，清静无竞，故东州号为'伏不斗'云。"

又按：自西汉实施经学博士制度之后，便有一些代代相传的学术世家陆续问世，至东汉更趋兴盛，其中约有两大类型：一是兴盛于西汉而延续于东汉之后的学术世家，诸如曲阜孔氏世家(孔蕤、孔藂、孔安国、孔延年、孔霸、孔光)、琅邪伏氏(伏生、伏孺、伏理、伏湛)，彭城韦氏世家(韦孟、韦贤、韦玄成、韦赏)，南阳杜氏世家(杜周、杜延年、杜缓、杜邺)等，在东汉之后依然代代相续，延绵不断；二是兴于西、东汉之交而盛于东汉的学术世家，诸如扶风班氏世家(班婕妤、班彪、班固、班超、班昭)，沛郡桓氏世家(桓谭、桓荣、桓郁、桓麟、桓彬、桓俨)，博陵崔氏世家(崔篆、崔骃、崔瑗、崔琦、崔寔)，扶风马氏世家(马援、马廖、马严、马融、马芝)，扶风窦氏世家(窦融、窦宪、窦章、窦武)，汝南应氏世家(应奉、应顺、应章、应劭、应玚、应璩)，弘农杨氏世家(杨震、杨秉、杨赐、杨琦、杨彪、杨修)，颍川荀氏世家(荀爽、荀悦、荀玚、荀攸、荀采)，安定梁氏世家(梁统、梁松、梁竦、梁冀)，酒泉张氏世家(张奂、张芝、张昶、张猛)等。从《汉书》到《后汉书》同一家族学者合传的增多，亦从一个重要方面反映了东汉学术世家数量增加之趋势。

欧阳歙为河南尹，以世传"尚书学"封被阳侯。

按：《后汉书·儒林列传上》曰："《前书》云：济南伏生传《尚书》，授济南张生及千乘欧阳生，欧阳生授同郡倪宽，宽授欧阳生之子，世世相传，至曾孙欧阳高，为《尚书》欧阳氏学；张生授夏侯都尉，都尉授族子始昌，始昌传族子胜，为大夏侯氏学；胜传从兄子建，建别为小夏侯氏学：三家皆立博士。又鲁人孔安国传《古文尚书》授都尉朝，朝授胶东庸谭，为《尚书》古文学，未得立。欧阳歙字正思，乐安千乘人也。自欧阳生传《伏生尚书》，至歙八世，皆为博士。……世祖即位，始为河南尹，封被阳侯。"据《后汉书·儒林列传上》之《曹曾传》、《宋登传》、《陈弇》所载，欧阳歙传《尚书》于济阴曹曾，曹曾门徒达三千人，位至谏议大夫。子祉，河南尹，传父业教授。另有长安宋登传《欧阳尚书》，教授数千人，为汝阴令，政为明能，号称'神父'；陈留陈弇，受《欧阳尚书》于司徒丁鸿，仕为蕲长。又《后汉书·儒林列传下》曰："中兴，北海牟融习《大夏侯尚书》，东海王良习《小夏侯尚书》，沛国桓荣习《欧阳尚书》。荣世习相传授，东京最盛。扶风杜林传《古文尚书》，林同郡贾逵为之作训，马融作传，郑玄注解，由是《古文尚书》遂显于世。"

卓茂被访求，诣河阳谒见，九月甲申为太傅，封褒德侯，食邑二千户，赐几杖车马、衣絮。

按：褒德侯，《东观记》、《续汉书》皆作宣德侯。《后汉书·卓鲁魏刘列传》曰："卓茂字子康，南阳宛人也。父祖皆至郡守。茂，元帝时学于长安，事博士江生，习《诗》、《礼》及历算，究极师法，称为通儒。……光武初即位，先访求茂，茂诣河阳谒见。乃下诏曰：'前密令卓茂，束身自修，执节淳固，诚能为人所不能为。夫名冠天下，当受天下重赏，故武王诛纣，封比干之墓，表商容之闾。今以茂为太傅，封褒德侯，食邑二千户，赐几杖、车马，衣一袭，絮五百斤。'"

桓谭六月被征待诏，上疏言事，失旨，不用。

按：《后汉书·桓谭冯衍列传》曰："父成帝时为太乐令。谭以父任为郎，因好音律，善鼓琴。博学多通，遍习《五经》，皆诂训大义，不为章句。能文章，尤好古学，数从刘歆、扬雄辩析疑异。性嗜倡乐，简易不修威仪，而憙非毁俗儒，由是多见排抵。"

贾复为执金吾，封冠军侯。

按：贾复，云台二十八将之一，亦是一位儒将。《后汉书·冯岑贾列传》曰："贾复字君文，南阳冠军人也。少好学，习《尚书》。事舞阴李生，李生奇之，谓门人曰：'贾君之容貌志气如此，而勤于学，将相之器也。……光武即位，拜为执金吾，封冠军侯。'"

冯异时为征西大将军，致书劝李轶归降刘秀。

按：冯异为"云台二十八将"之一，亦是一位儒将。《后汉书·冯岑贾列传》曰："冯异字公孙，颍川父城人也。好读书，能《左氏春秋》、《孙子兵法》。……异乃遗李轶书曰……。移檄上伏，诸将皆入贺，并劝光武即帝位。"

杜诗迁为侍御史（《后汉书·杜诗列传》）。

宋弘为太中大夫（《后汉书·宋弘列传》）。

夏恭拜为郎中，再迁太山都尉（《后汉书·文苑列传》）。

按：《后汉书·文苑列传》曰："夏恭字敬公，梁国蒙人也。习《韩诗》、《孟氏易》，讲授门徒常千余人。王莽末,盗贼从横,攻没郡县。恭以恩信为众所附,拥兵固守,独安全。光武即位,嘉其忠果,召拜郎中,再迁太山都尉。"

郭宪征拜博士,再迁。

按:《后汉书·方术列传》曰:"光武即位,求天下有道之人,乃征宪拜博士。再迁。"

李章为阳平令。

按:《后汉书·酷吏列传》曰:"李章字第公,河内怀人也。五世二千石。章习《严氏春秋》,经明教授,历州郡吏。光武为大司马,平定河北,召章置江曹属,数从征伐。光武即位,拜阳平令。"

苏竟拜代郡太守,固塞以拒匈奴。

按:《后汉书·苏竟列传》曰:"平帝世,竟以明《易》为博士讲《书》祭酒。善图纬,能通百家之言。王莽时,与刘歆等共典校书,拜代郡中尉。时匈奴扰乱,北边多罹其祸,竟终完辑一郡。光武即位,就拜代郡太守,使固塞以拒匈奴。"

鲍永任尚书仆射,行大将军事,十二月与冯衍为更始守晋阳,不肯降光武帝(《后汉书·桓谭冯衍列传》)。

冯衍为立汉将军,领狼孟长。十二月与鲍永为更始守晋阳,不肯降光武帝。

按:《后汉书·桓谭冯衍列传》曰:"冯衍字敬通,京兆杜陵人也。祖野王,元帝时为大鸿胪。衍幼有奇才,年九岁,能诵《诗》,至二十而博通群书。……(鲍)永既素重衍,为且受使得自置偏裨,乃以衍为立汉将军,领狼孟长,屯太原,与上党太守田邑等缮甲养士,扞卫并土。及世祖即位,遣宗正刘延攻天井关,与田邑连战十余合,延不得进。邑迎母弟妻子,为延所获。后邑闻更始败,乃遣使诣洛阳献璧马,即拜为上党太守。因遣使者招永、衍,永、衍等疑不肯降。"

隗嚣据陇右称雄,天下士人多归之。

按:《后汉书·隗嚣列传》曰:"明年(建武元年)夏,赤眉入关,三辅扰乱。流闻光武即位河北,嚣即说更始归政于光武叔父国三老良,更始不听。诸将欲劫更始东归,嚣亦与通谋。事发觉,更始使使者召嚣,嚣称疾不入,因会客王遵、周宗等勒兵自守。更始使执金吾邓晔将兵围嚣,嚣闭门拒守;至昏时,遂溃围,与数十骑夜斩平城门关,亡归天水。复招聚其众,据故地,自称西州上将军。及更始败,三辅耆老士大夫皆奔归嚣。嚣素谦恭爱士,倾身引接为布衣交。以前王莽平河大尹长安谷恭为掌野大夫,平陵范逡为师友,赵秉、苏衡、郑兴为祭酒,申屠刚、杜林为持书,杨广、王遵、周宗及平襄人行巡、阿阳人王捷、长陵人王元为大将军,杜陵、金丹之属为宾客。由此名震西州,闻于山东。"此外,马援、班彪等著名文人学者亦先后聚向陇右,一时称盛。

班彪、郑众、范逡、杜陵、金丹等为隗嚣师友宾客(《后汉书·隗嚣公孙述列传》《后汉书·班彪列传》)。

杨广、王遵、周宗、行巡、王捷、王元为隗嚣大将军(《后汉书·隗嚣公孙述列传》)。

马援为隗嚣绥德将军(《后汉书·马援传》)。

赵秉、苏衡、郑兴为隗嚣祭酒(《后汉书·隗嚣公孙述列传》)。

申屠刚、杜林为隗嚣持书(《后汉书·隗嚣公孙述列传》)。

谷恭为隗嚣掌野大夫(《后汉书·隗嚣公孙述列传》)。

张玄奉隗嚣命赴河西游说窦融。

按：《后汉书·窦融列传》曰："融等遥闻光武即位，而心欲东向，以河西隔远，未能自通。时，隗嚣先称建武年号，融等从受正朔，嚣皆假其将军印绶。嚣外顺人望，内怀异心，使辩士张玄游说河西曰：'更始事业已成，寻复亡灭，此一姓不再兴之效。今即有所主，便相系属，一旦拘制，自令失柄，后有危殆，虽悔无及。今豪杰竞逐，雌雄未决，当各据其土宇，与陇、蜀合从，高可为六国，下不失尉佗。'融等于是召豪杰及诸太守计议，其中智者皆曰：'汉承尧运，历数延长。今皇帝姓号见于图书，自前世博物道术之士谷子云、夏贺良等，建明汉有再受命之符，言之久矣，故刘子骏改易名字，冀应其占。及莽末，道士西门君惠言刘秀当为天子，遂谋立子骏。事觉被杀，出谓百姓观者曰："刘秀真汝主也。"皆近事暴著，智者所共见也。除言天命，且以人事论之：今称帝者数人，而洛阳土地最广，甲兵最强，号令最明。观符命而察人事，它姓殆未能当也。'诸郡太守各有宾客，或同或异。融小心精详，遂决策东向。"

王隆为窦融左护军。

按：《后汉书·文苑·王隆传》曰："王隆字文山，冯翊云阳人也。王莽时，以父任为郎，后避难河西，为窦融左护军。建武中，为新汲令。能文章，所著诗、赋、铭、书凡二十六篇。"

孔奋为窦融宾客。

按：《后汉书·孔奋列传》曰："孔奋字君鱼，扶风茂陵人也。曾祖霸，元帝时为侍中。奋少从刘歆受《春秋左氏传》，歆称之，谓门人曰：'吾已从君鱼受道矣。'……弟奇，游学洛阳。奋以奇经明当仕，上病去官，守约乡闾，卒于家。奇博通经典，作《春秋左氏删》。奋晚有子嘉，官至城门校尉，作《左氏说》云。"孔奋著有《春秋左氏传义诂》。《孔丛子·连丛》(上)曰："先生名奇，字子异，其先鲁人，即褒成君次孺第二子之后也。家于茂陵，以世学之门，未尝就远方师也。唯兄君鱼，少从刘子骏受《春秋左氏传》。其于讲业最明，精究其义，子骏自以才学不若也。其或访经传于子骏，辄曰：'幸问孔君鱼，吾已还从之咨道矣。'由是大以《春秋》见称当世。王莽之末，君鱼避地至大河之西，依大将窦融为家，常为上宾，从容以论道为事，是时先生年二十一矣。每与其兄议学，其兄谢服焉。及世祖即祚，君鱼乃仕，官至武都太守、关内侯，以清俭闻海内。先生雅好儒术，淡忽荣禄，不愿从政，遂删撮《左氏传》之难者，集为《义诂》，发伏阐幽，赞明圣祖之道，以祛后学。著书未毕，而早世不永。宗人子通，痛其不遂，惜兹大训不行于世，乃校其篇目，各如本第，并序答问，凡三十一卷将来君子倘肯游意，幸详录之焉。"

李熊说公孙述称帝于蜀，为大司徒。

按：《后汉书·隗嚣公孙述列传》曰："功曹李熊说述曰：'方今四海波荡，匹夫横议。将军割据千里，地什汤、武，若奋威德以投天隙，霸王之业成矣。宜改名号，以镇百姓。'述曰：'吾亦虑之，公言起我意。'于是自立为蜀王，都成都。蜀地肥饶，兵力精强，远方士庶多往归之。"

朱晖拜为郎，后以病去，卒业于太学。

按：《后汉书·朱晖列传》曰："初，光武……及即位……乃召晖拜为郎。晖寻以病去，卒业于太学。性矜严，进止必以礼，诸儒称其高。"

崔篆举贤良，辞归不仕；客居荥阳，著书作赋(《后汉书·崔骃列传》)。

包咸离开东海，归居乡里，以太守黄谠子为徒(《后汉书·儒林列传》)。

崔篆著《易林》64篇。

按：《后汉书·崔篆列传》曰："建武初，朝廷多荐言之者，幽州刺史又举篆贤良。篆自以宗门受莽伪宠，惭愧汉朝，遂辞归不仕。客居荥阳，闭门潜思，著《周易林》六十四篇，用决吉凶，多所占验。"《易林》又名《周易林》、《卦林》、《象林》，象数学著作，用决吉凶，所多占验。旧题汉焦延寿撰。自明朝起便有人怀疑不是焦氏所作，而是东汉人崔篆所撰。学术界一直对其作者问题存在不同的意见，目前主要存疑于西汉中期的焦延寿和东汉初的崔篆。于成宝《〈易林〉的作者归属略辨》(《社科纵横》2007年第11期)从目录学的角度、崔篆的学术倾向与人生经历、《易林》爻辞所记事情及其浓郁的谶纬思想等方面考察，以比较充分的证据论证了《易林》作者当是东汉初的经学家崔篆。汤太祥《〈焦氏易林〉作者考》(《阜阳师范学院学报》2004年第3期)运用详实的文献并结合《焦氏易林》文本内容，则认定其为焦氏所作。《易林》一书将《易》64卦衍成4096卦，通过卦象而见其象意，进而编出释辞，以指导人的行为，表现了顺应自然、提倡仁政、天人相应的思想。该书是现存汉代象数学的唯一著作，是研究汉代象数学可贵的第一手材料，对宋人的象数学有着直接的影响。是书通行本有：明《正统道藏》本，《四库全书》抄本，1909年上海扫叶山房《百子全书》本，1917年潮阳郑氏《龙溪精舍丛书》本，1936年中华书局《四部备要》本，1936年商务印书馆《四部丛刊》本。有关研究成果有：清翟云升《易林校略》、丁晏《易林释文》、余嘉锡《四库提要辨证·子部·术数类·易林》、徐昂《易林勘复》、尚秉和《焦氏易林注》、《焦氏易诂》等。

又按：《四库全书总目提要》卷一○九曰："《易林》十六卷，汉焦延寿撰。延寿字赣，梁人。昭帝时由郡吏举小黄令。京房师之，故《汉书》附见于房传。黄伯思《东观余论》以为名赣，字延寿，与史不符。又据后汉小黄门谯君碑，称赣之后裔，疑赣为谯姓。然史传无不作焦，汉碑多假借通用，如欧阳之作欧羊者，不一而足，亦未可执为确证。至旧本《易林》，首有费直之语，称王莽时建信天水焦延寿。其词盖出伪托，郑晓尝辨之审矣。赣尝从孟喜问《易》，然其学不出于孟喜，《汉书·儒林传》记其始末甚详。盖《易》于象数之中别为占候一派者，实自赣始。所撰有《易林》十六卷，又《易林变占》十六卷，并见《隋志》。《变占》久佚，惟《易林》尚存。其书以一卦变六十四，六十四卦之变共四千九十有六，各系以词，皆四言韵语。考《汉艺文志》所载《易》十三家，《蓍龟》十五家，不及焦氏。《隋经籍志》始著录于五行家。唐王俞始序而称之，似乎后人所附会。故郑晓《古言》疑其'明夷之咸林'，似言成帝时事。'节之解林'，似言定陶傅太后事。皆在延寿后。顾炎武《日知录》亦摘其可疑者四五条。然二家所云某林似指某事者，皆揣摩其词。炎武所指彭离济东，迁之上庸者，语虽出《汉书》，而事在武帝元鼎元年，不必《汉书》始载。又《左传》虽西汉未立学官，而张苍等已久相述说。延寿引用《传》语，亦不足致疑。惟'长城既立，四夷宾服，交和结好，昭君是福'四句，则事在元帝竟宁元年，名字炳然，显为延寿以后语。然李善注《文选》任昉《竟陵王行状》引《东观汉记》曰：'沛献王辅永平五年秋，京师少雨，上御云台，诏尚席取卦具自卦，以《周易卦林》占之。其繇曰："蚁封穴户，大雨将集。"明日大雨，上即以诏书问辅曰：'道宁有是耶？'辅上言曰：'案《易卦》震之蹇，蚁封穴户，大雨将集。蹇艮下坎上，艮为山，坎为水，出云为雨，蚁穴居而知雨，将云雨，蚁封穴，故以蚁为兴文云云。'今书蹇繇实在震林。则书出焦氏，足为明证。昭君之类，或方伎家辗转附益，窜乱原文，亦未可定耳。《崇文总目》言其推用之法不传，而黄伯思记王似占，程迥记宣和、绍兴二占，皆有奇验，则其术尚有知之者。惟黄伯思谓《汉书》称延寿《易》分六十四卦更直日用事者，乃变占法，非《易林》法。薛季宣《易林序》则谓《易林》正用直日法,辨伯思之说为谬。并为图例以明之,其说甚辨。今录季宣序与王俞序以存一家之言。俞序本名《大易通变》,与诸本不同,疑为后来卜筮家所改,非其旧也。此书隋、唐、宋《志》俱作十六卷,故季宣序称每卷四林,每林六十四变。今一本作四卷,不知何时所并。无关宏旨,今亦姑仍之焉。案:《汉书·儒林传》曰:孟喜受《易》于田王孙,得易家候阴阳灾变书,诈言田生且死时,枕喜膝独传。同门梁邱贺疏通证明之,曰田生绝于施雠手中。时喜归东海,安得此事? 焦延寿尝从孟喜问《易》,京房以为延寿即孟氏学。翟牧、白生不肯,皆曰非也。刘向校书,以为诸易家说,皆祖田何、杨叔、丁将军,大义略同。惟京氏为异党。延寿独得隐士之说,托之孟氏,不相与同。然则阴阳灾异之说,始于孟喜,别得书而托之田王孙,焦延寿又别得书而托之孟喜,其源实不出于经师。朱彝尊《经义考》备列焦、京二家之书,盖欲备易学宗派,不得不尔。实则以《隋志》列五行家为允也。今退置《术数类》中,以存其真。"

班彪作《北征赋》。

按:《文选》卷九《北征赋》李善注曰:"《流别论》曰:'更始时,班彪避难凉州,发长安至安定,作《北征赋》也。'"陆侃如《中古文学系年》系于是年。

任文公卒,生年不详。文公,巴郡阆中人,父文孙,明晓天官风角秘要。文公少修父术,州辟从事,后为治中从事,以占术驰名,辟司空掾。平帝即位,称疾归家。事迹见《后汉书》卷八二上。

汉光武帝建武二年　丙戌　26年

正月庚辰,封功臣为列侯,遣谒者授印绶(《后汉书·光武本纪》)。

壬子,起高庙,建社稷于洛阳,立郊兆于城南,始正火德,色尚赤(《后汉书·光武本纪》)。

按:哀帝时,有《河图赤伏符》曰:"刘秀发兵捕不道,四夷云集龙斗野,四七之际火为主。"刘歆遂改名为秀以应之。至是,帝以己之即位,与谶相应,笃信其说,遂案图谶推五运,汉为火德,周苍汉赤,木生火,赤代苍,故制郊祀于城南,牺牲尚黑,明火德之运,徽帜尚赤,四时随色。郊祀帝尧以配天,宗配高祖以配上帝。下诏求通内谶二卷者,不得。而博士薛汉则仅奉诏校订而已。《后汉书·祭祀志下》曰:"光武帝建武二年正月,立高庙于洛阳。四时祫祀,高帝为太祖,文帝为太宗,武帝为世宗,如旧。余帝四时春以正月,夏以四月,秋以七月,冬以十月及腊,一岁五祀。"

是月,赤眉焚西京宫室,长安汉故宫遂毁(《后汉书·光武帝本纪》)

三月乙未,诏大赦天下,诏中二千石、诸大夫、博士、议郎议省刑法(《后汉书·光武帝本纪》)。

四月甲午,封叔父刘良为广阳王,兄子刘章为太原王,章弟刘兴为鲁王,春陵侯嫡子刘祉为城阳王(《后汉书·光武帝本纪》)。

六月戊戌,立贵人郭氏为皇后,以其子刘强为皇太子,诏大赦天下。

丙午，封宗子刘终为淄川王（《后汉书·光武帝本纪》）。

八月，光武帝亲率诸将征五校。丙辰，幸内黄（《后汉书·光武帝本纪》）。

十二月戊午，诏复为王莽所绝之宗室列侯故国（《后汉书·光武帝本纪》）。

邓禹入长安，遣府掾奉十一帝神主，纳于高庙；十一月，还京师（《后汉书·光武帝本纪》）。

宋弘二月壬子代王梁为大司空，封栒邑侯，荐桓谭。（《后汉书·宋弘列传》）

桓谭以大司空宋弘荐为议郎、给事中。（《后汉书·桓谭列传》）

牟长为大司空宋弘特辟，拜博士，稍迁河内太守，坐垦田不实免。

按：《后汉书·儒林列传上》曰："牟长字君高，乐安临济人也。其先封牟，春秋之末，国灭，因氏焉。长少习《欧阳尚书》，不仕王莽世。建武二年，大司空弘特辟，拜博士，稍迁河内太守，坐垦田不实免。长自为博士及在河内，诸生讲学者常有千余人，著录前后万人。著《尚书章句》，皆本之欧阳氏，俗号为《牟氏章句》。复征为中散大夫，赐告一岁，卒于家。子纡，又以隐居教授，门生千人。肃宗闻而征之，欲以为博士，道物故。"

高诩以大司空宋弘荐为郎，除符长。去官，后征为博士。

按：《后汉书·儒林列传下》曰："高诩字季回，平原般人也。曾祖父嘉，以《鲁诗》授元帝，仕至上谷太守。父容，少传嘉学，哀、平间为光禄大夫。诩以父任为郎中，世传《鲁诗》。以信行清操知名。王莽篡位，父子称盲，逃，不仕莽世。光武即位，大司空宋弘荐诩，征为郎，除符离长。去官，后征为博士。"

范升征诣怀宫，拜议郎，为博士，恳辞不获。

按：《后汉书·郑范陈贾张列传》曰："建武二年，光武征诣怀宫，拜议郎，迁博士，上疏让曰：'臣与博士梁恭、山阳太守吕羌俱修《梁丘易》。二臣年并耆艾，经学深明，而臣不以时退，与恭并立，深知羌学，又不能达，惭负二老，无颜于世。诵而不行，知而不言，不可开口以为人师，愿推博士以避恭、羌。'帝不许，然由是重之，数诏引见，每有大议，辄见访问。"

丁恭为谏议大夫、博士，议谏封功臣为列侯（《后汉书·光武帝本纪》）。

按：《后汉书·儒林列传下》曰："丁恭字子然，山阳东缗人也。习《公羊严氏春秋》。恭学义精明，教授常数百人，州郡请召不应。建武初，为谏议大夫、博士，封关内侯。"《后汉书·光武帝本纪》曰：（二年春正月庚辰）"下诏曰：'人情得足，苦于放纵，快须臾之欲，忘慎罚之义。惟诸将业远功大，诚欲传于无穷，宜如临深渊，如履薄冰，战战栗栗，日慎一日。其显效未詶，各籍未立者，大鸿胪趣上，朕将差而录之。'博士丁恭议曰：'古帝王封诸侯不过百里，故利以建侯，取法于雷，强干弱枝，所以为治也。今封诸侯四县，不合法制。'帝曰：'古之亡国，皆以无道，未尝闻功臣地多而灭亡者。'乃遣谒者即授印绶，策曰：'在上不骄，高而不危；制节谨度，满而不溢。敬之戒之。传尔子孙，长为汉藩。'"由此可知，是年丁恭已为博士。

钟兴是年前后以丁恭荐其学行高明，光武召见，问以经义，应对甚明拜郎中。诏令定《春秋》章句，去其重复，以授皇太子。又使宗室诸侯从兴受章句。封关内侯。

按：《后汉书·儒林列传上》曰："钟兴字次文，汝南汝阳人也。少从少府丁恭受《严氏春秋》。恭荐兴学行高明，光武召见，问以经义，应对甚明。帝善之，拜郎中，稍迁左中郎将。诏令定《春秋》章句，去其复重，以授皇太子。又使宗室诸侯从兴受章句。封关内侯。兴自以无功，不敢受爵。帝曰：'生教训太子及诸王侯，非大功邪？'兴曰：'臣师于恭。'于是复封恭，而兴遂固辞不受爵，卒于官。"

薛汉建武初为博士，以言《诗》为世所重，受诏校定图谶。

按：《后汉书·儒林列传下》曰："薛汉字公子，淮阳人也。世习《韩诗》，父子以章句著名。汉少传父业，尤善说灾异谶纬，教授常数百人。建武初，为博士，受诏校定图谶。当世言《诗》者，推汉为长。永平中，为千乘太守，政有异迹。后坐楚事辞相连，下狱死。弟子犍为杜抚、会稽澹台敬伯、钜鹿韩伯高最知名。"

洼丹建武初以世传《孟氏易》征为博士。

按：《后汉书·儒林列传上》曰："洼丹字子玉，南阳育阳人也。世传《孟氏易》。……建武初，为博士，稍迁。"

魏应建武初诣博士受业，习《鲁诗》，闭门诵习，不交僚党，京师称之。

按：《后汉书·儒林列传下》曰："魏应字君伯，任城人也。少好学。建武初，诣博士受业，习《鲁诗》。闭门诵习，不交僚党，京师称之。后归为郡吏，举明经，除济阴王文学。以疾免官，教授山泽中，徒众常数百人。"

张玄建武初举明经，补弘农文学，迁陈仓县丞。

按：《后汉书·儒林列传下》曰："张玄字君夏，河内河阳人也。少习《颜氏春秋》，兼通数家法。建武初，举明经，补弘农文学，迁陈仓县丞。清净无欲，专心经书，方其讲问，乃不食终日。及有难者，辄为张数家之说，令择从所安，诸儒皆伏其多通，著录千余人。玄初为县丞，尝以职事对府，不知官曹处，吏白门下责之。时，右扶风琅邪徐业，亦大儒也，闻玄诸生，试引见之，与语，大惊曰：'今日相遭，真解矇矣！'遂请上堂，难问极日。后玄去官，举孝廉，除为郎。会《颜氏》博士缺，玄试策第一，拜为博士。居数月，诸生上言玄廉说《严氏》、《冥氏》，不宜专为《颜氏》博士。光武且令还署，未及迁而卒。"

尹敏上疏陈《洪范》消灾之术，待诏公车，拜郎中，辟大司空府，令校图谶，增删图谶。

按：《后汉书·儒林列传上》曰："尹敏字幼季，南阳堵阳人也。少为诸生。初习《欧阳尚书》，后受《古文》，兼善《毛诗》、《谷梁》、《左氏春秋》。建武二年，上疏陈《洪范》消灾之术。时，世祖方草创天下，未遑其事，命敏待诏公车，拜郎中，辟大司空府。帝以敏博通经记，令校图谶，使蠲去崔发所为王莽著录次比。敏对曰：'谶书非圣人所作，其中多近鄙别字，颇类世俗之辞，恐疑误后生。'帝不纳。敏因其阙文增之曰：'君无口，为汉辅。'帝见而怪之，召敏问其故。敏对曰：'臣见前人增损图书，敢不自量，窃幸万一。'帝深非之，虽竟不罪，而亦以此沉滞。与班彪亲善，每相遇，辄日旰忘食，夜分不寐，自以为钟期、伯牙，庄周、惠施之相得也。后三迁长陵令。"

贾复益封穰、朝阳二县（《后汉书·贾复列传》）。

冯异封阳夏侯，仍为征西大将军。（《后汉书·冯异列传》）

寇恂为颍川太守行大将军事，封雍奴侯。（《后汉书·寇恂列传》）

祭遵是春拜为征虏将军，封颍阳侯（《后汉书·祭遵列传》）。

卫飒辟大司徒邓禹府，除侍御史、襄城令，迁桂阳太守（《后汉书·循吏列传》）。

王良为大司马吴汉辟，不应。

按：《后汉书·王良列传》曰："王良字仲子，东海兰陵人也。少好学，习《小夏侯尚书》。王莽时，寝病不仕，教授诸生千余人。建武二年，大司马吴汉辟，不应。"

刘茂归汉，为郡门下掾。

按：《后汉书·独行列传》曰："刘茂字子卫，太原晋阳人也。少孤，独侍母居。家贫，以筋力致养，孝行著于乡里。及长，能习《礼经》，教授常数百人。哀帝时，察孝廉，再迁五原属国候，遭母忧去官。服竟后为沮阳令。会王莽篡位，茂弃官，避世弘农山中教授。建武二年归，为郡门下掾。"

冯衍与田邑书，责其背约降刘秀（《后汉书·冯衍列传》）。

桓谭作《陈时政疏》、《抑谶重赏疏》（《后汉书·桓谭列传》）。

崔篆作《慰志赋》（《后汉书·崔篆列传》）

朱浮作《与彭宠书》（《后汉书·朱浮列传》）。

伏隆作《移檄告郡国》、《被执遣闲使上书》（《后汉书·伏隆列传》）。

崔篆卒，生年不详。篆，涿郡安平人。母师氏通经学、百家之言，赐号义成夫人。王莽时为郡文学，以明经征诣公车，被举为步兵校尉，不就。莽党多以法中伤之。后被迫为建新大尹，三年称疾不视事，后平狱，出二千余人，复称疾归。建武初，为幽州刺史举为贤良，朝廷亦多荐言之者，以宗门事新莽，愧汉室，辞荐举，客居荥阳，闭门潜思，著有《易林》64篇。《七录》有崔篆集1卷。子崔骃，孙崔瑗、崔琦，曾孙崔寔并有名。事迹见《东观汉纪》卷一七。

按：《后汉书·崔骃列传》曰："崔氏世有美才，兼以沉沦典籍，遂为儒家文林"，"崔为文宗，世禅雕龙。"吴文治《中国文学史大事年表》系于是年。

寒朗（ —109）生。

按：根据《后汉书·寒朗传》，寒朗卒于永初三年，84岁，逆推生于本年。

汉光武帝建武三年　丁亥　27年

正月辛巳，立皇考南顿君已上四庙。壬午，诏大赦天下（《后汉书·光武帝本纪》）。

按：《后汉书·祭祀志下》曰："三年正月，立亲庙雒阳，祀父南顿君以上至春陵节侯。时寇贼未夷，方务征伐，祀仪未设。"

闰正月，光武帝亲征宜阳。刘盆子降汉，进所得传国玺绶（《后汉书·光武帝本纪》）。

二月己未，光武帝祠高庙，受传国玺；幸怀（《后汉书·光武帝本纪》）。

三月，彭宠自立为燕王。光武帝亲征堵阳(《后汉书·光武帝本纪》)。

五月己酉，光武帝还宫(《后汉书·光武帝本纪》)。

六月壬戌，诏大赦天下(《后汉书·光武帝本纪》)。

十月壬申，光武帝幸舂陵，祠园庙(《后汉书·光武帝本纪》)。

是年，李宪称帝于淮南，置百官，拥九城，众十万。西州大将军隗嚣奉奏(《后汉书·光武帝本纪》)。

邓禹闰正月乙巳免大司徒(《后汉书·光武帝本纪》)。

伏湛三月壬寅继邓禹为大司徒(《后汉书·光武帝纪》)。

冯衍降光武，见黜，上书邓禹。(《后汉书·冯衍列传》)

苏竟六月在南阳，作书说刘龚、邓仲况降刘秀(《后汉书·苏竟列传》)。

贾复迁左将军，击破新城、渑池赤眉(《后汉书·贾复列传》)。

王良征拜谏议大夫，数有忠言，以礼进止。

按：《后汉书·宣张二王杜郭吴承郑赵列传》曰："建武二年，大司马吴汉辟，不应。三年，征拜谏议大夫，数有忠言，以礼进止，朝廷敬之。迁沛郡太守。至蕲县，称病不之府，官属皆随就之，良遂上疾笃，乞骸骨，征拜太中大夫。"

刘茂以太守孙福举，拜议郎，迁宗正丞(《后汉书·独行列传》)。

寇恂为汝南太守，修乡校，教生徒，聘能为《左氏春秋》者亲受业焉。

按：《后汉书·寇恂列传》曰："恂归颍川。三年，遣使者即拜为汝南太守，又使骠骑将军杜茂将兵助恂讨盗贼。盗贼清静，郡中无事。恂素好学，乃修乡校，教生徒，聘能为《左氏春秋》者，亲受学焉。"

郅恽至庐江，为积弩将军傅俊将兵长史。(《后汉书·郅恽列传》)

苏竟著《与刘龚书》、《与邓仲况书》(《后汉书·苏竟列传》)。

王充(　—97)生。

按：王充《论衡·自纪篇》曰："建武三年，充生。"

汉光武帝建武四年　戊子　28年

正月甲申，诏大赦天下(《后汉书·光武帝本纪》)。

是月，光武帝朝公卿、大夫、博士，见于云台，议立《费氏易》、《左氏春秋》博士(《后汉书·郑范陈贾张列传》)。

二月，光武帝幸怀(《后汉书·光武帝本纪》)。

四月丁巳，光武帝幸邺；己巳，进幸临幸(《后汉书·光武帝本纪》)。

五月，光武帝进幸元氏；辛巳，进幸卢奴(《后汉书·光武帝本纪》)。

六月辛亥,光武帝还宫(《后汉书·光武帝本纪》)。

七月丁亥,光武帝幸樵(《后汉书·光武帝本纪》)。

八月,光武帝幸寿春(《后汉书·光武帝本纪》)。

十月,光武帝还宫(《后汉书·光武帝本纪》)。

十一月丙申,光武帝幸宛(《后汉书·光武帝本纪》)。

十二月丙申,光武帝幸宛。丙寅,进幸黎丘(《后汉书·光武帝本纪》)。

韩歆与范升、陈元议立《费氏易》、《左氏春秋》博士。

按:《后汉书·郑范陈贾张列传》曰:"时,尚书令韩歆上疏,欲为《费氏易》、《左氏春秋》立博士,诏下其议。四年正月,朝公卿、大夫、博士,见于云台。帝曰:'范博士可前平说。'升起对曰:'《左氏》不祖孔子,而出于丘明,师徒相传,又无其人,且非先帝所存,无因得立。'遂与韩歆及太中大夫许淑等互相辩难,日中乃罢。升退而奏曰:'臣闻主不稽古,无以承天;臣不述旧,无以奉君。陛下愍学微缺,劳心经艺,情存博闻,故异端竞进。近有司请置《京氏易》博士,群下执事,莫能据正。《京氏》既立,《费氏》怨望,《左氏春秋》复以比类,亦希置立。《京》、《费》已行,次复《高氏》、《春秋》之家,又有《骐》、《夹》。如令《左氏》、《费氏》得置博士,《高氏》、《骐》、《夹》、《五经》奇异,并复求立,各有所执,乖戾分争。从之则失道,不从则失人,将恐陛下必有厌倦之听。孔子曰:"博学约之,弗叛矣夫。"夫学而不约,必叛道也。颜渊曰:"博我以文,约我以礼。"孔子可谓知教,颜渊可谓善学矣。《老子》曰:"学道日损。"损犹约也。又曰:"绝学无忧。"绝末学也。今《费》、《左》二学,无有本师,而多反异,先帝前世,有疑于此,故《京氏》虽立,辄复见废。疑道不可由,疑事不可行。《诗》、《书》之作,其来已久。孔子尚周流游观,至于如命,自卫反鲁,乃正《雅》、《颂》。今陛下草创天下,纪纲未定,虽设学官,无有弟子,《诗》、《书》不讲,礼乐不修,奏立《左》、《费》,非政急务,孔子曰:"攻乎异端,斯害也已。"传曰:"闻疑传疑,闻信传信,而尧、舜之道存。"愿陛下疑先帝之所疑,信先帝之所信,以示反本,明不专己。天下之事所以异者,以不一本也。《易》曰:"天下之动,贞夫一也。"又曰:"正其本,万事理。"《五经》之本自孔子始,谨奏《左氏》之失凡十四事。'时难者以太史公多引《左氏》,升又上太史公违戾《五经》,谬孔子言,及《左氏春秋》不可录三十一事。诏以下博士。"《后汉书·陈元列传》曰:"陈元字长孙,苍梧广信人也。父钦,习《左氏春秋》,事黎阳贾护,与刘歆同时而别自名家。王莽从钦受《左氏》学,以钦为厌难将军。元少传父业,为之训诂,锐精覃思,至不与乡里通。以父任为郎。建武初,元与桓谭、杜林、郑兴俱为学者所宗。时议欲立《左氏传》博士,范升奏以为《左氏》浅末,不宜立。元闻之,乃诣阙上疏曰:'陛下拨乱反正,文武并用,深愍经艺谬杂,真伪错乱,每临朝日,辄延群臣讲论圣道。知丘明至贤,亲受孔子,而《公羊》、《穀梁》传闻于后世,故诏立《左氏》,博询可否,示不专己,尽之群下也。今论者沉溺所习,玩守旧闻,固执虚言传受之辞,以非亲见实事之道。《左氏》孤学少与,遂为异家之所覆冒。夫至音不合众听,故伯牙绝弦;至宝不同众好,故卞和泣血。仲尼圣德,而不容于世,况于竹帛余文,其为雷同者所排,固其宜也。非陛下至明,孰能察之!臣元窃见博士范升等所议奏《左氏春秋》不可立,及太史公违戾凡四十五事。案升等所言,前后相违,皆断截小文,媟黩微辞,以年数小差,掇为巨谬,遗脱纤微,指为大尤。抉瑕擿衅,掩其弘美,所谓"小辩破言,小言破道"者也。升等又曰:"先帝不以《左氏》为经,故不置博士,后主所宜因袭。"臣愚以为若先帝所行而后主必行者，则盘庚不当迁于殷，周公不当营洛邑，陛下不当都山东也。往者，孝武皇帝好《公羊》，卫太子好《穀梁》，有诏诏太子受《公羊》，不得受《穀梁》，孝宣皇帝在人间时，闻卫太子好《穀梁》，于是独学之。及即位，为石渠论而《穀梁氏》兴，至今与《公羊》并存。此先帝后帝各有所立，不必其相因也。孔子曰，纯，俭，吾从众；至于拜下，则违之。夫明者独见，不惑于朱紫，听者独闻，不谬于清浊，故离朱不为巧眩移目，师旷不为新声易耳。方今干戈少弭，戎事略戢，留思圣艺，眷顾儒雅，采孔子拜下之义，卒渊圣独见之旨，分明白黑，建立《左氏》，解释先圣之积结，洮汰学者之累惑，使基业垂于万世，后进无复狐疑，则天下幸甚。臣元愚鄙，尝传师言。如得以褐衣召见，俯伏庭下，诵孔氏之正道，理丘明之宿冤；若辞不合经，事不稽古，退就重诛，虽死之日，生之年也。'书奏，下其议，范升复与元相辩难，凡十余上。帝卒立《左氏》学，太常选博士四人，元为第一。帝以元新忿争，乃用其次司隶从事李封，于是诸儒以《左氏》之立，论议諠哗，自公卿以下，数廷争之。会封病卒，《左氏》复废。"《后汉书·儒林列传下》曰："建武中，郑兴、陈元传《春秋左氏》学。时尚书令韩歆上疏，欲为《左氏》立博士，范升与歆争之未决，陈元上书讼《左氏》，遂以魏郡李封为《左氏》博士。后群儒蔽固者数廷争之。及封卒，光武重违众议，而因不复补。"

又按：此是东汉第一次古今文经学之争。尚书令韩歆议立《费氏易》及《左氏春秋》博士，范升据理力争，言《左氏春秋》不合孔门旧说；陈元以孔子有损益、先帝立博士有不同驳难之。《左氏春秋》博士得立，引起众大臣非议，旋废。东汉五经博士之设有四次变化：建武元年，恢复王莽改制前制度；三年，增设《京氏易》博士；四年，增设《左氏》博士；不久废《左氏》、《谷梁》博士。立于学官者皆为今文经学，《易》、《书》、《诗》、《礼》各家皆立，《春秋》仅立《公羊》一家。

范升是年前后以《孟氏易》授杨政。

按：《后汉书·儒林列传上》曰："杨政字子行，京兆人也。少好学，从代郡范升受《梁丘易》，善说经书。京师为之语曰：'说经铿铿杨子行。'教授数百人。""建武中，范升传《孟氏易》，以授杨政，而陈元、郑众皆传《费氏易》，其后马融亦为其传。融授郑玄，玄作《易注》，荀爽又作《易传》，自是《费氏》兴，而《京氏》遂衰。"

侯霸拜尚书令，收录遗文，条奏法令。

按：《后汉书·侯霸列传》曰："建武四年，光武征霸与车驾会寿春，拜尚书令。时无故典，朝廷又少旧臣，霸明习故事，收录遗文，条奏前世善政法度有益于时者，皆施行之。每春下宽大之诏，奉四时之令，皆霸所建也。"

桓谭因替帝鼓琴而遭宋弘非议。

按：《后汉书·宋弘列传》曰："帝尝问（宋）弘通博之士，弘乃荐沛国桓谭才学洽闻，几能及扬雄、刘向父子。于是召谭拜议郎、给事中。帝每宴，辄令鼓琴，好其繁声。弘闻之不悦，悔于荐举，伺谭内出，正朝服坐府上，遣吏召之。谭至，不与席而让之曰：'吾所以荐子者，欲令辅国家以道德也，而今数进郑声以乱《雅》、《颂》，非忠正者也。能自改邪？将令相举以法乎？'谭顿首辞谢，良久乃遣之。"

马援受隗嚣使命赴洛阳见刘秀（《后汉书·马援列传》）

伏恭为剧令，视事十三年，以惠政公廉闻。

按：《后汉书·儒林列传下》曰："伏恭字叔齐，琅邪东武人，司徒湛之兄子也。湛弟黯，字稚文，以明《齐诗》，改定章句，作《解说》九篇，位至光禄勋，无子，以恭为后。恭性孝，事所继母甚谨，少传黯学，以任为郎。建武四年，除剧令。视事十三年，以惠政公廉闻。"

尹敏为长陵令（《后汉书·儒林列传上》）。

冯衍为曲阳令（《后汉书·冯衍列传》）。

卓茂卒（前53— ）。卓茂字子康，南阳宛人。师事号为《鲁诗》宗的昭帝时博士江生。初辟丞相府史，事孔光，光称为长者。后以儒术举为侍郎，给事黄门，迁密令，教化大行。王莽以为京部丞，及莽居摄，以病免归，常为门下掾祭酒。更始以为侍中祭酒，以年老乞归。事迹见《后汉书》卷二五。

刘庄（ —75）、周防（ —105）生。

汉光武帝建武五年　己丑　29年

正月癸巳，光武帝还宫（《后汉书·光武本纪》）。

二月丙午，诏大赦天下。乙丑，光武帝幸魏郡（《后汉书·光武本纪》）。

三月癸未，徙广阳王刘良为赵王，始就国（《后汉书·光武本纪》）。

四月，河西大将军窦融归附东汉，遣使贡献，为凉州牧（《后汉书·光武本纪》）。

六月，光武帝幸蒙，亲征庞萌（《后汉书·光武本纪》）。

七月丁丑，光武帝幸沛，祠高原庙；诏修复西京园陵；进幸湖陵；又幸蕃（《后汉书·光武本纪》）。

八月己酉，光武帝进幸郯，转徇彭城、下邳（《后汉书·光武本纪》）。

十月，光武帝幸鲁，使大司空祠孔子；初起太学，幸太学，赐博士弟子各有差。

按：《后汉书·光武帝本纪》曰："冬十月……初起太学。车驾还宫，幸太学，赐博士弟子各有差。"

十二月，卢芳自称天子于九原。西州大将军隗嚣遣子恂入侍。交阯牧邓让率七郡太守遣使奉贡。诏复济阳二年徭役（《后汉书·光武本纪》）。

是年，复修太学，立经学十四博士。

按：《后汉书·儒林列传上》曰："昔王莽、更始之际，天下散乱，礼乐分崩，典文残落。及光武中兴，爱好经术，未及下车，而先访儒雅，采求阙文，补缀漏逸。先是，四方学士多怀协图书，遁逃林薮。自是莫不抱负坟策，云会京师，范升、陈元、郑兴、杜林、卫宏、刘昆、桓荣之徒，继踵而集。于是立《五经》博士，各以家法教授，《易》有施、孟、梁丘、京氏，《尚书》欧阳、大小夏侯，《诗》齐、鲁、韩，《礼》大小戴，《春秋》严、颜，凡十四博士，太常差次总领焉。建武五年，乃修起太学，稽式古典，笾豆干戚之容,备之于列,服方领习矩步者,委它乎其中。"

伏湛十一月壬寅以不举奏议蒸祭高庙免大司徒(《后汉书·伏湛列传》)。

侯霸十一月壬寅以尚书令迁大司徒,封关内侯(《后汉书·侯霸列传》)。

苏竟是冬病笃,以兵属偏将军,随弟诣京师谢罪,为侍中,数月以病免(《后汉书·苏竟列传》)。

来歙奉光武帝命持节送马援归陇右(《通鉴考异》引《袁纪》)。

班彪四月离天水至张掖,为窦融从事(《后汉书·班彪列传》)。

王隆仍避难河西,为窦融左护军(《后汉书·文苑列传上》)。

孔奋为窦融议曹掾、姑臧长(《后汉书·孔奋列传》)。

严光被召为谏议大夫,坚辞,归隐富春山。

按:《后汉书·逸民列传》曰:"严光字子陵,一名遵,会稽余姚人也。少有高名,与光武同游学。及光武即位,乃变名姓,隐身不见。帝思其贤,乃令以物色访之。后齐国上言:'有一男子,披羊裘钓泽中。'帝疑其光,乃备安车玄纁,遣使聘之。三反而后至。舍于北军。给床褥,太官朝夕进膳。……除为谏议大夫,不屈,乃耕于富春山。"

张纯拜太中大夫,迁五官中郎将(《后汉书·张纯列传》)。

欧阳歙坐事免河南尹(《后汉书·儒林列传上》)。

刘昆举孝廉,不行,遂逃,教授江陵。光武闻之,即除为江陵令。

按:《后汉书·儒林列传上》曰:"刘昆字桓公,陈留东昏人,梁孝王之胤也。少习容礼。平帝时,受《施氏易》于沛人戴宾。能弹雅琴,知清角之操。王莽世,教授弟子恒五百余人。每春秋飨射,常备列典仪,以素木瓠叶为俎豆,桑弧蒿矢,以射'菟首'。每有行礼,县宰辄率吏属而观之。王莽以昆多聚徒众,私行大礼,有僭上心,乃系昆及家属于外黄狱。寻莽败得免。既而天下大乱,昆避难河南负犊山中。建武五年,举孝廉,不行,遂逃,教授于江陵。光武闻之,即除为江陵令。时,县连年火灾,昆辄向火叩头,多能降雨止风。征拜议郎,稍迁侍中、弘农太守。先是,崤、黾驿道多虎灾,行旅不通。昆为政三年,仁化大行,虎皆负子度河。帝闻而异之。"

任延为九真太守(《后汉书·循吏列传》)。

袁安为成武令(《后汉书·袁安列传》)。

马严13岁,至洛阳。

按:《东观记》曰:"严年十三至洛阳,留寄郎朱仲孙舍,大奴步护视之也。"

班彪作《王命论》。

按:《后汉书·班彪列传》曰:"彪既疾嚣言,又伤时方艰,乃著《王命论》,以为汉德承尧,有灵符之命,王者兴祚,非诈力所致,欲以感之。而嚣终不悟,遂避地河西。"《王命论》以天命观念为根据,从天命、人事两方面以为刘氏当再兴。《资治通鉴》卷四一将隗嚣与班彪对话系于本年。

汉光武帝建武六年　庚寅　30 年

正月丙辰,改春陵乡为章陵县(《后汉书·光武帝本纪》)。

四月丙子,光武帝幸长安,始谒高庙,遂有事十一陵(《后汉书·光武帝本纪》)。

五月,隗嚣反。诏大赦天下(《后汉书·光武帝本纪》)。

十月丁丑,诏令公卿举贤良、方正各1人,百僚并上事,无有隐讳(《后汉书·光武帝本纪》)。

按:光武帝将贤良、方正分开提,与西汉不同,但以后诸帝仍提贤良方正。

十二月癸巳,诏郡国减田租,三十税一(《后汉书·光武帝本纪》)。

伏湛封不其侯,邑三千六百户,就国(《后汉书·伏湛列传》)。

桓谭仍为议郎,应诏上《抑谶重赏疏》,言听纳谶记之误及应轻爵厚赏,以时定天下。光武帝愈不悦(《后汉书·桓谭列传》)。

冯衍上书言八事,遭谗不得见光武帝。

按:《后汉书·冯衍列传》曰:"建武六年日食,衍上书陈八事:其一曰显文德,二曰褒武烈,三曰修旧功,四曰招俊杰,五曰明好恶,六曰简法令,七曰差秩禄,八曰抚边境。书奏,帝将召见。初,衍为狼孟长,以罪摧陷大姓令狐略。是时,略为司空长史,谮之于尚书令王护、尚书周生丰曰:'衍所以求见者,欲毁君也。'护等惧之,即共排间,衍遂不得入。"

杜林离河西还三辅,征拜侍御史,光武帝问以经书故旧及西凉事,赐车马衣被。京师士大夫咸推其博洽。

按:《后汉书·杜林列传》曰:"建武六年,弟成物故,嚣乃听林持丧东归。既遣而悔,追令刺客杨贤于陇坻遮杀之。贤见林身推鹿车,载致弟丧,乃叹曰:'当今之世,谁能行义?我虽小人,何忍杀义士!'因亡去。光武闻林已还三辅,乃征拜侍御史,引见,问以经书故旧及西州事,甚悦之,赐车马衣被。群寮知林以名德用,甚尊惮之。京师士大夫,咸推其博洽。"

卫宏、徐巡等从杜林受学《古文尚书》,古文遂行。

按:《后汉书·杜林列传》曰:"建武六年,弟成物故,嚣乃听林持丧东归。……光武闻林已还三辅,乃征拜侍御史,引见,问以经书故旧及西州事,甚悦之,赐车马衣被。群寮知林以名德用,甚尊惮之。京师士大夫,咸推其博洽。河南郑兴、东海卫宏等,皆长于古学。兴尝师事刘歆,林既遇之,欣然言曰:'林得兴等固谐矣,使宏得林,且有以益之。'及宏见林,闇然而服。济南徐巡,始师事宏,后皆更受林学。林前于西州得漆书《古文尚书》一卷,常宝爱之,虽遭难困,握持不离身。出以示宏等曰:'林流离兵乱,常恐斯经将绝。何意东海卫子、济南徐生复能传之,是道竟不坠于地也。古文虽不合时务,然愿诸生无悔所学。'宏、巡益重之,于是古文遂行。"《后汉书·儒林

据传,彼拉多钉耶稣于十字架,遂卒。

列传上》曰："北海牟融习《大夏侯尚书》，东海王良习《小夏侯尚书》，沛国桓荣习《欧阳尚书》。荣世习相传授，东京最盛。扶风杜林传《古文尚书》，林同郡贾逵为之作训，马融作传，郑玄注解，由是《古文尚书》遂显于世。"《后汉书·儒林列传下》曰："卫宏字敬仲，东海人也。少与河南郑兴俱好古学。初，九江谢曼卿善《毛诗》，乃为其训。宏从曼卿受学，因作《毛诗序》，善得《风雅》之旨，于今传于世。后从大司空杜林更受《古文尚书》，为作《训旨》。时济南徐巡师事宏，后从林受学，亦以儒显，由是古学大兴。光武以为议郎。宏作《汉旧仪》四篇，以载西京杂事；又著赋、颂、诔七首，皆传于世。"

又按：卫宏著有《古文尚书训旨》、《汉旧仪》4卷、《汉中兴仪》1卷、《诏定古文官书》1卷、《孝经孔氏古文说》1篇、《周礼解诂》，又著赋、颂、诔7首，皆传于世。《四库全书总目提要》卷八二曰："《永乐大典》载《汉官旧仪》一卷，不著撰人名氏。考梁刘昭注《续汉书·百官志》引用《汉官仪》则曰'应劭'，引用《汉旧仪》则不著其名。《隋书·经籍志》、《唐书·艺文志》作四卷，《宋史·艺文志》作三卷。《书录解题》始作《汉官旧仪》，注曰'卫宏撰，或云胡广'。宏本传作《汉旧仪》四篇，以载西京杂事，不名'汉官'。今惟此三卷，而又有'汉官'之目，未知果当时本书否？今案《永乐大典》此卷，虽以'汉官'标题，而篇目自皇帝起居、皇后亲蚕以及玺绶之等、爵级之差，靡不条系件举，与宏传所云西京杂事相合。又前后《汉书》注中凡引用《汉旧仪》者，并与此卷所载相同。则其为卫氏本书，更无疑义。或后人以其多载官制，增题'官'字欤？"

郑兴以杜林荐，征为太中大夫。

按：《后汉书·郑兴列传》曰："侍御史杜林先与兴同寓陇右，乃荐之曰：'窃见河南郑兴，执义坚固，敦悦《诗》、《书》，好古博物，见疑不惑，有公孙侨、观射父之德，宜侍帷幄，典职机密。昔张仲在周，燕冀宣王，而诗人悦喜。惟陛下留听少察，以助万分。'乃征为太中大夫。"据郑兴本传，其东归在建武六年。

窦融受光武帝赐太史公书。

按：《后汉书·公孙述列传》曰："帝深嘉美之，乃赐融以外属图及太史公《五宗》、《外戚世家》、《魏其侯列传》。"

班彪五月代窦融致隗嚣书，责其反叛刘秀（《后汉书·班彪列传》）。

宋弘十二月壬辰被免大司空（《后汉书·光武帝本纪》）。

王良为大司徒司直（《后汉书·王良列传》）。

欧阳歙拜扬州牧，迁汝南太守，推用贤良，政称异迹。在郡教授数百人。

按：《后汉书·儒林列传上》曰："建武五年……明年，拜扬州牧，迁汝南太守。推用贤俊，政称异迹。……歙在郡，教授数百人。"

李忠迁丹阳太守，起学校，选明经。

按：《后汉书·李忠列传》曰："六年，迁丹阳太守。……忠以丹阳越俗不好学，嫁娶礼仪，衰于中国，乃为起学校，习礼容，春秋乡饮，选用明经，郡中向慕之。"

索卢放为洛阳令，政有能名。

按：《后汉书·独行列传》曰："索卢放字君阳，东郡人也。以《尚书》教授千余人。初署郡门下掾。……建武六年，征为洛阳令，政有能名。以病乞身。徒谏议大夫，数纳忠言，后以疾去。"

公孙述论《春秋》。

按：《后汉书·隗嚣公孙述列传》曰："（公孙）述废铜钱，置铁官钱，百姓货币不行。蜀中童谣言曰：'黄牛白腹，五铢当复。'好事者窃言王莽称'黄'，述自号'白'，五铢钱，汉货也，言天下并还刘氏。述亦好为符命鬼神瑞应之事，妄引谶记。以为孔子作《春秋》，为赤制而断十二公，明汉至平帝十二代，历数尽也，一姓不得再受命。又引《录运法》曰：'废昌帝，立公孙。'《括地象》曰：'帝轩辕受命，公孙氏握。'《援神契》曰：'西太守，乙卯金。'谓西方太守而乙绝卯金也。五德之运，黄承赤而白继黄，金据西方为白德，而代王氏，得其正序。又自言手文有奇，及得龙兴之瑞。数移书中国，冀以感动众心。帝患之，乃与述书曰：'图谶言"公孙"，即宣帝也。代汉者当涂高，君岂高之身邪？乃复以掌文为瑞，王莽何足效乎！君非吾贼臣乱子，仓卒时人皆欲为君事耳，何足数也。君日月已逝，妻子弱小，当早为定计，可以无忧。天下神器，不可力争，宜留三思。'署曰'公孙皇帝'。述不答。"

隗嚣作《上疏止讨蜀》、《上疏谢罪》（《后汉书·隗嚣公孙述列传》）。

荆邯五月作《说公孙述》（《后汉书·隗嚣公孙述列传》）。

窦融五月作《与隗嚣书》（《后汉书·窦融列传》）。

马援五月作《上书言隗嚣》，又作《与隗嚣将将广书》（《后汉纪》卷五）。

朱浮九月作《因日食上疏言牧守换易宜简》、《上疏言州牧劾奏宜下三府覆案》（《后汉书·朱冯虞郑周列传》）。

苏竟约卒（前40— ）。苏竟字伯况，扶风平陵人。有《记诲篇》等文章传于世。事迹见《后汉书》卷三〇上。

按：《后汉书·苏竟杨厚列传》曰："建武五年冬……竟病笃……诣京师谢罪。拜侍中，数月，以病免。"故苏竟卒年当为建武六年。

夏恭卒（前19— ）。夏恭字敬公，梁国蒙人。习《韩诗》、《孟氏易》，讲授门徒常千余人。王莽末，盗贼从横，攻没郡县。恭以恩信为众所附，拥兵固守，独安全。光武即位，嘉其忠果，召拜郎中，再迁太山都尉。和集百姓，甚得其欢心。年四十九卒官。善为文，著赋、颂、诗、《励学》凡20篇。诸儒共谥曰宣明君。其子牙，少习家业，著赋、颂、赞、诔凡40篇。举孝廉，早卒，乡人号曰文德先生。事迹见《后汉书》卷八〇上。

按：《后汉书·文苑列传上》曰："年四十九卒官。"

刘苍（ —83）、贾逵（ —101）生。

按：刘苍生年，陆侃如《中古文学系年》系于是年；根据《后汉书·贾逵传》，贾逵卒于永元十三年，72岁，逆推生于本年。

汉光武帝建武七年　辛卯　31年

正月丙申，光武帝诏告天下薄葬，令知忠臣、孝子、慈兄、悌弟薄葬送终之义(《后汉书·光武帝本纪》)。

二月辛巳,罢护漕都尉官(《后汉书·光武帝本纪》)。

三月丁酉,诏罢轻车、骑士、材官、楼船士及军假吏,令还复民伍。癸亥晦,日食(《后汉书·光武帝本纪》)。

公孙述立隗嚣为朔宁王(《后汉书·光武帝本纪》)。

四月壬午,诏大赦天下。诏公、卿、司隶、州牧举贤良、方正各1人(《后汉书·光武帝本纪》)。

按：东汉举贤良方正对策不如西汉盛行,光武到桓帝共行15次,灵帝以后未行,仅下诏求贤。

郑兴因日食上疏谏光武帝善待臣下,光武帝多有采纳。又与光武帝议郊祀事,非议图谶。

按：《后汉书·郑兴列传》曰:"三月晦,日食。兴因上疏……书奏,多有所纳。帝尝问兴郊祀事,曰:'吾欲以谶断之,何如?'兴对曰:'臣不为谶。'帝怒曰:'卿之不为谶,非之邪?'兴惶恐曰:'臣于书有所未学,而无所非也。'帝意乃解。"

杜林五月上疏言郊祀,谓宜如旧制,光武帝从之。

按：《后汉书·杜林列传》曰:"明年(建武七年),大议郊祀制,多以为周郊后稷,汉当祀尧。诏复下公卿议,议者佥同,帝亦然之。林独以为周室之兴,祚由后稷,汉业特起,功不缘尧。祖宗故事,所宜因循。定从林议。"《后汉书·祭祀志上》曰:"至七年五月,诏三公曰:'汉当郊尧。其与卿大夫、博士议。'时侍御史杜林上疏,以为'汉起不因缘尧,与殷、周异宜,而旧制以高帝配。方军师在外,且可如元年郊祀故事'。上从之。"

朱浮以国学既兴,请广博士之选。

按：《后汉书·朱浮列传》曰:"七年,转太仆。浮又以国学既兴,宜广博士之选,乃上书曰:'夫太学者,礼义之官,教化所由兴也。陛下尊敬先圣,垂意古典,宫室未饰,干戈未休,而先建太学,进立横舍,比日车驾亲临观飨,将以弘时雍之化,显勉进之功也。寻博士之官,为天下宗师,使孔圣之言传而不绝。旧事,策试博士,必广求详选,爰自畿夏,延及四方,是以博举明经,惟贤是登,学者精励,远近同慕,伏闻诏书更试五人,惟取见在洛阳城者。臣恐自今以往,将有所失。求之密迩,容或未尽,而四方之学,无所劝乐。凡策试之本,贵得其真,非有期会,不及远方也。又诸所征试,皆私自发遣,非有伤费烦扰于事也。语曰:"中国失礼,求之于野。"臣浮幸得与讲图谶,故敢越职。'帝然之。"

杜诗为南阳太守,是年后上疏荐伏湛,称其"笃信好学,守死善道,经为人师,行为仪表"。

按：《后汉书·宣张二王杜郭吴承郑赵列传》曰:"七年,迁南阳太守。性节俭而政治清平,以诛暴立威,善于计略,省爱民役。造作水排,铸为农器,用力少,见功多,百姓便之。又修治陂池,广拓土田,郡内比室殷足。时人方于召信臣,故南阳为之语曰:'前有召父,后有杜母。'……诗身虽在外,尽心朝廷,讦言善策,随事献纳。视事七年,政化大行。十四年,坐遣客为弟报仇,被征,会病卒。"《后汉书·伏侯宋蔡冯赵牟韦列传》曰:"后南阳太守杜诗上疏荐湛曰:'臣闻唐、虞以股肱康,文王以多士宁,是故《诗》称"济济",《书》曰"良哉"。臣诗窃见故大司徒阳都侯伏湛,自行束修,讫无毁玷,笃信好学,守死善道,经为人师,行为仪表。前在河内朝歌及居平原,吏人畏爱，则而象之。遭时反复，不离兵凶，秉节持重，有不可夺之志。陛下深知其能，显以宰相之重，众贤百姓，仰望德义。微过斥退，久不复用，有识所惜，儒士痛心，臣窃伤之。湛容貌堂堂，国之光辉；智略谋虑，朝之渊薮。鬓发厉志，白首不衰。实足以先后王室，名足以光示远人。古者选擢诸侯以为公卿，是故四方回首，仰望京师。柱石之臣，宜居辅弼，出入禁门，补缺拾遗。臣诗愚戆，不足以知宰相之才，窃怀区区，敢不自竭。臣前为侍御史，上封事，言湛公廉爱下，好恶分明，累世儒学，素持名信，经明行修，通达国政，尤宜近侍，纳言左右，旧制九州五尚书，令一郡二人，可以湛代。颇为执事所非。但臣诗蒙恩深渥，所言诚有益于国，虽死无恨，故复越职触冒以闻。"杜诗任南阳太守时在建武七年，至于十四年被征，则其上疏荐伏湛事即在此七年间，姑系于杜诗任职之年。

李通五月为大司空（《后汉书·光武帝本纪》）。

寇恂为执金吾（《后汉书·寇恂列传》）。

郭宪代张堪为光禄勋。

按：《后汉书·方术列传》曰："建武七年，代张堪为光禄勋。从驾南郊。宪在位，忽回向东北，含酒三潠。执法奏为不敬。诏问其故。宪对曰：'齐国失火，故以此厌之。'后齐果上火灾，与郊同日。"

申屠刚为侍御史，迁尚书令，出为平阳令（《后汉书·申屠刚列传》）。

按：《后汉书·杜诗列传》曰："七年，迁南阳太守。性节俭而政治清平，以诛暴立威，善于计略，省爱民役。造作水排，铸为农器，用力少，见功多，百姓便之。又修治陂池，广拓土田，郡内比室殷足。时人方于召信臣，故南阳为之语曰：'前有召父，后有杜母。'"这一发明比欧洲要早一千二百多年。

郅恽还京师，耻以军功取位，归里，为县令门下掾，为友复仇，自投狱，因病去（《后汉书·郅恽列传》）。

汉光武帝建武八年　壬辰　32 年

闰四月，光武帝征隗嚣（《后汉书·光武帝本纪》）。

九月庚申，光武帝亲征颍川盗贼（《后汉书·光武帝本纪》）。

是秋，作黄门武乐（《后汉书·光武帝本纪》）。

按：《后汉书·祭遵传》曰："八年秋，复从车驾上陇。及嚣破，帝东归过汧，幸遵营，劳飨士卒，作黄门武乐，良夜乃罢。"王先谦《后汉书集解》引沈钦韩曰："黄门，即黄门鼓吹，天子所以宴乐群臣。武乐，即短箫铙歌，军乐也。"

十月丙午，光武帝幸怀（《后汉书·光武帝本纪》）。

十二月，高句丽王遣使奉贡，帝复其王号（《后汉书·光武帝本纪》）。

朱浮与太中大夫许淑数上书言历不正，宜当改更。不从。

按：《后汉书·律历志中》曰："自太初元年始用《三统历》，施行百有余年，历稍后天,朔先于历,朔或在晦,月或朔见。考其行,日有退无进,月有进无退。建武八年中,太仆朱浮、太中大夫许淑等数上书,言历朔不正,宜当改更。时分度觉差尚微,上以天下初定,未遑考正。"

又按:东汉人知《太初历》之疏阔,欲恢复古法,改用四分历,创议于朱浮、许淑之上书,课校于永平张盛、景防之实测,施行于元和李梵、编䜣之考定,迨永元间,贾逵创黄道仪,测黄道度,始悟月行迟疾之理,考订官漏增减之数,废冬至在牛之说,而立斗分之名,去岁星超辰之法,而以干支纪年,前后经七十年而历法始备。然永元以后,议论复起,延光中亶诵议殷历,梁丰议复太初,为张衡、周兴所难,汉安初边韶非议四分,又欲规复太初,为虞恭、宗䜣所驳。熹平间冯光、陈晃非议四分庚申之元,甚谓"历元不正,故妖民叛寇",为蔡邕所斥。迨汉末刘洪,潭思密测,二十余年,始悟四分之疏阔,由于斗分之太大,于是减少岁差,造乾象历。

郭宪谏光武帝西征,不从。后"悔不用郭子横之言"。

按:《后汉书·方术列传》曰:"八年,车驾西征隗嚣。宪谏曰:'天下初定,车驾未可以动。'宪乃当车拔佩刀以断车靷。帝不从,遂上陇。其后颍川兵起,乃回驾而还。帝叹曰:'悔不用子横之言。'"

窦融封安丰侯。(《后汉书·窦融列传》)

孔奋封关内侯(《后汉书·孔奋列传》)。

梁鸿受业太学。

按:《后汉书·逸民列传》曰:"后受业太学,家贫而尚节介,博览无不通,而不为章句。"

王充6岁,不好嬉戏,其父奇之,使学书。

按:《论衡·自纪篇》卷三〇曰:"六岁教书,恭愿仁顺,礼敬具备。矜庄寂寥,有巨人之志。父未尝笞,母未尝非,闾里未尝让。"

班固(—92)、鲁恭(—112)生。

按:郑鹤声《汉班孟坚先生固年谱》(台湾商务印书馆1980年版)谓班固生于是年,吴荣光《历代名人年谱》(北京图书馆出版2002年版)定班固生在此年闰六月。《后汉书·班彪列传附班固传》云:"及窦氏宾客皆逃考,(种)竞因此捕系固,遂死狱中,时年六十一。"同书《窦宪列传》又说,窦宪死于永平四年(公元92年)。从此上推六十年,为公元32年,此即班固生年。陆侃如《中古文学系年》谓鲁恭生于是年。

汉光武帝建武九年　癸巳　33年

正月,隗嚣病死(《后汉书·光武帝本纪》)。
六月,光武帝幸缑氏,登轘辕(《后汉书·光武帝本纪》)。
是年,省关都尉,复置护羌校尉官(《后汉书·光武帝本纪》)。

欧阳歙封夜侯(《后汉书·儒林列传上》)。

班彪七月避难河西,上疏请袭西汉故事,复护羌校尉,对羌实行怀柔政策。

按:《后汉书·西羌列传》曰:"更始、赤眉之际,羌遂放纵,寇金城、陇西。隗嚣虽拥兵而不能讨之,乃就慰纳,因发其众与汉相拒。建武九年,隗嚣死,司徒掾班彪上言……光武从之,即以牛邯为护羌校尉,持节如旧。及邯卒而职省。"

马援为太中大夫,副来歙监诸将平凉州(《后汉书·马援列传》)。

郑兴监征南积弩营于津乡,与吴汉俱击公孙述,述死,诏留屯成都。(《后汉书·郑兴列传》)

郭伋为颍川太守。(《后汉书·郭伋列传》)

隗嚣卒,生年不详。嚣字季孟,天水成纪人。好经书,素有名,被刘歆引为士。起兵反莽,后为更始右将军、御史大夫。欲归光武,离更始,自称西州上将军。及更始败,三辅耆老士大夫皆奔归之。嚣素谦恭爱士,倾心引接为布衣交,谷恭、范逡、赵秉、苏衡、郑兴、申屠刚、杜林、班彪、杨广、王遵、周宗、行巡、王捷、王元、杜陵、金丹归依之,尊师章句,宾友处士,偃武息戈。事迹见《后汉书》卷一三。

按:郑鹤声《汉班孟坚先生固年谱》(台湾商务印书馆1980年版)谓隗嚣卒于是年。

祭遵卒。遵字弟孙,颍川颍阳人。少好经书,恭俭自持,为光武征虏将军,封颍阳侯,为云台二十八将之一。事迹见《后汉书》卷二〇。

按:《后汉书·冯异列传》曰:"(建武)九年春,祭遵卒,诏(冯)异守征虏将军,并将其营。"

班超(—102)生。

按:根据《后汉书·班超传》,班超卒于永元十四年,71岁,逆推生于本年。

汉光武帝建武十年　甲午　34年

八月己亥,光武帝幸长安,祠高庙,遂有事十一陵。隗嚣将高峻降(《后汉书·光武帝本纪》)。

十月,庚寅,光武帝还宫(《后汉书·光武帝本纪》)。

先零羌寇金城、陇西,来歙率诸将败羌于五溪(《后汉书·光武帝本纪》)。

是年,省定襄郡,徙其民于西河(《后汉书·光武帝本纪》)。

任延以九真太守奉诏还洛阳,以病稽留,左转睢阳令,旋拜武威太守(《后汉书·循吏列传》)。

王充8岁,出于书馆;辞师受《论语》、《尚书》。

按:《论衡·自纪篇》卷三〇曰:"八岁,出于书馆。书馆小童百人以上,皆以过失袒谪,或以书丑得鞭。充书日进,又无过失,手书既成,辞师受《论语》、《尚书》,日讽千字。"

贾逵5岁,隔篱听读书。

按:梁章钜《三国志旁证》卷一三引《拾遗记》曰:"贾逵五岁,明惠过人。其姊闻邻读书,旦夕抱逵隔篱听之。"

冯异卒,生年不详。异字公孙,谥节侯,颖川父城人。好读书,通《左氏春秋》、《孙子兵法》。为光武掾史、主簿、偏将军、征西大将军,封应侯、阳夏侯。曾劝刘秀上尊号。事迹见《后汉书》卷一七。

按:《后汉书·冯异列传》曰:"(建武)九年春,祭遵卒,诏(冯)异守征虏将军,并将其营。……明年夏,与诸将攻落门,未拔,病发,薨于军,谥曰节侯。"

汉光武帝建武十一年　乙未　35年

二月己卯,诏告天下,杀奴婢者,不得减罪(《后汉书·光武帝本纪》)。

三月己酉,光武帝幸南阳;还,幸章陵,祠园陵。庚午,还宫(《后汉书·光武帝本纪》)。

闰三月,征南大将军岑彭率三将军与公孙述将田戎、任满战于荆门,大破之,获任满。威虏将军冯骏围田戎于江州,岑彭遂率舟师伐公孙述,平巴郡(《后汉书·光武帝本纪》)。

六月,光武帝亲征公孙述(《后汉书·光武帝本纪》)。

八月,癸亥,诏告天下,敢炙灼奴婢,论如律,免所炙灼者为庶人(《后汉书·光武帝本纪》)。

十月壬午,诏除奴婢射伤人弃市律(《后汉书·光武帝本纪》)。

是年,省朔方牧,并并州(《后汉书·光武帝本纪》)。

丁恭为少府,诸生自远方至者,著录数千人,为当世大儒。

按:《后汉书·儒林列传下》曰:"十一年,迁少府。诸生自远方至者,著录数千人,当世称为大儒。太常楼望、侍中承宫、长水校尉樊儵等皆受业于恭。"

杜林代郭宪为光禄勋,广举贤才。(《后汉书·杜林列传》)

高诩为大司农。(《后汉书·儒林列传下》)

洼丹为大鸿胪(《后汉书·儒林列传上》)。

鲍永为司隶校尉。(《后汉书·鲍永列传》)

马援为陇西太守,击破先零羌。(《后汉书·马援列传》)

洼丹著《易通论》。

按：《后汉书·儒林列传上》曰："建武初，为博士，稍迁。十一年，为大鸿胪。作《易通论》七篇，世号《洼君通》。丹学义研深，《易》家宗之。"

谯玄卒，生年不详。玄字君黄，巴郡阆中人。少好学，能说《易》、《春秋》。成帝永始二年，对策高第，拜议郎，为太常丞。平帝元始元年，复拜议郎，迁中散大夫。王莽时隐居，处乱世劝诸子习经书。子谯瑛善说《易》，以授显宗，为北宫卫士令。事迹见《后汉书》卷八一。

按：《后汉书·独行列传》曰："时，兵戈累年，莫能修尚学业，玄独训诸子勤习经书。建武十一年卒。明年，天下平定，玄弟庆以状诣阙自陈。光武美之，策诏本郡祠以中牢，敕所在还玄家钱。"

来歙卒，生年不详。来歙字君叔，南阳新野人。六月被公孙述将遣人刺杀。专使于二国之间，独以信称，天下信士。事迹见《后汉书》卷一五。

按：《后汉书·光武帝本纪》曰："（建武十一年）六月，中郎将来歙率扬武将军马成破公孙述将王元、环安于下辩。安遣间人刺杀中郎将来歙。"

汉光武帝建武十二年　丙申　36 年

十一月戊寅，吴汉、臧宫与公孙述战于成都。公孙述被创，夜死。至此天下统一（《后汉书·光武帝本纪》）。

按：光武帝一统天下后，偃武修文，励精图治，以经治国，以教兴学。于是官学、私学、家学相继而兴，士人游学之风盛极一时。《后汉书·儒林列传下》论曰："自光武中年以后，干戈稍戢，专事经学，自是其风世笃焉。其服儒衣，称先王，游庠序，聚横塾者，盖布之于邦域矣。若乃经生所处，不远万里之路，精庐暂建，赢粮动有千百，其著名高义开门受徒者，编牒不下万人，皆专相传祖，莫或讹杂。至有分争王庭，树朋私里，繁其章条，穿求崖穴，以合一家之说。故杨雄曰：'今之学者，非独为之华藻，又从而绣其鞶帨。'夫书理无二，义归有宗，而硕学之徒，莫之或徙，故通人鄙其固焉，又雄所谓'譊譊之学，各习其师'也。且观成名高第，终能远至者，盖亦寡焉，而迂滞若是矣。然所谈者仁义，所传者圣法也。故人识君臣父子之纲，家知违邪归正之路。"刘太祥《汉代游学之风》（《中国史研究》1998 年第 4 期）稽考《汉书》、《后汉书》、《三国志》等，所得两汉游学者凡 106 人（有个别泛收乃至误收情况），其中出于《汉书》34 人，《后汉书》68 人，《三国志》、《华阳国志》各 1 人，则东汉恰是西汉的两倍（见下表），可见自西汉至东汉游学之风的空前盛况。

姓名	籍贯	游学地区	资料来源
张耳	大梁	"尝游外黄"	《汉书·张耳传》
陈余	大梁	"游赵苦陉"	《汉书·陈余传》

(续表)

姓名	籍贯	游学地区	资料来源
栾布	楚	"尝与彭越游"	《汉书·栾布传》
田叔	赵陉城	"任侠游诸公"	《汉书·田叔传》
陈平	阳武户牖	"纵平使游学"	《汉书·陈平传》
张良	城父	"尝学礼淮阳"	《汉书·张良传》
陆贾	楚	"游汉公廷间"	《汉书·陆贾传》
晁错	颍川	"从轵张恢学"	《汉书·晁错传》
邹阳	齐	"从孝王游"	《汉书·邹阳传》
枚乘	淮阴	"辞而游梁"	《汉书·枚乘传》
司马相如	蜀郡成都	到京师长安学经	《汉书·司马相如传上》
兒宽	千乘	从欧阳生、孔安国学	《汉书·兒宽传》
司马迁	韩城	游历全国	《汉书·司马迁传》
吾丘寿王	赵	从董仲舒学	《汉书·吾丘寿王传》
主父偃	齐国临淄	"游学四十余年"	《汉书·主父偃传》
终军	济南	以博士弟子到长安学	《汉书·终军传》
朱云	鲁	从白子友、萧望之学	《汉书·朱云传》
梅福	九江寿春	少学长安	《汉书·梅福传》
云敞	平陵	从同县吴章学	《汉书·云敞传》
陈汤	山阳瑕丘	"西至长安求官"	《汉书·陈汤传》
彭宣	淮阳阳夏	从张禹学	《汉书·彭宣传》
龚舍	楚	到长安学经	《汉书·龚舍传》
眭弘	鲁国	从嬴公学	《汉书·眭弘传》
夏侯胜	东平	从始昌、简卿、欧阳氏学	《汉书·夏侯胜传》
京房	东郡	从梁人焦延寿学	《汉书·京房传》
李寻	平陵	从丞相翟方进学	《汉书·李寻传》
王章	泰山钜平	"学长安"	《汉书·王章传》
萧望之	东海兰陵	"诣太常受业",又从白奇、夏侯胜学	《汉书·萧望之传》
张禹	河内轵	从沛郡施雠、琅邪王阳、胶东庸生学	《汉书·张禹传》
翟方进	汝南上蔡	"西至京师受经"	《汉书·翟方进传》
何武	蜀郡郫县	"诣博士受业"	《汉书·何武传》
师丹	琅琊东武	从匡衡学	《汉书·师丹传》
扬雄	蜀郡成都	"游京师"	《汉书·扬雄传》
文翁	庐江舒	"因之长安授经"	《汉书·文翁传》

（续表）

姓名	籍贯	游学地区	资料来源
刘嘉	南阳蔡阳	与"刘伯升俱学长安"	《后汉书·刘嘉传》
邓禹	南阳新野	"受业长安"	《后汉书·邓禹传》
王霸	颍川颍阳	"西学长安"	《后汉书·王霸传》
耿纯	钜鹿宋子	"学于长安"	《后汉书·耿纯传》
朱祐	南阳宛	"初学长安"	《后汉书·朱祐传》
景丹	冯翊栎阳	"少学长安"	《后汉书·景丹传》
刘隆	南阳安众	"学于长安"	《后汉书·刘隆传》
卓茂	南阳宛	"学于长安"	《后汉书·卓茂传》
郭丹	南阳穰	"从师长安"	《后汉书·郭丹传》
张堪	南阳宛	"游学长安"	《后汉书·张堪传》
廉范	京兆杜陵	诣京师受业薛汉	《后汉书·廉范传》
阴识	南阳新野	"游学长安"	《后汉书·阴识传》
桓荣	沛郡龙亢	"少学长安"从博士朱普学	《后汉书·桓荣传》
朱岑	南阳宛	与光武"俱学长安"	《后汉书·朱晖传》
张充	汝南汝阳	"与光武同学"	《后汉书·张充传》
孔建	鲁国鲁	"少游长安"	《后汉书·孔僖传》
包咸	会稽曲阿	"受业长安"	《后汉书·包咸传》
程曾	豫章南昌	"受业长安"	《后汉书·程曾传》
周党	太原广武	"至长安游学"	《后汉书·周党传》
严光	会稽余姚	"与光武同游学"	《后汉书·严光传》
樊英	南阳鲁阳	"少受业三辅"	《后汉书·樊英传》
孔奇	扶风茂陵	"游学洛阳"	《后汉书·孔奋传》
郑玄	北海高密	"游学周秦之都"	《后汉书·郑玄传》
刘般	梁国	"到洛阳修经学于师门"	《后汉书·刘般传》
周磐	汝南安成	"少游京师"	《后汉书·周磐传》
朱晖	南阳宛	"卒业太学"	《后汉书·朱晖传》
杨终	蜀郡成都	"太守遣诣京师，受业《春秋》"	《后汉书·杨终传》
王充	会稽上虞	"受业太学""师事扶风班彪"	《后汉书·王充传》
仲长统	山阳高平	"游学青徐并冀之间"	《后汉书·仲长统传》
崔骃	涿郡安平	"少游太学"	《后汉书·崔骃传》
崔瑗	涿郡安平	到京师游学	《后汉书·崔瑗传》

(续表)

姓名	籍贯	游学地区	资料来源
申屠蟠	陈留外黄	京师太学学习	《后汉书·申屠蟠传》
张皓	为武阳	"少游学京师"	《后汉书·张皓传》
杜安	颍川定陵	京师太学学习	《后汉书·杜根传》
刘陶	颍川定阴	"游太学"	《后汉书·刘陶传》
张衡	南阳西鄂	"游于三辅,因入京师,观太学"	《后汉书·张衡传》
马融	扶风茂陵	"从其(挚恂)游学"	《后汉书·马融传》
蔡邕	陈留	"与李则游学"	《后汉书·蔡邕传》
李固	汉中南郑	"常步行寻师"	《后汉书·李固传》
郭亮	汝南	"游学洛阳"	《后汉书·李固传》注引《汝南先贤传》
董班	南阳宛	"少游太学"	《后汉书·李固传》注引《楚国先贤传》
延笃	南阳	从唐溪典、马融学习	《后汉书·延笃传》
卢植	涿郡涿	"少与郑玄俱事马融"	《后汉书·卢植传》
张奂	敦煌酒泉	"少游三辅""太学受业"	《后汉书·张奂传》
魏朗	会稽上虞	游学 仲信,受业太学	《后汉书·魏朗传》
贾彪	颍川定陵	"少游京师"	《后汉书·贾彪传》
何颙	南阳襄乡	"少游学洛阳"	《后汉书·何颙传》
郭太	太原介休	拜屈伯彦为师,"游于洛阳"	《后汉书·郭太传》
符融	陈留浚仪	"后游太学"	《后汉书·符融传》
任安	广汉绵竹	"少游太学"	《后汉书·任安传》
张训	济阴定陶	"少游太学"	《后汉书·张训传》
孔僖	鲁国鲁	"游太学"	《后汉书·孔僖传》
任末	蜀郡繁	"游京师"	《后汉书·任末传》
包咸	会稽曲阿	"受业长安"	《后汉书·包咸传》
景鸾	广汉梓	"随师习经""游学七州"	《后汉书·景鸾传》
赵晔	会稽山阴	从犍为杜抚学习	《后汉书·赵晔传》
卫宏	东海	从谢曼卿、杜林学习	《后汉书·卫宏传》
服虔	河南荥阳	"太学受业"	《后汉书·服虔传》
顾奉	会稽	赴豫章师事程曾	《后汉书·程曾传》
王延寿	南郡宜城	"少游鲁国"	《后汉书·王逸传》
崔琦	涿郡安平	"少游学京师"	《后汉书·崔琦传》
高彪	吴郡无锡	"游太学"	《后汉书·高彪传》
范式	山阳金乡	"少游太学"	《后汉书·范式传》
范冉	陈留外黄	"从英贤游学十三年"	《后汉书·范冉传》
李郃	汉中南郑	"游太学"	《后汉书·李郃传》
唐檀	豫章南昌	"少游太学"	《后汉书·唐檀传》
董扶	广汉绵竹	"少游太学"	《后汉书·董扶传》
华佗	沛国谯	"游学徐土"	《后汉书·华佗传》

(续表)

姓名	籍贯	游学地区	资料来源
祝龟	汉中南郑	"远学汝颍及太学"	姚振宗《后汉艺文志》
段恭	广汉	"周流七十余郡,求师受经三十年"	《华阳国志·广汉士女》
士燮	广信	"游学京师"从颍川刘子奇学	《三国志·魏收·士燮传》
尹珍	牂柯	从汝南许慎、应奉学习	《后汉书·西南夷传》

再从授业方面观之,两汉时期的游学流向主要取决于经学大师的所处地域及其学术地位与声望,由于官学已难以满足如此之盛的游学需要,故而又有大批经学大师承担起了开办私学的使命。吴霓《中国古代私学发展诸问题研究》(中国社会科学出版社 1996 年版)根据《汉书》、《后汉书》等所载,勾考两汉私学大师 138 人,其籍贯分布以山东、河南、陕西位列前三甲,说明两汉的私学中心在中原之地。若就授业规模而言,则以首都洛阳所载河南居首,其中有 12 位学者授徒在千人以上,更有有 2 位学者授徒达万人以上,汉代经学之发达、私学之盛隆亦于此可见一般。

是年,诏三公举廉吏各 2 人,光禄岁察廉吏 3 人,中二千石岁察廉吏各 1 人,廷尉、大司农各 2 人,将兵将军岁察廉吏各 2 人(徐天麟《东汉会要》卷二六《选举上》)。

李通九月罢大司空(《后汉书·光武帝本纪》)。

马成十二月行大司空事(《后汉书·光武帝本纪》)。

梁统以列侯奉朝请,更封高山侯,拜太中大夫,除四子为郎。上疏宜重刑罚,下三公、廷尉议,不可(《后汉书·梁统列传》)。

班彪九月东归洛阳,后举司隶茂才。

按:《后汉书·班彪传》曰:"及融征还京师,光武问曰:'所上章奏,谁与参之?'融对曰:'皆从事班彪所为。'帝雅闻彪才,因召入见,举司隶茂才。"《后汉书》卷六曰:"(建武十二年九月)窦融与五郡太守还京师。"

窦融入朝抵洛阳,拜冀州牧(《后汉书·窦融列传》、《资治通鉴》卷四三)。

王隆至洛阳,为新汲令(《后汉书·文苑列传上》)。

郑兴以私买奴婢左迁莲勺令。(《后汉书·郑兴列传》)

王隆著《汉官篇》,略道公卿内外之职(《后汉书·百官志一》)。

按:《汉官篇》,全称《小学汉官篇》,又名《汉官解诂》,计 3 篇。其书以童蒙书之形式出现,"略道公卿内外之职,旁及四夷,博物条畅,多所发明",对当时社会的影响比较广泛。东汉胡广为其作注。陆侃如《中古文学系年》系于是年。

杜诗作《请以虎符发兵疏》(《后汉书·杜诗列传》)。

梁统作《刑罚务中疏》、《复上言》、《对尚书问状》(《后汉书·梁统列传》)。

杨春卿作《诫子统》。

按:杨春卿乃杨统之父。《后汉书·杨厚列传》曰:"杨厚字仲桓,广汉新都人也。祖父春卿,善图谶学,为公孙述将。汉兵平蜀,春卿自杀,临命戒子统曰:'吾绨帙中有先祖所传秘记,为汉家用,尔其修之。'统感父遗言,服阕,辞家从犍为周循学习先法,又就同郡郑伯山受《河洛书》及天文推步之术。建初中为彭城令,一州大旱,统推阴阳消伏,县界蒙泽。太守宗湛使统求为郡求雨,亦即降澍。自是朝廷灾异,多以访之。统作《家法章句》及《内谶》二卷解说,位至光禄大夫,为国三老。年九十卒。"

耿况卒,生年不详。况字侠游,谥烈侯,扶风茂陵人。以明经为郎,学《老子》于安丘先生。

按:《后汉书·耿弇列传》曰:"(建武)十二年,况疾病,乘舆数自临幸。……及况卒,谥烈侯,少子霸袭况爵。十三年,增弇户邑,上大将军印绶,罢,以列侯奉朝请。每有四方异议,辄召入问筹策。"

寇恂卒,生年不详。恂字子翼,上谷昌平人。世为豪强,初为郡功曹,为刘秀河内太守、颍川太守行大将军事、汝南太守,封雍奴侯。平素好学,修乡校,教生徒,聘能为《左氏春秋》者,亲受学。事迹见《后汉书》卷一六。

按:《后汉书·寇恂列传》曰:"(建武)十二年卒,谥曰威侯。"

汉光武帝建武十三年　丁酉　37 年

罗马提比略卒。
罗马灭高卢人
之祭司制。

四月,大司马吴汉征公孙述自蜀还京师。光武帝大飨将士,班劳策勋,功臣增邑更封,凡三百六十五人;外戚恩泽封者四十五人。益州传送公孙述瞽师、郊庙乐器、葆车、舆辇,于是法物始备(《后汉书·光武帝本纪》)。

韩歆三月辛未以沛郡太守迁大司徒(《后汉书·光武帝本纪》)。
马成三月罢行大司空(《后汉书·光武帝本纪》)。
窦融四月甲寅为大司空(《后汉书·光武帝本纪》)。
江冯时任大司农,上言宜令司隶校尉督察三公,陈元上疏驳斥(《后汉书·郑范陈贾张列传》)。
邓禹封高密侯,弟邓宽封为明亲侯(《后汉书·邓禹列传》)。
贾复封胶东侯,食郁秩等六县,就封地,加位特进(《后汉书·贾复列传》)。
孔志封褒成侯。

按:《后汉书·儒林列传上》曰:"初,平帝时王莽秉政,乃封孔子后孔均为褒成侯,追谥孔子为褒成宣尼。及莽败,失国。建武十三年,世祖复封均子志为褒成侯。志卒,子损嗣。永元四年,徙封褒亭侯。损卒,子曜嗣。曜卒,子完嗣。世世相传,至献帝初,国绝。"

又按:《后汉书·光武帝本纪》载于建武十四年,当以此年为准。

班彪为徐令(《后汉书·班彪列传》)。
班固随父至徐(郑鹤声《汉班孟坚先生固年谱》)。
王充孤,乡里称孝(钟肇鹏《王充年谱》)。

班彪作《与金丹书》、《览海赋》。
  按:陆侃如《中古文学系年》系于是年。

  伏湛卒,生年不详。湛字惠公,琅琊东武人。伏胜后,伏理子。传父业,教授《齐诗》,弟子常数百人。成帝时以父任为博士弟子,王莽时为绣衣执法、后队属正。更始时为平原太守,建武初为司直、尚书、大司徒,封阳都侯。事迹见《后汉书》卷二六。
  按:《后汉书·伏湛列传》曰:"十三年夏,征,敕尚书择拜吏日,未及就位,因宴见中暑,病卒。"
  侯霸卒,生年不详。霸字君房,追封谥则乡哀侯,邑 2600 户。成帝时为太子舍人,不事产业,笃志好学,师事九江太守房元,治《谷梁春秋》,为元都讲。光武时为尚书令、大司徒,封关内侯。霸明习故事,收录遗文,条奏前世善政法度有益于时者,皆施行之。春下宽大之诏,奉四时之令,皆霸所建。事迹见《后汉书》卷二六。
  按:《后汉书·侯霸列传》曰:"十三年,霸薨,帝深伤惜之,亲自临吊。"
  高诩卒,生年不详。诩字季回,平原般人。世传《鲁诗》。以父任为郎中。以信行清操知名。王莽时,父子称盲逃,不仕莽世。帝即位,以宋弘荐,征为郎,除符离长。后去官,征为博士。官至大司农。事迹见《后汉书》卷六九下。
  按:《后汉书·儒林列传下》曰:"十三年,卒官,赐钱及冢田。"
  耿纯卒,生年不详。纯字伯山,巨鹿宋子人。曾学于长安,授予纳言士。为东郡太守,封高阳侯、东光侯。事迹见《后汉书》卷二一。
  按:《后汉书·耿纯列传》曰:"十三年,卒官,谥曰成侯。"
  鲁丕(—111)生。
  按:《后汉书》本传载其父卒时七岁,时年在建武十四年,逆推生于建武八年。但同时,《后汉书》本传又载:"(永初)五年,年七十五,卒于官。"按此记载,鲁丕当生于建武十三年。刘跃进《秦汉文学编年史》(商务印书馆 2006 年版)依其享年推断其生年为建武十三年。

汉光武帝建武十四年 戊戌 38 年

正月,起南宫前殿。匈奴遣使奉献,使中郎将报命(《后汉书·光武帝

盖约·凯撒弑
提比略·格曼卢斯。

本纪》)。

是年,莎车国、善耳善国遣使奉献,西域始复通。会稽大疫,死者万数(《后汉书·光武帝本纪》)。

洛阳城新城墙、新城门及南宫前殿建成(《后汉书·光武帝本纪》)。

杜林议省刑罚,光武帝从之(《后汉书·杜林列传》)。

梁统上书言法令太轻(《后汉书·梁统列传》)。

钟离意时为郡督邮,身循行病,活人甚众。

按:《后汉书·钟离意列传》曰:"建武十四年,会稽大疫,死者万数,意独身自隐亲,经给医药,所部多蒙全济。"

杜诗卒,生年不详。诗字君公,河内汲人。少有才能,为政公平。更始时,征召大司马府。造作水排(冶炼用水力鼓风机),铸制农器,修治陂池,广拓土田,郡内比室殷足。世人赞曰:"前有召父(召信臣),后有杜母。"事迹见《后汉书》卷三一。

按:《后汉书·杜诗列传》曰:"十四年,(杜诗)坐遣客为弟报仇,被征,会病卒。"

汉光武帝建武十五年　己亥　39 年

罗马盖约·凯撒平定上莱茵之乱。

二月,徙雁门、代郡、上谷三郡民,置常山关、居庸关以东(《后汉书·光武帝本纪》)。

三月,诏群臣议封建皇子(《后汉书·光武帝本纪》)。

四月戊申,以太牢告祠宗庙。丁巳,使大司空融告庙,封皇子刘辅为右翊公,刘英为楚公,刘阳为东海公,刘康为济南公,刘苍为东平公,刘延为淮阳公,刘荆为山阳公,刘衡为临淮公,刘焉为左翊公,刘京为琅琊公(《后汉书·光武帝本纪》)。

欧阳歙正月为大司徒,十一月下狱死(《后汉书·光武帝本纪》)。

戴涉十二月庚午继欧阳歙为大司徒(《后汉书·光武帝本纪》)。

礼震驰京师,上书求代师欧阳歙入狱,拜郎中。

按:《后汉书·儒林列传上》曰:"平原礼震,年十七,闻狱当断,驰之京师,行到河内获嘉县,自系,上书求代歙死。曰:'伏见臣师大司徒欧阳歙,学为儒宗,八世博士,而以臧咎当获重辜。歙门单子幼,未能传学,身死之后,永为废绝,上令陛下获杀贤之议,下使学者丧师资之益。乞杀臣身以代歙命。'书奏,而歙已死狱中。"《谢承书》曰:"震字仲威。光武嘉其仁义,拜震郎中,后以公事左迁淮阳王厩长。"

陈元辟欧阳歙府,上书追讼歙事。数陈当世便事郊庙之礼,光武帝不从（《后汉书·儒林列传上》）。

按：建武初，陈元与桓谭、杜林、郑兴俱为学者宗。抗言主立《左氏传》博士，帝卒立《左氏》学。太常选试博士，元为第一，以争立事，帝以其次李封为博士。官南阁祭酒。著有《春秋训诂》，今不传。

刘苍四月丁巳封东平公（《后汉书·光武帝本纪》）。

鲍永以韩歆事忤帝意，出为东海相（《后汉书·鲍永列传》）。

贾逵10岁，能诵《六经》。

按：梁章钜《三国志旁证》卷一三引《拾遗记》曰："（贾逵）至十岁，能诵《六经》。姊曰：'吾家贫困，未尝有教者入门，汝安知有《三坟》《五典》而诵无遗句耶？'逵曰：'忆昔姊抱听邻家读书，今万不遗一。'乃剥庭中桑皮为牒，或题扉屏，且诵且记，期年经文通遍。闾里每有观者，称云：'拟古无伦。'"

欧阳歙卒，生年不详。歙字正思，乐安千乘人。为人廉恭礼让，以祖传《伏生尚书》任博士。王莽时任长社宰，后投更始帝刘玄任原武令。东汉建立后任河南尹，封鄱阳侯，后又迁升汝南太守。以任太守时度田不实下狱，诸生诣阙为求哀者千余人。其学生平原人礼震，要求代替欧阳歙一死，未允。事迹见《后汉书》卷七十九上。

按：《后汉书·儒林列传上》曰："济阴曹曾字伯山，从歙受《尚书》，门徒三千人，位至谏议大夫。子祉，河南尹，传父业教授。又陈留陈弇，字叔明，亦受《欧阳尚书》于司徒丁鸿，仕为蕲长。……宋登字叔阳，京兆长安人也。父由，为太尉。登少传《欧阳尚书》，教授数千人。为汝阴令，政为明能，号称'神父'。迁赵相，入为尚书仆射。顺帝以登明识礼乐，使持节临太学，奏定曲律，转拜侍中。数上封事，抑退权臣，由是出为颍川太守。市无二价，道不拾遗。病免，卒于家，汝阴人配社祠之。"

又按：《后汉书·方术列传上》曰："高获字敬公，汝南新息人也。为人尼首方面。少游学京师，与光武有旧。师事司徒欧阳歙。歙下狱当断，获冠铁冠，带鈇锧，诣阙请歙。帝虽不赦，而引见之。谓曰：'敬公，朕欲用子为吏，宜改常性。'获对曰：'臣受性于父母，不可改之于陛下。'出便辞去。"

牟长卒，生年不详。长字君高，乐安临济人。少习《欧阳尚书》。自为博士及在河内，诸生讲学者常有千余人，著录前后万人。著《尚书章句》，皆本之欧阳氏，俗号为《牟氏章句》。子牟纡，又以隐居教授，门生千人。肃宗闻而征之，欲以为博士，道物故。事迹见《后汉书》卷七九上。

按：《后汉书·儒林列传上》曰："复征为中散大夫，赐告一岁，卒于家。"但其具体卒年未明，姑系于是年。

韩歆卒，生年不详。歆字翁君，南阳人，以从攻伐有功，封扶阳侯。好直言，无隐讳。因激怒光武帝坐免归里而自杀。

按：朱学西、张绍勋、张习礼《中国历史大事编年》（第1卷）（北京出版社1987年版）系于是年。

刘嘉卒，生年不详。嘉字孝孙，光武帝族兄。习《尚书》、《春秋》（田普光《后汉儒林传补逸》）。

汉光武帝建武十六年　庚子　40 年

是年，始行五铢钱(《后汉书·光武帝本纪》)。

按：五铢钱始铸于汉武帝元狩五年(前 118)，钱重五铢，上有"五铢"二篆字，故名。从武帝元狩五年到平帝元始年间约一百二十年中，共成钱二百八十亿余。王莽统治期间，屡易货币，并禁用五铢钱，造成极大混乱，但民间仍私用五铢钱。东汉光武帝建武十六年，重铸五铢钱，改由太仆属官考工令主管，郡国也可铸造。东汉五铢钱制作轻薄。灵帝中平三年(186)所铸四出五铢，背面有四道斜文由穿孔的四角直达外廓，亦称"角钱"。汉末董卓于献帝初平初年坏五铢钱更铸小钱，这是汉政权最后一次铸钱，结果是货轻物贵，谷一斛至数十万，一度钱货不行。东汉以后各朝，仍继续沿用五铢。五铢钱从汉武帝铸造一直到唐高祖武德四年(621)废罢，流行了七百多年。

最早的基督教堂约于此时在希腊科林斯建成。

周泽以耿介辟大司马府，署议曹祭酒。数月，以《公羊严氏春秋》征试博士。

按：周泽之辟《东观汉记》谓在此年，《后汉书》本传谓在建武末。

马援倡言复行五铢钱(《资治通鉴》卷四三)。

班固 9 岁，能属文、诵诗赋。

按：《后汉书·班固列传》曰："(班固)年九岁，能属文诵诗赋"。

王隆卒(前 10—　)。隆字文山，冯翊云阳人。王莽时，以父任为郎，后避难河西，为窦融左护军。建武中，为新汲令。能文章，所著诗、赋、铭、书凡二十六篇。著《汉官篇》，足以知旧制仪品。事迹见《后汉书》卷八上。

按：陆侃如《中古文学系年》定其卒年于建武十六年；吴文治《中国文学史大事年表》定其卒年于建武二十一年。今从陆侃如说。

汉光武帝建武十七年　辛丑　41 年

禁卫军杀盖约·凯撒，立克劳狄一世。

四月乙卯，光武帝南巡狩，皇太子及右翊公刘辅、楚公刘英、东海公刘阳、济南公刘康、东平公刘苍从。幸颍川，进幸叶、章陵(《后汉书·光武帝本纪》)。

五月乙卯，光武帝还宫(《后汉书·光武帝本纪》)。

十月辛巳，废皇后郭氏为中山太后，立贵人阴丽华为皇后。刘辅徙封为中山王，并食常山郡；刘苍进爵为东平王(《后汉书·光武帝本纪》)。

甲申，光武帝幸章陵，修园庙，祠旧宅，观田庐，置酒作乐，赏赐。悉为舂陵宗室起祠堂，言欲以柔道治天下(《后汉书·光武帝本纪》)。

按：建武二年，郭后因生一男被立为皇后，其子刘彊被立为皇太子(建武十九年被废)。建武十七年因弹劾宋弘而失帝宠，故被废皇后改立中山王太后。

是年，莎车国遣使贡献(《后汉书·光武帝本纪》)。

伏恭青州举为尤异，太常试经第一，拜博士，迁常山太守。敦修学校，教授不辍，由是北州多为伏氏学(《后汉书·儒林列传下》)。

按：《后汉书·儒林列传下》曰："(伏恭)建武四年，除剧令。视事十三年，以惠政公廉闻。青州举为尤异，太常试经第一，拜博士，迁常山太守。郭修学校，教授不辍，由是北州多为伏氏学。"

张兴建武中举孝廉为郎，谢病去，复归聚徒。后辟司徒冯勤府，迁博士。

按：《后汉书·儒林列传下》曰："张兴字君上，颍川鄢陵人也。习《梁丘易》以教授。建武中，举孝廉为郎，谢病去，复归聚徒。后辟司徒冯勤府，勤举为教廉，稍迁博士。"

甄宇建武中为州从事，拜博士。

按：《后汉书·儒林列传下》曰："甄宇字长文，北海安丘人也。清净少欲。习《严氏春秋》，教授常数百人。建武中，为州从事，征拜博士，稍迁太子少傅，卒于官。传业子普，普传子承。承尤笃学，未尝视家事，讲授常数百人。诸儒以承三世传业，莫不归服之。建初中，举孝廉，卒于梁相。子孙传学不绝。"

楼望建武中以赵节王栩闻其高名，遣使赍玉帛请以为师，不受。

按：《后汉书·儒林列传下》曰："楼望字次子，陈留雍丘人也。少习《严氏春秋》。操节清白，有称乡闾。建武中，赵节王栩闻其高名，遣使赍玉帛请以为师，望不受。后仕郡功曹。"

杨仁建武中诣师习《韩诗》，数年归，静居教授。

按：《后汉书·儒林列传下》曰："杨仁字文义，巴郡阆中人也。建武中，诣师学习《韩诗》，数年归，静居教授。仕郡为功曹，举孝廉，除郎。太常上仁经中博士，仁自以年未五十，不应旧科，上府让选。"

严光被复特征，不至(《后汉书·逸民列传》)。

郅恽议皇后废立；又上书太子说以《春秋》之义。

按：《后汉书·申屠刚鲍永郅恽列传》曰："后令恽授皇太子《韩诗》，侍讲殿中。及郭皇后废。恽乃言于帝曰：'臣闻夫妇之好，父不能得之于子，况臣能得之于君乎？是臣所不敢言。虽然，愿陛下念其可否之计，无令天下有议社稷而已。'帝曰：'恽善恕己量主，知我必不有所左右而轻天也。'后既废，而太子意不自安，恽乃说太子曰：'久处疑位，上违孝道，下近危殆。昔高宗明君，吉甫贤臣，及有纤介，放逐孝子。《春秋》之义，母以子贵。太子宜因左右及诸皇子引愆退身，奉养母氏，以明圣教，不背所生。'太子从之，帝竟听许。"

戴凭为侍中,数进见问得失;拜虎贲中郎将,以侍中兼领之。

按:《后汉书·儒林列传》曰:"戴凭字次仲,汝南平舆人也。习《京氏易》。年十六,郡举明经,征试博士,拜郎中。时,诏公卿大会,群臣皆就席,凭独立。光武问其意。凭对曰:'博士说经皆不如臣,而坐居臣上,是以不得就席。'帝即召上殿,令与诸儒难说,凭多所解释。帝善之,拜为侍中,数进见问得失。帝谓凭曰:'侍中当匡补国政,勿有隐情。'凭对曰:'陛下严。'帝曰:'朕何用严?'凭曰:'伏见前太尉西曹掾蒋遵,清亮忠孝,学通古今,陛下纳肤受之诉,遂致禁锢,世以是为严。'帝怒曰:'汝南子欲复党乎?'凭出,自系廷尉,有诏敕出。后复引见,凭谢曰:'臣无謇谔之节,而有狂瞽之言,不能以尸伏谏,偷生苟活,诚惭圣朝。'帝即敕尚书解遵禁锢,拜凭虎贲中郎将,以侍中兼领之。"

马援为伏波将军,往皖成讨巫者李广,又南征交趾(《后汉书·马援列传》)。

鲁恭15岁,入太学习《鲁诗》。

按:《后汉书·鲁恭列传》曰:"十五,与母及丕俱居太学,习《鲁诗》,闭户讲诵,绝人间事,兄弟俱为诸儒所称,学士争归之。"

杨终13岁,诣京师,学《春秋》。

按:《后汉书·杨终列传》曰:"年十三,为郡小吏,太守奇其才,遣诣京师受业,习《春秋》。"

包咸建武中著《论语章句》。

按:《后汉书·儒林列传下》曰:"建武中,入授皇太子《论语》,又为其章句。拜谏议大夫、侍中、右中郎将。"姑系于是年。

洼丹卒(前28—)。丹字子玉,南阳育阳人。世传《孟氏易》。王莽时常避世教授,专志不仕,徒众数百人。学义研深,《易》家宗之,称为大儒。建武初为博士,十一年为大鸿胪。著《易通论》7篇,世号"洼君通"。事迹见《后汉书》卷七九上。

按:《后汉书·儒林列传上》曰:"十七年,卒于官,年七十。"

冯豹(—71)生。

按:陆侃如《中古文学系年》据《后汉书·冯衍列传》推定冯豹生于建武十七年(41)。

汉光武帝建武十八年　壬寅　42年

二月甲寅,光武帝西巡狩,幸长安(《后汉书·光武帝本纪》)。

三月壬午,光武帝祠高庙,遂有事十一陵。历冯翊界,进幸蒲坂,祠后土(《后汉书·光武帝本纪》)。

四月癸酉，光武帝还宫。甲申，光武帝幸河内（《后汉书·光武帝本纪》）。

十月庚辰，光武帝幸宜城。还，祠章陵（《后汉书·光武帝本纪》）。

十二月乙丑，光武帝还宫（《后汉书·光武帝本纪》）。

是年，罢州牧，置刺史（《后汉书·光武帝本纪》）。

按：西汉武帝元封四年（前107）下诏置幽、并、兖、徐、豫、荆、扬、益、凉、朔方、交趾等十三州，每州设刺史。其职责为是巡视各州辖郡、国，省察治状，断理冤案，将考察结果上报朝廷。西汉成帝时改刺史为州牧。哀帝初，复为刺史，不久又称州牧。建武十八年，罢州牧，置刺史，并强化刺史职权，加强了对地方行政的控制。东汉灵帝中平五年（188），又改刺史为州牧，选清重名臣以居其任。

许杨为汝南太守邓晨都水掾（《后汉书·方术列传》）。

马援击交趾徵侧等（《后汉书·马援列传》）。

汉光武帝建武十九年　癸卯　43年

正月庚子，追尊孝宣皇帝曰中宗。始祠昭帝、元帝于太庙，成帝、哀帝、平帝于长安，舂陵节侯以下四世于章陵（《后汉书·光武帝本纪》）。

单臣、傅镇等反，据原武，遣太中大夫臧宫围之（《后汉书·光武帝本纪》）。

六月戊申，以《春秋》诏更立皇太子，废皇太子刘彊为东海王，立刘阳为皇太子，改名刘庄（《后汉书·光武帝本纪》）。

按：诏曰："《春秋》之义，立子以贵。东海王阳，皇后之子，宜承大统。"

九月，光武帝南巡狩。壬申，幸南阳，进幸汝南南顿县舍，置酒会。进幸淮阳、梁、沛（《后汉书·光武帝本纪》）。

是年，复置函谷关都尉；修西京宫室（《后汉书·光武帝本纪》）。

张纯等议宗庙之礼，以为宜除今亲庙。

按：《后汉书·张纯列传》曰："纯以宗庙未定，昭穆失序，十九年，乃与太仆朱浮共奏言：'陛下兴于匹庶，荡涤天下，诛锄暴乱，兴继祖宗。窃以经义所纪，人事众心，虽实同创革，而名为中兴，宜奉先帝，恭承祭祀者也。元帝以来，宗庙奉祠高皇帝为受命祖，孝文皇帝为太宗，孝武皇帝为世宗，皆如旧制。又立亲庙四世，推南顿君以上尽于舂陵节侯。礼，为人后者则为之子，既事大宗，则降其私亲。今禘祫高庙，陈序昭穆，而舂陵四世，君臣并列，以卑厕尊，不合礼意，设不遭王莽，而国嗣无寄，推求宗室，以陛下继统者，安得复顾私亲，违礼制乎？昔高帝以自受命，不由太上，宣帝以孙后祖，不敢私亲，故为父立庙，独群臣侍祠。臣愚谓宜除今亲庙，以则二帝旧典，愿下有司博采其议。'诏下公卿，大司徒戴涉、大司空窦融议：'宜以宣、元、成、哀、平五帝四世代今亲庙，宣、元皇帝尊为祖、父，可亲奉祠，成帝以下，有司行事，别为南顿君

罗马取小亚吕底亚。

罗马克劳狄一世亲征不列颠。

立皇考庙。其祭上至舂陵节侯,群臣奉祠,以明尊尊之敬,亲亲之恩。'帝从之。是时宗庙未备,自元帝以上,祭于洛阳高庙,成帝以下,祠于长安高庙,其南顿四世,随所在而祭焉。"

又按：东汉建国伊始,沿袭西汉中后期确立的"一祖二宗四宗庙"七庙制度。建武元年,洛阳立庙,祀西汉高、文、武三帝,以明正朔所在。次年,邓禹"修礼谒祠高庙,汉十一帝神主,遣使奉诣洛阳"。因为洛阳有了西汉高祖、太宗文帝、世宗武帝三座不迁毁的"祖"、"宗"庙。所以,建武三年,光武帝在洛阳立四亲庙,祀亲生高祖父刘买以下四世祖先。从庙数上来说,东汉庙制与古礼及西汉制度虽然并无不符之处,但是光武帝承统西汉皇帝大宗而崇祀本生私亲的举措却违背了儒家经典记载的周礼相标榜、秉持以尊祖敬宗为核心内容的宗法伦理原则。因为,按照宗法原则,宗族大宗的血缘统系不可中绝。如果大宗统系中绝,则应选择同宗族中血统关系未尽之支系承嗣"宗统"。承嗣者应虔敬于所承大宗,对其私亲(如亲生父、母及其他直系祖先)所执之礼则相应有所减损。因此,发生了此年关于宗庙礼议事件。此后,光武帝接受大臣建议,做了折衷之举:西汉六帝中,只有元帝在洛阳宗庙中受祭,而成、哀、平三帝则在西汉故都长安原高庙中,由有关官吏代表皇帝进行祭祀,待亲尽后依次迁毁。(郭善兵《东汉皇帝高庙礼制考论》,《华东师范大学学报》2004年第5期)

班彪免徐令,返洛阳,为司徒掾,上疏建言为太子和诸王置官属配师保,光武帝纳之(《后汉书·班彪列传》)。

包咸入授皇太子刘庄《论语》,拜谏议大夫,侍中,右中郎将(《后汉书·儒林列传下》)。

何汤为虎贲中郎将,以《尚书》授太子(《后汉书·桓荣列传》)。

桓荣辟大司徒府,以弟子何汤荐,被召说《尚书》,拜议郎,赐钱十万,使入授太子。每朝会辄令荣于公卿前敷奏经书。拜博士。

按：《后汉书·桓荣丁鸿传》曰："建武十九年,年六十余,始辟大司徒府。时,显宗始立为皇太子,选求明经,乃擢荣弟子豫章何汤为虎贲中郎将,以《尚书》授太子。世祖从容问汤本师为谁,汤对曰:'事沛国桓荣。'帝即召荣,令说《尚书》,甚善之。拜为议郎,赐钱十万,入使授太子。每朝会,辄令荣于公卿前敷奏经书。帝称善。……论曰:伏氏自东西京相袭为名儒,以取爵位。中兴而桓氏尤盛。自桓荣至典,世宗其道,父子兄弟代作帝师,受其业者皆至卿相,显乎当世。孔子曰:'古之学者为己,今之学者为人。'为人者凭誉以显物,为己者因心以会道。桓荣之累世见宗,岂其为己乎?"桓荣以习《欧阳尚书》世代为师傅。荣以太子太傅授明帝经;其子郁官至侍中、奉车都尉,授章帝、和帝经;孙焉官至太尉,封阳平侯,授安帝、顺帝经。

彭闳以桓荣荐为议郎(《后汉书·桓荣列传》)。

皋弘以桓荣荐为议郎(《后汉书·桓荣列传》)。

冯衍交结外戚卫尉阴兴、新阳侯阴就,致书阴就,乞代为说项,寻为司隶从事(《后汉书·冯衍列传》)。

马援伏波将军诛二徵,交趾平;徙当地部族三百余口于零陵;树两铜柱于象林南界,与西屠国分汉之南疆,土人以之流寓,号曰"马流"。

按：张秀民《马援传》(《中国东南亚研究会通讯》1987年第1—4期)说:马援南征,建筑城郭,开辟水陆交通线路,兴修水利,灌溉农田发展经济改善生活;健全郡县制度;废除落后法律法规,实施汉朝法律法令;居民互迁,促进了交趾地区封建化进程和社会经济发展及南北文化交流。"元代安南人家门首,必有小祠,刻木为像,朔望陈于庭,老稚罗拜,其神曰'马大人',盖即马伏波也。至清代仍有伏波庙,其灵爽视明英国公张辅尤赫,自国王以下,罔不望门瞻礼,岁时祷祠。"明代黄佐《横州伏波庙》曰:"高滩危石锁崔嵬,长夏烟云午未开。南海楼船从此去,中原冠冕至今来。武陵一曲风尘静,铜柱孤标日月回。千载伏波祠宇在,汉京何处有云台?"

郅恽劝刘彊辞太子封(《后汉书·郅恽列传》)。

杜林为东海王刘彊傅(《后汉书·杜林列传》)。

周防仕郡小吏,九月以试经能诵读,拜汝南郡守丞,以未冠谒去。

按:《后汉书·儒林列传下》曰:"周防字伟公,汝南汝阳人也。父扬,少孤微,常修逆旅,以供过客,而不受其报。防年十六,仕郡小吏。世祖巡狩汝南,召掾史试经,防尤能诵读,拜为守丞。防以未冠,谒去。师事徐州刺史盖豫,受《古文尚书》。经明,举孝廉,拜郎中。撰《尚书杂记》三十二篇,四十万言。太尉张禹荐补博士,稍迁陈留太守,坐法免。年七十八,卒于家。子举,自有传。"光武帝南巡狩进幸汝南南顿县舍,事在本年九月,故系于此。

王充17岁,试学僮,出为史。

按:刘跃进《秦汉文学编年史》系于是年。

严光卒(前37—)。光字子陵,一名遵,会稽余姚人。少有高名,与光武帝同游学。及光武即位,乃变名姓,隐身不见。乃耕于富春山,后人名其钓处为严陵濑。事迹见《后汉书》卷八三。

按:《后汉书·逸民列传》曰:"建武十七年,复特征,不至。年八十,终于家。"

罗马蓬庞尼·梅拉约于是年以拉丁文撰成《地理图志》《世界概述》。

汉光武帝建武二十年　甲辰　44年

二月戊子,光武帝还宫(《后汉书·光武帝本纪》)。
五月,匈奴寇上党、天水,遂至扶风(《后汉书·光武帝本纪》)。
六月乙未,徙中山王刘辅为沛王(《后汉书·光武帝本纪》)。
十月,东巡狩,甲午,幸鲁,进幸东海、楚、沛国(《后汉书·光武帝本纪》)。
十二月,壬寅,光武帝还宫(《后汉书·光武帝本纪》)。
是年,省五原郡,徙其吏人置河东(《后汉书·光武帝本纪》)。

蔡茂六月庚寅为大司徒(《后汉书·光武帝本纪》)。
窦融四月免大司空,寻加位特进,行卫尉事,兼将作大匠(《后汉书·光武帝本纪》)。
朱浮六月庚寅为大司空(《后汉书·光武帝本纪》)。
张纯代朱浮为太仆(《后汉书·张纯列传》)。
钟兴封为关内侯,辞不受(《后汉书·儒林列传下》)。

刘昆为侍中，与侍中丁恭俱在光武左右，每事谘访（《后汉书·儒林列传下》）。

丁恭拜侍中、祭酒、骑都尉，与侍中刘昆俱在光武左右，每事谘访（《后汉书·儒林列传下》）。

按：《后汉书·儒林传》曰："二十年，拜侍中祭酒、骑都尉，与侍中刘昆俱在光武左右，每事谘访焉。"

杜林代丁恭为少府（《后汉书·杜林列传》）。

杜笃以忤美阳令入京师狱，在狱中为吴汉作诔，免刑。

按：《后汉书·文苑列传上》曰："杜笃字季雅，京兆杜陵人也。高祖延年，宣帝时为御史大夫。笃少博学，不修小节，不为乡人所礼。居美阳，与美阳令游，数从请托，不谐，颇相恨。令怒，收笃送京师。会大司马吴汉薨，光武诏诸儒诔之，笃于狱中为诔，辞最高，美帝之，赐帛免刑。"

王充至京师，受业太学，师事扶风班彪，好博览而不守章句，家贫无书，常游洛阳市肆，阅所卖书，一见辄能诵忆，遂通众流百家之言（《后汉书·王充列传》）。

班固13岁，为王充所称，谓其必记汉事，必为天下知名。

按：《后汉书·班固列传》李贤注曰："《谢承书》曰：固年十三，王充见之，拊其背，谓彪曰：此儿必记汉事。"

钟兴奉命定《春秋章句》。

按：《后汉书·儒林列传下》曰："钟兴字次文，汝南汝阳人也。少从少府丁恭受《严氏春秋》。恭荐兴学行高明，光武召见，问以经义，应对甚明。帝善之，拜郎中，稍迁左中郎将。诏令定《春秋》章句，去其复重，以授皇太子。又使宗室诸侯从兴受章句。封关内侯。兴自以无功，不敢受爵。帝曰：'生教训太子及诸王侯，非大功邪？'兴曰：'臣师于恭。'于是复封恭，而兴遂固辞不受爵，卒于官。"

又按：《后汉书·儒林列传下》曰："二十年，拜侍中祭酒、骑都尉，与侍中刘昆俱在光武左右，每事谘访焉。卒于官。"姑系于是年。

班彪作《奏事》。

按：谓"太学明堂辟雍者，礼乐之府，读书之林"（严可均《全后汉文》卷二三）。

杜笃作《论都赋》。

按：曹金华《试论东汉的迁都思潮及其影响》（《江苏社会科学》1992年第3期）："建武二十年，杜笃以'关中表里山河，先帝旧京，不宜改营洛邑'为由，向光武上奏了主张迁都的《论都赋》一文。……《论都赋》上奏皇帝后，朝廷上下一片哗然。关中'耆老闻者'，更是'皆动怀土之心，莫眷然泞立西望'。于是一股巨大的迁都思潮就此形成。"

丁恭约卒，生年不详。恭字子然，山阳东缗人。习《公羊严氏春秋》。学义精明，教授常数百人。曾任谏议大夫、博士，封关内侯，后升为侍中祭酒、骑都尉，卒于任上。事迹见《后汉书》卷六九下。

按：据《后汉书·儒林列传下》载"二十年，拜侍中祭酒、骑都尉，……卒于官"，则丁恭应卒于是年或之后。

李尤（　—126）生。

　　按：《后汉书·文苑列传上》曰："李尤字伯仁，广汉雒人也。少以文章显。……顺帝立，迁乐安相。年八十三卒。"陆侃如《中古文学系年》、刘跃进《秦汉文学编年史》认为，以顺帝永建元年卒年八十三推之，当生于本年。

汉光武帝建武二十一年　乙巳　45年

十月，遣伏波将军马援出塞击乌桓，不克。匈奴寇上谷、中山（《后汉书·光武帝本纪》）。

冬，西域鄯耆鄯王、车师王等十六国遣子入侍奉献，请置都护，光武帝不许，还其侍子，厚家赏赐（《后汉书·光武帝本纪》）。

周防师事盖豫，受《古文尚书》（《后汉书·儒林列传上》）。

基督教始传入塞浦路斯。

汉光武帝建武二十二年　丙午　46年

闰正月丙戌，幸长安，祠高庙，遂有事十一陵（《后汉书·光武帝本纪》）。

九月戊辰，诏免南阳租，遣谒者按行，减死罪，解刑徒，赐棺钱，收死者（《后汉书·光武帝本纪》）。

朱浮十月壬子免大司空（《后汉书·光武帝本纪》）。

杜林十月复为光禄勋，癸丑为大司空（《后汉书·光武帝本纪》）。

刘昆代杜林为光禄勋，令入授皇太子及诸王小侯五十余人。

　　按：《后汉书·儒林列传上》曰："（建安）二十二年，征代杜林为光禄勋。诏问昆曰：'前在江陵，反风灭火，后守弘农，虎北度河，行何德政而致是事？'昆对曰：'偶然耳。'左右皆笑其质讷。帝叹曰：'此乃长者之言也。'顾命书诸策。乃令入授皇太子及诸王小侯五十余人。"

杜笃为郡文学掾（《后汉书·文苑列传上》）。

郭宪约卒（约前24—　）。宪字子横，汝南宋人。少师事东海王仲子。王莽篡位后，拜郭宪郎中，赐以衣服。郭宪受衣焚之，逃于东海之滨。光武即位，求天下有道之人，乃征郭宪拜博士。再迁，建武七年，代张堪为光

罗马置行省于色雷斯，遂尽取巴尔干山脉以北至多瑙河之地。

禄勋。多次谏光武帝,不听,遂以病辞退,卒于家。事迹见《后汉书》卷八二上。

按：郭宪卒年不详,姑系于是年。

汉光武帝建武二十三年　丁未　47年

正月,南郡蛮叛,遣武将军刘尚讨破之,徙其种人于江夏(《后汉书·光武帝本纪》)。

十月,高句丽率种人诣乐浪内属(《后汉书·光武帝本纪》)。

是年,匈奴薁鞬日逐王比率部曲遣使诣西河内附(《后汉书·光武帝本纪》)。

张纯十月丙申为大司空(《后汉书·光武帝本纪》)。

按：《后汉书·张纯列传》曰："二十三年,代杜林为大司空。在位慕曹参之迹,务于无为,选辟掾史,皆知名大儒。"

班彪复辟为司徒玉况掾,与司徒掾尹敏为莫逆交(《后汉书·班彪列传》)。

赵晔始诣杜抚受《韩诗》,二十年绝闻不还。

按：《后汉书·儒林列传下》曰："少尝为县吏,奉檄迎督邮,晔耻于斯役,遂弃车马去。到犍为资中,诣杜抚受《韩诗》,究竟其术。积二十年,绝问不还,家为发丧制服。抚卒乃归。州召补从事,不就。举有道。卒于家。晔著《吴越春秋》、《诗细历神渊》。蔡邕至会稽,读《诗细》而叹息,以为长于《论衡》。邕还京师,传之,学者咸诵习焉。"赵晔师事杜抚不知何年,姑系于此。赵晔著有《吴越春秋》12卷、《诗道微》11篇、《韩诗谱》2卷、《历神渊》1卷。

班固16岁,入洛阳太学,博览群经九流百家之说(《后汉书·崔骃列传》)。

按：吴文治《中国文学史大事年表》系于是年。

班彪始论前史得失,作《史记论》,著《史记后传》65篇。

按：《后汉书·班彪列传》曰："帝雅闻彪才,因召入见,举司隶茂才,拜徐令,以病免。后数应三公之命,辄去。彪既才高而好述作,遂专心史籍之间。武帝时,司马迁著《史记》,自太初以后,阙而不录,后好事者颇或缀集时事,然多鄙俗,不足以踵继其书。彪乃继采前史遗事,傍贯异闻,作后传数十篇,因斟酌前史而讥正得失。其略论曰：'唐、虞三代,《诗》、《书》所及,世有史官,以司典籍,暨于诸侯,国自有史,故《孟子》曰："楚之《梼杌》,晋之《乘》,鲁之《春秋》,其事一也。"定、哀之间,鲁君子左丘明论集其文,作《左氏传》三十篇,又撰异同,号曰《国语》,二十一篇,由是《乘》、《梼杌》之事遂闇,而《左氏》、《国语》独章。又有记录黄帝以来至春秋时帝王公侯卿大夫,号曰《世本》，一十五篇。春秋之后，七国并争，秦并诸侯，则有《战国策》三十三篇。汉兴定天下，太中大夫陆贾记录时功，作《楚汉春秋》九篇。孝武之世，太史令司马迁采《左氏》、《国语》，删《世本》、《战国策》，据楚、汉列国时事，上自黄帝，下讫获麟，作本纪、世家、列传、书、表百三十篇，而十篇缺焉。迁之所记，从汉元至武以绝，则其功也。至于采经摭传，分散百家之事，甚多疏略，不如其本，务欲以多闻广载为功，论议浅而不笃。其论术学，则崇黄老而薄《五经》；序货殖，则轻仁义而羞贫穷；道游侠，则贱守节而贵俗功；此其大敝伤道，所以遇极刑之咎也。然善述序事理，辩而不华，质而不野，文质相称，盖良史之才也。诚令迁依《五经》之法言，同圣人之是非，意亦庶几矣。夫百家之书，犹可法也。若《左氏》、《国语》、《世本》、《战国策》、《楚汉春秋》、《太史公书》，今之所以知古，后之所由观前，圣人之耳目也。司马迁序帝王则曰本纪，公侯传国则曰世家，卿士特起则曰列传。又进项羽、陈涉而黜淮南、衡山，细意委曲，条例不经。若迁之著作，采获古今，贯穿经传，至广博也。一人之精，文重思烦，故其书刊落不尽，尚有盈辞，多不齐一。若序司马相如，举郡县，著其字，至萧、曹、陈平之属，及董仲舒并时之人，不记其字，或县而不郡者，盖不暇也。今此后篇，慎核其事，整齐其文，不为世家，惟纪、传而已。传曰：'杀史见极，平易正直，《春秋》之义也。'"后班固撰《汉书》，纯以此论为改修《史记》之出发点。班彪续写《史记后传》的确切时间不详，《后汉书·班彪列传》将此事记载在"彪复辟司徒玉况府"前，故系于此。

蔡茂卒（前25—　）。茂字子礼，河内怀人。哀、平间，以儒学显，征试博士，对策陈灾异，以高第拜议郎，迁侍中，王莽时，以病自免，不仕莽朝。更始时，避乱河西，窦融以为张掖太守，辞。建武时，为议郎、广汉太守、大司徒。事迹见《后汉书》卷二六。

按：《后汉书·蔡茂列传》曰："建武二十年，代戴涉为司徒，在职清俭匪懈。二十三年薨于位，时年七十二。"

杜林卒，生年不详。林字伯山，扶风茂陵人。少好学沈深，从张竦学，博洽多闻，时称通儒。教授古学，传《漆书古文尚书》。建武中为侍御史、大司徒、大司空。工古文，著有《仓颉训纂》、《仓颉故》各1篇。帝亲临丧送葬。事迹见《后汉书》卷二七。

按：《后汉书·杜林列传》曰："二十二年，复为光禄勋。顷之，代朱浮为大司空。博雅多通，称为任职相。明年薨，帝亲自临丧送葬，除子乔为郎。"《仓颉训纂》、《仓颉故》属小学一类书，《汉书·艺文志》载之。

汉光武帝建武二十四年　戊申　48年

正月乙亥，诏大赦天下。匈奴奠鞬日逐王比遣使款五原塞，求扞御北虏(《后汉书·光武帝本纪》)。

罗马人授高卢贵族以公民权。

十月，匈奴薁鞬日逐王比自立为南单于，于是分为南、北匈奴(《后汉书·光武帝本纪》)。

按：以比为代表的南部的八部匈奴为南匈奴，依附汉朝；以单于蒲奴为代表的北部匈奴留居漠北，即北匈奴。

是年，凉州民作《樊晔歌》，又名《凉州歌》。

按：《后汉书·酷吏列传》曰："隗嚣灭后，陇右不安，乃拜晔为天水太守。政严猛，好申、韩法，善恶立断。人有犯其禁者，率不生出狱，吏人及羌胡畏之。道不拾遗。行旅至夜，聚衣装道傍，曰'以付樊公'。凉州为之歌曰：'游子常苦贫，力子天所富。宁见乳虎穴，不入冀府寺。大笑期必死，忿怒或见置。嗟我樊府君，安可再遭值！'"

张纯是年上穿杨渠，引洛水为漕，百姓得其利(《后汉书·张纯列传》)。

包咸拜谏议大夫(《后汉书·儒林列传下》)。

马援、耿舒、刘匡、孙永七月讨武陵蛮(《后汉书·马援列传》)。

王充离洛阳太学，辞师班彪，为县功曹(钟肇鹏《王充年谱》)。

汉光武帝建武二十五年　己酉　49 年

正月，辽东徼外貊人寇右北平、渔阳、上谷、太原，辽东太守祭肜招降之(《后汉书·光武帝本纪》)。

是月，南单于遣使诣阙贡献，奉蕃称臣；又遣其左贤王击破北匈奴，却地千余里(《后汉书·光武帝本纪》)。

是年，乌桓大人率众内属，诣阙朝贡(《后汉书·光武帝本纪》)。

朱浮封新息侯(《后汉书·朱浮列传》)。

郑众不与皇太子、山阳王交通。

按：《后汉书·郑范陈贾张列传》曰："(郑兴)子众。众字仲师。年十二，从父受《左氏春秋》。精力于学，明《三统历》，作《春秋难记条例》，兼通《易》、《诗》，知名于世。建武中，皇太子及山阳王荆，因虎贲中郎将梁松以缣帛聘请众，欲为通义，引籍出入殿中。众谓松曰：'太子储君，无外交之义，汉有旧防，蕃王不宜私通宾客。'遂辞不受。松复风众以'长者意，不可逆'。众曰：'犯禁触罪，不如守正而死。'太子及荆闻而奇之，亦不强也。及梁氏事败，宾客多坐之，惟众不染于辞。"《后汉书·儒林列传上》曰："中兴，郑众传《周官经》，后马融作《周官传》，授郑玄，玄作《周官注》。玄本习《小戴礼》，后以古经校之，取其义长者，故为郑氏学。玄又注小戴所传《礼记》四十九篇，通为《三礼》焉。"

又按：《后汉书·马援列传》有载二十五年(49 年)春，马援率部南征失利，光武帝就派虎贲中郎将梁松责问马援。《后汉书·郑范陈贾张列传》"因虎贲中郎将梁松以缣帛聘请众,欲为通义,引籍出入殿中"云云,姑系于是年。

班彪上书请设护乌桓校尉,专门管理内附的乌桓人,帝从之(《后汉书·乌桓列传》)。

按:护乌桓校尉府是两汉魏晋王朝监领统辖归附中央王朝的乌桓、鲜卑诸部事务的官属机构,其长官设"护乌桓校尉一人,比二千石"(《后汉书·百官志五》)。

马援三月破武陵蛮于临沅(《后汉书·马援列传》)。

朱勃上书陈马援功,书奏报,归田里(《后汉书·马援列传》)。

卫飒由桂阳太守征还,光武帝欲以为少府,以疾归家(《后汉书·循吏列传》)。

钟离意迁堂邑令(《后汉书·钟离意列传》)。

宋均为辰阳令,矫诏抚武陵蛮(《后汉书·宋均列传》)。

王充在洛阳书肆观书。

按:《后汉书·王充列传》曰:"家贫无书,常游洛阳市肆,阅所卖书,一见辄能诵忆,遂博通众流百家之言。"

贾逵在太学,通五经,以《大夏侯尚书》教授。

按:《后汉书·贾逵列传》曰:"逵悉传父业,弱冠能诵《左氏传》及《五经》本文,以《大夏侯尚书》教授,虽为古学,兼通五家《穀梁》之说。自为儿童,常在太学,不通人间事。身长八尺二寸,诸儒为之语曰:'问事不休贾长头。'性恺悌,多智思,俶傥有大节。尤明《左氏传》、《国语》。"

马援作《诫兄子严敦书》。

按:《后汉书·马援列传》曰:"初,兄子严、敦并喜讥议,而通轻侠客。援前在交阯,还书诫之曰:'吾欲汝曹闻人过失,如闻父母之名,耳可得闻,口不可得言也。好论议人长短,妄是非正法,此吾所大恶也,宁死不愿闻子孙有此行也。汝曹知吾恶之甚矣,所以复言者,施衿结褵,申父母之戒,欲使汝曹不忘之耳。龙伯高敦厚周慎,口无择言,谦约节俭,廉公有威,吾爱之重之,愿汝曹效之。杜季良豪侠好义,忧人之忧,乐人之乐,清浊无所失,父丧致客,数郡毕至,吾爱之重之,不愿汝曹效也。效伯高不得,犹为谨敕之士,所谓刻鹄不成尚类鹜者也。效季良不得,陷为天下轻薄子,所谓画虎不成反类狗者也。讫今季良尚未可知,郡将下车辄切齿,州郡以为言,吾常为寒心,是以不愿子孙效也。'季良名保,京兆人,时为越骑司马。保仇人上书,讼保'为行浮薄,乱群惑众,伏波将军万里还书以诫兄子,而梁松、窦固以之交结,将扇其轻伪,败乱诸夏'。书奏,帝召责松、固,以讼书及援诫书示之,松、固叩头流血,而得不罪。诏免保官。"此文,《资治通鉴》卷四四系于是年,今从之。

马援卒(前13—)。援字文渊,扶风茂陵人。其先赵奢为赵将,号曰马服君,子孙因为氏。武帝时,以吏二千石自邯郸徙焉。曾祖父通,以功封重合侯,坐兄何罗反,被诛,故援再世不显。援三兄况、余、员,并有才能,王莽时皆为二千石。少有大志,尝受《齐诗》,意不能守章句。王莽时为郡督邮,坐事亡命,遇赦,辟卫将军王林府,拜新城大尹。莽败避地凉州,为隗嚣绥德将军。为伏波将军,封新息侯。曾上书请正印文,于统一文字使用有益。事迹见《后汉书》卷二四。

按：《后汉书·马援列传》曰："二十四年，武威将军刘尚击武陵五溪蛮夷，深入，军没，援因复请行。……明年春，军至临乡，遇贼攻县，援迎击，破之，斩获二千余人，皆散走入竹林中。……三月，进营壶头。贼乘高守隘，水疾，船不得上。会暑甚，士卒多疫死，援亦中病，遂困……帝乃使虎贲中郎将梁松乘驿责问援，因代监军。会援病卒，松宿怀不平，遂因事陷之。"由此可知，马援卒于是年。

班昭（　—120）、周磐（　—121）生。

按：关于班昭的生年，吴海林、李延沛《中国历史人物生卒年表》（黑龙江人民出版社 1981 年版）、陆侃如《中古文学系年》都系于是年。关于周磐的生年，吴文治《中国文学史大事年表》（黄山书社 1987 年版）系于是年。

汉光武帝建武二十六年　庚戌　50 年

正月，诏增百官俸，其千石以上，减于西京旧制；六百石以下，增于旧秩（《后汉书·光武帝本纪》）。

是年，初作寿陵（《后汉书·光武帝本纪》）。

按：李贤注曰："初作陵未有名，故号寿陵，盖取久长之义也。汉自文帝以后皆预作陵，今循旧制也。"

是年，授南单于玺绶，令入居云中，始置使匈奴中郎将，将兵卫护之。南单于遣子入侍，奉奏诣阙。云中、五原、朔方、北地、定襄、雁门、上谷、代八郡民归本土（《后汉书·光武帝本纪》）。

张纯受诏以《春秋》言禘祫之制，光武帝从之（《后汉书·张纯列传》）。

按：《后汉书·祭祀志下》曰："二十六年，有诏问张纯，禘祫之礼不施行几年。纯奏：'礼，三年一祫，五年一禘。毁庙之主，陈于太祖；未毁庙之主，皆升，合食太祖；五年再殷祭。旧制，三年三祫，毁庙主合食高庙，存庙主未尝合。元始五年，始行禘礼。父为昭，南向；子为穆，北向。父子不并坐，而孙从王父。禘之为言谛，禘諟昭穆，尊卑之义。以夏四月阳气在上，阴气在下，故正尊卑之义。祫以冬十月，五谷成熟，故骨肉合饮食。祖宗庙未定，且合祭。今宜以时定。'……上难复立庙，遂以合祭高庙为常。后以三年冬祫，五年夏禘之时，但就陈祭毁庙主而已，谓之殷。太祖东面，惠、文、武、元帝为昭，景、宣帝为穆。惠、景、昭三帝非殷祭时不祭。光武皇帝崩，明帝即位，以光武帝拨乱中兴，更为起庙，尊号曰世祖庙。以元帝于光武为穆，故虽非宗，不毁也。后遂为常。"

傅毅在太学（《后汉书·文苑列传上》）。

张晧（　—132）生（吴海林、李延沛《中国历史人物生卒年表》）。

亚历山大城的斐洛卒（约前 15/10）。犹太神秘主义哲学家。

费德鲁斯卒（约前 15—　）。罗马寓言家，首次以拉丁文写作。

汉光武帝建武二十七年　辛亥　51 年

五月丁丑，改大司马为太尉，改大司徒、大司空为司徒、司空(《后汉书·光武帝本纪》)。

按：《汉书·百官公卿表上》曰："相国、丞相，皆秦官……哀帝元寿二年更名大司徒。"《后汉书·百民志一》曰："司徒，公一人。本注：掌人民事……世祖即位，为大司徒，建武二七年，去'大'。"

是月，北匈奴遣使诣武威乞和亲(《后汉书·光武帝本纪》)。

是年，立太学堂(《后汉书·光武帝本纪》)。

按：晋郭缘生《述征记》曰："建武二十七年，立太学堂。"

周泽是年前辟大司马府，署议曹祭酒。数月，征试博士。

按：《后汉书·儒林列传下》曰："周泽字稺都，北海安丘人也。少习《公羊严氏春秋》，隐居教授，门徒常数百人。建武末，辟大司马府，署议曹祭酒。数月，征试博士。"本年五月改大司徒为司徒，则周泽辟大司马府、署议曹祭酒事应在此前。

樊儵嗣父樊宏为寿张侯。

按：《后汉书·樊宏列传》曰："儵字长鱼，谨约有父风。事后母至孝，及母卒，哀思过礼，毁病不自支，世祖常遣中黄门朝暮送馔粥。服阕，就侍中丁恭受公羊严氏春秋。……初，儵删定《公羊严氏春秋》章句，世号'樊侯学'，教授门徒前后三千余人。弟子颍川李脩、九江夏勤，皆为三公。"

刘昆拜骑都尉(《后汉书·儒林列传上》)。

臧宫、马武上疏请灭匈奴(《后汉书·臧宫列传》)。

班彪作《上事》，论大司马(严可均《全汉文》卷二三)。

按：陆侃如《中古文学系年》系于是年。

玉况卒，生年不详。况字文伯，京兆杜林人。代为三辅名族，该总《五经》，志节高亮。为陈留太守、大司徒。性聪敏，行德政。

按：朱学西、张绍勋、张习礼《中国历史大事编年》(第1卷)(北京出版社1987年版)系于是年。

汉光武帝建武二十八年　壬子　52年

正月己巳,徙鲁王兴为北海王,以鲁国益东海。赐东海王彊虎贲、旄头、钟虡之乐(《后汉书·光武帝本纪》)。

六月丁卯,沛太后郭氏卒,因诏郡县捕王侯宾客,坐死者数千人(《后汉书·光武帝本纪》)。

八月戊寅,东海王刘彊、沛王刘辅、楚王刘英、济南王刘康、淮阳王刘延始就国(《后汉书·光武帝本纪》)。

是年,北匈奴遣使贡献,乞和亲(《后汉书·光武帝本纪》)。

张佚主用天下之贤才为太子太傅。

按:《后汉书·桓荣列传》曰:"二十八年,大会百官,诏问谁可傅太子者,群臣承望上意,皆言太子舅执金吾原鹿侯阴识可。博士张佚正色曰:'今陛下立太子,为阴氏乎?为天下乎?即为阴氏,则阴侯可;为天下,则固宜用天下之贤才。'帝称善,……即拜佚为太子太傅,而以荣为少傅,赐以辎车、乘马。"

桓荣为太子少傅(《后汉书·桓荣列传》)。

班彪上书论匈奴和亲,主怀柔,光武帝从之(《后汉书·南匈奴列传》)。

冯衍七月以诸王宾客下狱,诏书勿问。出妻任氏,作书与妇弟,归杜陵闭门自保(《后汉书·冯衍列传》)。

楼望被赵孝王聘为师,不受。

按:《后汉书·儒林列传下》曰:"建武中,赵节王栩闻其高名,遣使赍玉帛请以为师,望不受。"

王充为县功曹掾史(钟肇鹏《王充年谱》)。

崔骃在太学,与班固齐名。

按:《后汉书·崔骃列传》曰:"年十三,能通《诗》、《易》、《春秋》,博学有伟才,尽通古今训诂百家之言,善属文。少游太学,与班固、傅毅同时齐名。常以典籍为业,未遑仕进之事。"姑系于此年。

孔僖在太学习《春秋》。

按:《后汉书·儒林列传上》曰:"僖与崔篆孙骃复相友善,同游太学,习《春秋》。"

班彪著《史记后传》65篇成,又作《奏议答北匈奴》。

按:钟肇鹏《王充年谱》(齐鲁书社1987年版)系于是年。

梁鸿为四皓以来二十四人作颂,著《安邱严平颂》、《逸民传》。

按:陆侃如《中古文学系年》系于是年。《后汉书·逸民列传》曰:"势家慕其高节,多欲女之,鸿并绝不娶。同县孟氏有女,状肥丑而黑,力举石臼,择对不嫁,至年三十。父母问其故。女曰:'欲得贤如梁伯鸾者。'鸿闻而娉之。女求作布衣、麻屦,织作筐缉绩之具。及嫁,始以装饰入门。七日而鸿不答。妻乃跪床下请曰:'窃闻夫子高义,简斥数妇,妾亦偃蹇数夫矣。今而见择,敢不请罪。'鸿曰:'吾欲裘褐之人,可与俱隐深山者尔。今乃衣绮缟,傅粉墨,岂鸿所愿哉?'妻曰:'以观夫子之志耳。妾自有隐居之服。'乃更为椎髻,着布衣,操作而前。鸿大喜曰:'此真梁鸿妻也。能奉我矣!'字之曰德曜,名孟光。……乃共入霸陵山中,以耕织为业,咏《诗》、《书》,弹琴以自娱。仰慕前世高士,而为四皓以来二十四人作颂。"二十四人颂当为《逸民传》,刘知几《史通·杂述》称"若刘向《列女》、梁鸿《逸民》、赵采《忠臣》、徐广《孝子》,此之谓别传也"。

又按:《文选》之《雪赋》注和《补亡诗》注均引梁鸿《安丘严平颂》曰:"无营无欲,澹尔渊清。"

冯衍作《与阴就书》、《杨节赋》。

按:陆侃如《中古文学系年》系于是年。

汉光武帝建武二十九年　癸丑　53年

二月丁巳朔,遣使者举冤狱,出系囚(《后汉书·光武帝本纪》)。

是月,庚申,赐天下男子爵,人二级;鳏、寡、孤、独、笃癃、贫不能自存者粟,人五斛(《后汉书·光武帝本纪》)。

四月乙丑,诏令天下系囚自殊死以下及徒各减本罪一等,其余赎罪输作各有差(《后汉书·光武帝本纪》)。

班彪为望都长(《后汉书·班彪列传》)。

第五伦对问,为扶夷长,追拜会稽太守(《后汉书·第五伦列传》)。

袁康著《越绝书》(一名《越绝纪》)25卷。

按:《隋书·经籍志》曰:"《越绝记》,十六卷,子贡撰。……陆贾作《楚汉春秋》,以述诛锄秦、项之事。又有《越绝》,相承以为子贡所作。后汉赵晔又为《吴越春秋》。其属辞比事,皆不与《春秋》、《史记》、《汉书》相似,盖率尔而作,非史策之正也。灵、献之世,天下大乱,史官失其常守。博达之士,愍其废绝,各记闻见,以备遗亡。是后群才景慕,作者甚众。又自后汉已来,学者多钞撮旧史,自为一书,或起自人皇,或断之近代,亦各其志,而体制不经。又有委巷之说,迂怪妄诞,真虚莫测。然其大抵皆帝王之事,通人君子,必博采广览,以酌其要,故备而存之,谓之杂史。"

又按:杨慎《杨升庵全集》卷一〇曰:"或问《越绝》不著作者姓名,何也?予曰:姓名具在书中,览者第不深考耳。子不观其绝篇之言乎?曰:'以去为姓,得衣乃成;厥名有米,覆之以庚。禹来东征,死葬其乡。不直自斥,托类自明。文属辞定,自于

罗马克劳狄一世授予税吏以司法权,元老院之权日削。

邦贤：以口为姓，承之以天；楚相屈原，与之同名。'此以隐语见其姓名也。去其衣，乃袁字也；米覆庚，乃康字也；禹葬之乡，则会稽也。是乃会稽人袁康也。其曰'不直自斥，托类自明'，厥旨昭然，欲后人知也。'文属辞定，自于邦贤'，盖所共著，非康一人也。'以口承天'，吴字也；屈原同名，平字也。与康共著此书者，乃吴平也。不然，此言何为而设乎？或曰：二人何时人也？予曰：东汉人也。何以知之？曰：东汉之末，文人好作隐语。黄绢碑，其著者也。又孔融以'渔父屈节，水替匿方'云隐其姓名于《离合诗》。魏伯阳以'委时去害，与鬼为邻'云隐其姓名于《参同契》。融与伯阳俱汉末人，故文字稍同。则兹书之著为同时何疑焉？问者喜曰：二子名微矣，得子言乃今显之，谁谓后世无子云乎！……《越绝》一书，或以为子贡作，又云子胥，皆妄说也。"

又按：胡应麟《少室山房笔丛续编·艺林学山六》曰："按《汉书·艺文志》'杂家'有《伍子胥》八篇。今详《越绝书》一书，于子胥始末特详，且称赞其贤者不容口，而子胥之列'杂家'者本书竟不复传。观此跋（指《越绝书·跋》）首言'子胥之述吴越'，终言'述畅子胥，以喻来今'，岂东汉越中文士以子胥杂家之旧，而附益以勾践、种、蠡行事，会为此篇，易名《越绝》乎？不然，此书所载吴越事相半，何得独云'述畅子胥'？且首言'子胥之述吴越'又何也？用修（杨慎字）据'以去为姓'等语，而得袁康、吴平名姓，可谓异代赏音；至子胥撰述之由，明记始末，而不复详察，亦得其一而不得其二者欤？（胡注：余著《九流绪论》，以《越绝》本于《子胥》，是时尚未参此跋也。）此书以为子贡作者，绝不经，又一无左验。第据'乱齐存楚'一章尔。用修以为妄说，是也。详味此跋，'子胥之述吴越，以事类，以晓后世。著善为诫，讥恶为诫'，洎后'温故知新，述畅子胥，以喻来今'等语，则子胥旧有是书，述吴越杂事，而后人温其故典，而畅述之，以传于世，意旨甚明。其云'更始之元'，当是西京之末，而此书文气全不类其时，盖袁康者先述此书于东汉初，而吴平者复为之属文定辞于东汉之季。故云'百岁一贤，犹为比肩'也。其云'禹来东征，死葬其疆'，末又云'覆之以庚'，兵绝之也。岂袁非越人，更始间为乱兵戕于越地，因而葬欤？吴平则自是越人成此书者，故云'文辞属定，自于邦贤'也。此书阅世数千年，至用修始发作者姓名，而未及究其颠末之悉，余不敏，实首窃窥。岂书之显晦，自有时欤？"

再按：《越绝书》北宋初已佚5篇，今存15卷。《四库全书总目提要》卷六六曰："《越绝书》，十五卷，不著撰人名氏。书中《吴地传》称'勾践徙琅琊，到建武二十八年，凡五百六十七年'，则后汉初人也。书末《叙外传记》以廋词隐其姓名。其云'以去为姓，得衣乃成'，是袁字也；'厥名有米，覆之以庚'，是康字也；'禹来东征，死葬其疆'，是会稽人也。又云'文词属定，自于邦贤'，'以口为姓，承之以天'，是吴字也；'楚相屈原，与之同名'，是平字也。然则此书为会稽袁康所作，同郡吴平所定也。王充《论衡·按书篇》曰：'东番邹伯奇，临淮袁太伯、袁文术，会稽吴君高、周长生之辈，位虽不至公卿，诚能知之囊橐，文雅之英雄也。观伯奇之《元思》、太伯之《易章句》（案，章疑作章）、文术之《箴铭》、君高之《越纽录》，长生之《洞历》，刘子政、扬子云不能过也。'所谓吴君高，殆即平字；所谓《越纽录》，殆即此书欤？杨慎《丹铅录》、胡侍《珍珠船》、田艺衡《留青日札》，皆有是说。核其文义，一一吻合。隋、唐《志》皆云子贡作，非其实矣。其文纵横曼衍，与《吴越春秋》相类，而博丽奥衍则过之。中如'计倪'、'内经'、'军气'之类，多杂术数家言，皆汉人专门之学，非后来所能依托也。此本与《吴越春秋》，皆大德丙午绍兴路所刊。卷末一《跋》，诸本所无，惟申明复仇之义，不著姓名。详其词意，或南宋人所题耶？郑明选《秕言》引《文选·七命》注引《越绝书》：'大翼一艘十丈，中翼九丈六尺，小翼九丈。'又称王鏊《震泽长语》引《越绝书》'风起震方'云云。谓今本皆无此语，疑更有全书，惜未之见。案《崇文总目》称《越绝书》'旧有内记八、外传十七,今文题阙舛,裁二十篇'。是此书在北宋之初已佚五篇。《选》注所引,盖佚篇之文,王鏊所称,亦他书所引佚篇之文。以为此本之外更有全书,则明选误矣。"

班彪著《冀州赋》(严可均《全后汉文》卷二三)。

按:陆侃如《中古文学系年》系于是年。

汉光武帝建武三十年　甲寅　54年

正月,鲜卑大人内属,朝贺(《后汉书·光武帝本纪》)。

二月,光武帝东巡狩。甲子,幸鲁,进幸济南(《后汉书·光武帝本纪》)。

是月,群臣上言宜封禅泰山,光武帝不纳。幸鲁,过泰山,诏太守祭泰山及梁父。有星孛于紫宫(《后汉书·光武帝本纪》)。

按:由于东汉士人多坚持《公羊》家的太平标准,东汉始终没有宣布天下太平,故未进行大规模制礼作乐。《后汉书·祭祀志上》曰:"建武三十年二月,群臣上言,即位三十年,宜封禅泰山。诏书曰:'即位三十年,百姓怨气满腹,吾谁欺,欺天乎?曾谓泰山不如林放,何事污七十二代之编录!桓公欲封,管仲非之,若郡县远遣吏上寿,盛称虚美,必髡,兼令屯田。'从此群臣不敢复言。三月,上幸鲁,过泰山,告太守以上过,故承诏祭山及梁父。时,虎贲中郎将梁松等议:'《记》曰"齐将有事泰山,先有事配林",盖诸侯之礼也。河岳视公侯,王者祭焉。宜无即事之渐,不祭配林。'"

闰二月癸丑,光武帝还宫(《后汉书·光武帝本纪》)。

四月戊子,徙左翊王焉为中山王(《后汉书·光武帝本纪》)。

五月,大水(《后汉书·光武帝本纪》)。

是月,赐天下男子爵,人二级;鳏、寡、孤、独、笃癃、贫不能自存者粟,人五斛(《后汉书·光武帝本纪》)。

七月,光武帝幸鲁(《后汉书·光武帝本纪》)。

赵熹奏请封禅,正三雍之礼。

按:《后汉书·赵熹列传》曰:"三十年,熹上言宜封禅,正三雍之礼。"

张纯奏请封禅泰山。

按:《后汉书·张纯列传》曰:"三十年,纯奏上宜封禅。"其奏议曰:"自古受命而帝,治世之隆,必有封禅,以告成功焉。《乐动声仪》曰:'以《雅》治人,《风》成于《颂》。'有周之盛,成、康之间,郊配封禅,皆可见也。书曰:'岁二月,东巡狩,至于岱宗,柴',则封禅之义也。臣伏见陛下受中兴之命,平海内之乱,修复祖宗,抚存万姓,天下旷然,咸蒙更生,恩德云行,惠泽雨施,黎元安宁,夷狄慕义。《诗》云:'受天之祜,四方来贺。'今摄提之岁,仓龙甲寅,德在东宫。宜及嘉时,遵唐帝之典,继孝武之业,以二月东巡狩,封于岱宗,明中兴,勒功勋,复祖统,报天神,禅梁父,祀地祇,传祚子孙,万世之基也。"

桓荣拜为太常(《后汉书·桓荣列传》)。

刘复封临邑侯(《后汉书·宗室四王列传》)。

刘昆以老乞骸骨,诏赐洛阳第舍,以千石禄终其身(《后汉书·儒林列传下》)。

冯衍上疏自陈,未见重用(《后汉书·冯衍列传》)。

班固自太学返安陵(《后汉书·班固列传》)。

班固始续班彪《史记后传》。

按:《后汉书·班彪列传》曰:"父彪卒,归乡里。固以彪所续前史未详,乃潜精研思,欲就其业。"

罗马克劳狄一世卒(前10—)。历史学家。著有《伊特拉斯坎史》、《迦太基史》。

班彪卒(3—)。彪字叔皮,扶风安陵人。性好古,年二十余,依隗嚣避乱天水,后至河西,为窦融从事,为之划策事汉。班彪才高好述作,尤专心于史籍。以《史记》所记,止于武帝太初年间,乃采前史遗事,傍贯异同,作《史记后传》65篇,其子固、女昭先后续成,是为《汉书》。又著《王命论》喻复兴汉室。著赋、论、书、记、奏9篇。传世作品有《王命论》、《史记论》、《览海赋》、《北征赋》、《冀州赋》、《悼离骚》、《复护羌校尉疏》、《奏议答北匈奴》、《与京兆郭季通书》等。事迹见《后汉书》卷四〇。

按:《后汉书·班彪列传》曰:"建武三十年,年五十二,卒官。"施丁《评班彪的〈前史略论〉》(《史学史研究》2006年第4期)认为:班彪的《前史略论》是一篇最早的史学史论文,论及中国史上的史官、史家、史书、史学,略古详今,抓住有代表性的史家与史书(即司马迁与《史记》)作重点分析研究;着重于史家的思想倾向,并注意史家的撰史才能,肯定司马迁叙事行文准确、生动,可称"良史之才"。此论上承扬雄,下启班氏父子,标帜史学,具有重要的历史意义。

汉光武帝建武三十一年　乙卯　55年

五月,大水。戊辰,赐天下男子爵,人二级;鳏、寡、孤、独、笃癃、贫不能自存者粟,人六斛(《后汉书·光武帝本纪》)。

是年,北匈奴遣使奉献(《后汉书·光武帝本纪》)。

桓谭上疏非谶,光武帝不悦。

按:《后汉书·桓谭列传》曰:"是时,帝方信谶,多以决定嫌疑。又酬赏少薄,天下不时安定。谭复上疏曰:'……盖天道性命,圣人所难言也。……今诸巧慧小才伎数之人增益图书,矫称谶记,以欺惑贪邪,诖误人主,焉可不抑远之哉?……'帝省奏,愈不悦。"

井丹拒沛王刘辅等邀(《后汉书·逸民列传》)。

董钧举孝廉,辟司徒府。

按:《后汉书·儒林列传下》曰:"董钧字文伯,犍为资中人也。习《庆氏礼》。事大鸿胪王临。元始中,举明经,迁廪牺令。病去官。建武中,举孝廉,辟司徒府。钧博通古今,数言政事。"

郭贺拜荆州刺史,有殊政。

按:郭贺,字乔卿《后汉书·蔡茂列传》曰:"拜荆州刺史,……及到官,有殊政。百姓便之,歌曰:'厥德仁明郭乔卿,忠正朝廷上下平。'显宗巡狩到南阳,特见嗟叹。"

班固居忧(《后汉书·班固列传》)。

班固作《幽通赋》、《终南山赋》。

按:郑鹤声《汉班孟坚先生固年谱》(台湾商务印书馆 1980 年版)、陆侃如《中古文学系年》均系于是年。

冯衍作《显志赋》及《自序》以自励。

按:《后汉书·冯衍列传》曰:"建武末,上疏自陈曰:'……于今遭清明之时,饬躬力行之秋,而怨仇丛兴,讥议横世。盖富贵易为善,贫贱难为工也。疏远垅亩之臣,无望高阙之下,惶恐自陈,以救罪尤。'书奏,犹以前过不用。衍不得志,退而作赋,又自论曰:'冯子以为夫人之德,不碌碌如玉,落落如石。风兴云蒸,一龙一蛇,与道翱翔,与时变化,夫岂守一节哉?用之则行,舍之则臧,进退无主,屈申无常。故曰:"有法无法,因时为业,有度无度,与物趣舍。"常务道德之实,而不求当世之名,阔略杪小之礼,荡佚人间之事。正身直行,恬然肆志。顾尝好俶傥之策,时莫能听用其谋,喟然长叹,自伤不遭。'……乃作赋自厉,命其篇曰《显志》。显志者,言光明风化之情,昭章玄妙之思也。"

贾复卒,生年不详。复字君文,云台二十八将之一,南阳郡冠军县人,出身儒生。青少从舞阴李生攻读《尚书》,受师友器重。王莽末,为县掾,后起兵自号将军,归更始汉中王,为校尉。归附光武,为破虏将军、偏将军、都护将军,拜执金吾,封冠军侯、胶东侯。退敦儒学。谥刚侯。事迹见《后汉书》卷一七。

按:《后汉书·贾复列传》曰:"三十一年卒,谥曰刚侯。"

汉光武帝建武三十二年　中元元年　丙辰　56 年

正月,东海王刘彊、沛王刘辅、楚王刘英、济南王刘康、淮阳王刘延、赵王刘盱皆来朝。丁卯,光武帝东巡狩(《后汉书·光武帝本纪》)。

是月,光武帝读《河图会昌符》,兴感欲封禅。诏梁松等复索《河图》谶文言九世封禅事者,梁松据《河图》《洛书》等奏应封三十六事,许之(《后汉

罗马限权保民官。

书·光武帝本纪》)。

按：《后汉书·祭祀志上》曰："三十二年正月，上斋，夜读《河图会昌符》曰：'赤刘之九，会命岱宗。不慎克用，何益于承！诚善用之，奸伪不萌。'感此文，乃诏松等复案索《河》、《雒》谶文言九世封禅事者。松等列奏，乃许焉。……上许梁松等奏，乃求元封时封禅故事，议封禅所施用。有司奏当用方石再累置坛中，皆方五尺，厚一尺，用玉牒书藏方石。牒厚五寸，长尺三寸，广五寸，有玉检。又用石检十枚，列于石傍，东西各三，南北各二，皆长三尺，广一尺，厚七寸。检中刻三处，深四寸，方五寸，有盖。检用金缕五周，以水银和金以为泥。玉玺一方寸二分，一枚方五寸。方石四角又有距石，皆再累。枚长一丈，厚一尺，广二尺，皆在圆坛上。其下用距石十八枚，皆高三尺，厚一尺，广二尺，如小碑，环坛立之，去坛三步。距石下皆有石跗，入地四尺。又用石碑，高九尺，广三尺五寸，厚尺二寸，立坛丙地，去坛三丈以上，以刻书。上以用石功难，又欲及二月封，故诏松欲因故封石空检，更加封而已。松上疏争之，以为'登封之礼，告功皇天，垂后无穷，以为万民也。承天之敬，尤宜章明。奉图书之瑞，尤宜显著。今因旧封，窜寄玉牒故石下，恐非重命之义。受命中兴，宜当特异，以明天意'。遂使泰山郡及鲁趣石工，宜取完青石，无必五色。时以印工不能刻玉牒，欲用丹漆书之；会求得能刻玉者，遂书。书秘刻方石中，命容玉牒。"

二月已卯，光武帝幸鲁、泰山；辛卯，柴望岱宗，登封泰山；甲午，禅于梁父，刻石(《后汉书·光武帝本纪》)。

按：《后汉书·祭祀志上》曰："二月，上至奉高，遣侍御史与兰台令史，将工先上山刻石。文曰：'维建武三十有二年二月，皇帝东巡狩，至于岱宗，柴，望秩于山川，班于群神，遂觐东后。从臣太尉熹、行司徒事特进高密侯禹等。汉宾二王之后在位。孔子之后褒成侯，序在东后，蕃王十二，咸来助祭。《河图赤伏符》曰："刘秀发兵捕不道，四夷云集龙斗野，四七之际火为主。"《河图会昌符》曰："赤帝九世，巡省得中，治平则封，诚合帝道孔矩，则天文灵出，地祇瑞兴。帝刘之九，会命岱宗，诚善用之，奸伪不萌。赤汉德兴，九世会昌，巡岱皆当。天地扶九，崇经之常。汉大兴之，道在九世之王。封于泰山，刻石著纪，禅于梁父，退省考五。"《河图合古篇》曰："帝刘之秀，九名之世，帝行德，封刻政。"《河图提刘予》曰："九世之帝，方明圣，持衡拒，九州平，天下予。"《雒书甄曜度》曰："赤三德，昌九世，会修符，合帝际，勉刻封。"《孝经钩命决》曰："予谁行，赤刘用帝，三建孝，九会修，专兹竭行封岱青。"《河》、《雒》命后，经谶所传。昔在帝尧，聪明密微，让与舜庶，后裔握机。王莽以舅后之家、三司鼎足冢宰之权势，依托周公、霍光辅幼归政之义，遂以篡叛，僭号自立。宗庙堕坏，社稷丧亡，不得血食，十有八年。杨、徐、青三州首乱，兵革横行，延及荆州，豪杰并兼，百里屯聚，往往僭号。北夷作寇，千里无烟，无鸡鸣狗吠之声。皇天睠顾皇帝，以匹庶受命中兴，年二十八载兴兵，以次诛讨，十有余年，罪人斯得。黎庶得居尔田，安尔宅。书同文，车同轨，人同伦。舟舆所通，人迹所至，靡不贡职。建明堂，立辟雍，起灵台，设庠序。同律、度、量、衡。修五礼，五玉，三帛，二牲，一死，贽。吏各修职，复于旧典。在位三十有二年，年六十二。乾乾日昃，不敢荒宁，涉危历险，亲巡黎元，恭肃神祇，惠恤耆老，理庶遵古，聪允明恕。皇帝唯慎《河图》、《雒书》正文，是月辛卯，柴，登封泰山。甲午，禅于梁阴。以承灵瑞，以为兆民，永兹一宇，垂于后昆。百僚从臣，郡守师尹，咸蒙祉福，永永无极。秦相李斯燔《诗》、《书》，乐崩礼坏。建武元年已前，文书散亡，旧典不具，不能明经文，以章句细微相况八十一卷，明者为验，又其十卷，皆不昭晰。子贡欲去告朔之饩羊，子曰："赐也，尔爱其羊，我受其礼。"后有圣人，正失误，刻石记。'"

汉光武帝建武三十二年　中元元年　丙辰　56年

　　四月癸酉，光武帝还宫。己卯，诏大赦天下。复嬴、博、梁父、奉高，勿出今年田租刍稿。改年为中元。行幸长安。戊子，祀长陵（《后汉书·光武帝本纪》）。

　　是年，初起明堂、灵台、辟雍，及北郊兆域。宣布图谶于天下（《后汉书·光武帝本纪》）。

　　按：《后汉书·儒林列传上》曰："中元元年，初建三雍。明帝即位，亲行其礼。天子始冠通天，衣日月，备法物之驾，盛清道之仪，坐明堂而朝群后，登灵台以望云物，袒割辟雍之上，尊养三老五更。飨射礼毕，帝正坐自讲，诸儒执经问难于前，冠带缙绅之人，圜桥门而观听者盖亿万计。其后复为功臣子孙、四姓末属别立校舍，搜选高能以受其业，自期门羽林之士，悉令通《孝经》章句，匈奴亦遣子入学。济济乎，洋洋乎，盛于永平矣！"《后汉书·方术列传上》曰："汉自武帝颇好方术，天下怀协道艺之士，莫不负策抵掌，顺风而届焉。后王莽矫用符命，及光武尤信谶言，士之赴趣时宜者，皆骋驰穿凿，争谈之也。故王梁、孙咸，名应图箓，越登槐鼎之任；郑兴、贾逵，以附同称显；桓谭、尹敏，以乖忤沦败。自是习为内学，尚奇文，贵异数，不乏于时矣。是以通儒硕生，忿其奸妄不经，奏议慷慨，以为宜见藏摈。子长亦云：'观阴阳之书，使人拘而多忌。'盖为此也。"

　　又按：赵翼《廿二史札记》卷四《光武信谶书》曰："谶纬起於西汉之末。……光武微时，与邓晨在宛，有蔡少公者学谶，云刘秀当为天子。或曰：'是国师公刘秀耶。'（刘歆以谶文欲应之，故改名秀。）光武戏曰：'安知非仆？'（《晨传》）西门君惠曰：'刘氏当复兴，国师姓名是也。'（《王莽传》）李通素闻其父说谶云，刘氏复兴，李氏为辅。故通与光武深相结（《通传》）。其后破王郎，降铜马，群臣方劝进，适有旧同学彊华者，自长安奉《赤伏符》来，曰：'刘秀发兵捕不道，四夷云集龙在野，四七之际火为主。'群臣以为受命之符，乃即位于鄗南。是谶记所说，实于光武有征。故光武尤笃信其术，甚至用人行政亦以谶书从事。方议选大司空，《赤伏符》有曰：'王梁主卫作玄武。'帝以野王县本卫地之所徙，玄武水神之名，司空水土官也。王梁本安阳人，名姓地名俱合，遂拜梁为大司空（《梁传》）。又以谶文有'孙咸征狄'之语，乃以平狄将军孙咸为大司马（《景丹传》及《东观汉记》）。此据谶书以用人也。因《河图》有'赤九会昌'之文，光武于高祖为第九世，故其祀太庙至元帝而止，成、哀、平三帝则祭于长安（《本纪》）。会议灵台处所，众议不定，光武曰：'吾以谶决之。'此据谶书以立政也。且廷臣中有信谶者，则登用之。贾逵欲尊《左氏传》，乃奏曰：'《五经》皆无证图谶以刘氏为尧后者，惟《左氏》有明文。'（《左传》：陶唐氏既衰，其后有刘累，学扰龙，范氏其后也。范归晋后，其处者皆为刘氏。）由是《左氏传》遂得选高才生习（《逵传》）。其不信谶者，则贬黜随之。帝以尹敏博学，使校图谶，令蠲去崔发为王莽著录者。敏曰：'谶非圣人所作，其中多近鄙别字，恐疑误后生。'帝不听，敏乃因其阙文增之曰：'君无口，为汉辅。'帝召敏诘之，对曰：'臣见前人增损图书，故学为之耳。'帝深非之（《敏传》）。桓谭对帝言：'臣不读谶书。'且极论谶书之非经。帝大怒，以为非圣无法，欲斩之（《谭传》）。帝又语郑兴，欲以谶断郊祀，兴曰：'臣不学谶。'帝怒曰：'卿非之耶？'兴诡词对曰：'臣于书有所不学，而无所非也。'兴数言政事，帝以其不善谶，终不任用（《兴传》）。是光武之信谶书，几等于圣经贤传，不敢有一字致疑矣。"

　　曹充持《庆氏礼》，为博士，从巡狩岱宗，定封禅礼。还，受诏议立七郊、三雍、大射、养老礼仪。

按：曹充为曹褒父。《后汉书·张曹郑列传》曰："曹褒字叔通,鲁国薛人也。父充,持《庆氏礼》,建武中为博士,从巡狩岱宗,定封禅礼,还,受诏议立七郊、三雍、大射、养老礼仪。"光武帝始于本年巡狩岱宗,封禅泰山,故系于此。

桓谭仍为议郎,上疏非谶,出为六安丞。

按：《后汉书·桓谭列传》曰："其后,有诏会议灵台所处,帝谓谭曰：'吾欲以谶决之,何如？'谭默然良久,曰：'臣不读谶。'帝问其故,谭复极言谶之非经。帝大怒曰：'桓谭非圣无法,将下斩之！'谭叩头流血,良久乃得解。出为六安郡丞,意忽忽不乐,道病卒,时年七十余。"

李䜣十月辛未为司徒（《后汉书·光武帝本纪》）。

冯鲂六月辛卯为司空（《后汉书·光武帝本纪》）。

邓禹行司徒事（《后汉书·邓禹列传》）。

张奋嗣父为武始侯（《后汉书·张奋列传》）。

鲍昱为司隶校尉（《后汉书·鲍昱列传》）。

周泽迁黾池令（《后汉书·儒林列传下》）。

韦彪举孝廉,除郎中,以病免,复归教授。

按：《后汉书·韦彪列传》曰："建武末,举孝廉,除郎中,以病免,复归教授。安贫乐道,恬于进趣,三辅诸儒莫不慕仰之。"

桓谭上所著《新论》（《后汉书·桓谭列传》）。

按：《新论》又名《桓谭新论》、《桓子新论》、《荆山子》,《隋志》著录为17卷,旧、新《唐志》同。章怀太子贤注：《新论》一曰本造,二王霸,三求辅,四言体,五见证,六谴非,七启悟,八祛蔽,九正经,十识通,十一离事,十二通赋,十三辨惑,十四述策,十五闵友,十六琴道,本造、闵友、琴道各一篇,余并有上下,其中《琴道》仅有发首一章,后章帝使班固续成之。遗憾的是《新论》全书已经散佚,今上海人民出版社1967年6月版《新论》残存一万七千余字,分《本造》《王霸》《求辅》《言体》《见徵》《谴非》《启悟》《祛蔽》《正经》《识通》《离事》《道赋》《辨惑》《述策》《闵友》《琴道》《补遗》共17个章节。今存辑本数种：1. 元陶宗仪辑《桓谭新论》,有清顺治三年（1646）委宛山堂刻《说郛》本；2. 明归有光辑《荆山子》,有天启六年（1626）刻《诸子汇函》本；3. 清孙冯翼辑《桓子新论》,有1936年中华书局《四部备要》本；4. 清严可均辑《桓子新论》,有光绪年间王毓藻刻《全后汉文》本,1977年上海人民出版社本；5. 清佚名辑桓子新论》,有道光中《指海》本；6. 民国国学扶轮社辑《桓子新论》,有《古今说部丛书》本等。有关《新论》的研究有：清卢文弨《新语校正》,日本武内日雄《桓谭新论考》,钟肇鹏《〈新论形神〉的作者应断归桓谭》,安徽大学中文系《桓谭其人及〈新论〉》,苏诚鉴《桓谭》,方立天《桓谭》,童俊彦《桓谭研究》等。

张纯作《泰山刻石文》。

按：《后汉书·张纯列传》曰："中元元年,帝乃东巡岱宗,以纯视御史大夫从,并上元封旧仪及刻石文。"

马第伯作《封禅仪记》（孙星衍《续古文苑》卷一〇、严可均《全后汉文》卷二九）。

按：马第伯从光武帝巡狩岱宗,封禅泰山,所作《封禅仪记》为现存最早的游记之作。

桓谭卒(前23—　)。谭字君山,沛国相人。好音律,善鼓琴,究天文,博学多通,遍治《五经》,皆训诂大义,不为章句。能文章,尤好古学,数从刘歆、扬雄辨析疑异,非毁俗儒。其著《新论》29篇,言当世事,涉及哲学、自然科学、社会科学及文学艺术,反对谶纬迷信、神仙、长生不死,以烛火之喻提出形灭神亡的形神论。主举本抑末、尊王贱霸、一法度、重用大才、反对效古。著有《乐元起》2卷及赋、诔、书、奏26篇。事迹见《后汉书》卷二八上。

按:关于桓谭的生卒年有不同的说法:1.刘汝霖《汉晋学术编年》、陆侃如《中古文学系年》认为是公元前23至公元56年;2.姜亮夫《历代人物年里碑传综表》(中华书局1959年版)、孙叔平《中国哲学史稿》(上海人民出版社1980年版)、祝瑞开《两汉思想史》(上海古籍出版社1989年版)、《中国历史大辞典·思想史卷》(上海辞书出版社1989年版)认为是前24年至公元56年;3.姜亮夫《桓谭疑年的讨论》(《杭州大学学报》1962年第1期)又认为是前31年至公元46年;4.《新论·出版说明》(上海人民出版社1977年版)、新版《辞源》、田昌五和安作璋的《秦汉史》(人民出版社1993年版)认为是前23年至公元50年;任继愈《中国哲学史》(人民出版社1963年版)、南京大学历史系《中国历史名人辞典》(江西教育出版社1982年版)、林剑鸣《秦汉史》(上海人民出版社1989年版)认为是前40年至公元32年;5.安徽师范大学历史系七三级《法家人物传》编写组《醒谭》(《安徽师大学报》1974年第3期)认为是前40年至公元30年;6.汪廷奎、邱耐久《桓谭生卒年代考》(《广东社会科学》1985年第3期)认为是前36年至公元36年;7.臧知非《桓谭生卒年考》(《徐州师院学报》1987年第4期)认为是前16年至公元56年;8.《哲学大辞典·中国哲学史卷》(上海辞书出版社1985年版)认为是约前20年至公元56年;9.新版《辞海》、李鹏和张嘉的《安徽历代名人》(黄山书社1987年版)认生年不详,卒年为公元56年;10.张子侠《桓谭生卒年驳议》(《安徽教育学院学报》1997年第2期)认为生年应在前41至前35年之内,卒年是36年。根据各家考证的证据,以刘汝霖、陆侃如说为有力,今从之。

张纯卒,生年不详。纯字伯仁,京兆杜陵人。张安世之后,袭封富平侯,更封武始侯。明习故事,自郊庙婚冠丧纪礼仪,多所正定。谥节侯。事迹见《后汉书》卷三五。

按:《后汉书·张纯列传》曰:"中元元年,帝乃东巡岱宗,以纯视御史大夫从,并上元封旧仪及刻石文。三月,薨,谥曰节侯。"

冯勤卒,生年不详。勤字伟伯,魏郡繁阳人也。曾祖父曾扬,宣帝时为弘农太守。有八子,皆为二千石,赵魏间荣之,号曰"万石君"焉。兄弟形皆伟壮,唯勤祖父偃,长不满七尺,常自耻短陋,恐子孙之似也,乃为子伉娶长妻。伉生勤,长八尺三寸。八岁善计。为光武郎中,给事尚书、尚书仆射、尚书令、大司农、司徒,赐爵关内侯。事迹见《后汉书》卷二六。

按:《后汉书·冯勤列传》曰:"中元元年,薨,帝悼惜之,使者吊祠,赐东园秘器,赗赠有加。"

索卢放卒,生年不详。索卢放字君阳,东郡人。以《尚书》教授千余人。为洛阳令,政有能名。后为谏议大夫。事迹见《后汉书》卷八一。

按:《后汉书·独行列传》曰:"建武末,复征不起,光武使人舆之,见于南宫云台,赐谷二千斛,遣归,除子为太子中庶子。卒于家。"今姑系其卒年于中元元年。

汉光武帝中元二年 丁巳 57年

正月辛未,初立北郊,祀后土(《后汉书·光武帝本纪》)。

是月,东夷倭奴国王遣使来洛阳,赐以"汉倭奴国王金印",中日始正式交通(《后汉书·光武帝本纪》)。

按:《后汉书·东夷列传》曰:"倭在韩东南大海中,依山岛为居,凡百余国。……建武中元二年,倭奴国奉贡朝贺,使人自称大夫……光武赐以印绶。"该印1784年发掘于九州福冈市志贺岛西南海岸大石下,现藏福冈市美术馆。

二月戊戌,光武帝崩于南宫前殿,年六十二,遗诏薄葬,尊庙曰世祖。太子刘庄即位,是为显宗孝明皇帝。阴识、阴就、郭况为特进(《后汉书·光武帝本纪》、《后汉书·明帝本纪》)。

按:刘秀(前4—57),字文叔,高祖九世孙,景帝子长沙定王发后,南阳蔡阳人。从许子威受《尚书》,略通大义,爱好经术,重谶纬。《隋书·经籍志》曰:"光武以图谶兴,(谶纬)遂盛行于世,明帝时,又诏东平王苍,正五经章句,皆命从谶。俗儒趋时,益为其学,篇卷第目,转见增广。言五经者,皆凭谶为说。"《后汉书·张衡列传》曰:"初,光武善谶,及显宗、肃宗,因祖述焉。自中兴之后,儒者争学图纬,兼复附以妖言。"仅桓谭、尹敏、张衡等极少数人反对。曹操当政时开始禁绝谶纬之书。

三月丁卯,葬光武皇帝于原陵。有司奏上尊庙曰世祖(《后汉书·明帝本纪》)。

四月丙辰,诏大赦天下,封侯(《后汉书·明帝本纪》)。

梁松二月受遗诏辅政。

按:《后汉书·梁统列传》曰:"光武崩,受遗诏辅政。"

邓禹四月丙辰为太傅。

按:《后汉书·邓禹列传》曰:"显宗即位,以禹先帝元功,拜为太傅,进见东向,甚见尊宠。居岁余,寝疾。"

赵熹四月丙辰封节乡侯(《后汉书·明帝本纪》)。

李訢四月丙辰封安乡侯《后汉书·明帝本纪》。

冯鲂四月丙辰封杨邑侯《后汉书·明帝本纪》。

钟离意为尚书,又转为尚书仆射。

按:《后汉书·钟离意列传》曰:"显宗即位,征为尚书。时交阯太守张恢,坐臧千金,征还伏法,以资物簿入大司农,诏班赐群臣。意得珠玑,悉以委地而不拜赐。帝怪而问其故。……乃更以库钱三十万赐意。转为尚书仆射。"

刘苍四月丙辰为骠骑将军,置长史掾史员四十人,位在三公上(《后汉书·光武十王传》)。

班固上疏东平王刘苍，荐司空掾桓梁、京兆祭酒晋冯、扶风掾李育、京兆督邮郭基、凉州从事王雍、弘农功曹史殷肃等6人（《后汉书·班固列传》）。

李育以班固荐于骠骑将军东平王刘苍，由是京师贵戚争往交之。

按：《后汉书·儒林列传下》曰："李育字元春，扶风漆人也。少习《公羊春秋》。沉思专精，博览书传，知名太学，深为同郡班固所重。固奏记荐育于骠骑将军东平王苍，由是京师贵戚争往交之。州郡请召，育到，辄辞病去。常避地教授，门徒数百。颇涉猎古学。尝读《左氏传》，虽乐文采，然谓不得圣人深意，以为前世陈元、范升之徒更相非折，而多引图谶，不据理体，于是作《难左氏义》四十一事。"

杜抚为骠骑将军东平王刘苍所辟为大夫。

按：《后汉书·儒林列传下》曰："杜抚字叔和，犍为武阳人也。少有高才。受业于薛汉，定《韩诗章句》。后归乡里教授。沈静乐道，举动必以礼。弟子千余人。后为骠骑将军东平王苍所辟，及苍就国，掾史悉补王官属，未满岁，皆自劾归。时，抚为大夫，不忍去，苍闻，赐车马财物遣之。辟太尉府。"刘苍为光武帝刘秀次子，汉明帝刘庄的同母弟，于建武十五年（39年）受封为东平公，十七年进封为东平王，定都无盐（今山东东平县东），永平五年正式就国，遂从洛阳徙居无盐，开东平藩王一族。

冯衍又出后妻任氏，与宣孟书，被谗，废于家（《后汉书·冯衍列传》）。

任延为颍川太守（《后汉书·循吏列传》）。

赵晔卒业而归，州召补从事，不就（《后汉书·儒林列传下》）。

樊鯈为复土校尉（《后汉书·樊宏阴识列传》）。

王充著《讥俗节义》12篇。

按：《论衡·自纪篇》曰："俗性贪进忽退，收成弃败。充升擢在位之时，众人蚁附；废退穷居，旧故叛去。志俗人之寡恩，故闲居作《讥俗节义》十二篇。冀俗人观书而自觉，故直露其文，集以俗言。"蒋祖怡《王充卷·王充年谱》（中州书画社1983年版）系于是年。

冯衍作《与妇弟任武达书》、《与宣孟书》。

按：《后汉书·冯衍列传》曰："衍娶北地任氏女为妻，悍忌，不得畜媵妾，儿女常自操井臼，老竟逐之，遂埳壈于时。"陆侃如《中古文学系年》系于是年。

刘昆卒，生年不详。昆字桓公，陈留东昏人，梁孝王之胤。少习容（仪）礼，平帝时，受《施氏易》于戴宾，能弹雅琴，知清角之操。王莽世，教授弟子恒五百余人，春秋习礼，为莽系于外黄狱，莽败得免。避难河南负犊山中。光武世，为江陵令、弘农太守、光禄勋，入授皇太子及诸小侯五十余人。以千石禄终其身。事迹见《后汉书》卷六九上。

按：《后汉书·儒林列传上》曰："（建武）三十年，以老乞骸骨，诏赐洛阳第舍，以千石禄终其身。中元二年卒。子轶，字君文，传昆业，门徒亦盛。永平中，为太子中庶子。建初中，稍迁宗正，卒官，遂世掌宗正焉。"

张霸（ —126）生；刘毅（ —125）约生（吴文治《中国文学史大事年表》）。

汉明帝刘庄永平元年　戊午　58年

正月,明帝率公卿以下朝于原陵,如元会仪(《后汉书·明帝本纪》)。

八月戊子,徙山阳王刘荆为广陵王,遣就国(《后汉书·明帝本纪》)。

杜子春年且九十,讲《周官》于南山,贾逵、郑众从之受业。

　　按:惠栋《后汉书补注》卷一〇(中华书局1985年版)曰:"永平初,杜子春年且九十,能通其读,郑众、贾逵往受业也。"

樊鯈为长水校尉,与公卿杂定郊祀礼仪,以谶记正五经异说。以周泽、承宫并海内大儒为师友而致之于朝(《后汉书·樊宏阴识列传》)。

　　按:《后汉书·樊宏列传》曰:"永平元年,拜长水校尉,与公卿杂定郊祠礼仪,以谶记正《五经》异说。北海周泽、琅邪承宫并海内大儒,鯈皆以为师友而致之于朝。上言郡国举孝廉,率取年少能报恩者,者宿大贤多见废弃,宜敕郡国简用良俊。又议刑辟宜须秋月,以顺时气。显宗并从之。"

张霸就学于樊鯈,习《严氏公羊春秋》。

　　按:《后汉书·张霸列传》曰:"后就长水校尉樊鯈受《严氏公羊春秋》,遂博览《五经》。"姑系于此年。

梁松为太仆(《后汉书·梁统列传》)

魏应为博士,再迁侍中(《后汉书·儒林列传下》)。

张兴永平初迁侍中祭酒(《后汉书·儒林列传上》)。

楼望永平初为侍中、越骑校尉,入讲省内。

　　按:《后汉书·儒林列传下》曰:"永平初,为侍中、越骑校尉,入讲省内。"

郑众永平初辟司空府,再迁越骑司马,复留给事中(《后汉书·郑范陈贾张列传》)。

李善于明帝时辟公府,以能理剧,再迁日南太守。

　　按:《后汉书·独行列传》曰:"善显宗时辟公府,以能理剧,再迁日南太守。从京师之官,道经洧阳,过李元家。未至一里,乃脱朝服,持锄去草。及拜墓,哭泣甚悲,身自炊爨,执鼎俎以修祭祀。垂泣曰:'君夫人,善在此。'尽哀,数日乃去。到官,以爱惠为政,怀来异俗。"

邓禹卒(2—)。禹字仲华,南阳新野人。年十三,能诵《诗》,受业长安数年,为刘秀敬重。官至大司徒、太傅,封酂侯,改封高密侯。修整闺门,教养子孙,使各守一艺(经书),可为后世法。卒谥元侯。事迹见《后汉书》卷一六。

　　按:《后汉书·邓禹列传》曰:"显宗即位,以禹先帝元功,拜为太傅,进见东向,甚见尊宠。居岁余，寝疾。帝数自临问，以子男二人为郎。永平元年，年五十七薨，谥曰元侯。"

又按：赵翼《廿二史札记》卷四《东汉功臣多近儒》曰："西汉开国，功臣多出于亡命无赖。至东汉中兴，则诸将帅皆有儒者气象，亦一时风会不同也。光武少时，往长安受《尚书》，通大义。及为帝，每朝罢，数引公卿郎将讲论经理。故樊准谓帝虽东征西战，犹投戈讲艺，息马论道。是帝本好学问，非同汉高之儒冠置溺也。而诸将之应运而兴者，亦皆多近于儒。如邓禹，年十三能诵《诗》。受业长安，早与光武同游学，相亲附。其后佐定天下，有子十三人，使各守一艺，修整闺门，教养子孙，皆可为后世法（《禹传》）。寇恂性好学。守颍川时，修学校，教生徒，聘能为《左氏春秋》者，亲受学焉（《恂传》）。冯异好读书，通《左氏春秋》、《孙子兵法》（《异传》）。贾复少好学，习《尚书》。事舞阴李生，生奇之曰：'贾君容貌志气如此，而勤于学，将相之器也。'后佐定天下，知帝欲偃武修文，不欲武臣典兵，乃与邓禹去甲兵，敦儒学。帝遂罢左右将军，使以列侯就第。复闺门养威重（《复传》）。耿弇父况，以明经为郎，学《老子》于安邱先生。弇亦少好学，习父业（《弇传》）。祭遵少好经书。及为将，取士必用儒术，对酒设乐，常雅歌投壶（《遵传》）。李忠少为郎，独以好礼修整称。后为丹阳太守，起学校，习礼容，春秋乡饮，选用明经，郡中向慕之（《忠传》）。朱祐初学长安，光武往候之，祐不时见，先升舍，讲毕乃见。后以功臣封鬲侯。帝幸其第，笑曰：'主人得无舍我讲乎？'（《祐传》）郭凉虽武将，然通经书，多智略（《凉传》）。窦融疏言：'臣子年十五，教以经艺，不得观天文谶记。'（《融传》）他如王霸、耿纯、刘隆、景丹，皆少时游学长安，见各本传。是光武诸功臣，大半多习儒术，与光武意气相孚合。盖一时之兴，其君与臣本皆一气所钟，故性情嗜好之相近，有不期然而然者，所谓有是君，即有是臣也。"

耿弇卒（3—　）。弇字伯昭，谥愍侯，扶风茂陵人。耿弇少而好学，尤爱兵事。更始元年投奔刘秀。次年率上谷骑兵随刘秀军攻灭王郎。建武元年拜建威大将军。二年，封好畤侯。次年大败延岑军于穰。后与朱祐、王常等攻灭涿郡张丰集团。五年二月，率骑都尉刘歆、泰山太守陈俊进攻齐地割据武装张步集团。六年，参加陇西之战。久经战阵，用兵重谋，战功显著，凡平郡四十六，屠城三百。事迹见《后汉书》卷一九。

按：《后汉书·耿弇列传》曰："年五十六，永平元年卒，谥为愍侯。"

汉明帝永平二年　己未　59年

正月辛未，明帝及公卿列侯宗祀光武帝于明堂，始服冠冕、玉佩以行事，以配五帝。礼毕，登灵台（《后汉书·明帝本纪》）。

按：《后汉书·祭祀志中》曰："明帝即位，永平二年正月辛未，初祀五帝于明堂，光武帝配。五帝坐位堂上，各处其方。黄帝在未，皆如南郊之位。光武帝位在青帝之南少退，西面。牲各一犊，奏乐如南郊。辛事，遂升灵台，以望云物。"

三月,明帝临辟雍,初行大射礼(《后汉书·明帝本纪》)。

按:辟雍,周代为太学之一,汉代则作为尊儒学、行典礼的场所。东汉辟雍始建于光武皇帝中元元年(56年),尚未来得及亲临其境,光武帝便已驾崩。到"明帝即位,才亲行其礼"。先秦时的大射礼,是天子在重大祭祀之前,为了挑选助祭者而举行的射礼,大射礼的礼法,见于《仪礼·大射仪》。射礼是一种正心修身、反躬自省的方式。《礼记·射义》曰:"射之为言者绎也,或曰舍也。绎者,各绎己之志也。故心平体正,持弓矢审固,持弓矢审固,则射中矣。故曰:'为人父者,以为父鹄;为人子者,以为子鹄;为人君者,以为君鹄;为人臣者,以为臣鹄。'故射者各射己之鹄。故天子之大射谓之射侯。射侯者,射为诸侯也。射中则得为诸侯,射不中则不得为诸侯。天子将祭,必先习射于泽。泽者,所以择士也。已射于泽,而后射于射宫。射中者得与于祭,不中者不得与于祭。不得与于祭者有让,削以地,得与于祭者有庆,益以地。进爵绌地是也。"又曰:"射者,仁之道也。射求正诸己,己正而后发,发而不中,则不怨胜己者,反求诸己而已矣。"射礼还是天子选拔人才的礼仪,《仪礼·射义》曰:"故曰:'射者,所以观盛德也。'是故古者天子以射选诸侯、卿、大夫、士。"

又按:《后汉书·儒林传》序曰:"明帝即位,亲行其礼。天子始冠通天,衣日月,备法物之驾,盛清道之仪,坐明堂而朝群后,登灵台以望云物,袒割辟雍之上,尊养三老五更。飨射礼毕,帝正坐自讲,诸儒执经问难于前,冠带缙绅之人,圜桥门而观听者盖亿万计。其后复为功臣子孙、四姓末属别立校舍,搜选高能以受其业,自期门羽林之士,悉令通《孝经》章句,匈奴亦遣子入学。济济乎,洋洋乎,盛于永平矣!"

九月,沛王刘辅、楚王刘英、济南王刘康、淮阳王刘延、东海王刘政来朝(《后汉书·明帝本纪》)。

十月壬子,明帝率群臣躬养三老、五更于辟雍,初行养老礼,升歌《鹿鸣》,下管《新宫》,八佾具备,万舞于庭。中山王刘焉始就国(《后汉书·明帝本纪》)。

甲子,明帝西巡狩,幸长安,祠高庙,遂有事于十一陵(《后汉书·明帝本纪》)。

十一月甲申,遣使者以中牢祠萧何、霍光。明帝谒陵园,过式其墓;进幸河东。癸卯,还宫(《后汉书·明帝本纪》)。

是年,始迎气于五郊(《后汉书·明帝本纪》)。

按:立春日,迎春东郊,祭青帝句芒;立夏日,迎夏南郊,祭赤帝祝融;先立秋十八日,迎黄灵于中兆,祭黄帝后土;立秋日,迎秋西郊,祭白帝蓐收;立冬日,迎冬北郊,祭黑帝玄冥。

刘苍受命与公卿共议定南北郊冠冕车服制度,及光武庙登歌八佾舞数。上疏荐吴良(《后汉书·光武十王列传》)。

董钧为博士,与议时五郊祭祀及宗庙礼乐,威仪章服,多见从用,当世称为通儒。

按:《后汉书·儒林列传下》曰:"建武中,举孝廉,辟司徒府。钧博通古今,数言政事。永平初,为博士。时草创五郊祭祀,及宗庙礼乐,威仪章服,辄令钧参议,多见从用,当世称为通儒。累迁五官中郎将,常教授门生百余人。后坐事左转骑都尉。年七十余,卒于家。"

李躬为三老(《后汉书·明帝本纪》)。

桓荣为五更,赐关内侯,食邑五千户。

按:《后汉书·桓荣列传》曰:"永平二年,三雍初成,拜荣为五更。每大射养老礼毕,帝辄引荣及弟子升堂,执经自为下说。乃封荣为关内侯,食邑五千户。"

樊儵封燕侯(《后汉书·樊宏列传》)。

梁松以私书请托郡县免太仆,遂怀怨望(《后汉书·梁统列传》)。

伏恭代梁松为太仆(《后汉书·儒林列传下》)。

任延征会辟雍,为河内太守(《后汉书·循吏列传》)。

王充诣太学,观天子临辟雍(《后汉书·王充列传》)。

傅毅于平陵习章句(《后汉书·文苑列传上》)。

王充著《大儒论》。

按:钟肇鹏《王充年谱》(齐鲁书社1983年版)、吴文治《中国文学史大事年表》(黄山书社1987年版)系于是年。李贤注文引《袁山松书》作《六儒论》,根据王充推崇鸿儒的思想,"六儒"当为大儒之误。

崔骃拟扬雄《解嘲》著《达旨》,又著《西巡颂》。

按:陆侃如《中古文学系年》系于是年。《文心雕龙·杂文》称:"崔骃《达旨》,吐典言之裁。"严可均《全后汉文》卷四四载《西巡颂》。

傅毅作《迪志诗》、《七激》。

按:陆侃如《中古文学系年》系于是年。《后汉书·文苑列传上》曰:"永平中,于平陵习章句,因作《迪志诗》……毅以显宗求贤不笃,士多隐处,故作《七激》以为讽。"

汉明帝永平三年　庚申　60年

正月癸巳,诏有司勉顺时气,勤督农桑,详刑慎罚,明察单辞(《后汉书·明帝本纪》)。

二月甲子,立贵人马氏为皇后,皇子刘炟为皇太子(《后汉书·明帝本纪》)。

是月,图二十八将于云台(《后汉书·明帝本纪》)。

按:《东观汉记》卷二曰:"春二月,图二十八将于云台。册曰:'部符封侯,或以德显。'"《后汉书·朱景王杜马刘傅列传》曰:"永平中,显宗追感前世功臣,乃图画二十八将于南宫云台,其外又有王常、李通、窦融、卓茂,合三十二人。故依其本弟系之篇末,以志功臣之次云尔。"云台二十八将:太傅高密侯邓禹、中山太守全椒侯马成、大司马广平侯吴汉、河南尹阜成侯王梁、左将军胶东侯贾复、琅邪太守祝阿侯陈俊、建威大将军耿弇、骠骑大将军参蘧侯杜茂、执金吾雍奴侯寇恂、积弩将军昆阳侯傅俊、征南大将军舞阳侯岑彭、左曹合肥侯坚镡、征西大将军夏阳侯冯异、上谷太守淮陵侯王霸、建义大将军鬲侯朱祐、信都太守阿陵侯任光、征虏将军颍阳侯祭遵、豫章太守中水侯李忠、骠骑大将军栎阳侯景丹、右将军槐里侯万脩、虎牙大将军安平侯盖延、太常灵寿侯邳肜、卫尉安成侯铫期、骁骑将军昌成侯刘植、东郡太守东光侯耿纯、横野大将军山桑侯王常、城门校尉朗陵侯臧宫、大司空固始侯李通、捕虏将军杨虚侯马武、大司空安丰侯窦融、骠骑将军慎侯刘隆、太傅宣德侯卓茂。

四月辛酉，封皇子刘建为千乘王，刘羡为广平王（《后汉书·明帝本纪》）。

八月戊辰，改大乐为大予乐。壬申晦，日食。诏有司勉思厥职，言事者靡有所讳（《后汉书·明帝本纪》）。

十月，烝祭光武庙，初奏《文始》、《五行》、《武德》之舞（《后汉书·明帝本纪》）。

按：李贤注曰："《文始舞》者，本舜《韶舞》也，高祖六年更名曰《文始》，其舞人执羽籥。《五行》者，本周舞也，秦始皇二十六年更名曰《五行》，其舞人冠冕衣服法五行色。《武德》者，高祖四年作，言行武以除乱也，其舞人执干戚。"

甲子，明帝幸章陵（《后汉书·明帝本纪》）。

是年，起北宫及诸官府（《后汉书·明帝本纪》）。

保罗抵罗马，旋遭禁。

曹充上言改大乐为太予乐，明帝从之，于是庆氏学兴。

按：《后汉书·曹充列传》曰："显宗即位，充上言：'汉再受命，仍有封禅之事，而礼乐崩阙，不可为后嗣法。五帝不相沿乐，三王不相袭礼，大汉当自制礼，以示百世。'帝问：'制礼乐云何？'充对曰：'《河图括地象》曰：有汉世礼乐文雅出。《尚书璇机钤》曰：有帝汉出，德洽作乐，名予。'帝善之，下诏曰：'今且改太乐官曰太予乐，歌诗曲操，以俟君子。'拜充侍中。作章句辩难，于是遂有庆氏学。"

又按：由于《尚书璇玑钤》里有"帝汉出，德洽作乐，名予"，故把郊庙之乐改名"太予乐"，乐官也改称为"太予乐官"，以应合谶纬。

再按：曹充持"庆氏礼"。所谓庆氏礼，即《礼记》学的一派，为汉庆普所传，故名。《汉书·儒林列传》曰："孟卿，东海人也。事萧奋，以授后仓、鲁闾丘卿。仓说《礼》数万言，号曰《后氏曲台记》，授沛闻人通汉子方、梁戴德延君、戴圣次君、沛庆普孝公。孝公为东平太傅；德号大戴，为信都太傅；圣号小戴……由是《礼》有大戴、小戴、庆氏之学。"

刘苍议世祖庙乐舞，定《光武庙登歌》八佾舞。

按：《东观汉记》卷五曰："永平三年八月丁卯，公卿奏议世祖庙登歌八佾舞名。东平王苍议，以为汉制旧典，宗庙各奏其乐，不皆相袭，以明功德。秦为无道，残贼百姓，高皇帝受命诛暴，元元各得其所，万国咸熙，作《武德》之舞。孝文皇帝躬行节俭，除诽谤，去肉刑，泽施四海，孝景皇帝制《昭德》之舞。孝武皇帝功德茂盛，咸震海外，开地置郡，传之无穷，孝宣皇帝制《盛德》之舞。光武皇帝受命中兴，拨乱反正，武畅方外，震服百蛮，戎狄奉贡，宇内治平，登封告成，修建三雍，肃穆典祀，功德巍巍，比隆前代。以兵平乱，武功盛大。歌所以咏德，舞所以象功，世祖庙乐名宜曰《大武》之舞。……依书《文始》、《五行》、《武德》、《昭真》修之舞，节损益前后之宜，六十四节为舞，曲副八佾之数。十月烝祭始御，用其《文始》、《五行》之舞如故。"

李䜣二月甲寅免司徒，郭丹继之（《后汉书·明帝本纪》）。

赵熹二月甲寅免太尉，虞延继之（《后汉书·明帝本纪》）。

袁安二月庚午以孝廉除郎中（《后汉书·明帝本纪》）。

姜诗举孝廉，拜郎中。

按：《后汉书·列女传》曰："永平三年，察孝廉，显宗诏曰：'大孝入朝，凡诸举者一听平之。'由是皆拜郎中。诗寻除江阳令，卒于官。所居治，乡人为立祀。"

钟离意上疏谏起北宫（《后汉书·钟离意列传》）。

王充始著《论衡》。

按：钟肇鹏《王充年谱》（齐鲁书社1983年版）系于是年。《论衡·自纪篇》曰："《论衡》者，论之平也。口则务在明言，笔则务在露文。高士之文雅，言无不可晓，指无不可睹。观读之者，晓然若盲之开目，聆然若聋之通耳。"

冯衍约卒（约前20—　）。衍字敬通，京兆杜陵人。幼有奇才，九岁能诵《诗》，至二十博通群书，尤善辞赋。数避王莽荐。更始二年为立汉将军。光武怨其晚降，黜之，后为曲阳令。以交阴就获罪归里。显宗时以遭谗被废。著赋、诔、铭、说策等共50篇。事迹见《后汉书》卷二八。

按：《隋书·经籍志》有《冯衍集》5卷，已散佚；明代张溥辑有《冯曲阳集》，共17篇，收入《汉魏六朝百三家集》；严可均的《全上古三代秦汉三国六朝文》，则把一些残篇和残留的存目也收录进去，共27篇。

汉明帝永平四年　辛酉　61年

二月辛亥，明帝亲耕籍田（《后汉书·明帝本纪》）。

刘苍是春上书谏猎，明帝览奏还宫。后又上疏辞骠骑将军，求退就蕃国。

按：《后汉书·光武十王列传》曰："帝每巡狩，苍常留镇，侍卫皇太后。四年春，车驾近出，观览城第，寻闻当遂校猎河内，苍即上书谏……帝览奏，即还宫。苍在朝数载，多所隆益，而自以至亲辅政，声望日重，意不自安，上疏归职帝优诏不听。其后数陈乞，辞甚恳切。五年，乃许还国，而不听上将军印绶。"

郭丹十月乙卯免司徒，范升继之（《后汉书·明帝本纪》）。

冯鲂十月乙卯免司空，伏恭继之（《后汉书·明帝本纪》）。

郭贺为河南尹。

按：《后汉书·郭贺列传》曰："永平四年，征拜河南尹，以清静称。"

梁竦坐兄梁松事，与弟梁恭俱徙九真（《后汉书·梁统列传》）。

梁竦作《七序》、《悼骚赋》。

按：吴文治《中国文学史大事年表》（黄山书社1987年版）系于是年。《后汉书·梁统列传》曰："少习《孟氏易》，弱冠能教授。后坐兄松事，与弟恭俱徙九真。既徂南土，历江、湖、济沅、湘，感悼子胥、屈原以非辜沉身，乃作《悼骚赋》，系玄石而沉之。显宗后诏听还本郡。竦闭门自养,以经籍为娱,著书数篇,名曰《七序》。班固见而称曰:'孔子著《春秋》而乱臣贼子惧,梁竦作《七序》而窃位素餐者惭。'"

梁松卒,生年不详。松字伯孙,安定乌氏人。少为郎,尚光武女舞阴长公主,再迁虎贲中郎将。松博通经书,明习故事,与诸儒修明堂、辟雍、郊祀、封禅礼仪,常与论议,宠幸莫比。光武帝崩,受遗诏辅政。永平元年,迁太仆。松数为私书请托郡县,二年,发觉免官,遂怀怨望。四年冬,乃县飞书诽谤,下狱死,国除。事迹见《后汉书》卷三四。

按:《后汉书·梁统列传》曰:"(梁)松数为私书请托郡县,二年,发觉免官,遂怀怨望。四年冬,乃县飞书诽谤,下狱死,国除。"

汉明帝永平五年　壬戌　62年

二月庚戌,骠骑将军东平王刘苍罢归藩,琅邪王刘京就国(《后汉书·明帝本纪》)。

十月,汉明帝行幸邺。与赵王刘栩会邺(《后汉书·明帝本纪》)。

是年,诏班固与睢阳令陈宗、长陵令尹敏、司隶从事孟异撰《世祖本纪》(《后汉书·班固列传》)。

按:《世祖本纪》为记载东汉光武帝至灵帝历史的纪传体史书,经过几代人的修撰才最后成书。刘知几《史通·古今正史篇》曰:"在汉中兴,明帝始诏班固与睢阳令陈宗、长陵令尹敏、司隶从事孟异作世祖本纪,并撰功臣及新市、平林、公孙述事,作《列传》、《载记》二十八篇。自是以来,春秋考纪亦以焕炳,而忠臣义士莫之撰勒。于是又诏史官谒者仆射刘珍及谏议大夫李尤杂作《纪》、《表》、《名臣》、《节士》、《儒林》、《外戚》诸传,起自光武,讫乎永初。事业垂竟而珍、尤继卒。复命侍中伏无忌与谏议大夫黄景作《诸王王子功臣恩泽侯表》,《南单于西羌传》、《地理志》。至元嘉元年,复令太中大夫边韶、大军营司马崔寔、议郎朱穆、曹寿杂作《孝穆、崇》二皇及《顺烈皇后传》,又增《外戚传》入安思等后,《儒林传》入崔篆诸人。寔、寿又与议郎延笃杂作《百官表》,顺帝功臣孙程、郭愿及郑众、蔡伦等传。凡百十有四篇,号曰《汉记》。熹平中,光禄大夫马日䃅,议郎蔡邕、杨彪、卢植著作《东观》,接续纪传之可成者,而邕别作《朝会》、《车服》二志。后坐事徙朔方,上书求还,续成十志。会董卓作乱,大驾西迁,史臣废弃,旧文散佚。及在许都,杨彪颇存注记。至于名贤君子,自永初已下阙续。魏黄初中,唯著先贤表,故汉记残缺,至晋无成。"

包咸为大鸿胪,明帝以其有师傅恩,奉禄增于诸卿。

按:《后汉书·儒林列传下》曰:"永平五年,迁大鸿胪。每进见,锡以几杖,入屏不趋,赞事不名。经传有疑,辄遣小黄门就舍即问。显宗以咸有师傅恩,而素清苦,常特赏赐珍玩束帛,奉禄增于诸卿,咸皆散与诸生之贫者。"

刘辅是秋应明帝诏以《京氏易》说卦。

按：《东观汉记》卷七曰："永平五年秋，京师少雨，上御云台，召尚席取卦具自卦，以《周易卦林》占之。其繇曰：'蚁封穴户，大雨将集。'明日大雨。上即以诏书问辅曰：'道岂有是耶？'辅上书曰：'案《易》卦《震》之《蹇》，蚁封穴户，大雨将集。……'诏报曰：'善哉！王次序之。'"《后汉书·光武十王列传》曰："辅矜严有法度，好经书，善说《京氏易》、《孝经》、《论语》传及图谶，作《五经论》，时号之曰《沛王通论》。在国谨节，终始如一，称为贤王。显宗敬重，数加赏赐。"

杨岑应诏与张盛、景防、鲍邺等以四分法课。

按：《后汉书·律历志中》曰："永平五年，官历署七月十六日月食。待诏杨岑见时月食多先历，既缩用算上为日，因上言'月当十五日食，官历不中'。诏书令岑普候，与官历课。起七月，尽十一月，弦望凡五，官历皆失，岑皆中。庚寅，诏书令岑署弦望月食官，复令待诏张盛、景防、鲍邺等以《四分法》与岑课。岁余，盛等所中，多岑六事。十二年十一月丙子，诏书令盛、防代岑署弦望月食加时。《四分》之术，始颇施行。"

班固以私撰国史入狱，弟班超上书营救。明帝奇之，召诣校书郎，除兰台令史。

按：《后汉书·班彪列传》曰："父彪卒，归乡里。固以彪所续前史未详，乃潜精研思，欲就其业。既而有人上书显宗，告固私改作国史者，有诏下郡，收固系京兆狱，尽取其家书。先是扶风人苏朗伪言图谶事，下狱死。固弟超恐固为郡所核考，不能自明，乃驰诣阙上书，得召见，具言固所著述意，而郡亦上其书。显宗甚奇之，召诣校书部，除兰台令史，与前睢阳令陈宗、长陵令尹敏、司隶从事孟异共成《世祖本纪》。"

牟融为司隶校尉（《后汉书·牟融列传》）。

鲍昱坐救火迟免司隶校尉（《后汉书·鲍永列传》）。

周泽迁右中郎将（《后汉书·儒林列传下》）。

尹敏坐周虑事免长陵令（《后汉书·儒林列传上》）。

第五伦坐法征，诣廷尉，吏民千余人上讼，免归里（《后汉书·第五伦列传》）。

班固与陈宗、尹敏、孟异等共著《东观汉记·世祖本纪》，并撰功臣及新市、平林、公孙述事，作列传、载记二十八篇（《后汉书·班固列传》）。

按：曹之《〈东观汉记〉编撰考》（《图书馆论坛》1998年第6期）认为，《东观汉纪》是中国最早的官修史书，是纪、传、志、表俱全的纪传体断代史书，至魏文帝黄初六年成书，因修于洛阳东汉宫廷藏书之所东观，故名。隋唐前，《东观汉记》与《史记》、《汉书》同列为正史之"三史"。此书记光武帝至灵帝时事，为后来汉史著作所依据，可补《后汉书》之缺，向为世所重。原143卷，至宋仅存43卷，明代全佚。四库馆臣从《永乐大典》中辑出24卷。有武英殿本、《四部备要》本、《丛书集成》本。

又按：《四库全书总目提要》卷五〇曰："《东观汉记》二十四卷。案《东观汉记》，《隋书·经籍志》称长水校尉刘珍等撰。今考之范书，珍未尝为长水校尉。且此书创始在明帝时，不可题珍等居首。案《范书·班固传》云：明帝始诏班固与睢阳令陈宗、长陵令尹敏、司隶从事孟异共成《世祖本纪》。固又撰功臣、平林、新市、公孙述事，作《列传》、《载记》二十八篇。此《汉记》之初创也。刘知几《史通·古今正史篇》云：安帝诏史官谒者仆射刘珍、谏议大夫李尤杂作《纪》、《表》、《名臣》、《节士》、《儒林》、《外戚》诸传,起建武,讫永初。《范书·刘珍传》,亦称邓太后诏珍与刘騊駼作《建武以来名臣传》。此《汉记》之初续也。《史通》又云:珍、尤继卒,复命侍中伏无忌与谏议大夫黄景作《诸王、王子、功臣恩泽侯表》,与《单于》、《西羌传》、《地理志》。元嘉元年,复令大中大夫边韶、大军营司马崔寔、议郎朱穆、曹寿杂作《孝穆崇》二皇及《顺烈皇后传》。又增《外戚传》入安思等后。《儒林传》入崔篆诸人。寔、寿又与议郎延笃杂作《百官表》、顺帝功臣孙程、郭愿、郑众、蔡伦等传凡百十有四篇,号曰《汉记》。《范书·伏湛传》亦云:元嘉中,桓帝诏伏无忌与黄景、崔寔等共撰《汉纪》。《延笃传》亦称笃与朱穆、边韶共著作东观。此《汉记》之再续也。盖至是而史体粗备,乃肇有《汉记》之名。《史通》又云:熹平中,光禄大夫马日䃅、议郎蔡邕、杨彪、卢植著作东观,接续纪传之可成者。而邕别有《朝会》、《车服》二志。后坐事徙朔方,上书求还,续成十志。董卓作乱,旧文散逸。及在许都,杨彪颇存注纪。案:《范书·蔡邕传》,邕在东观,与卢植、韩说等撰补《后汉记》,所作《灵纪》及《十意》,又补诸《列传》四十二篇。因李傕之乱,多不存。《卢植传》亦称,熹平中,植与邕、说并在东观,补续《汉记》。又刘昭补注《司马书》,引《袁崧书》云:刘洪与蔡邕共述《律历纪》。又引《谢承书》云:胡广博综旧仪,蔡邕因以为志。又引《谢沈书》云:蔡邕引中兴以来所修者为《祭祀志》。章怀太子《范书注》,称邕上书云:臣科条诸志,所欲删定者一,所当接续者四,前志所无,臣欲著者五。此《汉记》之三续也。其称《东观》者,《后汉书注》引《雒阳宫殿名》云:南宫有东观。《范书·窦章传》云:永初中,学者称东观为老氏藏室,道家蓬莱山。盖东汉初,著述在兰台,至章和以后,图籍盛于东观,修史者皆在是焉,故以名书。《隋志》称书凡一百四十三卷,而《新旧唐书志》则云一百二十六卷,又录一卷。盖唐时已有阙佚。《隋志》又称书起光武,讫灵帝。今考《列传》之文,间纪及献帝时事,盖杨彪所补也。晋时以此书与《史记》、《汉书》为三史,人多习之。故六朝及初唐人隶事释书,类多征引。自唐章怀太子集诸儒注《范书》,盛行于代,此书遂微。北宋时尚有残本四十三卷。赵希弁《读书附志》、邵博《闻见后录》并称其书乃高丽所献,盖已罕得。南宋《中兴书目》则止存《邓禹》、《吴汉》、《贾复》、《耿弇》、《寇恂》、《冯异》、《祭遵》、《景丹》、《盖延》九传,共八卷。有蜀中刊本流传,而错误不可读。上蔡任泂始以秘阁本雠校,罗愿为序行之,刻版于江夏。又陈振孙《书录解题》称,其所见本,卷第凡十二,而阙第七、第八二卷。卷数虽似稍多,而核其《列传》之数,亦止九篇。则固无异于书目所载也。自元以来,此书已佚。《永乐大典》于邓、吴、贾、耿诸韵中,并无《汉记》一语。则所谓九篇者,明初即已不存矣。"

崔骃是年前作《安丰侯诗》。

按:窦融于建武八年封安丰侯,卒于本年,姑以此诗系于是年之前。

保罗卒,生年不详。基督教奠基人。

佩尔西乌斯卒(34—)。罗马斯多葛派诗人。

郭丹卒(前25—)。丹字少卿,南阳穰人。汉明帝永平三年,任司徒。父稚,成帝时为庐江太守,有清名。丹七岁而孤,小心孝顺,后母哀怜之,为粥衣,买产业。后从师长安。王莽征之,与诸生逃于北地。更始二年,三公举丹贤能,征为谏议大夫,持节使归南阳。归光武获封爵。永平三年为司徒。事迹见《后汉书》卷二七。

窦融卒(前16—)。融字周公,扶风平陵人。王莽时,为强弩将军司马,从击翟义,封建武男。更始政权新立,求任张掖属国都尉。更始败亡后,窦融领都尉职如故,据境自保。先事奉隗嚣,后投靠光武。建武五年归附东汉王朝,任凉州牧。八年,率军击破隗嚣,封安丰侯。陇蜀平定后,奉召入京,历任冀州牧、大司空、代行卫尉事,兼领将作大匠。永平二年,从兄子窦林因罪处死,汉明帝刘庄诏令窦融归第养病。岁余,上卫尉印绶。事迹见《后汉书》卷二三。

按:《后汉书·窦融列传》曰:"(永平)五年,(刘)盱妇家上书言状,帝大怒,乃尽免(窦)穆等官,诸窦为郎吏者皆将家属归故郡,独留融京师。穆等西至函谷关,有诏悉复追还。会融卒,时年七十八,谥曰戴侯,赗送甚厚。"

汉明帝永平六年　癸亥　63年

正月,沛王刘辅、楚王刘英、东平王刘苍、淮阳王刘延、琅邪王刘京、东海王刘政、赵王刘盱、北海王刘兴、齐王刘石来朝(《后汉书·明帝本纪》)。

二月,庐江太守献王雒山所出宝鼎(《后汉书·明帝本纪》)。

四月甲子,诏禁章奏浮词(《后汉书·明帝本纪》)。

十月,明帝行幸鲁,祠东海恭王刘疆;会沛王刘辅、楚王刘英、济南王刘康、东平王刘苍、淮阳王刘延、琅邪王刘京、东海王刘政(《后汉书·明帝本纪》)。

十二月,遣使者祠中岳。壬午,明帝还宫;东平王刘苍、琅邪王刘京从驾来朝皇太后(《后汉书·明帝本纪》)。

班固为秘书郎,典校秘书(《后汉书·班固列传》)。
杨终拜校书郎(《后汉书·杨终列传》)。
黄香约9岁,丧母,思慕憔悴,乡人称其至孝(《后汉书·文苑列传上》)。
张霸7岁,通《春秋》。

按:《后汉书·张霸列传》曰:"年数岁而知孝让,虽出入饮食,自然合礼,乡人号为'张曾子'。七岁通《春秋》,复欲进余经,父母曰:'汝小未能也',霸曰'我饶为之',故字曰'饶'焉。"

郑众著《春秋难记条例》(张震泽《许慎年谱》)。
班固续著《东观汉纪》,奉诏著《汉书》。

按:郑鹤声《汉班孟坚先生固年谱》(台湾商务印书馆1980年版)系于是年。《后汉书·班固列传》曰:"(班固)迁为郎,典校秘书。固又撰功臣、平林、新市、公孙述事,作列传、载记二十八篇,奏之。帝乃复使终成前所著书。"又曰:"固以为汉绍尧运,以建帝业,至于六世,史臣乃追述功德,私作本纪,编于百王之末,厕于秦、项之列,太初以后,阙而不录,故探撰前记,缀集所闻,以为《汉书》。起元高祖,终于孝平王莽之诛,十有二世,二百三十年,综其行事,傍贯《五经》,上下洽通,为《春秋》考纪、表、志、传凡百篇。固自永平中始受诏,潜精积思二十余年,至建初中乃成。当世甚重其书,学者莫不讽诵焉。"

郭贺卒,生年不详。贺字乔卿,洛阳人。祖父坚伯,父游君,并修清节,不仕王莽。贺能明法,累官,建武中为尚书令,在职六年,晓习故事,多所匡益。拜荆州刺史,引见赏赐,恩宠隆异,及到宫,有殊政。显宗巡狩到南阳,特见嗟叹,赐以三公之服,黼黻冕旒。永平四年,征拜河南尹,以清静称。事迹见《后汉书》卷二六。

按:《后汉书·郭贺列传》曰:"永平四年,征拜河南尹,以清静称。在官三年卒,诏书憨惜,赐车一乘,钱四十万。"

汉明帝永平七年　甲子　64年

罗马大火。	正月癸卯,皇太后阴氏崩(《后汉书·明帝本纪》)。 八月戊辰,刘睦继刘兴为北海王(《后汉书·宗室四王三侯列传》)。 是年,北匈奴遣使乞和亲,许之(《后汉书·明帝本纪》)。
马可传教于亚历山大城。	郑众为越骑司马(《后汉书·郑众列传》)。 宋均为尚书令(《后汉书·宋均列传》)。 刘苍归国(《后汉书·东平宪王苍列传》)。

贾逵撰《汉史》。
按:陆侃如《中古文学系年》系于是年。

班固作《两都赋》。
按:郑鹤声《汉班孟坚先生固年谱》(台湾商务印书馆1980年版)系于此年。《两都赋》分为《西都赋》、《东都赋》两篇。自东汉建都洛阳后,"西土耆老"希仍以长安为首都,因作此赋以驳之。《西都赋》由假想人物西都宾叙述长安形势险要、物产富饶、宫廷华丽等情况,以暗示建都长安的优越性;《东都赋》则由另一假想人物东都主人对东汉建都洛阳后的各种政治措施进行美化和歌颂,意谓洛阳当日的盛况,已远远超过了西汉首都长安。赋末附《明堂》、《辟雍》等诗五首。后来张衡《二京赋》、左思《三都赋》都受了此赋的影响。

傅毅作《北海王诔》(《古文苑》卷二〇)。
按:是年北海靖王薨,毅为作诔。

汉明帝永平八年　乙丑　65年

三月，初置度辽将军，屯五原曼柏（《后汉书·明帝本纪》）。

十月，北宫成。丙子，明帝临辟雍，养三老、五更（《后汉书·明帝本纪》）。

傅毅以佛对明帝问。

按：《后汉书·西域列传》曰："世传明帝梦见金人，长大，顶有光明，以问群臣。或曰：'西方有神，名曰佛，其形长丈六尺而黄金色。'"《资治通鉴》卷四十五胡三省注引魏收曰："汉武帝遣霍去病讨匈奴，获休屠王金人，以为大神，列于甘泉宫，不祭祀，但烧香礼拜而已。此则佛道流通之渐也。张骞使大夏，使其旁有身毒国，一名天竺，始闻有浮屠之教。哀帝元寿元年，博士弟子秦景宪受大月氏王使伊存口授浮屠经，中国闻之，未信了也。后明帝夜梦金人，顶有白光，飞行殿庭，乃访群臣。傅毅始以佛对。"

蔡愔受明帝遣使天竺，求佛经。

按：《后汉书·西域列传》曰："帝于是遣使天竺，问佛道法，遂于中国图画形象焉。楚王英始信其术，中国因此颇有奉其道者。后桓帝好神，数祀浮图、老子，百姓稍有奉者，后遂转盛。"《资治通鉴》卷四十五胡三省注引魏收曰："傅毅始以佛对。帝遣郎中蔡愔等使天竺，写浮屠遗范。仍与沙门摄摩腾、竺法兰东还洛阳。中国有沙门跪拜之法，自此始。愔之还，以白马负经而至汉，因立白马寺于洛城雍关西。"

又按：《隋书·经籍志》曰："推寻典籍，自汉已上，中国未传。或云久以流布，遭秦之世，所以埋灭。其后张骞使西域，盖闻有浮屠之教。哀帝时，博士弟子秦景使伊存口授浮屠经，中土闻之，未之信也。后汉明帝夜梦金人飞行殿庭，以问于朝，而傅毅以佛对。帝遣郎中蔡愔及秦景使天竺求之，得佛经四十二章及释迦立像。并与沙门摄摩腾、竺法兰东还。愔之来也，以白马负经，因立白马寺于洛城雍门西以处之。其经缄于兰台石室，而又画像于清凉台及显节陵上。章帝时，楚王英以崇敬佛法闻，西域沙门，赍佛经而至者甚众。永平中，法兰又译《十住经》。其余传译，多未能通。至桓帝时，有安息国沙门安静，赍经至洛，翻译最为通解。灵帝时，有月支沙门支谶、天竺沙门竺佛朔等，并翻佛经。而支谶所译《泥洹经》二卷，学者以为大得本旨。汉末，太守竺融，亦崇佛法。三国时，有西域沙门康僧会，赍佛经至吴译之，吴主孙权，甚大敬信。魏黄初中，中国人始依佛戒，剃发为僧。先是西域沙门来此，译《小品经》，首尾乖舛，未能通解。甘露中，有朱仕行者，往西域，至于阗国，得经九十章，晋元康中，至邺译之，题曰《放光般若经》。太始中，有月支沙门竺法护，西游诸国，大得佛经，至洛翻译，部数甚多。佛教东流，自此而盛。"

刘英始信佛。

按：《后汉书·西域列传》曰："帝于是遣使天竺，问佛道法，遂于中国图画形象焉。楚王英始信其术，中国因此颇有奉其道者。后桓帝好神，数祀浮图、老子，百姓稍有奉者，后遂转盛。"是为中国人祀佛之始。《资治通鉴》卷四五系于本年。

新约之《马可福音》约成书于此前后。

郑众三月使北匈奴，不辱使命。上疏谏遣使使匈奴（《后汉书·郑范陈贾张列传》）。

虞延三月辛卯为司徒（《后汉书·虞延列传》）。

赵憙三月辛卯行太尉事（《后汉书·赵憙列传》）。

牟融代包咸为大鸿胪（《后汉书·牟融列传》）。

张禹举孝廉，稍迁（《后汉书·张禹列传》）。

塞涅卡卒（约前 4—　）。罗马哲学家、悲剧作家。新斯多葛派代表人物。

卢卡努斯卒（39—　）。罗马诗人。著有史诗《法尔萨利亚》《内战记》）。

包咸卒（前 6—　）。咸字子良，会稽曲阿人。少为诸生，受业长安，师事博士右师细君，习《鲁诗》、《论语》。西汉末，住东海，立精舍讲授。建武中，举孝廉，除郎中，入授皇太子《论语》，又为其章句。官谏议大夫、侍中、右中郎将、大鸿胪。子包福，拜郎中，亦以《论语》入授和帝。事迹见《后汉书》卷七九下。

按：《后汉书·儒林列传下》曰："显宗以咸有师傅恩，而素清苦，常特赏赐珍玩束帛，奉禄增于诸卿，咸皆散与诸生之贫者。病笃，帝亲辇驾临视。八年，年七十二，卒于官。"

又按：唐明贵《别具特色的包咸〈论语章句〉》（《沧桑》2006 年第 4 期）指出："包咸的《论语章句》，是东汉章句之学的代表作之一，对《论语》的解释有其独到之处。在注释中，包氏将'解词'融于'串讲大意'之中，使诂训服务于串讲；有时他还在注中交代时代背景，介绍与经文有关的历史知识；其注中留存了不少的《论语》古义。包氏之注对后世的注家产生了很大的影响。"据何晏《论语集解叙》曰：包咸曾为《张侯论》章句，其"所为章句，盖用禹说，而敷畅其旨"。其书隋、唐《经籍志》皆不著录，可见久已亡佚。清儒马国翰综合各书所引共得两卷，计一百九十七节。民国时龙璋又从唐释慧琳《一切经音义》中搜集而成《论语包氏注》一卷。

范升卒，生年不详。升字辩卿，代郡人。九岁通《论语》、《孝经》。及长，习《梁丘易》、《老子》，教授后生。反对立《费氏易》、《左氏春秋》博士，以为"《五经》奇异，并复求立，各有所执，乖戾纷争。从之则失道，不从则失人"。王莽大司空王邑辟升为议曹史。建武二年，光武征诣怀宫，拜议郎，迁博士。后升为出妻所告，坐系，得出，还乡里。永平中，为聊城令，坐事免，卒于家。事迹见《后汉书》卷三六。

按：《后汉书·范升列传》曰："永平中，为聊城令，坐事免，卒于家。"姑系于此年。

范迁卒，生年不详。迁字子庐（一作间），沛国人。初为渔阳太守、河南尹、司徒。为政清廉。

汉明帝永平九年　丙寅　66 年

巴勒斯坦犹太人叛。

四月，令司隶校尉、部刺史岁上墨绶长吏视事三岁已上理状尤异者各

1人,与计偕上(《后汉书·明帝本纪》)。

是年,赐皇子刘恭号曰灵寿王,党号曰重熹王,未有国邑(《后汉书·明帝本纪》)。

明帝立学于南宫,为四姓小侯开立学校,置《五经》师。

> **按**:《资治通鉴》卷四五曰:"帝崇尚儒学,自皇太子、诸王侯及大臣子弟、功臣子孙,莫不受经。又为外戚樊氏、郭氏、阴氏、马氏诸子立学于南宫,号'四姓小侯'。置《五经》师,搜选高能以授其业。自期门、羽林之士,悉令通《孝经》章句。匈奴亦遣子入学。"

董萌时任太史待诏,上言历不正,事下三公、太常知历者杂议,无能分明据者(《后汉书·律历志中》)。

张酺为尚书教授,为南宫四姓小侯讲学,以论难当意,赐车马衣裳,除为郎,入授皇太子。

> **按**:《后汉书·张酺列传》曰:"酺少从祖父充受《尚书》,能传其业,又事太常桓荣。勤力不怠,聚徒以百数。永平九年,显宗为四姓小侯开学于南宫,置《五经》师。酺以《尚书》教授,数讲于御前,以论难当意,除为郎,赐车马衣裳,遂令入授皇太子。"

觟阳鸿以《孟氏易》教授,有名称,永平中为少府。

> **按**:《后汉书·儒林列传上》曰:"中山觟阳鸿,字孟孙,亦以《孟氏易》教授,有名称,永平中为少府。"

魏满永平中为弘农太守,以《京氏易》教授。

> **按**:《后汉书·儒林列传上》曰:"南阳魏满字叔牙,亦习《京氏易》,教授。永平中,至弘农太守。"

樊鯈受诏理广陵王刘荆罪。

> **按**:《后汉书·樊宏列传》曰:"其后广陵王荆有罪,帝以至亲悼伤之,诏鯈与羽林监南阳任隗杂理其狱。事竟,奏请诛荆。引见宣明殿,帝怒曰:'诸卿以我弟故,欲诛之,即我子,卿等敢尔邪!'鯈仰而对曰:'天下高帝天下,非陛下之天下也。《春秋》之义。"君亲无将,将而诛焉"。是以周公诛弟,季友鸩兄,经传大之。臣等以荆属托母弟,陛下留圣心,加恻隐,故敢请耳。如令陛下子,臣等专诛而已。'帝叹息良久。鯈益以此知名。"

刘轶为太子中庶子(《后汉书·儒林列传上》)。

薛汉为千乘太守,政有异迹(《后汉书·儒林列传下》)。

第五伦为宕渠令(《后汉书·第五伦列传》)。

黄香约12岁,署太守刘护门下孝子,以童子享誉京师。

> **按**:《后汉书·文苑列传上》曰:"年十二,太守刘护闻而召之,署门下孝子,甚见爱敬。香家贫,内无仆妾,躬执苦勤,尽心奉养。遂博学经典,究精道术,能文章,京师号曰'天下无双江夏黄童'。"

朱浮卒(前5—)。浮字叔元,沛国萧县人。少有才能,初为光武大司马主簿、偏将军、幽州牧、太仆、大司空,封舞阳侯、父城侯、新息侯。永平中,有人告浮事,明帝大怒,遂此死。主广博士之选。事迹见《后汉书》卷三三。

盖约·佩特罗尼乌斯卒,生年不详。罗马作家。著有罗马第一部长篇讽刺小说《萨蒂利孔》。

汉明帝永平十年 丁卯 67年

<small>罗马尼禄遣苇斯巴芗入巴勒斯坦加利利平叛。</small>

二月,广陵王刘荆有罪,自杀,除广陵国(《后汉书·明帝本纪》)。

四月戊子,诏大赦天下,以报农功(《后汉书·明帝本纪》)。

闰四月,汉明帝幸南阳,祠章陵,祠旧宅,礼毕,召校官弟子作雅乐,奏《鹿鸣》,汉明帝自御埙篪和之,以娱嘉宾(《后汉书·明帝本纪》)。

十二月甲午,明帝还宫(《后汉书·明帝本纪》)。

蔡愔取佛经回,浮图迦叶摩腾、竺法兰同来,用白马驮载佛经四十二章及释迦牟尼像归,佛教始入中国。

按:《高僧传》卷一曰:"(汉明帝)遣郎中蔡愔、博士弟子秦景等,使往天竺,寻访佛法。愔等于彼遇见摩腾,乃要还汉地。腾誓志弘通,不惮疲苦,冒涉流沙,至乎雒邑。明帝甚加赏接,于城西门外立精舍以处之。汉地有沙门之始也。"

张兴为太子少傅,明帝数访问经术,为梁丘家宗。

按:《后汉书·儒林列传上》曰:"十年,拜太子少傅。显宗数访问经术。既而声称著闻,弟子自远至者,著录且万人,为梁丘家宗。"

丁鸿被征召,说《文侯之命篇》,赐与博士同礼;拜侍中。

按:《后汉书·丁鸿列传》曰:"永平十年诏征,鸿至即召见,说《文侯之命篇》,赐御衣及绶,禀食公车,与博士同礼。顷之,拜侍中。"

周泽拜太常,数有直言(《后汉书·儒林列传下》)。

周防举孝廉,拜郎中(《后汉书·儒林列传上》)。

迦叶摩腾、竺法兰于洛阳白马寺译《四十二章经》。

按:《高僧传》卷一曰:"腾译《四十二章经》一卷,初缄在兰台石室第十四间中腾所住处,今雒阳城西雍门外白马寺是也。……(竺法兰)既达雒阳,与腾同止。少时便善汉言,愔于西域获经,即为翻译所谓《十地继结》、《佛本生》、《法海藏》、《佛本行》、《四十二章》等五部。移都寇乱,四部失本不传。江左唯《四十二章经》,今见在,可二千余言。汉地见存诸经,唯此为始也。"

又按:《四十二章经》,一卷,包含42篇短短的经文,一般认为是最早的汉译佛经。《历代三宝纪》载本经前后有两个译本:一是迦叶摩腾于白马寺译本;二是吴支谦译本,与摩腾译本少异。又谓支译"文义允正,辞句可观"。今人有说现存本经《丽藏》本,虽题汉译,实系支谦所译。译文或因朴拙早佚,后人乃误以支译当之。现存五种:《丽藏》本、宋真宗注本、唐《宝林传》本、宋六和塔本、明了童补注宋守遂注本。

任延卒(5—)。延字长孙,南阳宛人。年十二,为诸生,学于长安,明《诗》、《易》、《春秋》,显名太学,学中号为"任圣童"。避兵之陇西,不应隗嚣请。更始元年，为大司马属，拜会稽都尉，礼祠延陵季子，敬待董子仪、严子陵、龙丘苌以师友之礼。建武初，为九真太守，九真人为立生祠；为武威太守，造立校官，令掾史子孙诣学受业，郡遂有儒雅之士。后坐擅诛羌不先上，左转召陵令。显宗即位，拜颍川太守。永平二年，征会辟雍，为河内太守。视事九年，病卒。事迹见《后汉书》卷七六。

按：《后汉书·循吏列传》曰："永平二年，征会辟雍，因以为河内太守。视事九年，病卒。"

樊儵卒，生年不详。儵字长鱼，南阳湖阳人，宏之子，谥曰哀侯。建武末嗣封寿张侯。光武崩，为复土校尉。永平初，拜长水校尉，徙封燕侯。十年卒，谥曰哀侯。就丁恭习《公羊严氏春秋》，删定《公羊严氏春秋章句》，世号樊侯学，教授门徒前后三千余人，李修、夏勤即其弟子。事迹见《后汉书》卷三二。

按：《后汉书·樊宏列传》曰："十年，儵卒，赗赠甚厚，谥曰哀侯。"

许慎（　—148）生。

按：关于许慎生卒年有多种说法：1.清代洪亮吉定于约25年至125年；2.宋代洪适《隶释》定于公元55至124年；3.清代诸可宝《许君疑年录》定于55至148年；4.清代严可均《许君事迹考》、清代陶方琦《许君年表》定于公元58年至148年；5.顿嵩元《许慎生平事迹考辨》（《郑州大学学报》1985年第3期）定于约公元54至约公元149年；6.刘志成《许慎生卒年异议》（《汉字文化》1991年第2期）定于约65年至约122年；7.宋举成《略谈许慎和他的〈说文解字〉》（《内蒙古师大学报》1983年第3期）认为约公元58至约147年；8.张震泽《许慎年谱》（辽宁大学出版社1986年版）定于公元67年至148年。今从张震泽说。

汉明帝永平十一年　戊辰　68年

正月，沛王刘辅、楚王刘英、济南王刘康、东平王刘苍、淮阳王刘延、中山王刘焉、琅邪王刘京、东海王刘政来朝（《后汉书·明帝本纪》）。

孙堪拜光禄勋。

按：《后汉书·儒林列传下》曰："永平十一年，拜光禄勋。堪清廉，果于从政，数有直言，多见纳用。"

牟融为大司农（《后汉书·牟融列传》）。

尹敏除郎中，迁谏议大夫（《后汉书·儒林列传上》）。

尹敏卒，生年不详。敏字幼季，南阳堵阳人也。少为诸生，初习《欧阳尚书》，后受《古文尚书》，兼善《毛诗》、《谷梁传》、《左氏春秋》。与班彪善。

是年，罗马尼禄卒。加尔巴、奥索、维泰利乌斯继立、相杀，苇斯巴芗遂杀维泰利乌斯，登位。罗马弗拉维王朝始。

建武二年，上疏陈《洪范》消灾之术。拜郎中，辟大司空府。后三迁长陵令。十一年，除郎中，迁谏议大夫。事迹见《后汉书》卷七九上。

汉明帝永平十二年　己巳　69年

罗马人围耶路撒冷。

正月，益州徼外夷哀牢王相率内属，置永昌郡，罢益州西部都尉（《后汉书·明帝本纪》）。

五月丙辰，赐天下男子爵，诏禁丧葬车服制度奢靡（《后汉书·明帝本纪》）。

四月，遣将作谒者王吴修汴渠，自荥阳至于千乘海口（《后汉书·明帝本纪》）。

是年，建白马寺成（元释念常《佛祖通载》卷五）。

张盛、景防十一月丙子应诏代扬岑署弦望月食加时。四分之术，始颇施行（《后汉书·律历志中》）

王景修汴渠成，由是知名，受赐《史记·河渠书》，三迁为侍御史。

按：《后汉书·循吏列传》曰："永平十二年，议修汴渠，乃引见景，问以理水形便。景陈其利害，应对敏给，帝善之。又以尝修浚仪，功业有成，乃赐景《山海经》、《河渠书》、《禹贡图》及钱帛衣物。"《史记》篇章被朝廷作为礼品赏赐给大臣，说明《史记》仍然流传不广。

杨终为郡上计吏，奏上《哀牢传》，为兰台令史，拜校书郎。

按：《论衡·佚文篇》曰："杨子山为郡上计吏，见三府作《哀牢传》，不能成，归郡作上，孝明奇之，征在兰台。"

伏恭七月乙亥免司空，以病乞骸骨，诏赐千石俸以终其身（《后汉书·儒林列传下》）。

牟融为司空，举动方重，甚得大臣节（《后汉书·牟融列传》）。

周泽行司徒事。数月，复为太常。

按：《后汉书·儒林列传下》曰："十二年，以泽行司徒事，如真。泽性简，忽威仪，颇失宰相之望。数月，复为太常。"

马防为黄门侍郎（《后汉书·马防列传》）。

第五伦为蜀郡太守（《后汉书·第五伦列传》）。

杨终作《哀牢传》（《论衡·佚文篇》）

汉明帝永平十三年　庚午　70年

二月，明帝耕于籍田(《后汉书·明帝本纪》)。

四月，汴渠成，河、汴分流，复其旧迹，六十余年河患至此息(《后汉书·明帝本纪》)。

十月壬辰晦，日食。三公免冠自劾，诏详刑理冤，存恤鳏孤(《后汉书·明帝本纪》)。

十一月，楚王刘英谋反，废，国除，徙丹阳泾县，所连及死徙者数千人(《后汉书·明帝本纪》)。

魏应为大鸿胪(《后汉书·儒林列传下》)。

丁鸿兼射声校尉(《后汉书·丁鸿列传》)。

薛昭时任河南尹，三月下狱死(《后汉书·明帝本纪》)。

鲍昱为汝南太守，典理楚事。

按：《后汉书·鲍昱列传》曰："后拜汝南太守。郡多陂池，岁岁决坏，年费常三千余万。昱乃上作方梁石洫，水常饶足，溉田倍多，人以殷富。"姑系于是年。

袁安十二月丙辰拜楚郡太守(《后汉书·袁安列传》)。

耿秉因匈奴频犯塞，上书言匈奴事(袁宏《后汉纪》卷一〇)。

伏恭裁定《齐诗章句》，共二十万言。

按：《后汉书·儒林列传》曰："四年，帝临辟雍，于行礼中拜恭为司空，儒者以为荣。初，父黯章句繁多，恭乃省减浮辞，定为二十万言。在位九年，以病乞骸骨罢，诏赐千石奉以终其身。"据《后汉书·儒林列传》载，与伏恭同时传授《齐诗》的尚有任末、景鸾等，其曰："任末字叔本，蜀郡繁人也。少习《齐诗》，游京师，教授十余年。……景鸾字汉伯，广汉梓潼人也。少随师学经，涉七州之地。能理《齐诗》、《施氏易》，兼受《河》、《洛》图纬，作《易说》及《诗解》，文句兼取《河》、《洛》，以类相从，名为《交集》。又撰《礼内外记》，号曰《礼略》。又抄风角杂书，列其占验，作《兴道》一篇。及作《月令章句》。凡所著述五十余万言。数上书陈救灾变之术。州郡辟命不就，以寿终。"

日本垂仁约于此时卒。据传此前有自神武以下10代。

罗马苇斯巴芗归罗马自巴勒斯坦。

新约之《马太福音》约于此前后撰成。

汉明帝永平十四年　辛未　71年

日本景行即位。

正月,敕尚书令宋庠于白马寺角试释道优劣。

按:宋释志磐《佛祖统纪》卷三五曰:"(永平)十四年正月十一日,五岳八山道士褚善信六百九十人上表,请与西域佛道角试优劣。敕尚书令宋庠以十五日大集白马寺,设行殿于寺南门,立三坛。道士于东坛置经子符箓,摩腾于道西置坛安经像舍利,中坛奉馔食奠祀百神。道士烧坛泣曰:主上信邪,玄风失绪,敢延经义于坛,以火取验。即纵火焚经。悉成灰烬。道士相顾愧赧……"

四月,楚王刘英吞药死(《后汉书·明帝本纪》)。

按:王健《楚王刘英之狱初探》认为刘英之死至少有四方面的意义:第一,"该事件的直接后果,是导致断续绵延二百余年的楚王国至此退出历史舞台";第二,"东汉朝廷穷治楚狱,沉重打击了宗室封国势力,加之一系列惩治反乱及干犯法纪诸王的措施,强化了君主的专制权威,进一步挤压了诸侯王的政治文化生存空间";第三,"开创了后世政教合作与矛盾斗争的先声";第四,"楚王之狱事件恰为旧传统崩解,士之群体自觉意识滋长的历史转折点"。(《两汉文化研究》第二辑)

五月,封故广陵王刘荆子刘元寿为广陵侯(《后汉书·明帝本纪》)。

是年,初作寿陵。宫人等千余求出家,许之(《后汉书·明帝本纪》)。

虞延三月免司徒,自杀(《后汉书·明帝本纪》)。

邢穆四月丁巳为司徒(《后汉书·明帝本纪》)。

桓郁为议郎,迁侍中(《东观汉记》)。

袁安时为楚郡太守,断楚狱,得出者四百余家。

按:《后汉书·袁安列传》曰:"明年,三府举安能理剧,拜楚郡太守。是时英辞所连及系者数千人,显宗怒甚,吏案之急,迫痛自诬,死者甚众。安到郡,不入府,先往案狱,理其无明验者,条上出之。府丞掾史皆叩头争,以为阿附反虏,法与同罪,不可。安曰:'如有不合,太守自当坐之,不以相及也。'遂分别具奏。帝感悟,即报许,得出者四百余家。"

道士褚善信等上表请与西域佛道角试优劣(宋释志磐《佛祖统纪》卷三五)。

按:参见本年"正月,敕尚书令宋庠于白马寺角试释道优劣"条。

桓郁校定明帝《五家要说章句》,奉诏著《说》1篇(《后汉书·桓荣列传》)。

按:《后汉书·桓荣列传》曰:"郁字仲恩,少以父任为郎。敦厚笃学,传父业,以《尚书》教授,门徒常数百人。荣卒,郁当袭爵,上书让于兄子汎,显宗不许,不得已受封,悉以租入与之。帝以郁先师子,有礼让,甚见亲厚,常居中论经书,问以政事,稍迁侍中。帝自制《五家要说章句》，令郁校定于宣明殿，以侍中监虎贲中郎将。"李贤注引华峤书曰："帝自制《五行章句》。此言五家，即谓五行之家也。宣明殿在德阳殿后。《东观记》上谓郁曰：'卿经及先师致复文雅。'其冬，上亲于辟雍，自讲所制《五行章句》，已，复令郁说一篇，上谓郁曰：'我为孔子，卿为子夏，起予者商也。'"《后汉书集解》引沈钦韩曰："五家，谓欧阳、林尊、平当、朱普、桓荣也。华《书》作五行，似专言《洪范·五行》，盖非也。"《玉海》卷二八、刘汝霖《汉晋学术编年》（中华书局1987年版）系于是年。

冯豹卒（41—　）。豹字仲文，京兆杜陵人。冯衍子。长好儒学，以《诗》、《春秋》教丽山下。乡里为之语曰："道德彬彬冯仲文。"官武威太守，复征为尚书。事迹见《后汉书》二八。

　　按：《后汉书·冯衍列传》曰："永元十四年，（冯豹）卒于官。"

薛汉卒，生年不详。汉字公子，淮阳人也。世习《韩诗》，父子以章句著名。汉少传父业，尤善说灾异谶纬，教授常数百人。建武初，为博士，受诏校定图谶。当世言《诗》者，推汉为长。永平中，为千乘太守，政有异迹。后坐楚事辞相连，下狱死。弟子犍为杜抚、会稽澹台敬伯、钜鹿韩伯高最知名。事迹见《后汉书》卷七九下。

　　按：刘汝霖《汉晋学术编年》（中华书局1987年版）系于此年。

张兴卒，生年不详。兴字君上，颍川鄢陵人也。习《梁丘易》以教授。建武中，举孝廉为郎，谢病去，复归聚徒。后辟司徒冯勤府，勤举为教廉，稍迁博士。永平初，迁侍中祭酒。十年，拜太子少傅。十四年，卒于官。事迹见《后汉书》卷七九上。

　　按：《后汉书·儒林列传上》曰："十年，拜太子少傅。显宗数访问经术。既而声称著闻，弟子自远至者，著录且万人，为梁丘家宗。十四年，卒于官。子鲂，传兴业，位至张掖属国都尉。"

虞延卒，生年不详。延字子大，陈留东昏人。建武初年供职执金吾府，后任洛阳令、南阳太守、太尉、司徒。因楚王刘英事牵连自杀。事迹见《后汉书》卷三三。

　　按：《后汉书·明帝本纪》曰："十四年春三月甲戌，司徒虞延免，自杀。"

汉明帝永平十五年　壬申　72年

二月庚子，明帝东巡狩。辛丑，幸偃师。癸亥，耕于下邳（《后汉书·明帝本纪》）。

三月，明帝祠东海恭王陵。还，幸孔子宅，祠仲尼及七十二弟子。亲御讲堂，命皇太子、诸王说经。又幸东平。辛卯，进幸大梁，至定陶，祠定陶恭王陵(《后汉书·明帝本纪》)。

四月,改信都为乐成国,临淮为下邳国。封皇子刘恭为巨鹿王、刘党为乐成王、刘衍为下邳王、刘畅为汝南王、刘昞为常山王、刘长为济阴王。赐天下男子爵(《后汉书·明帝本纪》)。

乙巳,诏大赦天下,其谋反大逆及诸不应宥者,皆赦除之(《后汉书·明帝本纪》)。

冬,明帝校猎于上林苑(《后汉书·明帝本纪》)。

伏恭以明帝行幸琅邪,引遇如三公仪(《后汉书·儒林列传下》)。

王景从明帝东巡狩,拜河堤谒者(《后汉书·循吏列传》)。

桓郁入授皇太子经,迁越骑校尉。

按:《后汉书·桓郁列传》曰:"永平十五年,入授皇太子经,迁越骑校尉,诏敕太子、诸王各奉贺致礼。郁数进忠言,多见纳录。"

马严奉旨移居洛阳,被召,留仁寿阁。

按:《后汉书·马援列传》曰:"永平十五年,皇后敕使移居洛阳。显宗召见,严进对闲雅,意甚异之,有诏留仁寿阁,与校书郎杜抚、班固等杂定《建武注记》。常与宗室近亲临邑侯刘复等论议政事,甚见宠幸。"

耿秉时任谒者仆射,数上言请击匈奴,令与窦固及太仆祭肜、虎贲中郎将马廖、下博侯刘张、好畤侯耿忠等共议之。

按:《资治通鉴》卷四五曰:"谒者仆射耿秉数上言请击匈奴,上以显亲侯窦固尝从其世父融在河西,明习边事,乃使秉、固与太仆祭肜、虎贲中郎将马廖、下博侯刘张、好畤侯耿忠等共议之。……十二月,以秉为驸马都尉,固为奉车都尉;以骑都尉秦彭为秉副,耿忠为固副,皆置从事、司马,出屯凉州。"

袁安为河南尹(《后汉书·袁安列传》)。

班固与马严、杜抚杂定《建武注记》(《后汉书·马援列传》)。

按:郑鹤声《汉班孟坚先生固年谱》(台湾商务印书馆1980年版)系于此年。

刘苍作《光武受命中兴颂》(《后汉书·光武十王列传》)。

贾逵受诏为刘苍《光武受命中兴颂》训诂。

按:《后汉书·光武十王列传》曰:"十五年春,行幸东平,赐苍钱千五百万,布四万匹。帝以所作《光武本纪》示苍,苍因上《光武受命中兴颂》。帝甚善之,以其文典雅,特令校书郎贾逵为之训诂。"

杨厚(—153)生(吴海林、李延沛《中国历史人物生卒年表》)。

汉明帝永平十六年　癸酉　73年

罗马苇斯巴芗征服莱茵河上游东岸。遂逐斯多葛派哲学家。

二月,遣太仆祭肜出高阙,奉车都尉窦固出酒泉,驸马都尉耿秉出居延,骑都尉来苗出平城,伐北匈奴(《后汉书·明帝本纪》)。

五月,淮阳王刘延谋反(《后汉书·明帝本纪》)。

七月,淮阳王刘延徙封阜陵王,食二县(《后汉书·明帝本纪》)。

九月,诏郡国中都官死罪系囚减死罪一等,诣军营,屯朔方、敦煌(《后汉书·明帝本纪》)。

是年,北匈奴寇云中,云中太守廉范击破之;西域诸国遣子入侍(《后汉书·明帝本纪》)。

王敏六月丙寅为司徒(《后汉书·明帝本纪》)。

楼望迁大司农(《后汉书·儒林列传下》)。

班超为奉车都尉窦固假司马,将兵击匈奴,与郭恂出使西域,西域与汉绝六十五载,至是复通。

　　按:《后汉书·班超列传》曰:"十六年,奉车都尉窦固出击匈奴,以超为假司马,将兵别击伊吾,战于蒲类海,多斩首虏而还。固以为能,遣与从事郭恂俱使西域。"

汉明帝永平十七年　甲戌　74年

八月丙寅,令武威、张掖、酒泉、敦煌及张掖属国,系囚右趾已下任兵者,皆一切勿治其罪,诣军营(《后汉书·明帝本纪》)。

十一月,遣奉车都尉窦固、驸马都尉耿秉、骑都尉刘张出敦煌昆仑塞,击破白山虏于蒲类海上,遂入车师。初置西域都护、戊己校尉(《后汉书·明帝本纪》)。

是年,五色神雀翔集京师,诏上《爵颂》;改天水为汉阳郡(《后汉书·明帝本纪》)。

罗马人授予西班牙人以公民权。

班固、贾逵、傅毅、杜矩、展隆、郗萌等诣云龙门对策。

　　按:《文选·典引》曰:"臣固言:永平十七年,臣与贾逵、傅毅、杜矩、展隆、郗萌等召诣云龙门。小黄门赵宣持《秦始皇帝本纪》问臣等曰:'太史迁下赞语中,宁有非耶?'"

　　又按:《史记·秦始皇本纪》末有"孝明皇帝十七年十月十五日乙丑……婴死生之义备矣"一段,司马贞《索隐》曰"是汉孝明帝访班固评贾、马赞中论秦二世亡天下之得失,后人因取其说附之此末",明帝访班固与明帝召班固等,所问皆为《秦始皇本纪》,当指同一事。

贾逵拜为郎,典校秘书。

　　按:《后汉书·贾逵列传》曰:"性恺悌,多智思,倜傥有大节。尤明《左氏传》、《国语》,为之《解诂》五十一篇,永平中,上疏献之。显宗重其书,写藏秘馆。时,有神雀集宫殿宫府，冠羽有五采色，帝异之，以问临邑侯刘复，复不能对，荐逵博物多识，帝乃召见逵，问之。对曰：'昔武王终父之业，鸑鷟在岐，宣帝威怀戎狄，神雀仍集，此胡降之征也。'帝敕兰台给笔札，使用《神雀颂》，拜为郎，与班固并校秘书，应对左右。"

鲍昱三月癸丑以汝南太守迁司徒（《后汉书·明帝本纪》）。

班超服鄯善，屯疏勒（《后汉书·班超列传》）。

承宫拜侍中祭酒（《后汉书·承宫列传》）。

黄香除郎中（《后汉书·文苑列传上》）。

班固著《秦纪论》、《典引》。

按：《典引序》中出现过永平十七年，而正文又有"然后宣二祖之重光，袭四宗之缉熙"。刘跃进《班固〈典引〉及其旧注平议》（《〈文选〉与文选学》，学苑出版社2003年版）说："根据蔡邕注：'高祖、光武为二祖，孝文曰太宗，孝武曰世宗，孝宣曰中宗，孝明曰显宗。'既然已经称汉明帝庙号，则本文必作于明帝之后。汉明帝卒于永平十八年。同年八月，章帝即位。十二月，作登乐歌正予乐。翌年改元建初元年。该年三月，诏举贤良方正，对者百余人，同时倡导儒术。……同时，班固与傅毅、贾逵共典校书。……由这些材料推断，《典引》当作于汉章帝初年。"可备为一说。此从陆侃如《中古文学系年》，定于此年。

贾逵、班固、傅毅、杨终、侯讽作《神雀颂》。

按：《论衡·佚文篇》曰："永平中，神雀群集，孝明诏上《爵颂》，百官颂上，文皆比瓦石，唯班固、贾逵、傅毅、杨终、侯讽五颂金玉，孝明览焉。"陆侃如《中古文学系年》系于此年。

刘睦卒，生年不详。睦，北海王刘兴子。少好学，博通书传，好音乐，能属文。谦恭好士，名儒宿德，莫不造门。卒，谥敬王。又善《史书》，当世以为楷则。著《春秋旨义终始论》及赋、颂数十篇。

按：唐晏《两汉三国学案》（中华书局1965年版）、吴文治《中国文学史大事年表》（黄山书社1987年版）均系于是年。

王敏卒，生年不详。敏字叔公，并州隰城人。官大司农、司徒。永平十年奉明帝之命，在温阳始建白马寺、兴教寺、西明寺三寺。

汉明帝永平十八年　乙亥　75年

印度文化此时传布至东南亚中南半岛一带。

八月壬子，明帝刘庄崩于东宫前殿，皇太子刘炟继位，是为肃宗孝章皇帝。壬戌，葬孝明皇帝于显节陵（《后汉书·章帝本纪》）。

按：明帝刘庄（28—75），光武第四子。十岁通《春秋》，从谯英、刘昆受《易》，后师事桓荣，学通《尚书》，从包咸学《论语》，从钟会学公羊严氏。及即位，尊崇儒学，行礼、讲学于太学，尊养三老五更，为功臣子孙、四姓末属别立学校，选高能以受其业，自期门羽林之士，悉令通《孝经》章句，匈奴亦遣子入学。善刑理，法令分明。建武十五年封东海公，十七年进爵为王，十九年立为皇太子。著有《五家要说章句》、《光武皇帝本纪》。

十月丁未，诏大赦天下（《后汉书·章帝本纪》）。

十一月，诏征西将军耿秉屯酒泉。遣酒泉太守段彭救戊己校尉耿恭。甲辰晦，日食。于是避正殿，寝兵，不听事五日。诏有司各上封事（《后汉书·章帝本纪》）。

十二月，尊明帝庙号曰显宗，四时禘袷，进《武德》之舞，如孝文皇帝袷祭高庙故事（《后汉书·章帝本纪》）。

第五伦十一月戊戌为司空，上疏请抑损后族（《后汉书·第五伦列传》）。

班固代第五伦上疏荐谢夷吾（《后汉书·方术列传》）。

班超奉诏欲回中原，因西域极力挽留，复又返回疏勒（《后汉书·班超列传》）。

郑众为军司马，从虎贲中郎将马廖击车师，拜中郎将。救戊己校尉耿恭围，迁武威太守。后迁左冯翊（《后汉书·郑众列传》）。

赵熹十月为太傅，并录尚书事（《资治通鉴》卷四五）。

楼望代周泽为太常（《后汉书·儒林列传下》）。

杨仁明帝时特诏补北宫卫士令，引见，问当世政迹。

按：《后汉书·儒林列传下》曰："显宗特诏补北宫卫士令，引见，问当世政迹。仁对以宽和任贤，抑黜骄戚为先。又上便宜十二事，皆当世急务。帝嘉之，赐以缣钱。及帝崩，时诸马贵盛，各争欲入宫，仁被甲持戟，严勒门卫，莫敢轻进者。"

魏应为光禄大夫（《后汉书·儒林列传下》）。

周泽拜侍中骑都尉（《后汉书·儒林列传下》）。

马严征拜侍御史中丞。子马鱄除为郎。

按：《后汉书·马援列传》曰："肃宗即位，征拜侍御史中丞，除子鱄为郎，令劝学省中。"

蔡伦入宫为宦者（《后汉书·宦者列传》）。

朱酺免益州刺史。

按：《后汉书·马援列传》曰："肃宗即位……其冬，有日食之灾，（马）严上封事曰……书奏，帝纳其言而免酺等官。"

韦彪八月以病免魏郡太守（《后汉书·韦彪列传》）。

刘苍上《明帝庙乐议》。

按：陆侃如《中古文学系年》系于是年。《后汉书·儒林列传》曰："中元元年，初建三雍。明帝即位，亲行其礼。天子始冠通天，衣日月，备法物之驾，盛清道之仪，坐明堂而朝群后，登灵台以望云物，袒割辟雍之上，尊养三老五更。飨射礼毕，帝正坐自讲，诸儒执经问难于前，冠带缙绅之人，圜桥门而观听者盖亿万计。其后复为功臣子孙、四姓末属别立校舍，搜选高能以受其业，自期门羽林之士，悉令通《孝经》章句，匈奴亦遣子入学。济济乎，洋洋乎，盛于永平矣！"

崔骃作《明帝颂》。

按："颂"当为"诔"，应作于明帝崩后。陆侃如《中古文学系年》系于是年。

傅毅八月作《明帝诔》（《艺文类聚》卷一二）。

按：陆侃如《中古文学系年》系于是年。

班固作《马仲都哀辞》、《荐谢夷吾表》。

按：郑鹤声《汉班孟坚先生固年谱》（台湾商务印书馆1980年版）系于是年。

又按：哀悼死者的文辞。也作"哀词"。清王兆芳《文体通释》云："哀辞者，爱闵悲伤以属辞也。主于列事垂情，悲恸惋叹。源出汉明帝命班固作《马仲都哀辞》，流有魏曹植作《仲雍及金瓠行女诸哀辞》。"

孙堪卒，生年不详。堪字子穉，河南缑氏人。明经学，有志操，清白贞正，爱士大夫，以节介气勇自行。建武中，仕郡县，公正廉洁。历官长吏、县令、左冯翊侍御史、尚书令、光禄勋。与周泽（字穉都）被京师号曰"二穉"。事迹见《后汉书》卷七九下。

按：《后汉书·儒林列传下》曰："（孙）堪清廉，果于从政，数有直言，多见纳用。十八年，以病乞身，为侍中骑都尉，卒于官。"

黄宪（　—122）生（吴海林、李延沛《中国历史人物生卒年表》）。

汉章帝刘炟建初元年　丙子　76年

正月，诏实考贫者，许流人归本。诏二千石劝农桑，慎选举，顺时令，理冤狱（《后汉书·章帝本纪》）。

三月甲寅，山阳、东平地震。己巳，诏令太傅、三公、中二千石、二千石、郡国守相举贤良方正、能直言极谏之士各1人（《后汉书·章帝本纪》）。

五月辛酉，初举孝廉、郎中宽博有谋，任典城者，以补长、相（《后汉书·章帝本纪》）。

按：光武帝对孝廉比较重视，从他开始可以任用孝廉为尚书郎（过去由令史补）。章帝时任用孝廉中有智谋能主持政事者为县长、侯相。和帝永元七年把所举孝廉中宽博有谋的30人全部任为县长、侯相。安帝时继续以孝廉任令、长、丞、尉。《文献通考》卷三四《选举七》曰："故事，尚书郎以令史久次补之，光武始用孝廉为尚书郎。"

七月辛亥，诏以上林池籞田赋与贫人（《后汉书·章帝本纪》）。

十一月，阜陵王刘延谋反，贬为阜陵侯（《后汉书·章帝本纪》）。

贾逵受诏入讲北宫白虎观、南宫云台，令选弟子，教以《左氏》（《后汉书·贾逵列传》）。

召驯稍迁骑都尉,侍讲章帝;拜左中郎将,入授诸王。

按:《后汉书·儒林列传下》曰:"召驯字伯春,九江寿春人也。曾祖信臣,元帝时为少府。父建武中为卷令,傲傥不拘小节。驯小习《韩诗》,博通书传,以志义闻,乡里号之曰'德行恂恂召伯春'。累仕州郡,辟司徒府。建初元年,稍迁骑都尉,侍讲肃宗。拜左中郎将,入授诸王。帝嘉其义学,恩宠甚崇。出拜陈留太守,赐刀剑钱物。"

刘苍以地震上便宜三事,赐钱五百万;复上疏谏起立郭邑,章帝纳之(《后汉书·东平宪王苍列传》、《资治通鉴》卷四六)。

鲍昱对问灾异,主行宽政(《后汉书·鲍永列传》)。

杨终以大旱上书,谏止大狱、徙边罢边屯。

按:《后汉书·杨终列传》曰:"建初元年,大旱谷贵,终以为广陵、楚、淮阳、济南之狱,徙者万数,又远屯绝域,吏民怨旷,乃上疏……书奏,肃宗下其章。司空第五伦亦同终议。太尉牟融、司徒鲍昱、校书郎班固等难伦,以施行既久,孝子无改父之道,先帝所建,不宜回异。终复上书……帝从之,听还徙者,悉罢边屯。"

孔丰以大旱上疏,为黄门侍郎,典东观事。

按:《续汉志·五行志》注补引《孔丛》曰:"建初元年大旱,天子忧之,侍御史孔子丰乃疏曰:'臣闻为不善而灾报,得其应也;为善而灾至,遭时运也。陛下即位日浅,视民如伤,而不幸耗旱,时运之会耳,非政教所致也。昔成汤遭旱,因自责,省畋散积,减御损食,而大有年。意者陛下未为成汤之事焉。'天子纳其言而从之,三日雨即降。转拜黄门郎,典东观事。"孔丰字子丰,孔臧之后,永平中辟司空府,以高第拜侍御史。

刘宽时为大司农,举鲁丕贤良方正(《后汉书·卓鲁魏刘列传》、《资治通鉴》卷四六)。

鲁丕以贤良方正对策在高第,除为议郎,迁新野令。

按:《后汉书·卓鲁魏刘列传》曰:"丕字叔陵,性沉深好学,孳孳不倦,遂杜绝交游,不答候问之礼。士友常以此短之,而丕欣然自得。遂兼通《五经》,以《鲁诗》、《尚书》教授,为当世名儒。后归郡,为督邮功曹,所事之将,无不师友待之。建初元年,肃宗诏举贤良方正,大司农刘宽举丕。时对策者百有余人,唯丕在高第,除为议郎,迁新野令。"

贾宗封即墨侯(《后汉书·贾复列传》)。

陈宠为尚书(《后汉书·陈宠列传》)。

牟融为太尉,参录尚书事(《后汉书·牟融列传》)。

马严迁五官中郎将,行长乐卫尉事,除三子为郎(《后汉书·马援列传》)。

张酺为侍中、虎贲中郎将。数月,出为东郡太守(《后汉书·张酺列传》)。

李育举方正,为议郎。后拜博士(《后汉书·儒林列传下》)。

桓郁以母忧乞身,诏听以侍中行服(《后汉书·桓郁列传》李贤注引《华峤书》)。

淳于恭被赐帛二十匹,诣公车,除为议郎(《后汉书·淳于恭列传》)。

韦彪以病免魏郡太守(《后汉书·韦彪列传》)。

按:后又征为左中郎将、长乐卫尉,数陈政术,每归宽厚。拜为奉车都尉,秩中二千石。

杨仁为什邡令,劝课掾史弟子,悉令就学。

按:《后汉书·儒林列传下》曰:"肃宗既立,诸马共谮仁刻峻,帝知其忠,愈善之,拜什邡令。宽惠为政,劝课掾史弟子,悉令就学。其有通明经术者,显之右署,或贡之朝,由是义学大兴。垦田千余顷。行兄丧去官。后辟司徒桓虞府。掾有宋章者,贪奢不法,仁终不与交言同席,时人畏其节。后为阆中令,卒于官。"

王充归里教授,仕郡功曹。奏记郡守,禁奢侈,禁酒,以备困乏。不用,去官(《后汉书·王充列传》、《论衡·对作篇》)。

按:刘汝霖《汉晋学术编年》(中华书局1987年版)系于是年。

曹褒约于是年举孝廉(《后汉书·曹褒列传》)。

班超自西域还(《资治通鉴》卷四六)。

贾逵著《春秋左氏大义》成。

按:《后汉书·贾逵列传》曰:"肃宗立,降意儒术,特好《古文尚书》、《左氏传》。建初元年,诏逵入讲北宫白虎观、南宫云台。帝善逵说,使发出《左氏传》大义长于二传者。逵于是具条奏之曰:'臣谨摘出《左氏》三十七事尤著明者,斯皆君臣之正义,父子之纪纲。其余同《公羊》者什有七八,或文简小异,无害大体。至于祭仲、纪季、伍子胥、叔术之属,《左氏》义深于君父,《公羊》多任于权变,其相殊绝,固以甚远,而冤抑积久,莫肯分明。臣以永平中上言《左氏》与图谶合者,先帝不遗刍荛,省纳臣言,写其传诂,藏之秘书。建平中,侍中刘歆欲立《左氏》,不先暴论大义,而轻移太常,恃其义长,诋挫诸儒,诸儒内怀不服,相与排之。孝哀皇帝重逆众心,故出歆为河内太守。从是攻击《左氏》,遂为重仇。至光武皇帝,奋独见之明,兴立《左氏》、《谷梁》,会二家先师不晓图谶,故令中道而废。凡所以存先王之道者,要在安上理民也。今《左氏》崇君父,卑臣子,强干弱枝,劝善戒善,至明至切,至直至顺。且三代异物,损益随时,故先帝博观异家,各有所采。《易》有施、孟,复立梁丘,《尚书》欧阳,复有大小夏侯,今三传之异亦犹是也。又《五经》家皆无以证图谶明刘氏为尧后者,而《左氏》独有明文。《五经》家皆言颛顼代黄帝,而尧不得为火德。《左氏》以为少昊代黄帝,即图谶所谓帝宣也。如令尧不得为火,则汉不得为赤。其所发明,补益实多。陛下通天然之明,建大圣之本,改元正历,垂万世则,是以麟凤百数,嘉瑞杂遝。犹朝夕恪勤,游情《六艺》,研机综微,靡不审核。若复留意废学,以广圣见,庶几无所遗失矣。'书奏,帝嘉之,赐布五百匹,衣一袭,令逵自选《公羊》严、颜诸生高才者二十人,教以《左氏》,与简纸经传各一通。"蒋祖怡《王充卷·王充年谱》(中州书画社1983年版)、陆侃如《中古文学系年》均系于是年。

鲁丕作《举贤良方正对策》(孙星衍《续古文苑》卷六)。

按:刘跃进《秦汉文学编年史》(商务印书馆2006年版)系于是年。

班固作《耿恭守疏勒城赋》(严可均《全后汉文》卷二四)。

按:郑鹤声《汉班孟坚先生固年谱》(台湾商务印书馆1980年版)系于是年。

梁鸿至洛作《五噫歌》。

按:《后汉书·逸民列传》曰:"(梁鸿与妻孟光)共入霸陵山中,以耕织为业,咏《诗》、《书》,弹琴以自娱。仰慕前世高士,而为四皓以来二十四人作颂。因东出关,过京师,作《五噫之歌》曰:'陟彼北芒兮,噫!顾览帝京兮,噫!宫室崔嵬兮,噫!人之劬劳兮,噫!辽辽未央兮,噫!'肃宗闻而非之,求鸿不得。乃易姓运期,名耀,字侯光,与妻子居齐鲁之间。"陆侃如《中古文学系年》系于是年。

宋均卒（约22— ）。均字叔庠，南阳安众人。以父任为郎，时年十五，好经书，每休沐，则受业博士，通《诗》、《礼》，善论难。为辰阳长，立学校，禁淫祀。以祖母丧去官，客授颍川。后为谒者，迁上蔡令、九江太守、东海相、尚书令、司隶校尉、河内太守。事迹见《后汉书》卷四一。

按：《后汉书·宋均列传》曰："建初元年，卒于家。"

承宫卒，生年不详。宫字少子，琅邪姑幕人。从徐子盛习《春秋》，学成，居家教授。三府更辟，不应，永平中，征诣公车，拜博士，迁左中郎将。事迹见《后汉书》卷二七。

按：《后汉书·承宫列传》曰："（永平）十七年，拜侍中祭酒。建初元年，卒，肃宗褒叹，赐以冢地。"

牟纡约卒，生年不详。纡，牟长之子，乐安临济人。隐居教授，门生千人，肃宗闻而征之，欲以为博士，道物故。

汉章帝建初二年　丁丑　77年

三月辛丑，诏令贵戚近亲节俭（《后汉书·章帝本纪》）。

四月戊子，诏还坐楚、淮阳事徙者四百余家，令归本郡（《后汉书·章帝本纪》）。

夏，有司上奏封外戚，马太后不许（《资治通鉴》卷四六）。

是年，梁竦二女入宫，为汉章帝大小贵人（《资治通鉴》卷四六）。

傅毅为兰台令史，拜郎中，与班固、贾逵在兰台，共典校书。

按：《后汉书·文苑列传上》曰："建初中，肃宗博召文学之士，以毅为兰台令史，拜郎中，与班固、贾逵共典校书。毅追美孝明皇帝功德最盛，而庙颂未立，乃依《清庙》作《显宗颂》十篇奏之，由是文雅显于朝廷。"

刘苍上疏谏止为原陵、显节陵起县邑，章帝从之。自是朝廷每有疑政，辄驿使咨问，苍悉心以对，皆见纳用（《后汉书·光武十王列传》）。

伏恭是冬为三老。

按：《后汉书·儒林列传下》曰："建初二年冬，肃宗行飨礼，以恭为三老。"

桓郁迁屯骑校尉（《后汉书·桓郁列传》）。

鲁丕以州课第一拜青州刺史（《后汉书·鲁恭列传》）。

按：《后汉书卷二十五卓鲁魏刘列传》曰："（建初元年）迁新野令。视事期年，州课第一，擢拜青州刺史。务在表贤明，慎刑罚。"

马严拜陈留太守（《后汉书·马援列传》）。

曹褒为圉令，因马严参奏，免官归郡，为功曹（《后汉书·曹褒列传》）。

张敏举孝廉（《后汉书·张敏列传》）。

程曾著《五经通难》百余篇成，又著《孟子章句》成。

按：《孟子章句》是当时最早的一部《孟子》注本。此书《隋书·经籍志》未著录，可见其亡甚早。马国翰《玉函山房辑佚书》辑有《孟子程氏章句》1卷。

王充著《论衡·政务》、《备乏》、《禁酒》，其论政首重"仓库实而知礼节，衣食足而知荣辱"，"让生于有余，争生于不足"（蒋祖怡《王充卷·王充年谱》）。

傅毅著《显宗颂》10篇（《后汉书·文苑列传上》）。

按：陆侃如《中古文学系年》系于是年。

班固作《与弟超书》，讥傅毅"下笔不能自休"。又著《答宾戏》以自通。

按：陆侃如《中古文学系年》系于是年。

汉章帝建初三年　戊寅　78年

塞种纪元始于是年，相继通行于南亚、东南亚一带。

正月己酉，章帝宗祀明堂。礼毕，登灵台，望云物；诏大赦天下（《后汉书·章帝本纪》）。

三月癸巳，立贵人窦氏为皇后（《后汉书·章帝本纪》）。

第五伦上疏论马防，又上疏褒称盛美以劝成风德（《后汉书·第五伦列传》）。

班固迁玄武司马（《后汉书·班固列传》）。

傅毅为马防司马（《后汉书·文苑列传上》）。

马防为车骑将军（《后汉书·章帝列传》）。

杜笃为行车骑将军马防从事中郎（《后汉书·文苑列传上》）。

程曾举孝廉，迁海西令。

按：《后汉书·儒林列传下》曰："程曾字秀升，豫章南昌人也。受业长安，习《严氏春秋》，积十余年，还家讲授。会稽顾奉等数百人常居门下。著书百余篇，皆《五经》通难，又作《孟子章句》。建初三年，举孝廉，迁海西令，卒于官。"

杜笃卒。笃字季雅，京兆杜陵人。少博学，不修小节。为郡文学掾。所著赋、诔、书、赞、七言、《女诫》及杂文凡18篇，又著《明世论》15篇。事迹见《后汉书》卷八〇上。

按：《后汉书·文苑列传上》曰："建初三年，车骑将军马防击西羌，请笃为从事中郎，战没于射姑山。"

程曾卒，生年不详。曾字秀升，豫章南昌人。受业长安，习《严氏春秋》。积十余年。还家讲授，会稽顾奉等数百人常居门下。著书百余篇，皆《五经》通难，又作《孟子章句》。事迹见《后汉书》卷七九下。

孔季彦（　—124）、张衡（　—139）、崔瑗（　—143）、武梁（　—151）生。

按：吴海林、李延沛《中国历史人物生卒年表》（黑龙江人民出版社1981年版）定孔季彦生于此年；吴海林、李延沛《中国历史人物生卒年表》、刘跃进《秦汉文学编年史》（商务印书馆2006年版）定张衡生于此年；刘汝霖《汉晋学术编年》（中华书局1987年版）、刘跃进《秦汉文学编年史》定崔瑗生于是年。

汉章帝建初四年　己卯　79年

四月戊子，立皇子刘庆为皇太子。己丑，徙巨鹿王刘恭为江陵王，汝南王刘畅为梁王，常山王刘昞为淮阳王。辛卯，封皇子刘伉为千乘王，刘全为平春王（《后汉书·章帝本纪》）。

六月癸丑，皇太后马氏崩（《后汉书·章帝本纪》）。

按：伏波将军马援小女。能诵《易》，好读《春秋》《楚辞》，尤善《周官》、《董仲舒书》。撰《显宗起居注》。常教授诸小王，议论经书。

十一月壬戌，群儒会于白虎观，讲论五经同异，作《白虎议奏》。

按：《后汉书·章帝本纪》曰："十一月壬戌，诏曰：'盖三代导人，教学为本。汉承暴秦，褒显儒术，建立五经，为置博士。期后学者精进，虽曰师承，亦别名家。孝宣皇帝以为去圣久远，学不厌博，故遂立《大、小夏侯尚书》，后又立《京氏易》。至建武中，复置《颜氏、严氏春秋》，《大、小戴礼》博士。此皆所以扶进微学，尊广道艺也。中元元年诏书，《五经》章句繁多，议欲减省。至永平元年，长水校尉儵奏言，先帝大业，当以时施行。欲使诸儒共正经义，颇令学者得以自助。孔子曰："学之不讲，是吾忧也。"又曰："博学而笃志，切问而近思，仁在其中矣。"于戏，其勉之哉！'于是下太常、将、大夫、博士、议郎、郎官及诸生、诸儒会北宫白虎观，讲议《五经》同异。使五官中郎将魏应承制问，侍中淳于恭奏，帝亲称制临决，如孝宣甘露石渠故事。作《白虎议奏》。"《后汉书·儒林列传》序曰："建初中，大会诸儒于白虎观，考详同异，连月乃罢。肃宗亲临称制，如石渠故事。顾命史臣著为《通义》。又诏高才生受《古文尚书》、《毛诗》、《谷梁》、《左氏春秋》，虽不立学官，然皆擢高第为讲郎，给事近署，所以网罗遗逸，博存众家。"

班固、贾逵、魏应、鲁恭、召训、张酺、丁鸿、桓郁、李育、楼望、杨终、成封等十一月壬戌应诏会于白虎观，讲论五经同异（《后汉书·章帝本纪》）。

按：许道勋、徐洪兴《中国经学史》（上海人民出版社2006年版）指出："据《后汉书》上可查考到的会议代表有十二人：《鲁诗》学者魏应、鲁恭。《韩诗》学者召训。《尚书》学者张酺、丁鸿、桓郁。《公羊春秋》学者李育。《严氏春秋》学者楼望。《春秋》学者杨终。以上九人，均为今文学者。古文学者两人：班固、贾逵。此外，成封，习何经不详。"

意大利维苏威火山爆发，庞贝毁。

魏应拜五官中郎将，入授千乘王刘伉；弟子著录数千人；白虎观讲论《五经》同异，专掌难问。

按：《后汉书·儒林列传下》曰："建初四年，拜五官中郎将，诏入授千乘王伉。应经明行修，弟子自远方至，著录数千人。肃宗甚重之，数进见，论难于前，特受赏赐。时会京师诸儒于白虎观，讲论《五经》同异，使应专掌难问，侍中淳于恭奏之，帝亲临称制，如石渠故事。"

李育参与白虎观会议，以《公羊》义难贾逵，最为通儒。迁尚书令。

按：《后汉书·儒林列传下》曰："四年，诏与诸儒论《五经》于白虎观，育以《公羊》义难贾逵，往返皆有理证，最为通儒。"是为东汉第二次古今文经学之争。

丁鸿封鲁阳乡侯；参与白虎观会议，论难最明，诸儒称之，擢徙校书，遂代成封为少府，门下由是益盛。

按：《后汉书·丁鸿列传》曰："建初四年，徙封鲁阳乡侯。肃宗诏鸿与广平王羡及诸儒楼望、成封、桓郁、贾逵等，论定《五经》同异于北宫白虎观，使五官中郎将魏应主承制问难，侍中淳于恭奏上，帝亲称制临决。鸿以才高，论难最明，诸儒称之，帝数嗟美焉。时人叹曰：'殿中无双丁孝公。'数受赏赐，擢徙校书，遂代成封为少府。门下由是益盛，远方至者数千人。"

杨终建言宜仿宣帝故事，论定《五经》。后坐事系狱，以班固、贾逵、赵博表请，上书自讼，得与白虎观会议。

按：《后汉书·杨终列传》曰："（杨）终又言：'宣帝博征群儒，论定《五经》于石渠阁。方今天下少事，学者得成其业，而章句之徒，破坏大体。宜如石渠故事，永为后世则。'于是诏诸儒于白虎观论考同异焉。会终坐事系狱，博士赵博、校书郎班固、贾逵等，以终深晓《春秋》，学多异闻，表请之，终又上书自讼，即日贳出，乃得与于白虎观焉。"

桓虞五月甲戌以南阳太守迁司徒（《后汉书·章帝本纪》）。

鲍昱五月甲戌以司徒贬太尉（《后汉书·章帝本纪》）。

马防五月罢车骑将军，又封颍阳侯（《后汉书·章帝本纪》）。

马廖封顺阳侯（《后汉书·马援列传》）。

弗拉维乌斯·约瑟夫斯著成《犹太战争史》。

班固著《白虎通义》6卷成。

按：郑鹤声《汉班孟坚先生固年谱》（台湾商务印书馆1980年版）系于是年。《后汉书·班固列传》曰："天子会诸儒讲论《五经》，作《白虎通德论》，令固撰集其事。"《白虎通义》又名《白虎通德论》、《白虎通》。《白虎通义》承董仲舒"天人感应"说，以谶书与五行并列，极力提高谶纬图记的地位，把自然界秩序和封建社会秩序紧密结合在一起，发展、完善了三纲理论，承续以"三统"、"三正"说为中心的历史循环观，是官方哲学的代表，影响我国社会至巨。

又按：《四库全书总目提要》卷一一八曰："《隋书·经籍志》载《白虎通》六卷，不著撰人。《唐书·艺文志》载《白虎通义》六卷，始题班固之名。《崇文总目》载《白虎通德论》十卷，凡十四篇。陈振孙《书录解题》亦作十卷，云凡四十四门。今本为元大德中刘世常所藏，凡四十四篇，与陈氏所言相符。知《崇文总目》所云十四篇者，乃传写脱一四字耳。然仅分四卷，视诸志所载又不同。朱翌《猗觉寮杂记》称，《荀子注》引《白虎通》'天子之马'六句，今本无之。然则辗转传写，或亦有所脱佚，翌因是而指其伪撰，则非笃论也。据《后汉书》固本传，称天子会诸儒讲论五经，作《白虎通德论》，令固撰集其事。而《杨终传》称，终言宣帝，博徵群儒，论定五经于石渠阁。方今天下少事，学者得成其业，而章句之徒，破坏大体，宜如石渠故事，永为世则，于是诏诸儒于白虎观论考同异焉。会终坐事系狱，博士赵博、校书郎班固、贾逵等，以终深晓《春秋》，学多异闻，表请之，即日贳出。《丁鸿传》称，肃宗诏鸿与广平王羡及诸儒楼望、成封、桓郁、贾逵等论定五经同异于北宫白虎观，使五官中郎将魏应主承制问难。侍中淳于恭奏上，帝亲称制临决。时张酺、召驯、李育皆得与于白虎观，盖诸儒可考者十有余人。其议奏统名《白虎通德论》，犹不名《通义》。《后汉书·儒林传序》言，建初中，大会诸儒于白虎观，考详同异，连月乃罢。肃宗亲临称制，如石渠故事，顾命史臣，著为《通义》。唐章怀太子贤注云：即《白虎通义》，是足证固撰集后，乃名其书曰《通义》。《唐志》所载，盖其本名。《崇文总目》称《白虎通德论》，失其实矣。《隋志》删去'义'字，盖流俗省略，有此一名。故唐刘知几《史通序》引《白虎通》、《风俗通》为说，实则递相祖袭，忘其本始者也。书中征引六经传记而外涉及纬谶，乃东汉习尚使然。又有《王度记》、《三正记》、《别名记》、《亲属记》，则《礼》之逸篇。方汉时崇尚经学，咸兢兢守其师承，古义旧闻，多存乎是，洵治经者所宜从事也。"

又按：有关《白虎通义》的研究有：卢文弨校《白虎通》四卷、《校勘补遗》、《考》、《缺文》各1卷，孙星华校《白虎通义》四卷、《附录》、《校勘记》1卷，刘师培《白虎通义斠补》附《阙文补订》、《佚文考》、《白虎通义定本》、《白虎通德论补释》、《白虎通义源流考》，陈立《白虎通疏证》，潘景郑《白虎通校本》，吴翥《白虎通义校》。通行本有：1.清乾隆三十年《四库全书》本；2.乾隆中余姚卢文弨《抱经堂丛书》本；3.1919年扫叶山房《百子全书》本；4.1936年商务印书馆《四部丛刊》本。

又按：王四达《试论〈白虎通义〉的总体特征》(《中山大学学报》2001年第4期)指出："白虎观会议是东汉章帝为制定《汉礼》而召开的一次大型学术会议，《白虎通义》则是为《汉礼》甄别诸礼义理、确定礼制框架而撰集的一份指导性的'礼典'，是了解东汉官方思想最权威的文本。""'天人相与'、'唯象唯法'、'神道设教'这三个关键词提纲挈领地体现了《白虎通义》的神学政治体系。""从哲学思维的角度，《白虎通义》无疑是对先秦子学的倒退；但如果从文化建设的角度看，它对周礼和董学是既有继承又有发展的：从它对天道秩序的建构上看，它超越了周礼；从它对汉礼义理的甄别和框架的设定上看，它又超越了董学。而且，在它之后历代就再也没有出现过像它这样'因时制礼'的礼典了。"

杨终受诏删《太史公书》为十余万言(《后汉书·杨终列传》)。

牟融卒，生年不详。融字子优，北海安丘人。少博学，以《大夏侯尚书》教授，门徒数百人，名称州里。长于政事，官司隶校尉、大鸿胪、大司农、司空、太尉。著《牟子》(一名《理惑论》)2卷。事迹见《后汉书》卷二六。

按：《后汉书·牟融列传》曰："建初四年薨，车驾亲临其丧。"牟融自称"锐志于佛道"，兼研《老子》与儒家五经。《理惑论》又称《牟子》、《牟子理惑论》，原名《治惑论》，唐人避高宗李治讳改，共1篇。余嘉锡、孙诒让、伯希和、周叔迦、汤用彤、胡适等认为是牟广(苍梧太守，字子博)著；《隋书·经籍志》著录为太尉牟融撰；梁启超、吕徵等认为是东晋刘宋间人伪作。《理惑论》记述了释迦牟尼出家、成道、传教的事迹，佛经的卷数及戒律规定，佛教关于生死问题的观点，佛教在中国的初传情况。此书从传统观念来理解佛教，认为佛教与中国传统思想并无根本对立，佛、道、儒一致，为我国较早阐述佛教原理之书。通行本有：宋藏本、金藏本、元藏本、明南藏本、明北

老普林尼卒(23—)。罗马作家、科学家，以《自然史》(又译《博物志》)一书留名后世。

藏本、清藏本、高丽藏本、大正藏本、频伽藏本。

杜抚卒，生年不详。抚字叔和，犍为武阳人。少有高才，受业于薛汉，治五经，定《韩诗章句》。后归里教授，弟子千余人。为刘苍所辟，为大夫，又辟太尉府。所作《诗题约义通》，学者传之，曰《杜君法》。事迹见《后汉书》卷七九下。

按：唐晏《两汉三国学案》（中华书局1965年版）、刘汝霖《汉晋学术编年》（中华书局1987年版）系于是年。

马融（　—166)生(陆侃如《中古文学系年》)。

汉章帝建初五年　庚辰　80年

罗马大火。

二月庚辰朔，日食。诏公卿以下，举直言极谏能指陈过失者各1人，遣诣公车，将亲览问焉。其以岩穴为先，勿取浮华。甲申，令二千石理冤狱，录轻系，祷五岳四渎，祈雨（《后汉书·章帝本纪》）。

三月甲寅，诏有司纠举滥刑。荆、豫诸郡兵讨破武陵溇中叛蛮（《后汉书·章帝本纪》）。

五月辛亥，诏以直言士补外官（《后汉书·章帝本纪》）。

冬，始行月令迎气乐（《后汉书·章帝本纪》）。

按：李贤注引《东观记》曰："马防上言，'圣人作乐，所以宣气致和，顺阴阳也。臣愚以为可因岁首发大簇之律，奏雅颂之音，以迎和气。'时以作乐器费多，遂独行十月迎气乐也。"

罗马圆形大斗兽场约于此间建成。

楼望坐事左转太中大夫，后为左中郎将。教授不倦，世称儒宗，诸生著录九千余人（《后汉书·儒林列传下》）。

贾逵受章帝赐钱二十万以养老病母（《后汉书·贾逵列传》）。

陈宠上书请省刑（袁宏《后汉纪》卷一一）。

张敏为尚书（《后汉书·张敏列传》）。

杨政建初中为左中郎将。

按：《后汉书·儒林列传上》曰："杨政字子行，京兆人也。少好学，从代郡范升受《梁丘易》，善说经书。京师为之语曰：'说经铿铿杨子行。'教授数百人。"杨政为左中郎将在建初中，姑系是年。

杜抚建初中为公车令。

按：《后汉书·儒林列传下》曰："建初中，为公车令，数月卒官。其所作《诗题约义通》，学者传之，曰《杜君法》云。"

张禹拜扬州刺史（《后汉书·张禹列传》）。

魏应出为上党太守，征拜骑都尉（《后汉书·儒林列传下》）。

杨统为彭城令,为郡求雨,自是朝廷灾异,多以访之(《后汉书·杨厚列传》)。

高凤公车征,托病逃归(《后汉书·逸民列传》)。

甄宇举孝廉(《后汉书·儒林列传下》)。

王景修复芍陂,经百里,灌溉田万顷(《后汉书·循吏列传》)。

班超与徐幹破疏勒(《后汉书·章帝本纪》)。

王充著《论衡·逢遇篇》等(吴文治《中国文学史大事年表》)。

赵熹卒(前4—)。熹字伯阳,南阳宛人。少有节操。更始时拜为五威偏将军,光武时拜中郎将,封勇功侯,拜平原太守、太尉,赐爵关内侯、封节乡侯。事迹见《后汉书》卷二六。

按:《后汉书·赵熹列传》曰:"建初五年,熹疾病,帝亲幸视。及薨,车驾往临吊。时年八十四。谥曰正侯。"

梁鸿卒(约15—)。鸿字伯鸾,扶风平陵人。诗人。家贫,受业太学,博览无不通,不为章句。尚节介,隐耕以为业。作诗多,存诗3首。

按:吴文治《中国文学史大事年表》(黄山书社1987年版)系于此年。《隋书·经籍志》曰:"梁又有后汉处士《梁鸿集》二集,亡。"丁福保《全汉诗》卷二收其诗3首。

淳于恭卒,生年不详。恭字孟孙,北海淳于人。善说《老子》,清静不慕荣名。州郡连召,不应。建初时,为议郎、侍中、骑都尉。事迹见《后汉书》卷三九。

按:《后汉书·淳于恭列传》曰:"五年,病笃,使者数存问,卒于官。"

甄承卒,生年不详。承,甄宇孙。三世传业,承尤笃学,讲授常数百人,莫不归服。建初中,举孝廉,为梁相。

按:甄承卒于梁相在建初中,姑系此。

魏应卒,生年不详。应字君伯,任城人。少好学,建武初,诣博士受业,习《鲁诗》,不交僚党,京师称之。后归为郡吏,举明经,除济阴王文学。以疾免,教授山泽中,徒众常数百人。永平初,为博士,再迁侍中。后为大鸿胪、光禄大夫、五官中郎将,入授皇子。与白虎观会议,专掌难问。后出为上党太守,拜骑都尉。事迹见《后汉书》卷七九下。

按:《后汉书·儒林列传下》曰:"建初四年,拜五官中郎将,诏入授千乘王伉。……明年,出为上党太守,征拜骑都尉,卒于官。"

张楷(—149)(姜亮夫《历代人物年里碑传综表》)。

汉章帝建初六年　辛巳　81年

六月辛未晦,日食(《后汉书·章帝本纪》)。

第度凯旋拱门落成。

郑众代邓彪为大司农,谏复盐铁官,章帝不从。

按:《后汉书·郑众列传》曰:"建初六年,代邓彪为大司农。是时肃宗议复盐铁官,众谏以为不可。诏数切责,至被奏劾,众执之不移。帝不从,在位以清正称。"

刘苍是冬上疏求朝(《后汉书·东平宪王苍列传》)。

邓彪七月为太尉(《后汉书·章帝本纪》)。

马严征拜太中大夫,迁将作大匠(《后汉书·马援列传》)。

马防拜黄门侍郎(《后汉书·马援列传》)。

廉范为蜀郡太守。

按:《后汉书·廉范列传》曰:"成都民物丰盛,邑宇逼侧,旧制禁民夜作,以防火灾,而更相隐蔽,烧者日属。范乃毁削先令,但严使储水而已。百姓为便,乃歌之曰:'廉叔度,来何暮?不禁火,民安作。平生无襦今五绔。'在蜀数年,坐法免归乡里。范世在边,广田地,积财粟,悉以赈宗族朋友。"《后汉书·方术列传上》曰:"杨由字哀侯,蜀郡成都人也,少习《易》,并七政、元气、风云占候。为郡文学掾。时,有大雀夜集于库楼上,太守廉范以问由。由对曰:'此占郡内当有小兵,然不为害。'后二十余日,广柔县蛮夷反,杀伤长吏,郡发库兵击之。……其言多验。著书十余篇,名曰《其平》。"

马融3岁,随父至洛阳(《后汉书·马援列传》)。

郑众著《春秋删》19篇(《后汉书·郑众列传》)。

按:刘汝霖《汉晋学术编年》(中华书局1987年版)系于是年。

鲍昱卒,生年不详。昱字文泉,鲍永子,上党屯留人。有智略,少传父学(《欧阳尚书》),客授于东平。建武初为高都长,讨击群贼,诛其渠帅,道路开通,由是知名。后为沘阳长,中元初为司隶校尉,永平中坐事免。后为汝南太守、司徒、太尉,为官行仁政,奉法守,兴修水利。事迹见《后汉书》卷二九。

按:《后汉书·鲍昱列传》曰:"四年,代牟融为太尉,六年,薨,年七十余。"

刘轶卒,生年不详。轶字君文,陈留东昏人,刘昆子。传昆业,以《容礼》、《施氏易》教授,门徒亦盛。永平初,为太子中庶子,建初中,迁宗正,遂世掌宗正。

按:《后汉书·儒林列传下》言建初中卒于官,姑系于此年。

汉章帝建初七年　壬午　82年

正月,沛王刘辅、济南王刘康、东平王刘苍、中山王刘焉、东海王刘政、琅邪王刘宇来朝(《后汉书·章帝本纪》)。

六月甲寅，废皇太子刘庆为清河王，立皇子刘肇为皇太子。己未，徙广平王刘羡为西平王（《后汉书·章帝本纪》）。

八月，章帝饮酎高庙，禘祭光武帝、明帝（《后汉书·章帝本纪》）。

九月甲戌，章帝幸偃师，进卷津，至河内（《后汉书·章帝本纪》）。

十月癸丑，章帝西巡狩，幸长安。丙辰，祠高庙，遂有事十一陵。遣使者祠太上皇于历年，以中牢祠萧何、霍光（《后汉书·章帝本纪》）。

十一月，诏劳赐河东守、令、掾以下（《后汉书·章帝本纪》）。

十二月丁亥，章帝还宫（《后汉书·章帝本纪》）。

刘苍正月至京师，章帝礼遇甚厚，上谢疏。三月，章帝赐以秘书、列仙图及道术秘方。八月还国，章帝复加赏赐，赐以手诏（《后汉书·东平宪王苍列传》）。

韦彪以太常从帝西巡狩，建言褒显先帝功臣子孙，章帝纳之。还，拜大鸿胪。

> 按：《后汉书·韦彪列传》曰："建初七年，车驾西巡府，以彪行太常从，数召入，问以三辅旧事，礼仪风俗。彪因建言：'今西巡旧都，宜追录高祖、中宗功臣，褒显先勋，纪其子孙。'帝纳之。行至长安，乃制诏京兆尹、右扶风求萧何、霍光后。……乃厚赐彪钱珍羞食物，使归平陵上冢。还，拜大鸿胪。"

贾逵迁卫士令（《后汉书·贾逵列传》）。

鲁丕坐事下狱司寇论（《后汉书·鲁恭列传》）。

马严坐事免将作大匠（《后汉书·马援列传》）。

马防以病乞骸骨，诏赐中山王田庐（《后汉书·马援列传》）。

王景迁徐州刺史（《后汉书·循吏列传》）。

贾逵应诏撰《欧阳、大小夏侯尚书古文同异》、《齐、鲁、韩诗与毛氏异同》，并作《周官解诂》。

> 按：施金炎编著《中国书文化要览》（湖南教育出版社1992年版）系于是年。《后汉书·贾逵列传》曰："逵数为帝言《古文尚书》与经传《尔雅》诂训相应，诏令撰《欧阳》、《大小夏侯尚书古文》同异。逵集为三卷，帝善之。复令撰《齐》、《鲁》、《韩诗》与《毛氏》异同。并作《周官解故》。"

班固著《汉书》成。

> 按：郑鹤声《汉班孟坚先生固年谱》（台湾商务印书馆1980年版）系于是年。《汉书》作为第一部纪传体断代史，对《史记》既有继承又有创新。全书分十二纪、八表、十志、七十列传，共100篇。"本纪"、"列传"全用《史记》的形式；合"世家"于"列传"，因汉代诸侯为虚封，并随着中央集权的加强，"世家"已失去单列的意义；"表"不取《史记》大事年表形式，而以贵族世系为主；改《史记》之"书"为"志"。另外，《汉书》合《史记》的"礼书"、"乐书"为礼乐志，合"律书"、"历书"为律历志，改"平准书"为"食货书"、"封禅书"为"郊祀志"、"天官书"为"天文志"、"河渠书"为"沟洫志"，别增"刑法志"、"五行志"、"地理志"、"艺文志"等四志。《汉书》"十志"对《史记》"八书"的合、改、增设，不仅使其更合理、更完善，并且开创了更广泛的史学领域，保存了更完整、更丰富的社会文化史料。自《汉书》以后，以纪、表、志、传为组成部分，并且断

代为史的体例,成为后世修史的标准。(傅正义:《〈史记〉、〈汉书〉比较简论》,《渝州大学学报》1996年第1期)其中,《汉书·艺文志》开创了史志目录一体,它不仅反映了西汉以前的古代典籍的流传情况、散失原因,以及在汉代的搜集整理的经过和现有典籍的基本情况,而且为研究学术发展史上各个学派的源流、盛衰及其短长得失提供了重要资料,具有很高的学术史价值。(韩兆琦、俞樟华:《略说〈史记〉与〈汉书〉的异同》,《古典文学知识》1995年第3期)

又按:《四库全书总目提要》卷四五曰:"《汉书》一百二十卷,汉班固撰,其妹班昭续成之。始末具《后汉书》本传。是书历代宝传,咸无异论。惟《南史·刘之遴传》云:'鄱阳嗣王范得班固所撰《汉书》真本,献东宫皇太子,令之遴与张缵、到溉、陆襄等参校异同,之遴录其异状数十事。'以今考之,则语皆谬妄。据之遴云:'古本《汉书》称永平十年五月二十日己酉郎班固上,而今本无上书年月日子。'案:固自永平受诏修《汉书》,至建初中乃成。又《班昭传》云:'《八表》并《天文志》未竟而卒,和帝诏昭就东观藏书踵成之。'是此书之次第续成,事隔两朝,撰非一手,之遴所见古本既有纪、表、志、传,乃云总于永平中表上,殆不考成书之年月也。之遴又云:'古本《叙传》号为《中篇》,今本为《叙传》。又今本《叙传》载班彪事行,而古本云彪自有传。'夫古书叙皆载于卷末,固自述作书之意,故谓之'叙'。追溯祖父之事迹,故谓之'传'。后代史家,皆沿其例。之遴谓原作《中篇》,文系篇末,'中'字竟何义也!至云彪自有传,语尤荒诞。彪在光武之世举茂才,为徐令,以病去官,后数应三公之召,实为东汉之人。惟附于《叙传》,故可于况伯、斿犀之后详其生平。若自为一传,列于西汉,则断限之谓何?奚不考《叙传》所云起元高祖,终于孝平、王莽之诛乎?之遴又云:'今本纪及表、志、列传不相合为次,而古本相合为次,总成三十八卷。'案:固自言,纪、表、志、传凡百篇,篇即卷也。是不为三十八卷之明证。又言述纪十二,述表八,述志十,述列传七十。是各为次第之明证。且《隋志》作一百十五卷,今本作一百二十卷,皆以卷帙太重,故析为子卷。(今本纪分一子卷,表分二子卷,志分八子卷,传分九子卷。)若并为三十八卷,则卷帙更重。古书著之竹帛,殆恐不可行也。之遴又云:'今本《外戚》在《西域》后,古本次《帝纪》下。又今本《高五子》、《文三王》、《景十三王》、《孝武六子》、《宣元六王》,杂在诸传中,古本诸王悉次《外戚》下,在《陈、项传》上。'夫纪、表、志、传之序,固自言之。如之遴所述,则传次于纪,而表、志反在传后。且诸王既以代相承,宜总题《诸王传》,何以《叙传》作《高五王传第八》、《文三王传第十七》、《景十三王传第二十三》、《武五子传第三十三》、《宣元六王传第五十》耶?且《汉书》始改《史记》之《项羽本纪》、《陈胜世家》为《列传》,自应居《列传》之首,岂得移在《诸王》之后。其述《外戚传第六十七》、《元后传第六十八》、《王莽传第六十九》,明以王莽之势成于元后,史家微意寓焉。若移《外戚传》次于《本纪》,是恶知史法哉?之遴又引古本述云:'淮阴毅毅,仗剑周章;邦之杰子,实惟彭英;化为侯王,云起龙骧。'然今'芮尹江湖'句有《张晏注》,是晏所见者即是今本。况《之遴传》所云献太子者谓昭明太子也。《文选》载《汉书述赞》云:'信惟饿隶,布实黥徒,越亦狗盗,芮尹江湖,云起龙骧,化为侯王。'与今本同,是昭明亦知之遴所谓古者不足信矣。自汉张霸始撰伪经,至梁人于《汉书》复有伪撰古本。然一经考证,纰缪显然。颜师古注本冠以《指例六条》,历述诸家,不及之遴所说,盖当时已灼知其伪。李延寿不讯端末,遽载于史,亦可云爱奇嗜博,茫无裁断矣。固作是书,有受金之谤,刘知几《史通》尚述之。然《文心雕龙·史传篇》曰:'徵贿鬻笔之愆,公理辨之究矣。'是无其事也。又有窃据父书之谤。然《韦贤》、《翟方进》、《元后》三传俱称'司徒掾班彪曰'。《颜师古注》发例,于《韦贤传》曰:'《汉书》诸赞皆固所为。其有叔皮先论述者,固亦显以示后人。

而或者谓固窃盗父名,观此可以免矣。'是亦无其事也。《师古注》条理精密,实为独到。然唐人多不用其说。故《猗觉察杂记》称:'师古注《汉书》,魁梧音悟,票姚皆音去声。杜甫用魁梧、票姚皆作平声。杨巨源诗'请问汉家谁第一,麒麟阁上识鄭侯',亦不用'音赞'之说。殆贵远贱近,自古而然欤?要其疏通证明,究不愧班固功臣之目。固不以一二字之出入,病其大体矣。"

王景作《金人论》,颂洛邑之美。

按:《后汉书·循吏列传》曰:"建初七年,迁徐州刺史。先是杜陵杜笃奏上《论都赋》,欲令车驾迁还长安。耆老闻者,皆动怀土之心,莫不眷然伫立西望。景以宫庙已立,恐人情疑惑,会时有神雀诸瑞,乃作《金人论》,颂洛邑之美,天人之符,文有可采。"

汉章帝建初八年　癸未　83年

十二月甲午,章帝东巡狩,幸陈留、梁国、淮阳、颍阳(《后汉书·章帝本纪》)。

罗马图密善逐日耳曼卡蒂人。

戊申,章帝还宫,诏令诸儒各选高才生,受《左氏》、《谷梁春秋》、《古文尚书》、《毛诗》,以扶微学广异义。由是四经遂行于世。

按:《后汉书·章帝本纪》诏曰:"《五经》剖判,去圣弥远,章句遗辞,乖疑难正,恐先师微言将遂废绝,非所以重稽古、求真道也。其令群儒选高才生,受学《左氏》、《谷梁春秋》、《古文尚书》、《毛诗》,以扶微学,广异义焉。"

己未,诏令四科取士,务实校试以职。

按:《后汉书·和帝本纪》李贤注引《汉官仪》曰:"建初八年十二月己未,诏书辟士四科:一曰德行高妙,志节清白;二曰经明行修,能任博士;三曰明晓法律,足以决疑,能案章覆问,文任御史;四曰刚毅多略,遭事不惑,明足照奸,勇足决断,才任三辅令。皆存孝悌清公之行。自今已后,审四科辟召,及刺史、二千石察举茂才尤异孝廉吏,务实校试以职。有非其人,不习曹事,正举者故不以实法。"

贾逵居卫士令,受诏以古文教授诸高才生。

按:《后汉书·贾逵列传》曰:"迁逵为卫士令。八年,乃诏诸儒各选高才生,受《左氏》、《谷梁春秋》、《古文尚书》、《毛诗》,由是四经遂行于世。皆拜逵所选弟子及门生为千乘王国郎,朝夕受业黄门署,学者皆欣欣羡慕焉。"

班固对北匈奴策,上书论之。

按:《后汉书·班固列传》曰:"时,北单于遣使贡献,求欲和亲,诏问群僚。议者或以为:'匈奴变诈之国,无内向之心,徒以畏汉威灵,逼惮南虏,故希望报命,以安其离叛。今若遣使,恐失南虏亲附之欢,而成北狄猜诈之计,不可。'固议曰:'……臣愚以为宜依故事,复遣使者,上可继五凤、甘露致远人之会,下不失建武、永平羁縻之义。'"

马廖、马防以有司奏奢侈逾僭,浊乱圣化,悉免就国。

按:《后汉书·马援列传》曰:"八年,因兄子豫怨谤事,有司奏防、光兄弟奢侈逾僭,浊乱圣化,悉免就国。"

傅毅为马防军司马,以马氏废免官归(《后汉书·文苑列传上》)。

李育因马廖败而免尚书令(《后汉书·儒林列传下》)。

郑弘代郑众为大司农。

按:《后汉书·郑弘列传》曰:"建初八年,代郑众为大司农。旧交阯七郡贡献转运,皆从东冶泛海而至,风波艰阻,沉溺相系。弘奏开零陵、桂阳峤道,于是夷通,至今遂为常路。"

袁安六月丙申迁太仆(《后汉书·袁安列传》)。

王景迁庐江太守,教牛耕,修复芍陂,溉田万顷(《后汉书·循吏列传》)。

班超为将兵长史,假鼓吹幢麾(《后汉书·班超列传》)。

刘苍卒(30—)。苍,汉明帝同母弟,南阳蔡阳人。初封东平公,后进爵为王。少好经书,雅有智思。明帝即位,拜为骠骑将军,位在三公之上。永平中,主持修礼乐,与公卿共议定南北郊冠冕车服制度,及光武庙登歌八佾舞数。汉章帝时,尊重恩礼逾于前世,诸王莫与为比。著《别字》,列异体,辨俗字。著赋、颂、书、记、歌诗等。事迹见《后汉书》卷四二。

按:《隋书·经籍志》载有《东平王苍集》5卷,并注已亡。严可均《全后汉文》卷十收其文9篇。

郑众卒,生年不详。众字仲师,河南开封人。郑兴子。东汉经学大师,人称先郑。年十二,从父受《左氏春秋》,学《周礼》于杜子春。精力于学,明《三统历》,兼通《易》、《诗》,传《费氏易》,知名于世。官至太守、大司农,在位以清正称。著有《毛诗传》、《婚礼》、《周礼解诂》(清马国翰有辑本6卷)、《春秋左氏传难记条例》9卷(又名《左氏传条例》、《条例章句》、《左氏长义》、《春秋牒章句》)、《春秋删》19篇、《春秋外传训注》(又名《国语训注》)、《孝经注》2卷。事迹见《后汉书》卷三六。

按:《后汉书·郑众列传》曰:"建初六年,代邓彪为大司农。是时肃宗议复盐铁官,众谏以为不可。诏数切责,至被奏劾,众执之不移。帝不从,在位以清正称。其后受诏作《春秋删》十九篇。八年,卒官。"

梁竦卒,生年不详。竦字叔敬,安定乌氏人。梁统子,梁松弟。少习《孟氏易》,弱冠能教授。以经籍自娱。辟命交至,并无所就。封褒亲侯。著《七序》、《悼骚赋》。班固谓:"孔子著《春秋》而乱臣贼子惧,梁竦作《七序》而窃位素餐者惭"。事迹见《后汉书》卷三四。

按:《后汉书·梁竦列传》曰:"(梁竦)有三男三女,肃宗纳其二女,皆为贵人。小贵人生和帝,窦皇后养以为子,而竦家私相庆。后诸窦闻之,恐梁氏得志,终为己害,建初八年,遂谮杀二贵人,而陷竦等以恶逆。诏使汉阳太守郑据传考竦罪,死狱中,家属复徙九真。"

荀淑(—149)生(吴文治《中国文学史大事年表》)。

汉章帝建初九年　元和元年　甲申　84年

正月,中山王刘焉来朝(《后汉书·章帝本纪》)。

四月己卯,分东平国,封宪王刘苍子刘尚为任城王(《后汉书·章帝本纪》)。

七月丁未,诏禁酷刑(《后汉书·章帝本纪》)。

八月癸酉,改元元和(《后汉书·章帝本纪》)。

丁酉,章帝南巡,使祠桓谭冢(《后汉书·章帝本纪》)。

九月辛丑,章帝幸章陵,祠旧宅园庙,见宗室故人,赏赐各有差(《后汉书·章帝本纪》)。

十月己未,幸江陵,诏庐江太守祠南岳,又诏长沙、零陵太守祠长沙定王、舂陵节侯、郁林府君。进幸苑(《后汉书·章帝本纪》)。

十一月乙丑,章帝还宫(《后汉书·章帝本纪》)。

十二月壬子,诏蠲除以前妖恶禁锢者(《后汉书·章帝本纪》)。

韦彪时任大鸿胪,上疏谓选举应先才行,不可纯以阀阅,尚书之选不宜多用郎官(《后汉书·韦彪列传》)。

鲁丕被征,拜赵相;门生就学者常百余人,关东号曰:"五经复兴鲁叔陵";谏赵王,不听,章帝诏从其言。

按:《后汉书·卓鲁魏刘列传》曰:"元和元年征,再迁,拜赵相。门生就学者常百余人,关东号之曰'《五经》复兴鲁叔陵'。赵王商尝欲避疾,便时移住学官,丕止不听。王乃上疏自言,诏书下丕。丕奏曰:'臣闻《礼》,诸侯薨于路寝,大夫卒于嫡室,死生有命,未有逃避之典也。学官传五帝之道,修先王礼乐教化之处,王欲废塞以广游宴,事不可听。'诏从丕言,王以此惮之。其后帝巡狩之赵,特被引见,难问经传,厚加赏赐。在职六年,嘉瑞屡降,吏人重之。"

孔僖被告诽谤先帝,刺讥当世,乃上书肃宗自讼;拜兰台令史。

按:《后汉书·儒林列传上》曰:"僖与崔篆孙骃复相友善,同游太学,习《春秋》。因读吴王夫差时事,僖废书叹曰:'若是,所谓画龙不成反为狗者。'骃曰:'然。昔孝武皇帝始为天子,年方十八,崇信圣道,师则先王,五六年间,号胜文、景。及后恣己,忘其前之为善。'僖曰:'书传若此多矣!'邻房生梁郁儳和之曰:'如此,武帝亦是狗邪?'僖、骃默然不对。郁怒恨之,阴上书告骃、僖诽谤先帝,刺讥当世。事下有司,骃诣吏受讯。僖以吏捕方至,恐诛,乃上书肃宗自讼曰:'臣之愚意,以为凡言诽谤者,谓实无此事而虚加诬之也。至如孝武皇帝,政之美恶,显在汉史,坦如日月。是为直说书传实事,非虚谤也。夫帝者为善,则天下之善咸归焉;其不善,则天下之恶亦萃焉。斯皆有以致之,故不可以诛于人也。且陛下即位以来,政教未过,而德泽有加,天下所具也,臣等独何讥刺哉?假使所非实是,则固应悛改;倘其不当,亦宜含容,又

罗马图密善平上日耳曼驻军叛。

何罪焉？陛下不推原大数，深自为计，徒肆私忿，以快其意。臣等受戮，死即死耳，顾天下之人，必回视易虑，以此事窥陛下心。自今以后，苟见不可之事，终莫复言者矣。臣之所以不爱其死，犹敢极言者，诚为陛下深惜此大业。陛下若不自惜，则臣何赖焉？齐桓公亲扬其先君之恶，以唱管仲，然后群臣得尽其心。今陛下乃欲以十世之武帝，远讳实事，岂不与桓公异哉？臣恐有司卒然见构，衔恨蒙枉，不得自叙，使后世论者，擅以陛下有所方比，宁可复使子孙追掩之乎？谨诣阙伏待重诛。'帝始亦无罪僖等意，及书奏，立诏勿问，拜僖兰台令史。"

黄香诣东观，读所未尝见书，赐《淮南》、《孟子》各一通（《后汉书·文苑列传上》）。

殷彤时为待诏候钟律，上书请召严宣，主调乐器。

按：《后汉书·律历上》曰："元和元年，待诏候钟律殷彤上言：'官无晓六十律以准调音者，故待诏严崇具以准法教子男宣，宣通习。愿召宣补学官，主调乐器。'诏曰：'崇子学审晓律，别其族、协其声者，审试。不得依托父学，以聋为聪。声微妙，独非莫知，独是莫晓。以律错吹，能知命十二律不失一，方为能传崇学耳。'太史丞弘试十二律，其二中，其四不中，其六不知何律，宣遂罢。自此律家莫能为准施弦，候部莫知复见。熹平六年，东观召典律者太子舍人张光等问准意。光等不知，归阅旧藏，乃得其器，形制如房书，犹不能定其弦缓急。音不可书以晓人，知之者欲教而无从，心达者体知而无师，故史官能辨清浊者遂绝。其可以相传者，唯大榷常数及候气而已。"

邓彪八月甲子罢太尉，郑弘继之（《后汉书·章帝本纪》）。

张敏拜司隶校尉（《后汉书·张敏列传》）。

班超再定疏勒。

按：《资治通鉴》卷四六曰："（章）帝复遣假司马和恭等将兵八百人诣班超。超因发疏勒、于阗兵击莎车。莎车以赂诱疏勒王忠，忠遂反，从之，西保乌即城。超乃更立其府丞成大为疏勒王，悉发其不反者以攻忠，使人说康居王执忠以归其国，乌即城遂降。"

许慎18岁，诣京，从贾逵受古学。

按：张震泽《许慎年谱》（辽宁大学出版社1986年版）以许慎诣京从贾逵受古学系于是年。

王充著《论衡》成。

按：《后汉书·王充列传》曰："充好论说，始若诡异，终有理实。闭门潜思，绝庆吊之礼。户牖墙壁，各著刀笔。著《论衡》八十五篇。其意在辨虚妄。"《论衡·对作篇》曰："《论衡》之作也，起众书并失实虚妄之言胜真美也。故虚妄之语不黜，则华文不见息。华文放流，则实事不见用。故《论衡》者，所以铨轻重之言，立真伪之平，非苟调文饰辞为奇伟之观也。其本皆期人间有非，故尽思极心以讥世俗。"刘汝霖《汉晋学术编年》系于是年。

又按：《四库全书总目提要》卷一二〇曰："《论衡》，汉王充撰。充字仲任，上虞人。《自纪》谓'在县为掾功曹，在都尉府位亦掾功曹，在太守为列掾五官功曹行事'。又称'永和三年徙家辟诣扬州部丹阳、九江、庐江，后入为治中。章和二年罢州家居'。其书凡八十五篇，而第四十四《招致篇》有录无书，实八十四篇。考其《自纪》曰：'书虽文重，所论百种。案古太公望，近董仲舒，传作书篇百有余，吾书亦才出百而云太多。'然则原书实百余篇。此本目录八十五篇,已非其旧矣。充书大旨详于《自纪》一篇,盖内伤时命之坎坷,外疾世俗之虚伪,故发愤著书,其言多激。《刺孟》、《问孔》二篇,至于奋其笔端,以与圣贤相轧,可谓悖矣。又露才扬己,好为物先。至于述其祖父顽狠,以自表所长,慎亦甚焉。其他论辨,如日月不圆诸说,虽为葛洪所驳,载在《晋志》。然大抵订讹砭俗,中理者多,亦殊有裨于风教。储泳《祛疑说》、谢应芳《辨惑编》不是过也。至其文反覆诘难,颇伤词费。则充所谓宅舍多,土地不得小;户口众,簿籍不得少;失实之事多,虚华之语众;指实定宜,辨争之言安得约径者,固已自言之矣。充所作别有《讥俗书》、《政务书》,晚年又作《养性书》,今皆不传,惟此书存。儒者颇病其芜杂,然终不能废也。高似孙《子略》曰:'袁崧《后汉书》载充作《论衡》,中土未有传者。蔡邕入吴,始见之,以为谈助。谈助之言,可以了此书矣。'其论可云允惬。此所以攻之者众,而好之者终不绝欤。"

再按:我国古代以动物纪年,形成了生肖文化。王充《论衡》最早记载12种生肖名,其《物势篇》曰:"寅,木也,其禽,虎也。戌,土也,其禽,犬也。……午,马也。子,鼠也。酉,鸡也。卯,兔也。……亥,豕也。未,羊也。丑,牛也。……巳,蛇也。申,猴也。"其《言毒篇》又曰:"辰为龙,巳为蛇,辰、巳之位在东南。"

崔骃作《南巡颂》(严可均《全后汉文》卷四四)。

按:陆侃如《中古文学系年》、刘跃进《秦汉文学编年史》都系于是年。《文心雕龙·颂赞》曰:"四始之至,颂居其极。颂者,容也,所以美盛德而述形容也。昔帝喾之世,咸墨为颂,以歌《九韶》。自商以下,文理允备。夫化偃一国谓之风,风正四方谓之雅,容告神明谓之颂。风雅序人,事兼变正;颂主告神,义必纯美。……原夫颂惟典雅,辞必清铄,敷写似赋,而不入华侈之区;敬慎如铭,而异乎规戒之域;揄扬以发藻,汪洋以树义,唯纤曲巧致,与情而变,其大体所底,如斯而已。"

班固作《南巡颂》(严可均《全后汉文》卷二六)。

按:郑鹤声《汉班孟坚先生固年谱》(台湾商务印书馆1980年版)系于是年。

伏恭卒(前5—)。恭字叔齐,琅琊东武人。伏湛兄子,伏黯之嗣。明《齐诗》,少传黯学,以任为郎。以伏黯章句繁多,省减浮辞,定为二十万言。为剧令,以惠政清廉闻。拜博士,迁常山太守,敦修学校,教授不辍,由是北州多为伏氏学。事迹见《后汉书》卷七九下。

按:《后汉书·儒林列传下》曰:"建初二年冬,肃宗行飨礼,以恭为三老。年九十,元和元年卒,赐葬显节陵下。"

刘辅卒,生年不详。辅,光武子,封右翊公、中山王、沛献王。矜严有法度,好经书,善说《京氏易》、《孝经》、《论语传》及图谶。著《五经论》,时号曰《沛王通论》。

按:张震泽《许慎年谱》(辽宁大学出版社1986年版)系于是年。

汉章帝元和二年　乙酉　85年

正月,诏曰:"山川百神,应祀者未尽。其议增修群祀宜享祀者。"(《后

汉书·祭祀志中》)

二月甲寅,诏颁新制《四分历》。

按:《后汉书·律历中》曰:"先是,九年,太史待诏董萌上言历不正,事下三公、太常知历者杂议,讫十年四月,无能分明据者。至元和二年,《太初》失天益远,日、月宿度相觉浸多,而候者皆知冬至之日日在斗二十一度,未至牵牛五度,而以为牵牛中星,后天四分日之三,晦朔弦望差天一日,宿差五度。章帝知其谬错,以问史官,虽知不合,而不能易。故召治历编䜣、李梵等综校其状。二月甲寅,遂下诏曰:'朕闻古先圣王,先天而天不违,后天而奉天时。《河图》曰:"赤九会昌,十世以光,十一以兴。"又曰:"九名之世,帝行德,封刻政。"朕以不德,奉承大业,夙夜祗畏,不敢荒宁。予末小子,托在于数终,曷以续兴,崇弘祖宗,拯济元元?《尚书璇玑钤》曰:"述尧世,放唐文。"《帝命验》曰:"顺尧考德,题期立象。"且三、五步骤,优劣殊轨,况乎顽陋,无以克堪!虽欲从之,末由也已。每见图书,中心恧焉。间者以来,政治不得,阴阳不和,灾异不息,疠疫之气,流伤于牛,农本不播。夫庶征休咎,五事之应,咸在朕躬。信有阙矣,将何以补之?《书》曰:"惟先假王正厥事。"又曰:"岁二月,东巡狩,至岱宗,柴,望秩于山川。遂觐东后,叶时月正日。"祖尧岱宗,同律度量,考在玑衡,以正历象,庶乎有益。《春秋保乾图》曰:"三百年斗历改宪。"史官用太初邓平术,有余分一,在三百年之域,行度转差,浸以谬错。璇玑不正,文象不稽。冬至之日日在斗二十一度,而历以为牵牛中星。先立春一日,则《四分》数之立春日也。以折狱断大刑,于气已迕;用望平和随时之义,盖亦远矣。今改行《四分》,以遵于尧,以顺孔圣奉天之文。冀百君子越有民,同心敬授,傥获咸熙,以明予祖之遗功。'于是《四分》施行。"

又按:自西汉高祖元年(前206年)到武帝元封六年(前105年),施用颛顼历;自太初元年(前104年)到东汉章帝元和二年(公元85年),施用太初历;自本年开始,直到东汉灭亡(公元220年),施用新四分历,为汉代历法的第三个阶段。

丙辰,章帝东巡狩。乙丑,耕于定陶,使使者祠唐尧于成阳灵台。辛未,幸太山,柴告岱宗;进幸奉高。壬申,宗祀五帝于汶上明堂。癸酉,告祠二祖、四宗,大会外内群臣。丙子,诏大赦天下。戊寅,进幸济南(《后汉书·章帝本纪》)。

按:《后汉书·祭祀志中》曰:"二月,上东巡狩,将至泰山,道使使者奉一太牢祠帝尧于济阴成阳灵台。上至泰山,修光武山南坛兆。辛未,柴祭天地群神如故事。壬申,宗祀五帝于孝武所作汶上明堂,光武帝配,如雒阳明堂礼。癸酉,更告祠高祖、太宗、世宗、中宗、世祖、显宗于明堂,各一太牢。卒事,遂觐东后,飨赐王侯群臣。因行郡国,幸鲁,祠东海恭王,及孔子七十二弟子。四月,还京都。庚申,告至,祠高庙、世祖,各一特牛。又为灵台十二门作诗,各以其月祀而奏之。"

三月己丑,章帝进幸鲁,祠东海恭王陵。庚寅,祠孔子于阙里,及七十二弟子,赐褒成侯及诸孔男女帛。壬辰,进幸东平,祠宪王陵。甲午,遣使者祠定陶太后、恭王陵。乙未,幸东阿,北登太行山,至天井关(《后汉书·章帝本纪》)。

四月乙卯,章帝还宫。庚辰,假于祖祢,告祠高庙(《后汉书·章帝本纪》)。

五月,章帝赐博士员弟子布,令郡国举明经。改庐江为六安国,江陵复为南郡。徙江陵王恭为六安王(《后汉书·章帝本纪》)。

七月庚子,诏定律,无以十一月、十二月报囚,止用冬初十月而已。以

《春秋》重三正、慎三微（《后汉书·章帝本纪》）。

九月丙申，征济南王刘康、中山王刘焉会烝祭（《后汉书·章帝本纪》）。

十一月壬辰，诏定礼乐（《后汉书·章帝本纪》）。

按：汉代皇帝宗庙祭祀有食举乐，《宋书·乐志》曰："章帝元和二年，宗庙乐，故事，食举有《鹿鸣》、《承元气》二曲。三年，自作诗四篇，一曰《思齐皇姚》，二曰《六麒麟》，三曰《竭肃雍》，四曰《阶叱根》，合前六曲为宗庙食举。"

张酺受章帝弟子之仪而讲《尚书》一篇。

按：《后汉书·张酺列传》曰："元和二年，东巡狩，幸东郡，引酺及门生并郡县掾史并会庭中。帝先备弟子之仪，使酺讲《尚书》一篇，然后修君臣之礼。赏赐殊特，莫不沾洽。"

韦彪行司徒事从章帝东巡。还，以病乞身，章帝遣小黄门、太医问病，赐以食物（《后汉书·韦彪列传》）。

编訢、李梵受诏综校年历。

按：《后汉书·律历志中》曰："先是，九年，太史待诏董萌上言历不正，事下三公、太常知历者杂议，讫十年四月，无能分明据者。至元和二年，《太初》失天益远，日、月宿度相觉浸多，而候者皆知冬至之日日在斗二十一度，未至牵牛五度，而以为牵牛中星，后天四分日之三，晦朔弦望差天一日，宿差五度。章帝知其谬错，以问史官，虽知不合，而不能易。故召治历编訢、李梵等综校其状。"

又按：《四分历》以庚申为元，冬至在斗二十一度又四分度之一，以斗分名岁余。四分法施行后，黄帝以来诸历以为冬至在牵牛初者皆黜焉，而冬至在牵牛之法始废。

孔僖三月召对，拜郎中，诏从还京师，使校书东观。因上言图谶非圣，是冬为临晋令。

按：《后汉书·儒林列传上》曰："元和二年春，帝东巡狩，还过鲁，幸阙里，以太牢祠孔子及七十二弟子，作六代之乐，大会孔氏男子二十以上者六十三人，命儒者讲《论语》。僖因自陈谢。帝曰：'今日之会，宁于卿宗有光荣乎？'对曰：'臣闻明王圣主，莫不尊师贵道。今陛下亲屈万乘，辱临敝里，此乃崇礼先师，增辉圣德。至于光荣，非所敢承。'帝大笑曰：'非圣者子孙，焉有斯言乎！'遂拜僖郎中，赐褒成侯损及孔氏男女线、帛，诏僖从还京师，使校书东观。冬，拜临晋令。"

崔骃劝孔僖辞临晋令，孔僖不从（《后汉书·儒林列传上》）。

按：《后汉书·儒林列传上》曰："（孔僖）冬，拜临晋令。崔骃以《家林》筮之，谓为不吉，止僖曰：'子盍辞乎？'僖曰：'学不为人，仕不择官，凶吉由己，而由卜乎？'"

曹褒上书请定文制，著成汉礼，太常巢堪以为不可，事寝。

按：《后汉书·曹褒列传》曰："会肃宗欲制定礼乐，元和二年下诏……褒知帝旨欲有兴作，乃上疏……章下太常，太常巢堪以为一世大典，非褒所定，不可许。"

袁安与议北匈奴事，主守信，还其生口，从之（《后汉书·袁安列传》）。

朱晖为尚书仆射，迁太山太守。

按：《后汉书·朱晖列传》曰："元和中，肃宗巡狩，告南阳太守问晖起居，召拜为尚书仆射。岁中迁太山太守。晖上疏乞留中，诏许之。因上便宜，陈密事，深见嘉纳。"

李育为侍中（《后汉书·儒林列传下》）。

张禹为兖州刺史。

按：《后汉书·张禹列传》曰："元和二年，转兖州刺史，亦有清平称。"

召驯为河南尹（《后汉书·儒林列传下》）。

杨终著《春秋外传》12篇，上《嘉瑞颂》。

按：刘跃进《秦汉文学编年史》系于是年。《后汉书·杨终列传》曰："终兄凤为郡吏，太守廉范为州所考，遣凤候终，终为范游说，坐徙北地。帝东巡狩，凤皇黄龙并集，终赞颂嘉瑞，上述祖宗鸿业，凡十五章，奏上，诏赏还故郡。著《春秋外传》十二篇，改定章句十五万言。"

崔骃作《东巡颂》（严可均《全后汉文》卷四四）。

按：陆侃如《中古文学系年》、刘跃进《秦汉文学编年史》均系于是年。

班固作《东巡颂》（严可均《全后汉文》卷二六）。

按：班固《东巡颂》又名《岱宗颂》。陆侃如《中古文学系年》、刘跃进《秦汉文学编年史》均系于是年。

冯鲂卒（前1— ）。鲂字孝孙，南阳湖阳人也。有勇谋，光武时任魏郡太守、太仆，中元元年，从东封岱宗，行卫尉事。还，代张纯为司空，赐爵关内侯。二年更封杨邑乡侯，食三百五十户。永平四年，坐考陇西太守邓融，听任奸吏，策免，削爵士。六年，显宗幸鲁，复行卫尉事。七年，代阴嵩为执金吾。鲂性矜严公正，在位数进忠言，多见纳用。事迹见《后汉书》卷三三。

按：《后汉书·冯鲂列传》曰："建初三年，以老病乞身，肃宗许之。其冬为五更，诏鲂朝贺，就列侯位。元和二年，卒，时年八十六。"

李育卒，生年不详。育字元春，扶风漆人。少习《公羊春秋》，沉思专精，博览书传，知名太学，深为班固所重。州郡请召，辞以病。常避地教授，门徒数百。颇涉猎古学，以为《左氏传》不得圣人深意，作《难左氏义》41事。举方正，为议郎，拜博士。事迹见《后汉书》卷七九下。

按：张震泽《许慎年谱》（辽宁大学出版社1986年版）系于是年。

王景卒，生年不详。景字仲通，琅琊不其人。著名治水专家。少好学《易》，广窥众书，通天文、术数之事，沉深多技艺，以治水著称。与将作谒者王吴修作浚仪渠，用堰流法，使河、汴分流，八百年未发生重大改道。为庐江太守时，推广牛耕、铁犁，教民养蚕织帛，兴修水利。著《金人论》颂洛邑之美。以《六经》所载皆有卜筮，而众书错糅，吉凶相反，乃参纪众家数术文书，冢宅禁忌，堪舆日相之属，适于用事者，集为《大衍玄基》。事迹见《后汉书》卷七六。

按：吴文治《中国文学史大事年表》（黄山书社1987年版）系于是年。

胡昭（ —173）生（吴海林、李延沛《中国历史人物生卒年表》）。

汉章帝元和三年　丙戌　86年

　　正月丙申,章帝北巡狩,济南王刘康、中山王刘焉、西平王刘羡、六发王刘恭、乐成王刘党、淮阳王刘昞、任城王刘尚、沛王刘定皆从(《后汉书·章帝本纪》)。

　　二月戊辰,章帝幸中山,遣使者祠北岳。癸酉,还幸元氏,祠光武、显宗于县舍正堂;明日,又祠显宗于姓生堂,皆奏乐(《后汉书·章帝本纪》)。

　　三月丙子,诏高邑令祠光武于即位坛。乙卯,进幸赵。庚辰,祠房山于灵寿。辛卯,车驾还宫(《后汉书·章帝本纪》)。

　　八月乙丑,章帝幸安邑,观盐池(《后汉书·章帝本纪》)。

　　曹褒复上书具陈礼乐之本,制改之意,拜侍中,从驾南巡。

　　按:《后汉书·张曹郑列传》曰:"明年复下诏曰:'……。'褒省诏,乃叹息谓诸生曰:'昔奚斯颂鲁,考甫咏殷。夫人臣依义显君,竭忠彰主,行之美也。当仁不让,吾何辞哉!'遂复上疏,具陈礼乐之本,制改之意。拜褒侍中,从驾南巡。既还,以事下三公,未及奏,诏召玄武司马班固,问改定礼制之宜。"

　　班固奏请广招集京师诸儒,共议礼制得失。

　　按:《后汉书·曹褒列传》曰:"诏召玄武司马班固,问改定礼制之宜。固曰:'京师诸儒,多能说礼,宜广招集,共议得失。'帝曰:'谚言:作舍道边,三年不成。会礼之家,名为聚讼,互生疑异,笔不得下。昔尧作《大章》,一夔足矣。'"

　　王充徙家避难诣扬州,扬州刺史董勤辟其为从事。

　　按:《论衡·自纪篇》曰:"在县位至掾功曹,在都尉府位亦掾功曹,在太守为列掾五官功曹行事,入州为从事。……充以元和三年徙家辟诣扬州部丹阳、九江、庐江。后入为治中,材小任大,职在刺割,笔札之思,历年寝废。"

　　第五伦五月丙子以老病乞身,策免司空,以二千石终身(《后汉书·第五伦列传》)。

　　袁安五月代第五伦为司空(《后汉书·袁安列传》)。

　　郑弘四月丙寅免太尉,宋由继之(《后汉书·章帝本纪》)。

　　丁鸿徙封马亭乡侯(《后汉书·丁鸿列传》)。

　　郭躬为廷尉,掌法务在宽平,乃条诸重文可从轻者四十一事奏之,事皆施行,著于令(《后汉书·郭躬列传》)。

　　张敏迁汝南太守,后坐事免(《后汉书·张敏列传》)。

　　张禹迁下邳相(《后汉书·张禹列传》)。

　　班超时任西域长史,击斩疏勒王(《后汉书·章帝本纪》)。

　　崔瑗9岁,题门迎县令。

按：惠栋《后汉书补注》卷一二曰："《世说》曰：骃有文才，不其县令往造之。骃子瑗年九岁，书门曰：'虽无干木，君非文侯，何为光光入我里间？'令见之，问骃，曰：'必儿所书。'召瑗使书，乃书曰：'君使臣以礼，臣事君以忠。'"

崔骃正月作《北巡颂》（《文馆词林》卷三四六）。

按：陆侃如《中古文学系年》、吴文治《中国文学史大事年表》（黄山书社1987年版）均系于是年。

黄琼（　—164）生（吴海林、李延沛《中国历史人物生卒年表》）。

汉章帝元和四年　章和元年　丁亥　87年

四月丙子，令郡国中都官系囚减死一等，诣金城戍（《后汉书·章帝本纪》）。

七月壬戌，改元章和（《后汉书·章帝本纪》）。

八月癸酉，章帝南巡狩。壬午，遣使者祠昭灵后于小黄园。戊子，幸梁。已丑，遣使祠沛高原庙，丰枌榆社。乙未，幸沛，祠献王陵（《后汉书·章帝本纪》）。

九月庚子，章帝幸彭城，东海王刘政、沛王刘定、任城王刘尚皆从。壬子，诏郡国中都官系囚减死罪一等，诣金城戍。己未，幸汝阴（《后汉书·章帝本纪》）。

十月丙子，章帝还宫（《后汉书·章帝本纪》）。

曹褒正月受诏条正叔孙通《汉仪》12篇，十二月奏上。

按：《后汉书·曹褒列传》曰："章和元年正月，乃召褒诣嘉德门，令小黄门持班固所上叔孙通《汉仪》十二篇，敕褒曰：'此制散略，多不合经，今宜依礼条正，使可族行。于南宫、东观尽心集作。'褒既受命，及次序礼事，依准旧典，杂以《五经》谶记之文，撰次天子至于庶人冠婚吉凶终始制度，以为百五十篇，写以二尺四寸简。其年十二月奏上。帝以众论难一，故但纳之，不复令有司平奏。"

桓虞六月戊辰免司徒，袁安继之（《后汉书·章帝本纪》）。

任隗六月癸卯为司空（《后汉书·章帝本纪》）。

王充为治中从事（《后汉书·王充列传》）。

何敞辟太尉府，解"祥瑞"物谶。

按：《后汉书·何敞列传》曰："元和中，辟太尉宋由府，由待以殊礼。敞论议高。常引大体，多所匡正。司徒袁安亦深敬重之。是时京师及四方累有奇异鸟兽草木，言事者以为祥瑞。敞通经传，能为天官，意甚恶之。乃言于二公曰：'夫瑞应依德而至,灾异缘政而生。故鸲鹆来巢,昭公有乾侯之厄;西狩获麟,孔子有两楹之殡。海鸟避风,臧文祀之,君子讥焉。今异鸟翔于殿屋,怪草生于庭际,不可不察。'由、安惧然不敢答,居无何而肃宗崩。"

郭躬上封事言赦宜及亡命(《东观汉记》卷一六)。

崔骃入窦宪门下。

按:《后汉书·崔骃列传》曰:"帝雅好文章,自见骃颂后,常嗟叹之,谓侍中窦宪曰:'卿宁知崔骃乎?'对曰:'班固数为臣说之,然未见也。'帝曰:'公爱班固而忽崔骃,此叶公之好龙也。试请见之。'骃由此候宪。宪屣履迎门,笑谓骃曰:'亭伯,吾受诏交公,公何得薄哉?'遂揖入为上客。居无几何,帝幸宪第,时骃适在宪所,帝闻而欲召见之。宪谏,以为不宜与白衣会。帝悟曰:'吾能令骃朝夕在傍,何必于此!'适欲官之,会帝崩。"

班超击莎车,大破之(《后汉书·章帝本纪》)。

傅育时任护羌校尉,三月追击叛羌,战殁(《后汉书·章帝本纪》)。

张霸减定《严氏春秋章句》。

按:《后汉书·张霸列传》曰:"初,霸以樊儵删《严氏春秋》犹多繁辞,乃减定为二十万言,更名《张氏学》。"张震泽《许慎年谱》(辽宁大学出版社1986年版)系于此年。

曹褒条正《汉仪》150篇成。

按:参见本年"曹褒正月受诏条正叔孙通《汉仪》12篇,十二月奏上"条。

崔骃上《四巡颂》以称汉德。

按:《四巡颂》或为《东巡颂》、《西巡颂》、《南巡颂》、《北巡颂》等合称。章帝在位期间巡狩六次:建初七年西巡,建初八年东巡,元和元年南巡,元和二年东巡,元和三年北巡,章和元年南巡。刘汝霖《汉晋学术编年》、陆侃如《中古文学系年》定于是年。

孔僖卒,生年不详。僖字仲和,鲁国鲁人。自孔安国以下,世传《古文尚书》及《毛诗》。游太学,习《春秋》,与崔骃友。尝上书肃宗辩讥刺汉武以救崔骃,拜兰台令史。后为郎中、临晋令。事迹见《后汉书》卷七九上。

按:《后汉书·儒林列传上》曰:"元和二年……在县三年,卒官,遗令即葬。"

汉章帝章和二年　戊子　88年

正月,济南王刘康、阜陵王刘延、中山王刘焉来朝(《后汉书·章帝本纪》)。

二月壬辰,章帝崩于章德前殿,年三十三。遗诏无起寝庙,一如先帝法制。皇太子刘肇继位,是为孝和皇帝,年十岁,窦太后临朝(《后汉书·章帝本纪》)。

按：章帝刘炟(58—88)，显宗第五子。少宽容，好儒术，从桓郁、张酺受《尚书》，降意儒术，特好古文《尚书》、《左氏传》。效石渠故事，大会诸儒于白虎观，考论异同，命史臣著《白虎通义》。诏高才生受《古文尚书》、《毛诗》、《谷梁》、《左氏春秋》，网罗遗逸，博存众家。

又按：孝和皇帝刘肇，章帝第四子。母梁贵人，为窦皇后所谮，忧卒，窦后养帝以为己子。

三月丁酉，改淮阳为陈国，楚郡为彭城国，西平并汝南郡，六安复为庐江郡。遗诏徙西平王刘羨为陈王，六安王刘恭为彭城王。癸卯，葬孝章皇帝于敬陵(《后汉书·章帝本纪》)。

癸亥，陈王刘羨、彭城王刘恭、乐成王刘党、下邳王刘衍、梁王刘畅始就国(《后汉书·章帝本纪》)。

四月丙子，和帝谒高庙。丁丑，谒世祖庙。戊寅，以章帝遗诏罢盐铁之禁，纵民煮铸(《后汉书·章帝本纪》)。

按：自武帝以来，盐铁有禁；光武中兴，收而未罢。

五月，京师旱。诏长乐少府桓郁侍讲禁中(《后汉书·章帝本纪》)。

十月乙亥，以侍中窦宪为车骑将军，伐北匈奴(《后汉书·章帝本纪》)。

王充罢州家居，同郡谢夷吾荐于章帝，诏公车征，病不行。

按：《论衡·自纪篇》曰："章和二年，罢州家居。"《后汉书·王充列传》曰："自逸还家。友人同郡谢夷吾上书荐充才学，肃宗特诏书车征，病不行。"

桓郁五月以窦宪疏为长乐少府，入侍讲。寻转侍中奉车都尉(《后汉书·桓郁列传》)。

刘方以窦宪上疏皇太后，入侍讲(《后汉书·桓荣列传》)。

窦宪十月乙亥为车骑将军，以执金吾耿秉为副，伐北匈奴(《后汉书·窦宪列传》)。

乐恢为议郎，上书谏窦宪北征；为尚书仆射(《后汉书·乐恢列传》)。

袁安上疏谏窦宪北征匈奴；劾窦景擅发边兵，惊惑吏人，当伏显诛；奏司隶校尉、河南尹阿附权贵，无尽节之义，请免官案罪(《后汉书·袁安列传》)。

鲁恭上疏谏伐匈奴(《后汉书·鲁恭列传》)。

宋意上疏请不许南单于北徙(《后汉书·第五钟离宋寒列传》)。

耿秉七月上言宜许南单于出兵(《后汉书·南匈奴列传》)。

邓彪三月戊辰为太傅，赐爵关内侯，录尚书事(《后汉书·邓彪列传》)。

黄香诣殿下，拜尚书郎(《后汉书·文苑列传上》)。

韦彪病笃求退，准免大鸿胪，赐钱二十万(《后汉书·韦彪列传》)。

何敞为侍御史(《后汉书·何敞列传》)。

蔡伦预参帷幄(《后汉书·宦者列传》)。

召驯代任隗为光禄勋(《后汉书·儒林列传下》)。

陈宠为广汉太守(《后汉书·陈宠列传》)。

班固以母丧去官(《后汉书·班固列传》)。

马严退居于家，教训子孙(《后汉书·马援列传》)。

马融 10 岁,与诸兄从父马严受业(《后汉书·马援列传》)。

曹褒著《汉礼章句》。
按:《后汉书·曹褒列传》曰:"会(章)帝崩,和帝即位,褒乃为作章句,帝遂以《新礼》二篇冠。"

贾逵著《离骚经章句》1 卷。
按:张震泽《许慎年谱》(辽宁大学出版社 1986 年版)系于是年。

班固著《离骚经章句》1 卷,又作《典引篇》,述叙汉德。
按:郑鹤声《汉班孟坚先生固年谱》(台湾商务印书馆 1980 年版)系于是年。

王育著《史籀篇解说》成。
按:张震泽《许慎年谱》(辽宁大学出版社 1986 年版)系于是年。

崔骃作《章帝谥议》。
按:陆侃如《中古文学系年》系于是年。

王充著《养性》16 篇。
按:《后汉书·王充列传》曰:"年渐七十,志力衰耗,乃造《养性书》十六篇,裁节嗜欲,颐神自守。"《论衡·自纪篇》曰:"年渐七十,时可悬舆。仕路隔绝,志穷无如。事有否然,身有利害。发白齿落,日月逾迈,俦伦弥索,鲜所恃赖。贫无供养,志不娱快。历数冉冉,庚辛域际,虽惧终徂,愚犹沛沛,乃作《养性》之书,凡十六篇。养气自守,适时则酒,闭明塞聪,爱精自保,适辅服药引导,庶冀性命可延,斯须不老。既晚无还,垂书示后。惟人性命,长短有期,人亦虫物,生死一时。年历但记,孰使留之?犹入黄泉,消为土灰。上自黄、唐,下臻秦、汉而来,折衷以圣道,析理于通材,如衡之平,如鉴之开,幼老生死古今,罔不详该。命以不延,吁叹悲哉!"刘跃进《秦汉文学编年史》系于是年。

窦固卒,生年不详。固字孟孙,扶风平陵人。好览书传,喜兵法,明习边事。少为给事黄门侍郎,后袭封显亲侯,为中郎将、骑都尉监羽林士,秩比二千石。后从兄窦穆获罪,罢职家居十余年。永平年间复为奉车都尉,出击北匈奴,派班超出使西域。后历任大鸿胪、光禄勋、卫尉。卒赐谥文侯。事迹见《后汉书》卷二三。
按:《后汉书·窦融列传》曰:"(窦)固久历大位,甚见尊贵,赏赐租禄,赀累巨亿,而性谦俭,爱人好施,士以此称之。章和二年卒。谥曰文侯。"

朱晖卒,生年不详。晖字文季,河南宛人。光武即位拜为郎,以病去,卒业于太学,进退以礼,诸儒称其高。辟东平王府,为卫士令、临淮太守、尚书仆射、太山太守、尚书令、骑都尉。事迹见《后汉书》卷四三。
按:《后汉书·朱晖列传》曰:"和帝即位,窦宪北征匈奴,晖复上疏谏。顷之,病卒。"

召驯卒,生年不详。驯字伯春,九江寿春人。少习《韩诗》,博通书传,以志义闻,乡里号之曰:"德行恂恂召伯春"。累仕州郡,辟司徒府。建初元年,迁骑都尉,侍讲肃宗,拜左中郎将,入授诸王。出为陈留太守。元和二年,为河南尹。章和二年,代任隗为光禄勋,卒于官,赐冢茔陪园陵。事迹见《后汉书》卷七九下。

按：《后汉书·儒林列传下》曰："时，山阳张匡，字文通，亦习《韩诗》，作章句。后举有道，博士征，不就。卒于家。"张震泽《许慎年谱》(辽宁大学出版社1986年版)系于此年。

贾宗卒，生年不详。宗字武儒，贾复之子。少有操行，多智略。初拜郎中，稍迁，建初中为朔方太守，匈奴畏之。为长水校尉。传贾复之业，习《尚书》、《易经》，兼通儒术，每宴见，常使与少府丁鸿等议论于前。

钟皓（　—156）生(吴海林、李延沛《中国历史人物生卒年表》)。

汉和帝刘肇永元元年　己丑　89年

九月庚申，窦宪以军功拜大将军，封武阳侯，位在三公之上，窦氏权势炽盛(《后汉书·和帝本纪》)。

十月，令郡国弛刑输作军营，其徙出塞者，刑虽未竟，皆免归田里(《后汉书·和帝本纪》)。

鲁恭拜为《鲁诗》博士，家法学者日盛(《后汉书·鲁恭列传》)。

窦宪六月出鸡鹿塞，与北匈奴战于稽落山，遂登燕然山，刻石勒功而还(《后汉书·窦宪列传》)。

班固为窦宪中护军，出征匈奴。

按：《后汉书·班固列传》曰："永元初，大将军窦宪出征匈奴，以固为中护军，与参议。"

崔骃为窦宪主簿(《后汉书·文苑列传上》)。

傅毅为窦宪主记室、司马。

按：《后汉书·傅毅列传》曰："永元元年，车骑将军窦宪，复请毅为主记室，崔骃为主簿。及宪迁大将军，复以毅为司马，班固为中护军。"

乐恢上疏谏征匈奴(袁宏《后汉纪》卷一二)。

何敞上疏谏为窦笃、窦景起邸第；又上疏谏济南王刘康(《后汉书·朱乐何列传》)。

丁鸿迁太常(《后汉书·丁鸿列传》)。

郭玉和帝时为太医丞。

按：《后汉书·方术列传下》曰："郭玉者，广汉雒人也。初，有老父不知何出，常渔钓于涪水，因号涪翁。乞食人间，见有疾者，时下针石，辄应时而效，乃著《针经》、《诊脉法》传于世。弟子程高，寻求积年，翁乃授之。高亦隐迹不仕。玉少师事高，学方诊六微之技，阴阳隐侧之术。和帝时，为太医丞，多有效应。帝奇之，仍试令嬖臣美手腕者与女子杂处帷中，使玉各诊一手，问所疾苦。玉曰：'左阳右阴，脉有男女，状若异人。臣疑其故。'帝叹息称善。和帝时，为太医丞，多有效应。"

许荆为桂阳太守,为设丧纪婚姻制度,使知礼禁,一郡大化,父老称歌,郡人为立庙树碑(《后汉书·循吏列传》)。

班固七月受命作《窦将军北征颂》(《后汉书·窦宪列传》)。
  按:班固《窦将军北征颂》,又名《封燕然山铭》。陆侃如《中古文学系年》系于是年。

傅毅作《窦将军北征颂》(严可均《全后汉文》卷四三)。
  按:陆侃如《中古文学系年》、刘跃进《秦汉文学编年史》均系于是年。

崔骃作《仲山甫鼎铭》、《北征颂》、《西征赋》、《与窦宪笺》(严可均《全后汉文》卷四四)。
  按:陆侃如《中古文学系年》、刘跃进《秦汉文学编年史》均系于是年。

韦彪卒,生年不详。彪字孟达,扶风平陵人。好学洽闻,雅称儒宗。高祖韦贤,宣帝时为丞相。祖韦赏,哀帝时为大司马。建武末,举孝廉,除郎中,以病免,复归教授。安贫乐道,恬于进取,三辅诸儒莫不仰慕之。永平六年,赐以车马衣服,三迁魏郡太守。章帝即位,以病免。征为左中郎将、长乐卫尉,数陈政术,每归宽厚。比上疏乞骸骨,拜为奉车都尉,秩中二千石,赏赐恩宠,侔于亲戚。建初七年,拜大鸿胪。著《韦卿子》12篇。事迹见《后汉书》卷二六。
  按:《后汉书·韦彪列传》曰:"(韦彪)永元元年,卒。"

侯成(　—169)生(徐乃昌《续后汉儒林传补逸》)。

汉和帝永元二年　庚寅　90 年

正月丁丑,诏大赦天下(《后汉书·和帝本纪》)。

二月己亥,复置西河、上郡属国都尉官(《后汉书·和帝本纪》)。

五月庚戌,分太山为济北国,分乐成、涿郡、渤海为河间国。丙辰,封皇弟刘寿为济北王,刘开为河间王,刘淑为城阳王,绍封故淮阳王刘昞子刘侧为常山王。丁卯,绍封故齐王刘晃子刘无忌为齐王,北海王刘睦子刘威为北海王(《后汉书·和帝本纪》)。

九月,北匈奴单于遣使称臣(《后汉书·和帝本纪》)。

十月,遣行中郎将班固报命南单于。遣左谷蠡王师子出鸡鹿塞,击败北匈奴于河云北(《后汉书·和帝本纪》)。

许慎举孝廉(《后汉书·儒林列传下》)。
  按:清代陶方琦认为是在和帝永元二年,诸可宝认为是在章帝建初五年,各说

犹太教召开亚麦尼亚会议,确定希伯来正典。

不一。但史籍有明确记载，和帝年间，崔瑗上书请求取消"孝廉皆限年三十"之制，许慎举孝廉之时，恰有限年三十的制度，所以可以肯定许慎举孝廉肯定是在三十岁之后。但凭许慎在当时的学识和知名度，他举察孝廉也不会太晚。

班固十月行中郎将事，征北匈奴，至居延塞而还。

按：《后汉书·班固列传》曰："北单于闻汉军出，遣使款居延塞，欲修呼韩邪故事，朝见天子，请大使。宪上遣固行中郎将事，将数百骑与虏使俱出居延塞迎之。会南匈奴掩破北庭，固至私渠海，闻虏中乱，引还。"

耿秉为光禄勋（《后汉书·耿秉列传》）

张酺迁魏郡太守（《后汉书·张列酺传》）。

鲁丕为东郡太守，数荐达幽隐名士。

按：《后汉书·鲁恭列传》曰："永元二年，迁东郡太守。丕在二郡，为人修通溉灌，百姓殷富。数荐达幽隐名士。"

许慎始著《说文解字》。

按：清代诸可宝系于章和二年；张震泽《许慎年谱》（辽宁大学出版社 1986 年版）系于是年。今从张震泽之说。

班固十月作《涿邪山祝文》（严可均《全后汉文》卷二六）。

按：陆侃如《中古文学系年》系于是年。

<small>迪奥斯科里斯卒（约 40— ）。古希腊医生、药理学家。</small>

傅毅约卒，生年不详。毅字武仲，扶风茂陵人。少博学。永平中，于平陵习章句，作《迪志诗》。建初中为兰台令史、郎中，与班固、贾逵共典校书。著诗、赋、诔、颂、祝文、《七激》、连珠等 28 篇。事迹见《后汉书》卷八〇上。

宋意卒，生年不详。意字伯志。父京以《大夏侯尚书》教授。宋意少传父业，显宗时，举孝廉，建初中，拜尚书、司隶校尉。事迹见《后汉书》卷四一。

按：《后汉书·宋均列传》曰："永元初，大将军窦宪兄弟贵盛，步兵校尉邓叠、河南尹王调、故蜀郡太守廉范等群党，出入宪门，负势放纵。意随违举奏，无所回避，由是与窦氏有隙。二年，病卒。"

汉和帝永元三年　辛卯　91 年

正月甲子，和帝加元服（《后汉书·和帝本纪》）。

二月，大将军窦宪遣左校尉耿夔出居延塞，围北单于于金微山，获其母阏氏（《后汉书·和帝本纪》）。

六月辛卯，尊皇太后母比阳公主为长公主（《后汉书·和帝本纪》）。

十月癸未,和帝行幸长安。诏求萧(何)、曹(参)近亲宜为嗣者,绍其封邑(《后汉书·和帝本纪》)。

十一月癸卯,和帝祠高庙,遂有事十一陵(《后汉书·和帝本纪》)。

十二月,复置西域都护、骑都尉、戊己校尉官。庚辰,至自长安,减弛刑徒从驾者刑五月(《后汉书·和帝本纪》)。

按:章帝建元初年,罢西域都护及戊己校尉官,今复置之。

班固、傅毅在窦宪幕典文章。

按:《后汉书·班固列传》曰:"宪既平匈奴,威名大盛,以耿夔、任尚等为爪牙,邓叠、郭璜为心腹。班固、傅毅之徒,皆置幕府,以典文章。"

班超十二月为西域都护,居龟兹。

按:《后汉书·班超列传》曰:"明年(永元三年),龟兹、姑墨、温宿皆降,乃以超为都护,徐幹为长史。拜白霸为龟兹王,遣司马姚光送之。超与光共胁龟兹废其王尤利多而立白霸,使光将尤利多还诣京师。超居龟兹它乾城,徐幹屯疏勒。"

崔骃不为窦宪所容,出为长岑长,不就归里。

按:《后汉书·崔骃列传》曰:"及宪为车骑将军,辟骃为掾。宪府贵重,掾属三十人,皆故刺史、二千石,唯骃以处士年少,擢在其间。宪擅权骄恣,骃数谏之,及出击匈奴,道路愈多不法,骃为主簿,前后奏记数十,指切长短。宪不能容,稍疏之,因察骃高第,出为长岑长。骃自以远去,不得意,遂不之官而归。"

李郃为汉中太守署户曹史,谏阻太守献礼窦宪(《后汉书·方术列传》)。

贾逵为左中郎将(《后汉书·贾逵列传》)。

曹褒擢监羽林左骑(《后汉书·曹褒列传》)。

鲁丕为陈留太守(《后汉书·鲁恭列传》)。

黄香作《天子冠颂》(《古文苑》卷一二)。

袁安作《奏议立左鹿蠡王阿佟为北单于》、《又上封事谏立北单于》。

按:《后汉书·袁安列传》曰:"时,窦宪复出屯武威。明年,北单于为耿夔所破,遁走乌孙,塞北地空,余部不知所属。宪日矜己功,欲结恩北虏,乃上立降者左鹿蠡王阿佟为北单于,置中郎将领护,如南单于故事。事下公卿议,太尉宋由、太常丁鸿、光禄勋耿秉等十人议可许。安与任隗奏,以为'光武招怀南虏……'。宗正刘方、大司农尹睦同安议。事奏,未以时定。安惧宪计遂行,乃独上封事……诏下其议,安又与宪更相难折。"

耿秉卒,生年不详。秉字伯初,扶风茂陵人。父耿国,建武时曾任五官中郎将、大司农,因"素有筹策,数言边事"而深受光武帝器重。耿秉自幼受其父影响,"博通书记,能说《司马兵法》,尤好将帅之略",逐渐成为东汉"中兴"之后杰出的谋略型军事人物。为驸马都尉、征西将军,数大败北匈奴,封美阳侯。事迹见《后汉书》卷一九。

按:《后汉书·耿弇列传》曰:"永元二年,代桓虞为光禄勋。明年夏卒,时年五十余。"

胡广(　—172)生(陆侃如《中古文学系年》)。

汉和帝永元四年　壬辰　92年

正月,北匈奴右谷蠡王於除鞬自立为单于,款塞乞降(《后汉书·和帝本纪》)。

四月丙辰,大将军窦宪还至京师(《后汉书·和帝本纪》)。

六月戊戌朔,日食。丙辰,郡国十三地震。窦宪潜图弑逆(《后汉书·和帝本纪》)。

庚申,和帝幸北宫。诏收捕窦宪党射声校尉郭璜,璜子侍中郭举,卫尉邓叠,邓叠弟步兵校尉邓磊,皆下狱死。使谒者仆射收宪大将军印绶,遣窦宪及弟窦笃、窦景就国,到皆自杀(《后汉书·和帝本纪》)。

丁鸿闰三月丁丑为司徒,因日食上封事,据《春秋》谓宜强王,劾窦氏,行太尉兼卫尉,屯南、北宫。

按:《后汉书·丁鸿列传》曰:"和帝即位,(丁鸿)迁太常。永元四年,代袁安为司徒。是时窦太后临政,宪兄弟各擅威权。鸿因日食,上封事……书奏十余日,帝以鸿行太尉兼卫尉,屯南、北宫。于是收窦宪大将军印绶,宪及诸弟皆自杀。"

班固六月以窦宪免官,卒于狱中(《后汉书·班固列传》)。

宋由七月以窦党免太尉(《后汉书·和帝本纪》)。

尹睦八月癸丑以大司农擢为太尉,录尚书事(《后汉书·和帝本纪》)。

陈宠继尹睦为大司农(《后汉书·陈宠列传》)。

刘方十月己亥以宗正擢为司空(《后汉书·和帝本纪》)。

桓郁为太常(《后汉书·桓郁列传》)。

黄香拜左丞,增秩(《后汉书·文苑列传上》)。

张酺上疏请贷宥夏阳侯瑰,将窦案与天下平之(《后汉书·张酺列传》)。

曹褒迁射声校尉,因张酺等人奏劾,其所制《汉礼》遂废不行。

按:《后汉书·曹褒列传》曰:"永元四年,迁射声校尉。后太尉张酺、尚书张敏等奏褒擅制《汉礼》,破乱圣术,宜加刑诛。帝虽寝其奏,而《汉礼》遂不行。"

杨伦是年后师事司徒丁鸿,习《古文尚书》。

按:《后汉书·儒林列传上》曰:"杨伦字仲理,陈留东昏人也。少为诸生,师事司徒丁鸿,习《古文尚书》。为郡文学掾。更历数将,志乘于时,以不能人间事,遂去职,不复应州郡命。讲授于大泽中,弟子至千余人。"

周磐学《左传》、《古文尚书》、《洪范五行》(《后汉书·周磐列传》)。

崔瑗能传父业(《后汉书·崔瑗列传》)。

贾逵作《历数论》。

按：陆侃如《中古文学系年》系于是年。《后汉书·律历志中》曰："永元中，复令史官以《九道法》候弦望，验无有差跌。遂论集状，后之议者，用得折衷，故详录焉。"又曰："史官旧有《九道术》，废而不修。熹平中，故治历郎梁国宗整上《九道术》，诏书下太史，以参旧术，相应。部太子舍人冯恂课校，恂亦复作《九道术》，增损其分，与整术并校，差为近。太史令颛上以恂术参弦、望。然而加时犹复先后天，远则十余度。"又曰："昔《太初历》之兴也，发谋于元封，启定于元凤，积三十年，是非乃审。及用《四分》，亦于建武，施于元和，讫于永元，七十余年，然后仪式备立，司候有准。天事幽微，若此其难也。中兴以来，图谶漏泄，而《考灵曜》、《命历序》皆有甲寅元。其所起在四分庚申元后百一十四岁，朔差却二日。学士修之于草泽，信何以为得正。及《太初历》以后天为疾，而修之者云'百四十四岁而太岁超一辰，百七十一岁当弃朔余六十三，中余千一百九十七，乃可常行'。自太初元年至永平十一年，百七十一，当去分而不去，故令益有疏阔。此二家常挟其术，庶几施行，每有讼者，百寮会议，群儒骋思，论之有方，益于多闻识之，故详录焉。"

又按：顾櫰三《补后汉书艺文志》卷四著录《历数论》。

班固作《与窦宪笺》（严可均《全后汉文》卷二五）。

按：陆侃如《中古文学系年》系于是年。

崔骃著《大将军临洛观赋》（严可均《全后汉文》卷四四）。

按：陆侃如《中古文学系年》系于是年。

班固卒（32— ）。固字孟坚，扶风安陵人。班彪之子。九岁能属文诵诗赋，长博贯载籍，九流百家之言，无不穷究。学无常师，不为章句，举大义而已。父卒归乡里，承父志续写汉史，为人告发下狱，弟班超上书辩解。明帝诏诣校书部，为兰台令史，升为郎，点校秘书。自永平中奉诏修史，续父所作前史著《汉书》百篇，历二十余年。《汉书》起汉高祖，终于王莽之诛，十有二世，二百三十年。为十二纪、八表、十志、七十传。创纪传体断代史，为史家典则。与《史记》齐名，并称《史》、《汉》。《白虎通义》6卷，申"三纲五常"，集东汉前期今文经学学说之大成，为儒家重要经典。工篆，著《续仓颉篇》13篇，另著有《建武注记》、《太甲篇》、《在昔篇》、《世祖本纪》、《功臣平林新市公孙述列传载记》28篇、《律历志》、《礼乐郊祀志》、《奕旨》各1篇、《离骚经章句》1卷。又著诗、赋、文、论、书、颂、铭、记、诔、六言44篇。事迹见《后汉书》卷四〇下。

按：《后汉书·班彪列传》曰："及窦宪败，固先坐免官。固不教学诸子，诸子多不遵法度，吏人苦之。初，洛阳令种兢尝行，固奴干其车骑，吏椎呼之，奴醉骂，兢大怒，畏宪不敢发，心衔之。及窦氏宾客皆逮考，兢因此捕系固，遂死狱中。时年六十一。诏以谴责兢，抵主者吏罪。"又曰："司马迁、班固父子，其言史官载籍之作，大义粲然著矣。议者咸称二子有良史之才。迁文直而事核，固文赡而事详。若固之序事，不激诡，不抑抗，赡而不秽，详而有体，使读之者亹亹而不厌，信哉其能成名也。彪、固讥迁，以为是非颇谬于圣人。然其论议常排死节，否正直，而不叙杀身成仁之为美，则轻仁义，贱守节愈矣。固伤迁博物洽闻，不能以智免极刑；然亦身陷大戮，智及之而不能守之。呜呼，古人所以致论于目睫也！"

崔骃卒（约30— ）。骃字亭伯，涿郡安平人也。高祖父崔朝，昭帝时为幽州从事,谏刺史无与燕刺王通。崔骃年十三能通《诗》、《易》、《春秋》,博学有伟才,尽通古今训诂百家之言,善属文。少游太学,与班固、傅毅同时齐名。常以典籍为业,未遑仕进之事。所著诗、赋、铭、颂、书、记、表、《七依》、《婚礼结言》、《达旨》、《酒警》合 21 篇。《隋书·经籍志》著录其集 10 卷,已散佚。明人辑有《崔亭伯集》。后人辑有《东汉崔亭伯集》1 卷,今存《汉魏六朝百三名家集》中。事迹见《后汉书》卷五二。

按:《后汉书·崔骃列传》曰:"永元四年,(崔骃)卒于家。"

袁安卒,生年不详。安字邵公,汝南汝阳人也。祖父良,习《孟氏易》。袁安少传良学,为人严重有威,为官守正。初为县功曹,后举孝廉,除阴平长、任城令,所在吏人畏而爱之。永平十四年拜楚郡太守,理楚王英谋逆狱,出四百余家。岁余为河南尹,政号严明,京师肃然,名重朝廷。建初八年迁太仆,上书主许北匈奴求和,官至司空、司徒。数谏击匈奴,劾窦景,谏立北单于。子京、敞最有名,京字仲誉,习《孟氏易》,作《难记》三十万言。初拜郎中,稍迁侍中,出为蜀郡太守。事迹见《后汉书》卷四五。

按:《后汉书·袁安列传》曰:"(袁)安以天子幼弱,外戚擅权,每朝会进见,及与公卿言国家事,未尝不噫呜流涕。自天子及大臣皆恃赖之。四年春,薨,朝廷痛惜焉。"

宋由卒,生年不详。由字叔路,长安人。为大司农、太尉。元和间为太尉,坐阿党窦宪,策免归本郡,自杀。

按:朱学西、张绍勋、张习礼《中国历史大事编年》(第 1 卷)(北京出版社 1987 年版)系于此年。

任隗卒,生年不详。隗字仲和,南阳宛人。任光子。少好黄老,清静寡欲。义行内修,不求名誉,而以沈正见重于世。显宗擢奉朝请,迁羽林左监、虎贲中郎将,又迁长水校尉。肃宗以为将作大匠。建初五年,迁太仆,八年,代窦固为光禄勋,所历皆有称。章和元年,拜司空。逝后,和帝追思隗忠,擢屯为步兵校尉,徙封西阳侯。事迹见《后汉书》卷二一。

按:《后汉书·任光列传》曰:"(任隗)永元四年薨,子屯嗣。"

马廖卒,生年不详。廖字敬平,扶风人。马援长子。少清约沉静,习《易经》。官为郎、羽林左监、虎贲中郎将、卫尉,主行德政。封顺阳侯,谥安侯。事迹见《后汉书》卷二四。

按:《后汉书·马援列传》曰:"(马廖)永元四年,卒。"

杨秉(　—165)生(吴海林、李延沛《中国历史人物生卒年表》)。

汉和帝永元五年　癸巳　93 年

正月乙亥,和帝宗祀五帝于明堂;诏大赦天下。辛卯,封皇弟为广宗王(《后汉书·和帝本纪》)。

二月戊戌,诏有司省减内外厩及凉州诸苑马。戊午,陇西地震(《后汉书·和帝本纪》)。

三月戊子,诏慎选举(《后汉书·和帝本纪》)。

四月壬子,绍封阜陵殇王刘种兄刘鲂为阜陵王(《后汉书·和帝本纪》)。

九月辛酉,除广宗国;匈奴单于于除鞬叛,遣中朗将任尚讨灭之(《后汉书·和帝本纪》)。

是年,诏举孝廉,郡口二十万,岁举1人,四十万2人,余类推。

按:《后汉书·丁鸿列传》曰:"时大郡口五六十万举孝廉二人,小郡口二十万并有蛮夷者亦举二人,帝以为不均,下公卿会议。(丁)鸿与司空刘方上言:'凡口率之科,宜有阶品,蛮夷错杂,不得为数。自今郡国率二十万口岁举孝廉一人,四十万二人,六十万三人,八十万四人,百万五人,百二十万六人。不满二十万二岁一人,不满十万三岁一人。'帝从之。"

丁鸿、刘方建言举孝廉人数(《后汉书·丁鸿列传》)。

张酺十一月乙丑为太尉,数上疏以疾乞身,荐徐防自代(《后汉书·张酺列传》)。

张奋代桓郁为太常(《后汉书·张纯列传》)。

曹褒迁城门校尉、将作大匠(《后汉书·曹褒列传》)。

张衡游三辅(《后汉书·张衡列传》)。

刘畅作《上疏辞谢和帝》。

按:《资治通鉴》卷四八曰:"梁王畅与从官卞忌祠祭求福,忌等诌媚云:'神言王当天子。'畅与相应答,为有司所奏,请征诣诏狱。帝不许,但削成武、单父二县。畅惭惧,上疏深自刻责曰:'臣天性狂愚,不知防禁。……'上优诏不听。"

张衡作《温泉赋》(严可均《全后汉文》卷五二)。

按:陆侃如《中古文学系年》系于是年。

桓郁卒(约33—)。郁字仲恩,桓荣少子。少以父任为郎。敦厚笃学,传父业,以《尚书》教授,门徒常数百人。常居中论经书。门人杨震、朱宠,皆至三公。授章、和二帝经。官侍中、越骑校尉、屯骑校尉、长乐少府、侍中奉车都尉、太常。曾删朱普《尚书章句》四十万言为二十三万言,复删定成十二万言,故《尚书》有《桓君大小太常章句》。校定明帝制《五家要说章句》。事迹见《后汉书》卷三七。

按:《后汉书·桓荣列传》曰:"(桓郁)永元四年,代丁鸿为太常。明年,病卒。"

邓彪卒,生年不详。彪字智伯,南阳新野人,太傅禹之宗也。父邓邯,中兴初以功封鄳侯,仕至渤海太守。邓彪少励志,修孝行。父卒,让国于异母弟邓荆凤。后仕州郡,辟公府,五迁桂阳太守。为太仆、光禄大夫、奉车都尉、大司农、太尉、太傅录尚书事,封关内侯。事迹见《后汉书》卷四四。

按：《后汉书·邓彪列传》曰："及窦氏诛，以老病上还枢机职，诏赐养牛、酒而许焉。（永元）五年春，薨于位，天子亲临吊临。"

尹睦卒，生年不详。睦字伯师，河南巩人。官大司农、太尉，录尚书事。

按：朱学西、张绍勋、张习礼《中国历史大事编年》（第1卷）（北京出版社1987年版）系于是年。

张寿（　—172）生。

按：《竹邑侯相张寿碑》曰："（张寿）年八十，建宁元年五月辛酉卒。"由此推之，当生于是年。

汉和帝永元六年　甲午　94年

正月，永昌徼外夷遣使译献犀牛、大象（《后汉书·和帝本纪》）。

二月乙未，遣谒者分行禀贷三河、兖、冀、青州贫民（《后汉书·和帝本纪》）。

三月庚寅，诏流民所过郡国皆实禀之，其有贩卖者勿出租税，又欲就贱还归者，复一岁田租、更赋。丙寅，令三公、中二千石、二千石、内郡守相举贤良方正、能直言极谏之士各1人，昭岩穴，披幽隐，遣诣公车。和帝亲临策问，选补郎吏（《后汉书·和帝本纪》）。

五月，除城阳国（《后汉书·和帝本纪》）。

七月，京师旱。丁巳，和帝幸洛阳寺（《后汉书·和帝本纪》）。

是年，诏以渤海郡属冀州（《后汉书·和帝本纪》）。

刘方二月丁未为司徒（《后汉书·和帝本纪》）。

张奋二月丁未为司空（《后汉书·和帝本纪》）。

黄香迁尚书令，忧公如家（《后汉书·文苑列传上》）。

张禹为大司农，拜太尉（《后汉书·张禹列传》）。

鲁丕以禀贫人不实，司寇论（《后汉书·鲁恭列传》）。

陈宠迁廷尉，钩校律令条法。

按：《后汉书·陈宠列传》曰："永元六年，宠代郭躬为廷尉。性仁矜。及为理官，数议疑狱，常亲自为奏，每附经典，务从宽恕，帝辄从之，济活者甚众。其深文刻敝，于此少衰。宠又钩校律令条法，溢于《甫刑》者除之。"

班超大破焉耆、尉犁，斩其王（《后汉书·和帝本纪》）。

杜崇上疏言备南单于（《后汉书·南匈奴列传》）。

养奋作《贤良方正对策》。

按：《续后汉书·五行志》注引《广州先贤传》曰："和帝时策问阴阳不和，或水或旱，方正郁林布衣养奋，字叔高，对曰：'天有阴阳，阴阳有四时，四时有政令。春夏则予惠布施宽仁，秋冬则刚猛盛威行刑。赏罚杀生各应其时，则阴阳和，四时调，风雨时，五谷升。今则不然，长吏多不奉时令，为政举事干逆天气，上不恤下，下不忠上，百姓困乏而不恤哀，众怨郁积，故阴阳不和，风雨不时，灾害缘类。水者阴盛，小人居位，依公营私，谗言诵上。雨漫溢者，五谷有不升而赋税不为减，百姓虚竭，家有愁心也。'"是年三月丙寅，和帝诏举贤良方正、能直言极谏之士各1人，亲临策问，选补郎吏，故系于此年。

郭躬卒（约1—　）。躬字仲孙，颍川阳翟人。父弘，习《小杜律》，世人比之东海于公。躬少传父业，讲授徒众常数百人。后为郡吏，辟公府，为廷尉。主审案定刑从宽从轻，曾奏请修改律令四十一条，皆改重刑为轻刑，被朝廷采纳，颁布实施。事迹见《后汉书》卷四六。

按：《后汉书·郭躬列传》曰："（郭躬）永元六年，卒官。"

丁鸿卒，生年不详。鸿字孝公，颍川定陵人。年十三，从桓荣受《欧阳尚书》，三年明章句，善论难，为都讲。门徒千人。时人曰："殿中无双丁孝公。"永平十年，拜侍中。十三年，兼射声校尉。建初四年，徙封鲁阳乡侯。和帝即位，迁太常。永元四年，代袁安为司徒。后行太尉兼卫尉，屯南、北宫。事迹见《后汉书》卷三七。

按：《后汉书·丁鸿列传》曰："（永元）六年，（丁）鸿薨，赐赠有加常礼。"

李固（　—147）生（陆侃如《中古文学系年》、刘跃进《秦汉文学编年史》）。

汉和帝永元七年　乙未　95年

四月辛亥，日食。和帝引见公卿问得失，令将、大夫、御史、谒者、博士、议郎、郎官会廷中，各言封事。诏有司详选郎官宽博有谋、才任典城者三十人，既而悉以所选郎出补长、相（《后汉书·和帝本纪》）。

五月辛卯，改千乘国为乐安国（《后汉书·和帝本纪》）。

九月癸卯，京师地震（《后汉书·和帝本纪》）。

是年，邓太后选入宫，时年16岁。

按：《后汉书·皇后纪》曰："七年，后复与诸家子俱选入宫。……太后自入宫掖，从曹大家受经书，兼天文、算数。"

班超封定远侯，邑千户（《后汉书·班超列传》）。

曹褒出为河内太守（《后汉书·曹褒列传》）。

张衡18岁，至京师，入太学。

按：《后汉书·张衡列传》曰："因入京师，观太学，遂通《五经》，贯六艺。虽才高于世，而无骄尚之情。常从容淡静，不好交接俗人。"

又按：陆侃如《中古文学系年》（人民文学出版社1985年版）曰："以永元中举孝廉来推测，他至京大约与崔瑗差不多时候。"

崔瑗18岁，至京师，入太学。

按：《后汉书·崔骃列传》曰："年十八，至京师，从侍中贾逵质正大义，逵善待之，瑗因留游学，遂明天官、历数、《京房易传》、六日七分。诸儒宗之。与扶风马融、南阳张衡特相友好。"

汉和帝永元八年　丙申　96年

二月己丑，立贵人阴氏为皇后（《后汉书·和帝本纪》）。

按：皇后为阴识曾孙，少聪慧，善书艺。

四月癸亥，除乐成国（《后汉书·和帝本纪》）。

八月辛酉，诏郡国中都官系囚减死一等，诣敦煌戍（《后汉书·和帝本纪》）。

九月，京师蝗。诏百僚勉修厥职，刺史、二千石详刑辟，理冤虐，恤鳏寡，矜孤弱（《后汉书·和帝本纪》）。

庚子，复置广阳郡（《后汉书·和帝本纪》）。

十二月丁巳，丁巳，南宫宣室殿火（《后汉书·和帝本纪》）。

贾逵复为侍中，领骑都尉，内备帷幄，兼领秘书近署。荐东莱司马均、陈国汝郁（《后汉书·贾逵列传》）。

李尤以贾逵荐，诣东观受诏，作赋，拜兰台令史。

按：《后汉书·文苑列传上》曰："和帝时，侍中贾逵荐尤有相如、杨雄之风，召诣东观，受诏作赋，拜兰台令史。"姑系于此年。

班昭入宫讲学，为贵人。

按：《后汉书·列女传》曰："帝数召入宫，令皇后诸贵人师事焉，号曰大家。每有贡献异物，辄诏大家作赋颂。"

黄香上疏让东郡太守，复留为尚书令（《后汉书·文苑列传上》）。

张霸为会稽太守，表用郡人处士顾奉、公孙松，郡中争励志节，习经者以千数，道路但闻诵声《后汉书·张霸列传》。

按：《后汉书》本传谓"永元中为会稽太守"，姑系此。

张衡作《七辩》、《二京赋》。

按：张震泽《张衡诗文集校注·张衡年表》（上海古籍出版社1986年版）系于是

罗马图密善遇弑，弗拉维王朝终。元老院推选元老涅尔瓦即位，安东尼王朝始。

是年，昆提利安卒（约35—　）。罗马修辞学家。

是年，斯塔提乌斯卒（约45—　）。罗马拉丁文诗人。

年,今从之。

　　班昭奉诏续《汉书》八表,又作《大雀赋》。

　　按:《后汉书·列女传》曰:"兄固著《汉书》,其八表及《天文志》未及竟而卒,和帝诏昭就东观藏书阁踵而成之。"刘知几《史通》卷一二《古今正史》曰:"固后坐窦氏事,卒于洛阳狱,书颇散乱,莫能综理。其妹曹大家博学能属文,奏诏校叙。"

　　又按:陆侃如《中古文学系年》定于92年,刘汝霖《汉晋学术编年》定于96年。今从刘汝霖说。

　　李尤受诏作《河铭》、《洛铭》、《太学铭》等"百二十铭",又作《怀戎颂》、《政事论》。

　　按:《华阳国志·先贤士女总赞》曰:"侍中贾逵荐尤有相如、杨雄之才,明帝召作'东观'、'辟雍'、'德阳诸观'赋、铭、《怀戎颂》、'百二十铭',著《政事论》七篇,帝善之。"陆侃如《中古文学系年》、吴文治《中国文学史大事年表》(黄山书社1987年版)均系于此年。

汉和帝永元九年　丁酉　97年

　　正月,永昌徼外蛮夷及掸国重译奉贡(《后汉书·和帝本纪》)。

　　四月丁卯,封乐成王刘党子刘巡为乐成王(《后汉书·和帝本纪》)。

　　闰八月辛巳,窦太后卒。丙申,葬章德皇后(《后汉书·和帝本纪》)。

　　九月甲子,追尊皇妣梁贵人为皇太后(《后汉书·和帝本纪》)。

　　按:《资治通鉴》卷四八曰:"初,梁贵人既死,宫省事秘,莫有知帝为梁氏出者。舞阴公主子梁扈遣从兄禅奏记三府,以为'汉家旧典,崇贵母氏,而梁贵人亲育圣躬,不蒙尊号,求得申议。'太尉张酺言状,帝感动良久,曰:'于君意若何?'酺请追上尊号,存录诸舅。帝从之。"

　　十月乙酉,改葬恭怀梁皇后于西陵,诏追封梁竦为褒亲愍侯,封诸梁为列侯,梁氏自此日盛(《后汉书·和帝本纪》)。

　　吕盖十一月癸卯为司徒(《后汉书·和帝本纪》)。

　　张奋十二月丙寅罢司空,归里,上疏请定礼乐。

　　按:《后汉书·张奋列传》载:九年,张奋以病罢。在家上疏曰:"圣人所美,政道至要,本在礼乐。《五经》同归,而礼乐之用尤急。孔子曰:'安上治民,莫善于礼;移风易俗,莫善于乐。'又曰:'揖让而化天下者,礼乐之谓也。'先王之道,礼乐可谓盛矣。孔子谓子夏曰:'礼以修外,乐以制内,丘已矣夫!'又曰:'礼乐不兴,则刑罚不中;刑罚不中,则民无所厝其手足。'臣以为汉当制作礼乐,是以先帝圣德,数下诏书,愍伤崩缺,而众儒不达,议多驳异。臣累世台辅,而大典未定,私窃惟忧,不忘寝食。臣犬马齿尽,诚冀先死见礼乐之定。"

　　韩棱十二月壬申为司空(《后汉书·和帝本纪》)。

鲁恭拜议郎，转侍中，迁光禄勋，选举清平(《后汉书·鲁恭列传》)。

张敏拜司隶校尉(《后汉书·张敏列传》)。

李法应贤良方正对策，除博士，迁侍中、光禄大夫(《后汉书·李法列传》)。

蔡伦监作秘剑及诸器。

按：《后汉书·宦者列传》曰："永元九年，监作秘剑及诸器械，莫不精工坚密，为后世法。"崔寔《政论》曰："传曰：工欲善其事，必先利其器。旧时永平、建初之际，去战功未久，朝廷留意于武备，财用优饶，主者亲躬，故官兵常牢劲精利。有蔡太太仆之弩，及龙亭九年之剑，至今擅名天下。"

张衡举孝廉不行，辟公府不就(《后汉书·张衡列传》)。

按：陆侃如《中古文学系年》(人民文学出版社1985年版)系于是年。

梁扈遣兄擅奏记三府(袁宏《后汉纪》卷一四)。

班超十二月遣甘英使大秦(罗马)、条支(今伊拉克境内)，至安息(今伊朗域内)而还(《后汉书·和帝本纪》)。

王充卒(27—　)。充字仲任，会稽上虞人。出身细族寒门，少孤，乡里称孝。好学深思，求学洛阳，师从班彪，好博览而不守章句，博通众流百家之言。好论说，始若诡异，终有理实。以为俗儒守文，多失其真。内伤时命之坎坷，外疾世俗之虚伪，"疾虚妄"，"求实诚"，著《论衡》85篇，二十余万言，又作《养性书》16篇，从医学角度谈如何保健、养生去病，主裁节嗜欲，颐守元神。另有《讥俗书》12篇、《政务书》、《周易王氏义》等，均佚。事迹见《后汉书》卷四九。

按：关于王充卒年，姜亮夫《历代人物年里碑传综表》定为公元91年，黄晖《论衡校释·王充年谱》定为公元96年，吴海林、李延沛《中国历史人物生卒年表》定为公元97年，陈拱《王充思想评论》定为公元98年或99年，胡适、金春峰定为100年，蒋祖怡《王充卷·王充年谱》定为104年，还有公元79、公元90年之说。以公元97年说近是。

又按：王充是东汉天文历算四派之一的方天派的代表，以"天道自然"说，反对"天人感应"论。《论衡》释物类同异，正时俗嫌疑。以唯物主义自然观，对天作了朴素唯物主义解释，为天是无意志、非人格的客观自然物质，批判当时"天人感应"和谶纬迷信等各种虚妄荒诞之说，继承和发展了中国古代朴素唯物主义，认为形亡神灭，认识论上重效验、贵用。批判今不如古，肯定汉代文化之进步。反对把儒家经典作教条，批判孔、孟。开创了中国哲学史的新阶段。主张薄葬。其文学观主文学"为世用"、"求实诚"，"言文一致"，"外内表里，自相副称"。第一个系统而较为正确地回答了文学的基本问题。

刘方卒，生年不详。方字伯况，平原人。善为《诗经》。官襄城令、宗正、司空、司徒。

按：朱学西、张绍勋、张习礼《中国历史大事编年》(第1卷)(北京出版社1987年版)系于是年。

祝睦(　—164)、徐稚(　—168)、姜肱(　—173)、娄寿(　—174)生。

按：唐晏《两汉三国学案》(中华书局1965年版)定祝睦生于是年；吴海林、李延沛《中国历史人物生卒年表》（黑龙江人民出版社1981年版）定徐稚、姜肱生于是年；徐乃昌《续后汉儒林传补逸》定娄寿生于是年。

汉和帝永元十年　戊戌　98年

三月壬戌，诏刺史、二千石疏导沟渠（《后汉书·和帝本纪》）。

五月，京师大水（《后汉书·和帝本纪》）。

九月庚戌，复置廪牺官（《后汉书·和帝本纪》）。

按：廪牺令，掌管供宗庙祭祀的谷物和牲畜。

十二月，烧当羌豪迷唐等率种人诣阙贡献（《后汉书·和帝本纪》）。

南单于师子死，单于长之子檀立，为万氏尸逐鞮单于（《后汉书·和帝本纪》）。

巢堪八月丙子为司空（《后汉书·和帝本纪》）。

徐防迁少府、大司农（《后汉书·徐防列传》）。

贾逵上书请矜宥刘恺。

按：《后汉书·刘恺列传》曰："（恺）以当袭（父）般爵，让与弟宪，逃遁避封。章和中，有司奏请绝恺国，肃宗美其义，特优假之，恺犹不出。积十余岁，至永元十年，有司复奏之，侍中贾逵因上书曰：'孔子称"能以礼让为国，于从政乎何有"。窃见居巢侯刘般嗣子恺，素行孝友，谦逊洁清，让封弟宪，潜身远迹。有司不原乐善之心，而绳以循常之法，惧非长克让之风，成含弘之化。前世扶阳侯韦玄成，近有陵阳侯丁鸿、鄝侯邓彪，并以高行洁身辞爵，未闻贬削，而皆登三事。今恺景仰前修，有伯夷之节，宜蒙矜宥，全其先功，以增圣朝尚德之美。'和帝纳之。"

马融遭父丧。

按：《后汉书·马援列传》曰："永元十年（马严）卒于家，时年八十二。"

葛龚以善文记知名。

按：《后汉书·文苑列传上》曰："和帝时，以善文记知名。"章怀注曰："龚善为文奏，或有请龚奏以干人者，龚为作之。其人写之，忘自载其名，因并写龚名以进之。故时人为之语曰：'作奏虽工，宜去葛龚。'事见《笑林》。"

马严卒（17—　）。严字威卿，扶风茂陵人。马援兄子。少孤，好击剑，习骑射，后从杨太伯讲学，专心坟典，览百家群言，通《左氏春秋》。交接英贤，京师大人咸器异之。仕郡督邮。援卒后，与弟敦俱归安陵，居钜下，号曰钜下二卿。明德皇后立，闭门自守，更徙北地，断绝宾客。历官将军长史、侍御史中丞、五官中郎将、陈留太守。与班固等杂定《建武注纪》。事迹见《后汉书》卷二四。

罗马塔西佗撰成《阿古利可拉传》、《日耳曼尼亚志》。

按：《后汉书·马援列传》曰："永元十年，(马严)卒于家，时年八十二。"

韩棱卒，生年不详。棱字伯师，颍川舞阳人。幼孤，以孝友称。初为郡功曹，五迁尚书令，与郅寿、陈宠同时以才能称。为南阳太守、司空。事迹见《后汉书》卷四五。

按：朱学西、张绍勋、张习礼《中国历史大事编年》(第1卷)(北京出版社1987年版)系于是年。

张纲(　—143)生(唐晏《两汉三国学案》、吴文治《中国文学史大事年表》)。

汉和帝永元十一年　己亥　99年

二月，遣使巡行郡国(《后汉书·和帝本纪》)。

四月丙寅，诏大赦天下。己巳，复置右校尉官(《后汉书·和帝本纪》)。

七月辛卯，诏禁逾僭(《后汉书·和帝本纪》)。

鲁丕以贾逵荐，被征，为中散大夫。与贾逵、黄香相难数事，和帝善其说。

按：《后汉书·鲁恭列传》曰："时，侍中贾逵荐丕道艺深明，宜见任用。和帝因朝会，召见诸儒，(鲁)丕与侍中贾逵、尚书令黄香等相难数事，帝善丕说，罢朝，特赐冠帻履袜衣一袭。丕因上疏曰：'……臣闻说经者，传先师之言，非从己出，不得相让；相让则道不明，若规矩权衡之不可枉也。难者必明其据，说者务立其义，浮华无用之言不陈于前，故精思不劳而道术愈章。法异者，各令自说师法，博观其义。览诗人之旨意，察《雅》《颂》之终始，明舜、禹、皋陶之相戒，显周公、箕子之所陈，观乎人文，化成天下。陛下既广纳謇謇以开四聪，无令芻蕘以言得罪；既显岩穴以求仁贤，无使幽远独有遗失。'"

李法上疏言朝政苛碎、宦官权重、椒房宠盛及史官记事不实。失旨，下有司，免为庶人，还乡杜门自守。

按：《后汉书·李法列传》曰："上疏以为朝政苛碎，违永平、建初故事；宦官权重，椒房宠盛，又讥史官记事不实，后世有识，寻功计德，必不明信。坐失旨，下有司，免为庶人，还乡里，杜门自守。故人儒生时有侯之者，言谈之次，问其不合上意之由，法未尝应对。友人固问之，法曰：'鄙夫可与事，君乎哉？敬患失之，无所不至。孟子有言：夫仁者如射，正己而后发。发而不中，不怨胜己者，反诸身而已矣。'"

张敏迁汝南太守(《后汉书·张敏列传》)。

张衡作《定情赋》。

按：张震泽《张衡诗文集校注·张衡年表》(上海古籍出版社1986年版)、吴文治《中国文学史大事年表》(黄山书社1987年版)系于是年。

希腊梅内劳于1世纪左右发表《球学》，其中包括球的几何学、球面三角形的讨论。

希腊的希隆于1世纪左右撰成关于几何学、计算和力学的百科全书。并发明蒸汽转动器和热空气推动的转动机，是为蒸汽涡轮机和热气涡轮机的萌芽。

希腊狄奥斯科利德于本世纪撰成《药剂学》5卷，该书集古希腊人药物和应用植物学之大成。

罗马的塞涅卡于本世纪发现盛水的球状玻璃器具有放大作用。

罗马科路美拉于本世纪撰成《论农业》。

汉和帝永元十二年　庚子　100 年

三月丙申,诏择良吏。壬子,赐博士员弟子在太学者布,人三匹(《后汉书·和帝本纪》)。

十一月,西域蒙奇、兜勒二国遣使内附,赐其王金印紫绶(《后汉书·和帝本纪》)。

吕盖时为司徒,奏劾太尉张酺。

按:《后汉书·张酺列传》曰:"司徒吕盖奏酺位居三司,知公门有仪,不屏气鞠躬以须诏命,反作色大言,怨让使臣,不可以示四远。于是策免。"

张酺九月戊午免太尉(《后汉书·和帝本纪》)。

张禹九月丙寅以大司农擢为太尉(《后汉书·和帝本纪》)。

戴封拜太常(《后汉书·独行列传》)。

杨终以贾逵荐,征拜郎中,以病卒(《后汉书·杨终列传》)。

何敞复征,迁五官中郎将。

按:《后汉书·何敞列传》曰:"永元十二年复征,三迁五官中郎将。"

班超上书乞还中土(《后汉书·班超列传》)。

黄香治妖言狱,全活甚众。

按:《后汉书·文苑列传上》曰:"十二年,东平清河奏妖言卿仲辽等,所连及且千人。香料别据奏,全活甚众。每郡国疑罪,辄务求轻科,爱惜人命,每存忧济。"

张衡为南阳郡鲍德主簿。

按:张衡《绶笥铭序》曰:"南阳太守鲍德,有诏所赐先公绶笥,传世用之。时德更治笥,衡时为德主簿,作铭曰。"张震泽《张衡年表》定于是年。

许慎正月甲申著《说文解字·叙》,著《说文解字》初稿成。

按:清代陶方琦《许君年表》(北京图书馆藏珍本年谱丛刊)、清代诸可宝《许君疑年录》(北京图书馆藏珍本年谱丛刊)、张震泽《许慎年谱》(辽宁大学出版社 1986 年版)系于此年。

又按:《说文》叙篆文,合以古籀,六艺群书之诂,皆训其意,而天地鬼神、山川草木、鸟兽昆虫、杂物奇怪、王制礼仪、世间人事,莫不毕载。凡 14 篇,9353 字,依据形体及偏旁结构,分 540 部,每部以共同的形体偏旁为部首,开创了部首编排法。字体以小篆为主,以隶体复写其字,然后进行解说,先解字义,次讲字形与字义、字音的关系,阐明汉字形体音义。解说字义以本义为主,多有所本,保存了大量古文字资料,解说凡十三万三千四百四十一字。另有古文、籀文等形体与小篆不同者,列为重文,重文 1163 个。作为中国古代第一部字典,对后世影响巨大,形成"许学"或"说文学"。今本 30 卷,每卷分上、下,出于北宋徐铉校注本。版本有明毛氏汲古阁本、清

基督教诺斯替派起源于本世纪,盛行于二三世纪。

新约之《约翰福音》约成书于此前后。

希腊的尼科马卡斯约于此时撰成《算数引论》,此后算术始成为独立学科。

《平津馆丛书》重刊北宋本、陈昌治校《平津馆丛书》本(1963年中华书局影印)、1929年上海涵芬楼影印日本静嘉堂藏北宋刊本(《四部丛刊》)等。段玉裁《说文解字注》、桂馥《说文解字义证》、王筠《说文句读》与《说文释例》、朱骏声《说文通训定声》为研究《说文》最好之著作,段注尤善。

再按:《四库全书总目提要》卷四一曰:"《说文解字》,三十卷,汉许慎撰。慎字叔重,汝南人。官至太尉南阁祭酒。是书成于和帝永元十二年。凡十四篇,合《目录》一篇为十五篇。分五百四十部,为文九千三百五十三,重文一千一百六十三,注十三万三千四百四十字。推究六书之义,分部类从,至为精密。而训诂简质,猝不易通。又音韵改移,古今异读,谐声诸字,亦每难明。故传本往往讹异。宋雍熙三年,诏徐铉、葛湍、王惟恭、句中正等重加刊定。凡字为《说文》注义、序例所载,而诸部不见者,悉为补录。又有经典相承,时俗要用,而《说文》不载者,亦皆增加,别题之曰'新附字'。其本有正体,而俗书讹变者,则辨于注中。其违戾六书者,则别列卷末。或注义未备,更为补释,亦题'臣铉等案'以别之。音切则一以孙愐《唐韵》为定。以篇帙繁重,每卷各分上、下,即今所行毛晋刊本是也。明万历中,宫氏刻李焘《说文五音韵谱》,陈大科序之,误以为即铉校本。陈启源作《毛诗稽古编》,顾炎武作《日知录》,并沿其谬。岂毛氏所刊,国初犹未盛行欤?书中古文、籀文,李焘据唐林罕之说,以为晋幰令吕忱所增。考慎《自序》云'今序篆文,合以古、籀',其语甚明。所记重文之数,亦复相应。又《法书要录》载后魏江式《论书表》曰:'晋世义阳王典祠令任城吕忱,表上《字林》六卷。寻其况趣,附托许慎《说文》,而按偶章句,隐别古籀奇惑之字。文得正隶,不差篆意。'则忱书并不用古籀,亦有显证,如罕之所云'吕忱《字林》,多补许慎遗阙者,特广《说文》未收字耳'。其书今虽不传,然如《广韵·一东部》'炯'字、'硿'字,《四江部》'哝'字之类,云出《字林》者,皆《说文》所无,亦大略可见。焘以《说文》古籀为忱所增,误之甚矣。自魏晋以来言小学者,皆祖慎。至李阳冰始曲相排斥,未协至公。然慎书以小篆为宗,至于隶书、行书、草书则各为一体,孳生转变,时有异同,不悉以小篆相律。故颜元孙《干禄字书》曰:'自改篆行隶,渐失其真。若总据《说文》,便下笔多碍。当去泰去甚,使轻重各宜。'徐铉《进说文表》亦曰:'高文大册,则宜以篆籀著之金石。至于常行简牍,则草隶足矣。'二人皆精通小学,而持论如是。明黄谏作《从古正文》,一切以篆改隶,岂识六书之旨哉?至其所引《五经》文字,与今本多不相同,或往往自相违异。顾炎武《日知录》尝摭其'汜'下作'江有汜'、'沱'下又作'江有沱','雹'下作'赤鸟已已','擎'下又作'赤鸟擎擎'。是所云《诗》用毛氏者,亦与今本不同。盖虽一家之学,而宗派既别,亦各不相合。好奇者或据之以改经,则谬戾殊甚。能通其意而又能不泥其迹,庶乎为善读《说文》矣。"

张衡作《同声歌》。

按:吴文治《中国文学史大事年表》(黄山书社1987年版)系于是年。《诗谱》谓其"寄兴高远,遣词自妙",为陶渊明《闲情赋》所自出。

约瑟夫斯卒(37—)。犹太历史学家,著有《犹太古史》、《犹太战史》、《驳斥阿比安》和自传《人生》。

楼望卒(20—)。望字次子,陈留雍丘人也。少习《严氏春秋》。操节清白,有称乡间。建武中,赵节王栩闻其高名,遣使赍玉帛请以为师,望不受。后仕郡功曹。永平初,为侍中、越骑校尉,入讲省内。十六年,迁大司农。十八年,代周泽为太常。建初五年,坐事左转太中大夫,后为左中郎将。教授不倦,世称儒宗,诸生著录九千余人。卒于官,门生会葬者数千人,儒家以为荣。事迹见《后汉书》卷七九下。

按：《后汉书·儒林列传下》曰："年八十，永元十二年，卒于官，门生会葬者数千人，儒家以为荣。"

杨终卒（29— ）。终字子山，蜀郡成都人。少诣京师习《春秋》。显宗时，征诣兰台，拜校书郎。倡开白虎观会议。著有《春秋外传》12篇，改定章句十五万言。受诏删《太史公书》为十余万言。还著有《生民诗》、《封禅书》，皆传于世。事迹见《后汉书》卷四八。

按：《后汉书·杨终列传》曰："永元十二年，征拜郎中，以病卒。"

戴封卒，生年不详。封字平仲，济北刚人。年十五诣太学，师事东海申君。后举孝廉、光禄主事，拜议郎，迁西华令、中山相。事迹见《后汉书》卷八一。

按：《后汉书·独行列传》曰："永元十二年，征拜太常，卒官。"

朱穆（ —163）、李咸（ —175）、法真（ —188）生（姜亮夫《历代人物年里碑传综表》）。

汉和帝永元十三年　辛丑　101年

正月丁丑，和帝幸东观，览书林，阅篇籍，博选术艺之士以充其官（《后汉书·和帝本纪》）。

按：《东观汉记》卷二曰："十三年春正月上日，帝以《五经》义异，书传意殊，亲幸东观，览书林，阅篇籍。"《后汉书·儒林列传上》曰："孝和亦数幸东观，览阅书林。及邓后称制，学者颇懈。时，樊准、徐防并陈敦学之宜，又言儒职多非其人，于是制诏公卿妙简其选，三署郎能通经术者，皆得察举。自安帝览政，薄于艺文，博士倚席不讲，朋徒相视怠散，学舍颓敝，鞠为园蔬，牧儿荛竖，至于薪刈其下。"

十一月，安息国遣使献师子及条枝大爵。丙辰，诏郡国率二十万口岁举孝廉1人，四十万2人，六十万3人，八十万4人，百万5人，百二十万6人；不满二十万二岁1人，不满十万三岁1人；又诏缘边诸郡口十万以上，岁举孝廉1人，不满十万二岁举1人，五万以下三岁举1人（《后汉书·和帝本纪》）。

按：东汉举孝廉，一般是"郡口二十万举一人"。《后汉书·百官志五》曰："时大郡口五六十万举孝廉二人，小郡口二十万并有蛮夷者亦举二人，帝以为不均，下公卿会议。（丁）鸿与司空刘方上言……帝从之。"

吕盖十一月戊辰免司徒，鲁恭继之（《后汉书·和帝本纪》）。

张奋复为太常，复上疏言作礼乐，帝善之而未行。冬，以病罢。

按：《后汉书·张奋列传》曰："十三年，更召拜太常。复上疏曰：'汉当改作礼乐，图书著明。王者化定制礼，功成作乐。谨条礼乐异议三事，愿下有司，以时考定。

罗马图拉真入达西亚，第一次达西亚战争爆发。

昔者孝武皇帝、光武皇帝封禅告成，而礼乐不定，事不相副。先帝已诏曹褒，今陛下但奉而成之，犹周公斟酌文武之道，非自为制，诚无所疑。久执谦谦，令大汉之业不以时成，非所以章显祖宗功德，建太平之基，为后世法。'帝虽善之，犹未施行。其冬，复以病罢。明年，卒于家。"

鲁丕迁为侍中，后免（《后汉书·鲁恭列传》）。

贾逵两子除为太子舍人。

按：《后汉书·贾逵列传》曰："（贾逵）永元十三年卒，时年七十二。朝廷愍惜，除两子为太子舍人。"

马融从挚恂受学，娶其女。

按：《后汉书·马融列传》曰："初，京兆挚恂以儒术教授，隐于南山，不应征聘，名重关西，融从其游学，博通经籍。恂奇融才，以女妻之。"

许慎还郡为功曹（《后汉书·许慎列传》）。

按：张震泽《许慎年谱》（辽宁大学出版社1986年版）定于是年。

刘珍作《贾逵碑》。

按：《隋书·经籍志》曰："《东观汉记》一百四十三卷，起光武记注至灵帝，长水校尉刘珍等撰。"陆侃如《中古文学系年》系于是年。

苏顺作《贾逵诔》。

按：《隋书·经籍志》曰："梁……又有郎中《苏顺集》二卷，录二卷。"严可均《全后汉文》卷四九收其文4篇。陆侃如《中古文学系年》、刘跃进《秦汉文学编年史》均于此年。

张衡作《扇赋》。

按：吴文治《中国文学史大事年表》（黄山书社1987年版）系于是年。

西利乌斯·伊塔利库斯卒（25/26— ）。罗马拉丁史诗诗人。

贾逵卒（30— ）。逵字景伯，扶风平陵人。贾谊九世孙，贾徽子。能传父业，弱冠能诵《左氏传》、《五经》本文，以《大夏侯尚书》教授，兼通五家《谷梁》之说。尤明《左氏传》、《国语》。著经传义诂及论难百余万言：《古文尚书训》、《欧阳大小夏侯尚书古文同异》3卷、《齐鲁韩毛四家诗异同》、《毛诗传》、《毛诗杂议难》10卷、《春秋左氏长经》20卷、《春秋左氏解诂》30卷、《春秋左氏经传朱墨例》1卷、《春秋外传国语注》20卷、《春秋释训》1卷、《春秋三家经本训诂》12卷、《周官解诂》。又作诗、颂、诔、书、连珠、酒令凡9篇。学者宗之，后世称为通儒。《左氏》立于学官，以其一言而定。事迹见《后汉书》卷三六。

按：《后汉书·贾逵列传》曰："（贾逵）永元十三年卒，时年七十二。"

马防卒，生年不详。防字江平，马援次子。为黄门侍郎、中郎将、城门校尉、车骑将军、光禄勋，有军功。封颍阳侯。事迹见《后汉书》卷二四。

按：《后汉书·马援列传》曰："（马）防后以江南下湿，上书乞归本郡，和帝听之。（永元）十年，卒。"但陈邦福《后汉马季长先生融年谱》（台湾商务印书馆1980年版）认为当卒于是年，今从之。

汉和帝永元十四年　壬寅　102年

三月戊辰,和帝临辟雍,乡射;诏大赦天下(《后汉书·和帝本纪》)。

四月,遣使者督荆州兵讨巫蛮,破降之。庚辰,赈贷张掖、居延、敦煌、五原、汉阳、会稽流民下贫谷,各有差(《后汉书·和帝本纪》)。

五月丁未,初置象林将兵长史官(《后汉书·和帝本纪》)。

六月辛卯,废皇后阴氏(《后汉书·和帝本纪》)。

按:《后汉书·皇后本纪》曰:"十四年夏,有言后与朱共挟巫蛊道,事发觉,帝遂使中常侍张慎与尚书陈褒于掖庭狱杂考案之。朱及二子奉、毅与后弟轶、辅、敞辞语相连及,以为祠祭祝诅,大逆无道。奉、毅、辅考死狱中。帝使司徒鲁恭持节赐后策,上玺绶,迁于桐宫,以忧死。……父特进纲自杀。轶、敞及朱家属徙日南比景县,宗亲外内昆弟皆免官还田里。"

十月甲申,诏兖、豫荆州被害十四以上皆半入田租、刍稾(《后汉书·和帝本纪》)。

十一月,郑众封鄛乡侯,宦官封侯自此始(《后汉书·和帝本纪》)。

是冬,邓后令郡国岁时但供纸墨。皇后集诸王侯子四十余人教学经书,躬自监试(《后汉书·和帝本纪》)。

徐防十月继巢堪为司空,上疏请以《五经》章句试博士弟子。诏书下公卿,皆从防言(《后汉书·徐防列传》)。

按:《后汉书·徐防列传》曰:"徐防字谒卿,沛国铚人也。……十四年,拜司空。防以《五经》久远,圣意难明,宜为章句,以悟后学。上疏曰:'臣闻《诗》、《书》、《礼》、《乐》,定自孔子;发明章句,始于子夏。其后诸家分析,各有异说。汉承乱秦,经典废绝,本文略存,或无章句。收拾缺遗,建立明经,博征儒术,开置太学。孔圣既远,微旨将绝,故立博士十有四家,设甲乙之科,以勉劝学者,所以示人好恶,改敝就善者也。伏见太学试博士弟子,皆以意说,不修家法,私相容隐,开生奸路。每有策试,辄兴诤讼,论议纷错,互相是非。孔子称"述而不作",又曰"吾犹及史之阙文",疾史有所不知而不肯阙也。今不依章句,妄生穿凿,以遵师为非义,意说为得理,轻侮道术,浸以成俗,诚非诏书实选本意。改薄从忠,三代常道,专精务本,儒学所先。臣以为博士及甲乙策试,宜从其家章句,开五十难以试之。解释多者为上第,引文明者为高说;若不依先师,义有相伐,皆正以为非。《五经》各取上第六人,《论语》不宜谢策。虽所失或久,差可矫革。'诏书下公卿,皆从防言。"

又按:汉武帝元朔五年(前124年),朝廷为博士置弟子50人,这是汉代太学建立的标志。此后太学的规模不断扩大。汉昭帝时太学生增至100人,汉宣帝时达200人,汉元帝时达1000人,汉成帝时发展到3000人。东汉质帝时,太学生多达30000人。汉代太学没有修业年限的规定,教学以自学为主,鼓励学生自学和相互论辩。博士有时也在大讲堂授课,称"大都授"。太学注重考试,初是一年一考,通过者委以官职,此谓"学选"。东汉时改为两年一考。考试的办法谓之策试。策试由主试官根据经义拟出若干试题,量其难易程度分为甲乙两科,以备选择。凡由主试者选择题目令考生回答的称为对策;由考生抽取题目然后回答的称为射策。策试合格按甲乙科授予不同的官职。不合格者继续学习。

霍融时为太史待诏,上言改定官漏刻。

按:《后汉书·律历志中》曰:"永元十四年,待诏太史霍融上言:'官漏刻率九日增减一刻,不与天相应,或时差至二刻半,不如夏历密。'诏书下太常,令史官与融以仪校天,课度远近。太史令舒、承、梵等对……故魁取二十四气日所在,并黄道去极、晷景、漏刻、昏明中星刻于下。"

班超八月自西域还洛阳,拜射声校尉(《后汉书·班超列传》)。

崔瑗为兄报仇,亡命。

按:《后汉书·崔骃列传》曰:"初,瑗兄章为州人所杀,瑗手刃报仇,因亡命。"

曹凤上言建复西海郡县(《后汉书·西羌列传》)。

张衡作《司徒吕公诔》。

按:张震泽《张衡诗文集校注·张衡年表》(上海古籍出版社1986年版)系于是年。

班超卒(32—　)。超字仲升,扶风安陵人。班彪少子,班昭之兄。有大志,不修细节。持《公羊春秋》,涉猎书传。永平五年,兄固被召诣校书郎,超与母随至洛阳。十六年,奉车都尉窦固出击匈奴,以超为假司马。又与从事郭恂具使西域,在西域三十年。永元十四年八月至洛阳,拜为射声校尉。事迹见《后汉书》卷四七。

按:《后汉书·班超列传》曰:"(永元)十四年八月至洛阳,拜为射声校尉。超素有胸胁疾,既至,病遂加。帝遣中黄门问疾,赐医药。其年九月卒,年七十一。"

张奋卒,生年不详。奋字稺通,京兆杜陵人。张纯之子。少好学,节俭行义,常分损租俸,赡恤宗亲。官至太常、司空。数上疏言礼,主以礼乐治世化民,以为政道至要本在礼乐。事迹见《后汉书》卷三五。

按:《后汉书·张纯列传》曰:"(张奋)(永元)十三年,更召拜太常。……其冬,复以病罢。明年,卒于家。"

曹褒卒,生年不详。褒字叔通,曹充之子,鲁国薛人。少笃志有大度,结发传父充业,博雅疏通,尤好礼事,治《庆氏礼》,兼治小戴礼。曹褒博物识古,为儒者宗,教授生徒千余人。庆氏学遂行于世。为博士、侍中,数上疏请定汉礼。著《礼记传》49篇,演经杂论百二十篇,《通义》12篇,《汉新定礼》百五十篇。事迹见《后汉书》卷三五。

按:《后汉书·张曹郑列传》曰:"褒博物识古,为儒者宗。(永元)十四年,卒官。作《通义》十二篇,演经杂论百二十篇,又传《礼记》四十九篇,教授诸生千余人,庆氏学遂行于世。论曰:'汉初天下创定,朝制无文,叔孙通颇采经礼,参酌秦法,虽适物观时,有救崩敝,然先王之容典盖多阙矣,是以贾谊、仲舒、王吉、刘向之徒,怀愤叹息所不能已也。资文、宣之远图明懿,而终莫或用,故知自燕而观,有不尽矣。孝章永言前王,明发兴作,专命礼臣,撰定国宪,洋洋乎盛德之事焉。而业绝天算,议黜异端,斯道竟复坠矣。夫三王不相袭礼,五帝不相沿乐,所以《咸》、《茎》异调,中都殊绝。况物运迁回,情数万化,制则不能随其流变,品度未足定其滋章,斯固世主所当损益者也。且乐非夔、襄,而新音代起,律谢皋、苏,而制令亟易,修补旧文,独何猜焉? 礼云礼云,曷其然哉!'"

吕盖卒,生年不详。盖字君玉,一作君上,宛陵人。永元中,为光禄勋,代刘方为司徒。

按:张震泽《张衡诗文集校注·张衡年表》(上海古籍出版社1986年版)系于是年。

汉和帝永元十五年　癸卯　103 年

闰正月乙未,诏流民欲还归本而无粮食者,过所实禀之,疾病加致医药;其不欲还归者,勿强(《后汉书·和帝本纪》)。

九月壬午,和帝南巡狩,清河王刘庆、济北王刘寿、河间王刘开并从(《后汉书·和帝本纪》)。

十月戊申,和帝幸章陵,祠旧宅。癸丑,祠园庙,会宗室于旧庐,劳赐作乐。戊午,进幸云梦,临汉水而还(《后汉书·和帝本纪》)。

十一月甲申,和帝还宫(《后汉书·和帝本纪》)。

王涣从驾南巡,为洛阳令(《后汉书·循吏列传》)。

鲁恭从巡南阳,子鲁抚除为郎中(《后汉书·鲁恭列传》)。

樊准为南阳郡功曹,被召见,拜郎中,从车驾还宫,特补尚书郎(《后汉书·樊宏列传》)。

张禹为太尉兼卫尉留守,谏帝勿冒险(《后汉书·张禹列传》)。

张霸四迁为侍中,不肯结交当朝权贵邓骘(《后汉书·张霸列传》)。

周防补博士,稍迁陈留太守,坐法免(《后汉书·儒林列传上》)。

周防著《尚书杂记》32篇。

按:张震泽《许慎年谱》(辽宁大学出版社1986年版)系于是年。

张衡作《绶笥铭》。

按:张震泽《张衡诗文集校注·张衡年表》(上海古籍出版社1986年版)系于是年。

王纯(　—161)、种暠(　—163)生(姜亮夫《历代人物年里碑传综表》)。

汉和帝永元十六年　甲辰　104 年

正月己卯，诏贫民有田业而以匮乏不能自农者，贷种粮（《后汉书·和帝本纪》）。

二月己未，以兖、豫、徐、冀四州连年多雨伤稼，诏禁沽酒（《后汉书·和帝本纪》）。

七月辛巳，诏今天下皆半入今年田租、刍稿（《后汉书·和帝本纪》）。

十一月己丑，和帝行幸缑氏，登百岯山（《后汉书·和帝本纪》）。

十二月，复置辽东西部都尉官（《后汉书·和帝本纪》）。

鲁恭七月辛酉免司徒，后上言宜以立秋日行薄刑，从之（《后汉书·和帝本纪》、《后汉书·鲁恭列传》）。

张酺七月庚午为司徒（《后汉书·和帝本纪》）。

徐防十月辛卯以司空迁司徒（《后汉书·和帝本纪》）。

陈宠十月辛卯以大鸿胪迁司空（《后汉书·和帝本纪》）。

朱穆 5 岁，以孝称。

按：《后汉书·朱穆列传》曰："年五岁便有孝称。父母有病辄不饮食，差乃复常。"

贾鲂著《滂熹篇》、《字属》成。

按：贾鲂生平不详，其著《滂喜篇》、《字属》在永元中，姑系于此。又《滂熹篇》、《字属》以隶字写定，撰异字，取班固所续章而广之，为 34 章，用《训纂》之末字以为篇目，为《三苍》之一，即下卷。与许慎《说文解字》隐然相抗。张震泽《许慎年谱》（辽宁大学出版社 1986 年版）系于是年。

马尔库斯·瓦莱里乌斯·马尔提阿利斯卒（约 40—　）。罗马诗人。

张酺卒，生年不详。酺字孟侯，汝南细阳人。从祖父充受《尚书》，能传其业。又事桓荣。聚徒以百数。为南宫《五经》师，数讲《尚书》于御前，授皇太子经。历官侍中、东郡太守、魏郡太守、司徒，为人质直，守经义，以政绩著。事迹见《后汉书》卷四五。

按：《后汉书·张酺列传》曰："（永元）十六年，复拜为光禄勋。数月，代鲁恭为司徒。月余薨。"

王政（　—153）、孔宙（　—163）、皇甫规（　—174）、张奂（　—181）、陈寔（　—186）生（姜亮夫《历代人物年里碑传综表》）。

汉和帝元兴元年　乙巳　105年

正月戊午，引三署郎召见禁中，选除七十五人，补谒者、长、相；高句骊寇郡界（《后汉书·和帝本纪》）。

四月庚午，诏大赦天下，改元元兴（《后汉书·和帝本纪》）。

十二月辛未，和帝崩于章德前殿，年二十七。少子刘隆生方百日，立为皇太子，是夜即帝位，是为孝殇皇帝。邓太后临朝称制（《后汉书·和帝本纪》）。

按：和帝刘肇少从张酺受《尚书》，从桓郁问疑义，从包福问《论语》。数幸东观，览阅书林。

崔瑗四月遇赦归家（《后汉书·崔骃列传》）。

蔡伦奏报改进之造纸术，所造之纸，天下称为"蔡侯纸"。

按：《后汉书·蔡伦传》曰："自古书契多编以竹简，其用缣帛者谓之纸。缣贵而简重，并不便于人。伦乃造意，用树肤、麻头及敝布、鱼网以为纸。元兴元年奏上之，帝善其能，自是莫不从用焉，故天下咸称蔡侯纸。"早在西汉以前，中国已发明造纸术。1933年，在新疆罗布淖尔汉代烽燧遗址中发现了西汉时期的麻纸碎片。1957年5月，在陕西西安灞桥西汉墓中出土了不晚于汉武帝时期的古纸残片，即灞桥纸。近年在居延汉代遗址中又出土了年代为公元前52年的纸片。其他西汉古纸还有金关纸、中颜纸、马圈湾纸等。

何敞以蔡伦诬诈病坐罪。

按：《后汉书·何敞列传》曰："常忿疾中常侍蔡伦，伦深憾之。元兴元年，敞以祠庙严肃，微疾不斋，后邓皇后上太傅禹冢，敞起随百官会，伦因奏敞诈病，坐抵罪。"

鲁恭为长乐卫尉（《后汉书·鲁恭列传》）。

耿夔时为辽东太守，九月击貊人，破之（《后汉书·和帝本纪》）。

李尤十二月作《和帝哀策》。

崔瑗十二月作《和帝诔》。

苏顺十二月作《和帝诔》。

按：以上三篇作品，陆侃如《中古文学系年》、刘跃进《秦汉文学编年史》均系于是年。

周防卒（28—　）。防字伟公，汝南汝阳人。少孤微，从盖豫受《古文尚书》。经明，举孝廉，拜郎中，补博士，官至陈留太守。著有《尚书杂记》32篇，40万言。事迹见《后汉书》卷七九上。

第二次达西亚战争爆发。

按：唐晏《两汉三国学案》（中华书局1965年版）系于此年。《尚书杂记》是关于《古文尚书》的第一部著作，其篇数与今文欧阳氏《尚书》同。周防是目前见于传记记载，因治《古文尚书》而得任博士的第一人。

王涣卒，生年不详。涣字稚子，广汉人。晚敦儒学，习《尚书》，读律令，略举大义。为郡功曹，举茂才，除温令，迁兖州刺史，拜侍御史，为洛阳令。事迹见《后汉书》卷七六。

按：《后汉书·循吏列传》曰："（王涣）元兴元年，病卒。百姓市道莫不咨嗟。"

何敞卒，生年不详。敞字文高，扶风平陵人。性公正。辟司空府，拜侍御史、尚书，数切谏，言诸窦罪过。出为济南王太傅，辅以道义。为汝南太守，宽和为政，以《春秋》断狱。三迁五官中郎将。事迹见《后汉书》卷四三。

按：《后汉书·何敞列传》曰："元兴元年，敞以祠庙严肃，微疾不斋，后邓皇后上太傅禹冢，敞起随百官会，伦因奏敞诈病，坐抵罪。卒于家。"

汉殇帝刘隆延平元年 丙午 106年

罗马灭达西亚王国。遂于次年置行省。

三月甲申，葬孝和皇帝于慎陵，尊庙曰穆宗。丙戌，清河王刘庆、济北王刘寿、河间王刘开、常山王刘章始就国（《后汉书·殇帝本纪》）。

四月庚申，诏罢祀官不在祀典者。丙寅，邓太后之兄邓骘为车骑将军、仪同三司，弟悝为虎贲中郎将（《后汉书·殇帝本纪》）。

按：晋《职官志》曰："仪同三司名始此。"

五月辛卯，诏大赦天下，自建武以来诸犯禁锢，皆复为平民（《后汉书·殇帝本纪》）。

八月辛亥，殇帝卒。邓太后立清河王刘祜嗣位，是为孝安皇帝。太后仍临朝（《后汉书·殇帝本纪》）。

九月，遣谒者分行虚实，举灾害，赈乏绝。葬孝殇皇帝于康陵（《后汉书·殇帝本纪》）。

十二月，诏公卿、二千石各举隐士、大儒，备博士选（《后汉书·殇帝本纪》）。

十二月乙酉，罢鱼龙曼延百戏（《后汉书·殇帝本纪》）。

按：李贤注引《汉官典职》曰："作九宾乐。舍利之兽从西方来，戏于庭，入前殿，激水化为比目鱼，漱水作雾，化成黄龙，长八丈，出水遨戏于庭，炫耀日光。"即汉武帝时角抵戏。

又按：《后汉书·儒林传》序曰："自安帝览政，薄于艺文，博士倚席不讲，朋徒相视怠散，学舍颓敝，鞠为园蔬，牧儿荛竖，至于薪刈其下。顺帝感翟酺之言，乃更修黉宇，凡所结构二百四十房，千八百五十室。试明经下第补弟子，增甲乙之科员各十人,除郡国耆儒皆补郎、舍人。"

樊准十二月上疏陈广兴学校,太后深纳其言,是后屡举方正、敦朴、仁贤之士(《后汉书·樊宏列传》)。

按:《后汉书·儒林列传》曰:"及邓后称制,学者颇懈。时,樊准、徐防并陈敦学之宜,又言儒职多非其人,于是制诏公卿妙简其选,三署郎能通经术者,皆得察举。"

尚敏六月上兴广学校疏(袁宏《后汉纪》卷一五)。

梁鲔正月癸卯为司徒(《后汉书·殇帝本纪》)。

尹勤六月丁未为司空(《后汉书·殇帝本纪》)。

张禹正月辛卯为太傅,录尚书事(《后汉书·殇帝本纪》)。

徐防正月辛卯为太尉,参录尚书事。安帝即位后,以定策封龙乡侯,食邑1100户(《后汉书·徐防列传》)。

鲁恭为长乐卫尉(《后汉书·鲁恭列传》)。

李充征为博士,寻迁侍中。忤邓骘,不为权贵所融,迁左中郎将(《后汉书·独行列传》)。

班昭子曹成八月封中散大夫,爵关内侯(《后汉书·列女传》)。

马融从班昭读《汉书》。

按:《后汉书·列女传》曰:"及邓太后临朝,与闻政事。以出入之勤,特封子成关内侯,官至齐相。时《汉书》始出,多未能通者,同郡马融伏于阁下,从昭受读,后又诏融兄续继昭成之。"陆侃如《中古文学系年》(人民文学出版社1985年版)曰:"此事叙于昭子封侯后,故系于此。"从之。

李法拜议郎、谏议大夫。后出为汝南太守,有政绩(《后汉书·李法列传》)。

黄香迁魏郡太守(《后汉书·文苑列传》)。

张敏拜议郎,迁颍川太守(《后汉书·张敏列传》)。

张衡作《司空陈公诔》(严可均《全后汉文》卷五五)。

苏顺作《陈公诔》(严可均《全后汉文》卷四九)。

崔瑗作《清河王诔》。

按:以上三篇作品,陆侃如《中古文学系年》均系于是年。

黄香约卒。香字文强,江夏安陆人。年九岁,失母。博学经典,究精道术,能文章,京师号曰"天下无双江夏黄童"。初除郎中。永元四年,拜左丞。永元六年,累迁尚书令。后为东郡太守。延平元年,迁魏郡太守。所著赋、笺、奏、书、令,凡5篇。事迹见《后汉书》卷八〇上。

按:《隋书·经籍志》曰:"梁有魏都太守《黄香集》二卷,亡。"《玉海》卷五五曰:"《黄香集》二卷。"

陈宠卒,生年不详。宠字昭公,沛国人。曾祖咸、父躬明律令,宠明习家业(律令),兼通经书。少为州郡吏,辟司徒鲍昱府,为昱撰《辞讼比》7卷、《决事都目》8卷,决事科条,以事类相从,后公府奉以为法。肃宗初,

希腊埃利亚努斯约于此时撰成军事名著《战术论》。

为尚书,主宽厚,请废烦苛之法,主"赏不僭,刑不滥"。为泰山太守、广汉太守、大司农、廷尉、大鸿胪、司空。事迹见《后汉书》卷四六。

按:《后汉书·陈宠列传》曰:"(永元)十六年,代徐防为司空。……在位三年薨。"据此可知陈宠当卒于此年。

衡方(　—168)生(姜亮夫《历代人物年里碑传综表》)。

汉安帝刘祜永初元年　丁未　107年

正月癸酉,诏大赦天下(《后汉书·安帝本纪》)。

二月丁卯,分清河国封帝弟刘常保为广川王(《后汉书·安帝本纪》)。

三月癸酉,诏公卿内外众官、郡国守相,举贤良方正、有道术之士,明政术、达古今、能直言极谏者,各1人。己卯,永昌徼外僬侥种夷贡献内属(《后汉书·安帝本纪》)。

按:《后汉书·儒林列传》曰:"自安帝览政,薄于艺文,博士倚席不讲,朋徒相视怠散,学舍颓敝,鞠为园蔬,牧儿荛竖,至于薪刈其下。"

五月丁丑,诏封北海王刘睦孙寿光侯刘普为北海王;九真徼外夜郎蛮夷举土内属(《后汉书·安帝本纪》)。

六月戊申,爵皇太后母阴氏为新野君。壬戌,罢西域都护(《后汉书·安帝本纪》)。

九月壬午,诏太仆、少府减黄门鼓吹,二人补羽林士(《后汉书·安帝本纪》)。

按:刘跃进《秦汉文学编年史》(商务印书馆2006年版)曰:李贤注引《汉官仪》曰:"黄门鼓吹百四十五人。羽林左监主羽林八百人,右监主九百人。"按《西京杂记》:"黄门前鼓吹左右各一部十三人。"《唐六典》注:"汉少府属官有承华令,典黄门鼓吹百三十五人,百戏师二十七人。"《资治通鉴》卷四十九说:"三公以灾异免,自(徐)防始。"胡三省注引杜佑曰:"汉代有黄门鼓吹,享宴食举乐十三曲,与魏代鼓吹、长箫伎录,并云丝竹合作,执节者歌。又《建初录》云:《务成》、《黄爵》、《玄云》、《远期》,皆骑吹曲,非鼓吹曲。此则列于殿庭者为鼓吹,今之从行者骑吹,二曲异也。孙权观魏武军作鼓吹而还,应是此鼓吹。魏、晋代给鼓吹甚轻,牙门督将五校,悉有鼓吹,齐梁至陈则重矣。今代短箫铙歌,亦谓之鼓吹。蔡邕曰:鼓吹,军乐也,黄帝岐伯所作,以扬威武,劝士讽敌也。雍门周说孟尝君鼓吹于不测之渊。说者云,鼓自一物,吹自竽籁之属,非箫鼓合奏,别为一乐之名也。然则短箫铙歌,此时未名鼓吹矣。宋白曰:鼓吹,据崔豹《古今注》,张骞使西域得《摩诃兜勒一曲》,李延年增之,分为二十八曲。梁置清商鼓吹令二人,唐又有掆鼓、金钲、大鼓、长鸣歌、箫、笳、笛,合为鼓吹十二。按大享会,则设于县外。"郑文《汉诗研究·乐府诗》以为:"似乎在太予乐令之外又有一个主管鼓吹的机构。而《续汉书·百官志》没有乐府官属及黄门鼓吹的记载;不过少府官属有'黄门侍郎,六百石'。又有小黄门及黄门令,而《唐六典》卷十四谓：'后汉少府属官有承华令,典黄门鼓吹百三十五人,百戏师二十七人。'《通典》二五也说：'汉有承华令,典黄门鼓吹,属少府。'可见承华令就是西汉乐府令的后身了。"

十月,倭国遣使奉献(《后汉书·安帝本纪》)。

是年,郡国十八地震；四十一雨水,或山水暴至；二十八大风,雨雹(《后汉书·安帝本纪》)。

樊英安帝初征为博士。

按：《后汉书·方术列传下》曰："樊英字季齐,南阳鲁阳人也。少受业三辅,习《京氏易》,兼明《五经》。又善风角、星算,《河》、《洛》七纬,推步灾异。隐于壶山之阳,受业者四方而至。州郡前后礼请,不应；公卿举贤良方正、有道,皆不行。……安帝初,征为博士。……初,英著《易章句》,世名樊氏学,以图纬教授。颍川陈寔,少从英学。"

桓焉入授安帝,迁侍中步兵校尉(《后汉书·桓荣列传》)。

张衡征拜郎中,再迁太史令(《后汉书·张衡列传》)。

李郃举孝廉,后五迁尚书令,又拜太常(《后汉书·方术列传》)。

杜根举孝廉,为郎中,主安帝亲政,下狱,几死(《后汉书·杜根列传》)。

鲁恭五月甲戌为司徒(《后汉书·安帝本纪》)。

尹勤九月辛未以灾异屡现免司空(《后汉书·安帝本纪》)。

周章九月庚寅为司空。十一月丁亥密谋废立,策免,自杀(《后汉书·安帝本纪》、《后汉书·周章列传》)。

徐防九月庚午以灾异寇贼免太尉,就国。

按：《后汉书·徐防列传》曰："凡三公以灾异策免,始自防也。"又,徐防字谒卿,沛国铚人。少习父祖业(《易》)。永平中,举孝廉,为郎。补尚书郎。和帝时,迁司隶校尉,出为魏郡太守。后为少府、大司农、司空、司徒、太尉,封龙乡侯。勤晓政事,所在有迹。赵翼《廿二史札记》卷二《灾异策免三公》曰："案《周官》,三公之职,本以论道经邦,燮理阴阳为务。汉初犹重此说。陈平谓文帝曰：'宰相者,上佐天子,理阴阳、顺四时,遂万物之宜者也。'丙吉问牛喘,以为：'三公调和阴阳,今方春少阳用事,未可大热,恐牛因暑而喘,则时节失气,有所伤害。'魏相亦奏：'臣备位宰相,阴阳未和,灾害未息,咎在臣等。'是汉时三公官,犹知以调和阴阳引为己职。因而遇有灾异,遂有策免三公之制。《徐防传》：'防为太尉,与张禹参录尚书事。后以灾异寇贼策免,三公以灾异策免,自防始也。'(《防传》)。然薛宣为丞相,成帝册曰：'灾异数见,比岁不登,百姓饥馑,盗贼并兴。君为丞相,无以帅示四方,其上丞相印绶罢归。'是防之先,已有此制。如淳《汉书注》谓：'天文大变,天下大祸,则使侍中以上尊养牛赐丞相,策告殃咎,丞相即日自杀。'则并有不止策免者矣。"

张敏十二月乙卯为司空(《后汉书·安帝本纪》)。

樊准为御史中丞,因连年水旱灾异上疏,主赈济,太后从之。为光禄大夫使冀州,还,拜钜鹿太守(《后汉书·樊宏列传》)。

张禹以定策功,封安乡侯。九月庚寅复拜太尉。

按：《后汉书·张禹列传》曰："永初元年,以定策功封安乡侯,食邑千二百户,与太尉徐防、司空尹勤同日俱封。其秋,以寇贼水雨策免防、勤,而禹不自安,上书乞骸骨,更拜太尉。"

蔡伦封龙亭侯(《后汉书·蔡伦列传》)。

邓弘封西平侯,食邑万户(田普光《后汉儒林传补逸》)。

按:邓弘字叔纪,和熹后兄,年十五,从刘述治《欧阳尚书》,授帝禁中,诸儒多归附之。

张衡作《南阳文学儒林列传赞》。

按:张震泽《张衡诗文集校注·张衡年表》(上海古籍出版社1986年版)系于是年。

史岑作《出师颂》。

按:陆侃如《中古文学系年》系于是年。《文选·出现颂》李善注曰:"史孝山,范晔《后汉书》曰:'王莽末,沛国史岑,字孝山,以文章显。'《文章志》及《集林》《今书七志》并同,皆载岑《出师颂》,而《流别集》及《集林》又载岑《和熹邓后颂并序》。计莽之末以迄和熹,百有余年。又《东观汉记》:东平王苍上《光武中兴颂》,明帝问校书郎'此与谁等',对云'前世史岑之比'。斯则莽末之史岑,明帝之时已云'前世',不得为和熹之颂明矣。然盖有二史遂以孝山之文载于子孝之集,非也。"

周章卒,生年不详。章字次叔,南阳随人。为郡功曹,举孝廉,顺帝时历任豫州刺史、河内太守,有政声。六迁为五官中郎将,为光禄勋、太常、司空。好贤爱士,其拔才荐善,常恐不及。

按:《后汉书·安帝本纪》曰:"(永初元年)十一月丁亥,司空周章密谋废立,策免,自杀。"

梁鲔卒,生年不详。鲔字伯元,河东平阳人。官光禄勋、司徒。

按:朱学西、张绍勋、张习礼《中国历史大事编年》(第1卷)(北京出版社1987年版)系于是年。

桓麟(—147)、樊安(—158)生(姜亮夫《历代人物年里碑传综表》)。

汉安帝永初二年 戊申 108年

正月,禀河南、下邳、东莱、河内贫民。州郡大饥,人相食,老弱相弃道路(《后汉书·安帝本纪》)。

按:《古今注》曰:"时州郡大饥,米食二千,人相食,老弱相弃道路。"

五月丙寅,安帝幸洛阳寺及若庐狱(《后汉书·安帝本纪》)。

六月,京师及四十郡国大水、大风、冰雹(《后汉书·安帝本纪》)。

七月戊辰,诏求有道术之士明习灾异阴阳、天文者(《后汉书·安帝本纪》)。

按:《晋书·天文志》曰:"北斗七星,在太微北,七政之枢机,阴阳之元本也,故运乎中央而临制四方,所以建四时而均五行也。"又曰:"太白入斗中,为贵相凶。"

闰月辛丑,除广川国(《后汉书·安帝本纪》)。

九月庚子,诏求人才。王国官属墨绶下至郎、谒者,其经明任博士,居乡里有廉清孝顺之称,才任理人者,国相岁移名,与计偕上尚书,公府通调,令得外补(《后汉书·安帝本纪》)。

是年,十二郡国地震(《后汉书·安帝本纪》)。

樊准、吕仓二月乙酉分行冀兖二州,禀贷流民(《后汉书·安帝本纪》)。

鲁丕以大将军邓骘举,复为侍中、左中郎将,再为三老(《后汉书·鲁恭列传》)。

马融应邓骘舍人之召,先不就,后因饥困应召。

按:《后汉书·马融列传》曰:"永初二年,大将军邓骘闻融名,召为舍人,非其好也,遂不应命,客于凉州武都、汉阳界中。会羌虏飙起,边方扰乱,米价踊,自关以西,道殣相望。融既饥困,乃悔而叹息,……故望应骘召。"

葛龚举孝廉,为大官丞,上便宜四事(《后汉书·文苑列传上》)。

张衡辞南阳主簿职,归居乡里(《后汉书·张衡列传》)。

胡广18岁,娶妻章显章。

按:陆侃如《中古文学系年》(人民文学出版社1985年版)曰:"严可均《全后汉文》卷七十九载蔡邕《太傅安乐侯胡公夫人灵表》:'永初三年十有五,爰初来嫁,诞成家道。'以下文建宁三年卒年七十七推之,本年正是十五岁。也许永初三年为二年之误,也许建宁三年为四年之误;二者必居其一。不过她的死是由于连遭姑与子之丧,而这些丧事却在建宁二年,所以卒于是三年较近事实。因此,我们假定她嫁胡广是永初二年。"今从陆氏之说。

许慎著《淮南鸿烈间诂》、《楚辞注》。

按:张震泽《许慎年谱》(辽宁大学出版社1986年版)系于是年。《淮南鸿烈间诂》为许慎任太尉府南阁祭酒时奉诏作,原本宋初尚存,后为人羼入高诱注,遂被淆乱。清孙冯翼有辑本5卷,陶方琦有辑本5卷存疑4卷,叶德辉有辑本若干卷。《四部丛刊》影印刘泖生影写北宋本。

桓鸾(—184)、赵岐(—201)生(吴海林、李延沛《中国历史人物生卒年表》)。

汉安帝永初三年　己酉　109年

正月庚子,安帝加元服,诏大赦天下(《后汉书·安帝本纪》)。

是月,高句骊遣使贡献(《后汉书·安帝本纪》)。

三月癸巳,京师大饥,民相食。癸巳,诏以鸿池假与贫民(《后汉书·安帝本纪》)。

四月,三公奏卖官。以国用不足,奏令吏民入钱谷,得为关内侯、虎贲羽林郎、五官(郎官)、大夫、官府吏、缇骑、营士各有差。己巳,诏上林、广成苑可垦辟者,赋与贫民(《后汉书·安帝本纪》)。

五月丙申,封乐安王刘宠子延平为清河王(《后汉书·安帝本纪》)。

是年,邓太后选能臣校订群书,又令后宫习诵经传。

> 按:《后汉书·皇后本纪》曰:"(永初)三年秋……太后……昼省王政,夜则诵读,而患其谬误,惧乖典章,乃博选诸儒刘珍等及博士、议郎、四府掾史五十余人,诣东观雠校传记。事毕奏御,赐葛布各有差。又诏中官近臣于东观受读经传,以教授宫人,左右习诵,朝夕济济。"

杨厚对问灾异,主遣王子就国,除为中郎。太后引见,问以图谶,对不合,免归。习业犍为,不应州郡、三公之命。

> 按:《后汉书·杨厚列传》曰:"初,安帝永初三年,太白入斗,洛阳大水。时(杨)统为侍中,厚随在京师。朝廷以问统,统对'年老耳目不明,子厚晓读图书,粗识其意'。邓太后使中常侍承制问之,厚对以为'诸王子多在京师,容有非常,宜亟发遣各还本国。'太后从之,星寻灭不见。又克水退期日,皆如所言。除为中郎。太后特引见,问以图谶,厚对不合,免归。复习业犍为,不应州郡、三公之命,方正、有道、公正特征,皆不就。"

鲁恭三月以老病免司徒(《后汉书·鲁恭列传》)。

> 按:《资治通鉴》卷四九曰:鲁恭位至三公,"选辟高第至列公卿、郡守数十人,而门下耆生,或不蒙存举,至有怨望者。恭闻之,曰:'学之不讲,是吾忧也。诸生不有乡举者乎?'终无所言,亦不借之议论。学者受业,必穷核问难,道成,然后谢遣之。学者曰:'鲁公谢与议论,不可虚得。'"

夏勤四月丙寅为司徒(《后汉书·安帝本纪》)。

寒朗以张禹荐为博士,行诣公车(《后汉书·寒朗列传》)。

张衡不应邓骘舍人之召,居乡读书(《后汉书·张衡列传》)。

马融还京师,致书窦章(《后汉书·窦融列传》)。

窦章避羌乱,家于外黄(《后汉书·窦融列传》)。

罗马塔西佗撰成《历史》。

马融作《与窦伯向书》(《后汉书·窦融列传》)。

寒朗卒(26—)。朗字伯奇,鲁国薛人。及长,好经学,博通书传,以《尚书》教授。举孝廉。永平中,以谒者守侍御史,考楚狱,救无辜,自系,免官。复举孝廉。建初中,拜易长。岁余,迁济阳令。章和元年,召见,诏三府为辟首,辟司徒府。永元中,迁清河太守,坐法免。事迹见《后汉书》卷四一。

> 按:《后汉书·寒朗列传》曰:"永初三年,太尉张禹荐朗为博士,征诣公车,会卒,时年八十四。"

李膺（　—169）、桥玄（　—183）生（吴海林、李延沛《中国历史人物生卒年表》）。

汉安帝永初四年　庚戌　110年

正月元日，令朝会撤乐（《后汉书·安帝本纪》）。

按：李贤注曰："每大朝会，必陈乘法物车舆辇于庭，以年饥，故不陈。"

二月乙丑，初置长安、雍二营都尉官（《后汉书·安帝本纪》）。

乙亥，诏谒者刘珍及五经博士，校定东观五经、诸子、传记、百家、艺术，整齐脱误，是正文字（《后汉书·安帝本纪》）。

按：《后汉书·孝安帝纪》曰：永初四年二月乙亥"诏谒者刘珍及五经博士，校定东观五经、诸子、传记、百家、艺术，整齐脱误，是正文字"。李贤注："凡诸子百八十九家。言百家，举全数也。"《后汉书·文苑列传上》曰："刘珍……永初中，为谒者仆射。邓太后诏，使与校书刘䮘骏、马融及《五经》博士，校定东观《五观》、诸子传记、百家艺术，整齐脱误，是正文字。"

三月，南单于降（《后汉书·安帝本纪》）。

四月丁丑，诏大赦天下（《后汉书·安帝本纪》）。

是年，太后诏赦阴氏诸徙者悉归故郡（《后汉书·安帝本纪》）。

刘珍受诏与许慎、马融等同校书东观，教小黄门孟生、李喜等。马融常推敬许慎，时人为之语曰："五经无双许叔重。"（《说文解字》卷一五下许冲《奏文》及段玉裁注）

按：张震泽《许慎年谱》（辽宁大学出版社1986年版）系于是年。

马融应邓骘召，为校书郎中，诣东观。

按：《后汉书·马融列传》曰："四年，拜为校书郎中，诣东观典校秘书。是时邓太后监朝，骘兄弟辅政。而俗儒世士，以为文德可兴，武功宜废，遂寝蒐狩之礼，息战陈之法，故猾贼从横，乘此无备。融乃感激，以为文武之道，圣贤不坠，五才之用，无或可废。"

窦章为校书郎。

按：《后汉书·窦融列传》曰："太仆邓康闻其名，请欲与交，章不肯往，康以此益重焉。是时学者称东观为老氏臧室，道家蓬莱山，康遂荐章入东观为校书郎。"

蔡伦典校书事。

按：《后汉书·蔡伦列传》曰："（永初）四年，帝以经传之文多不正定，乃选通儒谒者刘珍及博士良史诣东观，各雠校家法，令伦监典其事。"

虞诩非邓骘弃凉州之议，主安抚之。为朝歌长。

按：《后汉书·虞诩列传》曰："永初四年，羌胡反乱，残破并、凉，大将军邓骘以军役方费，事不相赡，欲弃凉州，并力北边，乃会公卿集议。……议者咸同。诩闻之，乃说李脩……脩善其言,更集四府,皆从诩议。于是辟西州豪桀为掾属,拜牧守长吏子弟为郎,以安慰之。邓骘兄弟以诩异其议,因此不平,欲以吏法中伤诩。后朝歌贼宁季等数千人攻杀长吏,屯聚连年,州郡不能禁,乃以诩为朝歌长。"

班昭上疏论新野君(邓母)丧。

按:《后汉书·列女传》曰:"永初中,太后兄大将军邓骘以母忧,上书乞身,太后不欲许,以问昭。昭因上疏曰:'伏惟皇太后陛下,躬盛德之美,隆唐、虞之政,辟四门而开四聪,采狂夫之瞽言,纳刍荛之谋虑。妾昭得以愚朽,身当盛明,敢不披露肝胆,以效万一!妾闻谦让之风,德莫大焉,故典坟述美,神祇降福。昔夷、齐去国,天下服其廉高;太伯违邠,孔子称为三让。所以光昭令德,扬名于后世者也。《论语》曰:能以礼让为国,于从政乎何有!由是言之,推让之诚,其致远矣。今四舅深执忠孝,引身自退,而以方垂未静,拒而不许;如后有毫毛加于今日,诚恐推让之名不可再得。缘见逮及,故敢昧死竭其愚情。自知言不足采,以示虫蚁之赤心。'太后从而许之。于是骘等各还里第焉。"

廖扶以父下狱死,遂绝志世外,专精经典,尤明天文、谶纬,风角、推步之术。

按:《后汉书·方术列传上》曰:"廖扶字文起,汝南平舆人也。习《韩诗》、《欧阳尚书》,教授常数百人。父为北地太守,永初中,坐羌没郡下狱死。扶感父以法丧身,惮为吏。及服终而叹曰:'老子有言:"名与身孰亲?"吾岂为名乎!'遂绝志世外。专精经典,尤明天文、谶纬、风角、推步之术。州郡公府辟召,皆不应。就问灾异,亦无所对。"

刘珍、李尤、刘騊駼等奉命于南宫东观续撰《世祖本纪》之《纪》、《表》、《名臣》、《节士》、《儒林》、《外戚》等传。

按:刘知几《史通·古今正史篇》曰:"于是又诏史官谒者仆射刘珍及谏议大夫李尤杂作《纪》、《表》、《名臣》、《节士》、《儒林》、《外戚》诸传,起自光武,讫乎永初。事业垂竟而珍、尤继卒。"

班昭著《女诫》7章。

按:陆侃如《中古文学系年》(人民文学出版社1985年版)曰:"邓母新野君病卒在本年十月,故系于此。"今从之。《后汉书·列女传》曰:"作《女诫》七篇,有助内训。其辞曰:鄙人愚暗,受性不敏,蒙先君之余宠,赖母师之典训。年十有四,执箕帚于曹氏,于今四十余载矣。战战兢兢,常惧绌辱,以增父母之羞,以益中外之累。夙夜劬心,勤不告劳,而今而后,乃知免耳。吾性疏顽,教道无素,恒恐子穀负辱清朝。圣恩横加,猥赐金紫,实非鄙人庶几所望也。男能自谋矣,吾不复以为忧也。但伤诸女方当适人,而不渐训诲,不闻妇礼,惧失容它门,取耻宗族。吾今疾在沈滞,性命无常,念汝曹如此,每用惆怅。间作《女诫》七章,愿诸女各写一通,庶有补益,裨助汝身。去矣,其勖勉之!卑弱第一。古者生女三日,卧之床下,弄之瓦砖,而斋告焉。卧之床下,明其卑弱,主下人也。弄之瓦砖,明其习劳,主执勤也。斋告先君,明当主继祭祀也。三者盖女人之常道,礼法之典教矣。谦让恭敬,先人后己,有善莫名,有恶莫辞,忍辱含垢,常若畏惧,是谓卑弱下人也。晚寝早作,勿惮夙夜,执务私事,不辞剧易,所作必成,手迹整理,是谓执勤也。正色端操,以事夫主,清静自守,无好戏笑,洁齐酒食,以供祖宗,是谓继祭祀也。三者苟备,而患名称之不闻,黜辱之在身,未之见也。三者苟失之,何名称之可闻,黜辱之可远哉!夫妇第二。夫妇之道,参配阴阳,通达神明,信天地之弘义,人伦之大节也。是以《礼》贵男女之际,《诗》著《关雎》之义。由斯言之,不可不重也。夫不贤,则无以御妇;妇不贤,则无以事夫。夫不御妇,则威仪废缺;妇不事夫,则义理堕阙。方斯二事,其用一也。察今之君子,徒知妻妇之不可不御,威仪之不可不整,故训其男,检以书传。殊不知夫主之不可不事,礼义之不可不存也。但教男而不教女,不亦蔽于彼此之数乎!《礼》,八岁始教之书,十五而至于学矣。独不可依此以为则哉!敬慎第三。阴阳殊性,男女异行。阳以刚为德,阴以柔为用,男以强为贵,女以弱为美。故鄙谚有云:"生男如狼,犹恐其尪;生女如鼠,犹恐其虎。"然则修身莫若敬,避强莫若顺。故曰敬顺之道,妇人之大礼也。夫敬非它,持久之谓也;夫顺非它,宽裕之谓也。持久者,知止足也;宽裕者,尚恭下也。夫妇之好,终身不离。房室周旋,遂生媟黩。媟黩既生,语言过矣。语言既过,纵恣必作。纵恣既作,则侮夫之心生矣。此由于不知止足者也。夫事有曲直,言有是非。直者不能不争,曲者不能不讼。讼争既施,则有忿怒之事矣。此由于不尚恭下者也。侮夫不节,谴呵从之;忿怒不止,楚挞从之。夫为夫妇者,义以和亲,恩以好合,楚挞既行,何义之存?谴呵既宣,何恩之有?恩义俱废,夫妇离矣。妇行第四。女有四行,一曰妇德,二曰妇言,三曰妇容,四曰妇功。夫云妇德,不必才明绝异也;妇言,不必辩口利辞也;妇容,不必颜色美丽也;妇功,不必工巧过人也。清闲贞静,守节整齐,行己有耻,动静有法,是谓妇德。择辞而说,不道恶语,时然后言,不厌于人,是谓妇言。盥浣尘秽,服饰鲜洁,沐浴以时,身不垢辱,是谓妇容。专心纺绩,不好戏笑,洁齐酒食,以奉宾客,是谓妇功。此四者,女人之大德,而不可乏之者也。然为之甚易,唯在存心耳。古人有言:'仁远乎哉?我欲仁,而仁斯至矣。'此之谓也。专心第五。《礼》,夫有再娶之义,妇无二适之文,故曰夫者天也。天固不可逃,夫固不可离也。行违神祇,天则罚之;礼义有愆,夫则薄之。故《女宪》曰:'得意一人,是谓永毕;失意一人,是谓永讫。'由斯言之,夫不可不求其心。然所求者,亦非谓佞媚苟亲也,固莫若专心正色。礼义居洁,耳无涂听,目无邪视,出无冶容,入无废饰,无聚会群辈,无看视门户,此则谓专心正色矣。若夫动静轻脱,视听陕输,入则乱发坏形,出则窈窕作态,说所不当道,观所不当视,此谓不能专心正色矣。曲从第六。夫'得意一人,是谓永毕;失意一人,是谓永讫',欲人定志专心之言也。舅姑之心,岂当可失哉?物有以恩自离者,亦有以义自破者也。夫虽云爱,舅姑云非,此所谓以义自破者也。然则舅姑之心奈何?固莫尚于曲从矣。姑云不尔而是,固宜从令;姑云尔而非,犹宜顺命。勿得违戾是非,争分曲直。此则所谓曲从矣。故《女宪》曰:'妇如影响,焉不可赏!'和叔妹第七。妇人之得意于夫主,由舅姑之爱已也;舅姑之爱已,由叔妹之誉已也。由此言之,我臧否誉毁,一由叔妹,叔妹之心,复不可失也。皆莫知叔妹之不可失,而不能和之以求亲,其蔽也哉!自非圣人,鲜能无过!故颜子贵于能改,仲尼嘉其不贰,而况妇人者也!虽以贤女之行,聪哲之性,其能备乎!是故室人和则谤掩,外内离则恶扬。此必然之势也。《易》曰:'二人同心,其利断金。同心之言,其臭如兰。'此之谓也。夫嫂妹者,体敌而尊,恩疏而义亲。若淑媛谦顺之人,则能依义以笃好,崇恩以结援,使徽美显章,而瑕过隐塞,舅姑矜善,而夫主嘉美,声誉曜于邑邻,休光延于父母。若夫蠢愚之人,于嫂则托名以自高,于妹则因宠以骄盈。骄盈既施,何和之有!恩义既乖,何誉之臻!是以美隐而过宣,姑忿而夫愠,毁訾布于中外,耻辱集于厥身,进增父母之羞,退益君子之累。斯乃荣辱之本,而显否之基也。可不慎哉!然则求叔妹之心,固莫尚于谦顺矣。谦则德之柄,顺则妇之行。凡斯二者,足以和矣。《诗》云:'在彼无恶,在此无射。'其斯之谓也。"马融善之,令妻女习焉。王晖《班昭女诫论》(《右江民族师专学报》1996年第2期)说:"班昭《女诫》的问世是泛儒时代的产物,是与她那个唯儒为尊的家庭分不开的,是班昭心理扭曲和对社会主体曲解的结果。当然,《女诫》的产生还有深刻的社会原因。《女诫》凝结着班昭的思想,集儒家妇女观之大成,成为古代礼制戕害妇女的一个历史见证,而班昭也是受害者之一。《女诫》同后来的《女论语》、《内训》、《女范捷录》并称为'女四书',成为封建社会女子教育的经典教材。就是因为这些经典教材,在男权社会里,女子甘愿作附庸、忍酸含痛、处于社会底层而不自觉,活得很累很苦。就是因为这些干巴巴的书,产生了有中国特色的古代中国妇女自杀文化。这都是《女诫》所带来的消极面,正如陈平原先生在《中国妇女生活史》中指出:炮制《女诫》的班昭,实际上是导致中国妇女长期受压迫的元凶。"权雅宁《〈女诫〉对中国女性道德的第一次系统影响》(《忻州师范学院学报》2006年第5期)说:"《女诫》在中国女性道德发展史上占有特别重要的地位,它是中国第一部系统完整的女性道德教科书。《女诫》标志着男尊女卑成为女性道德的基本原则。协调性道德,奴化色彩成为其主要内容。《女诫》的深远传播摧毁了女性的自信心,把女性排挤出社会活动的大舞台,强化了女性的依附心理。""一部《女诫》,是女性道德发展到转折处的一个里程碑。"

张衡著《南都赋》。

按:张震泽《张衡诗文集校注·张衡年表》(上海古籍出版社1986年版)系于是年。

汉安帝永初五年　辛亥　111年

正月庚辰,日食。丙戌,郡国十地震(《后汉书·安帝本纪》)。

闰三月丁酉,赦凉州河西四郡。戊戌,诏令三公、特进、侯、中二千石、二千石、郡守、诸侯相举贤良方正、有道术、达于政化、能直言极谏之士各一人,及至孝与众卓异者,遣诣公车(《后汉书·安帝本纪》)。

七月己巳,诏三公、特进、九卿、校尉,举列将子孙明晓战陈任将帅者(《后汉书·安帝本纪》)。

张衡拜郎中,致书崔瑗论《太玄经》(《后汉书·张衡列传》)。

按:孙文青《张衡年谱》(上海商务印书馆1935年版)系于是年。

张禹正月己丑以阴阳不和免太尉(《后汉书·安帝本纪》)。

李脩正月甲申为太尉(《后汉书·安帝本纪》)。

刘珍是冬上言邓太后,宜献庙(袁宏《后汉记》卷十六)。

王符从安定迁徙中原(《后汉书·王符列传》)。

樊准为河内太守,讨羌,威名大行(《后汉书·樊宏列传》)。

许慎著《五经异义》。

按:张震泽《许慎年谱》(辽宁大学出版社1986年版)系于是年。

崔瑗注《太玄经》。

按：吴文治《中国文学史大事年表》（黄山书社1987年版）系于是年。

张衡著《太玄注》，作《玄图》。又作《大司农鲍德诔》。

按：吴文治《中国文学史大事年表》（黄山书社1987年版）系于是年。《与崔瑗书》认为《太玄经》完全可以同五经相提并论，《太玄经》使人怀疑阴阳家观点，充分肯定了《太玄经》的学术价值。张衡从事天文学即受其影响，其"浑天说"已为张衡浑天理论打下基础。又，《玄图》乃扬雄《太玄》篇目之一，当于《易》之系辞。

鲁丕卒（37— ）。丕字叔陵，扶风平陵人。鲁恭弟。性沈深好学，年十五，与兄恭俱居太学，习《鲁诗》，闭户诵讲。遂兼通《五经》，以《鲁诗》、《尚书》教授，为当世名儒。门生就学者常百余人，关东号之曰："《五经》复兴鲁叔陵。"举贤良方正，对策在高第，为议郎、新野令、青州刺史。后拜赵相、东郡太守、陈留太守、中散大夫、侍中、三老。事迹见《后汉书》卷二五。

按：《后汉书·鲁恭列传》曰："永初二年，诏公卿举儒术笃学者，大将军邓骘举（鲁）丕，再迁，复为侍中、左中郎将，再为三老。五年，年七十五，卒于官。"

鲍德卒，生年不详。德，鲍昱子。为郎、南阳太守、大司农，兴学行礼，尊老重儒，吏人爱悦，号为神父。

按：张震泽《张衡诗文集校注·张衡年表》（上海古籍出版社1986年版）系于是年。

鲁峻（ —172）生（吴海林、李延沛《中国历史人物生卒年表》）。

汉安帝永初六年　壬子　112年

四月，诏建武元功二十八将皆绍封（《后汉书·安帝本纪》）。

五月丙寅，诏令中二千石下至黄绶（二百石至四百石官员）一切复秩（永元四年前之俸）还赎；戊辰，皇太后幸洛阳寺（《后汉书·安帝本纪》）。

六月辛巳，诏大赦天下（《后汉书·安帝本纪》）。

张衡为郎中，与刘珍参议汉家礼仪。

按：《后汉书·张衡列传》曰："永初中，谒者仆射刘珍、校书郎刘騊駼等著作东观，撰集《汉记》，因定汉家礼仪，上言请衡参论其事，会并卒，而衡常叹息，欲终成之。"张震泽《张衡年谱》（辽宁大学出版社1986年版）定于是年。

张敏四月乙丑罢司空（《后汉书·安帝本纪》）。

刘恺四月己卯为司空（《后汉书·安帝本纪》）。

鲁恭卒（32— ）。恭字仲康，扶风平陵人。年十五，与母及弟丕俱居太学,习《鲁诗》,兄弟俱为诸儒所称,学士争归之。于新丰教授。以经明与白虎观会议。为中牟令、侍御史。其后拜《鲁诗》博士,由是家法学者日盛。迁侍中、乐安相、议郎、光禄勋、司徒、长乐卫尉。其著述今有王仁俊辑《周易鲁恭义》1卷(见《玉函山房辑佚书续编·经编易类》)、《易鲁氏义》1卷(见《十三经汉注》)。事迹见《后汉书》卷二五。

按:刘跃进《秦汉文学编年史》系于是年。

张敏卒,生年不详。敏字伯达,河间莫人。举孝廉,为尚书、司隶校尉、汝南太守、颍川太守、司空,主废轻侮法。事迹见《后汉书》卷四四。

按:张震泽《许慎年谱》(辽宁大学出版社1986年版)系于是年。

范冉(　—185)生(吴海林、李延沛《中国历史人物生卒年表》)。

汉安帝永初七年　癸丑　113年

罗马向帕提亚宣战,东方战争爆发。

正月庚戌,皇太后率大臣命妇谒宗庙(《后汉书·安帝本纪》)。

按:李贤注:《东观》、《续汉》、《袁山松》、《谢沈书》、《古今注》皆云"六年正月甲寅,谒宗庙",此云"七年庚戌",疑纪误也。

二月丙午,十八郡国地震(《后汉书·安帝本纪》)。

四月丙申,日食(《后汉书·安帝本纪》)。

五月庚子,京师大雩(《后汉书·安帝本纪》)。

八月丙寅,京师大风,蝗虫飞过洛阳;诏减田租(《后汉书·安帝本纪》)。

罗马图拉真圆柱记功碑建成。

张衡仍为郎中,造自动车、指南车、自飞木雕、土圭(测日影器)(张衡《应间》)。

班昭随子曹成至陈留(班昭《东征赋》)。

按:曹成时为为陈留长。

葛龚为荡阴令(《后汉书·文苑列传上》)。

崔瑗作《南阳文学官志》。

按:陆侃如《中古文学系年》系于是年。《后汉书·崔瑗列传》曰:"其《南阳文学官志》称于后世,诸能为文者皆自以弗及。"

班昭作《东征赋》。

按:陆侃如《中古文学系年》、刘跃进《秦汉文学编年史》均系于此年。此赋见于《文选》卷九。李善题解曰:"《大家集》曰子毂为陈留长,大家随至官作《东征赋》。《流别论》曰:发洛至陈留,述所经历。"文曰:"惟永初之有七兮,余随子乎东征。时孟春之吉日兮,撰良辰而将行。"

张禹卒（38— ）。禹字伯达，赵国襄国人。好学，从桓荣习《欧阳尚书》。任扬州、兖州刺史、大司农、太尉，封安乡侯。《碑》言七十有六，构疾不豫。事迹见《后汉书》卷四四。

按：《后汉书·张禹列传》曰："永初元年，以定策功封安乡侯……五年，以阴阳不和策免。七年，卒于家。"

汉安帝元初元年　甲寅　114年

正月甲子，改元元初（《后汉书·安帝本纪》）。

四月丁酉，诏大赦天下；京师及郡国五旱、蝗；诏三公、特进、列侯、中二千石、二千石、郡守举敦厚质直者各1人（《后汉书·安帝本纪》）。

十月戊子，日食（《后汉书·安帝本纪》）。

张衡迁尚书侍郎，研究天文、阴阳、历算（崔瑗《河间相张平子碑》）。

按：李贤注引蔡质《汉仪》曰："尚书郎初从三署诣台试，初上台称守尚书郎，中岁满称尚书郎，三年称侍郎。"

刘毅上《汉德论》、《宪论》12篇，赐钱三万，拜为议郎。

按：《后汉书·文苑列传上》曰："元初元年，上《汉德论》并《宪论》十二篇。时，刘珍、邓耽、尹兑、马融共上书称其美，安帝嘉之，赐钱三万，拜议郎。"

刘珍、邓耽、尹兑、马融共上书称刘毅《汉德论》、《宪论》（《后汉书·文苑列传上》）。

樊准为尚书令（《后汉书·樊宏列传》）。

李脩九月乙丑罢太尉（《后汉书·安帝本纪》）。

司马苞九月辛未为太尉（《后汉书·安帝本纪》）。

蔡伦封龙亭侯，邑三百户（《后汉书·宦者列传》）。

张衡著《黄帝飞鸟历》（《隋书·经籍志》）。

按：张震泽《张衡诗文集校注·张衡年表》（上海古籍出版社1986年版）系于是年。

刘毅著《汉德论》、《宪论》12篇成（《后汉书·文苑列传上》）。

汉安帝元初二年　乙卯　115年

<small>罗马取上美索不达米亚,置行省。</small>

正月,修理西门豹所分漳水为支渠,以溉民田(《后汉书·安帝本纪》)。

二月戊戌,遣中谒者收葬京师客死无家属及棺椁朽败者,皆为设祭;其有家属,尤贫无以葬者,赐钱人五千。辛酉,诏三辅、河内、河东、上党、赵国、太原各修旧渠,通利水道,以溉公私田亩(《后汉书·安帝本纪》)。

四月丙午,立贵人阎姬为皇后(《后汉书·安帝本纪》)。

五月,京师旱,河南及十九郡国蝗。诏消救灾眚,安辑黎元(《后汉书·安帝本纪》)。

九月壬午,日食(《后汉书·安帝本纪》)。

十一月庚申,十郡国地震(《后汉书·安帝本纪》)。

马融校书东观,上书救庞参(《后汉书·庞参列传》)。

马融上《广成颂》以讽谏,主文武并重,忤邓骘。

按:《后汉书·马融列传》曰:"是时邓太后监朝,骘兄弟辅政。而俗儒世士,以为文德可兴,武功宜废,遂寝蒐狩之礼,息战陈之法,故猾贼从横,乘此无备。融乃感激,以为文武之道,圣贤不坠,五才之用,无或可废。元初二年,上《广成颂》以讽谏。其辞曰:'臣闻孔子曰:"奢则不逊,俭则固。"奢俭之中,以礼为界。是以《蟋蟀》、《山枢》之人,并刺国君,讽以太康驰驱之节。夫乐而不荒,忧而不困,先王所以平和府藏,颐养精神,致之无疆。故夏击鸣球,载于《虞谟》;吉日车攻,序于《周诗》。圣主贤君,以增盛美,岂徒为奢淫而已哉!'……颂奏,忤邓氏,滞于东观,十年不得调。因兄子丧自劾归。太后闻之怒,谓融羞薄诏除,欲仕州郡,遂令禁锢之。"

张衡迁太史令(《后汉书·张衡列传》)。

邓勤十二月己酉罢司徒(《后汉书·安帝本纪》)。

刘恺十二月庚戌为司徒(《后汉书·安帝本纪》)。

袁敞十二月庚戌为司空(《后汉书·安帝本纪》)。

马英七月为太尉(《后汉书·安帝本纪》)。

胡广为郡散吏(《后汉书·胡广列传》)。

按:王先谦《集解》曰:"沈钦韩曰:散吏,隶续碑阴所谓从掾位从史位者是也。晋《职官志》:郡国万户以上,职吏六十九人,散吏三十九人。"

张衡著《地形图》(孙文青《张衡年谱》)。

马融作《广成颂》。

按:陆侃如《中古文学系年》(人民文学出版社1985年版)考"元初二年"为"元初五年"。刘跃进《秦汉文学编年史》(商务印书馆2006年版)认为,"邓后辅政在和帝死后的元兴元年(105)，至本年正好十二年，与赋中提到'方今大汉收功于道德之林，致获于仁义之渊，忽蒐狩之礼，阙槃虞之佃。暗昧不睹日月之光，聋错不闻雷霆之震，于今十二年，为日久矣'，正相吻合。而永初四年(110)，马融拜为校书郎中，诣东观典校秘书。因此，不应怀疑此赋作于本年的记载。"刘汝霖《汉晋学术编年》亦系于是年。参见本年"马融于《广成颂》主文武并重，忤邓骘"条。

司马苞卒，生年不详。苞字仲成，东缗人。官大司农、太尉。为官清廉。
　　按：朱学西、张绍勋、张习礼《中国历史大事编年》（第1卷）（北京出版社1987年版）系于是年。

邓弘卒，生年不详。弘，汉南阳郡新野人。邓禹之孙，和帝皇后邓绥之兄。少治《欧阳春秋》，授帝禁中，诸儒多归附之。先为郎中，后升任黄门侍郎。延平元年，再迁侍中。安帝即位，拜虎贲中郎将。永初元年，封四平侯。

夏承(　—170)、张俭(　—198)生(吴海林、李延沛《中国历史人物生卒年表》)。

汉安帝元初三年　丙辰　116年

正月甲申，修理太原旧沟渠，灌溉官私田(《后汉书·安帝本纪》)。
二月，十郡国地震(《后汉书·安帝本纪》)。
三月辛亥，日食(《后汉书·安帝本纪》)。
四月，京师旱(《后汉书·安帝本纪》)。
十一月丙戌，初听大臣、二千石、刺史行三年丧；癸卯，九郡国地震(《后汉书·安帝本纪》)。

罗马入帕提亚王都泰西封。

张衡仍为太史令，研考阴阳，妙尽璇玑之正(《后汉书·张衡列传》)。
马融三月以日食对策北宫端门。
　　按：马融《延光四年日蚀上书》曰："后三年二月对策北宫端门，以为参者西方之位，其于分野并州是也，殆谓西戎北狄。其后种羌叛戾，乌桓犯上郡，并凉动兵，验略效矣。"
袁敞四月为司空(《后汉书·安帝本纪》)。
李郃五月为司空(《后汉书·安帝本纪》)。
王逸举上计史，为校书郎(《后汉书·文苑列传上》)。
　　按：陆侃如《中古文学系年》(人民文学出版社1985年版)系于是年。
樊准代周畅为光禄勋(《后汉书·樊宏列传》)。

虞诩说中郎将任尚，尚用其计破羌，诩由是知名(《后汉书·西羌列传》)。

王逸著《楚辞章句》。

按：《楚辞章句》为《楚辞》注本。《楚辞》为西汉刘向所辑，原为16卷，王逸增入已作《九思》1卷，改编为17卷。除第十七卷题"汉侍中南郡王逸叔师作"，卷一至卷十六均题"校书郎臣王逸上"。书中对《楚辞》各篇作了文字注解，记述了各篇的创作由来和作者经历，是《楚辞》最早的完整注本。前16卷注释屈原至刘向的作品，第十七卷注释王逸自作的《九思》。关于《九思》注，宋代洪兴祖怀疑是其子王延寿所作，《四库全书总目提要》则认为是王逸自作。陆侃如《中古文学系年》系于是年。

又按：《四库全书总目提要》卷一四八曰："《楚辞章句》，汉王逸撰。逸字叔师，南郡宜城人。顺帝时官至侍中。事迹具《后汉书·文苑传》。旧本题'校书郎中'，盖据其注是书时所居官也。初，刘向裒集屈原《离骚》、《九歌》、《天问》、《九章》、《远游》、《卜居》、《渔父》，宋玉《九辨》、《招魂》，景差《大招》，而以贾谊《惜誓》，淮南小山《招隐士》，东方朔《七谏》，严忌《哀时命》，王褒《九怀》及向所作《九叹》，共为《楚辞》十六篇。是为总集之祖。逸又益以己作《九思》与班固二叙为十七卷，而各为之注。其《九思》之注，洪兴祖疑其子延寿所为。然《汉书·地理志》、《艺文志》即有自注，事在逸前。谢灵运作《山居赋》，亦自注之。安知非用逸例耶？旧说无文，未可遽疑为延寿作也。陈振孙《书录解题》载，有《古文楚辞释文》一卷，其篇第首《离骚》，次《九辨》、《九歌》、《天问》、《九章》、《远游》、《卜居》、《渔父》、《招隐士》、《招魂》、《九怀》、《七谏》、《九叹》、《哀时命》、《惜誓》、《大招》、《九思》，迥与今本不同。兴祖据逸《九章》注中，称皆解于《九辨》中，知古本《九辨》在前，《九章》在后。振孙又引朱子之言，据天圣十年陈说之序，谓旧本篇第混并，乃考其人之先后，重定其篇第，知今本为说之所改。则自宋以来，已非逸之旧本。又黄伯思《东观余论》谓逸注《楚辞》，序皆在后，如《法言》旧本之例，不知何人移于前。则不但篇第非旧，并其序亦非旧矣。然洪兴祖《考异》，于'离骚经'下注曰：'释文第一'，无'经'字。而逸注明云：'离，别也。骚，愁也。经，径也。'则逸所注本确有'经'字，与释文本不同。必谓《释文》为旧本，亦未可信，姑存其说可也。逸注虽不甚详赡，而去古未远，多传先儒之训诂。故李善注《文选》，全用其文。《抽思》以下诸篇注中，往往隔句用韵。如'哀愤结缦，虑烦冤也。哀悲太息，损肺肝也。心中结屈，如连环也'之类，不一而足。盖仿《周易·象传》之体，亦足以考证汉人之韵。而吴棫或以来谈古韵者，皆未征引，是尤宜表而出之矣。"

尹宙(　—177)生(吴海林、李延沛《中国历史人物生卒年表》)。

汉安帝元初四年　丁巳　117年

罗马图拉真卒于小亚奇里乞亚塞利努斯。

二月乙巳，日食。乙卯，诏大赦天下(《后汉书·安帝本纪》)。

七月辛丑，京师及十郡国雨水。诏务崇仁恕，赈护寡独(《后汉书·安帝本纪》)。

是年,十三郡国地震(《后汉书·安帝本纪》)。

刘珍、良史受诏诣东观,各雠校汉法令。
按:《后汉书·宦者列传》曰:"(元初)四年,帝以经传之文多不正定,乃选通儒谒者刘珍及博士良史诣东观,各雠校家法,令伦监典其事。"

张衡仍为太史令,作浑天仪。
按:孙文青《张衡年谱》(上海商务印书馆1935年版)系于是年。

杨震为太仆,迁太常,荐明经名士杨伦等,显传学业,诸儒称之。
按:《后汉书·杨震列传》曰:"元初四年,征入为太仆,迁太常。先是博士选举多不以实,震举荐明经名士陈留杨伦等,显传学业,诸儒称之。"

袁敞坐子与尚书郎张俊交通,漏泄省中语,免司空(《后汉书·袁安列传》)。

胡广举孝廉,为尚书郎,五迁尚书仆射,转左丞。
按:《后汉书·胡广列传》曰:"(胡)广少孤贫,亲执家苦。长大,随辈入郡为散吏。太守法雄之子真,从家来省其父。真颇知人。会岁终应举,雄敕真助其求才。雄因大会诸吏,真自于牖间密占察之,乃指广以白雄,遂察孝廉。既到京师,试以章奏,安帝以广为天下第一。旬月拜尚书郎,五迁尚书仆射。"李贤注引《谢承书》曰:"广有雅才,学究《五经》,古今术艺皆毕览之。年二十七,举孝廉。"

杨伦被郡礼请,三府并辟,公车征,皆辞疾不就(《后汉书·儒林列传上》)。

李固入太学,寻游学三辅。
按:《后汉书·李固列传》曰:"少好学,常步行寻师,不远千里。遂究览坟籍,结交英贤。四方有志之士,多慕其风而来学。京师咸叹曰:'是复为李公矣。'"李贤注引《谢承书》曰:"固改易姓名,杖策驱驴,负笈追师三辅,学《五经》,积十余年。博览古今,明于风角、星筹、《河图》、谶纬,仰察俯占,穷神知变。每到太学,密入公府,定省父母,不令同业诸生知是郃子。"

张衡著《浑天仪图注》、《漏水转浑天仪注》。
按:《浑天仪图注》,又名《浑天仪注》,一卷。旧题张衡著,近人以其宇宙理论与《灵宪》有矛盾,以为非衡著。关于宇宙结构,古人共形成六种学说:盖天说、浑天说、宣夜说、昕天说、穹天论、安天论。盖天说与浑天说影响最大。浑天说的代表即《浑天仪图注》。我国战国时已有简单的浑天仪,汉初落下闳作了改进,贾逵造黄铜浑仪,定出黄道坐标。张衡造水运浑天仪,在浑仪上增加地平环与子午环,具备赤道环、赤经环、(四游环)、黄道环、地平环、子午环的古代浑仪就此基本定型。《浑天仪图注》即有关浑天仪制造的专著。原书早佚,今存清洪颐煊辑本(《问经堂丛书·经典集林》)、马国翰辑本(收《玉函山房辑佚书》)。《漏水转浑天仪注》为用器之说明。孙文青《张衡年谱》(上海商务印书馆1935年版)系于是年。

袁敞卒,生年不详。敞字叔平,汝南汝阳人,袁安子。少传《易经》教授,以父任为太子舍人。和帝时,历位将军、大夫、侍中,出为东郡太守,征

西班牙塞哥维亚输水道始建于图拉真在位期间。

拜太仆、光禄勋。元初三年,代刘恺为司空。次年,坐子与尚书郎张俊交通,漏泄省中语,策免。后失邓氏旨,遂自杀。事迹见《后汉书》卷四五。

按:《后汉书·袁安列传》曰:"元初三年,(袁敞)代刘恺为司空。明年,坐子与尚书郎张俊交通,漏泄省中语,策免。敞廉劲不阿权贵,失邓氏旨,遂自杀。"

郑固(—158)、度尚(—166)生(吴海林、李延沛《中国历史人物生卒年表》)。

汉安帝元初五年　戊午　118年

三月,京师及五郡国旱(《后汉书·安帝本纪》)。

七月,越巂蛮夷及旄牛豪叛,杀长吏。丙子,诏重申制度科品,令百姓务崇节约(《后汉书·安帝本纪》)。

八月丙申,日食(《后汉书·安帝本纪》)。

是年,十四郡国地震(《后汉书·安帝本纪》)。

刘毅以邓太后多德政,上书请著太后注纪,安帝从之。

按:《后汉书·皇后本纪》曰:"元初五年,平望侯刘毅以太后多德政,欲令早有注记,上书安帝曰:'……令史官著《长乐宫注》、《圣德颂》,以敷宣景耀,勒勋金石,县之日月,摅之罔极,以崇陛下烝烝之孝。'帝从之。"

崔瑗为郡吏,遗葛龚书(《后汉书·崔骃列传》)。

葛龚为临汾令(《后汉书·文苑列传上》)。

张衡作《灵宪》、《灵宪图》。

按:《灵宪》将宇宙起源、演化分三个阶段:溟涬(道根)、庞鸿(道干)、太玄(分天地、生万物,道实),全面阐述天地宇宙的生成与结构,主宇宙无穷,总结天体运行快慢规律,解释日月星辰的本质与运动规律,科学解释月光与月食,提出日、月、五大行星运动快慢与距地球远近有关。通行本有:清王谟辑本(收《重订汉唐地理书钞》)、洪颐煊辑本(收《问经堂丛书·经典集林》)、马国翰辑本(收《玉函山房辑佚书·子编·天文类》)。孙文青《张衡年谱》(上海商务印书馆1935年版)系于是年。

史岑作《和熹邓后颂》(《后汉书·皇后本纪》)。

按:陆侃如《中古文学系年》系于是年。

崔瑗作《佩铭》(严可均《全后汉文》卷四五)。

按:陆侃如《中古文学系年》系于是年。

桓麟作《答客诗》。

吴文治《中国文学史大事年表》(黄山书社1987年版)系于是年。

樊准卒,生年不详。准字幼陵,樊宏族曾孙,南阳湖阳人。父樊端,好黄老之学,清净少欲。准少励志行,修儒术。永元十五年,和帝幸南阳,准为郡功曹,召见,帝器之,拜郎中,从车驾还宫,特补尚书郎。数上书言儒学陵替事。再迁御史中丞。后拜巨鹿太守、转河内太守、三转为尚书令,元初三年,为光禄勋。事迹见《后汉书》卷三二。

　　按:《后汉书·樊宏列传》曰:"(樊准)元初三年,代周畅为光禄勋。五年,卒于官。"

　　陈球(　—179)生(吴海林、李延沛《中国历史人物生卒年表》)。

汉安帝元初六年　己未　119年

　　二月乙巳,京师及四十二郡国地震。壬子,诏三府选掾属高第、能惠利牧养者各五人,光禄勋与中郎将选孝廉郎宽博有谋、清白行高者50人,出补令、长、丞、尉。乙卯,诏赐尤贫困、孤弱、单独谷,贞妇有节义十斛,甄表门闾,旌显厥行(《后汉书·安帝本纪》)。

　　三月庚辰,始立六宗,祀于洛城西北(《后汉书·安帝本纪》)。

　　按:《后汉书·祭祀志中》曰:"安帝即位,元初六年,以《尚书》欧阳家说,谓六宗者,在天地四方之中,为上下四方之宗。以元始中故事,谓六宗《易》六子之气日、月、雷公、风伯、山、泽者为非是。三月庚辰,初更立六宗,祀于雒阳西北戌亥之地,礼比太社也。"

　　四月,会稽大疫,遣光禄大夫将太医循行疾病,赐棺木,除田租、口赋(《后汉书·安帝本纪》)。

　　九月癸巳,除陈国(《后汉书·安帝本纪》)。

　　十二月戊午朔,日食;八郡国地震(《后汉书·安帝本纪》)。

　　是年,诏赐贫民、贞妇谷,旌表贞妇。邓太后诏济北、河间王子男女年五岁以上四十余人、邓氏近亲子孙三十余人开邸第,教学经书,躬自监试(《后汉书·安帝本纪》)。

　　按:《后汉书·皇后纪》曰:"六年,太后诏征和帝弟济北、河间王子男女年五岁以上四十余人,又邓氏近亲子孙三十余人,并为开邸第,教学经书,躬自监试。尚幼者,使置师保,朝夕入宫,抚循诏导,恩爱甚渥。乃诏从兄河南尹豹、越骑校尉康等曰:'吾所以引纳群子,置之学官者,实以方今承百王之敝,时俗浅薄,巧伪滋生,《五经》衰缺,不有化导,将遂陵迟,故欲褒崇圣道,以匡失俗。传不云乎:"饱食终日,无所用心,难矣哉!"今末世贵戚食禄之家,温衣美饭,乘坚驱良,而面墙术学,不识臧否,斯故祸败所从来也。'"

　　李郃因日食地震上书。

按：《后汉书·五行志》曰："六年十二月戊午朔，日有食之，几尽，地如昏状。在须女十一度，女主恶之。后二岁三月，邓太后崩。"李贤注引《李氏家书》曰："司空李郃上书曰：'陛下只畏天威，惧天变，克己责躬，博访群下。……'"

许慎除汶长，引疾不就官。

按：清陶方琦《许君年表》、清诸可宝《许君疑年录》、张震泽《许慎年谱》等均定于是年。

马融免官禁锢。

按：《后汉书·马融列传》曰："因兄子丧自劾归。太后闻之怒，谓融羞薄诏除，欲仕州郡，遂令禁锢之。"李贤注："《融集》云，时左将奏融（道）[遭]兄子丧，自劾而归，离署当免官。制曰：'融典校秘书，不推忠尽节，而羞薄诏除，希望欲仕州郡，免官勿罪。'禁锢六年矣。"

崔瑗以事系东郡发干县狱，问《礼》于狱掾，后被释。

按：《后汉书·崔瑗列传》曰："以事系东郡发干狱。狱掾善为《礼》，瑗间考讯时，辄问以《礼》说。其专心好学，虽颠沛必于是。后事释归家，为度辽将军邓遵所辟。居无何，遵被诛，瑗免归。"

朱穆学明《五经》，为郡督邮。

按：《后汉书·朱穆列传》曰："及壮耽学，锐意讲诵，或时思至，不自知亡失衣冠，颠队坑岸。其父常以为专愚，几不知数马足。穆愈更精笃。"李贤注引《谢承书》曰："穆少有英才，学明《五经》，性矜严疾恶，不交非类。年二十，为郡督邮，迎新太守。见穆曰：'君年少为督邮，因族势？为有令德？'穆答曰：'郡中瞻望明府谓如仲尼，非颜回不敢以迎孔子。'更问风俗人物。太守甚奇之，曰：'仆非仲尼，督邮可谓颜回也。'"

张衡著《算罔论》。

按：《算罔论》为算理哲学，推算天体宇宙运动发展转变生灭之数理，近于原始自然辩证法。祖冲之《缀术》承之。孙文青《张衡年谱》（上海商务印书馆1935年版）系于是年。

班勇作《西域议》、《对尚书问》、《对镡显等难》、《对毛轸难》等（《后汉书·班梁列传》）。

汉安帝元初七年　永宁元年　庚申　120年

四月丙寅，立刘保为皇太子，改元永宁，诏大赦天下。己巳，绍封陈王刘羡子刘崇为陈王，济北王子刘苌为乐成王，河间王子刘翼为平原王（《后汉书·安帝本纪》）。

七月乙酉，日食（《后汉书·安帝本纪》）。

十二月，辽西鲜卑降（《后汉书·安帝本纪》）。

是年,二十三郡国地震(《后汉书·安帝本纪》)。

杨震十二月癸酉为司徒(《后汉书·安帝本纪》)。
李郃十月坐请托事免司空(《后汉书·安帝本纪》、《后汉书·方术列传》)。
陈褒十月癸酉为司空(《后汉书·安帝本纪》)。
桓焉为太子少傅,月余,迁太傅。以母忧自乞,听以大夫行丧(《后汉书·桓荣列传》)。
张皓为廷尉,上书谏废皇太子。

按:《后汉书·张皓列传》曰:"永宁元年,征拜廷尉。皓虽非法家,而留心刑断,数与尚书辩正疑狱,多以详当见从。时安帝废皇太子为济阴王,皓与太常桓焉、太仆来历廷争之,不能得。事已具《来历传》。退而上疏曰:'昔贼臣江充,造构谗逆,至令戾园兴兵,终及祸难。后壶关三老一言,上乃觉悟,虽追前失,悔之何逮!今皇太子春秋方始十岁,未见保傅九德之义,宜简贤辅,就成圣质。'书奏不省。"

李尤为谏议大夫(《后汉书·文苑列传上》)。
刘珍迁侍中、越骑校尉(《后汉书·文苑列传上》)。
崔瑗为度辽将军邓遵所辟(《后汉书·崔骃列传》)。
陈忠上疏荐刘恺(《后汉书·刘恺列传》)。
唐檀对太守刘祗论芝草、变异。

按:《后汉书·方术列传下》曰:"元初七年,郡界有芝草生,太守刘祗欲上言之,以问檀。檀对曰:'方今外戚豪盛,阳道微弱,斯岂嘉瑞乎?'祗乃止。永宁元年,南昌有妇人生四子,祗复问檀变异之应。檀以为京师当有兵气,其祸发于萧墙。至延光四年,中黄门孙程扬兵殿省,诛皇后兄车骑将军阎显等,立济阴王为天子,果如所占。"

许慎著《孝经孔氏古文说》。

按:张震泽《许慎年谱》(辽宁大学出版社1986年版)系于是年。

刘珍奉邓太后诏,与刘騊駼等著《建武以来名臣传》。

按:《后汉书·文苑列传上》曰:"永宁元年,太后又诏珍与騊駼作《建武以来名臣传》。"《史通·古今正史篇》曰:"于是又诏史官谒者仆射刘珍及谏议大夫李尤杂作记表,名臣节士儒林外戚诸传,起自建武,讫乎永初。"《名臣传》即《东观汉记》的一部分。陆侃如《中古文学系年》、刘跃进《秦汉文学编年史》均系于是年。

王逸著《汉诗》123篇。

按:《后汉书·文苑列传》曰:"又作《汉诗》百二十三篇。"张政烺《王逸集牙签考证》(中央研究院历史语言研究所集刊外编第三种·《王逸集牙签考证》)曰:"江夏黄氏衡斋《金石识小录》卷下第四十六叶,著录象牙书签一枚,长三公分半,阔二公分半,正反面各刻文三行,行字数无定。今依原式释文如下:'初元中王公逸为校——书郎著楚辞章句——及诔书杂文二十一篇(以上正面)——又作汉书一百二十三——篇子延寿有俊才——作《灵光殿赋》(以上背面)'……《史通·史官建置篇》:'……案刘曹二史皆当代所撰,能成其事者盖唯刘珍、蔡邕、王沈、鱼豢之徒耳,而旧史载其同作非止一家,如王逸既籍亦预其列……'王逸为校书郎在安顺之世,正刘珍等奉诏杂作纪表名臣节士儒林外戚诸传之时,参与著作亦固其所。然乃预于其列而非总司其成，以事理论不得辄专作者之名。且其时《汉记》成篇尚属无几，下逮桓帝元嘉间才得百十有四篇，则当王逸之世绝不能有百二十三篇之数……惟一时相同之书名繁多，则必藉篇数以示分别……故云'又作汉书一百二十三篇'者，亦犹云'又撰东观汉记'而已，非必百二十三篇皆王逸之手作也。"陆侃如《中古文学系年》（人民文学出版社1985年版）认为《汉诗》当为《汉书》之误。陆侃如《中古文学系年》系于是年。

  班昭卒（49— ）。昭，一名姬，字惠班，扶风安陵人。班彪女，班固、班超妹，曹世叔妻，世称曹大家。博学才高。擅长作赋，宫廷中"每有贡献异物，辄诏大家作赋颂"（《后汉书·列女传》），小学造诣很深，曾为班固《幽通赋》和刘向《列女传》作注。《后汉书》记载班昭著有赋、颂、铭、诔、问、注、哀辞、书、论、上疏、遗令等，共16篇。著《汉书》八表及与马续共著《天文志》。《汉书》始出，多未能通者，同郡马融伏于阁下，从昭受读。著有《女诫》7章。事迹见《后汉书》八四。

  按：吴海林、李延沛《中国历史人物生卒年表》（黑龙江人民出版社1981年版）定于此年，今从之。明末清初儒者王相把班昭的《女诫》、唐代女学士宋若莘的《女论语》、明成祖徐皇后的《内训》和自己母亲刘氏的《女范捷录》辑录在一起，合称为《女四书》。《隋书·经籍志》曰："《列女传》十五卷，刘向撰，曹大家注。"曾巩《古列女传目录·序》曰："刘向所叙《列女传》凡八篇，而《隋书》及《崇文总目》皆称向《列女传》十五篇，曹大家注。以《颂义》考之，盖大家所注离其七篇为十四，与《颂义》凡十五篇，而益以陈婴母及东汉以来凡十六事，非向书本然也。"果真如此的话，那么班昭还增补过《列女传》，然而这仅是推测，并无旁证。

  刘宽（ —185）生（吴海林、李延沛《中国历史人物生卒年表》）。

汉安帝永宁二年 建光元年 辛酉 121年

罗马哈德良始巡幸天下。

  二月癸亥，诏大赦天下，诏以公卿、校尉、尚书子弟一人为郎、舍人（《后汉书·安帝本纪》）。

  三月癸巳，皇太后邓氏崩（《后汉书·安帝本纪》）。

  按：邓绥（81—121），南阳新野人。六岁能读史书，志在典籍。临朝执政表扬儒学，荐举名士杨震等人。《后汉书·儒林列传序》曰："及邓后称制，学者颇懈，时樊准、徐防并陈敦学之宜，又言儒职多非其人。"《资治通鉴》卷五十曰："太后自临朝以来，水旱十载，四夷外侵，盗贼内起，每闻民饥，或达旦不寐，躬自减彻，以救灾厄，故天下复平，岁还丰穰。"

  四月丙辰，以广川并清河国。己巳，令公、卿、特进、侯、中二千石、二千石、郡国守相，举有道之士各1人（《后汉书·安帝本纪》）。

  五月庚辰，特进邓骘及度辽将军邓遵，并以谮自杀。丙申，贬平原王刘翼为都乡侯(《后汉书·安帝本纪》)。

七月己卯，改元建光，诏大赦天下(《后汉书·安帝本纪》)。

十一月己丑，三十五郡国地震，或坏裂。诏三公以下，各上封事陈得失(《后汉书·安帝本纪》)。

庚子，复断大臣二千石以上服三年丧。癸卯，诏三公、特进、侯、卿、校尉，举武猛堪将帅者各五人。甲子，初置渔阳营兵(《后汉书·安帝本纪》)。

十二月，高句骊、马韩、秽貊围玄菟城，夫余王遣子与州、郡并力讨破之(《后汉书·安帝本纪》)。

许慎病，遣子许冲上《说文解字表》、《古文孝经》(《说文解字》一五卷下)。

按：许冲《说文解字表》曰："先帝诏侍中骑都尉贾逵修理旧文，……臣父故大尉南阁祭酒慎本从逵受古学。……博问通人，考之于逵，作《说文解字》，……凡十五卷，十三万三千四百四十一字。慎前以诏书校书东观，教小黄门孟生、李喜等，以文字未定，未奏上。今慎已病，遣臣赍诣阙……建光元年九月己亥朔二十日戊戌上。"

樊英、孔乔、李昺、王辅、郎宗、杨伦公车征召，唯郎宗、杨伦至，余四人不至。

按：《后汉书·方术列传上》曰："樊英字季齐，南阳鲁阳人也。少受业三辅，习《京氏易》，兼明《五经》。又善风角、星算，《河》、《洛》七纬，推步灾异。隐于壶山之阳，受业者四方而至。州郡前后礼请，不应；公卿举贤良方正、有道，皆不行。……建光元年，复诏公车赐策书，征英及同郡孔乔、李昺、北海郎宗、陈留杨伦、东平王辅六人，唯郎宗、杨伦到洛阳，英等四人并不至。……初，英著《易章句》，世名樊氏学，以图纬教授。颍川陈寔，少从英学。尝有疾，妻遣婢拜问，英下床答拜。寔怪而问之。英曰：'妻，齐也。共奉祭祀，礼无不答。'其恭谨若是。"

陈忠上疏请许大臣宁告终丧，上疏劾中侍伯荣，上疏请免三公(《后汉书·陈忠列传》)。

陈禅谏观夷技，先为陈忠所劾下狱，后左转为玄菟侯城障尉，又为辽东太守。

按：《后汉书·陈禅列传》曰："永宁元年，西南夷掸国王献乐及幻人，能吐火，自支解，易牛马头。明年元会，作之于庭，安帝与群臣共观，大奇之。禅独离席举手大言曰：'昔齐、鲁为夹谷之会，齐作侏儒之乐，仲尼诛之。又曰："放郑声，远佞人。"帝王之庭，不宜设夷狄之技。'尚书陈忠劾奏禅曰：'古者合欢之乐舞于堂，四夷之乐陈于门，故《诗》云"以《雅》以《南》，《韎》、《任》、《朱离》"。今掸国越流沙，逾县度，万里贡献，非郑、卫之声，倭人之比，而禅廷讪朝政，请劾禅下狱。'有诏勿收，左转为玄菟候城障尉，诏'敢不之官，上妻子从者名'。禅既行，朝廷多讼之。会北匈奴入辽东，追拜禅辽东太守。胡惮其威强，退还数百里。禅不加兵，但使吏卒往晓慰之，单于随使还郡。"

蔡伦以曾诬安帝祖母宋贵人，敕使自致廷尉(《后汉书·宦者列传》)。

杨震上疏请速出安帝乳母，谏刘瓌袭爵(《后汉书·杨震列传》)。

翟酺上疏谏宠外戚(《后汉书·翟酺列传》)。

朱宠上疏追讼邓骘(《后汉书·邓寇列传》)。

崔瑗以邓遵自杀罢归(《后汉书·崔骃列传》)。

刘恺八月为太尉,以《春秋》言用刑(《后汉书·刘恺列传》)。

杜根征诣公车,拜侍御史(《后汉书·杜根列传》)。

成翊世公车征,为尚书郎(《后汉书·杜根列传》)。

王龚为司隶校尉(《后汉书·王龚列传》)。

马融召还郎署,复在讲部(《后汉书·马融列传》)。

冯绲止父冯焕自杀,为郎(《后汉书·冯绲列传》)。

许冲作《说文解字表》(《说文解字》一五卷下)。

张衡作《与特进书》。

按:孙文青《张衡年谱》(上海商务印书馆 1935 年版)系于是年。

翟酺作《援神钩命解诂》。

按:《援神契》、《钩命诀》,皆《孝经纬》篇名,时仍盛行谶纬之学。张震泽《许慎年谱》(辽宁大学出版社 1986 年版)系于是年。

周磐卒(49—)。磐字坚伯,汝南安城人。少游京师,习《古文尚书》、《洪范五行》、《左氏传》,好礼有行,非典谟不言,诸儒尊之,教授门徒常千人。举孝廉,拜谒者,除任城长,迁阳夏、重合令,有惠政。事迹见《后汉书》卷三九。

按:《后汉书·周磐列传》曰:"建光元年,年七十三,岁朝会集诸生,讲论终日……其月望日,无病忽终。"

蔡伦卒,生年不详。伦字敬仲,桂阳人。永平末始给事宫掖,建初中为小黄门,和帝即位为中常侍,参与帷幄。后为尚方令、长乐太仆,封龙亭侯。有才学,数犯颜匡弼得失。监作秘剑及诸器械。莫不精工坚密,为后世法。曾总结造纸术,用树皮、麻头、破布、旧鱼网为原料造纸,天下称"蔡侯纸",后世传为我国造纸术发明人。曾监典仇校经传。事迹见《后汉书》卷七八。

孔谦(—154)、张升(—169)生(吴海林、李延沛《中国历史人物生卒年表》)。

汉安帝建光二年　延光元年　壬戌　122 年

罗马哈德良至不列颠。

三月丙午,改元延光,诏大赦天下(《后汉书·安帝本纪》)。

四月癸未,京师及二十一郡国雨雹(《后汉书·安帝本纪》)。

五月己巳,改乐成国为安平,封河间王刘开子刘得为安平王(《后汉书·安帝本纪》)。

六月,郡国蝗(《后汉书·安帝本纪》)。

七月癸卯,京师及十三郡国地震(《后汉书·安帝本纪》)。

八月戊子,阳陵园寝火。辛卯,九真言黄龙见无功(《后汉书·安帝本纪》)。

九月甲戌,二十七郡国地震(《后汉书·安帝本纪》)。

是年,诏有道术之士,极陈变眚(《后汉书·安帝本纪》)。

孔季彦应召陈变眚。后举孝廉,不就(《后汉书·儒林列传上》)。

按:《后汉书·儒林列传上》曰:"(孔僖)二子:长彦、季彦,并十余岁。蒲坂令许君然劝令反鲁。对曰:'今载柩而归,则违父令;舍墓而去,心所不忍。'遂留华阴。长彦好章句学,季彦守其家业,门徒数百人。延光元年,河西大雨雹,大者如斗。安帝诏有道术之士极陈变眚,乃召季彦见于德阳殿,帝亲问其故。对曰:'此皆阴乘阳之征也。今贵臣擅权,母后党盛,陛下宜修圣德,虑此二者。'帝默然,左右皆恶之。举孝廉,不就。三年,年四十七,终于家。"

陈褒四月癸巳免司空(《后汉书·安帝本纪》)。

刘授五月庚戌为司空(《后汉书·安帝本纪》)。

胡广为尚书仆射(《后汉书·胡广列传》)。

桓焉拜光禄大夫,迁太常(《后汉书·桓荣列传》)。

王龚为汝南太守,好才爱士,荐引黄宪、陈蕃(《后汉书·王龚列传》)。

陈禅以邓骘故吏免,复为阎显长史(《后汉书·陈禅列传》)。

张珰时任敦煌太守,上书陈西域三策(《后汉书·西域列传》)。

陈忠上疏议救西域,力主西域抚诸国(袁宏《后汉纪》卷一〇)。

黄宪卒(75—)。宪字叔度,汝南慎阳人。世贫贱,父为牛医。与荀淑、陈蕃、周举、戴良、郭泰、袁闳友。举孝廉、辟公府,不就。天下号曰"征君"。事迹见《后汉书》卷五三。

苏埃托尼乌斯卒(约69—)。罗马作家。

按:张震泽《许慎年谱》(辽宁大学出版社1986年版)系于是年。

陆康(—191)生(吴海林、李延沛《中国历史人物生卒年表》)。

汉安帝延光二年　癸亥　123 年

正月,诏选三署郎及吏人能通《古文尚书》、《毛诗》、《谷梁春秋》各1人(《后汉书·安帝本纪》)。

四月,戊子,爵乳母王圣为野王君(《后汉书·安帝本纪》)。

八月庚午,初令三署郎通达经术任牧民者,视事三岁以上,皆得察举(《后汉书·安帝本纪》)。

按:对孝廉经历的规定,汉代一般任职满一年才能举;安帝开始令三署郎任职三年以上都可以察举。顺帝即位为示恩,任职不满一年就可以举。

十一月甲辰,安帝校猎上林苑(《后汉书·安帝本纪》)。

张衡迁尚书,与周兴同亶诵、梁丰议历。

按:《后汉书·律历志中》曰:"安帝延光二年,中谒者亶诵言当用甲寅元,河南梁丰言当复用《太初》。尚书郎张衡、周兴皆能历,数难诵、丰,或不对,或言失误。衡、兴参案仪注,考往校今,以为《九道法》最密。诏书下公卿详议。"郑洁文、李梅《中国学术思想编年·秦汉卷》(陕西师范大学出版社2005年版)说:"章帝元和二年废太初历行四分历后,仍与天象难符,至是又引发了论争,一说四分历庚申元不见于谶纬书,历元不正,因而招致了灾异;一说天地开辟至获麟二百七十六万岁,四分历庚申元符合这一数字,因此应用《四分历》。两派各以谶纬为据,忽略了历法与天象的配合关系,连当时已注意到的月亮轨道近地点的进动这一新成果也未采纳。"

刘熹十月甲戌为司徒(《后汉书·安帝本纪》)。

刘恺十月辛未罢太尉(《后汉书·安帝本纪》)。

杨震十月甲戌为太尉(《后汉书·安帝本纪》)。

周燮、冯良为陈忠所荐,称病辞仕。

按:《后汉书·周燮列传》曰:"延光二年,安帝以玄纁羔币聘燮,及南阳冯良,二郡各遣丞掾致礼。……(燮)因自载到颍川阳城,遣门生送敬,遂辞疾而归。良亦载病到近县,送礼而还。"

朱宠造开母庙石阙。

按:《开母庙石阙铭》曰:"二月……为开母庙兴治神道阙,时太守京兆朱宠,丞零[陵]泉薛政,五官掾阴林,户曹史夏效,监掾陈修,长西河圜阳冯宝。丞汉阳冀秘俊,廷掾赵穆,户曹张诗。将作掾严寿,佐左福。昔者共工,范防百川。柏鲧称遂,□□其原。洪泉浩浩,下民震惊。禹□大功,疏河写玄。九山甄旅,咸秩无文,爰纳涂山,辛癸之间。三过亡入,寔勤斯民。……札缯渐替,又遭乱秦。圣汉禋享,于兹冯神。……千秋万祀,子子孙孙。表碣铭功,昭眡后昆。"(高文《汉碑集释》,河南大学出版社1985年版)

汉安帝延光三年　甲子　124年

二月丙子,安帝东巡狩。丁丑,告陈留太守,祠南顿君、光武皇帝于济阳。庚寅,遣使者祠唐尧于成阳。辛卯,幸太山,柴告岱宗。齐王刘无忌、北海王刘翼、乐安王刘延来朝。壬辰,宗祀五帝于汶上明堂。癸巳,告祀二祖、六宗,劳赐郡、县,作乐(《后汉书·安帝本纪》)。

三月甲午,安帝东巡狩至鲁。戊戌,祠孔子及七十二弟子于阙里。壬戌,还京师,幸太学(《后汉书·安帝本纪》)。

按:《后汉书·祭祀志中》曰:"延光三年,上东巡狩,至泰山,柴祭,及祠汶上明堂，如元和二年故事。顺帝即位，修奉常祀。"

四月乙丑，安帝车驾入宫，假于祖祢（《后汉书·安帝本纪》）。

七月丁酉，初复右校、左校令丞官（《后汉书·安帝本纪》）。

九月丁酉，废皇太子刘保为济阴王。庚申晦，日食（《后汉书·安帝本纪》）。

十月，安帝行幸长安。壬午，新丰上言凤凰集西界亭。丁亥，会三辅守、令、掾史于长安，作乐（《后汉书·安帝本纪》）。

闰十月乙未，安帝祠高庙，遂有事十一陵。历观上林、昆明池。遣使者祠太上皇于万年，以中牢祠萧何、曹参、霍光（《后汉书·安帝本纪》）。

是年，京师及二十三郡国地震；三十六郡国雨水，疾风，雨雹（《后汉书·安帝本纪》）。

张衡为公车司马令，二月，从帝东巡狩（张衡《巡狩诰》）。

来历、桓焉、李尤、郑安世等谏废皇太子为济阴王（《后汉书·来歙列传》）。

朱穆迁侍郎，上书陈五事。

按：惠栋《后汉书补注》卷一一曰："朱公权《鼎铭》曰：……除郎中、尚书侍郎，独念运际存亡之要，乃陈五事，谏谋深切，退处畎亩，以察天象验应著焉。"

冯石四月戊辰为太尉（《后汉书·安帝本纪》）。

马融拜郎中（《后汉书·马融列传》）。

陈忠拜司隶校尉（《后汉书·陈忠列传》）。

翟酺出为酒泉太守，歼叛羌九百余，威名大振，迁京兆尹（《后汉书·翟酺列传》）。

张衡作《东巡诰》、《舞赋》、《羽猎赋》。

按：《初学记》卷一三曰："张衡《巡狩诰》曰：'惟二月初吉，帝将狩于岱岳，展义省方，观风设教……'"《巡狩诰》即《东巡诰》。张震泽《张衡诗文集校注·张衡年表》（上海古籍出版社1986年版）系于是年。

马融作《东巡颂》。

按：《后汉书·马融列传》曰："时车驾东巡岱宗，融上《东巡颂》。"陆侃如《中古文学系年》、刘跃进《秦汉文学编年史》系于是年。

刘珍作《东巡颂》（《文馆词林》卷三四六）。

杨震卒（约59—　）。震字伯起，弘农华阴人。杨宝子。少孤贫好学，乡里称孝，受《欧阳尚书》于桓郁，明经博览，无不穷究。诸儒为之语曰："关西孔子杨伯起。"不应州郡礼命数十年，客居湖，教授二十余年，弟子三千，虞放、陈翼为其著者。年五十举茂才，四迁荆州刺史、东莱太守、涿郡太守，位至太仆、太常、司徒、太尉，累上书言事。以道事君，杀身成仁。顺帝时归葬，以中牢具祠。事迹见《后汉书》卷五四。

按：《后汉书·杨震列传》曰："会三年春，东巡岱宗，樊丰等因乘舆在外，竞修第

罗马万神殿建于此时。

宅,(杨)震部掾高舒召大匠令史考校之,得丰等所诈下诏书,具奏,须行还上之。……因饮鸩而卒,时年七十余。"

孔季彦卒(78—)。季彦,鲁人。孔僖子。习《古文尚书》《毛诗》,门徒数百人。

按:吴海林、李延沛《中国历史人物生卒年表》(黑龙江人民出版社1981年版)系于是年。

马江(—153)、杨馥(—174)、任安(—202)生(徐乃昌《后汉儒林传补逸》)。

汉安帝延光四年　乙丑　125年

二月甲辰,安帝南巡狩(《后汉书·安帝本纪》)。

三月戊午,日食。庚申,安帝幸宛,不豫。祠章陵园庙,告长沙、零陵太守,祠定王、节侯、郁林府君。丁卯,幸叶。安帝崩于乘舆,年三十二。秘不敢宣,所在上食问起居如故。庚午,还宫。辛未夕,乃发丧。尊皇后为皇太后(《后汉书·安帝本纪》)。

太后阎氏临朝,以后兄大鸿胪阎显为车骑将军,定策禁中,立章帝孙济北惠王刘寿子北乡侯刘懿。乙酉,北乡侯刘懿即皇帝位(《后汉书·安帝本纪》)。

按:安帝刘祜(94—125)少从桓焉、邓宏受《欧阳尚书》,通《论语》。帝薄于艺文,博士倚席不讲。学舍颓敗,鞠为园蔬。《资治通鉴》卷五一曰:"皇后与阎显兄弟、江京、樊丰等谋曰:'今晏驾道次,济阴王在内,邂逅公卿立之,还为大害。'乃伪云'帝疾甚',徙御卧车,所在上食、问起居如故。驱驰行四日,庚午,还宫。辛未,遣司徒刘熹诣郊庙、社稷,告天请命;其夕,发丧。尊皇后曰皇太后。太后临朝。以显为车骑将军、仪同三司。太后欲久专国政,贪立幼年,与显等定策禁中,迎济北惠王子北乡侯懿为嗣。济阴王以废黜,不得上殿亲临梓宫,悲号不食;内外群僚莫不哀之。"

四月己酉,葬孝安皇帝于恭陵,庙曰恭宗(《后汉书·安帝本纪》)。

十月辛亥,少帝刘懿薨(《后汉书·安帝本纪》)。

十一月丁巳,京师及十六郡国地震;中黄门孙程等十九人迎济阴王刘保于德阳殿,即皇位,是为顺帝(《后汉书·顺帝本纪》)。

按:中黄门孙程等十九人拥立废太子济阴王刘保,是为孝顺皇帝。孙程等封列侯,宦官权势自此日盛。《资治通鉴》卷五一曰:"十一月,乙卯,孙程、王康、王国与中黄门黄龙、彭恺、孟叔、李建、王成、张贤、史泛、马国、王道、李元、杨佗、陈予、赵封、李刚、魏猛、苗光等聚谋于西钟下,皆截单衣为誓。丁巳,京师及郡国十六地震。是夜,程等共会崇德殿上,因入章台门。时江京、刘发及李闰、陈达等俱坐省门下,程与王康共就斩京、安、达。以李闰权势积为省内所服,欲引为主,因举刃胁闰曰:'今当立济阴王,无得摇动!'闰曰:'诺。'于是扶闰起,俱于西钟下迎济阴王即皇帝位,时年十一。"

十二月,令郡国守相视事未满岁者,一切得举孝廉吏(《后汉书·顺帝本纪》)。

是冬,京师大疫(《后汉书·顺帝本纪》)。

张衡三月以日食上表。

按:刘昭《续汉五行志》卷六阳嘉四年注曰:"案张衡为太史令,表奏云:今年三月朔方觉日蚀……不详是何年三月。"陆侃如《中古文学系年》(人民文学出版社1985年版)说:"三月日蚀当指本年,昭注于阳嘉,误。而且衡已于前年迁尚书了,不当仍称太史令。"

马融三月为扶风郡功曹,四月因日蚀上书(《后汉书·马融列传》)。

崔瑗为车骑将军阎显所辟,以阎显党被系狱中。出狱后归隐乡里,不应州郡命(《后汉书·崔骃列传》)。

刘光时任尚书令,以典章多缺,请条案礼仪。

按:《后汉书·顺帝本纪》载:尚书令刘光等奏言:"孝安皇帝圣德明茂,早弃天下。陛下正统,当奉宗庙,而奸臣交构,遂令陛下龙潜蕃国,群僚远近莫不失望。天命有常,北乡不永。汉德盛明,福祚孔章。近臣建策,左右扶翼,内外同心,稽合神明。陛下践祚,奉遵鸿绪,为郊庙主,承续祖宗无穷之烈,上当天心,下厌民望。而即位仓卒,典章多缺,请条案礼仪,分别具奏。"制曰:"可。"

杨伦为博士、清河王傅;弃官奔安帝丧,号泣不绝,以专擅去职坐抵罪(《后汉书·儒林列传上》)。

刘授十一月免司空(《后汉书·安帝本纪》)。

陶敦十二月为司空(《后汉书·安帝本纪》)。

陈禅迁司隶校尉(《后汉书·陈禅列传》)。

刘珍为宗正(《后汉书·文苑列传上》)。

苏顺拜郎中(《后汉书·文苑列传上》)。

陈忠出为江夏太守,留拜尚书令(《后汉书·陈忠列传》)。

周举辟司徒李郃府(《后汉书·周举列传》)。

刘毅卒(约57—)。毅,北海敬王刘睦子。初封平望侯,永元中,坐事夺爵。少有文辩称。元初元年,上《汉德论》并《宪论》十二篇。时,刘珍、邓耽、尹兑、马融共上书称其美,安帝嘉之,赐钱三万,拜议郎。与刘珍等著《中兴以下名臣列士传》。事迹见《后汉书》卷八〇上。

按:吴文治《中国文学史大事年表》(黄山书社1987年版)系于是年。

陈忠卒,生年不详。忠字伯始,陈宠子。辟司徒府,三迁廷尉正以才能称。拜尚书、尚书令、司隶校尉。初宠为廷尉,上除汉法溢于《甫刑》者,未施行,宠免遂寝。忠略依宠意,奏上二十三条,为《决事比》。又作《缙绅先生论》以讽世。事迹见《后汉书》卷四六。

按:《后汉书·陈宠列传》曰:"延光三年,(陈忠)拜司隶校尉。纠正中官外戚宾客,近幸惮之,不欲(陈)忠在内。明年,出为江夏太守,复留拜尚书令,会疾卒。"

刘陶（　—185）约生（陆侃如《中古文学系年》）。

汉顺帝刘保永建元年　丙寅　126 年

正月辛未，皇太后阎氏崩（《后汉书·顺帝本纪》）。

六月己亥，封济南简王刘错子刘显为济南王（《后汉书·顺帝本纪》）。

九月，初令三公、尚书入奏事（《后汉书·顺帝本纪》）。

是年，诏举贤良方正、能直言极谏之士各 1 人。令郡国守相视事未满岁者，一切得举孝廉吏（《后汉书·顺帝本纪》）。

张衡借京都大疫上封事，指摘左右近臣封锁安帝去世消息，欺罔神明，愚弄天下，故有此凶咎之灾。

按：司马彪《续汉五行志》卷五曰："延光四年冬，京都大疫。"刘昭注曰："张衡明年上封事。"

桓焉二月丙戌以太常擢为太傅，录尚书事，复入授经禁中，建言宜引三公、尚书入省事，顺帝从之。以廷议守正，封阳平侯，固辞不受（《后汉书·桓荣列传》）。

翟酺拜光禄大夫，迁将作大匠，上言宜修缮太学、辟雍，诱进后学。

按：《后汉书·翟酺列传》曰："酺之为大匠，上言：'孝文皇帝始置一经博士，武帝大合天下之书，而孝宣论《六经》于石渠，学者滋盛，弟子万数。光武初兴，愍其荒废，起太学博士舍、内外讲堂，诸生横巷，为海内所集。明帝时辟雍始成，欲毁太学，太尉赵憙以为太学、辟雍皆宜兼存，故并传至今。而顷者颓废，至为园采刍牧之处。宜更修缮，诱进后学。'帝从之。"《后汉书·儒林列传》曰："顺帝感翟酺之言，乃更修黉宇，凡所结构二百四十房，千八百五十室。试明经下第补弟子，增甲乙之科员各十人，除郡国耆儒皆补郎、舍人。"

宋登顺帝时以登明识礼乐，使持节临太学，奏定曲律，转拜侍中。

按：《后汉书·儒林列传上》曰："宋登字叔阳，京兆长安人也。父由，为太尉。登少传《欧阳尚书》，教授数千人。为汝阴令，政为明能，号称'神父'。迁赵相，入为尚书仆射。顺帝以登明识礼乐，使持节临太学，奏定曲律，转拜侍中。数上封事，抑退权臣，由是出为颍川太守。市无二价，道不拾遗。病免，卒于家，汝阴人配社祠之。"

蔡玄顺帝时特诏征拜议郎，讲论《五经》异同，甚合意，迁侍中。

《后汉书·儒林列传上》曰："蔡玄字叔陵，汝南南顿人也。学通《五经》，门徒常千人，其著录者万六千人。征辟并不就。顺帝特诏征拜议郎，讲论《五经》异同，甚合帝意。迁侍中，出为弘农太守，卒官。"

栾巴顺帝时擢拜郎中，四迁桂杨太守。以郡处南垂，不闲典训，为吏人定婚姻丧纪之礼，兴立学校，以奖进之。

按：《后汉书·杜栾刘李刘谢列传》曰："栾巴字叔元，魏郡内黄人也。好道。顺帝世，以宦者给事掖庭，补黄门令，非其好也。性质直，学览经典，虽在中官，不与诸常侍交接。后阳气通畅，白上乞退，擢拜郎中，四迁桂阳太守。以郡处南垂，不闲典训，为吏人定婚姻丧纪之礼，兴立学校，以奖进之。虽干吏卑末，皆课令习读，程试殿最，随能升授。政事明察。视事七年，以病乞骸骨。荆州刺史李固荐巴治迹，征拜议郎，守光禄大夫，与杜乔、周举等八人徇行州郡。巴使徐州还，再迁豫章太守。郡土多山川鬼怪，小人常破赀产以祈祷。巴素有道术，能役鬼神，乃悉毁坏房祀，剪理奸巫，于是妖异自消。百姓始颇为惧，终皆安之。迁沛相。所在有绩，征拜尚书。"

朱伥二月丙戌以长乐少府擢为司徒（《后汉书·顺帝本纪》）。

朱宠二月丙戌以大鸿胪擢为太尉，参录尚书事（《后汉书·顺帝本纪》）。

张奂师事太尉朱宠，学《欧阳尚书》，博通《五经》（《后汉书·张奂列传》）。

陶敦十月丁亥免司空（《后汉书·顺帝本纪》）。

张皓十月壬寅以廷尉擢为司空（《后汉书·顺帝本纪》）。

王龚为太仆，转太常（《后汉书·王龚列传》）。

袁彭为光禄勋（《后汉书·袁安列传》）。

来历拜车骑将军（《后汉书·来歙列传》）。

虞诩为司隶校尉，先劾奏冯石、刘熹，后又劾奏中常侍程璜、陈秉、孟生、李闰等（《后汉书·虞诩列传》）。

刘珍转为卫尉，卒官（《后汉书·文苑列传上》）。

杨伦免刑，行丧于恭陵。服阕，征拜侍中。

按：《后汉书·杨伦列传》曰："顺帝即位，诏免伦刑，遂留行丧于恭陵。服阕，征拜侍中。"

崔琦游京师，举孝廉，为郎（《后汉书·文苑列传上》）。

李尤为乐安相，卒于官（《后汉书·文苑列传上》）。

宋汉为东平相、度辽将军（《后汉书·宋弘列传》）。

张衡作《应间》。

按：《应间序》曰："观者，观余去史官五载而复还，非进取之势也。唯衡内识利钝，操心不改。或不我知者，以为失志矣，用为间余。余应之以时有遇否，性命难求，因兹以露余诚焉，名之《应间》云。"《文心雕龙·杂文》曰："张衡《应间》，密而兼雅。"《秦汉文钞》评曰："与《解嘲》、《宾戏》一类，词少变而笔自宏富。"张震泽《张衡诗文集校注·张衡年表》（上海古籍出版社1986年版）系于是年。

马融作《长笛赋》。

按：《文选·长笛赋序》曰："融既博览典雅，精核数术，又性好音，能鼓琴吹笛。而为督邮，无留事。独卧平阳邬中，有雒客舍逆旅，吹笛为《气出》《精列》《相和》。融去京师逾年，暂闻甚悲而乐之。追慕王子渊枚乘刘伯康傅武仲等箫琴笙颂，唯笛独无，故聊复备数，作《长笛赋》。"陆侃如《中古文学系年》系于是年。

李尤卒(44—)。尤字伯仁，一字伯宗，广汉雒人。少以文章显。为兰台令史、谏议大夫，奉诏与刘珍等纂《汉纪》。著诗、赋、铭、诔、颂、《七叹》、《哀典》，凡28篇。《隋书·经籍志》著录《李尤集》5卷，严可均《全后汉文》载94篇，丁福保《全汉诗》载《九曲歌》1篇。事迹见《后汉书》卷八〇上。

按：《后汉书·文苑列传上》曰："顺帝立，(李尤)迁乐安相。年八十三卒。"

张霸卒（57—　）。霸字伯饶，蜀郡成都人。数岁而知孝让，七岁通《春秋》，复进余经，后就樊儵受《严氏公羊春秋》，遂博览《五经》。举孝廉光禄主事，为会稽太守，讲学举才，后为侍中、五更。门人等谥曰宪文。诸生孙林、刘固、段著等慕之，各市宅其旁，以就学焉。减定樊儵删《严氏春秋》为二十万言，更名"张氏学"。事迹见《后汉书》卷三六。

按：张震泽《许慎年谱》（辽宁大学出版社1986年版）系于是年。

刘珍约卒。珍，一名宝，字秋孙，南阳蔡阳人。少好学。永初中为谒者仆射，奉诏与马融等校定东观《五经》诸子、传记、百家艺术，整齐脱误，是正文字。永宁元年，奉诏纂《建武以来名臣列士传》（即《东观汉纪》之部分），著《释名》30篇（一说由其子刘熙完成），以辩万物之称号，用声训法，探求语源，是中国最早的语源学词典。与《说文解字》、《尔雅》、《方言》同为具有影响的语言学著作。著诔、颂、连珠凡7篇。事迹见《后汉书》卷八〇上。

按：刘珍卒年，陆侃如《中古文学系年》定在130年。今从刘汝霖《汉晋学术编年》和吴文治《中国文学史大事年表》之说。

翟酺卒，生年不详。酺字子超，广汉雒人。四世传《诗》，好《老子》，尤善图纬、天文、历算。以报仇流亡。后仕郡，拜议郎，迁侍中。对政事、天文、道术第一，拜尚书。外戚宠臣畏恶之。出为酒泉太守。著《解诂》12篇。事迹见《后汉书》卷四八。

按：《后汉书·翟酺列传》曰："顺帝即位，(翟酺)拜光禄大夫，迁将作大匠。损省经用，岁息四五千万。屡因灾异，多所匡正。由是权贵共诬酺及尚书令高堂芝等交通属托，坐减死归家。复被章云酺前与河南张楷等谋反，逮诣廷尉。及杜真等上书讼之，事得明释。卒于家。"

刘騊駼卒，生年不详。騊駼，刘复子。与刘珍等著《中兴以下名臣列士传》，有赋、颂、书、论4篇。

按：吴文治《中国文学史大事年表》（黄山书社1987年版）系于是年。

陈禅卒，生年不详。禅字纪山，巴郡安汉人。仕郡功曹，举善黜恶。举孝廉，举茂才，为汉中太守，迁左冯翊、谏议大夫、辽东太守。事迹见《后汉书》卷五一。

按：《后汉书·陈禅列传》曰："顺帝即位，(陈禅)迁司隶校尉。明年，卒于官。"

汉顺帝永建二年　丁卯　127年

正月戊申，乐安王刘鸿来朝（《后汉书·顺帝本纪》）。

六月乙酉,追尊谥皇妣李氏为恭愍皇后,葬于恭北陵(《后汉书·顺帝本纪》)。

按:《资治通鉴》卷五一曰:"初,帝母李氏瘗在洛阳北,帝初不知;至是,左右白之,帝乃发哀,亲到瘗所,更以礼殡。六月,乙酉,追谥为恭愍皇后,葬于恭陵之北。"

七月甲戌,日食(《后汉书·顺帝本纪》)。

杨伦为侍中,以《春秋》论狱而坐案。

按:《后汉书·杨伦列传》曰:"服阕,征拜侍中。是时,邵陵令任嘉在职贪秽,因迁武威太守,后有司奏嘉臧罪千万,征考廷尉,其所牵染将相大臣百有余人。伦乃上书曰:'臣闻《春秋》诛恶及本,本诛则恶消;振裘持领,领正则毛理。今任嘉所坐狼藉,未受辜戮,猥以垢身,改典大郡,自非案坐举者,无以禁绝奸萌。往者湖陆令张叠、萧令驷贤、徐州刺史刘福等,苛秽既章,咸伏其诛,而豺狼之吏至今不绝者,岂非本举之主不加之罪乎?昔齐威之霸,杀奸臣五人,并及举者,以弭谤讟。当断不断,《黄石》所戒。夫圣王所以听僮夫匹妇之言者,犹尘加嵩岱,雾集淮海,虽未有益,不为损也。惟陛下留神省察。'奏御,有司以伦言切直,辞不逊顺,下之。尚书奏伦探知密事,激以求直。坐不敬,结鬼薪。诏书以伦数进忠言,特原之,免归田里。"

杨厚被特征,陈五事,拜议郎,三迁侍中(《后汉书·杨厚列传》)。

左雄拜尚书,再迁尚书令(《后汉书·左雄列传》)。

王堂为将作大匠(《后汉书·王堂列传》)。

王逸劝樊英应征(《后汉书》李贤注引《谢承书》)。

樊英屡被征召,不得已至京。

按:《后汉书·方术列传》曰:"永建二年,顺帝策书备礼,玄纁征之,复固辞疾笃。乃诏切责郡县,驾载上道。英不得已,到京,称疾不肯起。乃强舆入殿,犹不以礼屈。帝怒,谓英曰:'朕能生君,能杀君;能贵君,能贱君;能富君,能贫君。君何以慢朕命?'英曰:'臣受命于天。生尽其命,天也;死不得其命,亦天也。陛下焉能生臣,焉能杀臣!……'帝不能屈,而敬其名,使出就太医养疾,月致羊、酒。"

李固致书黄琼,劝黄香之子黄琼出仕(《后汉书·黄琼列传》)。

班勇时西域长史,与敦煌太守张朗讨焉耆、尉犁、危须三国,破之(《后汉书·顺帝本纪》)。

耿晔任护乌桓校尉,率南单于击鲜卑,破之(《后汉书·顺帝本纪》)。

张衡作《鸿赋》(严可均《全后汉文》卷五四)。

按:陆侃如《中古文学系年》、刘跃进《秦汉文学编年史》均系于是年。

李固作《与黄琼书》(《后汉书·黄琼列传》)。

李郃卒(47—)。郃字孟节,汉中南郑人。父颉以儒学称,为博士。郃袭父业,游太学,通《五经》,善《河》、《洛》风星。举孝廉,五迁尚书令,拜太常、司空、司徒,封涉都侯不受。事迹见《后汉书》卷八二上。

按:《后汉书·方术列传上》曰:"安帝崩,北乡侯立,复为司徒。……明年,坐吏民疾病,仍有灾异,赐策免。……年八十余,卒于家。"

郑玄(—200)生(王利器《郑康成年谱》)。

尤维纳利斯卒(55/60—)。罗马讽刺诗人。

汉顺帝永建三年　戊辰　128 年

罗马哈德良第二次巡幸天下。

正月丙子，京师地震（《后汉书·顺帝本纪》）。

四月癸卯，遣光禄大夫案行汉阳及河内、魏郡、陈留、东郡，禀贷贫人（《后汉书·顺帝本纪》）。

七月丁酉，茂陵园寝灾，帝缟素避正殿。辛亥，使太常王龚持节告祠茂陵（《后汉书·顺帝本纪》）。

桓焉十二月己亥以辟召禁锢者免太傅（《后汉书·顺帝本纪》）。

车骑将军来历被罢（《后汉书·来歙列传》）。

郭泰（　—169）、荀爽（　—190）生（吴海林、李延沛《中国历史人物生卒年表》）。

汉顺帝永建四年　己巳　129 年

正月丙寅，诏大赦天下。丙子，顺帝加元服（《后汉书·顺帝本纪》）。

二月戊戌，诏以民入山凿石，发泄藏气，敕有司检察所当禁绝，如建武、永平故事（《后汉书·顺帝本纪》）。

五月壬辰，诏告曰：朝廷修政，太官减膳，珍玩不御（《后汉书·顺帝本纪》）。

九月，复安定、北地、上郡归旧土（《后汉书·顺帝本纪》）。

是年，分会稽为吴郡（《后汉书·顺帝本纪》）。

樊英三月为顺帝待以师礼，设坛席，赐几杖，延问得失。拜五官中郎将，为光禄大夫，告归。

按：《后汉书·方术列传下》曰："至四年三月，天子乃为英设坛席，令公车令导，尚书奉引，赐几杖，待以师傅之礼，延问得失。英不敢辞，拜五官中郎将。数月，英称疾笃，诏以为光禄大夫，赐告归。令在所送谷千斛，常以八月致牛一头，酒三斛；如有不幸，祠以中牢。英辞位不受，有诏譬旨，勿听。"

左雄以大水上疏推校灾异（《后汉书·左雄列传》）。

张皓八月免司空(《后汉书·顺帝本纪》)。

王龚九月癸酉为司空,后以地震免(《后汉书·顺帝本纪》)。

刘光八月免太尉(《后汉书·顺帝本纪》)。

庞参九月癸酉为太尉,录尚书事(《后汉书·顺帝本纪》)。

许敬十一月庚辰免司徒(《后汉书·顺帝本纪》)。

刘崎十二月乙卯为司徒(《后汉书·顺帝本纪》)。

王堂坐事左转议郎,复拜鲁相(《后汉书·王堂列传》)。

王符由中原迁回原籍安定(《后汉书·王符列传》)。

王符著《潜夫论》成(《后汉书·王符列传》)。

按:《潜夫论》又名《回中子》,10卷。揭露、谴责时政,表现了唯物主义天道观,主张为政以道德教化为上,以威刑法律为下,主张学而知之,反对生而知之。在哲学、天文学、政治学、经济学、法学方面均有贡献,其元气一元论对后世唯物主义哲学家有一定影响。通行本有:1.元大德间刻本;2.明万历中新安程氏刻《汉魏丛书》本;3.万历中胡氏刻《两京遗编》本;4.天启六年(1626)刻《诸子汇函》本;5.清乾隆三十年(1765)年《四库全书》抄本;6.1958年中华书局《诸子集成》本;7.1978年上海古籍出版社《潜夫论笺》本。

又按:《四库全书总目提要》卷九一曰:"《潜夫论》,十卷,汉王符撰。符字节信,安定临泾人。《后汉书》本传称:和、安之后,世务游宦,当途者更相荐引,而符独耿介不同于俗,以此遂不得升进,志意蕴愤,乃隐居著书二十余篇,以讥当时得失。不欲章显其名,故号曰《潜夫论》。今本凡三十五篇,合叙录为三十六篇,盖犹旧本。卷首《赞学》一篇,论励志勤修之旨。卷末《五德志》篇,述帝王之世次。《志氏姓》篇,考谱牒之源流。其中《卜列》、《相列》、《梦列》三篇,亦皆杂论方技,不尽指陈时政。范氏所云,举其著书大旨尔。符生卒年月不可考。本传之末载度辽将军皇甫规解官归里,符往谒见事。规解官归里,据本传在延熹五年。则符之著书在桓帝时,故所说多切汉末弊政。惟桓帝时皇甫规、段颎、张奂诸人屡与羌战,而其《救边》、《边议》二篇乃以避寇为憾。殆以安帝永初五年尝徙安定、北地郡,顺帝永建四年始还旧地,至永和六年又内徙。符,安定人,故就其一乡言之耶?然其谓失凉州则三辅为边,三辅内入则宏农为边,宏农内入则洛阳为边,推此以相况,虽尽东海犹有边,则灼然明论,足为轻弃边地之炯鉴也。范氏录其《贵忠》、《浮侈》、《实贡》、《爱日》、《述赦》五篇入本传,而字句与今本多不同。晁公武《读书志》谓其有所损益,理或然欤。范氏以符与王充、仲长统同传,韩愈因作《后汉三贤赞》。今以三家之书相较,符书洞悉政体似《昌言》,而明切过之;辨别是非似《论衡》,而醇正过之;前史列之儒家,斯为不愧。惟《贤难》篇中称邓通吮痈为忠于文帝,又称其欲昭景帝之孝,反以结怨,则纰缪最甚。是其发愤著书,立言矫激之过,亦不必曲为之讳矣。"

郭镇卒,生年不详。镇字桓钟,颍川阳翟人,郭躬侄。少修《小杜律》。辟太尉府,延光中为尚书,再迁尚书令,以诛中常侍江京、立济阴王、击杀阎景封定颍侯,食二千户。拜河南尹,转廷尉。诏赐谥昭武侯。事迹见《后汉书》卷四六。

按:《后汉书·郭躬列传》曰:"永建四年,(郭镇)卒于家。"

何休（ —182）、陈纪（ —199）、谯敏（ —185）生（姜亮夫《历代人物年里碑传综表》）。

汉顺帝永建五年　庚午　130年

正月，疏勒王遣侍子，及大宛、莎车王皆奉使贡献（《后汉书·顺帝本纪》）。

四月京师旱。辛巳，诏郡国家贫人被灾害，勿收责今年过更（《后汉书·顺帝本纪》）。

十月，诏郡国、中都官死罪系囚皆减罪一等，遣戍北地、上郡、安定（《后汉书·顺帝本纪》）。

张衡上疏陈事依礼制及大权集中。

按：《后汉书·张衡列传》曰："时，政事渐损，权移于下，衡因上疏陈事曰：'……愿陛下思惟所以稽古率旧，勿令刑德八柄，不由天子。若恩从上下，事依礼制，礼制修则奢僭息，事合宜则无凶咎。然后神望允塞，灾消不至矣。'"

唐檀举孝廉，除郎中，上便宜三事，陈咎征。书奏，疾弃官去（《后汉书·方术列传下》）。

马融上疏讼梁慬与护羌校尉庞参（《后汉书·班梁列传》）。

马续拜护羌校尉（《后汉书·西羌列传》）。

李固不就益州及司隶辟命，寻遭父丧（《后汉书·李固列传》）。

唐檀著《唐子》28篇。

按：《后汉书·方术列传下》曰："唐檀字子产，豫章南昌人。少游太学，习《京氏易》、《韩诗》、《公羊颜氏春秋》，尤好灾异星占。后还乡里，教授常百余人。……著书二十八篇，名为《唐子》。"马勇《汉代春秋学研究》（四川人民出版社1992年版）系于是年。

苏顺约卒（约70— ）。顺字孝山，京兆霸陵人。以才学见称，好养生术，隐处求道。著有赋、论、诔、哀辞、杂文16篇。事迹见《后汉书》卷八〇上。

按：吴文治《中国文学史大事年表》（黄山书社1987年版）系于是年。

葛龚约卒（约70— ）。龚字元甫，梁甫宁陵人。以善文记知名。安帝永初中，举孝廉，为太官丞，拜荡阴令。辟太委府，不就，举茂才，为临汾令。著文、赋、碑、诔等12篇。事迹见《后汉书》卷八〇上。

汉顺帝永建六年　辛未　131 年

二月庚午,刘政嗣河间王(《后汉书·顺帝本纪》)。

三月辛亥,复伊吾屯田,复置伊吾司马1人(《后汉书·顺帝本纪》)。

九月辛巳,修缮太学,造构二百四十房,千八百五十室(《后汉书·顺帝本纪》)。

按:《后汉书·儒林列传》曰:"顺帝感翟酺之言,乃更修黉宇,凡所造构二百四十房,千八百五十室。试明经下第补弟子,增甲乙之科员各十人,除郡国耆儒皆补郎、舍人。"顺帝纳翟酺、左雄建议,扩建太学校舍,增加学额,规定以《七经纬》为"正学",五经为"外学"。

翟酺、左雄上疏请崇经学、缮修太学(《后汉书·左雄列传》)。

胡广与尚书郭虔、史敞上疏谏探筹立后。

按:《后汉书·胡广列传》曰:"顺帝欲立皇后,而贵人有宠者四人,莫知所建,议欲探筹,以神定选。广与尚书郭虔、史敞上疏谏曰:'窃见诏书以立后事大,谦不自专,欲假之筹策,决疑灵神。篇籍所记,祖宗典故,未尝有也。恃神任筮,既不必当贤;就值其人,犹非德选。夫岐嶷形于自然,俔天必有异表。宜参良家,简求有德,德同以年,年钧以貌,稽之典经,断之圣虑。政令犹汗,往而不反。诏文一下,形之四方。臣职在拾遗,忧深责重,是以焦心,冒昧陈闻。'帝从之,以梁贵人良家子,定立为皇后。"

日本成务即位。

罗马建神庙于耶路撒冷。

汉顺帝阳嘉元年　壬申　132 年

正月乙巳,立大将军梁商女梁妠为皇后(《后汉书·顺帝本纪》)。

二月丁巳,皇后谒高庙、光武庙,诏禀甘陵贫人。京师旱。庚申,来力郡国二千石各祷名山岳渎,遣大夫、谒者诣嵩高、首阳山,并祠河、洛请雨(《后汉书·顺帝本纪》)。

三月,庚寅,帝临辟雍飨射,诏大赦天下,改元阳嘉(《后汉书·顺帝本纪》)。

七月史官始作候风地铜仪。丙辰,以太学新成,试明经下第者补弟子,增甲、乙科员各十人。除郡国耆儒90人补郎、舍人(《后汉书·顺帝

犹太科巴赫起义爆发。

本纪》)。

十一月辛卯，令行限年察举法。依尚书令左雄言，初令郡国举孝廉，限年四十以上，诸生通章句，文吏能笺奏，乃得应选；其有茂才异行，若颜渊、子奇，不拘年齿(《后汉书·顺帝本纪》)。

按：此东汉选举制度的重大改革。当时选举流弊已相当严重，官吏腐败，"朱紫同色"，"虚诞者获誉，拘检者离毁"。

十二月庚戌，复置玄菟郡屯田六部(《后汉书·顺帝本纪》)。

闰十二月丁亥，令凡以诏除为郎，年四十以上课试为孝廉科者，得参廉选，岁举1人。戊子，客星出天苑。辛卯，诏刺史、二千石之选，归任三司。庚子，恭陵百丈庑灾(《后汉书·顺帝本纪》)。

是年，起西苑，修饰宫殿(《后汉书·顺帝本纪》)。

张衡七月作候风地动铜仪。

按：《后汉书·张衡列传》曰："阳嘉元年，复造候风地动仪。以精铜铸成，员径八尺，合盖隆起，形似酒尊，饰以篆文山龟鸟兽之形。中有都柱，傍行八道，施关发机。外有八龙，首衔铜丸，下有蟾蜍，张口承之。其牙机巧制，皆隐在尊中，覆盖周密无际。如有地动，尊则振龙机发吐丸，而蟾蜍衔之。振声激扬，伺者因此觉知。虽一龙发机，而七首不动，寻其方面，乃知震之所在。验之以事，合契若神。自书典所记，未之有也。尝一龙机发而地不觉动，京师学者咸怪其无征，后数日驿至，果地震陇西，于是皆服其妙。自此以后，乃令史官记地动所从方起。"

左雄九月议改察举之制，举孝廉者限年四十以上并须考试，胡广、郭虔、史敞上书驳之。

按：《后汉书·胡广列传》曰："时，尚书令左雄议改察举之制，限年四十以上，儒者试经学，文吏试章奏。(胡)广复与(史)敞、(郭)虔上书驳之，……帝不从。"

胡广出为济阴太守。

按：《后汉书·胡广列传》曰："广典机事十年，出为济阴太守。""典机事十年"，其自延光元年(122)任尚书仆射，至此年正好十年。

张皓复为廷尉(《后汉书·张皓列传》)。

张皓卒(50—　)。皓字叔明，犍为武阳人。少游学京师。永元中，归仕州郡，辟邓骘府，五迁尚书仆射，出为彭城相。永宁元年，为廷尉。数与尚书辩正疑狱，多以详当见从。及顺帝即位，拜为司空，在事多所荐达，天下称其推士。永建四年，以阴阳不和策免。阳嘉元年，复为廷尉。事迹见《后汉书》卷五六。

按：《后汉书·张皓列传》曰："阳嘉元年，(张皓)复为廷尉。其年卒官，时年八十三。"

卢植(　—192)、陶谦(　—194)生。

按：卢植生年，陆侃如《中古文学系年》定为130年。今从陈邦福《卢子干年谱》(《中国学报》1916年第1—2期)。陶谦生年，吴海林、李延沛《中国历史人物生卒年表》(黑龙江人民出版社1981年版)系于是年。

汉顺帝阳嘉二年　癸酉　133年

二月甲申,诏以吴郡、会稽饥荒,贷人种粮(《后汉书·顺帝本纪》)。

三月,使匈奴中郎将王稠率左骨都侯等击鲜卑,破之。辛酉,除京师耆儒年六十以上四十八人补郎、舍人及诸王国郎(《后汉书·顺帝本纪》)。

四月,复置陇西南部都尉官(《后汉书·顺帝本纪》)。

五月庚子,以地震诏举敦朴之士。诏群公、卿士各举敦朴之士1人,李固、马融、张衡皆与其选(《后汉书·顺帝本纪》)。

六月丁丑,洛阳地陷(《后汉书·顺帝本纪》)。

十月庚午,顺帝行礼辟雍,奏应钟,始复黄钟,作乐器随月律(《后汉书·顺帝本纪》)。

张衡迁侍中,为宦者所谮。

按:《后汉书·张衡列传》曰:"后迁侍中,帝引在帷幄,讽议左右。尝问衡天下所疾恶者。宦官惧其毁己,皆共目之,衡乃诡对而出。阉竖恐终为其患,遂共谮之。"

马融以岑起举敦朴,对策北宫端门,拜议郎。

按:《后汉书·马融列传》曰:"阳嘉二年,诏举敦朴,城门校尉岑起举融,征诣公车,对策,拜议郎。"

张卫五月上举敦朴对策(袁宏《后汉纪》卷一八)。

李固对策,直陈外戚、宦官专权之弊,顺帝采纳,拜议郎。

按:《后汉书·李固列传》曰:"阳嘉二年,有地动、山崩、火灾之异,公卿举固对策,诏又特问当世之敝,为政所宜。固对曰……顺帝览其对,多所纳用,即迁出阿母还弟舍,诸常侍悉叩头谢罪,朝廷肃然。以固为议郎。"

郎𫖮正月为公车征,上书言七事;二月,上书荐黄琼、李固,陈消灾之术。书奏,诏拜郎中,辞病不就,即去归家(《后汉书·郎𫖮列传》)。

杨伦拜太中大夫,出补常山王傅,病不就官。归后闭门讲授,自绝人事(《后汉书·儒林列传上》)。

按:《后汉书·儒林列传上》曰:"阳嘉二年,征拜太中大夫。大将军梁商以为长史。谏诤不合,出补常山王傅,病不之官。诏书敕司隶催促发遣,伦乃留河内朝歌,以疾自上,曰:'有留死一尺,无北行一寸。刎颈不易,九裂不恨。匹夫所执,强于三军。固敢有辞。'帝乃下诏曰:'伦出幽升高,宠以藩傅,稽留王命,擅止道路,托疾自从,苟肆狷志。'遂征诣廷尉,有诏原罪。伦前后三征,皆以直谏不合。既归,闭门讲授,自绝人事。公车复征,逊遁不行,卒于家。"

王龚五月戊午免司空(《后汉书·顺帝本纪》)。

孔扶六月辛未以太常擢为司空(《后汉书·顺帝本纪》)。

庞参七月己未免太尉(《后汉书·顺帝本纪》)。

施延八月己巳以大鸿胪擢为太尉(《后汉书·顺帝本纪》)。

桓焉为大鸿胪,数日,迁太常(《后汉书·桓荣列传》)。

胡广以举吏不实免官。

> 按:《后汉·左雄列传》曰:"有广陵孝廉徐淑,年未及举,台郎疑而诘之……淑无以对,乃谴却郡。于是济阴太守胡广等十余人皆坐谬举免黜。"

张衡上《论举孝廉疏》、《京师地震对策》(袁宏《后汉纪》卷一八、《资治通鉴》卷五一)。

> 按:《后汉书·张衡列传》曰:"初,光武善谶,及显宗、肃宗因祖述焉。自中兴之后,儒者争学图纬,兼复附以妖言。衡以图纬虚妄,非圣人之法,乃上疏……"张震泽《张衡诗文集校注·张衡年表》(上海古籍出版社1986年版)系于是年。

来历卒,生年不详。历字伯珍,南阳新野人。来稜之子。少袭爵,先后为侍中、射声校尉、执金吾、太仆、将作大匠、卫尉、车骑将军、大鸿胪。清直敢言,为社稷臣。事迹见《后汉书》卷一五。

> 按:《后汉书·来歙列传》曰:"阳嘉二年,(来历)卒官。"

杨伦卒,生年不详。伦字仲理,陈留东昏人。少为诸生,师事司徒丁鸿,习《古文尚书》。为郡文学掾。讲授于大泽中,弟子至千余人。元初中,郡礼请,三府并辟,公车征,皆辞疾不就。前后三征,皆以直谏不合。既归,闭门讲授,自绝人事。公车复征,逊遁不行,卒于家。事迹见《后汉书》卷七九。

桓彬(—178)、蔡邕(—192)生。

> 按:桓彬、蔡邕的生年,陆侃如《中古文学系年》皆系于是年。《后汉书·蔡邕列传》曰:"及卓被诛,邕在司徒王允座,殊不意,言之而叹,有动于色。允勃然叱之曰……即收付廷尉治罪……邕遂死狱中……时年六十一。"《后汉书·献帝本纪》曰:"(初平三年)夏四月辛巳,诛董卓,夷三族。"据此,蔡邕生年应为阳嘉元年(132)。《辞源》(商务印书馆1983年版)、《中国历史人物生卒年表》(黑龙江人民出版社1981年版)据此定其生年为132年。然《后汉书·蔡邕列传》又曰:"初,邕与司徒刘郃素不相平,叔父卫尉质又与将作大匠杨球有隙,球即中常侍程璜女夫也。璜遂使人飞章言:'邕、质数以私事请托于郃,郃不听,邕含隐切,志欲相中。'于是诏下尚书,召邕诘状,邕上书自陈……于是下邕、质于洛阳狱,劾以仇怨奉公,议害大臣,大不敬,弃市。事奏,中常侍吕强愍邕无罪,请之,帝亦更思其章,有诏减死一等,与家属髡钳徙朔方,不得以赦令除。"蔡邕"徙朔方",惠栋《后汉书补注》、钱大昭《后汉书辨疑》、侯康《后汉书补注续》等,皆系于灵帝光和元年(178)。四库全书本《蔡中郎集》有《被收时上书自陈》一文,实即《后汉书》本传所谓"邕上书自陈",文曰:"臣年四十有六,孤特一身。"可知其生年确为阳嘉二年(133)。王昶《蔡邕年表》、跃进《蔡邕行年考略》系于是年。

汉顺帝阳嘉三年　甲戌　134年

二月己丑，诏以久旱，京师诸狱无轻重皆且勿考竟，须得澍雨（《后汉书·顺帝本纪》）。

张衡上疏请专事东观，收检遗文，毕力补缀。又条上《史》、《汉》所叙与典籍不合者十余事，不听；上书请禁绝图谶。

按：《后汉书·张衡列传》曰："及为侍中，上疏请得专事东观，收捡遗文，毕力补缀。又条上司马迁、班固所叙与典籍不合者十余事。又以为王莽本传但应载篡事而已，至于编年月，纪灾祥，宜为元后本纪。又更始居位，人无异望。光武初为其将，然后即真，宜以更始之号建于光武之初。书数上，竟不听。及后之著述，多不详典，时人追恨之。"《资治通鉴》卷五二曰："太史令张衡亦上疏言：'前年京师地震土裂。裂者，威分；震者，民扰也。窃惧圣思厌倦，制不专己，恩不忍割，与众共威。威不可分，德不可共。愿陛下思惟所以稽古率旧，勿使刑德八柄不由天子，然后神望允塞，灾消不至矣。'衡又以中兴之后，儒者争学《图纬》，上疏言：'《春秋元命包》有公输班与墨翟，事见战国；又言别有益州，益州之置在于汉世。又刘向父子领校秘书，阅定九流，亦无《谶录》。则知《图谶》成于哀、平之际，皆虚伪之徒以要世取资，欺罔较然，莫之纠禁。且律历、卦候、九宫、风角，数有征效，世莫肯学，而竟称不占之书，譬犹画工恶图犬马而好作鬼魅，诚以实事难形而虚伪不穷也！宜收藏《图谶》，一禁绝之，则朱紫无所眩，典籍无瑕玷矣！'"

刘崎十一月免司徒，大司农黄尚继之（《后汉书·顺帝本纪》）。

孔扶十一月免司空，光禄勋王卓继之（《后汉书·顺帝本纪》）。

周举以左雄荐，拜尚书，对策，主慎官人、斥贪污、远佞邪；迁司隶校尉（《后汉书·周举列传》）。

李固为广汉洛令，解印绶还家，杜门不交人事；为梁商辟为从事中郎（《后汉书·李固列传》）。

张衡作《请禁绝图谶疏》（《资治通鉴》卷五二）。

边韶二月作《河激颂》；是年前后作《塞赋》、《对嘲》。

按：《河激颂》曰："惟阳嘉三年二月丁丑……浚仪边韶字孝先颂。"

汉顺帝阳嘉四年　乙亥　135 年

科巴赫败亡。
犹太人大离散。

二月丙子,初听宦官得以养子为后,世袭封爵(《后汉书·顺帝本纪》)。
按:《资治通鉴》卷五二曰:"初,帝之复位,宦官之力也,由是有宠,参与政事。御史张纲上书曰:'窃寻文、明二帝,德化尤盛,中官常侍,不过两人,近幸赏赐,裁满数金,惜费重民,故家给人足。而顷者以来,无功小人,皆有官爵,非爱民重器、承天顺道者也。'书奏,不省。"
闰七月丁亥,日食(《后汉书·顺帝本纪》)。
十二月甲寅,京师地震(《后汉书·顺帝本纪》)。

罗马城台伯河上圣安吉洛桥约于此时建成。

梁商四月戊寅为大将军(《后汉书·顺帝本纪》)。
马融被大将军梁商表为从事中郎(《后汉书·马融列传》)。
崔瑗以疾辞梁商辟,举茂才,迁汲令(《后汉书·崔骃列传》)。
施延四月甲子免太尉(《后汉书·顺帝本纪》)。
庞参四月戊寅为太尉(《后汉书·顺帝本纪》)。
王逸为侍中(《后汉书·文苑列传上》)。
胡广复为汝南太守,入拜大司农(《后汉书·胡广列传》)。

张衡著《周官训诂》、《思玄赋》。
按:《后汉书·张衡列传》曰:"后迁侍中,帝引在帷幄,讽议左右。尝问衡天下所疾恶者。宦官惧其毁己,皆共目之,衡乃诡对而出。阉竖恐终为其患,遂共谗之。衡常思图身之事,以为吉凶倚伏,幽微难明,乃作《思玄赋》,以宣寄情志。……著《周官训诂》,崔瑗以为不能有异于诸儒也。又欲继孔子《易》说《彖》、《象》残缺者,竟不能就。"胡广《汉官篇解诂叙》曰:"至顺帝时平子为侍中,典校书,方作《周官解说》,乃欲以汉次述汉事。会复迁河间相,遂莫能立也。"孙文青《张衡年谱》(上海商务印书馆1935年版)系于是年。

王逸著《九思》。
按:《九思序》曰:"《九思》者,王逸之所作也。逸,南阳人。博雅多览。读《楚辞》而伤愍屈原,故为之作解。又以自屈原终没之后,忠臣介士,游览学者,读《离骚》《九章》之文,莫不怆然,心为悲感,高其节行,妙其丽雅。至刘向,王褒之徒,咸嘉其义,作赋骋辞,以赞其志,则皆列于谱录,世世相传。逸与屈原,同土共国,悼伤之情,与凡有异。窃慕向、褒之风,作颂一篇,号曰《九思》,以禅其辞,未有解说。故聊叙训谊焉。"陆侃如《中古文学系年》系于是年。

崔瑗著《汲县太公庙碑》。

汉顺帝永和元年　丙子　136 年

正月，夫余王来朝。乙卯，以地震诏群公百僚各上封事，指陈得失，靡有所讳。己巳，宗祀明堂，登灵台。改元永和，诏大赦天下。(《后汉书·顺帝本纪》)

罗马建"哈德良长城"于北不列颠。

伏无忌为侍中屯骑校尉，受诏与黄景校定中书《五经》、诸子百家、艺术。

按：《后汉书·伏侯宋蔡冯赵牟韦列传》曰："(伏湛)二子：隆、翕。翕嗣爵，卒，子光嗣。光卒，子晨嗣。晨谦敬博爱，好学尤笃，以女孙为顺帝贵人，奉朝请，位特进。卒，子无忌嗣，亦传家学，博物多识，顺帝时，为侍中屯骑校尉。永和元年，诏无忌与议郎黄景校定中书《五经》、诸子百家、艺术。"

杨厚时为侍中，上书言灾异、边患及人事之变。

按：《后汉书·杨厚列传》曰："永和元年，复上'京师应有水患，又当火灾，三公有免者，蛮夷当反畔'。是夏，洛阳暴水，杀千余人；至冬，承福殿灾，太尉庞参免；荆、交二州蛮夷贼杀长吏，寇城郭。又言'阴臣、近戚、妃党当受祸。'明年，宋阿母与宦者褒信侯李元等遘奸废退；后二年，中常侍张逵等复坐诬罔大将军梁商专恣，悉伏诛。每有灾异，厚辄上消救之法，而阉宦专政，言不得信。"

张衡由侍中出为河间相(《后汉书·张衡列传》)。

庞参十一月丙子以久病罢太尉(《后汉书·顺帝本纪》)。

王龚为太尉，上书请加放斥宦官，为黄门所诬，李固奏记梁商，得释(《后汉书·王龚列传》)。

崔琦举孝廉为郎，入梁冀幕(《后汉书·文苑列传上》)。

伏无忌与黄景作《诸王王子功臣恩泽侯表》、《南单于西羌传》、《地理志》。

按：刘知几《史通·古今正史》曰："复命侍中伏无忌与谏议大夫黄景作《诸王、王子、功臣、恩泽侯表》、《南单于西羌传》、《地理志》。"

崔琦作《外戚箴》讽梁冀，不听，复作《白鹄赋》以讽。

按：《后汉书·文苑列传上》曰："初举考廉，为郎。河南尹梁冀闻其才，请与交。冀行多不轨，琦数引古今成败以戒之，冀不能受。乃作《外戚箴》。……琦以言不从，失意，复作《白鹄赋》以为风。"刘汝霖《汉晋学术编年》(中华书局 1987 年版)、陆侃如《中古文学系年》系于是年。

张衡作《怨诗》。

按：张震泽《张衡诗文集校注·张衡年表》(上海古籍出版社 1986 年版)系于是年。

庞参卒,生年不详。参字仲达,河南缑氏人。举孝廉,为左校令。永初元年,使子上书邓骘,拜谒者。为汉阳太守,有惠政。元初元年,为护羌校尉。后为辽东太守、度辽将军、大鸿胪、太尉录尚书事,以忠直称。事迹见《后汉书》卷五一。

按:《后汉书·庞参列传》曰:"阳嘉四年,复以(庞)参为太尉。永和元年,以久病罢,卒于家。"

汉顺帝永和二年　丁丑　137 年

四月丙申,京师地震(《后汉书·顺帝本纪》)。

十月甲申,顺帝行幸长安。庚子,幸未央宫,会三辅郡守、都尉及官属,劳赐作乐(《后汉书·顺帝本纪》)。

十一月丙午,顺帝祠高庙。丁未,遂有事十一陵。丁卯,京师地震(《后汉书·顺帝本纪》)。

法真博通内外学,田弱上表举荐之。

按:《资治通鉴》卷五二曰:"冬,十月,甲申,上行幸长安。扶风田弱荐同郡法真博通内外学,隐居不仕,宜就加衮职。帝虚心欲致之,前后四征,终不屈。友人郭正称之曰:'法真名可得闻,身难得而见。逃名而名我随,避名而名我追,可谓百世之师者矣!'"胡三省注曰:"东都诸儒以《七纬》为内学,《六经》为外学。"《后汉书·逸民列传》曰:"法真字高卿,扶风郿人,南郡太守雄之子也。好学而无常家,博通内外图典,为关西大儒。弟子自远方至者,陈留范冉等数百人。性恬静寡欲,不交人间事。……辟公府,举贤良,皆不就。"

郭虔三月丁丑为司空(《后汉书·顺帝本纪》)。

赵岐大病,卧床七年始愈(《后汉书·赵岐列传》)。

王纯察孝廉,除郎(徐乃昌《续后汉儒林传补逸》)。

郑玄随母还家,为乡啬夫。其志不在美服盛饰,常诣学官读经。

按:《后汉书·郑玄列传》曰:"玄少为乡啬夫,得休归,尝诣学官,不乐为吏,父数怒之,不能禁。"李贤注引《郑玄别传》曰:"玄年十一二,随母还家,正腊会同列十数人。皆美服盛饰,语言闲通,玄独默然如不及。母私督责之,乃曰:'此非我志,不在所愿也。'"

张衡作《四愁诗》、《髑髅赋》、《冢赋》。

按:《文选·四愁诗序》曰:"时天下渐弊,郁郁不得志,为《四愁诗》,屈原以美人为君子,以珍宝为仁义,以水深雪雰为小人,思以道术相报,贻于时君,而惧谗邪不得以通。"《髑髅赋》仿《庄子·至乐》,言"死为休息,生为役劳";《冢赋》咏"幽墓既美,鬼神既宁"。孙文青《张衡年谱》(上海商务印书馆1935年版)系于是年。

王卓卒,生年不详。卓字仲远,河东解人。官光禄勋、司空。

按:《后汉书·顺帝本纪》曰:"(永和二年)三月……乙卯,司空王卓薨。"

范滂(　—169)、王允(　—192)、士燮(　—226)生(姜亮夫《历代人物年里碑传综表》)。

汉顺帝永和三年　戊寅　138年

二月乙亥,京师及金城、陇西地震(《后汉书·顺帝本纪》)。

闰四月己酉,京师地震(《后汉书·顺帝本纪》)。

九月丙戌,令大将军、三公各举故刺史、二千石及见令、长、郎、谒者、四府掾属刚毅武猛有谋谟任将帅者各2人,特进、卿、校尉各1人(《后汉书·顺帝本纪》)。

十二月戊戌朔,日食(《后汉书·顺帝本纪》)。

是年,宦官竞卖恩势,荐举所亲(《后汉书·顺帝本纪》)。

张衡上书乞骸骨,征拜尚书(《后汉书·张衡列传》)。

李固五月主安抚,反对发荆、扬、兖、豫卒镇压象林蛮,四府从之(《后汉书·南蛮列传》)。

黄尚八月己未免司徒(《后汉书·顺帝本纪》)。

刘寿九月辛酉为司徒(《后汉书·顺帝本纪》)。

吴祐以光禄四行迁胶东侯相,交识戴宏。

按:《后汉书·吴祐列传》曰:"祐以光禄四行迁胶东侯相。时济北戴宏父为县丞,宏年十六,从在丞舍。祐每行园,常闻讽诵之音,奇而厚之,亦与为友,卒成儒宗,知名东夏,官至酒泉太守。"

马融始著《周易》、《尚书》、《毛诗》、《仪礼》、《礼记》传。

按:陆侃如《中古文学系年》、刘跃进《秦汉文学编年史》系于是年。

张衡二月作《归田赋》。

按:张震泽《张衡诗文集校注·张衡年表》(上海古籍出版社1986年版)系于是年。

希腊阿里斯提得斯约于此前后著成《为基督教教义辩护》。

左雄卒,生年不详。雄字伯豪,南阳涅阳人。东汉政论家。安帝时,举孝廉,稍迁冀州刺史,永建初拜议郎,任尚书,迁尚书令,数上书言事主废除"一人犯法,举宗群亡"。迁司隶校尉。重经兴学,主吸收年六十以上的儒者为郎,公卿子弟通经者为童子郎。事迹见《后汉书》卷六一。

按:《后汉书·左雄列传》曰:"(左雄)后复为尚书。永和三年卒。"

汉顺帝永和四年　己卯　139 年

三月乙亥,京师地震(《后汉书·顺帝本纪》)。

五月戊辰,封故济北惠王刘寿子刘子安为济北王(《后汉书·顺帝本纪》)。

八月癸丑,遣光禄大夫案行禀贷,除更赋(《后汉书·顺帝本纪》)。

十月戊午,校猎上林苑,历函谷关而还(《后汉书·顺帝本纪》)。

十一月丙寅,顺帝幸广成苑(《后汉书·顺帝本纪》)。

梁商正月以《春秋》言狱。

按:《后汉书·梁商列传》曰:"永和四年,中常侍张逵、蘧政,内者令石光,尚方令傅福,冗从仆射杜永连谋,共谮商及中常侍曹腾、孟贲,云欲征诸王子,图议废立,请收商等案罪。……逵等知言不用,惧迫,遂出矫诏收缚腾、贲于省中。帝闻震怒,敕宦者李歙急呼腾、贲释之,收逵等,悉伏诛。辞所连染及在位大臣,商惧多侵枉,乃上疏曰:'《春秋》之义,功在元帅,罪止首恶,故赏不僭溢,刑不淫滥,五帝、三王所以同致康乂也。窃闻考中常侍张逵等,辞语多所牵及。大狱一起,无辜者众,死囚久系,纤微成大,非所以顺迎和气,平政成化也。宜早讫竟,以止逮捕之烦。'帝乃纳之,罪止坐者。"

马融上书言西羌事,上疏自劾。

按:《后汉书·马融列传》曰:"时西羌反叛,征西将军马贤与护羌校尉胡畴征之,而稽久不进。融知其将败,上疏乞自效,……朝廷不能用。……寻而陇西羌反,乌桓寇上郡,皆卒如融言。"刘汝霖《汉晋学术编年》(中华书局 1987 年版)系于是年。

荀爽 12 岁,通《春秋》、《论语》。

按:《后汉书·荀爽列传》曰:"幼而好学,年十二,能通《春秋》、《论语》。太尉杜乔见而称之,曰:'可为人师。'爽遂耽思经书,庆吊不行,征命不应。"

崔瑗作《河间相张平子碑》。

按:《水经注》卷三一曰:"淯水又南,洱水注之……又迳西鄂县南,水北有张平子墓。墓之东,侧坟有《平子碑》,文字悉是古文篆额,是崔瑗之辞。"

张衡卒(78—)。衡字平子,南阳西鄂人。张堪之孙。少善属文,通《五经》,贯六艺,性巧,善画。尤精于天文、历算、阴阳,常好玄经。永元中,举孝廉,不行;连辟公府,不就;大将军邓骘累召,不应。安帝时,公车特征,拜郎中,迁太史令。顺帝初,复为太史令。后迁侍中,讽谏顺帝左右。永和初,出为河间相。视事三年,征拜尚书。作浑天仪、候风地动仪。

《后汉书·张衡列传》载:"所著诗、赋、铭、七言、《灵宪》、《应间》、《七辩》、《巡诰》、《悬图》,凡三十二篇。"《隋书·经籍志三》载:"《灵宪》一卷,……《黄帝飞鸟历》一卷。"《隋书·经籍志四》载:"《张衡集》十一卷,梁十二卷,又一本十四卷。"此外,尚有《周官训诂》及《二京赋》、《思玄赋》、《归田赋》、《髑髅赋》、《冢赋》等赋。事迹见《后汉书》卷五九。

按:《后汉书·张衡列传》曰:"年六十二,永和四年卒。"张衡在天文学上有突出贡献:一、第一次明确提出无限宇宙的科学概念。他认为"宇之表无极,宙之端无穷",即空间无尽,时间无穷。二、宣传浑天说,制成水运浑象。关于宇宙的构成模式,汉代共有三说:盖天说、浑天说、宣夜说。衡乃浑天说的优秀代表,其《浑天仪图注》说:"浑天如鸡子。天体圆如弹丸,地如鸡中黄,天大而地小。天表里有水,天之包地,犹壳之裹黄。天地各乘气而立,载水而浮。"并制成水运浑象(即浑天仪,相当于现在天球仪)。三、进步的行星运动理论。认为行星运动的速度决定于其与地球的距离。四、对日、月食成因提出了科学解释。五、在恒星观测上的成就已达到现代水平。他在洛阳能看到二千五百颗亮星、微星一万一千五百二十颗。在地震学上,他创造了历史上第一架地动仪,以测地震发生之方位。乃地震学之鼻祖。在气象学上,他制造的候风仪能准确测出风力与风向,比外国"风信鸡"早千余年。在木制机械方面,他创造了指南车、记里鼓车、飞翔木雕。后人称为"木圣"。在数学上,其《算网论》是集大成的算术通论,他算出的圆周率是 3.1466,比前人精确。他绘有《地形图》,乃地理学家。他是模拟实验之先导。他还是文学家,在赋、七言诗上成就显著。其《二京赋》、《四愁诗》在文学史上有很高地位。还与赵岐、刘褒、蔡邕并称为东汉四大画家。

汉顺帝永和五年　庚辰　140 年

二月戊申,京师地震(《后汉书·顺帝本纪》)。
五月己丑,日食(《后汉书·顺帝本纪》)。
九月丁亥,徙西河郡居离石,上郡居夏阳,朔方居五原(《后汉书·顺帝本纪》)。

桓焉九月壬午为太尉(《后汉书·顺帝本纪》)。
胡广为大司农(《后汉书·胡广列传》)。
窦章迁少府(《后汉书·窦融列传》)。
李固为荆州刺史(《后汉书·李固列传》)。
桓麟 12 岁,以诗赋名世。

按:《后汉书集解》引惠栋曰:"《文士传》云:麟伯父焉为太尉,麟年十二,在坐,焉告客曰:此吾弟子,有异才,殊能做诗赋。客乃为诗曰:甘罗十二,杨乌九龄。昔有二子,今则桓生。麟即应声答曰:邈矣甘罗,超等绝伦。伊彼杨乌,命世称贤。嗟予蠢弱,殊才伟年。仰惭二子,俯愧过言。"

李固作《辟文学教》。
按:陆侃如《中古文学系年》系于是年。

王龚卒,生年不详。龚字伯宗,山阳高平人。举孝廉,为青州刺史,拜尚书,后为司隶校尉、汝南太守、太仆、太常、司空、太尉。政崇温和,好才爱士,举黄宪、陈蕃。事迹见《后汉书》卷五六。
按:《后汉书·王龚列传》曰:"永和元年,(王龚)拜太尉。……龚在位五年,以老病乞骸骨,卒于家。"

高彪(　—184)生。
按:高彪生年有140年之说(陆侃如《中古文学系年》人民文学出版社1985年版);有119—124年间之说(胡旭《〈汉令故外黄高君碑〉与高彪若干事迹辨正》,《文献》2008年2期)。今从陆侃如说。

侯瑾(　—约189)生(陆侃如《中古文学系年》、吴文治《中国文学史大事年表》)。

汉顺帝永和六年　辛巳　141年

九月辛亥,日食(《后汉书·顺帝本纪》)。
十月癸丑,徙安定居扶风,北地居冯翊(《后汉书·顺帝本纪》)。
是年,皇太后始入宗庙,与皇帝交献(《资治通鉴》卷五二)。

郭虔三月庚子免司空(《后汉书·顺帝本纪》)。
赵戒三月丙午为司空(《后汉书·顺帝本纪》)。
梁冀八月壬戌为大将军(《后汉书·顺帝本纪》)。
周举为谏议大夫。
按:《后汉书·周举列传》曰:"六年三月上巳日,商大会宾客,宴于洛水,举时称疾不往。商与亲昵酣饮极欢,及酒阑倡罢,继以《薤露》之歌,坐中闻者,皆为掩涕。太仆张种时亦在焉,会还,以事告举。举叹曰:'此所谓哀乐失时,非其所也,殃将及乎!'商至秋果薨。商疾笃,帝亲临幸,问以遗言。对曰:'人之将死,其言也善。臣从事中郎周举,清高忠正,可重任也。'由是拜举谏议大夫。"

皇甫规上书论西羌事,为郡功曹,举上计掾。后上疏乞自效,顺帝不用(《后汉书·皇甫规列传》)。

延笃举孝廉,为平阳侯相,寻以师丧弃官。
按:《后汉书·延笃列传》曰:"少从颍川唐溪典受《左氏传》,旬日能讽之,典深敬焉。又从马融受业，博通经传及百家之言，能著文章，有名京师。举孝廉，为平阳侯相。到官，表龚遂之墓，立铭祭祠，擢用其后于畎亩之间。以师丧弃官奔赴，五府并辟不就。"陆侃如《中古文学系年》(人民文学出版社1985年版)系于是年。

李固徙泰山太守(《后汉书·李固列传》)。

崔瑗迁济北相，李固奉书致礼(《后汉书·崔骃列传》)。

张陵客蜀，学道鹤鸣山中，创五斗米教。

按：《后汉书·张鲁列传》曰："陵，顺帝时客于蜀，学道鹤鸣山中，造作符书，以惑百姓。受其道者辄出米五斗，故谓之'米贼'。"刘汝霖《汉晋学术编年》(中华书局1987年版)系于是年。

李固作《恤奉高令丧事教》《祀胡母先生教》。

按：陆侃如《中古文学系年》系于是年。

梁商卒，生年不详。商字伯夏，统曾孙，雍子，竦孙。少持《韩诗》，兼读众书传记。少以外戚为郎中、黄门侍郎袭封乘氏侯。迁侍中、屯骑校尉、特进、执金吾、大将军，为人谦柔，虚己进贤，辟李固、周举、巨览、陈龟。谥忠侯。事迹见《后汉书》卷三四。

按：《后汉书·梁统列传》曰："六年秋，商病笃，敕子冀等曰……及薨，帝亲临丧，诸子欲从其诲，朝廷不听。"

黄琬(　　—192)生(吴海林、李延沛《中国历史人物生卒年表》)。

汉顺帝汉安元年　壬午　142年

正月癸巳，顺帝宗祀明堂，诏大赦天下，改元汉安(《后汉书·顺帝本纪》)。

二月丙辰，诏大将军、公卿举贤良方正、能探赜索隐者各1人(《后汉书·顺帝本纪》)。

八月丁卯，遣侍中杜乔，光禄大夫周举，守光禄大夫郭遵、冯羡、栾巴、张纲、周栩、刘班等8人分行州、郡，班宣风化，举实臧否(《后汉书·顺帝本纪》)。

十一月癸卯，诏大将军、三公选武猛任将校者各1人(《后汉书·顺帝本纪》)。

黄琼奏请增孝悌、能从政者，合儒学、文吏四科取士。

按：《后汉书·黄琼列传》曰："琼以前左雄所上孝廉之选，专用儒学文吏，于取士之义，犹有所遗，乃奏增孝悌及能从政者为四科，事竟施行。"

罗马始筑"安东尼长城"于苏格兰南部。

周举为侍中,与侍中杜乔、守光禄大夫周栩、前青州刺史冯羡、尚书栾巴等分行州郡。

按:《后汉书·周举列传》曰:"时,诏遣八使巡行风俗,皆选素有威名者,乃拜举为侍中,与侍中杜乔、守光禄大夫周栩、前青州刺史冯羡、尚书栾巴、侍御史张纲、兖州刺史郭遵、太尉长史刘班,并守光禄大夫,分行天下。"

杜乔徇察兖州,表奏太山太守李固政为天下第一;还,拜太子太傅,迁大司农。

按:《后汉书·杜乔列传》曰:"汉安元年,以乔守光禄大夫,使徇察兖州。表奏太山太守李固政为天下第一;陈留太守梁让、济阴太守汜宫、济北相崔瑗等臧罪千万以上。让即大将军梁冀季父,宫、瑗皆冀所善。还,拜太子太傅,迁大司农。"

李固以泰山太守迁将作大匠,上疏陈事,举荐杨伦、尹存、王恽、何临、房植、杨厚、黄琼、周举等。

按:袁宏《后汉纪》卷一九曰:"汉安元年……秋八月,遣光禄大夫张纲,侍中杜乔等八人持节循行天下,表贤良,显忠勤……侍中杜乔奏……荐泰山太守李固,在郡忠能。征固为将作大匠,固亦直不挠,好推贤士,上疏曰……天子纳焉。"《后汉书·李固列传》曰:"迁将作大匠。上疏陈事……又荐陈留杨伦、河南尹存、东平王恽、陈国何临、清河房植等。是日有诏征用伦、(杨)厚等,而迁(黄)琼、(周)举,以固为大司农。"

刘寿十月辛未以日食免司徒(《后汉书·顺帝本纪》)。

桓焉十月辛未以日食免太尉(《后汉书·顺帝本纪》)。

胡广十一月壬午为司徒(《后汉书·顺帝本纪》)。

赵峻十一月壬午为太尉(《后汉书·顺帝本纪》)。

张楷被诏征,不至。

按:《后汉书·张霸列传》曰:"汉安元年,顺帝特下诏告河南尹曰:'故长陵令张楷行慕原宪,操拟夷、齐,轻贵乐贱,窜迹幽薮,高志确然,独拔群俗。前比征命,盘桓未至,将主者玩习于常,优贤不足,使其难进欤?郡时以礼发遣。'楷复告疾不到。"

陈重、雷义俱学《鲁诗》、《严氏春秋》。

按:《后汉书·独行列传》曰:"陈重字景公,豫章宜春人也。少与同郡雷义为友,俱学《鲁诗》、《颜氏春秋》。"姑系于此年。

魏伯阳著《周易参同契》。

按:魏伯阳,生卒年不详,名翱,号云牙子,会稽上虞人。通贯诗律,博赡文词,修真养志,性好道术,通诸纬候。此书简称《参同契》,道教早期经典,被视为"丹经之祖"。全书托易而论炼丹,参同"大易"、"黄老"、"炉火"三家之理而会归于一,以乾坤为鼎器,以阴阳为堤防,以水火为化机,以五行为辅助,以玄精为丹基等等,从而阐明炼丹的原理和方法,是道教最早的系统论述炼丹的经籍。历代注家主要有后蜀彭晓《周易参同契分章通真义》、宋朱熹《周易参同契考异》、宋陈显微《周易参同契解》、元俞琰《周易参同契发挥》等,均辑入在《正统道藏》太玄部。还著有《周易五相类》1卷、《大丹记》1卷、《七返灵砂诀》1卷、《内经》1卷、《大丹九转歌诀》1卷、《火鉴周天图》1卷、《龙虎丹诀》1卷、《感应诀》1卷、《百章集》1卷、《太上金碧经注》1卷、《蓬莱山东西灶还丹歌》。

郑玄著《嘉禾颂》等二篇。

按：《太平御览》卷八三九引《郑玄别传》曰："玄年十六，号曰神童。民有献嘉禾者，欲表府，文辞鄙略。玄为改作，又著颂一篇。侯相高其才，为修寇礼。"刘汝霖《汉晋学术编年》（中华书局1987年版）系于是年。

刘表（ —208）、王烈（ —219）、杨彪（ —225）生（吴海林、李延沛《中国历史人物生卒年表》）。

汉顺帝汉安二年　癸未　143年

二月丙辰，鄯善国遣使贡献（《后汉书·顺帝本纪》）。

六月丙寅，立南匈奴守义王兜楼储为南单于（《后汉书·顺帝本纪》）。

十月甲辰，减百官奉。丙午，禁沽酒，又贷王、侯国租一岁（《后汉书·顺帝本纪》）。

是岁，凉州地震（《后汉书·顺帝本纪》）。

边韶为尚书侍郎，与太史令虞恭、治历宗䜣论历。

按：《后汉书·律历志中》载边韶言曰："世微于数亏，道盛于得常。数亏则物衰，得常则国昌。孝武皇帝摅发圣思，因元封七年十一月甲子朔旦冬至，乃诏太史令司马迁、治历邓平等更建《太初》，改元易朔，行夏之正，《乾凿度》八十一分之四十三为日法。设清台之候。验六异，课效最密，《太初》为最。其后刘歆研机极深，验之《春秋》，参以《易》道，以《河图帝览嬉》、《雒书乾曜度》推广《九道》，百七十一岁进退六十三分，百四十四岁一超次，与天相应，少有阙谬。从太初至永平十一年，百七十一岁，进退余分六十三，治历者不知处之。推得十二度弦望不效，挟废术者得窜其说。至元和二年，小终之数浸过，余分稍增，月不用晦朔而先见。孝章皇帝以《保乾图》'三百年斗历改宪'，就用《四分》。以太白复枢甲子为癸亥，引天从算，耦之目前。更以庚申为元，既无明文；托之于获麟之岁，又不与《感精符》单阏之岁同。史官相代，因成习疑，少能钩深致远。案弦望足以知之。"

蔡玄特诏征拜议郎，讲论《五经》异同，合帝意，迁侍中，出为弘农太守，后卒官。

按：《后汉书·儒林列传下》曰："蔡玄字叔陵，汝南南顿人也。学通《五经》，门徒常千人，其著录者万六千人。征辟并不就。顺帝特诏征拜议郎，讲论《五经》异同，甚合帝意。迁侍中，出为弘农太守，卒官。"

郑玄见大风而知当有火灾（《世说新语·文学》刘孝标注引《玄别传》）。

窦章转大鸿胪（《后汉书·窦融列传》）。

崔瑗以臧罪征诣廷尉，得理出（《后汉书·崔骃列传》）。

张纲为广陵太守（《后汉书·张皓列传》）。

崔寔隐居父墓侧（《后汉书·崔骃列传》）。

许慎著《六韬注》。

按：张震泽《许慎年谱》（辽宁大学出版社1986年版）系于是年。

崔瑗卒(78—   )。瑗字子玉，涿郡安平人。崔骃中子。东汉文学家、书法家。早孤，锐志好学，能传父业。从贾逵学，明天官、历数、《京房易传》、六日七分。诸儒宗之。与马融、张衡友。为济北相。其《南阳文学官志》称于后世。善章草，被誉为古代善章草第一人、"草贤"。著有《杂帖》、《草书势》，乃我国较早的书法理论著作，探讨草书艺术特点和规律，提出"放逸生奇"、"一画不能移"等草书创作原理。他还传下"八法"。又著《叙箴》、《尚书箴》、《博士箴》等。高于文辞，尤善为书、记、箴、铭，作品凡57篇。事迹见《后汉书》卷五二。

按：《后汉书·崔瑗列传》曰："汉安初，大司农胡广、少府窦章共荐瑗宿德大儒，从政有迹，不宜久在下位，由此迁济北相。……岁余，光禄大夫杜乔为八使，徇行郡国，以臧罪奏瑗，征诣廷尉。瑗上书自讼，得理出。会病卒，年六十六。"张怀瓘《书断》曰："崔瑗……以顺帝汉安二年卒，年六十六。"故当卒于此年。陆侃如《中古文学系年》系于此年。

张纲卒(98—   )。纲字文纪，犍为武阳人。张皓子。少明经学，厉布衣之节，举孝廉不就，司徒辟为侍御史。数犯宦官、外戚。官至广陵太守。事迹见《后汉书》卷五六。

曹娥卒(130—   )。娥，会稽上虞人。孝女。父溺死于江，不得尸，娥沿江号哭七日，投江死。

按：《后汉书·列女传》曰："孝女曹娥者，会稽上虞人也。父盱，能弦歌，为巫祝。汉安二年五月五日，于县江溯涛婆娑迎神，溺死，不得尸骸。娥年十四，乃沿江号哭，昼夜不绝声，旬有七日，遂投江而死。至元嘉元年，县长度尚改葬娥于江南道傍，为立碑焉。"《曹娥碑》，邯郸淳作诔，蔡邕题碑，王羲之曾书之。

桓焉卒，生年不详。焉字叔元，郁子。少以父任为郎。明经笃行，有名称。入授《尚书》于禁中，为安帝师，弟子传业者数百人，黄琼、杨赐最知名。事迹见《后汉书》卷三七。

按：《后汉书·桓荣列传》曰："永和五年，(桓焉)代王龚为太尉。汉安元年，以日食免。明年，卒于家。"

王延寿(—163)生(陆侃如《中古文学系年》)。

汉顺帝汉安三年　建康元年　甲申　144年

正月辛丑，因并州地震，遣光禄大夫案行，宣畅恩泽，惠此下民，勿为烦扰(《后汉书·顺帝本纪》)。

四月辛巳,立皇子刘炳为太子,改元建康,诏大赦天下(《后汉书·顺帝本纪》)。

八月庚午,顺帝崩于玉堂前殿,时年三十。皇太子刘炳嗣位,是为孝冲皇帝,母曰虞贵人,太后梁氏临朝称制(《后汉书·顺帝本纪》)。

按:顺帝刘保(115—144),安帝子。少从桓焉受《欧阳尚书》。更修学舍,试明经下第补弟子,增甲乙之科员各十人,除郡国耆儒皆补郎、舍人。

九月丙午,葬孝顺皇帝于宪陵,庙曰敬宗。庚戌,诏三公、特进、侯、卿、校尉,举贤良方正、幽逸修道之士各1人,百僚皆上封事(《后汉书·顺帝本纪》)。

黄琼上疏请行籍田礼(袁宏《后汉纪》卷一九)。

赵峻八月丁丑为太傅(《后汉书·顺帝本纪》)。

李固八月丁丑以大司农擢太尉,参录尚书事,作书荐杨淮,上疏救种暠(《后汉书·顺帝本纪》)。

张奂九月庚戌举贤良方正,拜议郎(《后汉书·张奂列传》)。

皇甫规九月庚戌举贤良方正(《后汉书·皇甫规列传》)。

朱穆入梁冀幕,因拜宛陵令(《后汉书·朱穆列传》)。

滕抚顺帝时仕州郡,迁涿令(《后汉书·滕抚列传》)。

窦章自免官(《后汉书·窦融列传》)。

栾巴坐以谏顺帝宪陵事下狱,抵罪,禁锢还家(《后汉书·杜栾刘李刘谢列传》)。

马融始著《周官传》。

按:惠栋《后汉书补注》卷一四引融《周官传叙》曰:"惟念前业未毕者惟《周官》,年六十六,目瞑意倦,自力补之,谓之《周官传》也。"陆侃如《中古文学系年》系于是年。

于吉、宫崇编《太平经》。

按:《太平经》原名《太平清领书》,又名《太平青籙书》、《太平真经》、《太平道经》,170卷。《太平经》是原始道教的主要经典,"其言以阴阳五行为家,而多巫觋杂语",欲使人世太平。对东汉末年五斗米道、太平道的兴起、发展有重要影响。通行本有:1、明正统十年(1445)道藏57卷本;2、1923年上海函芬楼影印本;3、1960年中华书局《太平经合校》排印本;1987年文物出版社本。又,于吉,北海(今山东寿光东南)人,或以为蜀(今四川西部)、琅琊人。从帛和受《太平本文》,后与弟子宫崇将其扩成170卷。宫崇,一作宫嵩,琅琊人。顺帝时至长安献《太平清领书》,被有司斥为妖妄不经,被收藏。

窦章卒,生年不详。章字伯向,窦融玄孙。少好学,有文章。与马融、崔瑗同好,更相推荐。居贫孝养,讲读不辍。为校书郎、长水校尉、羽林郎将、屯骑都尉、少府、大鸿胪。有集2卷。事迹见《后汉书》卷二三。

按:《后汉书·窦融列传》曰:"建康元年,梁后称制,(窦)章自免,卒于家。"

小亚人马西昂创立基督教马西昂教派。

汉冲帝刘炳永嘉元年　乙酉　145 年

正月戊戌,冲帝崩于玉堂前殿,年三岁。清河王刘蒜征至京师。丁巳,大将军梁冀与太后立渤海王刘鸿之子刘缵为皇帝,是为孝质皇帝(《后汉书·冲帝本纪》)。

按:《资治通鉴》卷五二曰:"春,正月,戊戌,帝崩于玉堂前殿。……征清河王蒜及渤海孝王鸿之子缵皆至京师。蒜父曰清河恭王延平;延平及鸿皆乐安夷王宠之子,千乘贞王伉之孙也。清河王为人严重,动止有法度,公卿皆归心焉。……冀不从,与太后定策禁中。丙辰,冀持节以王青盖车迎缵入南宫。丁巳,封为建平侯。其日,即皇帝位,年八岁。蒜罢归国。"《后汉书·质帝本纪》曰:"孝质皇帝讳缵,肃宗玄孙。曾祖父千乘贞王伉,祖父乐安夷王宠,父渤海孝王鸿,母陈夫人。"

己未,葬孝冲皇帝于怀陵。甲申,谒高庙。乙酉,谒光武庙(《后汉书·冲帝本纪》)。

二月乙酉,诏大赦天下(《后汉书·冲帝本纪》)。

十一月丙午,历阳华孟自称"黑帝",攻杀九江太守杨岑,滕抚率诸将斩杀之(《后汉书·冲帝本纪》)。

李固议冲帝丧及山陵,梁冀使人飞章诬固。太后不听,得免。

按:《后汉书·李固列传》曰:"明年帝崩,梁太后以杨、徐盗贼盛强,恐惊扰致乱,使中常侍诏固等,欲须所征诸王侯到乃发丧。固对曰……太后从之,即暮发丧。固以清河王蒜年长有德,欲立之,谓梁冀曰:'今当立帝,宜择长年高明有德,任亲政事者,愿将军审详大计,察周、霍之立文、宣,戒邓、阎之利幼弱。'冀不从,乃立乐安王子缵,年八岁,是为质帝。时,冲帝将北卜山陵。固乃议曰:'今处处寇贼,军兴用费加倍,新创宪陵,贼发非一。帝尚幼小,可起陵于宪陵茔内,依康陵制度,其于役费三分减一。'乃从固议。时太后以比遭不造,委任宰辅,固所匡正,每辄从用,其黄门宦者一皆斥遣,天下咸望遂平,而梁冀猜专,每相忌疾。初,顺帝时诸所除官,多不以次,及固在事,奏免百余人。此等既怨,又希望冀旨,遂共作飞章虚诬固罪……书奏,冀以白太后,使下其事。太后不听,得免。"

皇甫规托疾免郎中,归里,以《诗》、《易》教授门徒。

按:《后汉书·皇甫规列传》曰:"冲、质之间,梁太后临朝,规举贤良方正。对策曰……梁冀忿其刺己,以规为下第,拜郎中。托疾免归,州郡承冀旨,几陷死者再三。遂以《诗》、《易》教授,门徒三百余人,积十四年。后梁冀被诛,旬月之间,礼命五至,皆不就。"

马融迁从事中郎(《后汉书·马融列传》)。

朱穆复为大将军掾。

按:惠栋《后汉书补注》卷十一曰:"朱公权《鼎铭》曰……用拜宛陵令,非其好也,遂以疾辞,复辟大将军。"

冯绲持节督扬州诸郡军事,与中郎将滕抚击破群贼,迁陇西太守(《后汉书·冯绲列传》)。

赵峻卒,生年不详。峻字伯师,下邳徐人。官司隶校尉、太尉、太傅。

按:朱学西、张绍勋、张习礼《中国历史大事编年》(第1卷)(北京出版社1987年版)系于是年。

汉质帝刘缵本初元年　丙戌　146年

四月庚辰,梁太后诏令郡国举明经、诣太学(《后汉书·质帝本纪》)。

按:《后汉书·质帝本纪》曰:"令郡国举明经,年五十以上、七十以下诣太学。自大将军至六百石,皆遣子受业,岁满课试,以高第五人补郎中,次五人太子舍人。又千石、六百石、四府掾属、三署郎、四姓小侯先能通经者,各令随家法,其高第者上名牒,当以次赏进。"《后汉书·儒林列传》曰:"本初元年,梁太后诏曰:'大将军下至六百石,悉遣子就学,每岁辄于乡射月一飨会之,以此为常。'自是游学增盛,至三万余生。然章句渐疏,而多以浮华相尚,儒者之风盖衰矣。党人既诛,其高名善士多坐流废,后遂至忿争,更相告讦,亦有私行金货,定兰台漆书经字,以合其私文。"

五月庚寅,徙乐安王为渤海王。戊申,使谒者案行,收葬乐安、北海人为水所漂没死者,又禀给贫羸(《后汉书·质帝本纪》)。

六月丁巳,诏大赦天下(《后汉书·质帝本纪》)。

闰六月甲申,大将军梁冀鸩杀质帝,年九岁。庚寅,立蠡吾侯刘志为皇帝,是为孝桓皇帝。梁太后仍临朝政(《后汉书·质帝本纪》)。

按:《资治通鉴》卷五三曰:"帝少而聪慧,尝因朝会,目梁冀曰:'此跋扈将军也!'冀闻,深恶之。闰月,甲申,冀使左右置毒于煮饼以进之。帝苦烦甚,使促召太尉李固。固入前,问帝得患所由;帝尚能言,曰:'食煮饼。今腹中闷,得水尚可活。'时冀亦在侧,曰:'恐吐,不可饮水。'语未绝而崩。"

又按:《后汉书·儒林列传下》曰:"自桓、灵之间,君道秕僻,朝纲日陵,国隙屡启,自中智以下,靡不审其崩离;而权强之臣,息其窥盗之谋,豪俊之夫,屈于鄙生之议者,人诵先王言也,下畏逆顺势也。至如张温、皇甫嵩之徒,功定天下之半,声驰四海之表,俯仰顾眄,则天业可移,犹鞠躬昏主之下,狼狈折札之命,散成兵,就绳约,而无悔心,暨乎剥桡自极,人神数尽,然后群英乘其运,世德终其祚。迹衰敝之所由致,而能多历年所者,斯岂非学之效乎?故先师垂典文,褒励学者之功,笃矣切矣。不循《春秋》,至乃比于杀逆,其将有意乎!"

七月乙卯,葬孝质皇帝于静陵。辛巳,谒高庙、光武庙。丙戌,诏令秩满百石、十岁以上,有殊才异行,乃得参选孝廉;臧吏子孙,不得察举,杜绝邪伪请托之原,令廉白守道者得申其操(《后汉书·质帝本纪》)。

九月戊戌,追尊皇祖河间孝王曰孝穆皇,夫人赵氏曰孝穆皇后,皇考蠡吾侯曰孝崇皇(《后汉书·质帝本纪》)。

十月甲午,尊皇母匽氏为孝崇博园贵人(《后汉书·质帝本纪》)。

赵戒闰六月戊子为司徒,与大将军梁冀参录尚书事(《后汉书·质帝本纪》)。

袁汤闰六月戊子为司空(《后汉书·质帝本纪》)。

胡广闰六月戊子为太尉,录尚书事。以定策立桓帝,封育阳安乐乡侯(《后汉书·质帝本纪》)。

李固闰六月丁亥以议立嗣事,与梁冀异,被免太尉,遣三子归里(《后汉书·李固列传》)。

朱穆七月奏记以劝诫梁冀(《后汉书·朱穆列传》)。

崔琦著文讽梁冀,遣归(《后汉书·文苑列传上》)。

杨厚被古礼特聘,辞疾不就(《后汉书·杨厚列传》)。

崔寔父丧满服,辞三公辟(《后汉书·崔骃列传》)。

汉桓帝刘志建和元年　丁亥　147年

罗马安东尼立储马可·奥勒。

正月辛亥,日食,诏三公、九卿、校尉各言得失。戊午,诏大赦天下(《后汉书·桓帝本纪》)。

四月庚寅,京师地震,诏大将军、公、卿、校尉举贤良方正、能直言极谏者各1人,命列侯、将、大夫、御史、谒者、千石、六百石、博士、议郎、郎官骼上封事,指陈得失。诏大将军、公、卿、郡国举至孝笃行之士各1人(《后汉书·桓帝本纪》)。

八月乙未,立皇后梁氏(《后汉书·桓帝本纪》)。

九月丁卯,京师地震(《后汉书·桓帝本纪》)。

十一月,济阴言有五色大鸟见于己氏。清河刘文反,杀国相射暠,欲立清河王刘蒜为天子;事觉伏诛。刘蒜坐贬为尉氏候,徙桂阳,自杀。陈留盗贼李坚自称皇帝,伏诛(《后汉书·桓帝本纪》)。

是年,诏课试诸学生。年十六以上,比郡国明经,试次第上名:高第15人、上第16人,为郎中;中第17人,为太子舍人;下第17人,为王家郎(《后汉书·桓帝本纪》)。

周福以桓帝师迁尚书。

按:《后汉书·党锢列传》曰:"初,桓帝为蠡吾侯,受学于甘陵周福,及即帝位,擢福为尚书。时同郡河南尹房植有名当朝,乡人为之谣曰:'天下规矩房伯武,因师获印周仲进。'二家宾客,互相讥揣,遂各树朋徒,渐成尤隙,由是甘陵有南北部,党人之议,自此始矣。"

杨秉以明《尚书》征入劝讲(《后汉书·杨震列传》)。

桓麟桓帝初为议郎,入侍讲禁中,以直道忤左右,出为许令,病免(《后汉书·桓荣列传》)。

马融为梁冀诬奏李固(《后汉书·马融列传》)。

李固为梁冀所诬下狱,为门生所救,出狱后仍为梁冀所杀。

按:《后汉书·李固列传》曰:"后岁余,甘陵刘文、魏郡刘鲔各谋立蒜为天子,梁冀因此诬固与文、鲔共为妖言,下狱。门生勃海王调贯械上书,证固之枉,河内赵承等数十人亦要锧锧诣阙通诉,太后明之,乃赦焉。及出狱,京师市里皆称万岁。冀闻之大惊,畏固名德终为己害,乃更据奏前事,遂诛之,时年五十四。"

杜乔为梁冀所诬下狱死(《后汉书·杜乔列传》)。

荀淑对策,为大将军梁冀所忌,出补朗陵侯相(《后汉书·荀淑列传》)。

吴祐为梁冀长史,与冀、马融争李固事,出为河间相,自免归里,不复仕,以经书教授(《后汉书·吴祐列传》)。

赵戒以定策封厨亭侯(《后汉书·五行传一》)。

胡广六月罢太尉,十月为司空(《后汉书·桓帝本纪》)。

袁汤十月为司徒(《后汉书·桓帝本纪》)。

朱穆为侍御史。

按:《后汉书·朱穆列传》曰:"明年严鲔谋立清河王蒜,又黄龙二见沛国。冀无术学,遂以穆'龙战'之言为应,于是请(种)暠为从事中郎,荐(乐)巴为议郎,举穆高第,为侍御史。"李贤注引《续汉书》曰:"穆举高第,拜侍御史。桓帝临辟雍,行礼毕,公卿出,虎贲置弓阶上,公卿下阶皆避弓。穆过,呵虎贲曰:'执天子器,何故投于地!'虎贲怖,即摄弓。穆劾奏虎贲抵罪,公卿皆惭,曰'朱御史可谓临事不惑者也'。"

种暠为从事中郎(《后汉书·朱穆列传》)。

崔寔以郡举征诣公车,病不对策,除为郎(《后汉书·崔骃列传》)。

边韶为临颖侯相(《后汉书·文苑列传上》)。

郑玄至京师求学。

按:《后汉书·郑玄列传》曰:"遂造太学受业,师事京兆第五元先,始通《京氏易》、《公羊春秋》、《三统历》、《九章算术》。又从东郡张恭祖受《周官》、《礼记》、《左氏春秋》、《韩诗》、《古文尚书》。"刘汝霖《汉晋学术编年》(中华书局1987年版)、刘跃进《秦汉文学编年史》(商务印书馆2006年版)定于是年。

高彪从许慎受《春秋左氏》。

按:张震泽《许慎年谱》(辽宁大学出版社1986年版)定于是年。

尹珍从许慎受《五经》。

按:张震泽《许慎年谱》(辽宁大学出版社1986年版)定于是年。

魏伯阳授《参同契》于淳于义,遂行于世(《周易五相类·序》)。

安世高自安息至洛阳,专注于佛经汉译。

按:安世高,本名为清,字世高,本名清,以字行,出家前为安息国(亚洲西部的古国,领有伊朗高原与两河流域)的王太子。《高僧传》卷一曰:"安清字世高,安息国王正后之太子也。……以汉桓之初始到中夏。"宋释志磐《佛祖统纪》卷三五系于建和二年，元释念常《佛祖通载》卷六系安世高来华于己丑年(建和三年)。至灵帝建宁中，安世高20余年间译出30余部，百余万言，其中《五十校计经》为可考的最早的汉译佛经。《出三藏记集》称安译有40余部，数百万言。据蒋维乔《中国佛教史》，从本年到南朝宋文帝元嘉末年的300年内，来中国的西域僧人有60多人。在安世高之前，佛经只有零星汉译，此后，佛经汉译才有规模。

马融作《大将军西第颂》(《后汉书·马融列传》)。
　　按：陆侃如《中古文学系年》系于是年。
支娄迦谶至洛阳，译《阿閦佛国经》。
　　按：《高僧传》卷一曰："支娄迦谶，亦直云支谶，本月支人。操行纯深，性度开敏，禀持法戒，以精勤著称。讽诵群经，志存宣法。汉灵帝时游于洛阳，以光和、中平之间，传译梵文，出《般若道行》、《般舟首》、《楞严》等三经。"刘汝霖《汉晋学术编年》(中华书局1987年版)系于是年。

李固卒(94—　)。固字子坚，汉中南郑人。李郃子。少好学，常步行千里寻师，遂究览坟籍，结交英贤。四方有志之士，多慕其风而来学。习《五经》，明于风角、星算、《河图》、谶纬。官至太尉，上疏陈事，荐贤黜邪。著章、表、奏议、教令、对策、记、铭凡11篇。事迹见《后汉书》卷六三。
　　按：朱学西、张绍勋、张习礼《中国历史大事编年》(第1卷)(北京出版社1987年版)系于此年。梁冀恐李固名终为害，诛之。固临命与胡广、赵戒书。弟子赵承等论其言迹以为《德行》一篇。《续汉志》："顺帝之末，京都童谣曰：'直如弦，死道边，曲如钩，反封侯。'曲如钩谓梁冀、胡广等。直如弦谓李固等。"
桓麟卒(107—　)。麟字元凤，桓荣曾孙，郁孙。沛郡龙亢人。早有才惠。桓帝初，为议郎，入侍讲禁中。出为许令，病免。著碑、诔、书、说、赞21篇，有《桓麟集》2卷。事迹见《后汉书》卷三七。
杜乔卒，生年不详。乔字叔荣，河南林虑人。少好学，治《京氏易》、《欧阳尚书》、《韩诗》，以孝称。任南郡太守、东海相、侍中、太子太傅、大司农、光禄勋，官至太尉，以正直闻。事迹见《后汉书》卷六三。
　　按：唐晏《两汉三国学案》(中华书局1965年版)、朱学西、张绍勋、张习礼《中国历史大事编年》(第1卷)(北京出版社1987年版)均系于是年。

汉桓帝建和二年　戊子　148年

正月甲子，桓帝加元服。庚午，诏大赦天下(《后汉书·桓帝本纪》)。
三月戊辰，桓帝从皇太后幸大将军梁冀府(《后汉书·桓帝本纪》)。
四月丙子，封桓帝弟刘硕为平原王，奉孝崇皇祀。尊孝崇皇夫人马氏为孝崇园贵人(《后汉书·桓帝本纪》)。

六月,改清河为甘陵,立安平王刘得子经侯刘理为甘陵王(《后汉书·桓帝本纪》)。

十月,长平陈景自号"黄帝子",署置官属,又南顿管伯亦称"真人",并图举兵,悉伏诛(《后汉书·桓帝本纪》)。

马融为南郡太守(《后汉书·马融列传》)。

崔琦除为临济长,以梁冀专横,不敢就职,解印去(《后汉书·文苑列传上》)。

郑玄始注《礼》。

按:陈邦福《卢子幹年谱》(《中国学报》1916年第1—2期)系于是年。

许慎卒(67—)。慎字叔重,汝南召陵人。贫寒好学,师贾逵,友马融。博通经籍,时人曰:"《五经》无双许叔重"。由郡功曹举孝廉,任太尉南阁祭酒。著有《说文解字》15卷、《五经异义》、《淮南鸿烈解诂》、《六韬注》等。事迹见《后汉书》卷七九下。

按:关于许慎卒年,有两说:一谓其卒于安帝朝,一谓其卒于桓帝朝。唐张怀瓘、宋洪适、清钱大昕持前说,《辞源》定其生卒年为30—124。清严可均、陶方琦、诸可宝持后说,《辞海》定其生卒年为58—147。洪亮吉根据许冲《上说文解字书》云"《古文孝经》者,给事中议郎卫宏所校,皆口传,官无其说",认为许慎必生于东汉初光武帝建武四年公元28年。诸可宝《许君疑年录》说许慎之子许冲《上说文解字书》时,其年龄应是三十以上,又按汉制二十而娶,次年生子来推断,该年许慎必逾六十;许冲《上说文解字书》是安帝建光元年公元121年,以此推断,许慎应生于光武帝建武三十年公元54年。严可均《许君事迹考》根据《说文解字·后叙》作于永元十二年公元69年,认为"彼时许君不得甚少,即使未年三十,亦必生于明帝朝公元58—70年也"。陶方琦《许君年表》根据对许慎师友贾逵、马融的生平的考证,也认为许慎生于明帝初年公元58年。张震泽《许镇年谱》基本同意陶方琦之说,但也认为陶说有不妥之处。《后汉书·许慎传》曰:"初,慎以《五经》传说臧否不同,于是撰为《五经异义》。"陶说认为"初者,少时也",但张震泽认为"初概指卒前之事",有鉴于此,再印证许冲《上说文解字书》,认为许慎生于明帝永平十年公元67年更为接近事实。

荀悦(—209)生。

按:根据《后汉书·荀悦列传》,荀悦卒于建安十四年,时年62岁,逆推生于本年。

汉桓帝建和三年　己丑　149年

四月丁卯,日食(《后汉书·桓帝本纪》)。

六月庚子,诏大将军、三公、特进、侯,其与卿、校尉举贤良方正、直言极谏之士(《后汉书·桓帝本纪》)。

张歆十月为司徒(《后汉书·桓帝本纪》)
赵戒十月免太尉(《后汉书·桓帝本纪》)。
袁汤十月为太尉(《后汉书·桓帝本纪》)。
杨厚以梁太后复诏征之,不至。

按:《后汉书·杨厚列传》曰:"建和三年,太后复诏征之,经四年不至。"

张楷以诏安车备礼聘,辞以疾,不行(《后汉书·张霸列传》)。

朱穆贬为郎中,师事赵康。

按:惠栋《后汉书补注》卷十一曰:"朱公权《鼎铭》曰:……矫枉董直,罔肯阿顺,以黜其位,潜于郎中……案穆为侍御史,以不肯阿顺免官,后为郎中……范史皆不载也。"《后汉书·朱穆列传》曰:"时,同郡赵康叔盛者,隐于武当山,清静不仕,以经传教授。穆时年五十,乃奉书称弟子。及康殁,丧之如师。其尊德重道,为当时所服。"

朱穆作《崇厚论》、《绝交论》、《与刘伯宗绝交诗》。

按:朱穆同郡赵康叔盛者,隐于武当山,清静不仕,以经传教授。穆时年五十,乃奉书称弟子。及赵康殁,丧之如诗。其尊德重道,为当时所服。朱穆常感时浇薄,慕尚敦笃,乃作《崇厚论》等。(见《后汉书·朱穆列传》及李贤注)陆侃如《中古文学系年》系于是年。

张楷卒(80—)。楷字公超,蜀郡成都人。张霸中子。通《严氏春秋》、《古文尚书》,门徒常数百人,宾客多父党夙儒。学者慕之,车马填街,则徙避之。举茂才,除长陵令,不就。隐居弘农,所居成市,华阴山南有公超市。五府连辟,举贤良方正,不就。公车征,辞以疾。性好道术,能作五里雾,坐裴优作贼,系廷尉二年。著《尚书注》。事迹见《后汉书》卷三六。

按:《后汉书·张楷列传》曰:"建和三年,下诏安车备礼聘之,辞以笃疾不行。年七十,终于家。"

荀淑卒(83—)。淑字季和,颍川颍阴人。荀卿十一世孙。少有高行,博学不好章句,多为俗儒所非,名贤李固、李膺皆宗师之。安帝时,拜郎中,迁当涂长,去职归里。梁太后当朝,举贤良方正,对策,出补朗陵侯相。弃官归里养志。有八子,并有名,号"八龙"。事迹见《后汉书》卷六二。

按:《后汉书·荀淑列传》曰:"年六十七,建和三年卒。"

周举卒,生年不详。举字宣光,汝南汝阳人。周防子。博学洽闻,传古文尚书。为儒者宗,京师为之语曰:"五经纵横周宣光。"延光间,举茂才,为平丘令,转冀州刺史。阳嘉二年拜尚书。后为从事中郎,主察奸宄。曾议殇帝、顺帝昭穆。累迁光禄大夫、光禄勋。事迹见《后汉书》卷六一。

按:《后汉书·周举列传》曰:"迁光禄勋,会遭母忧去职,后拜光禄大夫。建和三年卒。"

司马防（ —219）生。

按：《后汉书·魏志·司马朗列传》引《司马彪序传》曰："（司马防）年七十一，建安二十四年终。"可知生于本年。

汉桓帝和平元年　庚寅　150 年

正月甲子，诏大赦天下，改元和平。乙丑，梁太后归政(《后汉书·桓帝本纪》)。

二月甲寅，梁太后崩(《后汉书·桓帝本纪》)。

按：梁妠(106—150)，安定乌氏人。少善女工，好史书，常以列女图画置左右。执政时彰扬儒学，招太学生达三万余人。然章句渐疏，而多以浮华相尚，儒者之风衰矣。

是月，扶风妖贼裴优自称皇帝，伏诛(《后汉书·桓帝本纪》)。

五月庚辰，尊博园匽贵人曰孝崇皇后(《后汉书·桓帝本纪》)。

朱穆两作奏记谏梁冀(《后汉书·朱穆列传》)。

崔琦约卒，生年不详。琦字子玮，涿郡安平人。崔瑗之宗。少游学京师，以文章博通称。举孝廉，为郎，箴梁冀。除临济长，不敢之官，解印绶去。著赋、颂、铭、诔、箴、吊、论、《九咨》、《七言》凡15篇。事迹见《后汉书》卷八〇上。

史岑约卒。岑，字孝山，沛国人。永初二年，安帝舅邓骘大败西羌回，拜大将军，岑作《出师颂》。

缪宇卒，生年不详。宇字叔异，彭城相。性纯淑，恭俭礼让，习《京氏易》。

郦炎（ —177）、许劭（ —195）生(姜亮夫《历代人物年里碑传综表》)。

希腊托勒密约于此前后求得圆周率为 3.14166，并提出透视投影法与球面经纬度的讨论，是为古代坐标之示例。

汉桓帝元嘉元年　辛卯　151 年

正月癸酉，诏大赦天下，改元元嘉(《后汉书·桓帝本纪》)。

二月，九江、庐江大疫(《后汉书·桓帝本纪》)。

闰七月庚午，除任城国(《后汉书·桓帝本纪》)。

十一月辛巳,京师地震(《后汉书·桓帝本纪》)。

是年,议褒梁冀之礼,定为"入朝不趋,剑履上殿,谒赞不名"(《后汉书·桓帝本纪》)。

复令太中大夫边韶,大军营司马崔寔,议郎朱穆、曹寿等续撰《世祖本纪》,号曰《汉记》。

按:刘知几《史通·古今正史》曰:"至元嘉元年,复令太中大夫边韶、大军营司马崔寔、议郎朱穆、曹寿,杂作《孝穆崇二皇》(浦起龙《史通通释》曰:'孝、穆二字,传写讹脱,当作献穆、孝崇二皇后。')及《顺烈皇后传》,又增《外戚传》入思安等后,《儒林传》入崔篆诸人。寔、寿又与议郎延笃杂作《百官表》,顺帝功臣《孙程》、《郭愿》及《郑众》、《蔡伦》等传。凡百十有四篇,号曰《汉纪》。"《世祖本纪》始名《汉记》,亦名《东观汉记》,以官府于东观设馆修史得名。

边韶为太中大夫,与修《东观汉记》(《后汉书·文苑列传上》)。

崔寔拜议郎,迁大将军梁冀司马,与修《东观汉记》。

按:《后汉书·崔骃列传》曰:"其后辟太尉袁汤大将军梁翼府,并不应。大司农羊傅少府何豹上书荐寔才美能高,宜在朝廷。召拜议郎,迁大将军冀司马,与边韶、延笃等著作《东观》。"

朱穆时为议郎,登于东观,与修《东观汉记》(刘知几《史通·古今正史》)。

曹寿时为议郎,登于东观,与修《东观汉记》(刘知几《史通·古今正史》)。

延笃以博士拜议郎,与修《东观汉记》。

按:《后汉书·延笃列传》曰:"桓帝以博士征,拜议郎,与朱穆、边韶共著作《东观》。"

杨秉四月以《春秋》谏帝应出入有常,桓帝不听(《后汉书·杨震列传》)。

张歆四月罢司徒(《后汉书·桓帝本纪》)。

吴雄四月以光禄勋擢为司徒(《后汉书·桓帝本纪》)。

胡广十月罢司空,寻以特进拜太常(《后汉书·桓帝本纪》)。

黄琼闰十一月以太常擢为司空(《后汉书·桓帝本纪》)。

马融免官徙朔方(《后汉书·马融列传》)。

边韶、崔寔、朱穆、曹寿、延笃、伏无忌、黄景等著《汉记》104篇。

按:边韶、崔寔、朱穆、曹寿、延笃等著《汉记》见刘知己《史通·古今正史》。又《后汉书·伏侯宋蔡冯赵牟韦列传》曰:"元嘉中,桓帝复诏无忌与黄景、崔寔等共撰《汉记》。"参见本年"复令太中大夫边韶,大军营司马崔寔,议郎朱穆、曹寿等续撰《世祖本纪》,号曰《汉记》"条。

伏无忌元嘉中又自采集古今,删著事要,号曰《伏侯注》。

按:《后汉书·伏侯宋蔡冯赵牟韦列传》曰:"元嘉中,……又自采集古今,删著事要,号曰《伏侯注》。"伏无忌,伏湛之后。传家学,博物多识。与校中书《五经》诸子百家艺术、撰《汉记》。《伏侯注》上自黄帝下至汉质帝是一部很有价值的历史文献,分天文、郡国、帝号、陵寝、祭祀、汉制、灾异、瑞应等,计有280余条。刘汝霖《汉晋学术编年》(中华书局1987年版)系于是年。

邯郸淳受尚度命著《曹娥碑》。

按：《后汉书·列女传》曰："孝女曹娥者，会稽上虞人也。父盱，能弦歌，为巫祝。汉安二年五月五日，于县江溯涛婆娑迎神，溺死，不得尸骸。娥年十四，乃沿江号哭，昼夜不绝声，旬有七日，遂投江而死。至元嘉元年，县长度尚改葬娥于江南道傍，为立碑焉。"李贤注引《会稽典录》曰："上虞长度尚弟子邯郸淳，字子礼。时甫弱冠，而有异才。尚先使魏朗作《曹娥碑》，文成未出。会朗见尚，尚与之饮宴，而子礼方至督酒。尚问朗碑叹文成未？朗辞不才，因试使子礼为之，操笔而成，无所点定。朗嗟叹不暇，遂毁其草。"

安世高译《五十校计经》、《七处三观经》(《高僧传》卷一、《历代三宝纪》卷四引《朱士行汉录》)。

按：安世高才悟机敏，一问能通。至止未久，即通习华言。于是宣议众经，改梵为汉。以是年出《五十校计经》二卷，《七处三观经》二卷。刘汝霖《汉晋学术编年》(中华书局1987年版)系于是年。

武梁卒(78—　)。梁字绥宗，治《韩诗》，兼通河雒、诸子、传记。

按：唐晏《两汉三国学案》(中华书局1965年版)系于是年。

钟繇(　—230)生(吴海林、李延沛《中国历史人物生卒年表》)。

汉桓帝元嘉二年　壬辰　152年

正月丙辰，京师地震(《后汉书·桓帝本纪》)。

四月甲寅，孝崇皇后匽氏崩，以帝弟平原王刘石为丧主，敛送制度比恭怀皇后(《后汉书·桓帝本纪》)。

七月庚辰，日食(《后汉书·桓帝本纪》)。

十月乙亥，京师地震(《后汉书·桓帝本纪》)。

黄琼十一月免司空(《后汉书·桓帝本纪》)。

赵戒十二月为司空(《后汉书·桓帝本纪》)。

卢植从马融受业。

按：《后汉书·卢植列传》曰："卢植字子干，涿郡涿人也。身长八尺二寸，音声如钟。少与郑玄俱事马融，能通古今学，好研精而不守章句。融外戚豪家，多列女倡歌舞于前。植侍讲积年，未尝转眄，融以是敬之。学终辞归，阖门教授。"

蔡邕20岁，游学京师，师事胡广，始读《左传》。好辞章、数术、天文、妙操音律。

按：惠栋《后汉书补注》卷十四引《蔡邕别传》曰："邕与李则游学，时在弱冠，始共读《左氏传》。性通敏惊人，举一反三。"《后汉书·蔡邕列传》曰："少博学，师事太师胡广。好辞章、数术、天文，妙操音律。"邕师事胡广在何年，史无明文，陆侃如《中古文学系年》(人民文学出版社1985年版)、跃进《蔡邕行年考略》(《文史》2003年第

1辑)系于是年。

安世高译出《普法义经》、《内藏经》(《历代三宝纪》卷四引《朱士行汉录》)。
按：刘汝霖《汉晋学术编年》(中华书局1987年版)系于是年。

汉桓帝元嘉三年　永兴元年　癸巳　153年

五月丙申,诏大赦天下,改元永兴(《后汉书·桓帝本纪》)。
七月,郡国三十二蝗。河水溢。诏在所赈给乏绝,安慰居业(《后汉书·桓帝本纪》)。
是年,桓帝于宫中铸黄金浮图、老子像(元释念常《佛祖通载》卷六)。

朱穆七月为冀州刺史,治贪墨,忤宦官入狱,因太学生救得免于难。
按：《后汉书·朱穆列传》曰："永兴元年,河溢,漂害人庶数十万户,百姓荒馑,流移道路。冀州盗贼尤多,故擢穆为冀州刺史。州人有宦者三人为中常侍,并以檄谒穆。穆疾之,辞不相见。冀部令长闻穆济河,解印绶去者四十余人。及到,奏劾诸郡,至有自杀者。以威略权宜,尽诛贼渠帅。举劾权贵,或乃死狱中。有宦者赵忠丧父,归葬安平,僭为玙璠、玉匣、偶人。穆闻之,下郡案验。吏畏其严明,遂发墓剖棺,陈尸出之,而收其家属。帝闻大怒,征穆诣廷尉,输作左校。太学书生刘陶等数千人诣阙上书讼穆……帝览其奏,乃赦之。"
崔寔为五原太守,教民纺织,整厉士马,严烽候,虏不敢犯,常为边最(《后汉书·崔骃列传》)。

蔡邕辞州辟,让申屠幡(《后汉书·申屠蟠列传》)。
应奉为武陵太守,兴学校,坐公事免(《后汉书·应奉列传》)。
袁汤十月免太尉(《后汉书·桓帝本纪》)。
吴雄十月免司徒(《后汉书·桓帝本纪》)。
赵戒十月免司空(《后汉书·桓帝本纪》)。
胡广十月以太常擢为太尉(《后汉书·桓帝本纪》)。
黄琼十月以太仆擢为司徒(《后汉书·桓帝本纪》)。
房植十月以光禄勋擢为司空(《后汉书·桓帝本纪》)。
延笃迁侍中(《后汉书·延笃列传》)。

蔡邕作《琅邪王傅蔡朗碑》。
按：《琅邪王傅蔡朗碑》云蔡朗"永兴六年夏卒",而桓帝以"永兴"纪元凡两年(元年、二年),其"六"字显系"元"字草写之讹误,故此文当作于是年。
崔寔作《四民月令》。

按：《四民月令》是一部农事之书，模仿古时月令所著。此书宋代已不见著录，清代有任兆麟、王谟、严可均辑本。严辑本见于《全后汉文》卷四七，按月分为十二章，每章载是月祭祀、时鲜、当种植之物及果木生长等情况。南宋后佚，辑本有清任兆麟《心斋十种》本、清王谟本、严可均《四录堂类集》本、唐鸿学《怡兰堂丛书》本。

杨厚卒（72—　）。厚字仲桓，广汉新都人。杨春卿孙，杨统子。厚少学图谶、《河洛书》、天文推步之术，精力思述。为议郎、侍中。修黄老，教授门生，著录者三千余人。谥文父，门人为立庙，郡文学掾史春秋乡射常祠之。事迹见《后汉书》卷三〇。

王政卒（104—　）。政字季辅。习《欧阳尚书》。举孝廉，除郎中。

马江卒（124—　）。江字元海，济阳乘氏人。通《韩诗》。举孝廉，官郎中。

孔融（　—208）、张纮（　—212）生。

按：根据《后汉书·孔融列传》"（孔融）书奏，下狱弃市。时年五十六"逆推，可知生于本年；张纮生年，吴海林、李延沛《中国历史人物生卒年表》（黑龙江人民出版社1981年版）系于此年。

汉桓帝永兴二年　甲午　154年

正月甲午，诏大赦天下（《后汉书·桓帝本纪》）。

二月辛丑，初听刺史、二千石行三年丧服。癸卯，诏公、卿、校尉举贤良方正、能直言极谏者各1人。诏申明舆服制度，损省逾侈长饰者（《后汉书·桓帝本纪》）。

六月，京师蝗（《后汉书·桓帝本纪》）。

九月丁卯，日食。诏禁郡国卖酒（《后汉书·桓帝本纪》）。

闰九月，蜀郡李伯诈称宗室，当立为"太初皇帝"，伏诛（《后汉书·桓帝本纪》）。

十一月甲辰，校猎上林苑，遂至函谷关（《后汉书·桓帝本纪》）。

刘淑二月举贤良方正，对策为天下第一，拜议郎。又陈时政得失，灾异之占，事皆效验。

按：《后汉书·党锢列传》曰："刘淑字仲承，河间乐成人也。祖父称，司隶校尉。淑少学明《五经》，遂隐居，立精舍讲授，诸生常数百人。州郡礼请，五府连辟，并不就。永兴二年，司徒种暠举淑贤良方正，辞以疾。桓帝闻淑高名，切责州郡，使舆病诣京师。淑不得已而赴洛阳，对策为天下第一，拜议郎。又陈时政得失，灾异之占，事皆效验。再迁尚书，纳忠建议，多所补益。又再迁侍中、虎贲中郎将。上疏以为宜罢宦官,辞甚切直,帝虽不能用,亦不罪焉。以淑宗室之贤,特加敬异,每有疑事,常密谘问之。"

又按：据《后汉书·桓帝本纪》载,种暠于延熹四年二月以大司农擢为司徒,故《后汉书·党锢列传》中"司徒种暠举淑贤良方正"云云,似误。

赵岐辟司空掾,议二千石得去官为亲行服,桓帝从之。后转皮氏长。

按：《后汉书·赵岐列传》曰："永兴二年,(赵岐)辟司空掾。议二千石得去官为亲行服,朝廷从之。其后为大将军梁冀所辟,为陈损益求贤之策,冀不纳。举理剧,为皮氏长。"

马融得赦还,复拜议郎(《后汉书·马融列传》)。
胡广九月以日食免太尉(《后汉书·桓帝本纪》)。
黄琼九月以司徒为太尉(《后汉书·桓帝本纪》)。
尹颂闰九月为司徒(《后汉书·桓帝本纪》)。
徐稚为太尉黄琼所辟,不就(《后汉书·徐稚列传》)。

按：清杨希闵《汉徐征士年谱》系于是年。

孔谦卒(121—)。谦字德让,孔子二十世孙,孔宙子,孔褒弟。祖述家业,修《春秋》。为郡诸曹史。

汉桓帝永寿元年　乙未　155 年

正月戊申,诏大赦天下,改元永寿(《后汉书·桓帝本纪》)。
二月,司隶、冀州饥,人相食。诏州郡赈给贫弱(《后汉书·桓帝本纪》)。
六月,洛水溢,坏鸿德苑(《后汉书·桓帝本纪》)。
七月,初置太山、琅邪都尉官(《后汉书·桓帝本纪》)。

刘陶游太学,上疏去闭塞,不任宦官,起用朱穆、李膺(《后汉书·刘陶列传》)。
房植六月免司空(《后汉书·桓帝本纪》)。
韩縯六月以太常擢为司空(《后汉书·桓帝本纪》)。
延笃迁左冯翊,徙京兆尹(《后汉书·延笃列传》)。
王允为太原郡吏,捕宦者赵津(《后汉书·王允列传》)。
张奂为安定属国都尉,破匈奴;作书与崔寔(《后汉书·张奂列传》)。
公沙穆预占大水,令弘农人徙居高地以免害。

按：《后汉书·方术列传下》曰："公沙穆字文义,北海胶东人也。家贫贱,自为儿童不好戏弄,长习《韩诗》、《公羊春秋》,尤锐思《河》、《洛》推步之术。……迁弘农令。县界有螟虫食稼,百姓惶惧。穆乃设坛谢曰:'百姓有过,罪穆之由,请以身祷。'

于是暴雨，不终日，既霁而螟虫自销，百姓称曰神明，永寿元年，霖雨大水，三辅以东莫不湮没。穆明晓占候，乃豫告令百姓徙居高地，故弘农人独得免害。"

曹操（ —220）生（张可礼编著《三曹年谱》）。

汉桓帝永寿二年　丙申　156年

正月，初听中官得行三年服（《后汉书·桓帝本纪》）。

十一月，置太官右监丞官（《后汉书·桓帝本纪》）。

十二月，京师地震（《后汉书·桓帝本纪》）。

是年，诏课试诸生补郎舍人。

按：《通典》卷一三曰："永寿二年甲午，诏复课试诸生，补郎舍人。其后复制：学生满二岁，试通二经者，补文学掌故；其不能通二经者，须后试复随辈试，试通二经者，亦得为文学掌故。其已为文学掌故者，满二岁，试能通三经者，擢其高第，为太子舍人；其不得第者，后试复随辈试，第复高者，亦得为太子舍人。已为太子舍人，满二岁，试能通四经者，擢其高第，为郎中；其不得第者，后试复随辈试，第复高者，亦得为郎中。已为郎中，满二岁，试能通五经者，擢其高第，补吏，随才而用；其不得第者，后试复随辈试，第复高，亦得补吏。"

赵岐耻事宦官，即日西归，京兆尹延笃复以为功曹（《后汉书·赵岐列传》）。

徐稚辞陈蕃郡功曹、祭酒之任。后拜太原太守，皆不就。

按：《后汉书·徐稚列传》曰："时陈蕃为太守，以礼请署功曹，稚不免之，既谒而退。蕃在郡不接宾客，惟稚来特设一榻，去则县之。后举有道，家拜太原太守，皆不就。"

边韶为北地太守（《后汉书·文苑列传上》）。

许曼为陇西太守冯绲筮，颇验。

按：《后汉书·方术列传下》曰："许曼者，汝南平舆人也。祖父峻，字季山，善卜占之术，多有显焉，时人方之前世京房。自云少尝笃病，三年不愈，乃谒太山请命，行遇道士张巨君，授以方术。所著《易林》，至今行于世。曼少传峻学。桓帝时，陇西太守冯绲始拜郡，开绶笥，有两赤蛇分南北走。绲令曼筮之，封成，曼曰：'三岁之后，君当为边将，官有东名，当东北行三千里。复五年，更为大将军，南征。'延熹元年，绲出为辽东太守，讨鲜卑，至五年，复拜车骑将军，击武陵蛮贼，皆如占。其余多此类云。"

李膺七月为度辽将军，抚羌胡，击鲜卑（《后汉书·党锢列传》）。

孔融4岁，让梨。

按：《后汉书·孔融列传》李贤注曰："融家传曰：兄弟七人，融第六，幼有自然之性。年四岁时，每与诸兄共食梨，融辄引小者。大人问其故，答曰：'我小儿，法当取小者。'由是宗族奇之。"孔融生于永兴元年(153),至此年为四岁。

蔡邕五月作《玄文先生李休碑》。
按:《玄文先生李休碑》云:"永寿二年夏五月乙未卒……乃刊斯石。"
安世高译《人本欲生经》(《历代三宝纪》卷四引朱士行《汉录》)。

钟皓卒(88—)。皓字季明,颍川长社人。为郡著姓,世善刑律。钟皓少以笃行称,公府连辟,为二兄未仕,避隐密山,以诗律教授门徒千余人。与同郡陈寔为友。前后九辟公府,征为廷尉正、博士、林虑长,皆不就。年六十九,终于家。事迹见《后汉书》卷六二。

汉桓帝永寿三年　丁酉　157 年

正月己未,诏大赦天下(《后汉书·桓帝本纪》)。
闰四月庚辰,日食(《后汉书·桓帝本纪》)。
六月,初以小黄门为守宫令,置冗从右仆射官。京师蝗(《后汉书·桓帝本纪》)。

崔寔拜议郎,与诸儒博士共杂定五经。
按:《后汉书·崔骃列传》曰:"以病征,拜议郎,复与诸儒博士共杂定《五经》。"
韩縯十一月以司空迁司徒(《后汉书·桓帝本纪》)。
孙朗十一月以太常迁司空(《后汉书·桓帝本纪》)。
刘梁举孝廉,除北新城长(《后汉书·文苑列传下》)。
张奂迁匈奴中郎将(《后汉书·张奂列传》)。
刘陶时为太学生,六月上书谏改铸大钱,主重农,使民有所食(《后汉书·刘陶列传》)。

崔寔作《大赦赋》(严可均《全后汉文》卷四五)。
按:陆侃如《中古文学系年》系于是年。
刘梁作《破群论》、《辩和同论》。
按:《后汉书·文苑列传下》曰:"(刘梁)常疾世多利交,以邪曲相党,乃著《破群论》。时之览者以为:'仲尼作《春秋》,乱臣知惧,今此论之作,俗士岂不愧心!'……又著《辩和同之论》。"陆侃如《中古文学系年》系于是年。
秦嘉作《与妻徐淑书》、《重报妻书》,又作四言《述昏诗》2 章、《赠妇诗》1 首、五言《留郡赠妇诗》3 首。
按:《玉台新咏》卷一曰:"秦嘉字士会,陇西人也,为郡上掾(当为'计')。其妻徐淑寝疾还家，不获面别，赠诗云尔。"严可均《全后汉文》卷六六收秦嘉《与妻徐淑书》、《重报妻书》，丁福保《全汉诗》卷收其诗六首。吴文治《中国文学史大事年表》（黄山书社1987年版）、陆侃如《中古文学系年》系于是年。

徐淑作《答夫秦嘉书》、《又报嘉书》，又作骚体《答秦嘉诗》。

按：严可均《铁桥漫稿》卷七后汉秦嘉妻《徐淑传》曰："陇西秦嘉妻者，同郡徐氏女也。名淑，有才章，适嘉。嘉仕郡，淑居下县，有疾。嘉举上计掾，将行，以车迎淑，为别……嘉遂行，入洛。"《隋书·经籍志》曰："梁又有妇人后汉黄门郎秦嘉妻《徐淑集》一卷。"吴文治《中国文学史大事年表》（黄山书社1987年版）、陆侃如《中古文学系年》系于是年。

尹颂卒，生年不详。尹颂字公孙，河南巩人。尹睦孙。官光禄勋、司徒。

按：《后汉书·桓帝本纪》曰："（永寿三年）冬十一月，司徒尹颂薨。"

荀攸（　—214）、华歆（　—231）生（吴海林、李延沛《中国历史人物生卒年表》、张可礼《三曹年谱》）。

汉桓帝永寿四年　延熹元年　戊戌　158年

三月己酉，初置鸿德苑令（《后汉书·桓帝本纪》）。

五月甲戌，日食；京师蝗。太史令陈授谓日食之变，咎在梁冀。梁冀闻而杀之，桓帝由此怒恨梁冀（《后汉书·桓帝本纪》）。

六月戊寅，诏大赦天下，改元延熹（《后汉书·桓帝本纪》）。

丙戌，分中山置博陵郡，以奉孝崇皇园陵（《后汉书·桓帝本纪》）。

十月，校猎广成，遂幸上林苑（《后汉书·桓帝本纪》）。

赵咨为博士（《后汉书·赵咨列传》）。

延笃以病免京兆尹，教授家巷（《后汉书·延笃列传》）。

唐玹为京兆尹（《后汉书·赵岐列传》）。

赵岐避京兆尹唐玹害，逃难四方，卖饼北海市中（《后汉书·赵岐列传》）。

郑固二月为郎中（《后汉书·桓帝本纪》）。

黄琼七月甲子免太尉，为大司农（《后汉书·桓帝本纪》）。

胡广七月甲子以太常擢为太尉（《后汉书·桓帝本纪》）。

张奂十二月迁北中郎将，平南匈奴（《后汉书·桓帝本纪》）。

冯绲为辽东太守（《后汉书·冯绲列传》）。

陈龟拜度辽将军（《后汉书·陈龟列传》）。

赵岐著《厄屯歌》23章。

按：《后汉书·赵岐列传》曰："延熹元年，(赵岐)自匿姓名，卖饼北海市中。时安丘孙嵩年二十余，游市见岐，察非常人，停车呼与共载。岐惧失色，嵩乃下帷，令骑屏行人。密问岐曰：'视子非卖饼者，又相问而色动，不有重怨，即亡命乎？我北海孙宾石，阖门百口，执能相济。'岐素闻嵩名，即以实告之，遂与俱归。……藏岐复壁中数年，岐作《厄屯歌》二十三章。"可见岐作《厄屯歌》在藏匿孙家时，非必在此年。刘汝霖《汉晋学术编年》(中华书局1987年版)系于是年。

樊安卒(103—)。安字子仲，南阳湖阳人。幼好学，治《韩诗》、《论语》、《孝经》，兼通记传古今异义。为中常侍。

郑固卒(117—)。固字伯坚。受业于欧阳逆，穷究典籍。

按：郑固生卒，徐乃昌《续后汉儒林传补逸》系于是年。

管宁(—241)生(姜亮夫《历代人物年里碑传综表》)。

汉桓帝延熹二年　己亥　159年

三月，复断刺史、二千石行三年丧(《后汉书·桓帝本纪》)。

七月，初造显阳苑，置丞。丙午，皇后梁氏崩(《后汉书·桓帝本纪》)。

八月，梁冀谋乱败，自杀(《后汉书·桓帝本纪》)。

按：《后汉书·桓帝本纪》曰："大将军梁冀谋为乱。八月丁丑，帝御前殿，诏司隶校尉张彪将兵围冀第，收大将军印绶，冀与妻皆自杀。卫尉梁淑、河南尹梁胤、屯骑校尉梁让、越骑校尉梁忠、长大校尉梁戟等，及中外宗亲数十人，皆伏诛。太尉胡广坐免。司徒韩縯、司空孙朗下狱。"

又按：《资治通鉴》卷五四曰："梁冀一门，前后七侯，三皇后，六贵人，二大将军，夫人、女食邑称君者七人，尚公主者三人，其余卿、将、尹、校五十七人。冀专擅威柄，凶恣日积，宫卫近侍，并树所亲，禁省起居，纤微必知。其四方调发，岁时贡献，皆先输上第于冀，乘舆乃其次焉。吏民赍货求官、请罪者，道路相望。百官迁召，皆先到冀门笺檄谢恩，然后敢诣尚书。……冀秉政几二十年，威行内外，天子拱手，不得有所亲与。"

壬午，立梁贵人为皇后。桓帝因恶梁氏，遂改皇后姓为薄氏，后获知为邓香女，乃复姓邓氏(《后汉书·桓帝本纪》)。

八月，始置秘书监1人，属太常，秩六百石，掌典图书，古今文字、考合异同(《后汉书·桓帝本纪》)。

按：《通典》卷二六《职官》曰："后汉图书在东观，桓帝延熹二年，始置秘书监一人，掌典图书，古今文字，考合同异，属太常。"《东观汉记》曰："桓帝延熹二年初，置秘书监，掌典图书，古今文字，考合异同。"秘书监，专掌图书文字，订异同，汉桓帝时始置。魏晋沿相设置，南朝梁置秘书省，隋唐及宋，皆以秘书监为秘书省长官，至明时始废,其职并入翰林院。

十月壬申,桓帝行幸长安。乙酉,幸未中宫。甲午,祠高庙(《后汉书·桓帝本纪》)。

十一月庚子,遂有事十一陵(《后汉书·桓帝本纪》)。

是年,天竺国遣使来汉(《后汉书·桓帝本纪》)。

李云上书谏厚封宦官后戚,触怒桓帝下狱,杜众上书救之,后李云、杜众皆死狱中。

> 按:《后汉书·李云列传》曰:"桓帝延熹二年,诛大将军梁冀,而中常侍单超等五人皆以诛冀功并封列侯,专权选举。又立掖庭民女亳氏为皇后,数月间,后家封者四人,赏赐巨万。是时,地数震裂,众灾频降。云素刚,忧国将危,心不能忍,乃露布上书,移副三府,曰……帝得奏震怒,下有司逮云,诏尚书都护剑戟送黄门北寺狱,使中常侍管霸与御史廷尉杂考之。时,弘农五官掾杜众伤云以忠谏获罪,上书愿与云同日死。……云、众皆死狱中。"

陈蕃迁光禄勋,上疏谏封赏逾制,内宠猥盛(《后汉书·陈蕃列传》)。

徐稚、姜肱、袁闳、韦著、李昙以陈蕃、胡广荐为桓帝聘,不至。

> 按:《后汉书·徐稚列传》曰:"延熹二年,尚书令陈蕃、仆射胡广等上疏荐等曰:'……伏见处士豫章徐稚、彭城姜肱、汝南袁闳、京兆韦著、颍川李昙,德行纯备,著于人听。若使擢登三事,协亮天工,必能翼宣盛美,增光日月矣。'桓帝乃以安车玄纁,备礼征之,并不至。"

蔡邕是秋以善故琴,被召至京师,行至偃师,托疾归。

> 按:《后汉书·蔡邕列传》曰:"桓帝时,中常侍徐璜、左悺等五侯擅恣,闻邕善鼓琴,遂白天子,敕陈留太守督促发遣。邕不得已,行到偃师,称疾而归。闲居玩古,不交当世。"蔡邕《述行赋》云:"延熹二年秋……璜以余能鼓琴,白朝廷敕陈留太守发遣。余到偃师,病不前,得归。"

郑玄以山东无足问者,乃西入关,因涿郡卢植,师事扶风马融。

> 按:《后汉书·郑玄列传》曰:"以山东无足问者,乃西入关,因涿郡卢植,事扶风马融。融门徒四百余人,升堂进者五十余生。融素骄贵,玄在门下,三年不得见,乃使高业弟子传授于玄。玄日夜寻诵,未尝怠倦。会融集诸生考论图纬,闻玄善算,乃召见于楼上,玄因从质诸疑义,问毕辞归。融喟然谓门人曰:'郑生今去,吾道东矣。'"《世说新语·文学》曰:"郑玄在马融门下,三年不得见,高足弟子传播而已。尝算浑天不合,诸弟子莫能解,或言玄能者,融召令算,一转便决,众咸骇服。"刘孝标注引《郑玄别传》曰:"扶风马季长以英儒著名,玄往从之,参考同异。季长后戚,嫚于待士。玄不得见,在左右自起精庐,既因绍介得通。时涿郡卢子干,为门人冠首。季长又不解,剖裂七事,玄思得五,子干得三。季长谓子干曰:'吾与汝皆弗如也。'"刘跃进《秦汉文学编年史》考订此事在本年,今从之。

黄琼八月以大司农擢为太尉,举奏污吏;十二月封邟乡侯(《后汉书·桓帝本纪》)。

> 按:《后汉书·黄琼列传》曰:"明年(延熹二年),梁冀被诛,太尉胡广、司徒韩縯、司空孙朗皆坐阿附免废,复拜琼为太尉。以师傅之恩,而不阿梁氏,乃封为邟乡侯,邑千户。琼辞疾让封六七上,言旨恳恻,乃许之。梁冀既诛,琼首居公位,举奏州郡素行贪污至死徙者十余人,海内由是翕然望之。"

尹勋八月壬午封亭侯(《后汉书·桓帝本纪》)。

祝恬八月为司徒(《后汉书·桓帝本纪》)。

盛允八月为司空(《后汉书·桓帝本纪》)。

胡广八月坐不卫宫,减死一等,夺爵土,免为庶人(《后汉书·胡广列传》)。

崔寔八月以梁冀故吏免,禁锢数年(《后汉书·崔骃列传》)。

张奂八月以梁冀故吏免官,禁锢,皇甫规荐举七上(《后汉书·张奂列传》)。

张升为陈留郡贼曹吏,迁外黄令(《后汉书·文苑列传下》)。

荀悦12岁,通《春秋》。

按:《后汉书·荀悦列传》曰:"悦年十二,能说《春秋》。家贫无书,每之人间,所见篇牍,一览多能诵记。性沉静,美姿容,尤好著述。"

蔡邕是秋作《释诲》、《述行赋》;是年,作《汝南周勰碑》。

按:《后汉书·蔡邕列传》曰:"桓帝时,……感东方朔《客难》及杨雄(《解嘲》)、班固(《答客戏》)、崔骃(《达旨》)之徒设疑以自通,乃斟酌群言,韪其是而矫其非,作《释诲》以戒厉云尔。"蔡邕《述行赋》云:"延熹二年秋……心愤此事,遂托所过述而成赋。"《汝南周勰碑》系年据跃进《蔡邕行年考略》(《文史》2003年第1辑)

张升作《白鸠赋》(严可均《全后汉文》卷八二)。

按:陆侃如《中古文学系年》系于是年。

郦炎著书已积十余箱。

按:惠栋《后汉书补注》卷一八曰:"《(卢)植集》载《郦文胜诔》曰'自龀未成童,著书十余箱,文体思奥,烂有文章,笈缕百家'云云,案《炎集》,炎自谓赋、颂、诔自少为之,与诔合也。"陆侃如《中古文学系年》系于是年。

汉桓帝延熹三年　庚子　160年

正月丙申,诏大赦天下(《后汉书·桓帝本纪》)。

九月丁亥,诏无事之官权绝奉,丰年如故(《后汉书·桓帝本纪》)。

十一月,日南蛮率众诣郡降(《后汉书·桓帝本纪》)。

盛允七月以司空擢为司徒(《后汉书·桓帝本纪》)。

虞放七月以擢太常为司空(《后汉书·桓帝本纪》)。

边韶拜尚书令(《后汉书·文苑列传上》)。

刘宠为宗正、大鸿胪(《后汉书·循吏列传》)。

杨秉坐李云事免官归田。冬,复拜河南尹(《后汉书·杨震列传》)。

皇甫规应公车特征，拜太山太守，讨平叔孙无忌（《后汉书·皇甫规列传》）。

赵彦为宗资陈《孤虚》之法破敌，徐、兖二州平。

按：《后汉书·方术列传下》曰："赵彦者，琅邪人也。少有术学。延熹三年，琅邪贼劳丙与太山贼叔孙无忌杀都尉。攻没琅邪属县，残害吏民。朝廷以南阳宗资为讨寇中郎将，杖钺将兵，督州郡合讨无忌。彦为陈'孤虚'之法，以贼屯在莒，莒有五阳之地，宜发五阳郡兵，从孤击虚以讨之。资具以状上，诏书遣五阳兵到。彦推遁甲，教以时进兵，一战破贼，燔烧屯坞，徐、兖二州，一时平夷。"

蔡邕作《陈留东昏库上里社碑》（《北堂书钞》卷八七、《太平御览》卷五三二）

按：跃进《蔡邕行年考略》（《文史》2003年第1辑）系于是年。

延笃作《仁孝论》、《与李文德书》。

按：《后汉书·延笃列传》曰："笃以病免归，教授家巷。时人或疑仁孝前后之证，笃乃论之……前越嶲太守李文德素善于笃，时在京师，谓公卿曰：'延叔坚王佐之才，奈何屈千里之足乎？'欲令引进之。笃闻，乃为书止文德。"陆侃如《中古文学系年》系于是年。

李云卒，生年不详。云字行祖，甘陵人。性好学，善阴阳。初举孝廉，再为白马令。事迹见《后汉书》卷五七。

按：《后汉书·桓帝本纪》曰："（延熹二年闰正月）白马令李云坐直谏，下狱死。"

祝恬卒，生年不详。恬字伯休，庐奴人。官司隶校尉、光禄大夫、司徒。

按：朱学西、张绍勋、张习礼《中国历史大事编年》（第1卷）（北京出版社1987年版）系于是年。

臧洪（　—195）生（姜亮夫《历代人物年里碑传综表》）。

汉桓帝延熹四年　辛丑　161年

正月辛酉，南宫嘉德殿火。戊子，丙署火。大疫（《后汉书·桓帝本纪》）。

四月甲寅，封河间王刘开子刘博为任城王（《后汉书·桓帝本纪》）。

六月己酉，诏大赦天下（《后汉书·桓帝本纪》）。

七月，减公卿以下奉，贷王侯半租（《后汉书·桓帝本纪》）。

十月，天竺国来献（《后汉书·桓帝本纪》）。

是月，南阳黄武与襄城惠得、昆阳乐季訞言相署，皆伏诛（《后汉书·桓帝本纪》）。

十二月，夫馀王遣使来献（《后汉书·桓帝本纪》）。

罗马安东尼卒，奥勒留即位，义弟卢西乌斯·韦鲁斯共治。

冯光、陈晃、蔡邕等议历法。

> 按：《后汉书·律历中》曰："五官郎中冯光、沛相上计掾陈晃言：'历元不正，故妖民叛寇益州，盗贼相续为害。历当用甲寅为元而用庚申，图纬无以庚申为元者。近秦所用代周之元。太史治历郎中郭香、刘固意造妄说，乞本庚申元经炜明文，受虚欺重诛。'乙卯，诏书下三府，与儒林明道者详议，务得道真。以群臣会司徒府议。议郎蔡邕议，以为：……'元和二年，乃用庚申，至今九十二岁。而光、晃言秦所用代周之元，不知从秦来，汉三易元，不常庚申。光、晃区区，信用所学，亦妄虚无造欺语之愆。至于改朔易元，往者寿王之术已课不效，宣诵之议不用，元和诏书文备义著，非群臣议者所能变易。'太尉耽、司徒隗、司空训以邕议劾光、晃不敬，正鬼薪法。诏书勿治罪。"

盛允二月免司徒（《后汉书·桓帝本纪》）。

种暠二月以大司农擢为司徒，推达名臣桥玄、皇甫规等（《后汉书·桓帝本纪》）。

> 按：《后汉书·种暠列传》曰："延熹四年，迁司徒。推达名臣桥玄、皇甫规等，为称职相。"

黄琼三月免太尉，六月复为司空，九月，以地震免（《后汉书·桓帝本纪》）。

刘矩四月以太常擢为太尉（《后汉书·桓帝本纪》）。

虞放六月免司空（《后汉书·桓帝本纪》）。

崔寔七月以司空黄琼荐拜辽东太守，遭母丧归（《后汉书·崔骃列传》）。

刘宠九月以大鸿胪擢为司空（《后汉书·桓帝本纪》）。

皇甫规是秋上疏自效，拜中郎将。十一月，讨羌，破之，降十余万（《后汉书·皇甫规列传》）。

杨秉公车征，称疾不至。重征，拜太常（《后汉书·杨震列传》）。

胡广为太中大夫（《后汉书·胡广列传》）。

刘祐拜尚书令，又出为河南尹，转司隶校尉（《后汉书·党锢列传》）。

朱穆迁尚书，上疏请罢省宦官（《后汉书·朱穆列传》）。

蔡邕作《济北相崔君夫人诔》。

> 按：《济北相崔君夫人诔》曰："维延熹四年故济北相夫人卒。"跃进《蔡邕行年考略》（《文史》2003年第1辑）以为"此济北相疑是崔瑗"，则通过《济北相崔君夫人诔》，有助于了解蔡、崔之间的关系。

王纯卒（103—　）。纯字伯敦。习《春秋》。举孝廉，除郎中。

> 按：徐乃昌《续后汉儒林传补逸》系于是年。

汉桓帝延熹五年　壬寅　162 年

罗马征帕提亚，东方战争再起。

正月，省太官右监丞（《后汉书·桓帝本纪》）。

四月，惊马逸象突入宫殿。乙丑，恭陵东阙火灾。戊辰，虎贲掖门火灾。己巳。太学西门毁坏(《后汉书·桓帝本纪》)。

五月，康陵园寝火灾(《后汉书·桓帝本纪》)。

是月，长沙、零陵"贼"起，攻桂阳、苍梧、南海、交阯，遣御史中丞盛修督州郡讨之，不克。乙亥，京师地震。诏公卿各封上事(《后汉书·桓帝本纪》)。

七月己未，南宫承善闼火灾(《后汉书·桓帝本纪》)。

八月庚子，诏减虎贲、羽林住寺不任事者半奉，勿与冬衣；公卿以下给冬衣之半。己卯，罢琅邪都尉官(《后汉书·桓帝本纪》)。

皇甫规三月抚降沈氐羌，十一月，被诬，上疏自讼，冬，征还，拜议郎，又为中常侍所陷，坐系廷尉，论输左校。诸公及太学生三百余人诣阙讼之，会赦，归里(《后汉书·皇甫规列传》、《资治通鉴》卷五四)。

王符会皇甫规，相谈极欢。

按：《后汉书·王符列传》曰："后度辽将军皇甫规解官归安定，乡人有以贷得雁门太守者，亦去职还家，书刺谒规。规卧不迎。……有顷，又白王符在门。规素闻符名，乃惊遽而起，衣不及带，屣履出迎，援符手而还，与同坐，极欢。时人为之语曰：'徒见二千石，不如一缝掖。'言书生道义之为贵也。"

刘矩十一月免太尉(《后汉书·桓帝本纪》)。

杨秉十一月为太尉，与周景上疏请斥罢中臣子弟(《后汉书·杨震列传》)。

胡广迁尚书令(《后汉书·胡广列传》)。

按：陆侃如《中古文学系年》(人民文学出版社1985年版)定于是年。

秦嘉为黄门郎。

按：严可均《铁桥漫稿》卷七后汉秦嘉妻《徐淑传》曰："嘉遂行，入洛，寻除黄门郎。"陆侃如《中古文学系年》(人民文学出版社1985年版)定于是年。

冯绲拜车骑将军(《后汉书·桓帝本纪》)。

应奉以冯绲荐，拜从事中郎，破武陵蛮(《后汉书·应奉列传》)。

朱穆荐度尚为荆州刺史(《后汉书·度尚列传》)。

刘陶举孝廉，除顺阳长(《后汉书·刘陶列传》)。

孔融10岁，入京师，见李膺，众以为异。

按：《后汉书·孔融列传》曰："融幼有异才。年十岁，随父诣京师。时，河南尹李膺以简重自居，不妄接士宾客，敕外自非当世名人及与通家，皆不得白。融欲观其人，故造膺门。语门者曰：'我是李君通家子弟。'门者言之。膺请融，问曰：'高明祖父尝与仆有恩旧否？'融曰：'然。先君孔子与君先人李老君同德比义，而相师友，则融与君累世通家。'众坐莫不叹息。"

王延寿作《鲁灵光殿赋》、《梦赋》。

按：《鲁灵光殿赋》系年据钱大昭《补续汉书艺文志》。《后汉书·王延寿传》云："少游鲁国，作《灵光殿赋》。后蔡邕亦造此赋，未成，及见延寿所为，甚奇之，遂辍翰而已。曾有异梦,意恶之,乃作《梦赋》以自厉。"陆侃如《中古文学系年》、刘跃进《秦汉文学编年史》系于是年。

徐淑著《誓书》(严可均《全后汉文》卷九六)。

按:陆侃如《中古文学系年》系于是年。

蔡邕作《与人书》。

按:文中有"邕薄祜,早丧二亲。年逾三十,鬓发二色"云云,故系于是年。

胡昭(　—250)生(江耦《曹操集·曹操年表》)。

汉桓帝延熹六年　癸卯　163 年

三月戊戌,诏大赦天下(《后汉书·桓帝本纪》)。

四月辛亥,康陵东署火灾(《后汉书·桓帝本纪》)。

七月,平陵园寝火灾(《后汉书·桓帝本纪》)。

十月丙辰,桓帝校猎广成,幸函谷关、上林苑(《后汉书·桓帝本纪》)。

蔡邕上表荐皇甫规,与朱穆门人至其家抄写其论著凡20篇。

按:《后汉书·皇甫规传》云:"诸公及太学生张凤等三百余人诣阙讼之。会赦,归家。"侯康《后汉书补注续》云:"(规)会赦归家,蔡中郎荐规表……未详年月,以时事考之,当在此年。"

陈蕃为光禄勋,与五宫中郎将黄琬共典选举,不偏权富,而为势家郎所谮诉,坐免归(《后汉书·陈蕃列传》)。

许栩三月为司徒(《后汉书·桓帝本纪》)。

冯绲八月免车骑将军(《后汉书·桓帝本纪》)。

刘宠十一月免司空(《后汉书·桓帝本纪》)。

周景十二月为司空(《后汉书·桓帝本纪》)。

胡广迁太仆(侯康《后汉书补注续》)。

王逸为豫章太守。

按:《文选集注》卷六三引陆善经曰:"后为豫章太守也。"陆侃如《中古文学系年》定于是年。

张奂拜武威太守(《后汉书·张奂列传》)。

孔融以父卒哀毁过度,归里,乡里称孝。

按:《后汉书·孔融列传》曰:"年十三,丧父,哀悴过毁,扶而后起,州里归其孝。"

王延寿正月八日作《桐柏淮源庙碑》(《古文苑》卷十八)。

按：《桐柏淮源庙碑》云："延熹六年正月八日乙酉，南阳太守中山卢奴张君，处正好礼，尊神敬祀……"

蔡邕作《朱公叔碑》、《朱穆坟前石碑》、《朱穆谥议》。

按：陆侃如《中古文学系年》、跃进《蔡邕行年考略》(《文史》2003 年第 1 辑)系于是年。

朱穆卒(100—)。穆字公叔，南阳宛人。朱晖孙。年五岁，有孝称。及壮耽学，锐意讲诵，学明五经。性矜严疾恶，不交非类。年二十，为郡督邮，举孝廉，为梁冀辟，典兵事。官冀州刺史、尚书。门人谥曰文忠先生。著《崇厚论》、《绝交论》，又著有论、策、奏、教、书、诗、记、嘲 20 篇。事迹见《后汉书》卷四三。

按：《后汉书·朱晖列传》曰："(朱)穆素刚，不得意，居无几，愤懑发疽。延熹六年，卒，时年六十四。"

种暠卒(103—)。暠字景伯，河南洛阳人。举孝廉，辟太尉府，举高第，为侍御史、益州刺史、凉州刺史、汉阳太守、辽东太守、南郡太守。举贤良方正，不应。拜议郎，为尚书。事迹见《后汉书》卷五六。

按：《后汉书·种暠列传》曰："延熹四年，迁司徒。推达名臣桥玄、皇甫规等，为称职相。在位三年，年六十一薨。"

王延寿卒(143—)。延寿字文考，一字子山，南郡宜城人。王逸子。少有隽才。原有集三卷。《全后汉文》载其作 4 篇，《鲁灵光殿赋》为千古名篇。西晋皇甫士安在《三都赋序》中誉其为"近代辞赋之伟"，刘勰将王延寿与荀况、宋玉、贾谊、枚乘、司马相如、扬雄、班固、张衡等大家并列："凡此十家，并辞赋之英杰也。"事迹见《后汉书》卷八〇上。

按：刘汝霖《汉晋学术编年》、陆侃如《中古文学系年》系于是年。

王逸约卒。逸字叔师，南郡宜城人。后汉元初中为校书郎，顺帝时官至侍中。著《楚辞章句》16 卷及赋、诔、书、论等 21 篇，明人辑有《王叔师集》。作《汉诗》123 篇。又有《正部论》8 卷。事迹见《后汉书》卷八〇上。

按：陆侃如《中古文学系年》系于是年。

严象(—200)、荀彧(—212)、崔琰(—216)生。

按：荀彧的生年，吴海林、李延沛《中国历史人物生卒年表》(黑龙江人民出版社 1981 年版)系于此年。严象、崔琰的生年，王利器《郑康成年谱》(齐鲁书社 1983 年版)系于是年。

汉桓帝延熹七年　甲辰　164 年

五月己丑，京师雨雹(《后汉书·桓帝本纪》)。

罗马入亚美尼亚。

十月壬寅,桓帝南巡狩。庚申,幸章陵,祠旧宅,遂有事于园庙。戊辰,幸云梦,临汉水;还,幸新野,祠湖阳、新野公主、鲁哀王、寿张敬侯庙(《后汉书·桓帝本纪》)。

十二月,桓帝还宫(《后汉书·桓帝本纪》)。

最古老的玛雅纪念碑约于此时建成。

崔寔服竟,召拜尚书,称疾不视事,数月免归(《后汉书·崔骃列传》)。

徐稚负粮徒步往祭黄琼,与郭泰会,劝其归隐(《后汉书·徐稚列传》、《资治通鉴》卷五五)。

黄琼二月疾笃上疏(《后汉书·黄琼列传》)。

高彪谒马融,不获见,复刺遗马融书。

按:《后汉书·文苑列传下》曰:"高彪字义方,吴郡无锡人也。家本单寒,至彪为诸生,游太学。有雅才而讷于言。尝从马融欲访大义,融疾,不获见,乃复刺遗融书曰:'承服风问,从来有年,故不待介者而谒大君子之门,冀一见龙光,以叙腹心之愿。不图遭疾,幽闭莫启。昔周公旦父文兄武,九命作伯,以尹华夏,犹挥沐吐餐,垂接白屋,故周道以隆,天下归德。公今养疴傲士,故其宜也。'融省书惭,追谢还之,彪逝而不顾。"

皇甫规拜度辽将军,上疏荐张奂自代,改为使匈奴中郎将(《后汉书·皇甫规列传》)。

张奂拜度辽将军(《后汉书·皇甫规列传》、《后汉书·张奂列传》)。

史弼时任北军中侯,因渤海王刘悝骄慢不奉法度而上书论事(袁宏《后汉纪》卷二二)。

应奉以功为司隶校尉(《后汉书·应奉列传》)。

陈球为零陵太守(《后汉书·陈球列传》)。

寇融上书陈情,旋被杀(《后汉书·寇恂列传》)。

曹操浴于谯水,击蛟。

按:卢弼《三国志集解》卷一引刘昭《幼童传》曰:"太祖幼而勇。年十岁,尝浴于谯水,有蛟逼之,自水奋击,蛟乃潜退。于是浴毕而还,弗之言也。后有人见大蛇奔退,太祖笑之曰:'吾为蛟所击而未惧,斯畏蛇而恐耶!'众问乃知,咸惊异焉。"陆侃如《中古文学系年》(人民文学出版社1985年版)系于是年。

崔寔著《政论》。

按:《政论》又作《正论》,原5卷,今存1卷。成于桓帝年间。《政论》论治国方法,反对奢侈、厚葬、弃农经商、土地兼并,主张起用贤哲、严刑深罚以法治国、恢复井田制。主要版本有:1、唐《群书治要》本;2、明天启6年(1626)《诸子汇函》本;3、清严可均《全后汉文》本;4、清光绪九年(1883)长沙娜嬛馆《玉函山房辑佚书》本;5、上海人民出版社《政论注释》本。陆侃如《中古文学系年》系是年。

佚名七月立《汉泰山都尉孔君之碑》(王昶《金石萃编》)。

按:《汉泰山都尉孔君之碑》,简称《孔庙碑》,延熹七年七月立于鲁县孔庙。额篆书(阳文)"有汉泰山都尉孔君之碑"二行十字。有穿。有碑阴。碑阴额篆书(阳文)"门生故吏名"五字,下隶书题名三列,各二十一行。碑主孔宙,字季将,孔融之父,孔彪之兄,孔子第十九代孙。历官郎中、都昌长、元城令、泰山都尉,卒于延熹六年正月,年六十有一。是年,门生故吏立其碑于鲁县孔庙。《金石萃编》载:碑高七尺三寸,宽四尺。字共十五行,满行二十八字。现存山东曲阜孔庙。

又按:《孔庙碑》为东汉隶书碑刻中的优秀作品之一,自欧阳修《集古录》收载之后,代有著录。碑文字形扁阔,横画一波三折,有如"蚕头雁尾",富有装饰性。清代万经《分隶偶存》曰:"字较诸碑特巨,规矩整齐,一笔不苟,而恣态却自横溢,有《卒史》之雄健,而去其板重,化《韩勅》之方幅,而有其清真,碑阴隶法亦精,似别出一手。"明郭宗昌《金石史》曰:"其书尚存分法,且结体古逸,殊不易造。……汉碑阴字多潦倒,此独超逸古雅,非魏人所及。"清朱彝尊《曝光亭集》曰:"《孔庙碑》属流丽一派,书法纵逸飞动,神趣高妙。"翁方纲《两汉金石记》曰:"碑与碑阴书出二手者,独是碑耳。然皆汉隶之员醇美者。"万经《汉魏碑考》曰:"规矩整齐,一笔不苟,而姿态却自横溢。有《萃史》(《史晨》)之雄健而去其板滞,化《韩勒》(《礼器》)之方辐而有其清真。"郭尚先《芳坚馆题跋》称其"结体宽博而绵密,是贞观诸大家所祖。褚中令(遂良)勒笔皆长,亦滥觞于是。"又曰:"近人每以《豫州从事碑》(《尹宙》)与此并称'二宙',实则《尹碑》不及远甚。其结体运笔已开《受禅》、《大飨》二石意矣。"杨守敬跋其碑云:"波磔并出,八分正宗;无一字不飞动,仍无一字不规矩。视《杨孟文颂》之开阔动宕、不拘于格者,又不同矣。然皆各极其妙,未易轩轾也。"

黄琼卒(86—)。琼字世英,江夏安陆人,黄香子。习《尚书》。为政以经术,卓然不苟,官议郎、尚书仆射、尚书令、太常、太仆、司空、司徒、太尉。谥忠侯。事迹见《后汉书》卷六一。

按:《资治通鉴》卷五五曰:"二月,丙戌,邠乡忠侯黄琼薨。将葬,四方远近名士会者六七千人。"

祝睦卒(97—)。睦字元德,济阴己氏人。治《韩诗》、《严氏春秋》。官山阳太守。

虞翻(—233)生(姜亮夫《历代人物年里碑传综表》)。

汉桓帝延熹八年　乙巳　165年

正月,遣中常侍左悺之苦县,祠老子。渤海王刘悝谋反,降为瘿陶王。诏公、卿、校尉举贤良方正(《后汉书·桓帝本纪》)。

罗马焚泰西封王宫。

按:《后汉书·祭祀志中》曰:"延熹八年,初使中常侍之陈国苦县祠老子。"《后汉书·桓帝本纪》曰:"论曰:前史称桓帝好音乐,善琴笙。饰芳林而考濯龙之宫,设华盖以祠浮图、老子,斯将所谓'听于神'乎!"

二月己酉,千秋万岁殿火灾。癸亥,皇后邓氏废(《后汉书·桓帝本纪》)。

三月辛巳,诏大赦天下(《后汉书·桓帝本纪》)。

四月甲寅,安陵园寝火灾(《后汉书·桓帝本纪》)。

闰六月甲午,南宫、长秋和欢殿火灾(《后汉书·桓帝本纪》)。

九月丁未,京师地震(《后汉书·桓帝本纪》)。

十月,渤海盖登等称"太上皇帝",有玉印、珪、璧、铁券,相署置,皆伏诛。辛巳,立贵人窦氏为皇后(《后汉书·桓帝本纪》)。

十一月,使中常侍管霸之苦县,祠老子(《后汉书·桓帝本纪》)。

壬子,德阳殿西阁、黄门北寺火,延及广义、神虎门,烧杀人(《后汉书·桓帝本纪》)。

是年,诏刊章讨捕张俭。

按:此证明中国已有刻版印刷。《后汉书·党锢列传》曰:"乡人朱并,素性佞邪,为俭所弃,并怀怨恚,遂上书告俭与同郡二十四人为党,于是刊章讨捕。"《后汉书·孔融列传》曰:"山阳张俭为中常侍侯览所怨,览为刊章下州郡,以名捕俭。"元王幼学《资治通鉴纲目集览》卷一二曰:"刊章,印行之文,入今板榜。"明朱厚烨《勿斋集》曰:"汉灵帝时诏刊章捕张俭等,是刻印之法,汉已有之……则刻书实始于汉人。"清李元复《常谈丛录》卷一曰:"书籍自雕镂板印之法行,二流布始广,亦借以永传,然创之者初不必甚难,以自有符玺可师其意,正五待奇想巧思也。窃意蔡伦造纸之后,当魏、晋、六朝,宜有继起而为之者矣,但未盛行耳。乃谓肇兴于宋,是其不然。"日本岛田翰《古文旧书考》卷二《雕板渊源考》曰:"予以为墨板盖昉于六朝。何以知之?《颜氏家训》曰:江南书本,穴皆误作六。夫书本之为言,用对墨板而言之也。颜之推,北齐人,则北齐时即知雕板矣。""予尝怪汉有《熹平石经》,魏有《三字石经》,经传之有石刻,其来已久矣。夫阴文刻石与阳文刊本,仅一转间耳。"

杨秉正月奏免宦官侯览及其弟参,司隶校尉韩縯奏宦官左悺及其兄称,悺、称自杀(《后汉书·宦者列传》、《资治通鉴》卷五五)。

李膺复拜司隶校尉,惩杀宦官张让之弟。

按:《后汉书·党锢列传》曰:"(李膺)复拜司隶校尉。时,张让弟朔为野王令,贪残无道,至乃杀孕妇,闻膺厉威严,惧罪逃还京师,因匿兄让弟舍,藏于合柱中。膺知其状,率将吏卒破柱取朔,付洛阳狱。受辞毕,即杀之。让诉冤于帝,诏膺入殿,御亲临轩,诘以不先请便加诛辟之意。膺对曰……帝无复言,顾谓让曰:'此汝弟之罪,司隶何愆?'乃遣出之。自此诸黄门常侍皆鞠躬屏气,休沐不敢复出宫省。帝怪问其故,并叩头泣曰:'畏李校尉。'是时,朝廷日乱,纲纪颓陁,膺独持风裁,以声名自高。士有被其容接者,名为登龙门。"

应奉上书谏立田贵人为皇后,桓帝从其言,立窦皇后。

按:《后汉书·应奉列传》曰:"及邓皇后败,而田贵人见幸,桓帝有建立之议。奉以田氏微贱,不宜超登后位,上书谏曰:'臣闻周纳狄女,襄王出居于郑;汉立飞燕,成帝胤嗣泯绝。母后之重,兴废所因。宜思《关雎》之所求,远五禁之所忌。'帝纳其言,竟立窦皇后。"

刘瑜举贤良方正,上书陈事。特召问灾咎,对以经谶,拜议郎(《后汉书·刘瑜列传》)。

陈蕃七月以太中大夫擢为太尉(《后汉书·桓帝本纪》)。

边韶八月为陈相。

按:《后汉书·文苑列传上》曰:"后为陈相,卒官。"王先谦《集解校补》曰:"据《隶释》在延熹八年八月。"

汉桓帝延熹八年　乙巳　165年

周景十月以地震免司空（《后汉书·桓帝本纪》）。

刘茂十月以太常擢为司空（《后汉书·桓帝本纪》）。

胡广迁太常。

按：《后汉书·胡广列传》曰："后拜……太常。"陆侃如《中古文学系年》（人民文学出版社1985年版）据熊方《补后汉书年表》卷九下、钱大昭《后汉书补表》卷八及练恕《后汉公卿表》系于是年。

刘宽拜尚书令，迁南阳太守（《后汉书·刘宽列传》）。

边韶著《老子铭》（《隶释》卷三）。

按：《老子铭》曰："延熹八年八月甲子，皇上……梦见老子，尊而祀之。于时陈相边韶典国之礼，敢演而铭之。"《隶释》卷二七曰："（老子铭）在卫真县太清宫，边韶文，蔡邕书。"

蔡邕作《太尉杨公碑》，八月作《王子乔碑》（分别见《艺文类聚》卷四六、《水经注·汳水注》）。

按：《太尉杨公碑》曰："秉字叔节，……年七十有四，延熹八年丙戌薨。……于是门人学徒，相举刊石树碑，表勒鸿勋。"《王子乔碑》曰："延熹八年秋八月，皇帝遣使者奉牺牲以致祀。……遂树之玄石，纪颂遗烈。俾志道者有所览焉。"

张奂作《与延笃书》（严可均《全后汉文》卷六四）。

按：陆侃如《中古文学系年》系于此年。

延笃作《答张奂书》、《与张奂书》、《与段纪明书》（严可均《全后汉文》卷六一）。

按：陆侃如《中古文学系年》系于是年。

杨秉卒（92—　）。秉字叔节，杨震中子，弘农华阴人。少好学，传父业，兼明《京氏易》，博通《书》传，常隐居教授，年四十余，乃应司空辟，拜侍御史，频出为豫、荆、徐、兖四州刺史，迁任城相。以直谏称，有真儒之目。

按：唐晏《两汉三国学案》（中华书局1965年版）、朱学西、张绍勋、张习礼《中国历史大事编年》（第1卷）（北京出版社1987年版）系于是年。

秦嘉约卒（130—　）。嘉字士会，汉阳郡平襄人，徐淑夫。桓帝时仕郡，举上计掾入洛，除黄门郎。今存四言《赠妇诗》1首，五言《留郡赠妇诗》3首，四言《述婚诗》2首，以及几句残诗，文有《报妻书》、《重报妻书》2篇。

按：秦嘉卒年，陆侃如《中古文学系年》推断约在延熹八年（165）。根据《通渭县志》所记推断，"秦嘉任黄门郎后，曾领差前往津乡亭，不料病故于此，年仅30余岁。"故秦嘉当生于公元134或135年之前。而生于顺帝阳嘉元年的可能性较大，因为是年"庚寅，帝临辟雍飨射，大赦天下，改元阳嘉，诏宗室绝属籍者，一切复籍；禀冀州尤贫民，勿收今年更、租、口赋。"秦嘉因生于大赦天下的阳嘉之年，故取名为嘉。

又按：五言诗是东汉文人五言抒情诗成熟的标志，在五言诗的发展进程中秦嘉具有突出地位；所存赠答文章开了后来在魏晋南北朝文学中多见的那种日常性抒情散文的先河。

查斯丁卒（约100—　）。巴勒斯坦的基督教早期教父。

阿庇安卒（约95—　）。罗马历史学家。著有《罗马史》24卷。

汉桓帝延熹九年　丙午　166年

罗马大疫。

正月辛卯朔，诏公、卿、校尉、郡国举至孝(《后汉书·桓帝本纪》)。

是月，沛国戴异得黄金印，无文字，遂与广陵人龙尚等共祭井，作符书，称"太上皇"，伏诛(《后汉书·桓帝本纪》)。

三月癸巳，京师有火光转行，人相惊噪(《后汉书·桓帝本纪》)。

七月，沈氐羌寇武威、张掖。诏举武猛，三公各二人，卿、校尉各1人。庚午，祠黄、老于濯龙宫(《后汉书·桓帝本纪》)。

按：《后汉书·祭祀志中》曰："亲祠老子于濯龙。文罽为坛，饰淳金釦器，设华盖之坐，用郊天乐也。"

九月，大秦国王遣使奉献(《后汉书·桓帝本纪》)。

按：此为中国和欧洲国家直接友好往来的最早记载。《后汉书·西域列传》曰："大秦国……其王常欲通使于汉，而安息欲以汉缯彩与之交市，故遮阂不得自达。至桓帝延熹九年，大秦王安敦遣使自日南徼外献象牙、犀角、玳瑁，始乃一通焉。"

十二月，洛城傍竹柏枯伤。南匈奴、乌桓率众诣张奂降(《后汉书·桓帝本纪》)。

李膺等二百余人受诬为党人，并坐下狱，书名王府。

按：《后汉书·党锢列传》曰："时，河内张成善说风角，推占当赦，遂教子杀人。李膺为河南尹，督促收捕，既而逢宥获免，膺愈怀愤疾，竟案杀之。初，成以方伎交通宦官，帝亦颇讶其占。成弟子牢脩因上书诬告膺等养太学游士，交结诸郡生徒，更相驱驰，共为部党，诽讪朝廷，疑乱风俗。于是天子震怒，班下郡国，逮捕党人，布告天下，使同忿疾，遂收执膺等。其辞所连及陈寔之徒二百余人，或有逃遁不获，皆悬金购募。使者四出，相望于道。明年，尚书霍谞、城门校尉窦武并表为请，帝意稍解，乃皆赦归田里，禁锢终身。而党人之名，犹书王府。"

张奂是春为大司农。秋，为护匈奴中郎将，督幽、并、凉三州及度辽、乌桓二营(《后汉书·张奂列传》)。

皇甫规复代为度辽将军，见党事大起，乃自上言"附党"。

按：《后汉书·皇甫规列传》曰："及(张)奂迁大司农，规复代为度辽将军。……及党事大起，天下名贤多见染逮，规虽为名将，素誉不高。自以西州豪桀，耻不得豫，乃先自上言：'臣前荐故大司农张奂，是附党也。又臣昔论输左校时，太学生张凤等上书讼臣，是为党人所附也。臣宜坐之。'朝廷知而不问，时人以为规贤。"

荀爽拜郎中，对策言遣散后宫。后遭党锢，隐于海上，南遁汉滨十余年。

按：《后汉书·荀爽列传》曰："延熹九年，太常赵典举爽至孝，拜郎中。对策陈便宜曰……奏闻，即弃官去。后遭党锢，隐于海上，又南遁汉滨，积十余年，以著述为事,遂称为硕儒。"

张升因党锢事起去官,道逢友人,相拥而泣(《后汉书·逸民列传》)。

赵岐应胡广命,拜并州刺史,坐党事免(《后汉书·赵岐列传》)。

襄楷自家诣阙两次上书言事,下司寇论刑(《后汉书·襄楷列传》)。

按:其疏以自然灾异把矛头直指天子及宦官,言"汉兴以来,未有拒谏诛贤用刑太深如今者也",断言"文德将衰,教化废也"。

窦武上疏谏宦官封侯(袁宏《后汉纪》卷二二)。

许栩四月免司徒(《后汉书·桓帝本纪》)。

胡广五月以太常擢为司徒(《后汉书·桓帝本纪》)。

陈蕃六月免太尉(《后汉书·桓帝本纪》)。

周景九月以光禄勋擢为太尉(《后汉书·桓帝本纪》)。

刘茂九月免司空(《后汉书·桓帝本纪》)。

宣酆十二月以光禄勋擢为司空(《后汉书·桓帝本纪》)。

郑玄始归乡供养(《后汉书·郑玄列传》)。

刘陶以病免官,吏民思而作歌(《后汉书·刘陶列传》)。

管宁丧母,毁形(管世骏《求恕斋丛书·汉管处士年谱》)。

刘陶著《中文尚书》、《尚书训诂》、《春秋训诂》。

按:《后汉书·刘陶列传》曰:"陶明《尚书》、《春秋》,为之训诂。推三家《尚书》及古文,是正文字七百余事,名曰《中文尚书》。"陆侃如《中古文学系年》系于是年。

陈纪著《陈子》数万言。

按:《后汉书·陈纪列传》曰:"及遭党锢,发愤著书数万言,号曰《陈子》。"

蔡邕作《荆州刺史度尚碑》(《后汉书·度尚列传》)。

郦炎著字书《郦篇》。

按:惠栋《后汉书补注》卷一八曰:"《炎集》曰:我十七而作《郦篇》。……(章樵)注:《郦篇》《州书》皆字学之书。"陆侃如《中古文学系年》系于是年。

应奉著《感骚》30篇,数万言。

按:《后汉书·应奉列传》曰:"及党事起,奉乃慨然以疾自退。追愍屈原,因以自伤,著《感骚》三十篇,数万言。"

赵岐作《御寇论》,言守边之策。

按:《后汉书·赵岐列传》曰:"九年,乃应司徒胡广之命。会南匈奴、乌桓、鲜卑反叛,公卿举岐,擢拜并州刺史。岐欲奏守边之策,未及上,会坐党事免,因撰次以为《御寇论》。"

马融卒(79—)。融字季长,扶风茂陵成欢里人,马严之子。为人美辞貌,有俊才。从挚恂学,博通经籍。恂以女妻之。生徒千数,卢植、郑玄即其徒。任校书郎,于东观典校秘书。著有《三传异同说》、《论语注》、《礼记注》、《孝经注》2卷、《毛诗注》10卷、《周官传》12卷、《仪礼注》、《丧服经传注》1卷、《易传》10卷、《律章句》、《尚书注》11卷,使古文经学更为成熟。著《列女传注》、《老子注》、《淮南子注》、《离骚注》。有集9卷,另著赋、颂、碑、诔等21篇，明人辑有《马季长集》。事迹见《后汉书》卷六〇上。

按：《后汉书·马融列传》曰："（马融）年八十八，延熹九年卒于家。"

又按：潘斌《试论马融的经学贡献》（《唐都学刊》2008年第5期）认为："马融经学的立足点是古文经学"，这主要表现在："在为经书作注时，多采用古文本"；"为经作注时十分重视重文字训诂及名物的训释"；"熟悉礼制，并以礼解经"。"然而马融并不拘泥于门户之见，他在以古学为宗的同时，对今文也有所汲取和采纳。"马融经学所产生的影响主要有：一是"对东汉乃至东汉以后的经学家注经风格都产生了影响"；二是"对汉晋之间学术风气的转变起到了先导作用"。马国翰的《玉函山房辑佚书》有《周易马氏传》3卷、《尚书马氏传》4卷、《毛诗马氏注》1卷、《周官传》1卷、《丧服经传马氏注》1卷、《礼记马氏注》1卷、《春秋三传异同说》1卷、《论语马氏训说》2卷。王仁俊《玉函山房辑佚书续编》黄奭《汉学堂丛书》也辑有马融的部分经学佚文。清人臧庸《问经堂丛书》收有《马王易义》，题为汉马融、魏王肃撰。晚清唐晏《三国两汉学案》也对马融的经注文字进行汇集。

度尚卒（117— ）。尚字博平，胡陆人。家贫，乃为宦者同郡侯览视田，得为郡上计吏，拜郎中，除上虞长。为政严峻，明于发擿奸非，吏人谓之神明。延熹五年，自右校令擢为荆州刺史，平长沙、零陵等寇乱。延熹七年，封右乡侯，迁桂阳太守。后又为荆州刺史、辽东太守。卒于官。事迹见《后汉书》卷三八。

按：《后汉书·度尚列传》曰："（度尚）年五十，延熹九年，卒于官。"

应奉卒，生年不详。奉字世叔，汝南南顿人。少聪明强识，自为儿童及长，凡所经历，莫不暗记。读书五行并下。为郡决曹史，行部四十二县，录囚徒数百千人。删《史记》、《汉书》、《汉记》三百六十余年，自汉兴至其时，凡十七卷，名曰《汉事》。及党事起，以疾自退，著《感骚》30篇。事迹见《后汉书》卷四八。

按：《后汉书·应奉列传》曰："及党事起，奉乃慨然以疾自退。追愍屈原，因以自伤，著《感骚》三十篇，数万言。诸公多荐举，会病卒。"姑系于此年。

太史慈（ —206）生。

按：《三国志·吴志·太史慈传》曰："（太史慈）年四十一，建安十一年卒。"可知生于本年。

汉桓帝延熹十年　永康元年　丁未　167年

日耳曼人入多瑙河上游，罗马奥勒留亲征。

正月，先零羌寇三辅，中郎将张奂破平之（《后汉书·桓帝本纪》）。

五月，日食。诏公、卿、校尉举贤良方正（《后汉书·桓帝本纪》）。

六月庚申，诏大赦天下，悉除党锢，改元永康（《后汉书·桓帝本纪》）。

按：《资治通鉴》卷五六曰："陈蕃既免，朝臣震栗，莫敢复为党人言者。贾彪曰：'吾不西行，大祸不解。'乃入雒阳，说城门校尉窦武、尚书魏郡霍谞等，使讼之。武上疏曰：'陛下即位以来，未闻善政，常侍、黄门，竞行谲诈，妄爵非人。伏寻西京，佞臣执政，终丧天下。今不虑前事之失，复循覆车之轨。臣恐二世之难，必将复及，赵高之变，不朝则夕。近者奸臣牢修造设党议，遂收前司隶校尉李膺等逮考，连及数百人。……夫瑞生必于嘉士，福至实由善人，在德为瑞，无德为灾。陛下所行不合天意，不宜称庆。'……李膺等又多引宦官子弟，宦官惧，请帝以天时宜赦。六月，庚申，赦天下，改元；党人二百余人皆归田里，书名三府，禁锢终身。"

十二月壬申，复瘿陶王刘悝为渤海王（《后汉书·桓帝本纪》）。

丁丑，桓帝崩于德阳前殿。年三十六。戊寅，尊皇后曰皇太后，窦太后临朝，与父窦武定迎立解渎亭侯刘宏，是为孝灵皇帝（《后汉书·桓帝本纪》）。

按：桓帝刘志（132—167），肃宗曾孙。少从周福受经。好音乐，善琴笙。好黄老、浮图。

是年，复博陵、河间二郡，比丰、沛（《后汉书·桓帝本纪》）。

党人表谱，编排名士序列，以示崇敬。

按：《后汉书·党锢列传》曰："明年，尚书霍谞、城门校尉窦武并表为请，帝意稍解，乃皆赦归田里，禁锢终身。而党人之名，犹书王府。自是正直废放。邪枉炽结，海内希风之流，遂共相标榜，指天下名士，为之称号。上曰'三君'，次曰'八俊'，次曰'八顾'，次曰'八及'，次曰'八厨'，犹古之'八元'、'八凯'也。窦武、刘淑、陈蕃为'三君'。君者，言一世之所宗也。李膺、荀翌、杜密、王畅、刘祐、魏朗、赵典、朱宇为'八俊'。俊者，言人之英也。郭林宗、宗慈、巴肃、夏馥、范滂、尹勋、蔡衍、羊陟为'八顾'。顾者，言能以德行引人者也。张俭、岑晊、刘表、陈翔、孔昱、苑康、檀敷、翟超为'八及'。及者，言其能导人追宗者也。度尚、张邈、王考、刘儒、胡母班、秦周、蕃向、王章为'八厨'。厨者，言能以财救人者也。"

郑玄客耕东莱，门徒相随已数百千人。

按：《后汉书·郑玄列传》曰："家贫，客耕东莱，学徒相随已数百千人。"杨希闵《汉徐征士年谱》、王利器《郑康成年谱》（齐鲁书社1983年版）系于是年。

皇甫规五月征为尚书，日食对策，桓帝不纳，迁弘农太守，封寿成亭侯，让封不受。作书谢赵壹（《后汉书·皇甫规列传》）。

赵壹恃才倨傲，为乡党所摈。及西还，道经弘农，过候太守皇甫规，门者不通遂遁去，皇甫规追书谢罪（《后汉书·文苑列传下》）。

张奂破先零羌有功当封，以不事宦官赏遂不行，是冬徙属弘农华阴（《后汉书·张奂列传》）。

董扶举贤良方正，以病不诣，上封事，归家（《后汉书·方术列传下》）。

应劭为萧令，莅任前晋谒辞行故司空宣酆。

按：应劭《风俗通义·正失第二》曰："予为萧令，周旋谒辞故司空宣伯应。"宣伯应即宣酆，钱大昕曰："考宣酆为司空在延熹九年十二月。次年四月免。是劭为萧令在灵帝初而传失载。"陆侃如《中古文学系年》（人民文学出版社1985年版）、刘跃进《秦汉文学编年史》（商务印书馆2006年版）均定于是年。

徐稚往吊郭泰母，置生刍一束于庐前而去。

按：《后汉书·徐稚列传》曰："及林宗（郭泰）有母忧，往吊之，置生刍一束于庐前而去。众怪,不知其故。林宗曰:'此必南州高士徐孺子也。《诗》不云乎,"生刍一束,其人如玉。"吾无德以堪之。'"杨希闵《汉徐征士年谱》定于是年。

支楼迦谶自月支至洛阳。

按:支楼迦谶,简称支谶,为中国佛教史上第一为翻译大乘经典者,最先将"一切皆空"的思想传入中国。所译梵文,有《般若道行》、《般舟》、《首楞严》、《阿阇世王》、《宝积》等十余部经。

侯瑾作《矫世论》、《应宾难》、《皇德传》30篇等。

按:《后汉书·文苑列传下》曰:"侯瑾字子瑜,敦煌人也。少孤贫,依宗人居。性笃学,恒佣作为资,暮还辄燃柴以读书。常以礼自牧,独处一房,如对严宾焉。州郡累召,公车有道征,并称疾不到。作《矫世论》以讥切当时,而徙入山中,覃思著述。以莫知于世,故作《应宾难》以自寄。又案《汉记》撰中兴以后行事,为《皇德传》三十篇,行于世。"陆侃如《中古文学系年》系于是年。

赵壹作《解摈赋》、《报皇甫规书》。

按:《后汉书·文苑列传下》曰:"恃才倨傲,为乡党所摈,乃作《解摈》。"陆侃如《中古文学系年》系于是年。

荀爽十二月作《与李膺书》。

按:《后汉书·党锢列传》曰:"及陈蕃免太尉,朝野属意于膺,荀爽恐其名高致祸,欲令屈节以全乱世,为书贻曰:'久废过庭,不闻善诱,陟岵瞻望,惟日为岁。知以直道不容于时,悦山乐水,家于阳城。道近路夷,当即聘问,天状婴疾,阙于所仰。顷闻上帝震怒,贬黜鼎臣,人鬼同谋,以为天子当贞观二五,利见大人,不谓夷之初旦,明而未融,虹蜺扬辉,弃和取同。方今天地气闭,大人休否,智者见险,投以远害。虽匮人望,内合私愿。想甚欣然,不为恨也。愿怡神无事,偃息衡门,任其飞沈,与时抑扬。'顷之,帝崩。陈蕃为太傅,与大将军窦武共秉朝政,连谋诛诸宦官,故引用天下名士,乃以膺为长乐少府。及陈、窦之败,膺等复废。"据书中"顷之,帝崩"云云,则作于十二月后。

安世高译《修行道地经》。

按:《出三藏记集传》卷一三曰:"初,外国三藏众护撰叙安经,为二十七章。世高乃剖析护所集七章,译为汉文,即道地经也。"刘汝霖《汉晋学术编年》系于是年。

延笃卒(约100—)。笃字叔坚,南阳人。少从唐溪典受《左氏传》。旬日能讽诵。又从马融受业,博通经传及百家言。能文章。举孝廉,为平阳侯相。以师丧弃官,五府并辟,不就。为博士,拜议郎,著作东观,作《汉记》,作《百官表》,凡114篇。后教授家巷。笃论解经传,多所驳正,后儒以为折中。著诗、论、铭、书等20篇,有集2卷。乡里图其形于屈原之庙。事迹见《后汉书》卷六四。

按:《后汉书·延笃列传》曰:"后遭党事禁锢。永康元年,卒于家。"

王符约卒,生年不详。符字节信,安定临泾人。少好学,有志操,耿介不同于俗,隐居安定,终身不仕,广涉经书和诸子。与张衡、马融、崔瑗、窦章友善。著有《潜夫论》10卷36篇。事迹见《后汉书》卷四九。

按:侯外庐等学者认为王符约生于和、安之际而卒于桓、灵之际;刘文英《王符评传》(南京大学出版社1993年版)认定王符约生于汉章帝建初七年(公元82年)而卒于桓帝、灵帝之际(公元167年左右);李学勤、吕文郁主编的《四库大辞典》(吉林大学出版色号1996年版)中认为王符约生于公元108年而卒于174年;《辞源》中提到王符约生于公元85年而卒于163年;刘树勋《中国古代著名哲学家评传》将王符生活的年代定为公元80—167年之间;张觉认为:"约生于公元79年(或78年),卒于公元163年夏季以后,很可能卒于165年。"邢静欣认为王符的生卒年约为章和之交(公元85—95年间)到公元163年以后。学术界多数人接受的观点则认为王符约生于公元85年而卒于公元167年。《后汉书》本传曰:"自和、安之后,世务游宦,当涂者更相荐引,而符独耿介不同于俗,以此遂不得升进。志意蕴愤,乃隐居著书三十余篇,以讥当时失得,不欲章显其名,故号曰《潜夫论》。其指讦时短,讨谪物情,足以观见当时风政,著其五篇云尔。"

武荣卒,生年不详。荣字欠和。治《鲁诗》、《孝经》、《论语》、《左氏》、《国语》、《史记》、《汉书》,举孝廉,除郎中,为执金吾(田普光《后汉儒林列传补逸》)。

按:徐乃昌《续后汉儒林传补逸》系于是年。

汉灵帝刘弘建宁元年　戊申　168年

正月庚子,刘宏即皇帝位,是为灵帝,改元建宁(《后汉书·灵帝本纪》)。

二月辛酉,葬孝桓皇帝于宣陵,庙曰威宗。庚午,谒高庙。辛未,谒世祖庙。诏大赦天下(《后汉书·灵帝本纪》)。

闰月甲午,追尊皇祖为孝元皇,夫人夏氏为孝元皇后,考为孝仁皇,夫人董氏为慎园贵人(《后汉书·灵帝本纪》)。

五月丁未朔,日食。诏公卿以下各上封事,及郡国守相举有道之士各1人。故刺史、二千石清高有遗惠,为众所归者,皆诣公车(《后汉书·灵帝本纪》)。

九月辛亥,中常侍曹节、王甫、长乐五官史朱瑀矫诏杀窦武、陈蕃、尹勋、刘瑜、冯述等,皆夷族,幽窦太后于南宫,宦官权势自此益盛(《后汉书·灵帝本纪》)。

十月甲辰,日食。令天下系囚罪未决入缣赎(《后汉书·灵帝本纪》)。

陈蕃正月为太傅,参录尚书事(《后汉书·灵帝本纪》)。

窦武正月壬午为大将军,参录尚书事(《后汉书·灵帝本纪》)。

卢植是春以布衣献书窦武,规其辞封,然不见用(《后汉书·卢植列传》)。

张奂奉命率兵围杀窦武、陈蕃。迁少府,又拜大司农,封侯。上书固让,封还印绶,卒不肯当(《后汉书·张奂列传》)。

何休入太傅陈蕃幕,与参政事;以蕃败废锢。

　　按:《后汉书·儒林列传下》曰:"何休字邵公,任城樊人也。父豹,少府。休为人质朴讷口,而雅有心思,精研《六经》,世儒无及者。以列卿子诏拜郎中,非其好也,辞疾而去。不仕州郡。进退必以礼。太傅陈蕃辟之,与参政事。蕃败,休坐废锢。"

赵岐复遭党锢(《后汉书·赵岐列传》)。

刘祐坐陈蕃事免河南尹,归里(《后汉书·党锢列传》)。

栾巴征拜议郎,复谪为永昌太守;以功自劾,辞病不行;上书极谏,理陈、窦之冤。

　　按:《后汉书·杜栾刘李刘谢列传》曰:"灵帝即位,大将军窦武、太傅陈蕃辅政,征拜议郎。蕃、武被诛,巴以其党,复谪为永昌太守。以功自劾,辞病不行,上书极谏,理陈、窦之冤。帝怒,下诏切责,收付廷尉。巴自杀。"

胡广为司徒,正月参录尚书事,复故国,以病乞免;九月,为太傅,录尚书事(《后汉书·灵帝本纪》)。

宣酆四月戊辰免司空(《后汉书·灵帝本纪》)。

王畅四月戊辰为司空,八月,以水灾免(《后汉书·灵帝本纪》)。

刘矩五月以太中大夫擢为太尉,十一月免(《后汉书·灵帝本纪》)。

刘宠八月以宗正擢为司空,九月为司徒(《后汉书·灵帝本纪》)。

许栩九月为司空(《后汉书·灵帝本纪》)。

闻人袭十一月以太仆擢为太尉(《后汉书·灵帝本纪》)。

刘宽拜太中大夫,侍讲华光殿(《后汉书·刘宽列传》)。

段颎大破先零羌于逢义山(《后汉书·灵帝本纪》)。

荀悦灵帝时以阉官用权,士多退身穷处,乃托疾隐居。

　　按:《后汉书·荀韩钟陈列传》曰:"灵帝时阉官用权,士多退身穷处,悦乃托疾隐居,时人莫之识,唯从弟彧特称敬焉。"

何休著《春秋公羊解诂》,又作《公羊墨守》、《左氏膏肓》、《谷梁废疾》。

　　按:《后汉书·儒林列传》曰:"太傅陈蕃辟之,与参政事。蕃败,休坐废锢,乃作《春秋公羊解诂》,覃思不窥门,十有七年。又注训《孝经》、《论语》、风角七分,皆经纬典谟,不与守文同说。又以《春秋》驳汉事六百余条,妙得《公羊》本意。休善历算,与其师博士羊弼,追述李育意以难二传,作《公羊墨守》、《左氏膏肓》、《谷梁废疾》。"王利器《郑康成年谱》(齐鲁书社1983年版)系于是年。

徐稚卒(97—)。稚字孺子,豫章南昌人。少为诸生,学《严氏春秋》、《京氏易》、《欧阳尚书》,兼综风角、星官、算历、《河图》、《七纬》、推步、变易。异行矫时俗,闾里服其德化。凡四察孝廉、五辟宰府、三举茂才,皆不就。友樊英、黄琼,有"南州高士"之称。事迹见《后汉书》卷五三。

　　按:《后汉书·徐稚列传》曰:"灵帝初,欲蒲轮聘,会(徐)稚卒,时年七十二。"据生年推算即为此年。

窦武卒,生年不详。武字游平,扶风平陵人。融玄孙。少以经行著称,常教授于大泽中,名显关西。延熹八年,拜郎中,迁越骑校尉,封槐里侯,五千户。明年,拜城门校尉,在位多辟名士,上疏请赦党人。以定策立帝为大将军,封闻喜侯。事迹见《后汉书》卷六九。

陈蕃卒,生年不详。蕃字仲举,汝南平舆人。初仕郡,举孝廉,除郎中,遭母忧弃官行丧。后公府辟举方正,不就。以李固荐,拜议郎,迁乐安太守,忤梁冀,转修武令,拜尚书。出为豫章太守。迁大鸿胪,以救李云免归。复拜议郎,迁光禄勋,为势家谮,免归。为尚书仆射,转太中大夫,为太尉。后为太傅,录尚书事。事迹见《后汉书》卷六六。

赵典卒,生年不详。典字仲经,蜀郡成都人也。少笃行隐约,博学经书,弟子自远方至。建和初,四府表荐,征拜议郎,侍讲禁内,再迁为侍中。出为弘农太守,转右扶风。公事去官,征拜城门校尉,转将作大匠,迁少府,又转大鸿胪。再迁长乐少府、卫尉。公卿复表典笃学博闻,宜备国师。会病卒,使者吊祠。窦太后复遣使兼赠印绶,谥曰献侯。事迹见《后汉书》卷二七。

刘祐卒,生年不详。祐字伯祖,中山安国人。察孝廉,补尚书侍郎,闲练故事,文扎强辨。除任城令、扬州刺史、河东太守。延熹四年,为尚书令、河南尹、司隶校尉。拜宗正,三转大司农,以没宦者财输左校。复历三卿,辞以疾,拜中散大夫,杜门绝迹。事迹见《后汉书》卷六七。

按:《后汉书·党锢列传》曰:"灵帝初,陈蕃辅政,以祐为河南尹。及蕃败,祐黜归,卒于家。"据此可知,当卒于此年。

尹勋卒,生年不详。勋字伯元,河南人。尹睦侄。持清操,州郡连辟,三迁邯郸令,政有异迹。举高第,五迁尚书令,以与诛梁冀封都乡侯,迁汝南太守。遭党禁。拜将作大匠、大司农。事迹见《后汉书》卷六七。

周景卒,生年不详。景字仲飨,庐江舒人。周荣孙,周兴子。辟大将军府,迁豫州刺史、河内太守,好贤爱士,拔才荐善。为将作大匠,以梁冀故吏免官禁锢。复拜尚书令,迁太仆、卫尉、司空、太尉。封安阳乡侯。

按:《后汉书·灵帝本纪》曰:"(建宁元年)夏四月戊辰,太尉周景薨。"

刘瑜卒,生年不详。瑜字季节,广陵人。少好经学,尤善图谶、天文、历算之术。州郡礼请不就,举贤良方正,为议郎、侍中。事迹见《后汉书》卷五七。

刘淑卒,生年不详。淑字仲承,河间乐成人。少学明五经,遂隐居立精舍讲授,诸生常数百人。州郡礼请,五府连辟,不就。永兴二年,举贤良方正,辞以疾。桓帝切征,对策第一,拜议郎,迁尚书、侍中,官至虎贲中郎将。至是,宦官谮淑与窦武等通谋,下狱自杀。事迹见《后汉书》卷六七。

按:《后汉书·党锢列传》曰:"灵帝即位,宦官谮淑与窦武等通谋,下狱自杀。"

冯绲卒,生年不详。冯绲字鸿(一作皇)卿,巴郡宕渠人。少耽学问,习父业,学《春秋》严氏、《韩诗》包氏、大杜律、《司马兵法》。延光初为郎,还仕郡,历诸曹史、督邮、主簿、五官掾功曹。顺帝时举孝廉,除郎中,历蜀郡广都长、犍为武阳令、广汉别驾、治中从事,辟司空府,拜御史中丞,督徐、扬二州。复辟司徒府,历廷尉、左监正、治书侍御史,迁广汉属国都尉、陇西太守,征议郎,历尚书、辽东太守、京兆尹、司隶校尉、廷尉、太常,延熹中为车骑将军、将作大匠。所在严立威刑。事迹见《后汉书》卷三八。

按：《后汉书·冯绲列传》曰："中官相党，遂共诽章诬绲，坐与司隶校尉李膺、大司农刘祐俱输左校。应奉上疏理绲等，得免。后拜屯骑校尉，复为廷尉，卒于官。"

顾雍（　—243）生（姜亮夫《历代人物年里碑传综表》）。

汉灵帝建宁二年　己酉　169 年

韦鲁斯卒于军中。

正月丁丑，诏大赦天下（《后汉书·灵帝本纪》）。

从鲁相史晨之请，诏祀孔子，依社稷，出王家谷，春秋行礼（《资治通鉴》卷五六）。

三月乙巳，尊慎园董贵人为孝仁皇后（《后汉书·灵帝本纪》）。

四月癸巳，诏公卿以下各上封事（《后汉书·灵帝本纪》）。

十月丁亥，中常侍侯览讽有司奏前司空虞放、太仆杜密、长乐少府李膺、司隶校尉朱宇、颍川太守巴肃、沛相荀昱、河内太守魏朗、山阳太守翟超皆为钩党，下狱，死者百余人，妻子徙边，诸附从者锢及五属。制诏州郡大举钩党，于是天下豪桀及儒学行义者，一切结为党人（《后汉书·灵帝本纪》）。

按：《后汉书·宦者列传》曰："建宁二年，（侯览）丧母还家，大起茔冢。督邮张俭因举奏览贪侈奢纵，前后请夺人宅三百八十一所，田百一十八顷。起立第宅十有六区，皆有高楼池苑，堂阁相望，饰以绮画丹漆之属，制度重深，僭类宫省。又豫作寿冢，石椁双阙，高庑百尺，破人居室，发掘坟墓。虏夺良人，妻略妇子，及诸罪衅，请诛之。而览伺候遮截，章竟不上。俭遂破览冢宅，藉没资财，具言罪状。又奏览母生时交通宾客，干乱郡国。复不得御。览遂诬俭为钩党，及故长乐少府李膺、太仆杜密等，皆夷灭之。遂代曹节领长乐太仆。"

戊戌晦，日食（《后汉书·灵帝本纪》）。

胡广年七十九岁，丧母黄列嬴及孙胡根。

按：惠栋《后汉书补注》卷一一曰："挚虞《决疑要》注曰：太傅广丧母，天子使谒者以中牢吊祭，且送葬。《胡夫人黄氏神诰》曰：太夫人年九十一，建宁二年，薨于太傅府。"蔡邕《童幼胡根碑》曰："故陈留太守胡君子曰根，字仲原。……年七岁，建宁二年遭疾夭逝。"

张奂奉诏上疏言灾异事，忤宦官，转太常。自囚廷尉，数日乃出，以俸赎罪，禁锢归田里。

张升以党锢去官，见诛（《后汉书·文苑列传下》）。

谢弼四月上封事论陈得失（《后汉书·杜栾刘李刘谢列传》）。

闻人袭五月罢太尉（《后汉书·灵帝本纪》）。

许栩五月免司空(《后汉书·灵帝本纪》)。

许训六月以太常迁司徒(《后汉书·灵帝本纪》)。

刘宠六月以司徒贬为太尉，十一月免(《后汉书·灵帝本纪》)。

刘嚣六月以太仆迁司空(《后汉书·灵帝本纪》)。

郭禧十一月以太仆迁太尉(《后汉书·灵帝本纪》)。

刘陶拜侍御史(《后汉书·刘陶列传》)。

孔融以张俭事与兄、母争死，由是显名。

按：《后汉书·孔融列传》曰："时融年二六，俭少之而不告。融见其有窘色，谓曰：'兄虽在外，吾独不能为君主邪？'因留舍之。后事泄，国相以下，密就掩捕，俭得脱走，遂并收褒、融送狱。二人未知所坐。融曰：'保纳舍藏者，融也，当坐之。'褒曰：'彼来求我，非弟之过，请甘其罪。'吏问其母，母曰：'家事任长，妾当其辜。'一门争死，郡县疑不能决，乃上谳之。诏书竟坐褒焉。融由是显名，与平原陶丘洪、陈留边让齐声称。"

蔡邕六月作《处士圂典碑》，七月《陈留太守胡硕碑》，十月《交趾都尉胡府君夫人黄氏神诰》。是年作《黄钺铭》、《郭有道林宗碑碑》。

按：系年据跃进《蔡邕行年考略》(《文史》2003年第1辑)。

又按：东汉时期碑铭大量问世，渐趋繁荣，其中蔡邕为东汉撰写碑铭最多的学者之一，对于东汉碑铭之文章学与书法学贡献卓著。

郦炎辞州郡辟命，作诗2篇。

按：《后汉书·文苑列传下》曰："炎有文才，解音律，言论给捷，多服其能理。灵帝时，州郡辟命，皆不就，有志气。作诗二篇。"陆侃如《中古文学系年》系于是年。

侯成卒(89—　)。成字伯盛，山阳防东人。治《春秋经》，博综书传，以典籍教授。

按：徐乃昌《续后汉儒林列传补逸》系于是年。

李膺卒(109—　)。膺字元礼，颍川襄城人。李修孙。与荀淑、陈寔为师友。举孝廉，为胡广辟，举高第，迁青州刺史、渔阳太守、蜀郡太守，不之官，转护乌桓校尉。免官居纶氏，教授常千人。永寿二年，为度辽将军。延熹二年，为河南尹，坐忤势族输作左校，以应奉救免刑。拜司隶校尉，遭党祸下狱，免归里。为长乐少府，以窦武、陈寔事废。事迹见《后汉书》卷六七。

按：《后汉书·党锢列传》曰："后张俭事起，收捕钩党……乃诣诏狱。考死，妻子徙边，门生、故吏及其父兄，并被禁锢。"

张升卒(121—　)。升字彦真，陈留尉氏人。少好学博览，多关览，任情不羁。仕郡为纲纪，以能出守外黄令。遭党锢去官，至是被杀。著赋、诔、颂、碑、书六十篇，有集3卷。事迹见《后汉书》卷八〇下。

按：《后汉书·文苑列传下》曰："(张升)遇党锢去官，后竟见诛，年四十九。"

郭泰卒(128—　)。泰字林宗，太原界休人。家世贫贱，早孤，就成皋屈伯彦学，博通坟籍，善谈论，美音制。两辟不就。性明知人，好奖训士类。及党锢起,闭门教授,子弟以千数。事迹见《后汉书》卷六八。

> 按:郭泰生卒年月和年岁有多说。享年有43和42岁两说,卒年有建宁二年正月、五月、建宁四年正月诸说,故生年亦有128年和129年两说。《后汉书·郭泰列传》曰:"建宁元年……明年春,卒于家,时年四十二。"《谢承书》曰:"泰以建宁二年正日卒。"姑从《后汉书》本传之说。

范滂卒(137—)。滂字孟博,汝南征羌人。少厉清节,为州里所服。举孝廉、光禄四行。迁光禄勋主事。辟太尉府,自劾归。为宗资功曹,被目为范党,遭党祸下狱,解。事迹见《后汉书》卷六七。

> 按:《后汉书·党锢列传》曰:"建宁二年,遂大诛党人,诏下急捕滂等。……滂闻之,……即自诣狱。……时年三十三。"由此可知,卒于此年。

杜密卒,生年不详。密字周甫,颍川阳城人。少有厉俗志。为胡广辟,迁代郡太守,征,三迁泰山太守、北海相。后拜尚书令、河南尹、太仆,党祸起,免归。后复为太仆。因党锢事被而自杀。事迹见《后汉书》卷六七。

> 按:《后汉书·党锢列传》曰:"党事既起,免归本郡,与李膺俱坐,而名行相次,故时人亦称"李杜"焉。后太傅陈蕃辅政,复为太仆。明年,会党事被征,自杀。"

王畅卒,生年不详。畅字叔茂,王龚子。以清实称。举孝廉,不就。梁商举茂才,四迁尚书令,出为齐相。拜司隶校尉,转渔阳太守,所在以严明称。后为尚书、南阳太守,行教化。官至司空。事迹见《后汉书》卷五六。

> 按:《后汉书·王龚列传》曰:"建宁元年,(王畅)迁司空,数月,以水灾策免。明年,卒于家。"

蔡衍卒,生年不详。衍字孟喜,汝南项人。少明经讲授,以礼让化乡里。举孝廉,迁冀州刺史、议郎、符节令,坐救成瑨免归。事迹见《后汉书》卷六七。

> 按:《后汉书·党锢列传》曰:"会党事起,免官禁锢。卒于家。"

魏朗卒,生年不详。朗字少英,会稽上虞人。从博士郤仲信学《春秋图纬》,又诣太学受《五经》。辟司徒府,为彭城令、九真都尉,以功拜议郎,迁尚书,出为河内太守,复为尚书,遭党议免归。著书数篇,号《魏子》。事迹见《后汉书》卷六七。

> 按:《后汉书·党锢列传》曰:"后窦武等诛,朗以党被急征,行至牛渚,自杀。"

孔褒卒,生年不详。褒字文礼,治《严氏春秋》,为豫州从事。下狱死。

> 按:陆侃如《中古文学系年》系于是年。

汉灵帝建宁三年　庚戌　170年

三月丙寅,日食(《后汉书·灵帝本纪》)。

卢植征为博士,此前植数避州郡辟(《后汉书·卢植列传》)。

郭禧四月罢太尉(《后汉书·灵帝本纪》)。

闻人袭四月以太中大夫擢为太尉(《后汉书·灵帝本纪》)。

刘嚣七月罢司空(《后汉书·灵帝本纪》)。

桥玄八月以大鸿胪擢为司空(《后汉书·灵帝本纪》)。

刘梁拜尚书郎(《后汉书·文苑列传下》)。

皇甫规是春转护羌校尉(《后汉书·皇甫规列传》)。

谷永为郁林太守,以恩信招降乌浒人十余万内属,皆受冠带,开置七县(《后汉书·南蛮西南夷列传》)。

蔡邕作《东鼎铭》。
按:《东鼎铭》有"维建宁三年秋八月丁丑,延公于玉堂前廷"云云,故系于是年。

夏承卒(115—)。承字仲兖,治《诗》、《尚书》,兼览群艺。为主簿、督邮、五官掾功曹、上计掾、守令、冀州从事、淳于长。
按:徐乃昌《续后汉儒林传补逸》系于是年。

崔寔约卒(110—)。寔字子真,一名台,字元始,崔瑗子,涿郡安平人。东汉政论家。少沉静,好典籍。父卒隐居墓侧,服竟,三公并辟,皆不就。桓帝初除为郎,明于政体,吏才有余,论当世便事数十条,名曰《政论》。指切时要,言辩而确,当世称之。后拜议郎,与边韶、延笃等著作东观,与诸儒博士共杂定《五经》。官五原太守、辽东太守。著《政论》、《四民月令》、《集》1卷录1卷,有碑、论、箴、铭、答、七言、祠、文、表、记、书等15篇。事迹见《后汉书》卷五二。

徐淑约卒,生年不详。淑,陇西人,秦嘉妻。有集1卷,存有骚体五言《答夫诗》1首,文有《答夫秦嘉书》、《又报嘉书》以及《誓书与兄弟》3篇。

边韶约卒(约100—)。韶字孝先,陈留浚仪人。以文章知名。教授弟子数百人。历官北地太守、尚书令、陈相。有集1卷、录1卷,著诗、颂、碑、铭、书、策15篇。事迹见《后汉书》卷八〇上。
按:《后汉书·文苑列传上》曰:"桓帝时,为临颍侯相,征拜太中大夫,著作东观。再迁北地太守,入拜尚书令。后为陈相,卒官。"

郭嘉(—207)、徐幹(—217)生(姜亮夫《历代人物年里碑传综表》)。

托勒密卒(约100—)。古希腊天文学家、地理学家、数学家。

阿普列乌斯卒(约124—)。柏拉图派哲学家、修辞学家、作家。

汉灵帝建宁四年　辛亥　171年

正月甲子,灵帝加元服,诏大赦天下,赐公卿以下各有差,唯党人不赦(《后汉书·灵帝本纪》)。

二月癸卯,地震(《后汉书·灵帝本纪》)。

三月辛酉,日食。诏公卿至六百石各上封事;大疫,使中谒者巡行致医药(《后汉书·灵帝本纪》)。

七月癸丑,立贵人宋氏为皇后(《后汉书·灵帝本纪》)。

郑玄与同郡孙嵩等四十余人俱被禁锢,遂隐居修业著书,杜门不出(《后汉书·郑玄列传》)。

闻人袭三月免太尉(《后汉书·灵帝本纪》)。

李咸三月以太仆迁太尉(《后汉书·灵帝本纪》)。

许训三月免司徒(《后汉书·灵帝本纪》)。

桥玄三月以司空迁司徒,七月免(《后汉书·灵帝本纪》)。

蔡邕三月辟司徒桥玄府,未几,出补河平长。

按:《后汉书·蔡邕列传》曰:"建宁三年辟司徒桥玄府,玄甚敬待之。出补河平长。"跃进《蔡邕行年考略》(《文史》2003年第1辑)曰:"桥玄为司徒在建宁四年三月,本年八月为司空。疑史传'徒'字误,当作'空'。"《桥玄传》曰:"建宁三年迁司空,转司徒。"亦系于三年。然《灵帝纪》曰:"三年……八月,大鸿胪桥玄为司空。……四年……三月……司徒许训免,司空桥玄为司徒。"与两传异。《资治通鉴》卷五六曰:"建宁三年……八月,以鸿胪梁国桥玄为司空。(四年三月)司徒许训免,以司空桥玄为司徒。"从之。又,平阿,本传作"河平",王先谦《后汉书集解》引"沈钦韩曰":"河平盖平阿之误。"

来艳四月以太常迁司空,七月免(《后汉书·灵帝本纪》)。

许栩七月为司徒(《后汉书·灵帝本纪》)。

宗俱七月以太常迁司空(《后汉书·灵帝本纪》)。

蔡邕作《上始加元服与群臣上寿章》、《辟司空橋玄府出補河平長》、《中鼎铭》、《郭泰碑》。

按:《上始加元服与群臣上寿章》,见《后汉书·灵帝纪》曰:"四年春正月甲子,帝加元服,大赦天下。赐公卿以下各有差,唯党人不赦。"《辟司空桥玄府出补河平长》,参见本年"蔡邕三月辟司徒桥玄府,未几,出补河平长"条。《中鼎铭》有"维建宁四年春三月丁丑,延公于玉堂前延,乃制诏曰:其以司空桥玄为司徒"云云,可以作为此文系年依据。《郭泰碑》,陆侃如《中古文学系年》(人民文学出版社1985年版)系于是年。

佚名作《武都太守李歙西狭颂》(孙星衍《续古文苑》卷一三、《汉碑集释》)。

司马朗(　—217)生(姜亮夫《历代人物年里碑传综表》)。

汉灵帝建宁五年　熹平元年　壬子　172年

五月己巳,诏大赦天下,改元熹平(《后汉书·灵帝本纪》)。

六月癸巳,窦太后卒(《后汉书·灵帝本纪》)。

七月甲寅,宦官讽司隶校尉。段颎捕系太学诸生千余人(《后汉书·灵帝本纪》)。

按:《后汉书·宦者列传》曰:"熹平元年,窦太后崩,有何人书朱雀阙,言:'天下大乱,曹节、王甫幽杀太后,常侍侯览多杀党人,公卿皆尸禄,无有忠言者。'于是诏司隶校尉刘猛逐捕,十日一会。猛以诽书言直,不肯急捕,月余,主名不立。猛坐左转谏议大夫,以御史中丞段颎代猛,乃四出逐捕,及太学游生,系者千余人。节等怨猛不已,使颎以他事奏猛,抵罪输左校。朝臣多以为言,乃免刑,复公车征之。"

十月,渤海王刘悝被诬谋反。丁亥,刘悝及妻子皆自杀(《后汉书·灵帝本纪》)。

十一月,会稽人许生自称"越王",寇郡县,遣扬州刺史臧旻、丹阳太守陈夤讨破之(《后汉书·灵帝本纪》)。

十二月,鲜卑寇并州(《后汉书·灵帝本纪》)。

蔡邕是年前后由河平长召拜郎中,校书东观。

按:《后汉书·蔡邕列传》曰:"召拜郎中,校书东观。迁议郎。"跃进《蔡邕行年考略》(《文史》2003年第1辑)曰:"《后汉书·律历志》李贤注引《上汉书十志疏》云:'臣邕被受陛下尤异大恩。初由宰府备数典城,以叔父故卫尉质时为尚书,召拜郎中,受诏诣东观著作,遂与群儒并拜议郎。沐浴恩泽,承答圣问,前后六年。'案蔡邕之被流放朔方,事在光和元年七月至十一月间事,此后流亡在外,离开了东观。若以'前后六年'上推,其入东观事当在本年。"

陈球议太后葬事。

按:《后汉书·陈球列传》曰:"熹平元年,窦太后崩。太后本迁南宫云台,宦者积怨窦氏,遂以衣车载后尸,置城南市舍数日。中常侍曹节、王甫欲用贵人礼殡,帝曰:'太后亲立朕躬,统承大业。《诗》云:"无德不报,无言不酬。"岂宜以贵人终乎?'于是发丧成礼。及将葬,节等复欲别葬太后,而以冯贵人配祔。诏公卿大会朝堂,令中常侍赵忠监议。……球曰:'皇太后以盛德良家,母临天下,宜配先帝,是无所疑。'忠笑而言曰:'陈廷尉宜便操笔。'球即下议曰:'皇太后自在椒房,有聪明母仪之德。遭时不造,援立圣明,承继宗庙,功烈至重。先帝晏驾,因遇大狱,迁居空宫,不幸早世,家虽获罪,事非太后。今若别葬,诚先天下之望。且冯贵人冢墓被发,骸骨暴露,与贼并尸,魂灵污染,且无功于国,何宜上配至尊?'忠省球议,作色俯仰,蛮球曰:'陈廷尉建此议甚健!'球曰:'陈、窦既冤,皇太后无故幽闭,臣常痛心,天下愤叹。今日言之,退而受罪,宿昔之愿。'公卿以下,皆从球议。"

埃及人叛。

小亚弗里吉亚的孟他努创立基督教孟他努派。

许栩十二月罢司徒(《后汉书·灵帝本纪》)。

袁隗十二月以大鸿胪迁为司徒《后汉书·灵帝本纪》。

张奂奏记谢段颎(《后汉书·张奂列传》)。

张奂著《尚书记难》三十万言。

按：《后汉书·张奂列传》曰："时，禁锢者多不能守静，或死或徙。奂闭门不出，养徒千人，著《尚书记难》三十余万言。"

郑玄著《六艺论》。

按：王利器《郑康成年谱》系于是年。

蔡邕作《车驾上原陵记》、《太傅文恭侯胡公碑》、《太傅胡公碑》、《胡公碑》、《胡太傅祠前铭》；是年前后作《召拜郎中校书东观迁议郎》，始著《后汉书·十志》。

按：《车驾上原陵记》作于是年正月，文中"建宁五年正月，车驾上原陵，蔡邕为司徒掾，从公行到陵"云云可证。《太傅文恭侯胡公碑》、《太傅胡公碑》、《胡公碑》、《胡太傅祠前铭》中的胡公、胡太傅指胡广，胡广卒于是年三月，其年五月改元熹平，而碑中犹称建宁五年，则诸文应作于是年三、四月间。《召拜郎中校书东观迁议郎》、《后汉书·十志》系年参见本年"蔡邕是年前后由河平长拜郎中，为东观著作"条。《后汉书·律历志》李贤注引《上汉书十志疏》曰："臣自在布衣，常以为《汉书》十志，下尽王莽而止，世祖以来，唯有纪传，无续志者。臣所师事故太尉胡广，知臣颇识其门户，略以所有旧事与臣。虽未备悉，粗见首尾，积累思惟，二十余年。不在其位，非外吏庶人所得擅述。天诱其衷，得备著作郎，建言《十志》皆当撰录，遂与议郎张华等分受之。所使元顺难者皆以付臣。臣先治律历，以筹算为本，天文为验。请太史旧注，考校连年，往往颇有差舛，当有增损，乃可施行，为无穷法。道至深微，不敢独议。郎中刘洪，密于用算，故臣表上洪，与共参思图牒，寻绎适有头角。会臣被罪，逐于边野。"

仇审等作《郙阁颂》(《汉碑集释》)。

按：颂文曰："于是太守汉阳阿阳李君讳翕字伯都，以建宁三年二月辛巳到官，思惟惠利，有以绥济……建宁五年□□月十八日癸□。"

胡广卒(91—)。广字伯始，南郡华容人。学究五经，古今术艺皆毕览之。安帝时举孝廉，后任尚书郎、司徒、太尉、太傅，事安、顺、冲、质、桓、灵六帝。练达事体，明解朝章。虽无謇直之风，屡有补阙之益，京师谚曰："万事不理问伯始，天下中庸有胡公。"著《汉书解诂》、《汉官解诂》3卷、《百官箴》48篇、《汉制度》。又著诗、赋、铭、颂、箴、及诸解诂22篇。事迹见《后汉书》卷四四。

按：《后汉书·灵帝纪》曰："熹平元年春三月壬戌，太傅胡广薨。"《后汉书·邓张徐张胡传》曰："自在公台三十余年，历事六帝，礼任甚优，每逊位辞病，及免退田里，未尝满岁，辄复升进。凡一履司空，再作司徒，三登太尉，又为太傅。其所辟命，皆天下名士。与故吏陈蕃、李咸并为三司。蕃等每朝会，辄称疾避广，时人荣之。年八十二，熹平元年薨。使五官中郎将持节奉策赠太傅、安乐乡侯印绶，给东园梓器，谒者护丧事，赐冢茔于原陵，谥文恭侯，拜家一人为郎中。故吏自公、卿、大夫、博士、议郎以下数百人,皆缟经殡位,自终及葬。汉兴以来,人臣之盛,未尝有也。"

又按:扬雄依《虞箴》作《十二州二十五官箴》,其九箴亡阙,后崔马因及子瑗又刘陶马余增补十六篇,广复继作四篇,乃悉撰次首目,为之解释,名曰《百官箴》。

张寿卒(93—)。寿字仲吾。博物多识,涉猎传记。举孝廉,除郎中给事谒者,迁竹邑侯相。

按:《竹邑侯相张寿碑》曰:"君讳寿,字仲吾。其先晋大夫张老盛德之裔。孝友恭懿,明允笃信。博物多识,猎涉传记,临疑独照,确然不挠,有孔甫之风。举孝廉,除郎中、给事、谒者,迁竹邑侯相。年八十,建宁元年五月辛酉卒。"

鲁峻卒(106—)。峻字叔(一作仲)严,山阳昌邑人。治《鲁诗》,兼通《颜氏春秋》。举孝廉,除郎中,为谒者、河内太守丞、顿丘令、九江太守、侍御史、议郎、太尉长史、御史中丞、司隶校尉。

按:徐乃昌《续后汉儒林传补逸》系于是年。

汉灵帝熹平二年　癸丑　173年

正月,大疫,使使者巡行致医药(《后汉书·灵帝本纪》)。
二月壬午,诏大赦天下(《后汉书·灵帝本纪》)。
六月,北海地震(《后汉书·灵帝本纪》)。
十二月,日南徼外国重译贡献。癸酉晦,日食(《后汉书·灵帝本纪》)。

蔡邕十二月上书论日食。

按:《后汉书·五行志六》曰:"熹平二年十二月癸酉晦,日有蚀之,在虚二度。是时中常侍曹节、王甫等专权。"李贤注:"蔡邕上书曰:四年正月朔,日体微伤,群臣服赤帻,赴宫门之中,无救,乃各罢归。天有大异,隐而不宣求御过,是已事之甚者。"

赵壹抵罪几死,友人救免,贻书谢恩(《后汉书·文苑列传下》)。

杨赐二月以光禄勋迁司空,七月以灾异免。后复拜光禄大夫(《后汉书·灵帝本纪》)。

李咸三月免太尉(《后汉书·灵帝本纪》)。

段颎五月以司隶校尉迁太尉,十二月免(《后汉书·灵帝本纪》)。

唐珍七月以太常迁司空(《后汉书·灵帝本纪》)。

应劭时为议郎。

按:《后汉书·五行志五》曰:"熹平二年六月,雒阳民讹言虎贲寺东壁中有黄人,形容须眉良是,观者数万,省内悉出,道路断绝。"李贤注曰:"应劭时为郎。风俗通曰:'劭故往视之,何在其有人也!走漏污处,腻赭流漉,壁有他剥数寸曲折耳。劭又通之曰:季夏土黄,中行用事,又在壁中,壁亦土也。以见于虎贲寺者,虎贲国之秘兵,扞难御侮。必示于东,东者,动也,言当出师行将,天下摇动也。天之以类告人,甚于影响也。'"

管宁丧父,不受赗赠(《魏志·管宁列传》、管世骏《汉管处士年谱》)。

天竺沙门竺佛朔至洛阳,安息国安玄亦至洛阳(元释念常《佛祖通载》卷六)。

按:安玄,安息国人,生卒年不详。至洛阳后,以功拜骑都尉,故世称"都尉玄"。博诵群经,以弘法为己任,渐解汉语后,常与沙门讲论道义。

蔡邕著《独断》,又作《彭城姜肱碑》、《鲁峻碑》。

按:《四库全书总目提要》卷一一八曰:"《独断》二卷,汉蔡邕撰。王应麟《玉海》谓是书间有颠错,嘉祐中,余择中更为次序,释以己说,故别本题《新定独断》。择中之本今不传。然今书中序历代帝系末云,从高祖乙未至今壬子岁,三百一十年。壬子为灵帝建宁五年,而灵帝世系末行小注乃有二十二年之事,又有献帝之谥,则决非邕之本文,盖后人亦有所窜乱也。是书于礼制多信《礼记》,不从《周官》。若五等封爵,全与大司徒异,而各条解义与郑玄《礼注》合者甚多。其释'大祝'一条,与康成《大祝注》字句全符,则其所根据,当同出一书。又《续汉书·舆服志》'樊哙冠广九寸,高七寸,前后出各四寸',是书则谓'广七寸,前出四寸',其词小异。刘昭《舆服志注》引《独断》曰'三公、诸侯九斿,卿七斿',今本则作'三公九,诸侯、卿七'。建华冠注引《独断》曰'其状若妇人缕鹿',今本并无此文。又《初学记》引《独断》曰'乘舆之车皆副辖者,施辖于外乃复设辖者也',与今本亦全异。此或诸家援引偶讹,或今本传写脱误,均未可知。然全书条理统贯,虽小有参错,固不害其宏旨,究考证家之渊薮也。"

又按:姚振宗《后汉艺文志》卷二曰:"按《独断》今所传者,似中郎修史时随笔札记之文,亦多见于续汉八志中。"《独断》应著于《后汉书·十志》之后。刘跃进《〈独断〉与秦汉文体研究》(《文学遗产》2002年第5期)指出:"从现存资料来看,有关文体研究的论著,当以蔡邕《独断》为最早。"

再按:《彭城姜肱碑》、《鲁峻碑》系年据跃进《蔡邕行年考略》(《文史》2003年第1辑)。

赵壹作《穷鸟赋》、《刺世疾邪赋》,附《秦客诗》、《鲁生歌》。

按:《后汉书·文苑列传下》曰:"后屡抵罪,几至死,友人救,得免。壹乃贻书谢恩曰:'……余畏禁,不敢班班显言,窃为《穷鸟赋》一篇。……又作《刺世疾邪赋》,以舒其怨愤。"陆侃如《中古文学系年》(人民文学出版社1985年版)系于是年。

郦炎作字书《州书》。

按:惠栋《后汉书补注》卷一八曰:"炎集曰:我……二十四而作《州书》矣……注:《郦篇》、《州书》皆字学之书。"

姜肱卒(97—)。肱字伯淮,彭城广戚人。家世名族,以孝行著闻。博通《五经》,兼名星纬,士之远来就学者三千余人。诸公争加辟命,皆不就。后与徐稺俱征,不至。桓帝乃下彭城使画工图其形状。姜肱卧于幽暗,工竟不得见之。中常侍曹节征姜肱为太守,乃隐身遁命,远浮海滨。再以玄纁聘,不就。即拜太中大夫,遂籑服间行,窜伏青州界中,卖卜给食。事迹见《后汉书》卷五三。

按:《后汉书·姜肱列传》曰:"年七十七,熹平二年终于家。"

宗俱卒,生年不详。俱字伯俪,南阳安众人。宋意孙。官太常、司空。

按：朱学西、张绍勋、张习礼《中国历史大事编年》(第1卷)(北京出版社1987年版)系于是年。

祢衡(　—198)、鲁肃(　—218)生(张可礼《三曹年谱》)。

汉灵帝熹平三年　甲寅　174年

正月,夫余国遣使贡献(《后汉书·灵帝本纪》)。

二月己巳,诏大赦天下(《后汉书·灵帝本纪》)。

三月,除中山国(《后汉书·灵帝本纪》)。

六月,封河间王刘利子刘康为济南王,奉孝仁皇祀(《后汉书·灵帝本纪》)。

十月癸丑,令天下系囚罪未决,入缣赎。

刘洪时为常山长史,上《七曜术》,诏属太史部郎中刘固、舍人冯恂等课效(《后汉书·律历志中》)。

曹操举孝廉,为郎,除洛阳北部尉,不畏豪强。上书陈窦武、陈蕃之冤。

按：《三国志·魏志·武帝纪》曰："二十,举孝廉为郎,除洛阳北部尉。""征拜议郎"注引《魏书》曰："先是大将军窦武、太傅陈蕃谋诛阉官,反为所害。太祖上书陈武等正直而见陷害,奸邪盈朝,善人壅塞,其言甚切;灵帝不能用。"

陈耽二月以太常擢太尉(《后汉书·灵帝本纪》)。

唐珍十二月罢司空(《后汉书·灵帝本纪》)。

许训十二月为司空(《后汉书·灵帝本纪》)。

刘洪作《七曜术》、《八元术》;刘固等作《月食术》,其历术与《七曜术》同。

按：《后汉书·律历志中》曰："《太初历》推月食多失。《四分》因《太初》法,以河平癸巳为元,施行五年。永元元年,天以七月后闰食,术以八月。其二年正月十二日,蒙公乘宗䊸上书言:'今月十六日月当食,而历以二月。'至期如䊸言。太史令巡上䊸有益官用,除待诏。甲辰,诏书以䊸法署。施行五十六岁。至本初元年,天以十二月食,历以后年正月,于是始差。到熹平三年,二十九年之中,先历食者十六事。常山长史刘洪上作《七曜术》。甲辰,诏属太史部郎中刘固、舍人冯恂等课效,复作《八元术》,固等作《月食术》,并已相参。固术与《七曜术》同。月食所失,皆以岁在己未当食四月,恂术以三月,官历以五月。太官上课,到时施行中者。丁巳,诏书报可。"

蔡邕是年前不久作《荐皇甫规表》。

按：蔡邕于熹平元年入朝，至是年皇甫规卒，《荐皇甫规表》当作于此三年间。

佚名作《武都太守耿勋碑》（孙星衍《续古文苑》卷一五、《汉碑集释》）。

按：碑文曰："汉武都太守、右扶风茂陵耿君讳勋字伯玮，其先本自钜鹿，世有令名。……熹平三年四月廿日壬戌，西部道桥掾下辨李（？）造。"

佚名作《娄寿碑》（《汉碑集释》）。

按：碑文曰："先生讳寿，字元考，南阳隆人也。……年七十有八，熹平三年正月甲子不禄。"

娄寿卒（97—　）。寿字元考，南阳隆人。习讲《春秋》。

皇甫规卒（104—　）。规字威明，安定朝那人。冲、质之间举贤良方正，拜郎中，托疾免归。为梁冀陷害几死者再三。以《诗》、《易》教授，门徒三百余人。梁冀被诛，拜太山太守、度辽将军、尚书、弘农太守、护羌校尉。善为文，著赋、铭、碑、赞等27篇。严可均《全后汉文》卷六一收其文11篇。事迹见《后汉书》卷六一。

按：《后汉书·皇甫规列传》曰："熹平三年，以疾召还，未至，卒于榖城，年七十一。"

杨馥卒（124—　）。馥，习《尚书》。为郡功曹、郎中、右都侯、繁阳令。

按：徐乃昌《续后汉儒林传补逸》系于是年。

李典（　—209）、诸葛瑾（　—241）、高柔（　—263）生。

按：李典、诸葛瑾二人生年，姜亮夫《历代人物年里碑传综表》系于是年。

汉灵帝熹平四年　乙卯　175 年

哥特人迁徙至黑海北部。

三月，诏诸儒正《五经》文字，刻石立于太学门外，是为熹平石经（《后汉书·灵帝本纪》）。

按：《后汉书·儒林列传》曰："熹平四年，灵帝乃诏诸儒正定五经，刊于石碑，为古文、篆、隶三体书法，以相参检，树于学门，使天下咸取则焉。"《后汉书·蔡邕列传》曰："邕以经籍去圣久远，文字多谬，俗儒穿凿，疑误后学，熹平四年，乃与五官中郎将堂谿典，光禄大夫杨赐，谏议大夫马日磾、议郎张驯、韩说，太史令单飏等，奏求正定《六经》文字。灵帝许之，邕乃自书丹于碑，使工镌刻立于太学门外。于是后儒晚学，咸取正焉。及碑始立，其观视及摹写者，车乘日千余两，填塞街陌。"李贤注引《洛阳记》曰："太学在洛阳城南开阳门外，讲堂长十丈，广二丈。堂前《石经》四部。本碑凡四十六枚，西行，《尚书》、《周易》、《公羊传》十六碑存，十二碑毁。南行，《礼记》十五碑悉崩坏。东行，《论语》三碑，二碑毁。《礼记》碑上有谏议大夫马日磾、议郎蔡邕名。"《后汉书·宦者列传》曰："时，宦者济阴丁肃、下邳徐衍、南阳郭耽、汝阳李巡、北海赵祐等五人称为清忠，皆在里巷，不争威权。巡以为诸博士试甲乙科，争弟高下，更相告言，至有行赂定兰台漆书经字，以合其私文者，乃白帝，与诸儒共刻《五经》文于石,于是诏蔡邕等正其文字。自后《五经》一定,争者用息。赵祐博学多览,著作校书,诸儒称之。"《资治通鉴》卷五七曰:"三月,诏诸儒正《五经》文字,命议郎蔡邕为古文、篆、隶三体书之,刻石,立于太学门外,使后儒晚学咸取正焉。碑始立,其观视及摹写者车乘日千余两,填塞街陌。"

又按:黄洁《〈熹平石经〉与汉末的政治、文化规范》(《中国文化研究》2005年第3期)认为,熹平石经在学术上具有多方面的意义:"首先体现在定经上","《五经》的地位一旦确立,它就成为了封建社会官方意识形态或主流形态的理论渊薮,更具体化为朝廷诏令、群臣奏议乃至国家决策的理论依据";其次,"体现在正字方面,即石经体的采用上",石经采用隶书,"认同了隶书对传统象形字体的重大变革","确认隶书作为规范汉字的地位和作用";最后,"熹平石经的刊定又是一次使'学术人心得所规范'的文化现象,客观上成为社会控制手段的具体实施。""石经成为国家一统的象征,最高权力的标志,成为一种国家意志的体现,并以此为后世所效仿。"

是月,封河间王刘建子刘佗为任城王(《后汉书·灵帝本纪》)。

四月,郡国七大水(《后汉书·灵帝本纪》)。

五月,灵帝造《皇羲》50章(《后汉书·灵帝本纪》)。

按:《御览》卷九十二引《典略》曰:"熹平四年五月,帝自造《皇羲》五十章。"钱大昭《补续汉书艺文志》把《皇羲篇》划归子部,极可能是一个失误。侯康《补后汉书艺文志》修正旧说,把《皇羲篇》改在经部小学类,但没有作任何解释。《补后汉书艺文志》也把《皇羲篇》列入经部小学类,并作出详细印证。直到姚振宗撰《后汉艺文志》,更进一步把《皇羲篇》划归经部小学类新撰字书门,小学类分为新撰字书等五门,新撰字书门包括五家七部,依次是灵帝《皇羲篇》、崔瑗《飞龙篇》、贾鲂《字属篇》、郦炎《郦篇》、《州篇》、蔡邕《圣皇篇》、《劝学篇》。据此可知《皇羲篇》是一部新编字书。

丁卯,诏大赦天下。延陵园灾,遣使者持节告祠延陵。鲜卑寇幽州(《后汉书·灵帝本纪》)。

六月,遣守宫令之盐监,穿渠为民兴利;令郡国遇灾者减租(《后汉书·灵帝本纪》)。

十月,拜冲帝母虞美人为宪园贵人,质帝母陈夫人为渤海孝王妃。改平准为中准,使宦者为令,列于内署。自是诸署悉以宦者为丞、令(《后汉书·灵帝本纪》)。

蔡邕二月迁议郎。三月与谿典、杨赐、马日䃅、张驯、韩说、单飏等奏求正定《六经》文字,乃自书丹于碑,使工镌刻立于太学门外;议历驳五官郎中冯光、陈晃所作《上言历元不宜用庚申》;上书言选举之制,请除"三互法",灵帝不从。

按:参见本年"是月,诏诸儒正《五经》文字,刻石立于太学门外,是为熹平石经"条。

又按:《后汉书·律历志中》曰:"灵帝熹平四年,五官郎中冯光、沛相上计掾陈晃言:'历元不正,故妖民叛寇益州,盗贼相续为害。历当用甲寅为元而用庚申,图纬无以庚申为元者。近秦所用代周之元。太史治历郎中郭香、刘固意造妄说,乞本庚申元经纬明文,受虚欺重诛。'乙卯,诏书下三府,与儒林明道者详议,务得道真。以群臣会司徒府议。议郎蔡邕议,以为:'历数精微,去圣久远,得失更迭,术无常是。……'太尉耽、司徒隗、司空训以邕议劾光、晃不敬,正鬼薪法。诏书勿治罪。"李贤注:"《蔡邕集》载:三月九日,百官会府公殿下,东面,校尉南面,侍中、郎将、大夫、千石、六百石重行北面,议郎、博士西面。户曹令史当坐中耳读诏书,公议。蔡邕前坐侍中西北,近公卿,与光、晃相难问是非焉。"

再按:《后汉书·蔡邕列传》曰:"熹平四年,……初,朝议以州郡相党,人情比周,乃制婚姻之家及两州人士不得对相监临。至是复有三互法,禁忌转密,选用艰难。幽、冀二州,久缺不补。邕上疏曰……书奏不省。"

宗诚上书预言月食将现,果如其言。拜为舍人,丙辰,诏书听行宗诚历法。

按:《后汉书·律历志中》曰:"其四年,绀孙诚上书言:'受绀法术,当复改,今年十二月当食,而官历以后年正月。'到期如言,拜诚为舍人。丙申,诏书听行诚法。"

卢植拜九江太守,以疾去官。上书请立古文博士。

按:《后汉书·卢植列传》曰:"熹平四年,九江蛮反,四府选植才兼文武,拜九江太守,蛮寇宾服。以疾去官。作《尚书章句》、《三礼解诂》。时,始立太学《石经》,以正《五经》文字,植乃上书曰:'臣少从通儒故南郡太守马融受古学,颇知今之《礼记》特多回冗。臣前以《周礼》诸经,发起秕谬,敢率愚浅,为之解诂,而家乏,无力供缮写上。原得将能书生二人,共诣东观,就官财粮,专心研精,合《尚书》章句,考《礼记》失得,庶裁定圣典,刊正碑文。古文科斗,近于为实,而厌抑流俗,降在小学,中兴以来,通儒达士班固、贾逵、郑兴父子,并敦悦之。今《毛诗》、《左氏》、《周礼》各有传记,其与《春秋》共相表里,宜置博士,为立学官,以助后来,以广圣意。'"孙钦善《汉代的经今古文学》(《文献》1985年第2期)说:"此建议仍未被采纳。通过以上材料,可以综观东汉今古文之争的概貌,其特点如下:第一,今文学始终占据官学席位,而古文经被排斥在外。第二,在学术界古文学逐渐取得优势,成为东汉经学的主流。当时古文名家众多,如卫宏、贾逵、郑兴、郑众、马融、许慎等,而今文名家不过何休一人而已。这反映了古文学在学术上的生命力,说明学术的是非由客观真理所决定,决不会单纯由官方的力量所左右。第三,今古文学在论争中互相渗透、吸收,对门户之见有所突破,出现以古文为主对今文兼容并蓄的现象。当时学兼今古的学者颇多,以郑玄为突出代表。但往往既受到正统今文学家的反对,也受到正统古文学家的反对。第四,今古文之争遍涉五经,尤以《春秋》为焦点,此书被今文家用来发挥微言大义,附会阴阳灾异,几乎成为其理论的安身立命之所。"

刘备、公孙瓒受学于卢植。

按:《三国志·蜀志·先主传》曰:"(刘备)年十五……与同宗刘德然、辽西公孙瓒俱事故九江太守同郡卢植。"

管宁与华歆、邴原相友,俱游学于异国。

按:《三国志·魏志·管宁列传》曰:"管宁字幼安,北海朱虚人也。年十六丧父,中表愍其孤贫,咸共赠赗,悉辞不受,称财以送终。长八尺,美须眉。与平原华歆、同县邴原相友,俱游学于异国,并敬善陈仲弓。"管世骏《汉管处士年谱》定于此年,从其说。

又按:《世说新语·德行篇》曰:"管宁、华歆共园中锄菜,见地有片金,管挥锄与瓦石不异,华捉而掷去之。又尝同席读书,有乘轩冕过门者,宁读如故,歆废书出看。宁割席分坐,曰:'子非吾友也!'"

卢植著《尚书章句》、《三礼解诂》，作《始立太学石经上书》（《后汉书·卢植列传》）。

按：《经典释文·序录》曰：《三礼解诂》十卷，"卢植考诸家同异，附戴圣篇章，去其繁重，及所叙略，而行于世，即今之《礼记》是也。"陆侃如《中古文学系年》（人民文学出版社1985年版）定于是年。

蔡邕作《谏用三互法疏》、《太尉汝南李公碑》（《后汉书·蔡邕列传》、《艺文类聚》卷四六）。

按：蔡邕作《谏用三互法疏》，参见本年"蔡邕议历驳冯光、陈晃言历元不正，以图纬非四分历之庚申元；上书言选举之制，请除'三互法'，灵帝不从"条。《太尉汝南李公碑》碑文曰："咸，字元卓。汝南西平人。盖秦将李信之后。……功遂身推，以疾自逊，求归田里，告老致仕。七十有六，熹平四年薨。海内诸嗟，莫不恻焉。于是故吏颍川太守张温等相与叹曰：名莫隆于不朽，德莫盛于万世，铭勒显于钟鼎，清烈光于来裔。刊石立碑，德载不泯。"

高彪作《督军御史箴》。

按：陆侃如《中古文学系年》（人民文学出版社1985年版）系于是年。

李咸卒（100—　）。咸字元卓，汝南西平人，李广之后。顺帝时举孝廉，除郎中。后举茂才，迁卫相，为高密令、徐州刺史、度辽将军、河南尹。桓帝时为尚书、将作大匠、大司农、大鸿胪、太仆、太尉。

周瑜（　—210）、杨修（　—219）生（姜亮夫《历代人物年里碑传综表》）。

汉灵帝熹平五年　丙辰　176年

四月癸亥，诏大赦天下。复崇高山名为嵩高山。使侍御史行诏狱亭部，理冤枉，原轻系，休囚徒（《后汉书·灵帝本纪》）。

闰五月，曹鸾请开党禁，被杀，诏党人门生故吏父兄子弟在位者，皆免官禁锢（《后汉书·灵帝本纪》）。

按：《后汉书·党锢列传》曰："熹平五年，永昌太守曹鸾上书大讼党人，言甚方切。帝省奏大怒，即诏司隶、益州槛车收鸾，送槐里狱掠杀之。于是又诏州郡更考党人门生故吏父子兄弟，其在位者，免官禁锢，爰及五属。"

试太学生年六十以上百余人，除郎中、太子舍人至王家郎、郡国文学吏（《后汉书·灵帝本纪》）。

单飏为光禄大夫桥玄解谶言。

按：《后汉书·方术列传》曰："初，熹平末，黄龙见谯，光禄大夫桥玄问飏：'此何祥也？'飏曰：'其国当有王者兴。不及五十年，龙当复见，此其应也。'魏郡人殷登密记之。至建安二十五年春，黄龙复见谯，其冬，魏受禅。"

卢植拜为庐江太守，深达政宜，务存清静。
按：《后汉书·卢植列传》曰："会南夷反叛，以植尝在九江有恩信，拜为庐江太守。植深达政宜，务存清静，弘大体而已。

陈耽五月免太尉（《后汉书·灵帝本纪》）。

许训五月以司空擢太尉，七月免（《后汉书·灵帝本纪》）。

刘逸六月壬戌以太常擢司空（《后汉书·灵帝本纪》）。

刘宽七月以光禄勋擢太尉（《后汉书·灵帝本纪》）。

袁隗十月罢司徒（《后汉书·灵帝本纪》）。

杨赐十一月以光禄大夫擢司徒（《后汉书·灵帝本纪》）。

高彪举孝廉，试经第一，除郎中，校书东观（《后汉书·文苑列传下》）。

应劭举孝廉，为太尉属（《后汉书·应劭列传》）。

刘陶为司徒掾，与司徒杨赐等请捕黄巾帅张角。
按：《后汉书·杨赐列传》曰："先是，黄巾帅张角等执左道，称大贤，以诳燿百姓，天下缊负归之。赐时在司徒，召掾刘陶告曰……。"

孔融不就州郡命，辟司徒杨赐府（《后汉书·孔融列传》）。

蔡邕是夏著《伯夷叔齐碑》（《续汉书·五行志》注）。
按：碑文曰："熹平五年，天下大旱。祷请名山，求获答应。时处士平阳苏腾字玄成，梦陟首阳，有神马之使在道，明觉而思之，以其梦陟状上闻。天子开三府请雨使者与郡县户曹掾吏登山升祠。"

应劭作《鲜卑胡市议》（严可均《全后汉文》卷三三）。
按：陆侃如《中古文学系年》系于是年。

郦炎作《七平》。
按：惠栋《后汉书补注》卷一八曰："炎集曰：我……二十七而作《七平》矣。"《古文苑》卷一〇章樵注："《七平》盖效枚乘《七发》体。"据此当为是年。

法正（　—220）生（姜亮夫《历代人物年里碑传综表》）。

汉灵帝熹平六年　丁巳　177年

罗马奥勒留立长子康茂德为储。

正月辛丑，诏大赦天下（《后汉书·灵帝本纪》）。

四月，大旱，七州蝗。市贾民为宣陵孝子者数十人，皆除太子舍人（《后汉书·灵帝本纪》）。

七月，下诏引咎，令群臣陈当务之急（《后汉书·灵帝本纪》）。

八月，遣破鲜卑中郎将田晏出云中，使匈奴中郎将臧旻与南单于出雁门，护乌桓校尉夏育出高柳，并伐鲜卑，晏等大败（《后汉书·灵帝本纪》）。

十月癸丑,日食。灵帝临辟雍。辛丑,京师地震(《后汉书·灵帝本纪》)。

卢植为议郎,与蔡邕、杨彪、韩说等同在东观校中书《五经》记传。转侍中,迁尚书。

按:《后汉书·卢植列传》曰:"拜为庐江太守。……岁余,复征拜议郎,与谏议大夫马日磾、议郎蔡邕、杨彪、韩说等并在东观,校中书《五经》记传,补续《汉记》。帝以非急务,转为侍中,迁尚书。"

蔡邕与卢植等同在东观校中书《五经》记传。上书陈说政要七事;难夏育请伐鲜卑议。

按:《后汉书·蔡邕列传》曰:"六年七月,制书引咎,诰群臣各陈政要所当施行。邕上封事曰……书奏,帝乃亲迎气北郊,及行辟雍之礼。"《后汉书·鲜卑列传》曰:"六年夏,鲜卑寇三边。秋,夏育上言:'鲜卑寇边,自春以来,三十余发,请征幽州诸郡兵出塞击之,……'朝廷未许。先是,护羌校尉田晏坐事论刑被原,欲立功自效,乃请中常侍王甫求得为将,甫因此议遣兵,与育并力讨贼。帝乃拜晏为破鲜卑中郎将。大臣多有不同,乃召百官议朝堂。议郎蔡邕议曰……帝不从,遂遣夏育出高柳,田晏出云中……育等大败。"

杨彪以博习旧闻拜议郎,与蔡邕、卢植等著作东观;迁侍中、京兆尹(《后汉书·杨彪列传》)。

刘逸七月免司空(《后汉书·灵帝本纪》)。

陈球七月以卫尉擢司空,十一月以地震免,拜光禄大夫,复为廷尉、太常(《后汉书·灵帝本纪》)。

刘宽十月免太尉(《后汉书·灵帝本纪》)。

孟彧十二月甲寅以太常擢太尉(《后汉书·灵帝本纪》)。

陈耽十二月庚辰以太常擢司空(《后汉书·灵帝本纪》)。

杨赐十二月庚辰免司徒(《后汉书·灵帝本纪》)。

曹操迁顿丘令,征拜议郎。

按:《三国志·魏志·陈思王列传》曰:"太祖征孙权,使植留守邺,戒之曰:'我昔为顿丘令,年二十三;思此时所行,无悔于今。'"裴注引《曹瞒传》曰:"太祖初入尉廨,缮治四门;造五色棒,县门左右,各十余枚;有犯禁者,不避豪强,皆棒杀之。后数月,灵帝爱幸小黄门蹇硕叔父夜行,即杀之;京师敛迹,莫敢犯者。近习宠臣咸疾之,然不能伤;于是共称荐之,故迁为顿丘令。"

郦炎以妻家讼系狱(《后汉书·文苑列传下》)。

马日磾、蔡邕、卢植、杨彪、韩说等补续《汉记》。

按:参见本年"卢植为议郎,与蔡邕等同在东观校中书《五经》记传。转侍中,迁尚书"条。又《后汉书·蔡邕列传》曰:"邕前在东观,与卢植、韩说等撰补《后汉记》。刘知几《史通·古今正史篇》曰:"熹平中,光禄大夫马日磾,议郎蔡邕、杨彪、卢植著作《东观》,接续纪传之可成者,而邕别作《朝会》、《车服》二志。后坐事徙朔方,上书求还,续成十志。会董卓作乱,大驾西迁,史臣废弃,旧文散佚。及在许都,杨彪颇存注记。至于名贤君子,自永初已下阙续。魏黄初中,唯着先贤表,故汉记残缺,至晋无成。"

蔡邕四月作《豫州从事尹宙碑》。是年，受诏作《胡广黄琼颂》(孙星衍《续古文苑》卷一五、《汉碑集释》)。

　　按：《豫州从事尹宙碑》称："(尹宙)年六十有二遭离寝疾，熹平六年四月己卯卒。"《后汉书·胡广列传》曰："熹平六年，灵帝思感旧德，乃图画广及太尉黄琼于省内，诏议郎蔡邕为其颂云。"

卢植作《郦炎诔》。

　　按：《后汉书·文苑列传下》曰："炎后风病慌忽。性至孝，遭母忧，病甚发动。妻始产而惊死，妻家讼之，收系狱。炎病不能理对，熹平六年，遂死狱中，时年二十八。尚书卢植为之诔赞，以昭其懿德。"

郦炎作《遗令书》。

　　按：陆侃如《中古文学系年》、刘跃进《秦汉文学编年史》系于是年。

尹宙卒(116—　)。宙字周南，鄢陵人。治《公羊春秋》，博通书传。熹平初仕，历任郡主簿、督邮、五官椽、功曹、守昆阳令、辟州从事。

　　按：《豫州从事尹宙碑》曰："(尹宙)年六十有二遭离寝疾，熹平六年四月己卯卒。"

郦炎卒(150—　)。炎字文胜，范阳人。郦食其之后。有文才，解音律，言论给捷。性至孝，州郡辟命皆不就。著有《郦篇》、《州书》、《七平》。有集2卷录2卷。事迹见《后汉书》卷八〇下。

　　按：《后汉书·文苑列传下》曰："妻始产而惊死，妻家讼之，收系狱。炎病不能理对，熹平六年，遂死狱中，时年二十八。"

张道陵卒，生年不详。道陵，原名陵，字辅汉，沛国丰人。"五斗米道"(正一盟威道)创立者。门徒称为张天师，后世道徒奉为道教创始人。本太学生，博通五经，以为无益年命，顺帝时，学道四川鹤鸣山中，造作道书，作道书24卷，论章醮之法，道士章醮起此。作《灵宝经》，言亲受太上老君《太清》、《太平》、《太玄》、《正一》四经。教人尊道、衍道、信道、奉道、弘道。其第四代孙盛为正一天师，后世称张天师。

　　按：卒年据李膺《益州记》、《汉天师世家》，吴文治《中国文学史大事年表》(黄山书社1987年版)亦系于是年。

王粲(　—217)、吴质(　—230)生(陆侃如《中古文学系年》)。

汉灵帝熹平七年　光和元年　戊午　178年

罗马奥勒留亲征马科尼曼人。

二月辛亥，日食。己未，地震(《后汉书·灵帝本纪》)。

是月，始置鸿都门学生(《后汉书·灵帝本纪》)。

　　按：《后汉书·蔡邕列传》曰："初，帝好学，自造《皇羲篇》五十章，因引诸生能为文赋者。本颇以经学相招,后诸为尺牍及工书鸟篆者,皆加敕引召,遂至数十人。侍中祭酒乐松、贾护,多引无行趣执之徒,并待制鸿都门下,喜陈方俗闾里小事,帝甚悦之,待以不次之位。又市贾小民,为宣陵孝子者,复数十人,悉除为郎中、太子舍人。……光和元年,遂置鸿都门学,画孔子及七十二弟子像。其诸生皆敕州郡三公举用辟召,或出为刺史、太守,入为尚书、侍中,乃有封侯赐爵者,士君子皆耻与为列焉。"《后汉书·灵帝本纪》李贤注曰:"鸿都,门名也,于内置学。时其中诸生,皆敕州、郡、三公举召能尺牍、辞赋及工书鸟篆者相课试,至千人焉。"王永平《汉灵帝之置鸿都门学及其原因考论》(《扬州大学学报》1999年第3期)说:"从文化取向而言,鸿都门学主要是一个文学艺术群体,其中士子多以辞赋书画等才艺作为进阶之资,而与儒学士大夫以经术、德行为入仕之正途不同……从社会阶级而言,鸿都门学中人大多出自寒微,与儒学世族不同。"

三月辛丑,诏大赦天下,改元光和(《后汉书·灵帝本纪》)。

十月,皇后宋氏废,后父酆下狱。丙子,日食(《后汉书·灵帝本纪》)。

十二月,诏为鸿都文学乐松、江览等三十二人图像立赞,以劝学者(《后汉书·灵帝本纪》)。

是年,初开西邸卖官,自关内侯、虎贲、羽林,入钱各有差;又私令左右卖公卿,公千万,卿五百万,卖官所得以为私藏(《后汉书·灵帝本纪》)。

按:《资治通鉴》卷五七曰:"是岁,初开西邸卖官,入钱各有差:二千石二千万;四百石四百万;其以德次应选者半之,或三分之一;于西园立库以贮之。或诣阙上书占令长,随县好丑,丰约有贾。富者则先入钱,贫者到官然后倍输。又私令左右卖公卿,公千万,卿五百万。初,帝为侯时常苦贫,及即位,每叹桓帝不能作家居,曾无私钱,故卖官聚钱以为私藏。"

蔡邕二月献篆鸿都门。七月,对诏问灾异,以程璜诬陷下洛阳狱,议罪弃市。后徙朔方,居五原安阳县。

按:《后汉书·蔡邕列传》曰:"光和元年,遂置鸿都门学,……其年七月,诏召邕与光禄大夫杨赐、谏议大夫马日䃅、议郎张华、太史令单飏诣金商门,引入崇德殿,使中常侍曹节、王甫就问灾异及消改变故所宜施行。邕悉心以对,事在《五行》《天文志》。又特召问曰:'比灾变互生,未知厥咎,朝廷焦心,载怀恐惧。每访郡公卿士,庶闻忠言,而各存括囊,莫肯尽心。以邕经学深奥,故密特稽问,宜披露失得,指陈政要,勿有依违,自生疑讳。具对经术,以皂囊封上'。邕对曰:'臣伏惟陛下圣德允明,深悼灾咎,褒臣末学,特垂访及,非臣蝼蚁所能堪副。斯诚输写肝胆出命之秋,岂可以顾患避害,使陛下不闻至戒哉!臣伏思诸异,皆亡国之怪也。天于大汉,殷勤不已,故屡出祅变,以当谴责,欲令人君感悟,改危即安。今灾眚之发,不于它所,远则门垣,近在寺署,其为监戒,可谓至切。蜺堕鸡化,皆妇人干政之所致也。前者乳母赵娆,贵重天下,生则货藏侔于天府,死则丘墓逾于园陵,两子受封,兄弟典郡;续以永乐门史霍玉,依阻城社,又为奸邪。今者道路纷纷,复云有程大人者,察其风声,将为国患。宜高为堤防,明设禁令,深惟赵、霍,以为至戒。今圣意勤勤,思明邪正。而闻太尉张颢,为玉所进;光禄勋姓璋,有名贪浊;又长水校尉赵玹、屯骑校尉盖升,并叨时幸,荣富优足。宜念小人在位之咎,退思引身避贤之福。伏见廷尉郭禧,纯厚老成;光禄大夫桥玄,聪达方直;故太尉刘宠,忠实守正;并宜为谋主,数见访问。夫宰相大臣,君之四体,委任责成,优劣已分,不宜听纳小吏,雕琢大臣也。又尚方工技之作，鸿都篇赋之文，可且消息，以示惟忧。《诗》云：'天之怒，不敢戏豫。'天戒诚不可戏也。宰府孝廉，士之高选。近者以辟召不慎，切责三公，而今并以小文超取选举，开请托之门，违明王之典，众心不厌，莫之敢言。臣愿陛下忍而绝之，思惟万机，以答天望。圣朝既自约厉，左右近臣亦宜从化。人自抑损，以塞咎戒，则天道亏满，鬼神福谦矣。臣以愚赣，感激忘身，敢触忌讳，手书具对。夫君臣不密，上有漏言之戒，下有失身之祸。愿寝臣表，无使尽忠之吏，受怨奸仇。'章奏，帝览而叹息，因起更衣，曹节于后窃视之，悉宣语左右，事遂漏露。其为邕所裁黜者，皆侧目思报。初，邕与司徒刘郃素不相平，叔父卫尉质又与将作大匠阳球有隙。球即中常侍程璜女夫也，璜遂使人飞章言邕、质数以私事请托于郃，郃不听，邕含隐切，志欲相中。于是诏下尚书，召邕诘状。邕上书自陈……于是下邕、质于洛阳狱，劾以仇怨奉公，议害大臣，大不敬，弃市。事奏，中常侍吕强愍邕无罪，请之，帝亦更思其章，有诏减死一等，与家属髡钳徙朔方，不得以赦令除。阳球使客追路刺邕，客感其义，皆莫为用。球又赂其部主使加毒害，所赂者反以其情戒邕，故每得免焉。居五原安阳县。"

又按：侯康《后汉书补注续》曰："《后魏书·江式传》：开鸿都时，诸方献篆，无出蔡邕者。"

卢植七月上书为蔡邕请命。十月，为日食上封事。

按：《后汉书·蔡邕列传》曰："植素善蔡邕，邕前徙朔方，植独上书请之。"

又按：《后汉书·吴延史卢赵传》："光和元年，有日食之异，植上封事谏曰：'臣闻《五行传》日晦而月见谓之朓，王侯其舒。此谓君政舒缓，故日食晦也。……帝不省。"

杨赐七月谏灵帝黜阉尹之徒及鸿都诸生（《后汉书·杨赐列传》）。

阳球十二月谏罢鸿都之选，灵帝不省（《后汉书·酷吏列传》）。

韩说十月预测日食，果如所言。

按：《后汉书·方术列传下》曰："韩说字叔儒，会稽山阴人也。博通五经，尤善图纬之学。举孝廉。与议郎蔡邕友善。数陈灾眚，及奏赋、颂、连珠。稍迁侍中。光和元年十月，说言于灵帝，云其晦日必食，乞百官严装。帝从之，果如所言。"

孟彧正月罢太尉（《后汉书·灵帝本纪》）。

袁滂二月癸丑以光禄勋擢司徒（《后汉书·灵帝本纪》）。

张颢三月以太常擢太尉，九月罢（《后汉书·灵帝本纪》）。

陈耽四月免司空（《后汉书·灵帝本纪》）。

陈球九月以太常擢太尉，十一月日食免。后复拜光禄大夫（《后汉书·陈球列传》）。

袁逢十月为司空（《后汉书·灵帝本纪》）。

曹操十月因从妹夫被诛而被免官（《三国志·魏志·武帝本纪》裴注引《魏书》）。

桥玄十二月丁巳以光禄大夫擢为太尉（《后汉书·灵帝本纪》）。

赵壹至京师。举郡上计，作书报羊陟。辟公府不就。

按：《后汉书·文苑列传下》曰："光和元年，举郡上计，到京师。是时，司徒袁逢受计，计吏数百人，皆拜伏庭中，莫敢仰视。壹独长揖而已。逢望而异之，令左右往让之，……逢则敛衽下堂，执其手，延置上坐，因问西方事，大悦，顾谓坐中曰：'此人汉阳赵元叔也。朝臣莫有过之者，吾请为诸君分坐。'坐者皆属观。既出，往造河南尹羊陟，不得见。壹以公卿中非陟无足以托名者，乃日往到门，陟自强许通，尚卧未起。壹径入上堂，遂前临之，曰：'窃伏西州，承高风旧矣。乃今方遇而忽然，奈何命也！'因举声哭，门下惊，皆奔入满侧。陟知其非常人，乃起，延与语，大奇之。谓曰：'子出矣。'陟明旦大从车骑，奉谒造壹。时，诸计吏多盛饰车马帷幕，而壹独柴车草屏，露宿其傍，延陟前坐于车下，左右莫不叹愕。陟遂与言谈，至熏夕，极欢而去，执其手曰：'良璞不剖，必有泣血以相明者矣！'陟乃与袁逢共称荐之。名动京师，士大夫想望其风采。"

蔡邕作《圣皇篇》、《桓彬碑》、《尚书诘状自陈表》、《上汉书十志疏》、《徙朔方报杨复书》、《徙朔方报羊月书》、《西鼎铭》。始潜心整理《月令章句》等。

按：系年据跃进《蔡邕行年考略》（《文史》2003年第1辑）。《圣皇篇》，参见《文心雕龙·时序》曰："降及灵帝，时好辞制，造《皇羲》之书，开鸿都之赋，而乐松之徒，招集浅陋，故杨赐号为驩兜，蔡邕比之俳优，其余风遗文，盖蔑如也。"《上汉书十志疏》，《后汉书·蔡邕列传》："邕前在东观，与卢植、韩说等撰补《后汉记》，会遭事流离，不及得成，因上书自陈，奏其所著《十意》，分别首目，连置章左。"李贤注："《邕别传》曰：邕昔作《汉记十意》，未及奏上，遭事流离，因上书自陈曰：……臣谨因临戎长霍圉封上，有《律历意》第一，《礼意意》第二，《乐意》第三，《郊祀意》第四，《天文意》第五，《车服意》第六。"跃进《蔡邕行年考略》："以意逆之，或许还有《地理意》和《天文意》，然只字未传。《十意》，《隋志》已不著录。程金造《史记索隐引书考实》第505页有辑录。案《后汉书·律历志》载灵帝光和二年曾敕曰'故议郎蔡邕共补续其志，'是其《十志》已为朝廷上下所习知。这篇文章近似与司马迁的《报任安书》。"

卫觊九月作《汉金城太守殷华碑》（严可均《全三国文》卷二八）。

按：《三国志·魏志·卫觊列传》曰："卫觊字伯儒，河东安邑人也。少夙成，以才学称。"陆侃如《中古文学系年》系于是年。

桓彬卒（133— ）。彬字彦林，桓麟子，郁曾孙，荣玄孙，龙亢人。少与蔡邕齐名，初举孝廉，拜尚书郎。以中常侍曹节婿冯方诬结党，废，禁锢。著《七说》及书3篇。事迹见《后汉书》卷三七。

按：《后汉书·桓荣列传》曰："彬少与蔡邕齐名。初举孝廉，拜尚书郎。时中常侍曹节女婿冯方亦为郎，彬厉志操，与左丞刘歆、右丞杜希同好交善，未尝与方共酒食之会，方深怨之，遂章言彬等为酒党。事下尚书令刘猛，猛雅善彬等，不举正其事，节大怒，劾奏猛，以为阿党，请收下诏狱，在朝者为之寒心，猛意气自若，旬日得出，免官禁锢。彬遂以废。光和元年，卒于家，年四十六。诸儒莫不伤之。所著《七说》及书凡三篇，蔡邕等共论序其志，佥以为：'有过人者四：凤智早成，岐嶷也；学优文丽，至通也；仕不苟禄，绝高也；辞隆从窊，洁操也。'乃共树碑而颂焉。""桓氏世世相袭为名儒"，"中兴而桓氏尤盛，自荣至典，世宗其道，父子兄弟代作帝师，受其业者皆至卿相，显乎当世。"荣习《欧阳尚书》于朱普，为明帝师，封侯；子郁为章帝、和帝师；郁子焉为为安帝、顺帝师；焉孙典以《尚书》教授，为光禄勋；焉弟子鸾为议郎；鸾子晔、焉兄子麟、麟子彬并有名当世。

史弼卒，生年不详。弼字公谦，陈留考城人。少笃学，年十二为郡功曹，后辟公府，迁北军中候、尚书、平原相、河东太守，以得罪侯览下狱，论输左校,刑竟归里。后拜议郎。事迹见《后汉书》卷六四。

按:《后汉书·史弼列传》曰:"光和中,出为彭城相,会病卒。"其卒年姑系于是年。

来艳卒,生年不详。艳字季德,南阳新野人。少好学下士,开馆养徒。官太常、司空。

按:朱学西、张绍勋、张习礼《中国历史大事编年》(第1卷)(北京出版社1987年版)系于是年。

吕蒙(　　—219)生(姜亮夫《历代人物年里碑传综表》)。

汉灵帝光和二年　己未　179年

春,大疫,使常侍、中谒者巡行致医药(《后汉书·灵帝本纪》)。

三月,京兆地震(《后汉书·灵帝本纪》)。

四月甲戌,日食。丁酉,诏大赦天下,诸党人禁锢小功以下皆除之(《后汉书·灵帝本纪》)。

按:《后汉书·党锢列传》曰:"光和二年,上禄长和海上言:'礼,从祖兄弟别居异财,恩义已轻,服属疏末。而今党人锢及五族,既乖典训之文,有谬经常之法。'帝览而悟之,党锢自从祖以下,皆得解释。"

十月甲申,司徒刘郃、永乐少府陈球、卫尉阳球、步兵校尉刘纳谋诛宦者,事泄,皆下狱死(《后汉书·灵帝本纪》)。

按:《资治通鉴》卷五七曰:"初,司徒刘郃兄侍中儵与窦武同谋,俱死。永乐少府陈球说郃曰:'公出自宗室,位登台鼎,天下瞻望,社稷镇卫,岂得雷同,容容无违而已。今曹节等放纵为害,而久在左右,又公兄侍中受害节等,今可表徙卫尉阳球为司隶校尉,以次收节等诛之,政出圣主,天下太平,可翘足而待也!'郃曰:'凶竖多耳目,恐事未会,先受其祸。'尚书刘纳曰:'为国栋梁,倾危不持,焉用延彼相邪!'郃许诺,亦与阳球结谋。球小妻,程璜之女,由是节等颇得闻知,乃重赂璜,且胁之。璜惧迫,以球谋告节,节因共白帝曰:'郃与刘纳、陈球、阳球交通书疏,谋议不轨。'帝大怒。冬,十月,甲申,刘郃、陈球、刘纳、阳球皆下狱死。"

蔡邕四月赦还本郡,以得罪中常侍王甫弟五原太守王智,亡命江海,避居吴会,依泰山阳陟,凡十二年。以蔡邕征引,王充《论衡》始在世间广为流传。

按:《后汉书·蔡邕列传》曰:"帝嘉其才高,会明年大赦,乃宥邕还本郡。邕自徙及归,凡九月焉。将就还路,五原太守王智饯之。酒酣,智起舞属邕,邕不为报。智者,中常侍王甫弟也,素贵骄,惭于宾客,诟邕曰:'徒敢轻我!'邕拂衣而去。智衔之,密告邕怨于囚放,谤讪朝廷。内宠恶之。邕虑卒不免,乃亡命江海,远迹吴会。往来依太山羊氏,积十二年,在吴。"

又按：以蔡邕征引，王充《论衡》始在世间广为流传，系年据跃进《蔡邕行年考略》（《文史》2003年第1辑）。《艺文类聚》五十五引《抱朴子》曰："王充所著《论衡》，北方都未有得之者。蔡伯喈常到江东得之，叹为高文，恒爱玩而独秘之。及还中国，诸儒觉其谈论更远，搜求其帐中，果得《论衡》。"

杨赐为三老、少府、光禄勋、司徒。上疏谏起毕圭、灵琨苑（《后汉书·杨赐列传》）。

杨修时任太史令，与部舍人张恂奏废宗诚历术，施用张恂术。

按：《后汉书·律历志中》曰："光和二年，岁在己未。三月、五月皆阴，太史令修、部舍人张恂等推计行度，以为三月近，四月远。诚以四月。奏废诚术，施用恂术。其三年，诚兄整前后上书言：'去年三月不食，当以四月。史官废诚正术，用恂不正术。'整所上正属太史，太史主者终不自言三月近，四月远。食当以见为正，无远近。诏书下太常：'其详案注记，平议术之要，效验虚实。'太常就耽上选侍中韩说、博士蔡较、穀城门候刘洪、右郎中陈调于太常府，复校注记，平议难问。恂、诚各对。……恂术改易旧法，诚术中复减损，论其长短，无以相逾。各引书纬自证，文无义要，取进天而已。夫日月之术，日循黄道，月从九道。以赤道仪，日冬至去极俱一百一十五度。其入宿也，赤道在斗二十一，而黄道在斗十九。两仪相参，日月之行，曲直有差，以生进退。……今诚术未有差错之谬，恂术未有独中之异，以无验改未失，是以检将来为是者也。"

王汉上《月食注》，刘洪以为无所采取，遣汉归里（《后汉书·律历志中》）。

袁滂三月免司徒（《后汉书·灵帝本纪》）。

刘郃三月以大鸿胪擢司徒（《后汉书·灵帝本纪》）。

桥玄三月乙丑罢太尉（《后汉书·灵帝本纪》）。

袁逢三月罢司空（《后汉书·灵帝本纪》）。

张济三月以太常擢司空（《后汉书·灵帝本纪》）。

段颎三月乙丑以太中大夫擢太尉，十月以阳球奏诛王甫连及下狱（《后汉书·灵帝本纪》）。

刘宽五月以卫尉擢太尉（《后汉书·灵帝本纪》）。

曹操在谯纳卞氏为妾（《三国志·魏志·卞后列传》）。

王汉作《月食注》。

按：《后汉书·律历志》曰："光和二年，万年公乘王汉上《月食注》。自章和元年到今年凡九十三岁，合百九十六食；与官历河平元年月错，以己巳为元。"

卫觊正月作《西岳华山亭碑》。十二月作《复华下民租田口算状碑》。

按：严可均《全后汉文》卷二八载此两碑文。前者曰："二年正月己卯兴就……"后者曰："光和二年十二月庚午朔，十三日壬午……"

蔡邕四月制焦尾琴，著《琴操》。十月作《太尉陈球碑》、《太尉陈公赞》。

按：侯康《补后汉书艺文志》引马瑞辰曰："《蔡邕本传》言邕所著有《叙乐》而无《琴操》。而今本《琴操》及传注所引皆属蔡邕。疑《琴操》即在《叙乐》中，犹《琴道》为《新论》之一篇耳。《北堂书钞》引蔡邕《琴赋》言仲尼思归，即《将归操》也。梁公悲吟即楚高梁子《霹雳引》也。周公越裳即《越裳操》也。白鹤东翔即《别操》也。樊姬遗叹,即《列女引》也。与夫《鹿鸣》三章《楚曲》《明光》俱与《琴操》合,则《琴操》为中郎所撰信有征矣。"陆侃如《中古文学系年》(人民文学出版社 1985 年版)定于是年,从其说。

释支娄迦谶十月八日译出《般若道行品经》《般若三味经》(《出三藏记集》卷二)。

按:慧皎《高僧传·汉洛阳支娄迦谶传》曰:"支娄迦谶,亦直云支谶,本月支人。……汉灵帝时游于洛阳,以光和、中平之间传译梵文,出《般若道行》《般舟》《首楞严》等三经,又有《阿阇世王》《宝积》等十余部经,岁久无录。"刘汝霖《汉晋学术编年》(中华书局 1987 年版)系于是年。

陈球卒(118—)。球字伯真,下邳淮浦人。少涉儒学,善律令。阳嘉中,举孝廉,迁繁阳令。辟公府,举高第,拜侍御史,为零陵太守、魏郡太守、将作大匠、南阳太守,拜廷尉、司空、光禄大夫、太常、太尉。事迹见《后汉书》卷五六。

按:《全后汉文》卷七七《太尉陈球碑》载:陈球以谋宦者事泄死,卒于本年十月甲申(十四日)。

段颎卒,生年不详。颎字纪明,武威姑臧人。少习弓马,尚游侠。长乃折节好古学。举孝廉,为宪陵园丞、阳陵令、辽东属国都尉、议郎、中郎将、护羌校尉、并州刺史、破羌将军、侍中、执金吾河南尹、谏议大夫、司隶校尉、太尉、颍川太守、太中大夫。封都乡侯、新丰县侯。以军功著,有能政。与皇甫规、张奂并称"凉州三明"。事迹见《后汉书》卷六五。

按:《后汉书·段颎列传》曰:"光和二年,复代桥玄为太尉。在位月余,会日食自劾,有司举奏,诏收印绶,诣廷尉。时司隶校尉阳球奏诛王甫,并及颎,就狱中诘责之,遂饮鸩死,家属徙边。"

庞统(—214)、韦诞(—253)生(姜亮夫《历代人物年里碑传综表》)。

汉灵帝光和三年　庚申　180 年

罗马奥勒留卒于军中。

正月癸酉,诏大赦天下(《后汉书·灵帝本纪》)。

六月,诏公卿举通《古文尚书》《毛诗》《左氏》《谷梁春秋》各一人,悉除议郎(《后汉书·灵帝本纪》)。

十二月己巳,立贵人何氏为皇后。后兄何进为侍中(《后汉书·灵帝本纪》)。

是年,作毕圭、灵琨苑(《后汉书·灵帝本纪》)。

郑玄、卢植、管宁、华歆等 60 人以门人列名于陈球墓碑(王利器《郑康成年谱》)。

曹操以明古学，复征拜议郎。

按：《三国志·魏志·武帝本纪》裴注引《魏书》曰："以能明古学，复征拜议郎。"

高彪迁外黄令。

按：《后汉书·文苑列传下》曰："后迁外黄令，帝敕同僚临送，祖于上东门，诏东观画彪像以劝学者。"

刘梁迁野王令，病未行（《后汉书·文苑列传下》）。

仲长统（　—220）、刘廙（　—221）生（陆侃如《中古文学系年》）。

琉善卒（约120/125—　）。希腊哲学家、修辞学家、讽刺诗人。

汉灵帝光和四年　辛酉　181年

四月庚子，诏大赦天下（《后汉书·灵帝本纪》）。

九月庚寅，日食（《后汉书·灵帝本纪》）。

是年，灵帝作列肆于后宫，使诸采女贩卖，更相盗窃争斗，灵帝著商贾服，饮宴为乐（《后汉书·灵帝本纪》）。

按：灵帝又于西园弄狗，著进贤冠，带绶。又驾四驴，灵帝躬自操辔，驱驰周旋，京师转相仿效。驴价遂与马齐。好私蓄天下珍宝，令郡国贡献于常例外别有所输于中署，名"导行费"。

何皇后因忌后宫王美人生皇子协，而鸩杀之。灵帝欲废后，诸中官固请，得止（《资治通鉴》卷五八）。

是年前后，张角创立太平道。

按：《后汉书·皇甫嵩传》曰："初，钜鹿张角自称'大贤良师'，奉事黄、老道，畜养弟子，跪拜首过，符水咒说以疗病，病者颇愈，百姓信向之。角因遣弟子八人使于四方，以善道教化天下，转相诳惑。十余年间，众徒数十万，连结郡国，自青、徐、幽、冀、荆、杨、兖、豫八州之人，莫不毕应。遂置三十六万。方犹将军号也。大方万余人，小方六七千，各立渠帅。讹言'苍天已死，黄天当立，岁在甲子，天下大吉'。以白土书京城寺门及州郡官府，皆作'甲子'字。"《三国志·魏志·张鲁传》裴注引《典略》曰："熹平中，妖贼大起，三辅有骆曜。光和中，东方有张角，汉中有张修。骆曜教民缅匿法，角为太平道，修为五斗米道。太平道者，师持九节杖为符祝，教病人叩头思过，因以符水饮之，得病或日浅而愈者，则云此人信道，其或不愈，则为不信道。"郑杰文、李梅《中国学术思想编年·秦汉卷》姑定于是年，从其说。

曹操上书陈陈蕃、窦武等正直而见害，奸邪盈朝，善人壅塞，灵帝不纳（《三国志·魏志·武帝本纪》）。

刘宽九月以日食免太尉（《后汉书·灵帝本纪》）。

许彧九月以卫尉迁太尉(《后汉书·灵帝本纪》)。

杨赐闰九月免司徒(《后汉书·灵帝本纪》)。

陈耽十月以太常迁司徒(《后汉书·灵帝本纪》)。

杨彪光和中为侍中、五官中郎将,迁颖川、南阳太守、永乐少府、太仆、卫尉(《后汉书·杨彪列传》)。

王朗师事杨赐,以通经拜郎中(《三国志·魏志·王朗列传》)。

崔琰乡移为正,读《论语》、《韩诗》(《三国志·魏志·崔琰列传》)。

虞翻12岁,与客书,由是见称。

按:《三国志·吴志·虞翻列传》裴注引《吴书》曰:"翻少好学,有高气。年十二,客有候其兄者,不过翻,翻追与书曰:'仆闻虎魄不取腐芥,磁石不受曲针,过而不存,不亦宜乎!'客得书奇之,由是见称。"

赵勋等十月造《校官碑》(《汉碑集释》)。

按:碑文曰:"溧阳长潘君讳乾,字元卓,陈国长平人,盖楚太傅潘崇之末绪也。……光和四年十月己丑朔廿一日己酉旱造。"

安玄与与严佛调共译《法镜经》2卷、《阿含口解十二因缘经》1卷,开中外合作翻译佛典之先例。

按:见《出三藏记集》卷二、卷十三、《梁高僧传》卷一、《历代三宝纪》卷四、《开元释教录》卷一。

又按:严佛调又称严浮调,临淮人,生卒年不详。《高僧传》卷一曰:"调本临淮人,绮年颖悟,敏而好学,世称安侯、都尉、佛调三人传译,号为难继。调又撰《十慧》,亦传于世。"《十慧》,即《沙弥十慧章句》。严佛调为文献所载首位本土僧人,故有"华夏第一僧"之称。先是,安玄口译梵文,佛调润饰笔录。后严佛调亦通梵文,曾独立译《古维摩诘经》、《十慧经》等六种佛经为汉文。

张奂卒(104—)。奂字然明,敦煌酒泉人。少游三辅,师事太尉朱宠,习《欧阳尚书》。举贤良,对策第一,拜议郎。历官安定属国都尉、使匈奴中郎将、大司农、护匈奴中郎将,后得罪宦官,被锢归里,养徒千人。著《尚书记难》三十余万言,删《尚书牟氏章句》四十五万言为九万言。著铭、教、书、颂诫、述志、对策、章表24篇。事迹见《后汉书》卷六五。

按:《后汉书·张奂列传》曰:"董卓慕之,使其兄遗缣百匹。奂恶卓为人,绝而不受。光和四年卒,年七十八。"

刘梁卒,生年不详。梁字曼山,一名岑,东平宁阳人。梁宗室子孙。少孤贫,卖书自活。桓帝时举孝廉,除北新城长,大作讲舍,聚生徒数百人,身执经卷,朝夕劝诫,儒化大行。后拜尚书郎,迁野王令。常疾世多利交,以邪曲相党,著《破群论》,时人比为仲尼作《春秋》。又著《辩和同之论》。有集2卷录1卷。事迹见《后汉书》卷八〇下。

按:刘汝霖《汉晋学术编年》(中华书局1987年版)、吴文治《中国文学史大事年表》(黄山书社1987年版)系于是年。

诸葛亮(—234)生(姜亮夫《历代人物年里碑传综表》)。

汉灵帝光和五年　壬戌　182年

正月辛未,诏大赦天下(《后汉书·灵帝本纪》)。

是月,诏公卿以民谣举劾刺史、二千石为民蠹害者(《资治通鉴》卷五八)。

按:太尉许彧、司空张济承望宦官,受取货赂,凡宦者子弟、宾客,虽贪污秽浊,皆不敢问,而虚纠边远小郡清修有惠化者26人,吏民诣阙陈诉。

二月,大疫(《后汉书·灵帝本纪》)。

十月,校猎上林苑,历函谷关,遂巡狩于广成苑(《后汉书·灵帝本纪》)。

十二月,灵帝还宫,幸太学。(《后汉书·灵帝本纪》)

曹操正月拜议郎,对问灾异,上书言三公所举奏专回避贵戚。灵帝以示三府,并谴责之。七月,复上书切谏。

按:《三国志·魏志·武帝本纪》裴注引《魏书》曰:"后以能明古学,复徵拜议郎。……是后诏书敕三府:举奏州县政理无效,民为作谣言者免罢之。三公倾邪,皆希世见用,货赂并行,强者为怨,不见举奏,弱者守道,多被陷毁。太祖疾之。是岁以灾异博问得失,因此复上书切谏,说三公所举奏专回避贵戚之意。奏上,天子感悟。"

孔融三月举中官贪浊(《后汉书·孔融列传》)。

陈耽三月免司徒(《后汉书·灵帝本纪》)。

袁隗四月以太常擢司徒(《后汉书·灵帝本纪》)。

许彧十月罢太尉(《后汉书·灵帝本纪》)。

杨赐十月为太尉(《后汉书·灵帝本纪》)。

桓典为御史(《后汉书·桓典列传》)。

蔡邕作《京兆樊惠渠颂》、《京兆尹樊陵颂碑》、《何休碑》(严可均《全后汉文》卷七四、卷七五、卷七九)。

按:陆侃如《中古文学系年》系于是年。

何休卒(129—　)。休字邵公,任城樊人。为人质朴口讷,而雅有心思,精研《六经》,世儒无及者。旁及三坟、五典、阴阳、算术、河洛、谶纬及远年古谚、历代图籍,莫不成诵。以列卿子拜郎中,辞病而去。进退以礼,不仕州郡。太傅陈蕃辟之,参与政事。陈蕃败,坐废锢,后拜议郎,再迁谏议大夫。著有《春秋公羊传解诂》11卷、《春秋汉议》13卷、《春秋公羊文谥例》1卷、《春秋公羊传条例》1卷、《春秋议》10卷、《冠礼约制》,又注训《孝经》、《论语》、《风角》、《七分》,皆经纬典谟,不与守文同说。又以《春秋》驳

贵族谋弑罗马康茂德,康茂德屠之。

汉事六百余条，妙得《公羊》本意。善历算，与其师博士羊弼追述李育意以难二《传》，著《春秋公羊墨守》14卷、《春秋左氏膏肓》10卷、《春秋谷梁废疾》3卷。事迹见《后汉书》卷七九下。

按：《后汉书·儒林列传下》曰："再迁谏议大夫，年五十四，光和五年卒。"何休与郑玄就《春秋》论战，何休固守《公羊》，反对《左氏》、《谷梁》，是为东汉第三次古今文之争。

甄后（ —221）、荀纬（ —223）生（吴文治《中国文学史大事年表》）。

汉灵帝光和六年　癸亥　183年

正月，日南徼外国重译贡献（《后汉书·灵帝本纪》）。

二月，复长陵县，比丰、沛（《后汉书·灵帝本纪》）。

三月辛未，诏大赦天下（《后汉书·灵帝本纪》）。

秋，始置圃囿署，以宦者为令（《后汉书·灵帝本纪》）。

刘陶受诏次第《春秋》条例。

按：《后汉书·刘陶列传》曰："顷之，拜侍御史。灵帝宿闻其名，数引纳之。时，巨鹿张角伪托大道，妖惑小民，陶与奉车都尉乐松、议郎袁贡连名上疏言之，曰：'圣王以天下耳目为视听，故能无不闻见。今张角支党不可胜计。前司徒杨赐奏下诏书，切敕州郡，护送流民，会赐去位，不复捕录。虽会赦令，而谋不解散。四方私言，云角等窃入京师，觇视朝政，鸟声兽心，私共鸣呼。州郡忌讳，不欲闻之，但更相告语，莫肯公文。宜下明诏，重募角等，赏以国土。有敢回避，与之同罪。'帝殊不悟，方诏陶次第《春秋》条例。明年，张角反乱，海内鼎沸，帝思陶言，封中陵乡侯，三迁尚书令。"

张纮于外黄从濮阳闿学《韩诗》《礼记》《左氏春秋》（《三国志·吴志·张纮列传》裴注引《吴书》）。

王朗为菑丘长（《三国志·魏志·王朗列传》）。

按：陆侃如《中古文学系年》（人民文学出版社1985年版）定于是年。

虞翻以学见称（裴占荣《虞仲翔先生年谱》）。

徐幹14岁，读《五经》。

按：严可均《全三国文》卷五五《中论序》曰："（徐幹）年十四，始读《五经》。"徐干生于灵帝建宁三年（170年），至是年14岁。

狐刚子著《出金矿图录》。

按：《出金矿图录》成于168—184年间，姑系此。道教外丹著作，金银地质学及其冶炼的先驱之作，于金银性状、地质分布、探寻开采、冶炼有所论述。原书已佚，有《正统道藏》本等。又，狐刚子，名丘，又称胡刚子、狐罡子，东汉后期人。曾问学于魏伯阳。教授左慈、葛玄,还著有《河车经》、《玄珠经》、《金石还丹术》。于金银地质学、金银粉制作法、干馏法制作硫酸、水银炼制、铅汞还丹、合金制作均有贡献。

《白石神君碑》立(《汉碑集释》)。

按:碑文曰:"光和六年,常山相南阳冯巡字季祖。"

桥玄卒(109—)。玄字公祖,梁国睢阳人。七世祖桥仁,少为县功曹。举孝廉,补洛阳左尉,四迁齐相,坐事为城旦。再迁上谷太守、汉阳太守、司徒长史、将作大匠、度辽将军、河南尹、少府、大鸿胪、司空、司徒、尚书令、光禄大夫、太尉。谦俭下士。从戴德学,著《礼记章句》49篇,号曰"桥君学"。事迹见《后汉书》卷四一。

按:《后汉书·桥玄列传》曰:"(桥)玄以光和六年卒,时年七十五。"

胡综(—243)、陆逊(—245)生(姜亮夫《历代人物年里碑传综表》)。

汉灵帝光和七年　中平元年　甲子　184年

二月,巨鹿人张角自称"黄天",其部帅有三十六方,皆著黄巾,同日反叛。安平、甘陵人各执其王以应之(《后汉书·灵帝本纪》)。

按:《资治通鉴》卷五八曰:"春,角弟子济南唐周上书告之。于是收马元义,车裂于雒阳。诏三公、司隶案验宫省直卫及百姓有事角道者,诛杀千余人;下冀州逐捕角等。角等知事已露,晨夜驰敕诸方,一时俱起,皆著黄巾以为标帜,故时人谓之'黄巾贼'。二月,角自称'天公将军',角弟宝称'地公将军',宝弟梁称'人公将军',所在燔烧官府,劫略聚邑,州郡失据,长吏多逃亡;旬月之间,天下响应,京师震动。安平、甘陵人各执其王应贼。"

三月戊申,以河南尹何进为大将军;置八关都尉官。壬子,诏大赦天下党人,还诸徙者,唯张角不赦。诏公卿出马、弩,举列将子孙及吏民有明战阵之略者,诣公车(《后汉书·灵帝本纪》)。

按:《后汉书·皇甫嵩传》曰:"诏敕州郡修理攻守,简练器械,自函谷、大谷、广城、伊阙、轘辕、旋门、孟津、小平津诸关,并置都尉。召群臣会议。嵩以为宜解党禁,益出中藏钱、西园厩马,以班军士。帝从之。"

六月,遣中郎将董卓攻张角(《后汉书·灵帝本纪》)。

八月乙巳,诏皇甫嵩讨张角(《后汉书·灵帝本纪》)。

九月,安平王刘续有罪诛,除安平国(《后汉书·灵帝本纪》)。

十月,皇甫嵩与黄巾军战于广宗,获张角弟张梁。张角已病死,乃杀戮其尸(《后汉书·灵帝本纪》)。

十一月,皇甫嵩破黄巾于下曲阳,斩张角弟张宝(《后汉书·灵帝本纪》)。

十二月己巳,诏大赦天下,改元中平(《后汉书·灵帝本纪》)。

是年,除下邳国(《后汉书·灵帝本纪》)。

孙期传《京氏易》、《古文尚书》,远人从其学者,皆执经垄畔以追之,里落化其仁让。

> 按:《后汉书·儒林列传上》曰:"孙期字仲彧,济阴成武人也。少为诸生,习《京氏易》、《古文尚书》。家贫,事母至孝,牧豕于大泽中,以奉养焉。远人从其学者,皆执经垄畔以追之,里落化其仁让。黄巾贼起,过期里陌,相约不犯孙先生舍。郡举方正,遣吏赍羊、酒请期,期驱豕入草不顾。司徒黄琬特辟,不行,终于家。"

吕强三月上书言赦党人,灵帝从之,诛徙之家皆归故郡。

> 按:《后汉书·党锢列传》曰:"中平元年,黄巾贼起,中常侍吕强言于帝曰:'党锢久积,人情多怨。若久不赦宥,轻与张角合谋,为变滋大,悔之无救。'帝惧其言,乃大赦党人,诛徙之家皆归故郡。其后黄巾遂盛,朝野崩离,纲纪文章荡然矣。"

张均上言请斩十常侍(《后汉书·宦者列传》)。

皇甫嵩三月奏解党禁,益出中藏钱、西园厩马,以班军士,灵帝从之。为左中郎将,与北中郎将卢植、右中郎将朱俊讨颍川黄巾(《后汉书·皇甫嵩传》)。

卢植三月受诏攻黄巾,拜北中郎将。六月,破黄巾,围张角,被宦官诬,抵罪。十二月,遇赦,复为尚书。弟子高诱辞别(《后汉书·卢植列传》)。

张超为朱俊别部司马,从朱俊计黄巾(《后汉书·朱俊列传》)。

曹操三月拜骑都尉;五月迁济南相,奏免贪官污吏,禁淫祀;辞济南相,乞留宿卫,拜议郎(《三国志·魏志·武帝本纪》及裴注)。

杨赐四月以切谏忤旨免太尉,封临晋侯,邑千五百户,拜尚书令,出为廷尉,固辞,以特进就第(《后汉书·杨赐列传》)。

刘陶封中陵乡侯,迁尚书令,拜侍中,徙京兆尹,征为谏议大夫。

> 按:《后汉书·刘陶列传》曰:"明年,张角反乱,海内鼎沸,帝思陶言,封中陵乡侯,三迁尚书令。以所举将为尚书,难与齐列,乞从冗散,拜侍中。以数切谏,以权臣所惮,徙为京兆尹。到职,当出修宫钱直千万,陶既清贫,而耻以钱买职,称疾不听政。帝宿重陶才,原其罪,征拜谏议大夫。"

邓盛四月以太仆擢太尉(《后汉书·灵帝本纪》)。

张济四月罢司空(《后汉书·灵帝本纪》)。

张温四月以大司农擢司空(《后汉书·灵帝本纪》)。

张驯征拜尚书,迁大司农。

> 按:《后汉书·儒林列传上》曰:"张驯字子儁,济阴定陶人也。少游太学,能诵《春秋左氏传》。以《大夏侯尚书》教授。辟公府,举高第,拜议郎。与蔡邕共奏定《六经》文字。擢拜侍中,典领秘书近署,甚见纳异。多因便宜陈政得失,朝廷嘉之。迁丹阳太守,化有惠政。光和七年,征拜尚书,迁大司农。初平中,卒于官。"

赵岐征拜议郎,补为长史,又被何进举为敦煌太守。

> 按:《后汉书·赵岐列传》曰:"中平元年,四方兵起,诏选故刺史、二千石有文武才用者,征岐拜议郎。车骑将军张温西征关中,请补长史,别屯安定。大将军何进举为敦煌太守,行至襄武,岐与新除诸郡太守数人俱为贼边章等所执。贼欲胁以为帅,岐诡辞得免,展转还长安。"

孔融为何进所辟，为侍御史，与中丞赵舍不同，托病归家。

按：《后汉书·孔融列传》曰："河南尹何进当迁为大将军，杨赐遣融奉谒贺进，不时通，融即夺谒还府，投劾而去。河南官属耻之，私遣剑客欲追杀融。客有言于进曰：'孔文举有重名，将军若造怨此人，则四方之士引领而去矣。不如因而礼之，可以示广于天下。'进然之，既拜而辟融，举高第，为侍御史。与中丞赵舍不同，托病归家。"

荀爽被王允辟为从事（《后汉书·王允列传》）。

应劭为太尉邓盛议曹掾（《后汉书·五行志》）。

贾琮为交州刺史（《后汉书·贾琮列传》）。

郑玄注《古文尚书》、《毛诗》、《论语》，撰《毛诗谱》、《论语释义》、《仲尼弟子目》（《唐会要》卷七〇引《郑君自序》）。

蔡邕五月作《黄钺铭》、《太尉桥玄碑》。十一月作《司徒袁公夫人马氏碑》。是年前后，又作《太尉桥公庙碑》（严可均《全后汉文》卷七四、卷七七、赵一清《水经注释》、《蔡邕集》）。

按：陆侃如《中古文学系年》、跃进《蔡邕行年考略》（《文史》2003年第1辑）系于是年。司徒袁公夫人马氏，出于马援家族。《太尉桥公庙碑》，追述桥氏家族的历史。

桓鸾卒（108—　）。鸾字始春，桓焉弟子，龙亢人。学览《六经》，莫不贯综。年四十余，举孝廉，为胶东令、巳吾、汲二县令，拜议郎。上书陈五事：举贤才，审授用，黜佞悻，省苑囿，息赋役。事迹见《后汉书》卷三七。

按：《后汉书·桓荣列传》曰："中平元年，（桓鸾）年七十七，卒于家。"

高彪卒（140—　）。彪字义方，吴郡无锡人。家本单寒，为诸生，游太学。师事许慎。有雅才而讷于言。郡举孝廉，试经第一，除郎中，校书东观，数奏赋颂奇文。后为外黄令。明于《左氏》。有集2卷，今存文3篇、诗1首。事迹见《后汉书》卷八〇下。

按：陆侃如《中古文学系年》系于是年。

向栩卒，生年不详。栩字甫兴，河内朝歌人，高士向长之后。少为书生，恒读《老子》，状如学道，不好语言喜长啸。教授弟子多人。郡礼请辟，举孝廉、贤良方正、有道，公府辟，皆不到。后特征，拜赵相、侍中。事迹见《后汉书》卷八一。

按：《后汉书·独行列传》曰："征拜侍中，每朝廷大事，侃然正色，百官惮之。会张角作乱，栩上便宜，颇讥刺左右，不欲国家兴兵，但遣将于河上北向读《孝经》，贼自当消灭。中常侍张让谮栩不欲令国家命将出师，疑与角同心，欲为内应。收送黄门北寺狱，杀之。"姑系于是年。

汉灵帝中平二年　乙丑　185年

正月，大疫(《后汉书·灵帝本纪》)。
二月己酉，南宫大灾(《后汉书·灵帝本纪》)。
六月，以讨张角功，封中常侍张让等12人为列侯(《资治通鉴》卷五八)。
是年，造万金堂于西园，聚钱私藏(《后汉书·灵帝本纪》)。

韩说二月上封事，言近期宫中有灾。
按：《后汉书·方术列传》曰："中平二年二月，又上封事，克期宫中有灾。至日南宫大火。"
袁隗二月免司徒(《后汉书·灵帝本纪》)。
崔烈三月因傅母入钱五百万为司徒，声誉顿衰(《资治通鉴》卷五八)。
邓盛五月罢太尉(《后汉书·灵帝本纪》)。
张延五月以太仆擢太尉(《后汉书·灵帝本纪》)。
皇甫嵩七月免左车骑将军(《后汉书·灵帝本纪》)。
张温八月以司空为车骑将军，讨北宫伯玉(《后汉书·灵帝本纪》)。
杨赐九月以特进擢司空(《后汉书·灵帝本纪》)。
许相十月以光禄大夫擢司空(《后汉书·灵帝本纪》)。
刘陶十月上疏陈要急八事，被谮下狱(《后汉书·灵帝本纪》)。
王朗十月以师杨赐丧，弃官行服(《三国志·魏志·王朗列传》)。
应劭奉诏驳募鲜卑轻骑事，从劭议。
按：《后汉书·应劭列传》曰："中平二年，汉阳贼边章、韩遂与羌胡为寇，东侵三辅，时遣车骑将军皇甫嵩西讨之。嵩请发乌桓三千人。北军中侯邹靖上言：'乌桓众弱，宜开募鲜卑。'事下四府，大将军掾韩卓议，以为：'乌桓兵寡，而与鲜卑世为仇敌，若乌桓被发，则鲜卑必袭其家。乌桓闻之，当复弃军还救。非唯无益于实，乃更沮三军之情。邹靖居近边塞，究其态诈。若令靖募鲜卑轻骑五千，必有破敌之效。'劭驳之曰……韩卓复与劭相难反复。于是诏百官大会朝堂，皆从劭议。"
孔融辟司空掾，拜北军中侯，迁虎贲中郎将(《后汉书·孔融列传》)。
范冉临命遗令敕其子(《后汉书·独行列传》)。

蔡邕二月作《太尉刘宽碑》。四月作《范丹碑》。十月作《太尉杨赐碑》。是年，又作《汉太尉杨公碑》、《文烈侯杨公碑》、《司空文烈侯杨公碑》(严可均《全后汉文》卷七七、卷七八、卷七四、张溥《汉魏六朝百三家集·蔡邕集》)。
按：系年据陆侃如《中古文学系年》、刘跃进《秦汉文学编年史》、跃进《蔡邕行年考略》。

张超十月作《杨四公颂》(严可均《全后汉文》卷八四)。

按：陆侃如《中古文学系年》系于是年。

无名氏造《曹全碑》立(孙星衍《续古文苑》卷一五、《汉碑集释》)。

按：碑文曰："君讳全，字景完。敦煌效谷人也。……中平二年十月丙辰造。"

支谶译出《首楞严经》(《出三藏记集》卷二)。

按：支谶与支亮、支谦齐名，为汉末三国时著名佛学家，世称"三支"。最早介绍般若学于中国，为后世玄学之先导。施金炎《中国书文化要览》(湖南教育出版社1992年版)系于是年。

范冉卒(112—　)。冉字史云，陈留外黄人。少弃吏之南阳受业于樊英。又游三辅，就马融通经，历年乃还。桓帝时，为莱芜长，不之官。后辟太尉府，遭禁锢，解禁后为三府所辟。卒后，会葬者二千余人。谥贞节先生。事迹见《后汉书》卷八一。

按：《后汉书·独行列传》曰："中平二年，年七十四，卒于家。"

刘宽卒(120—　)。宽字文饶，弘农华阴人。少学《欧阳尚书》、《京氏易》，尤明《韩诗外传》，幼与同好刻坟典于第庐，星官、风隅、算历，皆极究师法，称为通儒。桓帝时，大将军辟，为司徒长史、东海相、尚书令、南阳太守。灵帝初，为太中大夫，讲经华光殿。迁侍中、屯骑校尉、宗正、光禄勋、太尉。封逯乡侯，谥昭烈侯。事迹见《后汉书》卷二五。

按：《后汉书·刘宽列传》曰："中平二年卒，时年六十六。赠车骑将军印绶，位特进，谥曰昭烈侯。"

刘陶卒(约125—　)。陶字子奇，一名伟，颍川颍阴人。济北贞王勃之后。明《尚书》、《春秋》。举孝廉，除顺阳长。历官侍御史、尚书令、侍中、京兆尹、谏议大夫，封中陵乡侯。敢于言事，为权臣所畏。著有《尚书训故》、《中文尚书》、《春秋训诂》、《七曜论》、《匡老子》、《反韩非》、《复孟轲》及上书百余篇。事迹见《后汉书》卷五七。

谯敏卒(129—　)。敏字汉达。习《诗》、《书》。

杨赐卒，生年不详。赐字伯献，杨秉子。少传《欧阳尚书》，笃志博闻。常隐居教授门徒，不答州郡礼命。后辟大将军梁冀府，非其好也，出为陈仓令，病不行，辞公车、三公命。历官侍中、越骑校尉、少府、光禄勋、司空、司徒、太尉、光禄大夫。封临晋侯，谥文烈侯。事迹见《后汉书》卷五四。

按：《后汉书·杨震列传》曰："(中平)二年九月，(杨赐)复代张温为司空。其月薨。"

陈耽卒，生年不详。耽字汉公，东海人。为太常、太尉、司空、司徒，以忠正称。

按：《后汉书·灵帝本纪》曰："(中平二年)冬十月庚寅，司空杨赐薨，光禄大夫许相为司空。前司徒陈耽、谏议大夫刘陶坐直言，下狱死。"

赵壹约卒，生年不详。壹字元叔，汉阳西县人。恃才倨傲，得罪乡党。屡抵罪几至死。得羊陟、袁滂荐，名动京师。州郡争致礼命，十辟公府，并不就。善辞赋，著赋、颂、书、诔、论等16篇，诗2篇，有集2卷录1卷。

《刺世疾邪赋》、《穷鸟赋》为文学史上名篇。《非草书》标志书法艺术的独立。事迹见《后汉书》卷八〇下。

按：姑系于是年。

王祥（　—268）生（吴海林、李延沛《中国历史人物生卒年表》）。

汉灵帝中平三年　丙寅　186 年

二月庚戌，诏大赦天下。复修玉堂殿，铸铜人四，黄钟四，及天禄、虾蟆，又铸四出文钱（《后汉书·灵帝本纪》）。

五月壬辰，日食（《后汉书·灵帝本纪》）。

八月，怀陵上有雀万数，悲鸣，因斗相杀（《后汉书·灵帝本纪》）。

郑玄为大将军何进所辟，州郡迫郑玄诣之，郑玄不受朝服，逃去。

按：《后汉书·郑玄列传》曰："灵帝末，党禁解，大将军何进闻而辟之。州郡以进权威，不敢违意，遂迫胁玄，不得已而诣之。进为设几杖，礼待甚优。玄不受朝服，而以幅巾见。一宿逃去。"

张延二月罢太尉，十月被宦官谮，下狱（《后汉书·灵帝本纪》）。

张温二月为太尉（《后汉书·灵帝本纪》）。

张说二月为太尉，十二月召还京师（《后汉书·灵帝本纪》）。

曹操征为都尉（张可礼编著《三曹年谱》）。

应劭举高第，为御史。

按：《后汉书·应劭列传》曰："三年，举高第。"颜师古《汉书叙例》曰："应劭……后汉萧令，御史，营令，泰山太守。"

王朗举孝廉，辟公府，不应（《三国志·魏志·王朗列传》）。

按：陆侃如《中古文学系年》（人民文学出版社 1985 年版）系于是年。

王允遇赦出狱，复职豫州刺史。寻复入狱，群臣救援。

按：《后汉书·王允列传》曰："会赦，还复刺史。旬日间，复以他罪被捕。司徒杨赐以允素高，不欲使更楚辱，乃遣客谢之……大将军何进、大尉袁隗、司徒杨赐共上疏请之……书奏，得以减死论。是冬大赦，而允独不在宥，三公咸复为言。"

蔡邕作《陈太丘碑》、《文范先生陈仲弓碑》（《文选》卷五八）。

按：《后汉书集解》曰："钱大昕曰：碑云春秋八十三，中平三年卒。惠栋曰：赵明诚云：案《蔡邕集》陈仲弓三碑。其一碑云中平三年秋八月丙子卒。而三碑皆云春秋八十有三。传以为四年，年八十四，误。"

张延卒，生年不详。延字公威，河内人。张歆子。官太仆、太尉。

按：《后汉书·灵帝本纪》曰："（中平三年）冬十月，武陵蛮叛，寇郡界，郡兵讨破之。前太尉张延为宦人所谮，下狱死。"

缪袭（　—245）生（姜亮夫《历代人物年里碑传综表》）。

汉灵帝中平四年　丁卯　187年

正月己卯，诏大赦天下（《后汉书·灵帝本纪》）。

三月，河南尹何苗征荥阳，破之。拜车骑将军（《后汉书·灵帝本纪》）。

六月，渔阳人张纯与同郡张举反，张举自称"天子"，寇幽、冀二州（《后汉书·灵帝本纪》）。

十月，零陵人观鹄自称"平天将军"，寇桂阳，长沙太守孙坚击斩之（《后汉书·灵帝本纪》）。

郑玄为何进胁迫晋见。

按：《后汉书·郑玄列传》曰："灵帝末，党禁解，大将军何进闻而辟之。州郡以进权威，不敢违意，遂迫胁玄，不得已而诣之。进为设几杖，礼待甚优。玄不受朝服，而以幅巾见。一宿逃去。时年六十，弟子河内赵商等自远方至者数千。"

崔琰从郑玄问学（《三国志·魏志·崔琰列传》）。

边让以蔡邕荐为大将军何进征召，署令史。

按：《后汉书·文苑·边让传》曰："边让字文礼，陈留浚仪人也。少辩博，能属文。作《章华赋》，虽多淫丽之辞，而终之以正，亦如相如之讽也。其辞曰：'楚灵王既游云梦之泽……'大将军何进闻让才名，欲辟命之，恐不至，诡以军事征召。既到，署令史，进以礼见之。让善占射，能辞对，时宾客满堂，莫不羡其风。府掾孔融、王朗并修刺候焉。议郎蔡邕深敬之，以为让宜处高任，乃荐于何进曰：'……。'让后以高才擢进。"

又按：蔡邕致书何进荐边让时间颇有分歧，跃进《蔡邕行年考略》（《文史》2003年第1辑）系于中平元年，谓"《后汉书集解》引顾炎武曰：'《蔡邕传》谓邕亡命江海积十二年。中平六年灵帝崩，董卓为司空，辟之称疾不就。卓切敕州郡举邕诣府，邕不得已到署祭酒。而《文苑传》有议郎蔡邕荐边让于大将军何进一书。案中平元年黄巾起，以何进为大将军。正邕亡命之时，无缘得奏记荐人也。'惠栋曰：'此书载邕集中，末云：邕寝赢匍匐，拜寄不敢须通，则邕未尝亲奉书也。邕虽亡命，传称其往来泰山羊氏不必专在吴会。荐贤为国，寓书于进，亦无不可"。而陆侃如《中古文学系年》则定为中平五年。据《后汉书·文苑·边让传》载大将军何进闻让才名，诡以军事征召。既到，署令史，与孔融、王朗为大将军何进掾大致同时，故系于是年。参见本年"孔融、王朗为大将军何进掾"条。

孔融、王朗为大将军何进掾。

按：《后汉书·文苑列传下》曰："大将军何进闻（边）让才名，欲辟命之。恐不至,诡以军事征召。既到,署令史,进以礼见之。让善占射,能辞对。时,宾客满堂,莫不羡其风。府掾孔融、王朗并修刺候焉。"吴文治《中国文学史大事年表》(黄山书社1987年版)系于是年。

张温四月免太尉(《后汉书·灵帝本纪》)。

崔烈四月为太尉,十一月罢(《后汉书·灵帝本纪》)。

许相五月为司徒(《后汉书·灵帝本纪》)。

丁宫五月为司空(《后汉书·灵帝本纪》)。

曹嵩十一月以大司农迁太尉(《后汉书·灵帝本纪》)。

按:曹嵩为曹操父。

曹操居里,筑室城外,春夏习读书传,秋冬弋猎自娱。

按:《三国志·魏志·武帝本纪》裴注引《魏书》曰:"太祖不能违道取容。数数干忤,恐为家祸,遂乞留宿卫。拜议郎,常托疾病,辄告归乡里;筑室城外,春夏习读书传,秋冬弋猎,以自娱乐。"

王允出狱,更名姓,流亡河内、陈留。

按:《后汉书·王允列传》曰:"至明年,乃得解释。是时,宦者横暴,睚眦触死。允惧不免,乃变易名姓,转侧河内、陈留间。"

士燮为交趾太守,士人多前往依之。

按:《三国志·吴志·士燮列传》曰:"士燮字威彦,苍梧广信人也。其先本鲁国汶阳人,至王莽之乱,避地交州。六世至燮父赐,桓帝时为日南太守。燮少游学京师,事颍川刘子奇,治《左氏春秋》,察孝廉,补尚书郎,公事免官。父赐丧阕后,举茂才,除巫令,迁交址太守。……燮体器宽厚,谦虚下士,中国士人往依避难者以百数,耽玩《春秋》,为之注解。陈国袁徽与尚书令荀彧书曰:'交址士府君既学问优博,又达于从政,处大乱之中,保全一郡,二十余年疆场无事,民不失业,羁旅之徒,皆蒙其庆。虽窦融保河西,曷以加之?官事小阕,辄玩习书传,《春秋左氏传》尤简练精微,吾数以咨问《传》中诸疑,皆有师说,意思甚密。又《尚书》兼通古今,大义详备。闻京师古今之学,是非忿争,今欲条《左氏》、《尚书》长义上之。'其见称如此。"尤其是董卓乱后,中原及内地士人纷纷南下,前往避难而依于士燮者以百数,著名者有刘熙、薛综、程康、袁焕、许靖等,交州遂为西南区域学术文化中心。黎崱《越鉴通考总论》曰:"士王习鲁国之风流,……化国俗以诗书,淑人心以礼乐。"吴士连《大越史记全书》曰:"我国通诗书,习礼乐,为文献之邦,自士王始。"陈玉龙《汉文化论纲》说:士燮"开创交州学术风气,使其成为汉末中国学术史上南方的学术奇葩"(北京大学出版社1993年版)。

蔡邕作《陈太丘庙碑》、《与何进书荐边让》(严可均《全后汉文》卷七九、《后汉书·文苑列传下》)。

按:《陈太丘庙碑》有"维中平五年春三月癸未"云云,故系于是年。

又按:《后汉书·文苑·边让传》曰:"议郎蔡邕深敬之,以为让宜处高任,乃荐于何进曰:'伏惟幕府初开,博选清英,华发旧德,并为元龟。虽振鹭之集西雍,济济之在周庭,无以或加。窃见令史陈留边让,天授逸才,聪明贤智。髫龀凤孤,不尽家训。及就学庐,便受大典,初涉诸经,见本知义,授者不能对其问,章句不能逮其意。心通性达,口辩辞长。非礼不动,非法不言。若处狐疑之论,定嫌审之分,经典交至,揽括参合,触夫寂焉,莫之能夺也。使让生在唐、虞,则元、凯之次,运值仲尼,则颜、冉之亚,岂徒俗之凡偶近器而已者哉!级名位,亦宜超然,若复随辈而进,非所以章缋伟之高价,昭知人之绝明也。传曰:'牛之鼎以亨鸡,多汁则淡而不可食,少汁则熬而不可熟。'此言大器之于小用,固有所不宜也。邕窃悁邑,怪此宝鼎未受牺牛大羹之和,久在煎熬商割之闲,愿明将军回谋垂虑,裁加少纳,贡之机密,展之力用。若以年齿为嫌,则颜回不得贯德行之首,子奇终无理阿之功。苟堪其事,古今一也。"系年参见本年"蔡邕是年前后致书何进荐边让"条。

康巨于洛阳译《问地狱经》。

按:《高僧传》卷一曰:"康巨……以汉灵、献之间,有慧学之誉,驰于京洛……巨译《问地狱经》,言直理诣,不加润饰。"《开元释教录》卷一曰:"沙门康巨,西域人,心存游化,志丰弘宣,以灵帝中平四年丁卯于洛阳译《问地狱经》,言直理诣,不加润饰。"

陈寔卒(104—)。寔字仲弓,颍川许人。出身单微,少作县吏,有志好学,坐立诵读。受业太学,从樊英学图纬。除闻喜长、太丘长。遭党锢,隐居荆山,远近宗师之。谥文范先生。事迹见《后汉书》卷六二。

按:《后汉书·陈寔列传》曰:"中平四年,年八十四,卒于家。"

曹丕(—226)生(吴海林、李延沛《中国历史人物生卒年表》)。

汉灵帝中平五年　戊辰　188年

正月丁酉,诏大赦天下(《后汉书·灵帝本纪》)。

三月,休屠各胡与南匈奴左部胡合,杀其单于(《后汉书·灵帝本纪》)。

六月,益州黄巾马相攻杀刺史郤俭,自称"天子",又寇巴郡,杀郡守赵部,益州从事贾龙,斩之(《后汉书·灵帝本纪》)。

八月,初置西园八校尉(《后汉书·灵帝本纪》)。

按:《资治通鉴》卷五九曰:"八月,初置西园八校尉,以小黄门蹇硕为上军校尉,虎贲中郎将袁绍为中军校尉,屯骑校尉鲍鸿为下军校尉,议郎曹操为典军校尉,赵融为助军左校尉,冯芳为助军右校尉,谏议大夫夏牟为左校尉,淳于琼为右校尉;皆统于蹇硕。帝自黄巾之起,留心戎事;硕壮健有武略,帝亲任之,虽大将军亦领属焉。"

十月,青、徐黄巾复起,寇郡县。甲子,灵帝自称"无上将军",燿兵于平乐观(《后汉书·灵帝本纪》)。

是年,改刺史为州牧(《后汉书·灵帝本纪》)。

荀爽、郑玄、陈纪、襄楷、申屠蟠等人九月己未征为博士,皆不至。

按:《后汉书·申屠蟠列传》曰:"中平五年,(申屠蟠)复与爽、玄及颍川韩融、陈纪等十四人并博士征,不至。"

郑玄被将军袁隗表为侍中,以父丧不行。避难不其山。

按：《后汉书·郑玄列传》曰："后将军袁隗表为侍中,以父丧不行。"《三国志·魏志·崔琰列传》曰："徐州黄巾贼攻破北海,玄与门人到不其山避难。"

应劭三月后辟车骑将将军何苗掾(《后汉书·应劭列传》)。

按：《后汉书·孝灵帝纪》："三月,河南尹何苗讨荥阳贼,破之。拜苗为车骑将军。"应劭辟车骑将将军何苗掾应在是年三月之后。

王芬时任冀州刺史,谋废汉灵帝,曹操不从其谋,华歆劝止同乡陶丘洪参与此事(《三国志·魏志·武帝本纪》、《魏志·华歆列传》)。

按：《资治通鉴》卷五九曰："故太傅陈蕃子逸与术士襄楷会于冀州刺史王芬坐,楷曰：'天文不利宦者,黄门、常侍真族灭矣。'逸喜。芬曰：'若然者,芬愿驱除！'因与豪杰转相招合,上书言黑山贼攻劫郡县,欲因以起兵。会帝欲北巡河间旧宅,芬等谋以兵徼劫,诛诸常侍、黄门,因废帝,立合肥侯,以其谋告议郎曹操。操曰：'夫废立之事,天下之至不祥也。古人有权成败、计轻重而行之者,伊、霍是也。伊、霍皆怀至忠之诚,据宰辅之势,因秉政之重,同众人之欲,故能计从事立。今诸君徒见囊者之易,未睹当今之难,而造作非常,欲望必克,不亦危乎！'芬又呼平原华歆、陶丘洪共定计。洪欲行,歆止之曰：'夫废立大事,伊、霍之所难。芬性疏而不武,此必无成。'洪乃止。会北方夜半有赤气,东西竟天,太史上言：'北方有阴谋,不宜北行。'帝乃止。敕芬罢兵,俄而征之。芬惧,解印绶亡走,至平原,自杀。"

曹嵩四月罢太尉(《后汉书·灵帝本纪》)。

樊陵五月为太尉,六月罢(《后汉书·灵帝本纪》)。

马日磾七月为太尉(《后汉书·灵帝本纪》)。

许相八月罢司徒(《后汉书·灵帝本纪》)。

丁宫八月为司徒(《后汉书·灵帝本纪》)。

刘弘八月为司空(《后汉书·灵帝本纪》)。

曹操八月为西园新军典军校尉(《三国志·魏志·武帝本纪》)。

杜夔以疾去雅乐郎。

按：《三国志·魏志·杜夔传》曰："杜夔字公良,河南人也。以知音为雅乐郎,中平五年,疾去官。"

刘焉以董扶言"京师将乱,益州分野有天子气",求出为益州牧。

按：《后汉书·方术列传下》曰："(董)扶私谓太常刘焉曰：'京师将乱,益州分野有天子气。'焉信之,遂求出为益州牧,扶亦为蜀郡属国都尉,相与入蜀。"

董扶为蜀郡属国都尉,入蜀(《后汉书·方术列传下》)。

服虔中平末为九江太守。

按：《后汉书儒林列传下》曰："服虔字子慎,初名重,又名祇,后改为虔,河南荥阳人也。少以清苦建志,入太学受业。有雅才,善著文论,作《春秋左氏传解》,行之至今。又以《左传》驳何休之所驳汉事六十条。举孝廉,稍迁,中平末,拜九江太守。免,遭乱行客,病卒。所著赋、碑、诔、书记、《连珠》、《九愤》,凡十余篇。"

刘洪著《乾象历》。

按：《晋书·律历志中》曰："汉灵帝时,会稽东部尉刘洪,考史官自古迄今历注,原其进退之行,察其出入之验,视其往来,度其终始,始悟《四分》于天疏阔,皆斗分太多故也。更以五百八十九为纪法,百四十五为斗分,作《乾象法》,冬至日日在斗二十二度，以术追日、月、五星之行，推而上则合于古，引而下则应于今。其为之也，依《易》立数，遁行相号，潜处相求，名为《乾象历》。"《乾象历》又名《乾象术》，1卷。第一次考虑到月行的快慢问题，首次用一次内插法来确定合朔的时刻，建立较完整的计算数值与方法。第一次明确提出"交点月"概念，第一次减小岁实、缩小斗分，使回归年的数值更精确（365.246179日）。提出"食限"概念，科学回答为何并非每次朔望都会发生交食。原书佚，有清黄奭辑本（《汉学堂丛书》、《黄氏逸书考》）。自然科学史研究所主编《中国古代科技成就》（中国青年出版社1978年版）系于是年。

蔡邕三月作《陈寔第三碑》（严可均《全后汉文》卷七八）。

崔琰作《述初赋》（《三国志·魏志·崔琰列传》）。

按：王利器《郑康成年谱》（齐鲁书社1983年版）系于是年。

严佛调在洛阳译《古维摩诘经》等（宋释志磐《佛祖统纪》卷三五）。

按：刘汝霖《汉晋学术编年》（中华书局1987年版）系于是年。至此，严佛调已渐通梵文，能独立翻译佛经为汉文。

法真卒（100—　）。法真字高卿，人号曰玄德先生，扶风郿人。好学无常师，少明五经，博通内外图典，为关西大儒。前后征辟皆不就。弟子范冉等数百人。事迹见《后汉书》卷八三。

安世高卒。安清字世高，安息国国王之子。幼以孝行见称，刻意好学，外国典籍及七曜五行，医方异术，乃至鸟兽之声，无不综达。出家修道，博晓经藏，尤精阿毗昙学，游方宏化，遍历诸国，以安息王子入侍洛阳，在中国宣译众经，凡39部，所译存世者19种。他是中国文化翻译史上首位有生平可考，又有颇完整的作品流传下来的佛经译者。

陆绩（　—219）生（刘汝霖《汉晋学术编年》）。

汉灵帝中平六年　少帝刘辩光熹元年　昭宁元年　献帝刘协永汉元年　己巳　189年

四月丙午，日食。丙辰，灵帝卒，年三十四。戊午，皇子刘辩即位，年十七，是为少帝，太后临朝。诏大赦天下，改元光熹。封皇弟刘协为渤海王。后将军袁隗为太傅，与大将军何进参录尚书事（《后汉书·灵帝本纪》）。

按：灵帝好学，著《皇羲篇》50章。诏诸儒正定《五经》，刊于石碑，树之学门，使天下咸取则焉。

六月辛亥，孝仁皇后董氏崩。辛酉，葬孝灵皇帝于文陵（《后汉书·灵帝本纪》）。

七月，徙渤海王协为陈留王（《后汉书·灵帝本纪》）。

八月戊辰，中常侍张让、段珪杀大将军何进。虎贲中郎将袁术烧东西宫,攻诸宦者(《后汉书·灵帝本纪》)。

庚午,张让、段珪等劫少帝及陈留王幸北宫德阳殿。何进部曲将吴匡与车骑将军何苗战于朱雀阙下,苗败,斩之(《后汉书·灵帝本纪》)。

辛未,张让、段珪等复劫少帝、陈留王走小平津。尚书卢植追杀张让、段珪等。辛未,少帝还宫。诏大赦天下,改光熹为昭宁(《后汉书·灵帝本纪》)。

并州牧董卓杀执金吾丁原,自为司空(《后汉书·灵帝本纪》)。

九月甲戌,董卓入洛阳废帝为弘农王。

甲戌,董卓立刘协为皇帝,年九岁,是为孝献皇帝,诏大赦天下,改元永汉。

丙子,董卓杀皇太后何氏。遣使吊祠陈番、窦武。

乙酉,董卓自为太尉,加鈇钺、虎贲。

十一月癸酉,董卓自为相国。

按:东汉自此有相国之称。

十二月,省扶风都尉,置汉安都护。诏除光熹、昭宁、永汉三号,复称中平六年(《后汉书·献帝本纪》)。

是年后,因中原及内地大乱,士人纷纷南下,避难交州,交州遂为南方学术中心。

按:牟子《牟子·序传》曰:"灵帝崩后,天下扰乱,独交州差安,北方异人,咸来在焉。"

卢植为尚书,八月谏止何进召董卓,不从。抗言异议董卓谋废立,董卓欲杀之,蔡邕求情而免。以老病求归,隐居上谷郡军都山(《后汉书·卢植列传》、《后汉书·何进列传》)。

蔡邕九月为董卓所辟,举高第,补侍御史,又转持书御史,迁尚书。三日之间,周历三台。

按:《后汉书·蔡邕列传》曰:"中平六年,灵帝崩,董卓为司空,闻邕名高,辟之,称疾不就。卓大怒,詈曰:'我力能族人,蔡邕遂偃蹇者,不旋踵矣。'又切敕州郡举邕诣府,邕不得已,到,署祭酒,甚见敬重。举高第,补侍御史,又转持书御史,迁尚书。三日之间,周历三台。"

王允回洛阳,与何进谋诛宦官(《后汉书·献帝本纪》)。

桓典与何进谋诛宦官,迁平津都尉、钩盾令、羽林中郎将(《后汉书·献帝本纪》)。

陈琳四月为何进主簿,谏何进召外兵。八月,以何进败,避乱冀州,为袁绍典文章(《后汉书·何进列传》、《三国志·魏志·王粲列传》)。

孔融九月辟司空掾,拜北中军候,迁虎贲中郎将,忤董卓,转议郎。

按:《后汉书·孔融列传》曰:"后辟司空掾,拜中军候。在职三日,迁虎贲中郎将。会董卓废立,融每因对答,辄有匡正之言。以忤卓旨,转为议郎。时黄巾寇数州,而北海最为贼冲,卓乃讽三府同举融为北海相。"

曹操间行东归,至陈留,起兵讨董卓。

汉灵帝中平六年　少帝刘辩光熹元年　昭宁元年　献帝刘协永汉元年　己巳　189年

按：《三国志·魏志·武帝本纪》曰："卓到，废帝为弘农王而立献帝，京都大乱。卓表太祖为骁骑校尉，欲与计事。太祖乃变易姓名，间行东归。出关，过中牟，为亭长所疑，执诣县，邑中或窃识之，为请得解。卓遂杀太后及弘农王。太祖至陈留，散家财，合义兵，将以诛卓。冬十二月，始起兵于己吾，是岁中平六年也。"裴注引《魏书》曰："太祖以卓终必覆败，遂不就拜，逃归乡里。从数骑过故人成皋吕伯奢；伯奢不在，其子与宾客共劫太祖，取马及物，太祖手刃击杀数人。"裴注引《世说新语》曰："太祖过伯奢。伯奢出行，五子皆在，备宾主礼。太祖自以背卓命，疑其图己，手剑夜杀八人而去。孙盛《杂记》曰：太祖闻其食器声，以为图己，遂夜杀之。既而凄怆曰：'宁我负人，毋人负我！'遂行。"

马日䃅四月免太尉（《后汉书·灵帝本纪》）。

刘虞四月为太尉，九月免，为大司马（《后汉书·灵帝本纪》、《后汉书·献帝本纪》）。

丁宫七月罢司徒（《后汉书·灵帝本纪》）。

刘弘八月免司空（《后汉书·灵帝本纪》）。

杨彪九月丙戌为司空，十二月戊戌为司徒（《后汉书·献帝本纪》）。

黄琬九月甲午为司徒，十二月戊戌为太尉（《后汉书·献帝本纪》）。

荀爽十二月戊戌为司空（《后汉书·献帝本纪》）。

陈纪拜五官中郎将，迁侍中（《后汉书·陈纪列传》）。

华歆为尚书郎（《三国志·魏志·华歆列传》）。

申屠蟠复被公车征，不就（《后汉书·申屠蟠列传》）。

侯瑾征博士（《后汉书·文苑列传下》）。

荀彧举孝廉，为守宫令，再迁亢父令。

按：《后汉书·郑孔荀列传》曰："荀彧字文若，颍川颍阴人，朗陵令淑之孙也。父绲，为济南相。绲畏惮宦官，乃为彧娶中常侍唐衡女。彧以少有才名，故得免于讥议。南阳何颙名知人，见彧而异之，曰：'王佐才也。'中平六年，举孝廉，再迁亢父令。"

应劭为太山太守（《后汉书·应劭列传》）。

刘廙10岁，受司马徽称赞（《三国志·魏志·刘廙列传》）。

蔡邕九月作《中台要解》。
按：陆侃如《中古文学系年》系于是年。

陈琳作《谏何进召外兵》（《后汉书·何进列传》）。

侯瑾约卒（约140—　）。瑾字子瑜，敦煌人。少孤贫好学，为人佣，燃薪而读。及长，州郡屡召，公车以有道征，皆称疾不就。居山中著述，著《矫世论》以刺当世，著《应宾难》以自寄。按《汉记》撰中兴以后行事为《皇德传》30篇（成书年代应在汉桓帝元嘉元年以后），清章宗源《隋书经籍志考证》卷三《汉皇德纪》条，有辑出的佚文五条；清儒张澍辑有《汉皇德传》1卷，共辑出佚文五条，收入《二酉堂丛书》。另著文数十篇，有集2卷。事迹见《后汉书》卷八〇下。

汉献帝初平元年　庚午　190 年

日本成务卒，空位期始。

正月，山东州郡起兵讨董卓，推袁绍为盟主，诸州响应（《后汉书·献帝本纪》）。

按：《后汉书·袁绍列传》曰："初平元年，绍遂以勃海起兵，与从弟后将军术、冀州牧韩馥、豫州刺史孔伷、兖州刺史刘岱、陈留太守张邈、广陵太守张超、河内太守王匡、山阳太守袁遗、东郡太守桥瑁、济北相鲍信等同时俱起，众各数万，以讨卓为名。绍与王匡屯河内，伷屯颍川，馥屯邺，余军咸屯酸枣，约盟，遥推绍为盟主。绍自号车骑将军，领司隶校尉。"

辛亥，诏大赦天下（《后汉书·献帝本纪》）。

癸酉，董卓杀弘农王；白波寇东郡（《后汉书·献帝本纪》）。

二月丁亥，迁都长安。董卓驱徙京师百姓悉西入关，自留屯毕圭苑（《后汉书·献帝本纪》）。

三月乙巳，献帝入长安，幸未央宫。己酉，董卓焚洛阳宫庙及人家，史称"董卓之乱"（《后汉书·献帝本纪》）。

董卓毁五铢钱，更铸小钱（《后汉书·献帝本纪》）。

冬，公孙度为辽东守，诛灭名家大姓，东伐高句丽，击乌桓，分置辽西、中辽，收东莱诸县，置营州刺史，自为辽东侯（《后汉书·献帝本纪》）。

是年，有司奏和、安、顺、桓四帝无功德，不宜称宗，恭怀、敬隐、恭愍三后并非正嫡，不合称后，请除尊号，从之（《后汉书·献帝本纪》）。

是年，袁绍与韩馥谋立幽州牧刘虞为帝，约结曹操，为操所拒（《三国志·魏志·武帝本纪》）。

罗马的马可·奥勒留圆柱建成。

曹操正月行奋武将军，讨董卓。三月，答袁绍书（《三国志·魏志·武帝本纪》）。

华歆在穰为袁绍所留（《三国志·魏志·华歆列传》）。

孔融为北海相，起兵与黄巾战，失利。复纠集吏民，更置城邑，立学校，表显儒术，举荐贤良，命名郑玄所居乡为"郑公乡"，门为"通德门"（《后汉书·孔融列传》）。

荀爽拜平原相，追为光禄勋，进拜司空，与司徒王允等谋诛董卓（《后汉书·荀爽列传》）。

杨彪二月以不从董卓迁都免司徒。拜光禄大夫，迁大鸿胪。从入关，为少府、太常，以病免。复为京兆尹、光禄勋、光禄大夫（《后汉书·杨彪列传》）。

蔡邕二月从献帝迁都长安。三月，拜为左中郎将，封高阳侯。以才学显著,贵重朝廷,常车骑填巷,宾客盈门(《后汉书·蔡邕列传》)。

按:跃进《蔡邕行年考略》(《文史》2003 年第 1 辑)曰:"文(指《让高阳侯印绶符策表》)称:'制诏:左中郎将蔡邕,今封邕陈留雍丘高阳乡侯,下印绶符策假限食五百户,岁五十万谷各米。臣稽首受诏。……车驾西还,执鞭跨马。及看轮毂,升舆下辂,扶接圣躬。既至旧京,出备郎将。'是封为左中郎将在至长安之后。封高阳侯又在其后。"

又按:《三国志·王卫二刘傅传》曰:"献帝西迁,……时邕才学显著,贵重朝廷,常车骑填巷,宾客盈坐。"

路粹至三辅,师从蔡邕。

按:《后汉书·孔融列传》李贤注引《典略》曰:"粹字文蔚,陈留人,少学于蔡邕。"

阮瑀受学于蔡邕(《三国志·魏志·王粲列传》)。

按:《三国志·王卫二刘傅传》曰:"瑀少受学于蔡邕。建安中都护曹洪欲使掌书记,瑀终不为屈。"

王粲三月至长安,蔡邕称粲有异才,与之书籍。

按:《三国志·魏志·王粲列传》曰:"献帝西迁,粲徙长安,左中郎将蔡邕见而奇之。时邕才学显著,贵重朝廷,常车骑填巷,宾客盈坐。闻粲在门,倒屣迎之。粲至,年既幼弱,容状短小,一坐尽惊。邕曰:'此王公孙也,有异才,吾不如也。吾家书籍文章,尽当与之。'"

又按:《博物志》卷六曰:"蔡邕有书万卷,汉末年载数车与王粲。粲亡后,相国掾魏讽谋反,粲子与焉。既被诛,邕所与粲书悉入粲族子业,字长绪,即正宗父,正宗即辅嗣兄也。初,粲与族兄凯避地荆州,依刘表。表有女。表爱粲才,欲以妻之,嫌其形陋,乃谓之曰:'君才过人而体陋,非女婿才也。'凯有风貌,乃妻凯,生业,即女所生。"

蔡琰为南匈奴所获。

按:《后汉书·列女传》曰:"兴平中天下丧乱,文姬为胡骑所获,没于南匈奴左贤王。在胡十二年,生二子。"

赵谦二月庚辰为太尉(《后汉书·献帝本纪》)。

王允二月庚辰为司徒(《后汉书·献帝本纪》)。

种拂六月辛丑为司空(《后汉书·献帝本纪》)。

赵岐复为议郎,稍迁太仆(《后汉书·赵岐列传》)。

刘表三月为荆州刺史,结交当地豪族。

按:《后汉书·刘表列传》曰:"表招诱有方,咸怀兼洽,其奸猾宿贼更为效用,万里肃清,大小咸悦而服之。关西、兖、豫学士归者盖有千数,表安慰赈赡,皆得资全。遂起立学校,博求儒术,綦母闿、宋忠等撰立《五经》章句,谓之《后定》。爱民养士,从容自保。"刘跃进《秦汉文学编年史》(商务印书馆 2006 年版)曰:"从此至建安十三年约近二十年间,荆州成为汉末之一重要的文化中心和经济中心。其中有文学作品传世者如祢衡、王粲、繁钦、邯郸淳、诸葛亮、傅巽等,均为一时之选。此外,学者如名士如赵岐、和洽、刘廙、杜夔、刘巴、宋忠(衷)等曾云集于此。"

又按:刘表本为东汉大名士,世称"八俊"之一,对于文人学士颇具吸引力。自任为荆州刺史后,刘表设法结交当地世族势力,依靠本土名士蒯良、蒯越、蔡瑁等人的支持,逐渐剪除地方反叛势力,控制荆州全境。同时注重发展经济,整顿内政,兴办学校，以文教化，遂使荆州成为东汉末年一片战乱中的区域学术文化中心，于是四方才俊之士纷纷慕名而来，史载"当世知名，辐辏而至，四方襁负，自远若归。"(阙名《刘镇南碑》，载严可均《全上古三代秦汉三国六朝文》)。"关西、兖、豫学士归者盖有千数。"(《后汉书·刘表传》)由此汇合而成一个庞大的荆州文人集团，著名者有宋衷、庞德公、司马徽、颖容、韩嵩、司马芝、王粲、和洽、杜袭、赵俨、裴潜、韩暨、贾诩、王凯、繁钦、伊籍、诸葛玄、诸葛亮、杜夔、徐庶、尹默、刘巴、谢该、祢衡、傅巽、刘先、庞统、石韬、向朗、李仁、潘濬等。其中又有学术与文学之分野，宋衷、司马徽、颖容、谢该等主持州学，研治学术，培养人才，形成荆州学派，对魏晋玄学产生一定影响。王粲、繁钦等则长于文学，南朝时尚有《荆州八帙》传世，或是当时荆州文人的文集总汇(见《南齐书·王僧虔传》)。

颖容避乱荆州，聚徒千余人。

按：《后汉书·儒林列传下》曰："颖容字子严，陈国长平人也。博学多通，善《春秋左氏》，师傅太尉杨赐。郡举孝廉，州辟，公车征，皆不就。初平中，避乱荆州，聚徒千余人。刘表以为武陵太守，不肯起。著《春秋左氏条例》五万余言，建安中卒。"

王朗举茂才，为陶谦治中。

按：《三国志·魏志·王朗列传》曰："徐州刺史陶谦察朗茂才。时汉帝在长安，关东兵起，朗为谦治中。"

公孙度是冬为辽东太守，置营州刺史，自为辽东侯，文人学士多前往依之(《后汉书·献帝本纪》)。

按：公孙度出身文士，注重文物教化，中原士民多附归，其中著名文人学士有邴原、管宁、王烈、太史慈、刘政等，遂为东北区域学术文化中心。

许靖惧董卓，投奔豫州刺史孔伷(《资治通鉴》卷五九)。

桓晔初平中避乱会稽，遂浮海客交阯，越人化其节，至闾里无争讼(《后汉书·桓晔列传》)。

张俭倾竭财产赈饥荒，邑里赖其存者以百数(《后汉书·党锢列传》)。

孔融作《告高密相立郑公乡教》、《缮治郑公宅教》、《答王修举孝廉让邴原教》、《重答王修》、《喻邴原举有道书》、《遣问邴原书》、《教高密令》、《告昌安县教》。

按：陆侃如《中古文学系年》系于是年。

蔡邕二月作《告迁都祝嘏辞》、《让高阳乡侯章》、《表贺录换误上章谢罪》(严可均《全后汉文》卷七九、卷七一)。

按：陆侃如《中古文学系年》系于是年。

又按：《告迁都祝嘏辞》曰："嗣曾孙皇帝某，敢昭告于皇祖高皇帝，各以后配。昔受命京师，都于长安，国享十有一世。历年二百一十载。遭王莽之乱，宗庙毁坏。世祖复帝祚，迁都洛阳，以服中土。享一十一世，历年一百六十五载。予末小子，遭家不造，……于是乃以三月丁亥，来自雒。越三日丁巳，至于长安。"跃进《蔡邕行年考略》(《文史》2003年第1辑)曰："案《后汉书·献帝纪》，本年二月丁亥，迁都长安。董卓驱徙京师百姓悉西入关。三月乙巳进入长安。己酉，董卓焚烧洛阳宫庙及人家。本年三月无丁亥，故碑误。当作'二月'。'越三日丁巳'，当作'越三十日丁巳'。"

杨修五月作《司空荀爽述赞》(严可均《全后汉文》卷五一)。

按：陆侃如《中古文学系年》系于是年。

曹操作《薤露行》。

按：陆侃如《中古文学系年》系于是年。

佚名作《古诗十九首》约成于是年之前。

按：刘勰《文心雕龙·明诗》曰："观其结体散文，直而不野，婉转附物，怊怅切情，实五言之冠冕也。"钟嵘《诗品·总论》曰："古诗眇邈，人世难详，推其文体，固是炎汉之制，非衰周之倡也。自王、扬、枚、马之徒，词赋竞爽，而吟咏靡闻。从李都尉迄班婕妤，将百年间，有妇人焉，一人而已。诗人之风，顿已缺丧。东京二百载中，惟有班固《咏史》，质木无文。"谢榛《四溟诗话》卷三曰："《古诗十九首》，平平道道出，且无用工字面，若秀才对朋友说家常话，略不作意。"《四溟诗话》卷四曰："诗自苏、李五言暨《十九首》，格古调高，句平意远，不尚难字，而自然过人矣。"沈德潜《说诗晬语》曰："《古诗十九首》，不必一人之辞、一时之作。大率逐臣弃妻，朋友阔绝，游子他乡，死生新故之感。或寓言，或显言，或反复言。初无奇辟之思，惊险之句，而西京古诗，皆在其下，是为《国风》之遗。"施金炎《中国书文化要览》(湖南教育出版社1992年版)系于此年。

荀爽卒(128—)。爽，一名谞，字慈明，颍川颍阴人。荀淑子。幼而好学，年十二，能通《春秋》、《论语》。延熹九年，举孝廉，拜郎中。遭党锢，弃官去，隐于海上、汉滨，以著述为事，遂称硕儒。后拜平原相、光禄勋、司空。著有《周易注》11卷、《诗传》、《礼传》、《尚书正经》、《春秋条例》、《女诫》，又集汉事成败可为鉴戒者，谓之《汉语》。又作《公羊问》5卷及《辩谶》，并它所论叙，题为《新书》。《易传》据爻象承应阴阳变化之义，兖、豫之言《易》者咸传荀氏学。有集3卷。事迹见《后汉书》卷六二。

按：唐晏《两汉三国学案》(中华书局1965年版)、王利器《郑康成年谱》(齐鲁书社1983年版)系于此年。韩慧英《荀爽"乾坤坎离"说浅议》认为荀爽创立了著名的乾升坤降(阳升阴降)说，并构成其易学理论的核心内容。"乾坤坎离"说是将《周易》中的乾坤坎离四卦与阴阳观念相结合的理论。他的"乾起(于)坎而终于离，坤起于离而终于坎，离坎者，乾坤之家而阴阳之府"的论断汲取众家之精华，将象数中的卦气思想融于其中，高屋建瓴地总结了乾坤、坎离之间的内在关系并运用于升降说的建构，在此基础上与其他各说触类旁通，开启了后世研易的新思路与新视角。(《周易研究》2006年第3期)

袁隗卒，生年不详。隗字次阳，袁绍叔。官大鸿胪、司徒、太常、后将军、太傅。

按：《后汉书·献帝本纪》曰："(初平元年)三月乙巳，车驾入长安，幸未央宫。己酉，董卓焚洛阳宫庙及人家。戊午，董卓杀太傅袁隗、太仆袁基，夷其族。"

应璩(—252)生(姜亮夫《历代人物年里碑传综表》)。

汉献帝初平二年　辛未　191年

正月辛丑,诏大赦天下(《后汉书·献帝本纪》)。

二月丁丑,董卓自为太师,位在诸侯王上。掘洛阳诸帝陵。袁术遣将孙坚与董卓将胡轸战于阳人,轸军大败(《后汉书·献帝本纪》)。

是春,袁绍、韩馥遂立刘虞为帝,虞终不敢当(《三国志·魏志·武帝本纪》)。

四月董卓入长安(《后汉书·献帝本纪》)。

六月丙戌,地震(《后汉书·献帝本纪》)。

是年,孙坚破董卓,入洛阳,得传国玺。

按:《三国志·吴志·孙坚列传》裴注引《吴书》曰:"坚入洛,扫除汉宗庙,祠以太牢。坚军城南甄官井上,旦有五色气,举军惊怪,莫有敢汲。坚令人入井,探得汉传国玺,文曰'受命于天,既寿永昌',方圆四寸,上纽交五龙,上一角缺。"

十一月,公孙瓒破青州黄巾于东光。攻冀州牧袁绍,以刘备为平原相(《三国志·魏志·袁绍列传》裴注引《英雄记》、《三国志·吴志·先主传》)。

蔡邕六月对董卓问地震事;奏议宗庙迭毁,追正郭后谥;欲避山东,不果。

按:《后汉书·蔡邕列传》曰:"二年六月,地震,卓以问邕。邕对曰:'地动者,阴盛侵阳,臣下逾制之所致也。前春郊天,公奉引车驾,乘金华青盖,爪画两辖,远近以为非宜。'卓于是改乘皂盖车。卓重邕才学,厚相遇待,每集宴,辄令邕鼓琴赞事,邕亦每存匡益。然卓多自很用,邕恨其言少从,谓从弟谷曰:'董公性刚而遂非,终难济也,吾欲东奔兖州,若道远难达,且遁逃山东以待之,何如?'谷曰:'君状异恒人,每行观者盈集。以此自匿,不亦难乎?'邕乃止。"袁宏《后汉纪》卷二六曰:"二年……灵帝崩而天下乱,故未议祖宗之事,于是有司奏议宗庙迭毁。左中郎将蔡邕议曰……。"

曹操入东郡击败黑山军,为袁绍表为东郡太守(《三国志·魏志·武帝本纪》)。

荀彧离袁绍从曹操,曹操赞曰"吾子房也",为奋武司马。

按:《后汉书·荀彧列传》曰:"彧比至冀州,而袁绍已夺馥位,绍待彧以上宾之礼。彧明有意数,见汉室崩乱,每怀匡佐之义。时,曹操在东郡,彧闻操有雄略,而度绍终不能定大业。初平二年,乃去绍从操。操与语大悦,曰:'吾子房也。'以为奋武司马,时年二十九。"

郑玄以公卿举为赵相道断不至。会黄巾寇青部,乃避地徐州,徐州牧陶谦接以师友之礼(《后汉书·郑玄列传》)。

应劭时任太山太守,十一月败青州黄巾,郡内以安(《后汉书·应劭列传》)。

孔融仍为北海相,为黄巾困于都昌,向刘备求救(《后汉书·孔融列传》)。

管宁、邴原、王烈等至辽东,依公孙度。

按:《三国志·魏志·管宁列传》曰:"天下大乱,(管宁)闻公孙度令行于海外,遂与邴原及平原王烈等至于辽东。度虚馆以候之。既往见度,乃庐于山谷。"张可礼《三曹年谱》定于此年,从其说。

国渊避乱辽东,常讲学于山岩,士人多推慕之,由此知名。

按:《三国志·魏志·国渊列传》曰:"国渊字子尼,乐安盖人也。师事郑玄。后与邴原、管宁等避乱辽东。"裴注引《魏书》曰:"渊笃学好古,在辽东,常讲学于山岩,士人多推慕之,由此知名。"

士燮上表其弟士壹为合浦郡太守,士䵋领九真太守,士武领南海太守(《三国志·吴志·士燮列传》)。

邯郸淳客荆州(《三国志·魏志·王粲列传》裴注引《魏略》)。

郑玄述夫子之志而注解《孝经》(《乐史》引《孝经序》)。

按:刘汝霖《汉晋学术编年》(中华书局1987年版)系于是年。

蔡邕作《地震对》、《宗庙迭毁议》(《后汉书·蔡邕列传》、袁宏《后汉纪》卷二六)。

陆康卒(122—)。康字季宁,吴郡吴人。少仕州郡,灵帝初,举茂才,除高阳令。光和初迁武陵太守,历桂阳、东安太守、廷尉、议郎、庐江太守。事迹见《后汉书》卷三一。

按:吴海林、李延沛《中国历史人物生卒年表》(黑龙江人民出版社1981年版)系于是年。

张驯卒,生年不详。驯字子俊,济阴定陶人。少游太学,能诵《春秋左氏传》,以《大夏侯尚书》教授。与蔡邕共奏定《六经》文字。辟公府,举高第,拜议郎、侍中、丹阳太守、尚书、大司农。事迹见《后汉书》卷七九上。

按:《后汉书·儒林列传上》曰:"光和七年,征拜尚书,迁大司农。初平中,卒于官。"姑系于是年。

张温卒,生年不详。温字伯慎,穰人,张敞兄。少有名誉。为尚书令、大司农、司空、车骑将军、太尉、卫尉。封互乡侯。事迹见《后汉书》卷七二。

汉献帝初平三年　壬申　192年

正月丁丑,诏大赦天下。袁术遣将孙坚攻刘表于襄阳,坚战殁。袁绍

日本仲哀即位。

罗马康茂德遇刺，安东尼王朝终。

及公孙瓒战于界桥，瓒军大败（《后汉书·献帝本纪》）。

四月辛巳，王允、吕布诛董卓，夷三族。司徒王允录尚书事，总朝政（《后汉书·献帝本纪》）。

五月丁丑，诏大赦天下（《后汉书·献帝本纪》）。

董卓部将李傕、郭汜、樊稠、张济反，攻京师（《后汉书·献帝本纪》）。

六月戊午，李傕等陷长安城，吏民死者万余人。李傕等并自为将军（《后汉书·献帝本纪》）。

己未，诏大赦天下《后汉书·献帝本纪》）。

甲子，李傕杀司徒王允，皆灭其族《后汉书·献帝本纪》）。

九月，李傕自为车骑将军，郭汜后将军，樊稠右将军，张济镇东将军（《后汉书·献帝本纪》）

十二月，曹操败黄巾，收编其精锐三十万，号"青州兵"，由此始强大（《三国志·魏志·武帝本纪》）。

曹操是春军顿丘。四月，领兖州牧。十二月，败黄巾。从毛玠言，修耕植，蓄军资，遣使至长安奉天子（《三国志·魏志·武帝本纪》、《魏志·毛玠传》、《资治通鉴》卷六〇）。

荀彧为曹操镇东司马，与郑泰、何颙、种辑、伍琼谋刺杀董卓，下狱（《后汉书·荀彧列传》、《三国志·魏志·荀攸列传》）。

赵岐解曹操、袁绍的冀州之争（《后汉书·赵岐列传》）。

皇甫嵩五月为车骑将军，八月为太尉，十二月免（《后汉书·献帝本纪》）。

赵谦六月丙子为司徒，八月罢（《后汉书·献帝本纪》）。

马日磾七月庚子为太傅，录尚书事（《后汉书·献帝本纪》）。

杨彪九月为司空，录尚书事（《后汉书·献帝本纪》）。

淳于嘉九月甲申为司徒，录尚书事（《后汉书·献帝本纪》）。

周忠十二月为太尉，录尚书事（《后汉书·献帝本纪》）。

华歆辟太傅马日磾掾（《三国志·魏志·华歆列传》）。

王粲为司徒王允辟为黄门侍郎，以京师乱不就，与族兄王凯及士孙萌等离长安，往荆州依刘表，不为刘表所重，管书记（《三国志·魏志·王粲列传》）。

杜夔十月以世乱奔荆州牧刘表。

按：《三国志·魏志·杜夔传》曰："州郡司徒礼辟，以世乱奔荆州。荆州牧刘表令与孟曜为汉主合雅乐，乐备，表欲庭观之，夔谏曰：'今将军号为天子合乐，而庭作之，无乃不可乎！'表纳其言而止。"

又按：初平三年十月，刘表为镇南将军、荆州牧，封成武侯。

王朗拜会稽太守（《三国志·魏志·王朗列传》）。

笮融起浮屠寺于广陵（《后汉书·陶谦列传》）。

按：一说在次年。

祢衡20岁，与孔融为忘年交（《后汉书·儒林列传》）。

曹丕6岁，知射，学骑马（《典论自序》）。

曹操作《领兖州牧表》、《陈损益表》。

按：严可均《全三国文》卷一载，注曰："初平三年。"

孔融作《六言诗》三首。

按：吴文治《中国文学史大事年表》（黄山书社1987年版）系于是年。

王粲作《七哀诗》之一"西京乱无象"。在荆州作《初征赋》。

按：徐公持《建安七子诗文系年考证》（《文学遗产增刊》第十四辑，1982年）系于是年。

卢植卒（132— ）。植字子干，涿郡涿人。少与郑玄俱事马融，通古今学，好精研而不守章句，其学以《尚书》为本，以《三礼》为归。性刚毅有大节，常怀济世志，不好辞赋。建宁中征为博士。与蔡邕等在东观校中书《五经》记传，补续《汉记》。上书主立《毛诗》、《左氏》、《周礼》制博士、立学官。曾谏大将军窦武立灵帝、何进召董卓及董卓废立，服蛮寇，破黄巾。于汉末儒者，最为有用，君子于此得孔教之用焉。著《尚书章句》、《三礼解诂》、《冀州风土记》，碑、诔、表、记6篇。事迹见《后汉书》卷六四。

按：《后汉书·卢植列传》曰："（卢植）初平三年卒。"

蔡邕卒（133— ）。邕字伯喈，陈留圉人。东汉著名学者、文学家、书法家、音乐家。性笃孝，乡党高其义。少博学，师事太傅胡广，习《左氏传》。好辞章、术数、天文，妙操音律，善鼓琴。学者多从其问学，阮瑀、路粹、顾雍皆其弟子。初辟司徒桥玄府，出补河平长，为郎中，校书东观，迁议郎，以经籍文字多谬，奏请正定《六经》文字，并自书碑。以事得罪宦官，下狱论死，诏减死流徙朔方。赦归后为人所嫉，亡命江南十余年。董卓当政时征为侍御史，迁尚书，转巴郡太守，留为侍中，拜中郎将，封高阳乡侯。兖州、陈留皆画像而颂。著诗、赋、铭、碑、诔、赞、箴、《独断》、《劝学》、《释诲》、《叙乐》、《女训》、《篆势》、《隶书势》等百四篇，又有《月令章句》、《本草》、《班固典引注》、《琴操》。史学方面，《十意》增续汉志，补列传四十二篇。书法方面，创飞白，精八分，著《大篆赞》、《小篆赞》、《隶书势》、《笔论》、《九势》。音乐、文字学方面均有显著成就。存有《蔡中郎集》六卷。事迹见《后汉书》卷六〇下。

按：《后汉书·蔡邕列传》曰："及卓被诛，邕在司徒王允坐，殊不意言之而叹，有动于色。允勃然叱之曰：'董卓国之大贼，几倾汉室。君为王臣，所宜同忿，而怀其私遇，以忘大节！今天诛有罪，而反相伤痛，岂不共为逆哉？'即收付廷尉治罪。邕陈辞谢，乞黥首刖足，继成汉史。士大夫多矜救之，不能得。太尉马日䃅驰往谓允曰：'伯喈旷世逸才，多识汉事，当续成后史，为一代大典。且忠孝素著，而所坐无名，诛之无乃失人望乎？'允曰：'昔武帝不杀司马迁，使作谤书，流于后世。方今国祚中衰，神器不固，不可令佞臣执笔在幼主左右。既无益圣德，复使吾党蒙其讪议。'日䃅退而告人曰：'王公其不长世乎？善人，国之纪也；制作，国之典也。灭纪废典，其能久乎！'邕遂死狱中。允悔，欲止而不及。时年六十一。搢绅诸儒莫不流涕。北海郑玄闻而叹曰：'汉世之事，谁与正之！'兖州、陈留间皆画像而颂焉。……论曰：'意气之感，士所不能忘也。流极之运，有生所共深悲也。当伯喈抱钳扭，徙幽裔，仰日月而不见照烛，临风尘而不得经过，其意岂及语平日幸全人哉！及解刑衣，窜欧越，潜舟江壑，不知其远,捷步深林,尚苦不密,但愿北首旧丘,归骸先垄,又可得乎?董卓一旦入朝,辟书先下,分明柱结,信宿三迁。匡导既申,狂僭屡革,资《同人》之先号,得北叟之后福。屡其庆者,夫岂无怀?君子断刑,尚或为之不举,况国宪仓卒,虑不先图,矜情变容,而罚同邪党?执政乃追怨子长谤书流后,放此为戮,未或闻之典刑。赞曰:季长戚氏,才通情侨。苑囿典文,流悦音伎。邕实慕静,心精辞绮。斥言金商,南徂北徙,籍梁怀董,名浇身毁。'"钱大昭《后汉书辨疑》卷九曰:"案邕徙朔方时自言'臣年四十有六',至董卓服诛,邕年六十岁也。此云'六十一',误。"陆侃如《中古文学系年》系于此年。

又按:《四库全书总目提要》卷一四八曰:"《蔡中郎集》六卷,汉蔡邕撰。《隋志》载'后汉左中郎将《蔡邕集》十二卷'。注曰'梁有二十卷,录一卷'。则其集至隋已非完本。《旧唐志》乃仍作二十卷。当由官书佚脱,而民间传本未亡,故复出也。《宋志》著录仅十卷,则又经散亡,非其旧本矣。此本为雍正中陈留所刊。文与诗共得九十四首。证以张溥《百三家集》刻本,多寡增损,互有出入。卷首欧静序论姜伯淮、刘镇南碑断非邕作。以年月考之,其说良是。张本删去刘碑,不为无见。然以伯淮为邕前辈,宜有邕文,遂改建安二年为熹平二年,则近于武断矣。张本又载《荐董卓表》,而陈留本无之。其事《范书》不载,或疑为后人赝作。然刘克庄《后村诗话》已排诋此表,与扬雄《剧秦美新》同称。则宋本实有此文,不自张本始载。后汉诸史,自范、袁二家以外,尚有谢承、薛莹、张璠、华峤、谢沈、袁崧、司马彪诸家,今皆散佚,亦难以史所未载,断其事之必无。或新本刊于陈留,以桑梓之情,欲为隐讳,故削之以灭其迹欤?"

再按:刘跃进《蔡邕的生平创作与汉末文风的转变》(《文学评论》2004年第3期)对蔡邕在汉魏文风转变中的地位作了评价:"在汉魏文学风尚转变过程中,蔡邕是一位比较重要的人物,主要表现在三个方面:第一,在文人利益集团形成过程中,蔡邕的创作起到了推波助澜的重要作用。特别是蔡邕晚年,地位显赫,建安时期很多作家都得到过蔡邕的提携和延誉。第二,从文学风尚的变迁来看,东汉前期的文学多少还继承着西汉以来庄重典雅的传统。其后,由清峻而华丽,从通脱向壮大。这种转变,在蔡邕的《青衣赋》、《述行赋》等创作中,已经表现得比较明显。第三,蔡邕是汉末文体学研究的重要学者,《独断》一书不仅总结了秦汉以来的文体学成就,也为后来的文体学研究开启了方向。"

王允卒(137—)。允字子师,太原祁人。少好大节,有志于立功,常习诵经传,朝夕试驰射。为侍御史、豫州刺史、河南尹、太仆、尚书令、司徒。董卓西迁,悉心收护经籍文献。封温侯。事迹见《后汉书》卷六六。

按:《后汉书·王允列传》曰:王允被郭汜杀害时"年五十六"。《后汉书·献帝本纪》曰:"(初平三年五月)李傕杀司隶校尉黄琬,甲子,杀司徒王允,皆灭其族。"

黄琬卒(141—)。琬字子琰,江夏安陆人,黄琼孙。早而辩慧,七岁知日食,知名京师。为五官中郎将。以举用志士禁锢二十年。后为议郎、青州刺史、侍中、将作大匠、少府、太仆、豫州牧,封关内侯。再为司徒、太尉,封阳泉乡侯。复为光禄大夫、司隶校尉。事迹见《后汉书》卷六一。

按:《后汉书·黄琼列传》曰:"及(董)卓将李傕、郭汜攻破长安,遂收(黄)琬下狱死,时年五十二。"《后汉书·献帝本纪》曰:"(初平三年五月)李傕杀司隶校尉黄琬,甲子,杀司徒王允,皆灭其族。"

服虔卒,生年不详。虔字子慎,初名重,又名祇,后改为虔,河南荥阳人也。少以清苦建志，入太学受业。有雅才，善著文论，作《春秋左氏传解》。又以《左传》驳何休之所驳汉事六十条。举孝廉，稍迁，中平末，拜九江太守。免，遭乱行客，病卒。著有《春秋左氏传解》、《春秋左氏传解谊》30卷、《春秋左氏膏肓释痾》10卷、《春秋汉议驳》2卷、《春秋成长说》9卷、《春秋塞难》3卷、《春秋音隐》1卷。又著《汉书音训》1卷、《通俗文》1卷，另著赋、碑、诔、书、记、连珠、《九愤》等十余篇。事迹见《后汉书》卷七九下。

按：吴文治《中国文学史大事年表》（黄山书社1987年版）系于是年。《春秋左氏传解》、《春秋左氏传解谊》30卷，东汉时即已大行于河北，至东晋元帝时，服氏《左传》学更被立为博士，盛极一时，凡研左氏者莫不习服注，南北朝时北方盛行服《注》，有"宁道孔圣误，讳言郑服非"之谚，可见其学术地位。《汉书音训》1卷，是《汉书》二十三家旧注中十分重要的一种，作为最早的较为完善的《汉书》注本，为后世所推崇，学者多加征引，在正音释义、解释名物等方面均具有相当的参考价值；并且收录了较早的反切注音，在考察反切的起源以及当时的语音系统方面，亦是十分珍贵的资料，对于音韵学研究意义非凡。

张芝卒，生年不详。芝字伯英，敦煌酒泉人。张奂之子。少持高操，以名臣子勤学，文为儒宗，武为将表，太尉辟，公车有道征，不就，号张有道。书法家。师事崔瑗、杜操，善草书，"开一代草书之风"，省减章草点划、波折，创"今草"，使形、气、韵和谐，被誉为"书圣"、"草圣"，与钟繇齐名。著有《笔心论》5篇。事迹见《后汉书》卷六五。

按：刘诗《中国古代书法家传》（文物出版社1991年版）系于是年。

皇甫嵩卒，生年不详。嵩字义真，安定朝那人。皇甫规兄子。少有文武志介，好《诗》、《书》。举孝廉、茂才，灵帝征为议郎、北地太守。黄巾起，嵩主解党禁，为左中郎将，讨之平，封都乡侯。后为左车骑将军，领冀州牧，封槐里侯，食八千户。再为太尉、太常、光禄大夫。为人爱慎尽勤，上书谏五百余事，折节下士。事迹见《后汉书》卷七一。

按：《后汉书·皇甫嵩列传》曰："及卓被诛，以嵩为征西将军，又迁车骑将军。其年秋，拜太尉，冬，以流星策免。复拜光禄大夫，迁太常。寻李傕作乱，嵩亦病卒，赠骠骑将军印绶，拜家一人为郎。"《后汉书·献帝本纪》曰："（初平三年五月）董卓部曲将李傕、郭汜、樊稠、张济等反，攻京师。"据此可推嵩当卒于此年。

种拂卒，生年不详。种拂字颖伯，河南洛阳人，种暠子。为司隶校尉、宛令、光禄大夫、司空、太常。政有能名。

按：《后汉书·献帝本纪》曰："（初平三年五月）董卓部曲将李傕、郭汜、樊稠、张济等反，攻京师。六月戊午，陷长安城，太常种拂、太仆鲁旭、大鸿胪周奂、城门校尉崔烈、越骑校尉王颀并战殁，吏民死者万余人。"

崔烈卒，生年不详。烈，崔寔从兄。冀州名士。官廷尉、司徒、太尉。有文才，著诗、书、教、颂等4篇。

曹植（ —232）生。

按：据《三国志·曹植传》，曹植卒于太和六年，时年41岁，逆推生于本年。

汉献帝初平四年　癸酉　193 年

<small>塞维鲁入罗马,登位,立嗣阿尔比努斯。塞维鲁王朝始。初,元老院拥立佩提那克斯、禁卫军拥立朱里亚努斯,继立、相杀不止。</small>

正月甲寅朔日食。丁卯,诏大赦天下(《后汉书·献帝本纪》)。

三月,袁术杀扬州刺史陈温,据淮南(《后汉书·献帝本纪》)。

六月,下邳贼阙宣自称"天子"(《后汉书·献帝本纪》)。

九月甲午,诏试儒生四十余人,上第赐位郎中,次太子舍人,下第年逾六十者为太子舍人(《后汉书·献帝本纪》)。

十月,太学行礼,献帝车驾幸永福城门,观其仪,赐博士以下各有差(《后汉书·献帝本纪》)。

辛丑,京师地震(《后汉书·献帝本纪》)

曹操是春军鄄城,连破袁术兵。夏,还军定陶。秋,攻陶谦(《三国志·魏志·武帝本纪》)。

陶谦拜徐州牧,加安东将军,封溧阳侯。以赵昱为广陵太守,王朗为会稽太守(《三国志·魏志·王朗列传》、《资治通鉴》卷六〇)。

王朗、赵昱劝陶谦遣使奉承王命(《三国志·魏志·王朗列传》、《资治通鉴》卷六〇)。

张昭为徐州刺史陶谦辟,举茂才,不应。谦以为轻己,执之(《三国志·吴志·张昭列传》)。

虞翻为会稽太守王朗功曹,雅好博古,善对王朗问(《三国志·吴志·虞翻列传》裴注引《会稽典录》)。

周忠六月免太尉(《后汉书·献帝本纪》)。

朱俊六月为太尉,录尚书事(《后汉书·献帝本纪》)。

杨彪十月免司空(《后汉书·献帝本纪》)。

赵温十月为司空,十二月以地震免(《后汉书·献帝本纪》)。

张喜十二月为司空(《后汉书·献帝本纪》)。

赵岐和解袁绍和公孙瓒之争。

按:《后汉书·袁绍列传》曰:"四年初,天子遣太仆赵岐和解关东,使各罢兵。"《资治通鉴》卷六十曰:"袁绍与公孙瓒所置青州刺史田楷连战二年,士卒疲困,粮食并尽,互掠百姓,野无青草。绍以其子谭为青州刺史,楷与战,不胜。会赵岐来和解关东,瓒乃与绍和亲,各引兵去。"

刘虞为公孙瓒所杀(《后汉书·献帝本纪》)。

王粲在荆州遇名医张仲景(《三国志·魏志·王粲列传》)。

繁钦至荆州,数见奇于刘表。

按:《三国志·魏志·杜袭列传》曰:"(杜)袭避乱荆州,刘表待以宾礼。同郡繁钦数见奇于表,袭喻之曰:'吾所以与子俱来者,徒欲龙蟠幽薮,待时凤翔。岂谓刘牧当为拨乱之主,而规长者委身哉?子若见能不已,非吾徒也。吾其与子绝矣!'钦慨然曰:'请敬受命。'"

华歆拜豫章太守(《三国志·魏志·华歆列传》)。

张超为平原太守,与朱俊书荐袁遗(严可均《全后汉文》卷八四《与太尉朱俊书荐袁遗》)

颖容著《春秋左氏条例》五万余言。
按:王利器《郑康成年谱》(齐鲁书社1983年版)定于是年。

公孙瓒作《表袁绍罪状》(《后汉书·公孙瓒列传》)。
按:刘跃进《秦汉文学编年史》系于是年。

陈琳作《为袁绍与公孙瓒书》(《三国志·魏志·陈琳列传》裴注引《典略》)。
按:刘跃进《秦汉文学编年史》系于是年。

刘虞卒,生年不详。虞字伯安,东海郯人也。祖父刘嘉,光禄勋。刘虞初举孝廉,稍迁幽州刺史,民夷感其德化,自鲜卑、乌桓、夫余、秽貊之辈,皆随时朝贡,无敢扰边者,百姓歌悦之。公事去官。中平初,黄巾作乱,攻破冀州诸郡,拜刘虞为甘陵相,绥抚荒余,以疏俭率下。迁宗正。又拜幽州牧。灵帝时拜太尉,封容丘侯。及董卓秉政,被授虞大司马,进封襄贲侯。以刘虞为宗室长者,欲立为主,不允。与公孙瓒结怨,为其所杀。事迹见《后汉书》卷七三。
按:《后汉书·献帝本纪》曰:"(初平四年十月)公孙瓒杀大司马刘虞。"

汉献帝兴平元年　甲戌　194年

正月辛酉,诏大赦天下,改元兴平。甲子,献帝加元服(《后汉书·献帝本纪》)。

二月壬午,追尊谥皇妣王氏为灵怀皇后,甲申,改葬于文昭陵。丁亥,帝耕于籍田(《后汉书·献帝本纪》)。

六月丙子,分凉州河西四郡为雍州。丁丑,地震;戊寅,又震。乙巳,日食;大蝗(《后汉书·献帝本纪》)。

七月,三辅大旱。献帝避正殿祈雨(《后汉书·献帝本纪》)。

十二月,分安定、扶风为新平郡(《后汉书·献帝本纪》)。

是年,扬州刺史刘繇与袁术将孙策战于曲阿,繇军败绩,孙策遂据江东(《后汉书·献帝本纪》)。

陶谦、孔融四月谋迎汉献帝还洛阳,会曹操袭曹州而止。

罗马塞维鲁败杀叙利亚总督尼格尔。初,叙利亚驻军拥立尼格尔。

按：袁宏《后汉纪》卷二七曰："兴平元年……夏四月……徐州牧陶谦比北海相孔融谋迎天子还洛阳，会曹操袭兖州而止。"

曹操四月使荀彧、程昱守甄城，自率兵复攻陶谦，还击刘备，战吕布，败。九月，还埤城。十月，至东阿（《三国志·魏志·武帝本纪》）。

荀彧为曹操守甄城（《后汉书·荀彧列传》）。

孔融劝刘备领徐州牧（《三国志·蜀志·先主传》、《资治通鉴》卷六一）。

郑玄荐孙乾于刘备（《三国志·蜀志·孙乾传》）。

杨彪七月戊午为太尉，录尚书事。复为尚书令（《后汉书·献帝本纪》）。

朱俊七月壬子免太尉（《后汉书·献帝本纪》）。

淳于嘉九月罢司徒（《后汉书·献帝本纪》）。

赵温十月为司徒，录尚书事（《后汉书·献帝本纪》）。

刘艾为侍中（《后汉书·董卓列传》）。

应劭弃郡，奔冀州投袁绍（《后汉书·应劭列传》）。

赵岐以卫将军董承修理洛阳宫室，遣使荆州。

按：《后汉书·赵岐列传》曰："兴平元年，诏书征岐，会帝当还洛阳，先遣卫将军董承修理宫室。岐谓承曰：'今海内分崩，唯有荆州境广地胜，西通巴蜀，南当交址，年谷独登，兵人差全。岐虽迫大命，犹志报国家，欲自乘牛车，南说刘表，可使其身自将兵来卫朝廷，与将军并心同力，共奖王室。此安上救人之策也。'承即表遣岐使荆州，督租粮。岐至，刘表即遣兵诣洛阳助修宫室，军资委输，前后不绝。时，孙嵩亦寓于表，表不为礼，岐乃称嵩素行笃烈，因共上为青州刺史。岐以老病，遂留荆州。"

诸葛亮依叔诸葛玄投奔荆州牧刘表（《三国志·蜀志·诸葛亮传》）。

曹丕8岁，知骑射，能属文，有逸才，博贯经传诸子百家之书（《三国志·魏志·文帝本纪》裴注引《魏书》）。

张昭作《徐州刺史陶谦哀辞》。

按：《三国志·吴志·陶谦传》裴注引《吴书》曰："谦死时，年六十三，张昭为之哀辞。"刘跃进《秦汉文学编年史》系于是年。

沙门康孟祥于洛阳译《四谛经》1卷。

按：《开元释教录》卷一曰："沙门康孟祥，其先康居国人，有慧学之誉，以献帝兴平元年甲戌至建安四年己卯于洛阳译《游四衢》等经六部。"刘汝霖《汉晋学术编年》（中华书局1987年版）定于此年，从其说。康孟祥前后译有《太子本起瑞应经》2卷、《兴起行经》2卷、《梵网经》2卷、《舍利弗目连游四衢经》1卷、《报福经》1卷。

陶谦卒（132—　）。谦字恭祖，丹阳人。少好学，为诸生，仕州郡，举茂才，除庐令，迁幽州刺史，拜议郎。为车骑将军司马、徐州刺史、安东将军，封溧阳侯。事迹见《后汉书》卷七三。

按：《后汉书·陶谦列传》曰："兴平元年，曹操复击谦，略定琅邪、东海诸县，谦惧不免，欲走归丹阳。会张邈迎吕布据兖州，操还击布。是岁，谦病死。"

刘焉卒，生年不详。焉字君郎，江夏竟陵人。鲁恭王后。少师事祝恬，任州郡，以宗室拜郎中。去官居阳城山，积学教授。举贤良方正，辟司徒府，历洛阳令、冀州刺史、南阳太守、宗正、太常。主以清名重臣为州牧，领益州牧,封阳城侯。事迹见《后汉书》卷七五。

按:《后汉书·刘焉列传》曰:"兴平元年,征西将军马腾与(刘)范谋诛李傕,(刘)焉遣叟兵五千助之,战败,(刘)范及(刘)诞并见杀。(刘)焉既痛二子,又遇天火烧其城府车重,延及民家,馆邑无余,于是徙居成都,遂疽发背卒。"

马日䃅卒,生年不详。日䃅字翁叔,马融族孙,扶风茂陵人。少传融业,以才学进。官谏议大夫、太尉、太傅。于东观校中书《五经》,补续《汉记》。

按:《后汉书·献帝本纪》曰:"(兴平元年)太傅马日䃅薨于寿春。"

朱俊卒,生年不详。俊字公伟,会稽上虞人。以孝养致名。为郡县佐吏,举孝廉,除兰陵令、交趾刺史。以军功封都亭侯,为谏议大夫、右中郎将,封西乡侯,迁镇贼中郎将、右车骑将军、光禄大夫,封钱塘侯。以母丧去官,复为将作大匠、少府、太仆。后为河内太守、光禄大夫、屯骑、城门校尉、河南尹。反对董卓西迁,辞避之。及卓败,为太仆、太尉、录尚书事,行骠骑将军事。事迹见《后汉书》卷七一。

按:《后汉书·朱俊列传》曰:"初平四年,代周忠为太尉,录尚书事。明年秋,以日食免,复行骠骑将军事,持节镇关东。未发,会李傕杀樊稠,而郭汜又自疑,与傕相攻,长安中乱,故俊止不出,留拜大司农。献帝诏俊与太尉杨彪等十余人譬郭汜,令与李傕和。汜不肯,遂留质俊等。俊素刚,即日发病卒。"

汉献帝兴平二年　乙亥　195 年

正月,癸丑,诏大赦天下(《后汉书·献帝本纪》)。

二月乙亥,李傕杀樊稠而与郭汜相攻(《后汉书·献帝本纪》)。

三月丙寅,李傕胁献帝幸其营,焚宫室(《后汉书·献帝本纪》)。

四月甲午,立贵人伏氏为皇后。丁酉,郭汜攻李傕,矢及御前;李傕移献帝幸北坞(《后汉书·献帝本纪》)。

五月壬午,李傕自为大司马(《后汉书·献帝本纪》)。

七月甲子,车驾东归。郭汜自为车骑将军,杨定为后将军,杨奉为兴义将军,董承为安集将军,并侍送乘舆。张济为骠骑将军,还屯陕(《后汉书·献帝本纪》)。

八月甲辰,献帝幸新丰(《后汉书·献帝本纪》)。

十月戊戌,郭汜使其将伍习夜烧所幸学舍,逼胁乘舆。杨定、杨奉与郭汜战,破之(《后汉书·献帝本纪》)。

壬寅,献帝幸华阴,露次道南(《后汉书·献帝本纪》)。

十一月庚午,李傕、郭汜等追乘舆,战于东涧,王师败绩(《后汉书·献帝本纪》)。

罗马塞维鲁亲征帕提亚。

壬申,献帝幸曹阳,露次田中。杨奉、董承引白波帅胡才、李乐、韩暹及匈奴左贤王去卑,率师奉迎,与李傕等战,破之(《后汉书·献帝本纪》)。

十二月庚辰,献帝车驾乃进。进幸陕,夜度河。乙亥,幸安邑(《后汉书·献帝本纪》)。

是年,李傕、郭汜长安相攻,致使宫廷典籍遭劫焚荡。

按:《后汉书·儒林列传上》曰:"初,光武迁还洛阳,其经牒秘书载之二千余两,自此以后,参倍于前。及董卓移都之际,吏民扰乱,自辟雍、东观、兰台、石室、宣明、鸿都诸藏典策文章,竞共剖散,其缣帛图书,大则连为帷盖,小乃制为縢囊。及王允所收而西者。裁七十余乘,道路艰远,复弃其半矣。后长安之乱,一时焚荡,莫不泯尽焉。"

曹操闰四月攻吕布。十月拜兖州牧。十二月,据兖州(《三国志·魏志·武帝本纪》)。

荀彧劝曹操战吕布、平兖州(《后汉书·荀彧列传》)。

按:《后汉书·郑孔荀列传》曰:"二年,陶谦死,操欲遂取徐州,还定吕布。彧谏曰:'昔高祖保关中,光武据河内,皆深根固本,以制天下。进可以胜敌,退足以坚守,故虽有困败,而终济大业。将军本以兖州首事,故能平定山东,此实天下之要地,而将军之关河也。若不先定之,根本将何寄乎?宜急分讨陈宫,使虏不得西顾,乘其间而收熟麦,约食稸谷,以资一举,则吕布不足破也。今舍之而东,未见其便。多留兵则力不胜敌,少留兵则后不足固。布乘虚寇暴,震动人心,纵数城或全,其余非复己有,则将军尚安归乎?且前讨徐州,威罚实行,其子弟念父兄之耻,必人自为守。就能破之,尚不可保。彼若惧而相结,共为表里,坚壁清野,以待将军,将军攻之不拔,掠之无获,不出一旬,则十万之众未战而自困矣。夫事固有弃彼取此,以权一时之势,愿将军虑焉。'操于是大收熟麦,复与布战。布败走,因分定诸县,兖州遂平。"

陈琳十月为袁绍作笺喻臧洪(袁宏《后汉纪》卷二八)。

孔融领青州刺史(《后汉书·孔融列传》)。

祢衡避难荆州(《后汉书·文苑列传下》)。

张纮为孙策正议校尉(《三国志·吴志·张纮列传》)。

笮融时任下邳相,起佛祠,课人诵经、浴佛设斋,时会者五千余户。

按:《资治通鉴》卷六一曰:"初,陶谦以笮融为下邳相,使督广陵、下邳、彭城粮运。融遂断三郡委输以自入,大起浮屠祠,课人读佛经,招致旁郡好佛者至五千余户。每浴佛,辄多设饮食,布席于路,经数十里,费以巨亿计。"

曹操作《领兖州牧表》(《三国志·魏志·武帝本纪》)。

荀彧作《迎驾都许议》(《后汉书·郑孔荀列传》)

王粲作《荆州文学记官志》。

按:徐公持《建安七子诗文系年考证》(《文学遗产增刊》第十四辑,1982年)定于是年。

孔融作《与诸卿书》,谓郑玄学多臆说。

按:吴文治《中国文学史大事年表》(黄山书社1987年版)系于是年。

赵温四月作《与李傕书》(《后汉书·赵温列传》)。

袁术作《与吕布书》(《后汉书·刘焉袁术吕布列传》)。

臧洪作《与陈琳书》(《后汉书·臧洪列传》)。

许劭卒(150—)。劭字子将,汝南平舆人。少峻名节,好究人伦。与从兄许靖俱有高名,好共评论人物,每月一评,称"月旦评"。事迹见《后汉书》卷六八。

按:《后汉书·许劭列传》曰:"乃孙策平吴,(许)劭与(钟)繇南奔豫章而卒。时年四十六。"据此可推当卒于此年。

臧洪卒(160—)。洪字子源,广陵射阳人。年十五,以父为童子郎,知名太学,号"海内奇士"。举孝廉,为即丘长。中平末,弃官还家,在"缔谋伐董"的活动中,曾扮演了"为天下倡先"的重要角色。事迹见《后汉书》卷五八。

士孙瑞卒,生年不详。瑞字君策,扶风人。中平末以处士擢鹰扬校尉。献帝初为执金吾,出为南阳太守,留拜尚书仆射,为大司农、卫尉、国三老、光禄大夫、尚书令。有集2卷。事迹见《后汉书》卷六六。

按:《后汉书·士孙瑞列传》曰:"兴平二年,(士孙瑞)从驾东归,为乱兵所杀。"

王肃(—256)生。

按:刘运好《王肃行状与著述考论》(《文献》2002年第2期)曰:"《三国志》卷十三《王肃传》载:'(肃)甘露元年薨',又《三国志》卷二十九《方技传·朱建平》载:'肃年六十二,疾笃,众医并以为不愈。……而肃竟卒。'由肃卒年(甘露元年,公元256)上推,可知肃生于汉兴平二年,时肃父朗任会稽太守。"

汉献帝建安元年　丙子　196年

正月癸酉,献帝郊祀上帝于安邑,诏大赦天下。改元建安(《后汉书·献帝本纪》)。

是月,曹操遣曹洪西迎献帝(《后汉书·献帝本纪》)。

六月乙未,献帝幸闻喜(《后汉书·献帝本纪》)。

七月甲子,献帝车驾至洛阳,幸故中常侍赵忠宅。丁丑,郊祀上帝,诏大赦天下。已卯,谒太庙(《后汉书·献帝本纪》)。

八月辛丑,献帝幸南宫杨安殿(《后汉书·献帝本纪》)。

辛亥,镇东将军曹操自领司隶校尉,假节钺,录尚书事(《后汉书·献帝本纪》)。

庚申,迁都许(《后汉书·献帝本纪》)。

按:建安元年曹操迎献帝迁都于许,标示着东汉末年学术文化中心从洛阳向许都的转移。此后,四方文人学士或应征于朝,或入曹操幕府,纷纷云集于许。于是以曹操为核心,以建安七子为主干,建安文人集团与新的北方区域文学中心渐次形成。建安十二年后,陆续开始君臣唱和,文士酬答,更是盛极一时。至建安十七年,随着建安七子以及其他著名文人的被杀或病逝,建安文人集团趋于解体。

己巳,献帝幸曹操营(《后汉书·献帝本纪》)。

十月,袁绍不受太尉,曹操让之为大将军(《三国志·魏志·武帝本纪》)。

十一月丙戌,曹操自为司空,行车骑将军事,百官总已以听(《后汉书·献帝本纪》)。

曹操正月军临武平,遣曹洪西迎献帝。二月,拜建德将军。六月,迁镇东将军,封费亭侯。七月,至洛阳。八月庚申,奉献帝迁都许。九月,为大将军,封武平侯。十一月丙戌,自为司空,行车骑将军事。是年,始兴屯田,屯田许下;上疏提出"九酿酒法"(《三国志·魏志·武帝本纪》)。

荀彧劝曹操挟天子以令诸侯。为侍中,守尚书令,举荐从子荀攸及钟繇、郭嘉、陈群、杜袭、司马懿、戏志才等。

按:《后汉书·荀彧列传》曰:"建安元年,献帝自河东还洛阳,操议欲奉迎车驾,徙都于许。众多以山东未定,韩暹、杨奉负功恣睢,未可卒制。彧乃劝操曰:'……自天子蒙尘,将军首唱义兵,徒以山东扰乱,未遑远赴,虽御难于外,乃心无不在王室。今銮驾旋轸,东京榛芜,义士有存本之思,兆人怀感旧之哀。诚因此时奉主上以从人望,大顺也;秉至公以服天下,大略也;扶弘义以致英俊,大德也。四方虽有逆节,其何能为?……'操纵之。及帝都许,以彧为侍中,守尚书令。及帝都许,以彧为侍中,守尚书令。操每征伐在外,其军国之事,皆与彧筹焉,彧又进操计谋之士从子攸,及钟繇、郭嘉、陈群、杜袭、司马懿、戏志才等,皆称其举。"

荀悦六月后辟镇东将军曹操府,迁黄门侍郎(《后汉书·荀韩钟陈列传》)。

按:是年六月,曹操迁镇东将军。

丁冲为曹操掾属,劝迎献帝,为司隶校尉。

按:《三国志·魏志·陈思王传》裴注引《魏略》曰:"丁仪字正礼,沛郡人也。父冲,宿与太祖亲善,时随乘舆。见国家未定,乃与太祖书曰:'足下平生常喟然有匡佐之志,今其时矣。'是时张杨适还河内,太祖得其书,乃引军迎天子东诣许,以冲为司隶校尉。"

袁徽建安中致书尚书令荀彧称士燮"学问优博,又达于从政";称许靖为"英才伟士"(《三国志·吴志·士燮传》、《蜀志·许靖传》)。

孔融为北海相,为袁谭所败,城陷,妻子被虏,奔东山,还许都。八月,征为将作大匠,迁少府,还许都。作诗称颂曹操。又说曹操救杨彪,荐祢衡及边让(《后汉书·孔融列传》)。

祢衡游许,与孔融、杨修为友(《后汉书·文苑列传下》)。

郑玄自徐州返高密,道遇黄巾军数万人,见玄皆拜,相约不敢入县境。病困诫子益恩;受刘洪《乾象法》(《后汉书·郑玄列传》)。

按:《晋书·律历志中》曰:"汉灵帝时,会稽东部尉刘洪……作《乾象法》……献帝建安元年,郑玄受其法,以为穷幽极微,又加注释焉。"

卫觊十一月为司空掾属(《三国志·魏志·卫觊传》)。

路粹拜尚书郎(《后汉书·孔融列传》李贤注引《典略》)。

严像拜尚书郎(《三国志·魏志·王粲传》裴注引《典略》)。

董遇建安初举孝廉,稍迁黄门侍郎(《三国志·魏志·王肃传》)。

陈纪不受太尉职(《后汉书·陈纪列传》)。

谢该为公车司马令,欲归不得,后拜议郎(《后汉书·儒林列传下》)。

张俭被征为卫尉,勉强赴任,明哲保身,"乃阖门悬车,不豫政事"(《后汉书·党锢列传》)。

崔琰为袁绍所辟,为骑都尉(《三国志·魏志·崔琰传》)。

华歆以豫章降孙策,孙策待为上宾(《三国志·魏志·华歆传》)。

虞翻为会稽太守王朗功曹,劝朗避孙策,不听。王朗降后,翻为孙策功曹,谏策游猎(《三国志·吴志·虞翻传》、《资治通鉴》卷六二)。

王朗八月为孙策所擒,对诘,遗策书(《三国志·魏志·王朗传》)。

陈群为刘备辟为别驾(《三国志·魏志·陈群传》)。

孟达与法正入蜀依刘璋(《三国志·蜀志·法正传》)。

程秉约于是年前后避乱交州,与刘熙考论大义,遂博通五经(《三国志·吴志·程秉传》)。

王象为奴,为杨俊所赎(《三国志·魏志·杨俊传》)。

应劭删定律令为《汉仪》,作《奏上删定律令》。又集《驳议》30篇。

按:《后汉书·应劭列传》曰:"删定律令为《汉仪》,建安元年乃奏之。奏曰:'夫国之大事,莫尚载籍也。载籍也者,决嫌疑,明是非,赏刑之宜,允执厥中,俾后之人永有监焉。……臣累世受恩,荣祚丰衍,窃不自揆,贪少云补,辄撰具《律本章句》、《尚书旧事》、《廷尉板令》、《决事比例》、《司徒都目》、《五曹诏书》及《春秋断狱》,凡二百五十篇。蠲去复重,为之节文。又集《驳议》三十篇,以类相从,凡八十二事。'"

曹操六月作《上书让费亭侯》、《谢袭费亭侯表》。八月作《遗荀彧书》,以荀彧为军师。九月作《上书让增封武平侯》、《上书让增封》。十一月作《让还司空印绶表》,作书遗许攸,上表荐糜竺,下令置屯田。是年,作《陈损益表》、《置屯田令》、《表糜竺领嬴郡》(《三国志·魏志·武帝本纪》)。

按:陆侃如《中古文学系年》系于是年。

杨修作《许昌宫赋》(严可均《全后汉文》卷五一)。

按:陆侃如《中古文学系年》系于是年。

王粲作《赠士孙文始》(丁福保《全三国诗》卷三)。

按:《文选》卷二三李善注引《三辅决录》赵岐注曰:"及天子都许昌,追论诛董卓之功,封萌为澹津亭侯。与山阳王粲善,萌当就国,粲等各作诗以赠萌,于今诗犹存也。"陆侃如《中古文学系年》系于是年。

孔融作《荐祢衡书》、《六言诗》3首(《后汉书·文苑列传》、《古文苑》卷八)。

按:刘跃进《秦汉文学编年史》(商务印书馆2006年版)系于是年。

汉献帝建安二年　丁丑　197 年

罗马塞维鲁败杀阿尔比努斯于高卢南部里昂。初，阿尔比努斯自不列颠叛。

春，袁术自称"天子"，置公卿百官，郊祀天地（《后汉书·献帝本纪》）。

三月，献帝拜袁绍为大将军，兼督冀、青、幽、并四州（《后汉书·献帝本纪》）。

是年，孙策遣使奉贡袁术（《后汉书·献帝本纪》）。

曹操正月征张绣。还许都。九月，东征袁术。十一月，南攻张绣、刘表（袁宏《后汉纪》卷二九、《三国志·魏志·武帝本纪》、《资治通鉴》卷六二）。

曹丕正月从父征张绣，败，乘马得脱（《典论·自叙》）。

赵俨归曹操，为朗陵长（《三国志·魏志·赵俨传》）。

祢衡忤曹操，操送衡至荆州刘表处（《后汉书·文苑列传下》、《资治通鉴》卷六二）。

孔融二月为将作大匠，救杨彪。三月，奉诏持节拜袁绍为大将军。（《后汉书·杨彪列传》、《后汉书·孔融列传》）。

荀悦是年前后与从兄荀彧及少府孔融侍讲禁中，旦夕谈论。迁秘书监、侍中。

按：《后汉书·荀韩钟陈列传》曰："献帝颇好文学，悦与彧及少府孔融侍讲禁中，旦夕谈论。累迁秘书监、侍中。"

郑玄至邺见袁绍，绍举玄茂才、左中郎将，皆不就。

按：《后汉书·郑玄列传》曰："时，大将军袁绍总兵冀州，遣使要玄，大会宾客，玄最后至，乃延升上坐。身长八尺，饮酒一斛，秀眉明目，容仪温伟。绍客多豪俊，并有才说，见玄儒者，未以通人许之，竞设异端，百家互起。玄依方辩对，咸出问表，皆得所未闻，莫不嗟服。时汝南应劭亦归于绍，因自赞曰：'故太山太守应中远，北面称弟子何如？'玄笑曰：'仲尼之门考以四科，回、赐之徒不称官阀。'劭有惭色。绍乃举玄茂才，表为左中郎将，皆不就。"

应劭为袁绍军谋校尉，于袁绍幕中见郑玄（《后汉书·张曹郑列传》、《后汉书·应劭列传》）。

诸葛亮移居隆中，研习经史，喜为《梁父吟》。

按：《三国志·蜀志·诸葛亮传》曰："亮早孤，从父玄为袁术所署豫章太守，玄将亮及亮弟均之官。会汉朝更选朱皓代玄。玄素与荆州牧刘表有旧，往依之。玄卒，亮躬耕陇亩，好为梁父吟。"裴注引《献帝春秋》曰："初，豫章太守周术病卒，刘表上诸葛玄为豫章太守，治南昌。汉朝闻周术死，遣朱皓代玄。皓从扬州刺史刘繇求兵击玄，玄退屯西城，皓入南昌。建安二年正月，西城民反，杀玄，送首诣繇。"

卫觊除茂陵令（《三国志·魏志·卫觊传》）。

按：陆侃如《中古文学系年》（人民文学出版社1985年版）定于是年。

应劭著《汉官》、《礼仪故事》。

按：《后汉书·应劭列传》曰："二年，诏拜劭为袁绍军谋校尉。时始迁都于许，旧章堙没，书记罕存，劭慨然叹息，乃缀集所闻，著《汉官》、《礼仪故事》。凡朝廷制度，百官典式，多劭所立。"

又按：孙星衍《汉官仪叙录》曰："《隋志》：《汉官》五卷，应劭注。《汉官仪》十卷，应劭撰。……劭所撰，止一书，不知《隋志》何以分为二。"顾櫰三《补后汉书艺文志》卷六著录《汉官礼仪故事》130卷。钱大昭《后汉书辨疑》卷八曰："汉官下脱仪字。《魏志·王粲传》注云：著《汉官仪》及《礼仪故事》凡十一种。"惠栋《后汉书补注》卷一二曰："云《礼仪故事》者，如《汉官名秩》、《汉官卤簿图》之类，是也。《续汉书》曰：劭所叙《汉官仪》及《礼仪故事》，凡十一种，朝廷制度，百官仪式，所以不亡，由劭记之。"姚振宗《后汉艺文志》卷二著录了《汉官仪》、《礼仪故事》两书名。前两者视为一书，后三者视为二书。

应劭著《风俗通》成。

按：《风俗通》又称《风俗通义》。其书因事立论，辨物类，释时俗，考典礼，释姓氏，是一部知识性、学术性兼具的著作。《四库全书总目提要》卷一百二十曰："《风俗通义》十卷，《附录》一卷，汉应劭撰。劭字仲远，汝南人。尝举孝廉，中平六年拜泰山太守。事迹具《后汉书·本传》。马总《意林》称为三国时人，不知何据也。考《隋书·经籍志》：《风俗通义》三十一卷，注云'《录》一卷，应劭撰，《梁》三十卷。'《唐书·艺文志》：应劭《风俗通义》三十卷。《崇文总目》、《读书志》、《书录解题》皆作十卷，与今本同。明吴琯刻《古今逸史》，又删其半，则更阙略矣。各卷皆有总题，题各有散目，总题后略陈大意，而散目先详其事，以谨案云云辨证得失。皇霸为目五，正失为目十一，愆礼为目九，过誉为目八，十反为目十，音声为目二十有八，穷通为目十二，祀典为目十七，怪神为目十五，山泽为目十九。其自序云：'谓之《风俗通义》，言通于流俗之过谬，而事该之于义理也。'《后汉书·本传》称：'撰《风俗通》以辨物类名号，识时俗嫌疑。'不知何以删去'义'字？或流俗省文，如《白虎通义》之称《白虎通》，史家因之欤？其书因事立论，文辞清辨，可资博洽，大致如王充《论衡》，而叙述简明则胜充书之冗漫。旧本屡经传刻，失于校雠，颇有讹误。如'十反类'中分范茂伯、郅朗伯为二事，而佚其断语；'穷通类'中孙卿一事，有书而无录；'怪神类'中'城阳景王祠'一条有录而无书。今并厘正。又宋陈彭年等修广韵，王应麟作《姓氏急就篇》，多引《风俗通·姓氏篇》，是此篇至宋末犹存，今本无之，不知何时散佚。然考元大德丁未无锡儒学刊本，前有李果序，后有宋嘉定十三年丁黼跋，称'余在余杭，借本于会稽陈正卿，正卿盖得于中书徐渊子，讹舛已甚，殆不可读。爱其近古，钞录藏之。携至中都，得馆中本及孔复君寺丞本，互加参考，始可句读。今刻之于夔子，好古者或得旧本，从而增改，是所望'云。则宋宁宗时之本已同今本，不知王氏何以得见是篇，或即从《广韵注》中辗转援引欤？《永乐大典·通字韵》中尚载有《风俗通·姓氏》一篇，首题'马总《意林》'字，所载与《广韵注》多同，而不及《广韵注》之详，盖马总节本也。然今本《意林》无此文，当又属佚脱。今采附《风俗通》之末，存梗概焉。"吴树平整理的《风俗通义校释》，是目前较好的本子。现本《风俗通义》十卷十篇，每卷一篇，篇目为：皇霸第一、正失第二、愆礼第三、过誉第四、十反第五、声音第六、通第七、祀典第八、怪神第九、山泽第十；缺失篇目为：心政、古制、阴教、辨惑、析当、恕度、嘉号、徽称（或为秽称）、情遇（或为恃遇）、姓氏、讳篇、释忌（或为释志）、辑事、服妖、丧祭、宫室、市井、数纪、新秦、狱法。

　　又按：刘跃进《秦汉文学编年史》（商务印书馆2006年版）以为应劭著《风俗通》始于熹平四年，晚至本年定稿，前后长达22年之久。

　　曹操作《手书与吕布》、《报荀彧》、《与荀彧书》（严可均《全三国文》卷三）。

　　按：陆侃如《中古文学系年》系于是年。

　　孔融作《马日䃅不宜加礼议》。

　　按：徐公持《建安七子诗文系年考证》（《文学遗产增刊》第十四辑，中华书局，1982年）系于是年。

　　竺大力译《修行本起经》2卷。

　　按：《开元释教录》卷一曰："沙门竺大力，西域人，情好远游，无惮难险，以献帝建安二年丁丑三月于洛阳译《修行本起经》，其经梵本并是昙果与康孟祥于迦维罗卫国赍来。"

　　邓艾（　—264）生（姜亮夫《历代人物年里碑传综表》）。

汉献帝建安三年　戊寅　198年

　　四月，遣谒者裴茂率中郎将段煨讨李傕，夷三族。吕布叛（《后汉书·献帝本纪》、《资治通鉴》卷六二）。

　　十二月癸酉，吕布为曹操所杀（《三国志·魏志·武帝本纪》）。

　　曹操正月还许，初置军师祭酒。三月，复攻张绣。四月，拒袁绍迁都鄄城议，还许。五月，大破刘表、张绣。七月，还许。九月东征吕布。十二月癸酉，占徐州（《三国志·魏志·武帝本纪》）。

　　荀攸从曹操征张绣（《三国志·魏志·荀攸传》）。

　　王朗为曹操征至许都，拜谏议大夫，参司空军事（《三国志·魏志·王朗传》）。

　　陈群为曹操辟为司空西曹掾属（《三国志·魏志·陈群传》）。

　　刘表立学宫，求綦母闿、宋忠等。

　　按：《后汉书·刘表列传》曰："（建安）三年，长沙太守张羡率零陵、桂阳三郡畔表，表遣兵攻围，破羡，平之。于是开土遂广，南接五岭，北据汉川，地方数千里，带甲十余万。初，荆州人情好扰，加四方骇震，寇贼相扇，处处麇沸。表招诱有方，威怀兼洽，其奸猾宿贼更为效用，万里肃清，大小咸悦而服之。关西、兖、豫学士归者盖有千数，表安尉赈赡，皆得资全。遂起立学校，博求儒术，綦母闿、宋忠等撰立《五经》章句，谓之《后定》。爱民养士，从容自保。"

　　祢衡忤刘表，为表送至黄祖处（《后汉书·文苑列传下》）。

王肃赴荆州从宋忠习《太玄》(《三国志·魏志·王肃传》)。

卫觊迁尚书令(《三国志·魏志·卫觊传》)。

郑玄被征为大司农,以病自乞还家(《后汉书·郑玄列传》)。

陈纪为大鸿胪(《后汉书·陈纪列传》)。

诸葛亮与徐庶等共学(《三国志·蜀志·诸葛亮传》裴注引《魏略》)。

周瑜、鲁肃渡江依孙策。

按:系年据吴文治《中国文学史大事年表》,黄山书社1987年。

虞翻返郡(裴占荣《虞仲翔先生年谱》)。

韦诞20岁,出仕(韦诞《叙志赋》)。

刘表是年前后著《易章句》。

按:《经典释文·序录》曰:"(《易》)刘表《章句》五卷。……《中经簿录》云注《易》十卷,《七录》云九卷,录一卷。"《隋书·经籍志一》曰:"《周易》五卷,汉荆州牧刘表章句。"此书久佚,今有孙堂辑《刘表周易章句》1卷(见《汉魏二十一家易注》),张惠言辑《周易刘景升氏》(见《皇清经解·易义别录》),黄奭辑《周易刘氏章句》1卷(见《黄氏逸书考·汉书经堂解》),马国翰辑《周易刘氏章句》1卷(见《玉函山房辑佚书·经编易类》),胡薇元辑《周易刘表章句》(见《玉津阁丛书》甲集《汉易十三家》卷下)。

又按:刘表著《易章句》确切时间难考,本年刘表立学宫,求綦母闿、宋忠等,姑系于此。

宋忠是年前后著《易注》。

按:《经典释文·序录》曰:"(《易》)宋衷注九卷。(宋衷)字仲子,南阳章陵人,后汉荆州五等从事。《七志》、《七录》云十卷。"《隋书·经籍志一》曰:"梁有汉荆州五业从事宋忠注《周易》十卷,亡。"

又按:宋忠又作宋衷,其著《易注》确切时间难考,本年刘表立学宫,求綦母闿、宋忠等,又王肃赴荆州从宋忠学习《太玄》,姑系于此。

荀悦奉诏依《左传》体始著《汉纪》30篇。

按:《后汉书·荀悦列传》曰:"帝好典籍,常以班固《汉书》文繁难省,乃令悦依《左氏传》体以为《汉纪》三十篇。诏尚书给笔札。辞约事详,论辨多美。其序之曰:昔在上圣,惟建皇极,经纬天地,观象立法,乃作书契,以通宇宙,扬于王庭,厥用大焉。先王光演大业,肆于时夏。亦惟厥后,永世作典。夫立典有五志焉:一曰达道义,二曰章法式,三曰通古今,四曰著功勋,五曰表贤能。于是天人之际,事物之宜,粲然显著,罔不备矣。世济其轨,不陨其业。损益盈虚,与时消息。臧否不同,其揆一也。汉四百有六载,拨乱反正,统武兴文,永惟祖宗之洪业,思光启乎万嗣。圣上穆然,惟文之恤,瞻前顾后,是绍是继,阐崇大猷,命立国典。于是缀叙旧书,以述《汉纪》。中兴以前,明主贤臣得失之轨,亦足以观矣。"

又按:《玉海》卷四七"艺文"载"帝好典籍,常以班固《汉书》文繁难省,乃令悦依《左氏传》体以为《汉纪》三十篇",时在建安三年。

孔融作《与王朗书》、《张俭碑铭》(《三国志·魏志·王朗传》、严可均《全后汉文》卷八二)。

按:陆侃如《中古文学系年》系于是年。

曹操作《蒿里行》。

按：张可礼《三曹年谱》（齐鲁社1983年版）系于是年。

祢衡作《鹦鹉赋》。

按：《后汉书·文苑列传下》曰："（黄）祖长子射，为章陵太守，尤善于衡。尝与衡俱游，共读蔡邕所作碑文，射爱其辞，还恨不缮写。衡曰：'吾虽一览，犹能识之，唯其中石缺二字，为不明耳。'因书出之，躬驰使写碑，还校，如衡所书，莫不叹伏。射时大会宾客，人有献鹦鹉者，射举卮于衡曰：'愿先生赋之，以娱嘉宾。'衡揽笔而作，文无加点，辞采甚丽。"陆侃如《中古文学系年》系于是年。

王粲作《三辅论》、《赠文叔良诗》（严可均《全三国文》卷九一、丁福保《全三国诗》卷三）。

按：陆侃如《中古文学系年》系于是年。

繁钦作《移零陵檄》（严可均《全后汉文》卷九三）。

按：《文选》卷二三王粲《赠文叔良诗》李善注曰："干宝《搜神记》曰：文颖字叔良，南阳人。《繁钦集》又云：为荆州从事文叔良作《移零陵檄》。"陆侃如《中古文学系年》系于是年。

祢衡卒（173— ）。衡字正平，平原般人。少有才辩，气尚刚傲，好矫时慢物。与孔融、杨修善。著有《鹦鹉赋》、《书》、《鲁夫子碑》、《颜子碑》、《吊张衡文》等。事迹见《后汉书》卷八〇下。

按：陆侃如《中古文学系年》、刘跃进《秦汉文学编年史》系于是年。《鹦鹉赋》借物抒怀，辞意慷慨，为咏物小赋优秀代表作。随着儒学的日益深入人心，到东汉，士人的修养日益近儒，"雍容醇厚"的文风几乎弥漫整个文坛，直到东汉末，文风才发生了重大的转变，在这一转变中，开风气之先的是孔融、祢衡。刘师培（《中国中古文学史·论文杂记》，人民文学出版社1959年版）谓"东汉之文，均尚和缓；其奋笔直书，以气运词，实自衡（祢衡）始。……是以汉、魏文士，多尚骋辞，或慷慨高厉，或溢气喷涌（孔融荐祢衡疏语），此皆衡文辟之先也。"

张俭卒（115— ）。俭字元节，山阳高平人。初举茂才，严劾宦官侯览等，为"八及"之首，被诬以党事，长期逃亡，百姓莫不重其名。事迹见《后汉书》卷六七。

按：吴海林、李延沛《中国历史人物生卒年表》（黑龙江人民出版社1981年版）系于是年。

杜恕（ —252）、陆凯（ —269）、何曾（ —278）生（吴海林、李延沛《中国历史人物生卒年表》）。

汉献帝建安四年　己卯　199年

罗马及帕提亚议和。

三月，袁绍于易京俘公孙瓒，据冀、青、并、幽四州之地（《后汉书·献帝本纪》)。

六月，袁术烧宫室，归帝号于袁绍，病卒(《后汉书·献帝本纪》)。

十一月，刘备据徐州(《后汉书·献帝本纪》)。出处不对再查??

是年，初置尚书左右仆射(《后汉书·献帝本纪》)。

曹操二月还至昌邑。四月，击刘备。九月，还许，分兵守官渡。十二月，复军官渡(《三国志·魏志·武帝本纪》)。

赵岐以受曹操举为司空，后为太常(《后汉书·赵岐列传》)。

杨修举孝廉，除郎中，从操征袁绍(《三国志·魏志·陈思王传》裴注引《典略》)。

　　按：《世说新语·捷悟篇》曰："魏武征袁本初，治装，余有数十斛竹片，咸长数寸，众并谓不堪用，正令烧除。太祖甚惜，思所以用之，谓可为竹椑楯，而未显其言，驰问主簿杨德祖。应声答之，与帝心同。众伏其辩悟。"

张纮至许昌贡献，曹操辟为掾，举高第，补侍御史，后以为九江太守，心恋旧恩，思还反命，以疾固辞(《三国志·吴志·张纮传》裴注引《吴书》)。

何晏随母尹氏归曹操。

孔融迁少府，上疏议不宜复肉刑，从之。又论刘表，荐谢该(《后汉书·孔融列传》)。

　　按：《后汉书·儒林列传下》曰："谢该字文仪，……少府孔融上书荐之曰：'臣闻高祖创业，韩、彭之将征讨暴乱，陆贾、叔孙通进说《诗》、《书》。光武中兴，吴、耿佐命，范升、卫宏修述旧业，故能文武并用，成长久之计。陛下圣德钦明，同符二祖，劳谦厄运，三年乃讙。今尚父鹰扬，方叔翰飞，王师电鸷，群凶破殄，始有櫜弓卧鼓之次，宜得名儒，典综礼纪。窃见故公车司马令谢该，体曾、史之淑性，兼商、偃之文学，博通群艺，周览古今，物来有应，事至不惑，清白异行，敦悦道训。求之远近，少有畴匹。若乃巨骨出吴，隼集陈庭，黄能入寝，亥有二首，非夫洽闻者，莫识其端也。隼不疑定北阙之前，夏侯胜辩常阴之验，然后朝士益重儒术。今该实卓然比迹前列，间以父母老疾，弃官欲归，道路险塞，无自由致。猥使良才抱朴而逃，逾越山河，沉沦荆楚，所谓往而不反者也。后日当更馈乐以钓由余，克像以求傅说，岂不烦哉？臣愚以为可推录所在，召该令还。楚人止孙卿之去国，汉朝追匡衡于平原，尊儒贵学，惜失贤也。'书奏，诏即征还，拜议郎。以寿终。"

陈群除萧、赞、长平令，丧父陈纪，去官(《三国志·魏志·陈群传》)。

陈琳是春依袁绍(《资治通鉴》卷六三)。

仲长统游学青、徐、并、冀之间，诫并州刺史高幹。

　　按：《后汉书·仲长统列传》曰："仲长统字公理，山阳高平人也。少好学，博涉书记，赡于文辞。年二十余，游学青、徐、并、冀之间，与交友者多异之。并州刺史高幹，袁绍甥也。素贵有名，招致四方游士，士多归附。统过幹，幹善待遇，访以当时之事。统谓幹曰：'君有雄志而无雄才，好士而不能择人，所以为君深戒也。'幹雅自多，不纳其言，统遂去之。无几，幹以并州叛，卒至于败。并、冀之士皆以是异统。统性俶傥，敢直言，不矜小节，默语无常，时人或谓之狂生。每州郡命召，辄称疾不就。常以为凡游帝王者，欲以立身扬名耳，而名不常存，人生易灭，优游偃仰，可以自娱，欲卜居清旷以乐其志。"

虞翻为孙策说华歆降。

按：《三国志·魏志·华歆传》裴注引胡冲《吴历》曰："孙策击豫章，先遣虞翻说歆。歆答曰：'歆久在江表，常欲北归；孙会稽来，吾便去也。'翻还报策，策乃进军。歆葛巾迎策，策谓歆曰：'府君年德名望，远近所归；策年幼稚，宜脩子弟之礼。'便向歆拜。"

陈登为伏波将军，得江、淮间欢心，有吞灭江南之志（《三国志·魏志·陈登传》裴注引《先贤行状》）。

按：《三国志·魏志·曹爽传》裴注引《魏略》曰："太祖为司空时纳晏母，并收养晏。"

卫觊以治书侍御史使益州，留镇关中（《三国志·魏志·卫觊传》）。

印度梵文史诗《罗摩衍那》约于本世纪最后编订。

乐详是年前著《左氏乐氏问》72事。

按：《三国志·魏志·杜恕传》裴注引《魏略》曰："乐详字文载。少好学，建安初，详闻公车司马令南郡谢该善左氏传，乃从南阳步涉诣许，从该问疑难诸要，今左氏乐氏问七十二事，详所撰也。所问既了而归乡里，时杜畿为太守，亦甚好学，署详文学祭酒，使教后进，於是河东学业大兴。"刘跃进《秦汉文学编年史》（商务印书馆2006年版）据此系于建安元年。又《后汉书·儒林列传下》曰："谢该字文仪，南阳章陵人也。善明《春秋左氏》，为世名儒，门徒数百千人。建安中，河东人乐详条《左氏》疑滞数十事以问，该皆为通解之，名为《谢氏释》，行于世。仕为公车司马令，以父母老，托病去官。欲归乡里，会荆州道断，不得去。少府孔融上书荐之曰：……"再据《后汉书·孔融列传》，是年孔融迁少府，曾上书荐谢该，时《谢氏释》已行于世，而乐详著《左氏乐氏问》72事又在谢该著《谢氏释》之前，约在建安元年至四年间，故系于建安四年。参见本年"孔融迁少府，上疏议不宜复肉刑，从之。又论刘表，荐谢该"条。

谢该是年前著《谢氏释》（《后汉书·儒林列传下》）。

按：参见本年"孔融迁少府，上疏议不宜复肉刑，从之。又论刘表，荐谢该"、"乐详是年前著《左氏乐氏问》72事"条。

王粲作《荆州文学记官志》（严可均《全后汉文》卷九一）。

按：陆侃如《中古文学系年》系于是年。

陈琳是春作《武军赋》、《更公孙瓒与子书》（严可均《全后汉文》卷九二、《后汉书·公孙瓒列传》）。

按：陆侃如《中古文学系年》系于是年。

邯郸淳六月作《陈纪碑》（《古文苑》卷十九）。

按：碑文曰："建安四年六月卒，……遂树斯碑。"

卫觊作《与荀彧书》、《关中议》。

按：《三国志·魏志·卫觊传》曰："太祖征袁绍，而刘表为绍援，关中诸将又中立。益州牧刘璋与表有隙，觊以治书侍御史使益州，令璋下兵以缀表军。至长安，道路不通，觊不得进，遂留镇关中。时四方大有还民，关中诸将多引为部曲，觊书与荀彧曰……彧以白太祖。太祖从之，始遣谒者仆射监盐官，司隶校尉治弘农。"陆侃如《中古文学系年》系于是年。

孔融作《崇国防疏》、《肉刑议》。

按：徐公持《建安七子诗文系年考证》（《文学遗产增刊》第十四辑，1982年）系张机著《伤寒论》成。

按：吴文治《中国文学史大事年表》（黄山书社1987年版）系于是年。

陈纪卒（129—　）。纪字元方，颍川许人，陈寔之子。传《齐诗》，以至德称。曾遭党锢。历官五官中郎将、侍中、平原相、太仆、尚书令、大鸿胪。著有《陈子》数万言，言不务华，事不虚设。事迹见《后汉书》卷六二。

按：《后汉书·陈寔列传》曰："（陈纪）年七十一，卒于官。"唐晏《两汉三国学案》（中华书局1965年版）系于是年。

公孙瓒卒，生年不详。瓒字伯珪，辽西令支人。初为郡门下书佐，太守妻以女，遣从卢植读经。举孝廉为郎，为辽东属国长史、涿令，以讨西凉贼为骑都尉、中郎将、奋武将军，封都亭侯、蓟侯。困抑才秀，危害衣冠善士。事迹见《后汉书》卷七三、《三国志》卷八。

按：《三国志·魏志·公孙瓒列传》曰："建安四年，（袁）绍悉军围之。……（公孙）瓒自知必败，尽杀其妻子，乃自杀。"

盖仑卒(129—　)。罗马医学家。提出血液循环和"动物元气"学说。

汉献帝建安五年　庚辰　200年

正月，车骑将军董承、偏将军王服、越骑校尉种辑受密诏诛曹操，事泄。壬午，曹操杀董承等，夷三族（《后汉书·献帝本纪》、《资治通鉴》卷六三）。

是月，曹操破刘备于下邳，获其妻子，刘备奔袁绍（《三国志·魏志·武帝本纪》）。

九月庚午，日食；诏三公举至孝二人，九卿、校尉、郡国守相各1人，皆上封事，靡有所讳（《三国志·魏志·武帝本纪》、《资治通鉴》卷六三）。

是月，曹操与袁绍战于官渡，袁绍败走，史称"官渡之战"（《三国志·魏志·武帝本纪》、《资治通鉴》卷六三）。

按：此战为中国历史上以弱胜强，以少胜多的典型战例，自此奠定了曹操统一北方的基础。

是年，孙策卒，弟孙权袭其余业，据扬州五郡（《后汉书·献帝本纪》、《资治通鉴》卷六三）

按：自献帝兴平二年袁术部将孙策击破扬州刺史刘繇，据江东；建安二年五月，孙策据吴郡；次年，周瑜、鲁肃渡江，依孙策，至是年孙坚据有扬州五郡，扬州遂为北人渡江避难之所，亦为文人学士托身之地，以此形成东南区域学术文化中心。《三国志·吴书》所载著名吴臣凡60余人，宋超《东汉末年中原士民迁徙扬、荆、交三州考》（《齐鲁学刊》2000年第6期）据《三国志》统计东汉末年各地迁居扬州士人有17人：张昭、诸葛瑾、步骘、张纮、严畯、鲁肃、吕蒙、徐盛、潘璋、吕范、吕岱、是仪、胡综、刘惇、赵达、滕胤、濮阳兴，若再加上徙居交州的程秉、薛综2人，来自中原者共有19

倭人入新罗。

仲哀卒于军中。

人,几占《吴书》所载的60余位著名吴臣的三分之一。

玛雅宗教约于此前后开始于中美洲形成。

郑玄是春梦孔子所告,知命当终,有顷寝疾。时袁绍与曹操相拒于官度,令子袁谭遣使逼其载病随军至元城县。六月卒后,自郡守以下尝受业者,缞绖赴会千余人。

按:《后汉书·郑玄列传》曰:"五年春,梦孔子告之曰:'起,起,今年岁在辰,来年岁在巳。'既寤,以谶合之,知命当终,有顷寝疾。时袁绍与曹操相拒于官度,令其子谭遣使逼玄随军,不得已,载病到元城县,疾笃不进,其年六月卒,年七十四。遗令薄葬。自郡守以下尝受业者,缞绖赴会千余人。"

曹操正月败刘备。四月,解白马之围。七月,制新科,行户调。十月,败袁绍军于官渡(《三国志·魏志·武帝本纪》、《资治通鉴》卷六三)。

孔融为少府,对问祭礼,与荀彧论袁绍(《后汉书·孔融列传》、《后汉书·荀彧列传》)。

荀彧驳孔融论袁绍之说(《后汉书·荀彧列传》)。

刘桢入魏,与官渡之战(赵幼文《曹植集校注·曹植年表》)。

应玚入魏(赵幼文《曹植集校注·曹植年表》)。

阮瑀坚辞曹洪辟。

按:《三国志·魏志·王粲传》曰:"建安中,都护曹洪欲使瑀掌书记,终不为屈。"

张纮出为会稽东部都尉,寻为孙权讨虏长史(《三国志·吴志·张纮传》)。

虞翻因孙策卒,留富春制服行丧,出为富春长(《三国志·吴志·虞翻传》裴注引《吴书》、《会稽典录》)。

鲁肃依孙权为宾客,语及帝王大业(《三国志·吴志·鲁肃传》)。

陈登为广陵太守,与孙策战(《三国志·魏志·陈登传》裴注引《先贤行状》)。

薛综依族人避地交州,从刘熙学(《三国志·吴志·薛综传》)。

阚泽察孝廉,从徐岳学乾象术(《晋书·律历志中》)。

骆统8岁,以父死母嫁归会稽(《三国志·吴志·骆统传》)。

以新希伯来语撰写的犹太教律法经籍《密西拿》约于此时成书。

荀悦奉诏依《左传》体著《汉纪》30篇成。

按:荀悦奉诏依《左传》体著《汉纪》30篇,时在建安三年,至是年书成。龙溪精舍校刊《前汉纪目录序》曰:"其五年书成,乃奏记云:四百有一十六载,谓书奏之岁,岁在庚辰。"

又按:《全书总目提要》卷四七曰:"《汉纪》三十卷,汉荀悦撰。悦字仲豫,颍阴人。献帝时官秘书监侍中。《后汉书》附见其祖《荀淑传》。称献帝好典籍。以班固《汉书》文繁难省,乃令悦依《左氏传》体为《汉纪》三十篇。词约事详,论辨多美。张璠《汉记》亦称其因事以明臧否,致有典要,大行于世。唐刘知几《史通·六家篇》,以悦书为'左传家'之首。其《二体篇》又称其历代宝之,有逾本传。班、荀二体,角力争先,其推之甚至。故唐人试士,以悦《纪》与《史》、《汉》为一科。《文献通考》载宋李焘《跋》曰:'悦为此《纪》,固不出班《书》,亦时有所删润,而谏大夫王仁、侍中王闳《谏疏》,班《书》皆无之。'又称:'司马光编《资治通鉴》,书太上皇事及五凤郊泰畤之月,要皆舍班而从荀。盖以悦修《纪》时,固《书》犹未舛讹。'又称:'其"君兰"、"君简"、"端"、"瑞"、"兴"、"誉"、"宽"、"竟"诸字与《汉书》互异者,先儒皆两存之。'王铚作《两汉纪后序》,亦称'荀、袁二《纪》,于朝廷纪纲、礼乐刑政、治乱成败、忠邪是非之际,指陈论著,每致意焉。反复辨达,明白条畅,启告当代,而垂训无穷'。是宋人亦甚重其书也。其中若壶关三老茂,《汉书》无姓,悦书云姓'令狐'。朱云请上方剑,《汉书》作'斩马',悦书乃作'断马'。证以唐张渭诗'愿得上方断马剑,斩取朱门公子头'句,知《汉书》字误。资考证者亦不一。近时顾炎武《日知录》乃惟取其'宣帝赐陈遂玺书'一条,及'元康三年封海昏侯诏'一条,能改正《汉书》三四字。其余则病其叙事索然无意味,间或首尾不备。其小有不同,皆以班《书》为长,未免抑扬过当。又曰'纪王莽事自始建国元年以后,则云其二年、其三年,以至其十五年,以别于正统而尽没其天凤、地皇之号'云云。其语不置可否。然不曰'尽削'而曰'尽没',似反病其疏略者。不知班《书》莽自为传,自可载其伪号。荀书以汉系编年,岂可以莽纪元哉。是亦非确论,不足为悦病也。是书考李焘所跋,自天圣中已无善本。明黄姬水所刊亦间有舛讹。康熙中襄平蒋国祥、蒋国祚与袁宏《后汉纪》合刻,后附《两汉纪字句异同考》一卷。今用以参校,较旧本稍完善焉。"

再按:《汉纪》在我国古代编年体史书上占有重要地位,刘知几把它视为断代编年体的开始,梁启超也把它称为"现存新编年体之第一部书"。它记事上起秦二世元年(前209年),下迄王莽新朝地皇四年(23年),记载了232年的历史。《汉纪》一方面创新编年体,继续发挥编年体"系日月而为次,列时岁以相续"的优点,严格按时间顺序记述历史;另一方面,他又深感《春秋》、《左传》等旧编年体史书的不足,采用了"通比其事,列系年月",在严格按照年、时、月、日的顺序记述重大史事和重要人物的前提下,常常在记那些有年月可考的某一事件的重要情节或某一人物的重要活动时,顺便将与之同类或有关而无年月可考或不便分散于年月条目之下的政事、人物、典章制度、少数民族等加以介绍。这种方法在编纂学上可称之为类叙法。《汉纪》的这种类叙法,为编年史创造了多样而成功的编写方法,还创立了编年体史书论史的新格局。其史论集中体现了荀悦的学术思想,同时也反映了东汉末年学术思潮的时代特征:即儒学开始衰落,强烈的政治批判思想倾向,易学从重象数向重义理转变,诸子之学兴起。

虞翻始注《易》。

按:裴占荣《虞仲翔先生年谱》(国立北平图书馆馆刊第7卷1号1933年)系于是年。

郑玄门人相与撰其师答诸弟子问《五经》,依《论语》作《郑志》8篇。

按:《后汉书·张曹郑列传》曰:"(五年)六月卒,……门人相与撰玄答诸弟子问《五经》,依《论语》作《郑志》八篇。

陈琳正月作《为袁绍檄豫州》(《三国志·魏志·袁绍传》裴注引《魏氏春秋》、严可均《全后汉文》卷九二)。

曹操六月作《董卓歌》。八月作《与钟繇书》,答谢其送马二千匹。十月作《造发石车令》、《上言破袁绍》。是年,著《为徐宣议陈矫下令》(《三国志·魏志·武帝本纪》及裴注)。

孔融作《南阳王冯、东海王祗祭礼对》。

按:徐公持《建安七子诗文系年考证》(《文学遗产增刊》第十四辑,中华书局,

1982年)定于是年。

郑玄卒(127—)。玄字康成,北海高密人。郑众与其并称"前郑"、"后郑"。幼学书数,少诵《五经》,好天文历算。入太学,从第五元先习《京氏易》、《公羊春秋》、《三统历》、《九章算术》;后从张恭祖受《周官》、《礼记》、《左氏春秋》、《韩诗》、《古文尚书》,再入关师事马融,专攻古文经。立志"述先圣之玄意,整百家之不齐。"以古文经说为主,兼采今文经学,遍注群经,为汉代经学的集大成者。遍注群经。著有《周易注》10卷录1卷、《尚书注》9卷、《尚书音》5卷、《尚书大传注》3卷、《毛诗故训传笺》20卷、《毛诗谱》2卷、《诗音》、《周官礼注》12卷、《周礼音》2卷、《答临孝存周礼难》、《仪礼注》17卷、《礼议》20卷、《仪礼音》2卷、《礼记注》30卷、《礼记音》2卷、《丧服经传注》1卷、《丧服纪》1卷、《丧服变除》1卷、《三礼目录》1卷、《三礼图》、《五宗图》1卷、《驳何氏汉议》、《发公羊墨守》1卷、《箴左氏膏肓》10卷、《起谷梁废疾》3卷、《春秋十二公名》1卷、《春秋左氏分野》1卷、《孝经注》1卷、《论语注》10卷、《论语释义》10卷、《孔子弟子目录》1卷、《六艺论》1卷、《答甄子然》、《驳许慎五经异义》、《鲁礼谛袷义》、《孟子注》7卷、《易纬注》9卷、《乾凿度注》、《通卦验注》、《尚书纬注》6卷、《尚书中候注》8卷、《诗纬注》3卷、《礼纬注》2卷、《礼记默房注》3卷、《春秋纬注》、《孝经纬注》、《洛书灵准听注》、《九宫经注》3卷、《九宫行棋经注》3卷、《九旗飞变》1卷、《乐纬动声仪》、《乾象历注》、《天文七政论》、《汉律章句》、《汉宫香法注》、《日月交会图注》1卷、《郑志》8篇集2卷,凡百余万言。《毛诗笺》、《三礼注》影响最大,收入阮元辑刊之《十三经注疏》。郑泰称其"学通古今",范晔《后汉书·郑玄列传》谓其"囊括大典,网罗众家,删裁繁芜,刊改漏失",王粲称"伊、洛以东,淮、汉以北,一人而已",李谧谓为"汉末之通儒,后学所取正"。其卒后,门生相与撰《玄答弟子问五经》,依《论语》作《郑志》8篇。黄初以后,郑学遂立博士。自建安以及三国,数十年中,今古之学式微,而郑学统一天下。事迹见《后汉书》卷三五。

按:《后汉书·张曹郑列传》曰:"五年春,……其年六月卒,年七十四。遗令薄葬。自郡守以下尝受业者,缞绖赴会千余人。门人相与撰玄答诸弟子问《五经》,依《论语》作《郑志》八篇。凡玄所注《周易》、《尚书》、《毛诗》、《仪礼》、《礼记》、《论语》、《孝经》、《尚书大传》、《中候》、《乾象历》,又著《天文七政论》、《鲁礼禘袷义》、《六艺论》、《毛诗谱》、《驳许慎五经异义》、《答临孝存周礼难》,凡百余万言。玄质于辞训,通人颇讥其繁。至于经传洽孰,称为纯儒,齐、鲁间宗之。其门人山阳郗虑至御史大夫,东莱王基、清河崔琰著名于世。又乐安国渊、任嘏,时并童幼,玄称渊为国器,嘏有道德,其余亦多所鉴拔,皆如其言。玄唯有一子益恩,孔融在北海,举为孝廉;及融为黄巾所围,益恩赴难损身。有遗腹子,玄以其手文似己,名之曰小同。论曰:自秦焚《六经》,圣文埃灭。汉兴,诸儒颇修艺文;及东京,学者亦各名家。而守文之徒,滞固所禀,异端纷纭,互相诡激,遂令经有数家,家有数说,章句多者或乃百余万言,学徒劳而少功,后生疑而莫正。郑玄括囊大典,网罗众家,删裁繁诬,刊改漏失,自是学者略知所归。王父豫章君每考先儒经训,而长于玄,常以为仲尼之门不能过也。及传授生徒,并专以郑氏家法云。赞曰:富平之绪,承家载世。伯仁先归,厘我国祭。玄定义乖,褒修礼缺。孔书遂明,汉章中辍。"

又按: 曹之《中国古籍编撰史》(武汉大学出版社1999年版)曰:"注释称注,始于汉代郑玄。"孔颖达《春秋左传正义》曰:"毛君、孔安国、马融、王肃之徒,其所注书,皆称为传,郑玄则谓之为注。"注书称笺亦从郑玄开始。郑玄《六艺论》曰:"注诗宗毛为主,毛义若隐,略更表明;如有不同,即下己意。"笺有明隐、标异作用。《四库全书总目·毛诗正义》曰:"因毛传而表识其旁,如今人之签记,积而成帙,故谓之笺。"葛志毅《郑玄三礼学体系考论》(《中华文化论坛》2007年第3期)认为:"郑玄接受了刘歆以来的古文经学研究成绩,改《周官》为《周礼》并说为周公所作,置于三礼之首,从而缔构成其三礼学体系。郑玄三礼学不仅作为汉代古文礼学的研究代表,而且堪称汉代古文经学成就的突出代表,它先在《经典释文》中得到肯定,继又在唐代官方颁定的《五经义疏》中确定其地位。"

又按:《四库全书总目提要》卷十九曰:"《周礼注疏》四十二卷,汉郑玄注,唐贾公彦疏。玄有《易注》,已著录。……《周礼》一书,上自河间献王。于诸经之中,其出最晚。其真伪亦纷如聚讼,不可缕举。惟《横渠语录》曰:'《周礼》是的当之书,然其间必有末世增入者。'郑樵《通志》引孙处之言曰'周公居摄六年之后,书成归丰,而实未尝行。盖周公之为《周礼》,亦犹唐之显庆、开元礼,预为之以待他日之用,其实未尝行也。惟其未经行,故仅述大略,俟其临事而损益之。故建都之制,不与《召诰》、《洛诰》合,封国之制,不与《武成》、《孟子》合,设官之制,不与《周官》合,九畿之制,不与《禹贡》合'云云。其说差为近之,然亦未尽也。夫《周礼》作于周初,而周事之可考者,不过春秋以后。其东迁以前三百余年,官制之沿革,政典之损益,除旧布新,不知凡几。其初去成、康未远,不过因其旧章,稍为改易。而改易之人,不皆周公也。于是以后世之法窜入之,其书遂杂。其后去之愈远,时移势变,不可行者渐多,其书遂废。此亦如后世律令条格,率数十年而一修,修则必有所附益。特世近者可考,年远者无徵,其增删之迹,遂靡所稽,统以为周公之旧耳。迨乎法制既更,简编犹在,好古者留为文献,故其书阅久而仍存。此又如开元《六典》、政和《五礼》,在当代已不行用,而今日尚有传本,不足异也。使其作伪,何不全伪六官,而必阙其一,至以千金购之不得哉?且作伪者必剽取旧文,借真者以实其赝,古文《尚书》是也。刘歆宗《左传》,而《左传》所云《礼经》,皆不见于《周礼》。《仪礼》十七篇,皆在《七略》所载古经七十篇中;《礼记》四十九篇,亦在刘向所录二百十四篇中。……然则《周礼》一书不尽原文,而非出依托,可概睹矣。……郑《注》,《隋志》作十二卷,贾《疏》文繁,乃析为五十卷,《新旧唐志》并同。今本四十二卷,不知何人所并。玄于三《礼》之学,本为专门,故所释特精。惟好引纬书,是其一短。《欧阳修集》有《请校正五经札子》,欲删削其书。然纬书不尽可据,亦非尽不可据,在审别其是非而已,不必窜易古书也。又好改经字,亦其一失。然所注但曰'当作某'耳,尚不似北宋以后连篇累牍,动称错简,则亦不必苛责于玄矣。公彦之《疏》,亦极博核,足以发挥郑学。《朱子语录》称'《五经》疏中,《周礼疏》最好。'盖宋儒惟朱子深于《礼》,故能知郑、贾之善云。"

又按:《四库全书总目提要》卷二〇曰:"《仪礼注疏》十七卷,汉郑玄注,唐贾公彦疏。《仪礼》出残阙之余,汉代所传,凡有三本。一曰戴德本,以《冠礼》第一,《昏礼》第二,《相见》第三,《士丧》第四,《既夕》第五,《士虞》第六,《特牲》第七,《少牢》第八,《有司彻》第九,《乡饮酒》第十,《乡射》第十一,《燕礼》第十二,《大射》第十三,《聘礼》第十四,《公食》第十五,《觐礼》第十六,《丧服》第十七。一曰戴圣本,亦以《冠礼》第一,《昏礼》第二,《相见》第三,其下则《乡饮》第四,《乡射》第五,《燕礼》第六,《大射》第七,《士虞》第八,《丧服》第九,《特牲》第十,《少牢》第十一,《有司彻》第十二,《士丧》第十三,《既夕》第十四,《聘礼》第十五,《公食》第十六,《觐礼》第十七。一曰刘向《别录》本,即郑氏所注。贾公彦《疏》谓:'《别录》尊卑吉凶,次第伦序,故郑用之。二戴尊卑吉凶杂乱,故郑不从之也。'其《经》文亦有二本。高堂生所传者,谓之今文。鲁恭王坏孔子宅,得亡《仪礼》五十六篇,其字皆以篆书之,谓之古文。玄注参用二本。其从今文而不从古文者,则今文大书,古文附注。……从古文而不从今文者,则古文大书,今文附注。……其书自玄以前,绝无注本。玄后有王肃《注》十七卷,见于《隋志》。然贾公彦《序》称'《周礼》注者则有多门,《仪礼》所注后郑而已',则唐初肃书已佚也。为之义疏者有沈重,见于《北史》;又有无名氏二家,见于《隋志》:然皆不传。故贾公彦仅据齐黄庆、隋李孟悊二家之《疏》,定为今本。其书自明以来,刻本舛讹殊甚。……盖由《仪礼》文古义奥,传习者少,注释者亦代不数人。写刻有讹,猝不能校,故纰漏至于如是也。今参考诸本,一一厘正,著于录焉。"

又按:《四库全书总目提要》卷二一曰:"《礼记正义》六十三卷,汉郑玄注,唐孔颖达疏。《隋书·经籍志》曰'汉初,河间献王得仲尼弟子及后学者所记一百三十一篇献之,时无传之者。至刘向考校经籍,检得一百三十篇,第而叙之。又得《明堂阴阳记》三十三篇、《孔子三朝记》七篇、《王史氏记》二十一篇、《乐记》二十三篇,凡五种,合二百十四篇。戴德删其烦重,合而记之,为八十五篇,谓之《大戴记》。而戴圣又删大戴之书为四十六篇,谓之《小戴记》。汉末,马融遂传小戴之学。融又益《月令》一篇、《明堂位》一篇、《乐记》一篇,合四十九篇'云云,其说不知所本。今考《后汉书·桥玄传》云:'七世祖仁,著《礼记章句》四十九篇,号曰桥君学。'仁即班固所谓小戴授梁人桥季卿者,成帝时尝官大鸿胪,其时已称四十九篇,无四十六篇之说。又孔《疏》称《别录礼记》四十九篇,《乐记》第十九。四十九篇之首,《疏》皆引郑《目录》。郑《目录》之末必云此于刘向《别录》属某门。《月令目录》云:'此于《别录》属《明堂阴阳记》。'《明堂位目录》云:'此于《别录》属《明堂阴阳记》。'《乐记目录》云:'此于《别录》属《乐记》。'盖十一篇今为一篇,则三篇皆刘向《别录》所有,安得以为马融所增。《疏》又引玄《六艺论》曰:'戴德传《记》八十五篇,则《大戴礼》是也。戴圣传《礼》四十九篇,则此《礼记》是也。'玄为马融弟子,使三篇果融所增,玄不容不知,岂有以四十九篇属于戴圣之理?况融所传者乃《周礼》,若小戴之学,一授桥仁,一授杨荣。后传其学者有刘祐、高诱、郑玄、卢植。融绝不预其授受,又何从而增三篇乎?知今四十九篇实戴圣之原书,《隋志》误也。元延祐中,行科举法,定《礼记》用郑玄《注》。故元儒说《礼》,率有根据。自明永乐中敕修《礼记大全》,始废郑《注》,改用陈澔《集说》,《礼》学遂荒。然研思古义之士,好之者终不绝也。为之疏义者,唐初尚存皇侃、熊安生二家。贞观中,敕孔颖达等修《正义》,乃以皇氏为本,以熊氏补所未备。颖达《序》称:'熊则违背本经,多引外义,犹之楚而北行,马虽疾而去愈远。又欲释经文,惟聚难义,犹治丝而棼之,手虽繁而丝益乱也。皇氏虽章句详正,微稍繁广。又既遵郑氏,乃时乖郑义。此是木落不归其本,狐死不首其丘。此皆二家之弊,未为得也。'故其书务伸郑《注》,未免有附会之处。然采摭旧文,词富理博,说《礼》之家,钻研莫尽,譬诸依山铸铜,煮海为盐。即卫湜之书尚不能窥其涯涘,陈澔之流益如莛与楹矣。"

张超约卒(约150—)。超字子并,张良之后,河间人。有文才,善草书。为车骑将军别部司马。著赋、颂、碑、文等19篇。有集5卷。事迹见《后汉书》卷八〇下。

严象卒(163—)。象字文则,京兆人。少聪博有胆识。为扬州刺史。被孙策庐江太守李术所杀。

按：《三国志·魏志·荀彧列传》引《三辅决录注》曰："象字文则，京兆人。少聪博，有胆智。以督军御史中丞诣扬州讨袁术，会术病卒，因以为扬州刺史。建安五年，为孙策庐江太守李术所杀，时年三十八。"

应劭约卒，生年不详。劭字仲瑗，汝南南顿人，应奉子。少笃学，博览多闻。灵帝时举孝廉，辟车骑将军何苗掾，官太山太守。献帝都许，旧章湮没，书记罕存，乃著《汉官仪》等，于朝廷制度，百官典式，多所订正。另著《汉书集解》15卷、《汉纪注》30卷、《礼仪故事》、《中汉辑序》、《汉官注》5卷、《汉朝驳议》30篇、《律本章句》250篇、《状人纪》、《十三州记》、《地理风俗记》、《风俗通义》30卷、《感骚》30篇、《律略论》5卷、集4卷。

按：孙福喜《论应劭的"经世致用"学术思想》（《内蒙古师范大学学报》1999年2期）认为生年为151—153。

汉献帝建安六年　辛巳　201年

二月丁卯朔，日食（《后汉书·孝献帝纪》）。

四月，曹操击破袁绍仓亭军（《三国志·魏志·武帝本纪》、《资治通鉴》卷六四）。

九月，刘备奔荆州依刘表（《三国志·魏志·武帝本纪》、《资治通鉴》卷六四）。

是年，拜五斗米道教祖张陵孙子张鲁为汉宁太守。

按：《后汉书·刘焉列传》曰："鲁字公旗。初，祖父陵……学道鹤鸣山中……受其道者辄出米五斗，故谓之'米贼'。陵传子衡，衡传于鲁，鲁遂自号'师君'。其来学者，初名为'鬼卒'，后号'祭酒'。祭酒各领部众，众多者名曰'理头'。皆校以诚信，不听欺妄，有病但令首过而已。诸祭酒各起义舍于路，同之亭传，县置米肉以给行旅。食者量腹取足，过多则鬼能病之。犯法者先加三原，然后行刑。不置长吏，以祭酒为理，民夷信向。朝廷不能讨，遂就拜鲁镇夷中郎将，领汉宁太守。通其贡献。"

曹操九月还许，以刘备奔荆州依刘表，欲征刘表（《后汉书·郑孔荀列传》）。

荀彧谏止曹操南征刘表，从之（《后汉书·郑孔荀列传》）。

丁仪为西曹掾，曹操欲以女妻之，未果（《三国志·魏志·陈思王传》裴注引《魏略》）。

丁廙为曹操所辟（《三国志·魏志·陈思王传》裴注引《文士传》）。

赵岐官至太常卿，自为寿藏，图画刻石。

按：《后汉书·赵岐列传》曰："光禄勋桓典、少府孔融上书荐之，于是就拜岐为太常。年九十余,建安六年卒。先自为寿藏,图季札、子产、晏婴、叔向四像居宾位,又自画其像居主位,皆为赞颂。敕其子曰:'我死之日,墓中聚沙为床,布簟白衣,散发其上,覆以单被,即日便下,下讫便掩。'"

虞翻举秀才,召为侍御史,为司空辟,皆不就。为孙权骑都尉,犯颜谏谮,徙丹阳泾县。上《易传》(《三国志·吴志·虞翻传》)。

曹植10岁,能诵读诗论、辞赋数十万言,善属文。

按:《三国志·魏志·陈思王植传》曰:"年十岁余,诵读诗、论及辞赋数十万言,善属文。太祖尝视其文,谓植曰:'汝倩人邪?'植跪曰:'言出为论,下笔成章,顾当面试,奈何倩人?'时邺铜爵台新城,太祖悉将诸子登台,使各为赋。植援笔立成,可观,太祖甚异之。"

张纮作《与孔融书》,赞虞翻(《三国志·吴志·虞翻传》)。

赵岐作《遗令敕其子》(《后汉书·赵岐列传》)。

王粲作《思亲诗》。

按:王利器《郑康成年谱》(齐鲁书社1983年版)、刘汝霖《汉晋学术编年》(中华书局1987年版)系于是年。

赵岐卒(108—)。岐初名嘉,字台卿,更名湖,字邠卿,京兆长陵人。少明经,有才艺,娶马融兄女。以廉直疾恶为人忌惮。永兴二年,召为司空掾,后任皮氏长。因得罪宦官唐衡,家属宗亲皆被害,孤身一人逃遁四方,于北海市中卖饼。得孙嵩救助。后唐衡败灭乃出,延熹九年擢为并州刺史。后因党事免,并禁锢十余年。党禁开,历任议郎、太仆、太常。著有《孟子章句》、《三辅决录》、《遗令敕兄子》等。事迹见《后汉书》卷六四。

按:《后汉书·赵岐列传》曰:"(赵岐)年九十余,建安六年卒。"《孟子章句》出现在今古文经学走向融合的东汉末年,真实反映出了汉末政治背景对学术氛围的影响:其内容反映了古文经学家尊重原典的思想实际,同时在义理的阐发上,又超越了古文经学固守章句本身的限制,有所引申发挥。它对先秦两汉为数较多的文献进行了吸收、融合,共引用典籍明确可考者15种,保留了数量较多的先秦两汉古注,其训诂成果成为后来研究孟学取之不尽的渊薮,不断被后世研究者借鉴和利用,其在保存古文献方面的成就值得称道。此外,它对孟子政治、伦理、哲学、教育、文学、经济等思想的开辟性阐发,对时人是一种鼓舞,对后人是一种启发,产生了深远的影响。宋代出现了专为《孟子章句》所作的疏,即孙奭的《孟子注疏》,宋刻本首次把《孟子》文本与注疏合到一起。秦至汉初,未有人为《孟子》作注。有研究者认为,最早为《孟子》作注的人可能是西汉的刘向,他著有《孟子注》,但其书早已失传,难以考明。现存王仁俊有《孟子刘中垒注》一卷,收入《玉函山房辑佚书续编》中。但目前学界大都倾向刘向只是在他的《说苑》中引用了《孟子》的一些语言,《孟子注》的真实性不可靠。在东汉后期,出现了一股《孟子》研究的热潮,先后出现了五家研究《孟子》的专著:程曾《孟子章句》、郑玄《孟子注》、高诱《孟子章句》、刘熙《孟子注》、赵岐《孟子章句》。

又按:《四库全书总目提要》卷三五曰:"《孟子正义》十四卷,汉赵岐注。其《疏》则旧本题'宋孙奭撰'。岐字邠卿,京兆长陵人,初名嘉,字台卿。永兴二年,辟司空掾,迁皮氏长。延熹元年,中常侍唐衡兄玹为京兆尹,与岐凤隙,岐避祸逃避四方,乃自改名字。后遇赦得出，拜并州刺史。又遭党锢十余岁。中平元年，征拜议郎，举敦煌太守。后迁太仆，终太常。事迹具《后汉书》本传。……是注即岐避难北海时，在孙宾家夹柱中所作。汉儒注经，多明训诂名物，惟此注笺释文句，乃似后世之口义，与古学稍殊。然孔安国、马融、郑玄之注《论语》，今载于何晏《集解》者，体亦如是。盖《易》、《书》文皆最古，非通其训诂则不明。《诗》、《礼》语皆徵实，非明其名物亦不解。《论语》、《孟子》词旨显明，惟阐其义理而止，所谓言各有当也。其中如谓宰予、子贡、有若缘孔子圣德高美而盛称之，《孟子》知其太过，故贬谓之污下之类，纰缪殊甚。以屈原憔悴为征于色，以甯戚扣角为发于声之类，亦比拟不伦。然朱子作《孟子集注·或问》，于岐说不甚掊击。至于书中人名，惟盆成括、告子不从其学于孟子之说，季孙、子叔不从其二弟子之说，余皆从之。书中字义，惟'折枝'训按摩之类不取其说，余亦多取之。盖其说虽不及后来之精密，而开辟荒芜，俾后来得循途而深造，其功要不可泯也。胡玐《拾遗录》据李善《文选注》引《孟子》曰：'《墨子·兼爱》摩顶致于踵。'赵岐曰：'致，至也。'知今本经文及注均与唐本不同。今证以孙奭音义所音，岐注亦多不相应，盖已非旧本。至于《尽心下》篇'夫子之设科也'，注称孟子曰：'夫我设教授之科'云云，则显为'予'字，今本乃作'夫子'。又'万子曰'句，注称'万子，万章也'，则显为子字，今本乃作'万章'，是又注文未改，而经文误刊者矣。"

再按：郗积意《赵岐〈孟子注〉章句学的运用与突破》(《孔子研究》2001年第1期)认为赵岐《孟子章句》的突破在于两方面：首先是"治学体例的变更"。汉代经学的阐释体例通常是"在解经过程中，经书本文并不占很重要的地位，具体表现在他们的解释不是特别注重经书本文字、词等含义的阐发"，赵岐则"使用的是章句法——既分其章，又依句敷衍而发明之；在每章后又使用'章指'，即章有其指，则总括于每章之末"。其次是"在编排时把本文与注释文连在一起"，其意义"就不仅在于免却学者两读之劳，不仅可以有效地避免作者随意的发挥，而且还对初学者掌握《孟子》之义帮助甚大。"

桓典卒，生年不详。典字公雅，桓荣玄孙，桓焉孙。传家业，以《尚书》教授颍川，门徒数百人。举孝廉，为郎。辟司徒府，举高第，拜侍御史。出为郎。拜御史中丞，赐爵关内侯，迁光禄勋。事迹见《后汉书》卷三七。

按：《后汉书·桓荣列传》曰："(桓典)从西入关，拜御史中丞，赐爵关内侯。车驾都许，迁光禄勋。建安六年，卒官。"

谯周(　—270)生(姜亮夫《历代人物年里碑传综表》)。

汉献帝建安七年　壬午　202年

五月庚戌，袁绍病卒，子袁尚、袁谭争立(《后汉书·献帝本纪》)。

是月，于阗国献驯象(《后汉书·献帝本纪》)。

曹操正月军谯，至浚仪，祀桥玄。九月，败袁谭、袁尚于黎阳(《三国志·魏志·武帝本纪》《资治通鉴》卷六四)。

蔡琰为曹操赎回,归自胡中(《后汉书·列女传》)。

孔融为少府(《后汉书·孔融列传》)。

曹操作《军谯令》、《祀故太尉桥玄文》、《举太山太守吕虔茂才令》。
按:吴文治《中国文学史大事年表》(黄山书社1987年版)系于是年。

蔡琰作《悲愤诗》(《后汉书·列女传》)。
按:蔡琰是年为曹操赎回,归自胡中,感慨系之,作《悲愤诗》。

曹丕作《蔡伯喈女赋》(严可均《全三国文》卷四)。

丁廙作《蔡伯喈女赋》(严可均《全后汉文》卷九四)。

任安卒(124—   )。安字定祖,广汉绵竹人也。少游太学,受《孟氏易》,兼通数经。又从同郡杨厚学图谶,究极其术。时人称曰:"欲知仲桓问任安。"又曰:"居今行古任定祖。"学终,还家教授,诸生自远而至。初仕州郡,后太尉再辟,除博士,公车征,皆称疾不就。州牧刘焉表荐之,时王途隔塞,诏命竟不至。事迹见《后汉书》卷七九上。
按:《后汉书·儒林列传上》曰:"(任安)年七十九,建安七年,卒于家。"

袁绍卒,生年不详。绍字本初,汝南汝阳人,东汉末年群雄之一。出身名门望族,自曾祖父起四代有五人位居三公,自己也居三公之上。少为郎,除濮阳长,爱士养名。后为侍御史、虎贲中郎将、佐军校尉、司隶校尉、大将军,封邺侯。灵帝时与大将军何进共诛宦官,主持朝政。董卓专权时被封为渤海太守。反董卓时,被推为盟主。建安五年,与曹操大战于官渡,败。事迹见《后汉书》卷七四上。
按:《后汉书·袁绍列传》曰:"(袁绍)自军败后发病,七年夏,薨。"

姜维(—264)、范粲(—285)生(姜亮夫《历代人物年里碑传综表》)。

汉献帝建安八年　癸未　203年

罗马塞维鲁入北非沙漠。

十月己巳,公卿初迎冬于北郊,总章始复备八佾舞(《后汉书·孝献帝本纪》)。

是月,初置司直官,督中都官(《后汉书·献帝本纪》)

是年,改交趾刺史部为交州,仍治广信(《后汉书·孝献帝本纪》)。
按:汉武帝元封五年(前106年)设交趾刺史部,总领岭南九郡,广信(今广西梧州市)为当时苍梧郡及交趾刺史部治所,为岭南九郡政治、文化、学术中心。

曹操五月还许昌。七月,颁《修学令》,令郡国修文学,满五百户置校官,选俊才教学,以兴仁义礼让之风。八月,攻刘表(《三国志·魏志·武帝本纪》)。

吴质游曹氏兄弟间(《三国志·魏志·王粲传》裴注引《魏略》)。

曹丕三月随操征黎阳(《三国志·魏志·武帝本纪》)。

王粲八月为刘表作书谏袁谭、袁尚兄弟内讧,不从(《后汉书·袁绍列传》)。

孔融作书与张纮、虞翻、韦端等(《三国志·吴志·张纮传》裴注引《吴书》、《三国志·吴志·虞翻传》、《三国志·魏志·荀彧传》)。

繁钦为豫州从事(《文选》卷四〇繁钦《与魏文帝牋》李善注引《文章志》)。

刘熙著《释名》8卷成。

按:据《释名》中释天下十三州,有雍州(194年置)而无交州(203年置),可推知《释名》成书于194年至203年间。姑系于此年。《释名》是一部性质颇有争议的著作。概括起来主要有5种观点:训诂著作说,声训著作说,词源学或语源学著作说,理据著作说,百科全书或语文百科综合词典说。《释名》内容包括释天、释地、释山、释水、释丘、释道、释州国、释形体、释姿容、释长幼、释亲属、释言语、释饮食、释采帛、释首饰、释衣服、释宫室、释床帐、释书契、释典艺、释用器、释乐器、释兵、释车、释船、释疾病、释丧制。主要版本有:毕沅《释名疏证》本、《四库全书》本。

又按:《四库全书总目提要》卷四十曰:"《释名》八卷,汉刘熙撰。熙字成国,北海人。其书二十篇。以同声相谐,推论称名辨物之意,中间颇伤于穿凿,然可因以考见古音。又去古未远,所释器物,亦可因以推求古人制度之遗。如《楚辞·九歌》:'薜荔柏兮蕙绸。'王逸注云:'柏,搏壁也。''搏壁'二字,今莫知为何物。观是书《释床帐篇》,乃知以席搏著壁上谓之'搏壁'。孔颖达《礼记正义》以深衣十二幅皆交裁谓之衽。是书《释衣服篇》云:'衽,襜也,在旁襜襜然也。'则与《玉藻》言'衽当旁'者,可以互证。《释兵篇》云:'刀室曰削,室口之饰曰琫,下末之饰曰琕。'又足证《毛诗诂训传》之讹。其有资考证,不一而足。吴韦昭尝作《辨释名》一卷,纠熙之误,其书不传。然如《经典释文》引其一条曰:'《释名》云:古者车音如居,所以居人也。今曰车,音尺遮反,舍也。'案:《释名》本作'古者曰车声如居,言行所以居人也。今曰车。车,舍也,行者所处若居舍也'。此盖陆德明约举其文,又取文义显明增入'音尺遮反'四字耳。韦昭云'车古皆音尺奢反,后汉以来,始有居音。'案:《何彼襛矣》之诗,以'车'韵'华'。《桃夭》之诗,以'华'韵'家'。家古音姑,华古音敷,则车古音居,更无疑义。熙所说者不诬,昭之所辨亦未必尽中其失也。别本或题曰《逸雅》。盖明郎奎金取是书与《尔雅》、《小尔雅》、《广雅》、《埤雅》合刻,名曰'五雅'。以四书皆有'雅'名,遂改题《逸雅》以从类。非其本目,今不从之。又《后汉书·刘珍传》,称珍撰《释名》五十篇,以辨万物之称号。其书名相同,姓又相同。郑明选作《秕言》,颇以为疑。然历代相传,无引刘珍《释名》者,则珍书久佚,不得以此书当之也。明选又称此书为二十七篇,与今本不合。明选,万历中人,不应别见古本,殆一时失记,误以二十为二十七欤?"

曹操五月作《败军令》、《论吏士行能令》;七月作《修学令》及《请爵荀彧表》二篇、《与荀彧书》(《三国志·魏志·武帝本纪》及裴注、《三国志·魏志·荀彧传》)。

按:陆侃如《中古文学系年》、刘跃进《秦汉文学编年史》系于是年。

王粲作《为刘荆州谏袁谭书》、《为刘荆州谏袁尚书》(《后汉书·袁绍列传》、李贤注引《魏氏春秋》及《古文苑》卷一〇)。

按：陆侃如《中古文学系年》、刘跃进《秦汉文学编年史》系于是年。

孔融作《遗张纮书》。

按：《三国志·吴志·张纮传》裴注引《吴书》曰："及(孙权)讨江夏，以东部少事，命纮居守，遥领所职。孔融遗纮书曰……"

曹丕十月作《黎阳作》诗四首(《三国志·魏志·武帝本纪》)。

按：吴文治《中国文学史大事年表》(黄山书社1987年版)系于是年。

诸葛恪(　—253)生(姜亮夫《历代人物年里碑传综表》)。

汉献帝建安九年　甲申　204年

二月，曹操攻袁尚于邺(《三国志·魏志·武帝本纪》、《资治通鉴》卷六四)。

八月戊寅，大破袁尚，取邺城，平冀州(《三国志·魏志·武帝本纪》、《资治通鉴》卷六四)。

十月，并州刺史高幹降曹操(《三国志·魏志·武帝本纪》)。

十二月，曹操击破袁谭(《三国志·魏志·武帝本纪》、《资治通鉴》卷六四)。

曹操八月自领冀州牧，临袁绍墓哭之(《三国志·魏志·武帝本纪》、《资治通鉴》卷六四)。

公孙度以曹操表为武威将军，封永宁乡侯(《三国志·魏志·公孙度传》)

荀彧谏止曹操复置九州(《后汉书·荀彧列传》)。

按：《后汉书·郑孔荀列传》曰："九年，操拔邺，自领冀州牧。有说操宜复置九州者，以为冀部所统既广，则天下易服。操将从之。彧言曰：'今若依古制，是为冀州所统，悉有河东、冯翊、扶风、西河、幽、并之地也。公前屠邺城，海内震骇，各惧不得保其土宇，守其兵众。今若一处被侵，必谓以次见夺，人心易动，若一旦生变，天下未可图也。愿公先定河北，然后修复旧京，南临楚郢，责王贡之不入。天下咸知公意，则人人自安。须海内大定，乃议古制，此主稷长久之利也。'操报曰：'微足下之相难，所失多矣！'遂寝九州议。"

孔融八月作书与曹操，嘲丕纳袁熙妻甄氏。是年，上书献帝，请准古王畿制；作书与曹操，荐盛孝章(《后汉书·孔融列传》)。

陈琳、阮瑀任曹操司空军谋祭酒，管记室(《三国志·魏志·王粲传》)。

徐幹为曹操司空军谋祭酒掾属(《三国志·魏志·王粲传》)。

崔琰为曹操别驾从事，对曹操问，操改其容，宾客失色，又留邺傅曹丕(《三国志·魏志·崔琰传》)。

曹丕八月于操攻屠邺城时,私纳袁熙妻甄氏(《三国志·魏志·后妃传》)。

仲长统年游并州,谏并州刺史高幹(《后汉书·仲长统列传》)。

曹操八月作《破袁尚上事》;九月作《蠲河北租赋令》、《收田租令》;是年,作《手书答朱灵》、《报荀彧书》(《三国志·魏志·武帝本纪》及裴注、《后汉书·荀彧列传》)。

按:陆侃如《中古文学系年》、刘跃进《秦汉文学编年史》系于是年。

孔融作《上书请准古王畿制》、《与曹公书论盛孝章》(《后汉书·孔融列传》、《三国志·吴志·宗室传》裴注引《会稽典录》)。

按:陆侃如《中古文学系年》、刘跃进《秦汉文学编年史》系于是年。《上书请准古王畿制》建议汉廷扩大司隶校尉部,并且在京都周围的郡县内不封爵诸侯。袁宏《后汉纪》卷二九定系此于建安九年九月。史家认为是时孔融上书是为了对抗曹操试图以冀州为势力范围一步步移鼎汉朝的野心。

王粲作《登楼赋》、《七哀诗》之二("荆蛮非我乡")。

按:沈玉成《王粲评传》主建安十年年左右,凌迅《王粲传论》言滞居荆州的后期,吴云《建安七子集校注》、徐公持《建安七子诗文系年考证》皆言作于建安九年或是年之后不久,缪钺《王集行年考》、陆侃如《中古文学系年》提出作于建安十一年左右,易健贤《登楼赋考辨》认为是建安十三年六至八月间,赋作于曹操为丞相并准备南征,刘表病卒前的某个时间里,是完全可能的。持建安十三年王粲归降曹操之后受封关内侯之前说,有俞绍初的《登楼赋测年》、曹成浩《王粲登楼赋研究中的几个问题》等。今从徐公持之说,定于建安九年。

任峻卒,生年不详。峻字伯达,河南中牟人。为中牟令杨原主簿,后归曹操,操表峻为骑都尉,妻以从妹。每征伐,峻常居守以给军。曹操又以峻为典农中郎将,募百姓屯田于许下,得谷百万斛,郡国列置田官,数年中所在积粟,仓廪皆满。事迹见《三国志》卷一六。

按:《三国志·魏志·任峻传》曰:"(任)峻宽厚有度而见事理,每有所陈,太祖多善之。於饥荒之际,收恤朋友孤遗,中外贫宗,周急继乏,信义见称。建安九年薨,太祖流涕者久之。"

沈友卒,生年不详。友字子正,吴人。弱冠好学,博闻明赡,善文词,多有口辩。

按:《三国志·吴志·吴主传》引《吴录》曰:"是时(建安九年)(孙)权大会官僚,沈友有所是非,令人扶出,谓曰:'人言卿欲反。'友知不得脱,乃曰:'主上在许,有无君之心者,可谓非反乎?'遂杀之。友字子正,吴郡人。"

汉献帝建安十年　乙酉　205 年

正月,曹操破袁谭于青州,平冀州。袁熙、袁尚同奔辽西乌桓(《三国

不列颠喀里多尼亚人版。

志·魏志·武帝本纪》、《资治通鉴》卷六四)。

十一月,并州刺史高幹反(《三国志·魏志·武帝本纪》)。

罗马赛弗拉斯凯旋门建成。

曹操正月平冀州后赦陈琳。十月,还邺(《三国志·魏志·武帝本纪》、《资治通鉴》卷六四)。

孔融以忤曹操免官(《后汉书·孔融列传》)。

曹丕是春射猎于邺西(《典论·自序》)。

高诱辟司空掾,除东郡濮阳令(《淮南子叙》)。

许靖入蜀依刘璋,为巴郡太守(《三国志·蜀志·许靖传》)。

虞翻为吴骑都尉(《三国志·吴志·虞翻传》)。

按:虞翻为吴骑都尉确年不详,姑系于此。

高诱始注《淮南子》(《淮南子叙》)。

按:刘汝霖《汉晋学术编年》(中华书局1987年版)系于是年。

荀悦八月著《申鉴》。

按:《后汉书·荀悦列传》曰:"时,政移曹氏,天子恭己而已。悦志在献替,而谋无所用,乃作《申鉴》五篇。其所论辩,通见政体,既成而奏之。"袁宏《后汉纪》:"(献帝)十年八月,侍中荀悦撰政治得失,名曰《申鉴》。"《四库全书总目提要》卷九一曰:"《申鉴》五卷,汉荀悦撰。悦有《汉纪》,已著录。《后汉书·荀淑传》称,悦侍讲禁中,见政移曹氏,志在献替,而谋无所用,乃作《申鉴》五篇。其所论辩,通见政体。既成,奏上。帝览而善之。其书见于《隋经籍志》、《唐艺文志》者皆五卷,卷为一篇。一曰《政体》,二曰《时事》,皆制治大要及时所当行之务。三曰《俗嫌》,皆禨祥谶纬之说。四曰《杂言上》,五曰《杂言下》,则皆泛论义理,颇似扬雄《法言》。《后汉书》取其《政体篇》'为政之方'一章,《时事篇》'正当主之制'、'复内外注记'二章,载入传中。又称悦别有《崇德正论》及诸论数十篇,今并不传。惟所作《汉纪》及此书尚存于世。《汉纪》文约事详,足称良史,而此书剖析事理,亦深切著明。盖由其原本儒术,故所言皆不诡于正也。明正德中,吴县黄省曾为之注,凡万四千余言。引据博洽,多得悦旨。其于《后汉书》所引间有同异者,亦并列其文于句下,以便考订。然如《政体篇》'真实而已'句,今本《后汉书》'实'作'定';'不肃而治'句,今本《后汉书》'治'作'成'。而省曾均未之及,则亦不免于偶疏也。"

又按:《申鉴》政书,集中反映了他的政治和哲学思想。主崇尚儒术,主"性三品",对当时名儒董仲舒唯心主义的"性三品"说进行了改造,注入了新的内容,以仁义为道之本,主张"德刑并用"、法教并举,反对"富人民田逾限",提出"耕而勿有"的理想。否定了孔孟"上智下愚不移"的观点,对荀子的性恶论和公孙龙子的本性无善恶之分、杨雄的善恶混合论也持否定态度,对当时社会上流行的迷信说法,都作了批判。他在《申鉴》中所探讨的问题,对魏晋玄学有很大影响,尤其是他的人性论为唐代韩愈所吸收,其中的社会批判思想有助于认识东汉末年的社会矛盾。陈启云认为《汉纪》结束了汉末的清议,《申鉴》开启了六朝的清谈。主要版本有:1.清咸丰四年(1854)《小万卷楼丛书》本;2.1917年潮阳郑氏《龙溪精舍丛书》本;3.1919年上海扫叶山房《百子全书》本;4.1936年商务印书馆《四部丛刊》本;5.1958年中华书局《诸子集成》本。还有《汉魏丛书》本、子汇题小荀子本、十二子题小荀子本、明正德黄省曾注本、嘉靖张惟恕刊本、胡维新刊本、何允中刊本、文始堂刊本、《子书百种》本、《四部备要》本等。近世版本以黄省曾本为善。

曹操正月作《诛袁谭令》、《赦袁氏同恶令》、《禁复仇厚葬令》、《举吕虔茂才令》、《请封荀攸表》、《与王修书》。九月作《整齐风俗令》(《三国志·魏志·武帝本纪》及裴注、《三国志·魏志·荀攸传》、《三国志·魏志·王修传》及裴注)。

按：陆侃如《中古文学系年》系于是年。

崔琰作《唯世子燔翳捐褶书》(《三国志·魏志·崔琰传》)。

曹丕作《报傅崔琰》(《三国志·魏志·崔琰传》)。

张仲景著《伤寒杂病论》成。

按：姑系于是年。此书系统总结此前对伤寒病和杂病在诊断和治疗方面的丰富经验，是我国医学典籍中的瑰宝，奠定了中医理论基础。张仲景卒后，该书散乱。晋代太医令王叔和搜集各种抄本，整理成《伤寒论》。《伤寒论》著论22篇，记述了397条治法，载方113首。《伤寒论》缺杂病部分内容。宋仁宗时王洙发现了《金匮玉函要略方论》。此书一部分内容与《伤寒论》相似，另一部分是论述杂病的。后来林亿、孙奇等人奉朝廷之命校订《伤寒论》时，将之与《金匮玉函要略方论》对照，更名为《金匮要略》刊行于世。《金匮要略》共25篇，记40多种杂病、262方，是中医最早的内科杂病方书。《伤寒论》通行本有：金成无已《注解伤寒论》、明万历二十七年(1599)赵开美复刻宋本。《金匮要略》通行本有：赵开美复刻本(1956年人民卫生出版社影印)、《医统正脉全书》本、1955年商务印书馆铅印本。

曹叡(　—239)、顾谭(　—246)、山涛(　—283)生(姜亮夫《历代人物年里碑传综表》)。

汉献帝建安十一年　丙戌　206年

三月，曹操破高幹于并州，据并、冀、青、幽四州，北方统一(《三国志·魏志·武帝本纪》)。

是年，立故琅邪王容子熙为琅邪王。齐、北海、阜陵、下邳、常山、甘陵、济北、平原八国皆除。(《后汉书·献帝本纪》)

曹操八月凿平虏渠、泉州渠以谋击袁熙、袁尚；东讨海贼管承，至淳于，管承败走海岛(《三国志·魏志·武帝本纪》、《资治通鉴》卷六五)。

曹植八月从父东征海贼管承，至淳于(曹植《求自试表》)。

仲长统三月为尚书郎(《后汉书·仲长统列传》)。

杜畿为河东太守，开学宫。

按：《三国志·魏志·杜畿传》曰："于是追拜畿为河东太守。……是时天下郡县皆残破,河东最先定,少耗减。畿治之,崇宽惠,与民无为。……百姓勤农,家家丰实。畿乃曰:'民富矣,不可不教也。'于是冬月修戎讲武,又开学宫,亲自执经教授,郡中化之。"

乐详为河东文学祭酒,教授后进,河东学业大兴。

按:《三国志·魏志·杜畿传》引《魏略》曰:"时杜畿为太守,亦甚好学,署详文学祭酒,使教后进,于是河东学业大兴。"

常林、杨俊、王象等为县长(《三国志·魏志·常林传》)。

曹操正月作《称乐进于禁张辽表》。十月作《求言令》(《三国志·魏志·武帝本纪》及裴注、《三国志·魏志·乐进传》)。

按: 陆侃如《中古文学系年》系于是年。

崔琰作《谏世子书》(《三国志·魏志·崔琰传》)。

曹丕正月作《报崔琰》(《三国志·魏志·崔琰传》)。

按: 陆侃如《中古文学系年》系于是年。

仲长统奉荀彧命作《答邓义社主难》(严可均《全后汉文》卷八七)。

按: 陆侃如《中古文学系年》(人民文学出版社1985年版)系于是年。

太史慈卒(166—)。慈字子义,东莱黄人。少好学,为孔融称。仕郡奏曹史。为丹杨太守、孙权门下都督、折冲中郎将、建昌都尉。事迹见《三国志》卷四九。

张昶卒,生年不详。昶字文舒,敦煌酒泉(今甘肃酒泉)人。张伯英季弟,为黄门侍郎。尤善章草,书类伯英,时人谓之亚圣。极工八分,又善隶书。事迹见《法书要录》卷八。

按:《法书要录》卷八曰:"以建安十一年卒。"刘跃进《秦汉文学编年史》系于此年,今从之。

曹叡(—239)、王览(—278)、王濬(—285)生。

按: 曹叡的生年,陆侃如《中古文学系年》系于此年,吴文治《中国文学史大事年表》(黄山书社1987年版)系于205年,吴海林、李延沛《中国历史人物生卒年表》(黑龙江人民出版社1981年版)系于204年,今陆侃如说。王览、王濬生年,姜亮夫《历代人物年里碑传综表》系于是年。

汉献帝建安十二年　丁亥　207年

十月,刘备三顾茅庐访诸葛亮于隆中(《三国志·蜀志·诸葛亮传》、《资治通鉴》卷六五)。

十一月,辽东太守公孙康斩袁熙、袁尚,袁氏灭(以上见《后汉书·献帝本

纪》、《资治通鉴》卷六五）

曹操二月自淳于还邺。九月，平定乌桓，自柳城还（《三国志·魏志·武帝本纪》、《资治通鉴》卷六五）。

诸葛亮隆中对策，开始辅佐刘备（《三国志·蜀志·诸葛亮传》、《资治通鉴》卷六五）。

荀彧以曹操表增封千户，辞所授三公（《后汉书·荀彧列传》）。

按：《后汉书·郑孔荀列传》曰："十二年，操上书表彧曰：'昔袁绍作逆，连兵官度，时众寡粮单，图欲还许。尚书令荀彧深建宜住之便，远恢进讨之略，起发臣心，革易愚虑，坚营固守，徼其军实，遂摧扑大寇，济危以安。绍既破败，臣粮亦尽，将舍河北之规，改就荆南之策。彧复备陈得失，用移臣议，故得反旆冀土，克平四州。向使臣退军官度，绍必鼓行而前，敌人怀利以自百，臣众怯沮以丧气，有必败之形，无一捷之势。复苦南征刘表，委弃兖、豫，饥军深入，逾越江、沔，利既难要，将失本据。而彧建二策，以亡为存，以祸为福，谋殊功异，臣所不及。是故先帝贵指纵之功，薄搏获之赏；古人尚帷幄之规，下攻拔之力。原其绩效，足享高爵。而海内未喻其状所受不侔其功，臣诚惜之，乞重平议，增畴户邑。'彧深辞让。操譬之曰：'昔介子推有言："窃人之财，犹谓之盗。"况君奇谟拔出，兴亡所系，可专有之邪？虽慕鲁连冲高之迹，将为圣人达节之义乎！'于是增封千户，并前二千户。又欲授以正司，彧使荀攸深自陈让，至于十数，乃止。操将伐刘表，问彧所策。彧曰：'今华夏以平，荆、汉知亡矣，可声出宛、叶而间行轻进，以掩其不意。'操从之。"

又按：《资治通鉴》卷六五曰："因表万岁亭侯荀彧功状；三月，增封彧千户。又欲授以三公，彧使荀攸深自陈让，至于十数，乃止。"

孔融二月嘲曹操征乌桓及制酒禁，作书答曹操。复拜右中大夫（《后汉书·孔融列传》、《三国志·魏志·武帝本纪》裴注引虞溥《江表传》、《三国志·魏志·崔琰传》裴注）。

路粹二月为曹操作书激励孔融（《后汉书·孔融列传》）。

曹植五月从父征乌桓，至无终。

按：赵幼文《曹植集校注·曹植年表》（人民文学出版社1984年版）系于是年。

蔡琰因董祀犯法，向曹操求救；奉命以纸笔缮书四百余篇，文无遗误。

按：《后汉书·列女传》曰："祀为屯田都尉，犯法当死，文姬诣曹操请之。时公卿名士及远方使驿坐者满堂，操谓宾客曰：'蔡伯喈之女在外，今为诸君见之。'及文姬进，蓬首徒行，叩头请罪，音辞清辩，旨甚酸哀，众皆为改容。操曰：'诚实相矜，然文状已去，奈何？'文姬曰：'明公厩马万匹，虎士成林，何惜疾足一骑，而不济垂死之命乎！'操感其言，乃追原祀罪。时且寒，赐以头巾履袜。操因问曰'闻夫人家先多坟籍，犹能忆识之否？'文姬曰：'昔亡父赐书四千许卷，流离涂炭，罔有存者。今所诵忆，裁四百余篇耳。……乞给纸笔，真草惟命。于是缮书送之，文无遗误。'"

蒋济仕郡计吏、州别驾（《三国志·魏志·蒋济传》）。

曹操二月作《封功臣令》、《分租与诸将掾属令》、《下令大论功行封》、《请增封荀彧表》；五月作《告涿郡太守令》，悼念卢植；七月作《下田畴令》；九月作《步出夏门行·观沧海》；十一月作《表论田畴功》、《为张范下令》。

是年,作《听田畴让封令》、《请追增郭嘉封邑表》、《表论张辽功》(《三国志·魏志·武帝本纪》及裴注、《三国志·魏志·荀彧传》及裴注、《三国志·魏志·荀攸传》及裴注、《三国志·魏志·田畴传》及裴注、《三国志·魏志·邴原传》及裴注、《三国志·魏志·郭嘉传》及裴注、《三国志·魏志·张辽传》及裴注)。

  按:陆侃如《中古文学系年》系于是年。

  孔融作《与曹公啁征乌桓》、《难曹公表制禁酒书》(二篇)、《报曹公书》("猥惠书教")。

  按:徐公持《建安七子诗文系年考证》(《文学遗产增刊》第十四辑,1982年)系于是年。

  曹植九月作《泰山梁甫行》。

  按:赵幼文《曹植集校注·曹植年表》(人民文学出版社1984年版)系于是年。

  陈琳十一月作《神武赋》(严可均《全后汉文》卷九二)。

  按:陆侃如《中古文学系年》系于是年。

  应玚十一月作《撰征赋》(严可均《全后汉文》卷四二)。

  按:陆侃如《中古文学系年》系于是年。

  诸葛亮作《算计》(《三国志·蜀志·诸葛亮传》)。

  按:陆侃如《中古文学系年》系于是年。

  昙果于洛阳译《中本起经》2卷,康孟详度语。

  按:《开元释教录》卷一曰:"沙门昙果,西域人,学该内外,解通真俗,于迦维罗卫国赍经梵本,届于洛阳,以献帝建安十二年丁亥译《中本起经》。"

  郭嘉卒(170—)。嘉字奉孝,颍川阳翟人。弱冠之年见天下将乱便隐居,秘密结交英杰。后投袁绍辟为司徒。离开袁绍后因荀彧引荐投曹操,被表为司空军祭酒,封洧阳亭侯。屡为曹操出谋划策,大胜袁绍。卒谥贞侯。事迹见《三国志·魏志·郭嘉传》。

  按:吴文治《中国文学史大事年表》系于是年。

  曹冏(—约264)约生(吴文治《中国文学史大事年表》)。

汉献帝建安十三年　戊子　208年

罗马塞维鲁亲征不列颠。

  六月,罢三公官,复置丞相、御史大夫(《后汉书·献帝本纪》)。

  按:《汉书·百官公卿表》曰:"相国、丞相,皆秦官……哀帝元寿二年更名大司徒。"至此罢三公官,复置丞相、御史大夫。

  癸巳,曹操自为丞相(《后汉书·献帝本纪》)。

  八月,刘表卒,少子琮立,以荆州降曹操(《后汉书·献帝本纪》)。

  九月,蜀、吴谋结孙刘联盟,以抗曹操(《三国志·蜀志·诸葛亮传》)

十月癸未，日食(《后汉书·献帝本纪》)。

十二月，曹操败于"赤壁之战"，退守南郡(《后汉书·献帝本纪》)

按：以此奠定三国鼎立局面之基础。

曹操六月还邺。七月，南征刘表。八月，进兵荆州，刘琮举荆州降。十二月，率军南下，败于赤壁、乌林(《后汉书·孝献帝纪》、《三国志·魏志·武帝本纪》、《资治通鉴》卷六五)。

诸葛亮为军师中郎将。九月，出使东吴，结成孙、刘联盟，败曹操于赤壁、乌林(《三国志·蜀志·诸葛亮传》)。

崔琰六月以冀州别驾从事崔琰为丞相西曹掾(《后汉书·献帝本纪》)。

毛玠六月以司空东曹掾陈留为丞相东曹掾(《后汉书·献帝本纪》)。

司马朗六月以元城令河内为主簿，弟司马懿为文学掾(《后汉书·献帝本纪》)。

卢毓六月以冀州主簿为法曹议令史(《后汉书·献帝本纪》)。

崔琰、毛玠六月典选举，所举皆清正之士，由是天下之士莫不以廉节自励(《后汉书·献帝本纪》)。

王朗七月为丞相军师祭酒，随操征荆州(《三国志·蜀志·许靖传》)。

应场七月为丞相掾属(《三国志·魏志·王粲传》)。

阮瑀七月代曹操作书与刘备(《三国志·魏志·王粲传》裴注)。

孔融八月以曹操使路粹枉状奏被杀，夷族(《后汉书·献帝本纪》)。

王粲九月劝刘琮降曹操，被曹操辟为丞相掾，赐爵关内侯，迁军谋祭酒(《三国志·魏志·王粲传》)。

杜夔九月随刘琮归曹操，为军谋祭酒，参太乐事，因令创制雅乐。

按：《三国志·魏志·杜夔传》曰："后表子琮降太祖，太祖以夔为军谋祭酒，参太乐事，因令创制雅乐。夔善钟律，聪思过人，丝竹八音，靡所不能，惟歌舞非所长。时散郎邓静、尹齐善咏雅乐，歌师尹胡能歌宗庙郊祀之曲，舞师冯肃、服养晓知先代诸舞，夔总统研精，远考诸经，近采故事，教习讲肄，备作乐器，绍复先代古乐，皆自夔始也。"

梁鹄九月随荆州平定，归附曹操。

按：《三国志·魏志·武帝本纪》裴注引卫恒《四体书势序》曰："及荆州平，公募求鹄，鹄惧，自缚诣门，署军假司马，使在秘书，以勒书自效。公尝悬著帐中，及以钉壁玩之，谓胜宜官。鹄字孟黄，安定人。魏宫殿题署，皆鹄书也。"

邯郸淳九月为曹操所召见，颇受敬重(《三国志·魏志·王粲传》裴注引《魏略》)。

仲长统参丞相军事(《后汉书·仲长统列传》)。

刘桢为军师祭酒，七月为丞相掾属，从曹操南征(《三国志·魏志·王粲传》)。

繁钦为丞相主簿(《三国志·魏志·王粲传》裴注引《典略》)。

杨修为丞相主簿(《后汉书·杨修列传》)。

按：《三国志·魏志·陈思王传》裴注引《世说》曰："修与贾逵、王凌并为主簿，而为植所友。每当就植,虑事有阙,忖度太祖意,豫作答教十余条,敕门下,教出以次答。教裁出,答已入,太祖怪其捷,推问始泄。"

刘廙为丞相掾属,作笺谢刘表(《三国志·魏志·刘廙传》)。

曹丕为司徒赵温所辟,七月,随父南征(《三国志·魏志·文帝本纪》)。

曹植随曹操南征(曹植《求自试表》)。

赵温时为司徒,以辟曹丕不实,免官(《后汉书·献帝本纪》)。

郗虑八月丁未为御史大夫(《后汉书·献帝本纪》)。

刘劭为御史大夫郗虑辟。拜太子舍人,迁秘书郎(《三国志·魏志·刘劭传》)。

缪袭辟御史大夫府(《三国志·魏志·刘劭传》裴注引《文章志》)。

高堂隆为泰山督邮(《三国志·魏志·高堂隆传》)。

仲长统著《昌言》成。

按:陆侃如《中古文学系年》系于是年。《后汉书·仲长统列传》曰:"后参丞相曹操军事。每论说古今及时俗行事,恒发愤叹息。因著论名曰《昌言》,凡三十四篇,十余万言。"《昌言》又称《仲长子昌言》、《仲长统论》、《蒉山子》,意为当言。《昌言》重人事非天道,主"人事为本,天道为末"。通行本有:1.明胡维新辑《仲长统论》,有万历间《两京遗编》本、《丛书集成初编》本、《元明善本丛书十种》本;2.明归有光辑《蒉山子》,有天启六年(1626)《诸子汇函》本;3.明叶绍泰辑《昌言》,有崇祯15年(1642)《增订汉魏六朝别解》本;4.清严可均辑《昌言》二卷,有嘉庆中《四录堂类集》本,中华书局1958年本;5.清马国翰辑《仲长统昌言》二卷,有《玉函山房辑佚书》本;6.清王仁俊辑《仲长子昌言》一卷,有《玉函山房辑佚书续编三种》本,上海古籍出版社1989年本。

曹操正月作《表赵温选举不实》;六月作《授崔琰东曹掾教》;八月作《宣示孔融罪状令》。九月作《下荆州书》、《与荀彧书追伤郭嘉》;十一月作《与孙权书》、《表刘琮令》(《三国志·魏志·武帝本纪》及裴注、《三国志·魏志·崔琰传》、《三国志·魏志·田畴传》裴注、《三国志·吴志·孙权传》裴注引《江表传》)。

按:陆侃如《中古文学系年》系于是年。

王粲作《初征赋》、《杂诗四首》("鸷鸟化为鸠")。

按:徐公持《建安七子诗文系年考证》(《文学遗产增刊》第十四辑,1982年)系于是年。

阮瑀七月作《纪征赋》,是年又著《苦雨》。

按:徐公持《建安七子诗文系年考证》(《文学遗产增刊》第十四辑,1982年)系于是年。

徐幹七月作《序征赋》(严可均《全后汉文》卷九二)。

按:陆侃如《中古文学系年》系于是年。

陈琳七月作《神女赋》(严可均《全后汉文》卷九二)。

按:陆侃如《中古文学系年》系于是年。

曹丕五月作《曹苍舒诔》;七月著《述征赋》;是年又作《感物赋》(严可均《全三国文》卷四、卷七)。

按：陆侃如《中古文学系年》系于是年。

孔融八月壬子作《临终诗》（《后汉书·孔融列传》）。

按：吴文治《中国文学史大事年表》（黄山书社1987年版）系于是年。

刘表卒(142—)。表字景升，山阳高平人。鲁恭王之后。少师事王畅。与同郡张俭等俱被讪议，号为"八顾"，诏书捕案党人，亡走得免。党禁解，辟大将军何进掾。初平元年，为荆州刺史。后封成武侯。起立学校，博求儒术。事迹见《后汉书》卷七四。

按：《后汉书·刘表列传》曰："（建安）十三年，曹操自将征（刘）表，未至。八月，表疽发背卒。"刘表统治下的荆州学术文化勃然兴起，一度取代洛阳成为全国的学术文化中心。刘表殁后，荆州的学术文化骤然衰落，其后数百年未能复兴。促成荆州学派形成，是东汉末叶以宋忠、司马徽等著名古文经学家为代表的学派。《后汉书·刘表列传》曰："关西、兖、豫学士归者盖有千数"。《后汉书·卫凯传》曰："流入荆州者十余万家。"杜袭、荀攸、繁钦、赵俨、邯郸淳、司马徽、颍容、石韬、徐庶、越戬、杜夔、王粲、宋忠等人都是刘表治下的荆州学术代表者。

孔融卒(153—)。融字文举，鲁国人，孔子二十世孙。"建安七子"之一。少有俊才，勤奋博学。治《严氏春秋》。官至北海相、少府、太中大夫。因常狎侮曹操，操积嫌忌，御史大夫郗虑以微法奏免之，丞相军谋祭酒路粹枉奏融非礼非圣、大逆不道，下狱弃市。著有《春秋杂议难》5卷、集10卷录1卷，著诗、颂等25篇。张溥《汉魏六朝百三家集》实录文31篇，《四库全书》集部二"别集类"《孔北海集》实录文37篇。《离合诗》《六言诗》为孔融首创，后世多有模仿。事迹见《后汉书》卷七〇。

按：《后汉书·孔融列传》曰："（孔融）书奏，下狱弃市。时年五十六。"《后汉书·献帝本纪》曰："（建安十三年）八月……壬子，曹操杀太中大夫孔融，夷其族。"

又按：《四库全书总目提要》卷一四八曰："《孔北海集》一卷，汉孔融撰。案魏文帝《典论·论文》，称'孔氏卓卓，信含异气。笔墨之性，殆不可胜'。《后汉书》融本传亦曰：'魏文帝深好融文辞，叹曰：扬、班俦也。募天下有上融文章者，辄赏以金帛。'所著诗、颂、碑文、论议、六言、策文、表、檄、教令、书记凡二十五篇。《隋书·经籍志》载《汉少府孔融集》九卷，注曰梁十卷，录一卷。则较本传所记已多增益。新、旧《唐书》皆作十卷，盖犹梁时之旧本。《宋史》始不著录，则其集当佚于宋时。此本乃明人所掇拾。凡表一篇、疏一篇、上书三篇、奏事二篇、议一篇、对一篇、教一篇、书十六篇、碑铭一篇、论四篇、诗六篇，共三十七篇。其《圣人优劣论》，盖一文而偶存两条，编次者遂析为两篇，实三十六篇也。张溥《百三家集》亦载是集，而较此本少《再告高密令教》、《告高密县僚属》二篇。大抵掇拾史传类书，多断简残章，首尾不具。不但非隋唐之旧，即苏轼《孔北海赞序》称读其所作《杨氏四公赞》，今本亦无之。则宋人所及见者，今已不具矣。然人既国器，文亦鸿宝。虽阙佚之余，弥可珍也。其六言诗之名见于本传，今所传三章，词多凡近。又皆盛称曹操功德，断以融之生平，可信其义不出此。即使旧本有之，亦必黄初间购求遗文，赝托融作以颂曹操，未可定为真本也。流传既久，姑仍旧本录之，而附纠其伪于此。集中诗文，多有笺释本事者，不知何人所作。奏疏之类，皆附缀篇末。书教之类，则夹注篇题之下。体例自相违异。今悉夹注篇题之下，俾画一焉。"

华佗约卒(110—)。佗，别名旉，字元化，沛国谯人。少喜读书，游学徐土,通《易》、《书》、《礼》、《春秋》,晓养性之术。鄙薄功名利禄,辞孝廉之举和太尉之征。睹民众惨状,立志从医,济世救民,习扁鹊、仓公、张仲景之术,精通外科、内科、儿科、妇科,尤其擅长外科,被誉为外科鼻祖。首创麻沸散、五禽戏等。著有《青囊经》3卷、《华佗内事》5卷、《观形察色与三部脉经》1卷、《老子五禽六气诀》1卷等。另有题华佗著的《中藏经》,又名《华氏中藏经》。事迹见《后汉书》卷八二下。

  按:《后汉书·方术列传》曰:"华佗字元化,沛国谯人也,一名旉。游学徐土,兼通数经。晓养性之术,年且百岁而犹有壮容,时人以为仙。沛相陈珪举孝廉,太尉黄琬辟,皆不就。精于方药,处齐不过数种,心识分铢,不假称量,针灸不过数处。若疾发结于内,针药所不能及者,乃令先以酒服麻沸散,既醉无所觉,因刳破腹背,抽割积聚。若在肠胃,则断截湔洗,除去疾秽,既而缝合,傅以神膏,四五日创愈,一月之间皆平复。佗尝行道,见有病咽塞者,因语之曰:'向来道隅有卖饼人,萍齑甚酸,可取三升饮之,病自当去。'即如佗言,立吐一蛇,乃悬于车而候佗。时佗小儿戏于门中,逆见,自相谓曰:'客车边有物,必是逢我翁也。'及客进,顾视壁北,悬蛇以十数,乃知其奇。又有一郡守笃病久,佗以为盛怒则差。乃多受其货而不加功。无何弃去,又留书骂之。太守果大怒,令人追杀佗,不及,因瞋恚,吐黑血数升而愈。又有疾者,诣佗求疗,佗曰:'君病根深,应当刳破腹。然君寿亦不过十年,病不能相杀也。'病者不堪其苦,必欲除之,佗遂下疗,应时愈。十年竟死。……曹操闻而召佗,常在左右,操积苦头风眩,佗针,随手而差。……广陵吴普、彭城樊阿,皆从佗学。普依准佗疗,多所全济。"吴文治《中国文学史大事年表》(黄山书社1987年版)系于是年。

  颖容卒,生年不详。容字子严,陈国长平人。博学多通,善《春秋左氏》。师事太尉杨赐。郡举孝廉、州辟、公车征皆不就。初平中,避乱荆州,聚徒千余人。刘表以为武陵太守,不就。著《春秋左氏条例》五万余言。事迹见《后汉书》卷七九下。

  按:颖容卒于建安中,姑系是年。

  管辂(　—256)生(姜亮夫《历代人物年里碑传综表》)。

汉献帝建安十四年　己丑　209年

  十月,荆州地震(《后汉书·献帝本纪》)。

  十二月,刘备领荆州牧,娶孙权妹为妻(《三国志·蜀志·先主传》)。

  曹操三月至谯。七月,引水军自涡入淮,出肥水,军合肥。十二月,还谯(《三国志·魏志·武帝本纪》)。

  曹丕七月随父军合肥,十二月,随父还谯。

  按:曹丕《浮淮赋序》曰:"建安十四年,王师自谯东征,大兴水运,泛舟万艘。时余从行,始入淮口,行泊东山,睹师徒,观旌帆,赫哉盛矣!"

刘桢随曹操南征。

> 按：刘桢《赠五官中郎将（昔我从元后）》称"昔我从元后，整驾至南乡。过彼丰沛都，与君共翱翔。四节相推斥，季冬风且凉"，

韦诞为郡上计吏，特拜郎中（《三国志·魏志·刘邵传》裴注引《文章叙录》）。

曹操七月作《存恤从军吏士家室令》、《以蒋济为扬州别驾令》；十二月作《与韩遂教》、《论张辽功》、《辟蒋济为丞相主簿西曹属令》；是年，作《爵封田畴令》《决议田畴让官教》（《三国志·魏志·武帝本纪》及裴注、《三国志·魏志·蒋济传》、《三国志·魏志·张辽传》裴注、《三国志·魏志·田畴传》裴注）。

> 按：吴文治《中国文学史大事年表》（黄山书社1987年版）系于是年。

刘桢十二月作《赠五官中郎将诗》赠曹丕（《文选》卷三、丁福保《全三国诗》卷三）。

> 按：刘跃进《秦汉文学编年史》系于是年。

曹丕七月作《浮淮赋》（严可均《全三国文》卷四）。

> 按：刘跃进《秦汉文学编年史》系于是年。

王粲七月作《浮淮赋》；十二月作《感物赋》。

> 按：刘跃进《秦汉文学编年史》系于是年。

繁钦作《征天山赋》（严可均《全后汉文》卷九三）。

> 按：严可均于题下注道："案《御览》三百五十三题作《撰征赋》。"陆侃如《中古文学系年》系于是年。

荀悦卒（148—　）。悦字仲豫，颍川颍阴人。荀卿十三孙，荀淑孙，荀俭子。著名政论家、史学家。少好学，家贫无书，所见篇牍，一览多能诵记，年十二善说《春秋》。因不满宦官专权，隐居不仕，后辟镇东将军曹操府，迁黄门侍郎、秘书监、侍中，与荀彧、孔融侍讲禁中。著《汉纪》三十篇数十万言，另有《崇德》、《正论》及诸论数十篇。事迹见《后汉书》卷六二。

> 按：《后汉书·荀悦列传》曰："（荀悦）年六十二，建安十四年卒。"

李典卒（174—　）。典字曼成，山阳巨野人。初招宗族宾客数千家从曹操，为青州刺史、中郎将、离狐太守、裨将军、捕虏将军，性好学问。事迹见《三国志》卷一八。

> 按：《三国志·魏志·李典列传》曰："（李典）年三十六薨。"

夏侯玄（　—254）、傅嘏（　—255）生；夏侯惠（　—245）约生（陆侃如《中古文学系年》）。

汉献帝建安十五年　庚寅　210 年

十二月乙巳朔,日食(《后汉书·献帝本纪》)。

是月,孙权以荆州借刘备。

按:《三国志·蜀志·先主传》引《江表传》曰:"周瑜为南郡太守,分南岸地以给备。备别立营于油江口,改名为公安。刘表吏士见从北军,多叛来投备。备以瑜所给地少,不足以安民,复从权借荆州数郡。"

曹操是春下令求才士,主唯才是举;是冬,建铜爵(雀)台于邺,率诸子登台为赋(《三国志·魏志·武帝本纪》)。

任嘏应曹操举(《三国志·魏志·王昶传》裴注引《任嘏别传》)。

丁廙迁黄门侍郎(《三国志·魏志·陈思王传》裴注引《文士传》)。

薛综为五官中郎将(《三国志·吴志·薛综传》)。

刘劭为计吏,议元会日蚀。

按:《三国志·魏志·刘劭传》曰:"刘劭字孔才,广平邯郸人也。建安中,为计吏,诣许。太史上言:'正旦当日蚀。'劭时在尚书令荀彧所,坐者数十人,或云当废朝,或云宜却会。劭曰:'梓慎、裨灶,古之良史,犹占水火,错失天时。礼记曰诸侯旅见天子,及门不得终礼者四,日蚀在一。然则圣人垂制,不为变异豫废朝礼者,或灾消异伏,或推术谬误也。'或善其言。敕朝会如旧,日亦不蚀。"

士燮与诸弟归附孙权,燮为左将军(《三国志·吴志·士燮传》)。

步骘为吴交州刺史(《三国志·吴志·士燮传》)。

曹操作《求贤令》、《让县自明本志令》、《铜雀台》(《三国志·魏志·武帝本纪》及裴注)。

按:刘跃进《秦汉文学编年史》系于是年。

阮瑀作《为曹公作书与孙权》(《三国志·魏志·武帝本纪》)。

按:陆侃如《中古文学系年》系于是年。

曹植作《铜雀台赋》、《七启》。

按:刘跃进《秦汉文学编年史》、赵幼文《曹植集校注·曹植年表》(人民文学出版社1984年版)系于是年。

周瑜卒(175—　)。瑜字公瑾,庐江舒城人。少精音乐。"文武筹略,万人之英",为孙坚、孙策、孙权大将,都亭侯。事迹见《三国志》卷五四。

按:《三国志·吴志·周瑜列传》曰:"(周)瑜还江陵,为行装,而道於巴丘病卒,时年三十六。"据此可推当卒于此年。

边让约卒,生年不详。让字文礼,陈留浚仪人。少辩博,善占射,能辞对。以高才进,官至九江太守。以乱去官,恃才不屈曹操。文多遗佚,所著《章华赋》,多艳丽之辞。建安中,其乡人有构让于操,操告郡就杀之。事迹见《后汉书》卷八〇下。

按:《后汉书·文苑列传下》曰:"建安中,其乡人有构让于操,操告郡就杀之。"吴文治《中国文学史大事年表》(黄山书社1987年版)系于是年。

刘洪约卒,生年不详。洪字元卓,蒙阴人。鲁王之宗室。少好学,遍览六艺群书,尤好天文历算。后以校尉应太史征,拜郎中,参与二十四节气晷影长度等测算。为常山长史、上计掾、谒者、谷城门侯、会稽东部都尉、山阳太守、曲城侯相。与蔡邕共述《律历记》。有《七曜术》、《八元术》、《乾象历》、《迟疾历》、《阴阳历》、《九经算经》。

阮籍(　—263)生(刘跃进《秦汉文学编年史》)。

汉献帝建安十六年　辛卯　211年

三月,关中马超、韩遂、杨秋等于潼关起兵叛曹操(《三国志·魏志·武帝本纪》)。

九月庚戌,韩遂、马超败于渭南,关西平(《三国志·魏志·武帝本纪》)。

曹操三月遣钟繇击张鲁。七月,征韩遂、马超;九月庚戌,大破韩遂、马超于渭南。十月,自长安北征杨秋。十二月,自安定还。(《三国志·魏志·武帝本纪》)

曹丕正月为五官中郎将,置官属,为丞相副(《三国志·魏志·文帝本纪》)。

曹植正月封平原侯,邑五千户。七月,抱病从操西征马操(《三国志·魏志·陈思王传》、《三国志·魏志·武帝本纪》裴注引《魏略》)。

王粲正月迁军谋祭酒,与徐幹、陈琳、阮瑀、应瑒、刘桢等六人宴游于曹氏兄弟。七月,从操西征马超。八月,随军过首阳山。十月,自长安至安定。十二月,随操军还长安,经三良冢(《三国志·魏志·王粲传》、《三国志·魏志·武帝本纪》、俞绍初《王粲年谱》)。

邯郸淳为曹丕所延(《三国志·魏志·王粲传》裴注引《魏略》)。

刘桢正月为平原侯庶子,谏曹植;为曹丕五官将文学,以平视甄氏获罪,输作(《后汉书·文苑列传》李贤注引《魏志》)。

徐幹正月为五官将文学(《三国志·魏志·王粲传》)。

应场正月为平原侯庶子(《三国志·魏志·王粲传》)。

阮瑀七月为曹操作书与韩遂(《三国志·魏志·王粲志》裴注引《典略》)。

繁钦七月从曹操西征。

按：曹丕《叙繁钦》曰："上西征，余守谯，繁钦从。"

刘廙为五官将文学，答丕书(《三国志·魏志·刘廙传》)。

毋丘俭袭父爵，为平原侯文学(《三国志·魏志·毋丘俭传》)。

邢颙为平原侯家丞(赵幼文《曹植集校注·曹植年表》)。

孟达奉刘璋命，与法正将兵四千迎刘备(《三国志·蜀志·刘封传》、《资治通鉴》卷六六)。

诸葛亮与关羽奉刘备命留镇荆州(《三国志·蜀志·诸葛亮传》)。

曹操正月作《转邴原为五官长史令》、《高选诸子掾属令》；九月作《手书与阎行》、《下令增杜畿秩》、《下州郡称畿功》(《三国志·魏志·武帝本纪》、《三国志·魏志·邴原传》裴注引《原别传》、《三国志·魏志·张既传》裴注引《魏略》)。

按：陆侃如《中古文学系年》系于是年。

阮瑀八月作《吊伯夷》。

按：陆侃如《中古文学系年》系于是年。

王粲八月作《吊夷齐文》。十月作《征思赋》。十二月作《咏史诗》。

按：俞绍初校点《王粲集·王粲年谱》(中华书局1980年版)系于是年。

曹丕七月作《感离赋》(严可均《全三国文》卷四)。

按：陆侃如《中古文学系年》、刘跃进《秦汉文学编年史》系于是年。

徐幹作《西征赋》(严可均《全后汉文》卷九三)。

按：陆侃如《中古文学系年》系于是年。

曹植作《离思赋》、《述行赋》、《咏三良》、《赠丁仪王粲》。

按：陆侃如《中古文学系年》系于是年。

应场作《西征赋》。

按：吴文治《中国文学史大事年表》(黄山书社1987年版)系于是年。

汉献帝建安十七年　壬辰　212 年

六月庚寅晦，日食(《后汉书·献帝本纪》)。

九月庚戌，立皇子刘熙为济阴王，刘懿为山阳王，刘邈为济北王，刘敦为东海王。(以上见《后汉书·献帝本纪》)

是月，孙权从张纮、刘备议，作石头城于秣陵，徙居之，改名建业(《三国志·吴志·吴主传》)。

曹操正月还邺,献帝诏其赞拜不名,入朝不趋,剑履上殿。十月,征孙权(《三国志·魏志·武帝本纪》)。

荀彧谏止曹操进爵,为侍中、光禄大夫,持节,参丞相军事(《三国志·魏志·荀彧传》、《资治通鉴》卷六六)。

董昭谓曹操宜进爵国公(《三国志·魏志·董昭传》裴注引《献帝春秋》)。

曹丕十月从操南征吴,与荀彧论射(《三国志·魏志·荀彧传》)。

华歆十月为尚书令(《三国志·魏志·华歆传》)。

卫觊召还为尚书(《三国志·魏志·卫觊传》)。

刘桢为五官将文学,以不敬丕夫人甄氏,被刑,刑竟署吏(《三国志·魏志·王粲传》)。

吴质出为朝歌长,后迁元城令(《三国志·魏志·吴质传》裴注引《魏略》)。

高诱迁河东监(《淮南子序》)。

王肃18岁,从宋忠习《太玄》(《三国志·魏志·王肃传》)。

按:刘运好《王肃行状与著述考论》(《文献》2002年第2期)曰:"汉建安十七年,肃18岁,《三国志》本传载其从宋忠读《太玄》,作《太玄解》。又曰:'初,肃善贾、马之学,而不好郑氏。'然另据《孔子家语解序》曰:'自肃成童,始志于学,而学郑氏学矣。'(《全三国文》卷二十三)可知肃初习郑氏学,后师从宋忠学。"

阮籍3岁,丧父,生活悲苦。

按:王依民《徐干生卒年考辨》(《文学遗产》1988年第2期)系于是年。

高诱补《淮南》注。

按:刘跃进《秦汉文学编年史》系于是年。

曹操正月作《止省东曹令》;是春,作《登台赋》;十月作《留荀彧表》;是年,作《与王修书》(《三国志·魏志·武帝本纪》、《三国志·魏志·贾逵传》注引《魏略》、《后汉书·荀彧列传》)。

按:陆侃如《中古文学系年》系于是年。

王肃作《太玄解》(《三国志·魏志·王肃传》)。

按:参见本年"王肃18岁,从宋忠习《太玄》"条。

王粲十月作《为荀彧与孙权檄》、《阮元瑜诔》、《寡妇赋》(《三国志·魏志·荀彧传》、《北堂书钞》卷一〇三、《艺文类聚》卷三四)。

按:陆侃如《中古文学系年》系于是年。《阮元瑜诔》、《寡妇赋》吊阮瑀及其妻。

曹丕正月作《答繁钦书》、《叙繁钦》;是春,作《登台赋》;又作《寡妇赋》及《寡妇诗并序》。

按:陆侃如《中古文学系年》系于是年。

曹植作《登台赋》、《光禄大夫荀侯诔》、《寡妇诗》(《三国志·魏志·陈思王传》注引徐澹《魏志》、《艺文类聚》卷六二、卷四九、《文选》李善注引)。

按:陆侃如《中古文学系年》系于是年。

繁钦正月作《与魏太子书》(严可均《全后汉文》卷九三)。

按：陆侃如《中古文学系年》系于是年。

潘勖十月作《荀彧碑》（严可均《全后汉文》卷八七）。

按：陆侃如《中古文学系年》、刘跃进《秦汉文学编年史》系于是年。

刘桢作《处士国文甫碑》（严可均《全后汉文》卷六五）。

按：陆侃如《中古文学系年》、刘跃进《秦汉文学编年史》系于是年。

应玚作《侍五官中郎将建章台集诗》。

按：徐公持《建安七子诗文系年考证》（《文学遗产增刊》第十四辑，1982年）定于是年。

潘岳十月著《寡妇赋》。

按：吴文治《中国文学史大事年表》系于是年。

丁仪著《寡妇赋》（严可均《全后汉文》卷九六）。

荀彧卒(163—　)。彧字文若，颍川颍阴人。荀淑孙，济南相荀绲子，荀况十三世孙。少有才名。举孝廉，为守宫令、亢父令。每怀匡佐之义，弃袁绍从曹操，崇明王略，以急国难，行正道，举贤才。封万岁亭侯，谥敬侯。事迹见《后汉书》卷七〇、《三国志》卷一〇。

按：《后汉书·郑孔荀列传》曰："（建安）十七年，董昭等欲共进操爵国公，九锡备物，密以访（荀）彧。……书奏，帝从之，遂以彧为侍中、光禄大夫，持节，参丞相军事。至濡须，彧病留寿春，操馈之食，发视，乃空器也，于是饮药而卒。时年五十。论曰：'自迁帝西京，山东腾沸，天下之命倒县矣。荀君乃越河、冀，间关以从曹氏。察其定举措，立言策，崇明王略，以急国艰，岂云因乱假义，以就违正之谋乎？诚仁为己任，期纾民于仓卒也。及阻董昭之议，以致非命，岂数也夫！世言荀君者，通塞或过矣。常以为中贤以下，道无求备，智算有所研疏，原始未必要末，斯理之不可全诘者也。夫以卫赐之贤，一说而毙两国。彼非薄于仁而欲之，盖有全必有丧也，斯又功之不兼者也。方时运之屯邅，非雄才无以济其溺，功高势强，则皇器自移矣。此文时之不可并也。盖取其归正而已，亦杀身以成仁之义也。'"

张纮卒(153—　)。纮字子纲，广陵人。为孙策制定割据江东、问鼎中原、匡辅汉室、成桓文霸业的战略发展大计，先后辅佐孙策、孙权。少游学京师，入太学，事博士韩宗，治京氏《易》、欧阳《尚书》；又于外黄从濮阳受《韩诗》及《礼记》《左氏春秋》。举茂才，大将军何进、太尉朱俊、司空荀爽三府辟为掾，皆称疾不就。长于辞赋，著诗、赋、铭、诔等十余篇。事迹见《三国志》卷五三。

阮瑀卒。瑀字元瑜，陈留尉氏人。"建安七子"之一。少有志节，有隽才，应机捷丽，受业于蔡邕，蔡邕叹曰："童子奇才，朗朗无双"。长于辞赋、音乐。为曹操记室，任司空军师祭酒，与陈琳共同起草国书和檄文。长于章表，善作书檄，军国书檄，多瑀所作。又能诗，其《驾出北郭门行》有名。《隋志》著录《阮瑀集》5卷，明人辑有《阮元瑜集》1卷。事迹见《三国志》卷二一。

按：《三国志·魏志·王粲列传》曰："（阮）瑀以（建安）十七年卒。"

马腾卒，生年不详。腾字寿成，扶风茂陵人。东汉伏波将军马援的后代，三国蜀将马超之父。

按：《后汉书·献帝本纪》曰："（建安）十七年夏五月癸未，诛卫尉马腾，夷三族。"

汉献帝建安十八年　癸巳　213年

正月庚寅，诏并十四州为兖、豫、青、徐、荆、扬、冀、益（梁）、雍九州，复《禹贡》旧称。

按：《后汉书·献帝本纪》注曰："《献帝春秋》曰：'时省幽、并州，以其郡国并于冀州；省司隶校尉及凉州，以其郡国并为雍州；省交州，并荆州、益州。于是有兖、豫、青、徐、荆、扬、冀、益、雍也。'九数虽同，而《禹贡》无益州而有梁州，然梁、益亦一地也。"

五月丙申，曹操自立为魏公，加九锡。徙赵王珪为博陵王（《后汉书·孝献帝本纪》）。

七月，魏始建社稷宗庙（《三国志·魏志·武帝本纪》、《资治通鉴》卷六六）。

十一月，魏国初置尚书、侍中、六卿（《三国志·魏志·武帝本纪》、《资治通鉴》卷六六）。

曹操正月破孙权江西营。三月，军谯。四月，还邺。五月丙申，以丞相领冀州牧如故。十一月，命王粲、卫觊典制度，草创朝仪。是年，凿利漕渠（《三国志·魏志·武帝本纪》）。

王粲正月随曹操进军濡须口。四月，还邺。五月，两次与王朗进笺劝曹操。十一月，与杜袭、卫觊、和洽为魏侍中，典制度，草创朝仪（《三国志·魏志·王粲传》、《三国志·魏志·武帝本纪》裴注引《魏氏春秋》）。

王朗五月与王粲、荀攸两次进笺劝曹操进。七月，领魏郡太守（《三国志·魏志·王朗传》）。

曹丕是春从操军谯，五月纳郭氏；是年，从操出猎（《三国志·魏志·文帝本纪》）。

曹植是春从操军谯，是秋，与夏侯威别（《三国志·魏志·陈思王传》）。

潘勖五月迁尚书右丞（《三国志·魏志·卫觊传》裴注引《文章志》）。

刘廙七月为黄门侍郎（《三国志·魏志·刘廙传》）。

荀攸十一月为尚书令（《三国志·魏志·武帝本纪》）。

凉茂十一月为仆射（《三国志·魏志·武帝本纪》）。

毛玠、崔琰、常林、徐奕、何夔十一月为尚书（《三国志·魏志·武帝本纪》）。

钟繇十一月为大理（《三国志·魏志·武帝本纪》）。

王修十一月为大司农（《三国志·魏志·武帝本纪》）。

阿勒曼尼人入南日耳曼尼亚，哥特人入多瑙河下游。

袁涣十一月为郎中令、行御史大夫事(《三国志·魏志·武帝本纪》)。

陈群十一月为御史中丞(《三国志·魏志·武帝本纪》)。

高堂隆十一月迁为丞相军议掾。

按：《三国志·魏志·高堂隆传》曰："建安十八年，太祖召为丞相军议掾。"

仲长统复为尚书郎(《三国志·魏志·刘劭传》裴注引《上统昌言表》)。

袁涣为郎中令，行御史大夫事，请大收篇籍。

按：《三国志·魏志·袁涣传》曰："魏国初建，为郎中令，行御史大夫事。涣言于太祖曰：'今天下大难已除，文武并用，长久之道也。以为可大收篇籍，明先圣之教，以易民视听，使海内斐然向风，则远人不服可以文德来之。'太祖善其言。"

骆统召为功曹，行骑都尉，娶孙权兄孙辅女(《三国志·吴志·骆统传》)。

曹操五月作《让九锡表》、《辞九锡令》、《上书谢策命魏公》；七月作《议复肉刑令》、《辨卫臻不同朱越谋反论》、《内诫令》；九月作《杨阜让爵报》、《下州郡》；十一月作《以杜畿为尚书仍镇河东令》(《三国志·魏志·武帝本纪》裴注引、《艺文类聚》卷五三、《三国志·魏志·杨阜传》、《三国志·魏志·杜畿传》裴注、《三国志·魏志·陈群传》、《三国志·魏志·卫臻传》)。

按：陆侃如《中古文学系年》系于是年。

曹丕是春作《临涡赋》；是年又作《校猎赋》。

按：吴文治《中国文学史大事年表》系于是年。

曹植是春作《临涡赋》、《归思赋》；七月，奉母命作《叙愁赋》。是秋，作《离友诗》2首。

按：吴文治《中国文学史大事年表》系于是年。

潘勖五月作《九锡文》。

按：陆侃如《中古文学系年》系于是年。《三国志·魏志·卫凯传》裴注引《文章志》曰："魏公九锡命，勖所作也。"

王粲七月作《太庙颂》，改创《俞儿舞歌》四篇及登歌《安世诗》，并用之；是年，作《蕤宾钟铭》、《无射钟铭》、《校猎赋》。

按：《晋书·乐志上》曰："阆中有渝水，因其所居，故名曰《巴渝舞》。舞曲有《矛渝本歌曲》、《安弩渝本歌曲》、《安台本歌曲》、《行辞本歌曲》，总四篇。其辞既古，莫能晓其句度。魏初，乃使军谋祭酒王粲改创其词。粲问巴渝帅李管、种玉歌曲意，试使歌，听之，以考校歌曲，而为之改为《矛渝新福歌曲》、《弩渝新福歌曲》、《安台新福歌曲》、《行辞新福歌曲》，《行辞》以述魏德。"《太庙颂》，《粲集》作《显庙颂》，见《古文苑》卷十二。《宋书·乐志》曰："侍中缪袭又奏：'……自魏国初建，侍中王粲所作登歌《安世诗》，专以思咏神灵鉴享之意。'王粲所造《安世诗》，今亡。"吴文治《中国文学史大事年表》系于是年。

又按：《校猎赋》，又作《羽猎赋》，《古文苑》卷七章樵注引挚虞《文章流别论》曰："建安中，魏文帝从武帝出猎，赋，命陈琳、王粲、应玚、刘桢并作。琳为《武猎》，粲为《羽猎》，玚为《西狩》，桢为《大阅》。凡此各有所长，粲其最也。"吴文治《中国文学史大事年表》系于是年。

陈琳作《武猎赋》(《古文苑》卷七章樵注引挚虞《文章流别论》)。

应玚作《西狩赋》(《古文苑》卷七章樵注引挚虞《文章流别论》)。

刘桢作《大阅赋》(《古文苑》卷七章樵注引挚虞《文章流别论》)。

诸葛亮作《上先主书》(严可均《全三国文》卷五八)。

按：陆侃如《中古文学系年》系于是年。

汉献帝建安十九年　甲午　214年

三月，天子使曹操位在诸侯王上，改授金玺、赤绂、远游冠(《三国志·魏志·武帝本纪》)。

闰五月，刘备破刘璋，据益州定蜀(《后汉书·献帝本纪》)。

按：《三国志·蜀志·先主传》曰："蜀中殷盛丰乐，先主置酒大飨士卒，取蜀城中金银分赐将士，还其谷帛。先主复领益州牧，诸葛亮为股肱，法正为谋主，关羽、张飞、马超为爪牙，许靖、麋竺、简雍为宾友。"《资治通鉴》卷六七曰："备入成都，置酒，大飨士卒。取蜀城中金银，分赐将士，还其谷帛。备领益州牧，以军师中郎将诸葛亮为军师将军，益州太守南郡董和为掌军中郎将，并置左将军府事，偏将军马超为平西将军，军议校尉法正为蜀郡太守、扬武将军，裨将军南阳黄忠为讨虏将军，从事中郎麋竺为安汉将军，简雍为昭德将军，北海孙乾为秉忠将军，广汉长黄权为偏将军，汝南许靖为左将军长史，庞羲为司马，李严为犍为太守，费观为巴郡太守，山阳伊籍为从事中郎，零陵刘巴为西曹掾，广汉彭羕为益州治中从事。"

又按：献帝初平元年，刘焉为益州牧。次年，使张鲁等攻据汉中，时关中三辅、南阳等地大量士民流入益州，为刘焉所收。《后汉书·刘焉传》："初，南阳、三辅数万户流入益州，焉悉收以为众，名曰东州兵。"于是益州人口大增。其中亦有不少士人，汉末蜀中名士法正、孟达、董和、邓芝等均因避乱而入蜀。建安十三年，刘备在任荆州牧的七八年间，先后招揽襄阳杨仪、向朗、廖化、马谡，南阳王连、霍峻、宗预、许慈，新野邓芝、来敏，零陵蒋琬等入荆。至是年闰五月，刘备逐刘璋，自领益州牧。随刘备由荆入蜀的诸多文人与先行寓居益州的两股士人力量合为一体，加之许慈、许靖等由交州入蜀，以此形成益州区域文化学术中心。《三国志·蜀书》列传59人，其中益州土著16人，客籍40人，客籍中荆州人士达27人，由此可见刘备于荆州延揽文士之功。

十一月丁卯，曹操杀皇后伏氏，灭其族及二皇子。(以上见《后汉书·献帝本纪》)

曹操七月征孙权(《三国志·魏志·武帝本纪》)。

曹植闰五月徙魏临淄侯，七月留守邺。

按：《三国志·魏志·陈思王传》曰："十九年，徙封临菑侯。太祖征孙权，使植留守邺，戒之曰：'吾昔为顿邱令，年二十三。思此时所行，无悔于今。今汝年亦二十三矣，可不勉与！'"

郑袤、徐幹为魏临淄侯文学(《晋书·郑袤列传》)。

吴质七月迁魏元城令，过邺，劝曹丕流涕送征，到任后，作笺与丕（《三国志·魏志·王粲传》裴注引《魏略》、《世说》）。

按：裴注引《世说新语》曰："魏王尝出征，世子及临菑侯植并送路侧。植称述功德，发言有章，左右属目，王亦悦焉。世子怅然自失，吴质耳曰：'王当行，流涕可也。'及辞，世子泣而拜，王及左右咸歔欷，于是皆以植辞多华，而诚心不及也。"

杨修七月劝曹植斩守者。

按：《三国志·魏志·陈思王传》裴注引《世说》曰："（修）与丁仪兄弟，皆欲以植为嗣……太祖遣太子及植各出邺城一门，密敕门不得出，以观其所为。太子至门，不得出而还。脩先戒植：'若门不出侯，侯受王命，可斩守者。'植从之。"

丁仪、丁廙、杨修为曹植羽翼，多次劝说曹操立植为嗣（《三国志·魏志·陈思王传》）。

路粹为魏秘书令（《三国志·魏志·王粲传》裴注引《典略》）。

诸葛亮是夏入蜀，为军师将军，署左将军，作书答关羽（《三国志·蜀志·诸葛亮传》）。

杜琼为蜀议曹从事（《三国志·蜀志·杜琼传》）。

周群为蜀儒林校尉，谏备勿与曹操争汉中（《三国志·蜀志·周群传》）。

孟光为蜀议郎，与许慈等并掌制度（《三国志·蜀志·孟光传》）。

来敏署蜀典学校校尉（《三国志·蜀志·来敏传》）。

尹默为蜀劝学从事（《三国志·蜀志·尹默传》）。

曹操五月作《征吴教》、《原贾逵教》；七月作《戒子植》、《悼荀攸下令》；十月作《夏侯渊平陇右令》；十一月作《假为献帝策收伏后》；十二月作《谢置旄头表》、《敕有司取士毋废偏短令》、《选军中典狱令》、《以高柔为理曹掾令》。是年，作《报崩越书》。

按：陆侃如《中古文学系年》系于是年。

曹丕闰五月作《槐赋》。

按：陆侃如《中古文学系年》系于是年。

曹植三月作《赠王粲》诗，以劝慰粲；闰五月作《槐树赋》与丕唱和；七月作《东征赋》；是年，作《与吴季重书》。

按：吴文治《中国文学史大事年表》系于是年。

王粲闰五月作《槐赋》；是夏，作《大暑赋》。

按：吴文治《中国文学史大事年表》系于是年。

杨修七月作《出征赋》（严可均《全后汉文》卷五一）。

按：陆侃如《中古文学系年》系于是年。

刘桢作《戒临淄侯书》。

按：刘跃进《秦汉文学编年史》系于是年。

应璩作《与刘公幹书》（严可均《全三国文》卷三十）。

按：陆侃如《中古文学系年》系于是年。

荀攸卒（157—　）。攸字公达，荀彧从子，颍川颍阴人。辟公府，举高第,为任城相、汝南太守、尚书。后为曹操中军师、尚书令,有奇策,封陵树亭侯。事迹见《三国志》卷十。

按:吴海林、李延沛《中国历史人物生卒年表》(黑龙江人民出版社1981年版)系于是年。

庞统卒(179—)。统字士元,荆州襄阳人。少时朴钝,未有识者。颍川司马徽称异之。后郡命为功曹。性好人伦,勤于长养。与诸葛亮并为军师中郎将。在进围雒县时,率众攻城,为流矢所中,卒。事迹见《三国志》卷三七。

按:吴海林、李延沛《中国历史人物生卒年表》(黑龙江人民出版社1981年版)系于是年。

汉献帝建安二十年　乙未　215年

正月甲子,立贵人曹氏为皇后(《后汉书·献帝本纪》、《资治通鉴》卷六七)。

五月,孙权、刘备划分荆州(《资治通鉴》卷六七)。

七月,曹操破汉中,张鲁降,汉中道民数万户随之北迁长安、三辅、洛阳、邺城(《后汉书·献帝本纪》、《三国志·魏志·张鲁传》、《资治通鉴》卷六七)。

九月,巴七姓夷王朴胡、賨邑侯杜濩举巴夷、賨民归附曹操,于是分巴郡,以朴胡为巴东太守,杜濩为巴西太守,皆封列侯(《三国志·魏志·武帝本纪》)。

十月,始置名号侯至五大夫,与旧列侯、关内侯凡六等,以赏军功(《三国志·魏志·武帝本纪》)。

曹操三月西征张鲁,驻长安。七月,破张鲁于汉中,入南郑。九月,承制封拜诸侯守相。十二月,自南郑还(《三国志·魏志·武帝本纪》)。

刘廙三月上疏谏曹操亲征蜀(《三国志·魏志·刘廙传》)。

王粲五月与丕至官渡,七月,随军至阳平,入南郑。十二月,随军自南郑还(《三国志·魏志·王粲传》及裴注)。

陈琳十二月随曹操定南郑还,西征(陈琳《为曹洪与魏太子书》)。

刘劭拜太子舍人(《三国志·魏志·刘劭传》)。

潘勖迁东海相,未发,留拜尚书左丞(《三国志·魏志·卫凯传》裴注引《文章志》)。

路粹从军至汉中,以罪诛(《三国志·魏志·王粲传》裴注引《典略》)。

张鲁降曹操,被拜镇南将军,封阆中侯,随曹操移居邺城(《三国志·魏志·张鲁传》)。

诸葛亮据南郡(《三国志·蜀志·先主传》、《资治通鉴》卷六七)。

高卢人获罗马公民权。

刘劭作《爵制》。

按：姚振宗《三国艺文志》卷二曰："按魏国初建于建安十八年五月，此《爵制》证以本纪，当作于是年。"

曹操三月作《合肥密教》、《报刘廙》。

按：吴文治《中国文学史大事年表》（黄山书社1987年版）系于是年。

曹丕三月作《与锺繇书》；五月，作《与吴质书》；九月作《答曹洪书》；是年，作《柳赋》。

按：曹丕《柳赋序》曰："昔建安五年，上与袁绍战于官渡，是时余始植斯柳。自彼迄今，十有五载矣。左右仆御已多亡，感物伤怀，乃作斯赋。"张可礼《三曹年谱》（齐鲁书社1983年版）系于是年。

王粲五月作《爵论》、《柳赋》。

按：俞绍初校点《王粲集·王粲年谱》（中华书局1980年版）系于是年。

应玚作《杨柳赋》、《西征赋》（严可均《全后汉文》卷四二）。

按：吴文治《中国文学史大事年表》（黄山书社1987年版）系于是年。

繁钦作《柳赋》。

按：吴文治《中国文学史大事年表》（黄山书社1987年版）系于是年。

陈琳作《为曹洪与魏太子书》、《柳赋》。

按：吴文治《中国文学史大事年表》（黄山书社1987年版）、刘跃进《秦汉文学编年史》（商务印书馆2006年）系于是年。

曹植《赠丁仪王粲诗》。

按：刘跃进《秦汉文学编年史》（商务印书馆2006年）系于是年。

潘勖卒（约155— ）。勖初名芝，字元茂，陈留中牟人。才敏兼通，明习旧事，以文章显。献帝时为尚书郎，迁右丞，未东海相，未发，留拜尚书左丞。《全后汉文》载其文4篇。

按：《三国志·魏志·吴质列传》引《文章志》曰："勖字元茂，初名芝，改名勖，后避讳。或曰勖献帝时为尚书郎，迁右丞。诏以勖前在二千石曹，才敏兼通，明习旧事，敕并领本职，数加特赐。（建安）二十年，迁东海相。未发，留拜尚书左丞。其年病卒，时年五十馀。"

蔡琰约卒。琰字文姬，陈留圉人。蔡邕女。博学有才辩，通音律。兴平中，为匈奴所虏，居胡十二年，被曹操赎回。《全汉诗》载其诗20首。其《悲愤诗》五言及骚体各1首、琴曲歌辞《胡笳十八拍》为千古名篇。事迹见《后汉书》卷八四。

按：吴文治《中国文学史大事年表》（黄山书社1987年版）系于是年，今从之。

路粹卒（170— ）。粹字文蔚，陈留人。少学于蔡邕。初平中，随车驾至三辅。建安初，以高才拜尚书郎，为后曹操军谋祭酒，典记室，秘书令。《路粹集》2卷，已佚，《全后汉文》载其文2篇。

按：陆侃如《中古文学系年》系于是年。

皇甫谧（ —282）生（陆侃如《中古文学系年》）。

汉献帝建安二十一年　丙申　216 年

　　三月，曹操亲耕田（《三国志·魏志·武帝本纪》）。

　　四月，曹操仍以丞相领冀州牧，其女为公主，自进号魏王（《三国志·魏志·武帝本纪》）。

　　五月乙亥朔，日食（《三国志·魏志·武帝本纪》）。

　　七月，匈奴南单于来朝（《后汉书·献帝本纪》）。

　　是年，曹操杀琅邪王刘熙，除琅邪国（《后汉书·献帝本纪》）。

　　曹操二月还邺。十月，征孙权。十一月，至谯（《三国志·魏志·武帝本纪》）。

　　王粲二月还邺从曹操。十月，征吴。十一月，至谯（《三国志·魏志·王粲传》）。

　　丁仪五月用事，谮崔琰、徐奕、毛玠、何夔等（《三国志·魏志·崔琰传》）。

　　钟繇八月为魏相国（《三国志·魏志·武帝本纪》）。

　　邯郸淳为临淄侯傅（《三国志·魏志·王粲传》裴注引《魏略》）。

　　徐幹除上艾长，以疾不行（《三国志·魏志·王粲传》裴注引《先贤行状》）。

　　张纮谏孙权再出军，还家途中卒（《三国志·吴志·张纮传》）。

　　曹操二月作《春祠令》；五月作《赐死崔琰令》、《与和洽辩毛玠谤毁令》。是年，作《百辟刀令》。

　　按：陆侃如《中古文学系年》系于是年。

　　曹丕作《铸五熟釜底与钟繇书》、《五熟釜铭》。

　　按：刘跃进《秦汉文学编年史》系于是年。

　　曹植三月作《籍田赋》；五月作《蕤宾钟铭》。七月作《与杨德祖书》、《大暑赋》、《鹖鸟赋》、《无设钟铭》；是年，作《愁霖赋》、《宝刀赋》、《宝刀铭》。

　　按：吴文治《中国文学史大事年表》、刘跃进《秦汉文学编年史》系于是年。

　　王粲十月作《羽猎赋》、《神女赋》；是年，作《刀铭》。

　　按：《文选》卷二七李善注曰："《魏志》曰：建安二十一年粲从征吴。作此四篇（指《从军诗》后四首）。"

　　应玚十月作《神女赋》，是年作《愁霖赋》、《西狩赋》、《校猎赋》、《侍五官中郎将建章台集诗》。

　　按：吴文治《中国文学史大事年表》系于是年。

　　杨修作《答临淄侯笺》（《文选》卷四十）。

罗马卡拉卡拉入帕提亚，取亚美尼亚，灭奥斯罗伊娜王国。

按：《三国志·魏志·陈思王传》裴注引《典略》曰："又是时临淄侯植以才捷爱幸，来意投修，数与修书……修答曰……其相往来如此甚数。"陆侃如《中古文学系年》系于是年。

陈琳作《檄吴将校部曲文》。

按：徐公持《建安七子诗文系年考证》（《文学遗产增刊》第十四辑，1982年）系于是年。

崔琰卒(163—)。 琰字季珪，清河东武城人。少朴讷好击剑，尚武事。年二十三，感激读《论语》、《韩诗》。至年二十九，乃就郑玄受学。归以琴书自娱。袁绍辟为骑都尉，后为曹操冀州别驾从事，为曹丕傅，西、东曹掾，征事，尚书，迁中尉。其所举用，皆清正之士，虽于时有盛名而行不由本者，终莫得进。务以俭率人，由是天下之士莫不以廉节自励。事迹见《三国志》卷一二。

按：张可礼《三曹年谱》（齐鲁书社1983年版）系于是年。

张鲁卒，生年不详。鲁字公旗，沛国丰人。张陵孙，张衡子。继父祖之业，自号"师君"。以鬼道教明，入其教者为鬼卒。得汉中，领汉宁太守，有治绩。降曹操后为镇南将军，封阆中侯，食邑万户。卒谥原侯。著有《老子想尔注》。事迹见《后汉书》卷七五。

按：张鲁北迁，是中国道教史上的一件大事，它使五斗米道在全国范围传播开来，并逐渐向上层社会发展，转化为维护封建统治阶级利益的士族道教；同时又造成五斗米道内部思想上组织上的分化，营造出新道书、新道派产生的环境，开启南北朝天师道之变革，从而为完成原始民间宗教向官方正统宗教嬗变、蔚成道教正宗奠定了基础。《老子想尔注》，全称《老君道德经想尔训》，一名《想尔注》。通行本有：1956年香港版《老子想尔注校笺》、1991年上海古籍出版社《老子想尔注校证》。此书用神学观点解释《老子》思想，以神仙长生说为核心，融民间信仰、老子学说、儒家伦常为一，是五斗米道经典。

汉献帝建安二十二年　丁酉　217年

禁卫军长官马克里努斯弑罗马卡拉卡拉，遂登位。

正月，曹操自将击孙权（《三国志·魏志·武帝本纪》）。

四月，曹操设天子旌旗，出入警跸（《三国志·魏志·武帝本纪》）。

五月，曹操作泮宫（《三国志·魏志·武帝本纪》）。

十月，曹操冕用十二旒，备天子乘舆；立曹丕为太子（《三国志·魏志·武帝本纪》）。

是年，大疫，"建安七子"中王粲、陈琳、徐幹、应玚、刘桢卒于疫（《后汉书·献帝本纪》）。

刘备率诸将进兵汉中,遣张飞、马超、吴兰等屯下辨(《三国志·魏志·武帝本纪》、《资治通鉴》卷六七)。

曹操正月东征孙权。三月,引军还,留夏侯惇、曹仁、张辽等屯居巢(《三国志·魏志·武帝本纪》)。

王粲正月随曹操东征孙权(《三国志·魏志·王粲传》)。

曹植十月增邑五千户,与杨修醉而走马于司马门,犯门禁,触怒曹操,宠大衰(《三国志·魏志·陈思王传》)

按:《三国志·魏志·陈思王传》又载曹植妻衣绣违制,被操赐死。

王昶为曹丕太子文学(《三国志·魏志·王昶传》)。

高堂隆为魏历城侯文学。

按:《三国志·魏志·高堂隆传》曰:"后为历城侯徽文学。"《魏志·东平灵王徽传》曰:"建安二十二年,(曹徽)封历城侯。"

华歆六月为魏御史大夫(《后汉书·献帝本纪》、《三国志·魏志·武帝本纪》)。

王朗迁魏少府(《三国志·魏志·王朗传》)。

严畯慷慨流涕,强辞任军职(《三国志·吴志·严畯传》)。

法正说刘备取汉中。

按:系年据吴文治《中国文学史大事年表》,黄山书社1987年。

阮籍8岁,性恬静,能属文。

按:《太平御览》卷六〇二引《魏氏春秋》曰:"阮籍幼有奇才异志,八岁能属文,性恬静。"

曹操三月作《赐夏侯惇伎乐名倡令》;八月作《举贤勿拘品行令》;十月作《立太子令》、《曹植私开司马门下令》、《又下诸侯长史令》;是冬,作《使辛毗曹休参治下辩令》。

按:陆侃如《中古文学系年》系于是年。

曹丕是冬著《典论》成,又作《答卞兰教》、《与王朗书》、《与钟繇书》。

按:吴文治《中国文学史大事年表》(黄山书社1987年版)系于是年。《三国志·魏志·文帝本纪》裴注引《魏书》曰:"帝初在东宫,疫疠大起,时人彫伤,帝深感叹,与素所敬者大理王朗书曰:'生有七尺之形,死唯一棺之土,唯立德扬名,可以不朽,其次莫如著篇籍。疫疠数起,士人彫落,余独何人,能全其寿?'故论撰所著《典论》、诗赋,盖百余篇,集诸儒于肃城门内,讲论大义,侃侃无倦。"裴注又引胡冲《吴历》曰:"帝以素书所著《典论》及诗赋饷孙权,又以纸写一通与张昭。"

曹植正月作《王仲宣诔》;是冬,作《说疫气》(严可均《全三国文》卷一九、卷一八)。

按:刘跃进《秦汉文学编年史》系于是年。

卞兰作《赞述太子赋》。

按:卞兰先作《赞述太子赋》,曹丕再作《答卞兰教》。

杨修作《孔雀赋》(严可均《全后汉文》卷五一)。

按:陆侃如《中古文学系年》系于是年。

王粲卒(177—)。粲字仲宣,山阳高平人,王龚曾孙,王畅孙。"建安七子"之冠冕。博学多识,多才艺,辩论应机,善属文,尤长于辞赋。性善算,作《算术》,略尽其理。著有《尚书问》4卷、《汉末英雄记》10卷、《新撰杂阴阳书》30卷、《去伐论集》3卷、《算术》、《荆州文学官志》、《魏国登歌》、《魏国安世歌》、《魏国俞儿舞歌》4篇、《魏朝仪》,集60篇。著诗、赋、论60篇。《七哀诗》、《登楼赋》为千古名篇。与曹植并称为"曹王"。《隋志》著录《王粲集》11卷,《全后汉文》载其文48篇,《全三国诗》载26篇。明辑有《王侍中集》。今人辑注有俞绍初《王粲集》、吴云、唐绍忠《王集集注》。事迹见《三国志》卷二一。

按:《三国志·魏志·王粲列传》曰:"(建安)二十二年春,道病卒,时年四十一。"汤用彤《魏晋玄学论稿》(上海古籍2001年版)、王晓毅《儒释道与魏晋玄学形成》(中华书局2003年版)、《中国文化的清流》(中国社会科学出版社1991年版)等认为王弼玄学思想产生的家学渊源与王集一定关系。**又按**:以建安七子诗文为对象进行整理的有俞绍初《建安七子集》,吴云主编的《建安七子集校注》,郁贤皓、张采民的《建安七子诗笺注》,韩格平的《建安七子诗文集校注译析》等。

又按:《四库全书总目提要》卷六一曰:"《汉末英雄记》一卷,旧本题魏王粲撰。粲字仲宣,高平人,仕魏为丞相掾,赐爵关内侯,事迹具《三国志》本传。按粲卒于建安中。其时黄星虽兆,玉步未更,不应名书以'汉末',似后人之所追题。然考粲《从军诗》中已称曹操为圣君,则俨以魏为新朝,此名不足怪矣。《隋志》著录作八卷,注云残阙。其本久佚。此本乃王世贞杂抄诸书成之。凡四十四人,大抵取于裴松之《三国志注》为多。如《水经注》载'白狼山曹操敲马鞍作十片'事,本习见之书,乃漏而不载。又如'筑易京'本公孙瓒事,乃于瓒外别出一'张瓒'。以此事属之,不知据何误本,尤疏舛之甚矣。"

陈琳卒(160—)。琳字孔璋,广陵人。"建安七子"之一。长于表章书记。为何进主簿、袁绍典文章。《全后汉文》载其文19篇,《全三国诗》载其诗4篇。《饮马长城窟行》为千古名篇。明人辑有《陈记室集》1卷。事迹见《三国志》卷二一。

按:《三国志·魏志·王粲列传》曰:"(徐)幹、(陈)琳、(应)玚、(刘)桢(建安)二十二年卒。"

徐幹卒(170—)。幹字伟长,北海剧人。"建安七子"之一,汉魏之际思想家、文学家。少习五经,博览传记,闭户自守,以六籍娱心。为曹操司空军谋祭酒、五官将文学,数从征。著《中论》20篇,辞文典雅,颇有奇思,阐述其名实观、人才观、知识论和社会政治思想。以为"凡学者大义为先,物名为后,大义举而物名从之。"反对流行的训诂章句之学。主实立名从,于人才主智德艺兼备,以智为贵,谓知识贵于德行。主学总群道,统其大义。长于诗赋。《隋志》录《徐幹集》5卷,《全后汉文》载10篇,《全三国诗》载4篇。后人辑有《徐伟长集》。事迹见《三国志》卷二一。

按:《中论》通行本有:1.清咸丰四年(1854)《小万卷楼丛书》本;2.1907年潮阳郑氏《龙溪精舍丛书》本;3.清光绪元年(1875)湖北崇文书局《百子全书》本;4.1935年商务印书馆《丛书集成初编》本;5.1936年商务印书馆《四部丛刊》本。

又按:《四库全书总目提要》卷九一曰:"《中论》二卷,汉徐幹撰。幹字伟长,北海剧人。建安中为司空军谋祭酒掾属,五官将文学。事迹附见《魏志·王粲传》。故相沿称为魏人。然幹殁后三四年,魏乃受禅。不得遽以帝统予魏。陈寿作史,托始曹操,称为太祖。遂并其僚属均入《魏志》,非其实也。是书隋、唐志皆作六卷。《隋志》又注云:梁目一卷。《崇文总目》亦作六卷。而晁公武《读书志》、陈振孙《书录解题》并作二卷,与今本合,则宋人所并矣。书凡二十篇,大都阐发义理,原本经训,而归之于圣贤之道。故前史皆列之儒家。曾巩《校书序》云:始见馆阁《中论》二十篇,及观《贞观政要》,太宗称尝见幹《中论》复三年丧篇,今书独阙。又考之《魏志》,文帝称幹著《中论》二十余篇,乃知馆阁本非全书。而晁公武又称李献民所见别本,实有'复三年'、'制役'二篇。李献民者,李淑之字,尝撰《邯郸书目》者也。是其书在宋仁宗时尚未尽残阙,巩特据馆阁不全本著之于录,相沿既久,所谓别本者不可复见,于是二篇遂佚不存。又书前有原序一篇,不题名字,陈振孙以为幹同时人所作。今验其文,颇类汉人体格,知振孙所言为不诬。惟《魏志》称幹卒于建安二十二年,而序乃作于二十三年二月,与史颇异。传写必有一讹,今亦莫考其孰是矣。"

应玚卒。玚字德琏,汝南南顿人,应劭侄。"建安七子"之一。为曹操丞相掾属,后任平原侯庶子,又转五官中郎将文学。持重文轻质的文质观。善赋,辞赋创作短小精悍,体现骈文化倾向。诗歌风格"和而不壮",体现"怨而不怒,哀而不伤"的中和之美。《全后汉文》载其文19篇,《全三国诗》载其诗6篇。明人辑有《应德琏集》1卷。事迹见《三国志》卷二一。

刘桢卒。桢字公幹,东平宁阳人。"建安七子"之一。少以才学知名,年八九能诵《论语》、诗、论、辞赋数万言。有《毛诗义问》。行文才思隽锐,其五言诗风格遒劲,语言质朴,与曹植并称为"曹刘"。曹丕将其诗文整理成集,《隋书·经籍志》著录有集4卷。今存《汉魏六朝百三名家集》收《刘公干集》1卷,《汇刻建安七子集》收《刘公干集》2卷,《汉魏六朝名家集》收《刘公干集》1卷,俞绍初辑校《建安七子集》收《刘桢集》1卷,注释本则有吴云主编的《建安七子集校注》。《全后汉文》载10篇,《全三国诗》载15篇。事迹见《三国志》卷二一。

司马朗卒(171—)。朗字伯达,河内温人。年十二,试经为童子郎。后为曹操司空掾属、成皋令、当阳长、元成令、丞相主簿、兖州刺史。事迹见《三国志》卷一五。

按:《三国志·魏志·司马朗列传》曰:"建安二十二年,与夏侯惇、臧霸等征吴。到居巢,军士大疫,朗躬巡视,致医药。遇疾卒,时年四十七。"

傅玄(—278)、贾充(—282)生(陆侃如《中古文学系年》)。

汉献帝建安二十三年　戊戌　218年

正月,少府耿纪、丞相司直韦晃起兵诛曹操,不克,夷三族(《后汉书·献

罗马叙利亚军

团拥立卡拉卡拉表弟埃拉加巴卢斯，败杀马克里努斯，埃拉加巴卢斯遂登位。

帝本纪》）。

七月，曹操自将击刘备（《三国志·魏志·武帝本纪》）。

曹操九月至长安（《三国志·魏志·武帝本纪》）。

刘廙上疏谏曹操说伐蜀（《三国志·魏志·刘廙传》）。

王象为曹丕所礼待，谓"新出之中惟象才最高"。

按：《三国志·魏志·杨俊传》裴注引《魏略》曰："王象字羲伯。既为俊所知拔，果有才志。建安中，与同郡荀纬等俱为魏太子所礼待。及王粲、陈琳、阮瑀、路粹等亡后，新出之中，惟象才最高。"

王朗迁奉常（《三国志·魏志·王朗传》）。

王基为郡吏，去而游学琅邪（《三国志·魏志·王基传》）。

曹操正月作《敕王必领长史令》；四月作《赡给灾民令》；六月作《终令》；是年，作《赐袁涣家谷教》。

按：陆侃如《中古文学系年》系于是年。

曹丕编徐幹、陈琳、应玚、刘桢文集。二月作《又与吴质书》，论编文集事。

按：《三国志·魏志·吴质传》注引《魏略》曰："（建安）二十三年，太子又与吴质书。"《书》曰："二月三日，丕白：岁月易得，别来行复四年。三年不见，东山犹叹其远；况乃过之？思何可支！虽书疏往返，未足解其劳结。昔年疾疫，亲故多离其灾。徐陈应刘，一时俱逝，痛可言邪？昔日游处，行则连舆，止则接席，何曾须臾相失。每至觞酌流行，丝竹并奏，酒酣耳热，仰而赋诗。当此之时，忽然不自知乐也。谓百年己分，可长共相保；何图数年之间，零落略尽，言之伤心！顷撰其遗文，都为一集。观其姓名，已为鬼录。追思昔游，犹在心目。而此诸子，化为粪壤，可复道哉！观古今文人，类不护细行，鲜能以名节自立。而伟长独怀文抱质，恬淡寡欲，有箕山之志，可谓彬彬君子者矣。著中论二十余篇，成一家之言，辞义典雅，足传于后，此子为不朽矣。德琏常斐然有述作之意，其才学足以著书，美志不遂，良可痛惜！间者历览诸子之文，对之抆泪；既痛逝者，行自念也。孔璋章表殊健，微为繁富。公干有逸气，但未遒耳；其五言诗之善者，妙绝时人。元瑜书记翩翩，致足乐也。仲宣独自善于辞赋，惜其体弱，不足起其文；至于所善，古人无以远过。昔伯牙绝弦于锺期，仲尼覆醢于子路，痛知音之难遇，伤门人之莫逮。诸子但为未及古人，亦一时之隽也。今之存者，已不逮矣。后生可畏，来者难诬，恐吾与足下不及见也。"

又按：曹之《中国古籍编撰史》（武汉大学出版社1999年版）以为是集为多体总集的起源。关于多体总集的起源，或谓源于晋挚虞《文章流别》，《隋书·经籍志》曰："总集者，以建安以后辞赋转繁，众家之集，日益滋广。晋代挚虞，苦览者之劳倦，于是采摘孔翠，芟剪繁芜，自诗赋下，各为条贯，合而编之，谓为《流别》。是后文集总钞，作者继轨，属辞之士以为覃奥，而取则焉。"或谓源于晋杜预《善文》。

吴质二月作《答魏太子笺》（严可均《全三国文》卷三〇）。

按：陆侃如《中古文学系年》系于是年。

曹植五月作《曹仲雍哀辞》、《曹仲雍诔》（仲雍为丕中子）；是秋，作《赠丁仪》；是年，作《辩道论》。

按：吴文治《中国文学史大事年表》(黄山书社1987年版)系于是年。《辩道论》斥神仙书、道家言虚妄。

邯郸淳作《赠答诗》。

按：吴文治《中国文学史大事年表》(黄山书社1987年版)系于是年。

鲁肃卒(173—)。肃字子敬，临淮东城人。为孙权奋武将军、横江将军，封益阳侯。在军手不释卷，善属文。事迹见《三国志》卷五四。

按：唐·许嵩撰、张忱石点校《建康实录》(中华书局1986年版)系于是年。

繁钦卒(约170—)。钦字休伯，颖川人。以文才机辩，少得名于汝颖。长于书记，又善为诗赋。为丞相主簿，建安二十三年卒。《隋志》录《繁钦集》10卷，已佚。《全后汉文》载22篇，《全三国诗》载6首。事迹见《三国志》卷二一。

按：《三国志·魏志·王粲列传》引《典略》曰："建安二十三年卒。"

汉献帝建安二十四年　己亥　219年

二月壬子晦，日食(《后汉书·献帝本纪》)。

三月，曹操攻刘备(《三国志·魏志·武帝本纪》)。

五月，曹操引军还长安，刘备遂取汉中(《后汉书·献帝本纪》、《三国志·魏志·武帝本纪》)。

七月庚子，刘备自称汉中王，立刘禅为王太子，还治成都(《后汉书·献帝本纪》、《三国志·魏志·武帝本纪》)。

是月，曹操以卞氏为王后(《后汉书·献帝本纪》、《三国志·魏志·武帝本纪》)。

十月，曹操南征关羽(《三国志·魏志·武帝本纪》)。

十一月，孙权取荆州(《后汉书·献帝本纪》、《三国志·魏志·武帝本纪》)。

十二月，关羽败死荆州，孙刘联盟破裂(《后汉书·献帝本纪》、《三国志·魏志·武帝本纪》)

孙权上书称臣于曹操(《三国志·魏志·武帝本纪》裴注引《魏略》)。

曹操三月伐蜀至阳平。五月，还长安。十月，自关中还洛阳(《三国志·魏志·武帝本纪》)。

曹植八月奉命以南中郎将征虏将军救曹仁，醉不能行(《三国志·魏志·武帝本纪》)。

曹丕九月治魏讽之狱(《三国志·魏志·武帝本纪》裴注引《世语》)。

王粲二子九月以魏讽反叛被曹丕杀(《三国志·魏志·王粲传》)。

刘廙九月坐魏讽狱将被杀，曹操宥之，徙署丞相仓曹属，上表论治道（《三国志·魏志·刘廙传》）。

钟繇九月以相国西曹掾魏讽谋袭邺免魏相国（《三国志·魏志·武帝本纪》）。

杨修是秋从征，漏泄言教，被曹操杀，年四十五。

> 按：《后汉书·杨修列传》曰："及操自平汉中，欲因讨刘备而不得进，欲守之又难为功，护军不知进止何依。操于是出教，唯曰：'鸡肋'而已。外曹莫能晓，修独曰：'夫鸡肋，食之则无所得，弃之则如可惜，公归计决矣。'乃令外白稍严，操于此回师。修之几决，多有此类。修又尝出行，筹操有问外事，乃逆为答记，敕守舍儿：'若有令出，依次通之。'既而果然。如是者三，操怪其速，使廉之，知状，于此忌修。且以袁术之甥，虑为后患，遂因事杀之。"《三国志·魏志·陈思王传》裴注引《典略》曰："至二十四秋，公以修前后漏泄言教，交关诸侯，乃收杀之。"

夏侯惠正月遭父夏侯渊丧（《三国志·魏志·夏侯渊传》）。

王朗迁大理，答曹操咨孙权称臣（《三国志·魏志·王朗传》）。

许靖为刘备太傅（《三国志·蜀志·许靖传》、《资治通鉴》卷六八）。

骆统随陆逊破蜀军于宜都，迁偏将军（《三国志·吴志·骆统传》）。

士燮被孙权封为卫将军、龙编侯（《三国志·吴志·士燮传》）。

曹叡15岁，封武德侯（《三国志·魏志·明帝本纪》）。

曹操三月作《在阳平将还师令》；七月作《策立卞后》；八月作《命徐晃待军齐集令》；九月作《原刘廙令》、《以徐奕为中尉令》；是秋，作《与太尉杨彪书》；十月作《选留府长史令》、《劳徐晃令》、《遣徐商吕建等诣徐晃令》、《军策令》。

> 按：陆侃如《中古文学系年》系于是年。

曹丕正月作《露陌刀铭》、《剑铭》；九月作《答王朗书》。

> 按：陆侃如《中古文学系年》系于是年。

王烈卒（142— ）。王烈字彦方，太原人。少师事陈寔，以义行称。察孝廉，三府并辟，皆不就。遭黄巾、董卓之乱，乃避地辽东，夷人尊奉之。建安二十四年，终于辽东。事迹见《后汉书》卷八一、《三国志》卷一一。

> 按：《后汉书·独行列传》曰："建安二十四年，终于辽东，年七十八。"

司马防卒（149— ）。防字建公，司马朗父。雅好《汉书》名臣列传，所讽诵者数十万言。历官洛阳令、京兆尹、骑都尉。

> 按：《后汉书·魏志·司马朗列传》引《司马彪序传》曰："（司马防）年七十一，建安二十四年终。"

张仲景约卒。仲景，名机，字行，南阳涅阳人。灵帝时举孝廉。建安中依刘表，官至长沙太守。后去职行医。后人尊之为"医圣"。少从同郡名医张伯祖习医，尽得其传。习《素问》、《灵枢》、《难经》、《阴阳大论》。著《伤寒杂病论》16卷，另著有《辨伤寒》、《评病要方》、《疗妇人方》、《五脏论》、《口齿论》等。

杨修卒(175—)。修字德祖,弘农华阴人。杨震五世孙,杨彪子,袁绍甥。博学能文,才思敏捷。建安中,举孝廉,除郎中,为曹操主簿。与曹植友。著赋、颂、碑、赞、诗、哀辞、表、记、书等 15 篇。事迹见《后汉书》卷五四。

按：《三国志·魏志·任城王传》引《典略》曰："至(建安)二十四年秋,公以脩前后漏泄言教,交关诸侯,乃收杀之。"

吕蒙卒(178—)。蒙字子明,汝南富陂人。学识英博,知史书、兵书。为孙权横野中郎将、偏将军、汉昌太守、南昌太守,封孱陵侯。事迹见《三国志》卷五四。

按：朱学西、张绍勋、张习礼《中国历史大事编年》(第 1 卷)(北京出版社 1987 年版)系于此年。

陆绩卒(188—)。绩字公纪,吴郡吴人。父康为汉庐江太守。幼敦《诗》、《书》,长玩《礼》、《易》,博学多识,星历算术,无不该览。与虞翻、庞统友。为孙权奏曹掾,出为郁林太守,加偏将军。为郁林太守时为政清廉,热心教育,"迪以诗书,士慕其风,乐其教,皆舍里居而从。"著《周易述》13 卷录 1 卷、《周易日月变例》6 卷、《太玄经注》10 卷、《浑天图》1 卷、《京房易传注》3 卷、《积真杂占条例》1 卷,皆传于世。事迹见《三国志》卷五七。

按：刘汝霖《汉晋学术编年》(中华书局 1987 年版)系于是年。

汉献帝建安二十五年　延康元年
魏文帝曹丕黄初元年　庚子　220 年

正月,曹操至洛阳。孙权击斩关羽,传首于曹操,操以诸侯之礼葬之(《三国志·魏志·武帝纪》)。

庚子,曹操病卒于洛阳。曹丕袭曹操爵,嗣位为丞相、魏王,领冀州牧。改建康二十五年为延康元年(《三国志·魏志·武帝纪》、《三国志·魏志·文帝纪》裴松之注引袁宏《汉纪》)。

曹丕用尚书陈群议,制九品官人法,州郡皆置中正,司选举事。

按：班固《汉书·古今人表》将古人分为九等,即上上、上中、上下;中上、中中、中下;下上、下中、下下。颜师古注曰："但次古人而不表今人者,其书未毕故也。"《三国志·魏志·陈群传》曰："(曹丕)及即王位,封群昌武亭侯,徙为尚书。制九品官人之法,群所建也。"《通典》卷一四曰："魏文帝为魏王时,三方鼎立,士流播迁,四人错杂,详核无所。延康元年,吏部尚书陈群以天朝选用不尽人才,乃立'九品官人之法',州郡皆置中正,以定其选,择州郡之贤有识鉴者为之,区别人物,第其高下。"曹

哥特人约于此时入巴尔干地区及小亚细亚。

丕用陈群议,始立九品之制,在郡县设中正,评定人材高下,分为九等。中正一职多由地方豪门把持,选取以家世为重,故形成了晋刘毅所说的"上品无寒门,下品无势族"(见《晋书》卷四五《刘毅传》)的门阀制度。这种制度至隋开皇年间才被废除。曹丕是年正月嗣为魏王,故系是月。

二月丁卯,葬曹操于高陵(《三国志·魏志·武帝纪》)。

曹植与诸侯并被遣就国。曹丕设防辅监国之官监之。

按:《三国志·魏志·陈思王传》曰:"文帝即王位……植与诸侯并就国。"同卷《任城王传》裴注引《魏略》曰:"太子嗣立,既葬,遣彰之国。"卷二〇《武文世王公传》注引《袁子》曰:"于是封建侯王,皆使寄地空名,而无其实。王国使有老兵百余人,以卫其国。虽有王侯之号,而乃俦为匹夫。县隔千里之外,无朝聘之仪,邻国无会同之制。诸侯游猎不得过三十里,又为设防辅监国之官以伺察之。王侯皆思为布衣而不能得。"

六月辛亥,曹丕治兵。庚午,遂南征(《三国志·魏志·文帝纪》)。

七月庚辰,曹丕令百官职尽规谏(《三国志·魏志·文帝纪》)。

孙权遣使奉献于魏(《三国志·魏志·文帝纪》)。

刘备部将孟达率众降魏(《三国志·魏志·明帝纪》裴注引《魏略》)。

甲午,曹丕驻军于谯,大飨六军及谯父老百姓于邑东。

按:谯,即今安徽亳县,曹氏故里。《三国志·魏志·文帝纪》裴注引《魏书》曰:"设伎乐百戏,令曰:'先王云乐其所自生,礼不忘其本。谯,霸王之邦,真人本出,其复谯租税二年。'三老吏民上寿,日夕而罢。丙申,亲祠谯陵。"并引孙盛曰:"魏王既追汉制,替其大礼,处莫重之哀而设飨宴之乐,居贻厥之始而坠王化之基,及至受禅,显纳二女,忘其至恤以诬先圣之典,天心丧矣,将何以终!是以知王龄之不遐,卜世之期促也。"

十月乙卯,汉献帝逊位。辛未,曹丕废献帝,自立为皇帝,国号魏,是为魏文帝。改延康为黄初。曹丕奉献帝为山阳公,追尊曹操为武皇帝。

按:《后汉书》卷九《献帝纪》曰:"冬十月乙卯,皇帝逊位。魏天子丕称天子,奉帝为山阳公。"《三国志·魏志·文帝纪》云十一月奉献帝为山阳公:"黄初元年十一月癸酉,以河内之山阳邑万户奉汉帝为山阳公。"潘眉《三国志考证》卷一:"'十一月'当作'十月'。《后汉书·献帝纪》:'建安二十五年冬十月乙卯,皇帝逊位。'《魏志·文昭甄皇后传》:'黄初元年十月,帝践阼。'《魏受禅碑》:'十月辛未,受禅于汉。'《五代史·张策传》:'曹公薨,改元延康,是岁十月文帝受禅。'皆是十月之证。"曹丕代汉自立,却以献帝禅让粉饰。东汉至此亡,共历十四帝,一百九十五年。《三国志·魏志·文帝纪》裴注引《献帝传》曰:"辛未,魏王登坛受禅,公卿、列侯、诸将、匈奴单于、四夷朝者数万人陪位,燎祭天地、五岳、四渎,曰……"

魏改相国为司徒,御史大夫为司空,奉常为太常,郎中令为光禄勋,大理为廷尉,大农为大司农(《三国志·魏志·文帝纪》)。

十二月,曹丕初营洛阳宫,戊午,幸洛阳(《三国志·魏志·文帝纪》)。

曹植闻曹丕代汉称帝,发服悲哭,由是更遭曹丕忌恨。

按:《三国志·魏志·苏则传》曰:"初,则及临菑侯植闻魏氏代汉,皆发服悲哭,文帝闻植如此,而不闻则也。帝在洛阳,尝从容言曰:'吾应天而禅,而闻有哭者,何也?'则谓为见问,须髯悉张,欲正论以对。侍中傅巽掐则曰:'不谓卿也。'于是乃止。"

  曹彰至洛阳，欲曹植嗣位，植拒绝不受。

  按：《三国志·魏志·任城王传》曰："太祖东还，以彰行越骑将军，留长安。太祖至洛阳，得疾，驿召彰，未至，太祖崩。"裴注引《魏略》曰："彰至，谓临菑侯植曰：'先王召我者，欲立汝也。'植曰：'不可。不见袁氏兄弟乎！'"

  曹叡封为武德侯（《三国志·魏志·明帝纪》）。

  华歆拜魏相国，及曹丕称帝，以形色忤时，改为司徒而不进爵。论举孝廉应以经试，曹丕从其言。

  按：《三国志·魏志·华歆传》曰："文帝即王位，拜相国，封安乐乡侯。及践阼，改为司徒……三府议：'举孝廉，本以德行，不复限以试经。'歆以为'丧乱以来，六籍堕废，当务存立，以崇王道。夫制法者，所以经盛衰。今听孝廉不以经试，恐学业遂从此而废。若有秀异，可特征用。患于无其人，何患不得哉？'帝从其言。"裴注引华峤《谱叙》曰："文帝受禅，朝臣三公已下并受爵位，歆以形色忤时，徙为司徒，而不进爵。"

  卫觊徙为魏尚书，旋为侍郎，劝赞禅代之义，为文诰之诏。曹丕即位，复为魏尚书，封阳吉亭侯（《三国志·魏志·卫觊传》）。

  王朗为魏御史大夫，封安陵亭侯，上疏劝育民省刑。与华歆、贾诩等共劝曹丕称帝。文帝受禅，改为司空，进封乐平乡侯。上疏谏帝游猎，奏宜节省（《三国志·魏志·王朗传》）。

  鲍勋上疏谏曹丕游猎。

  按：《三国志·魏志·鲍勋传》曰："鲍勋字叔业，泰山平阳人也，汉司隶校尉鲍宣九世孙……文帝受禅，勋每陈'今之所急，唯在军农，宽惠百姓。台榭苑囿，宜以为后。'文帝将出游猎，勋停车上疏曰：'臣闻五帝三王，靡不明本立教，以孝治天下。陛下仁圣恻隐，有同古烈。臣冀当继踪前代，令万世可则也。如何在谅闇之中，修驰骋之事乎！臣冒死以闻，唯陛下察焉。'"

  吴质拜北中郎将，封列侯，使持节督幽、并诸军事，治信都。

  按：《三国志·魏志·王粲传》裴注引《魏略》曰："初，曹真、曹休亦与质等俱在渤海游处，时休、真亦以宗亲并受爵封，出为列将，而质故为长史。王顾质有望，故称二人以慰之。始质为单家，少游遨贵戚间，盖不与乡里相沉浮。故虽已出官，本国犹不与之士名。及魏有天下，文帝征质，与车驾会洛阳。到，拜北中郎将，封列侯，使持节督幽、并诸军事，治信都。"

  刘廙为侍中，赐爵关内侯。

  按：《三国志·魏志·刘廙传》曰："文帝即王位，为侍中，赐爵关内侯。"

  王象拜散骑侍郎，迁为常侍，封列侯，受诏撰《皇览》，领秘书监。荐杨俊。

  按：《三国志·魏志·杨俊传》曰："文帝践阼，（杨俊）复在南阳。时王象为散骑常侍，荐俊曰：'伏见南阳太守杨俊，秉纯粹之茂质，履忠肃之弘量，体仁足以育物，笃实足以动众，克长后进，惠训不倦，外宽内直，仁而有断。自初弹冠，所历垂化，再守南阳，恩德流著，殊邻异党，襁负而至。今境守清静，无所展其智能，宜还本朝，宣力辇毂，熙帝之载。'"裴注引《魏略》曰："王象字羲伯。既为俊所知拔，果有才志。建安中，与同郡荀纬等俱为魏太子所礼待。及王粲、陈琳、阮瑀、路粹等亡后，新出之中，惟象才最高。魏有天下，拜象散骑侍郎，迁为常侍，封为列侯。受诏撰《皇览》，使象领秘书监。"

  贾洪为白马王相。

  按：《三国志·魏志·王朗传》附裴注引《魏略》曰："贾洪字叔业，京兆新丰人也。好学有才，而特精于《春秋左传》。建安初，仕郡，举计掾，应州辟。时州中自参军事以下百余人，唯洪与冯翊严苞，文通才学最高。洪历守三县令，所在辄开除厩舍，亲授诸生。后马超反，超劫洪，将诣华阴，使作露布。洪不获已，为作之。司徒钟繇在东，识其文，曰：'此贾洪作也。'及超破走，太祖召洪署军谋掾。犹以其前为超作露布文，故不即叙。晚乃出为阴泉长。延康中，转为白马王相。善能谈戏。王彪亦雅好文学，常师宗之，过于三卿。数岁病亡，亡时年五十余，时人为之恨仕不至二千石。"

  苏林约于是年为博士、给事中。

  按：《三国志·魏志·刘劭传》裴注引《魏略》曰："林字孝友，博学，多通古今字指，凡诸书传文间危疑，林皆释之。建安中，为五官将文学，甚见礼待。黄初中，为博士、给事中。文帝作《典论》所称苏林者是也。以老归第，国家每遣人就问之，数加赐遗。年八十余卒。"

  又按：曹道衡、沈玉成《中古文学史料学》曰："苏林为曹魏名儒，然其事迹，《魏志》所书极为简略……《文帝纪》注引《献帝传》记建安二十五年禅代事，'给事中、博士苏林、董巴等'奏请曹丕受禅。《王肃传》记当时以董遇、贾洪、邯郸淳、隗禧、苏林、乐详等七人为儒宗。颜师古《汉书叙例》云：'苏林，字孝友。陈留外黄人。魏给事中领秘书监，散骑常侍，永安卫尉，太中大夫。黄初中迁博士，封安成亭侯。'按，师古谓'黄初中迁博士'，而据裴注引《献帝传》，'给事中，博士苏林'凡二见，且具记上表月日，其有文献可徵，当无疑。故苏林之迁博士、给事中当在建安二十五年（魏延康元年）而非黄初。《魏略》言'黄初中为博士、给事中'而不作'迁博士'，不误。师古叙录似嫌未确。又，太中大夫，秩千石，无员。则苏林或以太中大夫致仕，其卒似已在正始间。"

  董遇约于是年出为郡守（《三国志·魏志·王朗传》裴注引《魏略》）。

  隗禧约于是年为谯王郎中。

  按：《三国志·魏志·王朗传》裴注引《魏略》曰："隗禧字子牙，京兆人也。世单家。少好学。初平中，三辅乱，禧南客荆州，不以荒扰，担负经书，每以采稆余日，则诵习之。太祖定荆州，召署军谋掾。黄初中，为谯王郎中。王宿闻其儒者，常虚心从学。禧亦敬恭以授王，由是大得赐遗。"

  严苞、薛夏约于是年为秘书丞。

  按：《三国志·魏志·王朗传》裴注引《魏略》曰："严苞亦历守二县，黄初中，以高才入为秘书丞，数奏文赋，文帝异之。出为西平太守，卒官。薛夏字宣声，天水人也。博学有才。……文帝又嘉其才，黄初中为秘书丞，帝每与夏推论书传，未尝不终日也。每呼之不名，而谓之薛君。"

  程晓封列侯。

  按：《三国志·魏志·程昱传》曰："文帝践阼，（程昱）复为卫尉，进封安乡侯，增邑三百户，并前八百户。分封少子延及孙晓列侯。"

  何夔封成阳亭侯，屡乞逊位。

  按：《三国志·魏志·何夔传》曰："何夔字叔龙，陈郡阳夏人也……文帝践阼，封成阳亭侯，邑三百户。疾病，屡乞逊位。诏报曰：'盖礼贤亲旧，帝王之常务也。以亲则君有辅弼之勋焉，以贤则君有醇固之茂焉。夫有阴德者必有阳报，今君疾虽未瘳，神明听之矣。君其即安，以顺朕意。'薨，谥曰靖侯。"

蒋济为相国长史，出为东中郎将。上《万机论》，为散骑常侍。

按：《三国志·魏志·蒋济传》曰："文帝即王位，转为相国长史。及践阼，出为东中郎将。济请留，诏曰：'高祖歌曰：安得猛士守四方！天下未宁，要须良臣以镇边境。如其无事，乃还鸣玉，未为后也。'济上《万机论》，帝善之。"

曹丕诏诸儒纂《皇览》。

按：曹丕集经典，命郑默删定旧文，又诏诸儒如王象、缪袭、桓范、刘劭、韦诞等撰经传，自五经群书，分类为篇，以供皇帝阅读，号曰《皇览》。曹丕诏诸儒作《皇览》也有出于不朽之虑。《三国志·魏志·文帝纪》裴注引《魏书》曰："帝初在东宫，疫疠大起，时人凋伤，帝深感叹，与素所敬者大理王朗书曰：'生有七尺之形，死唯一棺之土，唯立德扬名，可以不朽，其次莫如著篇籍。疫疠数起，士人凋落，余独何人，能全其寿？'故论撰所作《典论》、诗赋，盖百余篇，集诸儒于肃城门内，讲论大义，侃侃无倦。"

又按：《皇览》为我国最早的类书，开后世官修类书之先河。宋王应麟《玉海·艺文》曰："类事之书始于《皇览》。"明焦竑《国史经籍志》卷四评曰："此类家所由起也，自魏《皇览》而下，莫不代集儒硕，开局编摩……韩愈氏所称'钩玄提要'者，其谓斯乎！"

据《魏略》，《皇览》分四十余部，每部数十篇，合八百余万字。《隋书》卷三四《经籍志三》著录《皇览》一百二十卷，缪十等撰，梁六百八十卷。梁又有《皇览》一百二十三卷，何承天合；《皇览》五十卷，徐爰合；《皇览目》四卷；又有《皇览抄》二十卷，梁特进萧琛抄，亡。

姚振宗《三国艺文志》卷三："案《皇览》当是千余卷，至梁存六百八十卷，至隋存一百二十卷，至唐惟有何徐两家抄合本，而魏时原本亡，至宋并抄合本亦亡。缪十一作缪卜，盖即缪袭。刘邵附传云袭有才学，多所述叙。《史记·五帝本纪》索隐云：《皇览》是魏人王象、缪袭等所撰。"

清孙冯翼有辑本一卷，仅存《逸礼》、《冢墓记》二类八十余条，近四千字。前有孙氏《皇览序》，述《皇览》编纂、流传情况。清黄奭亦有辑本一卷。胡道静《中国古代的类书》认为"《皇览》是在公元220年夏间开始编撰，而在222年完成的"，该书还介绍了《皇览》的卷帙、部类、编者、抄合本及辑本等情况。

又按：《三国志·魏志·杨俊传》裴注引《魏略》曰："王象字羲伯。既为俊所知拔，果有才志。建安中，与同郡荀纬等俱为魏太子所礼待。及王粲、陈琳、阮瑀、路粹等亡后，新出之中，惟象才最高。魏有天下，拜象散骑侍郎，迁为常侍，封列侯。受诏撰《皇览》，使象领秘书监。象从延康元年始撰集，数岁成，藏于秘府，合四十余部，部有数十篇，通合八百余万字。象既性器和厚，又文采温雅，用是京师归美，称为儒宗。"

《三国志·魏志·曹爽传》裴注引《魏略》曰："桓范字元则，世为冠族。建安末，入丞相府。延康中，为羽林左监。以有文学，与王象等典集《皇览》。"

《三国志·魏志·刘劭传》曰："黄初中，为尚书郎、散骑侍郎。受诏集五经群书，以类相从，作《皇览》。"

《太平御览》卷六百一引三国《典略》曰："祖珽等上言，昔魏文帝命韦诞诸人撰作《皇览》，包括群言，区分义别。"

曹操作《遗令》。

按：曹操《遗令》，作于正月病卒洛阳前，散见于《三国志·魏志·武帝纪》、《宋书》卷一五《礼志二》、《世说新语·言语》注、陆机《吊魏武文序》、《通典》卷八〇、《北堂书钞》卷一三二、《太平御览》卷五〇〇、五六〇、六八七、六九七、六九九、八二〇、八五九。严可均辑合整理为《遗令》一篇，见《全上古三代秦汉三国六朝文·全三国文》。

曹丕正月作《策谥庞德》；二月作《武帝哀策文》、《除禁轻税令》；三月作《拜毛玠等子为郎中令》；四月作《止临淄侯植求祭先王诏》；五月作《以郑称授太子经学令》；七月作《赦尽规谏令》、《孟达杨仆降附令》、《与孟达书》；八月作《复谯租税令》、《于谯作》；十月作《殡祭死亡士卒令》、《以李伏言禅代合符谶示外令》、《辞符谶令》、《辞许芝等条上谶纬令》、《再让符命令》、《答司马懿等再陈符命令》、《止群臣议禅代礼仪令》、《答尚书令又奏令》、《罢设受禅坛场令》、《既发玺书又下令》、《辞请禅令》、《让禅令》、《答刘廙等奏令》、《上书让禅》、《三让玺绶令》、《上书再让禅》、《上书三让禅》、《允受禅令》、《答桓阶等奏改服色诏》、《定服色诏》、《诏议追崇始祖》、《报何夔乞逊位诏》、《下诏赐华歆衣》、《报王朗》、《出蒋济为东中郎将不听请留诏》、《诏张既为凉州刺史》、《诏褒张既击胡》、《问张既令》、《封朱灵为俞侯诏》、《诏官李通子基绪》、《任城王彰增邑诏》、《答邯郸淳上受命述诏》；十一月作《为汉帝置守冢诏》；十二月作《改雒为洛诏》；是年，作《以张登为太官令诏》等（陆侃如《中古文学系年》）。

卫觊作《为汉帝禅位魏王诏》、《乙卯册诏魏王》、《壬戌册诏魏王》、《丁卯册诏魏王》、《庚午册诏魏王》、《禅位册》、《大飨碑》、《公卿将军奏上尊号》及《受禅表》。

按：《为汉帝禅位魏王诏》见《三国志·魏志·文帝纪》及裴注所引袁宏《汉纪》、《献帝传》等。严可均《全三国文》卷二八有辑录，严按："唐韦绚录《刘宾客嘉话》：'魏受禅表，王朗文，梁鹄书，钟繇镌字，谓之三绝。'今据闻人牟准《魏敬侯碑阴》，则受禅表卫觊撰并书，牟准去魏未远，语尤可信也。"又按："《古文苑》闻人牟准《魏敬侯碑阴》，言'群上尊号奏，卫觊撰，钟繇书'。"又按："闻人牟准《魏敬侯碑阴》云：'《大飨碑》，卫觊文并书；《天下碑隶》引《图经》云：曹子建文，钟繇书。疑《图经》之言非也。'《隶释》四又有《大飨残碑》，云：'繇文为书'。则《大飨》非一碑，当以碑阴为实。"参见是年"卫觊劝赞禅代之义，为文诰之诏。曹丕即位，复为魏尚书，封阳吉亭侯"条。

赵明诚《金石录》卷二〇曰："右《魏大飨碑》。案《魏志》，文帝以建安二十五年嗣位为丞相、魏王，改元延康。夏六月南征。秋七月甲午，军次于谯，大飨六军及谯父老。今以《碑》考之，乃八月辛未。盖《魏志》误也。是时丕为丞相，汉献帝犹在位，虽政去王室已久，然操之死才数月尔。丕军次旧里，初无念亲之心，乃与群臣百姓置酒高会，大设伎乐，而臣下又相与伐石勒辞，夸耀功德，更以夏启、周成、汉高祖、光武为比，岂不可笑也哉！"又曰："右《唐重立大飨碑》。大中五年，亳州刺史李暨以旧文刓缺，再刻于石。旧碑既断续不可尽识，而此本特完好，故附于其次，俾览者详焉。魏之事迹虽无足取，而其文词工妙，亦不可废也。"（金文明《金石录校证》，文西师范大学出版社2005年版第338—339页。）

洪适《隶释》卷一九曰："大飨之碑篆额在亳州谯县，魏文帝延康元年立，相传为梁鹄书。碑字有不明者，唐大中年亳守李暨再刻，故有文可读。汉献帝建安二十五年正月，魏王曹操死，其子丕嗣位，改元延康。《魏志》云丕以七月甲午军次于谯，大飨六军，是时汉鼎犹未移也。丕为人臣而自用正朔乏，刻之金石，可谓无君之罪人也。武王载西伯神主于军中者，吊民伐罪之人也，丕以姦贼之心欲吞吴翦蜀，遂攘神器尔，操之肉未寒而置酒高会，酣饮无筭，金奏间作，祕戏毕陈，夸辞谑语，无所忌惮，可谓无父之罪人也。士大夫椟藏其碑者，特以字画之故尔。碑云八月至谯而史作七月，亦不必多辨也。"

《公卿将军上尊号奏》，又名《百官劝进表》、《劝进碑》、《上尊号奏》。碑不书立石年月。王昶《金石萃编》卷二三曰："《上尊号碑》，碑高八尺七寸，广七尺，三十二行，行四十九字。额题'公卿上尊号奏'八字，篆书阳文。今在许州繁城镇。"又引《集古录》曰："《魏公卿上尊号表》，唐贤多传为梁鹄书，今人或谓非鹄也，乃钟繇书尔，未知孰是。"又引《隶释》曰："《公卿上尊号奏》，篆额在颍昌，相传为钟繇书，其中有大理东下亭侯臣繇者，乃其人也。曹氏父子睥睨汉祚，非一朝夕，势极事就，乃欲追大麓之踪，窃箕山之节，后世果可欺乎？又自比妫汭，纳二女，丰碑至今不磨，所以播其恶于无也。当时内外前后劝进之辞不一，盖刻其最后一章。《魏志》注中亦载此文，有数字不同，非史臣笔削之辞也，皆当以碑为正。碑自造于华裔之后，石理皴剥，字迹晻昧。今世所会诸多是前一段耳。"又引《金石文字记》曰："《公卿上尊号碑》，拓本残缺。按此文当在延康元年，而刻于黄初之后。"

《公卿将军上尊号奏》，《北京图书馆藏中国历代石刻拓本汇编·三国晋十六国南朝卷》曰："三国魏黄初元年（220）刻。石存河南临颍。拓片额高52厘米，宽26厘米；身高189厘米，宽105厘米。传是梁鹄或钟繇书所。额为阳文篆书。"

《受禅表》一名《受禅碑》，是年十月辛未刻立。王昶《金石萃编》卷二三曰："《受禅碑》，碑高八尺四寸，广四尺六寸，二十二行，行四十九字。额题'受禅表'三字，篆书阳文。今在许州繁城镇。"又引《集古录》曰："魏《受禅碑》，世传为梁鹄书，而颜真卿又以为钟繇书，莫知孰是。按《汉献帝纪》，延康元年十月乙卯皇帝逊位，魏王称天子。又按《魏志》，是岁十一月葬士卒死亡者犹称令。是月丙午，汉帝使张愔憘奉玺绶，庚午王升坛受禅，又是月癸酉奉汉献帝为山阳公，而此碑云十月辛未受禅于汉。三家之说皆不同，而裴松之注《魏志》备列汉魏禅代诏册书令群臣奏议甚详，篡汉实以十月乙卯，策诏魏王使张愔奉玺绶而魏王辞让，往返三四而后受也。又据侍中刘廙奏问太史令许芝今月十七日巳未可治坛场，又据尚书令桓阶等奏云辄下太史令择元辰今月二十九日可登坛受命，盖自十七日巳未至二十九日正得辛未，以此推之，汉魏二纪皆缪，而独此碑为是也。《汉纪》乙卯逊位者，书其初命而略其辞让往返，遂失其辞尔。《魏志》十一月癸卯犹称令者，当是十月衍一字尔。丙午张愔奉玺绶者，辞让往返容有之也。惟庚午升坛最为缪尔，癸卯去癸酉三十一日，不得同为十一月，此尤缪也。禅代大事也，而二纪所书如此，史官之失以惑后世者，可胜道哉！"

《受禅表》，《北京图书馆藏中国历代石刻拓本汇编·三国晋十六国南朝卷》曰："三国魏黄初元年（220）十月二十九日刻。石立于河南临颍。拓片额高37厘米，宽17厘米；身高189厘米，宽108厘米。隶书。传为梁鹄或钟繇书。额阳文篆书。"

曹植作《庆文帝受禅章》、《庆文帝受禅上礼章》、《武帝诔》、《孔子庙颂（并序）》及《学宫颂（并序）》。

按：《庆文帝受禅章》、《庆文帝受禅上礼章》、《武帝诔》三文均见《艺文类聚》卷一三。《孔子庙颂（并序）》（又称《孔子庙碑》）、《孔羡碑》，文见《隶释》卷一九曰："维黄初元年，大魏受命，胤轩辕之高纵，绍虞氏之遐统。应历数以改物，扬仁风以作教。

于是辑五瑞,斑宗彝,钧衡石,同度量,秩群祀于无文,顺天时以布化。既乃缉熙圣绪,昭显上世,追存二代三恪之礼,兼绍宣尼褒成之后,以鲁县百户命孔子廿一世孙议郎孔羡为宗圣侯,以奉孔子之祀。制诏三公曰……于是鲁之父老,诸生游士,睹庙堂之始复,观俎豆之初设。嘉圣灵于仿佛,想贞祥之来集。乃慨然而叹曰……尔乃感殷人路寝之义,嘉先民泮宫之事,以为高宗、僖公,盖嗣世之王,诸侯之国耳,犹著德于名颂,腾声乎千载。况今圣皇,肇造区夏,创业垂统,受命之日,曾未下舆,而褒崇大圣,隆化如此,能无颂乎?乃作颂曰……"洪适按曰:"右鲁孔子庙之碑篆额嘉祐中郡守张稚圭按图经题曰:魏陈思王曹植词,梁鹄书。《魏志》黄初二年正月诏以议郎孔羡为宗圣侯,奉孔子祀。令鲁郡修起旧庙,置吏卒守卫。碑云元年,而史作二年,误也。《后汉·孔僖传》注以羡为崇圣侯,亦误也。文帝履位之初,首能尊崇先圣,刊写琬琰,知所本矣。使共知素王之言,行六经之道,则岂止鼎峙之业而已哉。魏隶可珍者四碑,此为之冠,甚有石经《论语》笔法。《大飨碑》盖不相远,若繁昌两碑,则自是一家,亦有以为鹄书者,非也。"曹丕诏令见下年。今从碑文系于是年。

赵明诚《金石录》卷二〇曰:"右《魏孔子庙碑》。案《魏志》,文帝以黄初二年正月下诏,以议郎孔羡为宗圣侯,奉孔子之祀,及令鲁郡修起旧庙。今以《碑》考之,乃黄初元年。又诏语时时小异,亦当以《碑》为正。"(金文明《金石录校证》,广西师范大学出版社2005年版第339页。)

王昶《金石萃编》卷二三曰:"《孔子庙碑》,碑高六尺二寸,广三尺五寸五分,二十二行,行四十字。额题'鲁孔子庙之碑'六字,篆书。今在曲阜县。"《北京图书馆藏中国历代石刻拓本汇编·三国晋十六国南朝卷》曰:"《孔羡碑》,三国黄初元年(220)刻。石现存山东曲阜。拓片高144厘米,宽81厘米。据传为曹植撰,梁鹄书。尾有宋嘉祐七年张稚圭刻记,现存'曹植词'一行。其碑书风遒劲寒俭,被后人推为魏隶代表作品。"

又按:《学宫颂(并序)》见《艺文类聚》卷三八。从其内容看,与祭奉孔子有关,故系于是年。参见下年"正月,曹丕诏令祭奉孔子,以孔子第二十一代孙孔羡为宗圣侯,令鲁郡修旧庙,置百户吏卒以守卫,又于其外广为室屋以居学者。"条。

邯郸淳作《上受命述表》、《受命述》及《投壶赋》。

按:曹丕禅位,淳作《上受命述表》、《受命述》,见《艺文类聚》卷一〇。《三国志》卷二一《魏书·王粲传》裴注引《魏略》曰:"及黄初初,以淳为博士给事中。淳作《投壶赋》千余言奏之,文帝以为工,赐帛千匹。"《投壶赋》见《艺文类聚》卷七四。

王朗作《劝育民省刑疏》、《谏文帝游猎疏》及《奏宜节省》(《三国志·魏志·王朗传》及裴注引《魏名臣奏》)。

刘廙等作《上言符谶》、《奏议治受禅坛场》、《奏具章拒禅》及《奏请受禅》。

按:《三国志·魏志·文帝纪》裴注引《献帝传》曰:"魏王侍中刘廙、辛毗、刘晔、尚书令桓阶、尚书陈矫、陈群、给事黄门侍郎王毖、董遇等言:'臣伏读左中郎将李伏上事,考图纬之言,以效神明之应,稽之古代,未有不然者也……自汉德之衰,渐染数世,桓、灵之末,皇极不建,暨于大乱,二十余年。天之不泯,诞生明圣,以济其难,是以符谶先著,以彰至德。殿下践阼未期,而灵象变于上,群瑞应于下,四方不羁之民,归心向义,唯惧在后,虽典籍所传,未若今之盛也。臣妾远近,莫不凫藻。'"

又按:"侍中刘廙、常侍卫臻等奏议曰:'汉氏遵唐尧公天下之议,陛下以圣德膺历数之运,天人同欢,靡不得所,宜顺灵符,速践皇阼。问太史丞许芝,今月十七日己未直成,可受禅命,辄治坛场之处,所当施行别奏。'"

又按:"侍中刘廙等奏曰:'伏惟陛下以大圣之纯懿,当天命之历数,观天象则符瑞著明,考图纬则文义焕炳,察人事则四海齐心,稽前代则异世同归;而固拒禅命,未践尊位,圣意恳恻,臣等敢不奉诏?辄具章遣使者。'"

又按:"侍中刘廙等奏曰:'臣等闻圣帝不违时,明主不逆人,故《易》称通天下之志,断天下之疑。伏惟陛下体有虞之上圣,承土德之行运,当亢阳明夷之会,应汉氏祚终之数,合契皇极,同符两仪。是以圣瑞表征,天下同应,历运去就,深切著明;论之天命,无所与议,比之时宜,无所与争。故受命之期,时清日晏,曜灵施光,休气云蒸。是乃天道悦怿,民心欣戴,而仍见闭拒,于礼何居?且群生不可一日无主,神器不可以斯须无统,故臣有违君以成业,下有矫上以立事,臣等敢不重以死请。'"

傅巽约于是年作《皇初颂》。

按:《皇初颂》颂大魏之德,见《艺文类聚》卷一〇:"寻盛德以降应,著显符于方臻。积嘉祚以待期,储鸿施于真人。昔九代之革命,咸受天之休祥。匪至德其焉昭,匪至仁其焉章。懿大魏之圣后,固上天之所兴。应灵运以承统,排阊阖以龙升。摅皇象以阐化,顺帝则以播音。……于是建皇初之上元,发旷荡之明诏……"侯康《三国志补注续》曰:"《艺文类聚》卷十引魏傅巽《皇初颂》……是当时黄初亦通作皇初。"

桓阶作《奏请追崇始祖》及《奏改服色牺牲》。

按:《奏请追崇始祖》见《通典》卷七二:"文帝即王位,尚书令桓阶等奏……诏曰:'前奏以朝车迎中常侍大长秋特进君侯神主,然君侯不宜但依故爵乘朝车也。礼有尊亲之义,为可依诸王比,更议。'"《奏改服色牺牲》见《宋书》卷一四《礼志一》:魏文帝虽受禅于汉,而以夏数为得天,故黄初元年诏曰:"孔子称:'行夏之时,乘殷之辂,服周之冕,乐则《韶舞》。'此圣人集群代之美事,为后王制法也。《传》曰'夏数为得天'。朕承唐、虞之美,至于正朔,当依虞、夏故事。若殊徽号,异器械,制礼乐,易服色,用牲币,自当随土德之数。每四时之季月,服黄十八日,腊以丑,牲用白,其饰节旄,自当赤,但节幡黄耳。其余郊祀天地朝会四时之服,宜如汉制。宗庙所服,一如《周礼》。'尚书令桓阶等奏:'据三正周复之义,国家承汉氏人正之后,当受之以地正,牺牲宜用白,今从汉十三月正,则牺牲不得独改。今新建皇统,宜稽古典先代,以从天命,而告朔牺牲,壹皆不改,非所以明革命之义也。'诏曰:'服色如所奏。其余宜如虞承唐,但腊日用丑耳,此亦圣人之制也。'"

韩翊约于是年造《黄初历》。

按:《宋书》卷一二《律历中》曰:"魏文帝黄初中,太史丞韩翊以为《乾象》减斗分太过,后当先天,造《黄初历》,以四千八百八十三为纪法,一千二百五为斗分。"

蒋济约于是年著《万机论》

按:蒋济《万机论》,严可均《全三国文》卷三三有辑,严可均按曰:"《隋志》杂家,《蒋子万机论》八卷,蒋济撰,《旧唐志》同,《新唐志》作十卷,《直斋书录解题》作二卷,称《馆阁书目》十卷五十五篇,今惟十五篇,非完书也。至明而二卷本亦亡。焦竑《国史经籍志》以八卷入儒家,以二卷入杂家,虚列书名,又误分为两种,不足据。今从《群书治要》写出三篇,益以各书所徵引,定著一卷。嘉庆乙亥岁四月朔。"又按,《群书治要》三篇为《政略》、《刑论》及《用奇》。参见是年"魏蒋济为相国长史,出为东中郎将。上《万机论》,为散骑常侍"条。

曹操卒(155—)。一名吉利,字孟德,小字阿瞒,沛国谯人。年二十举孝廉,灵帝中平元年,以骑都尉参加镇压黄巾起义。后起兵讨董卓。建安元年迎献帝都许。先后击败吕布、袁术、袁绍等,统一中国北部。后封魏王,子曹丕称帝,追尊为武帝。操善用兵,自作兵书十余万言,著《孙子略解》、《兵书接要》。书法、音乐、围棋均有造诣。又长于文学,所作乐府诗,开一代文学创作新风气,与子曹丕、曹植合称"三曹"。《隋书》卷三五《经籍志四》著录《魏武帝集》26卷(梁30卷,录1卷。梁又有《武皇帝逸集》10卷,亡),《魏武帝集新撰》10卷。张溥《汉魏六朝百三家集》有《魏武帝集》。丁福保《汉魏六朝名家集》亦有《魏武帝集》。事迹见《三国志·魏志·武帝纪》。今人张可礼有《三曹年谱》。

仲长统卒(180—)。统字公理,山阳高平人。少好学,赡于文辞。官至尚书郎,后参丞相曹操军事。敢直言,语默无常,时人谓之狂生。每论及时事,常发愤叹息,因著论,名曰《昌言》,提出"人事为本,天道为末"。友人东海缪袭常称统才章足继西京董(仲舒)、贾(谊)、刘(向)、扬(雄)。韩愈誉统与王充、王符为"后汉三贤"。《后汉书》载其论1篇,诗2首,《昌言》之政论3篇。严可均《全后汉文》卷八七载其《答邓义社主难》,卷八八、卷八九辑《昌言》2卷。逯钦立《先秦汉魏晋南北朝诗·汉诗》(以下均简称如《汉诗》、《魏诗》)卷七载其诗3首。《后汉书》本传著录《昌言》34篇,十余万言。《三国志》卷二一《魏书·刘劭传》裴注著录为24篇。《隋书》卷三四《经籍志三》著录《仲长子昌言》12卷,录1卷。严可均《全后汉文》卷八八案曰:"《隋志》杂家,'《仲长子昌言》十卷,录一卷。汉尚书郎仲长统撰。'《旧唐志》作十卷,《新唐志》移入儒家,亦十卷。《崇文总目》称,'今所存十五篇,分为二卷,余皆亡。'《郡斋读书志》、《直斋书录解题》不著录。明陈第《世善堂书目》有二卷。其刻本仅见明胡维新《两京遗编》,有《理乱》、《损益》、《法诫》三篇。归有光《诸子汇函》有《理乱》、《损益》二篇,皆出本传,无所增多,则北宋十五篇本又复佚失。今从《群书治要》写出九篇,益以本传三篇,以《意林》次第之,刺取各书引见,补正脱讹,定著二卷。其遗文坠句,于原次无考,依各书先后附于末。本传'统,山阳高平人,著论三十四篇十馀万言,'今此搜辑,才万余言,亡者盖十八九。而《治要》所载,又颇删节,断续(亻瓜)离,殆所不免。然其阊陈善道,指诃时弊,剀切之忱,踔厉震荡之气,有不容摩灭者。缪熙伯方之董、贾、刘、扬,非过誉嘉也。"事迹见《后汉书》卷四九及《三国志·魏志·刘劭传》裴注。

关羽卒,生年不详。羽字云长,本字长生。河东解人。汉末从刘备起兵。建安五年,被曹操所俘,拜偏将军,礼遇优渥,因功封汉寿亭侯。后辞操归刘。镇荆州,攻曹仁,破于禁。孙权将吕蒙攻破荆州,与子关平皆遇害。谥壮缪。羽好《左氏传》,讽诵略皆上口。有张兹编《关夫子编年集注》。事迹见《三国志》卷三六。

丁仪卒,生年不详。仪字正礼,沛郡人。曹操颇称其才。与曹植友善,曾劝操立植为太子。及丕立,欲治仪罪,转仪为右刺奸掾,欲仪自裁,而仪不能。后因职事收付狱,被杀。《隋书》卷三五《经籍志四》著录后汉尚书《丁仪集》1卷,梁2卷,录1卷。严可均《全后汉文》卷九四载其文3篇。事迹见《三国志·魏志·曹植传》裴注。

丁廙卒,生年不详。廙字敬礼,沛郡人,丁仪弟。少有才学,与曹植要善,也因劝曹操立植为帝,为曹丕所忌恨,丕立,借故杀之。《隋书》卷三五《经籍志四》著录后汉黄门侍郎《丁廙集》1卷,梁2卷,录1卷。严可均《全后汉文》卷九四载其文2篇。事迹见《三国志·魏志·曹植传》裴注。

卫瓘（ —291)生、刘寔(—310)生。

按：刘寔生年,据《晋书》本传怀帝即位三年,准其告老,岁余卒推算。而钱椒《补疑年录》及吴荣光《历代名人年谱》均系刘寔生年于建安九年(204年),卒于晋元康四年(294年)。

征引及主要参考文献

古代文献

《白虎通》	东汉·班固	中华书局1994年版
《补后汉书艺文志》	清·侯康	丛书集成初编本　中华书局1985年版
《传经表》	清·毕沅	中华书局1935版《丛书集成初编》本
《传经表·通经表》	清·毕沅	丛书集成初编本　中华书局1985年版
《春融堂集》	清·王昶	上海古籍出版社1996年版
《带经堂诗话》	清·王士禛	人民文学出版社1998年版
《东观汉记校注》	东汉·刘珍等撰，吴树平校注	中州古籍出版社1987年版
《东汉会要》	宋·徐天麟	上海古籍出版社1978年版
《董子年表》	清·苏舆	《汉晋名人年谱》北京图书馆出版社2004年版
《读史记十表》	清·汪越	中华书局1955年《二十五史补编》本
《读书杂志》	清·王念孙	江苏古籍出版社2000年版
《读通鉴论》	清·王夫之	中华书局1975年版
《佛祖统纪》	宋·释志磐	中华书局2000年版
《陔余丛考》	清·赵翼	中华书局1963年版
《高梅亭读书丛钞》	清·高嵣	黄秀文、吴平主编《华东师范大学图书馆藏稀见丛书汇刊》北京图书馆出版社2005年
《高僧传》	南朝梁·慧皎撰，汤用彤校注	中华书局1992年版
《高士传》	晋·皇甫谧	辽宁教育出版社1998年版
《古文苑》	宋·章樵	商务印书馆1937年版
《汉管处士年谱》	清·管世骏事	求恕斋丛书本　上海古籍书店1963年版
《汉书》	汉·班固	中华书局1982年版
《汉书艺文志考证》	宋·王应麟	上海书店联合出版1988版
《汉书札记》	清·李慈铭	《越缦堂读史札记》　北京图书馆出版社2003年版
《汉徐征士年谱》	清·杨希闵编	北京图书馆藏珍本年谱丛刊本　北京图书馆出版社1999年版

《汉学堂经解》	清·黄奭	广陵书社 2004 年版
《汉郑君年谱》	清·丁晏	颐志斋丛书本　清同治元年(1862)
《后汉记校注》	晋·袁宏撰,周天游校注	天津古籍出版社 1987 年版
《后汉儒林列传补逸》	清·田普光	求恕斋丛书本　上海古籍书店 1963 年版
《后汉书》	南朝·范晔	中华书局 1982 年版
《后汉书补注》	清·惠栋	丛书集成初编本　中华书局 1985 年版
《后汉书补注续》	清·侯康	丛书集成初编本　中华书局 1985 年版
《华阳国志校注》	晋·常璩撰,刘琳校注	巴蜀书社 1984 年版
《贾太傅年表》	清·汪中	《汉晋名人年谱》北京图书馆出版社 2004 年版
《建康实录》	唐·许嵩撰,张忱石点校	中华书局 1986 年版
《晋书》	唐·房玄龄	中华书局 1995 年版
《经典释文》	唐·陆德明	中华书局 1983 年版
《经解入门》	清·江藩	北平文化学社版 1932 年版
《经学历史》	清·皮锡瑞	中华书局 1959 版
《经义考》	清·朱彝尊	中华书局 1998 年版
《孔丛子》	汉·孔鲋	中华书局 2009 年版
《愧生丛录》	清·李详	江苏古籍出版社 2000 年版
《困学纪闻》	宋·王应麟	上海古籍出版社 2008 年版
《乐府诗集》	宋·郭茂倩	中华书局 2003 年版
《李渔随笔全集》	清·李渔	巴蜀书社 2003 年版
《两汉传经表》	清·蒋曰豫	清光绪年豫莲池书局《蒋侑石遗书》本
《两汉五经博士考》	清·张金吾	丛书集成初编本　中华书局 1985 年版
《刘更生年表》	清·梅毓	《汉晋名人年谱》北京图书馆出版社 2004 年版
《论衡》	汉·王充	上海古籍出版社 1990 年版
《七修类稿》	清·郎瑛	上海书店出版社 2001 年版
《齐诗遗说考》	清·陈乔枞	南菁书院　光绪 14 年刊本
《全上古三代秦汉三国六朝文》	清·严可均校辑	中华书局 1999 年版
《日知录集释》	清·顾炎武	上海古籍出版社 2006 年版
《容斋随笔》	宋·洪迈	齐鲁书社 2007 年版
《儒林谱》	清·焦袁熹	中华书局 1935 版《丛书集成初编》本
《三国志》	晋·陈寿	中华书局 2000 年版
《史记》	汉·司马迁	中华书局 1982 年版
《史记札记》	清·郭嵩涛	商务印书馆 1957 年版
《史记志疑》	清·梁玉绳	中华书局 2006 年版
《授经图》	明·朱睦㮮	丛书集成初编本　中华书局 1985 年版
《舒艺室随笔》	清·张文虎	辽宁教育出版社 2003 年版
《水经注》	北魏·郦道元	巴蜀书社 1985 年版
《四库全书总目提要》	清·纪昀	河北人民出版社 2000 年版
《四库提要辩证》	清·余嘉锡	中华书局 1980 年版
《苏轼文集》	宋·苏轼	中华书局 2008 年版

《隋书》	唐·魏征	中华书局 1973 年版
《太平御览》	宋·李昉等	中华书局 1960 年版
《通典》	唐·杜佑	中华书局 1988 年版
《魏陈思王年谱》	清·丁晏	颐志斋丛书本　清同治元年(1862)
《文献通考》	元·马端临	中华书局 1986 年版
《文选》	梁·萧统	中华书局 1977 年版
《西汉会要》	南宋·徐天麟	上海人民出版社 1976 年版
《西汉年纪》	南宋·王益之	中州古籍出版社 1993 年版
《西京杂记》	晋·葛洪	三秦出版社 2006 年版
《先儒年表》	清·陈蛰声	《汉晋名人年谱》北京图书馆出版社 2004 年版
《新唐书》	宋·欧阳修、宋祁	中华书局 1975 年版
《新语校注》	王利器	中华书局 1986 年版
《许君年表》	清·陶方琦编	北京图书馆藏珍本年谱丛刊本　北京图书馆出版社 1999 年版
《许君疑年录》	清·诸可宝编	北京图书馆藏珍本年谱丛刊本　北京图书馆出版社 1999 年版
《续古文苑》	清·孙星衍	上海古籍出版社 1996 年版
《续后汉书》	宋·萧常	丛书集成初编本　中华书局 1985 年版
《学林》	宋·王观国	中华书局 1988 年版
《艺文类聚》	唐·欧阳询	上海古籍出版社 1995 年版
《玉海》	宋·王应麟	上海古籍出版社 1992 年版
《玉函山房辑佚书》	清·马国翰	广陵书社 2006 年版
《玉函山房辑佚书续编》	清·王仁俊辑	上海古籍出版社 1989 版
《郑君纪年》	清·陈鳣编,袁均订正	北京图书馆藏珍本年谱丛刊本　北京图书馆出版社 1999 年版
《直斋书录解题》	宋·陈振孙	上海古籍出版社 1987 年版
《资治通鉴》	宋·司马光	中华书局 1956 年版

近现代著作

《班超·班超生卒大事年表》	黄文弼编	胜利出版社 1946 年版
《班超年谱》	廉立编之	西北师院史地系铅印本 1946 年
《班超生活·班超年表》	陈其可著	世界书局 1930 年版
《北狄与匈奴》	马长寿著	三联书店 1962 年版
《曹操集·曹操年表》	江耦著	中华书局 1974 年版
《曹操集译注·曹操年表》	安徽亳县《曹操集》译注小组编	中华书局 1979 年版
《曹植集校注·曹植年表》	赵幼文校注	人民文学出版社 1984 年版
《察举制度变迁史稿》	阎步克著	辽宁大学出版社 1985 年版
《春秋董氏学》	康有为	中华书局 1990 年版
《东方朔评传》	龚克昌	山东文艺出版社 1990 年版
《东方朔作品辑注》	傅春明著	齐鲁书社 1987 年版
《东汉党锢》	周振甫著	开明书店 1935 年版
《东汉三国时期的谈论》	刘季高著	上海古籍出版社 1999 年版
《董学探微》	周桂钿著	北京师范大学出版社 1989 年版
《董仲舒》	周桂钿、吴锋	吉林文史出版社 1997 版
《董仲舒思想研究》	华友根著	上海社会科学院出版社 1992 版
《敦煌汉简编年考证》	饶宗颐、李均明著	台北新文丰出版公司 1995 年版
《敦煌汉简释文》	吴礽骧	甘肃人民出版社 1991 年版
《阜阳汉简〈诗经〉研究》	胡平生、韩自强著	上海古籍出版社 1988 年版
《赋史》	马积高著	上海古籍出版社 1987 年版
《古今学术之递变》	罗振玉	载《本朝学术源流概略》民国十九年丛书集本
《古史辨》第六册	顾颉刚主编	上海古籍出版社 1982 年版
《古学经学——十一朝学术史新证》	王锦民著	华夏出版社 1996 年版
《古学甄微》	蒙文通	巴蜀书社 1987 年版
《古佚书辑本目录》	孙启治、陈建华著	中华书局 1997 年版
《观堂集林》	王国维著	中华书局 1996 年版
《广艺舟双楫》	康有为著	上海书画出版社 2006 年版
《国故概要》	马培棠著	中华书局 1993 年版
《国学要籍研读法四种》	梁启超	国家图书馆出版社 2008 年版
《汉班孟坚先生固年谱》	郑鹤声著	台湾商务印书馆 1980 年版
《汉代〈诗经〉学史论》	刘立志著	中华书局 2006 年版
《汉代边疆史论集》	张春树著	台北市食货出版社 1977 版
《汉代博士文人群体与汉代文学》	王洪军著	中国社会科学出版社 2010 年版
《汉代财政史》	马大英著	中国财政经济出版社 1983 版
《汉代春秋学研究》	马勇著	四川人民出版社 1990 年版
《汉代国内陆路交通考》	谭宗义著	香港新亚研究所 1967 年版
《汉代考古学概说》	王仲殊著	中华书局 1984 年版

《汉代思想史》	金春峰著	中国社会科学出版社 1987 年
《汉代文人与文学观念的演变》	于迎春著	东方出版社 1997 年版
《汉代文学思想史》	许结著	南京大学出版社 1990 年版
《汉代西北屯田研究》	刘光华著	兰州大学出版社 1988 年
《汉代学术史》	王铁著	华东师范大学出版社 1995 年版
《汉代学术史略》	顾颉刚著	东方出版社 1996 年版
《汉帝国的建立与刘邦集团—军功受益阶层研究》	李开元著	三联出版社 2000 年版
《汉赋研究》	陶秋英著	浙江古籍出版社 1986 年版
《汉赋研究》	龚克昌著	山东文艺出版社 1990 年版
《汉简研究》	日·大庭修著、徐世虹译	广西师大出版社 2001 年版
《汉简缀述》	陈梦家著	中华书局 1980 年版
《汉晋文化地理》	卢云著	陕西教育出版社 1991 年版
《汉晋学术编年》	刘汝霖	中华书局 1987 年版
《汉乐府研究》	张永鑫	江苏古籍出版社 2000 年版
《汉儒传经记》	赵继序著	《安徽丛书》民国 21 年版
《汉儒传易原流》	纪磊辑	刘氏嘉业堂刊刊本
《汉师传经表》	吴之英著	民国九年四川刻寿栎庐丛书本
《汉诗研究》	郑文著	甘肃出版社 1994 年版
《汉书补注》	王先谦著	中华书局 1983 年版
《汉书窥管》	杨树达著	上海古籍出版社 1984 年版
《汉书疏证》	沈钦韩著	上海古籍出版社 2006 年版
《汉书新证》	陈直著	天津出版社 1979 年版
《汉书艺文志讲疏》	顾实著	上海古籍出版社 1987 版
《汉书艺文志条理》	清姚振宗著	中华书局 1955 年版
《汉书艺文志通释》	张舜徽著	湖北教育出版社 1990 年版
《汉书艺文志注释汇编》	陈国庆著	中华书局 1983 年版
《汉书注校补》	周寿昌著	中华书局 1935 版《丛书集成初编》本
《汉唐都城礼制建筑研究》	姜波著	文物出版社 2003 年版
《汉唐烽堠制度研究》	程喜霖著	三秦出版社 1990 年版
《汉唐间史学的发展》	胡宝国著	商务印书馆 2003 年版
《汉唐宰相制度》	周道济著	台北政治大学政治研究所 1964 年版
《汉魏六朝乐府文学史》	萧涤非著	人民文学出版社 1998 年版
《汉文学史纲要》	鲁迅著	人民文学出版社 1958 年版
《汉武帝评传》	罗义俊著	上海人民出版社 1988 年
《汉武帝与西汉文学》	龙文玲著	社会科学出版社 2008 年版
《后汉贾景伯先生逵年谱》	陈邦福著	台湾商务印书馆 1980 年版
《后汉马季长先生融年谱》	陈邦福著	台湾商务印书馆 1980 年版
《桓谭》	苏诚鉴著	黄山书社 1986 年版
《急就篇研究》	张丽生著	台湾商务印书馆 1983 年版
《稷下之风流》	蔡德贵著	中国评论学术出版社 2005 版
《贾谊评传》	王兴国著	南京大学出版社 1992 版

《简帛古书与学术源流》	李零著	北京三联出版社 2007 年版
《简帛佚籍与学术史》	李学勤著	江西教育出版社 2001 年版
《简明中国移民史》	葛剑雄、曹树基、吴松第著	福建人民出版社 1993 年版
《建安文学编年史》	刘知渐著	重庆出版社 1985 年版
《剑桥中国秦汉史》	英·崔瑞德、鲁惟一著	中国社会科学出版社 1995 年版
《江苏古代科学家》	徐伯春著	江苏科学技术出版社 1983 版
《今古文经学新论》	王葆玹著	中国社会科学出版社 2004 年版
《金城丛稿》	郑文	齐鲁书社 2000 年版
《京房评传》	卢央著	南京大学出版社 1998 年版
《经学研究论文选》	彭林著	上海书店出版社 2002 年版
《九朝律考》	程树德著	中华书局 2003 年版
《〈九章算术〉与汉代社会经济》	宋杰	首都师大出版社 1984 年版
《居延汉简》	陈直著	天津人民出版社 1996 年版
《居延汉简人名编年》	李振宏、孙英民编	中国社会科学出版社 1997 年版
《孔北海集评注·孔北海年谱》	孙至诚编	商务印书馆 1935 年版
《孔北海年谱》	缪荃孙编	民国南陵徐氏刊艺风堂丛刻本
《孔子文化大典》	廖群著	中国书店 1994 年版
《劳干学术论文集甲编》	劳干著	台湾艺文印书馆 1976 年版
《老子校诂》	马叙伦	中华书局 1974 年版
《乐府诗选》	余冠英	人民文学出版社 1957 年版
《乐府文学史》	罗根泽著	东方出版社 1996 年版
《礼记目录后案》	任铭善著	齐鲁书社 1982 年版
《历朝四百五十人传记》	胡国珍著	北京燕山出版社 1991 版
《历代辞赋研究史料概述》	马积高著	中华书局 2001 年
《历代名人年谱》	吴荣光编	上海书店 1989 年版
《历代人物年里碑传综表》	姜亮夫编	中华书局 1959 版
《历代人物年谱考录》	谢巍著	中华书局 1992 版
《历代诗经论说述评》	冯浩菲著	中华书局 2003 年版
《历代刑法考》	沈家本著	中国检察出版社 2003 年版
《梁启超全集》第八册	梁启超	北京出版社 1999 年版
《两汉和西域等地的经济文化交流》	陈竺同著	上海人民出版社 1957 年版
《两汉监察制度研究》	陈世材著	重庆商务印书馆 1944 版
《两汉教育制度史资料》	程舜英编	北京师大出版社 1983 年版
《两汉经学今古文平议》	钱穆著	商务印书馆 2001 年版
《两汉经学史》	章权才著	广东人民出版社 1990 年版
《两汉经学与社会》	孙筱	中国社会科学出版社 2002 年版
《两汉全书》	董治安、刘晓东著	山东大学出版社 1999 年版
《两汉三国学案》	唐晏著	中华书局 1986 年版
《两汉三家诗学史纲》	俞艳庭著	齐鲁书社 2009 年版
《两汉思想史》	祝瑞开著	上海古籍出版社 1989 年版
《两汉太守刺史表》	严耕望编	商务印书馆 1948 年版

《两汉学风》	江谦著	上海商务印书馆 1916 年版
《岭南思想史》	李锦全、关熙钊、冯达文著	广东人民出版社 1993 年版
《刘安评传》	陈广中著	广西教育出版社 1996 版
《刘安评传》	王云度著	南京大学出版社 1997 版
《刘邦评传》	安作璋、孟祥才著	齐鲁书社 1988 年版
《刘申叔遗书》	刘师培著	江苏古籍出版社 1997 年版
《刘师培讲国学》	刘师培	华文出版社 2009 年版
《刘向校雠学纂微》	孙德谦	台北正中书局 1971 年版
《论董仲舒思想》	周辅成	上海人民出版社 1961 年版
《论衡校释》	黄晖著	中华书局 1990 年《诸子集成本》
《论两汉土地占有形态的发展》	贺昌群著	上海人民出版社 1956 年版
《论语学史》	唐明贵著	中国社会科学出版社 2009 年版
《罗根泽说诸子》	罗根泽著	上海古籍出版社 2001 年版
《廿二史考异》	钱大昕著	凤凰出版社 2008 年版
《廿二史札记》	赵翼著	凤凰出版社 2008 年版
《廿五史论纲》	徐浩	上海书店 1989 年版
《骈文史论》	姜书阁著	人民文学出版社 1986 年版
《七世纪前中国的知识、思想与信仰世界》	葛兆光著	复旦大学出版社 1998 年版
《钱大昕全集》	陈文和主编	江苏古籍出版社 1997 年版
《秦汉的方士和儒生》	顾颉刚著	上海古籍出版社 1998 年版
《秦汉官制史稿》	安作璋、熊铁基著	齐鲁书社 1985 年版。
《秦汉交通史稿》	王子今著	中共中央党校出版社 1994 年版
《秦汉区域文化研究》	王子今著	四川人民出版社 1998 年版
《秦汉史》	吕思勉著	上海古籍出版社 2005 年版
《秦汉士史》	于迎春著	北京大学出版社 2000 年版
《秦汉仕进制度》	黄留珠著	西北大学出版社 1985 年版
《秦汉思想史》	周桂钿著	河北人民出版社 2000 年版
《秦汉文献研究》	吴树平著	齐鲁书社 1988 年版
《秦汉文学编年史》	刘跃进著	商务印书馆 2006 年版
《秦汉新道家略论稿》	熊铁基著	上海人民出版社 1984 年版
《秦会要补定》	孙楷著	上海古籍出版社 2004 年
《求古编》	许倬云著	联经出版事业公司 1984 年版
《儒学传播与汉晋南朝文化变迁》	夏增民	华中科技大学出版社 2009 年版
《儒学大师董仲舒》	魏文华著	新华出版社 2000 年版
《儒学南传史》	何成轩著	北京大学出版社 2000 年版
《儒学与汉代社会》	刘厚琴著	齐鲁书社 2002 年版
《阮籍嵇康·阮籍嵇康年表》	白化文、许德楠译注	中华书局 1983 年版
《三曹年谱》	张可礼编著	齐鲁书社 1983 年版
《三辅黄图校注》	何清谷校注	三秦出版社 1998 年版
《桑弘羊》	安作璋著	中华书局 1983 年版
《桑弘羊年谱订补》	马元材著	中州书画社 1982 年版
《桑弘羊研究》	吴慧著	齐鲁书社 1981 年版

《山东古代思想家》	刘蔚华、赵宗正主编	山东人民出版社 1985 年版
《尚书通论》	陈梦家著	中华书局 1985 年版
《尚书学史》	刘起釪著	中华书局 1989 年版
《诗经毛传郑笺辨异》	文幸福著	文史哲出版社民国 78 年版
《十七史商榷》	王鸣盛著	凤凰出版社 2008 年版
《史记地名考》	钱穆著	商务印书馆 2001 年版
《史记管窥》	程金造	陕西人民出版社 1985 年版
《史记汉书儒林传疏证》	黄庆萱著	台北嘉新水泥公司文化基金会 1965 年版
《史记会注考证》	泷川资言著	新世界出版社 2009 年版
《史记教程》	安平秋、张大可、俞樟华主编	华文出版社 2002 年版
《史记考索》	朱东润著	华东师范大学出版社 1999 年版
《史记探源》	崔适著	中华书局 1986 年版
《史记新证》	陈直著	天津出版社 1979 年版
《史记研究集成》	安平秋、张大可、俞樟华主编	华文出版社 2005 年版
《史记与今古文经学》	陈桐生著	陕西人民教育出版社 1995 年版
《史记志疑》	杭世骏	《续修四库全书》第 263 册
《士与中国文化》	余英时著	上海出版社 1987 年版
《世界哲学史年表》	马采、陈云著	华夏出版社 2009 年版
《数学史研究论文集》	李迪著	内蒙古大学出版社 1993 年版
《说苑疏证》	赵善诒著	华东师范大学出版社 1985 年排印本
《丝绸之路与西域文化艺术》	常任侠著	上海文艺出版社 1981 年版
《司马迁》	季镇淮著	上海人民出版社 1955 年
《司马迁的人格与风格》	李长之著	三联出版社 1984 年版
《司马迁和史记》	施丁	北京出版社 1987 年版
《司马迁年谱》	郑鹤声编	商务印书馆 1933 年版
《司马迁年谱新编》	吉春编	三秦出版社 1989 年版
《司马迁行年新考》	施丁著	陕西人民教育出版社 1995 年版
《司马相如集校注》	朱一清、孙以昭校注	人民文学出版社 1996 年版
《四川古代名人》	《历史知识》编辑部编	四川省社会科学院出版 1984 年版
《四库提要辨证》	余嘉锡	中华书局 2007 年版
《太史公历年考》	徐震著	《国学商兑》1915 年第 3 期
《太史公年谱》	张鹏一著	《汉晋名人年谱》北京图书馆出版社 2004 年版
《太史公生平著作考论》	袁传璋著	安徽人民出版社 2005 年版
《太史公书亡篇考》	余嘉锡著	辅仁学志 1947 年版
《太史公系年考略》	王国维著	《汉晋名人年谱》北京图书馆出版社 2004 年版
《太史公行年考》	施丁著	陕西人民教育出版社 1995 年版
《太史公疑年考》	张惟骧著	《汉晋名人年谱》北京图书馆出版社 2004 年版

《文史考古论丛》	陈直著	天津古籍出版社 1988 年版
《听雨楼笔记》	王培荀著　周昌富、李大营校点	山东大学出版社 1992 年版
《王粲集·王粲年谱》	俞绍初著	中华书局 1980 年版
《王充卷·王充年谱》	蒋祖怡著	中州书画社 1983 年版
《王充年谱》	钟肇鹏著	齐鲁书社 1983 年版
《王充哲学思想探索》	徐敏著	生活·读书·新知三联书店 1979 年版
《伪书通考》	张心澂著	上海书店出版社 1998 年版
《〈文选〉与文选学·班固〈典引〉及其旧注平议》	刘跃进著	学苑出版社 2003 年版
《西汉财政官制史稿》	罗庆康著	河南大学出版社 1989 年版
《西汉长安》	刘运勇著	中华书局 1982 年版
《西汉货币初稿》	宋叙五著	台北文海出版社 1978 年版
《西汉经济史》	陶希圣著	商务印书馆 1935 年版
《西汉经学与政治》	汤志钧、华有根、承载、钱杭著	上海古籍出版社 1994 年版
《西汉人口地理》	葛剑雄著	人民出版社 1987 年版
《西汉三家诗学研究》	林耀潾著	文津出版社 1996 年版
《西汉文学思想史》	张峰屹著	南开大学出版社 2001 版
《西汉与西域关系史》	安作璋著	山东人民出版社 1959 年版
《西汉人口地理》	葛剑雄著	人民出版社 1986 年版
《西汉政区地理》	周振鹤著	人民出版社 1987 年版
《西域史族新考》	张西曼著	南京中国边疆学术研究会 1947 年版
《先唐神话、宗教与文学论考》	王青著	中华书局 2007 年版
《校刊史记集解索引正义札记》	张文虎著	中华书局 1977 年版
《匈奴历史年表》	林干著	中华书局 1984 年版
《匈奴史》	林干著	内蒙古人民出版社 1977 年版
《许慎年谱》	张震泽著	辽宁大学出版社 1986 年版
《许慎与说文解字研究》	董希谦、张启焕主编	河南大学出版社 1988 年版
《盐铁论校注》(增订本)	王利器校注	天津古籍出版社 1983 年版
《扬雄年谱》	丁介民著	菁华出版社 1976 年版
《扬雄评传》	王青著	南京大学出版社 2000 年版
《扬子法言研究》	蓝秀隆著	文津出版社 1989 年版
《移民史》	葛剑雄著	福州人民出版社 1997 年版
《译余偶拾》	杨宪益著	三联出版社 1983 年版
《银雀山汉简释文》	吴九龙著	文物出版社 1985 年版
《玉门花海汉代烽燧遗址出土的简牍》	嘉峪关市文物保管所编《汉简研究文集》	甘肃人民出版社 1984 年版
《战国策文新论》	郑文杰著	山东人民出版社 1998 年版
《张衡年谱》	孙文青著	上海商务印书馆 1935 年版
《张衡诗文集校注·张衡年表》	张震泽著	上海古籍出版社 1986 年版
《张家山汉简〈算数书〉注释》	彭浩著	科学出版社 2001 年版

《郑康成年谱》	王利器著	齐鲁书社1983年版
《制度的儒家及其解体》	干春松	中国人民大学出版社2003年版
《中古文学史论》	王瑶著	北京大学出版社1986年版
《中古文学系年》	陆侃如著	人民文学出版社1985年版
《中国编辑史》	姚福申著	复旦大学出版社1990年版
《中国兵学·汉唐卷》	谢祥皓著	山东人民出版社1998年版
《中国传统文化与科技》	乐爱国	中华书局2002年版
《中国传统学术史》	卢钟锋著	河南人民出版社1998年10月版
《中国地理学史》	王成祖著	商务印书馆2005年版
《中国佛教史》	任继愈著	中国社会科学出版社1997年版
《中国赋税史》	孙翊刚著	中国税务出版社1998年版
《中国古代科技成就》	自然科学史研究所主编	中国青年出版社1978年版
《中国古代科学技术大事纪》		人民教育出版社1977年版
《中国古代科学家传纪》	杜石然主编	科学出版社1992年版
《中国古代农业科学家小传》	西北农学院古农学研究室编	陕西科学技术出版社1984年版
《中国古代书法家》	刘诗著	北京文物出版社1991年版
《中国古代书法家传》	刘诗编著	文物出版社1991年版
《中国古代私学发展诸问题研究》	吴霓	中国社会科学出版社1996年版
《中国古代图书事业史》	来新夏著	上海人民出版社1990年版
《中国古代文学史》	于非主编	高等教育出版社1994年版
《中国古代学者百人传》	张舜徽主编	中国青年出版社1986年版
《中国古代佚名哲学名著评注》	胡平生	齐鲁书社1985年版
《中国古典文学词典》	刘国盈、廖仲安	北京出版社1989年版
《中国古籍编撰史》	曹之著	武汉大学出版社1999年版
《中国谷学书录》	王毓瑚著	农业出版社1964年版
《中国经学史》	马宗霍著	上海商务印书馆1937年版
《中国经学史》	许道勋、徐洪兴著	上海人民出版社2006年版
《中国经营西域史》	曾问吾著	商务印书馆1936年版
《中国科学技术史》	英·李约瑟著	科学出版社1990年版
《中国历代名人词典》	南京大学历史系编	江西人民出版社1982年版
《中国历代名医传》	陈梦赉著	科学普及出版社1987年版
《中国历代年谱总录》	杨殿珣著	书目文献出版社1980年版
《中国历代人名大词典》	张㧑之、沈起炜、刘德重编	上海古籍出版社1999年版
《中国历代人物年谱考录》	谢巍著	中华书局1992年版
《中国历代思想家传记汇注·先秦两汉分册》	王蘧常著	复旦大学出版社1989年版
《中国历史大事编年》	张孔习、田珏编	北京出版社1992年版
《中国历史大事编年》(第一卷)	朱学西、张绍勋、张习礼编	北京出版社1987年版
《中国历史大事年表》	凌凤同编	黑龙江教育出版社1988年版

《中国历史人物生卒年表》	吴海林、李延沛编	黑龙江人民出版社1981版
《中国历史中的技术与科学》	王鸿生著	中国人民大学出版社1997年版
《中国流人史》	李兴盛著	黑龙江人民出版社1996年版
《中国美术年表》	傅抱石编	上海古籍出版社1998版
《中国年谱辞典》	黄秀文著	百家出版社1997年版
《中国儒家学术思想史》	刘蔚华、赵宗正著	山东教育出版社1996年版
《中国儒教史》	李申著	上海人民出版社2000年版
《中国儒学》	刘宗贤、谢祥皓著	四川人民出版社1993年版
《中国儒学史》	赵吉忠等主编	中州古籍出版社1991年版
《中国儒学史·秦汉卷》	李景明著	广东教育出版社1998年版
《中国史学家传》	张舜徽著	辽宁人民出版社1984版
《中国史学史资料编年》	杨翼骧编	南开大学出版社1999年版
《中国书文化要览》	施金炎著	湖南教育出版社1992年版
《中国思想史》	张岂之著	西北大学出版社1989年版
《中国思想通史》第二卷	侯外庐主编	人民出版社1957年版
《中国天文学史》	陈遵妫著	上海人民出版社2006年版
《中国通史》	白寿彝	上海人民出版社2005年版
《中国图书发行史》	郑士德著	中国时代经济出版社2009年版
《中国文化辞典》	施宣园等主编	上海社科院出版社1987年版
《中国文化地理》	王会昌著	华中师范大学出版社1992年版
《中国文化史年表》	虞云国、周育民编	上海辞书出版社1990年版
《中国文学编年录》	刘德重编	知识出版社1989年版
《中国文学编年史·汉魏卷》	石观海主编	湖南人民出版社2006年版
《中国文学地理形态与演变》	梅新林	复旦大学2006年版
《中国文学家大词典》	谭正璧著	北京图书馆出版社1998年版
《中国文学史》	章培恒、骆玉明主编	复旦大学出版社2005年版
《中国文学史》	袁行霈主编	高教出版社2005年版
《中国文学史大事年表》	吴文治编	黄山书社1987年版
《中国文学史发展史》	刘大杰	上海古籍出版社1997年版
《中国学术流变》	冯天瑜等编	华东师范大学出版社2003年版
《中国学术名著提要·文学卷》	陈正宏主编	复旦大学出版社1992年版
《中国学术史》	张国刚、乔治思等著	东方出版中心2002年版
《中国学术史讲话》	杨东莼著	东方出版社1996年版
《中国学术思想编年·秦汉卷》	郑洁文、李梅著	陕西师范大学出版社2005年版
《中国学术思想变迁之大势》	梁启超著	上海古籍出版社2001年版
《中国学术思想史稿》	步近智、张安奇著	中国社会科学出版社2007年版
《中国学术通史·秦汉卷》	周桂钿、李祥俊著	人民出版社2004年版
《中国哲学发展史》	任继愈著	人民出版社1985年版
《中国哲学史》	萧楚父、李锦全主编	人民出版社1982年版
《中国政论文学史稿》	张啸虎著	武汉出版社1992年版
《中国中古思想史长编》	胡适著	安徽教育出版社1999年版
《中华民族多元一体格局》	费孝通著	中央民族大学出版社2003年版
《〈周髀算经〉新议》	曲安京著	陕西人民出版社2002年版

《周秦汉唐文明》	黄留珠主编	陕西出版社1999年版
《周易尚氏学》	尚秉和著	九州出版社2005年版
《周予同经学史论著选集》(增订本)	周予同著	上海人民出版社1996年版
《诸葛亮·诸葛亮生平大事年表》	郑孝时著	江苏人民出版社1983年版
《诸葛亮传·诸葛亮生平大事年表》	柳春藩著	中国青年出版社1986年版
《诸子百家大辞典》	刘冠才、林飞主编	四川人民出版社2000年版
《诸子通考》	蒋伯潜著	浙江古籍出版社1985年版
《竹简帛书论文集》	郑良树著	中华书局1982年版
《竹林七贤诗文全集译注·竹林七贤年表》	韩格平著	吉林文史出版社1997年版

论 文 部 分

《"拜上帝会"子虚乌有考》	杨宗亮	《历史研究》1955年第1期
《"亚驼""呼池"与要册湫考辨》	雍际春	《陕西师大学报》2008年第2期
《〈独断〉与秦汉文体研究》	刘跃进	《文学遗产》2002年第5期
《〈讲经图〉与汉代教师地位》	柳玉东	《南都学坛》1996年第4期
《〈郊祀歌〉考论》	张强	《淮阴师范学院报》1998年第3期
《〈焦氏易林〉与汉代〈诗〉学研究》	李昊	《社会科学研究》2008年第2期
《〈焦氏易林〉与汉代宗教文化构建》	李昊	《宗教学研究》2008年第3期
《〈九章算术〉及其刘徽注与哲学思想的关系》	钱宝琮	《钱宝琮科学史论文选集》,科学出版社1983年版
《〈潜夫论〉与汉代经学》	刘文英	《孔子研究》1994年第3期
《〈尚书〉辨伪与清今文经学——〈尚书〉辨伪与清今文经学及近代疑古思潮研究(上)》	邱志诚	《中南大学学报》2008年第2期
《〈史记〉与汉代经学》	刘家和	《史学史研究》1991年第2期
《〈熹平石经〉与汉末的政治、文化规范》	黄洁	《中国文化研究》2005年第3期
《〈新语〉——汉代儒学制度化的理论先声》	徐平华	《湖南社会科学》2009年第2期
《〈易〉到〈论语〉的经学转向——扬雄晚年思想转变的经学解读》	解丽霞	《江淮论坛》2008年第5期
《〈张公神碑歌〉考论——兼论汉代图像文学研究的意义与价值》	李立	《北京师范大学学报》2009年第4期
《〈春秋〉经传与汉代祭祀》	李湛	《齐鲁学刊》1997年第4期
《〈汉书〉〈女诫〉,续写并重——简论东汉史学家、文学家、教育家班昭》	余恒森	《辽宁行政学院学报》2007年第3期
《〈河上公老子章句〉考证》	谷方	《中国哲学》1982第7辑
《〈九章算术〉在社会经济方面的史料价值》	宋杰	《自然辩证法通讯》1984年第5期
《〈老子河上公章句〉成书时限考论》	黄钊	《中州学刊》2001年第2期
《〈老子河上公章句〉考》	王明	《道家和道教思想研究》,中国社会科学出版社1984年版
《〈老子指归〉自然观初探》	王德有	《哲学研究》1984年第3期
《〈女诫〉对中国女性道德的第一次系统影响》	权雅宁	《忻州师范学院学报》2006年第5期
《〈女诫〉之女性观透视及其历史意义》	钟翠红	《中华女子学院学报》2006年第5期
《〈七发〉与枚乘生平新探》	赵奎夫	《西北师大学报》西北师大学报社科版1990年第1期
《〈太史公行年考〉辨疑》	施子勉	《东方杂志》1925年3期

标题	作者	出处
《〈新序〉接受史研究》	叶刚	河南大学 2006 年硕士论文
《〈新语〉——汉代儒学制度化的理论先声》	徐平华	《湖南社会科学》2009 年第 2 期
《〈周髀算经〉成书年代考》	冯礼贵	《古籍整理研究学刊》1986 年 4 期
《〈周髀算经〉的盖天说:别无选择的宇宙结构》	曲安京	《自然辩证法研究》1997 年第 8 期
《〈周易〉古义考》	刘大钧	《中国社会科学》2002 年第 5 期
《班昭〈女诫〉再解读》	周峨	《重庆邮电学院学报》2006 年第 5 期
《班昭女诫论》	王晖	《右江民族师专学报》1996 年第 2 期
《本体论与汉代佛学之发展》	贾占新	《河北大学学报》1995 年第 4 期
《别具特色的包咸〈论语章句〉》	唐明贵	《沧桑》2006 年第 4 期
《蔡邕碑颂对〈诗经〉典故、体式的运用——兼论东汉文学与经学的关联》	赵德波	《郑州大学学报》2009 年第 3 期
《蔡邕的生平创作与汉末文风的转变》	刘跃进	《文学评论》2004 年第 3 期
《蔡邕行年考略》	刘跃进	《文史》2003 年第 1 期
《曹植年谱》	俞绍初	《郑州大学学报》1963 年第 3 期
《长沙马王堆二、三号汉墓发掘简报》		《文物》1947 年第 7 期
《谶纬与汉代政治》	王步贵	《西北大学学报》1992 年第 1 期
《春秋公羊学与汉代复仇风气发微》	臧知非	《徐州师范学院学报》1996 年第 2 期
《从"轮台诏"到"盐铁会议"——以〈盐铁论〉观西汉中后期对匈奴政策的重大转变》	任宝磊	《新疆大学学报》2009 年第 3 期
《从〈春秋繁露〉看汉代儒家思想的神化》	侯小东	《作家杂志》2009 年第 2 期
《从〈汉书·艺文志〉序言看汉代"多元一体"的学术融合》	陈莉	《南都学坛》2009 年第 2 期
《从〈论衡〉看汉代孟学之发展》	吴从祥	《阴山学刊》2009 年第 5 期
《从〈论六家要旨〉和〈艺文志序〉看汉代政治对思想的影响》	沈慧红	《现代语文》2009 年第 3 期
《从〈孟子〉和赵岐注看汉代训诂学的发展》	薛安勤	《辽宁师范大学学报》1985 年第 3 期
《从〈诗经·周颂〉到汉代祭祀诗看秦汉之际的文化嬗变》	陈洪波	《湖北教育学院学报》1997 年第 4 期
《从〈九章算术〉的有关记载看汉代贸易中的"共买"》	宋杰	《首都师范大学学报 1991 年第 2 期
《从〈女诫〉看古代妇女对男权的认同和内化》	郭冬勇	《石河子大学学报》2007 年第 6 期
《从〈史记·平准书〉看汉初民间公开铸钱对农业生产的影响》	张胡玲	《华夏文化》2008 年第 1 期
《从出土简帛经书谈汉代的今古文学》	高明	《考古与文物》1997 年第 6 期

标题	作者	出处
《从董仲舒的奏对看汉代士人与帝王之对弈》	袁济喜	《中国文化研究》2009年第3期
《从董仲舒看汉代儒墨合流》	秦彦士	《四川师范大学学报》1994年第3期
《从公孙弘看汉代齐学与墨学的融合》	范学辉	《管子学刊》1996年第4期
《从汉代禅经翻译看早期禅学在中土的开展》	孔祥珍	《河南师范大学学报》2008年第3期
《从汉代经学的兴衰看汉儒的价值追求和人格转变》	李岩	《社会科学战线》2009年第7期
《从汉代经学的沿革看"齐—鲁—道"之变》	赵缊	《东岳论丛》1994年第5期
《从汉代注释书谈古汉语名词句法功能的变化——兼评"词类活用"说》	孙良明	《信阳师范学院学报》1993年第2期
《从汉简本〈仪礼〉看〈仪礼〉在汉代的传本》	杨天宇	《史林》2009年第4期
《从箕星、风师到风伯神——论汉代风神崇拜模式的建立》	李立	《松辽学刊》1996年第4期
《从经学博士看汉代社会》	蒋晓华	《四川大学学报》1989年第1期
《从经学传统看中国古代学术文化形态》	傅亮	《安徽文学》2008年第7期
《从理论走向实践—论儒学在汉代的落实》	赵东栓	《蒲峪学刊》1995年第1期
《从两汉选官看经学在中国文化史上的地位》	齐兆明	《青年科学》2009年第4期
《从张家山竹简看汉初的赋税征课制度》	黄今言	《史学集刊》2007年第2期
《从中国古代思想变迁看汉代新儒学的渊源》	张荣明	《天津社会科学》1994年第3期
《道藏本〈道德真经指归〉提要》	王利器	《中国哲学》第四辑,生活、读书、新知三联书店1980版
《道家思想与汉代文学》	李生龙	《中国文学研究》1993年第4期
《道家思想与汉代学术》	张运华	《世界宗教研究》1995年第3期
《东方朔生卒考》	胡春润	《湖北广播电视大学学报》2007年第4期
《东汉碑铭创作的文学史意义》	任群英	《学术论坛》2008年第9期
《东汉初帝王的谶纬信仰和经学调整》	闫海文	《兰州学刊》2009年第9期
《东汉皇帝高庙礼制考论》	郭善兵	《华东师范大学学报》2004年第5期
《东汉窦氏家族研究》	王丹	东北师范大学2006年硕士论文
《东汉西北大族与皇权政治研究》	范黧	扬州大学2010年硕士论文
《东汉人物地域分布研究》	侯二朋	兰州大学2006年硕士论文
《董仲舒对策在元朔五年议》	苏鉴	《中国史研究》1984年第3期
《董仲舒墓址辨惑》	孙民柱	《中国历史地理论丛》2000年3期

《董仲舒天人三策作于元光元年辨》	施丁	《社会科学辑刊》1980年第3期
《董仲舒〈天人三策〉研究》	张举英	山东大学2008年硕士论文
《董仲舒孝治之思与汉代社会秩序建构的德化机制的确立》	吴凡明	《求索》2008年第11期
《董仲舒与汉代〈诗〉学三题》	聂春华	《广东技术师范学院学报》2009年第3期
《董仲舒与汉代新儒学的发展》	杨向奎	《文献》1989年第2期
《董子年表订误》	施子勉	《东方杂志》第41卷第21号
《读阜阳汉简〈诗经〉》	饶宗颐	《明报月刊》第19卷第12期
《读经史札记三题》	许刚	《阳明学刊》2004年第1辑
《对韩信被诛原因之异见》	赵玉良	《上海师大学报》1992年第3期
《对汉代思想史研究的几点认识》	黄朴民	《历史教学》1994年第1期
《对汉代徐州"百戏"资源的开发研究》	李鹏程	《吉林体育学院学报》2009年第5期
《对于〈巫蛊之祸的政治意义〉的看法》	劳干	《古代中国的历史与文化》中华书局2006年版
《二十世纪〈淮南子〉研究》	杨栋 曹书杰	《古籍整理研究学刊》2008年第1期
《方士:汉代文化舞台上的重要角色》	张兴杰	《兰州大学学报》1994年第1期
《伏生及〈尚书大传〉研究》	谷颖	东北师范大学2005年硕士学位论文
《阜阳汉简〈诗经〉的传本及抄写年代》	孙斌来	《古籍整理研究学刊》1985年第7期
《阜阳双古堆汉简与〈孔子家语〉》	胡平生	《国学研究》2000第7卷
《公孙弘:儒学中兴的健将》	马勇	《孔子研究》1993第1期
《龚自珍对经学纷争的评议》	黄开国	《中山大学学报》2009年第4期
《古代巫术巫风探幽》	孙家洲	《社会科学战线》1994年5期
《卦气溯源》	刘大钧	《中国社会科学》2000年第5期
《关于〈女诫〉教育研究文献的综述》	张一晓	《宜宾学院学报》2008年第8期
《关于汉代升仙思想的两点看法》	孟强	《中原文物》1993年第2期
《关于李陵与〈苏武诗〉及〈答苏武书〉的真伪问题》	章培恒、刘骏	《复旦学报》1998年第2期
《关于司马相如的小考二则》	余江	《淄博学院学报》2001年第2期
《关于昭君的几个问题——读蓟老〈王昭君家世、年谱及有关书信〉》	张传玺	《北京大学学报》1982年第6期
《广信为岭南早期文化重心论——兼论汉代杰出经学家陈氏父子》	郭培忠	《岭南文史》1996年第4期
《规矩与方圆—中国古代女诫思想述评》	刘筱红	《华中师范大学学报》1995年第4期
《郭林宗生卒年月考》	储皖峰	《国学月报》第2卷3期,1927年3月31日
《汉〈郊祀歌〉浅论》	郑文	《文史》1983年第21辑
《汉长安城总体布局的地理特征》	马正林	《陕西师大学报》1994年第4期
《汉初"无为之治"源于陆贾论》	汤其领	《史学月刊》1991年第4期
《汉初今文经学生死观的文学叙事——〈韩诗外传〉中的生死考验故事》	于淑娟	《兰州学刊》2008年第3期

《汉初易学的发展》	张涛	《文史哲》1998年第2期
《汉代"春秋决狱"浅谈》	江淳	《广西师范大学学报》1989年第1期
《汉代"独尊儒术"的理论先声——再论〈新语〉之于"独尊儒术"的重要性》	徐平华	《河南社会科学》2009年第4期
《汉代"六书"三家说申论》	陈五云	《古汉语研究》1995年第3期
《汉代"天人感应"思想对宰相制度的影响》	于振波	《中国社会科学院研究生院学报》1994年第6期
《汉代"乡三老"与乡族势力蠡测》	陈明光	《中国社会经济史研究》2006年第4期
《汉代"以孝治天下"与士人的政治人格》	季乃礼	《西华大学学报》2009年第4期
《汉代〈齐诗〉传授的特点》	王洲明	《山东大学学报》1995第2期
《汉代〈诗〉经化过程中的复杂现象》	王洲明	《山东大学学报》1994年第1期
《汉代〈诗经〉学研究的"攀高峰"之作——读评刘立志的汉代〈诗经〉学史论》	陈辽	《淮阴师范学院学报》2008年第3期
《汉代〈诗经〉研究历史化的几种表现》	王硕民	《安徽师范大学报》1995年第2期
《汉代〈五经〉崇拜与经学方式》	刘泽华	《社会科学战线》1993年第1期
《汉代〈易〉学与谶纬图书之学》	葛志毅	《学习与探索》2008年第4期
《汉代百戏中的力技表演》	郭杰	《南都学坛》2009年第6期
《汉代辨伪略说》	胡可先	《徐州师范大学学报》1994年第3期
《汉代博士弟子的政治使命和道术传播》	王洪军	《学习与探索》2009年第4期
《汉代博士与佛学的传播》	葛志毅	《中华文化论坛》1994年第1期
《汉代苍梧郡文化兴盛论》	王川	《广西民族研究》1994年第1期
《汉代察举制度考》	劳干	《劳干学术论文集甲编》艺文印书馆1976年版
《汉代楚辞学述略——〈楚辞学史〉之一》	张来芳	《江西大学学报》1989年第2期
《汉代楚辞研究述评》	徐志啸	《苏州科技学院学报》1990年第2期
《汉代传入中原的少数民族音乐及其影响》	季伟	《南都学坛》2008年第3期
《汉代的博士奉使制度》	葛志毅	《历史教学》1996年第10期
《今古文经学合流原因新探——汉代博士制度与今古文经学合流之渊源》	葛志毅	《北方论丛》1995年第1期
《汉代的博士与议郎》	葛志毅	《史学集刊》1998年第3期
《汉代的方士与"郊祀乐"》	王晨	《南都学坛》2009年第3期
《汉代的经今古文学》	孙钦善	《文献》1985年第2期
《汉代的人文、科学文化传统》	祝瑞开	《孔子研究》1991年第3期
《汉代的儒学独尊与学术史的研究》	卢钟锋	《孔子研究》1989年第1期
《汉代的盛世伦理及其当代意	胡海波	《道德与文明》2009年第2期

义——董仲舒伦理思想的启示》

《汉代的太学》	江铭	《教育发展研究》1986年第2期
《汉代的太学及其教学方法》	郭令吾	《人民教育》1983年第7期
《汉代的太学生与政治》	黄宛峰	《南都学坛》1996年第2期
《汉代的太学制度》	史锡平	《史学月刊》1988年第3期
《汉代的纬学和纬书》	孙钦善	《文献》1985年第4期
《汉代的文化特征与汉大赋的形成》	张庆利	《求是学刊》1993年第5期
《汉代的孝治及其社会秩序建构的德化机制》	吴凡明	《湖南大学学报》2009年第4期
《汉代的易学和儒学(上)》	刘宝才	《青海师范大学学报》1990年第1期
《汉代的易学和儒学(下)》	刘宝才	《青海师范大学学报》1990年第4期
《汉代独尊儒术的得失》	张岱年	《清华大学学报》1988年第2期
《汉代封禅文献研究》	侯艳	《毕节学院学报》2009年第10期
《汉代赋论浅探》	王朋	《云梦学刊》1986年第1期
《汉代古文经学及其批判意识》	王雪	《唐都学刊》2009年第4期
《汉代豪族的地域性格》	鹤间和幸	《史学杂志》1987年第87编第2号
《汉代皇帝宗庙祭祀乐舞制度考述》	王柏中	《鞍山师范学院学报》1997年第1期
《汉代皇家典藏三地:石渠阁、兰台、东观》	张文馨	《兰台世界》2008年第5期
《汉代家训文学的成就及其对后世的影响》	黄小妹	《南京理工大学学报》2009年第4期
《汉代简牍档案的种类和形制概述》	彭子菊	《兰台世界》2009年第6期
《汉代角抵考》	林友标	《体育文化导刊》2008年第5期
《汉代角抵戏初探——对汉画像石中的角抵戏的考察》	孙世文	《东北师大学报》1984年第4期
《汉代教化与劝农政策略论》	李学娟	《管子学刊》2009年第2期
《汉代教育昌盛原因刍议》	郝建平	《阴山学刊》1993年第1期
《汉代教育特点论略》	郝建平	《阴山学刊》1994年第4期
《汉代杰出的辞赋家、名臣庄助和朱买臣》	顾继烈	《苏州教育学院学报》1992年第2期
《汉代今古文之争刍议》	汤其领	《徐州师范学院学报》1991年第4期
《汉代今文经学及其训诂》	李建国	《河北师院学报》1994年第2期
《汉代经学〈论语〉的注经特色》	孙尧奎	《东岳论丛》2009年第6期
《汉代经学博士与经典学术权威的政治制造》	王洪军	《哈尔滨工业大学学报》2007年第6期
《汉代经学的井田思想》	秦学顽	《重庆师院学报》1995年第4期
《汉代经学对汉赋繁荣的影响》	赵辉	《华中师院学报》1985年第1期
《汉代经学发展特点新探》	王生平	《求索》1989年第5期
《汉代经学挤压下的诗性失语与存活》	杨子怡	《南京师范大学文学院学报》2009年第2期
《汉代经学略谈》	黄开国	《文史杂志》1992年第5期
《汉代经学师法渊源蠡测》	周丙华	《咸阳师范学院学报》2007年第5期
《汉代经学研究的可贵收获——评	黄开国	《广东社会科学》1993年第3期

《两汉经学史》》		
《汉代经学演化与屈原评价之纷争》	陈元锋	《山东师大学报》1993 年第 3 期
《汉代经学与汉大赋的流变》	张庆利	《中国文化研究》1991 年第 1 期
《汉代经学与汉代辞赋创作》	王洲明	《烟台大学学报》2009 年第 4 期
《汉代经学与散体赋的政论化倾向》	尚学锋	《陕西师范大学学报》2009 年第 2 期
《汉代经学与诗学》	吴建民	《南阳师范学院学报》2008 年第 5 期
《汉代经学之争》	邓星盈、黄开国	《孔子研究》1994 年第 4 期
《汉代老子"角色"变换及其老学史意义》	姚圣良	《北方论丛》2008 年第 6 期
《汉代老子神化现象考》	碣石	《宗教学研究》1996 年第 4 期
《汉代乐府官署兴废考论》	赵敏俐	《文献季刊》2007 年第 3 期
《汉代礼仪用乐探析》	杜鹃	《集美大学学报》2009 年第 1 期
《汉代礼制和文化略论》	杨志刚	《复旦学报》1992 年第 3 期
《汉代律章学考论》	龙大轩	西南政法大学 2006 年博士学位论文
《汉代儒家情性思想研究》	樊祯祯	《孔子研究》2009 年第 4 期
《汉代儒家统治思想及其对汉赋的影响》	郑煦卓	《丝绸之路》2009 年第 20 期
《汉代儒学的社会政治效应》	苏俊良	《历史教学问题》1993 年第 1 期
《汉代儒学的演变》	刘欣尚	《孔子研究》1989 年第 4 期
《汉代儒学奠基人——董仲舒的教育思想》	张如珍	《西北师大学报》1993 年第 6 期
《汉代儒学复兴论》	龙显昭	《四川师范学院学报》1990 年第 1 期
《汉代儒学神化历程探析》	朱玉周	《北方论丛》2008 年第 2 期
《汉代儒学衰微原因略论》	叶林生	《社科纵横》1990 年第 2 期
《汉代儒学研究的新突破—评黄朴民著〈董仲舒与新儒学〉》	宇之	《松辽学刊》1994 年第 3 期
《汉代儒学与自然科学》	董英哲	《人文杂志》1991 年第 1 期
《汉代史学经学化、御用化原因探析》	王玉华	《东岳论丛》2009 年第 6 期
《汉代士大夫与汉代思想的总倾向》	侯外庐	《史学史研究》1990 年第 4 期
《汉代水灾迷信初论》	焦培民	《华北水利水电学院学报》2009 年第 3 期
《汉代司法中的经义决狱新论》	汪荣	《求索》2009 年第 6 期
《汉代私人书信的传播研究综述》	李新科	《齐齐哈尔大学学报》2009 年 5 期
《汉代颂赞铭箴与赋同体异用》	万光治	《社会科学研究》1986 年第 4 期
《汉代算车、船、缗钱制度新考——以〈史记·平准书〉为中心》	杨振红	《文史》2007 年第 4 期
《汉代太学的考证与批判》	秦彦士	《四川师范大学学报》1997 年第 2 期
《汉代太学的政治作用及对当今高等教育的启示》	陈丘	《湖南科技学院学报》2009 年第 3 期
《汉代太学考选制度》	陈蔚松	《华中师范大学学报》1988 年第 4 期
《汉代图书编纂活动对中国书籍形态的影响》	陈国剑	《河南大学学报》2009 年第 1 期
《汉代皖北儒学浅探》	陈辉	《宿州学院学报》2008 年第 2 期
《汉代伟大的财政家——桑弘羊》	郭鸥一	《山西财经大学学报》1982 年第 2 期

《汉代文化政策述评》	钱国旗	《青岛大学师范学院学报》2008 年第 4 期
《汉代文坛上的双星—司马相如和司马迁比较试论》	刘振东	《齐鲁学刊》1989 年第 3 期
《汉代文体形态研究》	杜继业	《青年文学家》2009 年第 8 期
《汉代文学创作的经学教育背景》	饶峻妮	《昆明理工大学学报》2009 年第 4 期
《汉代五经博士与私学教育的双向互动》	王洪军	《黑龙江社会科学》2009 年第 3 期
《汉代祥瑞文化与"天人感应"说之关系》	刘洁	《文博》2009 年第 4 期
《汉代选官之"四科"标准的性质》	阎步克	《社会科学研究》1990 年第 5 期
《汉代学校的教化功能》	傅娥	《南都学坛》2009 年第 5 期
《汉代言禁研究》	黄春平	《新闻与传播研究》2009 年第 2 期
《汉代医学简的价值及其研究》	沈颂金	《西北史地》1994 年第 3 期
《汉代以经治国的历史考察》	晋文	《扬州师院学报》1991 年第 2 期
《汉代以孝治天下的原因和措施》	辛雪利	《和田师范专科学校学报》2009 年第 5 期
《汉代易学及王弼注易》	吴鹭山	《河北大学学报》1982 年第 1 期
《汉代易学与汉政盛衰》	龙显昭	《社会科学研究》1993 年第 4 期
《汉代音韵学研究综述》	张燕	《文教资料》2009 年 26 期
《汉代章句之学与语法研究》	任远	《语言研究》1995 年第 1 期
《汉代诏书与民生问题研究》	万义广	《南都学坛》2009 年第 6 期
《汉代哲学的特点及其发展趋向》	谢丰泰	《西藏民族学院学报》1996 年第 1 期
《汉代注释家的词类观》	孙良明	《古汉语研究》1990 年第 4 期
《汉代宗教结构的演变与意义》	汪小洋	《广播电视大学学报》2008 年第 3 期
《汉代罪己诏略析》	孙立英	《和田师范专科学校学报》2009 年第 3 期
《汉代尊孔的政治文化意向探析》	林存光	《齐鲁学刊》1993 年第 5 期
《汉代游学之风》	刘太祥	《中国史研究》1998 年第 4 期
《汉代家训研究》	安颖侠	河北师范大学 2008 年硕士论文
《汉代家训研究》	付元琼	广西师范大学 2008 年硕士论文
《汉代三辅文人文学创作研究》	刘杰	西北大学 2011 年硕士论文
《汉代奏疏的论述策略》	闵泽平	《绵阳师范学院学报》2004 年第 3 期
《汉末碑文研究》	李新霞	河北师范大学 2007 年硕士论文
《汉赋的经典化过程—以汉魏六朝时期为例》	张新科	《人文杂志》2004 年第 3 期
《汉赋的先驱孔臧及其赋考说》	韩晖	《文史哲》1998 年第 1 期
《汉赋与汉武帝时期的文学风尚》	王娜	河北师范大学 2007 年硕士论文
《汉诗别录》	逯钦立	台湾《中央研究院历史语言研究所集刊》1948 年第 13 本
《汉史三官与汉代三史观略》	董一佐	《今日科苑》2008 年第 4 期
《汉晋之际的颍川奇士》	张永刚	华中师范大学 2007 年硕士论文
《汉晋之际独行群体研究》	张睿	华中师范大学 2008 年硕士论文
《汉唐经学传统与日本京都学派戏曲研究刍议》	童岭	《中央戏剧学院学报〈戏剧〉》2009 年第 2 期
《汉文帝置经博士考》	曹金华	《江海学刊》1994 年第 4 期

《汉文帝置三经博士考》	罗义俊	《中华文史论丛》1980年第1辑
《汉文化形成时期的多样性与区域性特点——以汉代历史文献为中心的考察》	雷虹霁	《南都学坛》2009年第4期
《汉武帝酷吏政治述论》	罗义俊	《史林》1986年第1辑
《汉武帝时代内朝的创置和健全》	罗义俊	《上海社会科学院学术季刊》1988年策2期
《汉武帝西京变局与汉代儒学演构》	成祖明	《中州学刊》2009年第5期
《汉武帝徙民会稽史事证释》	辛德勇	《历史研究》2005年第1期
《汉武帝与汉代经学的神秘主义倾向》	赵伯雄	《内蒙古大学学报》1984年第2期
《汉武帝应对侍从群体研究》	张琼	华中师范大学2007年硕士论文
《河间献王与汉代儒学》	卢仁龙	《河北学刊》1990年第3期
《后汉讲师表》	王永祥	《东北丛刊》第1期,1931年1月
《淮南王书考》	于成如	《淮南子论文三种》文史哲出版社1975年版
《稷下学宫与汉代经学》	邱文山	《山东理工大学学报》2008年第4期
《贾谊〈春秋左氏〉承传考》	王更生	《孔孟学报》第35期
《贾谊〈诗〉学寻踪》	刘跃进	《周口师范学院学报》2003年1期
《贾谊〈新书〉版本》流传述略》	李书玮	《图书馆工作与研究》2007年2期
《贾谊被贬原因新探》	周晓露	《湖南大学学报》2008年第3期
《贾谊的学术背景及其文章风格的形成》	跃进	《文史哲》2006年第2期
《贾谊法治思想对汉代政治的影响》	胡春丽	《史学月刊》2009年第5期
《贾谊所见书蠡测》	跃进	《南京师大学报》2008年第4期
《简论汉代以来〈诗经〉学中的误解质疑——与张岩同志商榷》	雒三桂	《文艺研究》1992年第6期
《简论汉代以来〈诗经〉中的误解》	张岩	《文艺研究》1991年第1期
《简述汉代四家辞赋观》	孙亭玉	《长沙水电师院学报》1989年第1期
《建安七子诗文系年考证》	徐公持	《文学遗产增刊》第14辑,中华书局1982年
《建安诗谱初稿》	陆侃如	《语言文学专刊》1940年第2卷1期
《江州经学的崛起与范宁〈论语〉注》	闫春新	《济宁学院学报》2008年第1期
《将中国传统诗学推向新的境界——读谢建忠〈毛诗〉及其经学阐释对唐诗的影响研究》	黄震云	《重庆三峡学院学报》2009年第4期
《教化在汉代伦理与制度整合中的作用》	刘厚琴	《开封大学学报》2008年第4期
《今古文经学合流原因新探——汉代博士制度与今古文经学合流之渊源》	葛志毅	《北方论丛》1995年第1期
《经学传统的价值重估》	平飞	《兰州学刊》2009年第8期
《经学的神学向度与博士经典性格的消解》	王洪军	《北方论丛》2009年第1期
《经学对汉代私学的影响》	蒋华	《盐城师范学院学报》2008年第5期
《经学视野下西汉〈诗〉学的意识形	赵科印	《语文学刊》2009年第6期

态特质》		
《经学与汉代的经济政策》	张涛	《北京社会科学》1996年第2期
《经学与汉代的救灾活动》	张涛	《东岳论坛》1993年第1期
《经学与汉代教育》	张涛	《历史教学》1997年第2期
《经学与汉代史学》	张涛	《南都学坛》2008年第1期
《经学与汉代文体的生成》	吕逸新	《山东理工大学学报》2009年第4期
《经学元典与古代文论体系》	吴建民	《徐州师范大学学报》2009年第1期
《经学章句与佛经科判及汉魏六朝文学理论》	孙尚勇	《西北大学学报》2009年第4期
《经学桎梏下的汉代赋论》	宗明华	《烟台大学学报》1992年第4期
《经学中的文学因素——试析〈毛诗正义〉对〈诗经〉创作艺术的总结》	卫艳霞	《山西高等学校社会科学学报》2009年第4期
《〈九章算术〉记载的汉代徭役制度》	宋杰	《首都师范大学学报》1985年第2期
《〈九章算术〉所反映的汉代交通状况》	宋杰	《首都师范大学学报》1987年第2期
《可悲的地位,可贵的人格:漫谈东方朔》	费振刚	《文史知识》1986年第1期
《文翁化蜀对儒学传播的推动意义》	房锐	《孔子研究》2007年第2期
《孔安国及其孔臧的生卒与学术》	孙少华	《中国社会科学院研究生院学报》2007年第6期
《孔安国献书考》	白新良	《中国历史文献研究集刊》第4集
《孔壁古文与中秘古文》	陈开先	《中山大学学报》1997年第5期
《郎官制度与汉代儒学》	成祖明	《史学集刊》2009年第3期
《乐府沿革与汉代采诗考论》	张强	《江苏社会科学》2009年第5期
《历史的成败兴衰之理——汉代人对历史经验的总结和反思》	罗布英	《北京师范学院学报》1991年第2期
《两汉经学观念与占星学思想》	章启群	《文史知识》2009年第3期
《两汉经学及其对后世的影响》	闵强	《黑龙江史志》2009年第17期
《两汉经学社会批判思潮管窥》	杨永泉	《历史学研究》2008年第6期
《两汉经学与西方诠释学的比较》	曹克亮	《传承》2008年第12期
《两汉经学与古代学术体系转型》	葛志毅	《北京大学学报》1994年第2期
《两汉国家祭祀制度研究》	王柏中	吉林大学2005年博士论文
《两汉扶风班氏家族文学考论》	李雪莲	湘潭大学2008年硕士论文
《两汉时期"春秋决狱"研究》	刘强	兰州大学2010年硕士论文
《两汉〈诗纬〉研究》	刘明	河北师范大学2008年硕士论文
《两汉太学研究》	范玉娥	华中师范大学2004年硕士论文
《临沂汉简概述》	罗福颐	《文物》1974年第4期
《刘胜及其〈文木赋〉》	康文、踪凡	《聊城师范学院学报》1999年第4期
《刘子政生卒年月及其著述考辨》	周昊	《文学年报》1936第2期
《卢子幹年谱》	陈邦福	《中国学报》1916年第1—2期
《鲁学在汉代经学中的地位》	杨朝明	《东岳论丛》1994年第5期
《陆贾及其〈新语〉研究》	胡兴华	西北师范大学2003年硕士学位论文
《陆贾与汉代经学》	李禹阶	《四川师范大学学报》2009年第1期

《陆贾在汉初政策转变中的贡献》	罗义俊	《中国古代史论业》1983 年第 7 辑
《略论汉代"三统说"理论的政治文化意蕴》	向晋卫	《天津社会科学》2009 年第 2 期
《略论汉代的科学思想》	步近智	《孔子研究》1989 年第 2 期
《略论汉代官学与教化》	李学娟	《当代教育科学》2009 年第 5 期
《略论汉代今文经学的发展演变》	许书理	《经营管理者》2009 年第 20 期
《略论今文经学在两汉时期的发展演变》	张琦	《高等教育与学术研究》2008 年第 8 期
《略论两汉今、古文经学的斗争与融合》	焦中信	《魅力中国》2009 年第 1 期
《略论王莽及其改制》	萧立岩	《齐鲁学刊》1981 年第 5 期
《略论显错的治国之策》	周岚	《社会科学辑刊》1992 年第 1 期
《略论许慎在汉代今古文经学融合中的作用》	杨天宇	《郑州大学学报》2007 年 6 期
《略述汉代官府藏书》	谷亚成	《西北大学学报》1990 年第 4 期
《略谈汉代角抵戏》	龙中	《南都学坛》1983 年第 1 期
《论"楚辞"在汉代盛行的原因》	郭建勋	《福建师范大学学报》1989 年第 2 期
《论"独尊儒术"与汉代儒学的没落》	惠吉星	《学习与探索》1991 年第 5 期
《论"先秦学术体系"的汉代生成》	李振宏	《河南大学学报》2008 年第 2 期
《论〈春秋〉〈诗〉〈孝经〉〈礼〉在汉代政治地位的转移》	晋文	《山东师大学报》1992 年第 3 期
《论〈经典释文·序录〉的"南学"倾向及其对唐初经学的影响》	肖满省	《枣庄学院学报》2009 年第 1 期
《论〈女诫〉的成书原因》	李庆华	《湘潭大学社会科学学报》2003 年"研究生论丛"
《论分封和汉初学术繁荣》	沈骅	《苏州大学学报》2001 年 4 期
《论汉初经学对藩国文学的渗透》	张春生	《萍乡高等专科学校学报》2009 年第 2 期
《论汉代"过秦"思想的历史局限》	王绍东	《史学史研究》2009 年第 3 期
《论汉代"以经义决狱"》	秦学顾	《西南师范大学学报》1990 年第 3 期
《论汉代〈左传〉的两大传本及其显晦》	黄觉弘	《南京社会科学》2005 年第 12 期
《论汉代博士家法——兼论两汉经学运动》	罗义俊	《史林》1990 年第 3 期
《论汉代朝廷在思想文化传播控制中的作用》	王冉	《河北工程大学学报》2009 年第 1 期
《论汉代谶纬神学的起源》	刘志光	《石油大学学报》1985 年第 4 期
《论汉代春秋公羊学的大一统思想》	刘家和	《史学理论研究》1995 年第 2 期
《论汉代的〈春秋决狱〉》	崔灿	《法制与社会》2009 年第 8 期
《论汉代的谶纬之学》	向晋卫	《广西社会科学》2002 年第 5 期
《论汉代的法律教育》	张积	《中国政法大学学报》2009 年第 3 期
《论汉代的经学与法律》	于语和	《南开学报》1997 年第 4 期
《论汉代的文献收藏和整理制度》	王克奇	《史学月刊》1984 年第 6 期
《论汉代的以孝治天下》	赵克尧	《复旦学报》1992 年第 3 期

《论汉代国家宗庙设置的特点》	王柏中	《鞍山师范学院学报》1996年第3期
《论汉代和宋代的〈诗经〉研究及其在清代的继承和发展》	胡念贻	《文学评论》1981年第6期
《论汉代教育对社会的影响》	郝建平	《阴山学刊》1993年第3期
《论汉代经学博士制度及其建置变化》	黄开国	《人文杂志》1993年第1期
《论汉代儒家董仲舒的生态美学观》	张武桥	《太原师范学院学报》2009年第1期
《论汉代儒学的官学地位》	任吾心	《河北学刊》1992年第4期
《论汉代儒学的社会化走向》	惠吉兴	《社会科学战线》1997年第3期
《论汉代儒学对医学的深层影响》	田树仁	《医学哲学》1997年第8期
《论汉代儒学之新传统》	刘斯翰	《学术研究》1997年第11期
《论汉代声训的功用与性质》	黎千驹	《南阳师范学院学报》2009年第2期
《论汉代私学的特征》	左春波	《长春师范学院学报》2008年第6期
《论汉代私学教育对社会的影响》	郭炳洁	《东南文化》2008年第6期
《论汉代颂体文学观念》	李谟润	《洛阳理工学院学报》2009年第4期
《论汉代文雄两司马》	赵国玺	《延安教育学院学报》1996年第2期
《论汉代易学的纳甲》	任蕴辉	《周易研究》1993年第2期
《论汉代豫章郡的历史地位》	许怀林	《江西师范大学学报》1994年第3期
《论汉代正宗神学奠基者董仲舒的哲学思想》	李锦全	《学术研究》1981年第6期
《论汉代中国民俗学的形成》	张汉东	《民俗研究》1993年第2期
《论汉赋与汉诗、汉代经学的关系》	万光治	《四川师院学报》1994年第2期
《论经学与汉代"受命"论的诠释》	晋文	《学海》2008年第4期
《论孔子家语的真伪及其文献价值》	王承略	《烟台师范学院学报》2001年第3期
《论平准》	杨一民	《历史教学问题》1988年第1期
《论迁徙经学家对南北朝经学之贡献》	焦桂美	《船山学刊》2008年第1期
《论儒学与汉代父子关系》	刘厚琴	《齐鲁学刊》1992年第4期
《论四神纹的道教文化渊源及其在汉代的应用》	肖寒	《经营管理者》2009年第19期
《论西汉雅乐与俗乐的互动关系》	郜积	《福建师范大学学报》1998年第1期。
《论匈奴问题对司马迁〈史记〉叙述的影响——以〈史记·平准书〉、〈匈奴列传〉为主》	徐承娟	《陕西师范大学学报》2007年专辑
《论中国古代的经学与史学》	汪高鑫	《宁夏社会科学》2009年第1期
《论中国汉代文官制度的形成》	李宗桂	《思想战线》1989年第2期
《洛阳太学的经学研究与传播》	宋润芳	《洛阳理工学院学报》2009年第2期
《牟子〈理惑论〉时代考》	周一良	《燕京学报》第36号,1946年6月
《欧阳容夏侯胜未曾身为〈尚书〉博士考》	程元敏	《国立编译馆馆刊》第23卷第2期
《评班彪的〈前史略论〉》	施丁	《史学史研究》2006年第4期
《祈向元意:中国经学解释学基本阐释向度论》	李有光	《河南师范大学学报》2009年第4期

《钱曾藏〈道德指归论〉述略》	佘彦焱	《古籍整理研究学刊》2006年第9期
《浅论汉代政治中的儒法并用》	刘豪	《湘潮》2008年第3期
《浅谈董仲舒"大一统"、"三统"理论与汉代史学观念的更新》	徐心希	《咸阳师范学院学报》2009年第1期
《浅谈汉代统治思想由道及儒的转变》	李斯娜	《黑龙江史志》2009年第16期
《浅析汉代的法制指导思想与黄老之学》	马念珍	《法学探索》1993年第4期
《浅议汉代文献资源建设》	纪自强	《教育研究》2009年第17期
《遣使巡行制度与汉代儒学传播》	夏增民	《华中科技大学学报》2008年第4期
《秦汉地域与北边交通》	王子今	《历史研究》1988年第6期
《秦汉区域文化的划分及其意义》	刘跃进	《淮阴师范学院学报》2006年第7期
《秦汉时期齐鲁文化的风格与儒学的西渐》	王子今	《齐鲁学刊》1998年1期
《秦汉之际纵横策士考论》	李艳华	西北师范大学2007年博士学位论文
《秦汉家庭关系研究》	宋仁桃	苏州大学2003年硕士论文
《秦政、汉政与文吏、儒生》	阎步克	《历史研究》1986年3期
《儒家经学中的十二大价值观念——中国经典文化价值观念的现代解读》	姜广辉	《哲学研究》2009年第7期
《儒术独尊与汉代教育的儒学化》	程方生	《教育评论》1991年第2期
《儒学与汉代夫妇关系》	晁永莲	《黑龙江史志》2009年第17期
《儒学与汉代婚姻制度》	刘厚琴	《孔子研究》1996年第2期
《儒学与汉代灾害吏治机制》	刘厚琴	《咸阳师范学院学报》2009年第5期
《阮步兵年谱》	董众	《东北丛刊》1930年第3期
《阮籍咏怀诗之研究·阮籍年谱》	朱偰	《东方杂志》1945年第6期
《上林三官铸钱官署新解》	吴镇烽	《中国钱币论文集》2002年第四辑
《神、圣崇拜：汉代精神传统的形成及其渊源流变》	王四达	《江汉论坛》2008年第5期
《神话与汉代神学——王充不理解神话辨》	王锺俊	《文学评论》1989年第1期
《史记西南夷传概说》	方国瑜	《中国史研究》1979年第4期
《士、君、师论——社会分化与中国古代知识群体的形成》	阎步克	《北大学报》1990年2期。
《世界最早的中央大学——我国汉代的太学》	韦石	《中小学管理》1990年第5期
《试论〈白虎通义〉的总体特征》	王四达	《中山大学学报》2001年第4期
《试论〈离骚传〉的文化走向及其历史成因》	熊良智	《四川师范大学学报》1997年第2期
《试论〈轮台之诏〉与统一西域》	柳用能	《新疆大学学报》1982年第1期
《试论〈毛诗序〉中的先秦道家思想——以〈国风〉部分为例》	李昇	《广州广播电视大学学报》2009年第4期
《试论〈尚书〉的编纂资料来源》	葛志毅	《北方论丛》1998年第1期

《试论汉代〈春秋〉"公羊学"与"左氏学"论战的实质》	徐相霖	《四川师范大学学报》1987年第3期
《试论汉代道家的养生思想》	杜宗才	《绥化学院学报》2008年第6期
《试论汉代的民办教育及其现代意义》	王浩	《广州培正学院学报》2007年第2期
《试论汉代诗解释学》	单正平	《江淮论坛》1989年第3期
《试论汉代士风的变迁》	王克奇	《江汉论坛》1992年第4期
《试论汉代统一文献版本的原因及其作用》	王国强	《出版发行研究》2008年第12期
《试论马融的经学贡献》	潘斌	《唐都学刊》2008年第5期
《试述天人感应神学与汉代政治权威的确立》	黄微	《新西部》2009年4期
《试析汉代〈诗经〉研究历史化产生的根源》	王硕民	《东方论坛》1995年第1期
《叔孙通定〈傍章〉质疑——兼析张家山汉简所载律篇名》	张建国	《北京大学学报》1997年第6期
《司马迁生卒年辨》	赵光贤	《北京师范大学学报》1983年第3期
《司马迁于汉景帝中元五年考》	徐朔方	《杭州大学学报》1983年第3期
《司马相如游梁年代与生平的再考辨》	束景南	《文学遗产》1987年第1期
《司马相如与汉赋》	郝衡	《齐鲁大学季刊》第2期
《谈汉代〈今文尚书〉的篇目》	杨天宇	《史学月刊》1989年第3期
《谈谈汉代〈谷梁〉学一度兴盛的原因》	张涛	《辽宁师范大学学报》1991年第3期
《王粲行年考》	缪钺	《责善半月刊》1942年第2卷21期
《王莽改制的再评价》	徐志祥	《齐鲁学刊》1980年第5期
《王莽何以改革州制》	汪清	《光明日报》2006年5月23日
《王培荀的司马相如"实今之蓬州人"说考论》	司马研	《四川师范学院学报（哲学社会科学版）》2000年第4期
《王昭君家世、年谱及有关书信》	翦伯赞	《北京大学学报》1982年第6期
《王肃行状与著述考论》	刘运好	《文献》2002年第2期
《文翁化蜀对儒学传播的推动意义》	房锐	《孔子研究》2007年第2期
《我国汉代的典籍档案库—东观》	董俭	《山西档案》1993年第2期
《我国汉代文献编纂学家——刘向》	张关雄	《山西档案》1997年第5期
《西汉今文经学评述》	张志哲	《华东师大学报》1987年第5期
《西汉齐鲁人在学术上的贡献》	陈直	《文史考古论丛》天津古籍出版社1988年版
《西汉属部朝贡制度》	贾丛江	《西域研究》2003年第4期
《西汉前期墨学流传研究——以〈史记〉记载为中心》	刘喜英	河北师范大学2010年硕士论文
《西汉〈左传〉传播研究》	阴锦侠	河北师范大学2009年硕士论文
《西汉奏疏研究》	张金耀	河北师范大学2008年硕士论文
《先秦史传文学叙事传统与汉代今文诗学的经学叙事》	于淑娟	《浙江师范大学学报》2008年第4期

《先秦至汉代儒家思想意识形态化与思想政治教育》	罗源芳	《法制与社会》2008年第9期
《项羽不死于乌江考》	冯其庸	《中华文史论丛》2007年第2期
《萧何"作律九章"说质疑》	李振宏	《历史研究》2005年第3期
《徐幹卒年考辨》	王依民	《文学遗产》1988年第2期
《许慎〈说文解字〉对后世经学的贡献》	蒋泽枫	通化师范学院学报》2009年第9期
《许慎〈五经异义〉的经学贡献》	蒋泽枫	通化师范学院学报》2008年第7期
《许慎博采通人、兼顾今古文经的治经方法对经学发展的贡献》	蒋泽枫	通化师范学院学报》2008年第9期
《荀悦的经学思想与汉代经今古文学之争的终结》	张涛	《河南大学学报》1995年第1期
《荀悦和他的〈汉纪〉》	刘隆有	《贵州文史丛刊》1986年第3期
《训诂、笺传与解经学》	曹艳春	《宁夏大学学报》2008年第2期
《严君平哲学思想述略》	郑万耕	《北京师范大学》1984年第3期
《扬雄〈剧秦美新〉考论》	高明	《西藏民族学院学报》2006年第2期
《窈窕的两个内涵——兼论汉代经学与文学的分异》	侯文学	《古籍整理研究学刊》2008年第6期
《也谈〈老子河上公章句〉之时代及其与〈抱朴子〉之关系：与谷方同志商榷》	金春峰	《中国哲学》1982年第9辑
《以经治国与汉代教育》	晋文	《徐州师范学院学报》1991年第4期
《以经治国与汉代用人》	晋文	《齐鲁学刊》1994年第6期
《音乐史上的雅俗之变和汉代乐府艺术》	钱志熙	《浙江社会科学》2000年第7期。
《虞仲翔先生年谱》	裴占荣	《国立北平图书馆馆刊》1933年第7卷1号
《越通鉴考总论》	黎嵩	收入吴士连、陈荆和《大越史记全书》卷首 日本东京大学东洋研究所1968年版
《云梦睡虎地秦简概述》	季勋	《文物》1976年第5期
《灾异与礼仪——西汉中后期的思想学术特点》	王青	《原道》第7辑，贵州人民出版社2002年
《再论汉初的"和亲"》	张菁	《南京师大学报》1997年第4期。
《再续中国经学学术传统》	丁进	《孔子研究》2008年第1期
《张家山汉简中的名田制及其在汉代的实施情况》	于振波	《中国史研究》2004年第1期
《章丘洛庄汉墓发掘成果及学术价值》	崔大庸、高继习	《山东大学学报》2004年1期
《赵岐〈孟子注〉：章句学的运用与突破》	郜积意	《孔子研究》2001年第1期
《郑兴、郑众父子经籍训诂方面的成就》	韩卫斌、温洁	《语文知识》2007年第3期
《郑玄三礼学体系考论》	葛志毅	《中华文化论坛》2007年第3期
《中国古代博士考略》	彭泽平、李茂琦	《文史杂志》1997年第1期

《中国汉代职业教育初探》	王浩	《职教探索与研究》2007年第1期
《中国经学的历史(论纲)》	朱维铮	《周易研究》1990年第5期
《中国经学史上的回归原典运动》	林庆彰	《中国文化》2009年第2期
《中国经学史研究的新进展——评〈汉代春秋学研究〉》	邱江生	《安徽史学》1993年第3期
《周秦河洛地区的交通形势》	王子今	《文史知识》1993年第5期
《竹简家语与汉魏孔氏家学》	李学勤	《孔子研究》1987年第2期
《左传学行于西汉考》	刘师培	《左盦集》卷二,《刘申叔遗书》江苏古籍出版社1997年版

人物索引

(按笔画排)

二 画

丁仪(字正礼) 642,657,676,678,682,684,685,690,702,703
丁冲 642
丁姓(字子孙) 45,242,243,253,260
丁复 13
丁宫 620,622,625
丁原 624
丁宽(字子襄) 18,26,27,103,104,142,246
丁恭(字子然) 371,372,386,402,409,437
丁鸿(字孝公) 40,366,395,436,439,451,452,453,467,472,475,476,479,481,485,536
丁廙(字敬礼) 657,660,674,682,703
九江被公 247
力子都 356
卜式 180,191

三 画

万生 220,221,222
万章 659
上官安 222,226
上官桀 211,213,217,218,222
义纵 167
义倩 100
于永 313,329,384,417,424
于匡 264
于吉 344,549
于定国(字曼倩) 191,231,235,236,252,254,256,258,259,260,274,285,286
卫子夫 148
卫宏(字敬仲) 40,69,95,118,145,156,197,200,364,377,379,380,390,555,598,649
卫青 151,153,160,166,168,191,205,241
卫飒 350,372,407
卫绾 104,108,112,113,116,120,121
卫瓘 703
士孙张(字仲方) 26,69,280
士孙瑞(字君策) 641
士燮 391,541,620,631,642,674,692
山涛 30,665
马元义 613
马日䃅(字翁叔) 428,430,596,597,601,603,622,625,632,633,639,646
马成 387,391,392,425
马江(字元海) 524,561
马防(字江平) 438,450,452,454,456,457,460,490
马严(字威卿) 17,323,355,365,378,442,445,447,449,456,457,470,471,485,486,579
马武 409,426
马英 510
马贤 333,542
马宫 96,157,225,268,350,351
马援(字文渊) 96,350,365,367,376,378,381,385,386,396,398,399,400,403,406,407,408,451,478,485,490,615,678
马超 675,678,681,687,696
马腾(字寿成) 639,678,679
马廖(字敬平) 365,442,445,452,460,478
马融(字季长) 17,99,146,149,263,278,323,336,358,365,366,376,380,390,406,454,456,471,482,485,490,497,501,502,503,505,509,510,511,516,518,520,523,525,527,528,532,535,538,541,542,545,548,549,550,553,554,555,558,559,562,567,574,579,580,582,598,617,633,639,654,655,656,658,659

四 画

云敞(字幼孺) 40,69,337,388
五鹿充宗 26,69,104,195,216,280,286,288,289,304,350
井丹 415
仇审 592
仓公 6,74,82,124,363,672

公孙文 96,225
公孙弘 6,24,50,54,78,95,96,
　106,121,122,125,130,131,134,
　140,141,142,150,154,155,156,
　157,158,159,160,162,164,165,
　168,191,268,288,294,295
公孙臣 83,84,88
公孙诡 80,105,108,109,110,
　111,112
公孙述 350,363,368,380,382,
　385,386,387,392,428,429,431
公孙度 626,628,631,662
公孙贺 148,151,191,205,208
公孙卿 50,86,174,176,177,179,
　182,183,184,185,188,189,192
公孙敖 148,151,164,188,193,
　205,208
公孙禄 333,359
公孙瓒(字伯珪) 598,630,632,
　636,637,648,651,688
公羊寿 37,95,96
公沙穆 562
太史慈(字子义) 580,628,666
孔丰 447
孔仅 118,151,166,167,171,173
孔乔 519
孔光 40,157,210,268,286,308,
　312,318,320,322,323,324,326,
　331,332,333,334,341,342,343,
　365,377
孔吉 317
孔安国 6,8,40,41,57,62,69,99,
　100,102,103,110,130,148,149,
　151,152,153,156,160,168,170,
　172,177,191,205,206,208,209,
　228,274,322,325,340,365,366,
　388,469,655,659
孔延年 130,149,365
孔志 392
孔扶 535,537
孔奋 17,323,368,378,384
孔季彦 451,521,524
孔宙(字季将) 494,562,574
孔谦(字德让) 520,562

孔鲋 42,209
孔僖(字仲和) 348,390,410,
　461,465,469,521,524
孔嘉 17
孔臧 61,62,68,152,153,159,
　160,172,208,447
孔褒(字文礼) 562,588
孔融(字文举) 412,561,563,
　564,571,572,574,576,587,600,
　611,615,616,619,620,624,626,
　628,631,632,633,637,638,640,
　642,643,644,646,647,648,649,
　650,652,653,654,657,658,660,
　661,662,663,664,666,667,668,
　669,670,671,673
孔襄 42
孔霸 40,149,228,261,264,365
少翁 165,166,167
尹齐 669
尹更始(字翁君) 17,45,191,
　242,243,257,260,277,286,295,
　323,333,334
尹宙(字周南) 512,602
尹忠 285
尹勋(字伯元) 568,581,583,
　585
尹咸 45,257,286,295,296,322,
　333,343,351
尹翁归 192,241,259
尹都尉 6
尹颂(字公孙) 562,565
尹敏(字幼季) 372,377,404,
　417,420,428,429,437
尹赏(字子心) 311
尹勤 497,499
尹睦(字伯师) 475,476,480,
　565,585
巴肃 581,586
支娄迦谶 554,608
支谶 433,554,582,608,617
文翁 91,92,340,388
方望 363
毋丘俭 676
毋将永 27,263,345

毋将隆(字君房) 155,330
毛公 114,118,119,146,338,351
毛亨 118,119,146
毛苌 6,118,119,146
毛玠 632,669,679,685
毛莫如(字少路) 26,250
毛被 163
牛邯 385
王仁 652
王允(字子师) 364,541,562,
　615,618,620,624,627,632,634,
　640
王元 3,201,367,385,387
王凤 286,291,292,293,294,296,
　298,299,301,302,310,312
王汉 607
王亥 260
王充(字仲任) 16,17,24,30,
　101,102,103,155,232,253,330,
　340,374,384,386,389,393,401,
　402,406,407,410,412,421,425,
　427,448,450,455,462,463,467,
　468,470,471,484,531,606,607,
　645,702
王匡 626
王吉(字少音) 40,56,69,98,
　115,195,216,227,230,231,247,
　260,261,265,268,280,281,288,
　304,319,324,327,492
王同(字子中) 26,104,135,142
王宇 264,337,338
王延世 292,296
王延寿(字文考) 390,512,548,
　571,572,573
王式(字翁思) 100,230,239,
　241,250,253
王成 191,237,277,348,524
王况 320,321,358,359
王吴 28,88,99,438,466
王吸 13
王扶 100,239
王纯(字伯敦) 493,540,570
王良 348,366,373,374,380
王卓(字仲远) 537,541

王国 113,153,289,501,524,694
王奇 347
王服 651
王林 407
王畅(字叔茂) 581,584,588,671,688
王肃 146,147,197,206,209,263,271,580,641,643,647,655,656,677
王咸 332,353
王彦 97,253
王恽 339,343,546
王政(字季辅) 147,154,494,502,561
王政君 260,351
王昶 239,536,574,674,687,699,700
王禹 82,148,294
王钦 281,282
王音 300,301,305,306
王卿 195,216
王朗 40,271,610,612,616,618,619,620,628,632,636,643,646,647,669,679,687,690,692,695,697,698,700
王根 287,294,312,316,317,320,321,323
王涣(字稚子) 493,496
王烈(字彦方) 547,628,631,692
王祥 618
王莽 69,99,113,144,146,148,191,194,210,218,219,223,225,261,262,265,274,279,301,306,307,313,315,317,319,321,322,323,324,326,327,329,333,334,335,337,338,339,340,341,342,343,344,345,346,347,348,349,350,351,352,353,355,357,358,359,360,361,362,363,364,367,368,369,371,372,373,375,376,377,378,381,387,392,393,395,396,398,399,403,405,407,415,416,417,421,427,430,431,432,434,458,477,500,537,592,620,628,653
王调 474,553
王陵 10,13,42,43,311,441,442,464,468
王顾 635
王骏 26,201,281,288,304,328,350
王商(字子威) 278,287,288,291,294,297,306,308,312,342,461
王基 146,654,690
王堂 529,531
王崇 25,287,328
王常 108,360,423,425,426,578
王康 524
王捷 367,385
王敏(字叔公) 443,444
王梁 2,8,78,80,371,417,425
王章(字仲卿) 290,298,299,301,310,388,581
王符(字节信) 360,506,531,571,582,583,702
王象 643,666,690,695,697
王逸(字叔师) 126,511,512,517,518,529,538,572,573,661
王隆(字文山) 316,350,368,378,391,396
王龚(字伯宗) 323,520,521,527,530,531,535,539,544,548,588,688
王傅 20,67,76,100,112,525,535
王尊(字子赣) 22,33,286,289,294,298
王景(字仲通) 438,442,455,457,459,460,466
王温舒 167,172,174,183,186
王舜 233,321,344,347
王粲(字仲宣) 30,66,602,627,628,632,633,636,640,643,648,650,654,658,661,662,663,669,670,671,673,675,676,677,679,680,682,683,684,685,686,687,688,690,691,695,697
王嘉(字公仲) 314,327,328,329,331,333,348,350
王臧 57,99,100,120,121,124,125,127,131,134
王谭 287,294,301,306
王璜(字平中) 27,148,149,263,340,347,348
王褒 92,191,247,249,512,538
王遵 367,385
王潜 666
王霸 125,273,389,418,423,425
王诉 226,227
邓艾 646
邓仲况 374
邓彪(字智伯) 456,460,462,470,479,485
邓禹(字仲华) 337,365,371,372,374,389,392,400,418,420,422,423,425,430,511
邓晔 367
邓绥 511,518
邓通 531
邓盛 614,615,616
邓彭祖(字子夏) 26,280,332,350
邓骘 493,496,497,501,502,503,504,507,510,511,518,519,521,534,540,542
邓遵 516,517,518,519
长孙氏 8,40,56,102,233,267
长孙顺 56
韦玄成 191,240,248,250,251,252,254,256,260,261,265,266,267,268,270,273,274,275,276,277,278,279,280,281,283,284,285,293,319,324,342,365,485
韦孟 20,66,100,101,240,365
韦诞 22,608,647,673,697
韦贤 20,57,100,112,157,227,234,237,238,240,241,248,268,275,284,365,458,473
韦彪(字孟达) 418,445,447,457,461,465,470,473
韦昭 231,242,661
韦著 271,567
韦赏 100,365,473

韦端 661

五　画

丙吉 191,230,238,241,243,244,250,252,253,259,264,499
东门云 96,225
东方朔 6,68,90,117,122,123,128,150,152,162,163,178,180,190,191,203,204,512,568
东园公 34
东郭先生 29,36
主父偃 26,119,122,123,131,140,142,152,153,156,157,160,164,190,388
乐季 569
乐详 650,666,696
乐恢 470,472
令狐茂 205
冯石 523,527
冯立（字圣卿） 276,286
冯光 384,570,597,599
冯异（字公孙） 350,366,372,385,386,423,425
冯良 522
冯参（字叔平） 276,286
冯奉世（字子明） 245,264,265,276,286,287,299
冯衍（字敬通） 242,256,304,348,350,360,362,367,373,374,377,379,400,410,411,414,415,421,427,441
冯唐 122,245
冯宾 40
冯豹（字仲文） 398,441
冯逡（字子产） 289
冯商（字子高） 69,242,256
冯焕 520
冯绲（字鸿卿，一作皇卿） 520,551,563,565,571,572,585
冯野王（字君卿） 264,286,299
冯敬 62,65,81,360
冯鲂（字孝孙） 334,418,420,427,466
冯勤（字伟伯） 397,419,441
包咸（字子良） 267,326,359,360,361,368,389,390,398,400,406,428,434,444
北宫伯玉 616
卢芳 365,377
卢绾 28,35
卢植（字子干） 86,126,278,323,336,390,428,430,534,559,567,579,583,589,598,599,600,601,602,604,605,608,614,624,633,651,656,667
发福 56
召驯（字伯春） 447,453,466,470,471
召信臣（字翁卿） 192,286,382,383,394
史丹 296
史玄 243
史岑 242,256,350,500,514,557
史高 234,263,264,266,268,274,649,662,663,664
史弼（字公谦） 574,605
史敞 533,534
史曾 243
史游 22,287
右师细君 360,361,434
司马长 115,149
司马迁（字子长） 21,46,69,95,97,103,110,114,122,123,126,130,132,142,145,148,149,154,156,157,168,177,178,180,181,183,184,188,189,190,191,196,197,198,200,203,204,208,210,211,212,239,241,255,256,273,309,356,388,404,405,414,477,537,547,605,633
司马防（字建公） 557,692
司马季主 36,58
司马苞（字仲成） 509,511
司马相如 28,59,92,105,109,110,115,116,122,125,128,150,152,157,168,169,177,178,190,285,287,302,388,405,573
司马朗（字伯达） 590,669,689,692
司马谈 26,36,123,132,145,156,168,175,177,180,181,182,184,210
司马懿 642,669
宁成 123
左吴 163
左咸 96,225,320,333,334,341,350,351
左雄（字伯豪） 529,530,533,534,537,541,545
平当（字子思） 40,69,113,157,262,268,275,277,286,293,294,298,310,320,327,328,329,348,441
平晏 275,341,343,347
弘恭 266,268
玉况（字文伯） 404,405,409
甘延寿 283,287
甘忠 312,326,327,345
田千秋 206,207,220,226,227
田广 7,9
田广明 219,233
田王孙 18,26,104,130,240,245,246,250,254,370
田由 163
田戎 386
田何 6,26,27,35,40,102,103,104,142,246,247,263,271,370
田邑 367,373
田终术 190,321
田弱 540
田蚡 6,57,70,120,121,124,125,128,131,132,133,146,152
田横 6,12,154
申咸 324
申挽 260
申培 19,20,34,44,45,57,60,99,121,127,130,133,134,157
申屠刚（字巨卿） 334,335,367,383,385
申屠嘉 87,88,95,98,120
申章昌 45

白生　19,20,34,55,59,65,246,271,370
白光(字少子)　26,246,433
白奇　96,238,268,388
皮容　96,142,233,350
石庆　175,185,191
石奋　60,78
石显　155,261,266,268,275,278,280,281,282,287,298
礼震　394,395
边让(字文礼)　587,619,620,621,642,675
边韶(字孝先)　384,428,430,537,547,553,558,563,568,576,577,589
龙尚　578

六　画

仲长统(字公理)　531,609,649,663,665,666,669,670,680,702
任公　62,96,225
任文公　370
任安(字定祖)　168,185,203,210,241,246,255,273,319,524,660
任延(字长孙)　343,344,360,378,385,421,425,436
任宏(字伟公)　295,296
任良　26,271
任峻(字伯达)　663
任敖　45,49
任隗(字仲和)　268,435,468,470,471,475,478
任满　386
任嘏　654,674
伊推　243,260
伍被　163
伍琼　632
伏无忌　428,430,539,558
伏胜(伏生字子贱)　90,210,393
伏恭(字叔齐)　328,353,376,397,425,427,438,439,442,449,463
伏理　96,142,233,288,350,365,393
伏隆　373
伏湛(字惠公)　96,288,348,350,353,361,365,374,378,379,382,383,393,463,539,558
伏黯(字稚文)　353,463
关羽　676,681,682,691,693,702
刘义　49
刘子安　542
刘子雄　220
刘元寿　440
刘公子　18,51,69,225
刘友　29,51,52
刘开　61,473,493,496,520,569
刘方(字伯况)　112,470,475,476,479,480,484,489,493
刘无忌　473,522
刘戊　60,65,101,133
刘旦　169,216,222,223
刘永　364
刘玄(字圣公)　360,364,395
刘石　431,559
刘艾　638
刘交　13,19,20,28,44,59,61,66,134,217,318
刘伉　451,452
刘光　525,531
刘全　451
刘兴　60,370,431,432,444
刘匡　406
刘协　623,624
刘向(本名更生,字子政)　6,9,11,15,19,21,23,26,32,40,45,51,59,85,86,90,97,98,102,103,104,105,125,142,148,169,190,191,206,211,213,214,217,223,224,226,227,232,237,238,240,242,243,247,248,249,251,252,253,256,257,260,261,263,265,266,269,270,271,274,277,278,279,287,289,291,293,294,295,296,297,299,301,306,307,308,309,310,311,312,313,318,319,322,324,326,333,336,341,342,343,349,350,362,370,376,411,492,512,518,537,538,655,656,658
刘宇　264,293,456
刘安　59,67,87,105,125,126,132,163
刘巡　483
刘庄　377,399,400,420,421,431,444
刘庆　291,451,457,493,496
刘延　236,367,394,410,415,424,431,437,443,446,469,522
刘邦　1,2,3,4,5,6,7,8,9,10,12,13,14,20,21,25,27,28,29,31,32,33,34,36,41,47,59,61,75,77,85,163,217,246
刘阳　394,396,399
刘佗　597
刘余　98,101
刘勋　670,674,683,684,697
刘宏　581,583
刘寿　473,493,496,524,541,542,546
刘张　442,443
刘志　551,581
刘秀　322,326,342,359,360,362,363,364,366,368,370,373,374,376,380,386,392,416,417,420,421,422,423
刘纳　606
刘良　370,377
刘苍　381,394,395,396,397,420,421,424,426,427,428,431,432,437,442,445,447,449,454,456,457,460,461
刘邵　697
刘侧　473
刘备　598,630,631,638,643,649,651,652,657,666,667,669,672,674,676,681,683,687,690,691,692,694,702
刘定　467,468
刘尚　404,408,461,467,468

刘屈氂　54,205,206
刘建　33,164,187,426,597
刘昆(字桓公)　250,343,348,361,364,377,378,402,403,409,414,421,444,456
刘欣　316,317,322
刘武　60,64,80,116
刘畅　442,451,470,479
刘盱　415,431
刘祉　370
刘终　371
刘肥　28
刘舍　98,112,116
刘英　394,396,410,415,424,431,433,437,439,440,441
刘茂　373,374,577,579
刘表(字景升)　547,581,627,628,631,632,636,638,644,646,647,649,650,657,661,663,667,668,669,670,671,672,674,692
刘郃　536,604,606,607
刘保　516,523,524,526,549
刘复　414,442,444,528
刘威　473
刘恢　29,51,52
刘恺　40,485,507,510,514,517,520,522
刘政　424,431,437,456,468,532,628
刘昞　442,451,467,473
刘显　526
刘洪(字元卓)　384,430,592,595,607,622,642,675
刘炟　425,444,446,470
刘珍(一名宝,字秋孙)　428,429,490,502,503,504,506,507,509,513,517,523,525,527,528,661
刘盆子　363,364,373
刘盈　5,16,33,35,42,75,85
刘矩　570,571,584
刘祐(字伯祖)　336,570,581,584,585,586,656
刘祗　517

刘种　479
刘胜　101,127,129
刘胥　169
刘荣　105,108,111
刘贺　216,229
刘轶(字君文)　250,435,456
刘郢客　44,45,49,57,60,61,66,133
刘党　442,467,470,483
刘宽(字文饶)　271,447,518,577,584,600,601,607,609,616,617
刘恭　435,442,451,467,470
刘悝　574,575,581,591
刘晃　473
刘桢(字公幹)　652,669,673,675,677,678,680,681,686,689,690
刘贾　13,28
刘陶(字子奇,一名伟)　390,526,560,562,564,571,579,587,593,600,612,614,616,617
刘商　173
刘婴　344,346,363
刘崇　344,516
刘崎　531,537
刘常保　498
刘康　394,396,410,415,424,431,437,456,465,466,469,472,595
刘得　520,555
刘授　521,525
刘梁(字曼山,一名岑)　564,589,609,610
刘菜　349
刘淑(字仲承)　473,561,581,585
刘焉(字君郎)　394,424,437,456,460,465,466,469,622,638,660,681
刘理　555
刘硕　554
刘章　52,60,370,496
刘续　613
刘辅　268,271,307,394,396,397,

401,410,415,424,429,431,437,456,463
刘逸　600,601
刘隆　389,423,426,495,496
刘鸿　528,550
刘龚　374
刘博　569
刘寔　703
刘廙　609
刘强　370
刘揖　60,78
刘敦　676
刘敬(娄敬)　11,12,26
刘普　498
刘植　426
刘琮　669
刘禅　691
刘羡　426,457,466,470,516
刘歆　14,17,23,56,59,99,102,103,130,158,164,210,214,225,233,257,262,286,295,296,297,298,301,313,318,321,322,323,324,325,326,327,328,330,333,334,337,340,341,343,345,347,349,350,353,354,356,358,362,366,367,368,370,375,379,385,417,419,423,448,547,605,655
刘瑜(字季节)　576,583,585
刘蒜　550,552
刘虞(字伯安)　625,626,630,636,637
刘辟疆　252
刘错　526
刘嘉(字孝孙)　395
刘嘉　344,389,637
刘熙(字成国)　528,620,643,652,658,661,676,685
刘端　101
刘肇　457,469,470,472,495
刘德　22,36,64,98,99,101,102,111,146,147,148,150,222,226,230,237,249,251,252,259,295,598
刘毅　421,509,514,525,694

刘熹 522,524,527

刘漳 32,101,123

刘邈 676

刘嚣 587,589

刘骐骥 430,503,504,507,517,528

刘缵 550,551

刘懿 524,676

匡衡(字稚圭) 43,96,142,157,233,241,254,264,265,268,269,270,273,278,280,281,283,285,287,288,289,290,291,293,310,312,317,319,324,342,343,350,388,649

华龙 214,247,249,268

华佗(别名旉,字元化) 390,671,672

华容夫人 222,223

华歆 565,598,608,622,625,626,632,637,643,650,677,687,695

后苍(字近君) 8,18,142,223,233,234,245,253,265,268,288,350,361

向栩(字甫兴) 615

吕仓 501

吕台 42

吕布 351,632,638,640,641,646,702

吕步舒 18,96,106,131,162

吕盖(字君玉,一作君上) 483,487,489,493

吕强 536,604,614

吕蒙(字子明) 606,651,693,702

吕嘉 175,176

孙权 176,433,498,601,651,652,658,662,666,672,674,676,677,678,679,680,681,683,685,686,687,691,692,693,694,702

孙坚 619,630,631,651,674

孙宝(字子严) 18,96,225,292,330,336

孙朗 564,566,567

孙萌 632

孙堪(字子稚) 361,437,446

孙策 637,640,641,643,644,647,650,651,652,657,674,678

孙福 374,657

安世高(名清,字世高) 553,554,559,560,564,582,623

安玄 594,610

师丹(字公仲) 96,142,233,284,288,307,310,312,318,320,322,323,324,325,331,333,342,350,388

庆普(字孝公) 18,19,58,102,233,426

延岑 423

延笃(字叔坚) 256,323,390,428,430,544,558,560,562,563,565,569,577,582,589

成宣 334,392

成翊 520

扬岑 438

扬雄 24,92,117,169,211,214,242,256,257,285,291,300,302,310,312,313,318,319,324,327,330,338,343,347,348,349,351,352,353,355,356,357,366,376,388,414,419,425,507,573,593,634,664

朱云(字游) 98,280,281,304,388,653

朱生 220,221

朱买臣 122,154,157,162,171,172,190,191

朱宇 581,586

朱阳 341

朱邑 240,259

朱宠 40,479,519,522,527,610

朱建 29,43,63

朱俊(字公伟) 639

朱儁 40,614,636,637,638,678

朱勃 407

朱祐 423,425

朱晖(字文季) 368,389,465,471,573

朱浮(字叔元) 328,373,381,382,383,384,399,401,403,405,406,435

朱博(字子元) 155,232,308,310,314,321,324,326,327,333

朱普(字公文) 40,210,262,293,348,389,441,479,605

朱瑀 583

朱酺 445

朱鲔 360

朱穆(字公叔) 428,430,489,494,516,523,549,550,552,553,556,557,558,560,562,570,571,572,573

朴胡 683

江公子 45

江公孙 45,242,253,257

江充 185,202,203,204,205,517

江翁 8,233,239,267

江博士 242,253,306,323,351

汲黯 36,70,108,122,132,146,154,155,157,159,167,168,178,190,191,241,335

牟长(字君高) 371,395,449

牟卿 40,69,216,261

牟融(字子优) 366,380,429,434,437,438,447,453,456

纪逡(字王思) 355

羊胜 80,105,108,109,110,111,112

虫达 13

行巡 367,385

许广 260

许生 100,230,237,591

许训 587,590,595,600

许延寿 243,245,252

许劭(字子将) 557,641

许杨 399

许昌 98,125,131,643,649,660

许彧 610,611

许相 616,617,620,622

许荆 473

许晏 18,100,239

许栩 572,579,584,587,590,592

许商(字长伯) 40,69,190,216,258,261,289,294,296,297,306,

310,312,318,324
许曼 563
许淑 323,375,383,384
许敬 531
许舜 243
许慎（字叔重） 17,21,86,102,125,126,149,246,344,356,391,437,462,473,474,487,488,490,494,501,503,506,516,517,519,548,553,555,598,615
许靖 620,628,641,642,664,681,692
许嘉 277,288,342
邢颙 676
邢穆 440
阮瑀（字元瑜） 627,633,652,662,669,670,674,675,676,678,690,695,697
阮籍 675,677,687
阳庆 53,124
阳城衡（字子长） 256,340
阳球 604,606,607,608
阴丰 97,253
阴兴 400
阴就 400,420,427

七　画

严尤 351,356
严光（字子陵，一名遵） 283,378,389,397,401
严安 122,123,152,157,190
严延年 22,192,251
严佛调 610,623
严助（庄助） 122,128,132,140,154,157,162,163,172,190,191
严忌 43,89,105,109,116,187,512
严象（字文则） 573,656
严彭祖（字公子） 96,191,225,226,232,243,253,260,264,272,277,286
严畯 651,687

严葱奇 122,123
严像 643
严遵（字君平） 94,301,302
何休（字邵公） 95,325,532,584,598,611,612,622,635
何并 31,623
何汤 40,400
何进 608,613,614,615,618,619,620,621,623,624,625,633,660,671,678,688
何武 155,247,270,275,286,301,304,308,311,314,318,319,320,321,331,332,333,337,339,388
何苗 619,622,624,657
何晏 209,260,267,360,434,649,659
何敞（字文高） 468,470,472,487,495,496
何曾 648,690
何颙 390,625,632
何夔 679,685,696
冷丰 18,96,351
劳丙 569
即墨成 26,142
吴公 50,57
吴兰 687
吴汉 373,374,385,387,392,402,425
吴匡 624
吴质 602,661,677,682,690,695
吴祐 541,553
吴章（字伟君） 40,69,216,261,337,388
吴雄 558,560
吾丘寿王（字子赣） 122,157,159,170,174,178,190,388
坚镡 425
宋弘 350,366,371,376,380,393,397
宋汉 527
宋由（字叔路） 467,468,475,476,478
宋均（字叔庠） 144,360,407,432,449

宋忠 58,627,646,647,671,677
宋显 243,260
宋意（字伯志） 470,474,594
宋畸 195,216,238,248,280,304
岑彭 350,386,425
应劭 3,12,15,37,42,45,60,64,93,105,117,121,124,128,161,164,170,179,182,183,184,188,195,198,204,220,222,236,245,251,298,300,312,356,365,380,581,593,600,615,616,618,622,625,630,638,643,644,645,646,657,689
应奉（字世叔） 365,391,560,571,574,576,579,580,586,587,657
应玚（字德琏） 675,680
应璩 365,629,682
张子侨 214,247,249
张山拊（字长宾） 40,69,232,260,262,270
张飞 681,687
张丰 249,423
张升（字彦真） 587
张升 520,568,579,586,587
张无故（字子儒） 40,232
张长安（字幼君） 100,239,250,260,264
张玄 368,372
张生 39,40,55,90,155,190,228,239,264,366
张辽 687
张仲方 350
张仲景（名机，字行） 363,636,665,672,692
张兴（字君上） 397,422,436,441
张匡 472
张吉 286,332,344
张安世 22,191,230,237,259,419
张延（字公威） 616,618,619
张延年 219
张汤 149,150,155,156,160,161,163,164,165,167,170,171,172,

183,191,237
张芝（字伯英） 22,366,635
张驯（字子俊） 596,597,614,631
张佚 410
张奂（字然明） 40,366,390,494,527,531,549,562,564,565,568,572,574,577,578,580,581,583,586,592,608,610,635
张寿（字仲吾） 480,593
张寿王 226
张杨 642
张步 423
张纮（字子纲） 271,561,640,649,651,652,658,661,662,676,678,685
张纯（字伯仁） 419
张纯 350,378,399,401,404,406,408,413,418,466,492,619
张纲（字文纪） 486,538,545,546,547,548
张良 1,4,7,13,14,20,23,27,28,31,34,44,48,49,388,656
张苍 1,2,16,17,18,20,22,23,28,33,48,50,51,53,54,55,56,63,65,81,83,88,98,102,106,107,130,225,258,267,322,343,369
张角 600,609,612,613,614,615,616
张邯 96,142,233,350,359,360
张叔 91,92
张奋（字稺通） 418,479,480,483,489,492
张宝 613
张忠 294
张放 311
张绂 612
张举 619
张俭（字元节） 511,576,581,586,587,628,643,648,671
张昭 636,638,651,687
张昶（字文舒） 366,666
张济 607,611,614,632,635,639

张禹（字子文） 267,327
张禹（字伯达） 509
张宽 92
张敖 13
张珰 521
张绣 644,646
张脩 609
张陵 545,657,686
张敏（字伯达） 449,454,462,467,476,484,486,497,499,507,508
张梁 613
张猛 275,278,366
张盛 384,429,438
张逵 539,542
张博 271,281,282,329
张喜 636
张堪 383,389,403,542
张敞（字子高） 69,231,268
张温（字伯慎） 631
张皓（字叔明） 390,408,517,527,531,534,548
张竦 344,361,405
张超（字子并） 614,617,626,637,656
张道陵（原名陵，字辅汉） 602
张释之 60,63,69,70,95,236
张鲁（字公旗） 657,675,681,683,686
张楷（字公超） 455,528,546,556
张歆 556,558,618
张骞 127,128,140,156,161,163,164,165,166,167,171,172,191,433,498
张谭 286,288,289
张酺（字孟侯） 40,435,447,451,453,465,470,474,476,479,483,487,494,495
张衡（字平子） 191,285,384,390,420,432,451,479,481,482,484,486,487,488,490,492,493,497,499,500,501,502,506,507,508,509,510,511,513,514,516,520,522,523,525,526,527,529,532,534,535,536,537,538,539,540,541,542,543,548,573,582,648,686
张颢 603,604
张霸（字伯饶） 102,298,310,421,422,431,458,469,482,493,528,556
李广 151,398,599
李广利 110,188,193,194,203,206,208
李云（字行祖） 567,568,569,585
李少君 144
李尤（字伯仁） 403,428,429,482,483,495,504,517,523,527,528
李长 114,201,289
李乐 640
李充 350,497
李寻（字子长） 40,69,190,232,306,312,319,321,322,324,326,327,388
李巡 214,596
李延年 12,28,176,177,178,191,498
李坚 552
李典（字曼成） 596,673
李固（字子坚） 390,481,513,527,529,532,535,537,539,541,543,544,545,546,549,550,551,552,553,554,556,585
李尚 163
李忠 350,380,423,426
李法 484,486,497
李育（字元春） 325,421,447,451,452,453,460,465,466,584,612
李郃（字孟节） 390,475,499,511,515,516,517,525,529,554
李咸（字元卓） 489,590,592,593,599
李宪 350,374
李昺 271,519

李柱国 295,296
李息 151,153,175
李脩 409,504,506,509
李躬 425
李通 383,391,417,425,426
李陵 185,192,195,196,197,203,208,210,222
李梵 384,464,465
李淑 126,363,689
李焉 358,359
李章 367
李傕 430,632,634,635,639,640,646
李善 30,68,126,209,214,285,313,369,370,422,500,508,512,643,648,659,661,677,685
李蔡 164,167
李曇 567
李膺(字元礼) 503,556,562,563,571,576,578,581,586,587,588,602
杜子春 99,422,460
杜业 150,321,344
杜乔(字叔荣) 271,527,542,545,546,548,553,554
杜延年 191,219,222,231,253,259,365
杜抚(字叔和) 372,390,404,421,441,442,454
杜邺(字子夏) 286,306,312,319,321,329,331,332,365
杜参 296
杜周 70,183,196,197,365
杜林(字伯山) 69,102,149,357,361,364,366,367,375,377,379,380,382,385,386,390,394,395,401,402,403,404,405,409
杜茂 374,425
杜诗(字君公) 366,382,383,391,394
杜笃(字季雅) 358,402,403,450,459
杜钦(字子夏) 287,290,291,292,293,294,299,312,319,321

杜恕 648
杜根 499,520
杜密(字周甫) 581,586,588
杜崇 480
杜袭 628,642,671,679
杜琼 682
杜畿 650,665,666
杜濩 683
杜夔 622,627,628,632,669,671
来历(字伯珍) 523,527,530,536
来艳(字季德) 590,606
来敏 681,682
来歙(字君叔) 378,385,387
杨广 367,385
杨仁 397,445,448
杨仆 23,167,175,183,194
杨王孙 36,144,145
杨伦(字仲理) 40,476,513,519,525,527,529,535,536,546
杨兴 155,264,275,289
杨何(字叔元) 26,104,132,142,181,240
杨奉 639,640,642
杨定 639
杨秉(字淑节) 40,271,365,478,553,558,568,570,571,576,577,617
杨终(字子山) 389,398,431,438,444,447,451,452,453,466,487,489
杨修(字德祖) 365,599,607,629,642,643,648,649,669,682,685,687,692,693
杨厚(字仲桓) 381,391,442,502,529,539,546,552,556,561,660
杨彪 365,428,430,547,601,610,625,626,632,636,638,639,642,644,692,693
杨恽 184,239,247,252,254,255,256
杨政 376,454
杨秋 675

杨统 391,455,561
杨荣(字子孙) 18,19,58,336,656
杨敞 228,230,239
杨赐(字伯献) 40,271,365,548,593,596,597,600,601,603,604,605,607,610,611,612,614,615,617,618,628,672
杨震(字伯起) 40,365,479,513,517,518,519,522,523,577,693
杨馥 524,596
步骘 651,674
沈友(字子正) 663
肖秉 351
苏飞 163
苏建 160
苏昌 240
苏林 101,300,696
苏武 191,195,221,222,249,259
苏顺(字孝山) 490,495,497,525,532
苏竟(字伯况) 278,323,350,367,374,378,381
苏衡 367,385
角里先生 34
谷永(本名并,字子云) 319
谷吉 272
谷恭 367,368,385
贡禹(字少翁) 96,98,160,184,195,216,225,250,265,266,268,269,270,272,273,280,286,291,304,319,324,342
赤松子 14,15,48,313
辛庆忌 304,307
邯郸淳 22,548,558,559,627,631,650,669,671,675,685,691,696,700
邴丹(字曼容) 26,250
邴原 598,628,631,676
邹阳 80,89,105,109,110,111,112,116,132,178,187,388
陆凯 648
陆逊 613,692

陆贾　2,4,9,11,15,18,27,29,30,31,33,43,51,52,53,58,63,73,77,122,388,405,411,649
陆康（字季宁）　521,631
陆绩（字公纪）　271,282,330,623,693
陈万年　160
陈元　17,209,225,288,323,325,349,364,375,376,377,392,394,395,421
陈平　4,7,13,16,36,42,43,51,52,53,54,59,388,405,499,506
陈农　294,295
陈汤（字子公）　283,287,319,321,388
陈纪（字元方）　66,532,579,621,625,643,647,649,650,651
陈佚　17
陈龟　545,565
陈侠　118,146,351
陈宗　428,429
陈宠（字昭公）　447,454,470,476,480,486,494,497,498,525
陈忠（字伯始）　517,519,521,522,523,525
陈武　13,595
陈俊　423,425
陈咸　281,298,350
陈重　546
陈钦　17,225,323,333,334,349,350,351,353
陈晃　384,570,597,599
陈翁生　18,40,262,279,293
陈耽（字汉公）　595,600,601,604,610,611,617
陈崇　337
陈球（字伯真）　515,574,591,601,604,606,608
陈寔（字仲弓）　494,499,519,564,578,587,621,651,692
陈温　636
陈琳（字孔璋）　624,625,637,640,649,650,653,662,664,668,670,675,678,680,683,684,686,688,690,695,697
陈登　650,652
陈禅（字纪山）　519,521,525,528
陈群　642,643,646,649,680,693,694,700
陈寔　591
陈豨　25,28
陈蕃（字仲举）　521,544,563,567,572,576,579,580,581,582,583,584,585,588,592,595,609,611,622
陈褒　491,517,521
陈遵　22

八　画

京房（字君明）　18,26,104,113,190,227,240,246,254,269,271,280,281,282,286,288,307,309,319,324,327,350,369,370,563
制氏　12,13,148
卓茂（字子康）　350,366,377,389
单次　18,19,58
单臣　399
单飏　596,597,599,603
叔孙无忌　569
叔孙通　5,6,10,11,12,13,21,22,23,24,25,27,28,31,33,34,38,40,47,50,165,208,209,318,325,468,469,492,649
周王孙　18,26,103,104,142,246,247
周亚夫　9,101,108,112,120
周庆（字幼君）　45,242,243,253,260
周防（字伟公）　401,495
周防　377,401,403,436,493,496
周宗　367,385
周昌　13,28,34,59,110
周泽　396,409,418,422,429,436,438,445,446,488
周苛　3,110
周举（字宣光）　521,525,527,537,544,545,546,556
周勃　13,29,52,53,54,59,62,63,64,70,241
周栩　545,546
周章（字次叔）　458,499,500
周堪（字少卿）　40,69,216,260,261,263,264,270,275,278,286
周景（字仲飨）　571,572,577,579,585
周瑜（字公瑾）　599,647,651,674
周群　682
周磐（字坚伯）　389,408,476,520
周燮　522
周霸　26,41,57,87,99,100,103,130,142,160,176,253
国由　231,341,350
国渊　631,654
孟光　411,448,682
孟昇　428,429
孟达　473,643,676,681,694
孟但　26,113,142
孟彧　601,604
孟卿　19,58,96,106,223,225,233,238,245,351,426
孟喜（字长卿）　26,102,104,113,221,245,246,249,250,254,271,369,370
宗诚　598,607
宗俱（字伯俪）　590,594
审食其　43,53,63
庞参（字仲达）　540
庞参　510,531,532,536,538,539
庞统（字士元）　608,628,683,693
庞萌　377
房凤（字子元）　45,257,286,323
房植　546,553,560,562
承宫（字少子）　386,422,444,449

服生　26,104
服虔(字子慎)　64,117,145,169,390,622,634
林尊(字长宾)　40,69,260,262,279,293,441
枚乘　89,98,103,104,105,109,115,116,117,123,124,187,388,527,573,600
枚皋　89,98,117,120,122,152,162,178,191
欧阳世　40
欧阳生(字和伯)　41,228,274
欧阳地余(字长宾)　40,260,274,277,279,286,350
欧阳政　40,279,350
欧阳高(字子阳)　40,130,228,229,262,279,350,366
欧阳高子　40
欧阳歙(字正思)　350,363,366,378,380,385,394,395
武荣(字欠和)　583
武梁(字绥宗)　311,451,559
河上丈人　15,34
法正(字孝直)　54,600,643,676,681,687
法真(字高卿)　489,540,623
炔钦(字幼卿)　40,216,324
狐刚子　612
直不疑　70
竺大力　646
竺法兰　433,436
终军(字子云)　122,124,157,163,170,174,175,190,388
英布　4,7,29,32,63
范升(字辩卿)　325,350,357,364,371,375,376,377,421,427,434,454,649
范冉(字史云)　271,390,508,540,616,617,623
范迁(字子庐,一作间)　434
范逡　361,367,385
范滂(字孟博)　541,581,588
范粲　660
贯公　17,18,50,51,114,225,267,325,351
贯长卿　114,118,146,268,351
迦叶摩腾　436
郅恽(字君章)　358
郅恽　358,374,383,397,401
郎宗　271,519
郎顗　271,535
郑公　626
郑弘　191,276,277,286,460,462,467
郑玄(字康成)　654
郑兴(字少赣)　354
郑安世　523
郑当时　36,118,129,146,150,151,191
郑固(字伯坚)　514,565,566
郑昌　238,249,268
郑朋　123,186,268
郑宽中(字少君)　40,232,267,268,312
郑泰　632,654
郑崇　330
郑袤　681
郑默　697
金日磾　191,211,213,220
驷胜　289

九　画

侯成(字伯盛)　473,587
侯讽　444
侯芭　338,356
侯瑾(字子瑜)　544,582,625
侯霸(字君房)　350,355,376,378,393
养奋　480,481
冒顿　26,42,64,65
姚平　26,113,271
姚光　475
姜肱(字伯淮)　484,485,567,594
姜诗　426
姜维　660
娄寿(字元考)　484,485,596
宣酆　579,581,584
宫崇　549
度尚(字博平)　271,514,548,559,571,580,581
施延　536,538
施雠(字长卿)　26,104,246,250,254,260,267,327,370,388
柳褒　214,247
段仲　106,114,351
段珪　623,624
段颎(字纪明)　591
洼丹(字子玉)　246,293,348,372,386,387,398
皇甫规(字威明)　494,531,544,549,550,568,569,570,571,572,573,574,578,581,582,589,595,596,608,635
皇甫谧　34,35,684
皇甫嵩(字义真)　551,613,614,616,632,635
祝生　220,221,222
祝恬(字伯休)　568,569,638
祝睦(字元德)　484,575
祢衡(字正平)　595,627,628,632,640,642,643,644,646,648
种拂(字颖伯)　627,635
种辑　632,651
种暠(字景伯)　493,549,553,561,562,570,573,635
胡广(字伯始)　380,391,430,475,501,510,513,521,533,534,536,538,543,546,548,552,553,554,558,559,560,562,565,566,567,568,570,571,572,577,579,584,586,587,588,592,633
胡才　640
胡毋生(字子都)　95,96,97,106,114,121,131,253
胡母班　581
胡昭(字孔明)　22,466,572
胡轸　630
胡常(字少子)　17,45,113,148,

149,257,305,306,323,333,334,340,351
胡综 613,651
荀攸（字公达） 365,565,642,643,646,667,671,679,682
荀纬 612,690,695,697
荀彧（字文若） 573,620,625,630,632,638,640,642,644,646,650,652,657,661,662,666,667,668,673,674,677,678,682
荀昱 586
荀悦（字仲豫） 9,14,38,98,102,103,121,134,140,154,161,205,208,307,365,555,568,584,642,644,647,652,653,664,673
荀淑（字季和） 460,521,553,556,587,629,673,678
荀爽（一名谞，字慈明） 42,263,365,376,530,542,578,582,615,621,625,626,629,678
荣广（字王孙） 45,224
莒衡胡 26,142
贲生 56
费直（字长翁） 27,246,263,340,369
赵子 18,56,216,235
赵广汉 192,247
赵飞燕 305,307,308
赵元 40,604
赵玄 18,155,327
赵充国（字翁孙） 191,232,243,245,248,259
赵尧 28
赵过 208,220
赵佗 29,37,50,54,58,129
赵岐（初名嘉，字台卿，更名湖，字邠卿） 55,501,540,543,562,563,565,566,579,584,614,627,632,636,638,643,649,657,658,659
赵戒 544,552,553,554,556,559,560
赵周 98,171,175
赵定 247,248
赵昌 330

赵秉 367,385
赵俨 628,644,671
赵勋 610
赵咨 565
赵昱 636
赵禹 149,150,151,159,168,171,174,191
赵宾 26,246
赵峻（字伯师） 546,549,551
赵晔 390,404,411,421
赵绾 57,100,114,120,121,124,125,127,131,134
赵博 452,453
赵壹（字元叔） 581,582,593,594,604,617
赵谦 627,632
赵熹（字伯阳） 328,413,420,426,434,445,455
郗俭 621
郗虑（字文胜） 557,568,579,587,594,597,600,601,602
郦食其 6,7,9,602
郦商 12,13
钟兴 371,372,401,402
钟离意 394,407,420,427
钟皓（字季明） 472,564
钟繇 22,559,635,642,653,675,679,685,692,696,699
闻人通汉（字子方） 19,58,233,260,426
闻人袭 584,586,589,590
间邱卿 19
项生 26,103
项羽 2,3,4,6,7,8,9,10,11,12,13,34,36,48,147,211,405
食子公 18,56,216
骆统 652,680,692

十　画

乘弘 18,26,271
冥都 96,225,273
原涉 350

唐长宾 100,239
唐生 239
唐林（字子高） 40,69,216,261,324,350,355,488
唐玹 565
唐尊（字伯高） 40
唐蒙 132,147,150
唐檀 271,390,517,532
壶遂 188,189,190
夏承（字仲兖） 511,589
夏侯玄 673
夏侯始昌 96,122,142,157,190,233,248,253,324,350
夏侯建 40,57,69,216,228,232,244,262,264,267,268,327
夏侯胜（字长公） 228,248
夏侯宽 36
夏侯婴 13,84
夏侯惇 687,689
夏侯渊 692
夏侯惠 673,692
夏侯敬 19,58
夏贺良 88,312,326,327,345,368
夏宽 57,99,100
夏恭（字敬公） 246,305,366,381
夏黄公 34
奚涓 13
徐万且 6,226
徐干 612
徐公 100,230,633,640,646,650,653,663,668,670,678,686
徐乐 122,123,152,157,190
徐生 18,19,58,361,379
徐生子 19
徐巡 118,379,380
徐延 18,19,58
徐自为 175,192
徐防 479,485,489,491,494,497,498,499,518
徐伯 6
徐良（字斿卿） 19,58
徐岳 652

徐奕 679,685

徐禹 226

徐敖 69,114,118,146,148,149,257,340,351

徐偃 57,87,99,100,169,170,176,253

徐淑 246,536,565,572,577,589

徐幹（字伟长） 455,475,589,612,662,670,675,676,681,685,686,688,690

徐稚（字孺子） 484,485,562,563,567,574,581,584,594

徐襄 18,19,58

息夫躬（字子微） 327

晁错 24,39,40,50,55,68,69,78,79,80,84,85,95,98,99,101,104,105,107,119,120,221,243,388

晋昌 163

栗丰 56

栾大 34,170,174,175

栾巴 526,527,545,546,549,584

桑弘羊 107,117,118,151,167,171,173,174,181,191,195,198,208,213,220,222,223

桑钦（字君长） 18,148,149,340,347

桓生 18,19,58,543

桓典（字公雅） 611,624,657,659

桓郁（字仲恩） 40,365,440,442,447,449,451,452,453,470,476,479,495,523

桓荣 40,210,348,363,364,365,366,377,380,389,400,410,414,425,435,441,444,479,481,494,509,517,554,659

桓宽（字春卿） 18,155,184,220,221,222

桓晔 628

桓彬（字彦林） 365,536,605

桓焉（字叔元） 40,499,517,521,523,524,526,530,536,543,546,548,549,615,659

桓鸾（字始春） 501,615

桓虞 448,452,468,475

桓谭（字君山） 204,253,301,313,321,330,332,351,355,356,362,365,366,371,373,375,376,379,395,414,417,418,419,420,461

桓麟（字元凤） 365,500,514,543,553,554,605

桥仁（字季卿） 18,19,58,336,613,656

桥玄（字公祖） 336,503,570,573,589,590,599,603,604,607,608,613,633,659

殷崇 262

殷嘉 26,271

浮丘伯 20,34,44,45,55,59,100,133,134

涂恽（字子真） 69,148,149,340,347,348

班伯 312

班固（字孟坚） 1,13,22,35,46,51,55,59,64,67,76,80,95,113,126,135,140,148,154,157,161,177,178,185,200,210,213,233,247,248,256,261,285,296,299,312,321,336,338,356,358,364,365,384,393,396,402,404,405,410,414,415,418,421,428,429,431,432,442,443,444,453,457,458,459,460,463,466,467,468,469,470,471,472,473,474,475,476,477,485,494,512,518,537,568,573,598,629,647,652,656,693

班彪（字叔皮） 200,201,270,312,338,363,365,367,370,372,378,380,385,389,391,393,400,402,404,405,406,407,409,410,411,413,414,437,458,477,484,492,518

班斿 296,312

班昭（一名姬，字惠班） 365,408,458,482,483,492,497,504,505,506,508,518

班婕妤 305,306,365,629

班超（字仲升） 365,385,429,443,444,445,448,455,460,462,467,469,471,475,477,480,481,484,487,492,518

皋宏 40

秦丰 359

秦恭 40,232

秦嘉（字士会） 564,565,571,577,589

索卢放（字君阳） 380,419

耿纪 689

耿况（字侠游） 350,392

耿寿昌 252,255,258

耿纯（字伯山） 389,393,423,426

耿忠 442

耿秉（字伯初） 439,442,443,445,470,474,475

耿育 321

耿弇（字伯昭） 339,423,425

耿晔 529

胶仓 122,157,190

袁圣 350

袁术 623,630,631,636,637,641,644,649,651,657,692,702

袁安（字邵公） 246,268,378,426,439,440,442,460,465,467,468,470,475,476,478,481,513

袁汤 246,552,553,556,558,560

袁闳 567

袁尚 659,661,662,663,665,666

袁绍（字本初） 621,624,626,629,630,631,632,636,638,640,642,643,644,645,646,648,649,650,651,652,657,659,660,662,667,668,678,684,686,688,693,702

袁涣 680

袁盎 62,63,65,69,70,99,103,105,107,108,109,111,112

袁基 629

袁康 411,412

袁隗（字次阳） 592,600,611,616,618,621,622,623,629

袁彭 246,527

袁敞（字叔平） 246,510,511,

513,514
袁谭 642,652,659,661,662,663
袁徽 620,642
诸葛玄 628,638,644
诸葛亮 610,627,628,638,644,647,666,667,668,669,676,681,682,683
诸葛恪 662
诸葛瑾 596,651
贾山 18,61,65
贾让 320
贾充 689
贾护（字季君） 17,114,149,225,333,334,349,351,375,603
贾宗（字武儒） 447,472
贾复（字君文） 366,372,374,392,415,423,425,472
贾捐之（字君房） 123,155,267,275
贾谊 17,18,24,27,50,51,53,55,57,58,59,61,62,63,64,65,66,67,68,79,80,81,84,87,98,107,114,123,130,221,225,243,267,275,351,361,490,492,512,573
贾逵（字景伯） 146,148,149,323,325,366,380,381,384,386,395,407,417,422,432,442,443,444,446,448,449,451,452,453,454,457,459,462,471,474,475,476,482,483,485,486,487,490,513,519,548,555,598,669
贾琮 615
贾鲂 494,597
贾嘉 18,41,103,123,130,160
贾徽 17,148,149,323,490
郭丹（字少卿） 298,389,426,427,430
郭太 390
郭玉 472
郭伋（字细侯） 279,385
郭汜 632,634,635,639,640
郭况 420
郭舍人 214,215
郭宪（字子横） 90,297,367,383,384,386,403,404

郭恂 443,492
郭贺（字乔卿） 415,427,432
郭钦 351
郭泰（字林宗） 521,530,574,581,587,588
郭虔 533,534,540,544
郭躬（字仲孙） 335,467,469,480,481,531
郭嘉（字奉孝） 589,642,668
郭璜 475,476
郭镇（字桓钟） 531
郭禧 587,589,603
都尉朝 148,149,216,305,340
陶丘洪 587,622
陶青 88,98,108
陶敦 525,527
陶谦（字恭祖） 534,628,630,636,637,638,640
隽不疑 155,212,216,219,649
顾雍 586,633
顾谭 665
高凤 455
高诩（字季回） 371,386,393
高彪（字义方） 390,544,553,574,599,600,609,615
高柔 596
高相 27,102,263,345
高诱 125,126,336,501,614,656,658,664,677
高起 10
高堂伯（高堂生） 18,19
高堂隆 670,680,687
高康 27,345
高幹 665

十一画

假仓（字子骄） 40,232,260
商丘成 206
堂溪惠 18,96,225,273
婴齐 213
宿伯年 6

寇恂（字子翼） 372,374,383,392,423,425
崔发 345,350,354,359,372,417
崔骃（字亭伯） 365,373,410,425,430,446,463,465,466,468,469,471,472,473,475,477,478,548,568
崔烈 616,620,635
崔寔（字子真,一名台,字元始） 210,365,373,428,430,484,547,552,553,558,560,562,564,568,570,574,589,635
崔琦（字子玮） 365,373,390,527,539,552,555,557
崔琰（字季珪） 573,610,619,623,643,654,662,665,666,667,669,670,679,685,686
崔瑗（字子玉） 22,271,365,389,451,467,474,476,482,492,495,497,506,507,509,514,516,517,519,525,538,542,545,546,547,548,549,557,570,582,589,597,635
崔篆 348,365,368,369,373,410,428,430,461,558
巢堪 465,485,491
常林 666,679
康巨 621
康孟详 668
庸生 113,148,195,216,267,268,280,304,305,325,327,340,388
庸谭 149,366
戚夫人 12,35
曹仁 687,691,702
曹丕 621,632,638,644,660,661,662,663,664,665,666,670,672,673,675,676,677,679,680,682,684,685,686,687,689,690,691,692,693,694,695,696,697,698,700,702,703
曹节 583,586,591,593,594,603,604,605,606
曹充 417,418,426,492
曹成 497,508,663
曹羽 213

曹冏 668
曹参 13,15,16,29,31,35,36,41,49,50,78,132,404,523
曹娥 548,559
曹窋 49,53
曹鸾 599
曹植 315,446,635,658,665,667,668,670,674,675,676,677,679,680,681,682,684,685,687,688,689,690,691,693,694,695,699,700,702,703
曹嵩 620,622
曹褒(字叔通) 418,448,449,465,467,468,469,471,475,476,479,481,490,492
曹叡 665,666,692,695
曹操(字孟德) 5,365,420,563,574,595,601,604,607,609,611,614,618,620,621,622,624,626,629,630,632,633,636,637,638,640,641,642,643,644,646,647,649,651,652,653,657,659,660,661,662,663,694,698,699,701,702,703
梁丘临 26,250,258,260,261,288,350
梁丘贺(字长翁) 26,102,104,191,216,240,245,246,250,254,259,264,265,267
梁石君 29,36
梁妠 533,557
梁松(字伯孙) 354,366,406,407,408,413,415,416,420,422,425,427,428,460
梁统 366,391,394,427,460
梁恭 371,427
梁商(字伯夏) 533,535,537,538,539,542,545,588
梁鸿(字伯鸾) 354,384,410,411,448,455
梁竦(字叔敬) 246,366,427,428,449,460,483
梁鲔(字伯元) 497,500
梅福(字子真) 61,98,310,317,318,329,388

淳于恭(字孟孙) 447,451,452,453,455
淳于意 53,74,82,124
淳于嘉 632,638
盖公 6,15,34,36,41,50,78
盖延 426
盛允 568,570
眭孟 97,106,190,224,225,253,273,351
祭肜 406,442
祭遵(字弟孙) 372,385,386,423,425
第五伦 411,429,435,438,445,447,450,467
笮融 632,640
绮里季 34
聊苍 122
萧何 2,3,4,5,10,13,16,21,22,23,24,26,31,33,35,36,41,44,47,50,424,457,523
萧秉 45,149,306,323
萧望之(字长倩) 57,96,114,142,155,178,186,191,198,229,233,238,241,243,244,245,247,250,251,252,253,254,255,257,258,259,260,261,263,264,265,266,267,268,281,284,286,287,288,293,388
阎显 517,521,524,525
随何 7,12
隗嚣(字季孟) 385
隗嚣 323,350,360,361,363,364,367,368,374,376,377,378,379,380,381,382,383,384,385,406,407,414,430,437
黄生 36,96,97,288
黄尚 537,541
黄武 569
黄宪(字叔度) 446,521,544
黄香(字文强) 431,435,444,462,470,475,476,480,482,486,487,497,529,575
黄景 210,365,428,430,539,558
黄琬(字子琰) 545,572,614,625,634,672

黄琼(字世英) 40,468,529,535,545,546,548,549,558,559,560,562,565,567,570,574,575,584,602,634
黄谠子 368
黄霸 191,233,235,238,241,244,248,251,252,253,259,260,261
龚奋 57
龚舍 100,239,335,351,388
龚胜 40,98,155,240,250,262,325,335,350,351
龚遂(字少卿) 70,191,230,231,240,251,545
龚德 247

十二画

傅玄 689
傅俊 374,425
傅宽 13
傅晏 155,327
傅喜 155,331
傅叚 673
傅毅(字武仲) 364,408,410,425,432,433,443,444,446,449,450,460,472,473,474,475,478
傅镇 399
傅燮 271
寒朗(字伯奇) 373,502
彭闳 40,400
彭宠 350,374
彭宣(字子佩) 18,155,233,250,267,289,310,311,318,320,321,331,333,388
彭越 12,28,29,52,388
惠得 569
景丹 350,389,423,426
景卢 331
景防 384,429,438
焦延寿(字赣) 26,142,246,269,271,282,369,370,388
犍为文学 214,215
疏广 96,223,225,238,244,245,

264
疏受 244,264
皓星公 45,224,242
程秉 643,651
程曾（字秀升） 389,390,450,658
程璜 527,536,603,604,606
缇萦 82
编訢 384,464,465
皋弘 400
葛丰 275
葛龚（字元甫） 485,501,508,514,532
董公 6,362,630
董仲舒 6,30,31,55,56,59,61,81,90,94,95,96,97,98,106,111,114,121,122,125,130,131,133,134,140,141,143,152,155,157,158,159,160,161,162,164,165,169,177,178,180,190,191,198,199,203,221,224,225,243,253,294,297,324,349,354,388,405,452,462,664
董宏 324,329
董扶 390,581,622
董卓 183,364,396,428,430,536,601,610,613,619,620,624,626,628,629,630,632,633,634,635,637,638,639,640,643,653,660,692,702
董承 638,639,640,651
董贤 155,327,329,330,331,333
董钧 338,415,424
董偃 150
董遇 271,643,696,700
蒋诩 351
蒋济 667,697,701
谢承 634
谢该 628,643,649,650
谢曼卿 118,146,380,390
韩生 4,55,56,113,121,165,216,235,249
韩安国 70,105,109,128,132,143,146,151,191

韩延寿 187,192,221,250,252
韩信 3,4,6,7,8,9,10,13,15,20,22,23,29,31,32,33,36,44,48,50
韩说 192,193,205,208,430,596,597,601,604,605,607,616
韩商 56,113,130
韩婴 18,27,55,56,57,113,114,130,190,199,231
韩婴子 56
韩遂（原名韩约，字文约） 616,675,676
韩歆（字翁君） 395
韩歆 325,375,376,392,395
韩棱（字伯师） 483,486
韩增 245,259
韩暹 640,642
韩融 621
韩縯 562,564,566,567,576
韩馥 626,630
鲁丕（字叔陵） 393,447,448,449,457,461,474,475,480,486,490,501,507
鲁旭 635
鲁伯 26,250,267
鲁扶卿 57,267
鲁肃（字子敬） 595,647,651,652,691
鲁间丘卿 223
鲁峻（字叔严，一作仲严） 507,593
鲁恭（字仲康） 507
鲁赐 18,57,99,100

十三画

廉丹 350,360
廉范 389,443,456,466,474
新垣平 54,84,86,87,88,115,161
楼望（字次子） 358,386,397,410,422,443,445,451,452,453,454,488
满昌（字君都） 18,96,142,233,320,350,352

瑕丘江公 45,100,160,162,224,240
瑕丘萧奋 18,58
甄丰 21,333,336,337,344,347,349
甄宇 397,455
甄寻 349
甄邯 344,347
窦公 57,99,102
窦固（字孟孙） 407,442,443,471,478,492
窦林 431
窦武（字游平） 365,578,579,580,581,582,583,584,585,587,588,595,606,609,624,633
窦宪 55,268,365,384,469,470,471,472,473,474,475,476,477,478
窦婴 9,57,70,99,105,120,121,124,146
窦章（字伯向） 365,502,503,543,547,548,549,582
窦融（字周公） 308,350,362,364,365,368,377,378,380,381,384,391,392,396,399,401,405,414,423,425,426,430,431,549,620
简卿 40,388
蒯通（蒯彻） 6,7,8,16,29,31,32,34,77
虞延（字子大） 434,440,441
虞初 188,190,191
虞放 40,523,568,570,586
虞诩 503,512,527
虞翻 246,575,610,612,636,643,647,650,652,653,658,661,664,693
褚大 96,106,130,169,176,180,241
褚少孙 6,90,100,163,216,239,241,242,256,273
鲑阳鸿 246,435
解光 321,326
解延年 114,118,146,286,351
路博德 175,192,193,194

路温舒　229,232,238
路粹（字文蔚）　627,633,643,667,669,671,682,683,684,690,695,697
阙门庆忌　99,100
阙宣　636
雷义　546
雷被　163
靳歙　13
颖容（字子严）　628,637
鲍永　40,367,386,395,456
鲍郱　429
鲍宣（字子都）　40,113,262,293,329,331,332,337,339,695
鲍昱（字文泉）　350,418,429,439,444,447,452,456,497,507
鲍鸿　621
鲍敞　141
鲍德　487,507

十四画

察廉　69,151,231,293,391
管宁　566,579,594,598,608,628,631
管辂　142,672
管路　96,225,292
管霸　567,576
綦母闿　627,646,647
缪生　57,99,100
缪宇（字叔异）　557
缪袭　619,670,680,697,702
翟义（翟谊）　344,345,360,430
翟方进（字子威）　17,45,157,257,268,275,286,288,295,305,308,312,318,319,321,322,323,333,334,342,344,351,388
翟牧（字子兄）　26,246,271,370
翟宣　45
翟超　581,586
翟酺（字子超）　55,496,519,520,523,526,528,533
臧旻　591,600

臧宫　387,399,409,426
臧洪（字子源）　569,640,641
蔡义（蔡谊）　18,56,130,157,224,228,230,231,235,268
蔡千秋（字少君）　45,234,242,243,257
蔡玄　526,547
蔡伦（字敬仲）　428,430,445,470,484,495,500,503,509,519,520,576
蔡茂（字子礼）　298,401,405
蔡癸　252
蔡衍（字孟喜）　581,588
蔡邕（字伯喈）　10,22,210,384,390,404,428,430,444,463,498,501,517,536,543,548,559,560,564,567,568,569,570,571,572,573,577,579,586,587,589,590,591,592,593,594,595,596,597,598,599,600,601,602,603,604,605,606,607,611,614,615,616,618,619,620,621,623,624,625,626,627,628,630,631,633,634,648,675,678,684
蔡愔　433,436
蔡琰（字文姬）　627,660,667,684
裴优　556,557
裴茂　646
谭宗伯　331

十五画

谯玄（字君黄）　308,334,340,387
谯周　659
谯敏（字汉达）　532,617
辕生　7,122
辕固　6,55,96,97,112,121,122,130,131,141,157,180,190,288
阚泽　652
樊丰　523,524
樊安（字子仲）　500,566

樊英　271,389,499,519,529,530,584,617,621
樊哙　1,13,594
樊准（字幼陵）　423,489,493,497,499,501,506,509,511,515,518
樊陵　622
樊崇　356
樊稠　632,635,639
樊儵（字长鱼）　386,409,422,528
滕抚　549,550,551
潘岳　68,678
潘勖（初名芝，字元茂）　678,679,680,683,684
缯它　145
颜安乐（字公孙）　96,97,225,226,253,273
颜芝　7,8,37,40
颜贞　7,40
嬴公　96,224,225,272,273,388
曇果　668
穆生　19,20,34,55,59,65
薛广德　100,239,250,260,272,274,275,286,335
薛方（字子容）　351
薛汉（字公子）　370,372,389,421,435,441,454
薛欧　13
薛泽　98,146,157
薛宣（字赣君）　232,289,299,304,308,318,499
薛顺　341
薛莹　634
薛综　620,651,652,674

十六画

衡方　498
衡咸（字长宾）　26,280,350
霍山　240
霍去病　164,166,191,433
霍巨孟　6

霍光 155,191,211,212,213,215,
 217,218,219,220,225,227,229,
 230,231,232,233,235,236,237,
 259,416,424,457,523
霍融 492

十七画

戴圣（字次君） 18,19,58,233,
 260,278,301,336,426,599,655,
 656
戴异 578
戴宏 97,541
戴凭 398
戴封（字平仲） 487,489
戴涉 394,399,405
戴崇（字子平） 26,250,267
戴德（字延君） 18,19,58,233,
 278,336,348,426,613,655,656
繁钦（字休伯） 627,628,636,
 648,661,669,671,673,676,677,
 684,691
翼奉（字少君） 8,96,142,190,
 233,265,266,267,269,270,288,
 319,324,350
襄楷 579,621,622
魏应（字君伯） 372,422,439,
 445,451,452,453,454,455
魏相（字若翁） 43,104,191,
 210,220,221,233,234,237,238,
 241,243,247,248,250,259,269,
 499,685,692,695
魏朗（字少英） 390,559,581,
 586,588
魏满 271,435

十八画

蘧政 542
灌婴 13,62,63

著作索引

（按拼音排）

A

阿閦佛国经 554
哀典 527
安丰侯诗 430
安邱严平颂 410
安世房中乐 28
安世诗 680

B

八元术 595,675
罢设受禅坛场令 698
白鹄赋 539
白虎殿对 292
白虎殿对策 287,292
白虎通义 452,453,470,477,
　　645
白虎议奏 451
白鸠赋 568
白石神君碑 613
百辟刀令 685
百官箴 592,593
败军令 661
拜毛玠等子为郎中令 698
班固典引注 633
班婕妤集 306
般若道行品经 608
般若三昧经 608

包元太平经 326,327
宝刀赋 685
宝刀铭 685
报曹公书 668
报崔琰 666
报傅崔琰 665
报何夔乞逊位诏 698
报皇甫规书 582
报蒯越书 682
报刘廙 684
报妻书 577
报孙会宗书 255
报王朗 698
报荀彧 646
报荀彧书 663
悲愤诗 660,684
北海王诔 432
北巡颂 468,469
北征赋 370,414
北征颂 473
被执遣闲使上书 373
本草 341,633
笔论 633
笔心论 635
辟蒋济为丞相主簿西曹属令
　　673
辟文学教 544
辨谶 629
辨伤寒 692
辨卫臻不同朱越谋反论 680
辩道论 690,691

辩和同论 564
表贺录换误上章谢罪 628
表刘琮令 670
表论田畴功 667
表论张辽功 668
表糜竺领嬴郡 643
表袁绍罪状 637
表赵温选举不实 670
别录 19,51,86,87,104,106,
　　232,248,295,296,297,324,
　　336,656
别诗 222
殡祭死亡士卒令 698
冰雹对 143
兵法 20
伯夷叔齐碑 600
驳何氏汉议 654
驳许慎五经异义 654
驳议 643
步出夏门行·观沧海 667

C

蔡伯喈女赋 660
蔡公 114
蔡癸 114,252
蔡中郎集 332,536,633,634
苍颉篇 84
曹苍舒诔 670
曹娥碑 548,558,559

曹全碑　617
曹羽　213
曹植私开司马门下令　687
曹仲雍哀辞　690
曹仲雍诔　690
策立卞后　692
策谥庞德　698
禅位册　698
昌言　531,670,702
长笛赋　527
长杨赋　318
朝会正见律　150
车驾上原陵记　592
臣寿周纪　18
陈公诔　497
陈记室集　688
陈纪碑　650
陈留东昏库上里社碑　569
陈留太守胡硕碑　587
陈时政疏　373
陈寔第三碑　623
陈损益表　633,643
陈太丘碑　618
陈子　579,651
称乐进于禁张辽表　666
迟疾历　675
敕王必领长史令　690
敕有司取士毋废偏短令　682
崇国防疏　650
崇厚论　556,573
愁霖赋　685
出蒋济为东中郎将不听请留诏　698
出金矿图录　612
出师颂　500,557
出征赋　682
初征赋　633,670
除禁轻税令　698
楚辞章句　126,512,573
楚辞注　501
楚汉春秋　12,30,77,208,211,405,411
处士国文甫碑　678

处士圈典碑　587
春祠令　685
春秋成长说　635
春秋繁露　94,198,199
春秋公羊传　164,198,221,225
春秋公羊解诂　584
春秋公羊墨守　612
春秋汉议驳　635
春秋难记条例　406,431
春秋塞难　635
春秋三传异同说　580
春秋三家经本训诂　490
春秋删　456,460
春秋十二公名　654
春秋事语　55,56,71,72,76,77,85
春秋释训　490
春秋条例　629
春秋外传　466,489
春秋外传国语注　490
春秋外传训注　460
春秋纬注　654
春秋训诂　395,579,617
春秋音隐　635
春秋章句　92,402
春秋左氏长经　490
春秋左氏传解　622,635
春秋左氏传解谊　635
春秋左氏传难记条例　460
春秋左氏大义　448,654
春秋左氏膏肓释痾　635
春秋左氏解诂　490
春秋左氏经传朱墨例　490
春秋左氏条例　628,637,672
春秋左氏图　225
辞符谶令　698
辞九锡令　680
辞请禅令　698
辞许芝等条上谶纬令　698
刺世疾邪赋　594,618
赐死崔琰令　685
赐夏侯惇伎乐名倡令　687

赐袁涣家谷教　690
从军诗　685,688
存恤从军吏士家室令　673

D

达旨　425,478,568
答卞兰教　687
答宾戏　450
答曹洪书　684
答邓义社主难　666,702
答繁钦书　677
答夫秦嘉书　565,589
答夫诗　589
答邯郸淳上受命述诏　698
答桓阶等奏改服色诏　698
答客诗　514
答临孝存周礼难　654
答临淄侯牋　685
答刘廙等奏令　698
答秦嘉诗　565
答尚书令又奏令　698
答司马懿等再陈符命令　698
答王朗书　692
答王修举孝廉让邴原教　628
答魏太子笺　690
答张奂书　577
答甄子然　654
大戴礼记　209,278
大风歌（《过沛诗》或《三侯之章》）　34
大诰　344
大将军临洛观赋　477
大将军西第颂　554
大雀赋　483
大儒论　425
大赦赋　564
大暑赋　682,685
大司农鲍德诔　507
大飨碑　698,700
大小夏侯章句　244
大衍玄基　466

大阅赋　681
大篆赞　633
岱宗颂　466
待诏金马聊苍　114
刀铭　685
导引图　15,48,71,72,73,74
悼离骚　414
悼骚赋　427,460
悼荀攸下令　682
道德说　53
道德指归　94
道术　53
登楼赋　209,663,688
登台赋（曹丕著）　677
登台赋（曹植著）　677
迪志诗　425,474
地理风俗记　657
地形图　71,72,73,510,543
典论　687,696,697
典引　444
典引篇　471
吊伯夷　676
吊屈原赋　50,63
吊夷齐文　676
吊张衡文　648
定服色诏　698
东鼎铭　589
东观汉记　369,396,417,425,426,429,440,469,489,490,500,517,558,566
东平王苍集　460
东巡诰　523
东巡颂（班固著）　466
东巡颂（崔骃著）　466
东征赋　209,508,682
董仲舒　114,198,199
董卓歌　653
洞冥记　90
窦将军北征颂（班固著）　473
窦将军北征颂（傅毅）　473
督军御史箴　599
髑髅赋　540,543
独断　10,594,633,634

杜参赋　296
杜君法　454
杜忠算术　258,294
对嘲　537
对上下三雍宫　148
对诏问所为治病　82

E

厄屯歌　566
儿宽赋　192
二京赋　432,482,543

F

发公羊墨守　654
法镜经　610
法言　302,338,356,512,664
藩强　66,67
樊晔歌　406
繁钦集　648,691
反韩非　617
范丹碑　616
方言（《輶轩史者绝代语释别国方言》,《别字》）　338,353,356
飞龙篇　597
非草书　618
分租与诸将掾属令　667
风俗通　122,295,453,645,646
风俗通义　645,657
封禅仪记　418
封功臣令　667
封燕然山铭　473
封朱灵为俞侯诏　698
冯商赋　69
伏侯注　210,365,558
浮淮赋　673
符命　347

鹏鸟赋　50,65,66
郙阁颂　592
复护羌校尉疏　414
复华下民租田口算状碑　607
复孟轲　617
复谯租税令　698

G

改锥为洛诏　698
甘泉赋　214,313
甘泉宫赋　313
感离赋　676
感骚　579,580,657
感物赋　670,673
高选诸子掾属令　676
高祖传　34,35
告昌安县教　628
告高密相立郑公乡教　628
告迁都祝嘏辞　628
告涿郡太守令　667
更公孙瓒与子书　650
耕田歌　52
耿恭守疏勒城赋　448
公卿将军奏上尊号　698
公羊　16,96,102,106,130,157,160,162,163,224,225,226,234,238,243,253,257,259,260,261,263,286,344,375,376,413,448,452,584,612
公羊董仲舒治狱　114,161
公羊墨守　584
公羊问　629
公羊严氏春秋章句　437
公羊颜氏春秋　532
功臣平林新市公孙述列传载记　477
古封禅群祀　179
古论语训　208
古诗十九首　629
古维摩诘经　610,623

古文尚书　8,40,101,102,148,149,200,208,210,216,257,262,295,305,322,323,340,347,348,362,366,379,380,401,403,437,448,451,457,459,469,470,476,495,496,520,521,524,536,553,556,608,614,615,654
古文尚书训　490
古文孝经　8,40,102,519,555
谷梁传　30,45,224,278,437
谷梁废疾　584
谷梁外传　45
谷梁章句　45
谷永集　312,319
寡妇赋(丁仪著)　678
寡妇赋(潘岳)　678
寡妇诗　677
卦林　369
关中议　650
观形察色与三部脉经　672
冠礼约制　611
光禄大夫荀侯诔　677
光武受命中兴颂　442
广成颂　510,511
广川惠王越赋　105,114
归田赋　541,543
瑰玮　61
郭泰碑　590
国语训注　460

H

海中二十八宿臣分　176
海中日月慧虹杂占　176
海中五星经杂事　176
海中五星顺递　176
海中星占验　176
邯郸河间歌诗　114
韩故　114
韩内传　114
韩诗章句(薛汉)　421,454
韩氏　113,114
韩说　114
韩外传　114
韩信　20,31
汉朝驳议　657
汉德论　509,525
汉宫香法注　654
汉官解诂　391,592
汉官礼仪故事　645
汉官注　657
汉纪　38,121,161,170,205,208,307,430,527,558,647,652,653,664,673,693,698,699
汉纪注　657
汉金诚太守殿华碑　605
汉礼器制度　22,23,47
汉礼章句　471
汉律章句　654
汉名臣奏事　334
汉末英雄记　688
汉诗　517,518,573,702
汉史　432
汉事　580
汉书　1,6,9,13,14,15,16,18,22,28,30,31,32,36,41,43,49,55,58,59,61,63,64,68,77,80,90,91,98,105,107,108,109,110,116,123,126,128,133,140,141,142,148,150,156,161,163,164,169,170,171,172,175,181,183,184,185,187,191,192,198,203,209,210,212,217,220,223,224,227,229,235,240,242,248,249,252,254,255,256,261,262,265,268,271,272,273,275,279,280,282,284,288,299,302,313,315,318,319,321,322,327,328,332,339,343,345,351,356,362,366,369,380,387,391,405,411,414,429,430,431,457,458,459,477,483,497,518,580,583,592,635,647,652,653,692
汉书集解　657
汉书解诂　592
汉书音训　635
汉新定礼　492
汉仪　22,47,468,469,509,643
汉元光元年历谱　142
汉制度　592
旱云赋　68
蒿里曲　12
蒿里行　647
合肥密教　684
何休碑　611
和帝哀策　495
和帝诔(崔瑗著)　495
和帝诔(苏顺著)　495
和熹邓后颂　514
河东赋　313
河东蒲反歌诗　114
河激颂　537
河间献王对上下三雍宫　114
河间相张平子碑　509,542
河间周制　148
河铭　483
河南周歌声曲折　18
河南周歌诗　18
河渠书　183,241,438
曷鸟赋　685
黑龙见东莱对　309
洪范五行传论　297
鸿赋　529
鸿鹄歌　34
后氏说　233
胡广黄琼颂　602
胡笳十八拍　684
华氏中藏经　672
华佗内事　672
怀戎颂　483
淮南道训　104
淮南歌诗　163

著 作 索 引　　757

淮南鸿烈间诂　501
淮南王赋　105,163
淮南子　15,16,125,126,163,
　　193,664
淮南子注　579
槐赋（曹丕）　682
槐赋（王粲）　682
桓彬碑　605
桓麟集　554
皇初颂　701
皇德传　582,625
皇览　695,697
皇太子生禖祝赋（东方朔）
　　152
皇太子生禖祝赋（枚皋）　152
皇羲　597,605
黄帝飞鸟历　509,543
黄钺铭　615
回中子　531
婚礼　460
浑天图　693
浑天仪图注　513,543

J

讥俗节义　421
积真杂占条例　693
汲县太公庙碑　538
疾邪　278
籍田赋　685
纪征赋　670
既发玺书又下令　698
济北相崔君夫人诔　570
冀州风土记　633
冀州赋　413,414
嘉禾颂　546
嘉瑞颂　466
贾逵碑　490
贾逵诔　490
贾谊　18,50,80
贾谊赋　18
假为献帝策收伏后　682

建武以来名臣传　430,517
建武注记　442,477
剑铭　692
荐祢衡书　643
荐谢夷吾表　446
谏何进召外兵　625
谏猎赋　128
谏用三互法疏　599
交趾都尉胡府君夫人黄氏神诰
　　587
矫世论　582,625
教高密令　628
解摈赋　582
解嘲　330,425,527,568
解难　330
戒子植　682
金人论　459,466
缙绅先生论　525
禁复仇厚葬令　665
京房易传注　693
京师地震对策　536
京氏段嘉　104,271,282
京兆樊惠渠颂　611
京兆尹樊陵颂碑　611
京兆尹秦歌诗　69
荆州刺史度尚碑　579
荆州文学官志　688
荆州文学记官志　640,650
九愤　622,635
九宫经注　654
九宫行棋经注　654
九经算经　675
九旗飞变　654
九曲歌　528
九势　633
九思　512,538
九叹　318,512
九锡文　680
九章算术　6,24,47,48,258,
　　259,553,654
救危　278
举吕虔茂才令　665
举太山太守吕虔茂才令　660

举贤良对　84
举贤良方正对策　287,291,
　　334,448
举贤勿拘品行令　687
剧秦美新　348,634
蠲河北租赋令　663
隽永　31,32
决事比　525
决议田畴让官教　673
绝交论　556,573
绝命辞　327
爵封田畴令　673
爵论　684
爵制　684
军策令　692
军谯令　660

K

孔北海集　671
孔雀赋　687
孔子弟子目录　654
孔子家语　205,206,208,209
口齿论　692
苦雨　670
蒯子　31,32,114
匡老子　617

L

览海赋　393,414
琅邪王傅蔡朗碑　560
劳徐晃令　692
老子河上公章句　94
老子铭　577
老子五禽六气诀　672
老子想尔注　94,686
老子注　579
乐记　64,114,148,294,336,
　　656

乐经　13,339,340
乐纬动声仪　654
乐元起　419
离合诗　412,671
离骚传　126
离骚经章句（班固著）　471
离骚经章句（贾逵著）　471
离骚注　579
离思赋　676
黎阳作　662
礼传　629
礼记传　492
礼记马氏注　580
礼记默房注　654
礼记音　654
礼记章句　336,613,656
礼记注　579,654
礼乐郊祀志　477
礼纬注　654
礼仪故事　645,657
礼议　654
李夫人及幸贵人歌诗　114
李尤集　527
理惑论　453
历数论　476,477
立太子令　687
隶书势　633
郦篇　579,594,597,602
郦生书　9
郦炎诔　602
凉州歌　406
两都赋　432
疗妇人方　692
列女传　253,299,300,310,311,318,518
列女传注　579
列士传　318
列仙传　15,318
临涡赋（曹丕）　680
临涡赋（曹植）　680
临终诗　671
灵宪　513,514,543
灵宪图　514

领兖州牧表　633,640
刘公干集　689
刘祯集　689
刘中垒集　318
留郡赠妇诗　564,577
留荀彧表　677
柳赋（曹丕）　684
柳赋（陈琳）　684
柳赋（繁钦）　684
柳赋（王粲）　684
六术　53
六韬注　548,555
六言诗　633,643,671
六艺论　97,253,336,592,654,655,656
娄寿碑　596
漏水转浑天仪注　513
露陌刀铭　692
鲁安昌侯说　209,267,268
鲁夫子碑　648
鲁峻碑　594
鲁礼禘祫义　654
鲁灵光殿赋　571,573
鲁生歌　594
鲁王骏说　209,304
鲁夏侯说　209
陆贾　30
陆贾赋　77
路粹集　684
律本章句　643,657
律历志　1,6,192,477
律略论　657
律章句　579
论定制度上礼乐疏　53,58
论都赋　402,459
论贵粟疏　80
论衡　22,101,404,427,462,463,484,531,606,607,645
论积贮疏　61
论举孝廉疏　536
论吏士行能令　661
论语马氏训说　580
论语释义　615,654

论语说　244
论语章句　267,268,327,398,434
论语注　209,267,579,654
论张辽功　673
洛铭　483
洛书灵准听注　654
雒阳歌诗　18
雒阳锜华赋　18

M

马季长集　580
马日䃅不宜加礼议　646
马王易义　580
马仲都哀辞　446
脉法　15,48,71,72,73,74
脉书（马王堆帛书）　48
脉书（张家山竹简）　15,45
毛诗传　126,460,490
毛诗故训传　114,118,119
毛诗故训传笺　654
毛诗马氏注　580
毛诗谱　615,654
毛诗义问　689
毛诗杂议难　490
毛诗注　579
枚乘赋　123
枚皋传　214
孟春赋　77
孟达杨仆降附令　698
孟氏京房　18,104,246,271,282
孟子章句　450,658,659
孟子正义　658
孟子注　654,658
梦赋　571,572
明帝诔　446
明帝庙乐议　445
明帝颂　446
命徐晃待军齐集令　692
牟子　453

N

内藏经　560
内诫令　680
内书(淮南内、鸿烈、淮南子、淮南、淮南子鸿烈解)　87,125
南单于西羌传　428,539
南都赋　506
南郡歌诗　18
南巡颂(班固)　463
南巡颂(崔骃)　463,469
南阳王冯、东海王祇祭礼对　653
南阳文学官志　508,548
南阳文学儒林列传赞　500
难曹公表制禁酒书　668
难左氏义　421,466
女诫　450,504,505,506,518,629

O

欧阳、大小夏侯尚书古文同异　457
欧阳说义　40,41
欧阳章句　40,41

P

滂熹篇　494
沛王通论　429,463
佩铭　514
彭城姜肱碑　594
平原君　63
评病要方　692
破群论　564,610
破袁尚上事　663
普法义经　560

Q

七哀诗　633,663,688
七辩　482,543
七处三观经　559
七激　425,474
七略　14,23,59,77,94,158,234,257,295,296,297,313,318,324,362,655
七启　674
七叹　527
七序　427,428,460
七曜论　617
七曜术　595,675
齐、鲁、韩诗与毛氏异同　457
齐诗章句　439
齐说　209
齐郑歌诗　18
乾象历　622,623,654,675
乾象历注　654
乾凿度注　654
潜夫论　360,531,582,583
遣问邴原书　628
遣徐商吕建等诣徐晃令　692
秦纪论　444
秦客诗　594
琴操　607,608,633
青囊经　672
清河王诔　497
请封荀攸表　665
请爵荀彧表　661
请增封荀彧表　667
请追增郭嘉封邑表　668
庆文帝受禅上礼章　699
庆文帝受禅章　699
穷鸟赋　594,618
求言令　666
曲台记　234
曲台之记　234
去伐论集　688
劝学　53,633
劝学篇　597

R

让禅令　698
让高阳乡侯章　628
让还司空印绶表　643
让九锡表　680
让县自明本志令　674
人本欲生经　564
人主名为谁　82
仁孝论　569
任城王彰增邑诏　698
任良易旗　271
日食对　293,307
日月交会图注　654
肉刑议　650
汝南周勰碑　568
阮瑀集　678
阮元瑜集　678
阮元瑜诔　677
蕤宾钟铭　680,685

S

塞赋　537
三传异同说　579
三辅决录　643,658
三辅论　648
三礼解诂　598,599,633
三礼目录　654
三礼图　654
三让玺绶令　698
三统历　189,354,383,406,460,553,654
丧服变除　654
丧服纪　654
丧服经传马氏注　580
丧服经传注　579,654
扇赋　490
缮治郑公宅教　628
赡给灾民令　690

伤寒论 651,665
伤寒杂病论 363,665,692
上始加元服与群臣上寿章 590
上事 409
上书谏吴王 89
上书请开大河上领出之胡中 199
上书请准古王畿制 663
上书让禅 698
上书让费亭侯 643
上书让增封 643
上书让增封武平侯 643
上书三让禅 698
上书吴王 89
上书谢策命魏公 680
上书再让禅 698
上疏辞谢和帝 479
上所自造赋 69
上先主书 681
上言符谶 700
上言破袁绍 653
尚书传 208
尚书大传 39,90,654
尚书大传注 654
尚书记难 592,610
尚书马氏传 580
尚书纬注 654
尚书问 688
尚书训诂 579
尚书音 654
尚书杂记 401,493,495,496
尚书章句 371,395,479,598,599,633
尚书正经 629
尚书中候注 654
尚书注 556,579,654
赦尽规谏令 698
赦袁氏同恶令 665
申鉴 664
神女赋 670,685
神雀颂 444
神武赋 668

圣皇篇 597,605
诗传 59,118,121,629
诗题约义通 454
诗纬注 654
诗音 654
十二州二十五官箴 593
十三州记 657
十意 430,605,633
史记后传 256,404,405,410,414
史记论 404,414
史籀篇解说 471
使辛毗曹休参治下辩令 687
世颂 278
侍五官中郎将建章台集诗 678,685
释诲 568,633
释名 169,528,661
誓书与兄弟 589
收田租令 663
手书答朱灵 663
手书与吕布 646
手书与阎行 676
首楞严经 617
受禅表 698,699
受命述 700
授崔琰东曹掾教 670
绶笥铭 493
蜀都赋 285
蜀王本纪 285
述初赋 623
述昏诗 564
述婚诗 577
述行赋 567,568,634,676
述征赋 670
数宁 66,67
说老子 318
说文解字 474,487,488,494,503,519,520,528,555
说文解字表 519,520
说疫气 687
说苑 85,206,209,253,297,299,306,310,318,658

司空陈公诔 497
司空荀爽述赞 629
司马迁赋 69,203
司徒吕公诔 492
司徒袁公夫人马氏碑 615
思亲诗 658
思玄赋 538,543
死生验者几何 82
四愁诗 540,543
四谛经 638
四民月令 560,561,589
四巡颂 469
祀故太尉桥玄文 660
祀胡母先生教 545
算计 668
算术 688
算罔论 516
孙子兵法 142,366,386,423

T

太常蓼侯孔臧 172
太初历 189,191,226,354,384,477,595
太傅胡公碑 592
太甲篇 477
太庙颂 680
太平道经 549
太平经 549
太平青箓书 549
太平清领书 549
太平真经 549
太史公书 200,239,241,242,255,293,296,300,405,453,489
太尉陈公赞 607
太尉陈球碑 607,608
太尉刘宽碑 616
太尉桥玄碑 615
太尉汝南李公碑 599
太尉杨赐碑 616
太尉杨公碑 577

太玄(《太玄经》) 330,507
太玄经 330,340,506,507
太玄经注 330,693
太玄注 507
太学铭 483
太一 178
太子本起瑞应经 638
泰山刻石文 418
泰山梁甫行 668
唐子 532
天官历 326,327
天文七政论 654
天文气象杂占 71,72,73
天子冠颂 475
条例章句 460
听田畴让封令 668
通卦验注 654
通俗文 635
同声歌 488
桐柏淮源庙碑 572,573
童幼胡根碑 586
投壶赋 700

W

外戚箴 539
外书(淮南外、淮南外篇) 87,125,309
王粲集 688
王粲集集注 688
王命论 378,414
王侍中集 688
王制 86,87,155,176,352
王仲宣诔 687
王子乔碑 577
为曹公作书与孙权 674
为曹洪与魏太子书 683,684
为汉帝置守冢诏 698
为刘荆州谏袁尚书 662
为刘荆州谏袁谭书 662
为徐宣议陈矫下令 653
为荀彧与孙权檄 677

为袁绍檄豫州 653
为袁绍与公孙瓒书 637
为张范下令 667
韦卿子 473
唯世子燔翳捐裯书 665
慰志赋 373
魏朝仪 688
魏国安世歌 688
魏国登歌 688
魏国俞儿舞歌 688
魏内史赋 114
魏武帝集 702
魏子 588
温泉赋 479
文范先生陈仲弓碑 618
问地狱经 621
问王 195,216,268
问张既令 698
巫山高 2
无射钟铭 680
吴汉 430
吾丘寿王 114,159
吾丘寿王赋 114
五曹官制 18,50,58,59
五家要说章句 440,441,445,479
五经论 429,463
五经通难 450
五经通义 318
五经要义 318
五经异义 506,555
五经杂义 318
五鹿充宗略说 18
五十二病方 15,71,72,73
五十校计经 554,559
五熟釜铭 685
五星占 70,71,72
五行传记(刘向) 297,318
五行传记(许商) 294,297
五行论历 69,261,297
五噫歌 448
五脏论 692
五宗图 654

武德舞 8,14,94
武帝哀策文 698
武帝诔 699
武都太守耿勋碑 596
武都太守李翕西狭颂 590
武军赋 650
武猎赋 680
舞赋 523

X

西鼎铭 605
西狩赋 680,685
西巡颂 425,469
西岳华山亭碑 607
西征赋 473,676,684
息夫躬集 327
檄吴将校部曲文 686
下荆州书 670
下令大论功行封 667
下令增杜畿秩 676
下田畴令 667
下诏赐华歆衣 698
下州郡 680
下州郡称畿功 676
夏侯说 244
夏侯渊平陇右令 682
仙赋 313
先醒 66,67
鲜卑胡市议 600
贤良方正对策 480
显志赋 415
显宗颂 449,450
宪论 509,525
相马经 71,72
象林 369
萧望之传 186
小戴礼记 278
小篆赞 633
孝经古孔氏 40
孝经孔氏古文说 380,517
孝经纬注 654

孝经注 460,579,654	雅琴师氏 247	易林(焦赣) 369
孝文传 69	严助赋 122	易林变占 369
校官碑 610	盐铁论 18,184,208,220, 221,222	易鲁氏义 508
校猎赋 313,680,685	颜子碑 648	易旗 271
谢氏释 650	燕传说 114,209	易说(丁宽) 104
谢袭费亭侯表 643	燕代讴雁门云中陇西歌诗 114	易通论 387,398
谢置旄头表 682	扬雄集 356	易纬注 654
薤露歌 12	杨阜让爵报 680	易章句 499,519,647
薤露行 629	杨节赋 411	易注 376,647,655
新论 31,253,321,330,355, 418,419,607	杨柳赋 160,172,684	奕旨 477
新序 5,9,85,206,253,299, 300,306,310,318	杨四公颂 617	逸民传 410,411
新语 30,31,33,77,80	养性书 463,471,484	翼氏说 233
新撰杂阴阳书 688	仪礼音 654	阴阳历 675
星陨对 309	仪礼注 579,654	阴阳脉死候 15,71,73,74
刑德 71,72,84	移零陵檄 648	阴阳十一灸经 15
修行本起经 646	移太常博士书 17,102,103, 324,326	阴阳五行 71,72
修行道地经 582	移檄告郡国 373	引书 15,45,48
徐乐 114	遗令敕兄子 658	饮马长城窟行 688
徐淑集 565	遗令书 602	应宾难 582,625
徐伟长集 688	遗荀攸书 643	应间 508,527,543
徐州刺史陶谦哀辞 638	遗张纮书 662	鹦鹉赋 648
许昌宫赋 643	乙卯册诏魏王 698	咏三良 676
许商算术 258,294	以杜畿为尚书仍镇河东令 680	咏史诗 676
序征赋 670	以高柔为理曹掾令 682	忧民 61
叙繁钦 676,677	以蒋济为扬州别驾令 673	幽通赋 415,518
叙乐 607,633	以李伏言禅代合符谶示外令 698	又报嘉书 565,589
恤奉高令丧事教 545	以徐奕为中尉令 692	又日食对 309
续仓颉篇 477	以张登为太官令诏 698	又上封事谏立北单于 475
宣示孔融罪状令 670	以郑称授太子经学令 698	又下诸侯长史令 687
玄答弟子问五经 654	议复肉刑令 680	又与吴质书 690
玄图 507	议奏 260,261	于谯作 698
玄文先生李休碑 564	抑谶重赏疏 373,379	俞儿舞歌 680
选军中典狱令 682	易传 26,34,76,104,142, 282,283,327,376,579,629, 658	虞初周说 18,190
选留府长史令 692	易传积算法杂占条例 282	虞丘说 114
荀彧碑 678	易林(崔篆) 369	虞氏微传 76,114
训纂篇 343	易林(费直) 369	与曹公书论盛孝章 663
		与曹公啁征乌桓 668
		与陈琳书 641
Y		与邓仲况书 374
		与弟超书 450
雅琴龙氏 18,248		与窦宪笺(班固著) 477
		与窦宪笺(崔骃著) 473
		与段纪明书 577

与妇弟任武达书　421
与韩遂教　673
与何进书荐边让　620
与和洽辩毛玠谤毁令　685
与黄琼书　529
与金丹书　393
与京兆郭季通书　414
与孔融书　658
与李文德书　569
与刘伯宗绝交诗　556
与刘公幹书　682
与刘龚书　374
与孟达书　698
与妻徐淑书　564,565
与苏武书　222
与孙权书　670
与太尉杨彪书　692
与特进书　520
与王朗书　647,687
与王修书　665,677
与魏太子书　677
与吴季重书　682
与吴质书　684
与宣孟书　421
与荀彧书　646,650,661
与荀彧书追伤郭嘉　670
与延笃书　577
与杨德祖书　685
与阴就书　411
与张奂书　577
与钟繇书　653,687
与锺繇书　684
与诸卿书　640
羽猎赋　214,353,523,680,685
玉杯　199
喻邡原举有道书　628
御寇论　579
豫州从事尹宙碑　602
元后诔　352
元尚　289
元王诗　20,59,85
原贾逵教　682

原刘廙令　692
援神钩命解诂　520
怨诗　539
月令章句　439,605,633
越宫律　149,150,171
越绝纪　411
越绝书　411,412
允受禅令　698

Z

杂诗　249
灾异孟氏京房　18,104,246,271,282
灾异疏　11
再让符命令　698
在昔篇　477
在阳平将还师令　692
造发石车令　653
赠答诗　691
赠丁仪　690
赠丁仪王粲　676
赠妇诗　564,577
赠士孙文始　643
赠王粲　682
赠文叔良诗　648
赠五官中郎将诗　673
张苍　20,241
张侯论　254,260,267,268,327,360,434
张俭碑铭　647
张氏微　18,76
张氏学　469
章帝谥议　471
章华赋　619,675
招隐士　105,512
诏褒张既击胡　698
诏赐中山靖王子哙及孺子妾冰未央材人歌诗　114
诏官李通子基绪　698
诏议追崇始祖　698
诏张既为凉州刺史　698

赵幽王赋　114
箴左氏膏肓　654
征思赋　676
征天山赋　673
征吴教　682
整齐风俗令　665
正论　574,673
郑白渠歌　199
郑志　40,653,654
政论　484,574,589
政事论　483
知道　195,216,268
止临淄侯植求祭先王诏　698
止群臣议禅代礼仪令　698
止省东曹令　677
止雨　199
至言　61
治安策　66,67
置屯田令　643
摘要　278
中本起经　668
中藏经　672
中鼎铭　590
中汉辑序　657
中篇（枕中鸿宝苑秘书、鸿宝万毕、淮南万毕经、淮南变化术、淮南王万毕术、神仙黄白之术）　87,125,458
中台要解　625
中文尚书　579,617
中兴以下名臣列士传　525,528
终军　175
终令　690
终南山赋　415
终始五德传　20
钟历书　343
冢赋　540,543
仲山甫鼎铭　473
重报妻书　564,565,577
重答王修　628
州篇　597
州书　579,594,602

周歌诗 18	周易系辞 318	字属 494
周官传 99,406,549,579,580	周易妖占 282	字属篇 597
周官解诂 457,490	周易占事 282	自悼赋 306
周官礼注 654	周易章句 282	自劾诗 254
周官训诂 538,543	周易注 629,654	自序 115,130,145,156,180,
周礼音 654	朱公叔碑 573	185,197,200,208,303,338,
周谣歌诗 18	朱建赋 63	415,488
周谣歌诗声曲折 18	朱穆坟前石碑 573	宗首 50,66,67
周易参同契 546	朱穆谥议 573	奏具章拒禅 700
周易错卦 282	诛袁谭令 665	奏请受禅 700
周易飞候 282	诸王王子功臣恩泽侯表 428,	奏事 402
周易飞候六日七分 282	539	奏议答北匈奴 410,414
周易混沌 282	竹林 199	奏议立左鹿蠡王阿佟为北单于 475
周易林 369	逐贫赋 285,315	
周易鲁恭义 508	主父偃 156	奏议治受禅坛场 700
周易马氏传 580	铸钱 65	足臂十一灸经 15
周易逆刺占灾异 282	转邴原为五官长史令 676	左冯翊秦歌诗 69
周易日月变例 693	撰征赋 668,673	左氏长义 460
周易守林 282	篆势 633	左氏传条例 460
周易述 693	状人纪 657	左氏传训故 51,225
周易四时候 282	涿邪山祝文 474	左氏膏肓 584
周易王氏义 484	子虚赋 109,110,128,168	左氏乐氏问 650
周易委化 282		

后　　记

两汉学术，在中国学术发展史上具有重要意义，葛兆光称之为"中国思想世界的生成"的时代（《中国思想史》），熊铁基更是明确的说："虽然战国秦汉有很强的连续性，但秦汉——主要是汉代在对原有学术的继承和发展中发生了很大的变化，在长达数百年相对统一的社会、政治条件下，对原有学术的审定、认同、改造和重新整合等等，形成了新的学术体系。似应肯定地说，以后延续二千年之久，影响极大的中国传统学术是在汉代形成的。"（《汉代学术的历史地位》）所以汉代学术编年的编纂具有重要价值。

经学在汉代学术中居于主流地位，学界通常将汉代称之为经学时代。鉴此，本卷所录尽量体现经学诸多流派的源起、形成、鼎盛及至解体历程，以见学术流派的兴替规律。此外，汉初的诸子之学、黄老之学，东汉的谶纬之学、道教之学以及佛教的传入等，都是汉代学术史上的重大事件，本书力图通过相关学者的学术活动与成果的编年，系统梳理不同流派之间的争鸣、兴替轨迹，以见学术思潮的兴替轨迹与发展趋势。

本卷西汉部分由宋清秀博士负责撰写，东汉部分前期由包礼祥教授负责撰写，后期由曾礼军博士负责撰写，张继定、尹浩冰等协助做了一些基础性的文献工作。在本卷的编纂过程中，已充分吸收了刘汝霖《汉晋学术编年》、刘跃进《秦汉文学编年史》、郑洁文、李梅《中国学术思想编年·秦汉卷》等相关成果，具体参见卷中正文按语和文后主要参考文献。若有遗漏或引用不当之处，敬请谅解。书中尚有一些不足和疏漏，祈望读者批评指正。

宋清秀　曾礼军　包礼祥
二〇一二年春

图书在版编目(CIP)数据

中国学术编年·两汉卷/宋清秀,包礼祥,曾礼军撰;梅新林,俞樟华主编.
——上海:华东师范大学出版社,2013.7
ISBN 978-7-5617-9512-5

I. ①中… II. ①宋…②包…③曾…④梅…⑤俞… III. ①学术思想－思想史－中国－汉代 IV. ①B2

中国版本图书馆CIP数据核字(2012)第092960号

华东师范大学出版社六点分社

企划人　倪为国

本书著作权、版式和装帧设计受世界版权公约和中华人民共和国著作权法保护

中国学术编年·两汉卷

撰　　　者	宋清秀　曾礼军　包礼祥
主　　　编	梅新林　俞樟华
责任编辑	倪为国
特约编辑	刘小焰
封面设计	吴正亚
出版发行	华东师范大学出版社
社　　　址	上海市中山北路3663号　邮编　200062
网　　　址	www.ecnupress.com.cn
电　　　话	021－60821666　　　行政传真　021－62572105
客服电话	021－62865537
门市(邮购)电话	021－62869887
地　　　址	上海市中山北路3663号华东师范大学校内先锋路口
网　　　店	http://hdsdcbs.tmall.com
印　刷　者	上海印刷(集团)有限公司
开　　本	890×1240　1/16
插　　页	4
印　　张	51.5
字　　数	850千字
版　　次	2013年7月第1版
印　　次	2013年7月第1次
书　　号	ISBN 978-7-5617-9512-5/G·5594
定　　价	280.00元
出版人	朱杰人

(如发现本版图书有印订质量问题,请寄回本社客服中心调换或者电话021-62865537联系)